河南
HENAN
STATISTICAL
YEARBOOK
2015
统计年鉴

U0922391

2015 河南统计年鉴

Editorial Board and Staff

编辑说明

一、《河南统计年鉴—2015》是一部全面反映河南省经济和社会发展情况的资料性年刊。本书收录了全省和各市(县)2014年以及重要历史年份的经济和社会各方面大量的统计数据，并收录了全国及各省市区2014年的主要统计数据。

二、全书内容分为28个部分，即，1、行政区划和自然资源；2、综合；3、国民经济核算；4、人口；5、从业人员和职工工资；6、固定资产投资；7、对外贸易和旅游；8、能源；9、财政；10、物价；11、人民生活；12、城市概况；13、农业；14、工业；15、建筑业；16、房地产业；17、批发和零售业、住宿和餐饮业；18、金融业；19、其他服务业；20、运输和邮电；21、资源和环境；22、科学技术；23、教育；24、卫生和社会工作；25、文化和体育；26、公共管理、社会保障和社会组织；27、各县（市、区）主要统计指标；28、全国及各省市区主要统计指标。各篇前有简要说明，篇末附有《主要统计指标解释》。

三、本年鉴的资料来源，大部分来自年度统计报表，一部分来自抽样调查。

四、资料中所使用的度量衡单位均采用国际统一标准计量单位。

五、 本年鉴部分数据合计数或相对数由于单位取舍不同而产生的计算误差均未作机械调整。

六、本年鉴各表中，有关对全表的注解均在该表上方，对表中部分指标的注解则在该表下方。凡带续表的资料，对部分指标的注解一律在最后一张续表的下方。

七、本年鉴表中的符号使用说明：“空格”表示该项统计指标数据不详或无该项数据；“#”表示其中的主要项。

目　　录

CONTENTS

一、行政区划和自然资源

Divisions of Administrative Areas and Natural Resources

二、综合

General Survey

三、国民经济核算
National Accounts

四、人口
Population

五、从业人员与职工工资
Employment and Wages

六、固定资产投资

Investment in Fixed Assets

七、对外经济贸易和旅游
Foreign Trade and Economic Cooperation and Tourists

八、能源

Energy Sources

十、物价

Price Indices

十一、人民生活
People's Livelihood

十三、农业
Agriculture

十四、工业
Industry

十七、批发和零售业、住宿和餐饮业
Wholesale and Retail Sale trades, Hotels and Catering Services

十八、金融业
Financial Intermediation

十九、其他服务业

Other Services

二十、运输和邮电
Transport, Storage and Post

二十二、科学技术
Scientific and technical

二十三、教育
Education

二十五、文化和体育
Culture and Sports

二十七、各县（市、区）主要统计指标
Main Indicators of County（City, municipal districts）

二十八、全国及各省、市、区主要统计指标

Main Indicators of the whole Nation and 31 Provinces (Municipality, Autonomous, Regions)

行政区划和自然资源

Divisions of Administrative Areas and Natural Resources

1

● 资料整理：王习涛　高彦

简要说明

一、主要内容

本篇包括行政区划资料，自然状况和自然资源资料。

二、资料来源

行政区划资料，是截止上年末经国务院批准的行政区划变更情况，由河南省民政厅提供。自然状况包括土地、山脉、河流等数据资料，根据有关历史资料整理。其中，气象资料由河南省气象局提供；矿产资源数据由河南省国土资源厅提供。本篇资料由河南省统计局社会与科技统计处和固定资产投资处编辑整理。

Brief Introduction

I. Main Contents

This chapter consists of three parts: divisions of administrative areas, Natural Conditions and Natural Resources.

II. Sources of Data

Data on divisions of administrative areas in Henan are prepared and provided by the Henan Province Bureau of Civil Affairs on the basis of the changes in the divisions of administrative areas as approved by the State Council at the end of the previous year. Data on natural conditions cover land area, mountain ranges, rivers and so on. Data on natural conditions are compiled by the Department of Comprehensive Statistics using relevant historical data. Data on meteorological phenomena and mineral are provided respectively by Henan Provincial Bureau of Meteorological and Henan Provincial Bureau of Land and Resources. Data in this chapter are sort out by Department of social and scientific and technological, and investment in fixed assets of Henan provincial bureau of statistics.

1-1 全省行政区划(2014年底)

Administrative Division of Henan Province (End of 2014)

单位：个 (unit)

市 City	市 City	省辖市 Cities Under the Jurisdication of Province	县级市 Cities at County Level	县 County	市辖区 Districts Under the Jurisdication of City	镇 Townships	乡 Townships	街道办事处 Urban Subdistrict Offices	居民委员会 Neighbourhood Committees	村民委员会 Village Committees
全省 Total	**38**	**17**	**21**	**87**	**50**	**1103**	**718**	**599**	**4466**	**46938**
郑州市 Zhengzhou	6	1	5	1	6	74	16	83	698	2260
开封市 Kaifeng	1	1		4	5	34	51	30	387	2325
洛阳市 Luoyang	2	1	1	8	6	99	31	56	413	2765
平顶山市 Pingdingshan	3	1	2	4	4	49	38	55	122	2558
安阳市 Anyang	2	1	1	4	4	61	30	43	222	3267
鹤壁市 Hebi	1	1		2	3	14	5	23	165	811
新乡市 Xinxiang	3	1	2	6	4	74	46	32	232	3533
焦作市 Jiaozuo	3	1	2	4	4	35	20	52	136	1846
濮阳市 Puyang	1	1		5	1	38	37	13	86	2944
许昌市 Xuchang	3	1	2	3	1	54	24	22	71	2113
漯河市 Luohe	1	1		2	3	37	11	3	90	1240
三门峡市 Sanmenxia	3	1	2	3	1	29	33	12	133	1343
南阳市 Nanyang	2	1	1	10	2	143	61	38	361	4509
商丘市 Shangqiu	2	1	1	6	2	89	80	26	215	4632
信阳市 Xinyang	1	1		8	2	82	89	37	510	2932
周口市 Zhoukou	2	1	1	8	1	93	76	32	313	4796
驻马店市 Zhumadian	1	1		9	1	87	70	37	291	2608
济源市 Jiyuan	1		1			11		5	21	456

1-2 各市、县(市、区)名称(2014年底)
Name of Administrative Area (End of 2014)

市 Cities	县(市、区)数(个) Counties (unit)	市辖县 Counties Under the Jurisdiction of Cities	市辖区 Districts Under the Jurisdiction of Cities	县级市 Cities at County Level
郑州市 Zhengzhou	12	中牟 Zhongmou	中原区、二七区、管城回族区、金水区、上街区、惠济区 Zhongyuan,Erqi,Guancheng Huizu,Jinshui,Shangjie,Huiji	巩义市 Gongyi 荥阳市 Xingyang 新郑市 Xinzheng 登封市 Dengfeng 新密市 Xinmi
开封市 Kaifeng	9	杞县、通许、尉氏、兰考 Qixian,Tongxu,Weishi,Lankao	龙亭区、顺河回族区、鼓楼区、禹王台区、祥符区 Longting,Shunhe Huizu,Gulou,Yuwangtai,Xiangfu	
洛阳市 Luoyang	15	孟津、新安、栾川、嵩县、汝阳、宜阳、洛宁、伊川 Mengjin,Xin'an,Luanchuan,Songxian,Ruyang,Yiyang,Luoning,Yichuan	老城区、西工区、瀍河回族区、涧西区、吉利区、洛龙区 Laocheng,Xigong,Chanhe Huizu,Jianxi,Jili,Luolong	偃师市 Yanshi
平顶山市 Pingdingshan	10	宝丰、叶县、鲁山、郏县 Baofeng,Yexian,Lushan,Jiaxian	新华区、卫东区、湛河区、石龙区 Xinhua,Weidong,Zhanhe,Shilong	汝州市 Ruzhou 舞钢市 Wugang
安阳市 Anyang	9	安阳、汤阴、滑县、内黄 Anyang,Tangyin,Huaxian,Neihuang	文峰区、北关区、殷都区、龙安区 Wenfeng,Beiguan,Yindu,Longan	林州市 Linzhou
鹤壁市 Hebi	5	浚县、淇县 Xunxian,Qixian	鹤山区、山城区、淇滨区 Heshan,Shancheng,Qibin	
新乡市 Xinxiang	12	新乡、获嘉、原阳、延津、封丘、长垣 Xinxiang,Huojia,Yuanyang,Yanjin,Fengqiu,Changyuan	红旗区、卫滨区、凤泉区、牧野区 Hongqi,WeiBin,Fengquan,Muye	卫辉市Weihui 辉县市Huixian
焦作市 Jiaozuo	10	修武、博爱、武陟、温县 Xiuwu,Boai,Wuzhi,Wenxian	解放区、中站区、马村区、山阳区 Jiefang,Zhongzhan,Macun,Shanyang	沁阳市Qinyang 孟州市Mengzhou
濮阳市 Puyang	6	清丰、南乐、范县、台前、濮阳 Qingfeng,Nanle,Fanxian,Taiqian,Puyang	华龙区 Hualong	
许昌市 Xuchang	6	许昌、鄢陵、襄城 Xuchang,Yanling,Xiangcheng	魏都区 Weidu	禹州市Yuzhou 长葛市Changge
漯河市 Luohe	5	舞阳、临颍、 Wuyang,Linying	源汇区、郾城区、召陵区 Yuanhui，Yancheng, Zhaoling	
三门峡市 Sanmenxia	6	渑池、陕县、卢氏 Mianchi,Shanxian,Lushi	湖滨区 Hubin	义马市Yima 灵宝市Lingbao
南阳市 Nanyang	13	南召、方城、西峡、镇平、内乡、淅川、社旗、唐河、新野、桐柏 Nanzhao,Fangcheng,Xixia,Zhenping,Neixiang Xichuan,Sheqi,Tanghe,Xinye,Tongbai	卧龙区、宛城区 Wolong,Wancheng	邓州市 Dengzhou
商丘市 Shangqiu	9	虞城、民权、宁陵、睢县、夏邑、柘城 Yucheng,Minquan,Ningling,Suixian,Xiayi,Zhecheng	梁园区、睢阳区 LiangYuan,Suiyang	永城市 Yongcheng
信阳市 Xinyang	10	息县、淮滨、潢川、光山、固始、商城、罗山、新县 Xixian,Huaibin,Huangchuan,Guangshan,Gushi,Shangcheng,Luoshan,Xinxian	浉河区、平桥区 Shihe,Pingqiao	
周口市 Zhoukou	10	扶沟、西华、商水、太康、鹿邑、郸城、淮阳、沈丘 Fugou,Xihua,Shangshui,Taikang,Luyi,Dancheng,Huaiyang,Shenqiu	川汇区 Chuanhui	项城市 XiangCheng
驻马店市 Zhumadian	10	确山、泌阳、遂平、西平、上蔡、汝南、平舆、新蔡、正阳 Queshan,Biyang,Suiping,Xiping,Shangcai Runan,Pingyu,Xincai,Zhengyang	驿城区 Yicheng	
济源市 Jiyuan	1			济源市 Jiyuan

1-3 自然资源
Natural Resources

项　目	Item	2005	2010	2013	2014
地理位置	**Geographical Position**				
东经	East Longitude	110°21′ ~116°391′	110°21′ ~116°391′	110°21′ ~116°391′	110°21′ ~116°391′
北纬	North Latitude	31°23′ ~36°23′	31°23′ ~36°23′	31°23′ ~36°23′	31°23′ ~36°23′
土地	**Land**				
土地面积(万平方公里)	Land Area(10 000sq.km)	16.70	16.70	16.70	16.70
#山区	Mountain Area	4.44	4.44	4.44	4.44
丘陵	Hills	2.96	2.96	2.96	2.96
平原	Plain	9.30	9.30	9.30	9.30
在山区、丘陵面积中	In Mountains and Hills				
太行山脉	Taihang Mountains	0.83	0.83	0.83	0.83
伏牛山脉	Funiu Mountains	4.97	4.97	4.97	4.97
桐柏山脉	Tongbai Mountains	0.21	0.21	0.21	0.21
大别山脉	Dabie Mountains	1.39	1.39	1.39	1.39
按四大水系分	By Major River System				
淮河流域	Huaihe River	8.83	8.83	8.83	8.83
黄河流域	Yellow River	3.62	3.62	3.62	3.62
海河流域	Hai River	1.53	1.53	1.53	1.53
长江流域	Yangtse River	2.72	2.72	2.72	2.72
矿产资源(保有储量)	**Mineral Resources (Ensured Reserves)**				
煤炭(亿吨)	Coal(100 million tons)	260.00	279.74	272.82	303.11
铁矿(矿石,亿吨)	Iron Ore(100 million tons)	10.60	16.35	18.84	20.27
铝矿(铝土矿矿石,亿吨)	Aluminium(100 million tons)	4.59	7.84	6.86	7.42
钼矿(钼,万吨)	Molybdenum(10 000 tons)	374.60	365.05	491.37	565.86
金矿(金,吨)	Gold mine(ton)	353.58	379.15	549.04	626.73
炼镁白云岩(矿石 亿吨)	Smelting magnesium dolomite (100 million tons)	0.32	1.45	1.78	3.19
钨矿(VO3 万吨)	Tungsten (VO3,10 000 tons)	56.63	43.86	29.14	27.06
蓝晶石(万吨)	kyanite(10 000 tons)	416.60	355.26	352.30	376.78
红柱石(万吨)	andalusite(10 000 tons)	1016.89	995.38	995.38	995.38
天然碱(矿物,万吨)	trona(10 000 tons)	8384.90	8830.11	13818.41	13568.36

1-4 各市年平均气温和平均年降水量(2014年)

Annual Average Temperature and Average Annual Precipitation by City (2014)

市 City	年平均气温(摄氏度) Annual Average Temperature (degree centigrade)	平均年降水量(毫米) Average Annual Precipitation (mm)
全　省 Total	**15.4**	**696.1**
郑州市 Zhengzhou	15.8	535.3
开封市 Kaifeng	15.6	565.6
洛阳市 Luoyang	14.8	681.4
平顶山市 Pingdingshan	15.6	651.7
安阳市 Anyang	14.9	584.5
鹤壁市 Hebi	14.6	463.4
新乡市 Xinxiang	15.3	538.9
焦作市 Jiaozuo	15.6	550.4
濮阳市 Puyang	14.5	474.2
许昌市 Xuchang	15.3	539.7
漯河市 Luohe	15.2	755.0
三门峡市 Sanmenxia	14.0	670.9
南阳市 Nanyang	15.8	749.2
商丘市 Shangqiu	15.3	654.0
信阳市 Xinyang	16.1	1081.6
周口市 Zhoukou	15.7	770.5
驻马店市 Zhumadian	15.4	1026.5
济源市 Jiyuan	15.8	621.1

主要统计指标解释

行政区划 指国家对行政区域的划分。根据有关法规规定，我国的行政区域划分如下：(1)全国分为省、自治区、直辖市；(2)省、自治区分为自治州、县、自治县、市；(3)自治州分为县、自治县、市；(4) 自治区、自治州、自治县都是民族自治的地方，县、自治县分为乡、民族乡、镇；(5)直辖市和较大的市分为区、县；(6)国家在必要时设立的特别行政区。

Explanatory Notes on Main Statistical Indicators

Divisions of Administrative Areas refers to the division of administrative areas by the State. The relative laws stipulate that 1) the whole country is divided into provinces, autonomous regions and municipalities directly under the Central Government; 2) provinces and autonomous regions are further divided into autonomous prefectures, counties, autonomous counties and cities; 3) autonomous prefectures are further divided into counties, autonomous counties and cities; 4) counties and autonomous counties are further divided into townships, ethnic townships and towns; 5) municipalities directly under the Central Government and large cities are divided into districts and counties, 6) the State shall, when necessary, establish special administrative regions.

综合

General Survey

2

资料整理：方伟平　朱 涛　孙崇龙

简要说明

一、主要内容

本篇包括国民经济综合资料，基本单位资料，产业集聚区、航空港区和商务两区资料。

二、资料来源

国民经济综合资料是通过对各篇章主要统计指标及其速度、结构和效益等加工计算的，由河南省统计局综合处编辑整理。

基本单位资料主要包括所有法人单位和产业活动单位数，是根据名录库中各部门的单位审批登记资料和经常性统计调查中查到的新增、变动和消亡单位情况，本部分由河南省统计局普查中心编辑整理。

产业集聚区、航空港区和商务两区资料由河南省统计局监测评价考核处编辑整理。

Brief Introduction

I. Main Contents

This chapter consists of following parts: summary data on the national economy and social development, Institutional unit, Main economic indicators of industry gathering area, zhengzhou Airport and two business areas.

II. Sources of Data

The summary data on the national economy and social development reflect the overall situation by presenting further processed statistics including growth, structure, ratio, and efficiency data derived from other chapters. Data in this part are prepared by Comprehensive Department of Henan provincial Bureau of statistics.

Data on institutional unit include legal and establishment units, which are calculated on directory library and increase, change and reduce unit in regular surreys. Data in this part are prepared by Census Center of Henan provincial Bureau of statistics.

Data on industry gathering area, zhengzhou Airport and two business areas is prepared by Assessment of monitoring and evaluation of Henan provincial Bureau of Statistics.

2-1 河南省主要统计指标居全国位次

The Main Indicator Seating Arrangement of Henan in Nation

指　标	Indicator	2000	2005	2010	2013	2014
生产总值	Gross Domestic Product	5	5	5	5	5
生产总值增速	Growth of Gross Domestic Product	14	3	21	21	13
固定资产投资	Total Investment in Fixed Assets	11	6	4	3	3
#房地产开发	Real Estate	18	15	10	8	8
居民消费价格指数	General Consumer Price Index	26	9	13	13	17
公共财政预算收入	Financial Revenue of the Local Government	9	8	9	9	9
公共财政预算支出	Financial Expenditures of the Local Government	7	7	5	5	5
规模以上工业增加值增速	Growth Rate of Industrial Enterprises above Designated Size	17	4	14	15	7
社会消费品零售总额	Total Retail Sales of Consumer Goods	5	5	5	5	5
进出口总额	Total Exports and Imports	18	16	16	12	12
进口	Imports	21	18	19	11	11
出口	Exports	14	13	17	12	12
居民可支配收入	Per Capita Annual Disposable Income				24	24
城镇	Per Capita Annual Disposable Income of Urban Households	30	20	17	23	23
农村	Per Capita Net Income of Rural Residents	18	19	17	17	17
在岗职工平均工资	Average Wage of Staff and Workers	30	30	26	31	31

注：2010年以前固定资产投资为城镇口径，2013年以前城乡收入为老口径(2-2~6同)。
a)Data on investment in fixed assets before 2010 is urban investment.Data on Per Capita Annual Disposable Income of urban and rural is old caliber. (the same as table 2~6)

2-2 河南省主要统计指标占全国比重

The Main Indicator Poroportion of Henan in Nation

单位：%　　(%)

指　标	Indicator	1952	1978	1990	2000	2010	2013	2014
生产总值	Gross Domestic Product	5.3	4.5	5.0	5.1	5.6	5.5	5.5
第一产业	Primary Industry	6.6	6.3	6.4	7.9	8.1	7.2	7.1
第二产业	Secondary Industry	5.8	4.0	4.3	5.1	6.8	6.5	6.6
第三产业	Tertiary Industry	2.8	3.3	4.7	4.0	3.9	4.2	4.2
人均生产总值	Per Capita GDP		60.9	66.4	69.0	80.0	79.0	79.5
全社会固定资产投资总额	Total Investment in Fixed Assets		2.7(1980年)	4.6	4.5	6.0	5.8	6.0
#固定资产投资	Investment in Fixed Assets		3.1(1980年)	3.8	3.6	5.8	5.8	6.0
公共财政预算收入	Financial Revenue of the Local Government	2.5	3.5	4.3	3.8	3.4	3.5	3.6
公共财政预算支出	Financial Expenditures of the Local Government	1.0	4.7	4.3	4.3	4.6	4.7	4.7
粮食产量	Output of Grain	6.3	6.9	7.4	8.9	9.9	9.5	9.5
社会消费品零售总额	Total Retail Sales of Consumer Goods	3.9	4.6	3.8	4.8	5.1	5.2	5.2
进出口总额	Total Exports and Imports	0.1(1957年)	0.6	0.9	0.5	0.6	1.4	1.5
#出口额	Exports	0.3(1957年)	1.0	1.4	0.6	0.7	1.6	1.7
居民可支配收入	Per Capita Annual Disposable Income						77.6	77.8
城镇	Per Capita Annual Disposable Income of Urban Households		91.7	76.3	75.9	83.4	82.1	82.1
农村	Per Capita Net Income of Rural Residents		78.4	76.8	88.1	93.3	95.1	95.0

2-3　续表 1

指　标	Item	1978	2000	2005	2010
城市概况	**General Survey of Cities**				
供水总量(万立方米)	Volume of Tap Water Supply (10 000 cu.m)		191706	183436	179122
排水管道长度(公里)	Length of Sewer Pipelines (km)		6070	10201	14733
城市煤气、天然气家庭用量(万立方米)	Volume of Coal Gas and Natural Gas Supply in Urban Areas (10 000 cu.m)		30100	31384	63663
公共汽(电)车总数(标台)	Total Number of Public Buses and Trolley Buses (unit)		12514	12514	18912
道路长度(公里)	Length of Paved Roads (km)		4920	7090	9413
公园绿地面积(公顷)	Areas of Green Land (hectare)		6286	12644	18361
产　业	**Industry**				
农林牧渔业	**Farming Forestry, Animal Husbandry and Fishery**				
主要农产品产量	Output of Major Farm Products				
粮食(万吨)	Grain (10 000 tons)	2097.40	4101.50	4582.00	5437.10
#粮食生产核心区	The core area of grain production				5296.50
棉花(万吨)	Cotton (10 000 tons)	22.42	70.38	67.70	44.72
油料(万吨)	Oil-bearing Crops (10 000 tons)	24.16	392.55	449.60	540.72
烟叶(万吨)	Tobacco (10 000 tons)	29.95	27.60	28.84	28.75
园林水果(万吨)	Fruits (10 000 tons)	47.11	364.73	555.69	795.99
年底大牲畜存栏头数(万头)	Large Animals (year-end) (10 000 heads)	515.03	1445.73	1508.80	1044.80
年底生猪存栏头数(万头)	Hogs (year-end) (10 000 heads)	1724.90	3787.69	4439.00	4547.00
年底羊存栏只数(万只)	Sheep and goats (year-end) (10 000 heads)	989.70	2961.40	3988.00	1895.40
肉类(万吨)	Meat (10 000 tons)	45.64	517.00	689.00	638.40
工业	**Industry**				
规模以上工业增加值(亿元)	value-added of Industrial Above Designated Size (100 million yuan)				
主要工业产品产量	Output of Major Industrial Products				
原煤(万吨)	Coal (10 000 tons)	5845	7578	18761	21349
原油(万吨)	Crude Oil (10 000 tons)	167.44	562.18	507.16	497.90
发电量(亿千瓦小时)	Electricity (100 million kwh)	130.68	694.93	1414.68	2283.84
生铁(万吨)	Pig Iron (10 000 tons)	109.72	508.88	973.00	2073.92
粗钢(万吨)	Steel (10 000 tons)	54.22	404.84	1226.62	2327.35
成品钢材(万吨)	Steel Products (10 000 tons)	30.94	405.62	1337.40	3196.42
农用化肥(折纯量)(万吨)	Chemical Fertilizer (10 000 tons)	51.92	258.56	396.64	439.25
水泥(万吨)	Cement (10 000 tons)	352.85	3723.00	6210.70	11479.73
平板玻璃(万重量箱)	Plate Glass (10 000 weight cases)	184.20	2425.41	3894.92	2414.41
主营业务收入(亿元)	Sales Revenue (100 million yuan)		3297.78	10114.21	36163.12
利润总额(亿元)	Total Profits (100 million yuan)		139.97	643.39	3302.22
建筑业	**Construction**				
施工房屋面积(万平方米)	Floor Space of Buildings Under Construction (10 000 sq.m)		5308.29	10813.15	28677.13
竣工房屋面积(万平方米)	Floor Space of Buildings Completed (10 000 sq.m)		2629.33	4787.12	13156.03
交通运输、仓储、邮政业	**Transport, Storage and Post**				
客运量(万人)	Passengers (10 000 persons)	11177	83912	98099	167804
#铁路	Railways	4319	4727	5842	8399
公路	Highways	6781	79017	91920	158630
货运量(万吨)	Freight (10 000 tons)	18206	60678	78827	202470
#铁路	Railways	6722	10172	14806	14224
公路	Highways	11321	50133	62684	183291
邮电业务总量(亿元)	Business Volume of Post and Telecommunications Service (100 million yuan)	0.71	130.06	556.50	486.11
批发和零售业、住宿和餐饮业	**Wholesale and Retail Trades、Accommodation and Catering Trade**				
社会消费品零售总额(亿元)	Total Retail Sales of Consumer Goods (100 million yuan)	71.79	1869.80	3380.88	8004.15

continued

2013	2014	2014年为以下各年% 2014 as % of the Following years					年均增长速度(%) Average Annual Growth Rate		
		1978	2000	2005	2010	2013	1979-2014	2001-2014	2011-2014
188710	191001		99.6	104.1	106.6	101.2		0.0	1.6
18297	19348		318.7	189.7	131.3	105.7		8.6	7.0
98199	99356		330.1	316.6	156.1	101.2		8.9	11.8
22790	25257		201.8	201.8	133.6	110.8		5.1	7.5
11235	11627		236.3	164.0	123.5	103.5		6.3	5.4
22226	23834		379.2	188.5	129.8	107.2		10.0	6.7
5713.69	5772.30	275.2	140.7	126.0	106.2	101.0	2.9	2.5	1.5
5456.11	5561.00				105.0	101.9			1.2
18.97	14.70	65.6	20.9	21.7	32.9	77.5	-1.2	-10.6	-24.3
589.08	584.33	2418.6	148.9	130.0	108.1	99.2	9.3	2.9	2.0
34.65	29.99	100.1	108.7	104.0	104.3	86.6	0.0	0.6	1.1
888.30	896.00	1901.9	245.7	161.2	112.6	100.9	8.5	6.6	3.0
936.80	943.85	183.3	65.3	62.6	90.3	100.8	1.7	-3.0	-2.5
4426.70	4420.00	256.2	116.7	99.6	97.2	99.8	2.6	1.1	-0.7
1830.30	1886.00	190.6	63.7	47.3	99.5	103.0	1.8	-3.2	-0.1
699.08	719.00	1575.4	139.1	104.4	112.6	102.8	8.0	2.4	3.0
			977.6	426.7	170.4	111.2	0.3	17.7	14.3
16043	14416	246.6	190.2	76.8	67.5	89.9	2.5	4.7	-9.4
476.51	470.46	281.0	83.7	92.8	94.5	98.7	2.9	-1.3	-1.4
2853.27	2722.27	2083.2	391.7	192.4	119.2	95.4	8.8	10.2	4.5
2551.91	2779.61	2533.4	546.2	285.7	134.0	108.9	9.4	12.9	7.6
2786.08	2882.16	5315.7	711.9	235.0	123.8	103.4	11.7	15.1	5.5
4255.19	4704.14	15204.1	1159.7	351.7	147.2	110.6	15.0	19.1	10.1
535.89	536.32	1033.0	207.4	135.2	122.1	100.1	6.7	5.3	5.1
16764.44	16975.34	4810.9	456.0	273.3	147.9	101.3	11.4	11.4	10.3
1128.04	1455.97	790.4	60.0	37.4	60.3	129.1	5.9	-3.6	-11.9
59975.16	68037.47		2063.1	672.7	188.1	113.4		24.1	17.1
4543.07	4946.19		3533.7	768.8	149.8	108.9		29.0	10.6
43408.63	48825.35		919.8	451.5	170.3	112.5		17.2	14.2
18179.14	19818.32		753.7	414.0	150.6	109.0		15.5	10.8
137571	141780	2229.1	296.1	253.2	138.6	103.1	9.0	8.1	8.5
11160	12400	239.8	219.1	177.3	147.6	111.1	2.5	5.8	10.2
125450	128279	3459.4	296.9	255.2	137.9	102.3	10.3	8.1	8.4
184669	200626	1536.6	460.3	354.3	163.3	108.6	7.9	11.5	13.0
12762	11577	195.3	129.0	88.7	81.4	90.7	1.9	1.8	-5.0
162040	179680	2308.1	521.2	416.9	171.2	110.9	9.1	12.5	14.4
794.93	1011.06	360006.5	2409.8	563.2	208.0	127.2	25.5	25.5	20.1
12426.61	14004.95	19548.0	750.5	415.1	175.3	112.7	15.8	15.5	15.1

2-3 续表 2

指 标	Item	1978	2000	2005	2010
金融业(亿元)	**Finance (100 million yuan)**				
金融机构年底存款余额	Deposits of National Banking System	45.71	4753.41	10003.96	23148.83
金融机构年底贷款余额	Loans of National Banking System	99.99	4356.94	7434.53	15871.32
城乡居民储蓄存款年底余额	Balance of Savings Deposit of Rural and Urban Residents (year-end)	9.81	3182.08	6488.55	12883.70
租赁和商务服务业	**Leasing and Business Services**				
接待旅游者人数(万人次)	Number of foreign tourists (10 000 person-times)		32.50	60.05	146.84
旅游外汇收入(万美元)	Foreign Exchange Earnings from Tourism (USD 10 000)		12390	21604	49877
科学研究、技术服务和地质勘查业	**Scientific Research, Technical Services and Geologic Prospecting**				
研究与试验发展(R&D)经费内部支出(亿元)	Intramural Expenditures on R&D (100 million yuan)		24.80	55.61	211.38
技术市场成交额(亿元)	Volume of Transaction in Technical Markets (100 million yuan)		21.16	26.37	27.69
三种专利授权量(项)	Three Types of Patent Application Granted (item)		2766	3748	16539
水利、环境和公共设施管理业	**Management of Water Conservancy, Environment and Public Facilities**				
水资源总量(亿立方米)	Total Amount of Water Resources (100 million cu.m)		669.95	558.56	534.89
环境污染治理投资总额(亿元)	Total Investment in Treatment of Environment Pollution (100 million yuan)		8.06	82.34	132.25
教育	**Education**				
专任教师数(万人)	Number of Full-time Teachers (10 000 persons)				
高等学校	Institutions of Higher Education	0.54	2.02	4.63	7.75
普通中学	Regular Secondary School	29.34	30.86	37.30	38.10
小学	Primary Schools	42.88	45.93	47.55	49.04
在校学生数(万人)	Students Enrollment (10 000 persons)				
高等学校	Institutions of Higher Education	2.73	26.24	85.19	145.67
普通中学	Regular Secondary School	521.62	638.14	758.22	661.56
小学	Primary Schools	1140.26	1130.63	986.84	1070.53
卫生、社会保障和社会福利业	**Health, Social Security and Social Welfare**				
卫生机构床位数(万张)	Number of Beds in Health Institutions (10 000 units)	10.20	19.86	21.40	32.76
#医院、卫生院	Hospitals	9.73	18.34	20.23	30.44
卫生技术人员数(万人)	Number of Medical Technical Personnel (10 000 persons)	11.44	26.84	28.92	37.28
#医生	Doctors	4.38	11.11	11.11	15.48
文化、体育和娱乐业	**Culture, Sports and Entertainment**				
图书出版数(万册)	Number of Books Published (10 000 copies)		35077	27260	20150
期刊出版数(万册)	Number of Magazines Issued (10 000 copies)		10721	9323	8524
报纸出版数(万份)	Number of Newspapers Issue (10 000 copies)		129104	197896	214158

注：1.本表价值量指标除邮电业务总量2001年以来为2000年不变价，1990-2000年按1990年不变价格计算，以前年度按1980年不变价格计算，其他价值量指标均按当年价格计算。(下同)。生产总值、工业增加值、邮电业务总量、城乡居民收入、在岗职工平均工资发展(增长)速度均按可比价格计算。

2.2005年以后生产总值相关数据已按新的行业划分办法和第三次经济普查数据调整(下同)。

3.1994年始财政收入为分税制后新口径数据(下同),发展(增长)速度按可比口径计算。

4.在岗职工、工资1997年及以前年度为职工口径(下同)。

5.进出口总额1992年及以后年度为海关数，其他为有关部门数(下同)。

6.2008-2012年客货运输量为公路水路运输量专项调查数据，2013年以后客货运输量按交通部新统计方法测算(下同)。

7.从2013年起，国家统计局开展了城乡一体化住户收支与生活状况调查，本表及以下相关表格数据来源于此调查，与2013年前的分城镇和农村住户调查的调查范围、方法和口径有所不同。

continued

2013	2014	2014年为以下各年% 2014 as % of the Following years					年均增长速度(%) Average Annual Growth Rate		
		1978	2000	2005	2010	2013	1979-2014	2001-2014	2011-2014
37591.70	41374.91	90521.6	870.43	413.6	178.7	110.1	20.8	16.7	15.6
23511.41	27228.27	27229.8	624.9	366.2	171.6	115.8	16.9	14.0	14.4
20232.12	22417.16	228513.4	704.5	345.5	174.0	110.8	24.0	15.0	14.9
207.33	227.20		699.0	378.3	154.7	109.6		14.9	11.5
65997	72530		585.4	335.7	145.4	109.9		13.5	9.8
355.35	400.01		1612.8	719.3	189.2	112.6		22.0	17.3
41.39	41.64		196.8	157.9	150.4	100.6		5.0	10.7
29482	33366		1206.3	890.2	201.7	113.2		19.5	19.2
215.20	283.37		42.3	50.7	53.0	131.7		-6.0	-14.7
288.10	333.13		4135.5	404.6	251.9	115.6		30.5	26.0
9.09	9.51	1761.1	470.8	205.4	122.7	104.6	8.3	11.7	5.2
38.80	41.83	142.6	135.5	112.1	109.8	107.8	1.0	2.2	2.4
49.45	46.99	109.6	102.3	98.8	95.8	95.0	0.3	0.2	-1.1
161.83	167.97	6152.7	640.1	197.2	115.3	103.8	12.1	14.2	3.6
574.28	588.91	112.9	92.3	77.7	89.0	102.5	0.3	-0.6	-2.9
939.98	928.60	81.4	82.1	94.1	86.7	98.8	-0.6	-1.4	-3.5
42.98	45.93	450.3	231.3	214.6	140.2	106.9	4.3	6.2	8.8
40.03	42.83	440.2	233.5	211.7	140.7	107.0	4.2	6.2	8.9
46.91	49.45	432.3	184.2	171.0	132.6	105.4	4.2	4.5	7.3
18.06	18.93	432.2	170.4	170.4	122.3	104.8	4.1	3.9	5.2
23897	19714		56.2	72.3	97.8	82.5		-4.0	-0.5
9748	8674		80.9	93.0	101.8	89.0		-1.5	0.4
214226	210240		162.8	106.2	98.2	98.1		3.5	-0.5

a) Figures in value terms in this table are Calculated at current prices, except that on the business transaction of post and telecommunications service since 2001 is calculated at 2000 constant prices.1990~2000 is calculated at 1990 constant prices.Figures on postal and telecommunication services before 1990 were calculated at 1980 constant prices,and those since 1991 were calculated at constant prices.The indices and growth rates of the follow indicators are calculated at GDP, value added of industry, Business volume of post and telecommunications, per capita income of urban and rural residents,comparable prices: wages of Fully Employed Staff and workers(the same as following tables)

b) Since 2005,the data of GDP was adjusted by New industry classification method and The third economic census(the same as following tables).

c) Total financial revenue since tax reform began to be implemented in 1994(the same as following tables).The indices in this table are calculated at comparable prices.

d) Before 1997,Data of Number and Wage of Fully Employed Staff and workers Refer to Total Employed persons(the same as following tables).

e) Since 1992,the data of imports and exports in foreign trade begin to be obtained from custom statistics(the same as following tables).

f) Data on passenger and freight Volume in 2008~2012 is calculated on basis of Highway and waterway traffic special investigation,Data on passenger and freight Volume since 2013 is calculated on new statistical methods of Ministry of Communications,and data in the brakfets are original data.

g) Since 2013, the national bureau of statistics (NBS) caries out the integration of urban and rural residents income and expenditure survey and living conditions survey. Data in this table come from the data collected through a sample survey on the rural households conducted, and different from data before 2013.

2-4　国民经济和社会发展结构指标
Structural Indicators on National Economic and Social Development

单位：%　　(%)

指　标	Item	2000	2005	2010	2013	2014
人口	**Population**					
城乡结构	Urban and Rural Structure					
市镇	Urban	23.2	30.7	38.8	43.8	45.2
乡村	Rural	76.8	69.3	61.2	56.2	54.8
性别结构	Sexual Structure					
男	Male	51.6	51.6	51.8	51.8	51.8
女	Female	48.4	48.4	48.2	48.2	48.2
就业	**Employment**					
从业人员产业结构	Industrial Structure					
第一产业	Primary Industry	64.0	55.4	44.9	40.1	40.7
第二产业	Secondary Industry	17.5	22.1	29.0	31.9	30.6
第三产业	Tertiary Industry	18.5	22.5	26.1	28.0	29.7
国民核算	**National Accounting**					
生产总值产业结构	Industrial Structure					
第一产业	Primary Industry	23.0	17.4	13.8	12.3	11.9
第二产业	Secondary Industry	45.4	51.8	55.5	52.0	51.0
第三产业	Tertiary Industry	31.6	30.8	30.6	35.7	37.1
全社会固定资产投资	**Investment**					
全社会固定资产投资产业结构	Structure of Investment in Fixed Assets					
第一产业	Primary Industry		3.8	4.7	3.7	3.9
第二产业	Secondary Industry		45.0	48.3	50.4	49.9
第三产业	Tertiary Industry		51.2	47.0	45.9	46.2
实际利用外商直接投资	**Actually Used Direct Investment by forign Enterprises**					
#独资经营	Foreign Investment Enterprises	8.3	39.3	58.7	66.0	59.9
合资经营	Joint Ventures Enterprises	50.5	44.5	30.6	30.6	36.0
合作经营	Cooperative Operation Enterprises	11.6	8.3	9.4	2.1	1.7
能源	**Energy Sources**					
能源生产总量结构	Structure of Energy Sources Products					
原煤	Coal	83.7	91.3	92.7	90.6	89.8
原油	Base oil	12.2	5.0	3.8	5.2	5.7
天然气	Gas	2.8	1.8	0.5	0.5	0.6
水电	Water and Electricity	1.4	1.9	3.0	3.7	3.9
财政	**Government Finance**					
公共财政预算收入结构	Structure of Government Revenue					
#各项税收	Taxes	79.1	68.0	73.6	73.1	71.2
公共财政预算支出结构	Structure of Government Expenditures					
#农林水事务	Supporting Agricultural Production and Agricultural Operating Expenses	7.7	7.4	11.7	11.3	11.0
教科文卫	Culture Education Science and Health Care	24.3	24.2	28.7	32.7	32.8
#科学技术	Science	1.5	1.2	1.3	1.4	1.3
生活	**People's Livelihood**					
城镇居民消费结构	Consumption Structure of Urban Residents					
食品烟酒	Food,Alcohol and tobacco					28.8
衣着	Clothing					11.3
居住	Residence					8.6
生活用品及服务	Articles for Daily Use and Others					19.4
交通通信	Traffic Communication					10.7
教育文化娱乐	Education, Cultural and Entertainment					10.6
医疗保健	Health Care					7.4
其他	Others					3.2

2-4 续表 continued

单位：% (%)

指 标	Item	2000	2005	2010	2013	2014
农村居民消费结构	Consumption Structure of Rural Residents					
食品烟酒	Food,Alcohol and tobacco					29.6
衣着	Clothing					8.3
居住	Residence					21.2
生活用品及服务	Articles for Daily Use and Others					7.0
交通通信	Traffic Communication					11.8
教育文化娱乐	Education, Cultural and Entertainment					10.4
医疗保健	Health Care					10.1
其他	Others					1.7
工业	**Industry**					
增加值重点行业比重	Structure of Value-added of the Industry					
#能源原材料工业		57.1	59.1	51.5	47.0	44.2
#高成长性制造业				37.0	42.3	45.0
#传统支柱产业				55.6	49.9	47.6
运输业	**Transportation**					
货运量运输方式结构	Structure of Freight Traffic					
#铁　路	Railways	16.8	18.8	7.0	6.9	5.8
公　路	Highways	82.6	79.5	90.5	87.7	89.6
水　运	Waterways	0.6	1.7	2.4	5.3	4.7
客运量运输方式结构	Structure of Freight Ton -Kilometers					
#铁　路	Railways	5.6	6.0	5.0	8.1	8.7
公　路	Highways	94.2	93.7	94.5	91.2	90.5
水　运	Waterways	0.1	0.1	0.2	0.2	0.2
批发零售贸易、住宿和餐饮业	**Wholesale and Retail Trades、Accommodation and Catering Trade**					
社会消费品零售总额结构	Composition of Retail Sales of Consumer Goods					
批发零售和贸易业	Wholesale and Retail Trade	84.9	84.0	84.9	85.0	86.2
住宿和餐饮业	Accommodation and Catering Trade	11.7	13.9	13.8	13.8	13.8
国际旅游	**International Tourism**					
国际旅游人数结构	Structure of Tourists					
外国人	Foreigners	56.0	57.8	65.4	60.4	61.5
港澳台同胞	Compatriots form Hong Kong,Macao and Taiwan	44.0	42.2	34.6	39.6	38.5
环境	**Environment**					
污染治理资金使用结构	Uses of Funds in Pollution Treatment					
#治理废水	Waste Water Treatment	43.1	49.2	35.4	10.9	15.3
治理废气	Waste Gas Treatment	49.8	34.2	60.4	79.5	79.1
治理固体废物	Solid Wastes Treatment	5.0	11.7	0.7	5.0	0.5
治理噪声	Noise Abatement	0.2	0.2	0.4		0.2
教育	**Education**					
专任教师结构	Full-time Teachers by Type					
普通高等学校	Regular Institutions of Higher Education	2.5	5.0	7.9	9.1	9.4
职业中学	Specialized Secondary Schools	3.1	2.5	3.3	2.8	2.6
普通中学	Regular Secondary Schools	38.0	40.6	38.8	38.8	41.4
小学	Primary Schools	56.5	51.8	50.0	49.4	46.5
在校学生结构	Structure of Student Enrollment					
普通高等学校	Regular Institutions of Higher Education	1.4	4.5	7.4	9.3	9.7
职业中学	Specialized Secondary Schools	2.6	2.6	4.1	3.2	2.7
普通中学	Regular Secondary Schools	34.6	40.3	33.8	33.2	34.0
小学	Primary Schools	61.3	52.5	54.7	54.3	53.6

2-5 主要社会经济指标人均水平

Major Per Capita Indicators of Society and Economy

本表价值量指标均按当年价格计算。
The data in value terms in the table are calculated at current prices.

指 标	Item	2000	2005	2010	2013	2014
人口密度（人/平方公里）	**Population Density (person/sq.km)**	**568**	**585**	**566**	**563**	**564**
生产总值(元)	**Gross Domestic Product (yuan)**	**5450**	**11346**	**24446**	**34174**	**37072**
全社会固定资产投资额(元)	**Total Investment in Fixed Assets (yuan)**	**1564**	**4494**	**17559**	**24676**	**32662**
人民生活(元)	**People's Livelihood (yuan)**					
在岗职工平均工资	Average Wage of Staff and Workers	6930	14282	30303	38804	42670
居民人均可支配收入	Per Capita Annual Disposable Income				14204	15695
城镇居民人均可支配收入	Per Capita Annual Disposable Income of Urban Households				21741	23672
城镇居民人均消费性支出	Per Capita Annual Living Expenditure of Urban Residents				15249	16184
农民人均可支配收入	Per Capita Net Income of Rural Residents				8969	9966
农民人均生活消费支出	Per Capita Living Expenditure of Rural Households				6359	7277
居民储蓄额	Balance of Savings Deposit of Rural and Urban Residents	3354	6643	13639	21502	23786
农林牧渔业	**Farming,Forestry, Farming of Animals and Fishing**					
主要农产品产量(千克)	Output of Major Farm Products (kg)					
粮食	Grain	435	470	576	607	612
#小麦	Wheat	237	265	326	343	353
棉花	Cotton	7	7	5	2	2
油料	Oil- bearing Crops	42	46	57	63	62
猪、牛、羊肉	Pork, Beef and Mutton	48	61	55	59	62
牛奶	Milk	2	11	31	34	35
禽蛋	Poultry Eggs	29	39	41	44	43
工业	**Industry**					
主要工业产品产量	Output of Major Industrial Products					
原煤(千克)	Coal (kg)	803	1926	2260	1705	1530
原油(千克)	Crude Oil (kg)	60	52	53	51	50
发电量(千瓦小时)	Electricity (kwh)	736	1452	2418	2961	2889
粗钢(千克)	Steel (kg)	43	126	246	297	306
成品钢材(千克)	Steel Products (kg)	43	137	338	452	499
水泥(千克)	Cement (kg)	394	637	1215	1782	1801
社会消费品零售总额(元)	**Total Retail Sales of Consumer Goods (yuan)**	**1981**	**3470**	**8474**	**13206**	**14860**
财政	**Finance**					
公共财政预算收入(元)	Financial Revenue of the Local Government(yuan)	261	552	1462	2567	2907
公共财政预算支出(元)	Financial Expenditures of the Local Government (yuan)	472	1145	3616	5933	6397
教育	**Education**					
每万人拥有大学生(含研究生)(人)	Number of Doctors per 10 000 Persons (Include Postgraduates) (person)	28	89	149	211	220
卫生	**Health Care**					
每千人拥有医院、卫生院床位(张)	Number of Hospital Beds per 1 000 Persons (unit)	1.93	2.07	3.24	4.25	4.28
每千人拥有医生(人)	Number of Doctors per 1 000 Persons (person)	1.17	1.14	1.65	1.92	2.01

2-6 国民经济和社会发展比例和效益指标

Indicators on Proportions and Efficiency in National Economic and Social Development

本表价值量指标均按当年价格计算。

The data in value terms in the table are calculated at current prices.

指标	Item	2000	2005	2010	2013	2014
人口	**Population**					
出生率(‰)	Birth Rate (‰)	13.07	11.55	11.52	12.27	12.80
死亡率(‰)	Death Rate (‰)	5.93	6.30	6.57	6.76	7.02
自然增长率(‰)	Natural Growth Rate (‰)	7.14	5.25	4.95	5.51	5.78
城镇化率(%)	Standard of Urbanization (%)	23.2	30.7	38.8	43.8	45.2
就业	**Employment**					
城镇每一就业者负担人口(人)	Number of Dependents per Urban Employee (person)	1.94	1.94	1.95	1.90	1.76
城镇登记失业率(%)	Unemployment Rate in Urban Areas (%)	2.6	3.5	3.4	3.1	3.0
国民核算	**National Accounting**					
经济增长贡献率(%)	Contribution Rate to GDP (%)					
第一产业	Primary Industry	10.2	9.8	4.7	5.7	5.3
第二产业	Secondary Industry	62.6	62.2	68.0	62.0	62.4
第三产业	Tertiary Industry	27.2	28.0	27.3	32.3	32.3
全社会劳动生产率(元/人.年)	Overall Labor Productivity (yuan/person.year)	9377	18824	38516	50795	54138
第一产业	Primary Industry	3382	5776	11658	15306	15955
第二产业	Secondary Industry	24282	45843	74812	84688	88407
第三产业	Tertiary Industry	15827	26361	45866	65037	70796
固定资产投资	**Investment in Fixed Assets**					
全社会固定资产投资率(%)	Proportion of Investment in fixed Assets to GDP (%)	29.2	41.4	71.1	81.1	88.1
对外经济贸易和国际旅游	**Foreign Trade and International Tourism**					
进出口总额相当于生产总值比例(%)	Proportion of Total Imports & Exports to GDP (%)	3.7	5.9	5.2	11.5	11.4
每一来豫游客支出(美元)	Expenditure per International Tourist in Henan (USD)	381	360	340	318	319
利用外资	**Utilization of Foreign Capital**					
实际利用外商直接投资额相当于签订利用外资额比例(%)	Proportion of Foreign Capital Actually Used to Total Amount of Foreign Capital for Utilization by Signed Contracts or Agreements (%)	77.2	52.3	108.0	117.5	126.1
能源	**Energy**					
能源生产弹性系数	Elasticity Ratio of Energy Production		0.78	0.78	0.51	
能源消费弹性系数	Elasticity Ratio of Energy Consumption	0.77	0.80	0.68	0.52	
单位GDP能耗降低率(%)	Change of Energy Consumption per 10 000 yuan GDP(%)		-2.98	-3.53	-3.92	-4.06
单位GDP电耗降低率(%)	Change of Electricity Consumption per 10 000 yuan GDP(%)		-1.58	0.80	-3.16	-7.53
单位工业增加值能耗降低率(%)	Change of Energy Consumption per 10 000 yuan Add-value Industry (%)		-5.93	-10.75	-10.77	-11.29

2-6 续表　continued

指　标	Item	2000	2005	2010	2013	2014
财政	**Finance**					
地方公共财政收入相当于生产总值比例(%)	Proportion of Government Revenue to GDP (%)	4.9	5.1	6.0	7.5	7.8
家庭	**Family**					
少儿抚养系数(%)	Dependency Ratio of Children (%)		28.8	29.7	30.3	30.5
老年抚养系数(%)	Dependency Ratio of the Aged (%)		11.4	11.8	13.0	13.5
生活	**Family**					
城乡居民收入比例(农民人均纯收入为1)	Proportion of Growth Rate of Annual Income of Urban Residents to the Growth Rate of Annual Net Income of Rural Residents (Per Capita Net Income of Rural Residents=1)	2.40	3.02	2.90	2.42	2.38
农业	**Agriculture**					
每公顷播种面积农产量(千克)	Output of Farm Crops per Hectare of Sown Area (kg)					
粮食	Grain	4542	5006	5582	5667	5654
棉花	Cotton	903	866	957	1016	1043
油料	Oil-bearing Crops	2630	2800	3457	3705	3656
工业	**Industry**					
规模以上工业企业效益(%)	Main Economic Beneficial Indicators of Enterprises Above Designed Size (%)					
成本费用利润率	Ratio of Profits to Industrial Cost	4.5	6.9	10.2	8.2	7.8
资产负债率	AssetsLiability Ratio	66.4	61.6	55.2	48.5	46.9
总资产贡献率	Ratio of Total Assets to Industrial Output Value	8.6	15.7	22.4	16.9	15.8
产品销售率	Proportion of Products Sold	98.0	98.4	98.7	98.4	98.3
全员劳动生产率(元/人)	Overall Labor Productivity (yuan/person)	33643	88950	206596	221106	224089
建筑业	**Construction**					
技术装备率(元/人)	Value of Machinery per Laborer (yuan/person)	5302	8531	10173	12110	12893
金融保险	**Finance**					
金融机构存款相当于生产总值比例 (%)	Bank Deposits as Percentage of GDP (%)	94.1	94.5	100.2	116.9	118.4
金融机构贷款相当于生产总值比例 (%)	Bank Loans as Percentage of GDP (%)	86.2	70.2	68.7	63.1	64.2
教育	**Education**					
小学适龄人口入学率(%)	Rate of School-age Children Enrollment (%)	99.8	99.7	99.9	99.9	100.0
初中毕业生升学率(%)	Rate of Graduates of Junior Secondary Schools Entering Senior Secondary Schools (%)	41.4	60.2	79.5	79.3	93.2
高中阶段毛入学率(%)	The Gross enrollment rate of Senior Secondary School(%)				90.2	90.3
学校教师负担系数(人)	Student-teacher Ratio(in percentage) (person)					
普通高校	Undergraduate	13.0	18.4	18.8	17.8	17.7
职业中学	Specialized Secondary Schools	19.4	21.5	24.5	19.9	17.6
普通中学	Regular Secondary Schools	20.7	20.3	17.4	14.8	14.1
小学生	Primary School Students	24.6	20.8	21.8	19.0	19.8

2-7 按三次产业分的基本单位数及构成

Institutional Units and Composition By Industry

年 份 Year	单位数(个) Number of Enteprised (unit)	第一产业 Primary Industry		第二产业 Secondary Industry		第三产业 Tertiary Industry	
		绝对数 Value	构成(%) Composition(%)	绝对数 Value	构成(%) Composition(%)	绝对数 Value	构成(%) Composition(%)
法人单位 Institutional Units							
1997	217803	4101	1.9	85488	39.2	128214	58.9
1998	232775	5032	2.2	97576	41.9	130167	55.9
1999	223741	4904	2.2	90576	40.5	128261	57.3
2000	225806	5035	2.2	90865	40.3	129906	57.5
2001	267883	4782	1.8	88965	33.2	174136	65.0
2002	266230	4604	1.7	87495	32.9	174131	65.4
2003	272024	10803	4.0	89839	33.0	171382	63.0
2004	277950	8660	3.1	91370	32.9	177920	64.0
2005	286207	8334	2.9	97446	34.1	180427	63.0
2006	305722	8600	2.8	106732	34.9	190390	62.3
2007	322828	9570	3.0	114560	35.5	198698	61.5
2008	362427	11406	3.1	123219	34.0	227802	62.9
2009	379992	13022	3.4	128949	33.9	238021	62.6
2010	400767	14317	3.6	136646	34.1	249804	62.3
2011	412772	15179	3.7	139539	33.8	258054	62.5
2012	426534	15923	3.7	142556	33.4	268055	62.9
2013	511887	10713	2.1	121078	23.7	380096	74.2
2014	623773	34473	5.5	139985	22.4	449315	72.1
产业活动单位 Establishments Units							
1997	336064	4936	1.5	93405	27.8	237723	70.7
1998	347599	5801	1.7	104649	30.1	237149	68.2
1999	334889	5641	1.7	96979	29.0	232269	69.3
2000	336330	5755	1.7	97001	28.8	233574	69.5
2001	374810	5386	1.5	94602	25.2	274822	73.3
2002	371791	5159	1.4	92909	25.0	273723	73.6
2003	374699	13518	3.6	94607	25.3	266574	71.1
2004	383093	10811	2.8	96284	25.1	275998	72.1
2005	387463	9924	2.6	101636	26.2	275903	71.2
2006	403819	10054	2.5	110784	27.4	282981	70.1
2007	421567	10957	2.6	118568	28.1	292042	69.3
2008	453789	12071	2.7	126048	27.8	315670	69.6
2009	471512	13655	2.9	131829	28.0	326028	69.1
2010	492300	14941	3.1	139509	28.3	337850	68.6
2011	503248	15806	3.1	142386	28.3	345056	68.6
2012	517217	16540	3.2	145425	28.1	355252	68.7
2013	587177	10922	1.9	123681	21.1	452574	77.0
2014	724050	34770	4.8	144347	19.9	544933	75.3

2-8　分行业法人单位数

Number of Institutional Unit by City

单位：个　　(unit)

年份 Year	合　计 Total	农　林 牧渔业 Farming, Forestry, Animal Husbandry and Fishery	采矿业 Mining	制造业 Manufacturing	电力、燃气及水的生产和供应业 Production and Supply of Electricity,Gas and Water	建筑业 Construction	交通运输仓储及邮政业 Traffic, transport, storage and post	信息传输计算机服务和软件业 Information transfer, computer services and software	批发和零售业 Wholesale and retail trade	住宿和餐饮业 Accommodation and Restaurants
2003	272024	10803	5893	77783	794	5369	2471	1486	26052	4666
2004	277950	8660	6853	77694	938	5885	2462	1699	27384	4402
2005	286207	8334	7482	82822	946	6196	2430	1704	28669	4546
2006	305722	8600	7800	90965	1025	6942	2652	2156	33862	5181
2007	322828	9570	7893	97862	1090	7715	2882	2497	37450	5882
2008	362427	11406	7454	105315	1367	9083	4885	4631	47472	8809
2009	379992	13022	7774	109908	1450	9817	5300	4892	52698	9092
2010	400767	14317	7955	115652	1556	11483	5787	5267	58780	8240
2011	412772	15179	7951	117629	1605	12354	6112	5564	63176	8411
2012	426534	15923	7882	119770	1629	13275	6319	6451	67778	8688
2013	511887	10713	5741	100313	2181	12843	9409	4809	99916	11136
2014	623773	45427	6353	116185	2402	15511	11185	6306	118451	12223

2-8 续表 continued

单位：个 (unit)

年份 Year	金融业 Finance	房地产业 Real estate	租赁和商务服务业 Tenancy and business services	科学研究、技术服务和地质勘查业 Scientific research, technical service and geologic perambulation	水利、环境和公共设施管理业 Management of water conservancy, environment and public establishment	居民服务和其他服务业 Resident services and other services	教育 Education	卫生、社会保障和社会福利业 Sanitation, social security and social welfare	文化、体育和娱乐业 Culture, sports and entertainment	公共管理和社会组织 Public management and social organization
2003	3248	2455	4952	4366	2193	1370	14180	25428	3445	75070
2004	1907	3467	5759	4038	1913	1813	16623	29686	2542	74225
2005	1679	3610	6468	4189	1942	1920	16705	29715	2599	74251
2006	1755	4210	7820	4341	1915	2298	16917	29660	2685	74938
2007	1796	5111	8620	4527	1979	2556	17127	30031	2814	75426
2008	1076	6765	9821	5266	2206	3700	22536	26057	3492	81086
2009	1368	7464	11318	5577	2323	4173	22751	26114	3607	81344
2010	1695	9328	13304	6221	2418	4448	22900	26174	3751	81491
2011	1983	10550	15093	6574	2510	4568	22940	25221	3876	81476
2012	2034	11420	16400	7053	2604	4814	23074	25239	4608	81573
2013	1369	14387	22923	24110	4033	6898	40079	34020	13048	93959
2014	3226	17160	29737	27150	4614	8029	42309	37933	15757	103815

2-9 各市按三次产业和机构类型分法人单位数(2013年)

Number of Institutional Unit by orgniztion type and City (2013)

单位：个　　(unit)

市(县) City(County)	合计 Total	第一产业 Primary Industry	第二产业 Secondary Industry	第三产业 Tertiary Industry	企业法人 Business Entity	事业法人 Institution Entity	机关法人 Government Entity	社会团体 Social Organization	其他 Others
全 省 Total	**511887**	**10713**	**121078**	**380096**	**319129**	**64432**	**13670**	**5706**	**108950**
省辖市 City									
郑州市 Zhengzhou	65874	343	12027	53504	52658	4192	1112	677	7235
开封市 Kaifeng	19496	67	4492	14937	11785	2659	742	295	4015
洛阳市 Luoyang	42592	472	10848	31272	26550	6223	1186	481	8152
平顶山市 Pingdingshan	20088	265	4082	15741	12055	2121	783	280	4849
安阳市 Anyang	21032	319	5346	15367	13206	2228	721	282	4595
鹤壁市 Hebi	9179	227	2349	6603	5420	1038	339	207	2175
新乡市 Xinxiang	27863	906	7761	19196	16556	3407	914	195	6791
焦作市 Jiaozuo	19869	493	6165	13211	12214	2666	701	279	4009
濮阳市 Puyang	21303	349	5319	15635	12453	3098	680	267	4805
许昌市 Xuchang	35392	1005	10319	24068	26158	2051	469	210	6504
漯河市 Luohe	11622	281	2339	9002	6926	1633	415	121	2527
三门峡市 Sanmenxia	15244	125	3011	12108	9521	2166	578	311	2668
南阳市 Nanyang	48872	1380	8550	38942	27494	8108	1067	537	11666
商丘市 Shangqiu	29974	266	7824	21884	18035	4890	822	291	5936
信阳市 Xinyang	22278	1979	4994	15305	11393	3778	797	280	6030
周口市 Zhoukou	24647	512	6343	17792	13746	3289	722	137	6753
驻马店市 Zhumadian	24439	647	6105	17687	14285	3886	696	304	5268
济源市 Jiyuan	5159	222	1007	3930	2893	362	88	75	1741
省直管县 Province Administrating County									
巩义市 Gongyi	5587	20	2536	3031	3842	473	81	40	1151
兰考县 Lankao	5664	29	1919	3716	4293	411	62	31	867
汝州市 Ruzhou	4486	145	935	3406	2102	837	91	25	1431
滑县 Huaxian	4250	175	987	3088	1999	529	70	22	1630
长垣县 Changyuan	4911	2	1277	3632	3065	522	80	66	1178
邓州市 Dengzhou	5747	207	1354	4186	2724	1188	74	27	1734
永城市 Yongcheng	4924	113	1124	3687	2311	540	83	35	1955
固始县 Gushi	4080	66	871	3143	1810	611	96	46	1517
鹿邑县 Luyi	3352	42	520	2790	1002	801	119	163	1267
新蔡县 Xincai	3963	56	674	3233	2633	725	82	22	501

2-10 各市按三次产业和机构类型分法人单位数(2014年)

Number of Institutional Unit by orgniztion type and City (2014)

单位：个 (unit)

市(县) City(County)	合计 Total	第一产业 Primary Industry	第二产业 Secondary Industry	第三产业 Tertiary Industry	企业法人 Business Entity	事业法人 Institution Entity	机关法人 Government Entity	社会团体 Social Organization	其他 Others
全省 Total	**623773**	**34473**	**139985**	**449315**	**399985**	**67030**	**14299**	**7123**	**135336**
省辖市 City									
郑州市 Zhengzhou	87251	1508	15244	70499	70411	4597	1130	892	10215
开封市 Kaifeng	23433	662	5267	17504	14845	2765	770	346	4707
洛阳市 Luoyang	49430	2317	11634	35479	30823	6500	1208	575	10326
平顶山市 Pingdingshan	22981	1716	4457	16808	14614	1929	799	315	5325
安阳市 Anyang	24194	1107	5822	17265	15458	2315	749	307	5360
鹤壁市 Hebi	10999	904	2504	7591	6498	1108	376	250	2767
新乡市 Xinxiang	33429	2620	8407	22402	19511	3599	980	255	9082
焦作市 Jiaozuo	23847	1112	6879	15856	14555	2941	747	374	5230
濮阳市 Puyang	24751	2022	5641	17088	14783	3250	685	339	5698
许昌市 Xuchang	46038	1306	13209	31523	33611	2465	486	339	9138
漯河市 Luohe	13602	813	2528	10261	7884	1752	438	156	3372
三门峡市 Sanmenxia	21446	1279	3747	16420	14795	2459	575	457	3158
南阳市 Nanyang	58246	3273	10600	44373	34663	8014	1146	666	13752
商丘市 Shangqiu	36232	1956	9518	24758	23203	5135	870	340	6684
信阳市 Xinyang	27667	2551	5899	19217	14999	3914	827	365	7564
周口市 Zhoukou	27432	1261	6834	19337	15744	3374	764	161	7388
驻马店市 Zhumadian	30049	2863	6741	20445	18478	4213	750	354	6254
济源市 Jiyuan	5786	95	1062	4629	3357	408	95	80	1848
省直管县 Province Administrating County									
巩义市 Gongyi	6140	108	2713	3319	4212	472	102	49	1304
兰考县 Lankao	7083	158	2465	4460	5408	411	71	30	1164
汝州市 Ruzhou	5084	327	966	3791	2461	950	108	36	1531
滑县 Huaxian	5722	935	1049	3738	2505	535	71	29	2582
长垣县 Changyuan	6233	147	1740	4346	4036	562	99	89	1449
邓州市 Dengzhou	6658	1008	1288	4362	3474	1151	76	30	1931
永城市 Yongcheng	6491	514	1631	4346	3148	421	93	53	2776
固始县 Gushi	4795	569	901	3325	2217	562	96	49	1871
鹿邑县 Luyi	4463	870	593	3000	1228	798	122	162	2153
新蔡县 Xincai	4291	472	646	3173	3064	430	66	25	707

2-12 各市分行业法人单位数(2014年)

单位：个

市(县)	City(County)	合计 Total	农林牧渔业 Farming, Forestry, Animal Husbandry and Fishery	采矿业 Mining	制造业 Manufacturing	电力、燃气及水的生产和供应业 Production and Supply of Electricity,Gas and Water	建筑业 Construction	交通运输仓储及邮政业 Traffic, transport, storage and post	信息传输计算机服务和软件业 Information transfer, computer services and software
全省	**Total**	**623773**	**45427**	**6353**	**116185**	**2402**	**15511**	**11185**	**6306**
省辖市	**City**								
郑州市	Zhengzhou	87251	1865	380	10039	128	4746	1437	3322
开封市	Kaifeng	23433	733	2	4665	85	530	650	164
洛阳市	Luoyang	49430	2801	1012	9384	206	1074	764	620
平顶山市	Pingdingshan	22981	1976	598	3341	97	448	352	117
安阳市	Anyang	24194	1444	403	4522	107	811	467	136
鹤壁市	Hebi	10999	1116	67	2129	53	265	174	47
新乡市	Xinxiang	33429	3651	63	7554	106	714	456	239
焦作市	Jiaozuo	23847	1628	226	6129	94	442	530	105
濮阳市	Puyang	24751	2392	27	5007	98	555	500	162
许昌市	Xuchang	46038	2290	297	11683	99	1153	658	216
漯河市	Luohe	13602	1094	2	2235	37	259	368	95
三门峡市	Sanmenxia	21446	1418	869	2170	171	563	552	142
南阳市	Nanyang	58246	4752	863	8784	218	775	750	184
商丘市	Shangqiu	36232	2305	2	8567	165	795	920	157
信阳市	Xinyang	27667	4523	593	4659	188	474	436	84
周口市	Zhoukou	27432	1624	3	6352	120	378	555	65
驻马店市	Zhumadian	30049	3542	469	5637	128	541	578	191
济源市	Jiyuan	5786	314	74	826	25	138	105	46
省直管县	**Province Administrating County**								
巩义市	Gongyi	6140	133	63	2582	30	51	103	27
兰考县	Lankao	7083	195	2	2310	29	129	166	38
汝州市	Ruzhou	5084	470	225	700	8	37	78	9
滑县	Huaxian	5722	1109	1	950	10	90	69	14
长垣县	Changyuan	6233	159		1453	7	291	108	30
邓州市	Dengzhou	6658	1203	25	1092	127	47	48	7
永城市	Yongcheng	6491	626	9	1538	16	70	132	3
固始县	Gushi	4795	634	77	746	27	51	85	34
鹿邑县	Luyi	4463	913		562	12	19	47	20
新蔡县	Xincai	4291	517	1	569	11	65	97	32

Number of Institutional Unit by Sector and City (2014)

(unit)

批发和零售业 Wholesale and retail trade	住宿和餐饮业 Accommodation and Restaurants	金融业 Finance	房地产业 Real estate	租赁和商务服务业 Tenancy and business services	科学研究、技术服务和地质勘查业 Scientific research, technical service and geologic perambulation	水利、环境和公共设施管理业 Management of water conservancy, environment and public establishment	居民服务和其他服务业 Resident services and other services	教育 Education	卫生、社会保障和社会福利业 Sanitation, social security and social welfare	文化、体育和娱乐业 Culture, sports and entertainment	公共管理和社会组织 Public management and social organization
118451	**12223**	**3226**	**17160**	**29737**	**27150**	**4614**	**8029**	**42309**	**37933**	**15757**	**103815**
25608	1285	435	4745	11197	3885	488	1318	3716	3452	1713	7492
3991	641	139	612	1245	1761	108	231	1612	1098	1228	3938
8820	919	272	1552	2205	1905	495	588	3578	3809	1223	8203
4464	805	74	752	784	613	219	313	1211	1520	964	4333
4962	441	117	503	900	861	203	432	1412	1362	516	4595
1436	155	55	359	825	219	123	148	623	770	205	2230
5016	434	202	866	968	1446	252	461	2615	2000	520	5866
3874	303	154	542	832	853	175	299	1454	1300	442	4465
3854	437	174	505	701	1046	130	453	2078	1004	594	5034
11017	1007	205	927	1458	1903	250	606	2367	3340	1515	5047
2338	243	160	399	566	416	106	148	931	1107	113	2985
5868	448	116	514	1219	655	274	398	863	1078	497	3631
11843	1745	171	959	2281	3231	428	668	4906	4368	1807	9513
5203	470	213	971	1066	909	185	431	3956	2425	598	6894
3021	821	273	726	642	1065	224	244	1166	1472	724	6332
2854	516	107	396	406	2518	79	258	2409	1542	651	6599
4878	594	101	770	841	2063	235	343	2026	1188	700	5224
1151	53	43	154	249	228	368	63	284	583	157	925
850	80	12	99	107	88	49	59	252	331	483	741
1369	177	18	132	294	434	14	116	383	148	328	801
673	38	8	67	92	254	33	47	860	480	124	881
770	19	13	72	301	142	9	42	469	104	46	1492
1194	81	28	127	168	110	32	69	742	542	131	961
748	140	8	59	47	99	28	64	870	762	157	1127
476	91	23	169	123	226	25	36	425	869	72	1562
571	79	48	103	107	71	48	21	215	707	55	1116
261	38	47	36	67	83	24	46	634	506	55	1093
1341	163	10	44	46	66	10	127	252	66	139	735

2-13 各市按登记注册类型分企业法人单位数(2013年)

单位：个

市(县) City(County)	企业单位数 Number of Enterprises	内资企业 Domestic Funded Enterprises	#国有企业 State-owned Enterprises	#集体企业 Collective-owned Enterprises	#股份合作企业 Cooperative Enterprises
全省 Total	**319129**	**317882**	**5073**	**4978**	**1847**
省辖市 City					
郑州市 Zhengzhou	52658	52239	601	436	132
开封市 Kaifeng	11785	11730	217	239	66
洛阳市 Luoyang	26550	26447	478	459	125
平顶山市 Pingdingshan	12055	12018	287	221	77
安阳市 Anyang	13206	13166	172	223	54
鹤壁市 Hebi	5420	5396	83	162	48
新乡市 Xinxiang	16556	16449	264	358	108
焦作市 Jiaozuo	12214	12164	201	132	146
濮阳市 Puyang	12453	12410	231	156	168
许昌市 Xuchang	26158	26113	110	136	26
漯河市 Luohe	6926	6887	144	172	51
三门峡市 Sanmenxia	9521	9498	169	319	33
南阳市 Nanyang	27494	27425	423	489	151
商丘市 Shangqiu	18035	18008	303	249	119
信阳市 Xinyang	11393	11366	382	275	86
周口市 Zhoukou	13746	13715	295	218	115
驻马店市 Zhumadian	14285	14237	328	313	105
济源市 Jiyuan	2893	2880	53	47	31
省直管县 Province Administrating County					
巩义市 Gongyi	3842	3830	39	89	13
兰考县 Lankao	4293	4285	28	26	2
汝州市 Ruzhou	2102	2096	31	37	39
滑县 Huaxian	1999	1996	24	48	17
长垣县 Changyuan	3065	3060	21	14	6
邓州市 Dengzhou	2724	2720	50	44	13
永城市 Yongcheng	2311	2306	29	26	5
固始县 Gushi	1810	1808	51	55	1
鹿邑县 Luyi	1002	1000	27	19	13
新蔡县 Xincai	2633	2633	32	16	97

Number of Business Entities by City and Status of Registration (2013)

(unit)

#联　营 Joint Ownership	#有限责任公　司 Limited Liability Corporations	#股份有限公　司 Share-holding Corporations Ltd.	#私　营 Private	#其他内资 Others	港、澳、台商投资企业 Enterprises with Funds from Hong Kong, Macao and Taiwan	外商投资企　业 Enterprises with Foreign Investment
1672	**90214**	**7591**	**150901**	**55606**	**607**	**640**
77	30653	900	16470	2970	208	211
132	2673	382	5374	2647	26	29
150	7448	590	14329	2868	49	54
53	3406	287	5790	1897	15	22
72	3889	237	5438	3081	18	22
19	2384	107	1855	738	13	11
98	4207	403	7779	3232	46	61
85	3596	361	4740	2903	22	28
62	2967	426	5817	2583	21	22
122	4883	344	15805	4687	18	27
55	2109	256	2703	1397	20	19
34	1763	138	5872	1170	13	10
189	4836	662	13707	6968	40	29
102	2427	454	10899	3455	12	15
79	1647	295	5649	2953	14	13
86	1521	487	7100	3893	18	13
142	2499	392	7409	3049	29	19
11	1428	96	798	416	5	8
19	1176	93	1946	455	3	9
12	699	66	2990	462	3	5
4	463	26	1085	411	4	2
10	378	46	696	777	2	1
9	1378	108	639	885	1	4
16	179	36	1916	466	2	2
7	257	30	1373	579	4	1
8	702	17	886	88		2
13	237	28	361	302	1	1
6	409	324	1475	274		

2-14 各市按登记注册类型分企业法人单位数(2014年)

单位：个

市(县) City(County)	企业单位数 Number of Enterprises	内资企业 Domestic Funded Enterprises	#国有企业 State-owned Enterprises	#集体企业 Collective-owned Enterprises	#股份合作企业 Cooperative Enterprises
全省 Total	**399985**	**398492**	**6079**	**5976**	**2161**
省辖市 City					
郑州市 Zhengzhou	70411	69870	734	539	238
开封市 Kaifeng	14845	14778	277	336	88
洛阳市 Luoyang	30823	30703	570	549	151
平顶山市 Pingdingshan	14614	14573	290	265	90
安阳市 Anyang	15458	15414	210	257	65
鹤壁市 Hebi	6498	6472	87	178	45
新乡市 Xinxiang	19511	19399	301	398	116
焦作市 Jiaozuo	14555	14495	256	181	151
濮阳市 Puyang	14783	14736	255	188	175
许昌市 Xuchang	33611	33558	132	161	33
漯河市 Luohe	7884	7845	173	173	59
三门峡市 Sanmenxia	14795	14764	252	399	64
南阳市 Nanyang	34663	34579	509	593	168
商丘市 Shangqiu	23203	23175	379	300	129
信阳市 Xinyang	14999	14969	499	439	98
周口市 Zhoukou	15744	15706	368	240	116
驻马店市 Zhumadian	18478	18423	374	329	124
济源市 Jiyuan	3357	3337	61	51	35
省直管县 Province Administrating County					
巩义市 Gongyi	4212	4199	38	91	17
兰考县 Lankao	5408	5399	33	37	3
汝州市 Ruzhou	2461	2455	31	37	35
滑县 Huaxian	2505	2500	28	51	18
长垣县 Changyuan	4036	4028	29	22	11
邓州市 Dengzhou	3474	3469	48	47	13
永城市 Yongcheng	3148	3142	31	26	7
固始县 Gushi	2217	2215	51	56	2
鹿邑县 Luyi	1228	1227	37	18	15
新蔡县 Xincai	3064	3062	26	15	95

Number of Business Entities by City and Status of Registration (2014)

(unit)

#联 营 Joint Ownership	#有限责任公司 Limited Liability Corporations	#股份有限公司 Share-holding Corporations Ltd.	#私 营 Private	#其他内资 Others	港、澳、台商投资企业 Enterprises with Funds from Hong Kong, Macao and Taiwan	外商投资企业 Enterprises with Foreign Investment
1643	**106668**	**8665**	**199133**	**68167**	**728**	**765**
86	35051	1176	28421	3625	256	285
118	3332	438	7318	2871	34	33
140	8177	669	17137	3310	58	62
53	3947	311	7196	2421	17	24
69	4479	286	6694	3354	22	22
20	2981	129	2209	823	14	12
98	4721	457	9104	4204	48	64
71	4208	436	5899	3293	30	30
66	3401	433	6608	3610	25	22
97	6355	396	21291	5093	24	29
55	2410	269	3004	1702	19	20
22	2297	225	9707	1798	17	14
199	5803	675	18106	8526	50	34
102	3499	493	13686	4587	11	17
101	2035	370	7590	3837	17	13
90	1778	516	7917	4681	22	16
135	3437	418	9506	4100	32	23
11	1698	113	888	480	9	11
17	1378	91	2067	500	3	10
10	756	72	3944	544	3	6
5	510	27	1294	516	4	2
10	496	52	809	1036	3	2
9	1755	145	1074	983	2	6
24	223	36	2439	639	2	3
7	286	37	1926	822	3	3
10	777	25	1135	159		2
13	327	31	443	343	1	
5	551	339	1721	310	2	

2-15 “三上”法人单位数(2014年底)

Number of Institutional Unit of industry, construction, wholesale and retail trades, hotels and catering enterprises above designated size (end of 2014)

单位：个 (unit)

市(县) City(County)	合 计 Total	工 业 Industry	建筑业 Construction	批发和零售业 Wholesale and retail trade	住宿和餐饮业 Accommodation and Restaurants	房地产业 Real estate	重点服务业 Key Services
全 省 Total	**50676**	**21736**	**6367**	**8797**	**2464**	**5662**	**5650**
省 辖 市 City							
郑 州 市 Zhengzhou	8250	2312	1732	1457	372	1126	1251
开 封 市 Kaifeng	2185	1026	283	383	144	216	133
洛 阳 市 Luoyang	4093	1772	485	756	191	548	341
平 顶 山 市 Pingdingshan	2299	717	277	442	177	369	317
安 阳 市 Anyang	1920	845	290	312	72	239	162
鹤 壁 市 Hebi	1089	583	117	130	46	144	69
新 乡 市 Xinxiang	2507	1143	374	403	98	332	157
焦 作 市 Jiaozuo	2164	1213	227	260	60	226	178
濮 阳 市 Puyang	1788	988	284	254	42	153	67
许 昌 市 Xuchang	3095	1498	139	643	141	266	408
漯 河 市 Luohe	1230	664	110	207	79	98	72
三 门 峡 市 Sanmenxia	1477	637	192	281	66	167	134
南 阳 市 Nanyang	4217	1742	461	999	256	417	342
商 丘 市 Shangqiu	1993	933	197	288	71	295	209
信 阳 市 Xinyang	2446	1083	244	392	157	244	326
周 口 市 Zhoukou	2359	1115	233	309	139	172	391
驻 马 店 市 Zhumadian	2834	1344	255	417	156	283	379
济 源 市 Jiyuan	561	239	99	68	16	72	67
省 直 管 县 Province Administrating County							
巩 义 市 Gongyi	684	452	28	55	20	35	94
兰 考 县 Lankao	642	285	23	157	21	25	131
汝 州 市 Ruzhou	417	136	12	125	6	19	119
滑 县 Huaxian	310	152	42	65	3	33	15
长 垣 县 Changyuan	461	140	149	73	24	35	40
邓 州 市 Dengzhou	314	153	24	72	13	32	20
永 城 市 Yongcheng	322	145	40	29	26	39	43
固 始 县 Gushi	424	181	29	93	36	28	57
鹿 邑 县 Luyi	258	85	12	40	12	26	83
新 蔡 县 Xincai	337	153	9	87	20	23	45

2-16 航空港主要经济指标

Main Economic Indicators of Zhengzhou Airport

指　　标	Item	2013		2014	
		绝对数 Absolute value	增长速度(%) Growth Rate (%)	绝对数 Absolute value	增长速度(%) Growth Rate (%)
生产总值(亿元)	Gross Domestic Product (100 million yuan)	333.82	24.7	421.39	17.6
第一产业	Primary Industry	16.02	0.4	15.32	-1.8
第二产业	Secondary Industry	277.47	32.8	358.39	20.1
#工业	Industry	274.18	32.7	354.21	19.9
第三产业	Tertiary Industry	40.33	8.7	47.67	18.2
规模以上工业增加值(亿元)	value-added of Industrial Above Designated Size (100 million yuan)	-	36.1	-	22.3
固定资产投资(亿元)	Investment in Fixed Assets	201.54	54.1	400.90	91.8
#民间投资	civilian	36.50	-16.1	103.70	184.1
#工业	Industry	39.07	-46.1	80.03	104.9
#房地产开发	Real Estate	88.46	391.9	151.84	71.6
社会消费品零售总额(亿元)	Total Retail Sales of Consumer Goods (100 million yuan)	63.24	16.2	72.37	15.3
#限上企业(单位)消费品零售额	above Designated Size	4.29	-0.4	4.08	-12.8
进出口总值(亿美元)	Total Value of Imports and Exports (USD 100 million)	348.75	15.2	379.16	8.7
出口总值	Total Exports	193.96	28.1	204.19	5.3
进口总值	Total Imports	154.80	2.3	174.97	13.0
外商实际投资额(万美元)	Total Amount of Foreign Investment(USD 10 000)	42000	58.2	57968	38.0
引进省外境内资金(亿元)	Foreign Capital Actually Used(100 million yuan)	29.67	55.7	36.52	23.1
地方公共财政预算收入(亿元)	Public Financial Revenue of the Local Government (100 million yuan)	15.07	104.5	21.17	40.4
#税收收入	Tax Revenue	11.52	64.7	16.28	41.4
地方公共财政预算支出(亿元)	Public Financial Expenditure of the Local Government (100 million yuan)	38.03	222.0	62.54	64.4
民航旅客吞吐量(万人次)	Passenger throughput of civil aviation (10 000 person-time)	1314.00	12.6	1580.54	20.29
民航货邮吞吐量(万吨)	Goods throughput of civil aviation (10 000 tons)	25.57	69.1	37.04	44.9
航空运输飞行架次(万架次)	Air transport flight vehicles (10 000 vehicles)	12.78	17.0	14.77	15.5

2-17 产业集聚区法人单位数(2014年)
Number of Institutional Unit in Industry gathering Area (2014)

单位：个 (unit)

名 称	合 计 Total	工 业 Industry	建筑业 Construction	房地产业 Real estate	批发和零售业 Wholesale and retail trade	批发业 Wholesale	零售业 retail trade	住宿和餐饮业 Accommodation and Restaurants	住宿业 Accommodation	餐饮业 Restaurants	重点服务业 Key Services
合 计	**12959**	**8571**	**969**	**1176**	**1440**	**626**	**814**	**250**	**117**	**133**	**553**
郑州马寨产业集聚区	110	88	3	4	13	3	10	2	2		
郑州市金岱产业集聚区	25	4			20	19	1				1
郑州上街装备产业集聚区	44	41	2		1	1					
郑州国际物流产业集聚区	88	55	4	4							25
郑州市中牟产业集聚区	36	16	2	16	2	1	1				
郑州市中牟汽车产业集聚区	58	53	1	1	3	3					
巩义市产业集聚区	75	73			1	1					1
巩义市豫联产业集聚区	47	43			4	1	3				
荥阳市产业集聚区	51	32		7	8	5	3	1		1	3
新密市产业集聚区	39	34	1	1	3	3					
新郑新港产业集聚区	61	48	2	2	5	2	3	2		2	2
登封市产业集聚区	43	36			7	2	5				
郑州经济技术产业集聚区	349	87	104	44	61	42	19	7	6	1	46
郑州高新技术产业集聚区	285	111	96	48	19	16	3	1	1		10
郑州航空港产业集聚区	82	47	3	18	6	4	2	5	3	2	3
开封市汴东产业集聚区	27	21	3		2	1	1	1	1		
开封市精细化工产业集聚区	33	26		1	5		5	1		1	
开封汴西产业集聚区	385	115	82	82	49	7	42	46	13	33	11
杞县产业集聚区	84	63		1	8	1	7	4		4	8
通许县产业集聚区	107	81	5	7	13	2	11				1
尉氏县产业集聚区	139	99	6	4	17	2	15	8	2	6	5
开封黄龙产业集聚区	88	58	7	10	7	5	2	4		4	2
兰考县产业集聚区	118	89	3	5	10	4	6	2	1	1	9
洛阳工业产业集聚区(含洛阳工业园区)	73	57	3	1	7	5	2				5
洛阳先进制造产业集聚区	42	25	3	4	4	3	1				6
洛阳市石化产业集聚区	45	12	19	2	6	6					6
洛阳经济技术产业集聚区(含洛阳经济开发区)	73	5	9	38	18	13	5	2	2		1
洛阳市洛龙产业集聚区	55	43	5	1	3	1	2				3
孟津县华阳产业集聚区	47	36	1		8	7	1				2
洛阳市洛新产业集聚区	122	106	4	5	5	4	1	1	1		1
新安县产业集聚区	39	36	1		2	2					
栾川县产业集聚区	20	6	3	2	4	1	3	2	2		3
嵩县产业集聚区	11	11									
汝阳县产业集聚区	19	19									
宜阳县产业集聚区	76	72		2	2	1	1				
洛宁县产业集聚区	31	22		7	1		1	1		1	
伊川县产业集聚区	19	18									1
洛阳市伊滨产业集聚区	69	63		5	1		1				
偃师市产业集聚区	83	78			5		5				
洛阳高新技术产业集聚区(含洛阳国家高新技术产业开发区)	187	93	22	43	10	9	1	3	1	2	16
平顶山平新产业集聚区	20	4		9	3		3				4
平顶山高新技术产业集聚区(含平顶山高新技术产业园区)	101	35	10	5	41	4	37	1		1	9
平顶山市石龙产业集聚区	19	19									
宝丰县产业集聚区	44	32	2		6	4	2	4	4		

2-17 续表 1 continued

单位：个 (unit)

名 称	合 计 Total	工 业 Industry	建筑业 Construction	房地产业 Real estate	批发和零售业 Wholesale and retail trade	批发业 Wholesale	零售业 retail trade	住宿和餐饮业 Accommodation and Restaurants	住宿业 Accommodation	餐饮业 Restaurants	重点服务业 Key Services
平顶山化工产业集聚区	7	7									
叶县产业集聚区	93	32	5	15	17	2	15	4	4		20
鲁山县产业集聚区	33	28			4	2	2				1
郏县产业集聚区	47	34	3	5	4	3	1	1	1		
舞钢市产业集聚区	47	37	2	2	6	6					
汝州市产业集聚区	34	27			1	1					6
安阳高新技术产业集聚区(含安阳高新技术产业园区)	95	46	12	22	12	7	5	2	2		1
安阳市产业集聚区	20	12	1	4	3	2	1				
安阳市纺织产业集聚区	14	10		3							1
安阳市新东产业集聚区	16	6		9	1		1				
安阳县产业集聚区	13	12			1		1				
汤阴县产业集聚区	58	35	6	14	3	2	1				
滑县产业集聚区	56	30	6	10	8	1	7	1		1	1
内黄县产业集聚区	75	55	8	5	6	4	2				1
林州市产业集聚区	103	88	9	2	3	2	1				1
鹤壁市宝山循环经济产业集聚区	40	37		1	1		1				1
鹤壁市金山产业集聚区	128	104	8	5	9	1	8	1	1		1
黎阳产业集聚区(鹤壁市浚县)	61	52		6	2	1	1				1
鹤壁市鹤淇产业集聚区	84	54		16	9	7	2				5
新乡市新东产业集聚区	47	20	1	11	13	8	5	1	1		1
新乡电源产业集聚区	34	26	1	4	1	1		1		1	1
新乡经济技术产业集聚区(含新乡经济开发区)	111	66	13	14	13	3	10	4	2	2	1
获嘉县产业集聚区	79	41	16	7	8	1	7	2		2	5
新乡市桥北产业集聚区	18	11	1	3	3	2	1				
原阳县产业集聚区	80	58		18	1		1	2	1	1	1
延津县产业集聚区	49	47			1	1		1		1	
封丘县产业集聚区	50	31	4	4	9	2	7	1		1	1
长垣县产业集聚区(含长垣起重工业园区)	167	80	53	15	11	3	8	7	1	6	1
卫辉市产业集聚区	21	21									
辉县市产业集聚区	58	51	2	3	1	1		1	1		
新乡高新技术产业集聚区(含新乡高新技术开发区)	230	59	47	49	48	11	37	15	8	7	12
新乡工业产业集聚区(含新乡工业园区)	75	65	2	3	4	3	1				1
焦作工业产业集聚区	42	42									
焦作经济技术产业集聚区(含焦作经济开发区)	87	41	4	8	28	7	21	1	1		5
焦作循环经济产业集聚区	10	9									1
修武县产业集聚区	67	66		1							
博爱县产业集聚区	37	37									
武陟县产业集聚区	103	87	3	2	5		5	1		1	5
温县产业集聚区	66	65			1		1				
沁阳市产业集聚区	98	85	7	1	4	2	2				1
孟州市产业集聚区	69	62	2	1	2	2					2
濮阳市濮东产业集聚区	58	39	3		16	1	15				
清丰县产业集聚区	42	37		2	3	1	2				
南乐县产业集聚区	39	37			1	1					1
范县产业集聚区	101	91		5	5	5					

2-18 产业集聚区主要指标(2014年)

Main indicators of Industry gathering Area (2014)

单位：亿元 (100 million yuan)

名 称	规模以上工业从业人员期末人数(人) Number of Employed Persons (persons)	规模以上工业主营业务收入 Revenue from Principal Business	固定资产投资完成额 Investment in Fixed Assets
产业集聚区合计	**4010167**	**37968.14**	**15999.14**
郑州高新技术产业集聚区	42596	386.92	157.99
郑州经济技术产业集聚区	58909	852.15	319.66
郑州航空港产业集聚区	279435	2071.98	388.50
郑州市中牟产业集聚区	8665	32.94	123.32
郑州市中牟汽车产业集聚区	20332	248.27	108.87
郑州市金岱产业集聚区	1604	4.98	14.95
郑州上街装备产业集聚区	7537	161.72	31.39
郑州马寨产业集聚区	14207	152.72	53.40
巩义市产业集聚区	19824	496.57	61.04
巩义市豫联产业集聚区	13656	270.08	62.17
新郑新港产业集聚区	18478	260.08	93.08
新密市产业集聚区	24869	259.67	140.74
登封市产业集聚区	21455	203.84	73.50
荥阳市产业集聚区	22217	293.09	82.99
开封汴西产业集聚区	27789	240.33	194.74
开封黄龙产业集聚区	26216	194.45	84.92
开封市汴东产业集聚区	13518	102.85	25.62
尉氏县产业集聚区	52710	372.27	112.39
杞县产业集聚区	41729	209.67	112.20
开封市精细化工产业集聚区	11367	93.61	33.13
通许县产业集聚区	32240	185.65	85.29
兰考县产业集聚区	34532	213.74	81.07
洛阳高新技术产业集聚区	27909	250.89	85.39
洛阳工业产业集聚区	16736	164.18	42.85
洛阳经济技术产业集聚区	771	12.79	26.63
伊滨产业集聚区	19173	125.97	114.56
洛阳市洛龙产业集聚区	20453	103.70	111.41
洛阳市洛新产业集聚区	26448	356.89	93.82
洛阳市石化产业集聚区	6660	472.13	20.06
洛阳市先进制造产业集聚区	35507	364.30	69.49
洛宁县产业集聚区	34905	139.50	52.69
宜阳县产业集聚区	21962	209.86	121.85
新安县产业集聚区	27314	525.94	121.97
栾川县产业集聚区	3052	57.30	99.55
孟津县华阳产业集聚区	17534	183.80	97.18
汝阳县产业集聚区	11416	58.11	91.12
嵩县产业集聚区	7745	85.04	50.10
伊川县产业集聚区	6241	265.17	150.37
偃师市产业集聚区	36062	397.21	80.79
平顶山高新技术产业集聚区	16162	259.14	26.27
平顶山平新产业集聚区	7442	35.67	27.94
平顶山化工产业集聚区	1449	9.85	83.53
平顶山市石龙产业集聚区	4184	63.11	11.46

2-18 续表 1　　continued

单位：亿元　　(100 million yuan)

名　　称	规模以上工业从业人员期末人数(人) Number of Employed Persons (persons)	规模以上工业主营业务收入 Revenue from Principal Business	固定资产投资完成额 Investment in Fixed Assets
郏县产业集聚区	24726	108.86	101.55
汝州市产业集聚区	14755	95.37	48.70
叶县产业集聚区	10040	179.05	100.54
宝丰县产业集聚区	15398	105.20	93.38
舞钢市产业集聚区	27114	146.11	90.57
鲁山县产业集聚区	9119	84.67	73.47
安阳高新技术产业集聚区	20548	118.17	119.13
安阳市产业集聚区	2859	100.56	43.98
安阳市纺织产业集聚区	1556	12.63	19.39
安阳市新东产业集聚区	330	4.50	9.52
安阳县产业集聚区	16717	219.59	48.59
滑县产业集聚区	7945	66.96	85.28
林州市产业集聚区	45109	543.80	194.93
汤阴县产业集聚区	15545	268.93	57.91
内黄县产业集聚区	21150	157.34	59.16
鹤壁市鹤淇产业集聚区	35378	258.34	65.03
鹤壁市宝山循环经济产业集聚区	51227	308.37	63.47
鹤壁市金山产业集聚区	13772	204.98	121.14
浚县产业集聚区	32480	201.03	76.00
新乡高新技术产业集聚区	29269	306.90	63.28
新乡工业产业集聚区	32863	314.26	138.72
新乡经济技术产业集聚区	39290	368.60	59.66
新乡电源产业集聚区	16511	157.73	58.15
新乡市新东产业集聚区	7716	24.69	48.53
新乡桥北产业集聚区	2897	8.52	79.01
长垣县产业集聚区	32873	389.27	151.19
原阳县产业集聚区	17608	112.81	104.03
获嘉县产业集聚区	13304	88.35	72.57
封丘县产业集聚区	6496	51.51	45.44
卫辉市产业集聚区	3888	43.53	42.20
延津县产业集聚区	16678	166.92	68.28
辉县市产业集聚区	27195	385.14	101.27
焦作经济技术产业集聚区	30123	270.60	115.99
焦作循环经济产业集聚区	1367	12.82	12.17
焦作市工业产业集聚区	18240	190.46	57.88
武陟县产业集聚区	50807	521.61	171.39
温县产业集聚区	19959	310.40	155.50
孟州市产业集聚区	52992	506.11	194.23
沁阳市产业集聚区	33889	573.46	146.57
修武县产业集聚区	16135	220.35	84.14
博爱县产业集聚区	18916	304.55	125.54
濮阳经济技术产业集聚区	13384	228.36	66.07
濮阳市产业集聚区	3044	111.36	80.08
濮阳市濮东产业集聚区	10191	74.90	82.33
南乐县产业集聚区	7107	98.22	90.32
清丰县产业集聚区	15697	155.85	114.23

2-18 续表 2 continued

单位：亿元 (100 million yuan)

名 称	规模以上工业从业人员期末人数(人) Number of Employed Persons (persons)	规模以上工业主营业务收入 Revenue from Principal Business	固定资产投资完成额 Investment in Fixed Assets
台前县产业集聚区	9081	70.47	39.25
濮阳县产业集聚区	11987	149.52	112.42
范县产业集聚区	16483	316.20	96.19
许昌经济技术产业集聚区	21676	177.47	55.74
许昌魏都产业集聚区	11657	120.63	101.89
许昌尚集产业集聚区	21639	223.28	117.04
中原电气谷核心区	6903	143.49	63.10
长葛市产业集聚区	54521	728.48	192.24
鄢陵县产业集聚区	32325	320.70	152.18
襄城县产业集聚区	16085	170.20	142.03
禹州市产业集聚区	71505	610.29	161.63
漯河市经济技术产业集聚区	49648	679.29	108.83
漯河市沙澧产业集聚区	28012	178.56	86.86
漯河市东城产业集聚区	31341	208.68	76.20
漯河市淞江产业集聚区	23224	207.75	84.70
舞阳县产业集聚区	24725	260.43	94.00
临颍县产业集聚区	26615	318.55	135.19
三门峡经济技术产业集聚区	3064	76.78	20.78
三门峡产业集聚区	15386	487.99	148.98
义马煤化工产业集聚区	68297	453.27	97.94
卢氏县产业集聚区	3704	37.68	41.01
渑池县产业集聚区	23290	321.49	152.50
灵宝市产业集聚区	26041	439.64	107.63
陕县产业集聚区	5551	49.47	51.35
南阳高新技术产业集聚区	18724	94.81	90.58
南阳市新能源产业集聚区	24391	196.13	109.02
南阳市光电产业集聚区	11489	70.32	98.78
邓州市产业集聚区	19775	201.72	83.75
新野县产业集聚区	32265	240.42	114.04
淅川县产业集聚区	19221	260.66	110.17
内乡县产业集聚区	16082	106.34	119.44
唐河县产业集聚区	39002	181.30	106.43
桐柏县产业集聚区	7574	90.21	76.11
镇平县产业集聚区	18454	144.19	111.40
西峡县产业集聚区	40221	412.14	124.96
社旗县产业集聚区	18515	106.42	93.55
南召县产业集聚区	6127	47.95	53.18
方城县产业集聚区	6931	44.96	67.56
商丘经济技术产业集聚区	12156	52.64	90.07
豫东综合物流产业集聚区	897	6.63	32.81
商丘市梁园产业集聚区	16411	138.89	105.46
商丘市睢阳产业集聚区	21427	138.53	95.53
永城市产业集聚区	39059	345.94	119.84
民权县产业集聚区	18143	172.38	146.24
夏邑县产业集聚区	33959	183.93	140.24

2-18 续表 3 continued

单位：亿元 (100 million yuan)

名 称	规模以上工业从业人员期末人数(人) Number of Employed Persons (persons)	规模以上工业主营业务收入 Revenue from Principal Business	固定资产投资完成额 Investment in Fixed Assets
虞城县产业集聚区	46866	216.93	148.06
柘城县产业集聚区	18799	164.08	133.62
宁陵县产业集聚区	12389	102.39	47.16
睢县产业集聚区	44218	149.05	142.04
信阳市产业集聚区	8486	82.52	149.38
潢川经济技术产业集聚区	11592	53.55	54.96
信阳平桥产业集聚区	22733	141.14	58.96
信阳市上天梯产业集聚区	13670	80.40	46.05
信阳金牛物流产业集聚区	9244	75.14	62.38
信阳明港产业集聚区	19242	197.05	27.81
固始县史河湾产业集聚区	10327	55.32	43.18
固始县产业集聚区	13082	69.45	70.42
光山县官渡河产业集聚区	19278	116.21	66.84
新县产业集聚区	24246	96.59	60.33
罗山县产业集聚区	18376	97.81	65.81
淮滨县产业集聚区	30257	136.87	75.18
商城县产业集聚区	18249	128.72	59.12
潢川县产业集聚区	17910	106.55	64.46
息县产业集聚区	22223	133.95	58.96
周口经济技术产业集聚区	10845	230.27	43.58
周口市川汇产业集聚区	6704	42.74	24.02
项城市产业集聚区	30766	263.91	101.09
淮阳县产业集聚区	16166	187.04	87.71
扶沟县产业集聚区	13519	203.02	93.41
鹿邑县产业集聚区	19414	223.22	104.75
郸城县产业集聚区	41393	286.77	81.44
西华县产业集聚区	18126	200.41	98.31
沈丘县产业集聚区	34969	360.20	107.10
太康县产业集聚区	29652	233.21	93.37
商水县产业集聚区	33002	254.97	95.32
驻马店经济技术产业集聚区	613	13.15	32.91
驻马店装备产业集聚区	20193	135.09	90.19
驻马店市产业集聚区	20605	291.38	68.12
遂平县产业集聚区	23602	195.70	93.65
新蔡县产业集聚区	10214	57.83	67.51
正阳县产业集聚区	13798	43.60	37.49
汝南县产业集聚区	21448	170.84	60.86
西平县产业集聚区	15462	90.93	64.40
泌阳县产业集聚区	38773	229.43	84.45
平舆县产业集聚区	23047	235.75	85.87
确山县产业集聚区	13572	109.09	80.74
上蔡县产业集聚区	28226	194.99	87.66
济源市高新技术产业集聚区	3832	39.70	45.46
济源市玉川产业集聚区	18112	383.55	72.09
济源市虎岭产业集聚区	52127	470.85	113.55

2-20　特色商业区主要指标(2014年)

Main Indicators of Feature Commercial Area (2014)

名　　称	规划面积 (万平方米) Area (10 000 sq.m)	固定资产投资完成额 (万元) Investment in Fixed Assets (10 000 yuan)	企业个数 (个) Number of Industry (unit)	服务业法人企业从业人员 (人) Number of Employed Persons of Services (persons)
全省特色商业区合计	**18274**	**6493537**	**10544**	**262769**
郑州市中原区特色商业区	200	266420	176	10419
郑州市二七区特色商业区	217	340871	668	12774
郑州市管城回族区特色商业区	224	135250	733	12450
郑州市金水区特色商业区	98	112500	887	9905
郑州市上街区通航特色商业区	104	217385	102	1542
郑州市惠济区特色商业区	168	91216	39	4575
中牟县特色商业区	217	62776	62	1663
荥阳市特色商业区	116	2650	13	310
新密市特色商业区	151	25630	130	2491
新郑市特色商业区	254	497701		35
登封市特色商业区	220	57781	128	3060
开封市龙亭区特色商业区	267	84589	152	4412
开封市顺河回族区特色商业区	45	4100	36	861
开封市鼓楼区特色商业区	216	13090	281	7600
开封市禹王台区特色商业区	112	42215		34
开封市金明区特色商业区	110	39296		15
杞县特色商业区	196	14029	90	2399
通许县特色商业区	180	51430	17	892
尉氏县特色商业区	138	13028	56	1830
开封县特色商业区	186	93081	45	1424
洛阳市老城区特色商业区	124	312254	28	758
洛阳市西工区特色商业区	200	194912	698	20412
洛阳市瀍河回族区特色商业区	138			22
洛阳市涧西区特色商业区	197	95805	212	3797
洛阳市吉利区特色商业区	80		14	646
洛阳市洛龙区特色商业区	210	102404	174	3753
孟津县特色商业区	200			
新安县特色商业区	120	100108	66	1528
宜阳县特色商业区	198	47834	258	4209
伊川县特色商业区	182		7	398
偃师市特色商业区	142		136	3613
平顶山市新华区特色商业区	135	31611	26	507
平顶山市卫东区特色商业区	86	80	77	3318
平顶山市石龙区特色商业区	16	6583	4	81
平顶山市湛河区特色商业区	95			
宝丰县特色商业区	193	58130	31	6138
叶县特色商业区	161	7559	30	1159
鲁山县特色商业区	68	84720	2	41

2-20 续表 1 continued

名 称	规划面积 (万平方米) Area (10 000 sq.m)	固定资产投资完成额 (万元) Investment in Fixed Assets (10 000 yuan)	企业个数 (个) Number of Industry (unit)	服务业法人企业从业人员 (人) Number of Employed Persons of Services (persons)
安阳市文峰区特色商业区	69	2450	73	2340
安阳市北关区特色商业区	177	55527	77	3338
安阳市殷都区特色商业区	90	42000	110	2502
安阳市龙安区特色商业区	105		1	68
安阳县特色商业区	88	22360	5	284
汤阴县特色商业区	182	50113	3	68
内黄县特色商业区	174	81789	6	290
鹤壁市鹤山区特色商业区	65	13900		7
鹤壁市山城区特色商业区	102	120819	81	1364
鹤壁市淇滨区特色商业区	101	88835	6	403
浚县特色商业区	160	111	13	592
淇县特色商业区	118	16981	4	78
新乡市红旗区特色商业区	160	16659	194	6218
新乡市卫滨区特色商业区	150	95460	120	3928
新乡市凤泉区特色商业区	96	5500	23	301
新乡市牧野区特色商业区	142	154973	80	2955
新乡县特色商业区	153	9253	29	723
获嘉县特色商业区	94	16000	17	812
原阳县特色商业区	148	14125	3	136
延津县特色商业区	136		7	129
卫辉市特色商业区	194	3630	3	195
辉县市特色商业区	130	60222	21	981
焦作市解放区特色商业区	198	59378	134	6555
焦作市中站区特色商业区	150			144
焦作市马村区特色商业区	126		2	133
焦作市山阳区特色商业区	178	4000	63	3450
修武县特色商业区	174	11578	9	262
博爱县特色商业区	146	935	33	921
武陟县特色商业区	140	3210	1	58
温县特色商业区	170		3	596
沁阳市特色商业区	185	118192	37	1566
孟州市特色商业区	174			196
濮阳市华龙区特色商业区	181	245507	320	7150
清丰县特色商业区	57	4350	1	225
濮阳县特色商业区	198	99	3	206
许昌市魏都区特色商业区	210	59205	808	16526
许昌县特色商业区	180	2300		142
鄢陵县特色商业区	430	28800	24	551
襄城县特色商业区	182		6	463
禹州市特色商业区	131	22646	289	4364
长葛市特色商业区	220	72121	107	3551

2-20　续表 2　　continued

名　　称	规划面积 (万平方米) Area (10 000 sq.m)	固定资产投资完成额 (万元) Investment in Fixed Assets (10 000 yuan)	企业个数 (个) Number of Industry (unit)	服务业法人企业从业人员 (人) Number of Employed Persons of Services (persons)
漯河市源汇区特色商业区	131	79800	115	4339
漯河市郾城区特色商业区	183		68	1521
漯河市召陵区特色商业区	194	4000	10	154
舞阳县特色商业区	208	7000	33	1870
临颍县特色商业区	211	28205	16	1309
三门峡市湖滨区特色商业区	245	85980	599	6752
渑池县特色商业区	127	60138	65	2584
陕县特色商业区	165	152755	125	4015
卢氏县特色商业区	67		48	1101
义马市特色商业区	58	116263	9	573
灵宝市特色商业区	123	74050	121	3149
南阳市宛城区特色商业区	183	24694	93	2133
南阳市卧龙区特色商业区	125	58881	115	2016
方城县特色商业区	165	38199	205	3752
镇平县特色商业区	220	99806	41	893
内乡县特色商业区	179	137395	174	2955
社旗县特色商业区	215	40381	92	1558
唐河县特色商业区	174	920	118	2570
商丘市梁园区特色商业区	202		21	556
商丘市睢阳区特色商业区	123		29	774
民权县特色商业区	111	20000	50	1245
宁陵县特色商业区	173	45871	41	1184
柘城县特色商业区	155	50300	58	1466
虞城县特色商业区	199	95373	40	4460
信阳市浉河区特色商业区	129	29889	60	1526
信阳市平桥区特色商业区	160			
罗山县特色商业区	207	40730	16	672
周口市川汇区特色商业区	160	31000	15	324
西华县特色商业区	104	17350		42
商水县特色商业区	170	59458		48
淮阳县特色商业区	236	110261	10	895
项城市特色商业区	201	72698	2	236
驻马店市驿城区特色商业区	207			
西平县特色商业区	134	43426	4	550
确山县特色商业区	164	59150	29	850
汝南县特色商业区	100	13195	17	347
遂平县特色商业区	138	86303	11	508

主要统计指标解释

可比价格　指计算各种总量指标所采用的扣除了价格变动因素的价格，可进行不同时期总量指标的对比。按可比价格计算总量指标有两种方法：一种是直接用产品产量乘某一年的不变价格计算；另一种是用价格指数进行缩减。

不变价格　指以同类产品某年的平均价格作为固定价格，用于计算各年的产品价值。按不变价格计算的产品价值消除了价格变动因素，不同时期对比可以反映生产的发展速度。新中国成立后，随着工农业产品价格水平的变化，国家统计局先后五次制定了全国统一的工业产品不变价格和农业产品不变价格。从1952年到1957年使用1952年工（农）业产品不变价格，从1957年到1970年使用1957年不变价格，从1971年到1980年使用1970年不变价格，从1981年到1990年使用1980年不变价格，从1991年开始使用1990年不变价格。

平均增长速度　平均增长速度表明社会经济现象在一个较长的时期内逐期平均增长变化的程度，它不能根据各个环比增长速度直接求得，但与平均发展速度之间存在着一定的数量关系：平均增长速度＝平均发展速度－1。

平均发展速度是一种根据环比发展速度计算的序时平均数，由于各时期对比的基础不同，所以计算平均发展速度不能采用一般的序时平均数的计算方法，计算方法分为水平法和累计法。水平法，又称几何平均法，即将环比发展速度按连乘法用几何平均数公式计算。累计法，也称方程法，根据一段时期内各年发展水平总和与基期水平的关系，列出方程式计算平均发展速度。水平法着重考虑最后一年所达到的发展水平；累计法着重考虑整个时期累计发展水平的总量。

本《年鉴》内所列的平均增长速度，除固定资产投资用“累计法”计算外，其余均用“水平法”计算。从某年到某年平均增长速度的年份，均不包括基期年在内。如建国四十三年以来的平均增长速度是以1949年为基期计算的，则写为1950-1992年平均增长速度，其余类推。

国民经济行业分类　自2012年定期报表开始使用新的《国民经济行业分类》(GB/T4754-2011)。该分类是由国家统计局组织修订，国家质量监督检验检疫总局和中国国家标准化管理委员会于2011年4月29日发布。这次修订是在2002年分类标准的基础上，参照联合国《全部经济活动的国际标准产业分类》（ISIC/Rev.4）进行的。修订后的《国民经济行业分类》（GB/T4754-2012）共有门类20个，大类96个，中类432个，小类1094个。

企业（单位）登记注册类型　是以在工商行政管理机关登记注册的各类企业为划分对象，以工商行政管理部门对企业登记注册的类型为依据，将企业登记注册类型分为内资企业、港澳台商投资企业和外商投资企业三大类。内资企业包括国有企业、集体企业、股份合作企业、联营企业、有限责任公司、股份有限公司、私营公司和其他企业；港澳台商投资企业和外商投资企业分别包括合资经营企业、合作经营企业、独资经营企业和股份有限公司。对不在工商行政管理部门进行登记注册的行政机关、事业单位和社会团体，主要按其经费来源和管理方式进行划分。

国有企业　指企业全部资产归国家所有，并按《中华人民共和国企业法人登记管理条例》规定登记注册的非公司制的经济组织。不包括有限责任公司中的国有独资公司。

集体企业　指企业资产归集体所有，并按《中华人民共和国企业法人登记管理条例》规定登记注册的经济组织。

股份合作企业　指以合作制为基础，由企业职工共同出资入股，吸收一定比例的社会资产投资组建，实行自主经营，自负盈亏，共同劳动，民主管理，按劳分配与按股分红相结合的一种集体经济组织。

联营企业　指两个及两个以上相同或不同所有制性质的企业法人或事业单位法人，按自愿、平等、互利的原则，共同投资组成的经济组织。联营企业包括国有联营企业、集体联营企业、国有与集体联营企业和其他联营企业。

有限责任公司　指根据《中华人民共和国公司登记管理条例》规定登记注册，由两个以上、五十个以下的股东共同出资，每个股东以其所认缴的出资额对公司承担有限责任，公司以其全部资产对其债务承担责任的经济组织。有限责任公司包括国有独资公司以及其他有限责任公司。

股份有限公司　指根据《中华人民共和国公司登记管理条例》规定登记注册，其全部注册资本由等额股份构成并通过发行股票筹集资本，股东以其认购的股份对公司承担有限责任，公司以其全部资产对其债务承担责任的经济组织。

私营企业 指由自然人投资设立或由自然人控股，以雇佣劳动为基础的营利性经济组织。包括按照《公司法》、《合伙企业法》、《私营企业暂行条例》规定登记注册的私营有限责任公司、私营股份有限公司、私营合伙企业和私营独资企业。

其他内资企业 指上述企业之外的其他内资经济组织。

与港澳台商合资经营企业 指港澳台地区投资者与内地企业依照《中华人民共和国中外合资经营企业法》及有关法律的规定，按合同规定的比例投资设立、分享利润和分担风险的企业。

与港澳台商合作经营企业 指港澳台地区投资者与内地企业依照《中华人民共和国中外合作经营企业法》及有关法律的规定，依照合作合同的约定进行投资或提供条件设立、分配利润和分担风险的企业。

港澳台商独资经营企业 指依照《中华人民共和国外资企业法》及有关法律的规定，在内地由港澳台地区投资者全额投资设立的企业。

港澳台商投资股份有限公司 指根据国家有关规定，经外经贸部依法批准设立，其中港、澳、台商的股本占公司注册资本的比例达25%以上的股份有限公司。凡其中港、澳、台商的股本占公司注册资本的比例小于25%的，属于内资企业中的股份有限公司。

中外合资经营企业 指外国企业或外国人与中国内地企业依照《中华人民共和国中外合资经营企业法》及有关法律的规定，按合同规定的比例投资设立、分享利润和分担风险的企业。

中外合作经营企业 指外国企业或外国人与中国内地企业依照《中华人民共和国中外合作经营企业法》及有关法律的规定，依照合作合同的约定进行投资或提供条件设立、分配利润和分担风险的企业。

外资企业 指依照《中华人民共和国外资企业法》及有关法律的规定，在中国内地由外国投资者全额投资设立的企业。

外商投资股份有限公司 指根据国家有关规定，经外经贸部依法批准设立，其中外资的股本占公司注册资本的比例达25%以上的股份有限公司。凡其中外资股本占公司注册资本的比例小于25%的，属于内资企业中的股份有限公司。

行政机关、事业单位和社会团体 参照企业登记注册类型，主要按其经费来源和管理方式划分。具体规定如下：

⑴行政机关：包括国家机关和政党机关，原则上均列为“国有”。但有特殊规定的，如供销社等，则列为“集体”。

⑵事业单位：包括经国家机构编制部门和有关业务主管部门批准成立的各类事业单位，不包括实行企业化管理的事业单位。事业单位的划分办法如下：

①由国家财政预算拨款或列入财政预算外资金管理以及经费主要来源于国有主管部门或国有上级单位的事业单位，列为“国有”。

②经费主要来源于集体单位的事业单位，列为“集体”。

③公民个人（或个人合伙）开办的事业单位，列为“私营”。

④上述以外的其他事业单位，如果其经费来源不明确，按管理方式进行归类。

⑶社会团体：包括经民政部门批准成立以及未纳入社会团体管理条例范围的工会、妇联等各类社会团体。社会团体的划分办法如下：

①未纳入民政部社会团体管理条例范围的工会、妇联、共青团、青联、工商联、科协、侨联等社会团体，国家拨款设立的基金会或基金管理组织以及经费主要来源于国有业务主管部门或国有上级单位的社会团体，列为“国有”。

②经费主要来源于集体单位的社会团体，列为“集体”。

③公民个人（或个人合伙）开办的社会团体，划为“私营”。

④上述以外的其他社会团体，如果其经费来源不明确，改按管理方式进行归类。

法人单位 指具备：

⑴依法成立、有自己的名称、组织机构和场所、能够独立承担民事责任；

⑵独立拥有和使用（或授权使用）资产、承担负债、有权与其它单位签订合同；

⑶会计上独立核算、能够编制资产负债表。法人单位包括企业法人、事业单位法人、机关法人、会团体法人和其他法人。

产业活动单位 是法人单位的附属单位。产业活动单位应具备下列条件：

⑴在一个场所从事一种或主要从事一种社会经济活动；

⑵相对独立组织生产经营和业务活动；

⑶能够掌握收入和支出等业务核算资料。

Explanatory Notes on Main Statistical Indicators

Comparable Prices refer to prices that are used to remove the factors of price change in calculating economic aggregates, so as to facilitate comparison of aggregates over time. Two methods are used for calculating economic aggregates at comparable prices:

One is Multiplying the output of products by their constant prices of certain year, and other is Deflation of data at current prices by relevant price index.

Constant Price refers to the average price of a given product in certain year, which is used for comparison of over output value time. As the output value at constant prices removes the factor of price changes, it reflects the trend of production development over time. Since 1949,with the changes in general price level, the State Statistical Bureau has issued nationally unified constant prices five times: the 1952 constant prices for 1949-1957;the 1957 constant prices for 1957-1971; the 1970 constant prices for 1971-1981; the 1980 constant prices for 1981-1990;and the 1990 constant prices have been used since 1991.

Average Annual Growth Rate shows the average growth rate of social and economic development during a longer period. It can not be directly calculated by chain based growth rate. The relation is:

Average Annual Growth Rate = Average Speed of Development – 1

Average speed of development is the time series average of speed which calculated by chain based. Because the reference bases during the different periods are not same, average speed of development can not be calculated by the general method. Level approach and accumulative approach for calculating average speed of development rate are applied. The "level approach", or the method of calculating the geometric average, is derived by the formula of geometric average of the chain-based speeds of development, or comparing the level of the last year of the interval with that of the beginning year; the other is called the "accumulative approach" or the "algebraic average", "equation" method, which is derived by the summation of the actual figure of each year in the interval divided by the figure in the base year. The level approach focuses on the level of the last year, while the accumulative approach emphasizes the aggregate development in the duration.

The average annual growth rates listed in the Yearbook are calculated by the level approach except for the growth rate of investment in fixed assets. The base year is not listed in the duration for which average annual growth rates are computed. For instance, the average annual growth rate of the 43 years since 1949 is shown as the average annual growth rate of 1950-1992 without showing the base year 1949.

Industrial Classification of the National Economy The new Industrial Classification of the National Economy (GB/T 4754-2011) is introduced starting from the compilation of 2012 annual statistics. The revision, based on the 2002 classification, was organized by the National Bureau of Statistics taking into consideration of the International Standards of the Industrial Classification of All Economic Activities (ISIC/Rev.4) of the United Nations. The new Classification was promulgated by the National Administration of Quality Supervision, Inspection and Quarantine and the Standardization Administration of the People's Republic of China on April 29, 2011. The revised version of the Industrial Classification of the National Economy (GB/T 4754-2012) is composed of 20 sections, 96 divisions, 432 groups and 1094 classes.

Registration Status of Enterprises Enterprises are classified into 3 categories, namely domestic-funded enterprises, enterprises with investment from Hong Kong, Macau and Taiwan, and enterprises with foreign investment, in the light of the registration status of an enterprise in industrial and commercial administration agencies. Domestic-funded enterprises include state-owned enterprises, collective-owned enterprises, cooperative enterprises, joint ownership enterprises, limited liability corporations, share-holding corporations Ltd., private enterprises and other enterprises. Included in the enterprises with investment from Hong Kong, Macau and Taiwan and enterprises with foreign investment are joint-venture enterprises, cooperative enterprises, sole investment enterprises and

(2) independently Own and use(or authorizable usage) a property, undertake liabilities and can make a bargain with other units.

(3) can independently account and workout balance sheet. artificial person unit includes business artificial person, artificial person, organization artificial person, meeting group artificial person and other.

Establishments unit Refer to the subsidiary unit of artificial person unit. it should have following conditions:

(1) Be engaged in only one kind of social economic activities in exclusive condition.

(2) Opposite independently organize management and business activity.

(3) predominate data of businesses, such as income and expenditure...etc.

国民经济核算

National Accounts

3

◉ 资料整理：胡昶昶　雷茜茜

简要说明

一、主要内容

本篇包括生产总值资料、资产负债表、资金流量表和投入产出表。

二、资料来源

生产总值资料是根据不同产业部门、不同支出构成的特点和资料来源情况而采用不同方法计算的。本年鉴公布的地区生产总值以及与之有关的指标数据，如果遇到普查，在能够获得更详细的基础资料的情况下，地区生产总值历史数据还会发生变动。根据第三次经济普查资料，重新修订了2004年以来的地区生产总值数据。本年鉴中的数据是修订以后的数据。本年鉴所列分省辖市、省直管县数据来自各省辖市、省直管县统计局的国民经济核算资料。由于采取分级核算，各省辖市数据相加不等于全省数据。由河南省统计局国民经济核算处编辑整理。

资产负债表采用国际上通用的矩阵结构。主栏为资产和负债项目，包括三个部分：非金融资产项目、金融资产与负债项目和资产负债差额项目。宾栏为机构部门和经济总体，并下设使用项和来源项，其中使用项目记录资产，来源项目记录负债和资产负债差额。由河南省统计局国民经济核算处编制。

资金流量表表式与国际上通用的表式相似，是机构部门与交易项目的矩阵表式。主栏为交易项目，主要反映分配方式和融资工具；宾栏按机构部门分类。机构部门分类是根据机构单位具有的基本特征所进行的部门分类。资金流量表把参与资金活动的主体分为非金融企业、金融机构、政府、住户、国内省外和国外六个部门。每一部门下设资金来源与资金运用两栏。现行的资金流量表分为两大部分，一部分为实物交易，另一部分为金融交易，本年鉴登录的为实物交易部分。由河南省统计局国民经济核算处编制。

投入产出表也称部门联系平衡表或产业关联表，是根据国民经济各部门生产中的投入来源和使用去向纵横交叉组成的一张棋盘式平衡表。它可以用来揭示部门间经济技术的相互依存、相互制约的数量关系。由河南省统计局国民经济核算处编制。

Brief Introduction

I. Main Contents

Statistics on national accounts include mainly four parts: gross domestic product, balance sheet, Flow of Funds Table and Input-output table.

II. Sources of Data

Data on GDP are computed by the Department of National Accounts of the Henan provincial Bureau of Statistics based on different approaches in the light of the different features of various sectors, various expenditure structures and different data sources. Data on GDP and related indicators of the most recent year published in the Yearbook are not final, Where a census has been conducted, historical data of GDP of the previous years may also undergo change. GDP since 2004 is adjusted on the basis of the Third Economic Census. Data in this yearbook has been revised.Regional data in this Yearbook are prepared from the national accounts data provided by the statistical bureaus of the 18 cities and province administrating county. The sum of the regional data is not equal to the provincial total due to the decentralized accounting approach. Municipal data of Statistics on national accounts are computed by the Department of National Accounts of the Henan provincial Bureau of Statistics.

Similar to internationally accepted format, the Balance Sheet of Henan constitutes a matrix. Items of transactions are expressed as assets and liabilities, including three parts: non-financial assets, financial assets and liabilities, the difference between assets and liabilities. Institutional sectors are column headings and macroeconomic, grouped by utilization and source, utilization record the item of project assets , and source record the item of liabilities and difference between assets and liabilities. Balance Sheet of Henan province is compiled by the Department of National Accounts of the Henan provincial Bureau of Statistics.

Similar to internationally accepted format, the Flow of Funds table of China constitutes a matrix of institutional sectors by transaction items. Items of transactions are expressed as row headings representing forms of distribution and methods of financing. Institutional sectors are shown as column headings, grouped by the characteristics of the transactions. There are 6 groups of institutional sectors in the flow of funds table, namely, non-financial corporations, financial institutions, general governments, households, other provinces and the rest of the world. Under each sector there are 2 headings: sources of funds and uses of funds. The current flow of funds table is composed of two parts: the first part, comprising the physical (real) transactions, and the second part, refers to comprising financial transactions, and data in this yearbook is the physical (real) transactions, which compiled by the Department of National Accounts of the Henan provincial Bureau of Statistics.

The Input-output table may be viewed as a table showing sector relationships and balances or one showing sector output relationships. Reflecting the sources of the input into, and the utilization of the output from, the production by various industries of the national economy, the input-output table takes the form of a chess-board shaped matrix format , and is used to reveal, in quantitative terms, the interrelated and mutually dependent economic and technological relationships among industries. The input-output table of China is compiled by the Department of National Accounts of the Henan provincial Bureau of Statistics.

3-1 生产总值

Gross Domestic Product

本表按当年价格计算。
Data in this table are calculated at current prices.

单位：亿元 (100 million yuan)

年 份 Year	生产总值 Gross Domestic Product	第一产业 Primary Industry	第二产业 Secondary Industry	第三产业 Tertiary Industry	人均生产总值(元) Per Capita GDP (yuan)
1952	36.09	22.46	8.23	5.40	83
1957	52.55	24.27	18.08	10.20	110
1962	43.02	17.00	14.05	11.97	88
1965	62.96	29.58	19.10	14.28	122
1970	97.19	44.49	36.06	16.64	164
1975	127.77	55.71	50.34	21.72	191
1978	162.92	64.86	69.45	28.61	232
1979	190.09	77.30	80.52	32.27	267
1980	229.16	93.23	94.44	41.49	317
1981	249.69	106.04	95.79	47.86	340
1982	263.30	108.18	102.76	52.36	353
1983	327.95	143.49	116.36	68.10	433
1984	370.04	155.28	136.29	78.47	482
1985	451.74	173.43	170.07	108.24	580
1986	502.91	179.02	202.15	121.74	635
1987	609.60	220.22	230.25	159.13	756
1988	749.09	240.72	299.83	208.54	910
1989	850.71	289.95	317.13	243.63	1012
1990	934.65	325.77	331.85	277.03	1091
1991	1045.73	334.61	388.09	323.03	1201
1992	1279.75	353.92	545.21	380.62	1452
1993	1660.18	410.45	764.20	485.53	1865
1994	2216.83	546.68	1058.89	611.26	2467
1995	2988.37	762.99	1394.98	830.40	3297
1996	3634.69	937.64	1677.62	1019.43	3978
1997	4041.09	1008.55	1861.28	1171.26	4389
1998	4308.24	1071.39	1937.83	1299.02	4643
1999	4517.94	1123.14	1981.07	1413.73	4832
2000	5052.99	1161.58	2294.15	1597.26	5450
2001	5533.01	1234.34	2510.45	1788.22	5959
2002	6035.48	1288.36	2768.75	1978.37	6487
2003	6867.70	1198.70	3310.14	2358.86	7376
2004	8553.79	1649.29	4182.10	2722.40	9201
2005	10587.42	1844.05	5485.12	3258.25	11346
2006	12362.79	1869.83	6655.01	3837.95	13172
2007	15012.46	2168.17	8152.66	4691.63	16012
2008	18018.53	2604.39	10068.47	5345.67	19181
2009	19480.46	2708.42	10726.20	6045.84	20597
2010	23092.36	3192.41	12822.81	7077.14	24446
2011	26931.03	3440.40	14837.13	8653.50	28661
2012	29599.31	3692.49	15898.30	10008.52	31499
2013	32191.30	3972.70	16742.90	11475.70	34211
2014	34938.24	4160.01	17816.56	12961.67	37072

注： 2000年以来人均GDP按常住人口计算。
a)Data of Per capita GDP since 2000 are calculated at resident population.

3-2 生产总值指数(上年=100)

Indices of Gross Domestic Product (preceding year=100)

本表按可比价格计算。

The indices in this table are calculated at comparable prices.

(上年=100) (preceding year=100)

年 份 Year	生产总值 Gross Domestic Product	第一产业 Primary Industry	第二产业 Secondary Industry	第三产业 Tertiary Industry	人 均 生产总值 Per Capita GDP
1952	106.1	101.1	138.3	129.2	105.0
1957	109.2	105.9	119.0	116.0	107.1
1962	100.5	118.4	70.8	100.2	99.2
1965	124.5	129.4	128.7	104.5	122.1
1970	117.3	106.0	145.8	109.7	113.8
1975	106.3	102.9	111.9	106.1	104.4
1978	111.3	110.6	112.1	111.3	109.5
1979	108.7	101.7	112.6	119.7	106.9
1980	115.4	109.2	117.2	126.9	113.7
1981	107.8	111.7	101.3	113.7	106.3
1982	104.3	100.5	106.1	109.0	102.7
1983	123.8	130.2	113.5	131.3	121.9
1984	110.1	105.5	115.0	110.7	108.5
1985	113.5	100.8	117.0	131.9	111.9
1986	104.6	92.1	114.0	108.6	103.0
1987	115.0	116.9	108.6	123.5	112.9
1988	109.8	97.4	120.1	109.4	107.6
1989	107.0	109.2	103.5	110.3	104.8
1990	104.5	105.4	102.3	106.8	102.5
1991	106.9	97.4	113.3	110.4	105.2
1992	113.7	101.5	125.4	111.1	112.3
1993	115.8	110.4	122.1	111.6	114.6
1994	113.8	101.3	121.6	113.1	112.8
1995	114.8	111.9	117.2	113.1	113.8
1996	113.9	111.3	116.0	112.4	113.0
1997	110.4	107.6	110.9	111.8	109.6
1998	108.8	107.0	109.2	109.4	107.9
1999	108.1	107.2	107.8	109.3	107.3
2000	109.5	104.5	111.8	109.2	108.5
2001	109.0	105.5	109.9	110.3	108.9
2002	109.5	104.5	111.6	109.9	109.2
2003	110.7	97.5	117.0	110.1	110.6
2004	113.7	112.8	116.2	110.4	113.9
2005	114.2	107.5	117.6	112.8	113.8
2006	114.4	107.4	117.8	112.8	113.7
2007	114.6	103.7	118.1	114.1	114.7
2008	112.1	105.5	114.6	110.6	111.9
2009	110.9	104.1	112.4	111.1	110.2
2010	112.5	104.5	114.8	111.4	112.6
2011	111.9	103.6	113.2	113.4	112.5
2012	110.1	104.4	111.4	110.1	110.1
2013	109.0	104.2	109.6	109.9	108.9
2014	108.9	104.0	109.4	109.6	108.7

3-3 生产总值指数(1952=100)

Indices of Gross Domestic Product (1952=100)

本表按可比价格计算。

The indices in this table are calculated at comparable prices.

(1952=100)　　　　(1952=100)

年 份 Year	生产总值 Gross Domestic Product	第一产业 Primary Industry	第二产业 Secondary Industry	第三产业 Tertiary Industry	人 均 生产总值 Per Capita GDP
1952	100.0	100.0	100.0	100.0	100.0
1957	133.0	115.6	210.3	199.7	121.0
1962	82.1	58.6	156.7	209.6	73.5
1965	135.3	102.1	285.1	258.7	114.2
1970	200.4	132.4	619.8	308.0	147.1
1975	251.8	159.5	805.4	417.6	163.6
1978	306.4	174.3	1102.8	537.5	190.1
1979	333.0	177.3	1241.7	643.4	203.2
1980	384.3	193.6	1455.3	816.5	231.0
1981	414.3	216.2	1474.2	928.3	245.6
1982	432.1	217.3	1564.1	1011.9	252.2
1983	534.9	283.0	1775.3	1328.6	307.4
1984	589.0	298.5	2041.6	1470.7	333.6
1985	668.5	300.9	2388.6	1939.9	373.3
1986	699.2	277.1	2723.1	2106.8	384.5
1987	804.1	324.0	2957.2	2601.8	434.1
1988	882.9	315.5	3551.6	2846.4	467.0
1989	944.7	344.5	3675.9	3139.6	489.4
1990	987.2	363.1	3760.4	3353.1	501.6
1991	1055.3	353.7	4260.5	3701.8	527.7
1992	1199.9	359.0	5342.7	4112.7	592.6
1993	1389.5	396.3	6523.4	4589.8	679.1
1994	1581.3	401.5	7932.5	5191.1	766.0
1995	1815.3	449.3	9296.9	5871.1	871.7
1996	2067.6	500.1	10784.4	6599.1	985.0
1997	2282.6	538.1	11959.9	7377.8	1079.6
1998	2483.5	575.8	13060.2	8071.3	1164.9
1999	2684.7	617.3	14078.9	8821.9	1249.9
2000	2939.7	645.1	15740.2	9633.5	1356.1
2001	3204.3	680.6	17298.5	10625.8	1476.8
2002	3508.7	711.2	19305.1	11677.8	1612.7
2003	3884.1	693.4	22587.0	12857.3	1783.6
2004	4416.2	782.2	26246.1	14194.5	2031.5
2005	5043.3	840.9	30865.4	16011.4	2311.8
2006	5769.5	903.4	36352.0	18053.8	2628.5
2007	6611.8	937.1	42919.7	20594.1	3014.9
2008	7412.3	988.8	49170.8	22775.7	3373.7
2009	8221.6	1029.3	55274.6	25310.6	3716.7
2010	9249.3	1075.2	63468.2	28190.5	4187.1
2011	10352.2	1114.1	71857.0	31974.3	4710.4
2012	11402.6	1163.4	80049.1	35200.8	5186.2
2013	12428.8	1212.3	87733.9	38685.6	5645.4
2014	13535.0	1260.7	95980.8	42399.5	6138.1

3-4 生产总值分产业构成

Composition of Gross Domestic Product

本表按当年价格计算。
Data in this table are calculated at current prices.
单位：% (%)

年份 Year	生产总值 Gross Domestic Product	第一产业 Primary Industry	第二产业 Secondary Industry	第三产业 Tertiary Industry
1952	100.0	62.2	22.8	15.0
1957	100.0	46.2	34.4	19.4
1962	100.0	39.5	32.7	27.8
1965	100.0	47.0	30.3	22.7
1970	100.0	45.8	37.1	17.1
1975	100.0	43.6	39.4	17.0
1978	100.0	39.8	42.6	17.6
1979	100.0	40.7	42.3	17.0
1980	100.0	40.7	41.2	18.1
1981	100.0	42.5	38.3	19.2
1982	100.0	41.1	39.0	19.9
1983	100.0	43.7	35.5	20.8
1984	100.0	42.0	36.8	21.2
1985	100.0	38.4	37.6	24.0
1986	100.0	35.6	40.2	24.2
1987	100.0	36.1	37.8	26.1
1988	100.0	32.1	40.0	27.9
1989	100.0	34.1	37.3	28.6
1990	100.0	34.9	35.5	29.6
1991	100.0	32.0	37.1	30.9
1992	100.0	27.7	42.6	29.7
1993	100.0	24.7	46.0	29.3
1994	100.0	24.6	47.8	27.6
1995	100.0	25.5	46.7	27.8
1996	100.0	25.8	46.2	28.0
1997	100.0	24.9	46.1	29.0
1998	100.0	24.9	45.0	30.1
1999	100.0	24.9	43.8	31.3
2000	100.0	23.0	45.4	31.6
2001	100.0	22.3	45.4	32.3
2002	100.0	21.3	45.9	32.8
2003	100.0	17.5	48.2	34.3
2004	100.0	19.3	48.9	31.8
2005	100.0	17.4	51.8	30.8
2006	100.0	15.1	53.8	31.0
2007	100.0	14.4	54.3	31.3
2008	100.0	14.5	55.9	29.7
2009	100.0	13.9	55.1	31.0
2010	100.0	13.8	55.5	30.6
2011	100.0	12.8	55.1	32.1
2012	100.0	12.5	53.7	33.8
2013	100.0	12.3	52.0	35.7
2014	100.0	11.9	51.0	37.1

3-5 三次产业贡献率

Share of the Three Industries to the Increase of GDP

本表按可比价格计算。
Data in this table are calculated at constant prices.
单位：% (%)

年份 Year	生产总值 Gross Domestic Product	第一产业 Primary Industry	第二产业 Secondary Industry	第三产业 Tertiary Industry
1981	100.0	61.5	6.9	31.6
1982	100.0	4.9	55.3	39.8
1983	100.0	51.7	22.4	26.0
1984	100.0	23.5	54.1	22.4
1985	100.0	2.6	47.6	49.9
1986	100.0	-62.4	117.2	45.2
1987	100.0	36.0	24.2	39.8
1988	100.0	-8.8	82.4	26.4
1989	100.0	37.8	22.0	40.2
1990	100.0	35.5	21.8	42.7
1991	100.0	-13.0	69.8	43.2
1992	100.0	3.4	72.2	24.3
1993	100.0	18.4	60.1	21.6
1994	100.0	2.5	70.7	26.9
1995	100.0	19.0	56.1	24.9
1996	100.0	18.7	56.7	24.6
1997	100.0	16.4	52.7	30.8
1998	100.0	17.5	52.8	29.7
1999	100.0	19.1	48.8	32.0
2000	100.0	10.2	62.6	27.2
2001	100.0	14.0	49.7	36.3
2002	100.0	10.6	55.8	33.6
2003	100.0	-5.0	74.6	30.4
2004	100.0	17.5	58.4	24.1
2005	100.0	9.8	62.2	28.0
2006	100.0	9.0	63.8	27.2
2007	100.0	4.2	66.4	29.4
2008	100.0	6.8	66.6	26.6
2009	100.0	5.3	64.2	30.5
2010	100.0	4.7	68.0	27.3
2011	100.0	4.2	61.4	34.4
2012	100.0	5.6	63.4	31.0
2013	100.0	5.7	62.0	32.3
2014	100.0	5.3	62.4	32.3

注：产业贡献率指各产业增加值增量与GDP增量之比。
a) Share of the three industries refers to the proportion of the increment of every industrial value added to the increment of GDP.

3-6 三次产业对生产总值增长的拉动

Contribution of the Three Industries to GDP Growth

本表按可比价格计算。
Data in this table are calculated at current prices.
单位：百分点 (percent)

年 份 Year	生产总值 Gross Domestic Product	第一产业 Primary Industry	第二产业 Secondary Industry	第三产业 Tertiary Industry
1981	7.8	4.8	0.5	2.5
1982	4.3	0.2	2.4	1.7
1983	23.8	12.3	5.3	6.2
1984	10.1	2.4	5.5	2.3
1985	13.5	0.3	6.4	6.7
1986	4.6	-2.9	5.4	2.1
1987	15.0	5.4	3.6	6.0
1988	9.8	-0.9	8.1	2.6
1989	7.0	2.6	1.5	2.8
1990	4.5	1.6	1.0	1.9
1991	6.9	-0.9	4.8	3.0
1992	13.7	0.5	9.9	3.3
1993	15.8	2.9	9.5	3.4
1994	13.8	0.3	9.7	3.7
1995	14.8	2.8	8.3	3.7
1996	13.9	2.6	7.9	3.4
1997	10.4	1.7	5.5	3.2
1998	8.8	1.5	4.7	2.6
1999	8.1	1.6	4.0	2.6
2000	9.5	1.0	5.9	2.6
2001	9.0	1.3	4.5	3.3
2002	9.5	1.0	5.3	3.2
2003	10.7	-0.5	8.0	3.2
2004	13.7	2.4	8.0	3.3
2005	14.2	1.4	8.8	4.0
2006	14.4	1.3	9.2	3.9
2007	14.6	0.6	9.7	4.3
2008	12.1	0.8	8.1	3.2
2009	10.9	0.6	7.0	3.3
2010	12.5	0.6	8.5	3.4
2011	11.9	0.5	7.3	4.1
2012	10.1	0.6	6.4	3.1
2013	9.0	0.5	5.6	2.9
2014	8.9	0.5	5.6	2.8

注：产业拉动指GDP增长速度与各产业贡献率之乘积。
a) Contribution of the three industies to GDP growth refers to the growth rate of GDP multiplying the industrial shares.

3-7 全员劳动生产率

Over all Labor Productivity

单位：元/人.年 (yuan/person.year)

年 份 Year	全员劳动生产率 Over all Labor Productivity	第一产业 Primary Industry	第二产业 Secondary Industry	第三产业 Tertiary Industry
1979	669	334	2748	1385
1980	790	393	3180	1788
1981	837	437	3120	1892
1982	851	433	3288	1870
1983	1019	560	3548	2092
1984	1115	600	3802	2115
1985	1316	674	3784	2646
1986	1413	696	3706	2761
1987	1652	852	3889	3102
1988	1946	918	4703	3538
1989	2165	1080	4812	4150
1990	2328	1174	4990	4831
1991	2519	1163	5707	5438
1992	2994	1205	7717	6046
1993	3803	1400	9977	7274
1994	5011	1893	12666	8726
1995	6673	2687	15560	11184
1996	7947	3327	17503	12791
1997	8545	3520	18622	13556
1998	8774	3659	19643	13049
1999	8854	3593	21136	13604
2000	9377	3382	24282	15827
2001	9980	3506	25432	17256
2002	10935	3748	27208	18597
2003	12422	3562	31205	21383
2004	15381	5015	37583	23466
2005	18824	5776	45843	26361
2006	21725	6042	51153	29637
2007	26127	7264	57454	34960
2008	31045	9032	66001	38320
2009	33063	9652	66232	41226
2010	38517	11658	74812	45866
2011	44005	12785	82291	53220
2012	47414	13939	84296	58615
2013	50795	15306	84688	65037
2014	54138	15955	88407	70796

3-8 分行业增加值及指数

Value-added and Index by Sector

本表增加值按当年价格计算，指数按可比价格计算。
Value-added in this table are calculated at current prices. The indices in this table are calculated at comparable prices.

单位：亿元 (100 million yuan)

行 业	Sector	2013		2014	
		增加值 Value-added	指 数 (上年=100) Index (preceding year=100)	增加值 Value-added	指 数 (上年=100) Index (preceding year=100)
生产总值	**Gross Domestic Product**	**32191.30**	**109.0**	**34938.24**	**108.9**
农、林、牧、渔业	Farming, Forestry,animal Husbandry and Fishery	4058.98	104.3	4261.54	104.2
工业	Industry	14937.72	109.1	15809.09	109.3
建筑业	Construction	1881.23	113.9	2077.24	110.3
批发和零售业	Wholesale and retail trade	2072.59	108.3	2278.45	108.8
交通运输、仓储和邮政业	Traffic,transport, storage and post	1474.19	107.6	1676.46	107.1
住宿和餐饮业	Accommodation and Restaurants	911.67	95.8	998.35	106.0
信息传输、软件和信息技术服务业	Information transfer,software and Information technology services	377.51	104.9	453.88	113.2
金融业	Finance	1280.92	124.5	1509.20	115.6
房地产业	Real estate	1440.47	111.3	1541.76	100.8
租赁和商务服务业	Tenancy and business services	351.67	116.9	457.85	126.0
科学研究和技术服务业	Scientific research and technical service	273.64	112.1	311.59	111.7
水利、环境和公共设施管理业	Management of water conservancy, environment and public establishment	111.96	109.1	144.36	126.6
居民服务、修理和其他服务业	Resident services,Repairing and other services	469.00	120.2	553.18	114.2
教育	Education	1077.56	104.4	1212.10	108.8
卫生和社会工作	Sanitation and social security	457.15	120.1	544.55	117.9
文化、体育和娱乐业	Culture, sports and entertainment	188.54	115.8	216.69	111.1
公共管理、社会保障和社会组织	Public management,social welfare and social organization	826.50	109.4	891.95	105.9

3-9 各市生产总值(2014年)

Gross Domestic Product by City (2014)

本表按当年价格计算。
Data in this table are calculated at current prices.

市(县) City(County)	生产总值(亿元) Gross Domestic Product (100 million yuan)	第一产业 Primary Industry	第二产业 Secondary Industry	第三产业 Tertiary Industry	人均生产总值(元) Per Capita GDP (yuan)
省辖市 City					
郑州市 Zhengzhou	6776.99	147.15	3487.14	3142.70	72992
开封市 Kaifeng	1492.06	275.69	636.42	579.95	32454
洛阳市 Luoyang	3284.57	231.99	1677.29	1375.29	49417
平顶山市 Pingdingshan	1637.17	167.14	879.42	590.61	33016
安阳市 Anyang	1791.81	205.21	938.19	648.42	35210
鹤壁市 Hebi	682.20	63.47	459.58	159.15	42550
新乡市 Xinxiang	1917.81	223.29	992.82	701.71	33696
焦作市 Jiaozuo	1844.31	136.93	1139.78	567.60	52421
濮阳市 Puyang	1253.61	155.67	725.67	372.26	34895
许昌市 Xuchang	2087.23	184.67	1268.20	634.36	48471
漯河市 Luohe	941.16	109.11	599.58	232.48	36366
三门峡市 Sanmenxia	1240.06	111.35	775.29	353.42	55260
南阳市 Nanyang	2675.57	468.88	1244.14	962.55	26650
商丘市 Shangqiu	1697.64	374.78	735.51	587.35	23359
信阳市 Xinyang	1757.34	432.71	723.26	601.37	27490
周口市 Zhoukou	1989.75	447.18	940.23	602.34	22625
驻马店市 Zhumadian	1691.30	397.29	698.90	595.11	24461
济源市 Jiyuan	480.46	21.73	327.28	131.45	66777
省直管县 Province Administrating County					
巩义市 Gongyi	607.57	10.98	397.48	199.11	74261
兰考县 Lankao	213.95	36.22	98.66	79.06	33129
汝州市 Ruzhou	347.80	37.27	173.14	137.39	37277
滑县 Huaxian	198.70	64.15	75.39	59.16	17885
长垣县 Changyuan	250.33	31.75	129.53	89.05	33347
邓州市 Dengzhou	328.48	92.36	125.51	110.61	23134
永城市 Yongcheng	412.29	63.32	220.81	128.16	33774
固始县 Gushi	255.85	76.12	87.80	91.94	23954
鹿邑县 Luyi	244.14	47.83	121.66	74.65	27513
新蔡县 Xincai	150.38	46.39	57.47	46.53	17984

注：人均生产总值按常住人口计算。
a) Per Capita GDP are calculated at residents population.

3-10 各市生产总值指数(2014年)

Indices of Gross Domestic Product by City (2014)

本表按可比价格计算。

The indices in this table are calculated at comparable prices.

(上年=100) (preceding year=100)

市(县) City(County)	生产总值 Gross Domestic Product	第一产业 Primary Industry	第二产业 Secondary Industry	第三产业 Tertiary Industry	人均生产总值 Per Capita GDP
省辖市 City					
郑州市 Zhengzhou	109.4	103.0	110.0	109.0	107.4
开封市 Kaifeng	109.6	104.3	111.6	110.0	110.8
洛阳市 Luoyang	109.0	104.0	109.7	108.7	108.2
平顶山市 Pingdingshan	107.3	103.1	108.4	106.2	107.0
安阳市 Anyang	108.7	104.2	109.7	108.1	108.6
鹤壁市 Hebi	110.1	103.9	111.5	107.9	109.8
新乡市 Xinxiang	109.3	104.4	111.1	107.6	108.9
焦作市 Jiaozuo	108.8	104.1	109.4	108.4	108.8
濮阳市 Puyang	110.0	104.5	112.0	107.5	109.9
许昌市 Xuchang	109.3	103.8	110.1	109.2	109.1
漯河市 Luohe	109.1	104.0	110.5	106.8	108.2
三门峡市 Sanmenxia	109.0	104.2	109.7	108.2	108.6
南阳市 Nanyang	108.5	104.2	109.1	110.0	109.4
商丘市 Shangqiu	109.2	104.3	110.8	110.0	109.7
信阳市 Xinyang	108.9	104.3	110.2	110.2	108.8
周口市 Zhoukou	109.1	104.4	110.4	110.5	109.1
驻马店市 Zhumadian	108.5	104.3	109.2	110.3	108.5
济源市 Jiyuan	109.8	104.2	111.1	107.1	108.2
省直管县 Province Administrating County					
巩义市 Gongyi	109.2	103.4	109.2	109.6	108.8
兰考县 Lankao	111.1	104.4	111.3	114.4	114.5
汝州市 Ruzhou	107.0	103.6	106.1	109.6	106.9
滑县 Huaxian	108.8	104.3	110.6	111.7	110.5
长垣县 Changyuan	110.7	104.4	113.9	107.5	110.3
邓州市 Dengzhou	108.4	104.3	109.2	110.5	110.0
永城市 Yongcheng	110.0	104.4	111.2	109.5	110.6
固始县 Gushi	108.8	104.4	110.8	110.9	108.3
鹿邑县 Luyi	109.9	104.4	111.9	110.6	110.0
新蔡县 Xincai	108.0	104.3	108.0	111.4	107.7

3-11 各市分行业增加值(2014年)
Value-added of the Tertiary Industry by City (2014)

本表按当年价格计算。
Data in this table are calculated at current prices.

单位：亿元 (100 million yuan)

市(县)	City(County)	合计 Total	农林牧渔业 Farming, Forestry, Animal Husbandry and Fishery	工业 Industry	建筑业 Construction	批发和零售业 Wholesale and retail trade	交通运输仓储及邮政业 Traffic, transport, storage and post	住宿和餐饮业 Accommodation and Restaurants	信息传输、软件和信息技术服务业 Information transfer, software and Information technology services	金融业 Finance
省辖市	**City**									
郑州市	Zhengzhou	6776.99	149.52	3066.78	421.32	504.37	371.13	224.16	140.94	562.80
开封市	Kaifeng	1492.06	285.16	574.27	62.15	79.80	54.42	42.57	22.26	24.26
洛阳市	Luoyang	3284.57	247.44	1438.30	242.72	252.80	146.92	65.72	57.04	171.44
平顶山市	Pingdingshan	1637.17	170.91	802.16	77.50	123.17	52.81	54.82	17.12	77.23
安阳市	Anyang	1791.81	211.08	816.72	121.78	134.42	67.89	33.08	35.84	66.93
鹤壁市	Hebi	682.20	65.87	422.12	37.46	28.93	28.52	14.45	8.43	13.22
新乡市	Xinxiang	1917.81	227.38	856.10	139.18	127.02	71.58	52.27	17.95	105.50
焦作市	Jiaozuo	1844.31	139.93	1066.49	73.47	133.66	112.50	47.58	12.88	46.26
濮阳市	Puyang	1253.61	158.07	716.41	63.59	55.86	30.79	34.23	9.50	20.13
许昌市	Xuchang	2087.23	189.17	1175.46	95.50	117.74	88.07	61.80	33.09	49.56
漯河市	Luohe	941.16	110.71	560.29	39.29	46.91	40.52	29.25	8.10	8.78
三门峡市	Sanmenxia	1240.06	111.98	709.88	66.04	70.82	92.74	20.54	9.03	23.11
南阳市	Nanyang	2675.57	478.43	1077.37	171.42	160.53	123.53	94.35	45.54	86.49
商丘市	Shangqiu	1697.64	380.48	624.90	110.62	93.02	63.54	59.01	27.78	42.45
信阳市	Xinyang	1757.34	439.81	593.39	132.30	81.21	59.86	53.51	38.38	55.38
周口市	Zhoukou	1989.75	461.22	832.82	109.22	105.95	50.65	51.02	26.55	56.72
驻马店市	Zhumadian	1691.30	411.40	606.48	92.42	111.10	58.35	50.80	23.58	45.57
济源市	Jiyuan	480.46	21.97	306.01	21.27	27.22	22.98	10.89	4.56	12.41
省直管县	**Province Administrating County**									
巩义市	Gongyi	607.57	11.61	376.39	21.57	26.22	51.09	26.70	4.46	12.24
兰考县	Lankao	213.95	37.29	93.19	5.47	9.08	9.09	4.72	2.39	3.68
汝州市	Ruzhou	347.80	39.30	159.72	13.41	27.60	19.83	11.64	3.56	12.73
滑县	Huaxian	198.70	66.96	66.10	9.47	11.03	5.80	4.82	1.23	6.41
长垣县	Changyuan	250.33	32.39	106.57	23.16	17.65	13.77	16.38	1.05	3.98
邓州市	Dengzhou	328.48	95.60	111.01	14.60	15.20	12.30	13.05	3.45	6.59
永城市	Yongcheng	412.29	64.53	197.01	23.80	11.29	13.43	11.83	5.73	11.87
固始县	Gushi	255.85	76.74	73.60	16.48	14.43	4.23	8.24	7.09	6.22
鹿邑县	Luyi	244.14	50.70	111.04	10.61	14.01	8.61	9.13	2.76	1.42
新蔡县	Xincai	150.38	47.89	49.17	8.30	9.96	4.83	2.74	2.56	1.38

3-11 续表 continued

本表按当年价格计算。
Data in this table are calculated at current prices.
单位：亿元

市(县) City(County)	房地产业 Real estate	租赁和商务服务业 Tenancy and business services	科学研究和技术服务业 Scientific research, and technical service	水利、环境和公共设施管理业 Management of water conservancy, environment and public establishment	居民服务、修理和其他服务业 Resident services Repairing and other services	教育 Education	卫生和社会工作 Sanitation, and social work	文化、体育和娱乐业 Culture, sports and entertainment	公共管理、社会保障和社会组织 Public management social security and social organization
省辖市 City									
郑州市 Zhengzhou	371.91	178.56	163.20	17.15	100.70	165.46	122.17	67.55	149.29
开封市 Kaifeng	40.05	33.65	28.95	15.70	40.98	47.45	39.06	12.17	89.14
洛阳市 Luoyang	172.23	72.64	98.01	14.39	41.43	91.21	55.31	24.01	92.97
平顶山市 Pingdingshan	56.61	18.15	9.53	9.04	30.23	41.00	25.91	16.63	54.35
安阳市 Anyang	79.87	50.42	14.48	7.53	24.81	44.27	35.02	3.77	43.92
鹤壁市 Hebi	18.27	1.41	0.96	1.72	2.45	15.88	3.99	0.75	17.77
新乡市 Xinxiang	97.05	52.39	7.66	4.08	37.55	29.09	31.15	13.02	48.84
焦作市 Jiaozuo	49.94	13.20	10.74	4.60	38.56	38.42	14.70	10.12	31.26
濮阳市 Puyang	37.91	11.62	9.58	3.00	14.68	28.67	15.95	9.07	34.54
许昌市 Xuchang	51.30	44.00	13.29	3.69	42.83	50.84	20.72	11.45	38.72
漯河市 Luohe	26.54	4.78	4.83	5.99	11.54	10.03	10.80	3.00	19.79
三门峡市 Sanmenxia	16.75	12.74	3.26	4.74	15.81	26.52	12.52	2.56	41.04
南阳市 Nanyang	112.93	28.99	12.55	6.62	44.19	91.39	50.89	8.85	81.51
商丘市 Shangqiu	67.84	27.57	7.14	4.00	35.03	56.04	27.24	8.02	62.97
信阳市 Xinyang	75.81	20.01	16.45	9.46	30.52	59.27	24.79	7.49	59.71
周口市 Zhoukou	85.93	23.73	21.03	2.91	24.61	54.51	21.97	8.69	52.22
驻马店市 Zhumadian	47.48	18.70	11.90	12.52	22.54	55.37	31.13	10.49	81.47
济源市 Jiyuan	12.41	4.13	2.93	2.86	5.08	7.72	3.93	2.02	12.09
省直管县 Province Administrating County									
巩义市 Gongyi	26.94	6.03	0.84	0.65	11.61	8.09	10.09	2.65	10.37
兰考县 Lankao	7.67	3.71	2.02	1.60	4.73	9.23	4.62	1.81	13.65
汝州市 Ruzhou	8.03	8.91	1.25	0.97	8.85	11.04	7.53	1.11	12.31
滑县 Huaxian	7.04	3.07	0.38	0.12	2.31	4.56	3.07	0.41	5.94
长垣县 Changyuan	9.65	2.57	1.16	1.15	4.86	4.12	5.12	1.34	5.42
邓州市 Dengzhou	19.10	4.41	0.53	0.71	5.50	11.05	8.42	0.64	6.32
永城市 Yongcheng	23.09	11.56	1.35	0.57	17.23	6.37	2.89	1.32	8.43
固始县 Gushi	11.82	1.91	0.43	0.89	4.35	7.24	6.92	0.34	14.94
鹿邑县 Luyi	10.95	2.44	0.09	0.28	1.94	5.80	4.05	0.85	9.43
新蔡县 Xincai	3.21	0.76	0.13	0.05	0.90	5.32	3.53	0.65	9.03

3-12 各市分行业增加值指数(2014年)

Indices of Value-added of the Tertiary Industry by City (2014)

本表按可比价格计算。

The indices in this table are calculated at comparable prices.

(上年=100) (preceding year=100)

市(县) City(County)	合计 Total	农林牧渔业 Farming, Forestry, Animal Husbandry and Fishery	工业 Industry	建筑业 Construction	批发和零售业 Wholesale and retail trade	交通运输仓储及邮政业 Traffic, transport, storage and post	住宿和餐饮业 Accommodation and Restaurants	信息传输、软件和信息技术服务业 Information transfer, software and Information technology services	金融业 Finance
省辖市 City									
郑州市 Zhengzhou	109.4	103.1	110.7	104.7	109.0	105.6	111.0	114.2	114.2
开封市 Kaifeng	109.6	104.4	111.2	115.7	108.3	101.0	106.0	110.6	118.3
洛阳市 Luoyang	109.0	104.1	109.8	108.5	108.1	103.8	106.6	128.5	113.1
平顶山市 Pingdingshan	107.3	103.2	108.3	108.6	104.0	97.9	107.7	112.0	113.1
安阳市 Anyang	108.7	104.2	109.4	113.2	108.1	94.5	106.4	112.4	115.6
鹤壁市 Hebi	110.1	104.1	111.2	114.9	107.8	100.9	106.2	114.9	113.5
新乡市 Xinxiang	109.3	104.5	111.2	110.6	108.1	101.6	114.4	101.7	113.4
焦作市 Jiaozuo	108.8	104.2	109.5	108.9	109.2	106.0	107.0	113.4	108.0
濮阳市 Puyang	110.0	104.6	111.1	110.9	101.1	102.4	114.6	114.7	114.7
许昌市 Xuchang	109.3	104.0	109.7	115.5	108.5	103.9	106.4	110.6	111.5
漯河市 Luohe	109.1	104.1	110.5	111.4	108.7	105.7	106.2	113.3	116.6
三门峡市 Sanmenxia	109.0	104.2	109.6	112.4	110.9	103.3	115.7	111.3	110.1
南阳市 Nanyang	108.5	104.2	109.2	110.7	107.9	103.4	105.3	115.2	115.1
商丘市 Shangqiu	109.2	104.3	110.2	115.6	111.4	102.2	108.3	113.3	124.0
信阳市 Xinyang	108.9	104.3	110.2	110.5	108.8	103.5	106.0	111.0	115.3
周口市 Zhoukou	109.1	104.4	109.8	115.1	109.5	103.5	106.6	116.7	110.9
驻马店市 Zhumadian	108.5	104.3	108.3	115.4	111.3	102.9	111.8	110.1	116.4
济源市 Jiyuan	109.8	104.2	111.2	109.0	106.3	102.2	109.0	111.3	113.4
省直管县 Province Administrating County									
巩义市 Gongyi	109.2	103.5	109.2	109.9	111.8	106.1	113.9	103.1	112.3
兰考县 Lankao	111.1	104.5	110.9	117.7	109.5	101.7	106.7	120.7	121.2
汝州市 Ruzhou	107.0	103.7	105.8	111.5	108.9	102.1	105.4	110.2	108.0
滑县 Huaxian	108.8	104.4	110.3	113.8	109.4	115.0	107.4	111.3	125.0
长垣县 Changyuan	110.7	104.4	113.2	117.3	108.9	108.2	114.0	112.6	139.2
邓州市 Dengzhou	108.4	104.3	109.0	111.6	109.6	105.9	107.8	139.4	120.0
永城市 Yongcheng	110.0	104.5	110.8	116.2	111.8	107.4	107.7	109.4	109.3
固始县 Gushi	108.8	104.4	110.3	111.5	108.8	109.2	106.8	111.8	133.2
鹿邑县 Luyi	109.9	104.3	111.9	111.7	111.6	104.8	108.7	116.2	73.6
新蔡县 Xincai	108.0	104.3	107.5	111.7	108.8	106.9	106.5	112.0	125.6

3-12 续表 continued

本表按可比价格计算。
The indices in this table are calculated at comparable prices.
(上年=100) (preceding year=100)

市(县) City(County)	房地产业 Real estate	租赁和商务服务业 Tenancy and business services	科学研究和技术服务业 Scientific research, and technical service	水利、环境和公共设施管理业 Management of water conservancy, environment and public establishment	居民服务、修理和其他服务业 Resident services Repairing and other services	教育 Education	卫生和社会工作 Sanitation, and social work	文化、体育和娱乐业 Culture, sports and enterta-inment	公共管理、社会保障和社会组织 Public management social security and social organization
省辖市 City									
郑州市 Zhengzhou	97.4	137.7	106.7	99.9	112.7	101.8	106.1	110.8	104.5
开封市 Kaifeng	97.2	114.0	112.6	119.6	115.2	118.7	113.4	118.3	113.6
洛阳市 Luoyang	104.5	113.6	108.7	122.2	115.8	110.4	104.3	102.3	104.5
平顶山市 Pingdingshan	103.5	119.3	104.9	110.3	109.9	104.5	98.9	108.1	108.2
安阳市 Anyang	110.6	112.5	107.9	107.8	110.0	107.8	109.0	110.2	107.2
鹤壁市 Hebi	105.5	111.6	107.2	107.5	113.7	109.0	107.0	111.8	113.4
新乡市 Xinxiang	95.3	111.8	112.0	106.2	107.9	115.1	116.8	110.2	107.6
焦作市 Jiaozuo	103.7	106.3	135.6	129.7	119.0	104.7	104.3	124.8	101.2
濮阳市 Puyang	106.2	117.9	107.9	118.9	158.7	106.9	106.9	98.7	109.8
许昌市 Xuchang	107.5	117.6	107.9	107.8	115.0	106.8	108.9	111.5	112.1
漯河市 Luohe	94.2	117.7	114.3	118.7	112.3	116.7	100.6	109.5	107.7
三门峡市 Sanmenxia	85.7	110.6	109.4	113.4	110.5	111.2	113.4	117.0	112.9
南阳市 Nanyang	103.5	123.5	112.8	114.9	122.2	110.1	117.0	120.4	110.6
商丘市 Shangqiu	104.0	128.2	110.0	114.7	116.9	104.1	107.2	156.9	106.9
信阳市 Xinyang	109.1	117.7	113.1	116.5	116.2	106.6	114.3	117.9	114.4
周口市 Zhoukou	107.2	125.5	109.1	110.7	127.0	114.8	110.1	114.0	110.6
驻马店市 Zhumadian	109.3	105.0	105.0	106.8	109.9	109.1	114.2	112.2	113.9
济源市 Jiyuan	103.9	111.3	107.2	100.5	111.7	109.1	108.1	107.6	109.5
省直管县 Province Administrating County									
巩义市 Gongyi	106.2	112.2	109.9	111.9	112.7	106.7	112.7	116.5	112.2
兰考县 Lankao	114.4	117.8	117.7	119.5	117.9	120.4	118.4	119.2	120.5
汝州市 Ruzhou	88.7	116.2	111.9	118.7	153.5	111.2	113.9	115.4	114.8
滑县 Huaxian	110.1	106.8	113.3	113.3	106.8	108.9	111.7	108.2	115.4
长垣县 Changyuan	82.1	108.9	103.7	111.3	113.7	119.9	102.9	114.9	119.2
邓州市 Dengzhou	94.8	135.5	113.8	113.8	135.6	113.2	115.8	126.0	112.8
永城市 Yongcheng	102.9	113.9	113.3	113.3	113.5	111.8	114.2	100.1	113.4
固始县 Gushi	105.0	111.6	127.7	150.1	104.9	101.7	121.8	103.5	114.3
鹿邑县 Luyi	106.6	117.2	115.4	113.4	126.4	110.6	113.1	141.7	121.6
新蔡县 Xincai	106.2	104.0	109.9	110.2	103.4	110.9	113.2	103.2	120.7

3-13 非公有制经济增加值(2014年)
Value-added of Non-Public-Owned (2014)

行业	Sector	增加值(亿元) Value-added of Non-Public-Owned (100 million yuan)	指数(%) Index of Value-added of Non-Public-Owned (%)	占GDP比重(%) Value-added of Non-Public-Owned as percentage of GDP (%)
总计	**Total**	**22043.05**	**109.9**	**63.1**
#第一产业	Value-added of the Primary Industry	1473.38	105.8	35.4
第二产业	Value-added of the Secondary Industry	13575.34	109.9	76.2
第三产业	Value-added of the Tertiary Industry	6994.33	110.7	54.0
#农林牧渔业	Farming Forestry Animal Husbandry and Fishery	1521.47	109.2	35.7
工业	Industry	11882.43	109.8	75.2
建筑业	Construction	1699.18	110.7	81.8
批发和零售业	Wholesale and retail trade	1603.10	112.9	70.4
交通运输、仓储和邮电业	Traffic,transport, storage and post	947.61	103.0	56.5
住宿和餐饮业	Accommodation and Restaurants	970.46	109.8	97.2
金融业	Finance	378.81	117.5	25.1
房地产业	Real estate	1435.53	104.9	93.1
其他服务业	Others	1604.46	114.2	33.5

3-14 各市非公有制经济增加值（2014年）
Value-added of Non-Public-Owned by City (2014)

本表按当年价格计算。
Data in this table are calculated at current prices.

市	City	增加值(亿元) Value-added of Non-Public-Owned (100 million yuan)	占GDP比重(%) Value-added of Non-Public-Owned as percentage of GDP (%)
郑州市	Zhengzhou	4100.14	60.5
开封市	Kaifeng	938.10	62.9
洛阳市	Luoyang	1862.37	56.7
平顶山市	Pingdingshan	894.73	54.7
安阳市	Anyang	1090.52	60.9
鹤壁市	Hebi	441.49	64.7
新乡市	Xinxiang	1286.19	67.1
焦作市	Jiaozuo	1168.69	63.4
濮阳市	Puyang	804.31	64.2
许昌市	Xuchang	1440.34	69.0
漯河市	Luohe	644.72	68.5
三门峡市	Sanmenxia	638.99	51.5
南阳市	Nanyang	1539.26	57.5
商丘市	Shangqiu	1043.64	61.5
信阳市	Xinyang	1014.92	57.8
周口市	Zhoukou	1261.45	63.4
驻马店市	Zhumadian	1050.93	62.1
济源市	Jiyuan	333.92	69.5

3-15 支出法生产总值
Gross Domestic Product by Expenditure Approach

本表按当年价格计算。
Data in this table are calculated at current prices.

单位：亿元 (100 million yuan)

年 份 Year	支出法生产总值 Gross Domestic Product by Expenditure Approach	最终消费支出 Final Consumption	居民消费支出 Household Consumption	城镇居民 Urban Households	农村居民 Rural Households	政府消费支出 Government Consumption	资本形成总额 Gross Capital Formation	固定资本形成总额 Fixed Capital Formation	存货变动 Changes in Inventories	货物和服务净流出 Net Export of Good and Services
1952	36.09	29.50	27.93	3.32	24.61	1.57	6.63	4.90	1.73	-0.04
1957	52.55	36.87	33.94	6.12	27.82	2.93	16.49	11.17	5.32	-0.81
1962	43.02	40.12	36.46	11.18	25.28	3.66	3.41	8.24	-4.83	-0.51
1965	62.96	42.36	38.13	12.20	25.93	4.23	14.91	12.21	2.70	5.69
1970	97.19	56.98	52.56	14.32	38.24	4.42	39.21	26.05	13.16	1.00
1975	127.77	80.08	68.60	18.93	49.67	11.48	46.34	35.85	10.49	1.35
1978	162.92	107.07	94.34	23.89	70.45	12.73	52.49	40.66	11.83	3.36
1980	229.16	151.48	135.23	30.87	104.36	16.25	69.20	57.70	11.50	8.48
1985	451.74	275.95	231.11	64.95	166.16	44.84	173.43	138.19	35.24	2.36
1990	934.65	527.43	447.97	138.64	309.33	79.46	364.81	225.73	139.08	42.41
1991	1045.73	572.63	479.04	153.74	325.30	93.59	421.32	279.06	142.26	51.78
1992	1279.75	641.79	531.59	173.70	357.89	110.20	571.96	346.67	225.29	66.00
1993	1660.18	878.69	672.23	220.37	451.86	206.46	682.64	485.98	196.66	98.85
1994	2216.83	1196.17	927.84	334.29	593.55	268.33	879.39	670.84	208.55	141.27
1995	2988.37	1590.89	1251.49	437.39	814.10	339.40	1235.62	877.41	358.21	161.86
1996	3634.69	1936.99	1537.04	535.52	1001.52	399.95	1485.58	1079.31	406.27	212.12
1997	4041.09	2146.53	1694.84	622.23	1072.61	451.69	1677.86	1254.89	422.97	216.70
1998	4308.24	2217.62	1717.39	665.78	1051.61	500.23	1845.87	1413.55	432.32	244.75
1999	4517.94	2347.13	1781.18	751.37	1029.81	565.95	1924.38	1469.87	454.51	246.43
2000	5052.99	2745.80	2090.01	900.75	1189.26	655.79	2104.00	1641.43	462.57	203.19
2001	5533.01	3086.15	2266.65	992.74	1273.91	819.50	2257.24	1790.76	466.48	189.62
2002	6035.48	3386.68	2446.93	1105.70	1341.23	939.75	2474.19	2018.58	455.61	174.61
2003	6867.70	3891.70	2870.19	1625.12	1245.07	1021.51	2786.46	2431.76	354.70	189.54
2004	8553.79	4568.52	3370.21	1928.42	1441.79	1198.31	3745.50	3217.10	528.40	239.77
2005	10587.42	5353.67	3817.86	2263.64	1554.22	1535.81	5019.81	4506.75	513.06	213.94
2006	12362.79	6102.27	4251.50	2609.65	1641.85	1850.77	6322.82	6001.50	321.32	-62.30
2007	15012.46	6831.27	4820.00	3051.32	1768.68	2011.27	8366.37	8043.35	323.02	-185.18
2008	18018.53	7759.33	5521.46	3567.66	1953.80	2237.87	10713.52	10301.66	411.86	-454.32
2009	19480.46	8742.69	6248.92	4142.02	2106.90	2493.77	13304.05	12996.08	307.97	-2566.28
2010	23092.36	10209.83	7402.60	5029.87	2372.73	2807.23	15977.40	15704.09	273.31	-3094.87
2011	26931.03	11783.07	8617.90	5825.10	2792.80	3165.17	19166.59	18819.16	347.43	-4018.63
2012	29599.31	13338.44	9754.41	6672.59	3081.82	3584.03	22060.00	21667.75	392.25	-5799.13
2013	32191.30	15322.85	11122.15	7676.11	3446.04	4200.70	24829.97	24376.04	453.93	-7961.52
2014	34938.24	16850.13	12325.62	8434.60	3891.02	4524.51	27244.43	26655.78	588.65	-9156.32

3-16 最终消费支出指数

Indices of Final Consumption

本表按可比价格计算。
The indices in this table are calculated at comparable prices.

年份 Year	以1952年为100 (1952=100)					以上年为100 (preceding year=100)				
	最终消费支出 Final Consump-tion	居民消费支出 Household Consump-tion	城镇居民 Urban Households Consumption	农村居民 Rural Households Consumption	政府消费支出 Government Consump-tion	最终消费支出 Final Consump-tion	居民消费支出 Household Consump-tion	城镇居民 Urban Households Consumption	农村居民 Rural Households Consumption	政府消费支出 Government Consump-tion
1952	100.0	100.0	100.0	100.0	100.0					
1957	124.9	121.3	184.2	113.1	186.3	100.0	99.9	120.0	96.6	100.3
1962	123.1	117.7	301.9	93.9	220.1	100.6	102.6	101.1	103.2	84.6
1965	133.5	126.8	368.1	95.7	255.1	105.7	105.7	105.1	105.9	106.3
1970	186.6	181.3	451.5	146.3	277.7	109.5	110.1	106.4	111.6	102.7
1975	267.3	240.9	597.8	195.0	734.4	105.9	103.3	104.3	102.9	124.8
1978	356.3	330.7	750.8	276.2	812.6	118.3	118.7	119.9	118.3	115.7
1980	480.5	451.7	908.9	392.6	984.2	113.7	114.2	107.5	116.4	109.4
1985	800.0	706.8	1640.3	587.0	2436.3	118.8	117.8	125.7	115.2	124.1
1990	1001.2	869.5	2226.8	697.5	3312.6	104.6	103.8	106.7	102.9	108.0
1991	1061.3	912.1	2351.5	729.6	3723.4	106.0	104.9	105.6	104.6	112.4
1992	1146.2	974.1	2593.7	763.2	4285.6	108.0	106.8	110.3	104.6	115.1
1993	1405.2	1165.0	3141.0	905.2	5939.8	122.6	119.6	121.1	118.6	138.6
1994	1583.7	1262.9	3439.4	974.9	7852.4	112.7	108.4	109.5	107.7	132.2
1995	1761.1	1401.8	3783.3	1089.0	8794.7	111.2	111.0	110.0	111.7	112.0
1996	1993.6	1600.9	4097.3	1287.2	9621.4	113.2	114.2	108.3	118.2	109.4
1997	2167.0	1721.0	4593.1	1347.7	10891.4	108.7	107.5	112.1	104.7	113.2
1998	2290.5	1791.6	4873.3	1385.4	12133.0	105.7	104.1	106.1	102.8	111.4
1999	2476.0	1900.9	5443.5	1417.3	13953.0	108.1	106.1	111.7	102.3	115.0
2000	2840.0	2176.5	6249.1	1618.6	16073.9	114.7	114.5	114.8	114.2	115.2
2001	3172.3	2346.3	6780.3	1736.8	19947.7	111.7	107.8	108.5	107.3	124.1
2002	3508.6	2562.2	7743.1	1815.0	22840.1	110.6	109.2	114.2	104.5	114.5
2003	3971.7	2941.4	9787.3	1864.0	24918.5	113.2	114.8	126.4	102.7	109.1
2004	4337.1	3215.0	10922.6	1983.3	27161.2	109.2	109.3	111.6	106.4	109.0
2005	4749.1	3478.6	12244.2	2040.8	30746.5	109.5	108.2	112.1	102.9	113.2
2006	5418.7	3930.8	14129.8	2232.6	35911.9	114.1	113.0	115.4	109.4	116.8
2007	5841.4	4284.6	14737.4	2328.6	37779.3	107.8	109.0	111.9	104.3	105.2
2008	6168.5	4563.1	14722.6	2326.3	39177.2	105.6	106.5	110.3	99.9	103.7
2009	6995.1	5197.3	15856.3	2505.4	44035.1	113.4	113.9	117.1	107.7	112.4
2010	7904.4	5925.0	23873.3	2703.3	48614.8	113.0	114.0	116.9	107.9	110.4
2011	8773.9	6600.4	26571.0	3014.2	53476.3	111.0	111.4	111.3	111.5	110.0
2012	9782.9	7286.9	29653.3	3249.3	61123.4	111.5	110.4	111.6	107.8	114.3
2013	10878.6	8022.8	33004.1	3486.5	69802.9	111.2	110.1	111.3	107.3	114.2
2014	11738.0	8728.8	35545.4	3873.5	73851.4	107.9	108.8	107.7	111.1	105.8

3-17 资本形成总额指数

Indices of Final Consumption

本表按可比价格计算。
The indices in this table are calculated at comparable prices.

年 份 Year	以1952年为100 (1952=100) 资本形成总额 Gross Capital Formation	固定资本形成总额 Fixed Capital Formation	存货变动 Changes in Inventories	以上年为100 (preceding year=100) 资本形成总额 Gross Capital Formation	固定资本形成总额 Fixed Capital Formation	存货变动 Changes in Inventories
1952	100.0	100.0	100.0			
1957	240.0	223.7	293.7	133.8	110.5	277.5
1962	54.9	152.4		67.1	83.0	
1965	242.0	270.0	150.7	125.2	124.4	130.0
1970	646.0	591.3	818.1	173.7	168.6	186.8
1975	730.0	753.1	648.8	108.3	107.8	110.3
1978	842.0	880.7	709.9	103.9	111.6	81.4
1980	1038.6	1132.3	728.5	113.9	123.5	81.9
1985	2099.3	2125.4	1993.0	118.7	120.4	113.1
1990	3265.5	2803.1	5398.1	101.2	100.2	103.0
1991	3628.0	3161.9	5840.7	111.1	112.8	108.2
1992	4415.3	3737.4	7481.9	121.7	118.2	128.1
1993	4702.3	4309.2	6845.9	106.5	115.3	91.5
1994	5304.2	5158.1	6722.7	112.8	119.7	98.2
1995	6471.1	6117.5	8793.3	122.0	118.6	130.8
1996	7512.9	7224.8	9804.5	116.1	118.1	111.5
1997	8437.0	8315.7	10333.9	112.3	115.1	105.4
1998	9474.8	9496.5	11088.3	112.3	114.2	107.3
1999	10166.5	10085.3	12263.7	107.3	106.2	110.6
2000	10949.3	11043.4	12570.3	107.7	109.5	102.5
2001	11715.8	11982.1	12771.4	107.0	108.5	101.6
2002	12946.0	13539.8	12809.7	110.5	113.0	100.3
2003	14305.3	15990.5	9786.6	110.5	118.1	76.4
2004	17195.0	19044.7	12546.4	120.2	119.1	128.2
2005	21081.1	24796.2	9221.6	122.6	130.2	73.5
2006	25402.7	31540.8	5680.5	120.5	127.2	61.6
2007	31321.5	39426.0	5186.3	123.3	125.0	91.3
2008	37648.5	47508.3	5922.8	120.2	120.5	114.2
2009	48378.3	61855.8	4939.6	128.5	130.2	83.4
2010	55586.7	71567.2	4080.1	114.9	115.7	82.6
2011	63424.4	81658.2	4851.2	114.1	114.1	118.9
2012	72684.3	93417.0	5962.2	114.6	114.4	122.9
2013	82278.7	105654.6	6993.6	113.2	113.1	117.3
2014	90259.7	115586.1	8979.8	109.7	109.4	128.4

3-18 支出法生产总值构成

Structure of Gross Domestic Product by Expenditure Approach

本表按当年价格计算。
Data in this table are calculated at current prices.

年 份 Year	比重（支出法生产总值=100） Proportion (Gross Domestic Product by Expenditure Approach=100)			比重（最终消费支出=100） Proportion (Final Consumption Expenditure=100)	
	最终消费支出 Final Consumption	资本形成总额 Gross Capital Formation	货物和服务净流出 Net Export of Good and Services	居民消费支出 Household Consumption	政府消费支出 Government Consumption
1952	81.7	18.4	-0.1	94.7	5.3
1957	70.1	31.4	-1.5	92.1	7.9
1962	93.3	7.9	-1.2	90.9	9.1
1965	67.3	23.7	9.0	90.0	10.0
1970	58.6	40.4	1.0	92.2	7.8
1975	62.7	36.3	1.0	85.7	14.3
1978	65.7	32.2	2.1	88.1	11.9
1980	66.1	30.2	3.7	89.3	10.7
1985	61.1	38.4	0.5	83.8	16.2
1990	56.4	39.0	4.6	84.9	15.1
1991	54.7	40.3	5.0	83.7	16.3
1992	50.1	44.7	5.2	82.8	17.2
1993	52.9	41.1	6.0	76.5	23.5
1994	53.9	39.7	6.4	77.6	22.4
1995	53.2	41.4	5.4	78.7	21.3
1996	53.3	40.9	5.8	79.4	20.6
1997	53.1	41.5	5.4	79.0	21.0
1998	51.5	42.8	5.7	77.4	22.6
1999	52.0	42.6	5.4	75.9	24.1
2000	54.4	41.6	4.0	76.1	23.9
2001	55.8	40.8	3.4	73.4	26.6
2002	56.1	41.0	2.9	72.3	27.7
2003	56.7	40.6	2.7	73.8	26.2
2004	53.4	43.8	2.8	73.8	26.2
2005	50.6	47.4	2.0	71.3	28.7
2006	49.4	51.1	-0.5	69.7	30.3
2007	45.5	55.7	-1.2	70.6	29.4
2008	43.1	59.5	-2.5	71.2	28.8
2009	44.9	68.3	-13.2	71.5	28.5
2010	44.2	69.2	-13.4	72.5	27.5
2011	43.8	71.2	-14.9	73.1	26.9
2012	45.1	74.5	-19.6	73.1	26.9
2013	47.6	77.1	-24.7	72.6	27.4
2014	48.2	78.0	-26.2	73.1	26.9

3-19 生产总值支出法构成项目

Gross Domestic Product by Expenditure Approach and Structure

本表按当年价格计算。
Data in this table are calculated at current prices.
单位：亿元 (100 million yuan)

项 目	Item	2013	2014
支出法生产总值	**Gross Domestic Product by Expenditure Approach**	**32191.30**	**34938.24**
最终消费支出	**Final Consumption**	**15322.85**	**16850.13**
居民消费支出	Household Consumption	11122.15	12325.62
城镇居民	Urban Households	7676.11	8434.60
食品类支出	Food	2002.49	2183.72
衣着类支出	Clothing	777.73	841.97
居住类支出	Residence	533.74	577.72
家庭设备、用品及服务类支出	Household Facilities,Articles and Service	520.55	590.62
医疗保健类支出	Medical treatment and medical Service	981.27	1059.73
交通和通信类支出	Transport, Post and Communication Services	717.44	811.43
文化教育娱乐及服务类支出	Recreation,education and Cultural services	775.53	808.49
银行中介服务支出	Dummy Consumption for finance agency service	507.91	615.80
保险服务消费支出	Insurance	137.94	170.63
自有住房服务虚拟支出	Dummy Consumption for owned housing service	453.20	479.43
其他商品和服务类支出	Miscellaneous and Services	268.31	295.06
农村居民	Rural Households	3446.04	3891.02
食品类支出	Food	1037.60	1124.03
衣着类支出	Clothing	257.88	298.94
居住类支出	Residence	305.08	365.34
家庭设备、用品及服务类支出	Household Facilities,Articles and Service	222.66	239.29
医疗保健类支出	Medical treatment and medical Service	400.23	449.32
交通和通信类支出	Transport, Post and Communication Services	338.76	420.57
文化教育娱乐及服务类支出	Recreation,education and Cultural services	209.43	242.67
银行中介服务支出	Dummy Consumption for finance agency service	198.44	213.97
保险服务消费支出	Insurance	53.99	61.18
自有住房服务虚拟支出	Dummy Consumption for owned housing service	357.90	396.13
其他商品和服务类支出	Miscellaneous and Services	64.07	79.58
政府消费支出	Government Consumption	4200.70	4524.51
资本形成总额	**Gross Capital Formation**	**24829.97**	**27244.43**
固定资本形成总额	Fixed Capital Formation	24376.04	26655.78
存货变动	Changes in Inventories	453.93	588.65
货物和服务净流出	**Net Export of Good and Services**	**-7961.52**	**-9156.32**

3-20 各市支出法生产总值(2014年)

Gross Domestic Product by Expenditure Approach by City (2014)

本表按当年价格计算。

Data in this table are calculated at current prices.

单位：亿元 (100 million yuan)

市(县) City(County)	支出法生产总值 Gross Domestic Product by Expenditure Approach	最终消费支出 Final Consumption	居民消费支出 Household Consumption	城镇居民 Urban Households	农村居民 Rural Households	政府消费支出 Government Consumption	资本形成总额 Gross Capital Formation	货物和服务净流出 Net Export of Good and Services
郑州市 Zhengzhou	6776.99	3252.41	2265.13	1670.50	594.63	987.29	3461.91	62.66
开封市 Kaifeng	1492.06	870.37	621.23	430.07	191.16	249.14	946.83	-325.15
洛阳市 Luoyang	3284.57	1459.64	941.81	679.40	262.41	517.83	2414.79	-589.86
平顶山市 Pingdingshan	1637.17	854.18	632.75	473.23	159.53	221.43	1433.44	-650.45
安阳市 Anyang	1791.81	849.55	625.25	345.23	280.01	224.30	1269.29	-327.03
鹤壁市 Hebi	682.20	262.45	181.99	127.14	54.84	80.46	452.45	-32.70
新乡市 Xinxiang	1917.81	942.93	735.92	497.69	238.23	207.02	1280.73	-305.85
焦作市 Jiaozuo	1844.31	822.95	629.58	392.61	236.98	193.36	1540.91	-519.55
濮阳市 Puyang	1253.61	485.75	356.30	211.45	144.85	129.45	1151.69	-383.84
许昌市 Xuchang	2087.23	827.95	605.66	397.84	207.82	222.29	1403.97	-144.69
漯河市 Luohe	941.16	532.06	336.13	154.80	181.33	195.92	364.87	44.23
三门峡市 Sanmenxia	1240.06	335.45	248.35	165.53	82.82	87.10	938.03	-33.42
南阳市 Nanyang	2675.57	1607.03	1214.13	766.83	447.29	392.90	2499.18	-1430.64
商丘市 Shangqiu	1697.64	713.00	537.79	375.16	162.63	175.21	951.90	32.73
信阳市 Xinyang	1757.34	1168.84	802.68	459.31	343.37	366.16	1572.29	-983.79
周口市 Zhoukou	1989.75	1048.30	737.79	387.71	350.08	310.51	1442.96	-501.51
驻马店市 Zhumadian	1691.30	1176.15	850.80	426.07	424.73	325.34	1360.31	-845.16
济源市 Jiyuan	480.46	145.56	116.28	81.70	34.58	29.28	385.48	-50.58

3-21 各市支出法生产总值指数(2014年)

Indices of Gross Domestic Product by Expenditure Approach by City (2014)

本表按可比价格计算。

The indices in this table are calculated at comparable prices.

(上年=100) (preceding year=100)

市(县)	City(County)	支出法生产总值 Gross Domestic Product by Expenditure Approach	最终消费支出 Final Consumption	居民消费支出 Household Consumption	城镇居民 Urban Households	农村居民 Rural Households	政府消费支出 Government Consumption	资本形成总额 Gross Capital Formation
郑州市	Zhengzhou	109.4	108.7	114.8	114.3	116.0	97.6	110.2
开封市	Kaifeng	109.6	112.5	110.8	114.1	103.8	116.6	117.4
洛阳市	Luoyang	109.0	107.2	107.7	109.1	104.4	106.5	110.2
平顶山市	Pingdingshan	107.3	106.8	108.5	108.2	109.7	102.5	104.4
安阳市	Anyang	108.7	106.0	107.0	110.6	102.9	103.2	101.6
鹤壁市	Hebi	110.1	105.1	102.9	102.9	103.2	110.0	107.4
新乡市	Xinxiang	109.3	120.6	121.5	124.2	116.9	117.5	101.1
焦作市	Jiaozuo	108.8	108.3	111.0	110.5	111.8	100.4	112.5
濮阳市	Puyang	110.0	111.8	112.9	107.8	121.3	108.9	116.1
许昌市	Xuchang	109.3	108.5	108.9	109.5	107.7	107.5	110.9
漯河市	Luohe	109.1	108.5	108.1	107.5	108.7	109.3	108.5
三门峡市	Sanmenxia	109.0	107.2	109.9	110.8	108.1	100.3	101.8
南阳市	Nanyang	108.5	107.3	107.7	109.0	105.5	106.0	102.2
商丘市	Shangqiu	109.2	107.3	109.6	105.0	120.4	100.2	106.4
信阳市	Xinyang	108.9	113.2	114.8	114.4	115.3	109.7	99.7
周口市	Zhoukou	109.1	109.3	110.0	110.7	109.3	107.6	112.7
驻马店市	Zhumadian	108.5	108.0	108.7	108.9	108.5	106.4	107.7
济源市	Jiyuan	109.8	106.5	112.7	115.2	107.2	87.5	114.7

3-22 居民消费水平及指数

Per Capita Consumption and Indices

本表绝对数按当年价格计算，指数按可比价格计算。
Value items in this table are calculated at current prices, while tempos are calculated at comparable prices.

年份 Year	居民消费水平(元) Annual Per Capita Consumption (yuan)			城乡消费水平对比(农民=1) Urban/Rural Consumption Rural (Rural Residents=1)	居民消费水平指数 Indices of Annual Per Capita Consumption					
					以上年为100 (preceding year=100)			以1952年为100 (1952=100)		
	全体居民 Rural & Urban Residents	城镇居民 Urban Residents	农村居民 Rural Residents		全体居民 Rural & Urban Residents	城镇居民 Urban Residents	农村居民 Rural Residents	全体居民 Rural & Urban Residents	城镇居民 Urban Residents	农村居民 Rural Residents
1952	64	132	60	2.2				100.0	100.0	100.0
1957	71	186	62	3.0	97.9	125.1	94.2	110.3	141.3	104.1
1962	75	287	56	5.1	101.3	122.1	99.9	105.2	194.8	85.9
1965	74	291	55	5.3	103.6	100.1	104.0	106.7	220.6	82.4
1970	88	326	70	4.7	106.8	103.2	108.2	132.7	258.5	108.7
1975	102	362	80	4.5	101.5	103.1	101.0	156.4	287.4	128.9
1978	135	428	109	3.9	116.9	116.3	116.7	205.4	337.9	175.1
1980	187	471	159	3.0	112.5	98.6	115.5	271.8	347.9	244.4
1985	297	750	240	3.1	116.2	116.4	114.5	395.0	475.7	347.1
1990	523	1273	413	3.1	101.8	111.7	101.3	441.5	513.9	381.5
1991	550	1362	429	3.2	103.2	101.8	103.3	455.6	523.1	394.1
1992	603	1478	469	3.2	105.1	106.0	103.8	478.9	554.5	409.0
1993	755	1769	590	3.0	118.4	114.2	118.3	567.0	633.2	483.8
1994	1032	2493	776	3.2	107.4	101.7	107.8	609.0	644.0	521.6
1995	1381	3045	1067	2.9	110.1	102.7	111.9	670.5	661.4	583.7
1996	1682	3548	1313	2.7	113.3	103.0	118.2	759.7	681.2	689.9
1997	1841	3963	1404	2.8	106.7	107.7	104.5	810.6	733.7	720.9
1998	1851	4106	1373	3.0	103.3	102.7	102.5	837.3	753.5	738.9
1999	1905	4521	1339	3.4	105.3	109.0	101.9	881.7	821.3	753.0
2000	2215	5090	1551	3.3	113.5	111.8	113.6	1000.7	918.2	855.4
2001	2381	5562	1647	3.4	106.9	108.0	106.1	1069.8	991.7	907.6
2002	2553	5986	1734	3.5	108.6	109.9	105.1	1161.8	1089.9	953.9
2003	3083	6585	1819	3.6	108.6	109.3	104.7	1261.7	1191.2	998.7
2004	3625	7394	2156	3.4	109.5	105.6	108.8	1381.5	1257.9	1086.6
2005	4092	8145	2372	3.4	107.7	105.2	105.1	1487.9	1323.3	1142.0
2006	4530	8810	2556	3.4	112.3	108.3	111.6	1670.9	1433.2	1274.5
2007	5141	9743	2833	3.4	109.1	105.8	107.3	1823.0	1516.3	1367.5
2008	5877	10797	3208	3.4	114.3	110.8	113.2	2083.7	1680.1	1548.0
2009	6607	11884	3528	3.4	112.4	110.1	110.0	2342.0	1849.8	1702.8
2010	7837	13958	4061	3.4	114.1	113.1	110.3	2672.2	2092.1	1878.2
2011	9171	15616	4929	3.2	112.0	107.6	114.9	2992.9	2251.1	2158.1
2012	10380	17104	5608	3.0	110.4	106.8	111.1	3304.2	2404.1	2397.6
2013	11820	18921	6438	2.9	109.9	107.1	110.2	3631.3	2574.9	2642.2
2014	13078	20111	7439	2.7	108.6	104.2	113.7	3943.6	2683.0	3004.2

3-23 各市居民消费水平及指数(2014年)

Per Capita Consumption and Indices by City (2014)

本表绝对数按当年价格计算，指数按可比价格计算。
Value items in this table are calculated at current prices, while tempos are calculated at comparable prices.

市(县) City(County)	居民消费水平(元) Annual Per Capita Consumption (yuan)			指数(以上年为100) Indices (preceding year=100)		
	全体居民 Rural & Urban Residents	城镇居民 Urban Residents	农村居民 Rural Residents	全体居民 Rural & Urban Residents	城镇居民 Urban Residents	农村居民 Rural Residents
郑州市 Zhengzhou	24397	26576	19828	112.6	110.5	117.4
开封市 Kaifeng	13512	22361	7148	112.0	111.5	107.6
洛阳市 Luoyang	14170	20363	7927	107.0	105.1	106.8
平顶山市 Pingdingshan	12760	20262	6082	108.1	104.5	112.4
安阳市 Anyang	12286	15232	9921	107.0	107.0	105.5
鹤壁市 Hebi	11351	14826	7354	102.6	100.1	105.7
新乡市 Xinxiang	12930	18673	7872	121.1	119.9	119.7
焦作市 Jiaozuo	17895	21205	14218	110.9	107.8	114.7
濮阳市 Puyang	9918	15647	6463	112.8	103.0	124.4
许昌市 Xuchang	14065	20551	8768	108.6	105.8	110.3
漯河市 Luohe	12988	13300	12733	107.2	103.3	110.7
三门峡市 Sanmenxia	11067	14862	7327	109.5	107.4	110.7
南阳市 Nanyang	12093	19631	7293	108.5	106.0	108.7
商丘市 Shangqiu	7400	14437	3483	110.1	101.1	123.8
信阳市 Xinyang	12556	17796	9008	114.7	110.2	118.0
周口市 Zhoukou	8389	12423	6170	110.1	106.4	111.7
驻马店市 Zhumadian	12305	17295	9543	108.7	104.5	111.0
济源市 Jiyuan	16161	20420	10826	111.1	110.5	109.2

3-24 各市收入法生产总值构成项目(2014年)
Structure of Gross Domestic Product by City (2014)

本表按当年价格计算。
Data in value terms in this table are calculated at current prices.

单位：亿元 (100 million yuan)

市(县) City(County)	生产总值 Gross Domestic Product	劳动者报酬 Compensation of Laborers	生产税净额 Net Taxes on Production	固定资产折旧 Depreciation of Fixed Assets	营业盈余 Operating Surplus
全　　省 Total	**34938.24**	**17469.02**	**3848.12**	**4187.97**	**9433.13**
省　辖　市 City					
郑　州　市 Zhengzhou	6776.99	2714.88	1228.76	835.58	1997.77
开　封　市 Kaifeng	1492.06	761.69	141.49	155.05	433.82
洛　阳　市 Luoyang	3284.57	1455.72	576.43	475.26	777.16
平顶山市 Pingdingshan	1637.17	865.28	187.48	215.88	368.54
安　阳　市 Anyang	1791.81	799.07	227.48	211.30	553.97
鹤　壁　市 Hebi	682.20	340.36	69.37	61.20	211.27
新　乡　市 Xinxiang	1917.81	925.52	200.37	268.70	523.23
焦　作　市 Jiaozuo	1844.31	900.42	234.67	200.71	508.51
濮　阳　市 Puyang	1253.61	587.75	203.91	165.43	296.51
许　昌　市 Xuchang	2087.23	716.10	415.87	264.31	690.95
漯　河　市 Luohe	941.16	418.65	104.90	74.13	343.48
三门峡市 Sanmenxia	1240.06	465.08	162.92	159.10	452.96
南　阳　市 Nanyang	2675.57	1354.55	296.32	332.73	691.97
商　丘　市 Shangqiu	1697.64	957.42	184.75	193.09	362.37
信　阳　市 Xinyang	1757.34	917.86	179.38	179.20	480.90
周　口　市 Zhoukou	1989.75	911.99	269.03	227.97	580.76
驻马店市 Zhumadian	1691.30	737.14	177.06	196.95	580.15
济　源　市 Jiyuan	480.46	162.29	87.01	94.26	136.91
省直管县 Province Administrating County					
巩　义　市 Gongyi	607.57	246.73	86.62	67.50	206.72
兰　考　县 Lankao	213.95	102.72	8.82	25.45	76.96
汝　州　市 Ruzhou	347.80	168.05	24.33	39.74	115.67
滑　　县 Huaxian	198.70	102.20	18.61	19.69	58.20
长　垣　县 Changyuan	250.33	99.59	30.45	36.86	83.43
邓　州　市 Dengzhou	328.48	179.83	25.98	47.53	75.13
永　城　市 Yongcheng	412.29	187.39	63.13	43.31	118.46
固　始　县 Gushi	255.85	122.51	24.51	33.69	75.15
鹿　邑　县 Luyi	244.14	81.48	21.94	30.87	109.85
新　蔡　县 Xincai	150.38	88.97	11.41	17.99	32.00

3-25 资金流量表(实物交易，2013年)

单位：亿元

交易项目	Transaction	非金融企业部门 Non-financial Enterprises		金融机构部门 Financial Institutions	
		使用 Utilization	来源 Source	使用 Utilization	来源 Source
净出口	**Net Exports**				
增加值	**Value Added**		**20837.55**		**1280.92**
劳动者报酬	**Compensation of Laborers**	**9149.06**		**331.40**	
工资及工资性收入	Wages and Related Income	8395.43		304.10	
单位社会保险付款	Employer's Contribution of Social Securities	753.63		27.30	
生产税净额	**Taxes on Production, Net**	**4136.82**	**-50.29**	**122.06**	
生产税	Taxes on Production	4136.82		122.06	
生产补贴	Subsidies to Production		50.29		
财产收入	**Income from Properties**	**1997.40**	**1081.45**	**2656.74**	**2671.73**
利息	Interest	1719.60	1055.56	2644.59	2644.59
红利	Dividend	81.05	25.88	1.90	27.14
地租	Rent on Land Use	155.74			
其他	Others	41.01		10.25	
初次分配总收入	**Total Income from Primary Distribution**		**6585.43**		**842.45**
经常转移	**Current Transfer**	**435.88**	**74.30**	**184.02**	**266.05**
收入税	Taxes on Income	200.18		35.42	
社会保险缴款	Payment to Social Security				
社会保险福利	Welfare of social Security				
社会补助	Allowances				
其他	Others	235.70	74.30	148.60	266.05
可支配总收入	**Total Disposable Income**		**6223.85**		**924.48**
最终消费	**Final Consumption Expenditure**				
居民消费	Household Consumption				
政府消费	Government Consumption				
总储蓄	**Savings**		**6223.85**		**924.48**
资本转移	**Capital Transfer**		**546.87**		
投资性补助	Investment Allowances		546.87		
其他	Other				
资本形成总额	**Gross Capital Formation**	**19628.73**		**17.26**	
固定资本形成总额	Gross Fixed Capital Formation	19274.81		17.26	
存货变动	Changes in Inventories	353.91			
其他非金融资产获得减处置	**Minus Items from OtherNon-financial Capital**				
净金融投资	**Net Financial Investment**	**-12858.01**		**907.22**	

Flow of Funds Table (Physical Transaction, 2013)

(100 million yuan)

政府部门 Governments		住户部门 Households		省内合计 Regional Sum		省外(含国外) Domestic & Outside province		总计 Total	
使用 Utilization	来源 Source	使用 Utilization	来源 Source	使用 Utilization	来源 Source	使用 Utilization	来源 Source	使用 Utilization	来源 Source
							7926.08		**7926.08**
	2340.31		**7732.52**		**32191.30**				**32191.30**
722.93		**5973.35**	**16176.74**	**16176.74**	**16176.74**			**16176.74**	**16176.74**
565.45		5481.31	16176.74	14746.30	14746.30			14746.30	14746.30
157.48		492.04		1430.45	1430.45			1430.45	1430.45
6.12	**4718.05**	**402.76**		**4667.76**	**4667.76**			**4667.76**	**4667.76**
56.41	4718.05	402.76		4718.05	4718.05			4718.05	4718.05
50.29				50.29	50.29			50.29	50.29
111.27	**334.11**	**813.72**	**1560.73**	**5579.13**	**5648.01**	**85.84**	**16.96**	**5664.97**	**5664.97**
111.27	121.76	813.72	1467.26	5289.18	5289.18			5289.18	5289.18
	5.34		93.47	82.95	151.83	85.84	16.96	168.79	168.79
	155.74			155.74	155.74			155.74	155.74
	51.26			51.26	51.26			51.26	51.26
	6552.14		**18280.17**		**32260.18**				**32260.18**
2468.14	**4612.31**	**1127.73**	**2244.92**	**4215.77**	**7197.58**	**3012.97**	**31.16**	**7228.74**	**7228.74**
	283.23	47.63		283.23	283.23			283.23	283.23
266.36	1149.53	883.17		1149.53	1149.53			1149.53	1149.53
1131.57			1131.57	1131.57	1131.57			1131.57	1131.57
1011.80			1011.80	1011.80	1011.80			1011.80	1011.80
58.41	3179.55	196.93	101.55	639.64	3621.46	3012.97	31.16	3652.61	3652.61
	8696.31		**19397.35**		**35241.99**				**35241.99**
4200.70		**11086.71**		**15287.41**				**15287.41**	
		11086.71		11086.71				11086.71	
4200.70				4200.70				4200.70	
	4495.61		**8310.64**		**19954.58**		**4875.39**		**24829.97**
546.87				**546.87**	**546.87**			**546.87**	**546.87**
546.87				546.87	546.87			546.87	546.87
1885.34		**3298.65**		**24829.97**				**24829.97**	
1882.38		3201.59		24376.04				24376.04	
2.96		97.06		453.93				453.93	
2063.40		**5012.00**		**-4875.39**		**4875.39**		**0.00**	

3-26 资产负债表(2012年)

单位：亿元

项　目	Item	非金融企业部门 Non-financial Enterprises 使用 Utilization	非金融企业部门 Non-financial Enterprises 来源 Source	#国有单位 State-owned Units 使用 Utilization	#国有单位 State-owned Units 来源 Source
非金融资产	**Non-Financial Capital**	**38824.08**		**15172.68**	
固定资产	Fixed Assets	27431.22		10661.54	
#在建工程	Under Construction Project	3336.63		1965.44	
存货	Inventories	9228.72		3224.12	
#产成品和商品库存	Products and Inventory	3853.04		2079.23	
其他非金融资产	Other Non-Financial Capital	2164.14		1287.02	
#无形资产	Intangible Assets	1750.35		1223.22	
金融资产与负债	**Financial Capital and Debt**	**24798.55**	**40747.30**	**9906.95**	**15561.70**
国内金融资产与负债	Domestic Financial Capital and Debt	24723.51	37826.03	9881.89	15409.60
通货	Currency in Circulation	4378.62		1850.56	
存款	Savings Deposits	11943.95		3501.82	
贷款	Loans		13881.34		3356.08
股票及其他股权	Stocks and Other Stock Rights	2540.76	10778.56	1814.43	5574.07
证券(不含股票)	Securities (Not Including Stocks)	92.24	860.02	81.32	785.88
保险准备金	Reserves for Insurance Business	242.62		56.42	
其他	Others	5525.32	12306.11	2577.34	5693.58
国外金融资产与负债	Foreign Financial Capital and Debt	75.04	2921.27	25.06	152.10
直接投资	Direct Investment	75.04	2921.27	25.06	152.10
证券投资	Securities				
其他投资	Other Investment				
资产负债差额	**Surplus of Capital Debt**		**22875.33**		**9517.93**
资产、负债与差额总计	**Total of assets、Debts and Net-worth**	**63622.63**	**63622.63**	**25079.63**	**25079.63**

Balance Sheet (2012)

(100 million yuan)

金融机构部门 Financial Institutions		#国有单位 State-owned Units		政府部门 Governments		住户部门 Households	
使用 Utilization	来源 Source	使用 Utilization	来源 Source	使用 Utilization	来源 Source	使用 Utilization	来源 Source
1080.67		**343.16**		**3657.77**		**19364.59**	
581.64		255.89		3229.71		18065.24	
72.44		26.46		388.56			
				105.25		1138.90	
						1000.02	
499.03		87.27		322.81		160.45	
373.64		28.26					
29794.16	**35408.49**	**9085.12**	**16299.52**	**3786.45**	**1971.38**	**21972.00**	**5267.78**
29771.60	35307.18	9067.06	16218.48	3786.45	1971.38	21972.00	5267.78
416.66		207.62		8.69		893.99	
	31401.68		14725.69	2439.14		17528.08	
20420.27		8078.83			598.43		5267.78
462.30	558.55	10.86	52.27	82.23		2460.69	
1751.52	6.90	33.09	0.13	25.72	105.55	243.69	
	2638.76		1187.32			778.97	
6720.84	701.29	736.66	253.08	1230.67	1267.39	66.59	
22.57	101.30	18.06	81.04				
	14.13		11.30				
4.20	8.87	3.36	7.10				
18.37	78.30	14.70	62.64				
	-4533.65		**-6871.25**		**5472.84**		**36068.81**
30874.83	**30874.83**	**9428.27**	**9428.27**	**7444.22**	**7444.22**	**41336.59**	**41336.59**

3-26 续表

单位：亿元

项　目	Item	省内部门 Regional Sectors		#国有单位 State-owned Units	
		使　用 Utilization	来　源 Source	使　用 Utilization	来　源 Source
非金融资产	**Non-Financial Capital**	**62927.10**		**19173.60**	
固定资产	Fixed Assets	49307.80		14147.13	
#在建工程	Under Construction Project	3797.63		2380.47	
存货	Inventories	10472.88		3329.37	
#产成品和商品库存	Products and Inventory	4853.06		2079.23	
其他非金融资产	Other Non-Financial Capital	3146.43		1697.10	
#无形资产	Intangible Assets	2123.99		1251.48	
金融资产与负债	**Financial Capital and Debt**	**80351.17**	**83394.94**	**22778.51**	**33832.59**
国内金融资产与负债	Domestic Financial Capital and Debt	80253.56	80372.37	22735.39	33599.45
通货	Currency in Circulation	5697.97		2066.87	
存款	Savings Deposits	31911.17	31401.68	5940.96	14725.69
贷款	Loans	20420.27	19747.55	8078.83	3954.50
股票及其他股权	Stocks and Other Stock Rights	5545.98	11337.11	1907.53	5626.33
证券(不含股票)	Securities (Not Including Stocks)	2113.17	972.47	140.13	891.56
保险准备金	Reserves for Insurance Business	1021.59	2638.76	56.42	1187.32
其他	Others	13543.41	14274.79	4544.67	7214.05
国外金融资产与负债	Foreign Financial Capital and Debt	97.61	3022.58	43.12	233.14
直接投资	Direct Investment	75.04	2935.40	25.06	163.40
证券投资	Securities	4.20	8.87	3.36	7.10
其他投资	Other Investment	18.37	78.30	14.70	62.64
资产负债差额	**Surplus of Capital Debt**		**59883.33**		**8119.52**
资产、负债与差额总计	**Total of assets、Debts and Net-worth**	**143278.27**	**143278.27**	**41952.11**	**41952.11**

continued

(100 million yuan)

国内省外 Domestic & Outside province		国外部门 Rest of the World		总　计 Total	
使　用 Utilization	来　源 Source	使　用 Utilization	来　源 Source	使　用 Utilization	来　源 Source
				62927.10	
				49307.80	
				3797.63	
				10472.88	
				4853.06	
				3146.43	
				2123.99	
8139.67	**8020.88**	**3022.58**	**97.61**	**91513.41**	**91513.44**
8139.67	8020.88			88393.23	88393.25
	5697.97			5697.97	5697.97
	509.49			31911.17	31911.17
	672.72			20420.27	20420.27
5791.13				11337.11	11337.11
	1140.70			2113.17	2113.17
1617.16				2638.75	2638.76
731.38				14274.79	14274.79
		3022.58	97.61	3120.19	3120.19
		2935.40	75.04	3010.44	3010.44
		8.87	4.20	13.07	13.07
		78.30	18.37	96.67	96.67
	118.79		**2924.97**		**62927.08**
8139.67	**8139.67**	**3022.58**	**3022.58**	**154440.52**	**154440.52**

3-27 投入产出基本流量表(2012年)

单位：万元

产出 / 投入	Output / Input	中间使用	
		农林牧渔产品和服务 Farming 、Forestry、Animal Husbandry and Fishery	煤炭采选产品 Coal Mining and Processing
农林牧渔产品和服务	Products and Service of Farming 、Forestry、Animal Husbandry and Fishery	12856264	65866
煤炭采选产品	Products of Coal Mining and Processing	12484	5889108
石油和天然气开采产品	Products of Petroleum and Natural Gas Extraction	49604	930
金属矿采选产品	Products of Metals Mining and Dressing		49949
非金属矿和其他矿采选产品	Nonmetal Minerals Mining and Dressing	339	1168537
食品和烟草	Food and Tobacco	5884622	13024
纺织品	Textile Products	38421	85747
纺织服装鞋帽皮革羽绒及其制品	Manufacture of Leather, Fur, Feather and Its Products	438744	63006
木材加工品和家具	Timber Processing and Furniture	214957	67726
造纸印刷和文教体育用品	Papermaking, Printing, Cultural and Educational Goods	9548	20746
石油、炼焦产品和核燃料加工品	Processing of Petroleum ,Coking,Processing of Nucleus Fuel	422305	263304
化学产品	Chemical Products	5337194	322252
非金属矿物制品	Nonmetal Mineral Products	586974	337516
金属冶炼和压延加工品	Products of Smelting and Pressing of Metals	1277	320802
金属制品	Metal Products	47322	268494
通用设备	General Machinery	11937	492595
专用设备	Special Purpose Machinery	197641	192599
交通运输设备	Transport Equipment Machinery	78867	37553
电气机械和器材	Electric Equipment and Machinery	279581	145637
通信设备、计算机和其他电子设备	Communication Equipment,Computer and other Electronic Equipment	22915	54344
仪器仪表	Instruments and Meters		20112
其他制造产品	Other Manufacture	68765	5646
废品废料	Waster and Flotsam	545	792
金属制品、机械和设备修理服务	Repair Services of Metal Products Equipment and Machinery		292497
电力、热力的生产和供应	Production and Supply of Electric Power, Steam and Hot Water	168812	656849
燃气生产和供应	Production and Supply of Gas		167
水的生产和供应	Production and Supply of Tap Water	27	14357
建筑	Construction	212505	38076
批发和零售	Wholesale and retail trade	1459479	328215
交通运输、仓储和邮政	Traffic,transport, storage and mail	446918	613548
住宿和餐饮	Accommodation and Restaurants	93124	251814
信息传输、软件和信息技术服务	Information transfer, computer and software services	6253	34969
金融	Banking	2767	491113
房地产	Real Estate Trade	49	14027
租赁和商务服务	Tenancy and business services	91	122848
科学研究和技术服务	Scientific research and Technical service	53740	96991
水利、环境和公共设施管理	Management of water conservancy, environment and public establishment	1227	1242
居民服务、修理和其他服务	Resident services, Repair and other services	25320	53520
教育	Education	21474	75413
卫生和社会工作	Sanitation and social work	174	
文化、体育和娱乐	Culture, sports and entertainment	16276	13431
公共管理、社会保障和社会组织	Public management,social security and social organization	26458	18913
中间投入合计	**Intermediate Input**	**29095000**	**13004276**
劳动者报酬	Compensation of Laborers	36711635	5382164
生产税净额	Net Taxes on Production	91949	781113
固定资产折旧	Depreciation of Fixed Assets	891816	693129
营业盈余	Operating Surplus		2993905
增加值合计	**Total Value-added**	**37695400**	**9850311**
总投入	**Total Input**	**66790400**	**22854587**

Prolong of Input-Output Table (2012)

(10 000 yuan)

Intermediate Use Part						
石油和天然气开采产品 Petroleum and Natural Gas Extraction	金属矿采选产品 Metals Mining and Dressing	非金属矿和其他矿采选产品 Nonmetal MineralsMining and Dressing	食品和烟草 Food Production and Tobacco Processing	纺织品 Textile Industry	纺织服装鞋帽皮革羽绒及其制品 Leather, Fur, Feather and Its Products	木材加工品和家具 Timber Processing and Furniture Manufacturing
66	2278	335	27645631	6114350	1494950	1974462
1490	517	80	4935	2978	1707	39379
48114	50	16265	30549	1811	1868	5636
3	5855799	227480				
10063	239521	1252268	300	15	450	1954
177	82172	2915	20969360	26584	897099	11820
1877	55986	7381	144233	4622056	4983010	185541
12539	46705	37098	66183	398624	2700891	380734
729	593582	50072	58306	12762	22932	6901355
2262	13335	23397	680894	36162	48185	143900
35169	420565	359917	130016	27451	33480	56474
138805	1703322	1014809	2442045	844030	709535	977722
115809	244860	266188	432282	21575	16000	165327
9885	93141	62837	40549	16126	4548	247776
7589	188860	56074	391597	125122	77968	275852
35440	832566	199371	249028	73194	30056	156921
233061	1240543	111817	81574	62800	74015	17319
24822	95620	74324	52891	20011	13892	10839
18541	167476	31752	46806	16257	28429	13163
4538	78895	17270	11342	7509	3623	5581
36540	14520	51300	28986	3733	589	545
399	424	129996	3881	650	82437	7315
	109	847	2599		257	4549
193064	770406	267156	495336	140302	135590	114026
67680	1385227	298158	1638966	475227	226906	193665
			19			104
837	515	15899	95346	5847	14262	5165
9686	11486	18828	55552	4724	6301	12837
41730	1633354	538173	2881917	915706	872471	906228
31814	466388	269838	1600494	319129	215117	461372
24644	136462	94353	513436	78080	59797	94132
4740	18705	42256	85779	8406	37165	37814
24107	143670	119566	339729	201423	80250	17565
1110	20180	8407	17643	1659	2916	4542
37438	53891	15696	158524	27762	27543	3582
11039	42900	25826	81034	5796	2828	3789
33	137965	24169	2040	919	210	553
2427	2106	18273	29090	1695	5774	2978
573	10852	14289	27816	6119	4698	11194
461	6424	4863	17506	3405	2086	5064
289	2366	1219	13881	1118	1821	3566
1189589	**16813741**	**5770762**	**61588094**	**14631118**	**12921654**	**13492340**
575234	1249599	1640037	6087893	1396232	1200839	1371475
464753	278911	1004655	5001294	690965	459466	2807944
163331	493218	210346	1720270	470128	411725	396060
213708	1905084	1506685	7004803	2531909	2471039	639561
1417026	**3926812**	**4361724**	**19814260**	**5089235**	**4543068**	**5215040**
2606615	**20740554**	**10132487**	**81402355**	**19720354**	**17464722**	**18707379**

3-27 续表 1

单位：万元

产 出 / 投 入	Output / Input	中间使用	
		造纸印刷和文教体育用品 Papermaking, Printing, Cultural and Educational Goods Manufacturing	石油、炼焦产品和核燃料加工品 Processing of Petroleum , Coking,Processing of Nucleus Fuel
农林牧渔产品和服务	Products and Service of Farming 、Forestry、Animal Husbandry and Fishery	388983	320
煤炭采选产品	Products of Coal Mining and Processing	47381	2689940
石油和天然气开采产品	Products of Petroleum and Natural Gas Extraction	7130	2691946
金属矿采选产品	Products of Metals Mining and Dressing	19759	142808
非金属矿和其他矿采选产品	Nonmetal Minerals Mining and Dressing	48595	7246
食品和烟草	Food and Tobacco	167857	88424
纺织品	Textile Products	771276	16730
纺织服装鞋帽皮革羽绒及其制品	Manufacture of Leather, Fur, Feather and Its Products	156575	27768
木材加工品和家具	Timber Processing and Furniture	168811	8437
造纸印刷和文教体育用品	Papermaking, Printing, Cultural and Educational Goods	7582976	11004
石油、炼焦产品和核燃料加工品	Processing of Petroleum ,Coking,Processing of Nucleus Fuel	38021	2974349
化学产品	Chemical Products	1855526	659918
非金属矿物制品	Nonmetal Mineral Products	156783	40146
金属冶炼和压延加工品	Products of Smelting and Pressing of Metals	256155	27409
金属制品	Metal Products	67280	12525
通用设备	General Machinery	68938	36286
专用设备	Special Purpose Machinery	48961	6766
交通运输设备	Transport Equipment Machinery	5589	44033
电气机械和器材	Electric Equipment and Machinery	50367	3833
通信设备、计算机和其他电子设备	Communication Equipment,Computer and other Electronic Equipment	20799	4172
仪器仪表	Instruments and Meters	2448	711
其他制造产品	Other Manufacture	1531	55
废品废料	Waster and Flotsam	86159	2185
金属制品、机械和设备修理服务	Repair Services of Metal Products Equipment and Machinery	93436	42420
电力、热力的生产和供应	Production and Supply of Electric Power, Steam and Hot Water	375481	522027
燃气生产和供应	Production and Supply of Gas	2	44148
水的生产和供应	Production and Supply of Tap Water	17434	6558
建筑	Construction	19462	7960
批发和零售	Wholesale and retail trade	1420571	300195
交通运输、仓储和邮政	Traffic,transport, storage and mail	365192	832077
住宿和餐饮	Accommodation and Restaurants	98591	63239
信息传输、软件和信息技术服务	Information transfer, computer and software services	34807	10130
金融	Banking	160746	143159
房地产	Real Estate Trade	2224	2510
租赁和商务服务	Tenancy and business services	9673	1859
科学研究和技术服务	Scientific research and Technical service	13600	43256
水利、环境和公共设施管理	Management of water conservancy, environment and public establishment	476	252
居民服务、修理和其他服务	Resident services, Repair and other services	7836	909
教育	Education	7355	4865
卫生和社会工作	Sanitation and social work		
文化、体育和娱乐	Culture, sports and entertainment	5144	2288
公共管理、社会保障和社会组织	Public management,social security and social organization	3660	1069
中间投入合计	**Intermediate Input**	**14653590**	**11525934**
劳动者报酬	Compensation of Laborers	1451156	438511
生产税净额	Net Taxes on Production	372026	188203
固定资产折旧	Depreciation of Fixed Assets	759425	163451
营业盈余	Operating Surplus	1774714	1415394
增加值合计	**Total Value-added**	**4357321**	**2205559**
总投入	**Total Input**	**19010911**	**13731493**

continued

(10 000 yuan)

Intermediate Use Part						
化学产品 Chemical Industry	非金属矿物制品 Nonmetal Mineral Products	金属冶炼和压延加工品 Smelting and Pressing of Metals	金属制品 Metal Products	通用设备 General General Equipment	专用设备 Special Equipment	交通运输设备 Transport Equipment
1485239	923	4555	723	269	1106	2759
1558921	606717	780603	5301	14865	42775	5396
510969	790953	144584	56744	39895	9619	25593
931536	1271065	16708332	43852	40475	33320	126166
620301	5422721	329105	24052	1061	46890	642
564011	79992	21430	3806	6451	22219	7409
829114	278433	52248	9922	13190	104875	82348
274485	648509	80793	24317	52731	56261	327187
58358	167333	94239	5823	93663	77687	95597
692739	486084	187844	83881	122703	34578	76791
703036	2460773	2190031	67676	113903	106463	119406
23436358	2817489	470071	386220	393443	1263134	1184542
901397	17377572	1545671	68563	695441	846202	121330
1817500	3719701	22941579	4911050	7383687	6427018	4972626
1775746	1426531	256591	1143672	1140135	647957	547125
279756	397083	768724	126706	3011212	2212179	1554715
482334	258887	173000	42586	137266	3260611	40198
25558	295732	55324	20600	154805	246088	4306645
81645	195312	72915	174736	917572	576099	666481
10979	28731	15626	2990	218672	221962	238690
31801	16477	41143	24874	58776	323793	66781
71120	121510	8973	1542	2328	20278	6152
115220	1099381	2867519	19222	236347	28205	65669
324984	623505	515209	132067	125562	278223	218855
1932825	3551605	3460433	544517	383330	331034	235612
792	7297	2190	524	640	77	493
56756	155373	47647	5949	25777	8987	22201
39352	51023	55827	13691	11122	12265	74933
2807287	3340577	6456491	1453987	1892105	1943106	1454573
1522090	1960259	2126121	298413	454919	561167	499076
584611	1065500	772549	104261	189158	213940	265396
57201	413607	122661	19994	16698	24051	22895
763558	407928	884722	143582	149521	222994	110978
17951	124687	25799	647	14742	16441	4986
139495	188059	327139	20694	48664	64353	42021
26249	37006	13246	31666	27581	31154	53343
2559	4842	2257	538	912	925	1222
22685	35672	22447	3090	13822	19960	31159
29084	14853	15708	5214	12610	9621	7525
22998	38107	19488	4425	7784	9108	9740
20606	8561	7123	1681	2587	2978	1934
45629207	**51996370**	**64687957**	**10033798**	**18226425**	**20359702**	**17697190**
4351725	5638386	3948629	1503882	1962278	2301842	1585458
1733384	5493831	1525747	919844	1027138	781604	349198
1940700	2497836	2412641	313826	614326	495672	533781
5413876	8735027	5846890	1379948	2593109	3042659	2399702
13439685	**22365079**	**13733908**	**4117500**	**6196852**	**6621777**	**4868139**
59068892	**74361449**	**78421866**	**14151298**	**24423277**	**26981479**	**22565329**

3-27 续表 2

单位：万元

产出 / 投入	Output / Input	中间使用 电气机械和器材 Electric Equipment and Machinery	中间使用 通信设备、计算机和其他电子设备 Communication Equipment, Computer and other Electronic Equipment
农林牧渔产品和服务	Products and Service of Farming 、Forestry、Animal Husbandry and Fishery	108	309
煤炭采选产品	Products of Coal Mining and Processing	388	151
石油和天然气开采产品	Products of Petroleum and Natural Gas Extraction	27909	
金属矿采选产品	Products of Metals Mining and Dressing	225398	7156
非金属矿和其他矿采选产品	Nonmetal Minerals Mining and Dressing	1344	941
食品和烟草	Food and Tobacco	5534	13372
纺织品	Textile Products	13412	4181
纺织服装鞋帽皮革羽绒及其制品	Manufacture of Leather, Fur, Feather and Its Products	12839	42881
木材加工品和家具	Timber Processing and Furniture	55337	12065
造纸印刷和文教体育用品	Papermaking, Printing, Cultural and Educational Goods	147548	99667
石油、炼焦产品和核燃料加工品	Processing of Petroleum ,Coking,Processing of Nucleus Fuel	48146	27737
化学产品	Chemical Products	1741686	690368
非金属矿物制品	Nonmetal Mineral Products	895691	315095
金属冶炼和压延加工品	Products of Smelting and Pressing of Metals	3615011	1458794
金属制品	Metal Products	689448	97009
通用设备	General Machinery	534022	132161
专用设备	Special Purpose Machinery	130509	217711
交通运输设备	Transport Equipment Machinery	12174	1372
电气机械和器材	Electric Equipment and Machinery	2816177	1696133
通信设备、计算机和其他电子设备	Communication Equipment,Computer and other Electronic Equipment	864098	6573700
仪器仪表	Instruments and Meters	89154	150285
其他制造产品	Other Manufacture	1465	145
废品废料	Waster and Flotsam	60	47
金属制品、机械和设备修理服务	Repair Services of Metal Products Equipment and Machinery	14600	21160
电力、热力的生产和供应	Production and Supply of Electric Power, Steam and Hot Water	255998	290244
燃气生产和供应	Production and Supply of Gas	91	
水的生产和供应	Production and Supply of Tap Water	4321	4196
建筑	Construction	13226	33294
批发和零售	Wholesale and retail trade	1185272	889428
交通运输、仓储和邮政	Traffic,transport, storage and mail	236998	264724
住宿和餐饮	Accommodation and Restaurants	164057	453088
信息传输、软件和信息技术服务	Information transfer, computer and software services	14011	43298
金融	Banking	118850	63263
房地产	Real Estate Trade	3923	431
租赁和商务服务	Tenancy and business services	40219	182356
科学研究和技术服务	Scientific research and Technical service	4537	20291
水利、环境和公共设施管理	Management of water conservancy, environment and public establishment	475	1904
居民服务、修理和其他服务	Resident services, Repair and other services	15949	16886
教育	Education	7366	5193
卫生和社会工作	Sanitation and social work		
文化、体育和娱乐	Culture, sports and entertainment	4291	14790
公共管理、社会保障和社会组织	Public management,social security and social organization	7979	3536
中间投入合计	**Intermediate Input**	**14019622**	**13849360**
劳动者报酬	Compensation of Laborers	1424840	1763937
生产税净额	Net Taxes on Production	163166	856264
固定资产折旧	Depreciation of Fixed Assets	279178	513612
营业盈余	Operating Surplus	3531093	1394023
增加值合计	**Total Value-added**	**5398276**	**4527837**
总投入	**Total Input**	**19417898**	**18377197**

continued

(10 000 yuan)

Intermediate Use Part						
仪器仪表 Instruments and Meters	其他制造产品 Other Manufacture	废品废料 Waster and Flotsam	金属制品、机械和设备修理服务 Repair Services of Metal Products Equipment and Machinery	电力、热力的生产和供应 Production and Supply of Electric Power, Steam and Hot Water	燃气生产和供应 Production and Supply of Gas	水的生产和供应 Production and Supply of Tap Water
124	47613	61	53	575	5	3
424	15576	9892	64	13717685	63128	35
1130	1744	317463	6918	3320	560151	60
669	333			347		
507	1796		18328	6400	403	1975
3057	22904	12998	4489	4587	612	823
795	13400	7595	1927	4219	948	375
3321	5876	20668	14043	19950	2466	46257
14014	42725	22389	10035	7322	461	454
27102	22758	38659	64031	84137	2135	5721
8605	6703	86037	30983	73642	5262	34276
98698	133223	648326	193111	206368	94860	89328
243661	35598	46234	1802907	35458	3779	6640
287232	7915	233464	116021	11352	36683	8439
37112	1246	204013	133248	6152	1329	9565
154759	8666	51373	25723	63730	13129	25435
52372	1063	5962	10327	9672	186	6510
379	237	2924	34066	9746	628	1145
220693	43052	111895	46700	234033	1371	10768
561171	156605	1915	13485	36455	525	782
144532	242	1078	935	40763	69160	7700
1551	157341	19591	52486	9442	16	5
42	2387	924605	1688	23		
904	1491	76964	5449	1121821	8604	22645
46345	85372	220085	432836	4752397	47547	416663
		1	46		444379	1
561	3429	2008	1438	116599	1455	107285
1092	1922	9019	2271	186247	4129	6214
164896	49191	261233	12069	51837	31486	21682
42364	38345	282833	195029	987554	68224	20487
39650	29401	101398	35652	415439	14727	19800
3550	2636	14885	30151	378839	1786	29803
32784	4217	7268	16067	1611235	1619	34303
1220	6182	2253	2169	1524	4	540
13962	339	1409	560	108498	1887	6045
939	3424	3521	42	389432	13	2375
177	196	578	304	837	88	129
4833	1482	2486	668	75594	602	2247
1626	358	3655	12632	39528	737	2881
1400	1504	6767	2165	8983	778	1166
1191	455	934	552	2835	207	645
2219443	**958946**	**3764441**	**3331672**	**24834577**	**1485508**	**951205**
292348	173526	97164	45452	1748658	67111	176584
104098	48448	248136	2661	36094	13581	85251
76390	50193	36898	7601	2694584	49609	68483
419589	507110	6303	146496	836296	51564	25699
892426	**779278**	**388501**	**202211**	**5315632**	**181865**	**356017**
3111869	**1738224**	**4152943**	**3533883**	**30150209**	**1667373**	**1307223**

3-27 续表 3

单位：万元

投入 \ 产出	Input \ Output	中间使用 建筑 Construction	批发和零售 Wholesale and retail trade
农林牧渔产品和服务	Products and Service of Farming 、Forestry、Animal Husbandry and Fishery	926623	2344
煤炭采选产品	Products of Coal Mining and Processing	38412	181
石油和天然气开采产品	Products of Petroleum and Natural Gas Extraction	2	1165
金属矿采选产品	Products of Metals Mining and Dressing		
非金属矿和其他矿采选产品	Nonmetal Minerals Mining and Dressing	2098537	2005
食品和烟草	Food and Tobacco	18839	84439
纺织品	Textile Products	49504	14633
纺织服装鞋帽皮革羽绒及其制品	Manufacture of Leather, Fur, Feather and Its Products	111158	23319
木材加工品和家具	Timber Processing and Furniture	419065	5517
造纸印刷和文教体育用品	Papermaking, Printing, Cultural and Educational Goods	75809	16788
石油、炼焦产品和核燃料加工品	Processing of Petroleum ,Coking,Processing of Nucleus Fuel	509673	104909
化学产品	Chemical Products	1632972	96037
非金属矿物制品	Nonmetal Mineral Products	19287973	9349
金属冶炼和压延加工品	Products of Smelting and Pressing of Metals	8864880	640
金属制品	Metal Products	1121601	12436
通用设备	General Machinery	309892	29312
专用设备	Special Purpose Machinery	106918	486
交通运输设备	Transport Equipment Machinery	25623	1085
电气机械和器材	Electric Equipment and Machinery	1117250	5068
通信设备、计算机和其他电子设备	Communication Equipment,Computer and other Electronic Equipment	67346	7921
仪器仪表	Instruments and Meters	11576	47
其他制造产品	Other Manufacture	3586	449
废品废料	Waster and Flotsam		
金属制品、机械和设备修理服务	Repair Services of Metal Products Equipment and Machinery	11165	14550
电力、热力的生产和供应	Production and Supply of Electric Power, Steam and Hot Water	296527	92043
燃气生产和供应	Production and Supply of Gas		1161
水的生产和供应	Production and Supply of Tap Water	73050	1970
建筑	Construction	1693240	19272
批发和零售	Wholesale and retail trade	4186956	137430
交通运输、仓储和邮政	Traffic,transport, storage and mail	1307879	667188
住宿和餐饮	Accommodation and Restaurants	314430	321215
信息传输、软件和信息技术服务	Information transfer, computer and software services	113724	31555
金融	Banking	508617	502797
房地产	Real Estate Trade	5935	218834
租赁和商务服务	Tenancy and business services	302421	12358
科学研究和技术服务	Scientific research and Technical service	363605	72096
水利、环境和公共设施管理	Management of water conservancy, environment and public establishment	1747	1943
居民服务、修理和其他服务	Resident services, Repair and other services	40429	3498
教育	Education	69477	71852
卫生和社会工作	Sanitation and social work		1451
文化、体育和娱乐	Culture, sports and entertainment	18224	14957
公共管理、社会保障和社会组织	Public management,social security and social organization	24836	17200
中间投入合计	**Intermediate Input**	**46129500**	**2621500**
劳动者报酬	Compensation of Laborers	9627237	9148393
生产税净额	Net Taxes on Production	2084181	4570827
固定资产折旧	Depreciation of Fixed Assets	986381	902489
营业盈余	Operating Surplus	3848647	4156492
增加值合计	**Total Value-added**	**16546446**	**18778200**
总投入	**Total Input**	**62675946**	**21399700**

continued

(10 000 yuan)

Intermediate Use Part							
交通运输、仓储和邮政 Traffic, transport, storage and mail	住宿和餐饮 Accommodation and Restaurants	信息传输、软件和信息技术服务 Information transfer, computer and software services	金融 Banking	房地产 Real Estate Trade	租赁和商务服务 Tenancy and business services	科学研究和技术服务 Scientific research and Technical service	水利、环境和公共设施管理 Management of water conservancy, environment and public establishment
15052	1084417	2802	168	1210	10	1093	86
4971	366						
54					51		
						8	
1168	9	38				7	
59343	7417949	27387	176072	11854	14489	7657	2624
24114	100820	591	10748	1539	23985	5359	426
72373	43476	88691	224059	12893	72148	11722	470
33170	21744	2897	44149	2452	8952	4517	1013
171023	97848	264924	1605670	254225	52524	492008	20437
4356629	14102	46463	221433	48729	216694	95061	21860
334189	124486	6522	40494	1919	6815	149368	25819
198883	29728	34093	281	17223	2419	12112	51154
80834	238	233			1909	18575	67
79048	23751	1475	10432	1635	10446	326300	6110
63322	35860	16871	305849	6325	9486	33425	1349
18682	2927	1372	169692	155	2032	3212	64
334159	6055	4203	82964	2027	27609	21302	1894
55560	6795	152253	9533	1543	2815	21266	611
70592	9689	153536	193386	4190	43108	19149	12940
7311	44	15	424	253	1925	14634	457
5348	60471	233	4807	851	1378	6589	9582
82298	1098	13604	400	36	542	452	1586
564239	221258	83576	345719	57651	63255	47014	17503
302709	159428			568	6063	98	86
14357	29223	7243	39649	3429	4060	1728	6716
265837	42686	37696	193000	4542	6082	21106	4593
631936	666851	55462	210303	24482	41061	163087	10668
4279419	220240	73621	501113	89912	193389	187888	24402
1167222	121969	480571	982347	446865	619367	491415	55884
84142	96920	30030	993556	14405	7736	20111	2934
3043480	241405	5412	634119	484142	697166	38143	4114
42786	441126	183774	872988	76737	47148	29090	363
64217	114022	340776	871140	241619	120582	127134	19036
9910	354	47	238	1419	80	37433	219
7975	583	2933	15267	2405	5301	1264	548
228290	17024	53268	101484	398	19614	6900	1323
128234	34961	11248	493269	18107	4697	14782	5203
520	5874						
67720	16326	22893	151173	35334	21885	11886	2288
24852	2678	2446	51273	4227	19074	3908	2073
16995970	**11514800**	**2209200**	**9557200**	**1875300**	**2375900**	**2446800**	**316500**
7532537	7676371	591336	2828171	1024936	1625610	960238	443788
1182554	295702	215556	1349295	1474243	260731	241491	38118
1855444	478430	1474803	377369	6371058	420031	261462	208306
958777	533097	1197205	5581166	1536763	814128	512709	149288
11529312	**8983600**	**3478900**	**10136000**	**10407000**	**3120500**	**1975900**	**839500**
28525282	**20498400**	**5688100**	**19693200**	**12282300**	**5496400**	**4422700**	**1156000**

3-27 续表 4

单位：万元

投入 \ 产出	Input \ Output	中间使用 居民服务、修理和其他服务 Resident services and other services	中间使用 教育 Education
农林牧渔产品和服务	Products and Service of Farming 、Forestry、Animal Husbandry and Fishery	83	
煤炭采选产品	Products of Coal Mining and Processing		
石油和天然气开采产品	Products of Petroleum and Natural Gas Extraction		
金属矿采选产品	Products of Metals Mining and Dressing		
非金属矿和其他矿采选产品	Nonmetal Minerals Mining and Dressing		
食品和烟草	Food and Tobacco	12487	75784
纺织品	Textile Products	57609	107
纺织服装鞋帽皮革羽绒及其制品	Manufacture of Leather, Fur, Feather and Its Products	49529	1828
木材加工品和家具	Timber Processing and Furniture	4364	267734
造纸印刷和文教体育用品	Papermaking, Printing, Cultural and Educational Goods	41824	121148
石油、炼焦产品和核燃料加工品	Processing of Petroleum ,Coking,Processing of Nucleus Fuel	32695	442145
化学产品	Chemical Products	14535	20920
非金属矿物制品	Nonmetal Mineral Products	28372	11404
金属冶炼和压延加工品	Products of Smelting and Pressing of Metals	529	
金属制品	Metal Products	2064	14
通用设备	General Machinery	6708	3600
专用设备	Special Purpose Machinery	746	185
交通运输设备	Transport Equipment Machinery	100183	14691
电气机械和器材	Electric Equipment and Machinery	3753	1718
通信设备、计算机和其他电子设备	Communication Equipment,Computer and other Electronic Equipment	297699	5086
仪器仪表	Instruments and Meters	1038	124
其他制造产品	Other Manufacture	7028	
废品废料	Waster and Flotsam		
金属制品、机械和设备修理服务	Repair Services of Metal Products Equipment and Machinery	1443	52
电力、热力的生产和供应	Production and Supply of Electric Power, Steam and Hot Water	93797	37355
燃气生产和供应	Production and Supply of Gas	8456	
水的生产和供应	Production and Supply of Tap Water	14039	5842
建筑	Construction	17932	94906
批发和零售	Wholesale and retail trade	40974	64774
交通运输、仓储和邮政	Traffic,transport, storage and mail	94306	123660
住宿和餐饮	Accommodation and Restaurants	105858	219991
信息传输、软件和信息技术服务	Information transfer, computer and software services	10514	9771
金融	Banking	5947	91892
房地产	Real Estate Trade	41900	593808
租赁和商务服务	Tenancy and business services	1204	1811
科学研究和技术服务	Scientific research and Technical service	491	4
水利、环境和公共设施管理	Management of water conservancy, environment and public establishment	538	16196
居民服务、修理和其他服务	Resident services, Repair and other services	60647	55212
教育	Education	2758	23318
卫生和社会工作	Sanitation and social work		
文化、体育和娱乐	Culture, sports and entertainment	4765	1075443
公共管理、社会保障和社会组织	Public management,social security and social organization	3185	8279
中间投入合计	**Intermediate Input**	**1170000**	**3388800**
劳动者报酬	Compensation of Laborers	2021740	7437306
生产税净额	Net Taxes on Production	92735	38682
固定资产折旧	Depreciation of Fixed Assets	163502	504990
营业盈余	Operating Surplus	410623	163522
增加值合计	**Total Value-added**	**2688600**	**8144500**
总投入	**Total Input**	**3858600**	**11533300**

continued

(10 000 yuan)

Intermediate Use Part				最终使用 Final used		
				最终消费支出 Final Consumption		
				居民消费支出 Household Consumption		
卫生和社会工作 Sanitation and social work	文化、体育和娱乐 Culture, sports and entertainment	公共管理和社会组织 Public management and social organization	中间使用合计 Total of Intermediate Use Part	农村居民消费支出 Rural Households	城镇居民消费支出 Urban Households	合计 Total
8	168		54121992	3563628	4544958	8108586
1861	160	7498	25565368	194292	65244	259537
294	27	682	5353228	36712	5483	42196
			25684455			
1			11307519	7586	15395	22982
19875	80678	80817	37008039	4700362	9773405	14473767
6838	5238	8244	12638993	274646	828052	1102698
8251	6176	10338	6697882	1977681	6075678	8053358
12318	326	50159	9735547	515842	761388	1277231
17290	337234	1106675	15424214	195127	417808	612935
65205	23513	353473	17396313	260859	1228590	1489450
2267552	7075	32740	54613827	876523	2590635	3467157
2076	13		47009780	119968	160994	280962
108			67996591	9318	26942	36260
6575	394	654	11238503	30091	97807	127897
24105	2748	20220	12414775	1784	53975	55759
2308	105		7405175	6546	88115	94661
5577	2362	4705	6260301	1030572	2256145	3286716
5570	2228	275	10053664	631563	1234592	1866155
14114	37223	40329	10153682	699637	1333777	2033415
2465	45	628	1267966	7086	91559	98644
1866	155	609	877996	136201	67580	203781
			5458458			
2232	399	2889	6169021			
431897	21843	273279	25642797	777134	2406169	3183303
33105	765		1013409	233053	590155	823209
2697	1327	33758	979317	16143	275882	292025
39002	4641	38934	3396515	1075756	2012483	3088240
181621	30166	131762	39890791	755030	1022166	1777196
31060	32965	693350	23700882	517385	1128891	1646276
138365	98555	1966857	13507210	1370748	4669654	6040402
91367	17561	138231	3179647	615006	2016419	2631425
8993	8155	246067	12867437	2375543	5857284	8232827
134	15631	173879	3042899	2521855	3791126	6312981
20022	2983	171630	4055563	13933	769247	783180
2174	34	3661	1517387			
367	582	33766	278441	49458	555427	604885
9320	57259	384292	1458469	760191	1421480	2181671
6202	17113	716029	1970487	1527524	2957766	4485290
	4		8024	2651964	4633551	7285515
15443	24173	112307	1825256	218462	632725	851186
2941	274	233063	538475	62991	267353	330343
3481200	**840300**	**7071800**	**600726292**	**30818200**	**66725900**	**97544100**
2465637	662734	6421736	145054368			
21012	94528	20295	37509673			
286432	115869	884655	34249451			
382020	135969	13014	79179608			
3155100	**1009100**	**7339700**	**295993100**			
6636300	**1849400**	**14411500**	**896719392**			

3-27　续表 5

单位：万元

投入 \ 产出	Input \ Output	最终使用 最终消费支出 Final Consumption 政府消费支出 Government Consumption	合计 Total
农林牧渔产品和服务	Products and Service of Farming 、Forestry、 Animal Husbandry and Fishery	**941287**	**9049873**
煤炭采选产品	Products of Coal Mining and Processing		**259537**
石油和天然气开采产品	Products of Petroleum and Natural Gas Extraction		42196
金属矿采选产品	Products of Metals Mining and Dressing		
非金属矿和其他矿采选产品	Nonmetal Minerals Mining and Dressing		22982
食品和烟草	Food and Tobacco		14473767
纺织品	Textile Products		1102698
纺织服装鞋帽皮革羽绒及其制品	Manufacture of Leather, Fur, Feather and Its Products		8053358
木材加工品和家具	Timber Processing and Furniture		1277231
造纸印刷和文教体育用品	Papermaking, Printing, Cultural and Educational Goods		612935
石油、炼焦产品和核燃料加工品	Processing of Petroleum ,Coking,Processing of Nucleus Fuel		1489450
化学产品	Chemical Products		3467157
非金属矿物制品	Nonmetal Mineral Products		280962
金属冶炼和压延加工品	Products of Smelting and Pressing of Metals		36260
金属制品	Metal Products		127897
通用设备	General Machinery		55759
专用设备	Special Purpose Machinery		94661
交通运输设备	Transport Equipment Machinery		3286716
电气机械和器材	Electric Equipment and Machinery		1866155
通信设备、计算机和其他电子设备	Communication Equipment,Computer and other Electronic Equipment		2033415
仪器仪表	Instruments and Meters		98644
其他制造产品	Other Manufacture		203781
废品废料	Waster and Flotsam		
金属制品、机械和设备修理服务	Repair Services of Metal Products Equipment and Machinery		
电力、热力的生产和供应	Production and Supply of Electric Power, Steam and Hot Water		3183303
燃气生产和供应	Production and Supply of Gas		823209
水的生产和供应	Production and Supply of Tap Water		292025
建筑	Construction		3088240
批发和零售	Wholesale and retail trade	57373	1834568
交通运输、仓储和邮政	Traffic,transport, storage and mail	850146	2496423
住宿和餐饮	Accommodation and Restaurants		6040402
信息传输、软件和信息技术服务	Information transfer, computer and software services		2631425
金融	Banking	245554	8478381
房地产	Real Estate Trade		6312981
租赁和商务服务	Tenancy and business services	648380	1431560
科学研究和技术服务	Scientific research and Technical service	1047130	1047130
水利、环境和公共设施管理	Management of water conservancy, environment and public establishment	1103478	1708363
居民服务、修理和其他服务	Resident services, Repair and other services	116910	2298582
教育	Education	10612726	15098016
卫生和社会工作	Sanitation and social work	4288321	11573836
文化、体育和娱乐	Culture, sports and entertainment	740962	1592149
公共管理、社会保障和社会组织	Public management,social security and social organization	15188033	15518377
中间投入合计	**Intermediate Input**	**35840300**	**133384400**
劳动者报酬	Compensation of Laborers		
生产税净额	Net Taxes on Production		
固定资产折旧	Depreciation of Fixed Assets		
营业盈余	Operating Surplus		
增加值合计	**Total Value-added**		
总投入	**Total Input**		

continued

(10 000 yuan)

Final used					省外购进	总产出
资本形成总额 Gross Capital Formation			销往省外	最终使用		
固定资本形成总额 Fixed Capital Formation	存货变动 Changes in Inventories	合　计 Total	Sold to Other province	合　计 Total Final used	Domestic inflow outside the province	gross output
140911	**520333**	**661245**	**11774597**	**21485714**	**5199045**	**66790400**
	560610	**560610**	**2581764**	**3401911**	**5881959**	**22854587**
	-32010	-32010		10185	2957804	2606615
	276020	276020	1853584	2129604	8929062	20740554
	-104245	-104245	144153	62889	2080102	10132487
	394591	394591	31336375	46204733	8739680	81402355
	43252	43252	7705337	8851286	859062	19720354
	43235	43235	5523730	13620323	1342539	17464722
5467891	10311	5478202	2999984	9755416	935895	18707379
147715	20516	168231	6636888	7418054	2060410	19010911
	-667834	-667834	2013433	2835049	5207313	13731493
	1494864	1494864	19389705	24351726	16875871	59068892
	251982	251982	29175326	29708271	-334130	74361449
	54203	54203	35139269	35229732	31888717	78421866
6133391	2092	6135483	1668646	7932027	3737551	14151298
39419103	13365	39432468	3607820	43096046	29444513	24423277
30925103	52558	30977660	6821215	37893537	20003544	26981479
29454154	107682	29561836	7954999	40803551	25869840	22565329
9318931	52858	9371789	6699248	17937191	9990244	19417898
5015177	764240	5779418	12146256	19959088	12985546	18377197
2429805	5387	2435191	447377	2981213	1305907	3111869
	15186	15186	870286	1089252	366907	1738224
	3143	3143	87636	90779	1075822	4152943
			130873	130873	2431826	3533883
			141530	3324833	1805538	30150209
	-13419	-13419	17043	826832	330952	1667373
				292025	35880	1307223
68217540		68217540	8365328	79671107	21100310	62675946
12274099	11567	12285666	9078069	23198304	39620955	21399700
2374755	42016	2416770	9075002	13988195	6416316	28525282
			1245003	7285405	470699	20498400
583099		583099	569924	3784447	790076	5688100
			1023740	9502121	3764786	19693200
2926420		2926420		9239401		12282300
			601424	2032984	91276	5496400
1849407		1849407	639933	3536469	214513	4422700
			321798	2030161	1041663	1156000
			161341	2459923	-11071	3858600
			1386291	16484307	5832734	11533300
			251120	11824955	4550237	6636300
			339142	1931291	1737609	1849400
			1021413	16539789	1310399	14411500
216677500	**3922500**	**220600000**	**230946600**	**584931000**	**288937900**	**896719392**

主要统计指标解释

国内生产总值（GDP） 指按市场价格计算的一个国家(或地区)所有常住单位在一定时期内生产活动的最终成果。国内生产总值有三种表现形态，即价值形态、收入形态和产品形态。从价值形态看，它是所有常住单位在一定时期内生产的全部货物和服务价值超过同期投入的全部非固定资产货物和服务价值的差额，即所有常住单位的增加值之和；从收入形态看，它是所有常住单位在一定时期内创造并分配给常住单位和非常住单位的初次收入之和；从产品形态看，它是所有常住单位在一定时期内最终使用的货物和服务价值减去货物和服务进口价值。在实际核算中，国内生产总值有三种计算方法，即生产法、收入法和支出法。三种方法分别从不同的方面反映国内生产总值及其构成。

三次产业 三产业的划分是世界上较为常用的产业结构分类，但各国的划分不尽一致。我国的三次产业划分是：

第一产业是指农、林、牧、渔业（不含农、林、牧、渔服务业）。

第二产业是指采矿业（不含开采辅助活动），制造业（不含金属制品、机械和设备修理业），电力、热力、燃气及水生产和供应业，建筑业。

第三产业即服务业，是指除第一产业、第二产业以外的其他行业。

支出法生产总值 是从最终使用的角度反映一个国家（或地区）一定时期内生产活动最终成果的一种方法，包括最终消费支出、资本形成总额及货物和服务净出口三部分。计算公式为：

支出法生产总值=最终消费支出+资本形成总额+货物和服务净出口

最终消费支出 指常住单位为满足物质、文化和精神生活的需要，从本国经济领土和国外购买的货物和服务的支出。它不包括非常住单位在本国经济领土内的消费支出。最终消费支出分为居民消费支出和政府消费支出。

居民消费支出 指常住住户在一定时期内对于货物和服务的全部最终消费支出。居民消费支出除了直接以货币形式购买的货物和服务的消费支出外，还包括以其他方式获得的货物和服务的消费支出，即所谓的虚拟消费支出。居民虚拟消费支出包括如下几种类型：单位以实物报酬及实物转移的形式提供给劳动者的货物和服务；住户生产并由本住户消费了的货物和服务，其中的服务仅指住户的自有住房服务；金融机构提供的金融媒介服务；保险公司提供的保险服务。

政府消费支出 指政府部门为全社会提供的公共服务的消费支出和免费或以较低的价格向居民住户提供的货物和服务的净支出，前者等于政府服务的产出价值减去政府单位所获得的经营收入的价值，后者等于政府部门免费或以较低价格向居民住户提供的货物和服务的市场价值减去向住户收取的价值。

资本形成总额 指常住单位在一定时期内获得减去处置的固定资产和存货的净额，包括固定资本形成总额和存货变动两部分。

固定资本形成总额 指常住单位在一定时期内获得的固定资产减处置的固定资产的价值总额。固定资产是通过生产活动生产出来的，且其使用年限在一年以上、单位价值在规定标准以上的资产，不包括自然资产。可分为有形固定资本形成总额和无形固定资本形成总额。有形固定资本形成总额包括一定时期内完成的建筑工程、安装工程和设备工器具购置(减处置)价值，以及土地改良、新增役、种、奶、毛、娱乐用牲畜和新增经济林木价值。无形固定资本形成总额包括矿藏的勘探、计算机软件等获得减处置。

存货变动 指常住单位在一定时期内存货实物量变动的市场价值，即期末价值减期初价值的差额，再扣除当期由于价格变动而产生的持有收益。存货变动可以是正值，也可以是负值，正值表示存货上升，负值表示存货下降。存货包括生产单位购进的原材料、燃料和储备物资等存货，以及生产单位生产的产成品、在制品和半成品等存货。

货物和服务净出口 指货物和服务出口减货物和服务进口的差额。出口包括常住单位向非常住单位出售或无偿转让的各种货物和服务的价值；进口包括常住单位从非常住单位购买或无偿得到的各种货物和服务的价值。由于服务活动的提供与使用同时发生，一般把常住单位从非常住单位得到的服务作为进口，非常住单位从常住单位得到的服务作为出口。货物的出口和进口都按离岸价格计算。

劳动者报酬 指劳动者因从事生产活动所获得的全部报酬。包括劳动者获得的各种形式的工资、奖金和津贴，既包括货币形式的，也包括实物形式的，还包括劳动者所享受的公费医疗和医药卫生费、上下班交通补贴、单位支付的社会保险费、住房公积金等。

生产税净额 指生产税减生产补贴后的余额。生产税指政府对生产单位从事生产、销售和经营活动以及因从事生产活动使用某些生产要素（如固定资产、土地、劳动力）所征收的各种税、附加费和规费。生产补贴与生产税相反，指政府对生产单位的单方面转移支出，因此视为负生产税，包括政策亏损补贴、价格补贴等。

固定资产折旧 指一定时期内为弥补固定资产损耗按照规定的固定资产折旧率提取的固定资产折旧，或按国民经济核算统一规定的折旧率虚拟计算的固定资产折旧。它反映了固定资产在当期生产中的转移价值。各类企业和企业化管理的事业单位的固定资产折旧是指实际计提的折旧费；不计提折旧的政府机关、非企业化管理的事业单位和居民住房的固定资产折旧是按照统一规定的折旧率和固定资产原值计算的虚拟折旧。原则上，固定资产折旧应按固定资产当期的重置价值计算，但是目前我国尚不具备对全社会固定资产进行重估价的基础，所以暂时只能采用上述办法。

营业盈余 指常住单位创造的增加值扣除劳动者报酬、生产税净额和固定资产折旧后的余额。它相当于企业的营业利润加上生产补贴，但要扣除从利润中开支的工资和福利等。

机构单位 指有权拥有资产和承担负债，能够独立地从事经济活动并与其他实体进行交易的经济实体。

机构部门 将相同性质的机构单位归并在一起，就形成机构部门。资金流量核算将常住机构单位划分为以下四个机构部门：非金融企业部门、金融机构部门、政府部门、住户部门。与常住单位发生经济往来关系的非常住单位组成国外部门，在资金流量核算中也视同机构部门。

非金融企业与非金融企业部门 非金融企业指主要从事市场货物生产和提供非金融市场服务的常住企业，它主要包括从事上述活动的各类法人企业。所有非金融企业归并在一起，就形成非金融企业部门。

金融机构与金融机构部门 金融机构指主要从事金融媒介以及与金融媒介密切相关的辅助金融活动的常住单位，它主要包括中央银行、商业银行和政策性银行、非银行信贷机构和保险公司。所有金融机构归并在一起，就形成金融机构部门。

政府单位与政府部门 政府单位指在我国境内通过政治程序建立的、在一特定区域内对其他机构单位拥有立法、司法和行政权的法律实体及其附属单位。政府单位的主要职能是利用征税和其他方式获得的资金向社会和公众提供公共服务。通过转移支付，对社会收入和财产进行再分配。它主要包括各种行政单位和非营利性事业单位。所有政府单位归并在一起，就形成政府部门。

住户与住户部门 住户指共享同一生活设施、部分或全部收入和财产集中使用、共同消费住房、食品和其他消费品与消费服务的常住个人或个人群体。所有住户归并在一起，就形成住户部门。

非常住单位与国外部门 所有不具有常住性的机构单位都是非常住单位。将所有与我国常住单位发生交易的非常住单位归并在一起，就形成国外部门。

初次分配总收入 初次分配是生产活动形成的净成果在参与生产活动的生产要素的所有者及政府之间的分配。生产活动的净成果是增加值。生产要素包括劳动力、土地、资本。劳动力所有者因提供劳动而获得劳动报酬；土地所有者因出租土地而获得地租；资本的所有者因资本的形态不同而获得不同形式的收入：借贷资本所有者获得利息收入；股权所有者获得红利或未分配利润；政府因直接或间接介入生产过程而获得生产税或支付补贴。初次分配的结果形成各个机构部门的初次分配总收入。各部门的初次分配总收入之和就等于国民总收入，亦即国民生产总值。

经常转移 转移是一个机构单位向另一个机构单位提供货物、服务或资产，而同时并没有从后一机构单位获得任何货物、服务或资产作为回报的一种交易。经常转移包括扣除资本转移外的所有转移。其形式有收入税、社会保险付款、社会补助和其他经常转移。

可支配总收入 在初次分配总收入的基础上，通过经常转移的形式对初次分配总收入进行再次分配。再分配的结果形成各个机构部门的可支配总收入。各部门的可支配总收入之和称为国民可支配总收入。

总储蓄 指可支配总收入用于最终消费后的余额。各部门的总储蓄之和称为国民总储蓄。

资本转移 指一个部门无偿地向另一个部门支付用于非金融投资的资金，是一种不从对方获取任何对应物作为回报的交易。资本转移具有不同于经常转移的两个特征，一是转移的目的是用于投资，而不是用于消费；二是资本转移其实物形式往往涉及除存货和现金以外资产所有权的转移；其现金形式往往涉及除存货以外的资产的处置。资本转移包括投资性补助和其他资本转移。

净金融投资 它反映机构部门或经济总体资金富余或短缺的状况。从实物交易角度看，它是指总储蓄加资本转移收入减资本转移支出减非金融投资后的差额。从金融交易角度看，它是金融资产的增加额减金融负债的增加额之后的差额。

通货 指以现金形式存在于市场流通中的货币，包括本币和外币。

存款 指金融机构接受客户存入的货币款项，存款人可随时或按约定时间支取款项的信用业务。包括活期存款、定期存款、住户储蓄存款、财政存款、外汇存款和其他存款等。

贷款 指金融机构将其所吸收的资金，按一定的利率贷放给客户并约期归还的信用业务。包括短期贷款、中长期贷款、财政贷款、外汇贷款和其他贷款。

证券 包括债券和股票。由债券购买者承购的或因销售产品而拥有的，可在金融市场上交易并代表一定债权的书面证明。包括政府债券、金融债券、企业债券、商业票据、支付固定收入但不提供法人企业残余价值分享权的优先股等。股票购买者及直接投资者对其投资企业净资产所拥有的权益。股票是股份公司签发的证明股东投资并按其所持股份享有权益和承担义务的权益性证券。其他股权是机构单位以直接投资的方式用除股票、债权性证券以外的土地、房屋及建筑物、机器设备、存货、资源资产等实物资产，商标、专利权、土地使用权、特许使用权、商誉等无形资产及货币资金直接向其他单位进行的投资。通常以股权证、出资证明书、参与证或类似的单据为凭证。

保险准备金 指对人寿保险准备金和养恤基金的净权益、保险费预付款和未结索赔准备金。

结算资金 指金融机构用于结算目的汇兑在途的资金。

金融机构往来 指各金融机构之间的资金往来，包括同业存放款和同业拆借款。

准备金 指各金融机构在中央银行的存款及缴存中央银行的法定准备金。

中央银行贷款 指中央银行向各金融机构的贷款。

经常项目 包括货物、服务、收益及经常性转移。

货物进出口 指通过我国海关进出口的货物。货物的进出口值都按离岸价格估价。离岸价格可视为进口商在出口商边境领取货物时支付的购买者价格。当进口商领取该货物时，该货物已装载到进口商自己的运载工具或其他运载工具，出口商已为该货物支付了出口税或获得了出口退税。

服务进出口 指常住单位与非常住单位之间相互提供的服务。包括运输服务、旅游服务、通讯服务、建筑服务、保险服务、金融服务、计算机和信息服务、咨询服务、广告、宣传服务、电影音像服务、专有权力使用费和特许费、其他商务服务、政府服务。

收益 指常住单位与非常住单位之间因相互提供生产要素而产生的收入，包括劳动者报酬和投资收益。其中投资收益包括直接投资、证券投资和其他投资的收益和支出，以及直接投资收益的再投资。

资本项目 包括移民转移、债务减免等资本性转移。

金融项目 包括直接投资、证券投资和其它投资。

直接投资 指外国、港澳台地区在我国和我国在外国、港澳台地区以独资、合资、合作及合作勘探开发方式进行的投资。

证券投资 指我国对外国、港澳台地区发行的股票、债券等有价证券和我国购买外国、港澳台地区发行的股票、债券等有价证券。

其它投资 指除直接投资和证券投资以外的所有对外金融资产与负债交易项目。包括外国提供给我国和我国提供给外国的贸易信贷、贷款、货币和存款以及其他资产。

储备资产增减额 指我国在黄金储备、外汇储备、在国际货币基金组织的储备头寸、特别提款权、使用基金信贷等方面本年末与上年末余额之间的差额。负号表示储备资产增加，正号表示储备资产减少。

Explanatory Notes on Main Statistical Indicators

Gross Domestic Product (GDP) refers to the final products at market prices produced by all resident units in a country (or a region) during a certain period of time. Gross domestic product is expressed in three different perspectives, namely value, income, and products respectively. GDP in its value perspective refers to the total value of all goods and services produced by all resident units during a certain period of time, minus the total value of input of goods and services of the nature of non-fixed assets; in other words, it is the sum of the value-added of all resident units. GDP from the perspective of income includes the primary income created by all resident units and distributed to resident and non-resident units. GDP from the perspective of products refers to the value of all goods and services for final consumption by all resident units minus the net exports of goods and services during a given period of time. In the practice of national accounting, gross domestic product is calculated from three approaches, namely production approach, income approach and expenditure approach, which reflect gross domestic product and its composition from different angles.

Three Industries Classification of economic activities into three strata of industry is a common practice in the world, although the grouping varies to some extent form country to country. In China economic activities are categorized into the following three strata of industry:

Primary industry refers to agriculture, forestry, animal husbandry and fishery and services in support of these industries.

Secondary industry refers to mining and quarrying, manufacturing, production and supply of electricity, water and gas, and construction.

Tertiary industry refers to all other economic activities not included in the primary or secondary industries.

GDP by Expenditure Approach refers to the method of measuring the final results of production activities of a country (region) during a given period from the perspective of final uses. It includes final consumption expenditure, gross capital formation and net export of goods and services. The formula for computation is

GDP by expenditure approach = final consumption expenditure + gross capital formation + net export of goods and services

Final Consumption Expenditure refers to the total expenditure of resident units for purchases of goods and services from both the domestic economic territory and abroad to meet the needs of material, cultural and spiritual life. It does not include the expenditure of non-resident units on consumption in the economic territory of the country. The final consumption expenditure is broken down into household consumption expenditure and government consumption expenditure.

Household Consumption Expenditure refers to the total expenditure of resident households on the final consumption of goods and services. In addition to the consumption of goods and services bought by the households directly with money, the household consumption expenditure also includes expenditure on goods and services obtained by the households in other ways, i.e. the so-called imputed consumption expenditure, which includes the following: (a) the goods and services provided to households by employers in the form of payment in kind and transfer in kind; (b) goods and services produced and consumed by the households themselves, in which the services refer only to the owner-occupied housing; (c) financial intermediate services provided by financial institutions; (d) insurance services provided by insurance companies.

Government Consumption Expenditure refers to the consumption expenditure spent for the provision of public services provided by the government to the whole country and the net expenditure on the goods and services provided by the government to households free of charge or at reduced prices. The former equals to the output value of the government services minus the value of operating income obtained by the government departments. The latter equals to the market value of the goods and services provided by the government free of charge or at reduced prices to the households minus the value received by the government from the households.

Gross Capital Formation refers to the fixed assets acquired less disposals and the net value of inventory, thus including gross fixed capital formation and changes in inventories.

Gross Fixed Capital Formation refers to the value of acquisitions less those disposals of fixed assets during a given period. Fixed assets are the assets produced through production activities with unit value above a specified amount and which could be used for over one year. Natural assets are not included. Gross fixed capital formation can be categorized into total tangible fixed capital formation and total intangible fixed capital formation. Total tangible fixed capital formation includes the value of the construction projects and installation projects completed and the equipment, apparatus and instruments purchased (less those disposed) as well as the value of land improved, the value of draught animals, breeding stock and animals for milk, for wool and for recreational purposes and the newly increased forest with economic value. Total intangible fixed capital formation includes the prospecting of minerals and the acquisition of computer software minus the disposal of them.

Changes in Inventories refers to the market value of the change in the physical volume of inventory of resident units during a given period, i.e. the difference between the values at the beginning and at the end of the period minus the gains due to the change in prices. The changes in inventories can have a positive or a negative value. A positive value indicates an increase in inventory while a negative value indicates a decrease in inventory. The inventory includes raw materials, fuels and reserve materials purchased by the production units as well as the inventory of finished products, semi-finished products and work-in-progress.

Net Export of Goods and Services refers to the exports of goods and services subtracting the imports of goods and services. Exports include the value of various goods and services sold or gratuitously transferred by resident units to non-resident units. Imports include the value of various goods and services purchased or gratuitously acquired resident units from non-resident units. Because the provision of services and the use of them happen simultaneously, the acquisition of services by resident units from abroad is usually treated as import while the acquisition of services by non-resident units in this country is usually treated as export. The exports and imports of goods are calculated at FOB.

Laborers Remuneration refers to the total payment of various forms to labourers for the productive activities they are engaged in. It includes wages, bonuses and allowances, which the labourers earn in cash and in kind. It also includes the free medical services provided to the labourers and the medicine expenses, transport subsidies and social insurance, and housing fund paid by the employers.

Net Taxes on Production refers to taxes on production less subsidies on production. The taxes on production refers to the various taxes, extra charges and fees levied on the production units on their production, sale and business activities as well as on the use of some factors of production, such as fixed assets, land and labour in the production activities they are engaged in. In contrast to taxes on production, subsidies on production refer to the unilateral government transfer to the production units and are therefore regarded as negative taxes on production. They include subsidies on the loss due to implementation of government policies, price subsidies, etc.

Depreciation of Fixed Assets refers to the depreciation of fixed assets in a given period, drawn in accordance with the stipulated depreciation rate for the purpose of compensating the wear-and-tear loss of the fixed assets or the depreciation of fixed assets imputed in accordance with the stipulated unified depreciation rate in the national economic accounting system. It reflects the value of transfer of the fixed assets in the production of the current period. The depreciation of fixed assets in various enterprises and institutions managed as enterprises refers to the depreciation expenses actually drawn. In government agencies and institutions not managed as enterprises which do not draw the depreciation expenses, as well as for the houses of residents, the depreciation of fixed assets is the imputed depreciation, which is calculated in accordance with the stipulated unified depreciation rate. In principle, the depreciation of fixed assets should be calculated on the basis of the re-purchased value of the fixed assets. However, currently the conditions in China do not facilitate the revaluation of all the fixed assets. Therefore, only the above-mentioned methods can be adopted at present.

Operating Surplus refers to the balance of the value added created by the resident units after deducting the labourers remuneration, net taxes on production and the depreciation of fixed assets. It is equivalent to the business profit of the enterprises plus subsidies to production, but the wages and welfare expenses paid from the profits should be deducted.

Institutional Units refer to economic entities that are in a position to own assets and incur liabilities; to engage independently in economic activities; and to conduct transactions with other entities.

Institutional Sectors refer to groups of institutional units that are homogenous in nature and have been grouped together. The following 4 institutional sectors are identified in the flow of funds accounts: non-financial corporations, financial institutions, general government and households. and also treated as an institutional sector is the rest of the world, which is composed of non-resident units that have economic relations with resident units.

Non-Financial Corporations and the Sector of Non-Financial Corporations refer to resident corporations that are engaged in the production of goods and the provision of non financial services in the market, mainly covering corporate enterprises of various types engaged in the above-mentioned activities. All non-financial corporations make up the sector of non-financial corporations.

Financial Institutions and the Sector of Financial Institutions refer to resident institutions that are engaged in the financial intermediary services or auxiliary financial activities that are closely related with financial intermediary services, mainly covering the Central Bank, commercial banks, policy banks, non-banking credit institutions and insurance companies. All financial institutions together make up the sector of financial institutions.

General Government and the Sector of General Governments refer to legal entities and their auxiliary units within the territory of China that are established through the political process and are empowered with legislative, administrative or judicial rights over other institutional within specific regions. The main function of general government is to acquire funds through taxation or other means in order to provide public services to society and households, and to conduct redistribution of income and properties of society through transfer payment. General government cover mainly administrative and non-profit institutional units of various types. All general government together make up the sector of general governments.

Households and the Sector of Households refer to resident individuals or groups of resident individuals who share common living facilities, pool together entire or part of their income and properties for their common disposal, and share their housing, food and other consumer goods and services. All households together make up the sector of households.

Non-resident Units and the Rest of the World Non-resident units refer to units that are of a non-resident nature. All non-resident units that have transactions with resident units together make up the rest of the world.

Total Income from Primary Distribution refers to the distribution of net results from production activities among the owners of factors of production and the governments. The net results from production activities is the value-added. Factors of production include labour force, land and capital. Owners of labour force gain remuneration by providing labour. Owners of land receive rents from leasing of land. Owners of capitals get income of various forms depending on the type of capital: owners of loan capital receive income from interests. Share holders receive dividends or non-distributed profits. Government either obtains production tax or pays subsidies in participating directly or indirectly in the production processes. Results of primary distribution generate the total income from primary distribution of each sector, and the sum of the total income of primary distribution of all sectors make up the Gross National Income, or the Gross National Product.

Current Transfers to the transaction in the form of provision of goods, services or assets by an institutional unit to another institutional unit without receiving any goods, services or assets in return from the recipient. Current transfers refer to all kinds of transfers other than capital transfers. They include income tax, payment to social securities, social allowances and other current transfers.

Total Disposable Income Total income from primary distribution is re-distributed through current transfer, resulting in the total disposable income of various institutional sectors. The sum of total disposable income of all institutional sectors makes up the total national disposable income.

Total Savings refer to total disposable income subtracting final consumption. Total savings of all sectors make up the total national savings.

Capital Transfer refers to the free payment from one sector to another sector of non-financial investment capital, and is a transaction that seeks no return from the recipient. Capital transfer differs from current transfer in 2 aspects: 1) The purpose of the capital transfer is investment rather than consumption. 2) Capital transfer features the transfer of the ownership of assets other than inventory and cash, and capital transfer in its monetary form involves the disposal of assets other than inventory. Capital transfer includes investment subsidies and other capital transfers.

Net Financial Investment reflects the surplus or shortage of capitals of institutional sectors or of the economy in general. It refers to total savings plus the income from capital transfer minus payment for capital transfer and the non-financial investment from the point of view of physical transaction. In terms of monetary transaction, it is the difference between the increase in financial assets minus the increase of the financial liabilities.

Currency refers to currency that is in circulation in the market, including local and foreign currencies.

Deposits refer to credit transactions by which financial institutions accept deposits from clients who could withdraw their deposit at any time or by an agreed time frame. They include demand deposit, time deposit, savings deposit, fiscal deposit, foreign exchange deposit and other deposits.

Loans refer to credit transactions by which financial institutions lend their capital to clients at certain level of interest rates, which the latter will repay by an agreed time frame. They include short-term loan, medium- and long-term loan, fiscal loan, foreign exchange loan and other loans.

Securities Include Shares and bond. refer to written certificates representing creditors' rights as purchased by bond holders or as acquired by selling products, which can be transacted at the financial markets. They include government bonds, financial bonds, corporation bonds, commercial drafts, preferential stocks that provide fixed income without the right to share the residual value of corporations, and so on. the rights of stockholders and direct investors on the net assets of corporations they have invested in. Shares refer to negotiable securities on creditor's rights, issued by share companies certifying the investment by stockholders and their rights and duties in accordance with the amount of stocks that they hold. Other holding rights refer to the direct investment by institutional units in other units with currency capital or with assets, in forms other than shares and negotiable securities on creditor's rights, including such tangible assets such as land, buildings, machines and equipment, inventory, resources, etc., and such intangible assets as trade marks, patents, monopolies, rights on land use, licenses, commercial reputation, etc.. Documents of proof of holding rights usually include certificates on creditor's right, certificates on investment or on participation, etc.

Insurance Reserve Funds consists of net equity of households in life insurance reserves and in pension funds reserves, prepayments of insurance premiums, and reserves for outstanding claims.

Settlement Fund refers to fund in float of financial institutions for settlement.

Inter- financial Institutions Accounts refer to flow of capital between financial institutions, consisting of nostro accounts, inter-bank lending.

Required and Excessive Reserves refer to financial institutions' deposits with the People's Bank of China.

Central Bank Lending refer to lending to financial institutions by the People's Bank of China

Current Account includes goods, services, income and current transfers.

Import and Export of Goods refer to imported or exported goods through Chinese customs. Both import and export of goods are valued at free on board (f.o.b.) prices. Free on board prices can be regarded as the purchaser's prices paid by importers when claiming goods at the border of the exporters. When the importer claim the imported goods, the goods have been loaded in importer's carriers or other carriers, and the exporter has paid export duty or received export redeem.

Import and Export of Services refer to services provided between resident and non-resident units, including services on transportation, tourism, communications, construction, insurance, finance, computer and information, consultancy, advertising and publicity, as well as film, audio and video services, royalty for patents, trademarks and other special rights, other commercial services, and government services.

Income refers income from provision of factors of production between resident and non-resident units, including compensation of labour and earnings from investment. Earnings from investment include earnings from and expenses on direct investment, security investment and other investment, as well as reinvestment of earnings from direct investment.

Capital Account includes capital transfers such as immigration transfer, reduction or exemption of debts, etc.

Financial Account includes direct investment, security investment and other investments.

Direct Investment refers to investment by foreign investors or investors from Hong Kong, Macao and Taiwan in China, or by Chinese investors in foreign countries or in Hong Kong, Macao and Taiwan, in forms of exclusive investment, joint investment, contracted operation and cooperative development.

Security Investment refers to the issue of stocks and securities by China in foreign countries or in Hong Kong, Macao and Taiwan, and the purchase by Chinese units of stocks and securities issued in foreign countries or in Hong Kong, Macao and Taiwan.

Other Investment refers to all external transactions on financial assets and liabilities other than direct investment and security investment, including trade credits, loans, currency, deposits and other assets, provided by foreign countries to China and by China to foreign countries.

Reserve Assets, Net Increase refers to the difference between the end of the reference year and the end of the previous year, in gold reserve, foreign exchange reserve, special drawing rights in the International Monetary Fund, and the use of the Fund's credits. An increase in reserve assets is expressed in a negative figure and a decrease in the reserve assets is expressed in a positive figure.

人口

Population

4

● 资料整理：马 召

简要说明

一、主要内容

本篇包括历年人口及自然变动资料，城镇化资料、人口结构主要分类资料，历次人口普查主要指标。

二、资料来源

1971—1981年、1983—1989年、2000年和2010年总人口数是根据1982年、1990年、2000年和2010年人口普查数据调整推算的；1990—1999、2001—2009年数据是人口变动抽样调查调整数；市镇、乡村人口1953、1964、1982、1990、1995、2000、2005、2010年数据是根据当年人口普查（或抽样调查）数据调整推算的，普查年度之间年份是根据两次普查间平均每年增幅调整的；2004年后非普查年份是根据当年人口与城镇化抽样调查推算的。由河南省统计局人口与就业处编辑整理。

三、统计调查方法

在逢“0”的年份进行全国人口普查；在逢“5”的年份进行全国1%人口抽样调查；其余年份进行全国人口变动情况抽样调查。人口抽样调查是以全国为总体，各省为次总体，采用分层、多阶段、整群概率比例抽样方法抽取样本。

Brief Introduction

I. Main Contents

This chapter include the size of Henan population and natural change, urban proportion, classification of the population structure, data of All previous National Population Census, marriage registration.

II. Sources of Data

Figures for 1971-1981, 1983-1989, 2000,2010 have been adjusted on the basis of the 1982, 1990, 2000,2010 National Population Census. Figures for 1990-1999, 2001-2009 are estimated from the National Sample Survey on Population Changes. Figures of Urban and rural population in 1953,1964,1982,1990,1995,2000,2005,2010 are adjusted on the basis of the current year National Population Census or National Sample Survey, Figures for the years between National Population Census are adjusted on the basis of the growth rate of two National Population Census. Data of years without Population Census since 2014 were calculated on the basis of the Spot Check of population and Urbanization in the current year. Tables in this part are compiled by the Department of Population and Employment Statistics of the Henan provincial Bureau of Statistics.

III. Sampling Methodology

The national population census is conducted in the year ending with 0; the national 1 percent population sample survey is conducted in the year ending with 5; sample surveys on population changes are conducted in the rest of the years. The sample survey on population change takes the whole nation as the population and each province, autonomous region or municipality as sub-populations, and the stratified multi-stage systematic PPS cluster sampling scheme is used.

4-1 总 人 口(年底数)
Total Population (Year-end)

单位：万人 (10 000 persons)

年 份 Year	总人口数 Total Population	按性别分 By Sex 男 Male	女 Female	性别比 (女=100) Sex Ratio (Female=100)	按城乡分 By Residence 城镇 Urban	乡村 Rural	城镇化率 (%) Urban Proportion (%)	人口密度 (人/平方公里) Population Density (person/sq.km)	常住人口 Residents population
1957	4840	2469	2371	104.1	449	4391	9.3	290	
1962	4940	2485	2455	101.2	518	4422	10.5	296	
1965	5240	2648	2592	102.1	585	4655	11.2	314	
1970	6026	3055	2971	102.8	730	5296	12.1	361	
1975	6758	3436	3322	103.4	883	5875	13.1	405	
1978	7067	3599	3468	103.8	963	6104	13.6	423	
1979	7189	3662	3527	103.8	994	6195	13.8	431	
1980	7285	3710	3575	103.8	1021	6264	14.0	436	
1981	7397	3768	3629	103.8	1050	6347	14.2	443	
1982	7519	3835	3684	104.1	1084	6435	14.4	450	
1983	7632	3902	3730	104.6	1111	6521	14.6	457	
1984	7737	3960	3777	104.9	1137	6600	14.7	463	
1985	7847	4022	3825	105.2	1164	6683	14.8	470	
1986	7985	4097	3888	105.4	1196	6789	15.0	478	
1987	8148	4184	3964	105.5	1232	6916	15.1	488	
1988	8317	4272	4045	105.6	1269	7048	15.3	498	
1989	8491	4366	4125	105.9	1308	7183	15.4	508	
1990	8649	4440	4209	105.5	1342	7307	15.5	518	
1991	8763	4501	4262	105.6	1389	7374	15.9	525	
1992	8861	4554	4307	105.7	1434	7427	16.2	531	
1993	8946	4602	4344	105.9	1477	7469	16.5	536	
1994	9027	4643	4384	105.9	1520	7507	16.8	541	
1995	9100	4651	4449	104.5	1564	7536	17.2	545	
1996	9172	4715	4457	105.8	1687	7485	18.4	549	
1997	9243	4751	4492	105.8	1811	7432	19.6	553	
1998	9315	4787	4528	105.7	1937	7378	20.8	558	
1999	9387	4825	4562	105.8	2064	7323	22.0	562	
2000	9488	4895	4593	106.6	2201	7287	23.2	568	
2001	9555	4915	4640	105.9	2334	7221	24.4	572	
2002	9613	4946	4667	105.9	2480	7133	25.8	576	
2003	9667	4980	4687	106.3	2630	7037	27.2	579	
2004	9717	5000	4717	106.0	2809	6908	28.9	582	
2005	9768	5045	4723	106.8	2994	6774	30.7	585	9380
2006	9820	5074	4746	106.9	3189	6631	32.5	588	9392
2007	9869	5100	4769	106.9	3389	6480	34.3	591	9360
2008	9918	5125	4793	106.9	3573	6345	36.0	594	9429
2009	9967	5150	4817	106.9	3758	6209	37.7	597	9487
2010	10437	5407	5030	107.5	4052	6385	38.8	625	9405
2011	10489	5417	5072	106.8	4255	6234	40.6	628	9388
2012	10543	5456	5087	107.2	4473	6070	42.4	631	9406
2013	10601	5487	5114	107.3	4643	5958	43.8	635	9413
2014	10662	5523	5139	107.5	4819	5843	45.2	638	9436

注：2010年以来总人口数为根据2010年人口普查登记的户籍人口推算数据，历史数据未进行调整。(下同)

a) Data of the total population since 2010 is calculated basis on the Registered population of the 2010 National Population Census, historical data have not been adjusted. (the same as following table).

4-2 人口自然变动情况

Natural Changes of Population

单位：万人　　(10 000 persons)

年 份 Year	年平均人口数 Average Person Per Year	出生人口数 Number of Birth	出生率(‰) Birth Rate (‰)	死亡人口数 Number of Death	死亡率(‰) Death Rate (‰)	自然增加人口数 Number of Natural Growth	自然增长率(‰) Natural Growth Rate (‰)
1957	4787	161	33.67	56	11.80	105	21.87
1962	4872	183	37.50	39	8.04	144	29.46
1965	5170	187	36.10	44	8.45	143	27.65
1970	5943	211	35.54	45	7.61	166	27.93
1975	6703	158	23.65	51	7.66	107	15.99
1978	7012	154	21.92	44	6.30	110	15.62
1979	7128	153	21.51	45	6.35	108	15.16
1980	7237	145	20.00	46	6.32	99	13.68
1981	7341	151	20.64	48	6.57	103	14.07
1982	7458	153	20.62	46	6.21	107	14.41
1983	7576	154	20.38	48	6.30	106	14.08
1984	7685	145	18.89	48	6.26	97	12.63
1985	7792	157	20.09	48	6.13	109	13.96
1986	7916	187	23.65	51	6.44	136	17.21
1987	8067	212	26.22	51	6.32	161	19.90
1988	8233	214	25.95	48	5.83	166	20.12
1989	8404	223	26.51	48	5.76	175	20.75
1990	8570	214	24.92	56	6.52	158	18.40
1991	8706	172	19.78	58	6.63	114	13.15
1992	8812	159	18.13	61	6.99	98	11.14
1993	8904	141	15.87	56	6.35	85	9.52
1994	8987	138	15.36	57	6.34	81	9.02
1995	9064	130	14.41	57	6.28	73	8.13
1996	9136	130	14.28	58	6.44	72	7.84
1997	9208	129	13.97	58	6.30	71	7.67
1998	9279	131	14.17	59	6.37	72	7.80
1999	9351	132	14.07	60	6.35	72	7.72
2000	9438	123	13.07	56	5.93	67	7.14
2001	9522	126	13.20	59	6.26	67	6.94
2002	9584	119	12.41	61	6.38	58	6.03
2003	9640	116	12.10	62	6.46	54	5.64
2004	9692	113	11.67	63	6.47	50	5.20
2005	9743	112	11.55	61	6.30	51	5.25
2006	9794	113	11.59	61	6.27	52	5.32
2007	9845	111	11.30	62	6.30	49	4.90
2008	9893	113	11.42	64	6.45	49	4.97
2009	9943	113	11.45	64	6.46	49	4.99
2010	10202	117	11.52	67	6.57	50	4.95
2011	10463	121	11.56	69	6.62	52	4.94
2012	10516	125	11.87	71	6.71	54	5.16
2013	10572	130	12.27	72	6.76	58	5.51
2014	10631	136	12.80	75	7.02	61	5.78

4-3 各市户数、人口数(2014年底)

Number of Households and Population by City (End of 2014)

分市数据是根据全省2014年人口与城镇化抽样调查数据推算及公安年报数据。

Data by city were computative on the basis of the 2014 National Sample Surveys Population and annual reports of the Bureau of Public Security.

市(县)	City(County)	总户数(万户) Total Number of Households (10 000 households)	总人口数(万人) Total Population (10 000 persons)	常住人口(万人) Residents Population (10 000 persons)	男 Male	女 Female	城镇 Urban	乡村 Rural	年平均人口数(万人) Average Population (10 000 persons)	城镇化率(%) Urban Proportion (%)	年平均常住人口(万人) Average Residents (10 000 persons)
全　　省	**Total**	**3178**	**10662**	**9436**	**4771**	**4665**	**4265**	**5171**	**10631**	**45.2**	**9425**
省　辖　市	**City**										
郑　州　市	Zhengzhou	212	760	938	474	464	641	297	755	68.3	928
开　封　市	Kaifeng	165	514	455	232	223	194	261	513	42.6	460
洛　阳　市	Luoyang	212	696	668	335	333	340	328	694	51.0	665
平顶山市	Pingdingshan	155	541	496	257	239	237	259	539	47.8	496
安　阳　市	Anyang	177	579	509	245	264	230	278	578	45.3	509
鹤　壁　市	Hebi	48	162	160	84	76	86	73	162	54.1	160
新　乡　市	Xinxiang	176	604	571	283	288	272	299	602	47.6	569
焦　作　市	Jiaozuo	100	369	352	178	175	188	165	368	53.2	352
濮　阳　市	Puyang	120	390	360	181	179	139	221	389	38.5	359
许　昌　市	Xuchang	150	487	432	220	211	197	234	486	45.7	431
漯　河　市	Luohe	79	277	260	135	125	119	141	277	45.7	259
三门峡市	Sanmenxia	73	228	225	114	110	113	112	227	50.4	224
南　阳　市	Nanyang	358	1177	999	520	479	395	604	1174	39.6	1004
商　丘　市	Shangqiu	277	905	726	364	362	265	461	902	36.5	727
信　阳　市	Xinyang	277	865	641	326	315	263	378	862	41.1	639
周　口　市	Zhoukou	332	1136	880	435	445	319	562	1134	36.2	879
驻马店市	Zhumadian	247	901	693	350	343	252	441	898	36.4	691
济　源　市	Jiyuan	18	69	72	37	36	41	32	69	56.4	72
省直管县	**Province Administrating County**										
巩　义　市	Gongyi	21	83	82	41	41	41	41	83	50.5	82
兰　考　县	Lankao	27	84	63	31	32	21	42	84	33.1	65
汝　州　市	Ruzhou	30	107	93	48	45	37	57	107	39.4	93
滑　　县	Huaxian	42	136	111	53	58	28	83	136	25.1	111
长　垣　县	Changyuan	27	86	76	35	41	30	46	86	39.8	75
邓　州　市	Dengzhou	49	176	141	75	66	49	92	176	34.6	142
永　城　市	Yongcheng	42	154	121	60	61	49	72	154	40.8	122
固　始　县	Gushi	55	174	107	54	53	38	69	174	35.5	107
鹿　邑　县	Luyi	38	121	89	43	46	32	57	120	35.9	89
新　蔡　县	Xincai	29	112	84	43	41	24	60	112	28.4	84

4-4 各市人口出生率、死亡率、自然增长率(2014年底)
Birth Rate, Death Rate, and Natural Growth by City (End of 2014)

市(县)	City(County)	出生人口(万人) Birth (10000 person)	出生率(‰) Birth Rate (‰)	死亡人口(万人) Death (10000 person)	死亡率(‰) Death Rate (‰)	自然增长人口(万人) Natural Growth (10000 person)	自然增长率(‰) Natural Growth Rate (‰)
全　省	**Total**	**136.00**	**12.80**	**75.00**	**7.02**	**61.00**	**5.78**
省 辖 市	**City**						
郑 州 市	Zhengzhou	7.77	10.29	3.32	4.39	4.45	5.90
开 封 市	Kaifeng	5.75	11.21	3.19	6.22	2.56	4.99
洛 阳 市	Luoyang	7.89	11.37	3.96	5.71	3.93	5.66
平顶山市	Pingdingshan	6.39	11.86	3.38	6.27	3.01	5.59
安 阳 市	Anyang	6.57	11.37	3.59	6.20	2.98	5.16
鹤 壁 市	Hebi	1.83	11.35	0.89	5.52	0.94	5.83
新 乡 市	Xinxiang	6.56	10.90	3.32	5.51	3.24	5.38
焦 作 市	Jiaozuo	3.87	10.53	1.98	5.38	1.89	5.15
濮 阳 市	Puyang	4.43	11.40	2.42	6.23	2.01	5.17
许 昌 市	Xuchang	5.35	11.00	3.08	6.34	2.26	4.66
漯 河 市	Luohe	3.01	10.90	1.48	5.36	1.53	5.54
三门峡市	Sanmenxia	2.25	9.88	1.25	5.48	1.00	4.40
南 阳 市	Nanyang	13.53	11.52	7.68	6.54	5.85	4.98
商 丘 市	Shangqiu	9.85	10.92	5.17	5.73	4.68	5.19
信 阳 市	Xinyang	10.28	11.93	5.31	6.16	4.97	5.76
周 口 市	Zhoukou	12.30	10.85	6.79	5.99	5.51	4.86
驻马店市	Zhumadian	10.24	11.40	5.71	6.35	4.53	5.05
济 源 市	Jiyuan	0.85	12.30	0.43	6.25	0.42	6.05
省 直 管 县	**Province Administrating County**						
巩 义 市	Gongyi	0.88	10.62	0.50	6.04	0.38	4.58
兰 考 县	Lankao	1.01	12.04	0.55	6.59	0.46	5.45
汝 州 市	Ruzhou	1.31	12.28	0.75	7.01	0.56	5.27
滑 县	Huaxian	1.52	11.23	0.82	6.05	0.70	5.18
长 垣 县	Changyuan	0.93	10.87	0.48	5.60	0.45	5.27
邓 州 市	Dengzhou	2.06	11.71	1.31	7.45	0.75	4.26
永 城 市	Yongcheng	1.83	11.90	0.88	5.75	0.94	6.15
固 始 县	Gushi	2.18	12.54	1.31	7.53	0.87	5.01
鹿 邑 县	Luyi	1.39	11.56	0.76	6.35	0.63	5.21
新 蔡 县	Xincai	1.28	11.42	0.77	6.88	0.51	4.54

4-5 河南省人口预期寿命

Population life expectancy of Henan

单位：岁 (age)

年龄 Age	1990			2000			2010		
	合计 Total	男 Male	女 Female	合计 Total	男 Male	女 Female	合计 Total	男 Male	女 Female
	70.0	**68.1**	**72.0**	**72.8**	**71.0**	**74.7**	**74.6**	**71.8**	**77.6**
1	70.5	68.4	72.8	73.5	71.2	75.9	74.3	71.6	77.4
5	67.1	64.9	69.4	69.7	67.4	72.2	70.5	67.7	73.5
10	62.3	60.1	64.6	64.9	62.6	67.3	65.5	62.8	68.6
15	57.4	55.3	59.7	60.0	57.7	62.4	60.6	57.9	63.6
20	52.7	50.6	54.9	55.2	52.9	57.5	55.7	53.0	58.7
25	48.0	45.9	50.2	50.4	48.2	52.7	50.9	48.3	53.8
30	43.3	41.2	45.5	45.7	43.5	47.9	46.1	43.5	48.9
35	38.6	36.5	40.8	40.9	38.8	43.1	41.3	38.8	44.0
40	33.9	31.9	36.1	36.2	34.2	38.3	36.6	34.2	39.2
45	29.3	27.3	31.4	31.6	29.7	33.6	32.0	29.7	34.4
50	24.9	23.0	26.9	27.1	25.2	29.0	27.5	25.4	29.8
55	20.7	18.9	22.6	22.8	21.0	24.6	23.2	21.3	25.4
60	16.8	15.2	18.4	18.7	17.0	20.3	19.1	17.3	21.1
65	13.4	11.9	14.7	15.0	13.4	16.4	15.4	13.7	17.1
70	10.3	9.1	11.3	11.7	10.3	12.8	12.0	10.6	13.5
75	7.8	6.8	8.5	9.1	7.9	9.9	9.4	8.1	10.6
80	5.5	4.8	6.0	6.9	5.9	7.4	7.2	6.0	8.1
85	3.6	3.2	3.8	5.4	4.6	5.7	5.8	4.8	6.5
90	1.5	1.4	1.6	3.9	3.6	4.0	4.8	3.9	5.3
95	1.3	1.1	1.3	2.8	3.0	2.8			
100	1.1	1.0	1.2	0.5	0.5	0.5			

注：本表数据是根据普查数据计算。

a) Data in this table are calculated basis on National Population Census.

4-6　各市常住人口年龄结构(2014年底)

Composition of Population by Age and City (End of 2014)

全省数据是根据2014年人口变动抽样调查汇总数据推算，分市数据是根据2014年人口与城镇化抽样调查数据推算(下表同)。

Data of total in this table are estimated from the National Sample Survey of 1‰ population in 2014.Data by City are estimated from the Provincial Sample Survey of Population and Urbanization in 2014(the next table is the same).

市　City	常住人口数(万人) Total Population (10 000 persons)				比重 (%) % to Total Population		
		0-14岁 Age 0-14	15-64岁 Age 15-64	65岁及以上 Age 65+	0-14岁 Age 0-14	15-64岁 Age 15-64	65岁及以上 Age 65+
全　省 Total	**9436**	**2000**	**6551**	**884**	**21.2**	**69.4**	**9.4**
省辖市 City							
郑州市 Zhengzhou	938	172	684	82	18.4	72.9	8.7
开封市 Kaifeng	455	97	312	46	21.3	68.6	10.1
洛阳市 Luoyang	668	127	476	64	19.1	71.3	9.6
平顶山市 Pingdingshan	496	101	345	50	20.4	69.6	10.0
安阳市 Anyang	509	113	345	51	22.3	67.7	10.0
鹤壁市 Hebi	160	33	114	13	20.7	71.3	8.0
新乡市 Xinxiang	571	124	390	57	21.7	68.3	10.0
焦作市 Jiaozuo	352	63	259	31	17.9	73.5	8.7
濮阳市 Puyang	360	80	248	33	22.1	68.8	9.1
许昌市 Xuchang	432	88	297	47	20.4	68.7	10.9
漯河市 Luohe	260	44	188	28	17.0	72.1	10.9
三门峡市 Sanmenxia	225	35	168	22	15.5	74.6	9.9
南阳市 Nanyang	999	224	675	100	22.5	67.6	10.0
商丘市 Shangqiu	726	140	509	77	19.3	70.1	10.6
信阳市 Xinyang	641	132	439	70	20.6	68.5	10.9
周口市 Zhoukou	880	177	609	94	20.2	69.2	10.7
驻马店市 Zhumadian	693	148	465	81	21.3	67.1	11.6
济源市 Jiyuan	72	13	54	6	17.3	74.1	8.6
省直管县 Province Administrating County							
巩义市 Gongyi	82	14	60	8	16.8	73.2	10.0
兰考县 Lankao	63	17	39	7	26.7	62.4	10.9
汝州市 Ruzhou	93	22	63	8	23.7	67.4	8.9
滑县 Huaxian	111	28	70	13	25.0	62.9	12.1
长垣县 Changyuan	76	18	47	10	24.4	62.6	13.1
邓州市 Dengzhou	141	34	93	14	24.5	65.8	9.7
永城市 Yongcheng	121	28	77	16	22.9	63.9	13.2
固始县 Gushi	107	25	68	14	23.0	63.8	13.2
鹿邑县 Luyi	89	19	60	10	21.2	67.4	11.4
新蔡县 Xincai	84	18	55	11	21.7	64.9	13.4

4-7　各市常住人口抚养系数(2014年底)

Dependency Ratio of Population by City (End of 2014)

单位：%　　(%)

市　City	少儿系数 Ratio of Children	老年系数 Ratio of the aged	老少比 Ratio of the aged to Children	少儿抚养系数 Children Dependency Ratio	老年抚养系数 The Aged Dependency	总抚养系数 Total Dependency Ratio
全　　省 Total	**21.2**	**9.4**	**44.2**	**30.5**	**13.5**	**44.0**
省　辖　市 City						
郑　州　市 Zhengzhou	18.4	8.7	47.5	25.2	11.9	37.1
开　封　市 Kaifeng	21.3	10.1	47.4	31.1	14.7	45.8
洛　阳　市 Luoyang	19.1	9.6	50.5	26.8	13.5	40.3
平顶山市 Pingdingshan	20.4	10.0	49.3	29.3	14.4	43.7
安　阳　市 Anyang	22.3	10.0	45.0	32.9	14.8	47.7
鹤　壁　市 Hebi	20.7	8.0	38.7	29.0	11.2	40.2
新　乡　市 Xinxiang	21.7	10.0	45.9	31.8	14.6	46.4
焦　作　市 Jiaozuo	17.9	8.7	48.5	24.3	11.8	36.1
濮　阳　市 Puyang	22.1	9.1	40.9	32.2	13.2	45.3
许　昌　市 Xuchang	20.4	10.9	53.4	29.6	15.8	45.5
漯　河　市 Luohe	17.0	10.9	64.3	23.5	15.1	38.6
三门峡市 Sanmenxia	15.5	9.9	64.2	20.8	13.3	34.1
南　阳　市 Nanyang	22.5	10.0	44.4	33.3	14.8	48.0
商　丘　市 Shangqiu	19.3	10.6	54.9	27.5	15.1	42.7
信　阳　市 Xinyang	20.6	10.9	52.9	30.0	15.9	45.9
周　口　市 Zhoukou	20.2	10.7	53.1	29.1	15.5	44.6
驻马店市 Zhumadian	21.3	11.6	54.7	31.7	17.4	49.1
济　源　市 Jiyuan	17.3	8.6	49.7	23.3	11.6	34.9
省直管县 Province Administrating County						
巩　义　市 Gongyi	16.8	10.0	59.8	23.0	13.7	36.7
兰　考　县 Lankao	26.7	10.9	40.7	42.8	17.4	60.3
汝　州　市 Ruzhou	23.7	8.9	37.4	35.2	13.2	48.4
滑　　县 Huaxian	25.0	12.1	48.6	39.7	19.3	59.0
长　垣　县 Changyuan	24.4	13.1	53.5	39.0	20.9	59.9
邓　州　市 Dengzhou	24.5	9.7	39.6	37.2	14.7	51.9
永　城　市 Yongcheng	22.9	13.2	57.8	35.8	20.7	56.4
固　始　县 Gushi	23.0	13.2	57.4	36.0	20.7	56.7
鹿　邑　县 Luyi	21.2	11.4	53.7	31.4	16.9	48.3
新　蔡　县 Xincai	21.7	13.4	61.6	33.5	20.6	54.0

4-8 分年龄、性别的人口结构(2014年)
Population Construction by Age and Sex (2014)

本表数据为2014年人口与城镇化抽样调查汇总样本数据。抽样比为2.1%。(4-9，4-10表同)
Data in this table are the sumed data obtained from the Provincial Sample Survey of Population and Urbanization in 2014.The Sampling fraction is 2.1%.(4-9,4-10 are the same)

年龄	Age	占常住人口比重 (%) percentage to Population(%)	男 Male	女 Female	性别比 (女=100) Sex Ratio (Female=100)
合 计	**Total**	**100.0**	**50.6**	**49.4**	**102.3**
0-4岁	0-4 Age	7.0	3.8	3.2	121.1
5-9岁	5-9 Age	7.5	4.2	3.3	127.6
10-14岁	10-14 Age	6.7	3.8	2.9	130.7
15-19岁	15-19 Age	6.4	3.6	2.8	126.3
20-24岁	20-24 Age	8.1	4.1	4.0	100.7
25-29岁	25-29 Age	7.4	3.6	3.8	93.5
30-34岁	30-34 Age	6.1	3.0	3.1	94.5
35-39岁	35-39 Age	6.3	3.1	3.2	96.1
40-44岁	40-44 Age	8.6	4.2	4.4	96.8
45-49岁	45-49 Age	8.8	4.2	4.6	91.8
50-54岁	50-54 Age	6.2	3.0	3.2	92.6
55-59岁	55-59 Age	6.3	3.1	3.2	96.7
60-64岁	60-64 Age	5.5	2.7	2.8	97.4
65-69岁	65-69 Age	3.6	1.8	1.8	99.9
70-74岁	70-74 Age	2.5	1.2	1.2	96.5
75-79岁	75-79 Age	1.7	0.8	0.9	89.8
80-84岁	80-84 Age	1.0	0.4	0.6	75.3
85-89岁	85-89 Age	0.4	0.2	0.3	61.0
90-94岁	90-94 Age	0.1	0.0	0.1	42.6
95岁及以上	Above 95 Age	0.0	0.0	0.0	30.3

4-9 6岁及6岁以上分年龄、性别、受教育程度的人口结构(2014年)

Population Construction of 6 and over by Age,Sex and Educational Attainment (2014)

单位：% (%)

年龄	Age	6岁及6岁以上人口 6 and over	男 Male	女 Female	未上过学 No-Schooling	男 Male	女 Female	小 学 Primary School	男 Male	女 Female	初 中 Junior Secondary School	男 Male	女 Female
合 计	**Total**	**100.0**	**100.0**	**100.0**	**5.0**	**3.2**	**6.9**	**26.1**	**25.0**	**27.3**	**47.0**	**47.7**	**46.2**
6-9岁	6-9 Age	100.0	100.0	100.0	3.0	3.0	3.1	94.9	94.9	94.9	1.8	1.8	1.8
10-14岁	10-14 Age	100.0	100.0	100.0	0.9	0.9	0.9	53.8	54.1	53.5	43.6	43.3	43.8
15-19岁	15-19 Age	100.0	100.0	100.0	0.4	0.4	0.4	3.2	3.1	3.2	43.8	43.9	43.7
20-24岁	20-24 Age	100.0	100.0	100.0	0.4	0.4	0.4	2.5	2.3	2.6	50.5	49.2	51.8
25-29岁	25-29 Age	100.0	100.0	100.0	0.5	0.5	0.4	3.1	2.7	3.6	58.0	55.7	60.1
30-34岁	30-34 Age	100.0	100.0	100.0	0.6	0.6	0.6	4.4	3.6	5.0	60.9	58.6	63.0
35-39岁	35-39 Age	100.0	100.0	100.0	0.7	0.7	0.7	6.9	5.7	8.0	63.4	62.2	64.6
40-44岁	40-44 Age	100.0	100.0	100.0	0.9	0.8	1.0	10.4	8.0	12.7	65.6	64.9	66.2
45-49岁	45-49 Age	100.0	100.0	100.0	1.6	1.2	2.0	17.1	12.8	20.9	64.3	65.6	63.2
50-54岁	50-54 Age	100.0	100.0	100.0	2.4	1.4	3.3	20.9	14.8	26.6	57.2	59.1	55.5
55-59岁	55-59 Age	100.0	100.0	100.0	6.0	3.3	8.6	34.6	27.2	41.7	45.5	51.1	40.1
60-64岁	60-64 Age	100.0	100.0	100.0	10.0	5.9	14.1	45.7	39.1	52.2	36.7	44.6	29.1
65岁及以上	Above 65 Age	100.0	100.0	100.0	29.0	18.0	39.0	48.3	50.7	46.2	17.6	24.0	11.8

年龄	Age	高 中 Senior Secondary School	男 Male	女 Female	大学专科 College	男 Male	女 Female	大学本科 University	男 Male	女 Female	研究生 Graduate	男 Male	女 Female
合 计	**Total**	**15.8**	**17.6**	**13.9**	**4.3**	**4.5**	**4.1**	**1.7**	**1.9**	**1.5**	**0.1**	**0.2**	**0.1**
6-9岁	6-9 Age	0.2	0.3	0.2									
10-14岁	10-14 Age	1.6	1.6	1.7	0.1	0.1	0.0	0.0	0.0	0.0	0.0	0.0	0.0
15-19岁	15-19 Age	47.4	47.6	47.2	3.5	3.1	4.0	1.7	1.8	1.6	0.0	0.0	0.0
20-24岁	20-24 Age	28.2	30.0	26.5	12.1	11.6	12.7	5.9	5.9	5.8	0.4	0.6	0.2
25-29岁	25-29 Age	23.7	25.7	21.8	10.3	10.7	9.9	3.9	4.0	3.8	0.5	0.6	0.3
30-34岁	30-34 Age	21.5	23.7	19.4	8.6	8.9	8.4	3.6	4.0	3.3	0.4	0.5	0.4
35-39岁	35-39 Age	19.5	21.3	17.9	6.8	7.2	6.4	2.4	2.7	2.2	0.2	0.2	0.2
40-44岁	40-44 Age	16.8	18.9	14.7	4.6	5.1	4.0	1.7	2.0	1.3	0.1	0.2	0.1
45-49岁	45-49 Age	13.1	15.7	10.8	2.7	3.3	2.2	1.0	1.4	0.7	0.1	0.1	0.0
50-54岁	50-54 Age	16.1	20.3	12.2	2.5	3.2	1.9	0.8	1.2	0.5	0.1	0.1	0.0
55-59岁	55-59 Age	11.7	15.3	8.1	1.8	2.4	1.3	0.4	0.6	0.3	0.0	0.0	0.0
60-64岁	60-64 Age	6.0	8.5	3.7	1.2	1.6	0.8	0.3	0.3	0.2	0.0	0.0	0.0
65岁及以上	Above 65 Age	3.6	5.2	2.2	1.1	1.6	0.6	0.4	0.6	0.1	0.0	0.0	0.0

4-10 15岁及以上分年龄、性别、婚姻状况的人口结构(2014年)

Population Construction of 15 and over by Age, Sex and Marital Status (2014)

单位：% (%)

年龄	Age	15岁及15岁以上人口 15 and over	男 Male	女 Female	未婚 Never married	男 Male	女 Female	初婚有配偶 First Married	男 Male	女 Female
合 计	**Total**	**100.0**	**100.0**	**100.0**	**18.5**	**21.9**	**15.3**	**73.5**	**71.7**	**75.3**
15-19岁	15-19 Age	100.0	100.0	100.0	96.6	96.9	96.2	3.3	3.0	3.7
20-24岁	20-24 Age	100.0	100.0	100.0	70.5	76.4	64.5	29.1	23.2	35.1
25-29岁	25-29 Age	100.0	100.0	100.0	29.2	34.6	24.1	69.4	63.7	74.7
30-34岁	30-34 Age	100.0	100.0	100.0	7.7	10.8	4.8	89.6	86.0	93.0
35-39岁	35-39 Age	100.0	100.0	100.0	3.0	5.0	1.1	93.2	90.8	95.6
40-44岁	40-44 Age	100.0	100.0	100.0	1.8	3.3	0.4	94.1	92.4	95.7
45-49岁	45-49 Age	100.0	100.0	100.0	1.3	2.4	0.2	93.7	92.6	94.7
50-54岁	50-54 Age	100.0	100.0	100.0	1.1	2.0	0.1	92.6	92.3	93.0
55-59岁	55-59 Age	100.0	100.0	100.0	1.4	2.8	0.1	89.5	89.3	89.6
60-64岁	60-64 Age	100.0	100.0	100.0	1.8	3.5	0.1	85.5	86.2	84.8
65岁及以上	Above 65 Age	100.0	100.0	100.0	1.9	3.7	0.2	65.3	73.2	58.2

年龄	Age	再婚有配偶 Re-married	男 Male	女 Female	离婚 Divorced	男 Male	女 Female	丧偶 Widowed	男 Male	女 Female
合 计	**Total**	**1.1**	**1.0**	**1.1**	**1.0**	**1.4**	**0.7**	**5.9**	**4.1**	**7.6**
15-19岁	15-19 Age									
20-24岁	20-24 Age	0.1	0.1	0.2	0.2	0.3	0.1			
25-29岁	25-29 Age	0.4	0.4	0.5	0.9	1.2	0.6	0.1	0.1	0.1
30-34岁	30-34 Age	0.8	0.8	0.9	1.6	2.2	1.0	0.2	0.2	0.3
35-39岁	35-39 Age	1.3	1.2	1.4	2.0	2.6	1.3	0.5	0.4	0.6
40-44岁	40-44 Age	1.5	1.4	1.7	1.7	2.2	1.2	0.9	0.7	1.1
45-49岁	45-49 Age	1.6	1.5	1.7	1.5	2.0	1.0	2.0	1.5	2.4
50-54岁	50-54 Age	1.6	1.5	1.7	1.3	1.7	1.0	3.4	2.5	4.2
55-59岁	55-59 Age	1.6	1.4	1.7	1.0	1.3	0.7	6.5	5.2	7.8
60-64岁	60-64 Age	1.5	1.4	1.6	0.8	1.1	0.5	10.4	7.8	12.9
65岁及以上	Above 65 Age	1.1	1.2	1.0	0.5	0.7	0.4	31.1	21.2	40.1

4-11 育龄妇女分年龄、孩次的生育状况(2014年)

Age-specific Fertility Rate of Childbearing Women by Age of Mother and Birth Order (2014)

本表数据为2014年人口与城镇化抽样调查汇总样本数据。抽样比为2.1%。

Data in this table are the sumed data obtained from the Provincial Sample Survey of Population and Urbanization in 2014.The Sampling fraction is 2.1%.

年龄	平均育龄妇女人数（人）Average Number of Childbearing Women(person)	出生人数（人）Births (person)	一孩 1st Birth	二孩 2ed Birth	三孩及以上 3rd Birth and Above	生育率（‰）Fertility Rate (‰)	一孩 1st Birth	二孩 2ed Birth	三孩及以上 3rd Birth and Above
总计 Total	**479963**	**17170**	**9984**	**6284**	**902**	**35.77**	**20.80**	**13.09**	**1.88**
15-19	**50319**	**295**	**269**	**26**		**5.86**	**5.35**	**0.52**	
15	10962	9	8	1		0.82	0.73	0.09	
16	10638	21	16	5		1.97	1.50	0.47	
17	9983	40	35	5		4.01	3.51	0.50	
18	9588	76	71	5		7.93	7.41	0.52	
19	9148	149	139	10		16.29	15.19	1.09	
20-24	**71756**	**5011**	**3981**	**988**	**42**	**69.83**	**55.48**	**13.77**	**0.59**
20	9817	260	236	23	1	26.48	24.04	2.34	0.10
21	11792	577	502	71	4	48.93	42.57	6.02	0.34
22	12890	910	757	143	10	70.60	58.73	11.09	0.78
23	16638	1248	1010	229	9	75.01	60.70	13.76	0.54
24	20619	2016	1476	522	18	97.77	71.58	25.32	0.87
25-29	**73688**	**7281**	**4360**	**2699**	**222**	**98.81**	**59.17**	**36.63**	**3.01**
25	18331	1909	1316	565	28	104.14	71.79	30.82	1.53
26	17268	1696	1088	563	45	98.22	63.01	32.60	2.61
27	15125	1598	926	626	46	105.65	61.22	41.39	3.04
28	12162	1216	627	536	53	99.98	51.55	44.07	4.36
29	10802	862	403	409	50	79.80	37.31	37.86	4.63
30-34	**57448**	**2771**	**965**	**1531**	**275**	**48.23**	**16.80**	**26.65**	**4.79**
30	10675	700	286	366	48	65.57	26.79	34.29	4.50
31	11906	634	243	345	46	53.25	20.41	28.98	3.86
32	11787	597	183	342	72	50.65	15.53	29.02	6.11
33	11129	433	129	250	54	38.91	11.59	22.46	4.85
34	11951	407	124	228	55	34.06	10.38	19.08	4.60
35-39	**58326**	**1124**	**251**	**673**	**200**	**19.27**	**4.30**	**11.54**	**3.43**
35	11480	331	88	198	45	28.83	7.67	17.25	3.92
36	10902	287	56	182	49	26.33	5.14	16.69	4.49
37	11219	179	36	106	37	15.96	3.21	9.45	3.30
38	11613	182	35	110	37	15.67	3.01	9.47	3.19
39	13112	145	36	77	32	11.06	2.75	5.87	2.44
40-44	**81552**	**499**	**105**	**277**	**117**	**6.12**	**1.29**	**3.40**	**1.43**
40	14400	126	23	81	22	8.75	1.60	5.63	1.53
41	15926	107	19	68	20	6.72	1.19	4.27	1.26
42	15895	99	18	49	32	6.23	1.13	3.08	2.01
43	17255	86	23	47	16	4.98	1.33	2.72	0.93
44	18076	81	22	32	27	4.48	1.22	1.77	1.49
45-49	**86874**	**180**	**46**	**89**	**45**	**2.07**	**0.53**	**1.02**	**0.52**
45	19395	51	6	32	13	2.63	0.31	1.65	0.67
46	16988	53	13	23	17	3.12	0.77	1.35	1.00
47	16638	32	13	13	6	1.92	0.78	0.78	0.36
48	17552	28	7	13	8	1.60	0.40	0.74	0.46
49	16301	16	7	8	1	0.98	0.43	0.49	0.06

4-12 六次人口普查主要指标

Main Indicators on National Population Censuses in 1953,1964,1982,1990, 2000and 2010

单位：万人 (10 000 persons)

项目	Item	1953	1964	1982	1990	2000	2010
全省总人口	**Total Population**	**4378.50**	**5032.60**	**7442.30**	**8553.40**	**9255.80**	**9402.99**
按性别分的人口	**Population By Sex**						
男　性	Male	2231.50	2549.10	3795.00	4380.30	4775.30	4749.30
女　性	Female	2147.00	2483.50	3647.30	4173.10	4480.50	4653.70
按年龄分的人口	**Population By Age**						
0岁-6岁	Age 0-6	913.90	920.30	1026.60	1268.50	765.10	981.30
7岁-12岁	Age 7-12	510.90	846.40	1165.10	943.10	1211.20	759.90
育龄妇女(15-49岁)	Women at Childbearing Age (Age 15-49)	1017.00	1108.70	1780.60	2278.60	2495.70	2623.20
劳动年龄人口	Population within Working Age						
(男16-59 女16-54)	(Male Age 16-59 and Female Age 16-54)	2289.70	2482.00	3927.40	4985.00	5600.90	5818.90
男60岁女55岁以上人口	Males Aged 60 and Females Aged 55 and Over	457.70	448.50	738.70	898.50	1105.00	1482.50
按民族分的人口	**Population By Nationality**						
汉　族	Han Nationality	4337.90	4980.90	7362.30	8452.50	9143.30	9290.80
各少数民族	Minority Nationality	40.60	51.70	80.00	100.90	112.50	112.20
按城乡分的人口	**Population By Residence**						
城镇总人口	Urban Population	310.60	551.70	1172.50	1302.90	2144.70	3622.00
乡村总人口	Rural Population	4067.90	4480.90	6269.80	7250.50	7111.10	5781.00
按文化程度分的人口	**Population By Educational Level**						
#大学和相当于大学	University		9.30	24.50	72.60	247.50	601.60
高中	Senior Secondary School		44.00	470.10	606.10	928.40	1242.30
初中	Junior Secondary School		208.50	1427.00	2269.80	3646.00	3992.50
小学	Primary School		1229.60	2321.80	2971.90	3072.60	2266.90
文盲和半文盲(12周岁以上)	Illiterate and Semi-literate(Age 12 and Over)		2146.80	2015.00	1395.80	543.20	399.20

注：1.第五次人口普查数据为快速汇总数据，其中文盲和半文盲人口是指15岁及以上。
2.第五次人口普查总人口指根据《第五次人口普查办法》规定的常住人口。
3.第六次人口普查数据为常住人口，其中文盲和半文盲人口是指15岁及以上。

a) Data of the fifth Population Census were fast collected results, Illiterate and Semi-literate were age 15 and over.
b) Total Population of the fifth Population Census refers to Population of resident according with 《Way of the fifth National Population Census》.
c) Data of the sixth Population Census is residents popolation, Illiterate and Semi-literate were age 15 and over.

主要统计指标解释

人口数 指一定时点、一定地区范围内的有生命的个人的总和。

年度统计的年末人口数指每年 12 月 31 日 24 时的人口数。

常住人口 指实际经常居住在某地区一定时间（指半年以上）的人口。按人口普查和抽样调查规定，主要包括：1、在本地居住，户口也在本地的人口；2、户口在外地，但在本地居住半年以上者，或离开户口地半年以上而调查时在本地居住的人口；3、调查时居住在本地，但在任何地方都没有登记常住户口，如手持户口迁移证、出生证、退伍证、劳改劳教释放证等尚未办理常住户口的人，即所谓“口袋户口”的人。

出生率（又称粗出生率） 指在一定时期内（通常为一年）平均每千人所出生的人数的比率，一般用千分率表示。计算公式为：

出生率＝年出生人数／年平均人数×1000‰

式中：出生人数指活产婴儿，即胎儿脱离母体时（不管怀孕月数），有过呼吸或其他生命现象。年平均人数指年初、年底人口数的平均数，也可用年中人口数代替。

死亡率（又称粗死亡率） 指在一定时期内（通常为一年）一定地区的死亡人数与同期平均人数（或期中人数）之比，一般用千分率表示。计算公式为：

死亡率＝年死亡人数／年平均人数×1000‰

人口自然增长率 指在一定时期内（通常为一年）人口自然增加数（出生人数减死亡人数）与该时期内平均人数（或期中人数）之比，一般用千分率表示。计算公式为：

人口自然增长率＝（本年出生人数－本年死亡人数）／年平均人数×1000‰＝人口出生率－人口死亡率

性别比 总人口中男性人数与女性人数之比。通常用每 100 个女性人口相应有多少男性人口表示。其计算公式为：

性别比＝男性人口数/女性人口数×100%

总抚养系数 指被抚养人口（0-14岁和65岁或60岁以上人口）与15-64岁或15-59岁人口的比例。计算公式为:

总抚养系数＝被抚养人口/15-64岁或15-59岁人口×100

老年抚养系数 指老年人口（65岁或60岁以上人口）与15-64岁或15-59岁人口的比例。计算公式为:

老年抚养系数＝老年人口/15-64岁或15-59岁人口×100

少年抚养系数 指少年儿童与 15-64 岁或 15-59 岁人口的比例。计算公式为:

少年抚养系数＝少年儿童人口/15-64 岁或 15-59 岁人口×100（修改）

简要说明

一、主要内容

本篇资料反映从业人员就业情况、城镇登记失业情况，平均工资及指数变化情况等。

二、统计范围

《劳动统计报表制度》的调查范围为法人单位（不包括乡镇企业和个体工商户）；私营企业及个体工商业统计范围为城镇。1998年及以后城镇单位就业人员、平均工资等指标中不再包括离开本单位仍保留劳动关系职工及其生活费。

三、资料来源

就业基本情况及分组、工资总额和平均工资等资料，由河南省统计局人口处根据《劳动统计报表制度》编辑整理。城镇私营企业及个体工商业就业人员，由河南省工商行政管理局提供。城镇登记失业人数，由河南省人力资源和社会保障厅提供。

四、调查方法

劳动统计报表采用全面调查方法，由各级统计部门逐级上报。培训、就业统计及私营企业和个体工商业统计利用行政登记资料加工整理。

Brief Introduction

I. Main Contents

Data in this chapter include employment situation, the registered urban unemployment situation, average wages and index change situation, etc.

II. Scope of Statistics

Statistics Scope of "Labor statistics system" is investigation units (not including township enterprises and individual); Statistics Scope of private enterprises and individual industrial refers town. Data on employment personnel, total wages, average wage of town unit no-include leaving this unit but still keep working relationship worker and the cost of living since 1998.

III. Sources of Data

Data on employment, Earnings and wages of staff and workers is used in the labor statistics, are compiled by the Department of population and employment of the Henan provincial Bureau of Statistics. Data on the number of employed persons in private enterprises and self-employed individuals are provided by the Henan provincial Bureau of Industry and Commerce. Data on the number of registered unemployed persons in urban areas are collected provided by the Henan provincial Bureau of Human Resources and Social Security.

IV. Sampling Methodology

Labor statistics using comprehensive investigation method, statistical departments at various levels shall report to higher level. Training, employment statistics, private enterprises, individual industrial and commercial statistics are collected through administrative registration data.

5-1 历年分城乡的从业人员数

Number of Employed Persons at the Year-end by Residence Over the years

单位：万人 (10 000 persons)

年份 Year	合计 Total	城镇 Urban Area	#国有经济 Stateowned Units	#集体经济 Collective-owned Units	#有限责任公司 Limited Liability Corporations Units	#港澳台投资经济 Economic Units Funded by Entrepreneurs from Hong Kong, Macao and Taiwan	#外商投资经济 Foreign Funded Economic Units	#私营经济 Urban Private Economic Units	#城镇个体 Urban Self-Employed Individuals	乡村 Rural Area
1978	2807	423	346	74						2384
1979	2873	444	363	78						2429
1980	2929	469	379	83						2460
1981	3039	508	407	90						2531
1982	3146	516	407	95						2630
1983	3289	542	425	99						2747
1984	3346	574	419	129						2772
1985	3520	627	454	139						2893
1986	3598	649	469	149						2949
1987	3782	686	488	156						3096
1988	3916	704	508	161						3212
1989	3943	717	512	168						3226
1990	4086	727	521	171						3359
1991	4216	774	544	177						3442
1992	4332	811	571	172						3521
1993	4400	865	599	162						3535
1994	4448	890	604	158						3558
1995	4509	931	617	162						3578
1996	4638	981	640	161						3657
1997	4820	1002	603	177						3818
1998	5000	933	485	149				26	135	4067
1999	5205	894	475	146	66	9	6	27	124	4311
2000	5572	860	464	143	69	10	6	28	97	4712
2001	5517	829	448	134	69	8	5	28	82	4688
2002	5522	831	417	123	99	8	5	35	86	4691
2003	5536	841	399	117	121	8	6	41	98	4695
2004	5587	869	409	96	121	8	7	57	117	4718
2005	5662	910	405	91	132	7	8	73	137	4752
2006	5719	942	402	86	147	8	10	88	143	4777
2007	5773	958	397	83	154	10	11	89	151	4815
2008	5835	976	391	68	160	10	10	106	156	4859
2009	5949	1067	381	49	192	10	11	161	172	4882
2010	6042	1127	389	50	192	11	12	177	198	4915
2011	6198	1287	400	52	238	28	16	196	252	4911
2012	6288	1383	409	51	287	19	17	208	294	4905
2013	6387	1535	370	46	435	53	20	169	291	4851
2014	6520	1713	368	43	450	55	18	225	380	4807

5-2 按城乡分的从业人员数(2014年底)

单位：万人

项　　目	Item	合　计 Total
从业人员总计	**Total Number of Employed persons**	**6520.03**
按国民经济行业分	**Grouped by Sector**	
农、林、牧、渔业	Farming, Forestry,animal Husbandry and Fishery	2651.74
采矿业	Mining	57.25
制造业	Manufacturing	1211.15
电力、燃气及水的生产和供应业	Production and distribution of electricity,gas and water	26.06
建筑业	Construction	701.11
批发和零售业	Wholesale and retail trade	639.70
交通运输、仓储和邮政业	Traffic,transport, storage and post	234.71
住宿和餐饮业	Accommodation and Restaurants	189.51
信息传输、软件和信息技术服务业	Information transfer, software and Information technology services	39.62
金融业	Finance	25.44
房地产业	Real estate	31.23
租赁和商务服务业	Tenancy and business services	41.90
科学研究和技术服务业	Scientific research and technical service	23.66
水利、环境和公共设施管理业	Management of water conservancy,environment and public establishment	13.99
居民服务、修理和其他服务业	Resident services,Repairing and other services	340.83
教育	Education	119.60
卫生和社会工作	Sanitation and social work	50.90
文化、体育和娱乐业	Culture, sports and entertainment	11.06
公共管理、社会保障和社会组织	Public management,social security and social organization	110.56
按三次产业分	**By Type of Industry**	
第一产业	Primary Industry	2651.74
第二产业	Secondary Industry	1995.57
第三产业	Teriary Industry	1872.72

Number of Employed Persons at the Year-end in Urban and Rural Areas (End of 2014)

(10 000 persons)

城　镇 Urban Area	国有经济 State-owned Units	集体经济 Collective-owned Units	其他经济 Collective-owned Units	私营经济 Urban Private Economic Units	城镇个体 Urban Self-Employed Individuals	乡 村 Rural Area
1713.21	**367.92**	**43.35**	**697.62**	**224.56**	**379.76**	**4806.82**
30.91	3.58	0.40	1.11	13.28	12.54	2620.83
57.25	4.97	2.03	49.33	0.60	0.31	
408.68	6.64	7.48	322.99	47.39	24.19	802.47
26.06	13.82	0.36	11.35	0.46	0.07	
206.81	7.36	9.76	172.50	15.54	1.66	494.30
376.15	10.77	6.02	36.47	78.22	244.67	263.56
52.03	22.88	1.82	19.78	4.78	2.76	182.68
58.84	2.27	0.61	8.37	4.10	43.49	130.68
15.36	1.98	0.16	7.58	5.08	0.56	24.26
25.44	6.74	3.20	14.04	1.45	0.00	
31.23	1.19	0.38	16.83	12.72	0.11	
41.90	4.27	1.12	9.67	24.07	2.76	
23.66	9.35	0.37	6.66	5.98	1.29	
13.99	10.82	0.21	2.17	0.77	0.02	
52.77	0.60	0.23	1.55	7.53	42.85	288.06
119.60	103.25	6.28	9.52	0.35	0.20	
50.90	42.77	2.39	4.86	0.45	0.43	
11.06	6.11	0.20	1.16	1.76	1.82	
110.56	108.55	0.34	1.67	0.01	0.00	
30.91	3.58	0.40	1.11	13.28	12.54	2620.83
698.81	32.78	19.63	556.17	63.99	26.24	1296.77
983.49	331.56	23.32	140.34	147.29	340.98	889.23

5-3 各市分城乡的从业人员数(2014年底)

单位：万人

市(县) City(County)	合计 Total	城镇 Urban Area	#国有经济 State-owned Units	集体经济 Collective-owned Units	股份合作经济 Cooperative Units	联营经济 Joint Ownership Units
全省 Total	**6520.03**	**1713.21**	**367.92**	**43.35**	**6.58**	**1.11**
省辖市 City						
郑州市 Zhengzhou	539.54	303.76	45.92	3.39	1.49	0.09
开封市 Kaifeng	321.54	71.84	14.02	3.14	0.60	0.08
洛阳市 Luoyang	435.82	143.98	28.41	2.65	0.25	0.03
平顶山市 Pingdingshan	314.90	74.43	18.84	2.24	0.23	0.01
安阳市 Anyang	358.43	85.09	15.94	2.01	0.46	0.01
鹤壁市 Hebi	96.65	35.95	5.12	0.72	0.15	0.02
新乡市 Xinxiang	350.07	105.93	19.44	4.38	0.44	0.04
焦作市 Jiaozuo	232.96	74.03	14.66	0.75	0.12	0.06
濮阳市 Puyang	262.95	73.16	12.87	0.81	0.26	0.11
许昌市 Xuchang	303.86	102.61	12.57	1.87	0.20	0.02
漯河市 Luohe	171.69	41.51	9.39	1.16	0.00	0.00
三门峡市 Sanmenxia	138.61	44.59	10.52	2.23	0.02	0.16
南阳市 Nanyang	701.79	146.79	38.69	4.68	0.63	0.18
商丘市 Shangqiu	533.68	97.23	24.59	1.86	0.72	0.08
信阳市 Xinyang	511.28	103.25	28.47	3.99	0.38	0.06
周口市 Zhoukou	692.98	150.09	27.14	3.42	0.22	0.07
驻马店市 Zhumadian	581.61	104.56	24.09	3.11	0.35	0.07
济源市 Jiyuan	47.89	21.10	2.75	0.07	0.06	
省直管县 Province Administrating County						
巩义市 Gongyi	48.20	14.69	1.58	0.75	0.18	0.02
兰考县 Lankao	56.41	10.05	0.89	0.18	0.03	0.00
汝州市 Ruzhou	62.52	10.45	3.32	0.37		0.00
滑县 Huaxian	76.45	10.60	2.35	0.91	0.08	
长垣县 Changyuan	53.50	21.43	1.86	0.56	0.06	
邓州市 Dengzhou	96.12	10.87	4.35	0.27	0.04	
永城市 Yongcheng	103.13	22.01	3.51	0.07	0.06	0.00
固始县 Gushi	102.25	16.42	4.03	0.33	0.10	0.01
鹿邑县 Luyi	76.23	9.61	2.60	0.13	0.01	0.01
新蔡县 Xincai	72.73	6.45	1.68	0.18	0.03	0.02

Number of Employed Persons at the Year-end by Residence and City (End of 2014)

(10 000 persons)

有限责任公司 Limited Liability Corporations Units	股份有限公司 Share Holding Corporations Units	港澳台投资经济 Economic Units Funded by Entrepreneurs from Hong Kong, Macao and Taiwan	外商投资经济 Foreign Funded Economic Units	私营经济 Urban Private Economic Units	城镇个体 Urban Self Employed Individuals	乡 村 Rural Area
449.51	**122.00**	**56.10**	**19.81**	**224.56**	**379.76**	**4806.82**
82.27	16.00	32.82	4.73	46.27	60.11	235.78
20.13	5.95	0.50	0.49	12.40	13.02	249.70
28.13	6.36	2.91	1.24	33.46	37.83	291.83
17.72	14.31	1.41	0.42	3.74	13.44	240.47
33.23	3.11	0.37	0.38	6.61	19.59	273.34
15.11	1.05	0.89	0.14	6.99	5.41	60.70
33.81	8.20	1.06	2.73	14.55	18.99	244.14
22.84	7.22	1.06	1.84	20.59	13.59	149.41
18.33	6.80	0.80	0.32	11.84	20.41	189.79
20.33	6.05	0.44	1.83	32.59	24.54	201.25
12.76	1.58	3.85	1.50	3.14	7.42	130.17
5.14	7.70	0.35	0.16	5.05	11.00	94.02
33.16	8.80	1.92	0.72	10.49	42.39	555.00
22.22	5.76	1.94	0.24	12.00	22.76	436.45
20.92	5.22	0.68	0.39	8.16	32.94	408.03
23.39	10.42	1.13	1.40	29.93	51.23	542.89
27.30	6.70	0.54	1.24	18.77	19.30	477.05
5.90	0.79	3.43	0.06	2.26	5.01	26.80
3.55	1.25	0.00	0.09	3.24	3.50	33.52
2.13	0.23	0.03	0.13	3.87	1.89	46.35
1.13	0.75	0.08		2.50	2.08	52.07
2.76	0.27	0.17		0.39	3.59	65.85
11.93	0.66	0.03	0.03	2.97	3.19	32.07
2.14	0.55		0.11	0.26	2.95	85.24
3.83	0.35			4.29	7.57	81.11
3.56	0.31		0.07	3.48	4.49	85.82
2.73	0.59			0.26	3.15	66.62
1.41	0.35			1.10	1.49	66.28

5-4 历年分三次产业的从业人员数

Number of Employed Persons at the Year-end by Three Industries

年 份 Year	从业人员(万人) Number of Employed Persons (10 000 persons)	第一产业 Primary Industry	第二产业 Secondary Industry	第三产业 Tretiary Industry	从业人员构成(以从业人员为100) Composition in Percentage (Total=100) 第一产业 Primary Industry	第二产业 Secondary Industry	第三产业 Tretiary Industry
1952	1683	1511	74	98	89.8	4.4	5.8
1957	1829	1577	111	141	86.2	6.1	7.7
1962	2021	1698	82	241	84.0	4.1	11.9
1965	2172	1796	91	285	82.7	4.2	13.1
1970	2481	2037	150	294	82.1	6.0	11.9
1975	2689	2279	230	180	84.8	8.6	6.7
1978	2807	2262	296	249	80.6	10.5	8.9
1979	2873	2366	290	217	82.4	10.1	7.6
1980	2929	2378	304	247	81.2	10.4	8.4
1981	3039	2470	310	259	81.3	10.2	8.5
1982	3146	2530	315	301	80.4	10.0	9.6
1983	3289	2598	341	350	79.0	10.4	10.6
1984	3346	2578	376	392	77.0	11.2	11.7
1985	3520	2571	523	426	73.0	14.9	12.1
1986	3598	2574	568	456	71.5	15.8	12.7
1987	3782	2596	616	570	68.6	16.3	15.1
1988	3916	2648	659	609	67.6	16.8	15.6
1989	3943	2719	659	565	69.0	16.7	14.3
1990	4086	2833	671	582	69.3	16.4	14.2
1991	4216	2921	689	606	69.3	16.3	14.4
1992	4332	2955	724	653	68.2	16.7	15.1
1993	4400	2910	808	682	66.1	18.4	15.5
1994	4448	2865	864	719	64.4	19.4	16.2
1995	4509	2814	929	766	62.4	20.6	17.0
1996	4638	2822	988	828	60.8	21.3	17.9
1997	4820	2909	1011	900	60.4	21.0	18.7
1998	5000	2947	962	1091	58.9	19.2	21.8
1999	5205	3305	913	987	63.5	17.5	19.0
2000	5572	3564	977	1031	64.0	17.5	18.5
2001	5517	3478	997	1042	63.0	18.1	18.9
2002	5522	3398	1038	1086	61.5	18.8	19.7
2003	5536	3332	1084	1120	60.2	19.6	20.2
2004	5587	3246	1142	1200	58.1	20.4	21.5
2005	5662	3139	1251	1272	55.4	22.1	22.5
2006	5719	3050	1351	1318	53.3	23.6	23.0
2007	5773	2920	1487	1366	50.6	25.8	23.7
2008	5835	2847	1564	1424	48.8	26.8	24.4
2009	5949	2765	1675	1509	46.5	28.2	25.4
2010	6042	2712	1753	1577	44.9	29.0	26.1
2011	6198	2670	1853	1675	43.1	29.9	27.0
2012	6288	2628	1919	1740	41.8	30.5	27.7
2013	6387	2563	2035	1789	40.1	31.9	28.0
2014	6520	2652	1996	1873	40.7	30.6	28.7

5-5 各市分三次产业的从业人员数(2014年底)

Number of Employed Persons at the Year-end by Three Industries and City (End of 2014)

市(县) City(County)	从业人员(万人) Number of Employed Persons (10 000 persons)	第一产业 Primary Industry	第二产业 Secondary Industry	第三产业 Tretiary Industry	从业人员构成(以从业人员为100) Composition in Percentage (Total=100) 第一产业 Primary Industry	第二产业 Secondary Industry	第三产业 Tretiary Industry
全省 Total	**6520.03**	**2651.74**	**1995.57**	**1872.72**	**40.7**	**30.6**	**28.7**
省辖市 City							
郑州市 Zhengzhou	539.54	105.64	203.25	230.64	19.6	37.7	42.7
开封市 Kaifeng	321.54	135.64	105.45	80.45	42.2	32.8	25.0
洛阳市 Luoyang	435.82	157.59	134.99	143.23	36.2	31.0	32.9
平顶山市 Pingdingshan	314.90	146.70	89.65	78.54	46.6	28.5	24.9
安阳市 Anyang	358.43	155.81	119.12	83.50	43.5	33.2	23.3
鹤壁市 Hebi	96.65	27.94	38.12	30.60	28.9	39.4	31.7
新乡市 Xinxiang	350.07	111.02	144.89	94.16	31.7	41.4	26.9
焦作市 Jiaozuo	232.96	75.94	88.59	68.43	33.8	38.0	28.2
濮阳市 Puyang	262.95	114.06	85.41	63.48	43.4	32.5	24.1
许昌市 Xuchang	303.86	121.19	97.90	84.77	39.9	32.2	27.9
漯河市 Luohe	171.69	76.96	56.60	38.12	44.8	33.0	22.2
三门峡市 Sanmenxia	138.61	61.58	21.75	55.28	44.4	15.7	39.9
南阳市 Nanyang	701.79	326.99	190.80	184.00	46.6	27.2	26.2
商丘市 Shangqiu	533.68	227.03	174.10	132.55	42.5	32.6	24.8
信阳市 Xinyang	511.28	219.12	126.84	165.32	42.9	24.8	32.3
周口市 Zhoukou	692.98	306.72	204.84	181.41	44.3	29.6	26.2
驻马店市 Zhumadian	581.61	245.69	180.81	155.11	42.2	31.1	26.7
济源市 Jiyuan	47.89	13.94	17.90	16.05	29.1	37.4	33.5
省直管县 Province Administrating County							
巩义市 Gongyi	48.20	10.51	24.03	13.65	21.8	49.9	28.3
兰考县 Lankao	56.41	19.00	10.58	26.82	33.7	18.8	47.6
汝州市 Ruzhou	62.52	30.33	17.36	14.83	48.5	27.8	23.7
滑县 Huaxian	76.45	56.77	9.14	10.54	74.3	12.0	13.8
长垣县 Changyuan	53.50	7.44	32.30	13.76	13.9	60.4	25.7
邓州市 Dengzhou	96.12	53.18	23.48	19.45	55.3	24.4	20.2
永城市 Yongcheng	103.13	26.84	52.68	23.61	26.0	51.1	22.9
固始县 Gushi	102.25	38.38	30.25	33.62	37.5	29.6	32.9
鹿邑县 Luyi	76.23	18.78	33.98	23.47	24.6	44.6	30.8
新蔡县 Xincai	72.73	21.78	27.54	23.41	29.9	37.9	32.2

5-6 历年分行业从业人员数

单位：万人

年 份 Year	合 计 Total	农 林 牧渔业 Farming, Forestry, Animal Husbandry and Fishery	采矿业 Mining	制造业 Manufacturing	电力、燃气及水的生产和供应业 Production and Supply of Electricity,Gas and Water	建筑业 Construction	批发和零售业 Wholesale and retail trade	交通运输仓储及邮政业 Traffic, transport, storage and post	住宿和餐饮业 Accommodation and Restaurants	信息传输、软件和信息技术服务业 Information transfer, software and Information technology services
2003	5535.67	3331.86	49.44	614.84	23.14	396.13	318.00	166.37	44.47	6.63
2004	5587.44	3245.66	49.27	652.80	22.90	417.15	315.33	180.37	106.05	17.98
2005	5662.44	3138.83	49.96	732.53	22.66	446.55	343.71	187.29	123.50	17.14
2006	5718.70	3050.00	50.20	800.40	22.20	477.80	362.30	188.90	129.10	20.70
2007	5772.72	2920.29	51.33	884.14	21.61	529.90	378.70	198.65	139.50	24.25
2008	5835.45	2847.31	51.27	933.43	20.99	558.23	406.10	204.46	147.07	25.63
2009	5948.78	2764.86	55.49	1006.00	21.23	592.00	443.94	207.70	157.12	31.34
2010	6041.56	2711.72	54.43	1053.52	21.66	623.76	481.71	213.14	165.97	34.25
2011	6197.85	2670.45	65.17	1109.32	22.01	656.00	535.44	217.80	176.52	35.74
2012	6287.50	2628.01	64.48	1155.66	23.20	675.97	565.80	222.77	186.60	35.73
2013	6386.57	2562.60	63.40	1222.81	24.98	723.88	575.91	242.80	184.76	38.58
2014	6520.03	2651.74	57.25	1211.15	26.06	701.11	639.70	234.71	189.51	39.62

Number of Employed Persons by Sector Over the years

(10 000 persons)

金融业 Finance	房地产业 Real estate	租赁和商务服务业 Tenancy and business services	科学研究和技术服务业 Scientific research, and technical service	水利、环境和公共设施管理业 Management of water conservancy, environment and public establishment	居民服务、修理和其他服务业 Resident services Repairing and other services	教育 Education	卫生和社会工作 Sanitation, and social work	文化、体育和娱乐业 Culture, sports and entertainment	公共管理、社会保障和社会组织 Public management social security and social organization
21.11	4.56	8.34	10.73	10.37	294.74	103.84	31.80	7.00	92.30
21.19	6.04	11.21	11.09	10.45	278.48	104.75	33.27	7.70	95.75
20.92	7.68	13.98	11.09	10.58	291.37	107.22	33.43	6.92	97.08
20.70	8.80	15.30	11.40	11.30	301.90	109.60	34.40	8.20	95.50
22.32	9.82	16.29	11.56	11.70	300.75	111.60	35.51	8.22	96.58
21.58	10.87	20.08	13.07	11.78	310.18	109.81	36.50	8.28	98.81
22.48	15.06	26.85	13.88	11.98	314.83	112.58	39.21	8.43	103.80
23.47	17.18	29.04	14.92	12.82	314.08	114.27	41.27	8.62	105.72
25.15	21.98	32.15	16.30	13.53	323.86	117.59	43.75	8.99	106.11
24.75	24.43	33.06	18.65	13.90	330.46	119.17	46.66	9.79	108.40
25.35	26.02	31.05	20.00	13.00	345.34	117.30	49.07	11.27	108.48
25.44	31.23	41.90	23.66	13.99	340.83	119.60	50.90	11.06	110.56

5-7 各市分行业从业人员数(2014年底)

单位：万人

市(县) City(County)	合计 Total	农林牧渔业 Farming, Forestry, Animal Husbandry and Fishery	采矿业 Mining	制造业 Manufacturing	电力、燃气及水的生产和供应业 Production and Supply of Electricity,Gas and Water	建筑业 Construction	批发和零售业 Wholesale and retail trade	交通运输仓储及邮政业 Traffic, transport, storage and post	住宿和餐饮业 Accommodation and Restaurants	信息传输、软件和信息技术服务业 Information transfer, software and Information technology services
全 省 Total	**6520.03**	**2651.74**	**57.25**	**1211.15**	**26.06**	**701.11**	**639.70**	**234.71**	**189.51**	**39.62**
省辖市 City										
郑州市 Zhengzhou	539.54	105.64	6.90	135.08	3.49	57.79	80.82	22.01	21.46	6.52
开封市 Kaifeng	321.54	135.64	0.00	65.48	0.90	39.07	26.74	11.06	8.51	1.68
洛阳市 Luoyang	435.82	157.59	2.65	88.84	1.64	41.86	20.74	16.87	43.49	7.13
平顶山市 Pingdingshan	314.90	146.70	13.29	51.76	3.11	21.48	15.37	20.57	6.82	1.48
安阳市 Anyang	358.43	155.81	1.05	53.06	0.91	64.11	28.51	10.75	9.04	2.83
鹤壁市 Hebi	96.65	27.94	4.20	21.92	0.37	11.63	9.31	4.00	3.17	0.22
新乡市 Xinxiang	350.07	111.02	0.39	80.04	1.24	63.22	29.55	11.82	10.60	2.13
焦作市 Jiaozuo	232.96	75.94	4.34	67.49	1.05	15.70	22.94	11.29	6.35	1.91
濮阳市 Puyang	262.95	114.06	5.59	47.63	2.56	29.62	23.62	7.56	6.39	0.42
许昌市 Xuchang	303.86	121.19	2.10	75.50	0.90	19.41	34.75	8.00	8.27	1.83
漯河市 Luohe	171.69	76.96	0.00	39.34	0.36	16.89	11.55	5.54	3.61	0.88
三门峡市 Sanmenxia	138.61	61.58	19.10	5.22	0.77	7.48	16.25	5.55	4.29	0.83
南阳市 Nanyang	701.79	326.99	3.24	127.65	1.87	58.04	69.91	20.44	18.71	3.43
商丘市 Shangqiu	533.68	227.03	4.51	104.90	0.87	63.82	68.45	15.81	13.81	4.32
信阳市 Xinyang	511.28	219.12	2.60	45.88	2.93	75.43	43.97	30.71	26.58	9.51
周口市 Zhoukou	692.98	306.72	0.01	125.57	1.17	78.09	64.17	4.85	30.65	12.32
驻马店市 Zhumadian	581.61	245.69	0.12	97.14	1.26	82.29	48.59	13.39	28.01	11.89
济源市 Jiyuan	47.89	13.94	0.73	13.22	0.18	3.77	5.54	2.42	1.67	0.20
省直管县 Province Administrating County										
巩义市 Gongyi	48.20	10.51	0.83	20.16	0.14	2.91	4.70	2.26	1.91	0.23
兰考县 Lankao	56.41	19.00		3.63	0.12	6.83	4.03	2.30	1.23	0.19
汝州市 Ruzhou	62.52	30.33	1.53	12.25	0.09	3.50	5.02	2.15	1.22	0.27
滑县 Huaxian	76.45	56.77	0.06	3.93	0.10	5.05	4.15	0.86	1.13	0.43
长垣县 Changyuan	53.50	7.44	0.00	14.13	0.08	18.08	4.68	1.05	1.97	0.29
邓州市 Dengzhou	96.12	53.18	0.00	17.03	0.17	6.29	7.51	2.12	2.48	0.55
永城市 Yongcheng	103.13	26.84	4.51	34.96	0.13	13.08	9.26	2.07	3.44	0.46
固始县 Gushi	102.25	38.38	0.07	19.60	0.22	10.36	13.63	8.07	6.08	0.81
鹿邑县 Luyi	76.23	18.78		22.35	0.05	11.57	8.76	4.47	0.35	0.11
新蔡县 Xincai	72.73	21.78		17.31	0.11	10.13	6.03	0.90	4.49	2.80

Number of Employed Persons at Year-end by Sector and City (End of 2014)

(10 000 persons)

金融业 Finance	房地产业 Real estate	租赁和商务服务业 Tenancy and business services	科学研究和技术服务业 Scientific research, and technical service	水利、环境和公共设施管理业 Management of water conservancy, environment and public establishment	居民服务、修理和其他服务业 Resident services Repairing and other services	教育 Education	卫生和社会工作 Sanitation, and social work	文化、体育和娱乐业 Culture, sports and entertainment	公共管理、社会保障和社会组织 Public management social security and social organization
25.44	**31.23**	**41.90**	**23.66**	**13.99**	**340.83**	**119.60**	**50.90**	**11.06**	**110.56**
4.98	7.84	14.03	8.22	2.05	22.69	14.89	8.57	3.05	13.51
0.54	1.71	2.11	0.72	0.58	14.19	4.35	2.29	0.57	5.39
2.23	2.68	4.61	4.09	0.96	20.09	7.12	3.85	0.85	8.52
1.67	1.11	1.30	0.84	1.08	14.42	5.17	2.29	0.47	5.96
1.43	0.43	0.68	14.09	5.26	2.46	0.42	5.13		
0.48	0.86	0.88	0.38	0.39	6.41	1.59	0.78	0.17	1.97
1.12	1.71	2.07	1.31	0.76	16.64	6.63	2.84	0.47	6.51
1.69	1.27	1.82	0.75	0.50	7.96	4.31	1.95	0.55	5.12
0.71	0.59	1.52	0.38	0.36	12.28	3.97	1.03	0.36	4.30
0.71	3.27	1.67	0.84	0.73	11.98	5.02	2.26	0.48	4.97
0.59	0.62	0.88	0.21	0.37	5.95	3.19	1.33	0.29	3.12
1.19	0.34	0.71	0.38	0.30	6.90	2.72	1.24	0.30	3.45
2.32	1.53	2.82	1.82	1.71	29.63	15.41	6.05	0.93	9.29
1.14	2.18	1.06	0.58	1.05	2.22	9.61	4.00	0.34	7.98
1.50	1.69	3.73	1.09	1.00	16.61	11.92	8.40	0.76	7.85
1.96	1.80	1.38	0.72	0.54	38.47	10.58	3.26	0.70	10.02
1.18	2.91	1.78	0.90	0.82	24.92	9.19	3.54	0.68	7.31
0.21	0.20	0.23	0.08	0.18	2.90	0.81	0.39	0.13	1.10
0.12	0.19	0.24	0.06	0.12	2.31	0.82	0.36	0.11	0.68
0.05	0.37	0.33	0.19	0.08	16.83	0.43	0.32	0.05	0.43
0.14	0.15	0.39	0.15	0.08	3.10	0.87	0.50	0.09	0.72
0.18	0.08	0.07	0.03	0.00	1.14	1.13	0.46	0.07	0.80
0.09	0.37	0.22	0.44	0.07	2.25	1.11	0.51	0.06	0.66
0.06	0.12	0.10	0.15	0.25	2.95	1.78	0.57	0.05	0.74
0.12	0.22	0.09	0.13	0.32	4.26	1.26	0.59	0.10	1.28
0.16	0.26	0.16	0.23	0.26	0.50	1.88	0.55	0.10	0.93
0.07	0.07	0.15	0.05	0.11	6.92	1.33	0.32	0.01	0.75
0.11	0.13	0.13	0.07	0.05	7.20	0.72	0.29	0.03	0.47

5-8 历年分行业城镇单位从业人员数

单位：万人

年 份 Year	合 计 Total	农 林 牧渔业 Farming, Forestry, Animal Husbandry and Fishery	采矿业 Mining	制造业 Manufac-turing	电力、燃气及水的生产和供应业 Production and Supply of Electri-city,Gas and Water	建筑业 Constru-ction	批发和零售业 Whole-sale and retail trade	交通运输仓储及邮政业 Traffic, transport, storage and post	住宿和餐饮业 Accomm-odation and Restau-rants	信息传输、软件和信息技术服务业 Information transfer, software and Information technology services
2003	701.70	9.63	48.72	159.91	23.14	61.70	58.92	32.94	9.79	5.32
2004	695.89	9.06	48.62	152.07	21.97	64.22	53.24	33.34	9.49	5.12
2005	700.59	9.54	49.24	155.24	21.69	64.79	48.18	32.91	11.00	4.84
2006	711.25	8.80	49.29	159.06	21.93	71.26	46.04	31.51	10.65	5.06
2007	719.18	8.68	50.41	157.11	21.15	77.79	43.11	30.96	10.04	4.58
2008	714.41	7.95	50.33	153.62	20.42	80.64	41.03	29.42	9.07	3.99
2009	734.73	6.97	53.32	154.78	20.67	87.32	38.88	28.78	9.53	5.20
2010	751.68	7.12	52.65	158.82	21.09	93.66	38.19	29.15	9.95	4.87
2011	839.09	7.25	63.67	193.82	21.46	116.06	42.73	30.24	10.53	5.87
2012	881.18	5.83	63.00	218.25	22.50	125.58	42.59	30.89	10.10	6.34
2013	1075.99	5.19	62.57	312.67	24.56	189.48	52.66	43.62	11.82	9.46
2014	1108.89	5.09	56.34	337.10	25.53	189.61	53.26	44.49	11.25	9.72

Number of Employed Persons in Urban Units by Sector over the years

(10 000 persons)

金融业 Finance	房地产业 Real estate	租赁和商务服务业 Tenancy and business services	科学研究和技术服务业 Scientific research, and technical service	水利、环境和公共设施管理业 Management of water conservancy, environment and public establishment	居民服务、修理和其他服务业 Resident services Repairing and other services	教育 Education	卫生和社会工作 Sanitation, and social work	文化、体育和娱乐业 Culture, sports and entertainment	公共管理、社会保障和社会组织 Public management social security and social organization
21.11	4.56	8.34	10.73	10.37	1.56	103.84	31.80	7.00	92.30
21.19	4.59	9.30	11.09	10.45	1.72	104.75	32.97	6.94	95.75
20.92	5.45	10.27	11.09	10.58	1.48	107.22	33.09	5.98	97.08
20.72	5.93	10.36	11.41	11.33	1.71	109.60	34.11	7.03	95.45
22.32	6.94	10.43	11.56	11.70	1.80	111.60	35.24	7.17	96.58
21.49	6.91	12.39	11.95	11.61	1.66	109.78	36.17	7.17	98.81
22.02	8.57	12.05	11.08	11.54	1.77	112.51	38.85	7.10	103.80
22.60	8.97	11.29	11.49	12.22	1.94	114.11	40.85	7.00	105.72
23.81	11.64	11.14	12.25	12.89	1.92	117.40	43.21	7.09	106.11
23.32	13.10	11.29	13.12	13.13	1.60	118.90	46.12	7.12	108.40
24.13	15.76	12.49	14.82	12.44	1.99	116.92	48.44	8.51	108.47
23.98	18.40	15.07	16.39	13.20	2.39	119.05	50.02	7.47	110.55

5-9 各市分行业城镇单位从业人员数(2014年底)

单位：万人

市(县) City(County)	合计 Total	农林牧渔业 Farming, Forestry, Animal Husbandry and Fishery	采矿业 Mining	制造业 Manufacturing	电力、燃气及水的生产和供应业 Production and Supply of Electricity,Gas and Water	建筑业 Construction	批发和零售业 Wholesale and retail trade	交通运输仓储及邮政业 Traffic, transport, storage and post	住宿和餐饮业 Accommodation and Restaurants	信息传输、软件和信息技术服务业 Information transfer, software and Information technology services
省辖市 City										
郑州市 Zhengzhou	197.37	0.30	6.78	69.80	3.46	33.10	9.86	7.18	3.35	2.61
开封市 Kaifeng	46.95	0.23		14.57	0.88	9.62	3.46	1.13	0.70	0.51
洛阳市 Luoyang	72.70	0.14	2.33	23.38	1.52	9.59	3.59	2.17	0.86	0.53
平顶山市 Pingdingshan	57.25	0.07	13.27	12.85	3.11	4.51	2.35	1.29	0.60	0.28
安阳市 Anyang	58.89	0.13	1.04	13.81	0.89	21.68	1.94	1.50	0.41	0.44
鹤壁市 Hebi	23.54	0.04	4.19	9.42	0.36	2.57	0.69	0.33	0.16	0.11
新乡市 Xinxiang	72.39	0.18	0.38	24.05	1.19	21.03	2.32	1.63	0.60	0.50
焦作市 Jiaozuo	49.37	0.11	4.33	19.07	1.03	4.12	1.64	3.52	0.31	0.41
濮阳市 Puyang	40.90	0.05	5.59	9.38	2.41	8.78	1.37	0.64	0.17	0.33
许昌市 Xuchang	45.48	0.08	1.36	19.14	0.79	5.43	1.54	0.72	0.42	0.28
漯河市 Luohe	30.95	0.03	0.00	15.75	0.35	2.91	1.07	0.97	0.11	0.13
三门峡市 Sanmenxia	28.53	0.09	8.20	4.25	0.73	1.93	2.47	0.82	0.23	0.22
南阳市 Nanyang	93.91	1.02	3.15	24.85	1.83	14.37	5.33	2.63	0.95	0.57
商丘市 Shangqiu	62.46	0.36	4.51	14.73	0.84	10.51	3.02	1.92	0.39	0.52
信阳市 Xinyang	62.15	0.51	0.61	13.08	1.26	11.77	4.51	2.16	0.81	0.92
周口市 Zhoukou	68.93	1.19		21.49	1.05	11.18	3.78	1.90	0.23	0.81
驻马店市 Zhumadian	66.49	0.53	0.04	18.17	1.22	14.58	3.67	2.22	0.57	0.49
济源市 Jiyuan	13.83	0.03	0.56	7.50	0.18	1.39	0.48	0.75	0.07	0.05
省直管县 Province Administrating County										
巩义市 Gongyi	7.95	0.01	0.80	3.52	0.13	0.36	0.27	0.30	0.09	0.05
兰考县 Lankao	4.29	0.08		1.49	0.09	0.37	0.36	0.09	0.02	0.03
汝州市 Ruzhou	5.87	0.01	1.48	1.02	0.08	0.17	0.35	0.17	0.03	0.01
滑县 Huaxian	6.62	0.02	0.06	0.81	0.10	1.99	0.61	0.11	0.08	0.08
长垣县 Changyuan	15.27	0.01		3.58	0.08	7.92	0.34	0.11	0.19	0.00
邓州市 Dengzhou	7.67	0.06		1.79	0.16	0.93	0.78	0.13	0.04	0.02
永城市 Yongcheng	10.16		4.51	0.20	0.12	1.17	0.19	0.10	0.12	0.05
固始县 Gushi	8.45	0.04		1.78	0.22	1.24	0.39	0.30	0.07	0.05
鹿邑县 Luyi	6.20	0.09		1.99	0.05	0.62	0.47	0.14	0.03	
新蔡县 Xincai	3.86	0.00		1.13	0.11	0.44	0.17	0.16	0.05	0.01

Number of Employed Persons in Urban Units at Year-end by Sector and City (End of 2014)

(10 000 persons)

金融业 Finance	房地产业 Real estate	租赁和商务服务业 Tenancy and business services	科学研究和技术服务业 Scientific research, and technical service	水利、环境和公共设施管理业 Management of water conservancy, environment and public establishment	居民服务、修理和其他服务业 Resident services Repairing and other services	教育 Education	卫生和社会工作 Sanitation, and social work	文化、体育和娱乐业 Culture, sports and entertainment	公共管理、社会保障和社会组织 Public management social security and social organization
4.65	5.04	4.07	5.65	1.96	0.51	14.84	8.26	2.45	13.51
0.50	0.95	0.73	0.45	0.53	0.23	4.34	2.30	0.40	5.40
2.16	1.44	1.24	2.81	0.88	0.12	7.05	3.80	0.55	8.52
1.63	0.81	0.91	0.63	1.07	0.10	5.16	2.27	0.37	5.96
1.42	0.75	0.72	0.31	0.65	0.08	5.25	2.44	0.30	5.13
0.35	0.29	0.19	0.13	0.33	0.02	1.58	0.75	0.07	1.97
1.07	0.85	0.70	0.94	0.70	0.08	6.56	2.82	0.26	6.51
1.55	0.45	0.38	0.33	0.44	0.17	4.26	1.92	0.22	5.12
0.67	0.40	1.30	0.23	0.35	0.13	3.70	0.94	0.17	4.30
0.60	0.91	0.39	0.53	0.66	0.12	4.99	2.25	0.31	4.97
0.58	0.34	0.42	0.10	0.36	0.01	3.18	1.33	0.18	3.12
1.16	0.18	0.32	0.23	0.27	0.02	2.71	1.23	0.19	3.26
2.23	0.93	1.39	1.59	1.63	0.25	15.38	5.92	0.60	9.29
1.07	1.26	0.20	0.33	1.00	0.06	9.56	3.99	0.20	7.98
1.31	1.31	0.90	0.95	0.99	0.10	10.02	2.83	0.42	7.69
1.85	0.85	0.26	0.39	0.47	0.09	10.51	3.20	0.27	9.40
1.04	1.49	0.70	0.66	0.75	0.20	9.09	3.36	0.43	7.31
0.15	0.13	0.02	0.04	0.15	0.02	0.79	0.37	0.06	1.10
0.11	0.12	0.08	0.03	0.12	0.03	0.82	0.36	0.06	0.68
0.04	0.14	0.09	0.12	0.06	0.11	0.42	0.32	0.02	0.43
0.13	0.01	0.10	0.12	0.06	0.00	0.86	0.50	0.05	0.72
0.18	0.07	0.03	0.01	0.00	0.01	1.13	0.46	0.06	0.80
0.08	0.17	0.05	0.36	0.07	0.00	1.10	0.50	0.03	0.66
0.06	0.10	0.05	0.15	0.25	0.02	1.78	0.57	0.04	0.74
0.11	0.06	0.01	0.06	0.31	0.02	1.22	0.58	0.03	1.28
0.16	0.24	0.08	0.23	0.24	0.02	1.83	0.53	0.10	0.93
0.07	0.06	0.12	0.03	0.11	0.00	1.33	0.32	0.01	0.75
0.10	0.05	0.04	0.05	0.03	0.02	0.72	0.28	0.02	0.47

5-10 历年城镇单位从业人员数

Number of Employed Persons in Urban Units at Year-end

单位：万人 (10 000 persons)

年份 Year	合计 Total	在岗职工 Staff and Workers	其他从业人员 Others	国有单位 State-owned Units	城镇集体单位 Urban Collective-owned Units	其他单位 Other Units	第一产业 Primary Industry	第二产业 Secondary Industry	第三产业 Tretiary Industry
1978	420			346	74				
1979	441			363	78				
1980	462			379	83				
1981	497			407	90				
1982	502			407	95				
1983	524			425	99				
1984	548			419	129				
1985	593			454	139				
1986	618			469	149				
1987	645			488	156	1			
1988	670			508	161	1			
1989	681			512	168	1			
1990	693			521	171	1			
1991	722			544	177	1			
1992	746			571	172	3			
1993	771			599	162	10			
1994	788			604	158	26			
1995	815			617	162	36			
1996	842			640	161	41			
1997	841			603	177	61			
1998	772	748	24	495	162	115	5	361	406
1999	742	723	19	475	146	121	5	335	402
2000	734	718	16	464	143	127	5	321	408
2001	719	704	15	457	138	124	5	308	406
2002	710	694	16	427	127	156	5	278	428
2003	702	683	19	399	117	187	10	293	399
2004	696	677	19	409	96	191	9	287	400
2005	701	681	20	405	91	205	10	291	400
2006	711	692	19	402	86	224	9	302	401
2007	719	699	20	397	83	240	9	306	404
2008	714	692	22	391	68	255	8	305	401
2009	735	708	27	381	49	305	8	316	412
2010	752	723	28	389	50	312	7	326	418
2011	839	809	30	400	52	387	30	395	414
2012	881	850	32	409	51	421	6	429	446
2013	1076	1023	53	370	46	660	5	589	482
2014	1109	1058	51	368	43	698	5	609	495

5-11 各市城镇单位从业人员数(2014年底)

Number of Employed Persons in Urban Units by City (End of 2014)

单位：万人 (10 000 persons)

市(县) City(County)	合计 Total	在岗职工 Staff and Workers	#劳务派遣 Labor Dispatching	其他从业人员 Others	国有单位 State-owned Units	城镇集体单位 Urban Collective-owned Units	其他单位 Other Units	第一产业 Primary Industry	第二产业 Secondary Industry	第三产业 Tertiary Industry
全　　省 Total	**1108.89**	**1057.55**	**53.57**	**51.35**	**367.92**	**43.35**	**697.62**	**5.09**	**608.58**	**495.22**
省辖市 City										
郑州市 Zhengzhou	197.37	189.40	14.43	7.98	45.92	3.39	148.06	0.30	113.13	83.95
开封市 Kaifeng	46.95	44.31	3.94	2.64	14.02	3.14	29.79	0.23	25.08	21.64
洛阳市 Luoyang	72.70	68.76	5.63	3.93	28.41	2.65	41.64	0.14	36.83	35.72
平顶山市 Pingdingshan	57.25	55.47	3.80	1.78	18.84	2.24	36.17	0.07	33.73	23.44
安阳市 Anyang	58.89	54.41	2.20	4.49	15.94	2.01	40.95	0.13	37.42	21.34
鹤壁市 Hebi	23.54	22.76	0.77	0.79	5.12	0.72	17.70	0.04	16.53	6.97
新乡市 Xinxiang	72.39	68.17	3.70	4.22	19.44	4.38	48.58	0.18	46.66	25.55
焦作市 Jiaozuo	49.37	47.39	3.18	1.98	14.66	0.75	33.97	0.11	28.55	20.72
濮阳市 Puyang	40.90	38.44	3.27	2.46	12.87	0.81	27.22	0.05	26.15	14.70
许昌市 Xuchang	45.48	44.34	0.80	1.14	12.57	1.87	31.04	0.08	26.72	18.68
漯河市 Luohe	30.95	30.38	0.91	0.56	9.39	1.16	20.40	0.03	19.02	11.90
三门峡市 Sanmenxia	28.53	27.45	0.77	1.09	10.52	2.23	15.78	0.09	15.11	13.33
南阳市 Nanyang	93.91	89.74	2.60	4.17	38.69	4.68	50.54	1.02	44.20	48.69
商丘市 Shangqiu	62.46	59.34	2.87	3.12	24.59	1.86	36.01	0.36	30.59	31.51
信阳市 Xinyang	62.15	57.97	1.30	4.19	28.47	3.99	29.70	0.51	26.72	34.92
周口市 Zhoukou	68.93	67.46	0.95	1.47	27.14	3.42	38.37	1.19	33.72	34.02
驻马店市 Zhumadian	66.49	62.49	1.56	4.00	24.09	3.11	39.29	0.53	34.01	31.96
济源市 Jiyuan	13.83	12.95	0.38	0.88	2.75	0.07	11.02	0.03	9.62	4.18
省直管县 Province Administrating County										
巩义市 Gongyi	7.95	7.72	0.13	0.23	1.58	0.75	5.61	0.01	4.81	3.13
兰考县 Lankao	4.29	4.15	0.10	0.14	0.89	0.18	3.22	0.08	1.95	2.26
汝州市 Ruzhou	5.87	5.66	0.61	0.21	3.32	0.37	2.17	0.01	2.75	3.10
滑县 Huaxian	6.62	6.27	0.11	0.35	2.35	0.91	3.37	0.02	2.96	3.64
长垣县 Changyuan	15.27	14.53	1.63	0.73	1.86	0.56	12.85	0.01	11.57	3.69
邓州市 Dengzhou	7.67	6.96	0.19	0.70	4.35	0.27	3.04	0.06	2.88	4.73
永城市 Yongcheng	10.16	9.86	1.30	0.31	3.51	0.07	6.58		6.00	4.16
固始县 Gushi	8.45	7.95	0.10	0.50	4.03	0.33	4.09	0.04	3.24	5.17
鹿邑县 Luyi	6.20	6.12	0.04	0.07	2.60	0.13	3.47	0.09	2.67	3.44
新蔡县 Xincai	3.86	3.83	0.01	0.03	1.68	0.18	2.00	0.00	1.68	2.18

5-12 各种分组的城镇单位从业人员数(2014年底)

Number of Employed Persons in Urban Units by Groups (End of 2014)

单位：万人 (10 000 persons)

类别	Type	合计 Total	在岗职工 Staff and Workers	#劳务派遣 Labor Dispatching	其他从业人员 Others	国有单位 State-owned Units	城镇集体单位 Urban Collective-owned Units	其他单位 Other Units
总计	**Total**	**1108.89**	**1057.55**	**53.57**	**51.35**	**367.92**	**43.35**	**697.62**
按企业、事业、机关分	**Grouped by Enterprises, Institutions and Agencies**							
企业	Enterprises	809.94	766.71	50.30	43.23	90.47	33.98	685.50
事业	Institutions	210.47	204.11	2.03	6.36	196.50	8.75	5.22
机关	Agencies & Organizations	78.37	76.81	1.15	1.56	77.95	0.16	0.27
按国民经济行业分	**Grouped by Sector**							
农、林、牧、渔业	**Farming, Forestry,animal Husbandry and Fishery**	**5.09**	**4.99**	**0.01**	**0.10**	**3.58**	**0.40**	**1.11**
农业	Farming	2.50	2.46	0.00	0.04	1.91	0.18	0.41
林业	Forestry	0.76	0.75	0.00	0.01	0.68	0.03	0.05
畜牧业	Animal Husbandry	0.56	0.51	0.00	0.05	0.17	0.03	0.36
渔业	Fishery	0.07	0.07			0.04		0.03
农、林、牧、渔服务业	Service activities for Farming, forestry, animal Husbandry and fishery	1.20	1.20	0.00	0.00	0.78	0.16	0.26
采矿业	**Mining**	**56.34**	**55.71**	**7.35**	**0.63**	**4.97**	**2.03**	**49.33**
制造业	**Manufacturing**	**337.10**	**332.48**	**7.68**	**4.62**	**6.64**	**7.48**	**322.99**
电力、燃气及水的生产和供应业	**Production and distribution of electricity, gas and water**	**25.53**	**24.89**	**1.31**	**0.64**	**13.82**	**0.36**	**11.35**
建筑业	**Construction**	**189.61**	**163.11**	**22.37**	**26.50**	**7.36**	**9.76**	**172.50**
房屋建筑业	Building Construction	121.60	104.54	16.57	17.06	2.37	8.02	111.21
土木工程建筑业	Civil engineering construction	41.56	35.62	3.41	5.94	4.21	0.90	36.45
建筑安装业	Architectural installation	12.36	9.90	1.02	2.46	0.67	0.67	11.01
建筑装饰和其他建筑业	Architectural decoration and Others	14.09	13.05	1.36	1.04	0.10	0.16	13.83
批发和零售业	**Wholesale and retail trade**	**53.26**	**51.24**	**1.61**	**2.02**	**10.77**	**6.02**	**36.47**
批发业	Wholesale	21.21	20.36	0.90	0.86	7.56	1.99	11.66
零售业	Retail trade	32.05	30.88	0.71	1.17	3.21	4.03	24.81
交通运输、仓储和邮政业	**Traffic,transport, storage and post**	**44.49**	**42.04**	**3.30**	**2.44**	**22.88**	**1.82**	**19.78**
铁路运输业	Transport via railway	11.80	11.53	0.22	0.26	11.04	0.22	0.54
道路运输业	Transport via road	24.21	22.26	1.33	1.94	7.05	0.86	16.30
水上运输业	Water transport	0.51	0.50	0.00	0.01	0.03	0.32	0.16

5-12 续表 1 continued

单位：万人 (10 000 persons)

类别	Type	合计 total	在岗职工 Staff and Workers	#劳务派遣 Labor Dispatching	其他从业人员 Others	国有单位 State-owned Units	城镇集体单位 Urban Collective-owned Units	其他单位 Other Units
航空运输业	Air transport	1.10	0.56	0.00	0.05		1.06	
管道运输业	Transport via pipeline	0.01	0.01		0.00			0.01
装卸搬运和运输代理业	Loading, unloading, portage and Transportation agency	1.09	1.09	0.02	0.01	0.21	0.33	0.56
仓储业	Storage	2.60	2.51	0.05	0.09	1.57	0.08	0.95
邮政业	Post	3.16	3.04	1.12	0.12	2.94	0.01	0.21
住宿和餐饮业	**Accommodation and Restaurants**	**11.25**	**10.94**	**0.34**	**0.31**	**2.27**	**0.61**	**8.37**
住宿业	Accommodation	7.32	7.08	0.29	0.25	2.04	0.50	4.78
餐饮业	Restaurants	3.92	3.86	0.05	0.06	0.23	0.11	3.58
信息传输、软件和信息技术服务业	**Information transfer,software and Information technology services**	**9.72**	**9.14**	**2.63**	**0.58**	**1.98**	**0.16**	**7.58**
电信、广播电视和卫星传输服务	Telecom,Radio,television and Satellite transmission service	8.23	7.70	2.59	0.54	1.90	0.14	6.19
互联网和相关服务	Internet and related services	0.39	0.36	0.03	0.03	0.06	0.00	0.33
软件和信息技术服务业	Software and information services	1.10	1.09	0.01	0.02	0.02	0.03	1.05
金融业	**Finance**	**23.98**	**20.84**	**0.60**	**3.14**	**6.74**	**3.20**	**14.04**
货币金融服务	Monetary and financial services	15.56	15.40	0.44	0.16	4.87	3.12	7.56
资本市场服务	Capital market services	0.32	0.32	0.00	0.00	0.25		0.08
保险业	Insurance	7.90	4.93	0.16	2.97	1.60	0.08	6.22
其他金融业	Other financial activities	0.19	0.19	0.00	0.00	0.01	0.00	0.18
房地产业	**Real estate**	**18.40**	**17.71**	**0.65**	**0.68**	**1.19**	**0.38**	**16.83**
#房地产开发经营	Real estate development and operation	12.71	12.28	0.21	0.44	0.34	0.04	12.33
物业管理	Real estate management	4.27	4.07	0.37	0.20	0.26	0.21	3.80
房地产中介服务	Intermediate service of real estate	0.42	0.42	0.01	0.00	0.13	0.03	0.26
租赁和商务服务业	**Tenancy and business services**	**15.07**	**14.35**	**1.04**	**0.72**	**4.27**	**1.12**	**9.67**
租赁业	Tenancy	0.53	0.48	0.01	0.05	0.03	0.11	0.38
商务服务业	Business service	14.54	13.87	1.03	0.67	4.25	1.00	9.29
科学研究和技术服务业	**Scientific research and technical service**	**16.39**	**15.84**	**1.30**	**0.55**	**9.35**	**0.37**	**6.66**
研究和试验发展	Research and experimental development	3.40	3.26	0.47	0.14	2.52	0.03	0.86
专业技术服务业	Professional technique services	10.28	9.94	0.80	0.34	5.36	0.31	4.62
科技推广和应用服务业	Science and technology popularization and application services	2.71	2.63	0.03	0.07	1.48	0.04	1.19

5-12 续表 2 continued

单位:万人 (10 000 persons)

类别	Type	合计 total	在岗职工 Staff and Workers	#劳务派遣 Labor Dispatching	其他从业人员 Others	国有单位 State-owned Units	城镇集体单位 Urban Collective-owned Units	其他单位 Other Units
水利、环境和公共设施管理业	**Management of water conservancy, environment and public establishment**	**13.20**	**11.90**	**0.21**	**1.30**	**10.82**	**0.21**	**2.17**
水利管理业	Management of water conservancy	3.63	3.55	0.05	0.08	3.31	0.08	0.25
生态保护和环境治理业	Ecological protection and Environmental management	0.67	0.67	0.01	0.00	0.46	0.00	0.21
公共设施管理业	Management of public establishment	8.90	7.68	0.15	1.22	7.05	0.13	1.71
居民服务、修理和其他服务业	**Resident services,Repairing and other services**	**2.39**	**2.27**	**0.09**	**0.12**	**0.60**	**0.23**	**1.55**
居民服务业	Resident services	1.33	1.25	0.02	0.08	0.46	0.15	0.72
机动车、电子产品和日用产品修理业	Motor vehicle repair industry, electronic products and daily products	0.49	0.47	0.01	0.02	0.04	0.05	0.41
其他服务业	Other services	0.58	0.55	0.07	0.02	0.11	0.04	0.43
教育	**Education**	**119.05**	**117.03**	**0.27**	**2.02**	**103.25**	**6.28**	**9.52**
#初等教育	Primary education	41.27	40.89	0.07	0.38	35.65	3.45	2.17
中等教育	Secondary education	60.06	59.04	0.08	1.03	53.86	2.59	3.61
高等教育	Higher education	9.23	8.80	0.04	0.43	8.03	0.01	1.18
卫生和社会工作	**Sanitation and social security**	**50.02**	**48.00**	**1.15**	**2.02**	**42.77**	**2.39**	**4.86**
卫生	Sanitation	49.32	47.33	1.13	1.99	42.17	2.37	4.77
社会工作	Social security	0.70	0.67	0.02	0.03	0.60	0.01	0.09
文化、体育和娱乐业	**Culture, sports and entertainment**	**7.47**	**7.23**	**0.08**	**0.24**	**6.11**	**0.20**	**1.16**
新闻和出版业	Journalism and publishing activities	1.76	1.72	0.01	0.04	1.44	0.01	0.31
广播、电视、电影和影视录音制作业	Broadcasting,movies,television and aud Video recordings	2.52	2.43	0.02	0.09	2.14	0.08	0.29
文化艺术业	Culture and art	2.51	2.44	0.04	0.07	2.15	0.09	0.28
体育	Sports activities	0.29	0.26	0.01	0.03	0.23	0.01	0.05
娱乐业	Entertainment	0.39	0.38	0.00	0.01	0.14	0.01	0.23
公共管理、社会保障和社会组织	**Public management,social welfare and social organization**	**110.55**	**107.85**	**1.59**	**2.70**	**108.55**	**0.34**	**1.67**
#中国共产党机关	Chinese Communist Party organs	3.19	3.17	0.02	0.03	3.18		0.01
国家机构	Organ of state	102.66	100.03	1.53	2.62	101.44	0.24	0.98
人民政协、民主党派	People's Political Consultative Conference and democratic parties	0.61	0.61	0.01	0.00	0.61		0.00
社会保障	Social welfare	0.90	0.89	0.01	0.01	0.89	0.00	0.01
群众团体、社会团体和其他成员组织	Mass communities, social communities and other organizations	3.12	3.08	0.01	0.04	2.42	0.09	0.60

5-13 各种分组的城镇女性从业人员数(年底数)

Number of Female Employed Persons at the Year-end by Groups (Year-end)

单位：万人 (10 000 persons)

项　目	Item	2011	2012	2013	2014
合　计	**Total**	**291.64**	**317.28**	**371.86**	**400.59**
按国民经济行业分	**Grouped by Sector**				
农、林、牧、渔业	Farming, Forestry, Animal Husbandry and Fishery	2.60	2.15	1.55	1.61
采矿业	Mining	12.19	12.55	11.17	9.56
制造业	Manufacturing	70.72	91.98	128.22	141.58
电力、燃气及水的生产和供应业	Production and distribution of electricity,gas and water	6.28	6.59	7.35	8.40
建筑业	Construction	14.10	14.99	21.43	22.69
批发和零售业	Wholesale and retail trade	18.67	18.63	24.05	25.10
交通运输、仓储和邮政业	Traffic,transport, storage and post	9.11	9.01	11.89	12.16
住宿和餐饮业	Accommodation and Restaurants	5.90	5.67	6.51	6.40
信息传输、软件和信息技术服务业	Information transfer, software and Information technology services	2.51	2.88	3.98	4.54
金融业	Finance	11.80	11.44	11.35	11.58
房地产业	Real estate	3.92	4.08	5.10	6.54
租赁和商务服务业	Tenancy and business services	3.51	3.79	3.93	4.95
科学研究和技术服务业	Scientific research and technical service	3.93	3.97	4.44	5.15
水利、环境和公共设施管理业	Management of water conservancy, environment and public establishment	5.01	4.97	4.51	4.99
居民服务、修理和其他服务业	Resident services,Repairing and other services	0.83	0.60	0.73	0.99
教育	Education	59.45	60.17	60.17	64.79
卫生和社会工作	Sanitation, social security	24.78	26.78	27.90	30.97
文化、体育和娱乐业	Culture, sports and entertainment	2.89	2.77	3.41	3.21
公共管理、社会保障和社会组织	Public management,social welfare and social organization	33.46	34.26	34.16	35.38
按三次产业分	**by Type of Industry**				
第一产业	Primary Industry	2.60	2.15	1.55	1.61
第二产业	Secondary Industry	103.28	126.12	168.18	182.22
第三产业	Teriary industry	185.76	189.01	202.13	216.75
按注册类型分	**by Registration Status**				
#国有单位	State-owned Units	154.82	159.08	147.50	153.71
城镇集体单位	Urban Collective Owned Units	18.55	17.76	15.87	16.22
股份合作单位	Share Holding Units	3.46	3.41	3.20	3.15
联营单位	Joint Owned Units	0.54	0.59	0.53	0.42
有限责任公司	Limited Liability Corporations	63.23	87.98	118.26	136.48
股份有限公司	Share-holding Corporations Ltd.	23.28	24.56	36.91	38.06
港澳台商投资单位	Units Funded by Entrepreneurs from Hong Kong, Macao & Taiwan	10.64	10.02	32.05	33.89
外商投资单位	Foreign Funded Units	5.81	6.08	8.13	8.46

5-14 各市城镇登记失业人数及失业率

Number of Unemployed and Unemployment Rate in Urban Area by City

市(县) City(County)	年底登记失业人数（万人） Number of Unemployed End of the year (10 0000 person)									登记失业率（%） Registered Rate of Unemployment (%)								
	2005	2007	2008	2009	2010	2011	2012	2013	2014	2005	2007	2008	2009	2010	2011	2012	2013	2014
全 省 Total	**33.02**	**33.07**	**36.51**	**38.50**	**38.20**	**38.40**	**38.27**	**40.19**	**40.01**	**3.5**	**3.4**	**3.4**	**3.5**	**3.4**	**3.4**	**3.1**	**3.1**	**3.0**
省 辖 市 City																		
郑 州 市 Zhengzhou	4.64	4.81	4.94	3.92	2.95	2.23	5.03	6.13	4.26	3.5	3.4	3.4	2.1	2.8	2.0	2.0	2.2	1.4
开 封 市 Kaifeng	2.15	2.35	2.52	2.41	2.54	2.49	2.37	1.90	1.88	3.0	3.0	3.1	3.9	3.9	3.9	3.7	2.9	3.0
洛 阳 市 Luoyang	2.53	3.57	3.09	2.72	2.80	3.23	3.98	3.93	4.46	3.9	3.8	4.0	3.2	3.3	3.5	3.8	3.8	3.9
平顶山市 Pingdingshan	1.93	1.52	2.12	2.11	2.01	2.20	2.03	2.21	2.41	3.6	3.5	3.0	3.4	3.2	3.3	3.0	3.3	3.3
安 阳 市 Anyang	1.96	1.51	2.12	2.15	2.09	2.27	2.64	2.72	2.61	3.3	3.5	3.2	3.7	3.3	3.4	3.9	3.6	3.0
鹤 壁 市 Hebi	0.47	0.60	0.57	0.65	0.70	0.88	0.54	0.55	0.66	4.0	3.5	3.8	3.1	3.7	3.9	2.0	2.6	2.8
新 乡 市 Xinxiang	2.07	2.10	2.10	2.18	2.45	2.53	2.42	2.68	3.67	2.9	3.7	3.4	3.6	3.9	3.9	3.8	3.8	4.0
焦 作 市 Jiaozuo	1.36	1.90	2.17	2.04	2.17	2.41	2.25	2.64	3.26	3.3	3.3	3.3	3.8	3.9	4.0	4.0	4.1	4.1
濮 阳 市 Puyang	1.28	0.91	0.97	0.88	0.94	1.39	1.37	1.41	1.51	3.8	3.8	3.9	2.2	2.6	2.7	3.0	2.6	2.8
许 昌 市 Xuchang	0.95	0.87	0.94	0.98	0.99	0.46	1.11	1.06	0.49	4.1	2.5	3.0	3.3	3.3	3.2	3.0	3.0	2.8
漯 河 市 Luohe	0.60	0.44	0.49	0.77	0.62	0.53	0.79	0.92	0.70	3.1	3.0	3.0	3.6	2.5	2.7	2.6	2.6	1.9
三门峡市 Sanmenxia	1.07	1.01	0.90	1.02	0.90	0.84	0.77	0.75	0.74	3.1	2.1	2.3	3.6	3.3	3.2	2.9	2.9	2.8
南 阳 市 Nanyang	3.31	3.68	4.54	3.91	3.70	3.73	3.83	3.81	3.93	3.8	3.3	3.1	3.4	3.3	3.3	3.4	3.2	3.2
商 丘 市 Shangqiu	2.42	2.00	2.37	2.54	2.52	2.66	2.42	2.76	2.63	3.4	3.1	3.7	3.7	3.6	3.7	3.4	3.7	3.6
信 阳 市 Xinyang	1.75	1.46	1.44	1.60	1.19	0.92	0.82	0.92	0.94	3.8	3.4	3.7	3.1	2.9	2.3	2.9	2.4	2.9
周 口 市 Zhoukou	2.64	2.63	3.16	3.75	3.17	3.02	3.59	3.56	3.65	3.4	3.0	2.9	3.9	4.0	4.0	4.0	4.0	4.0
驻马店市 Zhumadian	1.56	1.29	1.55	1.58	1.50	1.58	1.60	1.54	1.45	3.7	3.4	4.0	3.6	3.4	3.7	3.4	3.2	3.0
济 源 市 Jiyuan	0.33	0.42	0.51	0.61	0.69	0.82	0.67	0.70	0.75	3.3	3.0	3.6	3.2	3.3	3.5	2.8	2.8	2.9
省直管县 Province Administrating County																		
巩 义 市 Gongyi	0.19	0.30	0.40	0.41	0.47	0.53	0.44	1.30	0.58	0.8	1.5	2.3	2.0	2.0	2.0	1.0	3.9	4.4
兰 考 县 Lankao	0.48	0.11	0.19	0.10	0.10	0.10	0.04	0.01	0.01	4.4	2.3	2.9	3.5	3.2	2.4	1.1	2.7	0.3
汝 州 市 Ruzhou	0.16	0.19	0.17	0.19	0.21	0.17	0.16	0.23	0.14	3.4	3.3	3.2	3.1	3.8	3.3	3.5	3.0	2.3
滑 县 Huaxian	0.19	0.14	0.10	0.09	0.13	0.16	0.18	0.25	0.25	3.9	3.7	3.5	3.4	3.7	3.8	4.0	4.1	4.1
长 垣 县 Changyuan	0.14	0.12	0.13	0.20	0.23	0.23	0.22	0.22	0.21	4.2	3.6	3.9	3.8	3.8	3.7	3.6	3.6	3.4
邓 州 市 Dengzhou	0.18	0.13	0.16	0.14	0.14	0.19	0.34	0.23	0.22	3.4	2.0	2.5	2.0	2.4	2.7	3.7	3.2	3.5
永 城 市 Yongcheng	0.14	0.13	0.21	0.26	0.27	0.26	0.27	0.27	0.27	3.9	4.7	4.2	4.0	4.0	4.1	4.0	3.9	3.9
固 始 县 Gushi	0.16	0.11	0.17	0.17	0.17	0.18	0.17	0.18	0.18	3.2	3.3	3.2	3.1	3.2	3.2	3.0	3.2	3.1
鹿 邑 县 Luyi	0.21	0.20	0.18	0.14	0.15	0.13	0.13	0.35	0.35	4.1	4.3	4.0	3.9	3.8	3.7	3.7	3.9	3.9
新 蔡 县 Xincai	0.15	0.10	0.18	0.09	0.08	0.20	0.21	0.21	0.21	3.1	2.8	3.1	2.8	2.8	3.0	3.1	2.9	2.9

5-15 历年城镇单位从业人员平均工资

Average Earnings of Employed Persons in Urban Areas by Years

单位：元 (yuan)

年份 Year	合计 Total	国有单位 State-owned Units	城镇集体单位 Urban Collective-owned Units	股份合作单位 Cooperative Units	联营单位 Joint Ownership Units	有限责任公司 Limited Liability Corporations Units	股份有限公司 Share Holding Corporations Units	港、澳、台商投资单位 Economic Units Funded by Entrepreneurs from Hong Kong,Macao and Taiwan Units	外商投资单位 Foreign Funded Economic Units	其他 Others
1998	5641	6103	4050	4026	5270	6201	5342	6009	8503	2213
1999	6136	6562	4524	5201	3897	6637	5895	6997	7502	4017
2000	6877	7408	4840	5640	5084	6910	7515	9267	7997	5521
2001	7868	8518	5669	5685	5661	7811	8077	9596	9070	5512
2002	9714	9791	6607	7208	6370	9148	10003	10482	9992	7507
2003	10639	11280	7828	9285	8482	10789	11862	12091	13363	8718
2004	11970	12562	8582	9586	9211	12150	13629	14278	14045	9864
2005	14119	14740	10248	11722	10386	14796	14986	14937	15437	10886
2006	16791	17702	12377	13075	12247	17051	17034	17710	17452	14811
2007	20639	22044	15674	17581	13370	19728	21771	20133	21371	17488
2008	24438	26222	16873	21493	17581	24012	24740	23315	25237	18435
2009	26906	28503	18006	26731	20665	25701	29628	25153	27120	22135
2010	29819	31470	20385	29928	25245	28775	32377	27257	29620	25087
2011	33634	35386	24220	32982	32881	33136	34884	31948	32674	28909
2012	37338	39344	27682	36536	33885	36386	38581	36814	36053	31329
2013	38301	42270	33135	41673	34299	34323	41388	42801	36985	32572
2014	42179	46604	37601	49356	38770	38334	44432	46005	39721	37188

注：2013年工资数据为联网直报平台汇总(下同)。
a)Data in 2013 are collected by network platform(the same as following table).

5-16 各种分组的城镇单位从业人员平均工资(2014年)

Average Wage of Employed Persons in Urban Units by Groups (2014)

单位：元 (yuan)

类别	Type	平均工资 Average Wage	在岗职工 Staff and Workers	#劳务派遣 Labor Dispatching	其他从业人员 Others	国有单位 State-owned Units	集体单位 Collectiveowned Units	其他单位 Others
总计	**Average**	**42179**	**42670**	**40479**	**32039**	**46604**	**37601**	**40100**
按企业、事业、机关分	**Grouped by Enterprises, Institutions and Agencies**							
企业	Enterprises	41727	42201	41363	33320	56058	36070	40082
事业	Institutions	44694	45321	28236	24450	44877	43243	40244
机关	Agencies & Organizations	39887	40198	21408	24690	39878	47620	37956
按国民经济行业分	**Grouped by Sector**							
农、林、牧、渔业	**Farming, Forestry,animal Husbandry and Fishery**	**28849**	**28976**	**25636**	**22502**	**27182**	**29612**	**33960**
农业	Farming	27132	27274	35897	18540	26165	27437	31537
林业	Forestry	26362	26453	16900	19086	26719	24426	22784
畜牧业	Animal Husbandry	30855	31243	24000	26601	26381	32689	32771
渔业	Fishery	37340	37340			32558		43903
农、林、牧、渔服务业	Service activities for Farming, forestry, animal Husbandry and fishery	32561	32586	23500	23156	29971	32248	40443
采矿业	**Mining**	**51239**	**51469**	**50514**	**31097**	**56932**	**33874**	**51372**
制造业	**Manufacturing**	**37944**	**38057**	**35496**	**30475**	**50369**	**35763**	**37737**
电力、燃气及水的生产和供应业	**Production and distribution of electricity, gas and water**	**61076**	**61920**	**37365**	**30594**	**70309**	**36304**	**50521**
建筑业	**Construction**	**38425**	**38971**	**41958**	**35032**	**47361**	**35854**	**38176**
房屋建筑业	Building Construction	37716	38153	42810	35042	43179	35987	37725
土木工程建筑业	Civil engineering construction	40031	41239	41330	32539	50047	37237	38876
建筑安装业	Architectural installation	40764	41006	35633	39767	43975	34023	40987
建筑装饰和其他建筑业	Architectural decoration and Others	37654	37650	38583	37705	50641	28959	37650
批发和零售业	**Wholesale and retail trade**	**36690**	**37187**	**33272**	**24516**	**47533**	**29125**	**34722**
批发业	Wholesale	43658	44462	33641	24911	54906	31278	38431
零售业	Retail trade	32062	32371	32807	24232	29981	28052	32980
交通运输、仓储和邮政业	**Traffic,transport, storage and post**	**49426**	**50110**	**35929**	**37897**	**57482**	**29563**	**41829**
铁路运输业	Transport via railway	75132	76145	33948	33096	77956	15624	44313
道路运输业	Transport via road	38854	38757	34055	39943	37148	29531	40109
水上运输业	Water transport	43033	43342	43240	31220	35858	36362	58233
航空运输业	Air transport	72399	72464	40721	14250	39022		73896
管道运输业	Transport via pipeline	47155	52252		14158			47155
装卸搬运和运输代理业	Loading, unloading, portage and Transportation agency	37809	37848	51640	33696	61428	29267	33969
仓储业	Storage	39492	39947	49492	27762	41691	46180	35264
邮政业	Post	38959	39482	35316	25640	38502	31821	45978
住宿和餐饮业	**Accommodation and Catering Trade**	**31010**	**31214**	**33236**	**23947**	**34284**	**30121**	**30172**
住宿业	Accommodation	31750	32091	34110	22027	33563	30128	31145
餐饮业	Catering Trade	29640	29617	30077	30946	40003	30089	28881
信息传输、软件和信息技术服务业	**Information transfer,software and Information technology services**	**52779**	**53793**	**43604**	**37609**	**47379**	**37243**	**54509**
电信、广播电视和卫星传输服务	Telecom,Radio,television and Satellite transmission service	52799	53857	43517	38242	47491	38572	54713
互联网和相关服务	Internet and related services	35974	36763	47112	27763	33236	34000	36450
软件和信息技术服务业	Software and information services	58420	58776	57609	35708	73758	30970	58819
金融业	**Finance**	**69223**	**75158**	**52552**	**28191**	**71849**	**60218**	**70032**
货币金融服务	Monetary and financial services	80580	81004	57515	39145	79644	60513	89520
资本市场服务	Capital market services	92709	93662	24857	23341	102043		62722
保险业	Insurance	46076	56704	39683	27589	43691	49226	46657
其他金融业	Other financial activities	53793	53758	10500	76667	50234	38727	54257

5-16 续表 continued

单位：元 (yuan)

类 别	Type	平均工资 Average Wage	在岗职工 Staff and Workers	#劳务派遣 Labor Dispatching	其他从业人员 Others	国有单位 State-owned Units	集体单位 Collectiveowned Units	其他单位 Others
房地产业	**Real estate**	**41847**	**42127**	**35805**	**34664**	**45123**	**32633**	**41820**
#房地产开发经营	Real estate development and operation	45369	45520	39705	41066	45739	37989	45381
物业管理	Real estate management	30748	31026	31504	25028	33038	32893	30469
房地产中介服务	Intermediate service of real estate	43447	43730	45741	20442	44539	28741	44459
租赁和商务服务业	**Tenancy and business services**	**38679**	**39352**	**28007**	**25185**	**36658**	**25734**	**41087**
租赁业	Tenancy	35108	37104	25873	16023	89938	31262	32010
商务服务业	Business service	38808	39429	28020	25867	36287	25066	41451
科学研究和技术服务业	**Scientific research and technical service**	**53509**	**54222**	**46678**	**32832**	**56015**	**38432**	**50858**
研究和试验发展	Research and experimental development	55788	57528	30775	13015	60947	36148	41453
专业技术服务业	Professional technique services	56349	56854	55841	41473	57410	38187	56316
科技推广和应用服务业	Science and technology popularization and application services	39617	39925	40156	28958	42340	41790	36181
水利、环境和公共设施管理业	**Management of water conservancy, environment and public establishment**	**35771**	**36826**	**26030**	**25513**	**35240**	**41113**	**37999**
水利管理业	Management of water conservancy	39458	39863	28495	22284	39135	45875	41715
生态保护和环境治理业	Ecological protection and Environmental management	42108	42116	45956	36556	39857	23647	47523
公共设施管理业	Management of public establishment	33759	34950	24279	25743	33103	38644	36227
居民服务、修理和其他服务业	**Resident services,Repairing and other services**	**30482**	**30864**	**26622**	**23466**	**31881**	**29517**	**30090**
居民服务业	Resident services	30137	30470	35921	25327	32635	28805	28828
机动车、电子产品和日用产品修理业	Motor vehicle repair industry, electronic products and daily products	35934	36474	30683	20661	34605	30428	36667
其他服务业	Other services	26594	26919	23289	17871	27673	31143	25871
教育	**Education**	**46419**	**46753**	**23123**	**26936**	**47140**	**42407**	**41123**
#初等教育	Primary education	43828	44044	20910	19901	44217	41650	40874
中等教育	Secondary education	46545	46909	28265	26061	47093	43523	40504
高等教育	Higher education	59620	60587	16258	38055	61092	34192	48848
卫生和社会工作	**Sanitation and social Work**	**49301**	**50149**	**33928**	**29273**	**50058**	**48274**	**43104**
卫生	Sanitation	49393	50236	34213	29464	50166	48090	43163
社会工作	Social Work	42905	44110	18800	17304	42486	80500	40085
文化、体育和娱乐业	**Culture, sports and entertainment**	**42426**	**43010**	**26377**	**23977**	**42767**	**32060**	**42376**
新闻和出版业	Journalism and publishing activities	52705	53275	31350	28342	51776	37163	57565
广播、电视、电影和影视录音制作业	Broadcasting,movies,television and audiovisual activities	41719	42412	23798	23245	42748	30074	37582
文化艺术业	Culture and art	36245	36695	24600	22004	36387	32871	36150
体育	Sports activities	40731	41554	33525	25404	42877	40203	30744
娱乐业	Entertainment	40502	40750	63750	26574	45608	31819	37796
公共管理、社会保障和社会组织	**Public management,social welfare and social organization**	**38824**	**39228**	**20778**	**22637**	**38891**	**41656**	**33894**
#中国共产党机关	Chinese Communist Party organs	41745	41880	19369	25893	41748		40422
国家机构	Organ of state	38742	39161	20767	22717	38797	45401	31431
人民政协、民主党派	People's Political Consultative Conference and democratic parties	43749	43831	23671	27100	43755		42481
社会保障	Social welfare	38131	38352	16354	15693	38248	30756	25667
群众团体、社会团体和其他成员组织	Mass communities, social communities and other organizations	37856	38137	25144	16473	38085	31752	37828
按三次产业分	**Grouped by Industry**							
第一产业	Primary Industry	28849	28976	25636	22502	27182	29612	33960
第二产业	Secondary Industry	40366	40715	42225	34152	59117	35619	39400
第三产业	Teriary industry	44518	45150	35998	28490	45562	39402	42896

5-17 各市城镇单位从业人员平均工资(2014年)

单位：元

市(县)	City(County)	平均工资 Average Wages	在岗职工 Staff and Workers	#劳务派遣 Labor Dispatching	其他从业人员 Others	#国有单位 State-owned Units	#集体单位 Urban Collective-owned Units	#股份合作单位 Cooperative Units
全　省	**Total**	**42179**	**42670**	**40479**	**32039**	**46604**	**37601**	**49356**
省 辖 市	**City**							
郑 州 市	Zhengzhou	48738	49279	43515	35787	55659	40711	48689
开 封 市	Kaifeng	39272	39825	38442	29921	44459	40014	42780
洛 阳 市	Luoyang	43646	44485	40045	28847	47314	40483	56174
平 顶 山 市	Pingdingshan	43565	44124	41708	27468	43294	43084	107605
安 阳 市	Anyang	38343	38833	36487	32188	39777	30646	51759
鹤 壁 市	Hebi	37186	37504	31982	28597	42416	36239	49939
新 乡 市	Xinxiang	37696	37949	39294	33616	44051	34305	46237
焦 作 市	Jiaozuo	39428	39717	37481	32337	41118	37205	43942
濮 阳 市	Puyang	41216	41745	49756	32384	38426	29790	25960
许 昌 市	Xuchang	41310	41470	40012	35128	42689	45766	50401
漯 河 市	Luohe	38304	38491	32015	28724	41950	40672	19200
三 门 峡 市	Sanmenxia	43637	44363	29049	25199	47437	37200	36957
南 阳 市	Nanyang	40650	40919	42737	34798	46856	37550	42952
商 丘 市	Shangqiu	39866	40441	40672	28861	40717	37888	52224
信 阳 市	Xinyang	38421	38875	36837	32067	40912	38506	45858
周 口 市	Zhoukou	39277	39463	37573	31166	46857	37789	57245
驻 马 店 市	Zhumadian	35949	36278	32736	30960	38102	33568	41731
济 源 市	Jiyuan	40404	40499	34195	39012	43816	30177	65826
省 直 管 县	**Province Administrating County**							
巩 义 市	Gongyi	37246	37624	43351	24345	46327	46261	80728
兰 考 县	Lankao	40597	40514	58597	42893	37027	39088	52418
汝 州 市	Ruzhou	44545	45164	45613	28033	51829	39260	
滑 县	Huaxian	31173	31389	28923	27217	34652	33082	37039
长 垣 县	Changyuan	36965	37017	35202	35875	39883	37362	34884
邓 州 市	Dengzhou	36339	37240	41741	27100	38630	31399	74692
永 城 市	Yongcheng	45976	46990	46642	14536	37129	52016	47185
固 始 县	Gushi	39928	40311	28738	31385	44784	44423	34909
鹿 邑 县	Luyi	41995	42113	50745	34143	58301	36018	28288
新 蔡 县	Xincai	35447	35510	33266	28844	33562	32543	31679

Average Wage of Employed Persons in Urban Units by City (2014)

(yuan)

#联营单位 Joint Ownership Units	#有限责任公司 Limited Liability Corporations Units	#股份有限公司 Share Holding Corporations Units	#港澳台投资 Economic Units Funded by Entrepreneurs from Hong Kong, Macao and Taiwan	#外商投资 Foreign Funded Economic Units	第一产业 Primary Industry	第二产业 Secondary Industry	第三产业 Teriary industry
38770	**38334**	**44432**	**46005**	**39721**	**28849**	**40366**	**44518**
33622	42588	55796	52224	49285	28674	45795	52639
35217	35801	38354	37218	36399	45370	36624	42226
32235	40063	52950	29875	43149	28269	42898	44470
29573	37778	50561	40186	51935	29071	43988	42997
29075	36576	40580	37991	42683	23964	38433	38274
38298	36233	34787	26806	28994	29824	35712	40693
35957	34824	36641	41226	37305	25964	35557	41642
43633	38456	41769	34076	32886	27858	39088	39969
39584	38420	58728	28133	35161	27100	44036	36236
34005	39875	44628	35197	34305	27406	41108	41653
32521	33713	37295	46416	34552	22060	36747	40823
44625	35504	45647	56127	33243	35403	42567	44941
38575	33946	42293	33464	38393	31167	35974	45053
54813	38871	33134	36871	38466	28433	39200	40643
33821	34907	36386	44130	45425	29487	36848	39745
32458	32944	35225	33952	31430	25170	32810	46153
34113	34514	36512	33353	37580	26976	34494	37625
	38598	36166	42438	30808	33049	39426	42519
28133	31155	30953	23000	28395	26714	32415	44575
38781	42553	34459	36052	34392	43694	41697	39549
13444	26876	44354	48202		31346	39351	49241
	28636	23852	29261		22891	28881	33155
	36807	32405	27174	39495	31792	37017	36826
	33990	30031		22057	26458	34306	37698
27857	48360	36533				51211	38091
21602	34207	30253		56202	26414	35967	42357
36013	30955	23380			26491	30194	51409
29722	38035	37654			38391	35656	35281

5-18 各市分行业城镇单位从业人员平均工资(2014年)

单位：元

市(县) City(County)	合计 Total	农林牧渔业 Farming, Forestry, Animal Husbandry and Fishery	采矿业 Mining	制造业 Manufacturing	电力、燃气及水的生产和供应业 Production and Supply of Electricity,Gas and Water	建筑业 Construction	批发和零售业 Wholesale and retail trade	交通运输仓储及邮政业 Traffic, transport, storage and post	住宿和餐饮业 Accommodation and Restaurants
省辖市 City									
郑州市 Zhengzhou	48738	26714	27337	31747	60055	41491	29962	41562	24752
开封市 Kaifeng	39272	45370		35379	60520	36297	36185	34354	32711
洛阳市 Luoyang	43646	28269	47773	40687	68446	43137	39337	37750	30146
平顶山市 Pingdingshan	43565	29071	50031	37740	53984	36671	40027	30870	27498
安阳市 Anyang	38343	23964	46658	38682	50560	37350	27745	33886	26229
鹤壁市 Hebi	37186	29824	41962	31704	73682	34211	32672	33615	26780
新乡市 Xinxiang	37696	25964	81705	33750	52588	35893	34124	44642	25792
焦作市 Jiaozuo	39428	27858	50243	36050	55826	36595	30227	40921	27344
濮阳市 Puyang	41216	27100	71772	29447	50427	39323	30652	28008	26030
许昌市 Xuchang	41310	27406	60184	39764	52076	39405	39402	39854	34781
漯河市 Luohe	38304	22060	80079	36326	64566	35538	37124	39000	26778
三门峡市 Sanmenxia	43637	35403	44134	36174	64442	41209	40498	35990	26131
南阳市 Nanyang	40650	31167	59563	33071	48827	33993	33097	40742	28475
商丘市 Shangqiu	39866	28433	54755	36357	54752	34777	35045	37557	27632
信阳市 Xinyang	38421	29487	28160	35184	39512	38953	31545	30297	29431
周口市 Zhoukou	39277	25170		30405	43132	36488	36765	34088	31380
驻马店市 Zhumadian	35949	26976	36798	36178	38922	32001	35407	34325	27881
济源市 Jiyuan	40404	33049	35972	39971	75374	33498	32560	46311	26941
省直管县 Province Administrating County									
巩义市 Gongyi	37246	26714	27337	31747	60055	41491	29962	41562	24752
兰考县 Lankao	40597	43694		39737	71839	42101	38872	42702	38071
汝州市 Ruzhou	44545	31346	45046	30366	62811	30595	31584	32007	21581
滑县 Huaxian	31173	22891	36353	29654	40464	27804	22791	20020	21983
长垣县 Changyuan	36965	31792		35871	55814	37360	27550	34083	27733
邓州市 Dengzhou	36339	26458		33460	46058	33885	24078	20756	22580
永城市 Yongcheng	45976		54755	41797	55231	38157	41944	34833	26802
固始县 Gushi	39928	26414		32476	39549	41101	25874	30871	24265
鹿邑县 Luyi	41995	26491		31117	48571	25561	29006	29323	28951
新蔡县 Xincai	35447	38391		39060	36143	26716	31988	53555	27688

Average Wage of Employed Persons in Urban Units by Sector and City (2014)

(yuan)

信息传输、软件和信息技术服务业 Information transfer, software and Information technology services	金融业 Finance	房地产业 Real estate	租赁和商务服务业 Tenancy and business services	科学研究和技术服务业 Scientific research, and technical service	水利、环境和公共设施管理业 Management of water conservancy, environment and public establishment	居民服务、修理和其他服务业 Resident services Repairing and other services	教育 Education	卫生和社会工作 Sanitation, and social work	文化、体育和娱乐业 Culture, sports and entertainment	公共管理、社会保障和社会组织 Public management social security and social organization
36125	117798	34718	27837	34704	33406	23543	47026	51858	28672	44308
36548	54721	40213	35566	40136	41707	39247	48044	58856	41959	38250
52069	78093	38848	34654	67345	27654	33067	43935	48123	38609	36898
48032	74701	37557	34214	34802	30149	30738	50254	49336	35419	36613
45920	56034	37514	24345	50454	31350	29887	40901	43754	30254	36398
32907	79792	34336	29398	40094	30645	28203	42381	46970	30392	39721
65231	63103	42148	25289	38994	32208	34086	43867	45162	33334	39442
42263	47555	40401	34094	35806	30665	20359	43071	42172	32627	39974
40425	53675	37698	50223	47153	26787	24608	36363	38042	30038	32355
71404	70009	40330	34443	38359	36720	34356	41087	47582	39104	38115
37890	65269	35473	33704	40562	34414	36393	43379	42994	36509	37668
42992	61647	36765	30029	50057	37882	30810	48917	49942	35715	43724
50180	60843	35145	38220	47262	49814	27820	49912	55436	37292	37839
60024	53010	37073	31737	30694	31639	29835	44813	47481	30266	35347
52595	57818	39376	28393	39780	37380	31910	44281	46745	34652	37063
50561	67219	36114	29875	38576	33101	33102	52664	55728	45637	40076
32365	51299	37071	27173	35831	32182	32682	40406	42235	31458	35651
39031	74775	39792	30810	34867	31244	22967	49042	45963	31721	38895
36125	117798	34718	27837	34704	33406	23543	47026	51858	28672	44308
29740	50934	37629	38822	39212	37925	42633	35876	61199	29486	27270
30190	82606	48225	31659	29428	48098	39846	60432	59654	45870	42581
31256	32064	33007	19821	36111	31778	23770	38185	43500	22153	33129
19167	46424	36761	26008	31449	28764	27972	40513	44279	35641	36446
22100	63247	41803	36618	38981	36634	25006	41859	49879	29323	36341
27498	55603	36655	30120	25797	16841	32000	40372	55166	26735	34227
38146	50179	37509	30617	43152	40390	34470	49354	50901	26484	38065
	43956	31959	26379	65268	31443	28273	70794	68639	21875	37396
35650	47701	33636	29920	33885	29227	30009	34313	35790	27212	31051

5-19 历年职工工资及指数

Wages and Related Indices of Staff and Workers over the Years

年份 Year	工资总额(亿元) Total Wages (100 million yuan)	国有单位 State-owned Units	城镇集体单位 Urban Collectiveowned Units	其他单位 Other Units	平均工资(元) Average Wage (yuan)	国有单位 State-owned Units	城镇集体单位 Urban Collectiveowned Units	其他单位 Other Units	平均工资指数(以上年为100) Index of Average Wage (Preceding year=100) 全部职工 Total Staff and Workers	国有单位 State-owned Units	城镇集体单位 Urban Collectiveowned Units	其他单位 Other Units
1952	1.43	1.43			347	347						
1957	5.90	5.90			546	546						
1962	8.33	8.33			538	538				130.4		
1965	10.89	9.07	1.82		503	599		369	86.2	102.6		
1970	12.87	11.18	1.69		547	573		424	98.9	98.7	102.9	
1975	18.12	15.37	2.75		561	581		488	100.5	98.4	104.7	
1978	24.30	20.65	3.64		590	609		496	104.8	105.4	99.8	
1979	27.63	23.60	4.03		644	668		533	108.8	109.4	107.1	
1980	32.93	28.14	4.79		730	759		597	106.9	107.2	105.7	
1981	35.43	30.33	5.09		742	772		604	99.3	99.3	98.8	
1982	37.40	31.82	5.59		754	789		604	99.8	100.4	98.2	
1983	39.19	33.36	5.82		767	805		606	98.9	99.2	97.5	
1984	46.24	37.76	8.47	0.01	866	921	686	809	110.5	111.9	110.8	
1985	57.85	47.06	10.76	0.02	1015	1080	804	1014	110.1	110.1	110.0	117.7
1986	69.57	56.97	12.57	0.03	1159	1245	882	1079	106.9	107.9	102.7	99.6
1987	78.98	64.34	14.58	0.06	1258	1347	974	1559	100.7	100.4	102.4	134.0
1988	95.90	78.66	17.18	0.07	1470	1582	1110	1520	96.2	96.7	93.8	80.2
1989	108.70	89.48	19.12	0.09	1628	1767	1191	1724	96.4	97.2	93.4	98.7
1990	123.86	102.52	21.19	0.15	1825	1997	1288	2128	111.5	112.5	107.6	122.8
1991	138.18	113.58	24.33	0.27	1964	2132	1433	2477	102.4	101.6	105.9	110.8
1992	165.51	138.38	26.51	0.62	2269	2473	1583	2544	107.3	107.7	102.6	95.4
1993	200.82	168.89	28.90	3.03	2646	2860	1821	3097	105.4	104.6	104.0	110.1
1994	275.18	229.87	35.66	9.66	3545	3851	2295	4038	105.2	105.7	98.9	102.3
1995	347.70	284.17	47.79	15.75	4344	4677	3007	4644	104.8	103.9	112.1	98.4
1996	407.43	332.03	54.77	20.63	4924	5265	3485	5197	103.5	102.8	105.8	102.2
1997	434.08	336.34	66.05	31.69	5225	5643	3797	5209	103.6	104.7	106.4	97.9
1998	431.01	299.76	63.36	67.88	5781	6204	4258	5976	119.9	120.4	117.5	117.2
1999	445.61	307.17	62.31	76.13	6194	6594	4639	6384	110.9	110.0	112.8	110.6
2000	495.66	338.39	66.44	90.84	6930	7453	4913	7212	112.9	114.1	106.9	114.0
2001	553.40	381.92	75.73	95.75	7916	8573	5726	7889	113.4	114.2	115.7	108.6
2002	622.42	400.42	80.84	141.15	9174	9864	6664	9335	116.1	115.3	116.6	118.5
2003	720.52	436.31	88.51	195.69	10749	11397	7894	11160	115.2	113.6	116.5	117.5
2004	801.95	497.47	79.62	224.86	12114	12701	8686	12588	106.9	105.7	104.4	107.0
2005	949.97	575.63	90.29	284.05	14282	14877	10383	14852	115.5	114.7	117.1	115.6
2006	1152.05	690.58	103.21	358.26	16981	17886	12483	17088	117.5	118.8	118.8	113.7
2007	1431.35	849.87	125.01	456.48	20935	22345	15850	20333	117.0	118.5	120.5	112.9
2008	1702.22	1008.08	111.75	582.39	24816	26536	17118	24189	110.8	111.0	100.9	111.2
2009	1918.14	1066.34	85.52	766.28	27357	28914	18352	26817	110.9	109.6	107.9	111.5
2010	2171.69	1200.07	98.62	873.00	30303	31924	20769	29770	107.1	106.8	109.5	107.4
2011	2721.42	1390.91	119.85	1210.66	34203	35894	24397	33719	107.1	106.6	111.3	107.5
2012	3146.25	1575.98	134.27	1436.00	37958	39948	28103	37145	111.0	111.3	115.2	110.2
2013	4048.73	1556.02	149.02	2343.68	38804	42831	33954	36765	102.2	107.2	120.8	99.0
2014	4432.94	1667.53	152.34	2613.08	42670	47258	38288	40435	108.2	110.6	107.8	103.7

注：1.本表平均工资指数按实际工资计算，即扣除了职工生活费用价格变动因素。
2.1998年及以后年度工资总额为在岗职工口径，与以前年度不尽可比。

a)Indices of average wage in this table were calculated on practical wage ,change factor of employee maintenance price was taken out.

b)Total wages funds since 1998 were totalized by all employed staff and workers ,and can't compared with former years.

5-20 城镇私营单位从业人员平均工资

Average Wage of Engaged Persons in Private Enterprises

单位：元 (yuan)

项 目	Item	2011	2012	2013	2014
从业人员总计	**Total Number of Employed persons**	**18749**	**21255**	**23936**	**27414**
按国民经济行业分	**Grouped by Sector**				
农、林、牧、渔业	Farming, Forestry,animal Husbandry and Fishery	14364	17071	19869	23179
采矿业	Mining	21144	22361	24314	27319
制造业	Manufacturing	18188	20844	23142	26867
电力、燃气及水的生产和供应业	Production and distribution of electricity,gas and water	16119	21024	23711	25437
建筑业	Construction	21607	24054	27104	31471
批发和零售业	Wholesale and retail trade	17087	19339	23086	26384
交通运输、仓储和邮政业	Traffic,transport, storage and post	19600	19581	24919	26689
住宿和餐饮业	Accommodation and Restaurants	16807	19352	21798	25552
信息传输、软件和信息技术服务业	Information transfer,software and Information technology services	18550	19111	22215	25343
金融业	Finance	16894	21652	20682	24345
房地产业	Real estate	20679	22621	26746	29808
租赁和商务服务业	Tenancy and business services	19364	21498	24655	26967
科学研究、技术服务业	Scientific research and technical service	24949	26399	28898	32733
水利、环境和公共设施管理业	Management of water conservancy, environment and public establishment	17755	20480	24411	27333
居民服务、修理和其他服务业	Resident services,Repairing and other services	16217	18705	21372	24484
教育	Education	18859	21028	24772	27354
卫生和社会工作	Sanitation and social Work	20492	24293	25966	29323
文化、体育和娱乐业	Culture, sports and entertainment	16542	19982	22177	25405
公共管理、社会保证和社会组织	Mass communities, social communities and other organizations	15545	15341	18940	20448

5-21 各市城镇私营单位从业人员工资

Wage of Engaged Persons in Private Enterprises by City

市 City	平均工资(元) Average Wage (yuan)				
	2010	2011	2012	2013	2014
郑州市 Zhengzhou	18832	22326	24686	27533	30853
开封市 Kaifeng	16049	19153	21609	24902	28671
洛阳市 Luoyang	16363	20583	23271	25208	29500
平顶山市 Pingdingshan	17091	19374	21514	23807	25853
安阳市 Anyang	16226	18477	20324	23003	26824
鹤壁市 Hebi	13023	16635	18662	20581	24440
新乡市 Xinxiang	16014	18852	21116	23552	26455
焦作市 Jiaozuo	14171	16736	19511	22369	24714
濮阳市 Puyang	13536	16222	18807	20489	22789
许昌市 Xuchang	17407	20224	22378	27662	30760
漯河市 Luohe	13692	16244	19022	23882	30471
三门峡市 Sanmenxia	15659	17296	21909	23899	28835
南阳市 Nanyang	14379	15880	18115	20263	23325
商丘市 Shangqiu	13101	15265	18338	21696	26111
信阳市 Xinyang	16510	18750	20649	22838	27972
周口市 Zhoukou	14525	16912	19033	21881	25159
驻马店市 Zhumadian	13968	16192	18847	22500	26155
济源市 Jiyuan	15379	19733	25678	29938	30082

5-22 各市按行业分城镇私营单位从业人员平均工资(2014年)
Average Wage of Employed Persons in Urban Private Units by Sector and City (2014)

单位：元 (yuan)

市 City	平均工资 Average Wage	农林牧渔业 Farming, Forestry, Animal Husbandry and Fishery	采矿业 Mining	制造业 Manufacturing	电力、燃气及水的生产和供应业 Production and Supply of Electricity,Gas and Water	建筑业 Construction	批发和零售业 Wholesale and retail trade	交通运输仓储及邮政业 Traffic, transport, storage and post	住宿和餐饮业 Accommodation and Restaurants	信息传输、软件和信息技术服务业 Information transfer, software and Information technology
郑州市 Zhengzhou	30853	24689	31714	28973	23952	35067	32371	29084	28303	25631
开封市 Kaifeng	28671	27042		28248	33357	30440	28416	29485	26944	26867
洛阳市 Luoyang	29500	26438	26239	30823	21554	35853	28934	22584	24545	25624
平顶山市 Pingdingshan	25853	22800		26340	19815	24824	24803	23996	27113	23600
安阳市 Anyang	26824	20773		24875	25687	30072	25987	27462	20072	22376
鹤壁市 Hebi	24440	22304	24449	25473	26612	25109	23184	18000	19137	23758
新乡市 Xinxiang	26455	25979		27640	28544	29045	31885	27417	23825	26604
焦作市 Jiaozuo	24714	24085	19356	25130	24898	26537	28028	17870	18710	20671
濮阳市 Puyang	22789	15252.599		23915	22435	25499	18169	22120	19447	21288
许昌市 Xuchang	30760	18089	25838	30546	22923	39813	30289		28042	29770
漯河市 Luohe	30471		18028	30725		32185	31149	28154	31945	26682
三门峡市 Sanmenxia	28835	22703	30752	31529	31981	29916	23654	27124	20796	14985
南阳市 Nanyang	23325	21167		23408	23160	26144	23407	23982	21770	21915
商丘市 Shangqiu	26111	17413		26889	24090	33851	18579	28299	20647	20935
信阳市 Xinyang	27972	26712		28416	28016	27256	26984	24103	29290	28264
周口市 Zhoukou	25159			23735	33404	29323	29423	20537	27728	24540
驻马店市 Zhumadian	26155			25776	27795	25825	27672	26938	25419	24939
济源市 Jiyuan	30082		26592	31415	26322	24866	34188	27343	27387	27019

市 city	金融业 Finance	房地产业 Real estate	租赁和商务服务业 Tenancy and business services	科学研究和技术服务业 Scientific research, and technical service	水利、环境和公共设施管理业 Management of water conservancy, environment and public establishment	居民服务、修理和其他服务业 Resident services Repairing and other services	教育 Education	卫生和社会工作 Sanitation, and social work	文化、体育和娱乐业 Culture, sports and entertainment	公共管理、社会保障和社会组织 Public management social security and social organization
郑州市 Zhengzhou	29286	34457	28847	39332	30136	27254	25106	39168	31961	19608
开封市 Kaifeng	44091	30052	27634	30073	30483	26310	37706	30819	27926	23484
洛阳市 Luoyang	15792	28430	24357	31765	27148	21800	27324	24743	24787	19435
平顶山市 Pingdingshan	24083	23942	30378	21465	30442	39404	28113	28391	23672	22444
安阳市 Anyang	25835	26317	28561	24935	29159	22595	25685	18964	26068	
鹤壁市 Hebi	18000	27398	19004	20500	23891	17933	21091	22701	20125	22848
新乡市 Xinxiang	30283	31744	27760	23969	25695	28528	27858	27357	26367	
焦作市 Jiaozuo	14514	23919	16854	21047	27656	22646	22637	22486	19257	15606
濮阳市 Puyang	22435	25260	20234	15356	17743	21029	20797	19477	15859	
许昌市 Xuchang		31890	30796	27464	22796	24970		42057	35071	
漯河市 Luohe	27385	25340	27993	32967		25152	22965	29396	30114	
三门峡市 Sanmenxia	24953	26523	24747	26494	21879	29130	23410	28763	25834	
南阳市 Nanyang	22236	27442	22710	23415	22183	21425	24489	23962	22907	
商丘市 Shangqiu	20386	23582	16902	21722	19873	16349	22362	17818	17242	
信阳市 Xinyang	30011	28271	30279	25385	31470	25100	30646	28555	28134	
周口市 Zhoukou		22547	26080	31147		24446	28815	30522		
驻马店市 Zhumadian		30208	30510	27145		23156	30621	27168		
济源市 Jiyuan		34404	26925	27480	26444	24927	26265	27518	27065	

主要统计指标解释

从业人员　指在16周岁及以上，从事一定社会劳动并取得劳动报酬或经营收入的人员。这一指标反映了一定时期内全部劳动力资源的实际利用情况，是研究我国基本国情国力的重要指标。

单位就业人员　指报告期末最后一日24时在本单位中工作，并取得工资或其他形式劳动报酬的人员数。该指标为时点指标，不包括最后一日当天及以前已经与单位解除劳动合同关系的人员，是在岗职工、劳务派遣人员及其他就业人员之和。就业人员不包括：

(1)离开本单位仍保留劳动关系，并定期领取生活费的人员；

(2)利用课余时间打工的学生及在本单位实习的各类在校学生；

(3)本单位因劳务外包而使用的人员。

城镇私营和个体就业人员　城镇私营就业人员指在工商管理部门注册登记，其经营地址设在县城关镇(含县城关镇)以上的私营企业就业人员，包括私营企业投资者和雇工。城镇个体就业人员指在工商管理部门注册登记，并持有城镇户口或在城镇长期居住，经批准从事个体工商经营的就业人员，包括个体经营者和在个体工商户劳动的家庭帮工和雇工。

在岗职工　指在本单位工作且与本单位签订劳动合同，并由单位支付各项工资和社会保险、住房公积金的人员，以及上述人员中由于学习、病伤、产假等原因暂未工作仍由单位支付工资的人员。在岗职工还包括：

(1)应订立劳动合同而未订立劳动合同人员(如使用的农村户籍人员)；

(2)处于试用期人员；

(3)编制外招用的人员；

(4)派往外单位工作，但工资仍由本单位发放的人员(如挂职锻炼、外派工作等情况)。

工资总额　指根据《关于工资总额组成的规定》(1990年1月1日国家统计局发布的一号令)进行修订，在报告期内(季度或年度)直接支付给本单位全部就业人员的劳动报酬总额。包括计时工资、计件工资、奖金、津贴和补贴、加班加点工资、特殊情况下支付的工资，是在岗职工工资总额、劳务派遣人员工资总额和其他就业人员工资总额之和。

工资总额是税前工资，包括单位从个人工资中直接为其代扣或代缴的房费、水费、电费、住房公积金和社会保险基金个人缴纳部分等。

工资总额不论是计入成本的还是不计入成本的，不论是以货币形式支付的还是以实物形式支付的，均应列入工资总额的计算范围。

平均工资　指单位就业人员在一定时期内平均每人所得的货币工资额。它表明一定时期职工工资收入的高低程度，是反映就业人员工资水平的主要指标。计算公式为：

$$平均工资=\frac{报告期实际支付的全部就业人员工资总额}{报告期全部就业人员平均人数}$$

平均工资指数　指报告期就业人员平均工资与基期就业人员平均工资的比率，是反映不同时期就业人员货币工资水平变动情况的相对数。计算公式为：

$$平均工资指数=\frac{报告期就业人员平均工资}{基期就业人员平均工资}\times 100\%$$

平均实际工资指数　就业人员平均实际工资指扣除物价变动因素后的就业人员平均工资。就业人员平均实际工资指数是反映实际工资变动情况的相对数，表明就业人员实际工资水平提高或降低的程度。计算公式为：

$$平均实际工资指数 = \frac{报告期就业人员平均工资指数}{报告期城镇居民消费价格指数} \times 100\%$$

城镇登记失业人员　指有非农业户口，在一定的劳动年龄内(16 周岁至退休年龄)，有劳动能力，无业而要求就业，并在当地劳动保障部门进行失业登记的人员。

城镇登记失业率　城镇登记失业人员与城镇单位就业人员(扣除使用的农村劳动力、聘用的离退休人员、港澳台及外方人员)、城镇单位中的不在岗职工、城镇私营业主、个体户主、城镇私营企业和个体就业人员、城镇登记失业人员之和的比。

Explanatory Notes on Main Statistical Indicators

Employed Persons refer to persons aged 16 and over who are engaged in gainful employment and thus receive remuneration payment or earn business income. This indicator reflects the actual utilization of total labour force during a certain period of time and is often used for the research on China's economic situation and national power.

Persons Employed in Various Units refer to the total number of employees who work at his unit and obtain wages or other forms of payment at the end of the reporting period. This indicator is a kind of time point index and it equals to the sum of the number of employed staff and workers, labor dispatch personnel and other employed persons. Employed persons do not include:

1) persons who have left their working units while keeping their labour contract (employment relation) unchanged and receiving regular alimony;

2) students who do part-time jobs in spare time and all kinds of enrolled students who do internship in various units;

3) persons employed due to labor outsourcing;

4) persons who dissolve labor contracts with their units on the last day of reporting period or before.

Persons Employed in Private Enterprises and Self-Employed Individuals in Urban Areas Persons employed in private enterprises refer to the persons employed in the private enterprises which have been registered at the departments of industrial and commercial administration for which the business operation are situated at a county town (i.e. a town where the county government is located), or at urban areas with administrative hierarchy higher than a county town. The self-employed individuals in urban areas refer to persons who hold the certificates of residence in urban areas or have resided in the urban areas for a long time and have been registered at the departments of industrial and commercial administration and approved to be engaged in individual industrial or commercial business, including self-employed persons as well as helpers and hired laborers who work in individual households.

Employed Staff and Workers refer to persons who signed labor contracts with working units and working units would pay wages, social insurance and housing funds for them. Persons who have their work posts but are temporarily absent from work for reasons of study or on sick, injury or maternal leave and still receive wages from their working units are also included. Employed staff and workers also include:

1) Persons who should have signed the labor contracts but not (like people with rural household registration);

2) Employees on probation;

3) Employees beyond the staffing quota;

4) Employees who are sent to other working units but still obtain wages from their original units (situations like on-the-job placement, expatriated assignment, etc.)

1) Employed Staff and Workers do not include: Dispatched personnel who work and are paid directly by the working units; they shall be counted into "labour dispatch personnel" of the working units;

2) Personnel through labor outsourcing, they shall be counted into "employed staff and workers" of the units which contracted them.

Total Wage Bill It is revised according to the "Provision of Composition of Total Wages" (Order No.1 by National Bureau of Statistics on January, 1st, ,1990), total wage bill refers to the total remuneration payment to all employed persons in various units during the reporting period (by quarter or by year), including hourly-paid wages, piece-rate wages, bonuses, allowance and subsidies, overtime wages and wages paid under special circumstances. It equals to the sum of total wages of employed staff and workers, dispatch labors and other employed persons.

Total wage bill is pre-tax wages, including the room charges, utility bills, housing funds and social insurance paid or withheld by employee's units.

Total wage bill, whether or not included in cost, whether or not paid in money or in kind, shall be included in the calculation of total wage.

Average Wage refers to the average per capita wage in money terms during a certain period of time for employed persons. It shows the general level of wage income of staff and worker during a certain period of time, one major indicator to reflect the wage level. It is calculated as follows:

$$\text{Average Wage} = \frac{\text{Total Wage Bill of Employed Persons at Reference Time}}{\text{Average Number of Persons Employed at Reference Time}}$$

Average Wage Indices refers to the ratio of average wage of employed persons the reporting period to that at the base period, which reflects the change of wage of employed persons at the different period. It is calculated as follows:

$$\text{Average Wage Indices} = \frac{\text{Average Wage of Employed Persons at Reference Time}}{\text{Average Wage of Persons Employeds at Base Period}} \times 100\%$$

Average Real Wage Indices average real wage of employed persons refers to the average wage of employed persons after removing the effects of the price changes and average real wage indices of employed persons refers to the change of real wage, which reflects the relative increasing or decreasing level of real wage of employed persons ,which is calculated as follows:

$$\text{Average Real Wage Indices} = \frac{\text{Average Wage Indices of Employed Persons at the Reference Time}}{\text{Urban Consumer Price Indices at Reference Time}} \times 100\%$$

Registered Unemployed Persons in Urban Areas refer to the persons with non-agricultural household registration at certain working ages (16 years old to retirement age), who are capable of working, unemployed and willing to work, and have been registered at the local employment service agencies to apply for a job.

Registered Unemployment Rate in Urban Areas refers to the ratio of the number of the registered unemployed persons to the sum of the number of persons employed in various units (minus the employed rural labour force, re-employed retirees, and Hong Kong, Macao, Taiwan or foreign employees), laid-off staff and workers in urban units, owners of private enterprises in urban areas, owners of self-employed individuals in urban areas, employees of private enterprises in urban areas, employee of self-employed individuals in urban areas, and the registered unemployed persons in urban areas.

固定资产投资

Investment in Fixed Assets

● 资料整理：邱　倩

简要说明

一、主要内容

本篇包括固定资产投资的规模、结构和比例关系、资金来源、投资效果及大型项目等资料。

二、统计范围

固定资产投资统计范围包括：城乡计划总投资500万元及500万元以上建设项目投资，房地产开发投资及农户投资。

三、统计口径的变化

自1997年起，除房地产开发投资、农村非农户投资、个人投资及城镇和工矿区私人建房投资外，固定资产投资的统计起点由5万元提高到50万元。自2006年起，非农户固定资产投资统计改为按项目统计，调查方法由抽样调查改为全面统计报表，起点提高到50万元。城镇和工矿区私人建房投资改为按项目统计，起点为50万元。自2011年起，固定资产投资的统计起点由50万元提高到500万元,2010年新口径数据与2011年标准一致；取消“城镇固定资产投资”指标。

四、资料来源

农村居民投资数据来源于农村住户抽样调查，除此以外的固定资产投资统计资料均为全面统计报表，由河南省统计局固定资产投资统计处编辑整理。

Brief Introduction

I. Main Contents

Statistics in this chapter include the size, growth, structure, ratio, financing and results of the investment in fixed assets and major projects.

II. Scope of Statistics

Statistics on the investment in fixed assets cover investments in capital construction projects investment 5 million yuan and over , investments in real estate development and farm household investment.

III. Changes in Statistical Scope

Since 1997, the cut-off point of projects covered by statistics of investment in fixed assets are raised from an investment of 50,000 yuan to 500,000 yuan, except investment in real estate development, farm household investment, non-farm household investment and private investment in housing construction in urban areas and industrial and mining areas. Since 2006, statistics on investments in fixed assets of rural non-farm households are changed to project-based, the sample survey method changed from Sampling survey to comprehensive statistics, investments in private investment in housing construction in urban areas and industrial and mining areas The cut-off point has been raised to 500,000 yuan. Since 2011, the cut-off point of projects covered by statistics of investment in fixed assets are raised from an investment of 500,000 yuan to 5 million yuan, and the same as New caliber data on 2010Index of investment in fixed assets in unban areas was canceled.

IV. Sources of Data

Data on individual investments in fixed assets in rural areas are collected through sample surveys, Other data on investment in fixed assets are collected by the system of reporting form with complete enumeration, which are provided by the Department of investment in fixed assets of the Henan provincial Bureau of Statistics.

6-1 全社会固定资产投资总额

Investment in Fixed Assets in the whole Province

年 份 Year	全社会固定资产投资总额(亿元) Total Investment in Fixed Assets (100 million yuan)	固定资产投资 Invest-ment	#工业投资 Industry Invest-ment	#房地产开发投资 Real Estate Development	#基础设施投资 Infras-tructure Development	农户投资 Farm Households Development	#民间投资 civilian Invest-ment	#基础设施投资 Infras-tructure Development
1978	24.80							
1979	23.75							
1980	24.27							
1981	47.25							
1982	53.52							
1983	61.40							
1984	86.93							
1985	126.95	82.64				44.32	62.38	
1986	144.94	92.05				52.89	72.47	
1987	160.42	103.20				57.22	78.05	
1988	204.05	134.32				69.73	98.42	
1989	187.68	124.53			24.20	63.15	88.06	24.20
1990	206.12	139.33	87.77	3.43	29.42	66.79	97.89	29.42
1991	256.46	175.38	115.46	4.07	38.12	81.08	112.18	38.12
1992	318.83	250.07	133.83	8.78	55.03	68.76	129.68	55.03
1993	450.43	395.22	181.93	25.27	107.55	55.21	155.58	107.55
1994	628.03	560.32	238.54	49.61	163.30	67.71	215.51	163.30
1995	805.03	713.72	301.69	62.56	224.20	91.31	303.96	224.20
1996	1003.61	881.61	357.97	54.84	290.86	122.00	427.83	290.86
1997	1165.19	979.48	365.52	51.75	328.42	152.00	539.44	328.42
1998	1252.22	1047.41	337.88	58.10	382.03	193.10	595.69	382.03
1999	1324.18	1073.24	404.71	70.41	420.74	210.94	639.42	420.74
2000	1475.72	1176.76	446.77	77.87	509.22	254.95	698.79	509.22
2001	1627.99	1305.87	480.15	102.84	581.51	276.13	781.97	581.51
2002	1820.45	1483.81	524.86	138.36	628.57	295.42	911.76	628.57
2003	2310.54	1983.75	833.27	185.56	828.88	321.79	1228.28	828.88
2004	3099.38	2750.61	1287.17	258.82	1052.59	348.77	1526.42	1075.62
2005	4378.69	3928.49	1938.66	388.52	1331.78	450.20	2434.94	1368.55
2006	5907.74	5399.54	2704.35	581.95	1633.77	508.20	3600.76	1733.94
2007	8010.11	7418.57	4081.42	837.11	1694.92	591.54	5573.14	1725.19
2008	10490.65	9821.02	5385.76	1206.71	1972.73	669.63	7659.96	2008.46
2009	13704.65	12924.53	6954.42	1553.76	2687.75	780.12	10561.40	2715.39
2010	16585.85	15799.21	8223.57	2114.08	3209.62	786.64	13021.83	3238.10
2010 (新口径 New caliber)	14124.69	13338.05	6800.63	2114.08	2007.31	786.64	11109.84	2035.79
2011	17770.51	16935.88	9110.52	2626.54	2371.06	834.63	14151.06	2399.55
2012	21449.99	20558.61	11024.18	3035.29	2755.72	891.38	17513.16	2786.17
2013	26087.45	25188.06	13132.81	3843.76	3259.53	899.39	21540.29	3293.03
2014	30782.17	30012.28	15378.16	4375.71	3883.47	769.89	26203.10	3917.96

注：1.1997-2003年全社会投资总额中含规模为5-50万元地方项目投资，其他指标均不包括(下同)。
2.2005年及以前年度全社会、固定资产投资及各种分组中包括城镇工矿区私人建房投资(下同)。

a)Data of Investment in fixed assets in 1997~2003 contained local projects from 50000 to 500000 Yuan,other indicators didn't contained these projects (the same as in following tables)

b)Fixed Assets Investment in the Whole Country and Fixed Assets Investment, as well as investment by Group in and before 2005 included the Housing Investment by Individuals in Urban Areas and in Industrial and Mining Areas.(the same as the following tables)

6-4 各市全社会固定资产投资实际到位资金(2014年)

Actual Funds for Investment in Fixed Assets in the whole Province by City (2014)

单位：亿元 (100 million yuan)

市(县) City(County)	本年实际到位资金 Subtotal of Actual Funds for Investment	国家预算资金 State Budget	国内贷款 Domestic Loans	利用外资 Foreign Investment	自筹资金 Self-raising Funds	其他资金 Others
全省 Total	**30932.72**	**861.17**	**4000.91**	**94.69**	**23785.09**	**2190.86**
省辖市 City						
郑州市 Zhengzhou	5395.37	345.81	755.77	1.41	3387.69	904.69
开封市 Kaifeng	1178.37	43.96	178.07	6.92	892.24	57.18
洛阳市 Luoyang	2994.77	16.48	127.70	0.92	2595.76	253.90
平顶山市 Pingdingshan	1489.88	30.27	248.62	2.31	1076.37	132.30
安阳市 Anyang	1617.87	5.01	52.43	0.70	1499.24	60.50
鹤壁市 Hebi	594.48	37.80	121.42	2.14	398.39	34.73
新乡市 Xinxiang	1890.94	24.39	308.67	2.72	1467.05	88.11
焦作市 Jiaozuo	1658.62	17.78	367.08		1224.59	49.16
濮阳市 Puyang	1142.63	61.86	106.42		931.70	42.64
许昌市 Xuchang	1735.66	18.80	416.62	0.53	1232.75	66.98
漯河市 Luohe	804.19	2.00	82.01	5.51	703.13	11.54
三门峡市 Sanmenxia	1330.23	59.15	233.46	1.34	991.14	45.14
南阳市 Nanyang	2607.46	50.80	221.84	23.62	2188.77	122.43
商丘市 Shangqiu	1555.91	8.77	172.52	0.97	1330.06	43.59
信阳市 Xinyang	1764.78	37.33	335.95		1191.05	200.44
周口市 Zhoukou	1488.85	32.34	131.42	27.65	1271.57	25.87
驻马店市 Zhumadian	1288.94	50.49	141.55	3.69	1039.66	53.55
济源市 Jiyuan	426.34	18.14	19.51	14.26	356.49	17.94
省直管县 Province Administrating County						
巩义市 Gongyi	407.07	0.09	48.02		350.44	8.50
兰考县 Lankao	131.74	2.57	16.36		111.98	0.83
汝州市 Ruzhou	247.92	1.32	55.91	1.78	156.16	32.75
滑县 Huaxian	134.56	0.31	0.27		128.83	5.15
长垣县 Changyuan	248.36	8.78	44.17		192.28	3.13
邓州市 Dengzhou	264.85	3.59	38.50		217.40	5.35
永城市 Yongcheng	318.04		1.35		302.99	13.70
固始县 Gushi	232.68	11.13	49.19		151.19	21.17
鹿邑县 Luyi	148.71	14.25	7.40		121.00	6.05
新蔡县 Xincai	107.29	4.01	16.13	0.03	86.96	0.15

6-5 各市按登记注册类型分的全社会固定资产投资(2014年)

Investment in Fixed Assets in the whole Province by Status of Registration and City (2014)

单位：亿元

市(县) City(County)	总 计 Total	内 资 Domestic	国 有 State-owned	集 体 Collective-owned	股份合作 Cooperative	联 营 Joint
全 省 Total	**30782.17**	**30476.86**	**3649.85**	**1358.23**	**235.10**	**113.91**
省 辖 市 City						
郑 州 市 Zhengzhou	5355.32	5262.74	1041.83	244.30	56.26	14.27
开 封 市 Kaifeng	1169.55	1157.31	133.10	60.56	17.81	0.37
洛 阳 市 Luoyang	3026.48	2994.76	365.82	244.58	39.96	13.30
平 顶 山 市 Pingdingshan	1476.93	1474.69	157.96	20.94	4.25	9.21
安 阳 市 Anyang	1609.17	1605.94	143.40	84.08	18.90	0.32
鹤 壁 市 Hebi	598.68	595.92	85.09	2.85		4.78
新 乡 市 Xinxiang	1885.22	1868.21	131.15	85.74	5.50	19.94
焦 作 市 Jiaozuo	1653.70	1653.36	176.02	39.26	5.15	10.78
濮 阳 市 Puyang	1137.31	1136.19	170.96	34.51	0.77	1.45
许 昌 市 Xuchang	1676.34	1666.28	58.87	39.87		2.60
漯 河 市 Luohe	794.70	784.89	14.70	46.11	3.28	13.77
三 门 峡 市 Sanmenxia	1339.11	1323.27	356.87	71.73	17.71	
南 阳 市 Nanyang	2575.80	2548.60	285.07	143.32	6.68	14.62
商 丘 市 Shangqiu	1548.78	1538.86	105.44	57.86	13.50	2.89
信 阳 市 Xinyang	1792.53	1789.86	184.63	94.39	18.32	3.05
周 口 市 Zhoukou	1473.12	1429.70	94.30	16.45	5.55	1.77
驻 马 店 市 Zhumadian	1284.67	1272.41	103.81	71.31	21.47	0.52
济 源 市 Jiyuan	417.33	406.48	40.83	0.36		0.30
省 直 管 县 Province Administrating County						
巩 义 市 Gongyi	414.31	405.99	10.85	11.22	7.13	0.35
兰 考 县 Lankao	130.93	130.93	10.54	11.51		
汝 州 市 Ruzhou	243.92	243.77	23.07	1.90		5.94
滑 县 Huaxian	131.27	131.27	8.77	2.39		
长 垣 县 Changyuan	246.66	246.66	11.98	1.24		
邓 州 市 Dengzhou	260.11	260.11	49.02	39.91		
永 城 市 Yongcheng	314.95	314.95	2.84	48.81	5.05	
固 始 县 Gushi	232.42	232.42	37.52			
鹿 邑 县 Luyi	148.61	148.60	23.01			
新 蔡 县 Xincai	110.58	110.36	4.17	9.10	20.42	0.15

6-6 续表 continued

单位：亿元 (100 million yuan)

市(县) City(County)	房地产业 Real estate	租赁和商务服务业 Tenancy and business services	科学研究和技术服务业 Scientific research, and technical service	水利、环境和公共设施管理业 Management of water conservancy, environment and public establishment	居民服务、修理和其他服务业 Resident services Repairing and other services	教育 Education	卫生和社会工作 Sanitation, and social work	文化、体育和娱乐业 Culture, sports and enterta-inment	公共管理、社会保障和社会组织 Public management social security and social organization
全省 Total	**7391.18**	**311.43**	**132.62**	**2179.36**	**179.93**	**361.80**	**244.04**	**309.47**	**72.56**
省辖市 City									
郑州市 Zhengzhou	2181.57	95.52	40.33	626.15	2.96	83.79	46.44	38.43	13.72
开封市 Kaifeng	245.77	10.77	20.78	84.50	6.50	9.95	6.12	31.81	1.37
洛阳市 Luoyang	626.92	27.88	24.55	270.89	70.23	38.37	25.98	50.56	3.07
平顶山市 Pingdingshan	274.71	10.14	2.55	78.29	4.07	10.56	11.67	28.64	3.45
安阳市 Anyang	294.58	30.68	0.31	143.07	10.35	20.79	9.61	11.43	8.07
鹤壁市 Hebi	128.91	2.86	1.51	32.31	1.57	8.06	1.98	1.59	0.20
新乡市 Xinxiang	467.85	36.34	7.03	91.77	5.25	27.69	14.73	13.14	0.98
焦作市 Jiaozuo	245.30	17.17	5.63	53.22	11.97	15.10	19.99	22.99	3.03
濮阳市 Puyang	170.66	8.74	6.10	85.67	3.23	15.31	12.64	12.67	4.04
许昌市 Xuchang	314.08	8.27	1.56	36.38	19.07	31.16	3.67	15.35	11.07
漯河市 Luohe	93.25	0.86		42.39	0.01	6.97	5.25	3.27	0.60
三门峡市 Sanmenxia	173.82	10.06	1.71	129.76	2.64	6.25	13.85	6.48	1.16
南阳市 Nanyang	330.56	4.91	7.73	183.17	7.74	30.80	28.52	34.98	10.70
商丘市 Shangqiu	364.05	13.55	1.52	53.03	3.06	9.53	4.70	4.56	0.65
信阳市 Xinyang	640.56	3.46	0.59	146.05	4.57	19.79	16.46	8.99	2.67
周口市 Zhoukou	366.10	4.65	4.26	35.68	2.93	7.06	13.47	2.82	4.42
驻马店市 Zhumadian	352.56	23.16	0.10	53.12	0.12	18.63	4.97	16.12	3.29
济源市 Jiyuan	96.18	1.40	6.36	33.34	1.10	2.15	4.00	5.88	0.07
省直管县 Province Administrating County									
巩义市 Gongyi	81.82	2.62	2.36	12.01		4.32	1.16	0.68	0.59
兰考县 Lankao	28.84	0.15	0.70	6.00		0.68	1.03	0.18	
汝州市 Ruzhou	18.76			16.40	0.23	1.12	3.60	6.38	0.68
滑县 Huaxian	22.38	0.50		0.83	1.56	0.88	0.65	0.20	
长垣县 Changyuan	44.40	28.03		7.21		0.66	5.18	0.68	
邓州市 Dengzhou	71.91			18.92		3.76	0.91	1.19	0.08
永城市 Yongcheng	144.25	1.41	1.52	6.06	0.69	0.15	0.52	2.56	
固始县 Gushi	76.64	1.96	0.48	30.30		1.45	1.30	0.49	0.80
鹿邑县 Luyi	23.21	3.67	3.21	6.02	0.05	0.66	0.69	0.10	
新蔡县 Xincai	27.56			2.42	0.06	1.09	0.30	0.22	1.38

6-7 各市按构成分的全社会固定资产投资及房屋面积(2014年)

Total Investment in Fixed Assets and Floor Space of Buildings by Composition in Cities (2014)

市(县) City(County)	全社会固定资产投资总额(亿元) Total Investment in Fixed Assets(100 million yuan)					房屋面积(万平方米) Floor Space of Buildings (10 000 sq.m)			
	合计 Total	建筑工程 Construction	安装工程 Installation	设备、工具、器具购置 Purchase of Equipment and Instruments	其他费用 Others	施工面积 Floor Space Under Construction	#住宅 Residential Buildings	竣工面积 Floor Space Completed	#住宅 Residential Buildings
全 省 Total	**30782.17**	**19245.17**	**402.70**	**8065.60**	**3068.70**	**89258**	**16764**	**24529**	**15700**
省 辖 市 City									
郑 州 市 Zhengzhou	5355.32	3654.33	81.65	773.02	846.32	15560	2010	3215	2003
开 封 市 Kaifeng	1169.55	669.01	24.63	424.37	51.55	4267	579	1391	580
洛 阳 市 Luoyang	3026.48	1804.72	38.94	778.47	404.35	8739	1482	2393	1418
平 顶 山 市 Pingdingshan	1476.93	814.57	25.06	453.01	184.29	4338	579	1179	579
安 阳 市 Anyang	1609.17	889.87	28.96	624.95	65.40	4685	724	1277	740
鹤 壁 市 Hebi	598.68	445.98	3.54	130.67	18.49	1869	202	297	201
新 乡 市 Xinxiang	1885.22	1197.49	33.78	536.97	116.98	5575	1048	1216	1028
焦 作 市 Jiaozuo	1653.70	875.51	10.24	590.73	177.22	2656	474	678	476
濮 阳 市 Puyang	1137.31	409.29	11.97	511.67	204.38	1895	245	339	245
许 昌 市 Xuchang	1676.34	1039.07	26.00	495.56	115.73	5513	1243	1577	1194
漯 河 市 Luohe	794.70	552.91	4.91	216.23	20.64	1606	227	370	224
三 门 峡 市 Sanmenxia	1339.11	776.07	39.53	403.81	119.69	1980	487	711	487
南 阳 市 Nanyang	2575.80	1704.92	30.22	633.61	207.06	7378	1529	1896	1512
商 丘 市 Shangqiu	1548.78	908.16	10.44	540.13	90.05	5295	1026	1394	1026
信 阳 市 Xinyang	1792.53	1201.54	11.16	272.09	307.75	7114	2162	2974	2110
周 口 市 Zhoukou	1473.12	1075.18	6.85	342.54	48.56	4228	1665	2340	1665
驻 马 店 市 Zhumadian	1284.67	987.83	3.69	226.42	66.74	5759	1303	2122	1228
济 源 市 Jiyuan	417.33	173.76	10.45	185.11	48.01	1825	515	491	223
省 直 管 县 Province Administrating County									
巩 义 市 Gongyi	414.31	237.78	22.52	135.32	18.69	610	141	185	139
兰 考 县 Lankao	130.93	113.97	0.22	15.94	0.79	147	84	84	84
汝 州 市 Ruzhou	243.92	152.20	3.60	76.48	11.65	433	28	125	28
滑 县 Huaxian	131.27	97.74	0.06	29.00	4.47	427	98	216	98
长 垣 县 Changyuan	246.66	136.04	23.05	87.39	0.19	1692	79	86	79
邓 州 市 Dengzhou	260.11	146.26	0.50	94.24	19.10	301	133	146	144
永 城 市 Yongcheng	314.95	252.07	3.03	42.71	17.15	2430	653	660	653
固 始 县 Gushi	232.42	163.82	0.25	37.74	30.60	957	252	410	212
鹿 邑 县 Luyi	148.61	111.84	1.71	27.56	7.50	278	147	147	147
新 蔡 县 Xincai	110.58	75.51	0.07	34.49	0.51	516	121	166	120

6-8 固定资产投资
Investment in Fixed Assets

项目	Item	2010	2010 (新口径 New Caliber)	2011	2012	2013	2014
投资总额(亿元)	**Total Investment (100 million yuan)**	**15799.21**	**13338.05**	**16935.88**	**20558.61**	**25188.06**	**30012.28**
按控股情况分	by Shore-holding						
国有控股	State-holding	3232.83	2721.10	3264.78	3594.37	4206.72	4333.37
集体控股	Collective-holding	1657.26	1371.79	1416.32	1466.92	1668.07	2015.49
港澳台商控股	Hong Kong, Macao and Taiwan-holding	203.86	177.92	203.24	192.94	179.49	130.14
外商控股	Foreign-holding	127.34	115.83	151.43	149.13	159.27	122.52
私人及其他控股	Private and others-holding	10577.92	8951.40	11900.11	15155.26	18974.51	23410.78
按隶属关系分	Grouped by Administrative Relationship						
中央	Central Investment	314.59	286.04	254.68	256.29	266.26	208.89
地方	Local Investment	15484.63	13052.01	16681.20	20302.32	24921.80	29803.40
按构成分	Grouped by Use of Funds						
建筑安装工程	Construction and Installation	9542.36	8097.28	10418.25	12242.18	15213.67	18955.96
设备、工器具购置	Purchase of Equipment and Instruments	4332.55	3567.21	4438.31	5718.27	7188.35	7994.89
其他费用	Others	1924.31	1673.56	2079.33	2598.16	2786.04	3061.43
按建设性质分	Grouped by Type of Construction						
#新建	New Construction	9788.66	8061.23	10893.91	13731.39	17695.98	21842.58
扩建	Expansion	2433.80	1978.27	2070.08	2185.20	2140.70	2032.49
改建和技术改造	Reconstruction	1179.63	956.16	1107.52	1306.37	1195.15	1308.28
资金来源(亿元)	**Source of Funds (100 million yuan)**	**16156.60**	**13704.12**	**17254.35**	**20818.69**	**25631.18**	**30162.83**
国家预算资金	State Budgetary Appropriation	363.55	303.21	353.71	412.02	578.32	861.17
国内贷款	Domestic Loans	1570.75	1373.40	2093.30	2490.13	3270.31	3995.63
债券	Bond						0.69
利用外资	Foreign Investment	45.98	38.98	100.68	78.08	86.88	94.69
自筹资金	Fundraising	12474.66	10419.57	13166.16	15910.74	19473.88	23026.80
其他资金	Others	1701.66	1568.95	1540.50	1927.70	2221.79	2183.85
新增固定资产(亿元)	**Newly Increased Fixed Assets (100 million yuan)**	**10599.13**	**8842.09**	**11001.17**	**13036.64**	**15604.51**	**19672.97**
房屋建筑面积(万平方米)	**Floor Space of Buildings (10 000 sq.m)**						
施工面积	Floor Space Under Construction	51477	51050	56480	65885	84386	79979
#住宅	Residential Buildings	22710	22658	25800	29089	34650	35889
竣工面积	Floor Space Completed	15121	14537	14291	14703	14701	16515
#住宅	Residential Buildings	6075	5921	7117	6812	6603	8037

6-9 分行业固定资产投资实际到位资金(2014年)

Actual Funds for Investment in Fixed Assets by Sector (2014)

单位：亿元 (100 million yuan)

指 标	Item	实际到位资金 Sources of Actual Funds	国家预算资金 State Budget	国内贷款 Domestic Loans	利用外资 Foreign Investment	自筹资金 Self raising Funds	其他资金 Others
总 计	**Total**	**30162.83**	**861.17**	**3995.63**	**94.69**	**23027.49**	**2183.85**
农、林、牧、渔业	**Farming, Forestry,animal Husbandry and Fishery**	**1261.63**	**33.27**	**119.38**	**1.19**	**1068.55**	**39.24**
农业	Farming	541.27	7.53	58.71	0.18	455.02	19.83
林业	Forestry	71.51	1.38	2.48		64.75	2.90
畜牧业	Animal Husbandry	472.52	0.32	47.60	0.93	411.35	12.33
渔业	Fishery	29.07	0.32	1.01		26.86	0.87
农、林、牧、渔服务业	Service activities for Farming, forestry, animal Husbandry and fishery	147.26	23.72	9.58	0.08	110.57	3.31
工业	**Industry**	**15310.29**	**65.93**	**2285.68**	**79.49**	**12646.49**	**232.71**
采矿业	Mining	561.27		43.41		507.16	10.70
煤炭开采和洗选业	Mining and Washing of Coal	143.04		11.50		130.58	0.96
石油和天然气开采业	Extraction of Petroleum and Natural Gas	33.08		1.25		31.83	
黑色金属矿采选业	Mining of Ferrous Metal Ores	16.19		2.91		13.28	
有色金属矿采选业	Mining of Non-ferrous Metal Ores	269.05		20.37		241.46	7.23
非金属矿采选业	Mining and Processing of Nonmetal Ores	85.95		4.89		79.64	1.42
开采辅助活动	Mining Auxiliary	13.96		2.50		10.37	1.09
其他采矿业	Mining of Other Ores n.e.c						
制造业	Manufacturing	14054.62	2.42	2137.63	77.93	11643.26	193.38
农副食品加工业	Processing of Food from Agricultural Products	931.96	0.33	141.09	25.62	745.65	19.27
食品制造业	Manufacture of Foods	651.51		74.78	0.50	562.46	13.77
酒、饮料和精制茶制造业	Manufacture of Wine, drinks and refined tea	400.46	0.04	54.48	4.18	339.05	2.71
烟草制造业	Manufacture of Tobacco	13.69	0.35	1.12		12.22	
纺织业	Manufacture of Textile	498.32		87.04	4.25	398.04	8.99
纺织服装、服饰业	Manufacture of Textile Wearing,Apparel	548.10		85.95		454.22	7.93
皮革、毛皮、羽毛及其制品和制鞋业	Manufacture of Leather, Fur, Feather and Its Products,Shoemaking	302.88		31.00	0.94	269.04	1.90
木材加工及木、竹、藤、棕、草制品业	Processing of Timbers, Manufacture of Wood, Bamboo, Rattan, Palm, and Straw Products	203.30		30.16		168.73	4.41
家具制造业	Manufacture of Furniture	291.25		50.18	3.57	232.09	5.40
造纸及纸制品业	Manufacture of Paper and Paper Products	220.20		35.49	1.10	181.56	2.05
印刷和记录媒介复制业	Printing,Reproduction of Recording Media	105.89		14.67	0.89	84.68	5.66
文教、工美、体育和娱乐用品制造业	Manufacture of Cultural and educational supplies, industrial, sporting and entertainment	96.78		11.21		80.43	5.13
石油加工、炼焦及核燃料加工业	Processing of Petroleum ,Coking, Processing of Nucleus Fuel	58.41	0.55	9.56		42.67	5.63

6-9 续表 1 continued

单位：亿元 (100 million yuan)

指标	Item	实际到位资金 Sources of Actual Funds	国家预算资金 State Budget	国内贷款 Domestic Loans	利用外资 Foreign Investment	自筹资金 Self-raising Funds	其他资金 Others
化学原料及化学制品制造业	Manufacture of Chemical Raw Material and Chemical Products	1006.51	0.28	155.12		835.66	15.45
医药制造业	Manufacture of Medicines	500.69	0.06	84.79	1.72	408.24	5.89
化学纤维制造业	Manufacture of Chemical Fiber	74.09		12.20		59.94	1.95
橡胶和塑料制品业	Manufacture of Rubber and Plastic	416.81		57.59	2.80	353.26	3.15
非金属矿物制品业	Manufacture of Non-metallic Mineral Products	1530.62	0.08	214.74	13.21	1277.52	25.07
黑色金属冶炼和压延加工业	Manufacture and Processing of Ferrous Metals	230.64		45.78		183.52	1.34
有色金属冶炼及压延加工业	Manufacture and Processing of Non-ferrous Metals	637.31	0.23	122.35		508.46	6.27
金属制品业	Manufacture of Metal Products	646.84		98.26	2.06	544.45	2.07
通用设备制造业	Manufacture of General Purpose Machinery	876.73	0.20	113.13	4.03	749.36	10.02
专业设备制造业	Manufacture of Special Purpose Machinery	983.80	0.05	168.72	0.62	807.23	7.18
汽车制造业	Manufacture of Automobile	743.84		142.86	2.00	596.30	2.68
铁路、船舶、航空航天和其他运输设备制造业	Manufacture of Railway, shipbuilding, aerospace, and other transportation equipment	219.01		18.59	0.42	198.26	1.74
电气机械及器材制造业	Manufacture of Electrical Machinery and Equipment	946.70	0.10	136.21	1.00	803.54	5.85
计算机、通信和其他电子设备制造业	Manufacture of Computer Communication Equipment, and Other Electronic Equipment	696.48	0.15	113.01	9.02	556.18	18.12
仪器仪表制造业	Manufacture of Measuring Instrument	115.82		15.70		98.02	2.10
其他制造业	Manufacture of others	44.79		3.96		40.59	0.24
废弃资源综合利用业	Comprehensive utilization of waste materials	56.09		7.63		47.03	1.42
金属制品、机械和设备修理业	Repairing of Metal products, machinery and equipment	5.11		0.25		4.86	
电力、燃气及水的生产和供应业	Production and Distribution of Electricity, Gas and Water	694.41	63.51	104.63	1.56	496.07	28.63
电力、热力生产和供应业	Production and Supply of Electric Power and Heat Power	385.65	18.56	78.69	1.56	269.47	17.37
燃气生产和供应业	Production and Distribution of Gas	126.28	5.23	11.22		108.73	1.10
水的生产和供应业	Production and Distribution of Water	182.48	39.72	14.72		117.87	10.17
建筑业	**Construction**	**3.32**		**0.42**		**2.90**	
#房屋建筑业	Building Construction	2.21		0.42		1.79	
批发和零售业	**Wholesale and retail trade**	**960.49**	**6.40**	**110.96**	**7.77**	**814.92**	**20.44**
#批发业	Wholesale	401.41	2.16	46.28	5.77	336.68	10.53
交通运输、仓储和邮政业	**Traffic,transport, storage and post**	**1391.70**	**115.79**	**305.49**	**0.69**	**928.85**	**40.89**
#铁路运输	Transport via railway	59.48	9.02	26.21		21.02	3.23
道路运输业	Transport via road	630.27	99.05	150.68		351.56	28.98
仓储业	Storage	417.19	1.54	72.41	0.55	334.92	7.77

6-9 续表 2 continued

单位：亿元 (100 million yuan)

指 标	Item	实际到位资金 Sources of Actual Funds	国家预算资金 State Budget	国内贷款 Domestic Loans	利用外资 Foreign Investment	自筹资金 Self-raising Funds	其他资金 Others
邮政业	Post	12.02	2.45	0.62		8.49	0.46
住宿和餐饮业	**Accommodation and Catering Trade**	**311.70**	**0.27**	**32.90**	**0.10**	**271.03**	**7.40**
#住宿业	Accommodation	257.48	0.27	24.55	0.10	225.50	7.05
信息传输、软件和信息技术服务业	**Information transfer,software and Information technology services**	**102.87**		**22.73**		**80.14**	
#电信、广播电视和卫星传输服务业	Telecom,Radio,television and Satellite transmission service	21.19		2.34		18.84	
互联网和相关服务	Internet and related services	3.99		1.00		2.99	
金融业	**Finance**	**28.83**	**1.35**	**1.42**		**24.38**	**1.68**
#货币金融服务	Monetary and financial services	20.87	1.35	0.79		17.59	1.13
保险业	Insurance	1.05				1.05	
房地产业	**Real estate**	**7066.83**	**63.90**	**782.37**	**0.77**	**4571.00**	**1648.79**
租赁和商务服务业	**Tenancy and business services**	**307.55**	**0.63**	**33.12**	**2.17**	**267.33**	**4.29**
#商务服务业	Business service	301.54	0.63	32.68	2.17	261.76	4.29
科学研究和技术服务业	**Scientific research and technical service**	**131.92**	**14.85**	**10.02**		**106.62**	**0.43**
#研究和试验发展	Research and experimental development	68.52	13.42	5.46		49.21	0.43
专业技术服务业	Professional technique services	16.78	1.08	0.61		15.09	
水利、环境和公共设施管理业	**Management of water conservancy, environment and public establishment**	**2157.62**	**445.89**	**191.41**	**1.90**	**1367.20**	**151.22**
水利管理业	Management of water conservancy	164.15	53.02	9.72		93.61	7.80
生态保护和环境治理业	Ecological protection and Environmental management	75.17	8.11	2.35		62.31	2.40
公共设施管理业	Management of public establishment	1918.30	384.76	179.35	1.90	1211.28	141.02
居民服务、修理和其他服务业	**Resident services,Repairing and other services**	**150.20**	**0.93**	**12.70**		**132.10**	**4.37**
#居民服务业	Resident services	107.92	0.63	8.78		94.66	3.84
教育	**Education**	**356.52**	**43.69**	**31.41**	**0.03**	**264.71**	**16.67**
卫生和社会工作	**Sanitation and social Work**	**242.93**	**21.09**	**29.06**		**186.15**	**6.63**
#卫生	Sanitation	199.50	18.22	24.18		151.90	5.21
文化、体育和娱乐业	**Culture, sports and entertainment**	**306.58**	**21.77**	**24.29**	**0.58**	**251.40**	**8.54**
#广播、电视、电影和影视录音制作业	Broadcasting,movies,television and audiovisual activities	2.77				2.77	
文化艺术业	Culture and art	140.33	8.60	13.40	0.58	111.25	6.49
公共管理、社会保障和社会组织	**Public management,social welfare and social organization**	**71.86**	**25.38**	**2.21**		**43.72**	**0.54**
国家机构	Organ of state	57.21	20.18	1.52		35.01	0.50
社会保障	Social welfare	9.30	1.30	0.69		7.27	0.04

6-10 续表

单位：亿元

指　　标	Item	投资额 Total Invest-ment	中　央 Central Invest-ment	地　方 Local Invest-ment
仪器仪表制造业	Manufacture of Measuring Instrument	115.91	1.26	114.65
其他制造业	Manufacture of others	44.58		44.58
废弃资源综合利用业	Comprehensive utilization of waste materials	56.46	0.31	56.15
金属制品、机械和设备修理业	Repairing of Metal products, machinery and equipment	5.11		5.11
电力、燃气及水的生产和供应业	Production and Distribution of Electricity, Gas and Water	701.55	11.60	689.96
电力、热力生产和供应业	Production and Supply of Electric Power and Heat Power	389.40	6.43	382.97
燃气生产和供应业	Production and Distribution of Gas	127.85	5.05	122.80
水的生产和供应业	Production and Distribution of Water	184.30	0.12	184.18
建筑业	**Construction**	**3.42**		**3.42**
#房屋建筑业	Building Construction	2.31		2.31
批发和零售业	**Wholesale and retail trade**	**977.42**	**0.75**	**976.67**
#批发业	Wholesale	408.57	0.59	407.98
交通运输、仓储和邮政业	**Traffic,transport, storage and post**	**1394.31**	**5.80**	**1388.51**
#铁路运输	Transport via railway	61.71	0.51	61.20
道路运输业	Transport via road	629.94	3.21	626.73
仓储业	Storage	416.97	1.80	415.17
邮政业	Post	12.02	0.29	11.73
住宿和餐饮业	**Accommodation and Catering Trade**	**318.76**		**318.76**
#住宿业	Accommodation	260.51		260.51
信息传输、软件和信息技术服务业	**Information transfer,software and Information technology services**	**106.69**	**0.28**	**106.42**
#电信、广播电视和卫星传输服务业	Telecom,Radio,television and Satellite transmission service	21.50	0.28	21.23
互联网和相关服务	Internet and related services	4.31		4.31
金融业	**Finance**	**28.80**	**0.93**	**27.87**
#货币金融服务	Monetary and financial services	20.88		20.88
保险业	Insurance	1.05		1.05
房地产业	**Real estate**	**6778.98**	**29.54**	**6749.43**
租赁和商务服务业	**Tenancy and business services**	**308.76**		**308.76**
#商务服务业	Business service	302.88		302.88
科学研究和技术服务业	**Scientific research and technical service**	**132.62**	**4.27**	**128.35**
#研究和试验发展	Research and experimental development	69.14	4.27	64.87
专业技术服务业	Professional technique services	16.83		16.83
水利、环境和公共设施管理业	**Management of water conservancy, environment and public establishment**	**2178.78**	**12.02**	**2166.76**
水利管理业	Management of water conservancy	161.78	1.95	159.82
生态保护和环境治理业	Ecological protection and Environmental management	75.40	0.13	75.28
公共设施管理业	Management of public establishment	1941.60	9.94	1931.66
居民服务、修理和其他服务业	**Resident services,Repairing and other services**	**152.91**	**0.22**	**152.69**
#居民服务业	Resident services	110.73		110.73
教育	**Education**	**361.80**	**0.55**	**361.26**
卫生和社会工作	**Sanitation and social Work**	**244.04**	**0.68**	**243.36**
#卫生	Sanitation	200.31	0.68	199.63
文化、体育和娱乐业	**Culture, sports and entertainment**	**309.47**	**0.81**	**308.67**
#广播、电视、电影和影视录音制作业	Broadcasting,movies,television and audiovisual activities	3.00		3.00
文化艺术业	Culture and art	142.46	0.81	141.66
公共管理、社会保障和社会组织	**Public management,social welfare and social organization**	**72.56**	**2.13**	**70.43**
国家机构	Organ of state	57.95	2.13	55.82
社会保障	Social welfare	9.30		9.30

continued

(100 million yuan)

内　资 Domestic Invest-ment	港澳台商投资 Units with Funds from Hong Kong, Macao and Taiwan	外商投资 Foreign Funded Units	国有控股 State holds the majority of shares	集体控股 Collective holds the majority of shares	私人控股 Private holds the majority of shares	港澳台控股 Hong Kong, Macao and Taiwan holds the majority of shares	外商控股 Foreign holds the majority of shares	其他控股 others
115.91			2.67	0.52	75.42			37.30
44.58			4.94		37.28			2.36
56.46			2.95		46.54			6.97
5.11					0.69			4.42
695.82	4.39	1.34	280.70	59.54	243.93	2.56	1.65	113.18
385.67	3.73		157.31	29.02	140.84	2.56		59.68
126.87	0.41	0.58	34.20	11.86	66.09		0.48	15.22
183.28	0.25	0.77	89.18	18.67	36.99		1.18	38.28
3.42				**0.06**	**3.30**			**0.06**
2.31					2.31			
951.54	**17.57**	**8.31**	**36.06**	**75.95**	**640.11**	**18.88**	**2.88**	**203.54**
400.23	4.22	4.12	10.86	19.37	289.79	4.22		84.33
1393.28	**0.48**	**0.55**	**565.70**	**94.75**	**549.58**	**0.30**	**0.55**	**183.43**
61.71			52.65	0.94	4.34			3.78
629.94			388.46	69.53	64.20			107.74
415.94	0.48	0.55	36.32	15.57	322.53	0.30	0.55	41.71
12.02			7.21	1.50	3.09			0.22
315.60		**3.16**	**25.48**	**8.51**	**234.32**			**50.45**
257.35		3.16	18.86	6.50	190.93			44.23
102.60	**4.09**		**12.56**	**3.00**	**74.21**	**4.09**		**12.83**
17.41	4.09		10.92	0.50	4.60	4.09		1.38
4.31			0.93		1.31			2.06
28.80			**10.54**	**12.07**	**3.72**			**2.46**
20.88			8.74	8.98	0.87			2.29
1.05			0.87					0.18
6679.14	**58.71**	**41.13**	**819.69**	**886.66**	**3789.79**	**56.26**	**40.73**	**1185.84**
306.80	**1.96**		**40.31**	**21.96**	**200.18**	**1.96**		**44.34**
300.92	1.96		40.31	21.43	196.46	1.96		42.73
132.62			**39.49**	**6.20**	**74.60**			**12.33**
69.14			24.75	4.31	29.58			10.51
16.83			2.93	1.04	11.06			1.81
2178.43	**0.35**		**1260.15**	**218.53**	**423.92**			**276.18**
161.78			91.67	33.43	23.64			13.03
75.40			22.56	0.08	44.11			8.66
1941.25	0.35		1145.92	185.03	356.16			254.49
152.91			**20.25**	**36.62**	**51.36**			**44.68**
110.73			12.46	31.20	26.83			40.24
358.52	**0.91**	**2.37**	**176.31**	**36.54**	**85.00**	**0.91**	**2.37**	**60.68**
244.04			**104.99**	**33.26**	**66.71**			**39.09**
200.31			101.81	26.05	39.71			32.74
309.47			**98.96**	**26.12**	**155.56**			**28.83**
3.00			0.08	0.10	1.92			0.91
142.46			41.06	15.47	73.61			12.32
71.96		**0.60**	**48.89**	**8.55**	**11.39**			**3.72**
57.95			38.13	7.77	9.54			2.51
9.30			8.45	0.35	0.50			

6-11 分行业固定资产投资和在建总规模(2014年)

单位：亿元

行业	Item	建设总规模 Investment in Construction	在建总规模 Investment in Projects under Construction
总　计	**Total**	**83106.69**	**55683.9**
农、林、牧、渔业	**Farming, Forestry,animal Husbandry and Fishery**	**2901.51**	**1763.62**
农业	Farming	**1386.94**	**949.85**
林业	Forestry	150.11	84.76
畜牧业	Animal Husbandry	1035.22	569.54
渔业	Fishery	47.71	17.25
农、林、牧、渔服务业	Service activities for Farming, forestry, animal Husbandry and fishery	281.54	142.23
工业	**Industry**	**33712.96**	**19182.11**
采矿业	Mining	1307.38	744.53
煤炭开采和洗选业	Mining and Washing of Coal	**429.63**	**240.34**
石油和天然气开采业	Extraction of Petroleum and Natural Gas	153.92	72.55
黑色金属矿采选业	Mining of Ferrous Metal Ores	38.04	30.33
有色金属矿采选业	Mining of Non-ferrous Metal Ores	503.35	306.16
非金属矿采选业	Mining and Processing of Nonmetal Ores	160.4	83.77
开采辅助活动	Mining Auxiliary	22.05	11.39
其他采矿业	Mining of Other Ores n.e.c		
制造业	Manufacturing	30506.27	17197.31
农副食品加工业	Processing of Food from Agricultural Products	2020.06	1080.5
食品制造业	Manufacture of Foods	1395.63	846.38
酒、饮料和精制茶制造业	Manufacture of Wine, drinks and refined tea	843.24	457.46
烟草制造业	Manufacture of Tobacco	44.41	9.62
纺织业	Manufacture of Textile	1068.75	564.84
纺织服装、服饰业	Manufacture of Textile Wearing,Apparel	1084.31	610.23
皮革、毛皮、羽毛及其制品和制鞋业	Manufacture of Leather, Fur, Feather and Its Products,Shoemaking	583.47	349.97
木材加工及木、竹、藤、棕、草制品业	Processing of Timbers, Manufacture of Wood, Bamboo, Rattan, Palm, and Straw Products	436.43	220.31
家具制造业	Manufacture of Furniture	603.69	360.68
造纸及纸制品业	Manufacture of Paper and Paper Products	514.61	284.46
印刷和记录媒介复制业	Printing,Reproduction of Recording Media	223.08	127.92
文教、工美、体育和娱乐用品制造业	Manufacture of Cultural and educational supplies, industrial, sporting and entertainment	191.71	107.88
石油加工、炼焦及核燃料加工业	Processing of Petroleum ,Coking, Processing of Nucleus Fuel	179.9	109.15
化学原料及化学制品制造业	Manufacture of Chemical Raw Material and Chemical Products	2220.55	1361.43
医药制造业	Manufacture of Medicines	1014.71	548.07
化学纤维制造业	Manufacture of Chemical Fiber	123.74	90.19
橡胶和塑料制品业	Manufacture of Rubber and Plastic	804.67	390.5
非金属矿物制品业	Manufacture of Non-metallic Mineral Products	3208.32	1828.78
黑色金属冶炼和压延加工业	Manufacture and Processing of Ferrous Metals	500.29	306.17
有色金属冶炼及压延加工业	Manufacture and Processing of Non-ferrous Metals	1696.54	1259.01
金属制品业	Manufacture of Metal Products	1224.14	638.94
通用设备制造业	Manufacture of General Purpose Machinery	1804.38	938.47
专业设备制造业	Manufacture of Special Purpose Machinery	2062.69	1035.75
汽车制造业	Manufacture of Automobile	1736.55	905.88
铁路、船舶、航空航天和其他运输设备制造业	Manufacture of Railway, shipbuilding, aerospace, and other transportation equipment	566.48	375.19
电气机械及器材制造业	Manufacture of Electrical Machinery and Equipment	2183.43	1143.47
计算机、通信和其他电子设备制造业	Manufacture of Computer Communication Equipment, and Other Electronic Equipment	1579.57	837.66

Investment in Fixed Assets by Sector and Total Investment in Construction (2014)

(100 million yuan)

在建净规模 Net Investment in Projects under Construction	投资总额 Total Investment	按构成分 By Use of Funde				按建设性质分 By Type of Construction		
		建筑工程 Construction	安装工程 Installation	设备购置 Purchase of Equipment	其他费用 Others	#新 建 New Construction	#扩 建 Expansion	#改建和技术改造 Reconstruction and Technical Alteration
30046.52	**30012.28**	**18554.11**	**401.85**	**7994.89**	**3061.43**	**21842.58**	**2032.49**	**1308.28**
1209.3	**1264.8**	**790.77**	**15.99**	**260.53**	**197.51**	**1186.26**	**52.81**	**17.62**
679.7	**539.99**	**341.92**	**6.74**	**100.46**	**90.87**	**525.98**	**13.83**	**0.08**
62.42	71.63	39.03	0.51	11.12	20.97	66.14	5.26	0.23
370.31	476.56	293.14	6.49	116.65	60.29	442.17	24.41	1.98
12.22	29.12	16.4	0.76	6.72	5.23	26.62	2.18	0.31
84.65	147.5	100.28	1.49	25.58	20.15	125.36	7.12	15.02
10045.63	**15378.16**	**7257.81**	**299.44**	**6650.02**	**1170.9**	**12893.93**	**1521.41**	**633.58**
350.03	564.84	286.91	15.9	150.36	111.67	381.83	93.33	85.74
109.93	**145.5**	**61.25**	**6.98**	**62.1**	**15.18**	**70.91**	**22.67**	**49.46**
36.98	33.01	16.96	1.89	11.78	2.39	30.24	0.2	2.57
17.81	16.26	11.3	0.59	3.51	0.87	11.88	3.92	
142.62	270.01	135.1	4.77	46.81	83.34	184.8	58.88	25.33
38.78	86.02	54.86	1.46	22.43	7.27	73.1	7.66	5.25
3.91	14.03	7.44	0.22	3.74	2.63	10.9		3.13
8947.56	14111.77	6615.2	266.23	6228.63	1001.72	11979.32	1337.07	486.39
632.49	931.52	489.49	10.97	347.4	83.66	778.42	131.38	19.72
478.06	649.13	318.41	7.43	263.41	59.89	556.78	65.12	13.79
285.39	402.15	208.37	6.15	149.19	38.44	340.71	37.01	12.62
4.37	13.59	7.21	0.44	5.94		6.19		7.4
288.4	496.86	237.98	5.23	228.49	25.16	364.17	97.82	19.94
329.29	549.88	292.91	5.54	219.7	31.73	509.19	38.94	1.28
135.59	304.46	153.58	2.35	136.43	12.09	271.31	17.27	9.87
118.54	203.03	97.42	1.89	84.43	19.3	179.42	21.67	1
197.56	296.37	159.06	3.07	102.39	31.84	265.53	26.59	3.54
182.89	223.14	103.77	3.71	101.84	13.82	167.49	21.17	34.43
78.79	105.44	56.5	1.04	38.96	8.94	93.59	8.23	
71.75	96.64	56.35	1.16	30.5	8.63	77.44	8.14	10.96
74.89	59.16	23.89	1.92	27.05	6.31	43.4	7.84	7.12
644.1	1008.36	433.91	18.17	498.39	57.9	849.97	73.24	48.94
278.63	506.48	255.33	8.3	210.93	31.92	400.98	68.1	29.31
39.85	74.45	39.32	0.48	30.71	3.94	67.99	5.9	0.56
183.51	419.2	184.93	6.88	194.6	32.79	369.83	32.44	6.6
1053.42	1555.4	712.29	31.58	687.81	123.72	1323.85	137.32	79.65
140.38	230.57	93.2	4.15	123.53	9.7	202.6	10.65	14.3
508.12	643.05	218	27	371.91	26.14	536.72	36.21	59
344.17	649.88	317.79	10.72	274.25	47.13	581.35	54.38	7.21
497.53	878.2	385.65	23.2	400.92	68.44	778.37	75.62	8.11
523.76	978.61	437.78	19.06	459.56	62.21	816.53	82.41	46.95
496.91	747.07	338.92	28.37	321.28	58.5	620.89	93.28	24.96
207.67	219.04	123.11	4.67	80.81	10.46	185.28	24.62	5.26
598.69	948.41	456.26	20.81	401.31	70.02	841.33	88.2	5.55
309.9	699.62	313	8.14	336.2	42.28	553.17	58.94	2.27

6−11 续表

单位：亿元

行　业	Item	建设总规模 Investment in Construction	在建总规模 Investment in Projects under Construction
仪器仪表制造业	Manufacture of Measuring Instrument	265.19	169.87
其他制造业	Manufacture of others	198.35	180.03
废弃资源综合利用业	Comprehensive utilization of waste materials	116.92	55.49
金属制品、机械和设备修理业	Repairing of Metal products, machinery and equipment	10.46	3.00
电力、燃气及水的生产和供应业	Production and Distribution of Electricity,Gas and Water	1899.31	1240.27
电力、热力生产和供应业	Production and Supply of Electric Power and Heat Power	1290.36	890.35
燃气生产和供应业	Production and Distribution of Gas	266.50	173.84
水的生产和供应业	Production and Distribution of Water	342.45	176.08
建筑业	**Construction**	**19.53**	**15.35**
#房屋建筑业	Building Construction	12.59	10.00
批发和零售业	**Wholesale and retail trade**	**2431.40**	**1606.05**
#批发业	Wholesale	1019.83	673.72
交通运输、仓储和邮政业	**Traffic,transport, storage and post**	**3884.01**	**2793.98**
#铁路运输	Transport via railway	242.12	219.10
道路运输业	Transport via road	1775.84	1310.01
仓储业	Storage	1168.17	767.38
邮政业	Post	18.46	8.23
住宿和餐饮业	**Accommodation and Catering Trade**	**937.63**	**677.90**
#住宿业	Accommodation	784.89	570.91
信息传输、软件和信息技术服务业	**Information transfer,software and Information technology services**	**626.62**	**526.38**
#电信、广播电视和卫星传输服务业	Telecom,Radio,television and Satellite transmission service	73.57	63.30
互联网和相关服务	Internet and related services	10.76	7.41
金融业	**Finance**	**138.96**	**117.59**
#货币金融服务	Monetary and financial services	98.45	82.80
保险业	Insurance	3.17	
房地产业	**Real estate**	**28534.33**	**22334.81**
租赁和商务服务业	**Tenancy and business services**	**1086.63**	**943.91**
#商务服务业	Business service	1079.88	942.68
科学研究和技术服务业	**Scientific research and technical service**	**352.05**	**233.73**
#研究和试验发展	Research and experimental development	181.34	120.55
专业技术服务业	Professional technique services	50.94	27.98
水利、环境和公共设施管理业	**Management of water conservancy, environment and public establishment**	**5462.60**	**3514.96**
水利管理业	Management of water conservancy	405.06	256.11
生态保护和环境治理业	Ecological protection and Environmental management	152.42	87.77
公共设施管理业	Management of public establishment	4905.12	3171.08
居民服务、修理和其他服务业	**Resident services,Repairing and other services**	**319.20**	**146.34**
#居民服务业	Resident services	229.16	95.97
教育	**Education**	**852.86**	**543.00**
卫生和社会工作	**Sanitation and social Work**	**672.78**	**463.62**
#卫生	Sanitation	540.24	362.80
文化、体育和娱乐业	**Culture, sports and entertainment**	**978.12**	**686.81**
#广播、电视、电影和影视录音制作业	Broadcasting,movies,television and audiovisual activities	13.85	11.07
文化艺术业	Culture and art	447.85	309.17
公共管理、社会保障和社会组织	**Public management,social welfare and social organization**	**195.5**	**133.73**
国家机构	Organ of state	123.60	75.80
社会保障	Social welfare	22.33	10.56

continued

(100 million yuan)

在建净规模 Net Investment in Projects under Construction	投资总额 Total Investment	按构成分 By Use of Funde 建筑工程 Construction	安装工程 Installation	设备购置 Purchase of Equipment	其他费用 Others	按建设性质分 By Type of Construction #新建 New Construction	#扩建 Expansion	#改建和技术改造 Reconstruction and Technical Alteration
83.37	115.91	50.30	2.07	55.54	8.00	101.49	8.09	2.19
119.34	44.58	22.83	0.71	18.26	2.78	40.95	3.01	0.61
37.99	56.46	23.42	1.01	26.19	5.84	49.26	3.47	3.25
2.21	5.11	4.23	0.02	0.71	0.15	5.11		
748.04	701.55	355.70	17.32	271.03	57.50	532.78	91.01	61.44
575.35	389.40	179.33	12.52	169.96	27.59	274.75	53.62	45.65
73.29	127.85	58.93	1.86	55.88	11.19	99.83	17.63	9.95
99.40	184.30	117.44	2.94	45.19	18.73	158.20	19.76	5.84
14.51	**3.42**	**2.58**	**0.02**	**0.68**	**0.13**	**1.21**		
9.50	2.31	2.19	0.02	0.04	0.06	0.50		
990.80	**977.42**	**650.23**	**8.83**	**188.10**	**130.26**	**889.72**	**46.58**	**34.65**
389.61	408.57	256.58	4.72	94.84	52.44	380.20	19.64	3.66
1343.08	**1394.31**	**985.56**	**17.02**	**234.13**	**157.60**	**1096.90**	**99.21**	**184.60**
61.46	61.71	54.58	0.19	5.48	1.46	55.64	1.44	4.29
538.71	629.94	478.85	7.70	56.40	86.99	389.24	65.53	170.41
493.59	416.97	260.95	4.51	99.68	51.84	378.76	26.28	7.13
1.54	12.02	7.91	0.01	2.60	1.51	11.96		
386.78	**318.76**	**221.18**	**2.95**	**56.99**	**37.64**	**286.63**	**16.31**	**15.72**
319.97	260.51	184.68	2.41	43.06	30.37	234.94	13.46	12.01
414.94	**106.69**	**77.6**	**1.41**	**14.93**	**12.76**	**104.46**	**0.86**	**0.53**
38.46	21.50	14.81	0.44	3.77	2.47	21.33		0.17
6.05	4.31	2.83	0.07	0.65	0.75	3.77		0.13
88.96	**28.80**	**23.75**	**0.01**	**2.32**	**2.72**	**27.93**		**0.87**
63.24	20.88	18.01		1.37	1.49	20.88		
	1.05	0.47		0.18	0.40	0.18		0.87
12402.11	**6778.98**	**5679.00**	**30.55**	**172.95**	**896.48**	**2111.99**	**76.91**	**162.97**
619.42	**308.76**	**219.49**	**3.66**	**53.07**	**32.54**	**298.49**	**2.63**	**6.43**
618.55	302.88	215.03	3.59	52.20	32.06	292.62	2.63	6.43
111.56	**132.62**	**88.11**	**1.20**	**26.48**	**16.83**	**122.04**	**5.97**	**3.26**
50.55	69.14	48.02	0.75	16.12	4.25	63.65	4.40	
17.77	16.83	10.66	0.24	3.83	2.10	14.81	1.25	0.51
2103.15	**2178.78**	**1715.38**	**11.76**	**179.28**	**272.36**	**1843.78**	**125.88**	**204.07**
114.56	161.78	123.41	1.94	20.24	16.19	118.4	12.46	30.51
55.34	75.40	44.29	1.11	17.94	12.06	52.63	6.17	16.60
1933.26	1941.60	1547.67	8.71	141.10	244.11	1672.75	107.25	156.96
78.88	**152.91**	**120.11**	**1.89**	**16.79**	**14.12**	**134.45**	**7.54**	**6.22**
53.82	110.73	89.91	1.49	8.41	10.92	93.37	6.44	6.22
212.84	**361.80**	**270.80**	**1.97**	**45.83**	**43.20**	**305.27**	**37.29**	**11.12**
298.55	**244.04**	**163.68**	**2.73**	**46.60**	**31.03**	**191.04**	**25.51**	**11.02**
220.88	200.31	130.64	2.51	40.88	26.28	150.75	22.51	10.58
445.47	**309.47**	**227.18**	**2.09**	**39.28**	**40.93**	**280.81**	**10.34**	**15.05**
10.13	3.00	2.02	0.02	0.73	0.24	3.00		
208.91	142.46	107.03	1.27	16.24	17.93	128.55	7.94	3.33
80.53	**72.56**	**60.9**	**0.33**	**6.9**	**4.43**	**67.66**	**3.24**	**0.57**
37.36	57.95	48.77	0.26	5.05	3.87	53.35	2.94	0.57
3.52	9.30	7.85	0.02	1.24	0.19	9.30		

6-12 各市分行业固定资产投资(2014年)

单位：亿元

市(县) City(County)	合计 Total	农林牧渔业 Farming, Forestry, Animal Husbandry and Fishery	工业 Industry	建筑业 Construction	批发和零售业 Wholesale and retail trade	交通运输仓储及邮政业 Traffic, transport, storage and post	住宿和餐饮业 Accommodation and Restaurants	信息传输、软件和信息技术服务业 Information transfer, software and Information technology services
全省 Total	**30012.28**	**1264.80**	**15378.16**	**3.42**	**977.42**	**1394.31**	**318.76**	**106.69**
省辖市 City								
郑州市 Zhengzhou	5259.65	82.56	1465.26	1.22	176.56	353.22	51.51	35.50
开封市 Kaifeng	1135.63	19.02	594.73		56.57	40.16	19.62	12.47
洛阳市 Luoyang	2981.10	185.14	1410.68	0.74	91.11	109.71	50.18	32.47
平顶山市 Pingdingshan	1449.17	134.83	728.42	0.62	67.91	72.51	35.65	4.68
安阳市 Anyang	1572.58	58.88	849.71		54.18	78.28	15.50	5.96
鹤壁市 Hebi	588.50	29.34	341.58		17.67	20.39	5.36	
新乡市 Xinxiang	1841.93	55.09	1039.65		39.02	68.51	7.84	0.77
焦作市 Jiaozuo	1623.53	40.55	1081.19		44.01	72.84	15.79	0.18
濮阳市 Puyang	1115.78	48.39	670.67		30.36	43.60	13.99	
许昌市 Xuchang	1637.23	78.07	1009.90		75.00	51.46	11.62	3.00
漯河市 Luohe	773.30	9.14	546.95		27.27	42.08	7.66	0.56
三门峡市 Sanmenxia	1327.57	108.74	747.44		33.77	90.83	6.51	3.20
南阳市 Nanyang	2486.91	222.91	1496.31	0.06	78.56	87.36	28.97	5.10
商丘市 Shangqiu	1493.89	6.20	943.18	0.28	59.37	61.43	12.19	0.35
信阳市 Xinyang	1723.17	65.15	715.51		54.50	82.80	17.80	1.62
周口市 Zhoukou	1375.44	64.21	849.91		39.78	55.88	5.49	
驻马店市 Zhumadian	1214.41	40.35	671.02	0.50	20.82	48.56	6.07	
济源市 Jiyuan	412.50	16.23	216.04		10.97	14.69	7.00	0.84
省直管县 Province Administrating County								
巩义市 Gongyi	404.17	2.28	284.03		2.25	7.84	1.91	3.25
兰考县 Lankao	123.83	2.28	82.73		2.50	3.75	0.18	
汝州市 Ruzhou	239.90	43.92	87.06		11.59	33.66	14.50	4.12
滑县 Huaxian	125.87	11.88	73.63		9.60	7.78	1.25	
长垣县 Changyuan	240.83	18.58	134.90		5.57	0.74		
邓州市 Dengzhou	248.46	50.08	100.23		3.45	5.72	0.78	
永城市 Yongcheng	260.06	0.75	115.40	0.28	5.64	24.53	1.73	
固始县 Gushi	221.32	7.24	89.56		3.40	13.61	1.60	
鹿邑县 Luyi	134.82	5.78	83.74		1.83	18.48	0.40	
新蔡县 Xincai	102.07	2.29	65.60		2.00	4.73		

Investment in Fixed Assets by Sector and City (2014)

(100 million yuan)

金融业 Finance	房地产业 Real estate	租赁和商务服务业 Tenancy and business services	科学研究和技术服务业 Scientific research, and technical service	水利、环境和公共设施管理业 Management of water conservancy, environment and public establishment	居民服务、修理和其他服务业 Resident services Repairing and other services	教育 Education	卫生和社会工作 Sanitation, and social work	文化、体育和娱乐业 Culture, sports and entertainment	公共管理、社会保障和社会组织 Public management social security and social organization
28.80	**6778.98**	**308.76**	**132.62**	**2178.78**	**152.91**	**361.80**	**244.04**	**309.47**	**72.56**
14.12	2132.39	95.50	40.33	626.15	2.96	83.79	46.44	38.43	13.72
0.38	222.72	9.37	20.78	84.50	6.07	9.95	6.12	31.81	1.37
2.56	587.49	27.87	24.55	270.89	70.10	38.21	25.98	50.33	3.07
0.07	255.60	10.14	2.55	78.29	3.58	10.56	11.67	28.64	3.45
1.54	274.33	30.66	0.31	143.07	10.28	20.79	9.61	11.42	8.07
	124.92	2.86	1.51	32.31	0.74	8.06	1.98	1.59	0.20
2.02	432.24	36.34	7.03	91.77	5.12	27.69	14.73	13.14	0.98
1.18	218.72	17.17	5.63	53.22	11.94	15.10	19.99	22.99	3.03
2.06	158.32	8.74	6.10	85.67	3.23	15.31	12.64	12.67	4.04
2.13	280.25	8.27	1.56	36.38	18.33	31.16	3.67	15.35	11.07
	80.29	0.86		42.39		6.97	5.25	3.27	0.60
	165.17	10.06	1.71	129.76	2.64	6.25	13.85	6.48	1.16
	259.10	4.89	7.73	183.17	7.74	30.80	28.52	34.98	10.70
1.65	318.67	13.55	1.52	53.03	3.02	9.53	4.70	4.56	0.65
0.30	582.99	3.46	0.59	146.05	4.49	19.79	16.46	8.99	2.67
0.79	285.70	4.46	4.26	35.68	1.51	7.06	13.47	2.82	4.42
	307.67	23.16	0.10	53.12	0.06	18.63	4.97	16.09	3.29
	92.43	1.40	6.36	33.34	1.10	2.15	4.00	5.88	0.07
0.24	78.63	2.62	2.36	12.01		4.32	1.16	0.68	0.59
	23.66	0.15	0.70	6.00		0.68	1.03	0.18	
	16.86			16.40		1.12	3.60	6.38	0.68
	17.11	0.50		0.83	1.56	0.88	0.65	0.20	
	39.28	28.03		7.21		0.66	5.18	0.68	
	63.33			18.92		3.76	0.91	1.19	0.08
	98.87	1.40	1.52	6.06	0.66	0.15	0.52	2.56	
0.27	68.88	1.96	0.48	30.30		1.45	1.30	0.49	0.80
	10.18	3.67	3.21	6.02	0.05	0.66	0.69	0.10	
	21.97			2.42	0.06	1.09	0.30	0.22	1.38

6-13 各市按三次产业分的固定资产投资和建设总规模(2014年)

Investment in Fixed Assets by Type of Industry and Total Investment in Construction by City (2014)

单位：亿元 (100 million yuan)

市(县) City(County)	投资总额 Total Investment	第一产业 Primary Industry	第二产业 Secondary Industry	第三产业 Tertiary Industry	建设总规模 Investment in Construction	在建总规模 Investment in Projects under Construction	在建净规模 Net Investment in Projects under Construction
全　　省 Total	**30012.28**	**1117.30**	**15362.44**	**13532.55**	**83106.69**	**55683.90**	**30846.52**
省　辖　市 City							
郑　州　市 Zhengzhou	5259.65	73.31	1464.07	3722.27	18485.06	13430.36	7539.44
开　封　市 Kaifeng	1135.63	15.24	594.73	525.67	3446.79	2516.78	1293.54
洛　阳　市 Luoyang	2981.10	163.48	1408.01	1409.61	7774.60	5130.16	2593.88
平顶山市 Pingdingshan	1449.17	129.79	724.63	594.75	4130.20	2890.74	1687.03
安　阳　市 Anyang	1572.58	50.49	847.35	674.74	3491.07	1781.25	930.42
鹤　壁　市 Hebi	588.50	28.27	341.58	218.66	1667.28	1126.16	686.93
新　乡　市 Xinxiang	1841.93	46.41	1039.65	755.87	4977.60	2993.95	1542.28
焦　作　市 Jiaozuo	1623.53	38.81	1077.27	507.45	3475.59	2008.90	755.08
濮　阳　市 Puyang	1115.78	43.25	670.67	401.87	2990.06	1937.79	1143.28
许　昌　市 Xuchang	1637.23	70.87	1008.60	557.76	3989.37	2473.66	1412.99
漯　河　市 Luohe	773.30	4.15	546.95	222.20	1942.11	1261.68	689.58
三门峡市 Sanmenxia	1327.57	99.27	746.96	481.34	3457.95	2413.14	1234.48
南　阳　市 Nanyang	2486.91	196.49	1495.73	794.69	7360.57	5002.13	3606.80
商　丘　市 Shangqiu	1493.89	5.12	943.46	545.30	3874.41	2779.84	1309.99
信　阳　市 Xinyang	1723.17	55.85	715.51	951.81	3833.47	2311.23	1258.44
周　口　市 Zhoukou	1375.44	58.93	849.91	466.59	3716.52	2418.69	1475.62
驻马店市 Zhumadian	1214.41	25.92	671.32	517.18	3644.36	2729.45	1500.98
济　源　市 Jiyuan	412.50	11.66	216.04	184.80	849.70	477.98	185.74
省直管县 Province Administrating County							
巩　义　市 Gongyi	404.17	2.18	283.09	118.90	1010.30	637.37	366.27
兰　考　县 Lankao	123.83	1.09	82.73	40.01	467.18	365.28	198.66
汝　州　市 Ruzhou	239.90	43.87	87.06	108.96	596.41	384.63	226.10
滑　　县 Huaxian	125.87	8.98	73.63	43.26	272.90	83.09	51.21
长　垣　县 Changyuan	240.83	18.58	134.90	87.35	730.20	552.99	333.82
邓　州　市 Dengzhou	248.46	46.30	100.23	101.93	518.20	274.41	149.52
永　城　市 Yongcheng	260.06	0.70	115.67	143.69	770.86	748.97	295.98
固　始　县 Gushi	221.32	6.82	89.56	124.95	423.94	235.58	134.80
鹿　邑　县 Luyi	134.82	2.12	83.74	48.96	470.46	356.44	243.03
新　蔡　县 Xincai	102.07	1.10	65.60	35.36	367.57	261.96	166.85

6-14 各市按建设性质和构成性质分的固定资产投资(2014年)

Investment in Fixed Assets by Type of Construction, Composition of Funds and City (2014)

单位：亿元 (100 million yuan)

市(县) City(County)	投资总额 Total Investment	按建设性质分 by Type of Construction			按构成性质分 by Composition of Funds			
		#新建 New Construction	#扩建 Expansion	#改建和技术改造 Reconstruction	建筑工程 Construction	安装工程 Installation	设备购置 Purchase of Equipment	其他费用 Others
全　　省 Total	**30012.28**	**21842.58**	**2032.49**	**1308.28**	**18554.11**	**401.85**	**7994.89**	**3061.43**
省　辖　市 City								
郑　州　市 Zhengzhou	5259.65	2936.57	291.15	186.25	3593.10	81.65	745.81	839.09
开　封　市 Kaifeng	1135.63	845.61	118.20	30.13	643.33	24.63	418.60	49.08
洛　阳　市 Luoyang	2981.10	2213.67	155.42	239.39	1762.84	38.94	775.56	403.76
平顶山市 Pingdingshan	1449.17	1110.38	80.87	64.75	793.62	25.06	447.78	182.71
安　阳　市 Anyang	1572.58	1186.21	112.03	90.92	869.11	28.85	613.57	61.05
鹤　壁　市 Hebi	588.50	500.71	8.79	13.98	441.38	3.54	126.50	17.08
新　乡　市 Xinxiang	1841.93	1331.47	127.34	62.65	1160.54	33.78	530.79	116.82
焦　作　市 Jiaozuo	1623.53	1371.99	51.43	62.35	847.04	10.24	589.19	177.06
濮　阳　市 Puyang	1115.78	869.43	123.81	31.00	396.33	11.97	503.15	204.33
许　昌　市 Xuchang	1637.23	1238.74	188.27	40.66	1001.48	26.00	495.31	114.45
漯　河　市 Luohe	773.30	643.56	19.77	15.60	537.67	4.91	212.55	18.16
三门峡市 Sanmenxia	1327.57	897.15	167.92	137.44	767.43	39.53	401.41	119.19
南　阳　市 Nanyang	2486.91	2029.59	163.17	122.31	1632.18	30.22	617.97	206.54
商　丘　市 Shangqiu	1493.89	1177.64	92.22	11.77	862.62	10.44	530.87	89.96
信　阳　市 Xinyang	1723.17	1349.88	85.63	36.41	1144.62	11.09	263.67	303.80
周　口　市 Zhoukou	1375.44	882.99	203.51	76.81	994.56	6.85	327.03	47.01
驻马店市 Zhumadian	1214.41	946.65	21.40	37.05	937.28	3.69	210.10	63.34
济　源　市 Jiyuan	412.50	310.34	21.56	48.82	169.00	10.45	185.04	48.01
省直管县 Province Administrating County								
巩　义　市 Gongyi	404.17	274.70	58.93	14.46	233.91	22.52	131.27	16.47
兰　考　县 Lankao	123.83	95.74	13.00	5.41	108.79	0.22	14.02	0.79
汝　州　市 Ruzhou	239.90	220.29	11.05	2.58	150.29	3.60	74.93	11.09
滑　　县 Huaxian	125.87	104.43	0.21	6.48	93.15	0.06	28.24	4.42
长　垣　县 Changyuan	240.83	222.03	4.39	5.39	130.92	23.05	86.68	0.19
邓　州　市 Dengzhou	248.46	228.01	1.37	10.38	137.68	0.50	91.48	18.79
永　城　市 Yongcheng	260.06	213.94	6.61	0.46	206.53	3.03	33.45	17.06
固　始　县 Gushi	221.32	181.64	9.94	4.82	152.95	0.25	37.52	30.60
鹿　邑　县 Luyi	134.82	121.96	0.81	6.15	98.81	1.71	26.80	7.50
新　蔡　县 Xincai	102.07	87.35		0.34	69.92	0.07	31.56	0.51

6-15 各市按登记注册类型分的固定资产投资(2014年)

单位：亿元

市(县) City(County)	总计 Total	内资 Domestic	国有 State-owned	集体 Collective-owned	股份合作 Cooperative	联营 Joint
全　　省 Total	**30012.28**	**29706.97**	**3649.85**	**1358.23**	**235.10**	**113.91**
省　辖　市 City						
郑　州　市 Zhengzhou	5259.65	5167.07	1041.83	244.30	56.26	14.27
开　封　市 Kaifeng	1135.63	1123.38	133.10	60.56	17.81	0.37
洛　阳　市 Luoyang	2981.10	2949.39	365.82	244.58	39.96	13.30
平 顶 山 市 Pingdingshan	1449.17	1446.92	157.96	20.94	4.25	9.21
安　阳　市 Anyang	1572.58	1569.35	143.40	84.08	18.90	0.32
鹤　壁　市 Hebi	588.50	585.74	85.09	2.85		4.78
新　乡　市 Xinxiang	1841.93	1824.92	131.15	85.74	5.50	19.94
焦　作　市 Jiaozuo	1623.53	1623.18	176.02	39.26	5.15	10.78
濮　阳　市 Puyang	1115.78	1114.65	170.96	34.51	0.77	1.45
许　昌　市 Xuchang	1637.23	1627.16	58.87	39.87		2.60
漯　河　市 Luohe	773.30	763.49	14.70	46.11	3.28	13.77
三 门 峡 市 Sanmenxia	1327.57	1311.74	356.87	71.73	17.71	
南　阳　市 Nanyang	2486.91	2459.71	285.07	143.32	6.68	14.62
商　丘　市 Shangqiu	1493.89	1483.95	105.44	57.86	13.50	2.89
信　阳　市 Xinyang	1723.17	1720.50	184.63	94.39	18.32	3.05
周　口　市 Zhoukou	1375.44	1332.02	94.30	16.45	5.55	1.77
驻 马 店 市 Zhumadian	1214.41	1202.15	103.81	71.31	21.47	0.52
济　源　市 Jiyuan	412.50	401.65	40.83	0.36		0.30
省 直 管 县 Province Administrating County						
巩　义　市 Gongyi	404.17	395.84	10.85	11.22	7.13	0.35
兰　考　县 Lankao	123.83	123.83	10.54	11.51		
汝　州　市 Ruzhou	239.90	239.76	23.07	1.90		5.94
滑　　　县 Huaxian	125.87	125.87	8.77	2.39		
长　垣　县 Changyuan	240.83	240.83	11.98	1.24		
邓　州　市 Dengzhou	248.46	248.46	49.02	39.91		
永　城　市 Yongcheng	260.06	260.06	2.84	48.81	5.05	
固　始　县 Gushi	221.32	221.32	37.52			
鹿　邑　县 Luyi	134.82	134.82	23.01			
新　蔡　县 Xincai	102.07	101.86	4.17	9.10	20.42	0.15

Investment in Fixed Assets by Status of Registration and City (2014)

(100 million yuan)

有限责任公司 Limited Liability	股份有限公司 Share-holding	私营 Private	个体 Self-employed Individual	其他 Others	港、澳、台商投资 Funds from Hong Kong, Macao and Taiwan	外商投资 Foreign Funded
8727.71	**2229.77**	**9847.52**	**84.57**	**3460.31**	**139.21**	**166.11**
1951.12	225.57	1018.31	0.97	614.44	46.37	46.20
358.38	51.94	440.57		60.66	11.06	1.20
882.11	101.54	1004.03	5.65	292.39	12.21	19.50
587.05	114.29	428.01	10.53	114.69	1.31	0.93
480.54	59.58	713.28	0.87	68.38	0.49	2.74
255.21	5.21	168.26		64.34	1.00	1.77
447.08	57.61	542.57	0.80	534.53	6.61	10.40
458.35	105.96	745.51	1.04	81.12	0.25	0.10
247.67	148.36	451.75		59.19	1.13	
529.24	143.39	508.91	1.28	343.01	6.21	3.85
177.72	209.20	226.49		72.22	1.53	8.28
296.61	43.76	358.60		166.45	11.61	4.22
387.39	285.87	1086.62	14.10	236.04	12.50	14.70
328.76	138.66	675.19	1.11	160.56	0.11	9.82
553.12	44.01	515.35	22.28	285.35		2.67
282.77	398.23	377.96	25.94	129.05	7.50	35.92
368.58	64.52	523.09		48.85	11.27	1.00
136.02	32.08	63.02		129.04	8.05	2.80
99.90	19.12	201.69		45.59	0.70	7.63
7.65	0.56	93.57				
92.59	14.53	55.71	1.33	44.68	0.14	
89.52	6.23	9.83	0.69	8.44		
16.95	4.38	2.54		203.74		
58.27	1.30	89.77	2.58	7.61		
17.99	0.09	184.83		0.45		
115.83	0.47	0.28		67.22		
47.80	61.53	0.85	0.52	1.10		
4.20	10.59	52.76		0.46	0.21	

6-16 各市固定资产投资实际到位资金(2014年)

Actual Funds for Investment in Fixed Assets by City (2014)

单位：亿元 (100 million yuan)

市(县)	City(County)	本年实际到位资金 Subtotal of Actual Funds for Investment	国家预算资金 State Budget	国内贷款 Domestic Loans	利用外资 Foreign Investment	自筹资金 Self-raising Funds	其他资金 Others
全省	**Total**	**30162.83**	**861.17**	**3995.63**	**94.69**	**23027.49**	**2183.85**
省辖市	**City**						
郑州市	Zhengzhou	5299.70	345.81	755.77	1.41	3292.07	904.64
开封市	Kaifeng	1144.45	43.96	178.05	6.92	858.64	56.88
洛阳市	Luoyang	2949.39	16.48	125.77	0.92	2561.29	244.92
平顶山市	Pingdingshan	1462.12	30.27	247.17	2.31	1050.68	131.68
安阳市	Anyang	1581.28	5.01	51.49	0.70	1466.52	57.56
鹤壁市	Hebi	584.30	37.80	120.60	2.14	390.26	33.50
新乡市	Xinxiang	1847.65	24.39	307.10	2.72	1425.33	88.11
焦作市	Jiaozuo	1628.45	17.78	367.08		1194.57	49.02
濮阳市	Puyang	1121.10	61.86	106.42		910.32	42.49
许昌市	Xuchang	1696.55	18.80	416.62	0.53	1193.95	66.66
漯河市	Luohe	782.79	2.00	81.89	5.51	682.09	11.30
三门峡市	Sanmenxia	1318.69	59.15	233.46	1.34	979.60	45.14
南阳市	Nanyang	2518.57	50.80	219.90	23.62	2104.89	119.36
商丘市	Shangqiu	1501.02	8.77	172.52	0.97	1278.37	40.39
信阳市	Xinyang	1695.42	37.33	332.58		1129.05	196.46
周口市	Zhoukou	1391.17	32.34	119.40	27.65	1185.91	25.87
驻马店市	Zhumadian	1218.68	50.49	140.28	3.69	972.28	51.94
济源市	Jiyuan	421.51	18.14	19.51	14.26	351.66	17.94
省直管县	**Province Administrating County**						
巩义市	Gongyi	396.93	0.09	48.02		340.30	8.50
兰考县	Lankao	124.64	2.57	16.36		104.88	0.83
汝州市	Ruzhou	243.90	1.32	55.82	1.78	152.85	32.13
滑县	Huaxian	129.16	0.31	0.27		123.43	5.15
长垣县	Changyuan	242.53	8.78	44.17		186.45	3.13
邓州市	Dengzhou	253.20	3.59	38.50		205.75	5.35
永城市	Yongcheng	263.15		1.35		251.30	10.50
固始县	Gushi	221.58	11.13	49.19		140.09	21.17
鹿邑县	Luyi	134.92	14.25	7.40		107.21	6.05
新蔡县	Xincai	98.78	4.01	16.13	0.03	78.45	0.15

6-17 高成长性制造业、传统支柱产业和六大高载能行业投资完成额及结构

Investment in Fixed Assets in High-growth industries, Traditional pillar Industrial Exterprises and Six Carrying energy Industrial Enterprises

单位：亿元 (100million yuan)

行业	Sector	2013	占工业投资比重(%) Percentage of Industry Investment (%)	2014	占工业投资比重(%) Percentage of Industry Investment (%)
高成长性制造业	**High-growth industries**	**3501.06**	**26.7**	**8331.75**	**54.2**
电子信息产业	Electronic information industry	281.44	2.1	747.07	4.9
装备制造业	Equipment manufacturing industry	1416.38	10.8	699.62	4.5
汽车及零部件产业	Automobile and parts industry	310.15	2.4	3215.58	20.9
食品产业	Food industry	820.19	6.2	1996.39	13.0
现代家居产业	Modern furniture industry	318.52	2.4	772.46	5.0
服装服饰	Clothing accessories	354.38	2.7	900.64	5.9
传统支柱产业	**Traditional pillar industries**	**5059.60**	**38.5**	**5404.17**	**35.1**
冶金工业	Metallurgical industry	792.23	6.0	1148.09	7.5
建材工业	Building materials industry	1257.08	9.6	873.62	5.7
化学工业	Chemical industry	1033.07	7.9	1405.76	9.1
轻纺工业	Textile industry	1178.15	9.0	1280.93	8.3
能源工业	Energy industry	799.07	6.1	695.76	4.5
六大高载能行业	**Six Carrying energy Industrial**	**3658.86**	**27.9**	**3972.29**	**25.8**
煤炭开采和洗选业	Mining and Washing of Coal	187.27	1.4	145.50	0.9
化学原料及化学制品制造业	Manufacture of Chemical Raw Material and Chemical Products	849.80	6.5	1008.36	6.6
非金属矿物制品业	Manufacture of Non-metallic Mineral Products	1386.74	10.6	1555.40	10.1
黑色金属冶炼及压延加工业	Manufacture and Processing of Ferrous Metals	231.30	1.8	230.57	1.5
有色金属冶炼及压延加工业	Manufacture and Processing of Non-ferrous Metals	560.93	4.3	643.05	4.2
电力、热力的生产和供应业	Production and Supply of Electric Power and Heat Power	442.81	3.4	389.40	2.5

6-23 各市施工、竣工房屋建筑面积及竣工价值(2014年)

Floor Space and Value of Urban Buildings under Construction and Completed by City (2014)

年份 Year	施工房屋建筑面积(万平方米) Floor Space Under Construction (10 000 sq.m)	#住宅 Residential Buildings	竣工房屋建筑面积(万平方米) Floor Space Completed (10 000 sq.m)	#住宅 Residential Buildings	竣工房屋价值(亿元) Value of Buildings Completed (100 million yuan)	#住宅 Residential Buildings
2005	15413.62	7576.97	7550.16	3715.38		
2006	18750.06	8750.92	8095.71	3147.69		
2007	26899.30	13145.07	11832.65	4667.34	1166.97	450.02
2008	33856.85	16809.66	13416.52	5197.16	1400.69	563.17
2009	43284.53	19299.84	16008.93	5590.59	1659.51	638.20
2010	51476.60	22709.88	15121.38	6075.41	1889.14	790.29
2010(新口径 New Caliber)	51049.72	22657.97	14537.36	5920.74	1815.36	768.71
2011	56480.43	25799.52	14290.72	7116.73	1996.32	979.06
2012	65885.02	29089.23	14702.60	6811.91	2051.92	1057.28
2013	84386.05	34649.82	14701.06	6602.76	2268.51	1105.87
2014	79978.89	35889.25	16515.03	8036.68	1417.52	1096.18
省辖市 City						
郑州市 Zhengzhou	14750.23	7448.44	2456.45	1265.00	428.41	266.69
开封市 Kaifeng	3954.51	1370.51	1078.57	301.06	48.77	39.82
洛阳市 Luoyang	8223.48	4345.95	1759.48	817.19	119.00	94.48
平顶山市 Pingdingshan	4111.36	1700.69	951.89	351.80	67.59	56.31
安阳市 Anyang	4396.75	2071.09	989.47	452.25	89.70	75.32
鹤壁市 Hebi	1792.92	687.72	222.23	130.04	22.70	21.36
新乡市 Xinxiang	4905.31	2151.70	585.36	404.28	81.31	67.41
焦作市 Jiaozuo	2299.03	828.97	328.07	132.50	33.72	30.36
濮阳市 Puyang	1739.11	753.90	182.94	92.96	25.42	18.70
许昌市 Xuchang	4440.13	1307.47	569.23	238.09	51.19	42.35
漯河市 Luohe	1430.76	643.76	212.15	71.09	20.59	19.32
三门峡市 Sanmenxia	1821.32	1070.53	552.49	328.30	19.48	14.06
南阳市 Nanyang	6221.97	2069.93	761.12	383.48	78.32	67.51
商丘市 Shangqiu	4634.97	1873.32	737.07	375.88	65.53	54.01
信阳市 Xinyang	6436.11	3931.39	2343.94	1510.05	83.12	72.93
周口市 Zhoukou	2980.69	1008.27	1093.59	429.10	46.34	43.26
驻马店市 Zhumadian	4987.15	2204.75	1445.08	650.91	111.21	92.26
济源市 Jiyuan	853.10	420.87	245.90	102.69	25.11	20.03
省直管县 Province Administrating County						
巩义市 Gongyi	556.52	287.98	142.49	103.28	24.98	20.85
兰考县 Lankao	78.39	75.43	14.50	14.50	1.87	1.87
汝州市 Ruzhou	417.85	84.95	109.80	13.09	1.71	1.70
滑县 Huaxian	349.89	173.22	138.70	21.44	3.70	3.42
长垣县 Changyuan	1633.85	275.75	28.05	20.85	5.36	3.37
邓州市 Dengzhou	178.80	158.07	12.96	11.03	3.01	2.71
永城市 Yongcheng	1769.56	382.43	3.03	2.55	0.60	0.51
固始县 Gushi	813.20	405.19	298.70	125.50	13.38	9.57
鹿邑县 Luyi	135.13	66.90	3.71	3.71	0.48	0.48
新蔡县 Xincai	511.76	258.52	162.28	116.72	8.61	8.46

6-24 大型项目投资情况(2014年)

Urban Investment of Major Projects (2014)

单位：万元 (10 000 yuan)

单位名称 Unit Names	计划总投资 Total investment Planed	累计完成投资 Accumnlative Investment Actually Completed	本年完成投资 Real investment completed in this year	本年新增固定资产 Newly Increased Fixed Assets This Year
河南中海鸿泰新能源有限公司	1500000	165449	104449	104449
河南福森药业有限公司	99815	99815	99815	99815
河南超越煤业股份有限公司	237900	237900	237900	237900
灵宝市阳平镇马蹄沟金矿	92000	91900	91900	
河南金渠黄金股份有限责任公司	95000	90100	90100	
中国黄金集团中原矿业有限公司	245564	122930	96700	
南阳市志星农业综合开限公司	93300	93300	93300	93300
西华大用福喜有限公司	300000	220581	220581	
河南福喜食品有限公司	250000	138155	138155	
驻马店天方科技生物有限公司	160000	151900	120900	
河南龙程食品有限公司	168700	168700	114700	60000
河南协合农业开发有限公司	287498	122316	118486	28250
漯河大旺食品有限公司	220000	163300	163300	
河南省康伊特食品有限公司	120000	120000	106800	106800
河南大满冠绿色农业发展有限	98000	98000	98000	98000
河南盛鸿纺织有限公司	150000	139789	139789	
邓州市龙祥置业有限公司	500000	289945	229065	
河南中金汇仁投资股份有限公司	160000	182721	160900	160900
郑州曲梁同赢置业有限公司	160000	155364	155364	
郑州锦荣置业有限公司	180000	200719	189086	189086
孟州市光宇实业集团有限公司	96200	91360	90260	
商丘手套城工业集群有限公司	300000	228933	135633	20500
焦作隆丰皮草企业有限公司	300000	263000	263000	
博爱县永威安防家装有限公司	109000	108490	108490	
新乡新亚纸业集团有限公司	180000	114480	91980	84950
河南灏宇制品有限公司	150000	150000	119000	150000
河南开祥天源化工有限公司	330000	333389	131179	350000
河南宝舜科技化工有限公司	95000	95000	95000	95000
河南宇天化工有限公司	92000	92000	92000	92000
河南宝舜科技化工有限公司	108691	108691	108691	108691
三门峡金茂化工有限公司	160000	160000	160000	160000
河南骏化发展股份有限公司	175026	99600	99600	
河南晋开集团延化化工有限公司	350000	184164	136064	
河南晋煤天庆煤化工有限责任公司	329797	307560	133000	
河南晋开化工投资控股集团有限责任公司	318408	190408	157958	157958
漯河市兴茂钛业有限公司	150892	150892	93100	93100
河南豫农生物科技有限公司	140000	123000	123000	
河南豫农生物科技有限公司	280000	279000	226000	
安阳市凤凰新能源有限公司	401803	319197	186271	

6-24 续表 1 continued

单位：万元 (10 000 yuan)

单位名称 Unit Names	计划总投资 Total investment Planed	累计完成投资 Accumnlative Investment Actually Completed	本年完成投资 Real investment completed in this year	本年新增固定资产 Newly Increased Fixed Assets This Year
洛阳利尔中晶光伏材料有限公司	350000	146900	146900	
河南上林实业有限公司	156600	156600	92600	1
修正药业集团许昌修正药业	125000	103000	103000	
海南制药厂有限公司制药二厂	95000	95000	95000	95000
河南慧宝源生物医药科技有限公司	219400	187680	137470	
河南瑞阳化纤有限公司	120000	120000	120000	120000
悍马轮胎(博爱)科技有限公司	181000	180963	145708	
卫辉市达新源包装材料有限公司	135000	91000	91000	40000
洛阳喜来佛陶瓷有限公司	95700	95700	95700	95700
河南晋成陶瓷有限公司	200000	200000	135700	135000
桐柏县豫商石业有限公司	120000	100000	100000	
河南中森虎皇科技有限公司	186000	182000	182000	
河南黄河实业股份有限公司	110000	110000	110000	110000
洛阳万基炭素有限公司	171149	170699	141699	
河南黄河实业股份有限公司	120000	120000	120000	120000
林州市重机铸锻有限公司	250000	250000	189000	250000
安阳钢铁股份有限公司	385535	368175	163455	
舞钢市国能新材料科技有限公司	350000	177584	91303	
渑池县兴达矿产品有限公司	82000	95885	95885	95885
东方希望(三门峡)铝业有限公司	95000	101607	101607	101607
东方希望(三门峡)铝业有限公司	150000	161755	161755	161755
河南中原黄金冶炼厂有限公司	970000	855182	608962	
东方希望(三门峡)铝业有限公司	1200000	937315	430417	430417
河南同人铝业有限责任公司	3000000	665367	562397	
焦作快宜居实业有限公司	360000	354497	354497	
河南宝钢制罐有限公司	100000	95000	95000	59200
林州市重机集团股份有限公司	250000	250000	250000	250000
东风汽车有限公司郑州分公司	328474	345894	122000	122000
济源市豫阳工业开发有限公司	100000	102500	102500	
林州凤宝管业有限公司	95000	95000	95000	95000
信阳德隆超硬材料有限公司	180000	180000	110349	17558
许昌嘉德环境工程科技股份有限公司	180000	155500	110500	
河南工信华鑫环保科技有限公司资源再生利用分公司	112000	119854	118979	118979
郑州宇通客车股份有限公司	386774	406430	123000	123000
上海谷维电子科技有限公司	140000	139253	114967	
郑州精益达有限公司	120697	100000	100000	
东方昀达动力传统系统公司	205000	205000	205000	205000

6-24 续表 2 continued

单位：万元 (10 000 yuan)

单位名称 Unit Names	计划总投资 Total investment Planed	累计完成投资 Accumnlative Investment Actually Completed	本年完成投资 Real investment completed in this year	本年新增固定资产 Newly Increased Fixed Assets This Year
郑州风神雷诺汽车产业有限公司	350000	106985	106985	
许昌远动传动轴股份有限公司	180000	180000	136000	180000
焦作市新区建设开发有限公司	200000	161137	102362	
河南奔马股份有限公司	186000	168000	168000	
河南森源电气股份有限公司	190000	190000	190000	190000
新乡高新技术产业开发区管理委员会	201300	201300	101914	97214
郑州海尔空调器有限公司	172000	185000	110000	110000
东兴电子科技工业园有限公司	300000	255780	102780	
信阳高铁站片区建设办公室	200000	200000	92518	199775
河南黄河实业股份有限公司	230000	167000	167000	
鸿富锦精密电子郑州有限公司	92557	92557	92557	92557
信阳伯皇实业有限公司	193505	161125	161125	
河南激蓝科技有限公司	360000	156797	143267	
洛阳芯源半导体有限公司	325000	243580	191350	
河南均鼎电子科技有限公司	1000000	1000000	209340	209340
济源市济康科技有限公司	250000	173000	173000	
洛阳浙商科技园发展有限公司	152500	105385	98465	
濮阳县建设投资有限公司	190000	187394	119904	
安阳大通微电子技术有限公司	260000	253730	140859	
华润电力焦作有限公司	501800	501800	121300	121300
华能洛阳热电有限责任公司	293505	303181	145526	
焦作电厂	536000	446092	339269	
郑州国际物流园区建设投资有限公司	120000	130000	130000	130000
博爱三峡益众新能源有限公司	105319	105000	105000	
河南宇天化工有限公司	123000	123000	122500	123000
中国石油化工股份有限公司	643360	457357	173924	
开封晟大农贸有限公司	180000	132357	107094	13500
郑州金源百荣商业管理公司	220000	95000	95000	
郑州金源百荣管理有限公司	800000	800000	448217	142968
郑州市金马凯旋家居有限公司	1100000	470277	220868	
许昌中嘉实业有限公司	150000	104400	104400	
灵宝市城东产业集聚区	98500	93400	93400	
贵州众汇投资集团有限公司	400000	170268	127843	
河南城际铁路有限公司	559000	287000	287000	
郑州铁路局	600000	549325	127053	
开封市交通运输局	519600	329612	163500	160000
郑州市轨道交通有限公司	1520000	1484880	177861	
三门峡市交通枢纽建设指挥部	1357674	1245356	267651	657651

6-24 续表 3 continued

单位：万元 (10 000 yuan)

单位名称 Unit Names	计划总投资 Total investment Planed	累计完成投资 Accumulative Investment Actually Completed	本年完成投资 Real investment completed in this year	本年新增固定资产 Newly Increased Fixed Assets This Year
河南省交通运输厅	230300	230300	230300	31946
河南如意高速公路有限公司	440546	195569	169630	
河南中宇通用航空有限公司	99250	95000	95000	
河南省机场集团有限公司	1540000	1176010	691000	
郑州市恒远钢铁有限公司	104000	115000	115000	115000
河南睿祥仓储物流有限公司	93757	93757	93757	93757
长葛市胜亚机械制造有限公司	98000	97600	97600	
河南现代公铁物流有限公司	178000	115000	100000	12000
河南豫储物流发展有限公司	96500	96500	96500	96500
郑州凤凰岛度假酒店	200000	200000	124000	200000
洛阳新汇基软件科技产业园有限公司	300000	231160	185150	
北大资源集团有限公司	1100000	146309	121409	
濮阳县建设投资有限公司	600000	284311	137311	
项城市产业集聚区管委会	1136500	204373	204373	
魏都区七里店街道办事处	100000	100000	100000	100000
郑州融汇建设开发有限公司	154102	122087	122087	
林州市城郊乡大屯村	98000	98000	98000	98000
长葛市丽园城市建设有限公司	350000	350000	139700	350000
郑州华南城有限公司	1500000	998286	452324	
洛阳五洲国际工业博览城有限公司	150000	150000	124133	150000
安阳五洲国际工业博览城公司	200000	94000	94000	
河南煤业化工集团研究院有限责任公司	315364	252110	116074	
河南杨金科技外包公司	260000	145000	145000	
三门峡市城市建设投资开发有限公司	284000	284000	180925	180925
新区铁南区基础设施指挥部	321400	282438	142313	
郑东新区基础设施建设项目部	291852	235976	203951	
郑州市城乡建设委员会	373113	373113	373113	373113
河南投资集团控股发展公司	274817	274817	274817	274817
郑州市城乡建设委员会	1318005	966410	564313	
郑州市市政工程建设中心	214923	129517	91098	
洛阳汇悦实业有限公司	300000	235780	161830	
濮阳市天伦实业有限公司	150000	139770	107084	
林州市洪谷山旅游发展公司	270000	270000	168100	270000
洛阳市老城区人民政府	850000	327354	288354	
长葛市产业聚集区管委会	95000	95000	95000	950000
林州市教育体育局	94300	94300	94300	94300
河南永基文化传媒有限公司	1000000	175249	127649	
河南中原明珠投资有限公司	200000	105984	90300	

6-25 各市按三次产业分的农村农户固定资产投资(2014年)
Investment in Fixed Assets farm Households in Rural Area by City (2014)

单位：亿元 (100 million yuan)

市(县) City(County)	投资总额 Total Investment	第一产业 Primary Industry	第二产业 Secondary Industry	#工业 Industry	第三产业 Tertiary Industry
省辖市 City					
郑州市 Zhengzhou	95.67	4.15	8.58	0.05	82.93
开封市 Kaifeng	33.92	6.91		0.07	27.01
洛阳市 Luoyang	45.38	3.33	0.22	0.02	41.83
平顶山市 Pingdingshan	27.76	6.47	0.13		21.16
安阳市 Anyang	36.59	5.72	5.87	0.67	25.00
鹤壁市 Hebi	10.18	5.03	0.18		4.97
新乡市 Xinxiang	43.29	3.41	0.67	0.54	39.21
焦作市 Jiaozuo	30.17	1.83	1.46	1.89	26.88
濮阳市 Puyang	21.53	7.50	0.54		13.49
许昌市 Xuchang	39.11	1.04	1.89		36.18
漯河市 Luohe	21.40	5.95		2.23	15.45
三门峡市 Sanmenxia	11.54	2.84	0.06	0.00	8.64
南阳市 Nanyang	88.89	12.35	2.23	0.28	74.32
商丘市 Shangqiu	54.89	6.90	0.06		47.94
信阳市 Xinyang	69.36	11.00	0.28	0.01	58.07
周口市 Zhoukou	97.68	11.14	0.34		86.20
驻马店市 Zhumadian	70.26	23.64	0.76		45.86
济源市 Jiyuan	4.83	0.16	0.38		4.29
省直管县 Province Administrating County					
巩义市 Gongyi	10.14	0.68	5.07	5.07	4.40
兰考县 Lankao	7.10	1.92			5.18
汝州市 Ruzhou	4.02	0.34	0.13	0.07	3.55
滑县 Huaxian	5.40	0.13			5.27
长垣县 Changyuan	5.83		0.67	0.67	5.17
邓州市 Dengzhou	11.65	3.07			8.58
永城市 Yongcheng	54.89	6.90	0.06	0.00	47.94
固始县 Gushi	11.10	3.33			7.77
鹿邑县 Luyi	13.79	0.76			13.03
新蔡县 Xincai	8.51	2.93			5.59

6-26 各市按构成性质分的农村农户固定资产投资(2014年)

Investment in Fixed Assets farm Households in Rural Area by City and Composition of Funds (2014)

单位：亿元 (100 million yuan)

市(县) City(County)	投资总额 Total Investment	建筑工程 Construction	安装工程 Installation	设备购置 Purchase of Equipment	其他费用 Others
省辖市 City					
郑州市 Zhengzhou	95.67	61.23		27.21	7.23
开封市 Kaifeng	33.92	25.68		5.77	2.47
洛阳市 Luoyang	45.38	41.88		2.91	0.59
平顶山市 Pingdingshan	27.76	20.95		5.23	1.58
安阳市 Anyang	36.59	20.76	0.11	11.38	4.35
鹤壁市 Hebi	10.18	4.60		4.17	1.41
新乡市 Xinxiang	43.29	36.95		6.18	0.16
焦作市 Jiaozuo	30.17	28.47		1.54	0.16
濮阳市 Puyang	21.53	12.96		8.52	0.05
许昌市 Xuchang	39.11	37.59		0.25	1.28
漯河市 Luohe	21.40	15.24		3.68	2.48
三门峡市 Sanmenxia	11.54	8.64		2.40	0.50
南阳市 Nanyang	88.89	72.74		15.64	0.52
商丘市 Shangqiu	54.89	45.54		9.26	0.09
信阳市 Xinyang	69.36	56.92	0.07	8.42	3.95
周口市 Zhoukou	97.68	80.62		15.51	1.55
驻马店市 Zhumadian	70.26	50.55		16.32	3.40
济源市 Jiyuan	4.83	4.76		0.07	
省直管县 Province Administrating County					
巩义市 Gongyi	10.14	3.87		4.05	2.22
兰考县 Lankao	7.10	5.18		1.92	
汝州市 Ruzhou	4.02	1.91		1.55	0.56
滑县 Huaxian	5.40	4.59		0.76	0.05
长垣县 Changyuan	5.83	5.12		0.71	
邓州市 Dengzhou	11.65	8.58		2.76	0.31
永城市 Yongcheng	54.89	45.54		9.26	0.09
固始县 Gushi	11.10	10.87		0.22	
鹿邑县 Luyi	13.79	13.03		0.76	
新蔡县 Xincai	8.51	5.59		2.93	

6-27 各市分行业农村农户固定资产投资(2014年)

Investment in Fixed Assets farm Households in Rural Area by Sector and City (2014)

单位：亿元 (100 million yuan)

市(县) City(County)	合计 Total	#农、林、牧、渔业 Farming, Forestry, Animal Husbandry and Fishery	工业 Industry	建筑业 Construction	交通运输、仓储和邮政业 Traffic, Transport, Storage and Post	批发和零售业 Wholesale and Retail Trade	住宿和餐饮业 Accommodation and Restaurants	房地产业 Real Estate	居民服务修理和其他服务业 Resident Services Repairing and Other Services
省辖市 City									
郑州市 Zhengzhou	95.67	4.15	5.07	3.52	19.30	12.20		49.18	0.00
开封市 Kaifeng	33.92	6.91			0.02	2.11		23.06	0.43
洛阳市 Luoyang	45.38	3.33	0.05	0.18	1.61	0.09	0.04	39.43	0.13
平顶山市 Pingdingshan	27.76	6.47	0.07	0.07	0.70	0.72		19.11	0.50
安阳市 Anyang	36.59	5.72	0.02	5.86	0.03	0.41		20.25	0.07
鹤壁市 Hebi	10.18	5.03		0.18	0.04	0.11		3.99	0.82
新乡市 Xinxiang	43.29	3.41	0.67		1.23	0.16		35.61	0.13
焦作市 Jiaozuo	30.17	1.83		1.46	0.20	0.07		26.57	0.04
濮阳市 Puyang	21.53	7.50	0.54	0.00	0.15	0.41	0.59	12.34	0.00
许昌市 Xuchang	39.11	1.04	1.89			1.60		33.83	0.74
漯河市 Luohe	21.40	5.95			1.14		1.33	12.97	0.01
三门峡市 Sanmenxia	11.54	2.84		0.06				8.64	
南阳市 Nanyang	88.89	12.35	2.23		2.78	0.06		71.46	
商丘市 Shangqiu	54.89	6.90	0.00	0.06	2.31	0.11	0.00	45.38	0.04
信阳市 Xinyang	69.36	11.00	0.28		0.42			57.57	0.08
周口市 Zhoukou	97.68	11.14		0.34	4.05		0.1336	80.41	1.42
驻马店市 Zhumadian	70.26	23.64	0.01	0.75	0.67	0.01		44.89	0.05
济源市 Jiyuan	4.83	0.16		0.38	0.53			3.76	
省直管县 Province Administrating County									
巩义市 Gongyi	10.14	0.68	5.07		0.14	1.07		3.19	
兰考县 Lankao	7.10	1.92						5.18	
汝州市 Ruzhou	4.02	0.34	0.07	0.07	0.70	0.59		1.91	0.23
滑县 Huaxian	5.40	0.13						5.27	
长垣县 Changyuan	5.83		0.67		0.04			5.12	
邓州市 Dengzhou	11.65	3.07						8.58	
永城市 Yongcheng	54.89	6.90	0.00	0.06	2.31	0.11	0.00	45.38	0.04
固始县 Gushi	11.10	3.33						7.77	
鹿邑县 Luyi	13.79	0.76						13.03	
新蔡县 Xincai	8.51	2.93						5.59	

主要统计指标解释

全社会固定资产投资　是以货币形式表现的在一定时期内全社会建造和购置固定资产的工作量以及与此有关的费用的总称。该指标是反映固定资产投资规模、结构和发展速度的综合性指标，又是观察工程进度和考核投资效果的重要依据。全社会固定资产投资按登记注册类型可分为国有、集体、个体、联营、股份制、外商、港澳台商、其他等。

固定资产投资　指城镇和农村各种登记注册类型的企业、事业、行政单位及城镇个体户进行的计划总投资（或实际需要总投资）500万元及以上的建设项目投资和房地产开发投资。

固定资产投资的资金来源　根据固定资产投资的资金来源不同，分为国家预算资金、国内贷款、利用外资、自筹资金和其他资金来源。

（1）国家预算资金：自2011年起，按照全国人大和国务院的要求，各级财政的所有资金，包括税收和非税收入，均必须纳入预算管理，我国已不存在预算外资金的概念，因此各级政府用于固定资产投资的财政资金均为预算资金。由于已经没有预算外资金，因此名称改为国家预算资金，包括中央预算资金和地方预算资金，旧的国家预算内资金的内容和现中央预算资金的内容基本一致。

国家预算包括一般预算、政府性基金预算、国有资本经营预算和社保基金预算。各类预算中用于固定资产投资的资金全部作为国家预算资金填报，其中一般预算中用于固定资产投资的部分包括基建投资、车购税、灾后恢复重建基金和其他财政投资。各级政府债券也应归入国家预算资金。

（2）国内贷款：指报告期固定资产投资项目单位向银行及非银行金融机构借入的用于固定资产投资的各种国内借款，包括银行贷款、非银行金融机构贷款等。

银行贷款：是指向各商业银行、政策性银行借入的用于固定资产投资的各项贷款。

非银行金融机构贷款：是指向除上述银行之外从事金融业务的机构借入的用于固定资产投资的各项贷款。非银行金融机构包括保险公司和养老基金（企业年金）、信托投资公司、金融租赁公司、金融资产管理公司、汽车金融服务公司、金融担保公司、证券公司、投资基金、证券交易所、其他金融辅助机构。

投资项目单位从上级部门、总公司或公司股东处取得的用于固定资产投资的资金中，来源于银行或非银行金融机构贷款的部分，也应归入国内贷款。

通过银行理财产品和信托产品筹集的资金，如果是用于固定资产投资的，也做为国内贷款统计。

（3）利用外资：指报告期收到的用于固定资产建造和购置的国外资金（包括设备、材料、技术在内）。包括对外借款（外国政府贷款、国际金融组织贷款、出口信贷、外国银行商业贷款、对外发行债券和股票）、外商直接投资、外商其他投资（包括利用外商投资收益在国内进行固定资产再投资活动的资金）。不包括我国自有外汇资金（国家外汇、地方外汇、留成外汇、调济外汇和国内银行自有资金发放的外汇贷款等）。

（4）自筹资金：指固定资产投资单位在报告期收到的，由各企事业单位筹集用于固定资产投资的资金，包括各类企事业单位的自有资金和从其他单位筹集的用于固定资产投资的资金，但不包括各类财政性资金、从各类金融机借入资金和国外资金。

（5）其他资金来源：指在报告期收到的除以上各种资金之外的用于固定资产投资的资金。包括社会集资、个人资金、无偿捐赠的资金及其他单位拨入的资金等。

固定资产投资按国民经济行业分　根据建设项目建成投产后的主要产品种类或主要用途及社会经济活动性质来确定国民经济行业。一般情况下，一个建设项目或一个企业、事业单位只能属于一种国民经济行业。

固定资产投资按建设性质分　根据整个建设项目情况来确定。建设项目的性质一般分为新建、扩建、改建和技术改造、迁建、恢复。房地产开发单位、农村投资不划分建设性质。

（1）新建：一般是指从无到有、“平地起家”新开始建设的单位。有的单位原有的基础很小，经过建设后其新增加的固定资产价值超过原有固定资产价值（原值）三倍以上的也算新建。

（2）扩建：一般是指为扩大原有产品的生产能力，在厂内或其他地点增建主要生产车间（或主要工程）、独立的生产线或分厂的企业；事业单位和行政单位在原单位增建业务用房（如学校增建教学用房、医院增建门诊部或病床用房、行政机关增建办公楼等）也作为扩建。

（3）改建和技术改造：指现有企业、事业单位，对原有设施进行技术改造或更新（包括相应配套的辅助性生产、生活福利设施）的建设项目。现有企业、事业单位为适应市场变化的需要，而改变企业的主要产品种类（如军工企业转产民用品等）的建设项目，应作为改建。原有产品生产作业线由于各工序（车间）之间能力不平衡，为填平补齐充分发挥原有生产能力而增建不增加本企业主要产品设计能力的车间，也应作为改建。技术改造是指企业、事业单位在现有基础上，用先进的技术代替落后的技术，用先进的工艺和装备代替落后的工艺和装备，以改变企业落后的技术经济面貌，实现以内涵为主的扩大再生产，达到提高产品质量、促进产品更新换代、节约能源、降低消耗、扩大生产规模、全面提高社会经济效益的目的。技术改造具体包括以下内容：机器设备和工具的更新改造；生产工艺改革、节约能源和原材料的改造；厂房建筑和公共设施的改造；劳动条件和生产环境的改造等。

固定资产投资按构成分 固定资产投资活动按其工作内容和实现方式分为建筑安装工程，设备、工具、器具购置，其他费用三个部分。

（1）建筑安装工程（建筑安装工作量）：指各种房屋、建筑物的建造工程和各种设备、装置的安装工程。包括各种房屋建造工程，各种用途设备基础和各种工业窑炉的砌筑工程；为施工而进行的各种准备工作和临时工程以及完工后的清理工作等；铁路、道路的铺设，矿井的开凿及石油管道的架设等；水利工程；防空地下建筑等特殊工程；以及各种机械设备的安装工程；为测定安装工程质量，对设备进行的试运工作。在安装工程中，不包括被安装设备本身的价值。

（2）设备、工具、器具购置：指购置或自制达到固定资产标准的设备、工具、器具的价值，固定资产的标准按财务部门规定。新建单位、扩建单位的新建车间按照设计和计划要求购置或自制的全部设备、工具、器具，不论是否达到固定资产标准均计入“设备、工具、器具购置”中。

（3）其他费用：指在固定资产建造和购置过程中发生的，除建筑安装工程和设备、工具、器具购置以外的各种应摊入固定资产的费用。

施工项目 指报告期内曾进行建筑或安装工程施工活动的建设项目，包括报告期内新开工项目、报告期以前开工跨入报告期继续施工的项目以及报告期施过工并在报告期内全部建成投产或停缓建的项目。

全部建成投产项目 工业项目是指设计文件规定形成生产能力的主体工程及其相应配套的辅助设施全部建成，经负荷试运转，证明具备生产设计规定合格产品的条件，并经过验收鉴定合格或达到竣工验收标准，与生产性工程配套的生活福利设施可以满足近期正常生产的需要，正式移交生产的建设项目。非工业项目是指设计文件规定的主体工程和相应的配套工程全部建成，能够发挥设计规定的全部效益，经验收鉴定合格或达到竣工验收标准，正式移交使用的建设项目。

新增生产能力（或工程效益） 指通过固定资产投资活动而增加的设计能力(或工程效益)，该指标是以实物形态表现的反映固定资产投资成果的指标，也是考核投资经济效果的重要依据之一。

新增生产能力（或工程效益）一般有以下几种表现形式：

（1）用产品数量表示，以工程在单位时间内（一般是一年）所能生产的产品数量（即年产量）表示。如原煤开采用万吨／年表示，化学农药用吨／年表示，汽车制造用辆／年表示等。某些化工产品由于含量差别较大，按其设计含量计算折合量表示，如氮肥、磷肥等。

（2）用单位时间内所能处理的原料数量表示，以工程每天（或小时）所能处理原料的数量表示。如城市污水处理能力用万吨／日表示等。

（3）用新增加的主要设备的数量或容量表示，如毛纺锭等锭数，发电厂新增发电机组容量用万千瓦表示等。

（4）用建筑物个数、容积、容量、面积、长度表示，是非工业项目或工程新增效益的一种表现形式。如铁路投产里程、公路里程、桥梁隧道延长米里程、新（扩）建公路客货运站个数等。

根据工程的特点，有时需要用两种或两种以上的复合计量单位表示新增生产能力或工程效益。如新增内燃机生产能力同时用年产台数、万千瓦数表示等。

为了规范新增生产能力（或工程效益）的名称和计算单位，国家统计局制订了《新增生产能力（或工程效益）目录及代码》。各固定资产投资单位在统计新增生产能力（或工程效益）时，必须按目录中规定的名称、计量单位和代码填报。

新增固定资产　指已经完成建造和购置过程，并已交付生产或使用单位的固定资产的价值，包括已经建成投入生产或交付使用的工程投资和达到固定资产标准的设备、工具、器具的投资及有关应摊入的费用。

属于增加固定资产价值的其他建设费用，应随同交付使用的工程一并计入新增固定资产。

房屋建筑面积　指房屋建筑物勒脚以上外墙外围的水平截面面积，包括房屋建筑物的有效面积和结构面积。该指标是从实物形态上反映建设规模和建设成果的重要指标之一，也是检查工程形象进度、计算工程造价、分析投资效果、研究施工任务和建筑材料之间平衡情况的重要依据。

住宅建筑面积　指施工和竣工房屋建筑面积中供居住用的房屋建筑面积。

施工面积　指报告期内施工的全部房屋建筑面积。包括本期新开工的面积和上期开工跨入本期继续施工的房屋面积，以及上期已停建在本期复工的房屋面积。本期竣工和本期施工后又停缓建的房屋，其建筑面积仍计入本期施工房屋面积中。

竣工面积　指在报告期内房屋建筑按照设计要求已全部完工，达到住人和使用条件，经验收鉴定合格（或达到竣工验收标准），可正式移交使用的各栋房屋建筑面积的总和。

Explanatory Notes on Main Statistical Indicators

Total Investment in Fixed Assets in the Whole Country refers to the volume of activities in construction and purchases of fixed assets and related fees, expressed in monetary terms. It is a comprehensive indicator which shows the size, structure and growth of the investment in fixed assets, providing basis for observing the progress of construction projects and evaluating results of investment. Total investment in fixed assets in the whole country includes, by type of ownership, the investment by the state-owned units, collective units, individuals, joint ownership units, share-holding units, as well as investment by businessmen from foreign countries and from Hong Kong, Macao and Taiwan, and by other units.

Investment in Fixed Assets refers to construction projects involving a total planned (or required) investment of 5 million yuan and over by urban and rural enterprises and institutions of various types of ownership, by administrative units and by individuals, investment in real estate development, and housing investment by individuals in urban areas and in industrial and mining areas.

Sources of Funds for Investment in Fixed Assets Including State budgetary appropriation, domestic loans, foreign investment, self-raised funds, and others.

(1) State budgetary appropriation Since 2011, according to the National People's Congress and the requirements of the state council, all of the money at all levels for finance, including tax and non-taxable, must be included in the budget management.

State budgetary appropriation include general budget, government fund budget, state-owned capital management budget and social security fund budget. Governments at all levels should also be classified as State budgetary appropriation.

(2) Domestic loans refer to various funds borrowed by enterprises and institutions from banks and non-bank financial institutions assets, include bank loans, non-bank financial institutions loans.

Bank loans refers to the investment in fixed assets loans borrowed from commercial Banks, policy Banks.

Non-bank financial institutions loans refers to the investment in fixed assets loans borrowed from other organization of lending loans. The non-bank financial institutions including insurance companies and pension funds, trust and investment companies, financial leasing companies, financial assets management companies, financial services company, car finance guarantee companies, securities companies, investment funds, securities exchanges, and other financial assistant mechanism.

Investment project units fixed assets funds from higher level department, the corporation or the shareholders of a company, which from Banks and other financial institutions, also should be classified as domestic loans.

(3) Foreign Investment refers to foreign funds received during the reference period for the purpose of investment in fixed assets, including foreign borrowing(foreign government loans, the international finance organization loans, export credit, commercial loans of foreign Banks, foreign issue bonds and stock), foreign direct investment, foreign other investments. Not including has its own foreign exchange funds in China (state foreign exchange, the local foreign exchange, the foreign exchange, has retained the foreign exchange and domestic Banks issue their own funds of foreign exchange loan, etc.)

(4) Self-raised funds refer to funds received by construction enterprises from their higher responsible authorities, local governments, for a fixed asset investment funds.

(5) Others refer to funds received during the reference period which are not included in the above-mentioned sources, Include fund raising, personal capital, free donation funds and other units dial the money into, etc..

Investment in Fixed Assets by Sector The classification of construction projects by sector is determined by the major products or the purpose of the projects when they are put into production or use, and by the nature of their social economic activities. In general, period to the current period, and floor space of construction suspended during the previous period and resumed in the current period. Floor space of construction completed in the current period, and floor space of construction started and then suspended in the current period are also included in the floor space under construction of the current year.

Floor Space of Buildings Completed refers to the floor space of all buildings completed in the reference period, which have been appraised and accepted (or come up to the designed standards) and have been transferred to the owners for use.

对外经济贸易和旅游

Foreign Trade and Economic Cooperation and Tourists

● 资料整理：周文瑞

简要说明

一、主要内容

本篇包括河南对外贸易资料，利用外资资料，对外经济合作以及旅游等资料。

二、统计范围

对外贸易统计的范围是全省各进、出口贸易公司和有进出口经营权的生产企业、外商及港澳台商投资企业、科研机构等辖区内全部有进出口经营权的企业；利用外资统计的范围是辖区内全部外商投资企业、港澳台商投资企业和有外商其他投资的单位；对外经济合作统计范围是经各级商务部门批准的从事对外承包和劳务合作业务并具有法人地位的对外承包劳务企业。对外直接投资统计范围是境内投资主体通过直接投资在境外设立的各类公司型企业和非公司型企业。

三、资料来源

对外贸易、外商投资企业的登记注册情况、对外经济合作和对外直接投资资料采用全面调查方法。对外贸易资料1992年及以后为海关进出口统计数字，由郑州海关提供；利用外资资料中外商投资企业的登记注册情况资料由河南省工商行政管理局提供,其他由河南省商务厅提供；对外经济合作资料和对外直接投资资料由河南省商务厅提供。本篇资料由河南省统计局贸易外经处编辑整理。

旅游资料由河南省旅游局等有关部门提供，由河南省统计局贸易外经处编辑整理。

Brief Introduction

I. Main Contents

Data in this chapter provide summary data of Henan provincial foreign trade, utilization of foreign capital, economic cooperation with foreign countries or territories and Tourists.

II. Statistical Scopes

The statistics of foreign trade cover the Henan provincial import and export corporation, the manufacturing enterprises that have right to operate import and export, foreign and Hong Kong, Macao and Taiwan-invested enterprises and scientific research institutions. The statistics of utilization of foreign capital cover the foreign direct investments and other foreign investments, and the basic condition of registration of foreign funded enterprises. The statistics of economic cooperation with foreign countries or territories cover the corporate enterprise engaged in contracted projects and labour services cooperation with foreign countries and has been approved by the department of commerce at various levels. The statistics of foreign direct investment cover overseas corporate and non-corporate enterprises of various forms established by domestic investors through their investment operation.

III. Data Sources

Data on foreign trade, utilization of foreign capital, economic cooperation with foreign countries or territories are calculated through a comprehensive reporting system. Data on foreign trade since 1992 and later are calculated by Zhengzhou Customs. Data on utilization of foreign capital are calculated by the Henan provincial bureau of Commerce, data on registered cases of foreign-invested enterprises are calculated by the Henan provincial administration of Industry and Commerce. Data on overseas direct investment and economic cooperation with foreign countries or territories are calculated by the Henan provincial bureau of Commerce. Data in this chapter are provided by the Department of Trade and External Economic Relations of the Henan provincial bureau of Statistics.

Data on tourism are calculated by the Henan provincial bureau of tourism. Data on tourism are provided by the Department of Trade and External Economic Relations of the Henan provincial bureau of Statistics.

7-1 对外经济贸易基本情况

Foreign Trade and Economic Cooperation

指 标	Item	2005	2010	2013	2014
货物进出口总额(人民币亿元)	**Total Value of Imports and Exports (RMB 100 million yuan)**	**626.54**	**1204.40**	**3716.51**	**3994.36**
出口总额	Total Exports	413.12	713.13	2231.21	2418.81
进口总额	Total Imports	213.42	491.27	1485.30	1575.55
进出口差额	Balance	199.71	221.86	745.91	843.25
货物进出口总额(亿美元)	**Total Value of Imports and Exports (USD 100 million)**	**77.36**	**177.92**	**599.57**	**650.33**
出口总额	Total Exports	51.01	105.34	359.87	393.84
进口总额	Total Imports	26.35	72.57	239.70	256.49
进出口差额	Balance	24.66	32.77	120.17	137.35
外商直接投资合同项目(个)	**Number of Projects for Contracted Foreign Direct Investment (unit)**	**472**	**362**	**344**	**328**
实际使用外资额(亿美元)	**Total Amount of Foreign Investment Actually Utilized (USD 100 million)**	**23.52**	**62.47**	**134.57**	**149.27**
#外商直接投资	Foreign Direct Investments	12.30	62.47	134.57	149.27
外资企业基本情况	**Registered Foreign-funded Enterprises**				
年末实有企业数(户)	Number of Registered Enterprise in the Year-end (unit)	2877	2459	2045	2127
投资总额(亿美元)	Total Investment (USD 100 million)	206.41	378.66	477.87	588.78
注册资本(亿美元)	Registered Capital (USD 100 million)	112.29	205.35	244.79	296.92
#外方	Capital from Foreign Investors	75.34	148.66	179.10	223.26
对外经济合作(亿美元)	**Economic Cooperation with Foreign Countries & Regions (USD 100 million)**				
合同金额	Contracted Value	6.29	25.26	40.58	42.29
#对外承包工程	Contracted Projects	5.85	23.73	39.42	27.95
对外劳务合作	Labor Services	0.39	1.53	1.15	14.33
完成营业额	Value of Turnover Fulfilled	4.99	23.23	42.09	47.08
#对外承包工程	Contracted Projects	4.53	20.71	34.67	32.08
对外劳务合作	Labor Services	0.42	2.51	7.42	15.00

7-2 进出口总额

Total Value of Imports and Exports

年 份 Year	美元(万美元) USD (10 000 dollors)				人民币(万元) RMB (10 000 yuan)			
	进出口总额 Total Imports & Exports	出口总额 Total Exports	进口总额 Total Imports	顺 差 Balance	进出口总额 Total Imports & Exports	出口总额 Total Exports	进口总额 Total Imports	顺 差 Balance
1957	1387	1387		1387	3412	3412		3412
1962	1326	1309	17	1292	3262	3220	42	3178
1965	2008	1914	94	1820				
1970	3700	3328	372	2956				
1975	6342	5438	904	4534	11796	10115	1681	8434
1978	11843	10231	1612	8619	19896	17188	2708	14480
1979	15406	13422	1984	11438	23879	20804	3075	17729
1980	22644	20448	2196	18252	33966	30672	3294	27378
1981	28487	24948	3539	21409	42855	37531	5324	32207
1982	28761	25471	3290	22181	54358	48140	6218	41922
1983	30418	27963	2455	25508	60228	55367	4861	50506
1984	38203	34174	4029	30145	89013	79625	9388	70237
1985	44991	36710	8281	28429	167367	136561	30806	105755
1986	50671	45263	5408	39855	188496	168378	20118	148260
1987	74732	65434	9298	56136	278003	243414	34589	208825
1988	84961	75052	9909	65143	316055	279193	36862	242331
1989	98539	81897	16642	65255	335157	304657	30500	274157
1990	100385	86689	13696	72993	481848	416107	65741	350366
1991	121489	104297	17192	87105	643892	552774	91118	461656
1992	116194	81632	34562	47070	633257	444894	188363	256532
1993	131423	75546	55877	19669	756996	435145	321852	113293
1994	163193	102242	60951	41291	1398564	876214	522350	353864
1995	222918	135759	87159	48600	1861365	1133588	727778	405810
1996	196855	124001	72854	51147	1631928	1027968	603960	424009
1997	189699	128663	61036	67627	1572604	1066616	505988	560628
1998	173196	118675	54521	64154	1435795	983816	451979	531837
1999	175044	112889	62155	50734	1449364	934721	514643	420078
2000	227486	149338	78148	71190	1883584	1236519	647065	589453
2001	279256	171548	107708	63840	2311339	1419864	891475	528389
2002	320351	211876	108475	103401	2652506	1754333	898173	856160
2003	471640	298041	173599	124442	3905179	2467779	1437400	1030380
2004	661346	417610	243736	173874	5475945	3457811	2018134	1439677
2005	773604	510093	263511	246582	6265419	4131243	2134176	1997067
2006	979594	663497	316097	347400	7809094	5289240	2519853	2769387
2007	1280493	839145	441347	397798	9803869	6424771	3379098	3045673
2008	1747934	1071890	676044	395846	12238006	7504743	4733263	2771481
2009	1343839	734648	609191	125457	9179764	5018380	4161384	856997
2010	1779157	1053447	725710	327737	12044003	7131309	4912694	2218616
2011	3264212	1924040	1340172	583868	20711951	12208344	8503607	3704736
2012	5175027	2967788	2207239	760549	32602703	18697083	13905620	4791463
2013	5995687	3598710	2396977	1201733	37165081	22312067	14853013	7459054
2014	6503288	3938370	2564918	1373452	39943605	24188066	15755539	8432527

注：本表1991年及以前年度为有关部门统计数据，从1992年开始为海关进出口数据。
a)Data before 1991 were obtained from the Department concerned, and the data since 1992 have been obtained from the customs statistics.

7-3 各种分组的进出口总额

Total Value of Imports and Exports by Group

单位：万元 (10 000 yuan)

项 目	Item	进出口总额 Total Value of Imports and Exports		#出口总额 Exports Trade	
		2013	2014	2013	2014
合 计	**Total**	**37165081**	**39943605**	**22312067**	**24188066**
按贸易方式分	**By trade system**				
一般贸易	General trade	11752770	12729781	7649425	8873837
援助物资	Aid material	5455	1061	5431	373
加工贸易	Processing trade	23810231	25922354	14143221	14977963
#来料加工贸易	Trade of processing with customer's materials	277134	266758	195590	178718
进料加工贸易	Trade of processing with imported materials	23533096	25655596	13947631	14799245
对外承包工程出口	Export of contract foreign projects	215324	277092	215324	277092
三资企业投资设备进口	Import of Machines Invested by Joint-venture, Cooperation with Foreign Investment and Sole Foreign Investment Enterprises	51961	40336		
保税仓库进出境货物	Bonded warehouse	117042	210613	6823	8020
其他贸易方式	Other trade system	1212300	762368	291843	50780
按注册类型分	**By Registration**				
国有企业	State-owned enterprises	4359636	4412932	2097785	2252651
外商投资企业	Foreign Investment	24735391	26910792	14244640	15064079
合作	Cooperative Operation	93443	64289	9103	12718
合资	Joint Ventures	23559208	25716453	13478237	14241200
独资	Proprietorship	1082740	1130050	757300	810161
民营企业	Private enterprise	8020150	8619496	5969642	6871337
其他企业	Others	49904	385		

7-4 河南向一些国家(地区)进出口总额

Total Value of Imports and Exports To Related Countries and Regions

单位：万元 (10 000 yuan)

国家(地区)名称	Country (Region)	进出口总额 Total Imports & Exports		#出口 Exports	
		2013	2014	2013	2014
合计	**Total**	**37165081**	**39943605**	**22312067**	**24188066**
亚洲	**Asia**	**17280715**	**19796117**	**6993831**	**8144776**
韩国	South Korea	3845715	4591544	457192	710954
日本	Japan	3021641	3627642	1871370	2094420
中国	China	2468106	2393407		
台湾省	Taiwan	1527517	2259737	305229	336983
越南	Vietnam	798014	1092940	275600	508503
中国香港	Hong Kong, China	902691	1058370	893245	1055337
非洲	**Africa**	**1562151**	**1778684**	**1217589**	**1476310**
南非	South Africa	530128	476980	262202	310355
尼日利亚	Nigeria	198506	231838	196725	229318
欧洲	**Europe**	**6510921**	**5410482**	**5343023**	**4332887**
荷兰	Holland	2262150	1617275	2237806	1556922
德国	Federal Republic of Germany	928967	942214	479925	491044
英国	United Kingdom	867618	686511	798100	616300
俄罗斯联邦	Russian	542747	567325	355668	436092
意大利	Italy	306865	258236	252080	211236
拉丁美洲	**Latin America**	**2276826**	**2349754**	**1179598**	**1269250**
巴西	Brazil	996002	832652	367188	357757
墨西哥	Mexico	495383	506711	261618	236686
智利	Chile	216269	262454	144088	115293
北美洲	**North America**	**8196720**	**9328856**	**7265611**	**8554506**
美国	United States	7597264	8756992	6814419	8091500
加拿大	Canada	599456	571864	451192	463007
大洋洲	**Oceania**	**1326773**	**1270049**	**312416**	**410336**
澳大利亚	Australia	1274033	1211214	277804	369056
新西兰	New Zealand	45717	53470	27589	35918

7-5 人民币汇率(年平均价)

Reference Exchange Rate of Renminbi (Period Average)

单位：元 (yuan)

年 份 Year	100美元 100 US Dollars	100日元 100 Japanese Yen	100港元 100 Hong Kong Dollars	100欧元 100 Euros
1985	293.66	1.2457	37.57	
1986	345.28	2.0694	44.22	
1987	372.21	2.5799	47.74	
1988	372.21	2.9082	47.70	
1989	376.51	2.7360	48.28	
1990	478.32	3.3233	61.39	
1991	532.33	3.9602	68.45	
1992	551.46	4.3608	71.24	
1993	576.20	5.2020	74.41	
1994	861.87	8.4370	111.53	
1995	835.10	8.9225	107.96	
1996	831.42	7.6352	107.51	
1997	828.98	6.8600	107.09	
1998	827.91	6.3488	106.88	
1999	827.83	7.2932	106.66	
2000	827.84	7.6864	106.18	
2001	827.70	6.8075	106.08	
2002	827.70	6.6237	106.07	800.58
2003	827.70	7.1466	106.24	936.13
2004	827.68	7.6552	106.23	1029.00
2005	819.17	7.4484	105.30	1019.53
2006	797.18	6.8570	102.62	1001.90
2007	760.40	6.4632	97.46	1041.75
2008	694.51	6.7427	89.19	1022.27
2009	683.10	7.2986	88.12	952.70
2010	676.95	7.7279	87.13	897.25
2011	645.88	8.1050	82.97	900.11
2012	631.25	7.9037	81.38	810.67
2013	619.32	6.3323	79.85	822.19
2014	614.28	5.8196	79.22	816.51

注：数据来源于国家外汇管理局。

a) Data from State Administration of Foreign Exchange.

7-6　历年外商和港澳台商直接投资情况

Foreign, Hong Kong, Macao and Taiwan's Direct Investments Over the years

单位：万美元　　(USD 10 000)

年　份 Year	签订协议(合同) New Agerrment Signed		实际利用外资额 Actually Used Investment by forign Enterprise Used			
	个　数 Number of Projects(unit)	金　额 Value		#独资经营 Foreign Investment Enterprises	#合资经营 Joint Ventures Enterprises	#合作经营 Cooperative Operation Enterprises
1985	29	6870	565		541	24
1986	14	2724	605		542	63
1987	31	12562	467	31	244	192
1988	38	1986	6436		6268	168
1989	36	1681	4266	37	4199	30
1990	50	2107	1049	75	708	266
1991	154	12716	3791	294	3214	283
1992	1053	88327	10691	717	9655	319
1993	1727	157768	34197	5190	27338	1669
1994	1011	79168	42488	7168	32008	3312
1995	815	86748	47981	5064	42121	796
1996	478	92166	52566	7543	36831	8192
1997	423	86799	64735	14096	30159	20480
1998	353	57333	61794	6198	36356	19240
1999	264	61832	49527	8185	32317	9025
2000	237	69921	53999	4459	27292	6248
2001	224	62188	35861	9510	20685	5666
2002	290	101964	45165	9860	29592	5713
2003	324	182560	56149	16628	32970	5911
2004	478	205383	87367	39866	36071	11430
2005	472	235176	122960	48312	54698	10267
2006	497	336788	184526	89313	81926	8702
2007	516	483538	306162	150935	97847	18572
2008	364	604146	403266	203739	94822	14715
2009	274	492055	479858	284554	163957	27023
2010	362	578385	624670	366770	191196	58545
2011	355	767752	1008209	593537	322191	84563
2012	363	1172936	1211777	766291	368604	76373
2013	344	1154233	1345659	888056	411544	28321
2014	328	1183590	1492688	893738	537869	25846

7-7 外商和港澳台商在豫直接投资(2014年)

Direct Investment of Foreign, Hong Kong, Macao and Taiwan Businessmen in Henan (2014)

项 目	Item	新签协议 New Agreement Signed		实际投资(万美元)
		合同个数(个) Number of Contracts (unit)	投资额(万美元) Investments Value (USD 10 000)	Actually Investments (USD 10 000)
总 计	**Total**	**328**	**1183590**	**1492688**
按登记注册类型分	**By Registration**			
#合资经营	Joint Ventures Enterprises	113	384611	537869
合作经营	Cooperative Operation Enterprises	12	90550	25846
独资	Foreign Investment Enterprises	202	704253	893738
股份有限公司	Foreign Investment Share Enterprises	1	4176	35235
按国民经济行业分	**By Sector**			
#农、林、牧、渔业	Farming, Forestry, Animal Husbandry and Fishery	23	40298	49428
采矿业	Mining	2	1363	25969
制造业	Manufacturing	189	897918	1021058
电力、燃气及水的生产和供应业	Production and distribution of electricity,gas and water	6	11667	104299
建筑业	Construction	3	14252	7821
交通运输、仓储及邮政业	Traffic,transport, storage and post	8	15435	42160
信息传输、计算机服务和软件业	Information transfer, computer services and software	7	8133	11293
批发和零售业	Wholesale and retail trade	31	77447	56035
住宿和餐饮业	Accommodation and Restaurants	10	47	2810
金融业	Financial	1	6834	5918
房地产业	Real estate	7	20514	105787
租赁和商务服务业	Tenancy and business services	23	50159	37683
科学研究、技术服务和地质勘查业	Scientific Research, Technical Service and Geologic Perambulation	6	21085	10093
水利、环境和公共设施管理业	Management of Water Conservancy, Environment and Public Establishment	6	16209	8528
居民服务和其他服务业	Resident Services and Other Services	1	83	
教育	Education			8
卫生、社会保障和社会福利业	Sanitation, Social Security and Social Welfare			
文化、体育和娱乐业	Culture, Sports and Entertainment	5	2146	3798
按地区、国别分	**by Country or Territory**			
香港	Hong Kong, China	199	846334	1061550
台湾	Taiwan	23	66626	88350
加拿大	Canada	5	24253	19446
日本	Japan	1	7817	17764
英国	United Kingdom	1	3389	1208
美国	America	16	42049	64223
新加坡	Singapore	9	32360	40934
德国	Germany	1	680	269
韩国	South Korea	10	17896	16152

7-8 各市外商和港澳台商在豫直接投资金额

Direct Investment by Foreign, Hong Kong, Macao and Taiwan in Henan by City

单位：万美元 (USD 10 000)

市 City	新签协议(合同)金额 Value of New Agreement (Contract) Signed		实际利用外资 Foreign Capital Actually Used	
	2013	2014	2013	2014
全省 Total	**1154233**	**1183590**	**1345659**	**1492688**
省辖市 City				
郑州市 Zhengzhou	197710	144557	332178	363002
开封市 Kaifeng	55486	52241	43898	51698
洛阳市 Luoyang	154991	137584	222272	241025
平顶山市 Pingdingshan	35518	58048	45318	36493
安阳市 Anyang	41287	47827	38057	42839
鹤壁市 Hebi	51975	56995	55783	66785
新乡市 Xinxiang	45785	99485	74009	86988
焦作市 Jiaozuo	62644	29066	66181	72850
濮阳市 Puyang	37531	41568	38979	48717
许昌市 Xuchang	54022	39686	53113	59725
漯河市 Luohe	101971	118650	70401	78897
三门峡市 Sanmenxia	63393	107838	86857	95679
南阳市 Nanyang	71713	85787	50388	57264
商丘市 Shangqiu	29252	35225	27649	30897
信阳市 Xinyang	55295	33332	42237	47822
周口市 Zhoukou	45838	36123	44241	48490
驻马店市 Zhumadian	46379	46268	31590	35392
济源市 Jiyuan	3443	13310	22508	28125
省直管县 Province Administrating County				
巩义市 Gongyi	-32	13484	21800	27774
兰考县 Lankao	3446	399	1525	1970
汝州市 Ruzhou	20	19943	21314	8706
滑县 Huaxian	4850		3500	
长垣县 Changyuan	6240	12860	7810	10797
邓州市 Dengzhou	10194	13549	4400	5880
永城市 Yongcheng			2400	3113
固始县 Gushi	3859	2016	3864	5573
鹿邑县 Luyi	5071	7500	4400	3600
新蔡县 Xincai	2200		1250	1600

7−9 外商和港澳台商投资企业(单位)注册登记情况
Registration Status of Foreign, Hong Kong, Macao and Taiwan Funded Enterprises

指　标	Item	2005	2010	2012	2013	2014
年末实有企业数(户)	**Number of Registered Enterprise in the Year-end (unit)**	**2877**	**2459**	**2227**	**2045**	**2127**
与外商和港澳台商合资经营	Joint Ventures Enterprises	1717	1251	1079	979	998
与外商和港澳台商合作经营	Cooperative Operation Enterprises	292	181	136	108	120
外商和港澳台商独资	Foreign Investment Enterprises	860	1006	988	932	979
外商和港澳台商投资股份有限公司	Foreign Investment Share Enterprises	8	21	24	26	30
年末实有企业投资总额(亿美元)	**Total Investments (100 million USD)**	**206.41**	**378.66**	**462.96**	**477.87**	**588.78**
注册资本(亿美元)	**Registered Capital (100 million USD)**	**112.29**	**205.35**	**236.51**	**244.79**	**296.92**
#外方	Capital Invested by Foreign Partner	75.34	148.66	171.02	179.10	223.26
本年登记企业数(户)	**Number of Registered Enterprise in the Year (unit)**	**420**	**252**	**171**	**143**	**162**
中外合资	Joint-venture Enterprises	212	91	64	62	75
中外合作	Cooperation Enterprises	39	19	16	3	11
外商独资	Enterprises with Sole Foreign Investment	169	142	90	78	76
中外股份公司	Share-holding Corporations			1		
本年注册企业投资总额(万美元)	**Total Investments in the Year (USD 10 000)**	**401029**	**507457**	**754541**	**363741**	**518010**
本年注册资本(万美元)	**Registered Capital ih the Year(USD 10 000)**	**201757**	**269995**	**336514**	**173492**	**286752**
#外方	Capital Invested Foreign Partner	152789	225467	273102	150904	226465

7-10 各市外商和港澳台商投资企业登记注册情况(2014年)

Registration Status of Foreign, Hong Kong, Macao and Taiwan Funded Enterprises by City (2014)

市 City	年末实有企业数(个) Real Number of Enterprises by the end of the year (unit)	年末实有企业投资总额(万美元) Realized Investment in the year-end (USD 10 000)	本年登记企业数(个) Registered Enterprises in the year (unit)	本年注册企业投资总额(万美元) Total Value of Investment by Registered Enterprises This Year (USD 10 000)	累计注销企业数(个) Accumulative total of deregistered enterprises (unit)
全省 Total	**2127**	**5887638**	**162**	**518010**	**1123**
河南省(省级)Provincial	**258**	**1310812**	**11**	**16867**	**158**
郑州市 Zhengzhou	511	1202432	48	102977	451
开封市 Kaifeng	101	242269	12	67559	38
洛阳市 Luoyang	176	304755	24	59404	78
平顶山市 Pingdingshan	58	245761	4	32491	13
安阳市 Anyang	77	145827	5	11644	34
鹤壁市 Hebi	44	98960	4	30923	14
新乡市 Xinxiang	148	219748	6	17083	52
焦作市 Jiaozuo	78	242346	5	8792	66
濮阳市 Puyang	78	76504	3	6712	41
许昌市 Xuchang	74	138723	4	5229	18
漯河市 Luohe	55	142419	3	6992	54
三门峡市 Sanmenxia	38	168033	6	35301	17
南阳市 Nanyang	154	408227	11	23424	30
商丘市 Shangqiu	57	61801	3	9896	10
信阳市 Xinyang	46	376205	3	18036	22
周口市 Zhoukou	72	73130	1	9000	11
驻马店市 Zhumadian	76	159785	7	47892	12
济源市 Jiyuan	26	269900	2	7790	4
省直管县 Province Administrating County					
巩义市 Gongyi	16	28618			
兰考县 Lankao	8	49614	1	19	
汝州市 Ruzhou	4	2141			
滑县 Huaxian	4	1430			
长垣县 Changyuan	13	19728	2	4940	2
邓州市 Dengzhou	10	18702	3	11608	
永城市 Yongcheng	6	13716			
固始县 Gushi	6	1186			1
鹿邑县 Luyi	3	9441	1	9000	
新蔡县 Xincai	2	1440			

7-11 对外国和港澳台地区投资

Investment to Foreign, Hong Kong, Macao and Taiwan

项 目	Item	2005	2010	2011	2012	2013	2014
新签协议(合同)个数(个)	Number of New Agreements (Contracts) Signed (unit)	33	62	83	69	81	87
中方新签协议(合同)	Investments of New Agreement (Contract)						
投资额(万美元)	Signed by China (USD 10 000)	3491	53132	92823	108405	130207	159014
中方实际投资(万美元)	Actually Investments by China (USD 10 000)	8538	11864	30171	24497	65675	62614
年末已建成投产(开业)	Number of Business Completed and						
企业数(个)	Put into Use in the Year-end (unit)	157	288	295	360	382	442

7-12 对外承包工程和劳务合作

Contracted Projects and Labor Cooperation with Foreign Countries or Regions

指 标	Item	2005	2010	2011	2012	2013	2014
签订合同数(个)	Number of Contracts Signed (unit)	171	860	241	229	315	128
签订合同金额(万美元)	Contracted Value (USD 10 000)	65855	252599	293368	347086	405763	422878
营业额(万美元)	Value of Business (USD 10 000)	49929	232269	319937	370866	420916	470801
派出人员(人次)	Person Send Abroad (person-times)	10496	32350	32001	16492	68877	69703
年底在外人员(人)	Number of Abroad Person at Year-end (person)	15807	56251	68948	57103	81751	88825

7-13 河南与国外结成友好城市一览表
List of Foreign Sister Cities with HeNan

友好城市 Sister City	国　别 Country of Origin	缔结时间 Time of Conclusion
河南省		
堪萨斯州	美国	1981年5月
三重县	日本	1986年11月
瓦隆大区	比利时	1988年4月
普利亚大区	意大利	1988年6月
索恩-卢瓦尔省	法国	1990年10月
布勒伊拉县	罗马尼亚	1993年9月
曼尼托巴省	加拿大	1994年11月
庆尚北道	韩国	1995年10月
萨马拉州	俄罗斯	1997年3月
阿尔及尔省	阿尔及利亚	1998年4月
同塔省	越南	1998年7月
蒂罗尔州	奥地利	1999年11月
奥罗莫州	埃塞俄比亚	2000年9月
春武里府	泰国	2001年6月
圣卡塔琳娜州	巴西	2002年4月
科马隆州	匈牙利	2002年8月
莫吉廖夫州	白俄罗斯	2004年8月
伊达尔戈州	墨西哥	2005年5月
恩特雷里奥斯省	阿根廷	2005年5月
东芬兰省	芬兰	2005年8月
玻利瓦尔州	委内瑞拉	2006年8月
科金博大区	智利	2007年11月
法尤姆省	埃及	2007年11月
西北省	南非	2008年4月
纽卡斯尔市	英国	2008年9月
卢布林省	波兰	2008年9月
梅克伦堡-前波莫瑞州	德国	2009年7月
哈瓦那市	古巴	2009年7月
马格尼西亚省	希腊	2009年10月
林波波省	南非	2011年6月
打拉省	菲律宾	2011年9月
马鲁古省	印度尼西亚	2011年9月
加兹-纳杰孔-索尔诺克州	匈牙利	2012年3月
瓜亚斯省	厄瓜多尔	2012年3月
阿肯色州	美国	2012年4月
干拉省	柬埔寨	2014年10月
磅湛省	柬埔寨	2014年10月
郑州市		
埼玉市	日本	1981年10月
里士满市	美国	1994年9月
克卢日.纳波卡市	罗马尼亚	1995年5月
晋州市	韩国	2000年7月
马林塔尔市	纳米比亚	2001年8月
伊尔比德市	约旦	2002年4月
萨马拉市	俄罗斯	2002年4月
若茵维莱市	巴西	2003年11月
什未林市	德国	2006年4月
舒门市	保加利亚	2007年4月
莫吉廖夫市	白俄罗斯	2014年6月
开封市		
户田市	日本	1984年8月
威奇托市	美国	1985年12月
永川市	韩国	2005年6月
温格卡瑞比郡	澳大利亚	2007年10月
鄂木斯克市	俄罗斯	2009年8月
莫茨金市	以色列	2014年10月
洛阳市		
冈山市	日本	1981年4月
图尔市	法国	1982年12月
拉克罗斯市	美国	1997年10月
陶里亚蒂市	俄罗斯	2000年4月
平顶山市		
安东市	韩国	1997年4月
塞兹兰市	俄罗斯	2000年11月
圣路易斯.里约.科罗拉多市	墨西哥	2009年11月
坎布里乌市	巴西	2011年11月
安阳市		
斯哈尔贝克市	比利时	1985年9月
草加市	日本	1998年11月
莱桥市	加拿大	2005年5月
纳库鲁市	肯尼亚	2006年9月
新乡市		
柏原市	日本	1990年9月
伊塔亚伊市	巴西	2008年11月
乌珀塔尔市	德国	2012年8月
焦作市		
热伊勒地区	吉尔吉斯斯坦	2001年4月
帕辽沙市	巴西	2007年9月
卢布林市	波兰	2010年4月
忠州市	韩国	2013年9月
濮阳市		
阿什伯顿市	新西兰	2000年9月
楚河区	吉尔吉斯斯坦	2008年5月
许昌市		
博灵布鲁克市	美国	2005年5月
基涅利市	俄罗斯	2007年9月
漯河市		
伊普斯威奇市	英国	2008年3月
三门峡市		
北上市	日本	1985年5月
索尔诺克市	匈牙利	2009年9月
东豆川市	韩国	2011年5月
南阳市		
南阳市	日本	1988年10月
加特市	以色列	1995年11月
春川市	韩国	2012年12月
斯洛博齐亚市	罗马尼亚	2012年12月
阿斯蒂市	意大利	2014年2月
商丘市		
大谢珀顿市	澳大利亚	2012年12月
信阳市		
高敞郡	韩国	2010年3月
驻马店市		
梅杰迪亚市	罗马尼亚	2002年9月
济源市		
新座市	日本	2003年2月
禹州市		
山清郡	韩国	2009年5月
信阳市浉河区		
新见市	日本	1992年4月
阿什凯隆市	以色列	1995年6月
濮阳市濮阳县		
诗巫市	马来西亚	2013年1月

7-14 各市利用省外资金情况

Direct Investment by Other Provinces in Henan by City

单位：亿元 (100 million yuan)

市 City	新签协议(合同)金额 Value of New Agreement (Contract) Signed		实际利用省外资金 Foreign Capital Actually Used	
	2013	2014	2013	2014
全　　省 Total	**19281.8**	**19038.8**	**6197.5**	**7206.0**
省　辖　市 City				
郑　州　市 Zhengzhou	2235.7	1743.3	730.4	852.0
开　封　市 Kaifeng	1108.8	1258.9	399.1	459.9
洛　阳　市 Luoyang	1780.8	1148.8	521.0	607.8
平 顶 山 市 Pingdingshan	1154.8	1123.1	379.1	440.4
安　阳　市 Anyang	1642.3	1891.6	460.5	534.7
鹤　壁　市 Hebi	918.9	981.2	204.5	239.9
新　乡　市 Xinxiang	809.4	781.4	438.6	508.5
焦　作　市 Jiaozuo	738.7	762.6	431.2	497.7
濮　阳　市 Puyang	832.4	693.3	146.1	176.6
许　昌　市 Xuchang	911.5	839.6	319.4	374.0
漯　河　市 Luohe	394.9	978.7	166.1	192.2
三 门 峡 市 Sanmenxia	419.8	618.4	260.7	301.8
南　阳　市 Nanyang	1130.2	958.0	381.6	440.3
商　丘　市 Shangqiu	1221.8	1320.4	470.4	547.7
信　阳　市 Xinyang	1048.9	979.2	177.8	206.3
周　口　市 Zhoukou	1171.8	771.7	382.8	442.7
驻 马 店 市 Zhumadian	1252.5	1327.3	189.6	221.4
济　源　市 Jiyuan	508.6	861.3	138.6	162.1
省 直 管 县 Province Administrating County				
巩　义　市 Gongyi	120.2	143.2	53.0	61.1
兰　考　县 Lankao	140.9	137.6	46.3	53.5
汝　州　市 Ruzhou	142.4	119.5	50.8	58.8
滑　　县 Huaxian	220.6	175.9	46.2	53.6
长　垣　县 Changyuan	87.6	115.4	34.9	40.6
邓　州　市 Dengzhou	88.5	177.7	36.2	42.0
永　城　市 Yongcheng	285.5	189.2	44.3	51.6
固　始　县 Gushi	215.4	214.9	23.9	27.7
鹿　邑　县 Luyi	110.9	104.9	46.0	53.5
新　蔡　县 Xincai	65.0	39.8	15.1	17.4

7-15 旅游业基本情况

Basic Condition of International Tourism

项 目	Item	2005	2010	2011	2012	2013	2014
旅游设施	**Tourist Facilities**						
饭店(个)	Number of Tourist Hotel (unit)	360	502	503	566	575	557
床位(万张)	Number of Bed (10 000 units)	10.29	11.21	11.25	12.37	12.48	12.25
接待入境游客人数	**Number of International Tourists**						
(万人次)	**Received (10 000 person-times)**	**60.05**	**146.84**	**168.29**	**190.77**	**207.33**	**227.20**
外国人	Foreigner	34.73	96.09	104.29	118.74	125.27	139.75
香港同胞	Compatriots from Hongkong	10.30	17.91	23.40	26.48	29.38	32.56
澳门同胞	Compatriots from Macao	4.65	8.07	10.00	11.25	11.62	11.72
台湾同胞	Compatriots from Taiwan	10.37	24.77	30.16	34.30	41.06	43.17
旅游创汇收入	**Income of International Tourists**						
(万美元)	**Received (USD 10 000)**	**21604**	**49877**	**54902**	**61141**	**65997**	**72530**

注：1.本表接待入境旅游者人数包括不过夜人数(下表同)。
2.旅游创汇收入为旅游部门抽样调查数。
3.饭店和床位为星级饭店年报数据。
a)Number of international tourists received exclude persons who didn't stay for night. (The following table is the same).
b)Data on the income of international tourists received are obtained from sample surry by tourism administration.
c)Numbers of Hotels and Beds were Obtained from Stara-Ranked Hotels Annual Report.

7-16 各市入境旅游情况(2014年)

Basic Condition of International Tourism by City (2014)

市	City	星级饭店数(个) Total Number of Star-rated Hotel (unit)	接待入境游客人数(人次) Number of International Tourists Received (person-times)	#外国人 Foreigner	旅游创汇收入(万美元) Income of International Tourists Received (USD 10 000)
郑州市	Zhengzhou	96	481889	276332	18136
开封市	Kaifeng	18	213173	108830	5309
洛阳市	Luoyang	67	842100	593737	23816
平顶山市	Pingdingshan	30	27472	15102	799
安阳市	Anyang	20	101147	97838	2279
鹤壁市	Hebi	11	7808	910	142
新乡市	Xinxiang	19	39200	33350	1222
焦作市	Jiaozuo	32	333313	183961	12501
濮阳市	Puyang	11	17865	16280	121
许昌市	Xuchang	20	3659	3149	201
漯河市	Luohe	11	9226	4961	230
三门峡市	Sanmenxia	25	67548	18641	1816
南阳市	Nanyang	86	17120	1463	821
商丘市	Shangqiu	13	8039	1814	191
信阳市	Xinyang	33	17642	4038	459
周口市	Zhoukou	24	52182	22410	1282
驻马店市	Zhumadian	37	32057	14139	3196
济源市	Jiyuan	4	600	600	9

7-17 接待国内游客人数和收入

Number and Income of Civil Tourists Received

本表为抽样调查数。

Date in this table are obtained from the Sample Survey.

项　目	Item	2013	省内游客 Local Tourists	省外游客 Non-local Tourists	2014	省内游客 Local Tourists	省外游客 Non-local Tourists
接待国内游客人数	Number of Civil Tourists Received						
(万人次)	(10 000 person-times)	40898	30379	10519	45642	34277	11365
#一日游	Number of One Day Tour	14989	11134	3855	18951	14232	4719
接待国内游客收入	Income of Civil Tourists Received						
(亿元)	(100 million yuan)	3835	2848	986	4322	2889	1433

7-18 各市国内旅游基本情况(2014年)

Basic statistics of internal-tour by City (2014)

市	City	总人次数(万人次) Number of person-time (10 000 person-times)	总花费(亿元) Total Cost (100 million yuan)	人均花费(元) Per capita Cost (yuan)
郑　州　市	Zhengzhou	10216.60	1149.19	1125
开　封　市	Kaifeng	3565.34	277.20	777
洛　阳　市	Luoyang	7037.95	773.87	1100
平顶山市	Pingdingshan	1369.21	122.77	897
安　阳　市	Anyang	2244.46	198.24	883
鹤　壁　市	Hebi	790.59	50.39	637
新　乡　市	Xinxiang	2289.74	148.72	649
焦　作　市	Jiaozuo	3298.81	261.51	793
濮　阳　市	Puyang	1463.29	111.01	759
许　昌　市	Xuchang	1126.31	62.73	557
漯　河　市	Luohe	757.28	46.49	614
三门峡市	Sanmenxia	2531.66	175.13	692
南　阳　市	Nanyang	1967.55	156.57	796
商　丘　市	Shangqiu	978.19	64.80	662
信　阳　市	Xinyang	2044.63	116.20	568
周　口　市	Zhoukou	1083.38	76.92	710
驻马店市	Zhumadian	1352.86	82.17	607
济　源　市	Jiyuan	765.90	34.92	456

主要统计指标解释

进出口总额 海关进出口总额指实际进出我国国境的货物总金额。包括对外贸易实际进出口货物，来料加工装配进出口货物，国家间、联合国及国际组织无偿援助物资和赠送品，华侨、港澳台同胞和外籍华人捐赠品，租赁期满归承租人所有的租赁货物，进料加工进出口货物，边境地方贸易及边境地区小额贸易进出口货物(边民互市贸易除外)，中外合资企业、中外合作经营企业、外商独资经营企业进出口货物和公用物品，到、离岸价格在规定限额以上的进出口货样和广告品(无商业价值、无使用价值和免费提供出口的除外)，从保税仓库提取在中国境内销售的进口货物，以及其他进出口货物。进出口总额用以观察一个国家在对外贸易方面的总规模。我国规定出口货物按离岸价格统计，进口货物按到岸价格统计。

利用外资 指我国各级政府、部门、企业和其他经济组织通过对外借款、吸收外商直接投资以及用其他方式筹措的境外现汇、设备、技术等。

外商直接投资 指外国企业和经济组织或个人(包括华侨、港澳台胞以及我国在境外注册的企业)按我国有关政策、法规，用现汇、实物、技术等在我国境内开办外商独资企业、与我国境内的企业或经济组织共同举办中外合资经营企业、合作经营企业或合作开发资源的投资(包括外商投资收益的再投资)，以及经政府有关部门批准的项目投资总额内企业从境外借入的资金。

外商其他投资 指除对外借款和外商直接投资以外的各种利用外资的形式。包括企业在境内外股票市场公开发行的以外币计价的股票（目前主要是在香港证券市场发行的H股和在境内证券市场发行的B股）发行价总额，国际租赁进口设备的应付款，补偿贸易中外商提供的进口设备、技术、物料的价款，加工装配贸易中外商提供的进口设备、物料的价款。

对外承包工程 指各对外承包公司以招标议标承包方式承揽的下列业务：⑴承包国外工程建设项目，⑵承包我国对外经援项目，⑶承包我国驻外机构的工程建设项目，⑷承包我国境内利用外资进行建设的工程项目，⑸与外国承包公司合营或联合承包工程项目时我国公司分包部分，⑹对外承包兼营的房屋开发业务。对外承包工程的营业额是以货币表现的本期内完成的对外承包工程的工作量，包括以前年度签订的合同和本年度新签订的合同在报告期内完成的工作量。

对外劳务合作 指以收取工资的形式向业主或承包商提供技术和劳动服务的活动。我国对外承包公司在境外开办的合营企业，中国公司同时又提供劳务的，其劳务部分也纳入劳务合作统计。劳务合作营业额按报告期内向雇主提交的结算数(包括工资、加班费和奖金等)统计。

旅游人数

(1)入境旅游人数：指报告期内来我国观光、度假、探亲访友、就医疗养、购物、参加会议或从事经济、文化、体育、宗教活动的外国人、港澳台同胞等入境游客。统计时，外国人、港澳台同胞每入境一次统计 1 人次。

(2)出境人数：指中国（大陆）居民因公或因私出境前往其他国家、中国香港特别行政区、澳门特别行政区和台湾省观光、度假、探亲访友、就医疗养、购物、参加会议或从事经济、文化、体育、宗教活动的人数，即出境游客。统计时，按每出境一次统计 1 人次。

(3)国内旅游人数：指在报告期内在中国（大陆）观光游览、度假、探亲访友、就医疗养、购物、参加会议或从事经济、文化、体育、宗教活动的中国（大陆）居民人数，其出游的目的不是通过所从事的活动谋取报酬。统计时，国内游客按每出游一次统计 1 人次。

国际旅游(外汇)收入 指入境游客在中国（大陆）境内旅行、游览过程中用于交通、参观游览、住宿、餐饮、购物、娱乐等全部花费。

国内旅游收入 指国内游客在国内旅行、游览过程中用于交通、参观游览、住宿、餐饮、购物、娱乐等全部花费。

星级饭店 指设备、设施、服务符合《旅游饭店星级的划分与评定》(GB/T14308-2003)，通过相关旅游管理部门评定，并取得星级饭店称号的饭店（含预备星级饭店）。

Explanatory Notes on Main Statistical Indicators

Total Imports and Exports at Customs refer to the value of commodities imported into and exported from the boundary of China. They include the actual imports and exports through foreign trade, imported and exported goods under the processing and assembling trades and materials, supplies and gifts as aid given gratis between governments and by the United Nations and other international organizations, and contributions donated by overseas Chinese, compatriots in Hong Kong and Macao and Chinese with foreign citizenship, leasing commodities owned by tenant at the expiration of leasing period, the imported and exported commodities processed with imported materials, commodities trading in border areas(excluding mutual exchange goods), the imported and exported commodities and articles for public use of the Sino-foreign joint ventures, cooperative enterprises and ventures exclusively with foreign own investment. Also included are import or export of samples and advertising goods for whose CIF or FOB value are beyond the permitted ceiling (excluding goods of no trading or use value and free commodities for export), imported goods sold in China from bonded warehouses and other imported or exported goods. The indicator of the total imports and exports at customs can be used to observe the total size of external trade in a country. In accordance with the stipulation of the Chinese government, imports are calculated at CIF, while exports are calculated at FOB.

Utilization of Foreign Capital refers to remittance, equipment and technology financed from abroad, by loans, foreign direct investment and other forms undertaken by the Chinese governments at all levels, by various departments, enterprises and other economic units.

Direct Investment by Foreign Entrepreneurs refers to the investments inside China by foreign enterprises and economic organizations or individuals (including overseas Chinese, compatriots from Hong Kong and Macao, and Chinese enterprises registered abroad), following the relevant policies and laws of China, for the establishment of ventures exclusively with foreign own investment, Sino-foreign joint ventures and cooperative enterprises or for co-operative exploration of resources with enterprises or economic organizations in China. It includes the re investment of the foreign entrepreneurs with the profits gained from the investment and the funds that enterprises borrow from abroad in the total investment of projects which are approved by the relevant department of the government.

Other Investment by Foreign Entrepreneurs refers to all forms of utilization of foreign capitals other than foreign borrowings and foreign direct investment. It includes the total value of stock shares in foreign currencies issued by enterprises at domestic or foreign stock exchanges (now mainly consisting of H shares issued at Hong Kong Security Market and B shares issued at domestic security markets), rent payable for the imported equipment through international leasing arrangement, cost of imported equipment, technology and materials provided by foreign counterparts in compensation trade and processing and assembly trade.

Contracted Projects with Foreign Countries refer to projects undertaken by Chinese contractors (project contracting companies) through bidding process. They include: (1) overseas civil engineering construction projects financed by foreign investors; (2) overseas projects financed by the Chinese government through its foreign aid programs; (3) construction projects of Chinese diplomatic missions, trade offices and other institutions stationed abroad; (4) construction projects in China financed by foreign investment; (5)sub-contracted projects to be taken by Chinese contractors through a joint umbrella project with foreign contractor's); (6)housing development projects. The business income from international contracted projects is the work volume of contracted projects completed during the reference period, expressed in monetary terms, including completed work on projects signed in previous years.

Service Cooperation with Foreign Countries refers to the activities of providing technology and labor services to employers or contractors in the forms of receiving salaries and wages. Labor services providing by contractual joint ventures of Chinese international contracting corporations should be included in the statistics of service co-operation with foreign countries. The business income of labor service co-operation is the income in the form of wages and salaries, overtime pay, bonuses and other remuneration received from the employers during the reference period.

Number of Tourists

(1) Visitor arrivals refer to the number of foreigners, Chinese compatriots from Hong Kong, Macao and Taiwan Chinese (mainland) who come to China (mainland) for sight-seeing, vacation, visiting relatives, medical treatment, shopping, attending conference, or to engage in economic, cultural, sports and religious activities. In compiling statistics, each time of entering China is counted as one person-time.

(2) Number of Chinese residents going abroad refer to the number of Chinese (mainland) residents going to other countries, Hong Kong Special Administrative region, Macao Special Administrative region and Taiwan for on official or private purposes, for sight-seeing, vacation, visiting relatives, medical treatment, shopping, attending conference, or to engage in economic, cultural, sports and religious activities. In compiling statistics, each time of leaving is counted as one person-time.

(3) Number of domestic tourists refers to the number Of Chinese (mainland) residents who travel within China (mainland) for sight-seeing, vacation, visiting relatives, medical treatment, shopping, attending conference, or to engage in economic, cultural, sports and religious activities. In compiling statistics, each time of traveling is counted as one person-time.

Foreign Exchange Earnings from International Tourism refer to the total expenditure of foreigners, overseas Chinese, Chinese compatriots from Hong Kong, Macao and Taiwan during their stay in the mainland of China on transportation, sighting, accommodation, food, shopping and entertainment.

Income from Domestic Tourism refer to expenditure of domestic tourists on transportation, sighting, accommodation, food, shopping and entertainment while they travel.

Star-rated Hotels refer to hotels rated with stars as assessed by the relevant tourism authorities according to GB/T14308-2003 standard with reference to their infrastructure, facilities and service levels.

能源

Energy Sources

● 资料整理：曹战峰

简要说明

一、主要内容

本篇包括能源生产、消费及品种构成，能源生产和消费弹性系数、能源加工转换效率、单位能耗、规模以上工业分行业主要能源品种的购进、消费及库存，主要耗能工业企业单位产品能源消耗，水资源消耗和电力消耗等资料。

二、统计范围

能源统计范围为全社会。单位工业增加值能耗的统计范围是规模以上工业法人企业(年主营业收入达到2000万元及以上)。能源加工转换效率表中，电力折算标准煤系数采用当量值计算，每千瓦小时折0.1229千克标准煤。

三、资料来源

本篇数据来自能源平衡表以及规模以上工业企业能源购进、消费、库存统计年报。能源生产与消费弹性系数分别以能源生产、消费增长速度与国内生产总值增长速度相比求得。2013年、2014年能源消费数据依据第三次经济普查资料作了修订，2012年及以前年度能源消费数据尚未修订，因此不可比。本部分资料由河南省统计局能源统计处编辑整理。

Brief Introduction

I. Main Contents

Data in this chapter cover mainly energy production, consumption, and composition; elasticity ratio of energy production and consumption; efficiency of energy processing and conversion; energy consumption per unit; Purchase, consumption and Stock of enterprises above designated size by sector, Energy consumption per unit of product, consumption of water and electric.

II. Scope of Statistics

The scope of data in this chapter is the whole province. The scope of data on energy consumption per unit of added-value of industrial is enterprises above designated size (Main business income over 20 million yuan). In the table on the efficiency of energy conversion, the coefficient for the conversion of electric power into standard coal equivalent. One kilowatt is equal to 0.1229kg SCE.

III. Sources of Data

Data in this part comes from the energy balance sheets and annual report on energy purchase, consumption and Stock by industrial enterprises above designated size. The elasticity ratio of energy production is calculated as the quotient of the growth rate of energy production divided by the growth rate of GDP; and the elasticity ratio of energy consumption is calculated as the quotient of the growth rate of energy consumption divided by the growth rate of GDP. Data on Energy consumption of 2013,2014 are revised by the basis of the third Economic Census, Data on Energy consumption of 2012 and before have not been revised, so they are incomparable. Data in this chapter are provided by Department of Energy of the Henan provincial Bureau of Statistics.

8-1 能源生产总量及构成

Total Production of Energy and Its Composition

年份 Year	能源生产总量 (万吨标准煤) Total Energy Production (10 000 tons of SCE)	占能源生产总量的比重(%) As Percentage of Total Energy Production			
		原煤 Coal	原油 Crude Oil	天然气 Natural Gas	水电 Electricity
1978	4434	93.7	5.4		0.9
1979	4536	91.9	7.1		1.0
1980	4402	91.3	7.5	0.1	1.1
1981	4760	87.4	11.1	0.5	1.0
1982	4998	85.3	12.8	0.7	1.2
1983	5456	83.8	14.1	0.9	1.2
1984	5981	82.8	15.3	0.9	1
1985	6909	81.5	16.4	1.2	0.9
1986	7261	80.3	17.3	1.6	0.8
1987	7361	79.3	18.1	1.9	0.7
1988	7624	78.6	18.3	2.3	0.8
1989	8031	80.0	17.0	2.2	0.8
1990	8071	81.3	15.6	2.3	0.8
1991	7999	81.9	15.2	2.2	0.7
1992	8058	82.8	14.4	2.1	0.7
1993	8037	83.7	13.6	1.9	0.8
1994	8085	85.0	12.1	2.0	0.9
1995	8454	87.5	10.2	1.6	0.7
1996	8757	88.1	9.6	1.6	0.7
1997	8558	87.9	9.8	1.7	0.6
1998	8080	87.4	10.4	2.0	0.2
1999	6947	85.6	11.6	2.5	0.3
2000	6591	83.7	12.2	2.8	1.4
2001	7238	84.0	11.2	2.9	1.9
2002	8321	85.2	9.8	2.8	2.3
2003	10634	88.3	7.4	2.3	2.0
2004	13079	90.4	5.7	1.7	2.2
2005	14522	91.3	5.0	1.8	1.9
2006	15002	91.7	4.7	1.7	2.0
2007	14604	91.8	4.8	1.4	2.0
2008	15487	92.6	4.4	1.2	1.8
2009	17002	93.4	4.0	0.8	1.8
2010	18672	92.7	3.8	0.5	3.0
2011	18298	92.3	3.8	0.4	3.6
2012	12666	89.6	4.8	0.5	5.1
2013	13133	90.6	5.2	0.5	3.7
2014	11796	89.8	5.7	0.6	3.9

注：电力折算标准煤数根据当年平均发电煤耗计算。

a)Data of Electricity is calculated by Average consume of coal on Power.

8-11 规模以上工业企业分行业主要能源消费量(2014年)

行 业	Sector	综合能源消费量(万吨标准煤) Total Energy Consumption (10 000 tons of SCE)	原 煤(万吨) Coal (10 000tons)
总 计	**Industry**	**15375.62**	**29551.09**
采矿业	**Mining**	**1378.73**	**11368.55**
煤炭开采和洗选业	Mining and Washing of Coal	1107.97	11292.31
石油和天然气开采业	Extraction of Petroleum and Natural Gas	122.33	26.18
黑色金属矿采选业	Mining of Ferrous Metal Ores	16.20	3.52
有色金属矿采选业	Mining of Non-ferrous Metal Ores	47.91	8.49
非金属矿采选业	Mining and Processing of Nonmetal Ores	47.86	36.20
开采辅助活动	Mining Auxiliary	36.45	1.84
其他采矿业	Mining of Other Ores n.e.c		
制造业	**Manufacturing**	**9865.73**	**7853.87**
农副食品加工业	Processing of Food from Agricultural Products	180.39	117.59
食品制造业	Manufacture of Foods	143.95	136.40
酒、饮料和精制茶制造业	Manufacture of Wine, drinks and refined tea	112.60	106.71
烟草制造业	Manufacture of Tobacco	7.49	1.55
纺织业	Manufacture of Textile	137.97	48.20
纺织服装、服饰业	Manufacture of Textile Wearing,Apparel	25.53	18.97
皮革、毛皮、羽毛及其制品和制鞋业	Manufacture of Leather, Fur, Feather and Its Products,Shoemaking	42.94	28.89
木材加工及木、竹、藤、棕、草制品业	Processing of Timbers, Manufacture of Wood, Bamboo, Rattan, Palm, and Straw Products	48.06	28.98
家具制造业	Manufacture of Furniture	10.30	6.11
造纸及纸制品业	Manufacture of Paper and Paper Products	245.52	237.85
印刷和记录媒介复制业	Printing,Reproduction of Recording Media	13.10	6.48
文教、工美、体育和娱乐用品制造业	Manufacture of Cultural and educational supplies, industrial, sporting and entertainment	20.51	6.25
石油加工、炼焦及核燃料加工业	Processing of Petroleum ,Coking, Processing of Nucleus Fuel	458.21	784.00
化学原料及化学制品制造业	Manufacture of Chemical Raw Material and Chemical Products	2133.49	2161.91
医药制造业	Manufacture of Medicines	132.36	106.18
化学纤维制造业	Manufacture of Chemical Fiber	37.35	39.08
橡胶和塑料制品业	Manufacture of Rubber and Plastic	90.45	74.98
非金属矿物制品业	Manufacture of Non-metallic Mineral Products	1599.18	1423.65
黑色金属冶炼和压延加工业	Manufacture and Processing of Ferrous Metals	1922.28	306.45
有色金属冶炼及压延加工业	Manufacture and Processing of Non-ferrous Metals	2010.35	2087.53
金属制品业	Manufacture of Metal Products	72.26	25.12
通用设备制造业	Manufacture of General Purpose Machinery	75.46	23.03
专业设备制造业	Manufacture of Special Purpose Machinery	77.99	26.09
汽车制造业	Manufacture of Automobile	91.89	19.85
铁路、船舶、航空航天和其他运输设备制造业	Manufacture of Railway, shipbuilding, aerospace, and other transportation equipment	17.48	5.93
电气机械及器材制造业	Manufacture of Electrical Machinery and Equipment	114.48	16.35
计算机、通信和其他电子设备制造业	Manufacture of Computer Communication Equipment , and Other Electronic Equipment	31.00	1.31
仪器仪表制造业	Manufacture of Measuring Instrument	6.01	1.06
其他制造业	Manufacture of others	3.23	5.65
废弃资源综合利用业	Comprehensive utilization of waste materials	3.21	1.74
金属制品、机械和设备修理业	Repairing of Metal products, machinery and equipment	0.68	
电力、燃气及水的生产和供应业	**Production and Distribution of Electricity, Gas and Water**	**4131.17**	**10328.67**
电力、热力生产和供应业	Production and Supply of Electric Power and Heat Power	4109.86	10302.03
燃气生产和供应业	Production and Distribution of Gas	14.74	26.64
水的生产和供应业	Production and Distribution of Water	6.57	

Consumption of Main Energy Sources in above Designated Size Industrial Enterprises by Industrial Sector (2014)

焦　炭 (万吨) Gas (10 000tons)	原　油 (万吨) Crude Oil (10 000tons)	柴　油 (万吨) Diesel Fuel Oil (10 000tons)	燃料油 (万吨) Fuel Oil (10 000tons)	热　力 (万百万千焦) Heat (10 billion Kilo Joule)	电　力 (亿千瓦时) Electricity (100 million kwh)
1369.06	**790.17**	**61.59**	**11.82**	**15075.38**	**2272.53**
8.07	**148.37**	**34.94**	**8.47**	**2044.51**	**210.26**
6.56	0.09	2.84		408.70	150.41
	148.16	3.01	8.46	1083.95	19.92
0.01		2.18			7.97
1.51		5.95	0.00		21.83
		1.46	0.02	533.71	7.36
	0.12	19.51		18.15	2.77
1360.98	**641.78**	**24.33**	**3.02**	**12215.81**	**1845.23**
0.70	0.00	1.28	0.17	354.69	61.07
0.10		1.97		189.67	25.00
0.12		0.24		78.14	25.36
		0.04		33.32	1.76
		0.73		97.05	76.75
0.00		0.10	0.05	14.22	8.07
0.19		0.15		87.90	7.83
0.22		0.62		22.99	13.74
		0.28			4.31
	0.01	0.41	0.02	618.33	44.21
0.05		0.17		2.86	6.40
		0.41		126.48	7.89
0.00	641.76	0.62	0.14	877.65	24.02
35.87		1.18	0.72	4028.98	281.37
0.24		0.43		227.68	27.57
0.02		0.02	0.04	63.30	6.70
0.35	0.00	0.46	0.01	369.56	24.60
14.80	0.01	5.19	1.60	75.52	263.44
1197.03	0.00	2.50		519.14	213.51
75.58		2.73	0.20	4199.55	515.76
8.54	0.00	0.14	0.00	5.65	31.71
8.84		0.90	0.01	24.05	33.80
3.80		1.35	0.00	93.86	34.99
13.67		1.07	0.00	4.70	41.66
0.45		0.40		8.11	7.88
0.01		0.61	0.06	36.45	27.80
		0.11		43.73	22.18
0.38		0.08	0.00	0.34	3.78
0.00		0.00			1.02
		0.03		5.41	0.89
		0.11		6.46	0.18
0.01	**0.01**	**2.32**	**0.33**	**815.06**	**217.03**
	0.01	2.26	0.33	814.71	208.18
		0.03			3.68
0.01		0.03		0.35	5.17

8-12 规模以上工业分部门主要能源消费量(2014年)

Consumption of Main Energy Sources in above Designated Size Industrial Enterprises by Industrial Sector (2014)

部门	Sector	综合能源消费量(万吨标准煤) Total Energy Consumption (10 000 tons of SCE)	原煤(万吨) Coal (10 000 tons)	焦炭(万吨) Gas (10 000 tons)	原油(万吨) Crude Oil (10 000 tons)	柴油(万吨) Diesel Fuel Oil (10 000 tons)	燃料油(万吨) Fuel Oil (10 000 tons)	热力(万百万千焦) Heat (10 billion Kilo Joule)	电力(亿千瓦时) Electricity (100 million kwh)
全省总计	**Total**	**15375.62**	**29551.09**	**1369.06**	**790.17**	**61.59**	**11.82**	**15075.38**	**2272.53**
煤炭	Coal	1107.97	11292.31	6.56	0.09	2.84		408.70	150.41
石油石化	Petroleum	264.72	78.70		790.04	22.73	8.59	1970.52	33.54
冶金	Metallurgy	2309.37	1056.45	1197.04	0.00	5.10	0.00	528.36	241.54
有色	coloured Coherer	2058.27	2096.02	77.09		8.68	0.20	4199.55	537.59
建材	Construction material	1635.52	1435.03	15.06	0.01	6.69	1.60	81.18	281.98
化工	Chymic Industry	2176.19	2204.64	36.21		1.25	0.73	4397.32	288.05
轻工	Light Industry	939.07	718.65	9.16	0.02	5.41	0.21	1995.70	222.43
烟草	Smokables	7.49	1.55			0.04		33.32	1.76
纺织	Weave	200.86	106.25	0.02		0.85	0.09	174.57	91.52
医药	Medication	133.89	106.23	0.24		0.60		227.68	28.32
机械	Machine	314.46	85.02	27.16		4.20	0.08	164.83	136.32
电子	Electron	31.00	1.31			0.11		43.73	22.18
电力	Electric power	3993.90	10026.75		0.01	2.14	0.33	398.64	204.14
其他	Other	202.92	342.18	0.53		0.96		451.28	32.76

8-13 各市规模以上工业企业分品种主要能源消费量(2014年)

Consumption of Main Energy Sources in above Designated Size Industrial Enterprises by Industrial Sector and City (2014)

市(县)	City(County)	综合能源消费量(万吨标准煤) Total Energy Consumption (10 000 tons of SCE)	原煤(万吨) Coal (10 000 tons)	焦炭(万吨) Gas (10 000 tons)	原油(万吨) Crude Oil (10 000 tons)	柴油(万吨) Diesel Fuel Oil (10 000 tons)	燃料油(万吨) Fuel Oil (10 000 tons)	热力(万百万千焦) Heat (10 billion Kilo Joule)	电力(亿千瓦时) Electricity (100 million kwh)
全省	**Total**	**15375.62**	**29551.09**	**1369.06**	**790.17**	**61.59**	**11.82**	**15075.38**	**2272.53**
省辖市	**City**								
郑州市	Zhengzhou	2123.38	3521.25	60.87		8.00	0.79	1207.79	372.69
开封市	Kaifeng	544.11	673.24	33.92		2.01			64.74
洛阳市	Luoyang	1598.49	2580.43	23.36	641.76	3.68	0.84	1246.75	337.26
平顶山市	Pingdingshan	1119.09	6718.48	70.23		3.73	0.26	1598.54	131.08
安阳市	Anyang	1690.93	1729.90	690.86		2.03		783.37	207.40
鹤壁市	Hebi	372.74	1704.96	0.16		0.72		121.37	34.78
新乡市	Xinxiang	1011.69	1390.71	0.44		0.65	0.04	82.43	130.87
焦作市	Jiaozuo	977.98	1521.25	39.31	0.00	1.70	1.27	3013.73	186.02
濮阳市	Puyang	547.45	317.50	0.06	83.60	18.23		1221.56	53.57
许昌市	Xuchang	754.57	1237.31	21.69	0.01	3.68	0.01	646.24	77.77
漯河市	Luohe	284.57	400.12	2.09	0.01	1.70	0.06	276.33	45.75
三门峡市	Sanmenxia	959.90	2002.20	4.49	0.00	8.21	0.04	2964.99	112.13
南阳市	Nanyang	842.54	927.07	82.38	64.69	1.95	8.46	1595.63	168.94
商丘市	Shangqiu	595.69	2545.92	1.20	0.09	1.63	0.01	10.66	126.93
信阳市	Xinyang	517.99	474.01	154.00		2.11			47.39
周口市	Zhoukou	135.87	121.22	1.23	0.00	0.23		92.04	37.77
驻马店市	Zhumadian	518.75	581.60	30.69		0.70	0.05	66.62	70.36
济源市	Jiyuan	779.86	1103.92	152.08		0.61		147.33	67.09
省直管县	**Province Administrating County**								
巩义市	Gongyi	413.40	475.31	47.94		0.18	0.07		98.04
兰考县	Lankao	13.74	9.90	0.00		1.31			3.68
汝州市	Ruzhou	193.71	1324.09	16.97		0.61	0.09	64.35	22.38
滑县	Huaxian	61.57	71.53			0.03			14.36
长垣县	Changyuan	12.20	4.43			0.05			4.66
邓州市	Dengzhou	32.52	21.06						8.08
永城市	Yongcheng	421.28	2301.01	0.01	0.09	0.64	0.01	1.04	76.18
固始县	Gushi	9.67	0.93	0.62		0.00			3.04
鹿邑县	Luyi	13.90	10.49	0.06		0.00			2.32
新蔡县	Xincai	4.15	0.86			0.01			2.86

8-14 规模以上工业企业分行业水消费总量(2014年)

单位：万吨

行 业	Sector	取水总量 Water consumption
总计	**Total**	**329885**
轻工业	Light Industry	182852
重工业	Heavy Industry	147033
采矿业	**Mining**	**30491**
煤炭开采和洗选业	Mining and Washing of Coal	22282
石油和天然气开采业	Extraction of Petroleum and Natural Gas	2413
黑色金属矿采选业	Mining of Ferrous Metal Ores	1084
有色金属矿采选业	Mining of Non-ferrous Metal Ores	3245
非金属矿采选业	Mining and Processing of Nonmetal Ores	1357
开采辅助活动	Mining Auxiliary	110
其他采矿业	Mining of Other Ores n.e.c	
制造业	**Manufacturing**	**114815**
农副食品加工业	Processing of Food from Agricultural Products	8163
食品制造业	Manufacture of Foods	4739
酒、饮料和精制茶制造业	Manufacture of Wine, drinks and refined tea	7473
烟草制造业	Manufacture of Tobacco	224
纺织业	Manufacture of Textile	3705
纺织服装、服饰业	Manufacture of Textile Wearing,Apparel	497
皮革、毛皮、羽毛及其制品和制鞋业	Manufacture of Leather, Fur, Feather and Its Products,Shoemaking	1374
木材加工及木、竹、藤、棕、草制品业	Processing of Timbers, Manufacture of Wood, Bamboo, Rattan, Palm, and Straw Products	473
家具制造业	Manufacture of Furniture	183
造纸及纸制品业	Manufacture of Paper and Paper Products	7538
印刷和记录媒介复制业	Printing,Reproduction of Recording Media	207
文教、工美、体育和娱乐用品制造业	Manufacture of Cultural and educational supplies, industrial, sporting and entertainment	3578
石油加工、炼焦及核燃料加工业	Processing of Petroleum ,Coking, Processing of Nucleus Fuel	2393
化学原料及化学制品制造业	Manufacture of Chemical Raw Material and Chemical Products	21854
医药制造业	Manufacture of Medicines	5330
化学纤维制造业	Manufacture of Chemical Fiber	2120
橡胶和塑料制品业	Manufacture of Rubber and Plastic	1372
非金属矿物制品业	Manufacture of Non-metallic Mineral Products	11685
黑色金属冶炼和压延加工业	Manufacture and Processing of Ferrous Metals	9011
有色金属冶炼及压延加工业	Manufacture and Processing of Non-ferrous Metals	14285
金属制品业	Manufacture of Metal Products	828
通用设备制造业	Manufacture of General Purpose Machinery	1281
专业设备制造业	Manufacture of Special Purpose Machinery	1335
汽车制造业	Manufacture of Automobile	997
铁路、船舶、航空航天和其他运输设备制造业	Manufacture of Railway, shipbuilding, aerospace, and other transportation equipment	165
电气机械及器材制造业	Manufacture of Electrical Machinery and Equipment	1275
计算机、通信和其他电子设备制造业	Manufacture of Computer Communication Equipment , and Other Electronic Equipment	2338
仪器仪表制造业	Manufacture of Measuring Instrument	245
其他制造业	Manufacture of others	65
废弃资源综合利用业	Comprehensive utilization of waste materials	47
金属制品、机械和设备修理业	Repairing of Metal products, machinery and equipment	37
电力、燃气及水的生产和供应业	**Production and Distribution of Electricity, Gas and Water**	**184579**
电力、热力生产和供应业	Production and Supply of Electric Power and Heat Power	48922
燃气生产和供应业	Production and Distribution of Gas	72
水的生产和供应业	Production and Distribution of Water	135586

Computation of Water in above Designated Size Industrial Enterprises by Sector (2014)

(10 000 tons)

地表水 Groundwater	地下水 Surface-water	自来水 Tap water	其它水 Others	重复用水 Volume of Repeated Computation
145665	**126808**	**35821**	**21590**	**1842183**
88223	78858	15441	330	21436
57442	47950	20380	21260	1820747
5051	**18821**	**1894**	**4725**	**35271**
834	15074	1652	4723	27947
240	2163	10		
833	243	6	1	902
2524	686	34		6410
621	654	82		12
		110		
28943	**56977**	**24450**	**4445**	**901363**
114	5121	2924	4	274
40	3700	992	7	182
493	4884	2081	15	724
	28	191	4	13
16	2862	826	1	5379
19	365	112		23
57	1222	67	28	64
46	347	80		7
12	141	30		
1498	5377	654	10	3457
6	134	66		2
358	3119	101		11
932	605	446	410	61376
7370	8396	3735	2354	513959
368	3177	1527	259	6158
8	1018	1091	3	3464
30	1034	157	151	8556
2315	6578	2713	79	9312
5275	1929	1363	444	200329
9807	3354	504	620	79812
52	544	232		91
12	706	528	36	222
14	541	770	10	2302
37	629	321	10	4786
2	90	74		8
38	668	570		218
11	191	2136		284
11	111	123	1	311
1	59	5		
1	42	4		3
	7	30		39
111671	**51011**	**9477**	**12421**	**905549**
27078	5101	5180	11563	905446
6	22	43		
84587	45887	4254	857	103

8-15 各市规模以上工业企业水消费量(2014年)

Computation of Water in above Designated Size Industrial Enterprises by City (2014)

单位：万吨 (10 000 tons)

市(县) City(County)	取水总量 Water consumption	地表水 Groundwater	地下水 Surface-water	自来水 Tap water	其它水 Others	重复用水 Volume of Repeated Computation
全 省 Total	**329885**	**145665**	**126808**	**35821**	**21590**	**1842183**
省 辖 市 City						
郑 州 市 Zhengzhou	56180	29545	16964	5790	3882	225269
开 封 市 Kaifeng	13521	10199	1550	1772		234220
洛 阳 市 Luoyang	31821	9633	16906	2793	2489	264288
平 顶 山 市 Pingdingshan	26142	15316	2996	4260	3569	116309
安 阳 市 Anyang	16225	6893	6619	1836	877	209004
鹤 壁 市 Hebi	4431	2360	807	357	907	95172
新 乡 市 Xinxiang	18579	8171	7153	2253	1002	43443
焦 作 市 Jiaozuo	22053	1749	18353	1350	601	96478
濮 阳 市 Puyang	10611	5229	3941	1385	55	132604
许 昌 市 Xuchang	10286	2877	5605	217	1587	169421
漯 河 市 Luohe	10825	4498	4521	1294	512	2154
三 门 峡 市 Sanmenxia	17995	9506	3588	3514	1387	25460
南 阳 市 Nanyang	18135	4047	12236	1838	14	20323
商 丘 市 Shangqiu	9730	3228	3452	193	2858	50264
信 阳 市 Xinyang	33431	22676	5384	4795	576	31910
周 口 市 Zhoukou	9067	14	8917	137		769
驻 马 店 市 Zhumadian	13662	5923	5850	1641	248	53694
济 源 市 Jiyuan	7191	3802	1966	396	1027	71402
省 直 管 县 Province Administrating County						
巩 义 市 Gongyi	1465	627	264	337	236	1061
兰 考 县 Lankao	50		45	5		
汝 州 市 Ruzhou	1011	297	529	2	183	5083
滑 县 Huaxian	755		89	666	1	1782
长 垣 县 Changyuan	57		52	5		2
邓 州 市 Dengzhou	513	11	490	12		96
永 城 市 Yongcheng	3687	1	1180	27	2479	4039
固 始 县 Gushi	205	63	134	8		26
鹿 邑 县 Luyi	555		549	6		3
新 蔡 县 Xincai	377	4	356	17		2

8-16 各市年耗能万吨标准煤以上工业企业个数
Number of Industrial Enterprises of Consumption of Energy Above 10 000 tons by City

单位：个 (unit)

市(县)	City(County)	2005	2006	2007	2008	2009	2010	2011	2012	2013	2014
全　　省	**Total**	**849**	**1069**	**1067**	**1091**	**1059**	**1071**	**1118**	**1003**	**978**	**958**
省 辖 市	**City**										
郑州市	Zhengzhou	165	203	214	224	211	212	212	191	189	167
开封市	Kaifeng	21	23	32	35	38	36	36	31	27	27
洛阳市	Luoyang	64	67	66	77	84	76	74	63	65	69
平顶山市	Pingdingshan	49	82	82	67	68	79	92	86	86	84
安阳市	Anyang	64	66	55	70	75	72	98	85	90	93
鹤壁市	Hebi	42	36	48	43	41	41	30	27	26	26
新乡市	Xinxiang	63	67	57	51	55	62	68	61	61	63
焦作市	Jiaozuo	106	130	141	138	124	113	108	84	77	68
濮阳市	Puyang	23	39	51	51	47	54	60	48	40	35
许昌市	Xuchang	38	115	85	101	83	92	91	95	94	97
漯河市	Luohe	23	30	28	32	30	28	22	23	19	17
三门峡市	Sanmenxia	36	40	44	44	41	46	65	56	51	54
南阳市	Nanyang	59	61	63	55	48	46	45	51	52	55
商丘市	Shangqiu	11	12	14	17	20	22	21	19	17	16
信阳市	Xinyang	21	28	21	25	25	22	24	20	20	21
周口市	Zhoukou	13	18	17	16	19	21	20	21	22	21
驻马店市	Zhumadian	27	25	25	20	23	22	26	20	19	20
济源市	Jiyuan	24	27	24	25	27	27	26	22	23	25
省直管县	**Province Administrating County**										
巩义市	Gongyi	38	37	40	44	37	36	36	34	33	32
兰考县	Lankao			1	1	1	1				
汝州市	Ruzhou	12	21	16	10	17	26	36	36	30	29
滑县	Huaxian	3	3	2	2	3	3	2			1
长垣县	Changyuan	1	1	1	1	1	1	2	2	3	3
邓州市	Dengzhou	10	10	11	6	3	2	2	5	4	6
永城市	Yongcheng	6	6	6	6	6	4	6	6	5	7
固始县	Gushi							1	1	3	3
鹿邑县	Luyi	1	4	4	4	4	5	5	5	7	7
新蔡县	Xincai										

8-17 各行业年耗能万吨标准煤以上工业企业单位数

Number of Industrial Enterprises of Consumption of Energy Above 10 000 tons by Sector

单位：个 (unit)

行　业	Sector	2013	2014
总　计	**Industry**	**978**	**958**
采矿业	**Mining**	**112**	**113**
煤炭开采和洗选业	Mining and Washing of Coal	97	95
石油和天然气开采业	Extraction of Petroleum and Natural Gas	2	2
黑色金属矿采选业	Mining of Ferrous Metal Ores	4	4
有色金属矿采选业	Mining of Non-ferrous Metal Ores	3	4
非金属矿采选业	Mining and Processing of Nonmetal Ores	4	6
开采辅助活动	Mining Auxiliary	2	2
其他采矿业	Mining of Other Ores n.e.c		
制造业	**Manufacturing**	**775**	**748**
农副食品加工业	Processing of Food from Agricultural Products	21	21
食品制造业	Manufacture of Foods	22	22
酒、饮料和精制茶制造业	Manufacture of Wine, drinks and refined tea	18	19
烟草制造业	Manufacture of Tobacco	1	1
纺织业	Manufacture of Textile	21	19
纺织服装、服饰业	Manufacture of Textile Wearing,Apparel	1	3
皮革、毛皮、羽毛及其制品和制鞋业	Manufacture of Leather, Fur, Feather and Its Products,Shoemaking	7	8
木材加工及木、竹、藤、棕、草制品业	Processing of Timbers, Manufacture of Wood, Bamboo, Rattan, Palm, and Straw Products	8	10
家具制造业	Manufacture of Furniture		
造纸及纸制品业	Manufacture of Paper and Paper Products	41	37
印刷和记录媒介复制业	Printing,Reproduction of Recording Media	1	
文教、工美、体育和娱乐用品制造业	Manufacture of Cultural and educational supplies, industrial, sporting and entertainment	4	1
石油加工、炼焦及核燃料加工业	Processing of Petroleum ,Coking, Processing of Nucleus Fuel	27	25
化学原料及化学制品制造业	Manufacture of Chemical Raw Material and Chemical Products	103	96
医药制造业	Manufacture of Medicines	19	19
化学纤维制造业	Manufacture of Chemical Fiber	4	3
橡胶和塑料制品业	Manufacture of Rubber and Plastic	15	13
非金属矿物制品业	Manufacture of Non-metallic Mineral Products	242	238
黑色金属冶炼和压延加工业	Manufacture and Processing of Ferrous Metals	76	74
有色金属冶炼及压延加工业	Manufacture and Processing of Non-ferrous Metals	68	65
金属制品业	Manufacture of Metal Products	8	14
通用设备制造业	Manufacture of General Purpose Machinery	9	6
专业设备制造业	Manufacture of Special Purpose Machinery	7	8
汽车制造业	Manufacture of Automobile	17	15
铁路、船舶、航空航天和其他运输设备制造业	Manufacture of Railway, shipbuilding, aerospace, and other transportation equipment	2	2
电气机械及器材制造业	Manufacture of Electrical Machinery and Equipment	27	24
计算机、通信和其他电子设备制造业	Manufacture of Computer Communication Equipment , and Other Electronic Equipment	4	4
仪器仪表制造业	Manufacture of Measuring Instrument		
其他制造业	Manufacture of others	2	1
废弃资源综合利用业	Comprehensive utilization of waste materials		
金属制品、机械和设备修理业	Repairing of Metal products, machinery and equipment		
电力、燃气及水的生产和供应业	**Production and Distribution of Electricity, Gas and Water**	**91**	**97**
电力、热力生产和供应业	Production and Supply of Electric Power and Heat Power	88	93
燃气生产和供应业	Production and Distribution of Gas	3	3
水的生产和供应业	Production and Distribution of Water		1

8-18 主要耗能工业企业单位产品能源消耗情况
Energy Consumption per Unit of Product in Main Enterprises that Consume much Energy

单位：千克标准煤/吨 (kg SEC/ton)

指标名称	Item	2010	2011	2012	2013	2014
吨原煤生产综合能耗	Overall Energy Consumption per ton of Machining Coal	7.70	6.87	6.44	6.31	6.67
单位油气产量综合能耗	Overall Energy Consumption of Manufacturing Oil and Gas	172.34	174.77	174.66	187.25	187.73
铁矿采矿工序单位能耗	Energy Consumption per Uint of Mining of Iron ore	4.60	4.59	4.50	4.45	4.45
铁矿选矿工序单位能耗	Energy Consumption per Uint of Milling run Iron ore	4.03	4.18	4.10	4.27	4.38
每吨涤纶综合能耗(短纤)	Overall Energy Consumption per ton of Terylene(short fibre)	146.42	124.66	131.20	136.69	139.92
每吨纱(线)混合数综合能耗	Overall Energy Consumption per ton of Mixed Yarn(Cotton)	447.16	415.91	390.22	397.39	379.89
机制纸及纸板综合能耗	Overall Energy Consumption of Machinemade Paper and Paperboard	318.44	318.07	349.10	364.66	354.80
炼焦工序单位能耗	Energy Consumption per Unit of Coking plant	130.84	132.24	142.56	138.87	137.77
原油加工单位综合能耗	Overall Energy Consumption of Machining Base oil	63.12	69.66	62.87	62.89	67.88
单位烧碱生产综合能耗	Overall Energy Consumption of Manufacturing Caustic Soda	342.11	336.25	330.16	329.95	329.68
单位烧碱生产综合能耗(离子膜法30%)	Overall Energy Consumption per Unit of Manufacturing Caustic Soda(Ion Film 30%)	311.35	328.88	330.16	329.95	329.68
单位纯碱生产能耗	Overall Energy Consumption per Unit of Manufacturing Sodium carbonate	298.23	289.60	286.49	288.19	281.81
联碱法纯碱双吨产品生产综合能耗	Overall Energy Consumption per Unit of Sodium carbonate in Joint Alkali	249.34	245.40	264.10	262.61	254.66
天然碱法单位纯碱生产综合能耗	Overall Energy Consumption per Unit of Sodium carbonate in Natural Law	379.19	328.20	303.75	315.04	316.60
单位电石生产综合能耗	Overall Energy Consumption per Unit of Manufacturing Calcium carbide	1222.08	1268.79	1117.65	1211.49	1016.59
单位乙烯生产综合能耗	Overall Energy Consumption per Unit of Manufacturing Ethylene	877.27	878.57	1082.58	1050.74	1070.02
单位合成氨生产综合能耗	Overall Energy Consumption per Unit of Manufacturing Compound ammonia	1243.06	1277.15	1264.57	1292.30	1408.38
吨水泥熟料综合能耗	Energy Consumption per ton of Cement Ripe-material	112.68	109.93	109.48	106.93	107.05
吨水泥综合能耗	Energy Consumption per ton of Cement	87.27	79.35	78.84	76.91	78.38
每重量箱平板玻璃综合能耗(千克标准煤/重量箱)	Energy Consumption per weight case of Plate Glass (Kg SEC/weight Case)	18.45	17.19	16.61	16.22	16.66
硅铁工序单位能耗	Energy Consumption per Unit of Ferrosilicon Processes	630.60	616.53	641.08	690.55	585.67
吨钢综合能耗	Energy Consumption per ton of Steel	476.00	439.29	468.68	497.51	497.63
吨钢耗新水(吨/吨)	Fresh Water Consumption per ton of Steel (ton/ton)	3.91	3.87	3.51	3.37	3.20
单位氧化铝综合能耗	Energy Consumption per Unit of Coking Alumina	562.28	543.90	525.23	474.01	478.06
单位电解铝综合能耗	Energy Consumption per Unit of Coking Aluminum	1726.71	1661.63	1657.77	1637.44	1625.04
单位粗铅综合能耗	Energy Consumption per Unit of Coking Lead	382.48	383.76	362.75	343.44	329.43
单位铅冶炼综合能耗	Energy Consumption per Unit of Lead smelting	474.53	460.35	451.00	419.25	392.15
吨铜加工材消耗能源量	Energy Consumption per ton of Machining Cuprum	282.90	314.31	284.04	265.05	245.41
吨铝加工材消耗能源量	Energy Consumption per ton of Machining Aluminium	170.74	171.35	147.86	148.13	137.81
电厂火力发电标准煤耗(克标准煤/千瓦时)	SEC Consumption of Firepower Generate Electricity (g SEC/kwh)	315.38	308.20	305.10	304.28	303.34

8-19 主要耗能工业企业单位产品电力消耗情况

Electric Power Consumption per Unit of Product in Main Enterprises that Consume much Energy

单位：千瓦时/吨 (kwh/ton)

指标名称	Item	2010	2011	2012	2013	2014
吨原煤生产耗电	Electric Power Consumption per ton of Machining Coal	32.55	33.46	33.87	34.19	36.28
选煤电力单耗	Electric Power Consumption per ton of Milling run Coal	6.82	7.94	7.85	8.10	8.30
单位油气产量耗电	Electric Power Consumption per ton of Manufacturing Oil and Gas	343.99	342.77	344.11	352.32	348.83
每吨粘胶纤维用电量(短纤)	Electric Power Consumption per ton of Pectic-fibre(short fibre)	1715.28	1608.16	1486.76	1377.31	1460.38
每吨粘胶纤维用电量(长丝)	Electric Power Consumption per ton of Pectic-fibre(long silk)	7575.17	8308.86	7675.56	7746.77	7402.36
每吨涤纶用电量(短纤)	Electric Power Consumption per ton of Terylene(short fibre)	196.75	217.86	239.88	234.45	232.46
每吨纱(线)混合数生产用电量	Electric Power Consumption per ton of Gauze and Line	1492.42	1508.00	1846.18	2058.10	1924.48
机制纸及纸板耗电	Electric Power Consumption per ton of Machinemade Paper and Paperboard	455.63	479.71	511.89	583.00	550.67
原油加工单位耗电	Electric Power Consumption per ton of Machining Base oil	63.79	66.98	59.81	60.63	62.31
单位烧碱耗电	Electric Power Consumption per unit of Manufacturing Caustic Soda	2315.05	2337.75	2299.22	2339.13	2318.52
单位烧碱生产耗交流电(离子膜法30%)	Electric Power Consumption per ton of Manufacturing Caustic Soda (Ion Film 30%)	2306.70	2335.70	2299.22	2339.13	2318.52
单位纯碱耗电	Electric Power Consumption per ton of Manufacturing Sodium carbonate	262.33	320.84	315.83	310.95	306.86
联碱法纯碱双吨产品生产耗电	Electric Power Consumption per Unit of Sodium carbonate in Joint Alkali	290.38	309.20	330.70	303.31	300.00
天然碱法单位纯碱生产耗电	Electric Power Consumption per Unit of Sodium carbonate in Natural Law	336.07	331.00	304.38	318.97	315.37
单位电石生产电力消耗	Electric Power Consumption per ton of Manufacturing Calcium carbide	3000.94	2959.41	3079.22	3399.49	2813.27
单位乙烯生产耗电	Electric Power Consumption per ton of Manufacturing Ethylene	170.46	153.20	102.63	102.71	107.42
单位合成氨耗电	Electric Power Consumption per ton of Manufacturing Compound ammonia	1261.43	1254.43	1246.20	1079.32	1234.32
吨水泥熟料综合电耗	Overall Electric Power Consumption per ton of Cement Ripe-material	74.41	72.82	69.28	69.31	67.76
吨水泥综合电耗	Overall Electric Power Consumption per ton of Cement	90.45	85.30	83.75	80.89	81.93
每重量箱平板玻璃耗电(千瓦时/重量箱)	Electric Power Consumption per ton of Plate Glass(kwh/weight case)	7.40	7.95	9.29	9.32	8.64
吨钢耗电	Electric Power Consumption per ton of Steel	332.67	336.45	360.59	339.48	344.87
电炉炼钢综合电力消耗	Electric Power Consumption per ton of Electric Cooker Ferroalloy-making	398.00	402.48	428.96	472.28	334.89
硅铁单位电耗(千瓦时/标准吨)	Energy Consumption per Unit of Ferrosilicon Processes (kwh/SET)	4310.10	4255.50	4425.13	4240.11	3569.33
轧钢工序单位电力消耗	Electric Power Consumption per ton of Steel rolling	87.44	125.33	125.75	136.94	127.47
单位铝锭综合交流电耗	Overall Alternating Current Electric Power Consumption per ton of Aluminium	13993.26	13913.66	13881.93	13830.45	13441.60
析出铅直流电单耗	DC Electric Power Consumption per ton of Separate out Aluminium	127.98	118.29	109.99	109.73	109.55
析出锌(湿法)直流电单耗	DC Electric Power Consumption per ton of Separate out Zn	2974.65	2924.88	2923.90	2923.04	2923.22
吨铜加工材消耗电量	Electric Power Consumption per ton of Machining Cuprum	1793.33	1983.94	1673.72	1559.47	1594.56
吨铝加工材消耗电量	Electric Power Consumption per ton of Machining Aluminium	539.24	538.70	475.56	467.02	474.57
发电厂用电率(%)	Electro-rate of Power plant(%)	6.40	6.03	5.75	5.92	5.96

8-20 各市全社会用电量

Electricity Consumption by City

单位：亿千瓦时 (100 millin kwh)

市(县) City(County)	2007	2008	2009	2010	2011	2012	2013	2014
省辖市 City								
郑州市 Zhengzhou	334.89	366.67	365.84	410.09	455.99	479.52	504.92	496.85
开封市 Kaifeng	40.00	42.89	51.78	59.71	68.00	75.13	85.64	95.47
洛阳市 Luoyang	270.55	287.74	294.67	349.42	408.29	392.98	390.33	395.13
平顶山市 Pingdingshan	109.38	124.12	126.14	131.70	149.98	159.11	161.32	161.05
安阳市 Anyang	118.03	125.73	131.45	164.93	193.84	179.44	196.57	216.17
鹤壁市 Hebi	29.62	35.48	34.24	38.93	41.82	43.80	49.56	52.58
新乡市 Xinxiang	98.24	117.88	128.06	144.02	162.23	173.70	186.07	196.41
焦作市 Jiaozuo	166.97	186.50	182.03	186.31	207.59	197.91	210.90	213.96
濮阳市 Puyang	44.60	46.33	51.71	56.85	60.03	73.84	83.92	89.85
许昌市 Xuchang	49.36	55.77	65.89	76.16	84.11	93.70	103.57	109.13
漯河市 Luohe	31.61	33.89	36.51	41.17	46.92	50.59	53.62	58.21
三门峡市 Sanmenxia	99.71	105.11	117.86	141.72	140.91	133.97	130.90	127.36
南阳市 Nanyang	112.77	124.55	132.38	160.69	190.25	203.87	215.92	211.69
商丘市 Shangqiu	107.34	114.56	121.83	134.34	152.56	156.04	173.92	170.95
信阳市 Xinyang	46.01	50.53	62.10	69.22	78.24	87.59	95.77	95.25
周口市 Zhoukou	37.35	41.84	47.41	53.92	59.88	70.54	81.94	83.82
驻马店市 Zhumadian	51.31	53.89	59.89	66.32	80.10	91.77	100.48	108.68
济源市 Jiyuan	39.35	48.28	53.44	59.68	67.61	75.10	80.30	82.97
省直管县 Province Administrating County								
巩义市 Gongyi	76.73	79.67	83.21	94.79	105.07	103.67	100.72	100.66
兰考县 Lankao	2.14	3.04	3.67	5.07	5.85	7.18	9.59	11.11
汝州市 Ruzhou	11.60	13.57	12.70	13.47	16.43	19.60	20.07	19.41
滑县 Huaxian	5.71	6.22	6.96	7.52	10.22	11.07	13.29	14.92
长垣县 Changyuan	4.90	5.60	6.40	7.50	8.90	9.76	10.58	11.34
邓州市 Dengzhou	5.39	5.45	6.91	7.58	8.34	10.81	12.11	12.76
永城市 Yongcheng	55.94	55.08	50.50	52.54	55.23	61.34	74.71	74.51
固始县 Gushi	3.85	4.44	5.34	5.96	6.94	8.31	9.43	9.76
鹿邑县 Luyi	2.63	3.05	3.48	4.12	4.92	5.87	7.09	7.58
新蔡县 Xincai	1.47	1.67	2.10	2.48	2.95	3.75	4.27	4.37

注：本表由省电力公司提供。

a) Data in this table are provided by provincial electric company.

8-21 各市单位GDP能耗情况
Basic condition of Energy Consumption by City

市(县) City(County)	单位GDP能耗降低率(%) Change of Energy Consumption for GDP(%)	单位GDP电耗降低率(%) Change of Energy Consumption for GDP(%)	单位工业增加值能耗降低率(%) Change of Energy Consumption for Add-value of Industry(%)
2005			
2006	-2.98	-1.58	-5.93
2007	-4.11	3.55	-7.08
2008	-5.10	-2.77	-10.83
2009	-6.16	-4.79	-11.56
2010	-3.53	0.80	-10.75
2011	-3.57	1.27	-8.95
2012	-7.14	-6.42	-14.75
2013	-3.92	-3.16	-10.77
2014	-4.06	-7.53	-11.29
省辖市 City			
郑州市 Zhengzhou	-9.10	-10.14	-16.21
开封市 Kaifeng	-5.06	1.77	-3.07
洛阳市 Luoyang	-5.73	-7.11	-11.54
平顶山市 Pingdingshan	-11.88	-7.66	-16.11
安阳市 Anyang	-4.04	1.18	-11.65
鹤壁市 Hebi	-7.01	-3.63	-16.77
新乡市 Xinxiang	-3.62	-3.40	-8.17
焦作市 Jiaozuo	-5.30	-6.77	-10.38
濮阳市 Puyang	-8.16	-2.64	-18.03
许昌市 Xuchang	-6.23	-3.58	-14.73
漯河市 Luohe	-2.86	-0.63	-9.80
三门峡市 Sanmenxia	-1.29	-10.84	-4.01
南阳市 Nanyang	-4.93	-9.73	-10.17
商丘市 Shangqiu	-9.07	-10.01	-16.56
信阳市 Xinyang	-3.00	-8.66	-7.71
周口市 Zhoukou	-6.98	-6.21	-20.01
驻马店市 Zhumadian	-4.73	-0.24	-7.78
济源市 Jiyuan	-4.03	-6.38	-6.90
省直管县 Province Administrating County			
巩义市 Gongyi	-4.45	-16.53	-9.27
兰考县 Lankao	-4.81	4.24	-16.12
汝州市 Ruzhou	-5.68	-9.67	-10.08
滑县 Huaxian	-3.69	3.16	-5.44
长垣县 Changyuan	-5.99	-4.40	-8.10
邓州市 Dengzhou	-5.70	-2.97	-9.82
永城市 Yongcheng	-7.50	-9.38	-14.48
固始县 Gushi	-3.50	-5.12	-11.69
鹿邑县 Luyi	-5.69	-3.75	-14.10
新蔡县 Xincai	-3.97	-4.99	5.37

主要统计指标解释

能源生产总量 指一定时期内全国(地区)一次能源生产量的总和。该指标是观察全国(地区)能源生产水平、规模、构成和发展速度的总量指标。一次能源生产量包括原煤、原油、天然气、水电、核能及其他动力能(如风能、地热能等)发电量，不包括低热值燃料生产量、生物质能、太阳能等的利用和由一次能源加工转换而成的二次能源产量。

能源消费总量 指一定时期内全国(地区)物质生产部门、非物质生产部门和生活消费的各种能源的总和。该指标是观察能源消费水平、构成和增长速度的总量指标。能源消费总量包括原煤和原油及其制品、天然气、电力，不包括低热值燃料、生物质能和太阳能等的利用。能源消费总量分为终端能源消费量、能源加工转换损失量和能源损失量三部分。

（1）终端能源消费量：指一定时期内，全国生产和生活消费的各种能源在扣除了用于加工转换二次能源消费量和损失量以后的数量。

（2）能源加工转换损失量：指一定时期内，全国投入加工转换的各种能源数量之和与产出各种能源产品之和的差额。该指标是观察能源在加工转换过程中损失量变化的指标。

（3）能源损失量：指一定时期内，能源在输送、分配、储存过程中发生的损失和由客观原因造成的各种损失量，不包括各种气体能源放空、放散量。

能源生产弹性系数 研究能源生产增长速度与国民经济增长速度之间关系的指标。计算公式为：

能源生产弹性系数=能源生产总量年平均增长速度/国民经济年平均增长速度

国民经济年平均增长速度，可根据不同的目的或需要，用国民生产总值、国内生产总值等指标来计算，本年鉴是采用国内生产总值指标计算的。

电力生产弹性系数 是研究电力生产增长速度与国民经济增长速度之间关系的指标。一般来说，电力的发展应当快于国民经济的发展，也就是说电力应超前发展。计算公式为：

电力生产弹性系数=电力生产量年平均增长速度/国民经济年平均增长速度

能源消费弹性系数 反映能源消费增长速度与国民经济增长速度之间比例关系的指标。计算公式为：

能源消费弹性系数=能源消费量年平均增长速度/国民经济年平均增长速度

电力消费弹性系数 反映电力消费增长速度与国民经济增长速度之间比例关系的指标。计算公式为：

电力消费弹性系数=电力消费量年平均增长速度/国民经济年平均增长速度

能源加工转换效率 指一定时期内能源经过加工、转换后，产出的各种能源产品的数量与同期内投入加工转换的各种能源数量的比率。该指标是观察能源加工转换装置和生产工艺先进与落后、管理水平高低等的重要指标。计算公式为：

能源加工转换效率=能源加工转换产出量/能源加工转换投入量×100%

单位 GDP 能耗 指一定时期内，一个国家或地区每生产一个单位的生产总值所消耗的能源。能源消费的核算范围既包括全部三次产业的生产、经营及其他活动用能，也包括居民生活用能。计算方法：

单位 GDP 能耗=能源消费总量/GDP（可比价）

单位 GDP 电耗 指一定时期内，一个国家或地区每生产一个单位的国内生产总值所消耗的电力。计算公式为：

单位 GDP 电耗=全社会用电量/GDP(可比价)

单位工业增加值能耗 指一定时期内，一个国家或地区每生产一个单位的工业增加值所消耗的能源。计算公式为：

单位工业增加值能耗=工业能源消耗量/工业增加值

财政
Government Finance

● 资料整理：赵国顺

简要说明

一、主要内容

本篇包括地方财政收支和预算外资金收支资料。

二、统计口径

2007年起，财政收支科目实施了较大改革，特别是财政支出项目口径变化很大，与往年数据不可比。

三、资料来源

资料来源于河南省财政厅的财政总决算，由河南省统计局国民经济核算处编辑整理。

Brief Introduction

I. Main Contents

The data in this chapter present the government revenue and expenditure situation, the extra-budgetary revenue and expenditure.

II. Scope of Statistics

Because of the classifications of revenue and expenditure accounts have been adjusted largely since 2007, especially the government expenditure, the relative data are not compared with data in preceding years.

III. Sources of Data

The data are based on final Henan provincial financial accounts, which are provided by the Department of National Accounts of the Henan provincial Bureau of Statistics.

9-1 地方公共财政预算收支额

Total Public Financial Revenue and Expenditure of the Local Government

单位：亿元 (100 million yuan)

年 份 Year	财 政 总收入 Total Financial Revenue	公共财政预算收入 Public Financial Revenue of Local Government	#税收收入 Taxes	公共财政预算支出 Public Financial Expenditure of Local Government	#农林水事务 Farming Forestry Water Conservancy Operating	#社会保障和就业 Social Security and Obtain employment	#教科文卫 Culture Education Science & Health Care	#科学技术 Technology	#教育 Education	#医疗卫生 Medical Treatment and Public Health
1978		33.73	23.04	27.67	4.20		5.77	0.43		
1979		33.68	23.62	29.86	5.28		7.05	0.53		
1980		31.86	24.86	26.74	4.66		8.31	0.59		
1981		34.23	29.73	25.84	4.25		8.84	0.61		
1982		33.49	30.96	29.81	4.57		9.83	0.67		
1983		36.49	30.69	30.06	4.73		10.45	0.91		
1984		39.26	34.54	36.79	4.86		11.83	1.08		
1985		48.93	44.57	49.51	5.01		13.93	1.16		
1986		54.92	49.71	69.20	5.92		15.78	1.31		
1987		63.15	56.10	65.26	6.90		16.67	1.18		
1988		70.98	65.09	76.22	8.64		19.47	1.35		
1989		80.97	75.50	87.67	10.85		22.76	1.49		
1990		83.59	78.85	89.53	10.74		24.54	1.53		
1991		91.36	84.61	97.88	12.18		26.99	1.70		
1992		104.03	95.41	116.49	13.29		33.22	1.93		
1993		139.20	126.36	147.73	14.34		39.28	2.01		
1994		(171.38)								
		93.35	81.77	169.62	15.09		50.64	2.54		
1995		124.63	103.45	207.28	17.59		58.30	3.24		
1996		162.06	126.63	255.29	21.12		69.49	3.75		
1997		192.63	152.09	290.84	23.47		75.43	4.52		
1998		208.20	160.60	323.63	25.71		82.89	5.05		
1999		223.35	176.12	384.32	28.39		95.57	6.01		
2000		246.47	195.04	445.53	34.19		108.46	6.86		
2001		267.75	226.70	508.58	36.94		131.35	7.25		
2002		296.72	242.24	629.18	44.77		166.56	7.95		
2003		338.05	264.40	716.60	47.92		188.27	9.06		
2004	789.05	428.78	307.12	879.96	65.99		220.81	10.40		
2005	967.16	537.65	365.67	1116.04	82.28		270.22	13.85		
2006	1202.96	679.17	471.80	1440.09	(99.12)		(344.21)	(10.04)		
					111.34		362.82	17.37		
2007	1530.48	862.08	625.02	1870.61	152.51	281.22	523.51	25.23	366.12	98.78
2008	1781.89	1008.90	742.27	2281.61	209.59	330.23	661.40	30.44	444.03	145.47
2009	1921.80	1126.06	821.50	2905.76	361.60	403.62	843.47	35.52	526.14	223.15
2010	2293.70	1381.32	1016.55	3416.14	399.19	461.22	979.24	44.67	609.37	270.21
2011	2851.91	1721.76	1263.10	4248.82	480.48	547.96	1332.75	56.59	857.14	361.48
2012	3282.48	2040.33	1469.57	5006.40	551.73	631.61	1671.77	69.64	1106.51	425.99
2013	3686.81	2415.45	1764.71	5582.31	629.85	731.41	1824.78	80.00	1171.52	492.48
2014	4094.78	2739.26	1951.46	6028.69	661.94	790.87	1976.74	81.25	1201.38	602.95

注：1.财政收入1993年以前为分税制前老口径，1994年以后为分税制后新口径，括号内为分税制前老口径。

2.1994年以后的财政收支均为地方财政一般预算收支。

3.2007年起，财政收支项目按新科目列支。2006年财政支出括号内数据为按老科目列支。

4.2011年起，财政一般预算收支改称公共财政预算收支。

a) Before 1993,government revenue is old statement before distributive taxation.The date in parentheses is statement before distributive taxation .

b) Financial revenue and expenditure refer to Ordinary budget financial revenue and expenditure of local government since 1994(the same to next).

c) Item of Financial revenue and expenditure based on new system since 2007.Data of financial expenditure Parenthesos are based on old system in

d) Data of Financial general budget revenue and expenditure change to public financial revenue and expenditure since 2011.

9-5 地方公共财政预算支出

Public Financial Expenditure of the Local Government

单位：亿元 (100 million yuan)

项 目	Item	2013		2014	
		绝对数 Absolute Value	比重(%) Proportion (%)	绝对数 Absolute Value	比重(%) Proportion (%)
本年支出合计	**Total Expenditure**	**5582.31**	**100.0**	**6028.69**	**100.0**
一般公共服务	Commonly Public servings	733.21	13.1	700.71	11.6
国防	National Defense	6.51	0.1	6.79	0.1
公共安全	Public security	261.22	4.7	274.12	4.5
教育	Education	1171.52	21.0	1201.38	19.9
科学技术	Technology	80.00	1.4	81.25	1.3
文化体育与传媒	Culture Sport and Medium	80.78	1.4	91.16	1.5
社会保障和就业	Social Security and Obtain employment	731.41	13.1	790.87	13.1
医疗卫生	Medical Treatment and Public Health	492.48	8.8	602.95	10.0
环境保护	Environment Protection	111.92	2.0	119.95	2.0
城乡社区事务	Urban and Rural Area Community Operating	309.12	5.5	431.74	7.2
农林水事务	Farming Forestry and Water Conservancy Operating	629.85	11.3	661.94	11.0
交通运输	Traffic and Transport	346.19	6.2	364.86	6.1
资源勘探电力信息等事务	Resource exploration power information, etc	101.95	1.8	117.62	2.0
商业服务业等事务	Business Services, etc	39.74	0.7	31.50	0.5
金融监管支出	The financial supervision	28.72	0.5	27.71	0.5
援助其它地区支出	Expenses after the Earthquake Reconstruction		-	2.63	-
国土资源气象等事务	The Land and Resources, etc	53.88	1.0	54.00	0.9
住房保障支出	Housing Safeguard	191.11	3.4	247.57	4.1
粮油物资储备管理等事务	Grain and oil reserves management	43.72	0.8	45.12	0.7
国债还本付息支出	Debt servicing expenditure	84.76	1.5	94.41	1.6
其他支出	Others	84.22	1.51	80.46	1.3

9-6 各级地方公共财政预算支出(2014年)

Public Financial Expenditure of the Local Government by Rating (2014)

单位：亿元 (100 million yuan)

项　目	Item	合　计 Total	省 级 Province	市 级 City	县市级 County	乡镇级 Town & Township
本年支出合计	**Total Expenditure**	**6028.69**	**800.57**	**1469.71**	**3398.17**	**360.25**
一般公共服务	Commonly Public servings	700.71	85.73	116.96	337.71	160.31
国防	National Defense	6.79	2.97	1.30	2.51	0.00
公共安全	Public security	274.12	34.03	96.66	142.43	1.00
教育	Education	1201.38	150.97	214.04	818.09	18.29
科学技术	Technology	81.25	11.29	26.59	39.31	4.06
文化体育与传媒	Culture Sport and Medium	91.16	22.21	31.48	34.19	3.28
社会保障和就业	Social Security and Obtain employment	790.87	227.17	116.49	418.26	28.95
医疗卫生	Medical Treatment and Public Health	602.95	34.88	73.34	477.37	17.35
节能环保	Energy conservation and environmental protection	119.95	5.04	44.81	65.36	4.74
城乡社区事务	Urban and Rural Area Community Operating	431.74	0.45	244.13	148.26	38.90
农林水事务	Farming Forestry and Water Conservancy Operating	661.94	36.94	68.20	492.10	64.71
交通运输	Traffic and Transport	364.86	81.74	167.57	113.57	1.97
资源勘探电力信息等事务	Resource exploration power information, etc	117.62	20.70	49.36	42.34	5.23
商业服务业等事务	Business Services, etc	31.50	1.47	12.53	16.56	0.93
金融监管等事务	Financial supervision and others	27.71	14.58	10.86	2.27	
援助其它地区支出	Expenses after the Earthquake Reconstruction	2.63	2.05	0.14	0.44	
国土资源气象等事务	The Land and Resources, etc	54.00	10.04	13.60	29.96	0.40
住房保障支出	Housing Safeguard	247.57	10.11	70.07	162.14	5.25
粮油物资储备管理等事务	Grain and oil reserves management	45.12	31.00	3.90	10.22	
国债还本付息支出	Debt servicing expenditure	94.41	16.70	68.90	8.79	0.01
其他支出	Others	80.46	0.49	38.78	36.31	4.88

9-7 各市公共财政预算收入(2014年)

单位：亿元

市（县） City(County)	收入合计 Total Revenue	税收收入 Tax Revenue	增值税 Value-added Tax	营业税 Operation Tax	企业所得税 Corporate Income Tax	个人所得税 Individual Income Tax
全　省 Total	**2739.26**	**1951.46**	**256.47**	**627.33**	**261.00**	**58.01**
省辖市 City						
郑州市 Zhengzhou	833.88	626.20	61.40	223.56	93.89	27.51
开封市 Kaifeng	96.19	69.08	6.96	26.31	5.72	1.23
洛阳市 Luoyang	260.26	180.10	23.24	57.39	22.22	5.20
平顶山市 Pingdingshan	130.72	89.34	15.35	24.02	7.47	2.01
安阳市 Anyang	103.26	72.08	12.36	20.46	8.19	1.42
鹤壁市 Hebi	47.11	32.10	3.77	9.21	1.82	0.50
新乡市 Xinxiang	139.13	96.63	13.27	30.10	11.94	2.32
焦作市 Jiaozuo	105.57	68.86	11.89	17.49	6.43	2.06
濮阳市 Puyang	70.40	54.81	8.24	17.40	3.54	1.84
许昌市 Xuchang	125.22	94.44	12.29	26.48	9.61	2.26
漯河市 Luohe	62.86	49.22	8.02	10.64	7.37	1.12
三门峡市 Sanmenxia	92.45	59.90	9.73	15.99	4.71	1.57
南阳市 Nanyang	141.02	104.81	15.50	35.18	9.80	2.67
商丘市 Shangqiu	100.75	72.75	10.30	26.96	5.47	1.77
信阳市 Xinyang	80.33	61.21	5.94	26.01	6.27	1.52
周口市 Zhoukou	90.95	61.65	6.42	21.16	5.57	1.16
驻马店市 Zhumadian	85.65	62.52	7.29	22.69	6.78	1.27
济源市 Jiyuan	38.41	26.97	5.22	6.65	5.55	0.59
省直管县 Province Administrating County						
巩义市 Gongyi	31.84	14.94	3.45	3.28	1.16	0.34
兰考县 Lankao	11.29	8.43	1.30	2.32	0.55	0.06
汝州市 Ruzhou	18.32	13.14	1.21	3.57	0.85	0.14
滑县 Huaxian	8.01	5.93	0.61	2.30	0.53	0.12
长垣县 Changyuan	13.16	10.10	1.21	4.10	1.28	0.12
邓州市 Dengzhou	11.07	8.03	0.56	3.24	0.60	0.17
永城市 Yongcheng	31.77	22.22	5.01	5.99	1.31	0.72
固始县 Gushi	10.01	6.20	0.72	2.63	0.56	0.12
鹿邑县 Luyi	10.07	6.46	0.94	1.97	0.43	0.05
新蔡县 Xincai	5.54	3.34	0.26	1.14	0.20	0.05

Public Financial Revenue of the Local Government by City (2014)

(100 million yuan)

城市维护建设税 Tax on Town Maintenance and Construction	耕地占用税 Tax on Occupation of Cultivated Land	契税 Deed Tax	其他各项税收 Other Tax	非税收入 Non-Tax Revenue	#专项收入 Expert Project Income	#行政事业性收费收入 Income from Adiministrative Fees	#国有资本经营收入 Income from Stated-owned Assets Profit
106.67	**125.31**	**142.01**	**374.66**	**787.80**	**101.42**	**263.90**	**108.25**
32.82	16.92	51.42	118.68	207.67	18.82	48.14	69.04
2.72	8.43	5.19	12.52	27.11	2.26	14.22	1.83
10.11	16.88	7.89	37.17	80.16	8.81	24.43	7.19
4.87	10.16	5.19	20.25	41.38	4.59	12.33	1.11
6.05	4.33	5.01	14.26	31.19	3.97	14.84	0.09
1.54	4.29	2.44	8.54	15.01	1.34	4.02	0.38
4.95	7.16	6.45	20.44	42.50	4.07	14.88	2.76
3.50	6.92	3.57	17.00	36.71	2.93	7.39	11.67
2.84	5.13	4.72	11.11	15.59	2.14	5.83	0.24
8.12	5.97	6.27	23.43	30.79	5.42	15.47	0.53
3.58	2.37	5.85	10.27	13.65	2.44	4.98	1.65
3.13	3.24	7.11	14.43	32.55	2.99	6.80	10.65
6.89	8.55	7.94	18.29	36.22	4.75	19.15	0.52
3.79	4.93	6.05	13.47	28.00	2.85	8.66	
2.58	2.67	6.86	9.36	19.11	2.44	9.19	0.12
2.27	10.12	4.67	10.28	29.30	1.60	12.19	0.45
3.94	5.54	4.62	10.40	23.12	2.54	12.51	
1.76	1.69	0.76	4.74	11.44	1.56	2.42	0.02
0.93	0.21	0.67	4.90	16.90	0.71	0.78	1.77
0.15	1.49	0.81	1.75	2.86	0.21	1.47	0.02
0.47	4.06	0.46	2.38	5.18	0.61	0.76	
0.15	0.36	0.70	1.15	2.08	0.12	1.01	
0.39	0.39	0.69	1.91	3.06	0.26	1.12	
0.31	1.51	0.52	1.13	3.04	0.21	1.42	
1.62	2.19	1.23	4.14	9.55	1.35	1.94	
0.18	0.20	0.76	1.03	3.81	0.78	1.36	0.04
0.21	1.15	0.42	1.30	3.60	0.18	1.59	
0.08	0.87	0.32	0.41	2.20	0.07	1.48	

9-8 各市公共财政预算支出(2014年)

单位：亿元

市(县) City(County)	支出合计 Payout	#一般公共服务 Commonly Public servings	#公共安全 Public security	#教育 Education	#科学技术 Technology	#文化体育与传媒 Culture Sport and Medium
全　　省 Total	**6028.69**	**700.71**	**274.12**	**1201.38**	**81.25**	**91.16**
省　辖　市 City						
郑　州　市 Zhengzhou	918.51	79.45	36.35	124.41	14.49	14.19
开　封　市 Kaifeng	223.15	46.08	11.98	41.65	2.43	2.46
洛　阳　市 Luoyang	412.99	43.78	20.22	79.54	8.47	7.70
平顶山市 Pingdingshan	241.53	33.50	12.32	47.67	2.81	3.90
安　阳　市 Anyang	234.28	26.42	13.56	53.05	4.19	3.45
鹤　壁　市 Hebi	94.06	10.33	4.87	20.29	1.01	1.48
新　乡　市 Xinxiang	279.51	33.45	16.21	62.56	4.00	2.67
焦　作　市 Jiaozuo	192.48	20.08	12.44	36.25	4.13	2.62
濮　阳　市 Puyang	181.95	17.10	8.78	41.50	2.32	2.74
许　昌　市 Xuchang	221.18	35.52	11.26	50.95	4.19	2.60
漯　河　市 Luohe	135.94	13.79	6.49	26.42	1.12	2.31
三门峡市 Sanmenxia	165.64	23.08	8.46	34.90	2.87	2.31
南　阳　市 Nanyang	451.80	50.85	19.44	96.81	6.42	5.27
商　丘　市 Shangqiu	352.10	35.93	14.90	79.80	2.28	2.94
信　阳　市 Xinyang	333.95	54.52	13.02	78.48	2.02	3.54
周　口　市 Zhoukou	382.52	43.66	14.87	90.43	2.78	5.02
驻马店市 Zhumadian	347.67	39.96	12.63	74.01	3.59	3.13
济　源　市 Jiyuan	58.87	7.47	2.29	11.63	0.83	0.63
省直管县 Province Administrating County						
巩　义　市 Gongyi	45.89	6.77	1.78	6.47	0.75	1.10
兰　考　县 Lankao	35.39	4.73	1.61	8.45	0.09	0.46
汝　州　市 Ruzhou	36.00	5.38	1.03	8.54	0.41	0.55
滑　　　县 Huaxian	42.15	4.37	1.50	7.72	0.50	0.43
长　垣　县 Changyuan	38.55	4.69	1.40	8.27	0.65	0.26
邓　州　市 Dengzhou	51.15	3.77	2.17	10.74	0.04	0.46
永　城　市 Yongcheng	58.77	7.67	2.21	14.91	0.22	0.36
固　始　县 Gushi	50.72	9.66	1.64	12.13	0.05	0.45
鹿　邑　县 Luyi	41.63	4.92	1.40	9.78	0.46	0.27
新　蔡　县 Xincai	44.06	2.20	0.88	8.98	0.39	0.19

Public Financial Expenditure of the Local Government by City (2014)

(100 million yuan)

#社会保障和就业 Social Security and Obtain employment	#医疗卫生 Medical Treatment and Public Health	#节能保护 Energy conservation and environmental protection	#城乡社区事务 Urban and Rural Area Community Operating	#农林水事务 Farming Forestry and Water Conservancy Operating	#交通运输 Traffic and Transport	#住房保障 Housing Safeguard
790.87	**602.95**	**119.95**	**431.74**	**661.94**	**364.86**	**247.57**
62.42	70.25	28.15	225.44	54.12	47.82	31.73
29.71	27.28	3.78	5.64	27.94	9.67	8.27
37.08	36.89	8.35	35.77	49.78	24.34	17.39
30.59	25.95	5.60	13.24	28.85	14.38	8.76
22.70	27.76	4.76	13.55	31.80	13.12	11.40
10.80	9.04	2.64	6.09	10.69	5.14	5.95
26.19	30.56	6.40	17.24	35.78	13.01	15.00
21.85	20.35	3.54	10.96	20.38	17.19	6.75
26.60	22.39	2.72	7.00	26.89	9.50	8.31
21.99	22.95	3.74	14.60	24.96	10.92	5.01
14.36	15.05	2.00	10.69	15.26	7.27	8.26
14.43	15.04	7.31	8.22	22.20	10.25	4.24
57.68	54.75	15.78	14.21	71.83	26.75	14.36
45.27	43.80	3.52	9.63	47.38	16.90	34.98
36.30	37.98	5.96	9.64	50.52	17.66	13.14
51.62	55.75	3.43	16.53	49.68	18.07	13.04
48.59	45.25	4.40	9.46	49.81	17.72	29.61
5.53	7.04	2.81	3.36	7.13	3.40	1.25
4.04	8.29	0.75	4.63	4.30	0.86	0.95
3.26	4.62	1.04	1.00	5.78	2.23	1.40
5.19	4.88	1.02	0.39	5.38	1.14	1.00
4.45	6.14	0.68	2.91	8.56	2.48	1.31
3.04	4.45	0.61	0.46	5.44	1.36	7.35
6.74	8.24	2.15	1.07	8.96	3.36	1.56
7.21	6.66	0.64	0.63	8.12	5.10	1.49
5.82	6.80	0.56	0.40	8.53	1.55	2.08
6.36	6.32	0.25	1.00	5.81	1.41	2.82
5.43	5.92	0.48	0.19	5.38	3.13	10.36

Explanatory Notes on Main Statistical Indicators

Government Revenue refers to income for the government finance through participating in the distribution of social products. It is the financial guarantee to ensure government functioning. Now it includes Tax Revenue and Non-Tax Revenue:

(1) Tax Revenue: Including Value-added tax, consumption tax, business tax, enterprise income tax, enterprise income tax rebate, personal income tax, resources tax , regulatory taxes on investment in fixed assets, urban maintenance and construction taxes, property taxes, stamp duty, tax on using urban land, land value-added tax, tax on using Vehicles and Ships, tax on using licence , Ship tons of tax, vehicle purchase tax (charges),tax on Slaughtering, banquet tax, customs, agriculture (tobacco) specialty tax, land tax, contract taxes and other tax revenue.

(2) Non-Tax Revenue: Including Special revenue, the Community Chest lottery income, administrative fees income, confiscated income, the state capital operating revenue, compensation income of using state-owned resources (assets), other income.

Government Expenditure refers to the distribution and use of the funds which the government finance has raised, so as to meet the needs of economic construction and various causes. It includes the following main items:

(1) Commonly Public servings :including affairs of People's Congress, affairs of Committee of People's Political Consultative Conference, the Government Office (room) and related organizations affairs, development and reform Affairs, statistical information Affairs, financial services, revenue Affairs, audit Affairs, customs affairs, personnel affairs, the discipline inspection and supervision Affairs, population and family planning Affairs, commerce and trade Affairs, intellectual property Affairs, administration affairs of industrial and commercial, supervision and administration Affairs of food and drug, quality of technical supervision and inspection and quarantine Affairs, land and natural resources Affairs, marine management Affairs, surveying and mapping Affairs, seismic Affairs, meteorological Affairs, ethical affairs, religion Affairs, Hong Kong, Macao and Taiwan affairs, file Affairs, the Communist Party affairs, other parties and the Federation of Industry and Commerce Services Mass organizations Affairs, Lottery Affairs, Treasury Affairs, bond investment, the other general public Affairs expenditure.

(2) Defense: refers to the government for defense spending, including standing army, the reserve forces and the militia, national defense scientific research career, special engineering, national defense mobilization of expenditure.

(3) National Defense: including Active-duty troops and reserve forces of national defense, national defense mobilization, and other defense expenditure.

(4) Education: including Education and management Affairs, general education, vocational education, adult education, radio and television education, studying abroad education, special education, teacher education and continuing education of cadres, education surcharge and education fund, other educational expenses.

(5) Science and technology : including Science and technology management Affairs, basic research, applied research, technology research and development, conditions and service of science and technology, social science, science and technology popularization , Science and technology exchanges and cooperation, and other science and technology expenditure.

(6) Culture Sport and Medium : including Culture, heritage, sports, radio, television, press, publishing, sports and other cultural and media expenditure.

(7) Social Security and Obtain employment: including Social security and Obtain employment Affairs, civil administration Management Affairs, added the National Social Security Fund, retired from administrative institutions, subsidies for shutdown and bankruptcy enterprises, employment subsidies, pension, placement of retirement, social welfare, handicapped Affairs, the minimum

living guarantee for urban residents, other urban social relief, rural social relief, living relief for natural disaster, the Red Cross Affairs, other social security expenditure and employment expenditure.

(8) Medical Treatment and Public Health: including Medical and health management affairs, medical services, community health services, health ensure, disease prevention and control, sanitation surveillance, health care of female and child, rural sanitation, Chinese traditional medicine, other medical and health expenditure.

(9) Energy conservation and environmental protection: including Environmental management affairs, environmental monitoring and surveillance, pollution control, natural ecological protection, natural forests protection, returning farmland to forests, desertification and sandstorms control, returning farmland to grassland, other environmental protection expenditure.

(10) Urban and Rural Area Community Operating :Including The management of urban and rural communities affairs, planning and management of urban and rural community, public facilities in rural and urban communities, residential of rural and urban communities, sanitation of urban and rural communities, management and supervision of marketable construction, the Government Housing Fund expenditures, expenditures of using land, additional expenditures of urban public utilities, other expenses of urban and rural community affairs.

(11) Farming Forestry and Water Conservancy Operating : including Agriculture, forestry, water conservancy, moving water from north to south, poverty alleviation, agricultural development, and other expenditures of agriculture, forestry, water affairs.

(12) Traffic and Transport : including Highway and waterway transport, rail transport, air transport, and other transport expenses.

(13) Resource exploration of electric power information: Mining, manufacturing, construction, electricity, the information industry, tourism, foreign-related development, grain and oil services, commercial circulation services, material reserves, the financial industry, tobacco affairs, production safety, state-owned assets supervision, the SME affairs, other industrial business Services such as financial expenditures.

(14) Business service and other affairs: refers to the government to business service and other affairs expenses, including commercial distribution affairs, tourism management and service, foreign development service expenditure, etc.

(15) Financial supervision: refers to the government for financial insurance regulatory affairs expenses.

(16) Land and resources weather affairs: refers to the government for land and resources, ocean, surveying and mapping, earthquake, meteorology and so on public service business spending.

(17) Housing security spending: refers to the government for housing safeguard expenses.

(18) Grain and oil materials reserve affairs: refers to the government for cereals and oil materials reserve affairs expenses

(19) National debt repayment of capital and interest expenses: refers to the government in national debt repayment of principal and interest payment and issue of expenditure.

物价
Price Indices

◉ 资料整理：王 燕 芦松林 孟凡玲

简要说明

一、主要内容

本篇包括居民消费价格指数，商品零售价格指数，农业生产资料价格指数，农产品生产价格指数，工业生产者出厂价格指数，工业生产者购进价格指数，固定资产投资价格指数等资料。

二、资料来源

价格指数编制由国家统计局河南调查总队组织实施。由省、市及抽选出的市、县调查队依据国家统计局统一制定的价格统计调查制度向基层采集原始数据汇总后得到。

居民消费、商品零售、农业生产资料价格指数采用抽样调查和重点调查相结合的方法取得，即在全省选择不同经济区域和分布合理的地区，以及有代表性的商品作为样本，对其市场价格进行定期调查，以样本推断总体。由国家统计局河南调查总队消费价格调查处编辑整理。

工业生产者价格调查采用重点调查与典型调查相结合的调查方法。重点调查将全部年主营业务收入2000万元以上的企业列为调查对象，采用主观选样的方法选择调查企业；典型调查是把年主营业务收入2000万元以下的企业作为抽样对象，采用随机抽样的调查方法。由国家统计局河南调查总队生产投资价格调查处编辑整理。

固定资产投资价格指数采用重点调查与典型调查相结合的方法。由国家统计局河南调查总队生产投资价格调查处编辑整理。

Brief Introduction

I. Main Contents

Data on price indices in this chapter including mainly consumer price indices, retail price indices, price indices for means of agricultural production, producer price indices for farm products, Industrial producers ex-factory price index, industrial producers purchase price index, price indices for investment in fixed assets.

II. Sources of Data

Compilation of statistics on price indices is organized by the Department of Henan Survey organizations, NBS. The survey organizations of the provinces, cities directly under the Central Government and of the selected cities and counties collect data from the grassroots units in accordance with the scheme of price survey system, tabulate them and report them to the higher agencies.

Data for compilation of the consumer price indices, the retail price indices and the producer price indices for farm products in Henan province are collected through a combination of sample surveys and surveys of key units. Areas distributed in different economic regions are selected as the sample areas and representative commodities are selected as the sample commodities. Regular surveys are conducted to collect data on their market prices. Population parameters are inferred on the basis of the sample data. Data of this part are provided by the Department of Henan Survey organizations, NBS.

Industrial producer prices are collected through a combined use of the key units' survey and typical units' survey methods. Key units refer to enterprises which annual sale revenue above 20 million yuan, using the method of subjective selection. Typical units refer to the enterprises which annual sale revenue below 20 million yuan, using the method of sampling survey. Data of this part are provided by the Department of Henan Survey organizations, NBS.

Data on prices of investment in fixed assets are collected by a program involving the combined use of surveys on key units and surveys on typical units. Data of this part are provided by the Department of Henan Survey organizations, NBS.

10-1 各种物价总指数

General Price Indices

(上年=100) (preceding year=100)

年份 Year	居民消费价格总指数 General Consumer Price Index	城市 Urban Areas	农村 Rural Areas	商品零售价格总指数 General Retail Price Index	农业生产资料价格总指数 General Price Index of Agricultural Means of Production	工业生产者出厂价格指数 Ex-Factory Price Indices of Industrial Products	工业生产者购进价格指数 Indices of Purchasing Prices of Raw Materials, Fuels and Power	固定资产投资价格指数 Price Indices of Investment In Fixed Assets
1962	96.4	86.1	100.8	100.5	99.2			
1965	97.0	96.3	97.3	96.8	95.7			
1970	99.0	99.8	98.5	98.8	99.9			
1975	100.1	100.2	100.1	100.2	100.0			
1978	100.1	100.0	100.1	100.1	97.9			
1980	104.6	106.0	103.8	104.9	100.1			
1985	104.6	106.5	103.6	105.4	103.0			
1990	100.7	100.5	100.9	100.1	98.3	105.5	105.5	
1991	102.3	105.1	100.0	102.0	100.1	104.3	104.4	109.4
1992	105.4	107.7	102.9	105.0	101.2	106.2	110.0	119.8
1993	110.4	110.6	110.3	108.3	109.2	118.1	133.0	126.7
1994	125.2	127.4	123.5	120.6	124.4	124.1	122.0	106.0
1995	116.5	116.9	116.3	114.9	125.8	115.0	114.1	105.9
1996	110.5	109.5	110.9	107.9	107.9	104.1	106.0	103.9
1997	103.5	102.4	103.9	100.6	99.3	100.6	100.6	102.9
1998	97.5	97.9	97.1	96.6	94.2	95.3	94.8	98.7
1999	96.9	96.6	97.1	96.2	95.7	95.4	94.3	98.0
2000	99.2	99.1	99.2	98.5	99.6	104.0	105.1	102.9
2001	100.7	100.7	100.7	99.8	99.1	100.5	101.9	100.4
2002	100.1	99.8	100.6	99.2	100.8	98.6	97.6	98.7
2003	101.6	101.7	101.4	101.3	101.9	105.0	107.8	103.8
2004	105.4	105.4	105.4	105.7	111.4	110.2	115.7	110.1
2005	102.1	102.1	102.1	101.7	107.9	106.1	108.3	101.4
2006	101.3	101.2	101.5	100.9	101.2	104.3	105.3	101.6
2007	105.4	105.4	105.5	104.4	106.1	105.2	106.4	104.6
2008	107.0	106.5	107.9	107.5	120.9	112.1	111.9	109.0
2009	99.4	98.8	100.4	99.4	98.1	94.9	97.1	96.4
2010	103.5	103.4	103.8	103.7	103.1	107.8	110.2	103.5
2011	105.6	105.4	106.1	105.7	111.1	107.2	110.1	107.4
2012	102.5	102.6	102.4	102.3	105.4	99.4	99.2	101.0
2013	102.9	102.9	102.9	101.9	101.3	98.5	99.3	99.9
2014	101.9	102.0	101.6	101.0	97.9	98.1	98.4	100.0

10-4 分类商品零售价格指数
Retail Price Indices by Category

(上年=100) (preceding year=100)

项 目	Item	2007	2008	2009	2010	2011	2012	2013	2014
商品零售价格总指数	**Retail Price Index of commodities**	**104.4**	**107.5**	**99.4**	**103.7**	**105.7**	**102.3**	**101.9**	**101.0**
食品类	Food	115.4	116.1	101.2	108.7	112.4	103.1	105.6	102.5
饮料、烟酒类	Beverage and cigarette and alcohol	101.7	103.6	101.9	101.5	104.0	103.8	101.4	99.6
服装、鞋帽类	Clothing and shoe and cap	99.8	100.8	99.7	100.9	101.4	103.2	102.7	102.4
纺织品类	Textile product	100.9	102.3	100.5	104.0	109.8	102.4	100.8	100.5
家用电器及音像器材	Household appliance and audio-video material	99.7	98.7	95.7	97.8	98.8	99.5	99.8	99.6
文化办公用品类	Office supplies	98.6	100.0	98.1	98.7	98.5	99.3	99.2	100.0
日用品类	Articles in everyday use	101.4	104.5	101.6	100.1	102.5	102.8	101.3	100.9
体育娱乐用品类	Sport and entertainment goods	99.5	99.0	99.4	99.8	100.8	100.9	100.3	100.6
交通、通信用品类	Transportation and communication material	90.0	92.3	93.2	96.1	97.1	97.7	97.4	99.3
家具	Furniture	102.4	101.4	99.8	99.6	102.3	101.8	101.4	101.4
化妆品类	Cosmetics	100.1	100.6	100.6	100.3	101.1	103.2	102.0	101.0
金银珠宝类	Gold and sliver and jewellery	107.2	118.8	93.8	111.3	114.3	103.2	91.5	91.6
中西药品及医疗保健用品类	Chinese traditional medicine and western medicine and health product	100.6	102.9	101.2	104.0	103.9	102.4	102.2	101.7
书报杂志及电子出版物类	Book and newspaper and megazine and E-journal	98.9	102.8	106.7	99.4	100.9	103.9	102.5	100.7
燃料类	Fuel	102.6	119.3	98.7	110.5	113.6	104.5	98.3	98.5
建筑材料及五金电料类	Architectural and hardware material	105.5	109.3	96.9	104.3	107.0	101.3	100.0	100.4

10-5 农业生产资料价格指数
Price Indices of Means of Agricultural Production

(上年=100) (preceding year=100)

项 目	Item	2007	2008	2009	2010	2011	2012	2013	2014
农业生产资料价格总指数	**Price Indices of Means of Agricultural Production**	**106.1**	**120.9**	**98.1**	**103.1**	**111.1**	**105.4**	**101.3**	**97.9**
农用手工工具	Small farm tool	102.2	118.1	105.9	101.1	104.9	102.9	105.0	106.1
饲料	Feed	108.4	113.2	108.1	109.1	105.5	106.5	106.4	101.0
产品畜	Production Livestock	132.1	126.4	80.9	101.8	136.4	103.1	98.5	93.6
半机械化农具	Semi-mechanized farm machinery	101.6	105.6	100.1	100.9	105.8	104.6	102.3	102.1
机械化农具	Mechanized farm machinery	101.2	107.3	100.9	100.1	103.7	100.5	100.3	100.4
化学肥料	Chemical fertilizer	105.3	138.5	92.6	98.5	115.2	106.0	95.4	91.2
农药及农药机械	Pesticide and device in pesticide	102.7	108.4	100.0	100.6	106.0	101.4	102.1	102.6
化学农药	Chemical pesticide	102.8	109.0	98.1	99.4	106.3	101.4	102.4	102.5
农药器械	Device in pesticide	101.9	105.8	108.8	105.9	102.5	100.8	99.6	103.5
农用机油	Agricultural oil	104.2	115.4	89.4	113.1	114.7	104.2	99.3	97.5
其他农业生产资料	Other agricultural production goods	103.2	105.1	104.5	109.5	108.2	107.9	106.0	102.4
农用种子	Farm seed	101.8	104.8	110.6	113.6	108.7	109.2	106.6	102.5
其他	Others	106.3	105.8	90.5	99.5	105.6	100.6	102.0	101.6
农业生产服务	Service for agriculture	104.7	106.0	105.5	102.3	106.9	107.1	106.1	103.9

10-6 各市居民消费价格指数(2014年)

Consumer Price Indices by City (2014)

各市数据均为市政府所在城市市区数(10-7表同)。

Price Indices of every city refers to the figures of under of the cities (the same as 10-7 table).

(上年=100) (preceding year=100)

市 City	居民消费价格总指数 Consumer Price Index	食品 Food	烟酒及用品 Tobacco, Liquor and Articles	衣着 Clothing	家庭设备用品及维修服务 Household Facilities, Articles and Repair Service	医疗保健和个人用品 Medicines, Health care Services and Personal Articles	交通和通信 Transportation and Communication	娱乐教育文化用品及服务 Recreation, Education & Culture Articles	居住 Residence
省辖市 City									
郑州市 Zhengzhou	102.0	103.1	98.4	102.1	100.5	100.4	99.4	103.5	102.6
开封市 Kaifeng	102.0	102.3	98.4	103.3	101.0	101.6	100.5	102.0	103.0
洛阳市 Luoyang	102.0	103.3	97.2	102.7	101.4	100.1	99.9	101.9	102.4
平顶山市 Pingdingshan	102.0	103.9	98.2	100.8	100.6	100.2	99.5	102.8	102.1
安阳市 Anyang	101.8	103.1	95.8	101.7	100.9	101.5	99.3	103.0	101.5
鹤壁市 Hebi	101.7	101.8	98.7	101.9	100.5	102.0	99.0	103.6	102.6
新乡市 Xinxiang	101.7	102.3	99.3	101.6	101.8	100.7	100.7	102.8	101.6
焦作市 Jiaozuo	102.3	102.6	97.9	105.6	102.0	102.4	99.9	103.9	100.9
濮阳市 Puyang	101.6	102.6	93.0	102.4	100.7	101.1	100.2	102.6	101.6
许昌市 Xuchang	102.0	102.1	98.3	103.0	102.1	101.8	101.3	101.9	102.4
漯河市 Luohe	101.9	102.7	97.2	103.6	100.0	100.8	99.9	104.2	101.2
三门峡市 Sanmenxia	102.0	101.2	100.3	102.7	99.8	102.6	99.6	109.2	100.2
南阳市 Nanyang	102.0	102.3	96.0	103.9	101.0	101.0	99.8	102.3	103.3
商丘市 Shangqiu	101.9	102.7	99.7	101.7	100.5	102.2	100.0	103.6	101.3
信阳市 Xinyang	102.1	102.4	98.6	102.2	100.7	100.6	99.7	105.0	102.8
周口市 Zhoukou	101.9	102.0	98.3	102.9	101.5	100.8	100.2	102.1	103.0
驻马店市 Zhumadian	101.8	103.7	97.6	101.9	100.8	100.3	99.4	102.4	101.2
济源市 Jiyuan									
省直管县 Province Administrating County									
巩义市 Gongyi									
兰考县 Lankao									
汝州市 Ruzhou									
滑县 Huaxian	101.5	102.4	96.4	103.3	100.3	102.0	100.5	100.9	101.8
长垣县 Changyuan									
邓州市 Dengzhou									
永城市 Yongcheng	101.5	101.6	98.9	103.7	102.0	100.2	100.2	102.9	101.7
固始县 Gushi	102.1	103.6	96.3	102.6	101.0	100.6	100.5	102.5	102.7
鹿邑县 Luyi									
新蔡县 Xincai									

10−7 各市商品零售价格指数(2014年)

(上年=100)

市 City	商品零售价格总指数 General Index	食品类 Food	饮料烟酒 Beverage and cigarette	服装鞋帽类 Clothing, Shoes and Hats	纺织品类 Drygoods	家用电器及音像器材类 Household appliance and audio-video material	文化办公用品类 Cultural and Office supplies	日用品 Articles for Daily Use
省辖市 City								
郑州市 Zhengzhou	101.1	103.3	99.6	102.0	99.9	99.0	99.5	100.2
开封市 Kaifeng	100.7	102.1	100.2	103.1	97.6	97.2	99.6	99.3
洛阳市 Luoyang	100.9	103.4	99.3	102.6	99.5	97.9	99.2	102.3
平顶山市 Pingdingshan	101.1	104.2	100.2	100.9	100.0	99.3	97.9	100.1
安阳市 Anyang	100.9	103.9	97.7	101.8	100.9	98.8	101.1	101.3
鹤壁市 Hebi	100.5	101.5	100.5	101.9	99.4	99.9	99.6	100.5
新乡市 Xinxiang	100.7	101.8	100.3	101.6	100.2	101.2	100.5	100.7
焦作市 Jiaozuo	101.9	102.5	98.7	106.2	103.1	101.3	99.7	98.6
濮阳市 Puyang	100.8	102.6	95.2	102.2	101.6	99.6	98.9	100.9
许昌市 Xuchang	100.9	102.6	98.8	103.0	102.6	97.8	101.1	101.1
漯河市 Luohe	100.4	101.9	98.3	102.7	100.0	99.5	98.9	99.8
三门峡市 Sanmenxia	100.2	101.2	100.7	102.6	100.8	98.5	97.7	100.5
南阳市 Nanyang	101.0	102.0	97.5	103.9	100.1	97.6	99.6	100.0
商丘市 Shangqiu	100.8	102.4	100.3	101.5	100.0	100.6	100.6	99.8
信阳市 Xinyang	100.9	102.7	98.6	102.3	103.3	99.6	100.0	100.0
周口市 Zhoukou	100.9	101.8	103.6	103.2	101.7	94.5	99.1	100.5
驻马店市 Zhumadian	101.1	103.8	98.3	102.1	102.5	100.5	100.0	100.5
济源市 Jiyuan								
省直管县 Province Administrating County								
巩义市 Gongyi								
兰考县 Lankao								
汝州市 Ruzhou								
滑县 Huaxian	100.1	102.4	97.5	103.5	100.1	99.1	100.4	101.2
长垣县 Changyuan								
邓州市 Dengzhou								
永城市 Yongcheng	100.7	101.0	99.3	103.7	101.0	102.0	100.8	100.5
固始县 Gushi	101.7	104.3	98.2	102.1	102.7	98.7	100.1	102.4
鹿邑县 Luyi								
新蔡县 Xincai								

Retail Price Indices by City (2014)

(preceding year=100)

体育娱乐用品类 Sport and entertainment goods	交通、通信用品 Traffic& Communi-cation Goods	家具 Furniture	化妆品 Cosmetics	金银珠宝类 Gold、sliver and jewellery	中、西药品及医疗保健用品 Chinese traditional medicine and western medicine and health product	书报杂志及电子出版物类 Book& newspaper、magazine and e-publication	燃料类 Fuels	建筑材料及五金电料类 Architectural and hardware material
100.2	100.0	102.5	101.1	92.3	102.2	100.2	99.6	100.4
100.2	98.6	105.1	101.8	91.5	101.9	102.1	99.1	99.8
100.1	99.8	102.1	99.7	90.8	100.5	101.6	98.2	99.9
101.2	99.0	100.0	101.0	92.8	100.2	100.9	97.4	101.3
101.1	96.6	99.7	100.2	93.5	101.4	100.8	95.8	102.4
101.8	97.3	99.8	102.8	93.4	100.5	100.8	99.5	100.1
100.0	101.1	101.9	100.9	92.4	100.3	100.0	97.0	101.0
102.3	102.7	105.7	100.5	90.3	103.8	100.3	98.5	101.2
101.6	99.2	103.4	101.0	92.4	102.7	101.0	99.9	99.0
100.2	101.6	101.4	100.4	92.6	103.3	100.1	97.2	99.4
99.2	100.5	99.8	99.8	91.5	99.8	99.7	98.2	99.3
100.0	98.8	100.0	100.6	92.0	103.4	100.2	94.5	100.7
101.3	99.5	102.9	101.4	89.7	103.8	102.6	98.5	101.1
100.0	100.2	98.4	100.1	91.9	102.7	101.2	98.0	99.3
99.5	99.5	99.8	100.0	95.1	101.3	100.3	99.5	99.5
99.7	99.3	105.3	100.6	91.1	100.0	100.0	99.6	100.0
99.8	98.0	100.3	99.9	95.6	100.6	100.1	97.7	101.3
102.5	97.8	101.8	101.3	96.2	104.1	100.0	94.0	99.7
100.5	100.6	100.9	101.6	88.0	100.0	100.8	97.1	100.1
101.4	101.3	100.3	101.0	95.1	102.0	100.2	98.8	100.2

10-8 各市居民消费价格指数(2014年)

Consumer Price Indices by City (2014)

本表数据全市口径(10-9表同)。
Price Indices of every city refers to the whole city's caliber (the same as10-9 table).

(上年=100) (preceding year=100)

市(县) City(County)	居民消费价格总指数 Consumer Price Index	食品 Food	烟酒及用品 Tobacco, Liquor and Articles	衣着 Clothing	家庭设备用品及维修服务 Household Facilities, Articles and Repair Service	医疗保健和个人用品 Medicines, Health care Services and Personal Articles	交通和通信 Transportation and Communication	娱乐教育文化用品及服务 Recreation, Education & Culture Articles	居住 Residence
省辖市 City									
郑州市 Zhengzhou	102.0	102.7	98.3	101.9	100.5	100.4	99.5	103.5	102.6
开封市 Kaifeng	101.7	102.1	98.0	102.9	101.3	101.6	100.0	102.9	101.6
洛阳市 Luoyang	101.7	102.6	99.8	102.0	99.9	101.6	100.9	103.1	100.6
平顶山市 Pingdingshan	101.9	103.1	98.5	102.4	101.3	100.3	99.8	102.0	102.4
安阳市 Anyang	101.9	103.0	98.4	103.0	101.2	100.7	101.3	101.9	101.0
鹤壁市 Hebi	102.3	102.7	100.7	103.3	101.7	102.0	99.5	100.3	104.0
新乡市 Xinxiang	102.0	102.7	99.4	101.6	101.7	101.6	102.1	102.5	101.4
焦作市 Jiaozuo	101.8	103.5	99.0	103.0	101.7	102.3	99.7	100.8	100.1
濮阳市 Puyang	101.7	102.7	100.5	100.7	100.2	103.1	100.5	102.0	101.1
许昌市 Xuchang	101.9	103.0	96.8	100.6	100.1	101.7	99.9	99.5	104.4
漯河市 Luohe	102.0	102.3	100.2	102.7	100.1	101.9	100.9	103.0	102.4
三门峡市 Sanmenxia	101.5	103.1	99.9	101.2	100.7	100.4	100.0	102.0	100.7
南阳市 Nanyang	101.9	103.7	100.0	102.1	100.7	100.9	99.6	101.6	101.7
商丘市 Shangqiu	10.1.7	103.8	100.1	100.5	101.3	102.6	99.7	101.1	100.2
信阳市 Xinyang	101.7	101.9	98.7	103.2	101.5	101.6	99.8	102.0	101.8
周口市 Zhoukou	101.7	103.5	99.5	101.1	100.3	100.3	100.9	101.4	100.7
驻马店市 Zhumadian	101.8	102.7	99.7	102.3	101.2	101.4	99.8	102.3	101.6
济源市 Jiyuan	102.0	102.5	100.5	102.7	103.0	106.0	100.0	100.1	99.9
省直管县 Province Administrating County									
巩义市 Gongyi	101.3	102.3	100.1	101.7	100.4	103.4	99.5	100.7	100.3
兰考县 Lankao	102.2	103.8	97.6	98.1	100.4	103.7	99.9	102.3	102.9
汝州市 Ruzhou	101.6	100.8	98.7	105.2	101.3	100.1	100.1	102.3	102.5
滑县 Huaxian	101.5	102.4	96.4	103.3	100.3	102.0	100.5	100.9	101.8
长垣县 Changyuan	101.9	102.5	100.0	101.4	100.1	100.9	109.0	100.3	100.0
邓州市 Dengzhou	101.9	102.8	100.4	102.8	100.3	100.4	100.6	101.5	102.2
永城市 Yongcheng	101.5	102.0	99.8	102.6	101.4	101.8	99.1	101.1	101.6
固始县 Gushi	102.1	103.6	96.3	102.6	101.0	100.6	100.5	102.5	102.7
鹿邑县 Luyi	101.9	102.7	100.0	100.7	101.4	100.2	100.9	101.2	103.8
新蔡县 Xincai	102.3	100.9	100.0	106.1	105.4	102.0	101.1	101.8	102.6

10-9 各市商品零售价格指数(2014年)
Retail Price Indices by City (2014)

(上年=100) (preceding year=100)

市(县) City(County)	商品零售价格总指数 General Index	食品类 Food	饮料烟酒 Beverage and cigarette	服装鞋帽类 Clothing, Shoes and Hats	纺织品类 Drygoods	家用电器及音像器材类 Household appliance and audio-video material	文化办公用品类 Cultural and Office supplies	日用品 Articles for Daily Use	体育娱乐用品类 Sport and entertainment goods
省辖市 City									
郑州市 Zhengzhou	101.1	103.0	99.3	101.8	99.9	99.0	99.5	100.3	100.2
开封市 Kaifeng	100.7	102.4	98.5	103.2	101.4	96.3	99.9	100.8	100.4
洛阳市 Luoyang	101.3	102.8	100.1	102.9	100.6	99.7	101.8	101.5	106.6
平顶山市 Pingdingshan	101.1	103.3	99.9	102.5	100.6	99.4	99.6	100.4	100.7
安阳市 Anyang	101.3	104.0	98.8	102.3	101.0	99.1	96.5	99.1	101.0
鹤壁市 Hebi	101.1	103.2	99.7	105.6	100.6	100.2	97.3	100.5	100.0
新乡市 Xinxiang	100.9	102.2	100.2	101.6	100.4	101.0	100.5	100.6	100.1
焦作市 Jiaozuo	101.5	103.6	99.4	103.0	100.1	100.5	99.8	100.5	99.8
濮阳市 Puyang	100.6	102.0	100.2	101.2	101.1	97.6	99.4	100.9	100.4
许昌市 Xuchang	100.5	102.7	98.4	101.6	100.2	97.6	98.1	100.2	100.9
漯河市 Luohe	101.0	102.8	100.4	102.4	100.9	98.5	99.4	101.0	102.7
三门峡市 Sanmenxia	100.9	102.9	100.4	101.0	100.0	100.0	100.0	100.1	101.4
南阳市 Nanyang	101.1	103.5	100.3	101.8	100.5	99.5	100.0	100.1	99.5
商丘市 Shangqiu	100.9	103.6	100.1	100.9	100.2	99.3	96.5	101.0	100.2
信阳市 Xinyang	101.1	102.1	100.7	103.2	98.7	99.8	99.0	100.3	100.8
周口市 Zhoukou	100.5	103.3	99.3	98.3	93.0	100.0	100.1	99.4	100.1
驻马店市 Zhumadian	100.9	103.3	99.8	102.0	100.3	99.1	98.6	100.0	100.8
济源市 Jiyuan	101.5	102.6	100.2	102.7	105.3	92.0	99.2	102.6	98.6
省直管县 Province Administrating County									
巩义市 Gongyi	101.3	103.0	100.6	102.2	100.7	98.6	100.4	100.2	101.9
兰考县 Lankao	100.8	104.1	99.3	98.0	99.3	97.5	96.9	100.5	99.0
汝州市 Ruzhou	100.2	100.8	99.0	104.9	101.4	97.4	99.1	99.8	100.0
滑县 Huaxian	100.8	102.4	97.5	103.5	100.1	99.1	100.4	101.2	102.5
长垣县 Changyuan	100.5	101.3	100.1	101.4	100.0	100.0	99.9	100.1	99.9
邓州市 Dengzhou	101.2	103.0	100.3	102.6	101.4	99.7	100.0	100.4	100.1
永城市 Yongcheng	100.8	102.5	100.4	102.6	100.3	98.5	103.2	101.4	100.1
固始县 Gushi	101.7	104.3	98.2	102.1	102.7	98.7	100.1	102.4	101.4
鹿邑县 Luyi	101.1	103.0	100.3	100.5	100.0	99.6	100.0	100.0	100.2
新蔡县 Xincai	101.5	101.6	100.0	105.8	106.9	101.2	100.0	102.1	100.0

10-9 续表 continued

(上年=100) (preceding year=100)

市(县) City(County)	交通、通信用品 Traffic& Communication Goods	家 具 Furniture	化妆品 Cosmetics	金 银 珠宝类 Gold、sliver and jewellery	中、西药品及医疗保健用品 Chinese traditional medicine and western medicine and health product	书报杂志及电子出出版物类 Book& newspaper、magazine and e-publication	燃料类 Fuels	建筑材料及五金电料 类 Architectural and hardware material
省 辖 市 City								
郑 州 市 Zhengzhou	100.0	102.5	101.1	91.3	102.2	100.2	101.1	100.4
开 封 市 Kaifeng	97.5	103.8	102.6	91.6	103.2	101.9	97.9	99.5
洛 阳 市 Luoyang	96.0	101.8	101.3	98.9	102.6	100.0	98.4	102.6
平 顶 山 市 Pingdingshan	98.7	100.3	100.7	92.2	100.3	100.7	98.9	101.1
安 阳 市 Anyang	101.9	102.3	101.5	99.9	99.6	100.9	96.8	100.6
鹤 壁 市 Hebi	98.3	99.2	100.4	91.8	100.5	100.0	97.4	100.1
新 乡 市 Xinxiang	101.0	101.8	100.8	92.7	101.1	100.0	97.0	101.2
焦 作 市 Jiaozuo	98.8	105.0	100.7	92.8	104.9	100.0	98.9	99.0
濮 阳 市 Puyang	99.1	100.1	100.6	92.8	103.0	100.0	98.2	100.4
许 昌 市 Xuchang	96.7	100.1	101.0	94	102.6	100.7	99.1	98.7
漯 河 市 Luohe	98.3	100.1	99.9	92.1	99.6	99.9	100.6	100.3
三 门 峡 市 Sanmenxia	99.8	100.4	100.1	91.2	100.6	102.3	98.0	100.0
南 阳 市 Nanyang	99.1	100.2	100.8	93.9	101.5	99.7	98.6	99.8
商 丘 市 Shangqiu	95.2	101.2	101.4	95.3	103.8	101.3	97.3	99.2
信 阳 市 Xinyang	98.2	101.1	102.0	94.4	102.7	100.0	99.7	101.1
周 口 市 Zhoukou	98.2	100.7	100.8	95.7	100.6	100.2	98.8	100.3
驻 马 店 市 Zhumadian	95.4	101.1	101.0	91.4	101.5	100.6	98.5	100.5
济 源 市 Jiyuan	99.2	111.6	99.3	87.2	110.2	100.1	95.4	103.8
省 直 管 县 Province Administrating County								
巩 义 市 Gongyi	95.1	100.3	101.9	96.3	108.0	101.8	98.9	100.0
兰 考 县 Lankao	91.2	100.8	99.3	95.4	107.7	100.0	97.8	100.5
汝 州 市 Ruzhou	97.2	100.0	99.4	94.6	99.5	100.6	99.1	100.1
滑 县 Huaxian	97.8	101.8	101.3	96.2	104.1	100.0	94.0	99.7
长 垣 县 Changyuan	100.6	100.3	100.1	99.1	100.0	100.2	98.8	100.1
邓 州 市 Dengzhou	100.0	100.9	100.0	83.2	100.4	100.0	99.3	100.6
永 城 市 Yongcheng	93.6	100.0	101.0	90.6	100.5	102.7	97.6	100.8
固 始 县 Gushi	101.3	100.3	101.0	95.1	102.0	100.2	98.8	100.2
鹿 邑 县 Luyi	100.0	99.7	100.2	92.4	100.3	100.2	100.2	100.0
新 蔡 县 Xincai	95.4	100.0	100.0	97.6	101.3	100.0	98.7	103.1

10－10 工业生产者出厂价格指数
Ex-Factory Price Indices of Industrial Productor

(上年=100) (preceding year=100)

类 别	Type	2008	2009	2010	2011	2012	2013	2014
总 指 数	**General Index**	**112.1**	**94.9**	**107.8**	**107.2**	**99.4**	**98.5**	**98.1**
按轻、重工业分	**Grouped by Light & Heavy Industry**							
轻工业	Light Industry	107.9	98.4	104.3	106.9	100.1	101.8	100.9
以农产品为原料	Using Farm Products as Raw Materials	107.3	99.4	106.0	107.5	100.0	102.1	100.8
以非农产品为原料	Using Non-Farm Products as Raw Materials	108.8	97.2	102.4	104.3	100.5	100.0	101.0
重工业	Heavy Industry	115.4	92.2	110.7	107.3	99.2	97.3	96.9
采掘工业	Mining & Quarrying Industry	128.6	92.3	116.7	112.6	96.8	91.8	91.3
原料工业	Raw Materials Industry	111.5	91.6	112.9	108.4	100.2	96.8	96.9
加工工业	Manufacturing Industry	113.2	92.7	105.0	105.2	99.2	99.1	98.5
按部类分	**Grouped by Division**							
生产资料	Means of Production	113.3	93.3	108.8	107.7	98.6	97.5	97.2
采掘工业	Mining & Quarrying Industry	130.3	92.6	116.8	112.6	96.8	91.8	91.3
原料工业	Raw Materials Industry	108.6	91.7	112.0	108.3	100.1	96.9	97.5
加工工业	Manufacturing Industry	110.8	94.4	104.6	106.1	98.1	99.2	98.5
生活资料	Consumer Goods	108.1	101.1	103.9	105.5	102.5	102.2	100.9
食品类	Food	108.7	101.1	103.7	104.9	102.9	103.5	101.2
衣着类	Clothing	101.7	101.8	105.6	111.4	104.9	100.4	100.9
一般日用品类	Articles for Daily Use	109.9	100.4	103.7	105.0	101.0	100.0	100.3
耐用消费品类	Durable Consumer Goods	102.3	101.8	103.9	105.6	101.5	100.5	99.8
按工业部门分	**Grouped by Sector**							
冶金工业	Metallurgical Industry	113.7	82.9	116.4	108.7	95.2	95.9	95.6
电力工业	Power Industry	103.3	103.7	103.6	104.3	108.0	100.8	99.7
煤炭及冶炼工业	Coal and Smelt Industry	134.2	99.8	113.1	107.8	95.9	89.1	88.5
石油工业	Petroleum Industry	127.0	75.1	127.9	121.7	101.5	96.4	96.9
化学工业	Chemical Industry	112.2	91.0	107.3	111.0	98.8	97.0	97.6
机械工业	Machine Buiding Industry	106.4	99.8	101.4	103.5	100.4	100.1	99.8
建筑材料工业	Building Materials Industry	110.8	99.5	101.1	104.5	101.3	100.5	100.2
森林工业	Timber Industry	108.0	97.2	99.9	106.0	102.2	100.8	101.3
食品工业	Food Industry	109.4	100.9	103.7	104.8	102.4	103.6	101.1
纺织工业	Textile Industry	101.3	96.2	116.4	120.4	88.8	99.5	97.7
缝纫工业	Tailoring Industry	104.2	103.9	105.3	111.4	105.5	99.5	100.7
皮革工业	Leather Industry	101.0	99.7	102.7	106.3	103.0	104.1	108.1
造纸工业	Paper Industry	108.6	94.4	103.4	102.9	99.9	99.1	99.8
文教艺术用品工业	Cultural,Educational & Handicrafts Articles	101.6	99.9	101.8	100.5	102.1	102.5	99.3
其他工业	Others	114.3	94.4	103.5	106.3	100.0	99.1	99.6

10-11 工业生产者购进价格指数

Indices of Purchasing Prices of Industrial Productor

(上年=100) (preceding year=100)

类 别	Type	2008	2009	2010	2011	2012	2013	2014
总指数	**General Index**	**111.9**	**97.1**	**110.2**	**110.1**	**99.2**	**99.3**	**98.4**
燃料、动力类	Fuels and Motive Power	121.0	102.5	108.9	106.6	101.6	96.7	96.8
黑色金属材料类	Ferrous Metals Materials	124.7	86.4	108.4	108.1	94.1	96.4	93.6
#钢材	Steel Products	118.6	86.7	105.9	106.1	95.5	95.9	97.9
有色金属材料和电线类	Nonferrous Metals Materials and Electric Wire	99.0	83.8	123.2	109.2	98.2	96.4	97.9
化工原料类	Chemical Raw Materials	106.7	90.9	116.8	115.0	91.5	94.6	97.1
木材及纸浆类	Logging and Paper Pulp	106.2	98.7	104.7	107.4	102.2	100.8	98.5
建筑材料及非金属矿类	Building Materials and Nonmetal Minerals	119.5	96.6	103.9	106.3	101.4	98.8	99.5
其他工业原材料及半成品类	Others Industry Materials & Semi Finished Articles	108.4	99.6	107.4	111.5	104.6	104.4	102.3
农副产品类	Farm Products	110.5	101.0	108.3	114.2	97.0	101.3	97.9
纺织原料类	Textile Raw Materials	102.0	93.4	118.1	111.7	91.6	99.7	96.2

10-12 固定资产投资价格指数

Price Indices of Investment in Fixed Assets

(上年=100) (preceding year=100)

类 别	Type	2008	2009	2010	2011	2012	2013	2014
固定资产投资价格指数	**Price Indices of Investment In Fixed Assets**	**109.0**	**96.4**	**103.5**	**107.4**	**101.0**	**99.9**	**100.0**
建筑安装工程	Construction and Installation	112.1	94.6	104.9	110.1	101.4	99.8	100.1
设备、工器具购置	Purchase of Equipments and Instruments	102.5	98.8	100.5	102.3	99.7	99.7	99.4
其他费用	Other Expenses	103.3	102.5	101.3	103.0	101.9	101.2	100.7

主要统计指标解释

商品零售价格指数 是反映一定时期城乡商品零售价格变动趋势的一种经济指数。零售物价的调整变动直接影响到城乡居民的生活支出和国家的财政收入，影响居民购买力和市场供需平衡，影响消费与积累的比例。因此，计算零售价格指数，可以从一个侧面对上述经济活动进行观察和分析。

居民消费价格指数 是反映一定时期内城乡居民所购买的生活消费品价格和服务项目价格变动趋势和程度的相对数，是对城市居民消费价格指数和农村居民消费价格指数进行综合汇总计算的结果。利用居民消费价格指数，可以观察和分析消费品的零售价格和服务价格变动对城乡居民实际生活费支出的影响程度。

城市居民消费价格指数 是反映一定时期城市居民家庭所购买的生活消费品价格和服务项目价格变动趋势和程度的相对数。城市居民消费价格指数可以观察和分析消费品的零售价格和服务项目价格变动对职工货币工资的影响，作为研究职工生活和确定工资政策的依据。

农村居民消费价格指数 是反映一定时期农村居民家庭所购买的生活消费品价格和服务项目价格变动趋势和程度的相对数。农村居民消费价格指数可以观察农村消费品的零售价格和服务项目价格变动对农村居民生活消费支出的影响，直接反映农民生活水平的实际变化情况，为分析和研究农村居民生活问题提供依据。

农业生产资料价格指数 是反映一定时期工业、商业及其他单位和个人向农民出售农业生产资料价格变动趋势和变动程度的相对数。编制农业生产资料价格指数，目的在于掌握农业生产资料的平均价格水平，为国家制定经济政策提供依据；同时，为研究市场流通和国民经济核算提供参考依据。

农产品生产价格指数 是反映一定时期内，农产品生产者出售农产品价格水平变动趋势及幅度的相对数。该指数可以客观反映全国农产品生产价格水平和结构变动情况，满足农业与国民经济核算需要。其中某代表品生产价格指数是通过对全部有出售该产品行为的调查单位的个体指数进行几何平均求得的，类价格指数是通过对其所属的类（或代表品）的价格指数进行加权平均求得的。

工业生产者出厂价格指数 是反映一定时期全部工业产品出厂价格总水平的变动趋势和程度的相对数，包括工业企业售给本企业以外所有单位的各种产品和直接售给居民用于生活消费的产品。通过工业生产者出厂价格指数能观察出厂价格变动对工业总产值的影响。

工业生产者购进价格指数 是反映工业企业作为生产投入，而从物资交易市场和能源、原材料生产企业购买原材料、燃料和动力产品时，所支付的价格水平变动趋势和程度的统计指标，是扣除工业企业物质消耗成本中的价格变动影响的重要依据。

固定资产投资价格指数 是反映固定资产投资额价格变动趋势和程度的相对数。固定资产投资额是由建筑安装工程投资完成额、设备、工器具购置投资完成额和其他费用投资完成额三部分组成的。编制固定资产投资价格指数应首先分别编制上述三部分投资的价格指数，然后采用加权算术平均法求出固定资产投资价格总指数。

固定资产投资价格指数可以准确地反映固定资产投资中涉及的各类商品和取费项目价格变动趋势和变动幅度，消除按现价计算的固定资产投资指标中的价格变动因素，真实地反映固定资产投资的规模、速度、结构和效益，为国家科学地制定、检查固定资产投资计划并提高宏观调控水平，为完善国民经济核算体系提供科学的、可靠的依据。

Explanatory Notes on Main Statistical Indicators

Retail Price Index reflects the general change in retail prices of commodities. The change and adjustment in retail prices directly affect the living expenditure of urban and rural residents, government revenue, purchasing power of residents and the equilibrium of market supply and demand, and the ratio of consumption to accumulation. Therefore, the calculation of retail price index is useful to analyze the changes of the above economic activities.

Consumer Price Index reflects the trend and degree of changes in prices of consumer goods and services purchased by urban and rural residents, and is a composite index derived from the urban consumer price index and the rural consumer price index. Consumer price index can be used to analyze the impact of consumer price change on actual expenditure for living cost of urban and rural residents.

Urban Consumer Price Index reflects the trend and degree of changes in prices of consumer goods and services purchased by urban households. It can be used to observe and analyze the impact of price changes in consumer goods and services on money wages of staff and workers, and provide basis for policymaking concerning the living cost and wages of staff and workers.

Rural Consumer Price Index reflects the trend and degree of changes in prices of consumer goods and services purchased by rural households. It can be used to observe the impact of change in retail prices of consumer goods and service prices in rural areas on living expenditure of rural households, and to show the changes in the living standard of peasants. It provides basis for analysis and research on condition of life in rural areas.

Price Indices of Means of Agricultural Production reflect the trend and degree of changes in prices of means of agricultural production bought by farmers from industry, commerce, other units of nature person. Compilation of these indices helps to command the mean prices of means of agricultural production, providing basis for economic decision-making of the Nation, research in market circulation and national account statistics.

Producer Prices Indices for Farm Products reflect the trend and degree of changes in producers' prices received by farmers when they sell farm products during a given period. These indices depict the change in the level and structure of producer prices for farm products of the country and meet the needs of agricultural statistics and national accounts statistics. The producer price index for a given product is calculated as the geometrical mean of individual indices for all surveyed units which sell such product, and the indices for a product category is obtained as the weighted mean of price indices for all products in the category. Method for calculating accumulative quarterly indices is the same as for calculating the individual quarterly indices.

Ex-factory Price Index of Industrial Products reflects the trend and degree of changes in general ex-factory prices of all industrial products, including sales of industrial products by an industrial enterprise to all units outside the enterprise, as well as sales of consumer goods to residents. It can be used to analyze the impact of ex-factory prices on gross industrial output value.

Price Index of Investment in Fixed Assets reflects the trend and degree of changes in prices of investment in fixed assets. The investment in fixed assets consists of three components, namely the investment in construction and installation, the investment in purchases of equipment and instrument, and the investment in other items. Price index of investment in fixed assets is calculated as the weighted arithmetic mean of the price indices of the three components of investment in fixed assets.

Removing the factor of price change in the aggregates of investment at current prices, this indicator shows the changes in the prices of commodities and fees involved in the investment of fixed assets, and can be used to observe the actual size, growth, structure, and efficiency of investment in fixed assets and provides reliable and scientific data for government planning, management, decision making, and further improving the current national accounting system.

人民生活

People's Livelihood

11

⊙ 资料整理：王安琪　张乾林　孙晓亮　刘凤玲

简要说明

一、主要内容

本篇资料反映全省人民生活现状及变化情况，包括居民家庭情况、收入、消费等资料，分为全体居民生活、城镇居民生活和农村居民生活三部分。

二、资料来源

从2013年起，国家统计局开展了城乡一体化住户收支与生活状况调查，全省人民生活状况的数据来源于住户收支生活状况调查，该调查采用抽样调查的方法，国家统计局使用统一的抽样框，以省为总体，在对县级调查网点代表性进行评估的基础上，采用分层、多阶段随机抽样方法抽选调查住宅，确定调查户。采用固定样本户连续记帐的调查方式，调查网点实行样本轮换制度，每五年为一个周期，抽中调查小区五年内保持不变，抽中住宅每年轮换一半。省级数据调查网点分布在18个市、43个县的7200余住宅，2014年数据根据城乡一体化调查取得，2014年以前数据为老口径，农民收入为纯收入口径，由国家统计局河南调查总队编辑整理。2014年省辖市、省直管县数据为老口径城镇农村住户调查，由河南省地方经济社会调查队编辑整理。

Brief Introduction

I. Main Contents

Data in this chapter show the people's living conditions in Henan province, including basic condition, revenue and expenditure of household, consisting of two parts, on the life of urban and rural households respectively.

II. Sources of Data

Since 2013, the national bureau of statistics (NBS) caries out the integration of urban and rural residents income and expenditure survey and living conditions survey. Data on the living condition of the whole province of people come from the data collected through a sample survey on the rural households conducted. The national bureau of statistics using uniform sampling frame collected the data of living condition through a combination of Regular accounting and One-time accounting .This is on the basis of evaluating representative of the county network. The NBS adopts the survey method of charging to an account continuously for fixed sample. Network survey is set through a sample rotation, which is conducted for every five years. The sample remains unchanged for five years, and the sample rotation is half the year. The provincial sample of provincial data included 7200 households from 18 cities and 43 counties 2014 data cannot do compare with the data of antecedent years. Data in this part are provided by the Department of Henan Survey organizations, NBS. Data of the provincial cities and Provincial-controlled division in 2014 is based on the survey to the urban and rural household under the ancient Statistical Definition, which are provided by Henan provincial survey organizations of social and economy.

11-1 城乡居民家庭人均收支

Per Capita Income, Expenditures in Urban and Rural Areas

指数以上年为100，按可比价格计算。

Indices are preceding year=100, while tempos are calculated at comparable prices.

单位：元 (yuan)

年份 Year	城镇居民家庭人均 Per Capita Annual Income and Expenditures of Urban Household			农村居民家庭人均 Per Capita Annual Income and Expenditures of Rural Household		
	可支配收入 Disposable Income	可支配收入指数 Disposable Income Index	消费支出 Consumptive Expenditures	纯收入 Net Income	纯收入指数 Index of Net Income	生活消费支出 Expenditures of Living
1978	315.00		274.00	104.71		81.70
1979	361.04	114.3	302.98	133.56	127.6	
1980	365.00	108.1	335.02	160.78	120.5	135.51
1981	395.00	103.1	363.23	215.57	133.4	165.57
1982	429.00	103.9	382.47	216.74	99.7	177.90
1983	452.50	101.6	405.00	272.00	124.5	196.35
1984	497.49	108.8	431.68	301.17	110.3	219.64
1985	600.59	114.2	556.72	328.78	107.0	260.19
1986	724.21	113.2	653.83	333.64	99.7	292.48
1987	814.20	104.9	711.27	377.72	110.1	309.90
1988	946.10	87.2	896.55	401.32	98.2	346.73
1989	1111.46	102.2	963.97	457.06	102.5	390.05
1990	1267.73	113.5	1067.67	526.95	105.5	437.73
1991	1384.81	103.9	1199.95	539.29	102.3	454.68
1992	1608.03	107.8	1342.58	588.48	104.9	472.61
1993	1962.75	110.4	1609.26	695.85	109.0	564.93
1994	2618.55	104.7	2155.15	909.81	103.4	731.78
1995	3299.46	107.8	2673.95	1231.97	109.5	929.39
1996	3755.44	103.9	3009.35	1579.19	113.8	1206.43
1997	4093.62	106.4	3378.02	1733.89	107.4	1270.52
1998	4219.42	105.3	3415.65	1864.05	106.5	1240.30
1999	4532.36	111.2	3497.53	1948.36	106.4	1163.98
2000	4766.26	106.1	3830.71	1985.82	103.9	1315.83
2001	5267.42	108.8	4110.17	2097.86	104.9	1375.60
2002	6245.40	114.2	4504.68	2215.74	105.1	1451.51
2003	6926.12	109.0	4941.60	2235.68	99.6	1508.67
2004	7704.90	105.5	5294.19	2553.15	108.1	1664.09
2005	8667.97	110.2	6038.02	2870.58	107.5	1891.57
2006	9810.26	111.9	6685.18	3261.03	112.1	2229.28
2007	11477.05	111.0	7826.72	3851.60	112.2	2676.41
2008	13231.11	108.3	8837.46	4454.24	107.2	3044.21
2009	14371.56	109.9	9566.99	4806.95	107.5	3388.47
2010	15930.26	107.2	10838.49	5523.73	111.0	3682.21
2011	18194.80	108.4	12336.47	6604.03	112.7	4319.95
2012	20442.62	109.5	13732.96	7524.94	111.3	5032.14
2013	22398.03	106.6	14821.98	8475.34	109.5	5627.73
2014	24391.45	106.8	15726.12	9416.10	109.4	6438.12
2014新口径	23672.00	106.8	16184.00	9966.07	109.4	7277.21

注：1）1978年-1991年城镇居民可支配收入根据当年生活费收入测算。

2）2014年新口径为实施城乡一体化调查的数据。（以下相关全省2014年数据的表格相同）

a) Data on disposable income of urban household are calculated on basis of income of living in 1978-1991.

b) Data in 2014 is calculated by egration of urban and rural residents income and expenditure survey and living conditions survey.(the same as the following tables about 2014 provincial data)

11-4 城镇居民家庭人口及居住情况(2014年)
Population and Living condition of Urban Households (2014)

指　　标	Item	2014
人口及就业情况(人)	**Population and Living condition(person)**	
期内住户常住人口数	Number of Permanent population during the period	3.17
就业及离退休人员数	Number of Employee and Retiree	2.20
户均就业人数	Number of Employee per household	1.80
#雇主	Employers	0.04
公职人员	Civil Servants	0.12
事业单位人员	Staff of public Institution	0.24
国有企业雇员	Staff of state-owned Enterprise	0.17
住房情况	**Housing condition**	
现住房总建筑面积(平方米/人)	Construction area of present Housing	38.18
期末拥有房屋面积(平方米/人)	Housing area in the year end	39.85
#自有现住房面积	Area of self present Housing	36.60
现住房房屋来源结构(%)	Source Structure of present Housing	
#租赁私房	Leasing private Housing	4.4
自建住房	Self-built Housing	32.2
购买商品房	Purchasing Commercial Housing	34.4
购买房改住房	Purchasing Housing-reform House	18.7
购买保障性住房	Purchasing indemnificatory Housing	3.1
拆迁安置房	Removing Settlement Housing	4.2
本住户居住空间样式结构(%)	Structure of residents living space style	
#单栋楼房	Single-span building	23.5
单栋平房	Single-span bungalow	12.5
四居室及以上单元房	Flat with four and over four bedrooms	2.3
三居室单元房	Flat with Two bedrooms	34.3
二居室单元房	Flat with three bedrooms	24.0
住户主要饮用水来源情况结构(%)	Source Structure of resident main drinking water	
#经过净化处理的自来水	Purificatory Tap water	89.6
受保护的井水和泉水	Wells and springs with protection	7.9
不受保护的井水和泉水	Wells and springs without protection	2.0
住户厕所类型结构(%)	Structure of Household toilet type	
水冲式卫生厕所	Flush Sanitary Dry Toilet	79.0
水冲式非卫生厕所	Flush Insanitary Dry Toilet	2.1
卫生旱厕	Sanitary Dry Toilet	4.3
普通旱厕	General Dry Toilet	12.1
无厕所	No Toilet	2.5
住户洗澡设施情况结构(%)	Structure of Resident shower facility	
#统一供热水	Unified hot water	4.7
家庭自装热水器	Water Heater installed by Self	71.4
无洗澡设施	No Shower Facilities	18.0
住户主要取暖设备状况结构(%)	Structure of Main Heating Facility	
由市政或小区集中供暖	Unified Heating supplied by Municipal Administration and Community	21.1
自行供暖	Self-heating	48.9
无取暖设备	No Heating Facilities	30.0

11-5　城镇居民家庭人均收支及结构(2014年)

Per Capita Income, Expenditures and Structure in Urban Areas (2014)

指　　标	Item	城镇平均 Average	低收入户 Low Income Households	中低收入户 Lower Middle Income Households
城镇家庭人均可支配收入(元)	**Per Capita Disposable Income of Urban Household (yuan)**	**23672**	**13437**	**21030**
工资性收入	Wage Income	14511	7633	12575
经营净收入	Net Income from Operations	3264	327	300
财产净收入	Property Net Income	1862	1097	2175
#出租房屋财产性收入	Income from Renting Room	526	-3	71
房屋虚拟租金	Building Virtual Money	1026	922	1791
转移净收入	Transfer Net Income	4035	4380	5981
城镇家庭人均可支配收入结构(%)	**Structure of Per Capita Disposable Income (%)**	**100.0**	**100.0**	**10.0**
工资性收入	Wage Income	61.3	56.8	59.8
经营净收入	Net Income from Operations	13.8	2.4	1.4
财产净收入	Property Net Income	7.9	8.2	10.3
转移净收入	Transfer Net Income	17.0	32.6	28.4
家庭人均总支出(元)	**Per Capita Total Expenditures of Households**	**20338**	**11518**	**22007**
消费支出	Consumption Expenditures	16184	9856	18055
食品烟酒	Food,Cigarettes and Wine	4662	3172	5463
衣着	Cloth	1823	911	1451
居住	Residence	3136	2026	3306
生活用品及服务	Living Supplies and Services	1389	725	755
交通通信	Transportation and Communication	1735	691	4516
教育文化娱乐	Recreation,Education and Cultural Serveces	1722	1048	1229
医疗保健	Health Care	1204	1160	1098
其他用品和服务	Others	512	124	238
生产经营费用支出	Production and Operation Costs	885	108	28
财产性支出	Property Expenditure	26		
转移性支出	Transfer Expenditure	762	592	787
部分商业保险支出	Part of commercial insurance	61	43	96
购置资产及非经常性转移支出	Purchase of Assets and Non Regular Payments	1504	733	2784
购置资产支出	Purchase of Assets	332	213	7
非经常性转移支出	Non Regular Payments	1172	519	2776
借贷性支出	Debit and Credit	918	186	258
家庭人均总支出结构(%)	**Structure of Per Capita Expenditures of Households (%)**	**100.0**	**100.0**	**10.0**
消费支出	Consumption Expenditure	79.6	85.6	82.0
生产经营费用支出	Production and Operation Costs	4.3	0.9	0.1
财产性支出	Property Expenditure	0.1		
转移性支出	Transfer Expenditure	3.7	5.1	3.6
部分商业保险支出	Part of commercial insurance	0.3	0.4	0.4
购置资产及非经常性转移支出	Purchase of Assets and Non Regular Payments	7.4	6.4	12.6
借贷性支出	Debit and Credit	4.5	1.6	1.2

11-5 续表 continued

指 标	Item	中等收入户 Middle Income Households	中高收入户 Upper Middle Income Households	高收入户 High Income Households
城镇家庭人均可支配收入(元)	**Per Capita Disposable Income of Urban Household (yuan)**	**27690**	**36569**	**58966**
工资性收入	Wage Income	16735	20383	32017
经营净收入	Net Income from Operations	1083	1723	12241
财产净收入	Property Net Income	1465	2639	2378
#出租房屋财产性收入	Income from Renting Room	140		320
房屋虚拟租金	Building Virtual Money	1316	1893	1701
转移净收入	Transfer Net Income	8407	11824	12330
城镇家庭人均可支配收入结构(%)	**Structure of Per Capita Disposable Income (%)**	**100.0**	**100.0**	**100.0**
工资性收入	Wage Income	60.4	55.7	54.3
经营净收入	Net Income from Operations	3.9	4.7	20.8
财产净收入	Property Net Income	5.3	7.2	4.0
转移净收入	Transfer Net Income	30.4	32.3	20.9
家庭人均总支出(元)	**Per Capita Total Expenditures of Households**	**24530**	**36879**	**37143**
消费支出	Consumption Expenditures	19547	30500	29122
食品烟酒	Food,Cigarettes and Wine	6365	6802	9620
衣着	Cloth	1870	2739	2970
居住	Residence	3590	5185	5719
生活用品及服务	Living Supplies and Services	1259	1676	2959
交通通信	Transportation and Communication	1862	5773	2386
教育文化娱乐	Recreation,Education and Cultural Serveces	2199	3558	3062
医疗保健	Health Care	1679	3730	1726
其他用品和服务	Others	724	1037	680
生产经营费用支出	Production and Operation Costs	0	749	2427
财产性支出	Property Expenditure	163	84	
转移性支出	Transfer Expenditure	1706	762	1832
部分商业保险支出	Part of commercial insurance	143	121	197
购置资产及非经常性转移支出	Purchase of Assets and Non Regular Payments	1360	3562	2251
购置资产支出	Purchase of Assets		1903	1109
非经常性转移支出	Non Regular Payments	1360	1659	1142
借贷性支出	Debit and Credit	1611	1101	1315
家庭人均总支出结构(%)	**Structure of Per Capita Expenditures of Households (%)**	**100.0**	**100.0**	**100.0**
消费支出	Consumption Expenditure	79.7	82.7	78.4
生产经营费用支出	Production and Operation Costs	0.0	2.0	6.5
财产性支出	Property Expenditure	0.7	0.2	
转移性支出	Transfer Expenditure	7.0	2.1	4.9
部分商业保险支出	Part of commercial insurance	0.6	0.3	0.5
购置资产及非经常性转移支出	Purchase of Assets and Non Regular Payments	5.5	9.7	6.1
借贷性支出	Debit and Credit	6.6	3.0	3.5

11-6 城镇居民家庭人均购买生活消费品及服务现金支出(2014年)

Per Capita Cash Expenditure of Urban Households to Purchase Living Goods and Services (2014)

单位：元 (yuan)

指　标	Index	城镇平均 Average	低收入户 Low Income Households	中低收入户 Lower Middle Income Households	中等收入户 Middle Income Households	中高收入户 Upper Middle Income Households	高收入户 High Income Households
购买生活消费品及服务	**Purchasing Living Goods and Services**	**14043.70**	**8015.42**	**15713.95**	**16581.71**	**25944.93**	**18766.11**
食品烟酒	Food,Cigarettes and Wine	4497.07	2890.41	5433.32	6001.94	6640.71	4986.16
食品	Food	2761.97	2248.85	3620.61	3887.42	4000.73	2975.04
谷物	Cereal	376.45	346.03	519.10	453.27	480.49	364.54
薯类	Tubers	43.81	63.81	98.30	72.48	71.85	42.90
豆类	Beans	49.79	56.79	77.03	93.60	53.68	54.09
食用油	Edible Oil	138.19	103.95	164.12	140.41	188.13	102.74
蔬菜和食用菌	Vegetables and Edible Fungus	363.64	325.77	568.20	567.53	517.04	323.17
肉类	Meat	553.00	449.35	767.44	859.33	814.95	580.27
禽类	Poultry	117.80	77.59	133.87	146.77	132.68	110.70
水产品	Aquatic Products	91.70	59.36	166.70	202.55	182.84	147.94
蛋类	Egg	127.76	93.12	157.16	165.63	134.78	81.63
奶类	Milk	216.22	251.10	262.71	352.48	448.18	350.49
干鲜瓜果类	Dried and Fresh Melons and Fruits	348.24	245.25	431.28	515.42	579.84	524.03
糖果糕点类	Sugar and Cake	112.52	87.44	143.66	194.68	223.58	188.41
其他食品	Others	222.85	89.31	131.04	123.27	172.68	104.13
饮料	Beverages	151.08	59.68	92.52	180.72	157.75	131.90
烟	Tobacco	517.52	125.18	239.50	401.41	572.73	152.39
酒类	Liquor	296.39	43.83	131.79	193.84	287.96	104.20
饮食服务	Catering Services	1066.50	456.71	1480.69	1532.39	1909.50	1726.84
衣着	Dress	1791.35	849.31	1450.80	1796.39	2724.41	2072.47
衣类	Clothing	1372.44	659.45	1078.30	1392.84	2085.36	1636.20
鞋类	Footwear	418.92	189.85	372.49	403.55	639.05	436.27
居住	Residence	1346.74	728.28	1012.02	1417.00	2291.85	2517.99
租赁房房租	Rental Housing Rent	92.16	12.83	131.12	110.75	116.16	0.37
住房维修及管理	Housing Maintenance and Management	579.46	47.70	97.04	127.17	863.89	1576.05
水电燃料及其他	Water,Electricity and Fuels	675.12	667.75	783.86	1179.07	1311.81	941.57
生活用品及服务	Supplies and Services	1367.66	679.93	752.06	1231.42	1659.83	2740.38
家具及室内装饰品	Furniture and Interior Decorations	286.44	84.81	65.68	156.76	190.16	924.15
家用器具	Home Appliances	334.46	168.93	208.37	281.50	529.92	754.16
家用纺织品	Home Textiles	147.60	93.96	135.84	162.07	243.63	237.54
家庭日用杂品	Household Articles for Daily Use	370.06	260.35	235.59	390.45	316.49	272.74
个人用品	Personal Items	169.74	58.86	82.33	194.25	298.88	497.11
家庭服务	Household Services	59.35	12.99	24.26	46.39	80.75	54.68
交通通信	Transportation and Communication	1673.73	637.71	4511.22	1749.32	5551.39	1484.57
交通	Transportation	989.94	214.88	3901.65	889.67	4374.53	826.36
通信	Communication	683.79	422.83	609.58	859.66	1176.85	658.21
教育文化娱乐	Recreation,Education and Cultural Serveces	1699.32	984.77	1228.54	2178.91	3551.64	2838.64
教育	Education	807.45	529.97	623.87	1120.36	1065.47	696.90
文化娱乐	Recreation Durable Consumer	891.87	454.81	604.66	1058.55	2486.17	2141.75
医疗保健	Health Care	1168.23	1133.74	1093.83	1510.46	2498.19	1654.80
医疗器具及药品	Medical Equipment and Drugs	471.55	640.32	594.41	985.18	843.69	1397.62
医疗服务	Medical Services	696.68	493.42	499.42	525.28	1654.49	257.17
其他用品和服务	Others	499.61	111.27	232.16	696.26	1026.92	471.11

11－7 城镇居民家庭平均每人购买食品数量(2014年)

Number of Per Capita Food Consumption of Urban Households (2014)

单位：千克 (kg)

指 标	Indicator	城镇平均 Average	低收入户 Low Income Households	中低收入户 Lower Middle Income Households	中等收入户 Middle Income Households	中高收入户 Upper Middle Income Households	高收入户 High Income Households
面粉	Flour	18.52	20.39	24.50	20.91	16.14	10.06
大米	Rice	19.30	13.89	29.49	19.97	26.44	15.00
食用植物油	Edible Vegetable Oil	9.27	7.26	9.63	8.34	10.67	5.67
鲜菜	Vegetable	88.70	88.54	135.48	110.49	106.29	68.43
猪肉	Pork	13.24	10.37	18.96	18.79	17.47	10.51
牛肉	Beef	1.65	1.76	2.46	3.57	3.22	1.52
羊肉	Mutton	1.12	0.32	0.45	0.77	0.71	0.60
鸡	Chicken	4.27	1.84	3.75	4.23	3.21	1.93
鸭	Duck	0.59	0.32	0.43	0.50	0.34	0.03
鱼类	Fish	3.97	1.79	6.01	7.43	6.21	4.33
虾类	Shrimp	0.39	0.24	0.67	0.61	0.67	0.59
鲜蛋	Fresh Eggs	12.54	9.31	14.78	15.19	12.28	7.57
鲜奶	Fresh Milk	10.89	13.40	21.58	25.56	23.40	20.30
酸奶	Yogurt	3.93	5.13	3.76	6.93	7.26	12.34
奶粉	Milk Powder	0.40	0.37	0.26	0.65	0.65	0.14
鲜瓜果	Fresh Fruit and Melon	53.42	37.57	56.90	58.36	67.57	57.11
坚果类	Nuts	3.74	2.99	7.34	6.96	5.46	4.33
糕点	Cakes	4.10	2.94	4.36	4.30	5.13	4.98
茶叶	Tea	0.26	0.16	0.24	0.40	0.21	0.10
卷烟	Cigarette	17.82	9.26	13.81	17.97	27.20	4.28
啤酒	Beer	3.95	3.95	3.26	3.90	2.24	1.19
白酒	Liquor	2.91	0.83	2.27	2.95	2.03	0.75
果酒	Wine	0.09	0.07	0.01	0.32	0.06	0.23

11−8 城镇居民家庭平均每百户主要消费品年末拥有量(2014年)

Number of Main Consumption Goods of Per Hundred Urban Household in the year end (2014)

指标	Item	城镇平均 Average	低收入户 Low Income Households	中低收入户 Lower Middle Income Households	中等收入户 Middle Income Households	中高收入户 Upper Middle Income Households	高收入户 High Income Households
家用汽车(辆)	Domestic Car (unit)	20.23	7.26	14.38	22.63	40.30	24.31
摩托车(辆)	Motorcycle (unit)	29.42	25.71	13.87	15.95	7.63	6.72
助力车(台)	Aided Power Bike (unit)	82.73	51.38	50.13	46.54	27.68	17.30
洗衣机(台)	Washing Machine (unit)	97.64	87.76	89.86	91.65	96.06	102.22
电冰箱(柜)(台)	Refrigerator (unit)	90.20	92.19	79.10	88.28	77.66	71.59
微波炉(台)	Oven (unit)	39.79	44.98	40.52	42.36	64.68	39.61
彩色电视机(台)	Color TV Set (unit)	118.33	102.71	105.65	109.69	112.72	112.37
#接入有线电视(台)	Cable TV (unit)	93.46	68.65	69.90	85.13	75.20	79.25
空调(台)	Air Conditioner (unit)	124.63	94.24	125.46	132.13	163.05	123.07
热水器(台)	Water Heater (unit)	79.04	76.23	77.56	80.29	70.39	72.66
#太阳能热水器(台)	Solar Water Heater (unit)	37.00	21.52	36.06	21.71	11.52	23.62
消毒碗柜(台)	Antiseptic Cupboard (unit)	4.22		0.20	8.36	11.71	9.21
排油烟机(台)	Smoke Sucker (unit)	61.36	71.63	79.12	80.17	85.59	64.26
固定电话(线)(部)	Telephone (unit)	47.77	47.38	91.38	51.74	48.59	43.51
移动电话(部)	Hand Telephone (unit)	222.10	226.70	226.54	196.32	209.01	172.01
#接入互联网(部)	Internet Mobile Phones (unit)	77.09	44.64	48.97	59.66	39.49	33.17
计算机(台)	Computers (unit)	74.58	62.46	67.66	69.73	86.61	66.83
#接入互联网(台)	Internet Computers (unit)	62.25	46.30	54.22	62.12	45.39	54.10
摄像机(台)	Pickup Camera (unit)	4.88	7.85	0.30	19.00	13.38	13.02
照相机(台)	Camera (unit)	26.42	12.15	22.24	33.83	36.51	32.43
中高档乐器(架)	Medium and High-Grade Musical Instrument (unit)	3.34	3.94	0.20	7.60	9.04	20.17
健身器材(台)	Healthy Equipment (unit)	4.92		0.20	6.05	13.48	3.43
组合音响(套)	Hi-Fi Stereo Component System (set)	4.97	0.23	1.50	3.58		8.32

11-9 各市城镇居民家庭平均每人全年可支配收入情况(2014年)
Per Capita Annual Disposable Income of Urban Households by City (2014)

单位：元 (yuan)

市(县) City(County)	全省平均 Average	低收入户 Low Income Households	中低收入户 Lower Middle Income Households	中等收入户 Middle Income Households	中高收入户 Upper Middle Income Households	高收入户 High Income Households
省辖市 City						
郑州市 Zhengzhou	29095	14622	24090	29682	37874	57142
开封市 Kaifeng	21467	11500	16941	21550	26223	36460
洛阳市 Luoyang	26974	12548	20789	26815	32820	52800
平顶山市 Pingdingshan	24393	11699	19248	23628	27802	42044
安阳市 Anyang	25172	11365	18242	23711	32120	49748
鹤壁市 Hebi	23113	9474	15558	20077	26066	54251
新乡市 Xinxiang	23983	11809	17308	21899	30037	46963
焦作市 Jiaozuo	23977	11612	17632	22463	29392	44740
濮阳市 Puyang	23767	9752	17090	22132	26054	48447
许昌市 Xuchang	23753	10512	16584	23203	29345	44789
漯河市 Luohe	23281	13142	19493	22604	26626	40373
三门峡市 Sanmenxia	22739	13330	18628	22920	27244	36205
南阳市 Nanyang	23711	13135	17874	23716	26826	41083
商丘市 Shangqiu	22274	11684	18119	22238	26584	37959
信阳市 Xinyang	21060	12888	17608	20489	24555	33777
周口市 Zhoukou	19742	9606	15005	18969	24145	33805
驻马店市 Zhumadian	21320	10359	14767	18646	23344	36312
济源市 Jiyuan	25219	13378	18699	23642	29483	41543
省直管县 Province Administrating County						
巩义市 Gongyi	24722	11589	15939	21406	27537	46887
兰考县 Lankao	18357	10493	14568	16836	21754	30092
汝州市 Ruzhou	20956	7556	15847	21510	27778	33700
滑县 Huaxian	19452	10588	14016	18029	24680	39524
长垣县 Changyuan	20338	11317	15624	19872	24900	41889
邓州市 Dengzhou	21836	12227	18391	20721	23929	34334
永城市 Yongcheng	23686	10528	16364	23994	33689	44077
固始县 Gushi	20433	10091	15544	19047	26376	36679
鹿邑县 Luyi	20024	13202	15460	18997	25215	31612
新蔡县 Xincai	18846	9642	12726	15909	21208	30589

11-10 各市城镇居民家庭消费支出情况(2014年)

Per Capita Consumption Expenditures of Urban Households by City (2014)

单位：元 (yuan)

市(县)	City(County)	消费支出 Consumption Expenditures	食品 Food	衣着 Clothing	居住 Residence	家庭设备用品及服务 Household Appliances	医疗保健 Health Care and Medical	交通和通讯 Transport, and Communi-cations	教育文化娱乐服务 Education, Cultural and Recreation	其他商品和服务 Other Goods
省辖市	**City**									
郑州市	Zhengzhou	20122	5948	2522	4259	1946	1118	1798	1985	544
开封市	Kaifeng	17156	5005	1878	1433	1253	918	3461	2017	1190
洛阳市	Luoyang	18380	4924	2268	2008	1693	1693	2483	2431	880
平顶山市	Pingdingshan	17736	5548	2476	1882	1575	1454	1989	2043	769
安阳市	Anyang	15204	4735	2178	1354	1496	1026	2006	1631	778
鹤壁市	Hebi	14441	4076	1714	1849	1163	1635	1721	1881	402
新乡市	Xinxiang	17669	5262	2141	1399	1407	1502	2834	2076	1047
焦作市	Jiaozuo	16300	4846	2225	1506	1580	1436	2029	1908	770
濮阳市	Puyang	13545	4061	1264	1572	934	986	2577	1812	339
许昌市	Xuchang	16178	4989	2201	1306	1570	976	1985	2137	1015
漯河市	Luohe	17254	5656	2868	1399	1353	1067	2204	1972	736
三门峡市	Sanmenxia	19790	5025	2562	2769	1672	1401	2785	2722	856
南阳市	Nanyang	18130	5996	2467	1727	1339	1526	2363	2136	576
商丘市	Shangqiu	13739	4309	2073	1355	1113	667	2290	1414	518
信阳市	Xinyang	13391	5449	1855	1293	1295	663	1156	1162	518
周口市	Zhoukou	15357	4426	2264	1662	1432	844	1625	1299	701
驻马店市	Zhumadian	15219	4833	1976	1570	1404	1231	1426	1921	859
济源市	Jiyuan	18572	4291	2372	2103	1811	864	3039	2832	1260
省直管县	**Province Administrating County**									
巩义市	Gongyi	17334	4254	2265	1510	2038	262	4146	2144	713
兰考县	Lankao	11950	3480	1838	1251	952	1029	1532	1190	678
汝州市	Ruzhou	14267	4140	2013	1362	1183	1314	1997	1568	689
滑县	Huaxian	13052	3820	1777	1212	1321	801	1883	1544	695
长垣县	Changyuan	13788	3695	1669	1521	1492	862	2488	1395	667
邓州市	Dengzhou	19513	5942	2190	3267	1818	1099	2632	2039	525
永城市	Yongcheng	16508	4397	2276	1313	1071	932	3680	2088	752
固始县	Gushi	14833	5396	2038	1881	1607	1026	873	1275	736
鹿邑县	Luyi	19507	5945	1200	3485	1219	781	5509	699	668
新蔡县	Xincai	14015	4842	1955	1683	1411	866	1120	1422	715

11-11 各市按收入等级分的城镇居民家庭平均每人全年消费支出(2014年)
Per Capita Annual Consumption Expenditures of Urban Households by Level of Income By City (2014)

单位：元 (yuan)

市(县) City(County)	全省平均 Average	低收入户 Low Income Households	中低收入户 Lower Middle Income Households	中等收入户 Middle Income Households	中高收入户 Upper Middle Income Households	高收入户 High Income Households
省辖市 City						
郑州市 Zhengzhou	20122	10802	15509	21264	26126	31457
开封市 Kaifeng	17156	9907	13290	19328	20917	25781
洛阳市 Luoyang	18380	11486	15033	19024	18662	33352
平顶山市 Pingdingshan	17736	11032	15468	16497	19490	27593
安阳市 Anyang	15204	7655	12606	15030	18515	26736
鹤壁市 Hebi	14441	7729	12886	14063	14569	27058
新乡市 Xinxiang	17669	9917	12101	17302	26840	27222
焦作市 Jiaozuo	16300	10544	12686	14919	20365	26675
濮阳市 Puyang	13545	9380	10734	14365	13262	21559
许昌市 Xuchang	16178	9216	13935	14110	17591	29303
漯河市 Luohe	17254	12317	18027	16334	15244	27381
三门峡市 Sanmenxia	19790	13963	16278	18023	16622	27966
南阳市 Nanyang	18130	11721	14898	18163	20093	30301
商丘市 Shangqiu	13739	8846	15352	13250	14545	18192
信阳市 Xinyang	13391	10818	11558	12832	14475	19384
周口市 Zhoukou	15357	12667	11738	13317	17325	23244
驻马店市 Zhumadian	15219	9308	11123	12672	17362	26570
济源市 Jiyuan	18572	11741	12961	13830	21616	26428
省直管县 Province Administrating County						
巩义市 Gongyi	17334	7105	12269	13364	14369	38923
兰考县 Lankao	11950	6455	10124	8834	12497	23705
汝州市 Ruzhou	14267	7574	11182	16560	17472	18517
滑县 Huaxian	13052	5029	9228	14253	20348	21860
长垣县 Changyuan	13788	7564	12148	13175	21535	21142
邓州市 Dengzhou	19513	10321	17750	27392	15760	24795
永城市 Yongcheng	16508	12195	17358	16725	18115	19357
固始县 Gushi	14833	8692	16449	15156	16217	20694
鹿邑县 Luyi	19507	14874	10146	13598	25759	41206
新蔡县 Xincai	14015	10051	12415	14623	14486	18885

11-12 各市城镇居民家庭平均每人主要食品消费量(2014年)

Per Capita Consumption of Major Food in Rural Households by City (2014)

单位：千克 (kg)

市(县)	City(County)	大米面粉 Rice and Flour	鲜菜 Fresh Vegetables	食用植物油 Edible Vegetable Oil	猪牛羊肉 Pork, Beef and Mutton	鸡鸭 Chicken and Duck	鲜蛋 Fresh Eggs	鱼虾 Fish and Shrimp	鲜奶 Fresh Milk	酒 Liquor
省辖市	**City**									
郑州市	Zhengzhou	34.1	101.0	10.9	21.0	6.4	4.7	7.6	21.5	7.2
开封市	Kaifeng	46.9	89.7	9.5	14.0	5.2	12.9	4.7	13.1	9.0
洛阳市	Luoyang	39.0	99.6	8.9	17.8	3.1	12.2	4.5	16.1	4.2
平顶山市	Pingdingshan	37.2	115.4	7.1	15.2	4.2	11.3	3.3	14.1	5.1
安阳市	Anyang	50.1	110.5	13.4	14.9	3.5	17.8	3.3	13.2	8.9
鹤壁市	Hebi	50.7	117.8	10.1	15.5	3.9	15.3	2.9	11.1	7.0
新乡市	Xinxiang	44.7	96.7	8.7	15.8	2.6	13.7	3.7	9.6	8.8
焦作市	Jiaozuo	38.9	81.6	10.8	18.4	2.9	13.6	2.4	16.2	8.7
濮阳市	Puyang	40.3	127.1	12.8	13.2	3.4	13.3	3.9	9.3	6.5
许昌市	Xuchang	31.8	88.0	8.4	13.4	3.7	9.2	2.4	8.9	4.6
漯河市	Luohe	33.8	108.0	10.6	19.7	5.9	12.6	3.3	6.5	11.8
三门峡市	Sanmenxia	46.9	95.3	8.5	13.4	2.3	11.0	3.0	10.6	3.9
南阳市	Nanyang	41.9	118.3	10.4	21.1	5.9	16.9	4.9	14.1	10.6
商丘市	Shangqiu	32.6	86.9	9.1	14.9	6.1	12.1	4.4	10.1	9.1
信阳市	Xinyang	66.5	115.0	14.8	33.7	12.1	9.6	11.4	8.0	13.2
周口市	Zhoukou	41.0	70.2	10.6	11.5	6.4	12.1	4.8	6.3	8.0
驻马店市	Zhumadian	47.5	96.0	8.8	18.0	8.9	13.6	5.6	10.7	5.5
济源市	Jiyuan	36.8	114.5	8.2	14.2	7.7	17.2	2.5	13.4	5.6
省直管县	**Province Administrating County**									
巩义市	Gongyi	26.0	86.3	6.6	11.9	1.4	10.3	2.3	8.0	3.7
兰考县	Lankao	40.8	74.4	6.6	7.7	7.1	11.1	1.6	5.3	7.2
汝州市	Ruzhou	24.2	92.2	6.9	10.7	1.6	12.2	1.3	12.9	5.3
滑县	Huaxian	39.9	85.5	8.3	9.1	1.0	12.5	1.5	4.5	6.5
长垣县	Changyuan	42.6	85.9	7.6	10.7	1.7	11.8	1.9	0.9	10.0
邓州市	Dengzhou	34.5	120.6	10.5	19.6	6.8	23.1	3.4	7.7	4.9
永城市	Yongcheng	41.8	89.7	12.2	13.3	8.6	13.0	3.6	1.7	8.7
固始县	Gushi	34.0	83.5	5.2	21.6	10.0	5.2	7.7	0.3	5.8
鹿邑县	Luyi	37.0	55.5	10.0	9.8	6.3	12.8	3.1	6.6	8.5
新蔡县	Xincai	69.2	120.0	8.8	25.5	16.6	21.0	7.5	5.4	5.7

11-13 按收入分组的农民家庭人口，劳动力及居住状况(2014年)

Status of the Peasant Family Population, Labor Force and Housing Conditions by Income Level (2014)

项 目	Item	全省平均 Average	低收入户 Low Income Households	中低收入户 Lower Middle Income Households
调查户数(户)	Number of Households Surveyed(household)	3795	757	761
调查户常住人口(人)	Number of Residents Surveyed(person)	13312	2946	2973
平均每户中	Average Number of Permanent			
常住人口	Residents Per Household	3.51	3.89	3.91
整、半劳动力	Average Number of Able-bodied and Semi-abledbodied Laborers Per Household	2.24	2.30	2.35
劳动力占常住人口比重(%)	Percentage of Laborers to Residents Surveyed(%)	63.8	59.16	60.06
平均每个劳动力负担人口	Average Number of Persons Supported by a Laborer	1.57	1.69	1.67
平均每百个常住人口中(人)	Among Per 100 Permanent Residents (person)			
5岁及以下	Age 5 and Below	6.51	7.18	8.26
6-15岁	Age 6-15	15.37	17.42	17.17
16-19岁	Age 16-19	62.69	5.12	5.08
20-24岁	Age 20-24	15.43	5.95	7.94
每百个就业劳动力文化程度(人)	Among Per 100 Laborers(person)(by cultur level)			
未上过学	Illiterate or Semiliterate	4.07	5.13	4.04
小学	Primary School	20.52	22.78	21.84
初中	Junior Secondary School	58.94	60.04	59.05
高中	Senior Secondary School	12.86	9.75	12.37
大学专科	Specialty	2.71	1.99	1.55
大学本科	Undergraduate College	0.83	0.31	1.03
研究生	Graduate Degrees	0.09		0.12
每百个就业劳动力从事的主要行业(人)	Among Per 100 Laborers (person)			
第一产业	Primary Industry	60.42	69.76	64.84
第二产业	Secondary Industry	20.33	17.12	19.67
第三产业	Tertiary Industry	19.25	13.12	15.49
居住情况	**Housing condition**			
期末人均住房情况	Per Capita Housing Situation			
住房面积(平方米)	Living Space(sq.m.)	42.94	36.20	39.70
#租用住房面积	Rental Living Space	0.31	0.01	
住房价值(万元)	Value of Owned Houses(10 000yuan)	2.88	2.26	2.81
住房主要建筑材料构成(%)	Construction of Main Building Materials(%)			
#钢筋混凝土	Reinforced Concrete	12.1	11.8	10.2
砖混材料	Brick mixed material	61.6	56.0	62.1
砖瓦砖木	Brick tile and brick wood	24.9	30.0	26.5
住宅外道路路面构成(%)	Construction of the Road Pavement Outside Home(%)			
水泥或柏油路面	Asphalt or Cement Road	52.6	48.0	53.6
沙石或石板等硬质路面	Rigid Pavement	12.6	13.7	14.2
其他	Others	34.8	38.0	32.3
住户主要饮用水来源构成(%)	Construction of Drinking Water for Residents(%)			
#经过净化处理的自来水	After Purification Treatment of Tap Water	26.6	26.7	24.9
受保护的井水和泉水	Protected Well and Spring Water	38.4	33.9	37.7
不受保护的井水和泉水	Unprotected Wells and Springs Water	31.1	31.3	33.3
住户厕所类型构成(%)	Construction of Toilet(%)			
#水冲式卫生厕所	Flush Sanitary Dry Toilet	6.5	2.2	5.3
水冲式非卫生厕所	Flush Insanitary Dry Toilet	1.1	1.0	0.9
卫生旱厕	Sanitary Dry Toilet	14.3	13.8	16.8
普通旱厕	General Dry Toilet	76.8	80.8	76.3
主要炊用能源构成(%)	Construction of Cooking Energy(%)			
柴草	Straw	30.3	38.8	34.6
煤炭	Coal	20.3	17.5	20.2
罐装液化石油气	Canned Liquefied Petroleum Gas	24.8	25.5	22.3
电	Electricity	19.8	14.2	18.6

11-13 续表 continued

项 目	Item	中等收入户 Middle Income Households	中高收入户 Upper Middle Income Households	高收入户 High Income Households
调查户数(户)	Number of Households Surveyed(household)	759	759	759
调查户常住人口(人)	Number of Residents Surveyed(person)	2790	2464	2139
平均每户中	Average Number of Permanent			
常住人口	Residents Per Household	3.67	3.24	2.82
整、半劳动力	Average Number of Able-bodied and Semi-abledbodied Laborers Per Household	2.32	2.09	2.13
劳动力占常住人口比重(%)	Percentage of Laborers to Residents Surveyed(%)	63.11	64.40	75.48
平均每个劳动力负担人口	Average Number of Persons Supported by a Laborer	1.58	1.55	1.32
平均每百个常住人口中(人)	Among Per 100 Permanent Residents (person)			
5岁及以下	Age 5 and Below	6.82	5.20	4.28
6-15岁	Age 6-15	15.86	15.74	9.04
16-19岁	Age 16-19	4.74	5.19	4.39
20-24岁	Age 20-24	7.09	6.92	7.53
每百个就业劳动力文化程度(人)	Among Per 100 Laborers(person)(by cultur level)			
未上过学	Illiterate or Semiliterate	4.04	4.09	2.95
小学	Primary School	19.25	19.10	19.41
初中	Junior Secondary School	60.25	59.83	55.31
高中	Senior Secondary School	13.36	13.25	15.81
大学专科	Specialty	2.55	2.99	4.64
大学本科	Undergraduate College	0.37	0.67	1.81
研究生	Graduate Degrees	0.19	0.07	0.07
每百个就业劳动力从事的主要行业(人)	Among Per 100 Laborers (person)			
第一产业	Primary Industry	58.02	55.07	53.35
第二产业	Secondary Industry	21.80	23.50	19.77
第三产业	Tertiary Industry	20.18	21.42	26.88
居住情况	**Housing condition**			
期末人均住房情况	Per Capita Housing Situation			
住房面积(平方米)	Living Space(sq.m.)	42.72	48.54	57.86
#租用住房面积	Rental Living Space	0.33	0.63	2.33
住房价值(万元)	Value of Owned Houses(10 000yuan)	2.86	3.75	4.69
住房主要建筑材料构成(%)	Construction of Main Building Materials(%)			
#钢筋混凝土	Reinforced Concrete	14.9	10.8	13.5
砖混材料	Brick mixed material	61.9	63.3	62.9
砖瓦砖木	Brick tile and brick wood	22.0	25.1	22.2
住宅外道路路面构成(%)	Construction of the Road Pavement Outside Home(%)			
水泥或柏油路面	Asphalt or Cement Road	48.4	47.2	52.8
沙石或石板等硬质路面	Rigid Pavement	12.6	12.1	12.6
其他	Others	39.1	40.8	34.6
住户主要饮用水来源构成(%)	Construction of Drinking Water for Residents(%)			
#经过净化处理的自来水	After Purification Treatment of Tap Water	25.5	26.5	29.1
受保护的井水和泉水	Protected Well and Spring Water	39.8	36.5	35.7
不受保护的井水和泉水	Unprotected Wells and Springs Water	31.7	32.1	32.3
住户厕所类型构成(%)	Construction of Toilet(%)			
#水冲式卫生厕所	Flush Sanitary Dry Toilet	4.8	4.8	10.7
水冲式非卫生厕所	Flush Insanitary Dry Toilet	0.6	0.6	1.4
卫生旱厕	Sanitary Dry Toilet	17.6	13.6	13.5
普通旱厕	General Dry Toilet	76.0	79.4	73.7
主要炊用能源构成(%)	Construction of Cooking Energy(%)			
柴草	Straw	34.8	30.0	26.8
煤炭	Coal	20.8	22.0	19.8
罐装液化石油气	Canned Liquefied Petroleum Gas	21.6	25.0	26.6
电	Electricity	18.0	17.3	19.7

11-14 按收入分组的农民家庭平均每人总收支及结构(2014年)

Per Capita Total Income and Expenditure in Rural Households by Level of Income (2014)

单位：元 (yuan)

项 目	Item	全省平均 Average	低收入户 Low Income Households	中低收入户 Lower Middle Income Households
总收入	**Total Cash Income**	**12738**	**6071**	**8536**
工资性收入	Income of Wage	3260	1249	2308
经营性收入	Income from Household Business Operation	6868	3575	4304
第一产业	Primary Industry	5349	3210	3744
第二产业	Secondary Industry	396	110	82
第三产业	Tertiary Industry	1123	255	477
财产性收入	Property Income	153	43	66
转移性收入	Transfer Income	2457	1205	1859
家庭外出从业人员寄回带回收入	Earning from Migrant Workers	1688	804	1406
农民家庭平均每人总收入构成(%)	**Structure of Peasant Family Per Capita Income (%)**			
总收入	Total Cash Income	100.0	100.0	100.0
工资性收入	Income of Wage	25.6	20.6	27.0
经营性收入	Income from Household Business Operation	53.9	58.9	50.4
财产性收入	Property Income	1.2	0.7	0.8
转移性收入	Transfer Income	19.3	19.8	21.8
总支出	**Total Expenditure**	**11751**	**8500**	**8880**
消费支出	Consumption Expenditure	7277	5117	6107
生产经营费用支出	Expenditure of Production Business	2248	1666	1284
第一产业	Primary Industry	1880	1512	1161
第二产业	Secondary Industry	106	38	17
第三产业	Tertiary Industry	262	116	106
财产性支出	Property Expenditure	6	3	3
转移性支出	Transfer Expenditure	174	142	138
部分商业保险支出	Expenditure of Commercial Insurance	30	13	22
购置资产及非经常性转移支出	Expenditure of Purchasing Assets and Non-transfer Expenditur	1650	1446	1151
借贷性支出	Expenditure of Debit and Credit	365	114	176
农民家庭平均每人总支出构成(%)	**Structure of Per Capita Total Expenditure of Rural Households (%)**			
总支出	Total Expenditure	100.0	100.0	100.0
消费支出	Consumption Expenditure	61.9	60.2	68.8
生产经营费用支出	Expenditure of Production Business	19.1	19.6	14.5
财产性支出	Property Expenditure	0.1	0.0	0.0
转移性支出	Transfer Expenditure	1.5	1.7	1.6
部分商业保险支出	Expenditure of Commercial Insurance	0.3	0.1	0.2
购置资产及非经常性转移支出	Expenditure of Purchasing Assets and Non-transfer Expenditur	14.0	17.0	13.0
借贷性支出	Expenditure of Debit and Credit	3.1	1.3	2.0

11-14 续表 continued

单位：元 (yuan)

项 目	Item	中等收入户 Middle Income Households	中高收入户 Upper Middle Income Households	高收入户 High Income Households
总收入	**Total Cash Income**	11119	15172	27359
工资性收入	Income of Wage	3068	4266	6513
经营性收入	Income from Household Business Operation	5510	7463	16242
第一产业	Primary Industry	4379	6098	11042
第二产业	Secondary Industry	187	395	1525
第三产业	Tertiary Industry	944	970	3674
财产性收入	Property Income	122	221	391
转移性收入	Transfer Income	2419	3221	4214
家庭外出从业人员寄回带回收入	Earning from Migrant Workers	1785	2339	2433
农民家庭平均每人总收入构成(%)	**Structure of Peasant Family Per Capita Income (%)**			
总收入	Total Cash Income	100.0	100.0	100.0
工资性收入	Income of Wage	27.6	28.1	23.8
经营性收入	Income from Household Business Operation	49.6	49.2	59.4
财产性收入	Property Income	1.1	1.5	1.4
转移性收入	Transfer Income	21.8	21.2	15.4
总支出	**Total Expenditure**	10562	13493	19915
消费支出	Consumption Expenditure	7148	8371	10857
生产经营费用支出	Expenditure of Production Business	1534	2433	5164
第一产业	Primary Industry	1283	2135	3910
第二产业	Secondary Industry	55	93	410
第三产业	Tertiary Industry	196	205	844
财产性支出	Property Expenditure	6	6	14
转移性支出	Transfer Expenditure	189	199	224
部分商业保险支出	Expenditure of Commercial Insurance	34	42	47
购置资产及非经常性转移支出	Expenditure of Purchasing Assets and Non-transfer Expenditur	1360	1917	2712
借贷性支出	Expenditure of Debit and Credit	291	524	896
农民家庭平均每人总支出构成(%)	**Structure of Per Capita Total Expenditure of Rural Households (%)**			
总支出	Total Expenditure	100.0	100.0	100.0
消费支出	Consumption Expenditure	67.7	62.0	54.5
生产经营费用支出	Expenditure of Production Business	14.5	18.0	25.9
财产性支出	Property Expenditure	0.1	0.0	0.1
转移性支出	Transfer Expenditure	1.8	1.5	1.1
部分商业保险支出	Expenditure of Commercial Insurance	0.3	0.3	0.2
购置资产及非经常性转移支出	Expenditure of Purchasing Assets and Non-transfer Expenditur	12.9	14.2	13.6
借贷性支出	Expenditure of Debit and Credit	2.8	3.9	4.5

11-15 按收入分组的农民家庭平均每人可支配收入及消费性支出(2014年)

Per Capita Disposable Income and Consumption Expenditure of Rural Households by Income Level (2014)

单位：元　　(yuan)

项　目	Item	全省平均 Average	低收入户 Low Income Households	中低收入户 Lower Middle Income Households
可支配收入	**Disposable Income**	**9966**	**3877**	**6807**
工资性收入	Laborage	3260	1249	2308
经营净收入	Business Net Income	4278	1525	2717
第一产业	Primary Industry	3276	1521	2413
第二产业	Secondary Industry	253	-20	59
第三产业	Tertiary Industry	748	25	246
财产净收入	Net Income of Properties	146	40	60
转移净收入	Net Income of Transfers	2282	1063	1721
家庭外出从业人员寄回带回收入	Income Taken back by Employees out Home	1688	804	1406
生活消费支出	**Annual Living Consumption Expenditure**	**7277**	**5117**	**6107**
食品	Food	2154	1654	1861
衣着	Clothing	601	414	524
居住	Residence	1543	1084	1263
家庭设备、用品及服务	Household Appliances	506	335	430
交通和通讯	Transport and Telecommunications	860	609	652
文化、教育、娱乐用品及服务	Culture,Education,Recreation and Service	758	485	705
医疗保健	Health and Medical	731	448	565
其他商品和服务	Other Goods and Servies	125	89	106

项　目	Item	中等收入户 Middle Income Households	中高收入户 Uper Middle Income Households	高收入户 High Income Households
可支配收入	**Disposable Income**	**9164**	**12245**	**21395**
工资性收入	Laborage	3068	4266	6513
经营净收入	Business Net Income	3751	4742	10516
第一产业	Primary Industry	2952	3763	6830
第二产业	Secondary Industry	121	283	1054
第三产业	Tertiary Industry	678	696	2633
财产净收入	Net Income of Properties	116	215	377
转移净收入	Net Income of Transfers	2230	3022	3990
家庭外出从业人员寄回带回收入	Income Taken back by Employees out Home	1785	2339	2433
生活消费支出	**Annual Living Consumption Expenditure**	**7148**	**8371**	**10857**
食品	Food	2036	2493	3030
衣着	Clothing	595	713	848
居住	Residence	1484	1811	2345
家庭设备、用品及服务	Household Appliances	469	578	819
交通和通讯	Transport and Telecommunications	885	1005	1299
文化、教育、娱乐用品及服务	Culture,Education,Recreation and Service	836	919	922
医疗保健	Health and Medical	736	710	1384
其他商品和服务	Other Goods and Servies	107	141	211

11-16 按收入分组的农民家庭平均每人现金收入及支出(2014年)

Per Capita Cash Income and Expenditure of Rural Households by Income Level (2014)

单位：元 (yuan)

项目	Item	全省平均 Average	低收入户 Low Income Households	中低收入户 Lower Middle Income Households
现金收入(未扣除生产费用)	**Cash Income(including Product Expenditure)**	**11241**	**5127**	**7275**
现金工资性收入	Cash Income from Wages	3255	1248	2307
现金经营性收入	Business Cash Income	5507	2683	3130
第一产业	Primary Industry	3988	2318	2571
第二产业	Secondary Industry	396	110	82
第三产业	Tertiary Industry	1123	255	477
现金财产性收入	Cash Income of Properties	153	43	66
现金转移性收入	Cash Income of Transfers	2326	1153	1773
家庭外出从业人员寄回带回收入	Income Taken back by Employees out Home	1688	804	1406
现金支出	**Cash Expenditure**	**10567**	**7624**	**7899**
现金消费支出	Cash Consumption Expenditure	6114	4257	5142
生产经营现金费用支出	Cash Expenditure of Production Business	2228	1649	1268
第一产业	Primary Industry	1860	1495	1145
第二产业	Secondary Industry	106	38	17
第三产业	Tertiary Industry	262	116	106
现金财产性支出	Cash Expenditure of Properties	6	3	3
现金转移性支出	Cash Expenditure of Transfers	174	142	138
部分商业保险支出	Expenditure of Commercial Insurance	30	13	22
购置资产及非经常性转移支出	Expenditure of Purchasing Assets and Non-transfer Expenditure	1650	1446	1151
借贷性支出	Expenditure of Debit and Credit	365	114	176

项目	Item	中等收入户 Middle Income Households	中高收入户 Upper Middle Income Households	高收入户 High Income Households
现金收入(未扣除生产费用)	**Cash Income(including Product Expenditure)**	**9737**	**13387**	**24937**
现金工资性收入	Cash Income from Wages	3064	4258	6499
现金经营性收入	Business Cash Income	4251	5803	14170
第一产业	Primary Industry	3120	4437	8971
第二产业	Secondary Industry	187	395	1525
第三产业	Tertiary Industry	944	970	3674
现金财产性收入	Cash Income of Properties	122	221	391
现金转移性收入	Cash Income of Transfers	2300	3105	3877
家庭外出从业人员寄回带回收入	Income Taken back by Employees out Home	1785	2339	2433
现金支出	**Cash Expenditure**	**9464**	**12200**	**18028**
现金消费支出	Cash Consumption Expenditure	6066	7096	9009
生产经营现金费用支出	Cash Expenditure of Production Business	1519	2416	5126
第一产业	Primary Industry	1268	2117	3871
第二产业	Secondary Industry	55	93	410
第三产业	Tertiary Industry	196	205	844
现金财产性支出	Cash Expenditure of Properties	6	6	14
现金转移性支出	Cash Expenditure of Transfers	189	199	224
部分商业保险支出	Expenditure of Commercial Insurance	34	42	47
购置资产及非经常性转移支出	Expenditure of Purchasing Assets and Non-transfer Expenditure	1360	1917	2712
借贷性支出	Expenditure of Debit and Credit	291	524	896

11-17 按收入分组的农民家庭主要食品消费量(2014年)

Consumption of Major Food in Rural Households by Income Level (2014)

单位：公斤/人 (kg/person)

项 目	Item	全省平均 Average	低收入户 Low Income Households	中低收入户 Lower Middle Income Households
粮食消费量	Consumption of Food	124.86	104.92	108.95
#小麦	Wheat	87.51	72.77	77.79
稻谷	Rice	22.78	18.78	18.09
玉米	Corn	6.10	6.17	5.78
油脂类消费量	Oil	8.42	7.03	7.03
蔬菜及菜制品消费量	Vegetables	68.71	54.42	58.86
肉类	Meat	12.34	9.55	10.70
禽类	Poultry	3.64	2.85	2.79
水产品	Aquatic Products	2.40	1.97	1.98
蛋类及蛋制品	Eggs and Related Productions	9.38	7.37	8.22
奶和奶制品	Milk and Dairy Products	4.95	3.66	4.68
干鲜瓜果类	Melons and Fruits	37.81	28.97	32.72
糖果糕点类	Confectionery	4.65	3.99	4.12
酒	Liquor	7.10	5.75	5.40

项 目	Item	中等收入户 Middle Income Households	中高收入户 Upper Middle Income Households	高收入户 High Income Households
粮食消费量	Consumption of Food	119.02	131.63	148.15
#小麦	Wheat	82.31	90.80	103.79
稻谷	Rice	20.82	25.83	26.81
玉米	Corn	6.63	4.86	5.03
油脂类消费量	Oil	7.98	9.41	11.04
蔬菜及菜制品消费量	Vegetables	63.41	77.50	91.29
肉类	Meat	11.46	14.46	15.73
禽类	Poultry	3.11	4.36	4.43
水产品	Aquatic Products	2.08	2.81	3.02
蛋类及蛋制品	Eggs and Related Productions	9.35	10.77	11.47
奶和奶制品	Milk and Dairy Products	5.26	6.43	7.47
干鲜瓜果类	Melons and Fruits	36.48	45.12	48.20
糖果糕点类	Confectionery	4.49	5.61	5.47
酒	Liquor	6.82	8.05	10.35

11-18 按收入分组的农民家庭平均每百户主要耐用消费品及生产性固定资产年末拥有量(2014年)

Number of Durable Consumer Goods and Productive Fixed Assets Owned Per hundred Rural Households at the Year-end by Income Level (2014)

项目	Item	全省平均 Average	低收入户 Low Income Households	中低收入户 Lower Middle Income Households
耐用消费品年末拥有量	**Durable Consumer Goods**			
家用汽车(台)	Domestic Car (unit)	10.1	6.5	9.0
摩托车(台)	Motorcycle (unit)	70.0	65.7	70.6
助力车(台)	Moped (unit)	79.5	68.5	81.2
洗衣机(台)	Washing Machine (unit)	89.8	83.5	88.8
电冰箱(台)	Refrigerator(unit)	73.1	61.9	73.0
微波炉(台)	Oven (unit)	10.0	7.8	7.0
彩色电视机(台)	Color TV Set (unit)	112.0	108.5	112.3
#接入有线电视	Cable (unit)	40.6	34.8	37.4
空调(台)	Air Conditioner(unit)	48.1	32.4	45.9
热水器(台)	Water Heater(unit)	41.6	32.3	38.1
#太阳能热水器	Solar Water Heater(unit)	32.4	24.3	28.7
消毒碗柜(台)	Disinfection Cabinet(unit)	1.0	1.4	0.2
洗碗机(台)	Dishwasher(unit)	0.3		0.2
排油烟机(台)	Gas Hooker(unit)	5.1	2.9	3.3
固定电话(部)	Telephone(unit)	28.1	23.4	24.9
移动电话(部)	Hand Telephone(unit)	214.8	199.1	226.6
#接入互联网	Internet Mobile Phones(unit)	54.3	40.0	54.7
计算机(台)	Computer(unit)	24.4	16.2	22.2
#接入互联网	Internet Computer(unit)	16.3	8.7	13.4
摄像机(架)	Pickup Camera(unit)	0.6	0.3	0.4
照相机(架)	Camera(unit)	3.1	2.5	2.2
中高档乐器(件)	Medium and High-Grade Musical Instrument(unit)	0.3	0.3	0.2
健身器材(套)	Fitness Equipment(unit)	0.5	0.0	0.2
组合音响(套)	Audio System(unit)	2.2	1.4	2.9
生产性固定资产数量	**Productive Fixed Assets**			
生产性用房及建筑物(平方米)	Productive Occupancy and Buildings(sq.m.)	1349.8	1484.0	1376.5
大中型农用拖拉机(台)	Large and Medium Tractors(unit)	4.2	4.6	5.0
小型农用拖拉机(台)	Minitype Tractors(unit)	43.6	43.4	46.0
农用排灌动力机械(台)	Drainage and Irrigation Agricultural Machinery(unit)	26.0	26.4	28.8
插秧机(台)	Transplanter(unit)	0.1	0.1	0.1
收割机(台)	Harvesters(unit)	1.7	2.3	1.3
脱粒机(台)	Thresher (unit)	10.3	10.5	10.2
役畜(头)	Draught Animals (unit)	3.2	7.6	3.7
产品畜(头)	Livestock Products (unit)	40.0	27.9	23.5

11-18 续表 continued

项 目	Item	中等收入户 Middle Income Households	中高收入户 Upper Middle Income Households	高收入户 High Income Households
耐用消费品年末拥有量	**Durable Consumer Goods**			
家用汽车(台)	Domestic Car (unit)	10.6	7.9	16.6
摩托车(台)	Motorcycle (unit)	72.2	73.0	68.6
助力车(台)	Moped (unit)	83.9	82.1	81.8
洗衣机(台)	Washing Machine (unit)	91.2	92.9	92.8
电冰箱(台)	Refrigerator(unit)	75.0	75.2	80.2
微波炉(台)	Oven (unit)	10.1	10.2	15.1
彩色电视机(台)	Color TV Set (unit)	112.4	111.6	115.1
#接入有线电视	Cable (unit)	43.2	39.7	47.9
空调(台)	Air Conditioner(unit)	50.9	47.1	63.8
热水器(台)	Water Heater(unit)	44.2	45.9	47.2
#太阳能热水器	Solar Water Heater(unit)	35.3	35.5	37.9
消毒碗柜(台)	Disinfection Cabinet(unit)	0.5	1.0	1.8
洗碗机(台)	Dishwasher(unit)	0.3	0.4	0.7
排油烟机(台)	Gas Hooker(unit)	6.0	4.5	8.6
固定电话(部)	Telephone(unit)	29.7	30.3	32.4
移动电话(部)	Hand Telephone(unit)	217.8	214.2	216.4
#接入互联网	Internet Mobile Phones(unit)	60.6	52.5	63.7
计算机(台)	Computer(unit)	26.4	26.1	31.2
#接入互联网	Internet Computer(unit)	19.1	19.1	21.2
摄像机(架)	Pickup Camera(unit)	0.5	0.5	1.3
照相机(架)	Camera(unit)	3.1	2.2	5.5
中高档乐器(件)	Medium and High-Grade Musical Instrument(unit)	0.2	0.2	0.7
健身器材(套)	Fitness Equipment(unit)	0.4	0.5	1.3
组合音响(套)	Audio System(unit)	2.0	2.7	1.8
生产性固定资产数量	**Productive Fixed Assets**			
生产性用房及建筑物(平方米)	Productive Occupancy and Buildings(sq.m.)	1002.3	936.5	1563.8
大中型农用拖拉机(台)	Large and Medium Tractors(unit)	4.5	5.0	4.2
小型农用拖拉机(台)	Minitype Tractors(unit)	50.4	46.0	44.3
农用排灌动力机械(台)	Drainage and Irrigation Agricultural Machinery(unit)	28.8	28.2	30.8
插秧机(台)	Transplanter(unit)			0.1
收割机(台)	Harvesters(unit)	1.3	1.9	1.6
脱粒机(台)	Thresher (unit)	14.0	10.0	9.9
役畜(头)	Draught Animals (unit)	2.2	2.4	1.7
产品畜(头)	Livestock Products (unit)	22.6	40.7	65.4

11-19 各市农村居民家庭平均每人全年纯收入按收入来源分组情况(2014年)

Per Capita Net Income of Rural Household by City (2014)

单位：元 (yuan)

市(县) City(County)	合 计 Total	工资性收入 Net Income from Wages and Salaries	家庭经营收入 Net Income from Household Operations	财产性收入 Net Income from Properties	转移性收入 Net Income from Transfers
省辖市 City					
郑州市 Zhengzhou	15470	9559	3596	1729	585
开封市 Kaifeng	9316	4370	4411	182	353
洛阳市 Luoyang	9669	6311	2779	153	426
平顶山市 Pingdingshan	9489	4160	4543	145	640
安阳市 Anyang	10680	5896	4154	174	456
鹤壁市 Hebi	11709	6070	4797	71	771
新乡市 Xinxiang	10730	5937	3924	223	647
焦作市 Jiaozuo	12518	7001	4587	377	552
濮阳市 Puyang	8828	4583	3674	141	430
许昌市 Xuchang	12140	7092	3993	257	798
漯河市 Luohe	10893	4908	5172	386	427
三门峡市 Sanmenxia	9979	3763	5588	220	407
南阳市 Nanyang	9741	3649	5546	105	441
商丘市 Shangqiu	8025	4182	3328	108	407
信阳市 Xinyang	8868	4126	4235	79	428
周口市 Zhoukou	7742	4034	3279	52	377
驻马店市 Zhumadian	8270	3727	4031	100	413
济源市 Jiyuan	13166	6003	6395	161	606
省直管县 Province Administrating County					
巩义市 Gongyi	15427	10440	4196	67	723
兰考县 Lankao	7545	3156	4038	118	233
汝州市 Ruzhou	11126	5163	5311	74	578
滑县 Huaxian	7598	3246	3734	83	535
长垣县 Changyuan	12730	6785	5172	234	539
邓州市 Dengzhou	10181	3938	5586	203	454
永城市 Yongcheng	9471	5109	3986	3	372
固始县 Gushi	9023	4202	4047	118	655
鹿邑县 Luyi	8670	5106	3131	15	418
新蔡县 Xincai	8008	3581	3840	103	485

11-20 各市农村居民家庭平均每人全年纯收入分组情况(2014年)

Per Capita Net Income of Rural Household by City (2014)

单位：元 (yuan)

市(县) City(County)	低收入户 Low Income Households	中低收入户 Lower Middle Income Households	中等收入户 Middle Income Households	中高收入户 Upper Middle Income Households	高收入户 High Income Households
省辖市 City					
郑州市 Zhengzhou	6516	10536	13488	17479	31815
开封市 Kaifeng	3692	6239	8253	11265	19157
洛阳市 Luoyang	3009	6166	8634	11693	23430
平顶山市 Pingdingshan	3334	5781	7647	9971	19790
安阳市 Anyang	3404	6537	9177	12582	26486
鹤壁市 Hebi	6248	8657	10525	13222	21792
新乡市 Xinxiang	4669	7531	9815	12967	21623
焦作市 Jiaozuo	4563	8367	11144	14467	28658
濮阳市 Puyang	2311	5575	8002	10750	19693
许昌市 Xuchang	5388	8345	11044	13900	26257
漯河市 Luohe	3233	7063	9736	14889	23974
三门峡市 Sanmenxia	3513	5831	8250	11704	22209
南阳市 Nanyang	4415	6820	8908	11624	20166
商丘市 Shangqiu	2908	5609	7460	9914	16481
信阳市 Xinyang	3940	6465	8380	11161	17819
周口市 Zhoukou	3716	5629	7401	9297	14420
驻马店市 Zhumadian	3342	5821	7384	9966	18759
济源市 Jiyuan	6127	9169	11499	14403	24262
省直管县 Province Administrating County					
巩义市 Gongyi	4730	8339	12636	18654	34110
兰考县 Lankao	4299	5849	6839	8412	13006
汝州市 Ruzhou	6390	8785	10896	13671	19581
滑县 Huaxian	3833	5571	6925	9233	14012
长垣县 Changyuan	6973	9608	11586	13972	23165
邓州市 Dengzhou	4437	6763	9057	11120	21454
永城市 Yongcheng	3613	6456	8749	11276	11364
固始县 Gushi	3806	6287	8386	11384	17029
鹿邑县 Luyi	4568	6672	8276	10145	15703
新蔡县 Xincai	3865	5290	7146	10077	15706

11－21　各市农村居民家庭平均每人生活消费支出(2014年)

Per Capita Consumption Expenditure of Rural Households by City (2014)

单位：元　(yuan)

市(县)	City(County)	生活消费支出合计 Consumption Expenditure	食品 Food	衣着 Clothing	居住 Residence	家庭设备和日用品 Household Appliances	交通通讯工具和用品 Transport, and Communi-cations	文教、体育娱乐用品 Education, Cultural and Recreation	医疗、卫生保健用品 Health Care and Medical	其他商品 Other Goods
省辖市	**City**									
郑州市	Zhengzhou	11125	2653	973	3033	830	1681	844	769	340
开封市	Kaifeng	6442	1948	658	1543	472	772	461	411	178
洛阳市	Luoyang	7423	2013	748	1635	657	1047	549	574	200
平顶山市	Pingdingshan	5335	1855	478	1056	517	505	292	493	140
安阳市	Anyang	7253	2122	645	1676	551	863	447	673	276
鹤壁市	Hebi	8166	2867	807	1410	479	1166	659	599	179
新乡市	Xinxiang	7550	2285	747	1527	610	790	564	716	310
焦作市	Jiaozuo	9415	2587	819	1855	924	1201	700	864	464
濮阳市	Puyang	5745	1734	508	1145	547	785	363	506	157
许昌市	Xuchang	7348	2331	681	1376	542	953	454	717	294
漯河市	Luohe	5933	1834	553	1048	714	729	373	481	201
三门峡市	Sanmenxia	7569	2199	651	1761	493	793	560	950	162
南阳市	Nanyang	6766	2475	481	1711	432	618	309	535	205
商丘市	Shangqiu	5262	1970	503	854	429	573	344	497	92
信阳市	Xinyang	5745	2639	459	921	422	505	262	421	116
周口市	Zhoukou	5304	1741	410	1485	372	536	298	336	125
驻马店市	Zhumadian	6347	2217	457	1397	529	590	416	605	137
济源市	Jiyuan	8578	2513	727	1270	703	1930	902	265	267
省直管县	**Province Administrating County**									
巩义市	Gongyi	7986	1900	691	1435	914	1254	842	447	503
兰考县	Lankao	6872	1936	477	2462	497	541	467	333	158
汝州市	Ruzhou	5703	1937	564	1217	480	534	272	505	194
滑县	Huaxian	6067	2095	535	885	421	704	450	737	240
长垣县	Changyuan	7018	2096	710	1658	647	828	502	335	242
邓州市	Dengzhou	6608	2039	412	2136	355	548	388	631	99
永城市	Yongcheng	6424	2841	623	653	448	731	413	573	142
固始县	Gushi	6127	2734	543	899	535	486	284	542	106
鹿邑县	Luyi	4710	1767	344	1366	262	560	91	224	96
新蔡县	Xincai	5882	2225	482	1134	481	545	491	471	53

11－22 各市农村居民家庭平均每人生活消费现金支出(2014年)

Per Capita Cash Consumption Expenditure of Rural Households by City (2014)

单位：元 (yuan)

市(县)	City(County)	生活消费支出合计 Consumption Expenditure	食品 Food	衣着 Clothing	居住 Residence	家庭设备和日用品 Household Appliances	交通通讯工具和用品 Transport, and Communi-cations	文教、体育娱乐用品 Education, Cultural and Recreation	医疗、卫生保健用品 Health Care and Medical	其他商品 Other Goods
省辖市	**City**									
郑州市	Zhengzhou	10695	2533	973	2731	828	1681	844	766	338
开封市	Kaifeng	6262	1772	657	1540	472	772	461	411	177
洛阳市	Luoyang	7181	1828	748	1580	657	1046	549	574	199
平顶山市	Pingdingshan	5039	1575	478	1039	516	505	292	493	140
安阳市	Anyang	6709	1853	645	1584	609	963	439	404	213
鹤壁市	Hebi	8039	2743	807	1409	479	1164	659	599	179
新乡市	Xinxiang	7485	2232	747	1526	609	789	563	715	304
焦作市	Jiaozuo	9218	2394	819	1852	924	1201	700	864	464
濮阳市	Puyang	5618	1608	508	1145	547	784	363	506	157
许昌市	Xuchang	7200	2194	681	1365	542	953	454	717	295
漯河市	Luohe	5854	1766	553	1040	713	728	373	481	201
三门峡市	Sanmenxia	7261	1910	651	1742	493	793	560	950	162
南阳市	Nanyang	6371	2169	479	1613	439	618	309	543	201
商丘市	Shangqiu	5148	1884	503	826	429	573	344	497	92
信阳市	Xinyang	5262	2223	459	858	422	502	262	420	116
周口市	Zhoukou	5138	1599	410	1462	372	536	298	336	125
驻马店市	Zhumadian	6151	2087	457	1330	529	590	416	605	137
济源市	Jiyuan	7839	2219	557	1113	725	920	481	1536	288
省直管县	**Province Administrating County**									
巩义市	Gongyi	7910	1824	691	1435	914	1254	842	447	503
兰考县	Lankao	6691	1774	477	2443	497	541	467	333	158
汝州市	Ruzhou	5523	1759	564	1216	480	534	272	505	193
滑县	Huaxian	6067	2095	535	885	421	704	450	737	240
长垣县	Changyuan	7008	2086	710	1658	647	828	502	335	242
邓州市	Dengzhou	6519	1951	412	2135	355	548	388	631	99
永城市	Yongcheng	6196	2770	623	496	448	731	413	573	142
固始县	Gushi	5613	2306	543	813	535	486	284	542	104
鹿邑县	Luyi	4509	1602	344	1333	262	560	91	221	96
新蔡县	Xincai	5723	2066	482	1134	481	545	491	471	53

11-23 各市农村居民家庭平均每人主要食品消费量(2014年)

Per Capita Consumption of Major Food in Rural Households by City (2014)

单位：千克 (kg)

市(县)	City(County)	粮食 Grain	蔬菜 Vegetables	食油 Edible Oil	猪牛羊肉 Pork, Beef and Mutton	家禽 Poultry	蛋类及其制品 Eggs and Related Products	水产品 Aquatic Products	食糖 Sugar	酒 Liquor	鲜奶和奶制品 Fresh Milk and Dairy products
省辖市	**City**										
郑州市	Zhengzhou	100.0	83.9	8.1	9.7	2.0	7.9	1.8	0.8	3.8	8.9
开封市	Kaifeng	131.0	56.8	5.4	8.1	2.6	7.2	2.1	1.2	8.0	2.8
洛阳市	Luoyang	126.3	61.5	9.2	8.0	1.0	6.9	0.6	1.0	4.7	6.6
平顶山市	Pingdingshan	161.9	61.2	7.6	9.6	1.8	6.0	1.0	1.0	4.2	3.4
安阳市	Anyang	133.3	52.3	8.4	7.6	1.9	10.8	0.8	0.7	5.7	7.4
鹤壁市	Hebi	169.0	83.0	12.1	9.4	2.1	12.3	1.6	1.3	13.0	9.0
新乡市	Xinxiang	104.6	66.7	7.3	9.0	1.8	8.9	1.5	0.9	7.4	5.1
焦作市	Jiaozuo	145.9	57.0	9.1	10.3	2.3	9.2	1.7	1.0	5.7	14.2
濮阳市	Puyang	135.0	51.8	9.9	6.4	2.5	8.2	1.1	0.8	5.4	5.4
许昌市	Xuchang	118.8	85.0	8.5	9.7	1.7	6.5	1.2	1.2	5.0	6.2
漯河市	Luohe	95.5	55.9	7.7	8.9	2.6	5.8	1.7	1.0	3.6	5.6
三门峡市	Sanmenxia	209.8	74.0	10.4	6.2	0.6	5.8	0.7	1.1	2.5	4.6
南阳市	Nanyang	160.2	68.2	5.5	10.9	2.4	11.7	1.9	1.2	6.3	4.2
商丘市	Shangqiu	111.2	51.3	7.0	7.8	4.0	7.3	2.2	0.9	5.9	5.0
信阳市	Xinyang	138.2	87.6	7.5	18.1	9.1	7.3	7.3	0.7	13.7	2.5
周口市	Zhoukou	104.3	48.7	6.0	7.0	4.3	7.0	3.0	0.7	4.5	2.8
驻马店市	Zhumadian	113.9	57.5	6.6	10.9	4.9	7.6	2.7	0.9	7.6	3.5
济源市	Jiyuan	218.9	53.1	6.7	10.2	2.2	14.4	1.0	1.4	7.8	11.9
省直管县	**Province Administrating County**										
巩义市	Gongyi	74.4	48.1	5.4	6.9	0.9	6.1	1.0	0.8	2.7	5.3
兰考县	Lankao	137.9	64.4	5.2	7.7	3.1	8	2.4	1.3	8.3	3.4
汝州市	Ruzhou	106.5	48.1	12.7	7.5	0.6	6.1	0.3	0.9	4.6	7.8
滑县	Huaxian	98.6	68.5	7.7	8.6	3.0	9.9	1.3	0.7	9.1	2.1
长垣县	Changyuan	93.3	59.3	6.8	7.3	2.4	8.3	1.6	0.9	6.1	3.2
邓州市	Dengzhou	89.5	55.7	4.7	8.1	2.4	12.4	1.6	1.5	6.3	3.4
永城市	Yongcheng	98.3	60.3	10.0	12.8	6.1	9.6	3.8	1.2	11.1	4.7
固始县	Gushi	122.0	77.0	7.0	47.0	13.0	8.0	5.0	1.0	10.0	1.0
鹿邑县	Luyi	124.5	63.6	6.5	6.1	7.8	8.3	1.8	0.7	4.6	4.4
新蔡县	Xincai	141.0	44.3	4.6	11.6	2.9	8.2	3.1	0.8	6.4	1.4

11-24 各市农村居民家庭住房情况(2014年)

Housing Conditions of Rural Households by City (2014)

市(县) City(County)	拥有住房面积(平方米/人) Per Capita Floor Space of Owned Houses (sq.m/person)	拥有住房价值(元/平方米) Value of Owned Houses (yuan/sq.m)	实际住房结构(平方米/人) Actual House Structures (sq.m/person) 钢筋混凝土结构 Reinforced Concrete Structure 2013年	钢筋混凝土结构 2014年	砖木、砖混结构 Brick and Wood Structure 2013年	砖木、砖混结构 2014年
省辖市 City						
郑州市 Zhengzhou	58.1	1147.2	14.0	14.1	38.5	37.1
开封市 Kaifeng	39.8	656.8	4.8	4.8	32.5	34.9
洛阳市 Luoyang	44.0	779.4	4.4	4.0	38.5	38.0
平顶山市 Pingdingshan	39.5	709.7	6.4	9.8	32.5	29.1
安阳市 Anyang	41.9	836.7	3.8	6.8	37.2	35.1
鹤壁市 Hebi	43.3	502.1	4.3	4.8	37.8	35.5
新乡市 Xinxiang	40.6	631.5	5.0	4.5	34.9	35.8
焦作市 Jiaozuo	45.5	720.7	5.7	5.2	38.3	36.0
濮阳市 Puyang	33.0	557.9	1.7	1.7	31.3	31.3
许昌市 Xuchang	42.0	560.9	7.0	5.8	32.0	34.5
漯河市 Luohe	40.0	836.5	4.6	4.8	34.4	34.3
三门峡市 Sanmenxia	36.4	710.4	4.8	5.0	29.0	29.6
南阳市 Nanyang	34.4	867.3	10.0	10.1	24.2	24.3
商丘市 Shangqiu	38.8	616.4	3.1	3.0	35.6	35.6
信阳市 Xinyang	31.4	832.2	10.1	10.1	20.0	20.2
周口市 Zhoukou	33.9	615.0	6.0	5.0	28.0	28.7
驻马店市 Zhumadian	31.9	656.6	8.7	7.5	21.7	23.9
济源市 Jiyuan	50.9	986.0	1.8	2.5	54.0	47.8
省直管县 Province Administrating County						
巩义市 Gongyi	49.2	1261.6	3.1	2.8	43.2	44.3
兰考县 Lankao	32.3	653.9	1.7	5.7	27.0	26.0
汝州市 Ruzhou	42.3	563.7	9.4	9.4	31.6	32.9
滑县 Huaxian	39.3	626.7	5.0	6.0	33.3	33.3
长垣县 Changyuan	30.7	817.2	2.2	2.2	27.0	26.9
邓州市 Dengzhou	39.6	734.7	10.1	10.2	29.3	29.4
永城市 Yongcheng	44.0	670.0	12.0	0.2	32.0	38.0
固始县 Gushi	27.0	703.6	8.0	8.0	18.0	18.0
鹿邑县 Luyi	36.6	716.0	4.2	4.9	32.5	31.7
新蔡县 Xincai	33.1	774.8	13.8	12.0	16.8	17.8

注：拥有住房，包括出租的住房面积和价值，但不包括租住的面积。实际住房，包括租住的面积。
a) Owned housing include rental housing area and value, but does not include the area of the lease.The actual housing, including the area of the lease.

主要统计指标解释

期内常住人口数 指居住在一个住宅内，共同分享生活开支或收入的一群人。凡计算为家庭常住人口的成员其全部收支都包括在本家庭中。

户均就业人数 指家庭人口与就业人口之比。

可支配收入 指调查户在调查期内获得的、可用于最终消费支出和储蓄的综合，即调查户可以用来自由支配的收入。可支配收入既包括现金，也包括实物收入。按照收入的来源，可支配收入包含四项，分别为：工资性收入、经营净收入、财产净收入和转移净收入。计算公式为：

可支配收入=工资性收入+经营净收入+财产净收入+转移净收入

总支出 指全部家庭支出。包括消费支出、生产经营费用支出、财产性支出、转移性支出、部分商业保险支出、购置资产及非经常性转移支出、借贷性支出。

消费性支出 指用户用于满足家庭日常生活消费需要的全部支出，包括用于消费品的支出和用于服务性消费的支出。根据用途不同，消费支出可以划分为食品烟酒、衣着、居住、生活用品及服务、交通通讯、教育文化娱乐、医疗保健、其他用品及服务八大类。根据来源不同，消费支出可以划分为现金消费支出、实物消费支出（含自产自用、来自单位、来自政务和其他社会组织）。

收入分组方法 是将所有调查户分别按照全体居民、城镇居民、农村居民，将户人均可支配收入由低到高排队，按20%，20%，20%，20%，20%的比例依次分成：低收入户、中低收入户、中等收入户、中高收入户、高收入户等五组。

简要说明

一、主要内容

本篇反映河南省城市社会经济发展和城市建设的规模及综合水平的资料。城市公用事业概况主要包括：城市建设、供水、供气、供热、市政设施、公共交通、城市绿化、环境卫生等资料。

二、统计范围

包括全省所有设市城市在建成区范围内的城市规划管理、投资、建设或经营管理相关设施的单位。

三、资料来源

省辖市主要经济指标由河南省统计局地方经济社会调查队编辑整理。省辖市和县级市城市公用事业基本情况资料由省住房城乡建设厅和省交通厅提供，由河南省统计局社会与科技处和服务业统计处编辑整理。

Brief Introduction

I. Main Contents

Data in this chapter present the scale and the comprehensive level of Social economic development and urban construction of Henan provincial cities, main include supply of water, gas and heating; municipal infrastructure; public transportation; urban greenery; public transportation and environmental, sanitation.

II. Scope of Statistics

Data in this chapter cover all units under the jurisdiction of cities which are engaged in urban planning and management, investment, construction and operation of relevant facilities.

III. Sources of Data

Data on Districts are provided by Henan provincial survey organizations of social and economy. Data on basic conditions and overall level of urban public facilities in provincial and county city are collected by the Henan provincial bureau of Housing and Urban-Rural development. Data on this chapter are provided by Department of social and scientific and technological of Henan provincial bureau of statistics and Department of Service industry statistical of Henan provincial bureau of statistics.

12-1 城市社会经济主要指标

Major Social and Economic Indicators of Cities

本表价值量指标均按当年价格计算。
Data in value terms in this table are calculated at current prices.

指　　标	Item	2013	2014
土地面积(万平方公里)	Total Area (10 000 sq.km)	1.53	1.59
年末城镇失业人员(登记数)(万人)	Number of Registered Urban Unemployed Persons at the Year-end (10 000persons)	21.96	22.80
生产总值(亿元)	Gross Domestic Product (100 million yuan)	10067.55	11124.58
第一产业	Primary Industry	398.16	451.09
第二产业	Secondary Industry	5162.81	5322.25
第三产业	Tertiary Industry	4506.58	5351.23
公共财政预算收入(亿元)	Total Revenue of Local Governments (100 million yuan)	1279.27	1434.20
公共财政预算支出(亿元)	Total Expenditures of Local Governments (100 million yuan)	1844.27	2037.32
规模以上工业企业主营业务收入(亿元)	Enterprises above Designated Size Product Sales (100 million yuan)	17425.32	19221.68
利润总额(亿元)	Total Profits (100 million yuan)	744.25	858.76
限额以上批零贸易业商品销售总额(亿元)	Total Sales of Enterprise above Designated Size in Wholesale and Retail Sale Trades (100 million yuan)	7194.29	6428.84
当年实际使用外资金额(万美元)	Amount of Foreign Capital Actually Vtilized This Year (USD 10 000)	667523	689722
居民人民币储蓄存款余额(亿元)	Outstanding Amount of Savings Deposit in Urban and Rural Areas (year-end) (100 million yuan)	9155.68	9873.02
在校学生数(万人)	Student Enrollment (10 000 persons)		
#普通高等学校	Number of Regular Institutes of Higher Education	149.60	155.96
普通中学	Number of Regular Secondary Schools	132.76	136.62
小学	Number of Primary Schools	178.03	188.70
医院、卫生院个数(个)	Number of Hospitals (unit)	978	970
医院、卫生院床位数(万张)	Number of Beds in Hospitals (10 000 beds)	16.99	18.31
医生(万人)	Number of Doctors (10 000 persons)	7.07	8.05

12-2 省辖市市区社会经济主要指标(2014年)

本表价值量指标均按当年价格计算。
Data in value terms in this table are calculated at current prices.

指标	Item	郑州 Zhengzhou	开封 Kaifeng	洛阳 Luoyang	平顶山 Pingdingshan	安阳 Anyang
年底(末)总人口(万人)	Total Population (year-end) (10 000 persons)	533.20	87.02	195.52	109.96	115.50
从业人员期末人数(城镇)(万人)	Number of Employed Persons (year-end) (10 000 persons)	140.35	22.52	41.06	34.22	20.73
在岗职工平均人数(万人)	Staff and Workers (10 000 persons)	117.06	18.20	38.01	32.99	18.24
行政区域土地面积(平方公里)	Total Area (sq.km)	1010	565	879	443	534
#建成区面积	Developed Areas	413	113	194	73	110
生产总值(亿元)	Gross Domestic Product (100 million yuan)	3702.56	540.27	1301.83	466.53	486.62
#第二产业	Secondary Industry	1612.86	221.47	624.98	266.49	249.17
第三产业	Tertiary Industry	2054.74	250.07	658.15	193.23	228.89
公共财政收入(亿元)	Public Financial Revenue of Local Governments (100 million yuan)	637.70	18.19	159.73	68.19	56.84
公共财政支出(亿元)	Public Financial Expenditures of Local Governments (100 million yuan)	651.90	79.51	195.08	93.81	90.64
规模以上工业法人企业	Enterprises above Designated Size					
主营业务收入(亿元)	Product Sales (100 million yuan)	4916.86	478.72	2490.92	886.74	973.94
利润总额(亿元)	Total Profits (100 million yuan)	281.47	13.91	50.90	33.76	21.49
社会用电量(亿千瓦小时)	Annual Electricity Consumption (100 million kwh)	363.99	59.72	187.78	74.52	159.59
#工业用电	Industrial Power Consumption	242.29	40.83	157.62	61.06	140.80
城乡居民生活用电	Residents Power Consumption	42.50	9.05	12.59	6.25	9.20
限额以上批零贸易业商品销售总额(亿元)	Total Sales of Enterprise above Designated Size in Wholesale and Retail Sale Trades (100 million yuan)	1711.01	224.79	933.07	437.95	332.70
当年实际使用外资金额(万美元)	Amount of Foreign Capital Actually Vtilized This Year (USD 10 000)	269503	27309	125351	10824	25776
居民人民币储蓄存款余额(亿元)	Outstanding Amount of Savings Deposit (100 million yuan)	3669.95	381.14	1038.55	499.12	416.77
在岗职工工资总额(亿元)	Total Wages of Staff and Workers (100 million yuan)	633.56	72.75	193.48	152.88	79.42
在校学生数(万人)	Student Enrollment (10 000 persons)					
普通高等学校	Number of Regular Institutes of Higher Education	57.54	12.01	12.42	5.65	6.72
中等职业学校	Number of Vocational Secondary Schools	20.10	2.71	6.41	2.93	1.91
普通中学	Number of Regular Secondary Schools	24.47	6.08	11.88	5.75	6.76
小学	Number of Primary Schools	35.95	6.06	16.26	9.15	10.95
医院、卫生院个数(个)	Number of Hospitals (unit)	173	49	95	69	42
医院、卫生院床位数(万张)	Number of Beds in Hospitals (10 000 beds)	5.26	0.92	1.74	0.94	0.90
医生(万人)	Number of Doctors (10 000 persons)	2.15	0.80	0.77	0.39	0.40

Major Social and Economic Indicators of Districts in Cities Directly Under the Province (2014)

鹤 壁 Hebi	新 乡 Xinxiang	焦 作 Jiaozuo	濮 阳 Puyang	许 昌 Xuchang	漯 河 Luohe	三门峡 Sanmenxia	南 阳 Nanyang	商 丘 Shangqiu	信 阳 Xinyang	周 口 Zhoukou	驻马店 Zhumadian
63.21	114.36	98.47	69.83	41.43	134.15	30.10	186.91	180.48	151.23	59.71	83.29
15.51	21.62	22.91	23.86	13.34	21.33	6.63	32.94	17.83	20.73	12.89	21.62
14.03	19.85	18.81	22.14	12.37	20.07	5.83	31.84	15.48	17.82	11.61	18.73
679	431	546	263	97	1116	185	2135	1697	3604	333	1365
64	113	114	54	88	73	30	149	63	89	66	71
323.76	624.55	411.99	367.47	246.55	561.40	166.00	635.47	351.59	465.70	187.98	284.30
218.87	297.60	198.98	183.51	125.55	361.18	77.86	276.00	148.07	222.29	95.20	142.18
92.47	317.37	204.30	165.41	119.01	150.15	83.82	313.37	140.29	174.89	88.24	116.84
35.18	67.32	52.47	45.25	48.06	47.95	23.52	62.21	36.47	15.19	23.55	36.36
54.97	98.21	86.30	69.15	63.85	87.94	50.15	129.82	112.95	45.25	55.28	72.53
845.94	1281.26	1101.29	705.46	660.91	1615.52	452.18	820.52	481.16	733.22	326.86	450.17
18.26	61.55	28.75	-8.81	68.54	135.90	14.60	45.22	13.25	34.22	31.10	14.66
37.31	78.04	145.40	48.37	29.44	31.88	16.31	101.86	88.60	39.94	14.91	44.02
30.20	57.53	133.03	39.66	20.51	19.89	13.93	81.41	69.61	21.56	8.72	33.51
2.62	7.61	5.13	4.02	4.33	5.64	2.26	6.22	9.46	7.22	2.66	4.02
75.93	284.13	169.87	212.52	217.73	194.87	141.59	466.43	422.32	227.99	166.45	209.51
49121	34354	18610	9738	14540	54720	7800	12232	8594	7489	8858	4903
158.20	426.28	325.60	376.79	272.32	319.10	156.29	536.97	386.60	439.09	192.32	277.92
54.30	86.60	79.50	110.03	54.79	7.93	29.10	147.25	61.78	74.98	55.65	70.03
1.14	14.20	9.31	0.81	3.43	2.56	1.28	6.92	7.49	7.68	3.48	3.32
1.95	1.68	2.14	1.95	1.63	2.18	1.39	5.22	2.54	2.05	3.69	2.06
4.83	6.95	5.84	8.98	3.24	8.04	2.18	11.74	11.64	8.04	4.00	6.20
5.57	9.23	6.87	8.27	4.19	10.29	2.45	21.97	15.54	11.27	5.70	8.98
29	53	40	40	37	61	22	97	47	62	31	23
0.35	0.96	0.68	0.72	0.51	0.74	0.43	1.90	0.70	0.59	0.40	0.60
0.18	0.31	0.33	0.32	0.21	0.31	0.16	0.73	0.32	0.25	0.20	0.21

12-4 续表 continued

市 City	人均公园绿地面积(平方米) Public Recreational Green Space Per Capita (sq.m)	建成区绿化覆盖率(%) Built-up Areas Green Coverage Rate (%)	建成区绿地率(%) Built-up Areas Green Space Rate (%)	生活垃圾无害化处理率(%) Innocent Treatment Rate of Living Garbage (%)	市区(县)面积(平方公里) City (County) Area (sq.km)	#建成区 Built-up Areas	年底实有运营车辆(辆) Operating Transit Vehicles (year-end) (unit)
全 省 Total	**9.9**	**38.3**	**33.5**	**92.8**	**42145**	**2375**	**20303**
郑州市 Zhengzhou	7.0	40.2	34.9	95.0	1010	413	6297
巩义市 Gongyi	13.8	40.8	36.9	100.0	1041	30	145
荥阳市 Xingyang	11.1	37.9	29.6	100.0	908	23	91
新密市 Xinmi	13.0	35.5	28.8	99.8	1001	23	357
新郑市 Xinzheng	9.2	36.7	29.7	100.0	887	31	552
登封市 Dengfeng	9.2	38.9	33.0	90.5	1219	22	77
开封市 Kaifeng	10.5	37.1	34.3	100.0	546	109	881
洛阳市 Luoyang	8.5	42.1	34.5	83.1	594	194	2004
偃师市 Yanshi	8.9	37.7	34.7	100.0	948	18	86
平顶山市 Pingdingshan	10.3	39.9	33.4	92.8	443	73	728
舞钢市 Wugang	12.0	40.5	36.5	100.0	635	16	56
汝州市 Ruzhou	7.4	28.6	22.8	97.7	1573	36	98
安阳市 Anyang	10.1	39.3	34.0	100.0	544	80	618
林州市 Linzhou	10.8	38.1	34.3	100.0	2046	22	88
鹤壁市 Hebi	14.9	39.6	35.3	92.9	679	64	338
新乡市 Xinxiang	10.3	40.0	37.3	100.0	346	113	840
卫辉市 Weihui	7.7	36.3	30.1	100.0	862	21	19
辉县市 Huixian	7.1	35.3	31.2	100.0	2007	22	36
焦作市 Jiaozuo	11.0	39.9	34.7	97.4	544	106	644
沁阳市 Qinyang	8.3	24.7	16.8	93.1	624	20	23
孟州市 Mengzhou	9.8	38.2	32.9	91.1	542	15	22
濮阳市 Puyang	13.6	38.6	33.1	91.0	263	54	573
许昌市 Xuchang	10.5	38.3	33.7	96.4	97	88	740
禹州市 Yuzhou	7.7	30.7	25.8	67.0	1461	45	100
长葛市 Changge	14.9	34.7	26.8	91.8	650	25	192
漯河市 Luohe	14.8	39.3	32.1	99.9	1020	61	1007
三门峡市 Sanmenxia	14.1	43.4	39.8	79.2	185	30	248
义马市 Yima	11.1	33.1	27.4	69.6	112	18	58
灵宝市 Lingbao	10.4	35.6	30.9	100.0	3011	22	33
南阳市 Nanyang	17.2	25.4	28.4	76.2	2143	148	482
邓州市 Dengzhou	6.7	36.2	31.3	91.5	2294	32	37
商丘市 Shangqiu	6.3	42.2	35.8	90.5	1697	63	1090
永城市 Yongcheng	12.8	41.6	36.1	92.0	1994	38	151
信阳市 Xinyang	14.1	42.4	36.9	94.0	3604	89	286
周口市 Zhoukou	10.4	38.7	31.9	91.0	269	66	251
项城市 Xiangcheng	10.7	39.4	33.4	100.0	1083	30	208
驻马店市 Zhumadian	10.5	40.4	34.4	91.9	1365	71	572
济源市 Jiyuan	12.3	41.9	39.3	100.0	1899	44	275

12-5 城市供、排水情况(2014年)

Basic Statistics on Tap Water Supply in Cities (2014)

市	City	综合生产能力(万立方米/日) Production Capacity of Tap Water Supply (10 000 cu.m/day)	供水管道长度(公里) Length of Water Supply Pipelines (km)	供水总量(万立方米) Total Volume of Water Supply (10 000 cu.m)	生产运营用水 Water for Production Oporation	公共服务用水 Water for Public Service	居民家庭用水 Water for	用水人口(万人) Population of Using Water (10000person)	污水排放量(万立方米) Sewage Drainage (10 000 cu.m)
全　省	**Total**	**1084**	**20590**	**191001**	**68254**	**18984**	**67897**	**2232.5**	**169502**
郑州市	Zhengzhou	145	2902	34131	4157	5303	15488	638.0	30601
巩义市	Gongyi	12	174	2050	568	390	673	31.4	1437
荥阳市	Xingyang	4	217	1180	441	111	529	14.0	1117
新密市	Xinmi	11	253	1232	184	273	512	14.1	1032
新郑市	Xinzheng	6	334	1250	350	223	526	16.9	2089
登封市	Dengfeng	4	114	1033	290	234	274	16.7	991
开封市	Kaifeng	63	1297	8850	3289	632	2975	87.8	8266
洛阳市	Luoyang	86	1656	16298	4315	3173	6827	238.3	14582
偃师市	Yanshi	8	204	1075	227	65	576	17.3	933
平顶山市	Pingdingshan	61	1207	10620	4395	174	3412	91.5	9119
舞钢市	Wugang	16	141	2363	1733	110	410	11.9	1870
汝州市	Ruzhou	9	259	1015	481	100	277	13.3	985
安阳市	Anyang	79	794	9937	4720	1120	2800	71.9	7724
林州市	Linzhou	6	239	1109	108	95	626	18.3	921
鹤壁市	Hebi	38	646	5753	3197	24	1926	44.5	4028
新乡市	Xinxiang	62	770	12638	7001		3174	75.4	10111
卫辉市	Weihui	6	172	1917	818	233	609	14.6	1588
辉县市	Huixian	10	406	2069	761	414	607	20.3	1812
焦作市	Jiaozuo	57	1003	8013	3321	493	2488	77.3	9193
沁阳市	Qinyang	8	94	606	132	59	259	13.3	424
孟州市	Mengzhou	7	215	954	415	191	265	15.0	842
濮阳市	Puyang	36	159	5467	2932	518	1530	46.7	4601
许昌市	Xuchang	39	583	4612	1809	375	1556	48.0	3689
禹州市	Yuzhou	8	202	2072	451	88	1313	36.5	1652
长葛市	Changge	11	73	1401	434	186	342	16.5	1279
漯河市	Luohe	33	473	9923	5696	816	1665	51.0	7273
三门峡市	Sanmenxia	15	250	2067	136	93	1415	33.7	2067
义马市	Yima	15	85	1547	1019	42	364	15.9	1086
灵宝市	Lingbao	8	122	1885	1085	141	484	17.9	1472
南阳市	Nanyang	73	1387	9545	4223	1193	2726	116.2	7638
邓州市	Dengzhou	14	555	1426	468	211	494	25.5	1020
商丘市	Shangqiu	37	566	4335	949	138	2318	64.7	8236
永城市	Yongcheng	11	291	2960	1101	260	1329	33.5	2721
信阳市	Xinyang	27	1296	4246	1085	382	2304	50.0	3997
周口市	Zhoukou	19	351	3681	538	535	1379	35.3	3076
项城市	Xiangcheng	9	238	2687	1312	121	907	30.0	1925
驻马店市	Zhumadian	23	499	6005	2931	149	1405	40.5	5104
济源市	Jiyuan	10	366	3050	1183	320	1131	29.0	3001

12-6 城市天然气、石油液化气供应情况(2014年)

Basic Statistics on Natural Gas and Liquefied Gas Supply in Cities (2014)

市 City	天然气 Natural Gas					液化气 Liquefied Gas		
	供气管道长度(公里) Length of Gas Supply Pipelines (km)	供气总量合计(万立方米) Volume of Gas Supply (10 000 cu.m)	#居民家庭	用气人口(万人) Population of Using Gas (10 000person)	天然气汽车加气站(座) Natural Gas Station (unite)	供气总量合计(吨) Volume of Gas Supply (ton)	#居民家庭	用气人口(万人) Population of Using Gas (10 000person)
全　省 Total	**17412.24**	**305240.17**	**96765.82**	**1448.85**	**118**	**223532**	**186580**	**533.21**
郑　州　市 Zhengzhou	4199.64	95319.25	29121.23	476.12	14	62607	45244	99.00
巩　义　市 Gongyi	106.45	6356.00	2278.50	22.89		3203	1650	5.62
荥　阳　市 Xingyang	162.00	1205.20	623.00	9.24	1	2029	1780	5.00
新　密　市 Xinmi	219.01	2805.46	1268.09	11.72	2	774	768	3.00
新　郑　市 Xinzheng	203.14	3719.00	1000.00	12.00	3	2584	1770	9.00
登　封　市 Dengfeng	98.65	2517.50	158.00	5.95	2	1234	1110	4.00
开　封　市 Kaifeng	1274.37	11657.85	3487.00	64.60	12	10690	9685	23.00
洛　阳　市 Luoyang	333.03	21949.00	3481.00	150.60	10	21875	19330	34.00
偃　师　市 Yanshi	30.44	1346.33	1242.00	9.97	1	1274	1270	4.51
平顶山市 Pingdingshan	399.44	9366.00	3064.00	82.00	10			
舞　钢　市 Wugang	41.80	725.02	285.00	8.10	2			
汝　州　市 Ruzhou						2717	710	3.00
安　阳　市 Anyang	1658.00	19359.00	6006.00	59.24	3	7326	3560	8.00
林　州　市 Linzhou	560.77	2148.00	1817.00	15.32	2	1278	1257	3.00
鹤　壁　市 Hebi	339.60	3511.00	2065.00	38.00		1436	1436	4.00
新　乡　市 Xinxiang	1207.48	14469.00	8867.00	71.00	8	1200	1200	4.00
卫　辉　市 Weihui	71.41	1011.00	675.00	6.30	2	973	970	3.50
辉　县　市 Huixian	163.00	3380.00	1163.00	8.50	2	3533	3524	10.00
焦　作　市 Jiaozuo	1466.98	18794.35	5607.06	72.75				
沁　阳　市 Qinyang	270.30	1656.00	367.00	5.00		2015	2015	8.17
孟　州　市 Mengzhou	147.00	1018.10	1016.00	12.20				
濮　阳　市 Puyang	367.99	5781.45	3670.00	45.62				
许　昌　市 Xuchang	202.37	5776.00	2436.00	26.88	4	6796	6760	17.00
禹　州　市 Yuzhou	133.85	4108.00	1485.00	9.50	2	5643	5156	19.00
长　葛　市 Changge	76.02	8426.00	337.00	5.90		5212	4095	10.00
漯　河　市 Luohe	311.60	2273.00	1400.00	20.00	3	8751	8164	23.55
三门峡市 Sanmenxia	167.05	10861.40	372.00	16.58	2	2172	2070	14.00
义　马　市 Yima	92.00	549.00	373.00	10.90		2697	2689	5.00
灵　宝　市 Lingbao	35.00	100.00	95.00	3.26		2550	2500	9.83
南　阳　市 Nanyang	305.69	5362.00	2713.00	33.60	10	20930	20911	60.85
邓　州　市 Dengzhou	3.80	78.80			3	3652	3650	16.00
商　丘　市 Shangqiu	656.30	4039.10	1046.99	27.66	5	14017	11978	47.00
永　城　市 Yongcheng	193.00	756.50	359.75	10.85	2	3820	3300	17.00
信　阳　市 Xinyang	508.79	10738.00	4095.00	27.64	6	9960	7740	24.00
周　口　市 Zhoukou	495.29	6852.60	586.00	14.90	4	4000	4000	16.18
项　城　市 Xiangcheng	186.39	990.26	530.20	6.16	1	2635	2348	11.00
驻马店市 Zhumadian	551.00	5029.00	1839.00	21.10		3270	3260	11.00
济　源　市 Jiyuan	173.59	11206.00	1837.00	26.80	2	680	680	1.00

12-7 城市道路、园林和绿化情况(2014年)

Basic Statistics on Road, Botanical Garden and Green Coverage Area in Cities (2014)

市 City	道路长度(公里) Length of Road (km)	道路面积(万平方米) Road Area (10000sq.m)	道路照明灯盏数(盏) Number of Road Lamp (unit)	安装路灯的道路长度(公里) Length of Road Installed Lamps (km)	绿化覆盖面积(公顷) Green Coverage Area (hectare)	#建成区 Built-up Areas	园林绿地面积(公顷) Botanical Garden Areas (hectare)	公园绿地面积(公顷) Public Green Areas (hectare)	公园个数(个) Number of Parks (unit)
全　省 Total	**11627**	**28017**	**825471**	**9301**	**98862**	**90995**	**85661**	**23834**	**306**
郑州市 Zhengzhou	1630	4174	85212	1481	18165	16590	15168	4456	74
巩义市 Gongyi	103	302	15440	83	1265	1228	1145	459	2
荥阳市 Xingyang	140	311	8773	121	883	882	691	172	3
新密市 Xinmi	101	267	10047	89	831	827	678	204	2
新郑市 Xinzheng	123	399	8522	113	1130	1129	925	231	3
登封市 Dengfeng	169	355	14510	131	876	837	719	190	9
开封市 Kaifeng	471	1342	32400	373	5020	4039	4451	974	13
洛阳市 Luoyang	735	2349	73174	637	8179	8178	6712	2077	14
偃师市 Yanshi	89	145	7660	75	683	678	637	161	4
平顶山市 Pingdingshan	288	1081	44172	278	3155	2928	2620	968	14
舞钢市 Wugang	123	240	3194	64	697	656	620	147	2
汝州市 Ruzhou	142	304	7092	117	1033	1032	823	214	4
安阳市 Anyang	450	997	28212	450	3188	3142	2725	725	11
林州市 Linzhou	152	280	17508	152	893	853	808	201	2
鹤壁市 Hebi	330	746	19572	320	2539	2538	2267	688	9
新乡市 Xinxiang	461	1100	30107	420	4512	4512	4208	780	16
卫辉市 Weihui	86	165	7800	71	761	759	632	112	1
辉县市 Huixian	125	277	8392	89	777	767	686	153	5
焦作市 Jiaozuo	444	1248	23119	417	4225	4225	3678	854	14
沁阳市 Qinyang	176	379	8254	108	489	484	330	118	3
孟州市 Mengzhou	89	295	14118	86	592	590	510	149	2
濮阳市 Puyang	272	668	21631	271	2174	2083	1992	697	9
许昌市 Xuchang	302	622	38470	290	3375	3370	3076	520	5
禹州市 Yuzhou	135	393	21073	126	1514	1371	1236	325	4
长葛市 Changge	175	377	10006	151	869	858	677	283	3
漯河市 Luohe	352	810	22689	316	2520	2396	1957	825	13
三门峡市 Sanmenxia	163	326	21675	153	1304	1302	1197	482	6
义马市 Yima	134	286	3725	52	613	583	502	197	4
灵宝市 Lingbao	85	210	5097	80	801	784	696	196	1
南阳市 Nanyang	1387	2018	31628	424	6290	3769	6395	2666	9
邓州市 Dengzhou	177	387	16277	126	1201	1151	1021	239	2
商丘市 Shangqiu	389	918	35397	330	2654	2639	2251	610	9
永城市 Yongcheng	239	605	10470	219	1667	1582	1434	483	9
信阳市 Xinyang	416	876	28397	395	5050	3764	4467	747	5
周口市 Zhoukou	241	773	33802	239	2891	2555	2455	367	5
项城市 Xiangcheng	173	353	5312	112	1202	1182	1002	321	3
驻马店市 Zhumadian	340	1084	23239	130	2891	2880	2504	490	4
济源市 Jiyuan	218	556	29305	213	1953	1853	1765	356	8

12-8 城市市容环境卫生情况(2014年)
Basic Statistics on Urban Sanitation in Cities (2014)

市 City	排水管道长度(公里) Length of Drainage Pipelines (km)	污水处理总量(万立方米) Volume of sewerage Treatment (10 000 cu.m)	道路清扫保洁面积(万平方米) Area under Cleaning Program (10 000 sq.m)	生活垃圾 Living Garbage 清运量(万吨) Volume of Garbage Disposal (10 000 tons)	无害化处理量(万吨) Volume of Innocent Disposal (10 000 tons)	公共厕所(座) Number of Public Lavatories (unit)	市容环卫专用车辆设备总数(辆) Number of Vehicles Facilities (unit)
全省 Total	**19348**	**156817**	**27197**	**832.75**	**773.12**	**7218**	**4203**
郑州市 Zhengzhou	3592	29342	4174	186.34	177.02	963	1269
巩义市 Gongyi	193	1097	318	9.86	9.86	37	43
荥阳市 Xingyang	259	1109	379	6.84	6.84	48	41
新密市 Xinmi	126	908	317	9.07	9.05	56	55
新郑市 Xinzheng	225	1775	190	8.00	8.00	47	54
登封市 Dengfeng	216	901	317	7.02	6.35	44	17
开封市 Kaifeng	810	7657	1400	27.06	27.06	842	224
洛阳市 Luoyang	1598	14248	2759	73.04	60.68	562	294
偃师市 Yanshi	101	859	197	8.50	8.50	35	20
平顶山市 Pingdingshan	456	8368	1080	30.30	28.12	400	136
舞钢市 Wugang	172	1732	147	4.87	4.87	75	45
汝州市 Ruzhou	237	977	204	8.70	8.50	40	33
安阳市 Anyang	847	7548	997	46.00	46.00	434	191
林州市 Linzhou	221	853	376	9.52	9.52	42	22
鹤壁市 Hebi	411	2835	692	15.96	14.82	73	42
新乡市 Xinxiang	835	9100	1080	34.34	34.34	302	102
卫辉市 Weihui	132	1588	247	7.30	7.30	21	21
辉县市 Huixian	251	1610	180	7.98	7.98	46	28
焦作市 Jiaozuo	912	8044	1469	28.55	27.81	159	128
沁阳市 Qinyang	244	238	245	4.78	4.45	27	24
孟州市 Mengzhou	242	821	253	4.83	4.40	17	14
濮阳市 Puyang	413	4231	668	16.61	15.11	141	172
许昌市 Xuchang	519	3578	540	23.30	22.47	261	99
禹州市 Yuzhou	345	1650	545	13.20	8.85	46	95
长葛市 Changge	213	1267	155	7.13	6.55	29	50
漯河市 Luohe	481	7000	650	23.73	23.70	333	91
三门峡市 Sanmenxia	215	2007	240	10.66	8.44	121	31
义马市 Yima	64	837	225	5.60	3.90	28	29
灵宝市 Lingbao	140	1333	181	8.10	8.10	45	17
南阳市 Nanyang	1321	6738	2250	51.92	39.56	542	323
邓州市 Dengzhou	306	933	516	12.33	11.28	84	70
商丘市 Shangqiu	421	7415	882	28.17	25.50	302	82
永城市 Yongcheng	407	2581	510	12.52	11.52	108	34
信阳市 Xinyang	339	3557	671	20.69	19.46	366	104
周口市 Zhoukou	599	2779	557	13.52	12.30	107	38
项城市 Xiangcheng	366	1700	351	11.40	11.40	58	32
驻马店市 Zhumadian	702	4699	814	18.73	17.21	273	69
济源市 Jiyuan	417	2902	421	16.30	16.30	104	64

主要统计指标解释

城区面积

包括：市本级（1）街道办事处所辖地域；（2）城市公共设施、居住设施和市政公用设施等连接到的其他镇（乡）地域；（3）常住人口在3000人以上独立的工矿区、开发区、科研单位、大专院校等特殊区域。

建成区面积

城市行政区内实际已成片开发建设、市政公用设施和公共设施基本具备的区域。对核心城市，它包括集中连片的部分以及分散的若干个已经成片建设起来，市政公用设施和公共设施基本具备的地区；对一城多镇来说，它包括由几个连片开发建设起来的，市政公用设施和公共设施基本具备的地区组成。因此建成区范围，一般是指建成区外轮廓线所能包括的地区，也就是这个城市实际建设用地所达到的范围。

供水总量　指报告期供水企业（单位）供出的全部水量。包括有效供水量和漏损水量。

有效供水量指水厂将水供出厂外后，各类用户实际使用到的水量。包括售水量和免费供水量。

城市燃气　指符合《城镇燃气设计规范》的规定，供城市生产和生活作燃料使用的天然气、人工煤气和液化石油气等气体能源的统称。

供气总量　指报告期燃气企业（单位）向用户供应的燃气数量。包括销售量和损失量

集中供热面积　指从一个或多个热源通过热网向城市的热用户供给生产和生活热能，供热企业（单位）向城市各类房屋建筑物、构筑物及其附属设施供热的全部建筑面积。

道路长度　指道路长度和与道路相通的桥梁、隧道的长度，按车行道中心线计算。

道路面积　指道路实际铺装面积和与道路相通的广场、桥梁、隧道的铺装面积（统计时，将人行道面积单独统计）。

人行道面积按道路两侧面积相加计算，包括步行街和广场，不含人车混行的道路。

排水管道长度　指所有排水总管、干管、支管、检查井及连接井进出口等长度之和。计算时应按单管计算，即在同一条街道上如有两条或两条以上并排的排水管道时，应按每条排水管道的长度相加计算。

污水排放总量　指生活污水、工业废水的排放总量，包括从排水管道和排水沟（渠）排出的污水量。

污水处理量　指污水处理厂（或污水处理装置）实际处理的污水量。包括物理处理量、生物处理量和化学处理量。

其中处理本市（县）外，指污水处理厂作为区域设施，不仅处理本市（县）的污水，还处理本市（县）以外其他市、县或乡镇等的污水。这部分污水处理量单独统计，并在计算本市（县）的污水处理率时扣除。

公园绿地面积　城市中向公众开放的、以游憩为主要功能，有一定的游憩设施和服务设施，同时兼有健全生态、美化景观、防灾减灾等综合作用的绿化用地。它是城市建设用地、城市绿地系统和城市市政公用设施的重要组成部分。

生活垃圾清运量　指报告期内收集和运送到各生活垃圾处理厂(场)和生活垃圾最终消纳点的生活垃圾数量。生活垃圾指城市日常生活或为城市日常生活提供服务的活动中产生的固体废物以及法律行政规定的视为城市生活垃圾的固体废物。包括：居民生活垃圾、商业垃圾、集市贸易市场垃圾、街道清扫垃圾、公共场所垃圾和机关、学校、厂矿等单位的生活垃圾。

生活垃圾处理量　指报告期内简易处理场和各种生活垃圾无害化处理场（厂）处理生活垃圾总量。生活垃圾简易处理量指生活垃圾简易处理场所处理的生活垃圾总量。生活垃圾无害化处理量指生活垃圾无害化处理场（厂）所处理的生活垃圾总量。

Explanatory Notes on Main Statistical Indicators

City Area include three parts:(1), area under the jurisdiction of the street agency;(2), urban public facilities, residential facilities and municipal public facilities connected to other towns area, (3) Independent industrial and mining district, development area, scientific research units, colleges and other special areas with over 3000 resident population.

Area of Built Districts refers to the Urban area that already development and construction and have public facilities. Core cities include focused even dispersion of parts, as well as several have film build up, the urban areas of basic public infrastructure and public facilities; on more than one city, town, it included several continuous development and construction, municipal and public facilities and public areas with basic facilities. Scope of the built-up area, generally refer to the built-up areas can include outer contour line, which is achieved by the actual construction of the city's range.

Volume of Water Supply refers to the total volume of water supplied by water-works (units) during the reference period, including both the effective water supply and loss during the water supply.

Available water supply refers to all kinds of users actually use water volume after water plant form water factory. Includes water sale and free water.

City gas refers to supply to urban for production and daily life, such as natural gas, manufactured gas and LPG gas energy collectively.

Volume of gas supply refers to Volume of gas supply for household by gas enterprises in reference period. Including sales and the amount of loss.

Central heating Area refers to supply to user Production and life heat energy us heat net from one or more Means from one or more sources of heat, all heat area of urban housing buildings, structures and their ancillary equipment by Heating enterprise (units).

Road length refers to the length of roads with paved surface including bridges and tunnels connected with roads. Length of the roads is measured by the central lines for vehicles for paved roads.

Road area refers to actual pavement area and with a road paving of squares, bridges, tunnels area (statistics, sidewalk area separate statistics). The sidewalk area are calculated on add of both sides area, including walking Street and square, does not contain mixed line of road vehicles and pedestrians.

Length of Urban Sewage Pipes refers to the total length of general drainage, trunks, branch and inspection wells, connection wells, inlets and outlets, etc. if there are two or more than two side-by-side in a street pipes, length of pipes should be Calculated by adding length.

Volume of waste water discharge refers to Sewage and industrial waste water, include sewer and drain (drainage) discharge of waste water.

Treatment capacity Sewage treatment plant (or sewage treatment plant) the actual amount of sewage treatment. Including physical treatment, biological treatment and chemical treatment. Which deal with the city (County), sewage treatment plants as a regional facility, not only dealing with the city (County) of sewage, also deals with the city (County), such as cities, counties or towns other than water. This portion of the amount of sewage to individual statistics and in the calculation of the city (County) when the sewage treatment rate of deduction.

Park Green Area refers to green areas open to the public for amusement and rest with the facilities of amusement, rest and services. Its function includes perfecting ecology, beautifying landscape, and preventing and reducing disaster. Park green areas include comprehensive park, community park, topic park, belt-shaped park and green area nearby street. Total areas of comprehensive park, topic park and belt-shaped is the area of park.

Consumption Wastes Transported refers to volume of consumption wastes collected and transported to disposal factories or sites. Consumption wastes are solid wastes produced from urban households or from service activities for urban households, and solid wastes regarded by laws and regulations as urban consumption wastes, including those from households, commercial activities, markets, cleaning of streets, public sites, offices, schools, factories, mining units and other sources.

Volume of consumption Wastes treatment refers to Volume of consumption Wastes Simple processing and consumption wastes treated in the reporting period.

农业

Agriculture

13

资料整理：韩爱桃　郑 洁　贾世云　刘露霞　王庆先

简要说明

一、主要内容

本篇包括我省农业生产和农村经济的基本情况，内容主要包括农村劳动力、耕地、农业机械拥有量、农林牧渔业增加值、农作物播种面积、主要农产品及畜禽产品产量、水利设施与除涝治碱、农村居民家庭拥有生产性固定资产等方面的统计资料。

二、统计范围

统计范围包括农村各种经济组织和农户经营的农林牧渔业生产活动；各种专业性农、林、牧、渔场的农业生产活动；国家各级机关、团体、学校、部队进行的农业生产活动；集体所有制的乡、镇、村办农场的农业生产活动；以及工矿企业经营的农、林、牧、渔业生产活动。

2006年农林牧渔业增加值及农业、牧业生产情况已与第二次农业普查数据进行了衔接。2010年以后的农业、林业增加值数据是按照国家统计局制定的新《统计用产品分类目录》进行了调整。

三、资料来源

全省农作物播种面积及产量、畜牧业生产情况由河南省统计局农业处和国家统计局河南调查总队编辑整理。农村基本情况、农林牧渔业增加值、市级农作物播种面积及产量、市级畜牧业生产情况等由河南省统计局农业处编辑整理。林业生产情况、渔业生产情况、耕地面积、灌溉、水库和除涝、治水、治碱资料，农业机械拥有情况及农机化作业情况、农村基层组织情况等由河南省统计局农业处根据河南省林业厅、河南省农业厅水产局、河南省国土资源厅、河南省水利厅、河南省农业机械化管理局、河南省民政厅等部门提供的资料整理编辑。市级粮食产量数据由河南省地方调查队编辑整理。

Brief Introduction

I. Main Contents

The data in this chapter show the basic conditions of agricultural production and rural economy, including mainly cultivated number of rural employed persons, land, quantity of agricultural machinery, value-added of agriculture, forestry, animal husbandry and fishery, sown areas of farm crops, output of major products and livestock, facilities of water conservancy and efforts to eliminate water-logging and combat alkalinity, productive fixed assets owned by rural households.

II. Scope of Statistics

Statistics on agriculture cover in agriculture statistics are production activities in agriculture, forestry, animal husbandry and fishery undertaken by rural economic units of various types and by rural households; production activities of farms specializing in agriculture, forestry, animal husbandry and fishery; production activities in agriculture undertaken by government agencies, institutions, schools and military units; production activities in agriculture undertaken by collective farms run by townships and villages; and production activities in agriculture, forestry, animal husbandry and fishery undertaken by manufacturing and mining enterprises.

Data on value-added of agriculture, forestry, animal husbandry and fishery and production of agriculture and animal husbandry in 2006 have been reflected basis on the second agricultural census. Data on value-added of agriculture and forestry since 2010 are adjusted according to the new classified catalogue of statistics product which formulated by NBS.

III. Sources of Data

Data on provincial sown areas, output of farm crops and livestock production are provided by Department of agricultural of the Henan provincial Bureau of Statistics and Department of Henan Survey organizations, NBS. Data on rural basic situation, value-added of agriculture, forestry, animal husbandry and fishery, municipal sown areas, output of farm crops and livestock production are provided by Department of agricultural of the Henan provincial Bureau of Statistics. Data on forestry, fishery, sown areas, irrigation and reservoirs, data on efforts to eliminate water-logging, to prevent floods by water control and to combat alkalinity, agricultural machinery, agricultural mechanization conditions and rural grassroots units are calculated by Henan province Bureau of statistics according to Henan provincial Bureau of forestry, Henan province agriculture department of administration, Henan provincial Bureau of Land and Resources, Henan provincial Bureau of water, Henan province administration of agricultural mechanization and Henan provincial Bureau of Civil affairs. Data on municipal output of farm crops come from Henan provincial survey organizations.

13-1 农村基本情况(年底数)

Basic Statistics on Rural Areas (Year-end)

指　标	Item	2000	2005	2010	2011	2012	2013	2014
农村基层组织(个)	**Rural Grassroots Units (unit)**							
乡镇	Number of Township and Town Governments	2129	1907	1878	1863	1841	1840	1821
#镇	Number of Town Governments	844	841	949	1011	1014	1085	1103
村民委员会	Number of Villagers' Committees	48206	48064	47311	47347	47140	46997	46938
农村基础设施（个）	**Social Basic Facilities In Rural Areas(unit)**							
自来水受益村数	Number of Villages with Access to Tap Water	13252	17369	26329	28214	29882	31284	33797
通有线电视村数	Number of Villages with Cable TV							43194
通宽带村数	Number of Vllages with Broadband							45764
乡村劳动力和从业人员	**Number of Rural Laborer and Employed Persons**							
乡村户数(万户)	Number of Rural Households (10 000 households)	1972	2026	2061	2062	2066	2049	2037
乡村劳动力资源数(万人)	Number of Rural Laborer Resource (10 000 persons)	5069	5167	5338	5353	5367	5334	5309
#男	Male				2844	2854	2833	2824
女	Female				2509	2512	2502	2485
乡村从业人员(万人)	Number of Rural Employed Persons (10 000 persons)	4712	4752	4915	4911	4905	4851	4807
#男	Male	2493	2517	2630	2626	2624	2591	2570
女	Female	2220	2235	2285	2285	2281	2261	2237
#农业	Agricultural	3559	3128	2698	2655	2611	2541	2621

注：乡镇个数、镇个数、村民委员会个数为民政部门数据。
a)Number of Township and Town Governments,Villagers' Committees are taken from civil administration department.

13-2 各市农村基本情况(2014年底)

Basic Conditions of Rural Areas by City (End of 2014)

市(县) City(County)	乡村户数 (万户) Number of Rural Households (10 000 households)	乡村劳动力资源数 (万人) Number of Rural Laborer Resource (10 000 persons)	男 Male	女 Female	乡村从业人员 (万人) Number of Rural Employed Persons (10 000 persons)	男 Male	女 Female	#农业 Farming
省辖市 City								
郑州市 Zhengzhou	102.94	265.43	143.23	122.20	235.78	128.18	107.60	103.76
开封市 Kaifeng	99.63	269.60	142.71	126.89	249.70	131.02	118.68	133.81
洛阳市 Luoyang	125.69	325.46	171.79	153.67	291.83	155.52	136.31	154.61
平顶山市 Pingdingshan	103.03	264.36	141.29	123.07	240.47	129.92	110.55	145.84
安阳市 Anyang	122.67	303.82	163.51	140.31	273.34	150.08	123.26	154.96
鹤壁市 Hebi	25.92	68.17	36.98	31.18	60.70	33.97	26.74	27.26
新乡市 Xinxiang	106.12	268.84	143.82	125.02	244.14	131.40	112.74	109.95
焦作市 Jiaozuo	64.72	166.33	88.13	78.20	149.41	79.78	69.63	74.68
濮阳市 Puyang	73.58	204.36	108.12	96.25	189.79	101.93	87.86	113.04
许昌市 Xuchang	81.06	216.06	114.72	101.34	201.25	106.22	95.03	116.52
漯河市 Luohe	54.64	143.15	75.86	67.29	130.17	69.01	61.16	76.41
三门峡市 Sanmenxia	44.46	105.50	56.41	49.09	94.02	50.29	43.74	60.92
南阳市 Nanyang	244.39	622.97	335.73	287.24	555.00	302.84	252.16	322.37
商丘市 Shangqiu	189.94	475.95	250.81	225.14	436.45	228.38	208.07	251.07
信阳市 Xinyang	182.72	450.69	241.93	208.76	408.03	217.61	190.42	217.54
周口市 Zhoukou	221.09	581.12	305.70	275.43	542.89	288.20	254.69	302.00
驻马店市 Zhumadian	182.05	545.11	286.12	258.99	477.05	251.36	225.69	242.30
济源市 Jiyuan	12.20	31.62	16.88	14.73	26.80	14.29	12.51	13.79
省直管县 Province Administrating County								
巩义市 Gongyi	15.17	34.92	19.07	15.85	33.52	18.69	14.83	10.37
兰考县 Lankao	16.39	47.18	24.17	23.01	46.35	23.89	22.47	18.70
汝州市 Ruzhou	21.90	56.64	29.59	27.05	52.07	27.41	24.66	30.00
滑县 Huaxian	31.75	74.11	37.93	36.18	65.85	34.44	31.42	56.54
长垣县 Changyuan	13.16	34.81	19.37	15.44	32.07	17.85	14.22	7.04
邓州市 Dengzhou	36.52	102.10	54.02	48.08	85.24	45.39	39.85	52.85
永城市 Yongcheng	34.12	89.14	46.92	42.22	81.11	42.22	38.89	26.58
固始县 Gushi	40.43	93.50	50.69	42.81	85.82	45.10	40.72	38.21
鹿邑县 Luyi	26.81	67.26	34.91	32.35	66.62	34.59	32.03	18.60
新蔡县 Xincai	22.33	66.31	33.81	32.50	66.28	33.80	32.48	21.63

13-3 农林牧渔业总产值

Value of Farming, Forestry, Animal Husbandry and Fishery

本表增加值按当年价格计算，指数按可比价格计算。

Data in this table are calculated at current prices.Indices are based on comparable prices.

年 份 Year	农林牧渔业 Farming, Forestry, Animal Husbandry and Fishery	农 业 Farming	林 业 Forestry	牧 业 Animal Husbandry	渔 业 Fishery	农林牧渔服务业 Service for Farming,Forestry, Animal Husbandry and Fishery
绝对值(亿元) Absolute value (100 million yuan)						
1949	17.19	15.32		1.86	0.01	
1952	27.74	24.51	0.03	3.16	0.04	
1957	31.57	27.92	0.20	3.38	0.07	
1962	28.13	24.68	0.16	3.22	0.07	
1965	42.17	36.87	0.35	4.84	0.11	
1978	95.38	81.74	2.58	10.87	0.19	
1980	134.62	113.17	3.88	17.28	0.29	
1985	241.54	188.79	10.29	41.19	1.27	
1990	502.01	372.19	20.77	105.17	3.88	
1995	1304.25	865.82	38.32	391.08	9.03	
1996	1606.04	1092.35	41.61	461.41	10.67	
1997	1710.12	1105.73	47.20	544.05	13.14	
1998	1823.01	1159.55	50.20	597.13	16.13	
1999	1906.75	1231.89	51.75	605.61	17.50	
2000	1981.54	1264.29	56.18	641.56	19.51	
2001	2102.79	1331.55	57.00	693.81	20.43	
2002	2192.02	1215.22	64.42	773.57	21.31	117.50
2003	2193.09	1137.74	69.11	833.93	23.31	127.00
2004	2963.92	1602.88	75.85	1117.23	27.96	140.00
2005	3309.70	1790.37	83.92	1251.65	35.26	148.50
2006	3348.94	2011.09	94.92	1067.85	29.38	145.70
2007	3879.93	2254.52	104.85	1326.09	44.47	150.00
2008	4669.54	2561.10	122.89	1761.18	59.00	165.38
2009	4871.51	2833.27	134.09	1654.29	64.94	184.92
2010	5734.20	3540.83	115.29	1805.89	71.23	200.96
2011	6218.64	3599.90	127.32	2198.38	72.55	220.50
2012	6679.04	3958.95	140.85	2255.61	86.40	237.23
2013	7198.08	4202.30	152.35	2486.28	93.52	263.64
2014	7549.11	4491.95	152.40	2505.20	105.10	294.46

13-3 续表 continued

本表增加值按当年价格计算，指数按可比价格计算。
Data in this table are calculated at current prices.Indices are based on comparable prices.

年 份 Year	农林牧渔业 Farming, Forestry, Animal Husbandry and Fishery	农 业 Farming	林 业 Forestry	牧 业 Animal Husbandry	渔 业 Fishery	农林牧渔服务业 Service for Farming,Forestry, Animal Husbandry and Fishery
指数(上年=100) **Index (Preceding year=100)**						
1952	101.1	98.4	182.1	128.5	78.1	
1957	107.8	105.6	116.6	129.7	127.4	
1962	115.4	109.7	137.7	191.0	84.9	
1965	128.2	126.1	134.8	146.8	105.5	
1978	109.6	110.2	109.7	105.3	100.7	
1980	105.0	106.4	117.9	93.7	114.0	
1985	104.3	98.8	119.3	143.6	130.5	
1990	107.8	107.0	105.0	111.9	119.8	
1995	117.6	113.3	106.1	128.5	115.3	
1996	112.6	111.2	110.8	115.4	115.1	
1997	107.9	105.6	103.3	112.5	117.3	
1998	106.9	105.3	104.7	109.7	114.7	
1999	107.7	108.8	103.7	106.3	108.9	
2000	105.4	104.2	105.6	107.2	112.1	
2001	105.6	105.4	101.3	106.2	104.5	
2002	104.3	104.9	105.2	103.1	113.7	
2003	98.0	90.4	103.8	106.9	108.3	108.7
2004	112.9	118.8	105.5	106.7	109.9	105.0
2005	107.5	107.7	104.7	107.6	122.5	104.0
2006	107.4	108.1	107.7	106.6	119.0	102.7
2007	103.9	104.7	105.0	101.9	113.1	104.1
2008	105.8	105.1	107.9	107.0	108.5	105.0
2009	104.5	103.1	107.5	106.0	106.6	105.5
2010	104.6	104.3	104.5	105.0	107.5	105.0
2011	103.8	104.3	107.1	102.2	107.2	105.5
2012	104.5	104.2	104.9	104.6	105.8	106.0
2013	104.4	104.1	107.0	104.1	106.5	108.9
2014	104.2	103.9	104.8	104.1	107.8	109.5

13-4 各市农林牧渔业总产值(2014年)
Value of Farming, Forestry, Animal Husbandry and Fishery by City (2014)

本表按当年价格计算。
Data in this table are calculated at current prices.

单位：亿元 (100 million yuan)

市(县) City(County)	农林牧渔业 Farming, Forestry, Animal Husbandry and Fishery	农业 Farming	林业 Forestry	牧业 Animal Husbandry	渔业 Fishery	农林牧渔服务业 Service for Farming,Forestry, Animal Husbandry and Fishery
全省 Total	**7549.11**	**4491.95**	**152.40**	**2505.20**	**105.10**	**294.46**
省辖市 City						
郑州市 Zhengzhou	269.88	136.59	5.26	107.83	16.39	3.82
开封市 Kaifeng	521.18	307.63	7.94	168.22	6.74	30.66
洛阳市 Luoyang	432.51	232.53	38.43	129.91	5.77	25.87
平顶山市 Pingdingshan	305.21	143.81	12.40	136.55	4.88	7.57
安阳市 Anyang	367.10	249.62	12.47	93.33	0.81	10.87
鹤壁市 Hebi	120.35	44.91	1.12	68.56	1.18	4.58
新乡市 Xinxiang	387.96	216.41	5.03	148.36	7.15	11.00
焦作市 Jiaozuo	246.18	147.49	2.37	83.34	1.57	11.42
濮阳市 Puyang	279.52	161.70	6.24	102.01	1.85	7.73
许昌市 Xuchang	336.40	176.17	12.06	135.57	1.21	11.40
漯河市 Luohe	194.22	104.33	1.57	82.91	1.41	4.00
三门峡市 Sanmenxia	193.23	145.49	3.38	41.51	1.90	0.96
南阳市 Nanyang	818.37	501.43	17.28	263.80	13.14	22.72
商丘市 Shangqiu	674.76	441.81	8.74	194.01	10.23	19.97
信阳市 Xinyang	758.82	487.33	30.45	188.11	35.52	17.41
周口市 Zhoukou	826.88	521.10	14.80	240.31	5.69	44.97
驻马店市 Zhumadian	721.81	393.09	5.12	278.10	13.58	31.93
济源市 Jiyuan	36.76	15.66	2.36	16.08	2.28	0.36
省直管县 Province Administrating County						
巩义市 Gongyi	20.22	8.06	1.17	9.47	0.54	1.00
兰考县 Lankao	67.11	37.17	2.83	23.13	0.33	3.65
汝州市 Ruzhou	70.03	24.12	5.37	36.18	0.35	4.02
滑县 Huaxian	116.37	87.37	1.99	22.93	0.06	4.02
长垣县 Changyuan	56.46	34.69	2.16	17.99	0.51	1.11
邓州市 Dengzhou	163.62	100.27	0.93	53.94	0.81	7.67
永城市 Yongcheng	112.88	73.62	1.25	32.84	1.70	3.46
固始县 Gushi	133.16	82.70	1.90	40.29	6.86	1.41
鹿邑县 Luyi	89.45	52.97	1.50	29.42	0.46	5.11
新蔡县 Xincai	91.14	48.01	0.43	37.41	1.35	3.94

13-5 农林牧渔业增加值

Value-Added of Farming, Forestry, Animal Husbandry and Fishery

本表增加值按当年价格计算，指数按可比价格计算。

Data in this table are calculated at current prices.Indices are based on comparable prices.

年 份 Year	农林牧渔业 Farming, Forestry, Animal Husbandry and Fishery	农 业 Farming	林 业 Forestry	牧 业 Animal Husbandry	渔 业 Fishery	农林牧渔服务业 Service for Farming,Forestry, Animal Husbandry and Fishery
绝对值(亿元) Absolute value (100 million yuan)						
1985	173.43	139.96	9.19	23.07	1.21	
1990	325.77	251.82	16.61	54.08	3.26	
1995	762.99	512.10	28.55	215.85	6.49	
1996	937.64	644.25	31.04	254.70	7.65	
1997	1005.55	653.48	35.40	307.25	9.42	
1998	1068.58	690.35	37.65	329.21	11.37	
1999	1120.14	735.80	38.86	332.88	12.60	
2000	1160.22	751.03	41.72	353.77	13.70	
2001	1234.34	798.75	40.39	381.41	13.79	
2002	1246.44	722.49	37.73	431.69	15.20	39.33
2003	1239.70	673.54	42.16	466.45	16.55	41.00
2004	1692.79	956.92	46.27	624.53	19.85	45.22
2005	1892.01	1068.85	51.19	699.67	24.33	47.96
2006	1916.73	1196.84	57.72	595.05	20.21	46.91
2007	2217.65	1337.48	63.56	736.62	30.49	49.49
2008	2658.77	1514.57	74.26	975.22	40.32	54.39
2009	2769.05	1670.25	80.78	913.15	44.24	60.63
2010	3258.11	2080.78	69.49	993.79	48.37	65.68
2011	3512.24	2108.83	76.50	1205.96	49.10	71.84
2012	3769.54	2315.80	84.93	1233.46	58.29	77.05
2013	4058.98	2458.15	91.86	1359.60	63.10	86.28
2014	4261.67	2627.40	91.89	1369.79	70.92	101.66
指数(上年=100) Index (Preceding year=100)						
1985	100.8					
1990	105.4					
1995	111.9					
1996	111.3					
1997	107.6	105.3	104.2	112.0	117.8	
1998	107.0	105.4	104.7	109.7	114.6	
1999	107.2	108.2	103.0	106.2	106.3	
2000	104.5	103.2	105.2	106.6	110.2	
2001	105.5	105.4	96.4	107.1	100.2	
2002	104.5	103.8	103.2	105.4	115.3	
2003	97.5	90.1	108.0	106.9	108.3	106.9
2004	113.2	118.8	105.5	106.8	109.9	105.0
2005	107.6	107.7	104.7	107.6	119.0	104.0
2006	107.3	107.7	107.4	106.6	118.6	102.3
2007	103.8	104.7	105.0	101.5	111.7	104.1
2008	105.5	104.7	107.5	106.7	108.5	104.7
2009	104.2	102.9	107.2	105.8	106.3	105.2
2010	104.5	104.2	104.3	104.9	107.4	104.8
2011	103.7	104.2	107.0	102.0	106.9	105.3
2012	104.5	104.2	104.9	104.6	105.7	105.9
2013	104.3	104.1	107.0	104.1	106.5	108.9
2014	104.2	103.9	104.8	104.1	107.8	109.6

注：2010年起的增加值数据，按照2011年国家统计局修订的《统计用产品分类目录》进行计算。

a) Data of Value-Added of Farming, Forestry,Animal Husbandry and Fishery are calculated on new statistical product category in 2010.

13-6 各市农林牧渔业增加值(2014年)

Value-Added of Farming, Forestry, Animal Husbandry and Fishery by City (2014)

本表按当年价格计算。
Data in this table are calculated at current prices.

单位：亿元 (100 million yuan)

市(县)	City(County)	农林牧渔业 Farming, Forestry, Animal Husbandry and Fishery	农业 Farming	林业 Forestry	牧业 Animal Husbandry	渔业 Fishery	农林牧渔服务业 Service for Farming,Forestry, Animal Husbandry and Fishery
全省	**Total**	**4261.67**	**2627.40**	**91.89**	**1369.79**	**70.92**	**101.66**
省辖市	**City**						
郑州市	Zhengzhou	149.52	78.23	3.08	57.48	8.36	2.37
开封市	Kaifeng	285.16	178.53	5.56	88.71	2.89	9.48
洛阳市	Luoyang	247.44	137.66	27.37	63.03	3.94	15.45
平顶山市	Pingdingshan	170.91	87.42	8.51	67.68	3.54	3.77
安阳市	Anyang	211.08	147.32	6.98	50.47	0.44	5.87
鹤壁市	Hebi	65.87	27.77	0.65	34.24	0.80	2.40
新乡市	Xinxiang	227.38	134.78	3.46	80.10	4.94	4.09
焦作市	Jiaozuo	139.93	86.45	2.10	47.14	1.24	3.00
濮阳市	Puyang	158.07	92.19	4.59	57.63	1.27	2.40
许昌市	Xuchang	189.17	106.04	8.65	69.09	0.89	4.50
漯河市	Luohe	110.71	60.85	1.14	46.28	0.84	1.60
三门峡市	Sanmenxia	111.98	88.11	2.53	19.32	1.39	0.63
南阳市	Nanyang	478.43	315.67	12.87	130.91	9.42	9.55
商丘市	Shangqiu	380.48	272.89	6.80	87.56	7.52	5.70
信阳市	Xinyang	439.81	290.08	24.62	89.22	28.80	7.10
周口市	Zhoukou	461.22	313.06	10.94	119.04	4.15	14.04
驻马店市	Zhumadian	411.40	227.85	3.14	157.34	8.95	14.11
济源市	Jiyuan	21.97	9.34	1.68	9.19	1.52	0.24
省直管县	**Province Administrating County**						
巩义市	Gongyi	11.61	4.65	0.74	5.36	0.23	0.63
兰考县	Lankao	37.29	21.59	2.01	12.50	0.12	1.07
汝州市	Ruzhou	39.30	15.19	4.07	17.82	0.20	2.03
滑县	Huaxian	66.96	50.38	1.27	12.47	0.03	2.80
长垣县	Changyuan	32.39	20.70	1.28	9.41	0.37	0.64
邓州市	Dengzhou	95.60	64.20	0.68	26.94	0.54	3.25
永城市	Yongcheng	64.53	45.15	0.99	15.82	1.36	1.21
固始县	Gushi	76.74	49.62	1.53	19.50	5.48	0.62
鹿邑县	Luyi	50.70	30.70	1.09	15.70	0.33	2.87
新蔡县	Xincai	47.89	26.24	0.24	18.87	1.03	1.50

13-7 农业生产条件
Conditions of Agriculture

年 份 Year	乡村从业人员 (万人) Employed persons in Rural Area (10 000 persons)	#农、林、牧、渔业 Farming, Forestry, Animal Husbandry and Fishery	耕地面积 (千公顷) Area of Plow land (1 000 hectares)	农用机械总动力 (万千瓦) Total Power of Agricultural Machinery (10 000 kw)	农田有效灌溉面积 (千公顷) Effective Irrigated Area (1 000 hectares)	化肥施用折纯量 (万吨) Consumption of Chemical Fertilizer by 100% Effective Component (10 000 tons)	农村用电量 (亿千瓦小时) Electricity Consumption in Rural Areas (100 million kwh)	农药施用实物量 (万吨) Consumption of Chemical Pesticides (10 000 tons)	农用塑料薄膜使用量 (万吨) Plastic Film Use for Agriculture (10 000 tons)
1978	2384	2251	7157.3	974.4	3722.67	52.54	13.25		
1979	2429	2300	7138.7	1079.3	3636.00	60.05	14.59		
1980	2505	2365	7128.1	1178.0	3536.23	72.52	17.23		
1981	2576	2457	7121.3	1262.1	3388.00	81.90	20.85		
1982	2669	2515	7109.3	1356.3	3265.33	105.50	22.76		
1983	2711	2537	7100.7	1405.9	3210.00	130.67	23.50		
1984	2819	2565	7079.3	1507.0	3278.67	140.16	25.83		
1985	2932	2558	7033.2	1590.0	3189.97	143.58	28.33		
1986	2998	2561	6998.9	1737.9	3212.71	148.73	33.30		
1987	3096	2583	6972.6	1865.9	3250.07	135.58	37.29		
1988	3212	2636	6956.4	2004.2	3358.76	150.57	40.81		
1989	3284	2706	6944.4	2153.4	3438.00	184.25	45.20		
1990	3424	2820	6933.2	2264.0	3550.09	213.18	46.93	3.31	2.75
1991	3511	2913	6920.0	2330.4	3676.59	239.74	52.06	3.88	3.15
1992	3601	2947	6887.8	2424.4	3779.72	251.13	59.58	4.76	3.45
1993	3658	2902	6871.0	2624.0	3868.33	288.21	61.10	5.44	3.84
1994	3717	2859	6830.0	2780.5	3931.30	292.47	70.54	6.53	4.87
1995	3773	2808	6805.8	3115.4	4044.19	322.21	85.07	7.56	5.32
1996	3848	2816	6786.3	4256.4	4191.05	345.33	103.66	8.33	6.17
1997	4015	2903	6773.4	4337.9	4333.06	355.31	118.27	8.49	6.95
1998	4067	2940	6834.0	4764.4	4513.86	382.80	121.21	9.10	7.49
1999	4311	3299	6825.9	5342.9	4648.78	399.85	122.54	9.61	7.94
2000	4712	3559	6875.3	5780.6	4725.31	420.71	125.80	9.55	9.19
2001	4688	3472	6907.3	6078.7	4766.00	441.73	134.61	9.85	9.41
2002	4691	3393	7262.8	6548.2	4802.36	468.83	141.36	10.20	9.86
2003	4695	3321	7187.2	6953.2	4792.22	467.89	144.59	9.87	9.88
2004	4718	3235	7177.5	7521.1	4829.10	493.16	157.69	10.12	10.16
2005	4752	3128	7201.2	7934.2	4864.12	518.14	172.15	10.51	10.84
2006	4777	3039	7202.4	8309.1	4918.80	540.43	188.82	11.16	11.84
2007	4815	2910	7201.9	8718.7	4955.84	569.68	223.43	11.80	12.66
2008	4859	2837	7202.2	9429.3	4989.20	601.68	237.36	11.91	13.07
2009	4882	2754	8192.0	9817.9	5033.03	628.67	257.76	12.14	14.14
2010	4915	2698	8177.5	10195.9	5080.96	655.15	269.41	12.49	14.70
2011	4911	2655	8161.9	10515.8	5150.44	673.71	281.82	12.87	15.16
2012	4905	2611	8156.8	10872.7	5205.63	684.43	290.03	12.83	15.52
2013	4851	2541	8140.7	11150.0	4969.11	696.37	305.42	13.01	16.78
2014	4807	2621		11476.8	5101.74	705.75	313.23	12.99	16.35

注：2008年及以前年份耕地面积为年底常用面积数据，2009年数据为第二次全省土地调查数据，2010年以后数据已按2009年数据口径调整。(下表同)

a)Data of Plow land Area is cultivated area at year-end before 2008,data in 2009 is from The second provincial land survey,and data since 2010 is changed by 2009 caliber (The same as following tables).

13-8 各市耕地面积

Plow land Area by City

单位：千公顷 (1 000 hectares)

市(县) City(County)	2012	水田 Paddy field	水浇地 Irrigated land	旱地 dry land	2013	水田 Paddy field	水浇地 Irrigated land	旱地 dry land
全省 Total	**8156.76**	**756.68**	**4581.82**	**2818.27**	**8140.71**	**755.17**	**4567.78**	**2817.76**
省辖市 City								
郑州市 Zhengzhou	331.79	1.23	209.59	120.97	328.68	1.16	205.75	121.76
开封市 Kaifeng	416.17	6.40	390.52	19.25	414.37	6.34	389.14	18.89
洛阳市 Luoyang	432.60	1.75	85.30	345.55	432.61	1.73	84.67	346.21
平顶山市 Pingdingshan	321.80	1.11	220.07	100.62	321.75	1.11	219.65	101.00
安阳市 Anyang	410.02	0.04	332.64	77.34	409.87	0.04	332.62	77.21
鹤壁市 Hebi	121.79		111.95	9.85	120.62		110.69	9.93
新乡市 Xinxiang	475.51	41.40	414.44	19.67	475.41	41.04	414.71	19.65
焦作市 Jiaozuo	195.64	3.06	178.31	14.26	195.34	3.06	177.96	14.32
濮阳市 Puyang	283.63	25.35	255.84	2.44	283.28	25.27	255.56	2.45
许昌市 Xuchang	339.49		252.47	87.02	338.84	0.00	251.79	87.05
漯河市 Luohe	190.53		189.96	0.58	190.16		189.59	0.58
三门峡市 Sanmenxia	176.98	0.07	30.41	146.50	176.90	0.07	30.04	146.79
南阳市 Nanyang	1056.91	27.08	305.89	723.94	1054.45	26.99	304.50	722.96
商丘市 Shangqiu	708.35		569.48	138.86	706.94	0.00	568.25	138.68
信阳市 Xinyang	839.75	627.94	2.92	208.89	839.39	627.14	2.91	209.34
周口市 Zhoukou	857.77	0.35	811.15	46.27	856.19	0.35	809.72	46.12
驻马店市 Zhumadian	951.59	20.90	203.80	726.90	949.85	20.88	203.50	725.47
济源市 Jiyuan	46.45		17.09	29.36	46.07		16.72	29.36
省直管县 Province Administrating County								
巩义市 Gongyi	40.27		13.06	27.21	40.05		12.91	27.15
兰考县 Lankao	68.42	2.70	65.70	0.02	68.18	2.66	65.49	0.02
汝州市 Ruzhou	62.43		44.46	17.96	62.46		44.30	18.16
滑县 Huaxian	133.08		132.95	0.14	132.89		132.75	0.14
长垣县 Changyuan	69.46	4.38	65.00	0.08	69.42	4.37	64.96	0.08
邓州市 Dengzhou	169.91	0.01	63.77	106.13	169.38	0.01	63.57	105.80
永城市 Yongcheng	137.38		0.03	137.35	137.04		0.03	137.01
固始县 Gushi	156.94	144.28	0.26	12.40	156.85	144.19	0.26	12.40
鹿邑县 Luyi	85.33		85.32	0.01	85.38		85.37	0.01
新蔡县 Xincai	100.96		0.06	100.90	100.78		0.06	100.72

13-9 主要农业机械和农产品加工机械年末拥有量
Number of Agricultural Machinery and Machinery for Processing Farm Products at Year-end

指 标	Item	1980	1990	2000	2010	2013	2014
农业机械总动力(万千瓦)	**Total Power of Agricultural Machinery(10 000 kw)**	**1178.00**	**2263.99**	**5780.60**	**10195.94**	**11149.96**	**11476.81**
#柴油发动机动力	Diesel Engines		1588.55	4859.20	9029.20	9887.13	10186.96
汽油发动机动力	Benzine Engines		94.62	107.90	56.29	66.77	69.59
电动发动机动力	Electric Engines		580.82	812.40	1110.30	1196.01	1220.26
大中型拖拉机(混合台)(万台)	Large and Medium Tractors (10 000 units)	5.97	4.93	6.62	27.44	35.78	37.81
(万千瓦)	(10 000 kw)	216.90	174.30	216.80	969.55	1387.54	1505.01
小型(包括手扶)拖拉机(万台)	Mini-Tractors (10 000 units)	12.77	82.20	224.67	358.61	351.32	346.26
(万千瓦)	(10 000 kw)	111.10	758.40	2317.70	3797.50	3801.52	3756.09
大中型拖拉机配套农具(万部)	Number of Large and Medium Tractor Towing Farm Machinery (10 000 units)	7.41	6.57	11.87	64.26	84.99	89.61
小型拖拉机配套农具(万部)	Number of Mini-Tractor Towing Farm Machinery(10 000 units)	4.76	83.34	357.32	666.42	675.21	670.99
机引犁(万台)	Tractor-propelled Plough(10 000 units)	3.81	63.93	196.23	318.33	323.46	322.07
机引耙(万台)	Citation Machine harrow(10 000 units)	2.24	18.51	110.17	214.60	215.62	219.01
旋耕机(万台)	Rotary cultivator(10 000 units)		1.17	4.08	18.38	23.41	24.07
农用运输车(万辆)	Trucks for Agricultural(10 000 unit)			131.24	219.55	218.71	218.25
(万千瓦)	(10 000 kw)			1406.07	2744.90	2793.07	2793.25
农用排灌动力机械(万台)	Drainage and Irrigation Agricultural Machinery (10 000 unit)	80.52	86.93	125.58	160.05	165.58	168.67
(万千瓦)	(10 000 kw)	574.60	609.60	905.90	1147.75	1181.04	1191.39
柴油机(万台)	Diesel Engines (10 000 units)	43.50	32.59	47.52	54.00	54.68	54.58
(万千瓦)	(10 000 kw)	356.70	295.40	458.70	525.50	529.45	529.94
电动机(万台)	Electric Engines (10 000 units)	37.02	54.29	78.06	106.06	110.05	112.96
(万千瓦)	(10 000 kw)	218.10	314.00	447.20	622.25	647.37	658.33

13-9 续表　　Continued

指　　标	Item	1980	1990	2000	2010	2013	2014
节水灌溉机械(万套)	Watersaving Irrigation Machinery (10 000 sets)				17.37	20.81	21.30
农用水泵(万台)	Pumps (10 000 units)	56.53	79.51	175.89	216.29	223.63	223.44
联合收割机(台)	Combine Harvesters (unit)	799	837	26900	143760	200232	221261
水稻插秧机(部)	Rice Transplanter (unit)	1053			1250	2636	2924
割晒机(万台)	Swather motor(10 000 units)			28.38	8.28	6.20	5.90
机动脱粒机(万台)	Mobile thresher(10 000 units)	11.93	34.96	79.15	55.73	54.61	54.64
谷物烘干机(台)	Grain dryer (unit)	41	9	100	646	873	1097
种子加工机械(台)	Seed processing machinery (unit)	119	123	110	643	1214	1270
机动喷雾(粉)机(万部)	Mobile spray (powder) machines(10 000 units)	0.52	3.32	15.58	26.19	28.58	29.43
(万千瓦)	(10 000 kw)	1.00	5.40	24.90	50.15	54.61	55.55
饲草料加工机械(万台)	Hours processing machinery (10 000 units)	11.38	9.92	11.53	16.92	18.44	18.64
农产品初加工动力机械(万台)	Power Machinery processing of agricultural products (10 000 units)	32.86	53.09	67.76	80.24	83.19	84.36
(万千瓦)	(10 000 kw)	223.80	355.10	466.80	582.70	598.77	605.37
柴油机(万台)	Diesel Engines(10 000 units)	9.14	9.50	11.44	15.74	16.20	16.25
(万千瓦)	(10 000 kw)	84.80	88.20	118.70	156.71	153.75	154.51
电动机(万台)	Electric Engines(10 000 units)	23.72	43.59	53.46	64.50	66.87	67.87
(万千瓦)	(10 000 kw)	139.00	266.90	348.10	426.04	443.16	447.26
农产品初加工作业机械(万台)	Agricultural products processing machinery (10 000 units)			43.18	50.82	55.72	56.95
#粮食加工机	Food processing machine			32.31	34.80	35.28	35.65
棉花加工机	Cotton processing machine			3.87	4.94	4.49	4.49
油料加工机	Oil processing machine			6.82	8.88	9.22	9.27
农田基本建设机械(台)	Farmland capital construction machinery(unit)			5302	15743	18794	19332

13-10 各市农业机械和农产品加工机械年末拥有量(2014年)

市(县) City(County)	农业机械总动力(万千瓦) Total Power of Agricultural Machinery (10 000 kw)	柴油发动机动力 Diesel Engines	汽油发动机动力 Benzine Engines	电动机动力 Electric Engines	农用大中型拖拉机 Large and Medium Tractors (台) (unit)	农用大中型拖拉机 Large and Medium Tractors (万千瓦) (10 000 kw)	小型及手扶拖拉机 Mini-Tractors (万台) (10 000 units)	小型及手扶拖拉机 Mini-Tractors (万千瓦) (10 000 kw)
省辖市 City	**11476.81**	**10186.96**	**69.59**	**1220.26**	**378111**	**1505.01**	**346.26**	**3756.09**
郑州市 Zhengzhou	576.3	454.0	4.6	117.7	13898	64.95	11.50	111.83
开封市 Kaifeng	760.7	683.1	2.5	75.1	14290	69.23	21.23	231.06
洛阳市 Luoyang	501.0	400.3	5.0	95.7	9156	40.64	18.47	160.78
平顶山市 Pingdingshan	405.5	341.3	2.2	62.0	20679	75.28	10.31	111.81
安阳市 Anyang	632.0	516.5	3.9	111.6	12979	67.32	12.84	154.51
鹤壁市 Hebi	240.5	212.1	0.6	27.8	8130	29.35	7.60	99.43
新乡市 Xinxiang	754.2	660.0	1.9	92.3	21127	103.71	16.61	194.95
焦作市 Jiaozuo	405.8	347.0	1.2	57.6	12257	57.90	4.98	57.86
濮阳市 Puyang	450.9	375.9	3.3	71.7	11120	51.66	8.67	103.71
许昌市 Xuchang	384.0	316.2	1.1	66.8	8936	47.39	4.90	57.51
漯河市 Luohe	275.0	258.6	0.3	16.1	6672	38.29	8.79	110.60
三门峡市 Sanmenxia	176.5	149.7	1.5	25.3	3562	13.66	4.54	40.64
南阳市 Nanyang	1381.1	1263.7	12.6	104.8	42411	181.35	86.80	801.78
商丘市 Shangqiu	1192.9	1101.5	7.1	84.3	27611	138.13	22.19	272.07
信阳市 Xinyang	613.2	551.8	5.5	55.9	27829	99.55	18.73	189.22
周口市 Zhoukou	1170.6	1103.8	3.9	62.9	30760	148.82	35.25	394.31
驻马店市 Zhumadian	1445.2	1360.1	12.1	73.0	103149	263.23	51.06	645.53
济源市 Jiyuan	111.4	91.4	0.5	19.5	3545	14.57	1.80	18.49
省直管县 Province Administrating County								
巩义市 Gongyi	59.1	46.8	0.3	12.0	1762	0.18	1.34	11.05
兰考县 Lankao	98.0	85.1	0.2	12.7	2364	0.24	1.06	11.97
汝州市 Ruzhou	146.7	113.9	1.7	31.1	5829	0.58	3.16	30.80
滑县 Huaxian	260.4	223.9	1.7	34.8	2856	0.29	8.93	112.62
长垣县 Changyuan	114.0	106.6	0.3	7.1	2409	0.24	4.09	51.36
邓州市 Dengzhou	198.4	175.5	3.5	19.4	9678	0.97	12.69	93.22
永城市 Yongcheng	180.4	170.7	0.7	9.0	3963	0.40	4.10	51.90
固始县 Gushi	111.8	100.7	1.1	10.0	3653	0.37	3.52	27.83
鹿邑县 Luyi	127.4	119.4	0.2	7.8	3980	0.40	2.10	24.60
新蔡县 Xincai	162.7	147.0	1.1	14.6	11124	1.11	4.45	55.15

Number of Agricultural Machinery and Machinery for Processing Farm Products at Year-end by City (2014)

大中型拖拉机配套农具(部) Number of Large and Medium Tractor Towing Farm Machinery (unit)	小型拖拉机配套农具(万部) Number of Mini-Tractor Towing Farm Machinery (10000 units)	耕整地及种植机械(万台) Arable land and planting machinery (10 000 units)					
		机引犁 Tractor-propelled Plough	机引耙 Citation Machine harrow	旋耕机 Rotary cultivator	播种机 Drill Machine	化肥深施机 Fertilizer deep Shi Machine	秸秆粉碎还田机 Straw Mill
896127	**670.99**	**322.07**	**219.01**	**24.70**	**134.27**	**11.31**	**16.23**
31587	17.04	8.18	7.10	1.13	2.85	0.25	0.96
35910	32.01	18.05	10.66	1.23	5.24	1.10	1.00
19176	30.20	14.71	12.03	2.37	5.89	0.19	0.32
43897	19.42	9.77	5.03	1.33	6.09	0.08	0.74
36070	25.99	11.37	8.74	1.15	4.26	0.46	1.05
20032	19.34	7.49	7.19	0.28	4.00	0.40	0.42
41559	28.58	12.99	9.98	1.47	7.49	0.35	1.42
30667	6.66	3.09	0.91	0.79	3.52		1.15
24395	16.63	6.66	4.69	0.81	3.80	1.55	1.23
20202	9.11	5.79	1.83	0.74	3.01	0.79	0.68
15005	20.36	7.25	7.02	0.58	4.66	0.37	0.84
7594	6.51	2.86	1.34	0.48	0.78	0.09	0.08
120044	171.96	87.40	61.66	2.83	20.66	0.90	0.82
62962	36.56	15.95	5.38	2.50	10.05	1.96	1.93
30473	29.02	15.87	9.65	1.72	1.00	0.68	0.03
48424	63.04	36.38	17.74	2.50	10.83	1.18	1.12
298388	134.07	57.27	47.51	2.36	38.99	0.95	2.27
9742	4.51	0.98	0.55	0.45	1.14	0.01	0.18
3439	1.69	0.86	0.43	0.14	0.36	0.02	0.06
3767	2.80	1.22	0.96	0.18	0.53	0.11	0.11
7813	5.38	2.46	0.87	0.46	1.72		0.16
5868	18.51	7.87	7.27	0.24	2.83	0.22	0.30
6608	6.38	3.08	1.73	0.17	2.02	0.05	0.17
27738	17.20	10.69	5.63	0.89	1.39	0.31	0.19
9353	7.61	2.43	0.80	0.40	2.13	0.12	0.18
3830	4.67	2.64	1.78	0.27	0.01	0.01	
7300	3.05	1.55	0.85	0.53	0.76	0.02	0.16
31053	12.84	5.27	4.02	0.39	2.64	0.05	0.19

13-10 续表 1

市(县) City(County)	农用排灌动力机械 Irrigation and drainage of agricultural power machinery (万台) (10 000 units)	(万千瓦) (10 000 kw)	柴油机 Diesel Engines (万台) (10 000 units)	(万千瓦) (10 000 kw)	电动机 Electric Engines (万台) (10 000 units)	(万千瓦) (10 000 kw)	农用水泵 (万台) Agricultural pumps (10 000 units)	节水灌溉机械 (万套) Water-saving irrigation machinery (10 000 units)
省辖市 City	**168.67**	**1191.39**	**54.58**	**529.94**	**112.96**	**658.33**	**223.44**	**21.30**
郑州市 Zhengzhou	9.64	77.03	1.83	14.38	7.80	62.59	10.06	1.24
开封市 Kaifeng	12.61	79.09	3.25	32.87	9.35	46.20	14.30	3.07
洛阳市 Luoyang	7.79	66.31	2.80	23.36	4.99	42.80	3.94	1.26
平顶山市 Pingdingshan	7.22	50.36	1.90	20.45	5.31	29.88	9.02	0.62
安阳市 Anyang	12.75	93.76	0.99	12.01	11.75	81.52	17.32	0.05
鹤壁市 Hebi	3.61	26.62	0.51	5.43	3.10	21.19	4.48	0.14
新乡市 Xinxiang	14.44	101.86	3.88	51.47	10.56	50.20	16.97	0.28
焦作市 Jiaozuo	7.97	45.43	0.21	1.96	7.74	43.39	7.28	0.04
濮阳市 Puyang	11.93	92.43	4.58	44.59	7.31	47.60	15.01	0.15
许昌市 Xuchang	10.78	58.38	1.90	22.18	8.86	35.85	9.81	0.01
漯河市 Luohe	5.14	34.84	3.30	25.02	1.82	9.72	6.29	0.29
三门峡市 Sanmenxia	1.64	15.69	0.58	5.26	1.06	10.40	1.55	0.39
南阳市 Nanyang	11.22	70.17	3.79	31.66	6.63	38.44	21.05	1.88
商丘市 Shangqiu	19.71	131.25	8.84	89.57	10.76	41.38	18.50	2.45
信阳市 Xinyang	7.67	69.34	5.21	44.36	2.47	24.88	9.19	0.40
周口市 Zhoukou	15.25	98.65	7.84	70.74	7.39	26.99	37.59	1.45
驻马店市 Zhumadian	7.85	68.45	3.16	34.50	4.64	33.67	19.76	7.57
济源市 Jiyuan	1.44	11.76	0.03	0.13	1.41	11.64	1.33	0.02
省直管县 Province Administrating County								
巩义市 Gongyi	0.44	4.88	0.01	0.06	0.43	4.81	0.44	0.01
兰考县 Lankao	2.11	14.84	0.71	7.19	1.40	7.65	2.35	0.27
汝州市 Ruzhou	3.02	25.29	1.05	11.70	1.96	13.59	3.51	0.00
滑县 Huaxian	4.57	28.22			4.57	28.22	6.08	0.00
长垣县 Changyuan	1.43	11.04	0.54	7.05	0.89	3.99	1.98	0.11
邓州市 Dengzhou	1.47	9.47	0.82	6.03	0.56	3.44	5.28	0.28
永城市 Yongcheng	2.08	20.35	1.56	16.99	0.52	3.36	2.20	0.70
固始县 Gushi	2.22	17.23	1.60	11.63	0.62	5.61	2.38	0.01
鹿邑县 Luyi	3.03	11.66	0.48	6.24	2.55	4.81	3.25	0.18
新蔡县 Xincai	0.53	5.02	0.30	3.29	0.23	1.73	1.49	1.28

continued

联合收割机 Combine harvester		水稻插秧机 (台) Rice Transplanter (unit)	瞎晒机 (台) Blind drying machine (unit)	机动脱粒机 (台) Mobile thresher (unit)	谷物烘干机 (台) Grain dryer (unit)	机动喷雾(粉)机 (台) Mobile spray machines (unit)	饲草料加工机械 (台) Hours processing machinery (units)
(台) (unit)	(万千瓦) (10 000 kw)						
221261	**1167.54**	**2924**	**59040**	**546363**	**1097**	**294250**	**186406**
8675	53.92		4056	32896	32	11446	8190
12443	64.39	59	345	40815	380	7410	12823
4822	21.67		24766	106171	17	13240	9091
7562	35.68	4	1712	19029	4	5863	11455
14586	72.71		252	49523	80	19283	5743
7745	37.44		218	5138	4	4579	1367
17624	92.69	76	4722	16486	9	8837	16513
8215	38.19	20		11688	49	7175	5369
8220	47.11	49	3451	20127	40	11482	4281
9047	45.39			7445	50	7046	16796
6887	36.00			13160	35	2080	652
1923	9.01		852	24531	35	8170	4814
13948	77.52	144	2070	40395	101	53503	12918
27161	130.08		3730	67464	5	37538	22320
15732	79.26	2564	1178	13693	77	14514	6785
27485	149.67		4789	41497	33	20977	16787
27570	168.17	8	6000	31308	96	57373	25573
1616	8.63		899	4997	50	3734	4929
796	3.67		43	10586	1	469	1479
2519	15.16	1		8448		782	1152
2257	10.93		1712	11264	2	3640	6310
4434	21.03			10375		10490	2373
2167	10.95			2224	3	1347	588
3513	21.55			1360	12	12680	1658
4995	23.77		2140	11010		6616	5577
2082	10.88	799		177	8	3550	1255
3150	20.24					1450	1225
2498	13.46	2		5100	8	6980	6050

13-10 续表 2

市(县) City(County)	农田基本建设机械 Farmland capital construction machinery (台) (unit)	农田基本建设机械 (万千瓦) (10 000 kw)	农产品初加工动力机械 Power Machinery processing of agricultural products (万台) (10 000 units)	农产品初加工动力机械 (万千瓦) (10 000 kw)	#柴油机 Diesel Engines (万台) (10 000 units)	#柴油机 (万千瓦) (10 000 kw)	#电动机 Electric Engines (万台) (10 000 units)	#电动机 (万千瓦) (10 000 kw)
省 辖 市 City	**19332**	**116.65**	**84.36**	**605.37**	**16.25**	**154.51**	**67.87**	**447.26**
郑 州 市 Zhengzhou	2909	22.61	4.71	37.33	0.08	1.03	4.63	36.20
开 封 市 Kaifeng	1815	8.54	5.48	37.34	2.30	13.16	3.18	24.17
洛 阳 市 Luoyang	1955	11.69	7.45	54.46	1.13	12.21	6.32	42.25
平 顶 山 市 Pingdingshan	924	5.50	3.89	25.64	0.32	2.95	3.54	22.43
安 阳 市 Anyang	1041	5.94	3.56	23.22	0.14	1.40	3.40	21.82
鹤 壁 市 Hebi	52	0.34	1.05	7.23	0.03	0.78	1.02	6.08
新 乡 市 Xinxiang	1483	9.19	5.67	40.01	1.07	5.50	4.60	33.92
焦 作 市 Jiaozuo	1084	3.15	1.77	11.34	0.02	0.16	1.75	11.18
濮 阳 市 Puyang	728	4.06	2.27	19.63	0.22	1.67	2.05	17.96
许 昌 市 Xuchang	824	4.39	4.88	30.77	0.39	4.80	4.38	24.94
漯 河 市 Luohe	130	0.77	1.33	10.07	0.34	3.99	0.99	6.08
三 门 峡 市 Sanmenxia	561	4.05	2.05	13.88	0.31	2.83	1.74	11.05
南 阳 市 Nanyang	1603	10.59	8.95	66.78	1.32	13.80	7.63	52.98
商 丘 市 Shangqiu	1157	5.10	9.49	72.95	3.11	30.39	6.37	42.35
信 阳 市 Xinyang	930	4.93	7.99	51.47	2.20	22.72	5.79	28.17
周 口 市 Zhoukou	449	2.37	6.64	49.15	1.25	15.07	5.37	33.86
驻 马 店 市 Zhumadian	1277	9.15	6.69	50.78	2.02	22.03	4.62	28.53
济 源 市 Jiyuan	410	4.29	0.48	3.32	0.00	0.01	0.47	3.31
省 直 管 县 Province Administrating County								
巩 义 市 Gongyi	225	2.01	1.05	5.92	0.00	0.01	1.05	5.91
兰 考 县 Lankao	195	0.77	0.87	5.73	0.15	1.57	0.72	4.16
汝 州 市 Ruzhou	279	1.59	1.82	13.66	0.14	1.39	1.65	12.01
滑 县 Huaxian	298	1.75	1.03	6.58			1.03	6.58
长 垣 县 Changyuan	235	1.29	0.49	3.99	0.12	1.26	0.36	2.73
邓 州 市 Dengzhou	340	1.93	1.32	13.23	0.06	0.82	1.27	12.41
永 城 市 Yongcheng	131	0.76	1.28	8.31	0.43	2.90	0.85	5.40
固 始 县 Gushi	239	1.27	0.72	7.32	0.30	2.95	0.42	4.37
鹿 邑 县 Luyi	85	0.68	0.40	2.95			0.40	2.95
新 蔡 县 Xincai	208	1.37	0.79	6.89	0.15	1.67	0.63	5.22

continued

农用运输车 Trucks for Agricultural (万辆) (10 000 units)	(万千瓦) (10 000 kw)	#三轮运输车 Tricycle (万辆) (10 000 units)	(万千瓦) (10 000 kw)	农产品初加工作业机械(万台) Agricultural products processing machine (10 000 units)	粮食加工机械 Food processing machine	棉花加工机械 Cotton processing machine	油料加工机械 Oil processing machine
218.25	**2793.25**	**196.72**	**2294.60**	**56.95**	**35.65**	**4.49**	**9.27**
11.77	166.63	9.79	114.05	2.99	2.37	0.20	0.37
19.55	224.62	18.68	206.93	2.98	1.27	0.56	0.64
6.60	108.15	4.85	62.07	4.55	3.28	0.61	0.66
6.86	86.28	5.73	63.59	2.72	2.13	0.19	0.39
14.28	197.84	13.42	178.34	3.01	2.21	0.27	0.49
4.13	39.08	3.83	33.49	0.75	0.57	0.10	0.07
17.15	206.83	16.29	180.12	2.66	1.98	0.19	0.39
17.45	183.79	16.73	167.80	1.13	0.90	0.08	0.16
10.95	124.24	9.87	112.88	1.83	1.30	0.14	0.39
9.86	128.53	8.44	96.44	2.21	1.68	0.27	0.26
3.08	43.56	2.95	41.34	0.73	0.51	0.10	0.12
5.73	62.80	5.27	53.48	0.93	0.72	0.06	0.12
7.55	108.76	5.97	72.30	5.69	3.66	0.38	1.42
37.11	436.84	34.29	371.92	4.77	3.25	0.41	1.06
6.66	100.63	4.78	59.11	8.37	3.21	0.16	0.58
25.38	314.84	23.65	283.64	6.60	2.92	0.48	1.15
11.01	216.76	9.53	167.78	4.72	3.43	0.26	1.00
3.13	43.09	2.65	29.33	0.31	0.29	0.01	0.01
0.55	10.88	0.35	3.83	0.52	0.47	0.01	0.01
3.38	36.76	3.27	34.80	0.31	0.18	0.03	0.10
2.97	36.02	2.47	25.64	0.62	0.51	0.04	0.07
5.44	70.41	5.36	67.32	0.54	0.41	0.00	0.12
2.03	23.15	2.01	22.24	0.36	0.26	0.02	0.07
0.61	10.78	0.29	4.24	0.54	0.39	0.01	0.14
4.55	54.77	4.35	49.38	0.69	0.50	0.07	0.12
1.45	28.82	0.96	14.86	0.73	0.52	0.02	0.19
3.95	51.78	3.70	47.75	2.27	0.13	0.03	0.07
2.07	41.27	1.81	31.93	0.51	0.41	0.01	0.09

13-11 农业机械化、能源、主要物资消耗及水利建设情况

Agricultural Mechanization, Energy Resources, Consumption of main materials and Construction of Water Conservancy

指 标	Item	2000	2005	2010	2013	2014
农业机械化情况	**Agricultural Mechanization**					
当年实际机耕面积(千公顷)	Area Cultivated by Machine This Year (1 000 hectares)	5607	5804	8260	8987	9084
当年机械播种面积(千公顷)	Area Sown by Machine This Year (1 000 hectares)	4648	5855	9063	9621	10205
为农作物播种面积(%)	Percentage to Sown Area of Crops (%)	35.40	42.10	63.60	67.20	70.98
当年机械收获面积(千公顷)	Mechanical Harvest Area This Year (1 000 hectares)	4250	4801	7374	9251	9429
为农作物播种面积(%)	Percentage to Sown Area of Crops (%)	32.40	34.50	51.80	64.60	65.58
农村能源情况	**Agricultural Energy**					
农村用电量(亿千瓦小时)	Electricity Consumed in Rural Area (100 million kwh)	125.80	172.15	269.41	305.42	313.23
农业主要物资消耗情况	**Agricultural Consumption of main materials**					
农用化肥施用折纯量(万吨)	Consumption of Chemical Fertilizer by 100%					
	Effective Component (10 000 tons)	420.71	518.14	655.15	696.37	705.75
农用塑料薄膜使用量(万吨)	Plastic Film Use for Agriculture (10 000 tons)	9.19	10.84	14.70	16.78	16.35
农药施用实物量(万吨)	Pesticide Use (10 000 tons)	9.55	10.51	12.49	13.01	12.99
农用柴油使用量(万吨)	Diesel Oil Use for Agriculture (10 000 tons)	79.56	89.79	107.92	113.43	115.95
农田水利建设情况	**Farm Water Conservancy Condition**					
灌溉面积(千公顷)	Irrigated Area (1 000 hectares)	4785.59	4941.21	5172.01	5088.5	5521.62
#耕地灌溉面积	Cultivated Irrigated Area	4725.31	4864.12	5080.96	4969.11	5101.74
林地灌溉面积	Woodland Irrigated Area	11.21	23.28	33.07	59.91	61.23
园地灌溉面积	Garden Irrigated Area	46.43	50.11	51.4	44.66	45.3
#节水灌溉面积	Water Saving Irrigated Area	949.61	1309.14	1536.64	1295.84	1476.53
节水灌溉面积占灌溉	Mechanical and Electrical Irrigated Area Percentage					
面积比重(%)	to Effective Irrigated Area (%)	19.8	26.5	29.7	25.5	28.3
农业灌溉供水量(万立方米)	Irrigated Water Supply (10 000 cu.m)	1355863	1034076	1162144	1426240	1174899

注：2011年以后的水利建设情况数据根据第一次全国水利普查数据调整。
a)Data on the construction of water conservancy is calculated from The first National water resources census since 2011.

13-12 各市农业机械化、能源及水利建设情况(2014年)

Agricultural Mechanization, Energy Resources Construction of Water Conservancy by City (2014)

市(县)	City(County)	农业机械化情况 Agricultural Mechanization			农村能源情况 Agricultural Energy Resources	水利建设情况 Water Conservancy		
		机耕面积 (千公顷) Area Ploughed by Tractors (1 000 hectares)	机播面积 (千公顷) Area Sown by Machines (1 000 hectares)	机收面积 (千公顷) Area Harvested by Machines (1 000 hectares)	农村用电量 (亿千瓦小时) Electricity Consumption in Rural Areas (100 million kwh)	水库数量 (座) Reservoir (unit)	塘坝数量 (座) Spoilage (unit)	机电井数量 (眼) Motor-pumped Well (unit)
省辖市	**City**							
郑州市	Zhengzhou	262.55	371.29	333.21	37.34	164	591	58908
开封市	Kaifeng	533.84	614.81	521.04	8.69	2		194770
洛阳市	Luoyang	369.07	375.15	278.32	23.91	169	689	17128
平顶山市	Pingdingshan	258.84	402.38	314.85	11.61	195	1286	54267
安阳市	Anyang	352.61	508.21	538.34	29.73	159	940	485176
鹤壁市	Hebi	88.19	159.04	172.05	2.28	38	170	24893
新乡市	Xinxiang	439.26	606.15	592.66	64.25	41	711	224295
焦作市	Jiaozuo	175.64	284.45	284.20	14.11	40	144	65048
濮阳市	Puyang	268.99	320.83	342.07	8.52			202508
许昌市	Xuchang	334.56	448.98	381.33	10.21	47	163	511386
漯河市	Luohe	211.14	283.43	267.48	5.47			228103
三门峡市	Sanmenxia	110.76	101.20	93.91	3.70	172	141	37271
南阳市	Nanyang	1522.36	1409.15	1114.94	20.07	513	21224	970933
商丘市	Shangqiu	713.34	1174.33	1031.18	22.14	27		186298
信阳市	Xinyang	1017.62	357.87	774.00	15.39	992	148293	583410
周口市	Zhoukou	1101.84	1322.48	1172.98	15.68			180932
驻马店市	Zhumadian	1299.50	1414.61	1166.34	17.98	190	5230	498697
济源市	Jiyuan	23.90	51.00	50.12	2.15	23	444	3727
省直管县	**Province Administrating County**							
巩义市	Gongyi	24.67	39.56	34.65	13.92	14	68	1973
兰考县	Lankao	72.73	114.63	99.56	2.41			14438
汝州市	Ruzhou	60.84	109.83	98.21	3.07	26	323	11557
滑县	Huaxian	113.33	215.20	193.07	4.62	1		147376
长垣县	Changyuan	69.40	95.89	95.67	5.61			10436
邓州市	Dengzhou	326.93	306.87	226.52	2.11	18	2715	226015
永城市	Yongcheng	122.08	204.02	184.61	3.89	1		25009
固始县	Gushi	246.30	72.10	168.33	2.93	61	18131	137798
鹿邑县	Luyi	102.85	153.80	150.76	1.41			19830
新蔡县	Xincai	163.44	161.76	146.17	0.86	3	275	129018

13-15 水库、灌区情况
Reservoirs and Irrigated Areas

指 标	Item	2000	2010	2012	2013	2014
年底水库数(座)	**Number of Reservoirs at Year-end (unit)**	**2396**	**2350**	**2661**	**2663**	**2648**
大型水库(1亿立方米以上)	Large Reservoirs (100 million and over cu.m)	21	21	25	25	25
中型水库(1千万至1亿立方米)	Medium-sized Reservoirs (10 million - 100 million cu.m)	102	108	121	121	121
小型水库(10万至1千万立方米)	Small Reservoirs (100 thousand -10 million cu.m)	2273	2221	2515	2517	2502
塘坝数量(座)	Small Reservoirs (in a hilly area,unit)		277838	142434	141113	158514
窖池数量(座)	Pits(unit)				275431	276594
年底灌区数(处)	Number of Irrigation Areas at Year-end (unit)	171	191	664	664	666
规模以上灌区渠道长度(公里)	Irrigation channel length Above designated size (km)		2075	2296	2296	2246

13-16 除涝、治水、堤防情况
Condition of Flood Prevention, water-control and Embankment

指 标	Item	2000	2010	2012	2013	2014
除涝面积(千公顷)	Flooded or Waterlogged Area Under Control (1 000 hectares)	1848.11	1973.3	1980.34	1884.63	2031.69
水土流失综合治理面积（平方公里)	Area of Soil Erosion Under Control (sq.km)	3810	4413	4511	3237	3314
堤防长度(公里)	Total Length of Dikes (km)	15758	16313	16450	19361	19351
达标堤防长度(公里)	Standards Length of Dikes (km)		6440	11732	10265	10410
堤防保护耕地面积(千公顷)	Area of Land Protected by Dikes (1 000 hectares)	3260	3388	3231	3231	3482

13-17 农业生产情况

Agriculture Production

年 份 Year	播种面积(千公顷) Insemination Area (1 000hectares)	#粮食 Grain	#棉花 Cotton	#油料 Oil- bearing Crops	粮食产量(万吨) Grain Yield (10 000tons)	#小麦 Wheat	棉花产量(万吨) Cotton Yield (10 000tons)	油料产量(万吨) Oil- bearing Crops Yield (10 000tons)	园林水果产量(万吨) Garden Fruits Yield (10 000tons)
1978	10966.70	9123.30	612.00	465.33	2097.40	868.18	22.42	24.16	47.11
1979	10917.00	9066.70	555.33	632.67	2134.50	969.00	19.84	36.87	52.37
1980	10788.20	8858.90	626.67	710.00	2148.68	890.37	40.62	46.20	43.55
1981	11013.00	9029.30	641.33	744.67	2314.50	1083.50	35.50	55.99	52.30
1982	11076.00	8923.30	754.00	709.33	2217.10	1220.10	32.04	44.16	46.63
1983	11326.70	9286.70	794.00	607.33	2904.00	1455.75	63.24	51.52	58.67
1984	11432.70	8996.70	1162.00	579.33	2893.50	1653.00	86.89	52.50	41.01
1985	11685.30	9029.30	814.30	793.70	2710.53	1528.23	54.73	96.18	53.33
1986	11819.50	9372.20	619.33	921.33	2545.67	1567.90	39.86	98.99	61.23
1987	11952.90	9365.20	717.33	977.33	2948.41	1626.00	57.00	136.57	77.84
1988	11930.20	9053.80	916.03	952.84	2663.00	1520.95	63.71	96.17	74.81
1989	11999.40	9262.00	836.15	915.43	3149.44	1695.13	52.72	118.48	76.75
1990	11889.70	9316.10	823.00	876.40	3303.66	1639.86	67.61	152.29	63.92
1991	12001.90	9040.40	1193.20	896.00	3010.30	1554.28	94.77	127.62	63.67
1992	11936.30	8804.70	1247.90	908.60	3109.61	1650.67	65.85	133.63	87.79
1993	12068.00	8969.00	974.00	1075.00	3639.21	1922.13	66.01	204.50	125.12
1994	12087.70	8810.90	966.70	1242.00	3253.80	1798.42	62.81	225.00	170.54
1995	12136.80	8810.00	1000.10	1271.50	3466.50	1754.18	77.00	298.00	211.66
1996	12257.40	8965.30	933.30	1181.10	3839.90	2026.76	73.57	278.46	247.26
1997	12276.74	8879.90	868.30	1208.50	3894.66	2372.35	79.00	276.66	269.26
1998	12567.05	9101.98	800.00	1235.90	4009.61	2073.53	72.84	312.13	312.60
1999	12659.90	9032.30	733.30	1316.10	4253.25	2291.46	70.73	349.25	349.42
2000	13136.91	9029.60	779.33	1492.54	4101.50	2235.95	70.38	392.55	364.73
2001	13127.70	8822.79	858.20	1443.97	4119.88	2299.71	82.77	362.49	399.12
2002	13359.80	8975.10	793.10	1537.00	4209.98	2248.39	76.49	420.68	427.01
2003	13684.40	8923.30	926.67	1569.90	3569.47	2292.50	37.67	309.91	430.38
2004	13805.69	8970.07	951.80	1554.96	4260.00	2480.93	66.67	408.75	507.07
2005	13922.60	9153.40	781.47	1605.80	4582.00	2577.69	67.70	449.60	555.69
2006	13995.39	9455.80	748.20	1489.10	5112.30	2936.50	81.00	460.07	591.78
2007	14087.84	9468.03	700.00	1497.41	5245.22	2980.21	75.00	483.98	663.49
2008	14181.67	9600.00	606.00	1518.32	5365.48	3051.00	65.08	505.34	714.09
2009	14196.59	9683.61	537.33	1541.22	5389.00	3056.00	51.75	532.98	755.90
2010	14248.69	9740.17	467.30	1564.12	5437.10	3082.22	44.72	540.72	795.99
2011	14258.61	9859.87	396.67	1578.91	5542.50	3123.00	38.24	532.36	833.58
2012	14262.17	9985.15	256.67	1573.63	5638.60	3177.35	25.69	569.51	870.43
2013	14323.54	10081.81	186.67	1589.93	5713.69	3226.44	18.97	589.08	888.30
2014	14378.34	10209.82	153.33	1598.21	5772.30	3329.00	14.70	584.33	896.00

13-18 农作物播种面积

Total Sown Areas of Farm Crops

单位：千公顷 (1 000 hectares)

指 标	Item	2008	2009	2010	2011	2012	2013	2014
播种面积总计	**Total**	**14181.67**	**14196.59**	**14248.69**	**14258.61**	**14262.17**	**14323.54**	**14378.34**
粮食作物	Grain	9600.00	9683.61	9740.17	9859.87	9985.15	10081.81	10209.82
夏收粮食	Summer Harvest	5286.67	5290.00	5306.67	5353.33	5366.67	5393.33	5433.33
秋收粮食	Autumn Harvest	4313.33	4393.61	4433.50	4506.54	4618.48	4688.48	4776.49
谷物	Cereal	8741.10	8838.97	8920.89	9055.35	9152.78	9276.11	9408.47
稻谷	Rice	604.67	611.30	628.00	638.00	648.16	641.33	649.67
小麦	Wheat	5260.00	5263.30	5280.00	5323.33	5340.00	5366.66	5406.67
玉米	Corn	2820.00	2895.42	2946.00	3025.00	3100.00	3203.33	3283.86
谷子	Millet	34.50	37.96	36.37	35.87	35.37	35.53	35.68
高粱	Sorghum	3.73	3.97	3.85	3.15	2.58	2.59	5.93
其他谷物	Others	18.20	27.02	26.67	30.00	26.67	26.67	26.66
#大麦	Barley	18.20	25.20	26.67	30.00	26.67	26.67	26.66
豆类	Beans	551.00	529.29	513.40	505.87	520.45	503.78	453.67
#大豆	Soybean	486.10	467.00	452.98	445.69	460.52	443.85	399.70
绿豆	Mung bean	60.80	58.05	53.31	54.29	55.29	54.07	48.69
红薯	Tubers	307.90	315.35	305.88	298.65	311.92	301.92	347.68
油料	Oil- bearing Crops	1518.32	1541.22	1564.12	1578.91	1573.63	1589.93	1598.21
#花 生	Peanuts	956.73	975.35	989.49	1010.58	1007.11	1037.27	1058.32
油菜籽	Rapeseeds	376.61	381.96	393.26	383.45	380.42	371.33	361.62
芝 麻	Sesame	177.99	177.46	175.96	177.49	180.67	175.80	172.57
棉花	Cotton	606.00	537.33	467.30	396.67	256.67	186.67	153.33
生麻	Fiber Crops	11.39	7.48	7.44	8.13	6.61	6.54	4.68
#黄红麻	Jute and Ambary Hemp	11.37	7.33	7.35	8.12	6.59	6.54	4.66
甘蔗	Sugarcane	3.49	5.00	3.92	3.96	3.97	3.95	3.86
烟叶	Tobacco	111.89	127.03	122.15	124.70	125.42	137.15	123.80
#烤烟	Flue-cured Tobacco	111.61	116.78	122.07	124.67	125.42	137.15	123.80
中草药材	Medicinal Materials	111.05	117.77	121.87	123.10	122.73	121.20	118.81
蔬菜及食用菌	Vegetables	1713.70	1692.21	1704.06	1720.10	1730.28	1745.78	1725.62
瓜果类	Fruits	315.76	333.02	341.75	329.13	330.62	336.39	326.42
#西瓜	Watermelon	259.98	280.48	284.56	265.74	276.59	282.01	274.16
甜瓜	Honey-dew Melon	51.10	46.10	49.46	58.58	49.02	49.07	46.98
草莓	Strawberries	4.68	4.23	4.80	4.81	5.01	5.31	5.29
其他农作物	Others	190.07	151.92	175.91	114.04	127.09	114.12	113.79
#青饲料	Succulence	18.59	9.92	7.51	5.80	4.18	4.19	4.03
花卉	Flower	69.91	86.68	83.93	91.20	71.17	70.97	77.43

13-19 主要农作物种植结构

Planting Structure of Major Farm Crops

单位：%　　(%)

指　标	Item	2008	2009	2010	2011	2012	2013	2014
总播种面积	**Total sown Area**	**100.0**	**100.0**	**100.0**	**100.0**	**100.0**	**100.0**	**100.0**
粮食作物	Grain	67.7	68.2	68.4	69.1	70.0	70.4	71.0
夏收粮食	Summer Harvest	37.3	37.3	37.2	37.5	37.6	37.7	37.8
秋收粮食	Autumn Harvest	30.4	30.9	31.1	31.6	32.4	32.7	33.2
谷物	Cereal	61.6	62.3	62.6	63.5	64.2	64.8	65.4
稻谷	Rice	4.3	4.3	4.4	4.5	4.5	4.5	4.5
小麦	Wheat	37.1	37.1	37.1	37.3	37.4	37.5	37.6
玉米	Corn	19.9	20.4	20.7	21.2	21.7	22.4	22.8
谷子	Millet	0.2	0.3	0.3	0.3	0.2	0.2	0.2
高粱	Sorghum	0.0	0.0	0.0	0.0	0.0	0.0	0.0
其他谷物	Others	0.1	0.2	0.2	0.2	0.2	0.2	0.2
#大麦	Barley	0.1	0.2	0.2	0.2	0.2	0.2	0.2
豆类	Beans	3.9	3.7	3.6	3.5	3.6	3.5	3.2
#大豆	Soybean	3.4	3.3	3.2	3.1	3.2	3.1	2.8
绿豆	Mung bean	0.4	0.4	0.4	0.4	0.3	0.4	0.3
红薯	Tubers	2.2	2.2	2.1	2.1	2.2	2.1	2.4
油料	Oil- bearing Crops	10.7	10.9	11.0	11.1	11.0	11.1	11.1
#花　生	Peanuts	6.8	6.9	6.9	7.1	7.1	7.2	7.4
油菜籽	Rapeseeds	2.7	2.7	2.8	2.7	2.7	2.6	2.5
芝　麻	Sesame	1.3	1.3	1.2	1.2	1.3	1.2	1.2
棉花	Cotton	4.3	3.8	3.3	2.8	1.8	1.3	1.1
生麻	Fiber Crops	0.1	0.1	0.1	0.1	0.0	0.0	0.0
#黄红麻	Jute and Ambary Hemp	0.1	0.1	0.1	0.1	0.0	0.0	0.0
烟叶	Tobacco	0.8	0.9	0.9	0.9	0.9	1.0	0.9
#烤烟	Flue-cured Tobacco	0.8	0.8	0.9	0.9	0.9	1.0	0.9
中草药材	Medicinal Materials	0.8	0.8	0.9	0.9	0.9	0.8	0.8
蔬菜及食用菌	Vegetables	12.1	11.9	12.0	12.1	12.1	12.2	12.0
瓜果类	Fruits	2.2	2.3	2.4	2.3	2.3	2.3	2.3
#西瓜	Watermelon	1.8	1.9	2.0	1.9	1.9	2.0	1.9
甜瓜	Honey-dew Melon	0.4	0.3	0.3	0.4	0.3	0.3	0.3
其他农作物	Others	1.3	1.0	1.2	0.8	0.9	0.8	0.8
#青饲料	Succulence	0.1	0.1	0.1	0.0	0.0	0.0	0.0
花卉	Flower	0.5	0.6	0.6	0.6	0.5	0.5	0.5

13-22 各市主要农作物播种面积(2014年)

单位：千公顷

市(县) City(County)	农作物播种面积 Sown Area of Farm Crops	粮食作物 Grain	夏收粮食 Summer Harvest	秋收粮食 Autumn Harvest	谷物 Cereal	#稻谷 Rice	#小麦 Wheat	#玉米 Corn	豆类 Legume
省辖市 City									
郑州市 Zhengzhou	486.22	356.45	176.27	180.18	332.20	0.15	176.27	154.63	11.56
开封市 Kaifeng	814.54	491.62	301.10	190.52	456.27	7.75	301.10	147.41	17.01
洛阳市 Luoyang	699.21	522.11	251.21	270.90	459.96	1.70	251.19	192.14	31.89
平顶山市 Pingdingshan	535.77	412.27	207.34	204.93	382.30	1.45	207.19	173.06	11.95
安阳市 Anyang	758.65	571.64	309.51	262.13	556.99	0.40	309.43	240.80	6.09
鹤壁市 Hebi	194.30	170.59	87.95	82.64	168.12		87.95	79.33	0.91
新乡市 Xinxiang	811.32	637.93	342.07	295.86	611.35	32.59	341.84	235.38	16.84
焦作市 Jiaozuo	354.74	277.57	142.92	134.65	271.43	5.71	142.92	122.28	3.62
濮阳市 Puyang	506.38	393.20	220.23	172.97	373.32	43.85	220.23	108.81	14.00
许昌市 Xuchang	606.59	441.39	217.97	223.42	396.88		217.97	178.39	14.59
漯河市 Luohe	370.47	268.12	142.64	125.48	250.58		142.64	107.92	10.24
三门峡市 Sanmenxia	233.18	158.41	71.12	87.29	128.82		71.12	55.63	22.77
南阳市 Nanyang	1879.97	1202.82	682.18	520.65	1073.88	43.12	677.67	351.40	74.41
商丘市 Shangqiu	1407.32	1007.58	581.87	425.71	929.87	0.35	581.50	347.55	57.22
信阳市 Xinyang	1257.40	858.05	317.03	541.03	823.82	473.47	314.58	33.32	15.02
周口市 Zhoukou	1734.82	1238.49	678.42	560.06	1093.63	0.62	678.42	414.23	109.80
驻马店市 Zhumadian	1673.11	1210.03	683.94	526.09	1164.44	30.28	680.48	450.06	28.86
济源市 Jiyuan	55.12	41.22	19.60	21.62	39.36		19.60	19.73	1.15
省直管县 Province Administrating County									
巩义市 Gongyi	48.68	43.63	22.78	20.85	41.44		22.78	18.19	1.32
兰考县 Lankao	125.34	95.47	57.38	38.09	89.43	0.81	57.38	31.22	3.57
汝州市 Ruzhou	116.24	94.86	45.33	49.53	89.32	0.03	45.33	43.59	1.39
滑县 Huaxian	260.92	186.94	114.52	72.42	184.69	0.33	114.44	69.78	0.96
长垣县 Changyuan	123.04	95.65	53.00	42.65	89.80	2.38	52.96	34.42	4.36
邓州市 Dengzhou	338.09	210.20	137.78	72.42	191.02	1.11	136.69	53.22	15.28
永城市 Yongcheng	240.64	201.02	105.65	95.37	170.00		105.62	64.35	30.02
固始县 Gushi	245.52	157.15	39.60	117.55	154.24	109.55	39.60	5.09	0.69
鹿邑县 Luyi	174.40	132.95	69.06	63.89	117.15		69.06	48.03	14.28
新蔡县 Xincai	190.43	137.05	81.35	55.70	131.39	5.90	80.90	44.08	2.38

Total Sown Areas of Farm Crops by City (2014)

(1 000 hectares)

		油料				棉花	烟叶	蔬菜及食用菌	瓜果
	红薯		#花生	#油菜籽	#芝麻				
#大豆									
Soybean	Tubers	Oilbearing Crops	Peanuts	Rapeseeds	Sesame	Cotton	Fluecured Tobacco	Vegetables and Edible Fungus	Melon and fruit
9.02	12.68	47.02	37.46	8.40	1.15	2.36	0.75	67.74	9.90
16.29	18.33	111.38	103.61	7.16	0.54	19.91		145.74	44.60
21.97	30.26	45.19	26.69	11.88	3.99	2.85	27.26	63.36	6.22
10.57	18.01	52.22	28.19	19.92	4.10	2.04	15.32	43.97	7.75
5.46	8.56	58.51	51.98	6.11	0.37	5.72		106.76	13.68
0.64	1.56	10.81	9.87	0.79	0.15	0.61		10.82	0.35
16.44	9.74	82.12	77.43	4.50	0.20	4.50		67.82	6.43
3.55	2.52	18.77	17.16	1.53	0.06	1.61		38.86	3.79
12.32	5.88	37.64	36.64	0.95	0.06	3.65		64.75	6.69
14.30	29.92	28.86	18.70	9.71	0.45	3.81	13.03	50.37	6.99
10.24	7.30	13.12	6.70	4.98	1.44	7.77	10.09	57.97	13.12
17.75	6.82	13.25	5.04	4.10	1.21	1.62	17.50	30.68	4.26
55.39	54.53	333.62	221.14	53.13	59.35	27.89	22.21	238.52	29.78
54.07	20.49	87.19	74.49	10.43	2.28	25.96	3.23	211.93	53.99
12.29	19.22	247.88	61.01	172.98	13.89	1.38	0.91	112.64	22.69
100.90	35.05	107.37	66.71	7.43	33.22	33.96	4.16	242.62	73.13
25.99	16.73	302.18	214.85	37.29	50.04	7.54	7.64	115.40	22.86
1.07	0.72	1.08	0.67	0.34	0.07	0.15	1.71	6.82	0.21
0.62	0.87	2.91	1.81	0.85	0.26	0.41		1.36	0.20
3.25	2.47	17.02	16.37	0.64	0.01	3.22		7.26	2.33
0.87	4.15	10.39	7.47	2.50	0.41	0.79	2.12	6.93	0.96
0.91	1.29	28.20	27.67	0.52	0.02	2.76		37.61	4.68
4.18	1.50	15.66	13.07	2.59		0.40		9.64	1.68
10.98	3.90	65.49	45.60	7.83	12.06	9.88	1.94	45.00	4.92
30.02	1.00	2.31	0.52	1.54	0.25	0.78		28.72	6.46
0.59	2.22	53.98	11.25	40.13	2.60	0.13	0.33	23.20	6.10
13.99	1.52	6.71	1.57	2.36	2.77	4.21	1.26	26.96	1.65
1.81	3.28	28.38	16.01	2.01	10.36	3.61		13.20	7.60

13-23 各市主要农产品产量(2014年)

单位：万吨

市(县)	City(County)	粮食								
			夏粮	秋粮	谷物				豆类	
						#稻谷	#小麦	#玉米		#大豆
		Grain	Summer Harvest	Autumn Harvest	Cereal	Rice	Wheat	Corn	legume	Soybean
省辖市	**City**									
郑州市	Zhengzhou	161.97	81.17	80.80	152.14	0.13	81.17	70.56	1.93	1.53
开封市	Kaifeng	278.55	182.02	96.54	265.36	4.34	182.02	79.00	4.66	4.49
洛阳市	Luoyang	211.23	106.23	105.00	191.24	0.92	106.22	80.19	2.52	1.75
平顶山市	Pingdingshan	171.46	102.35	69.11	161.15	0.29	102.33	58.31	2.14	1.93
安阳市	Anyang	363.86	197.94	165.92	355.99	0.36	197.89	155.66	1.65	1.53
鹤壁市	Hebi	119.40	62.50	56.90	118.28		62.50	55.59	0.20	0.14
新乡市	Xinxiang	416.12	237.98	178.13	406.31	22.33	237.85	145.48	4.16	4.08
焦作市	Jiaozuo	206.35	110.13	96.22	203.46	4.67	110.13	88.32	1.02	1.00
濮阳市	Puyang	265.24	155.36	109.88	256.45	29.45	155.32	71.34	3.68	3.33
许昌市	Xuchang	280.15	156.15	124.00	261.67		156.15	105.09	2.87	2.85
漯河市	Luohe	174.87	101.84	73.03	169.94		101.84	68.08	1.68	1.68
三门峡市	Sanmenxia	59.71	27.69	32.01	50.72		27.69	22.43	4.45	3.55
南阳市	Nanyang	626.20	377.43	248.77	580.86	31.46	376.04	173.04	14.63	10.75
商丘市	Shangqiu	663.04	418.44	244.60	638.98	0.37	417.16	220.76	15.12	14.04
信阳市	Xinyang	592.18	148.99	443.19	583.26	419.47	148.79	14.80	1.62	1.37
周口市	Zhoukou	806.61	510.22	296.38	752.15	0.56	510.22	241.51	29.96	27.88
驻马店市	Zhumadian	722.04	450.79	271.25	705.42	17.78	449.40	236.75	6.82	6.15
济源市	Jiyuan	21.85	11.26	10.59	21.34		11.26	10.07	0.17	0.16
省直管县	**Province Administrating County**									
巩义市	Gongyi	14.61	7.79	6.82	14.14		7.79	6.27	0.15	0.07
兰考县	Lankao	52.44	33.30	19.14	49.91	0.50	33.30	16.11	0.77	0.71
汝州市	Ruzhou	42.92	22.81	20.11	40.94	0.01	22.81	18.00	0.19	0.13
滑县	Huaxian	143.54	86.18	57.36	141.98	0.31	86.13	55.46	0.33	0.31
长垣县	Changyuan	62.63	38.70	23.93	60.54	2.28	38.67	19.56	0.97	0.96
邓州市	Dengzhou	114.03	78.72	35.30	107.86	0.69	78.36	28.82	3.67	2.64
永城市	Yongcheng	127.92	76.56	51.36	119.29		76.54	42.73	7.43	7.43
固始县	Gushi	121.43	17.82	103.61	119.81	99.04	17.82	2.95	0.25	0.25
鹿邑县	Luyi	92.05	52.66	39.39	85.33		52.66	32.94	5.25	5.17
新蔡县	Xincai	81.18	53.35	27.83	79.19	3.34	53.16	22.48	0.54	0.38

Output of Major Farm Crops by City (2014)

(10 000 tons)

红薯 Tubers	油料 Oil-bearing Crops	#花生 Peanuts	#油菜籽 Rapeseeds	#芝麻 Sesame	棉花 Cotton	烟叶(未加工) Flue-cured Tobacco	蔬菜及食用菌 Vegetables and Edible Fungus	瓜果 Melon and fruit
7.90	16.20	14.76	1.30	0.14	0.22	0.16	286.33	35.89
8.53	49.65	47.40	2.11	0.11	2.15		684.76	212.84
17.46	11.43	8.38	2.32	0.58	0.27	6.14	269.41	17.43
8.18	12.74	7.74	4.63	0.37	0.19	2.80	231.14	22.24
6.23	25.99	24.70	1.22	0.05	0.64		564.88	87.26
0.92	3.34	3.24	0.10	0.01	0.04		53.89	1.74
5.43	35.98	34.77	1.18	0.03	0.46		331.47	31.81
1.87	9.03	8.62	0.40	0.01	0.15		229.62	20.68
5.06	17.32	17.01	0.30	0.01	0.35		254.78	30.44
15.61	9.37	6.94	2.37	0.06	0.31	3.98	221.97	25.67
3.26	3.68	2.30	1.21	0.17	0.72	1.68	211.04	44.13
4.54	2.94	1.37	0.81	0.17	0.12	3.93	110.23	11.53
30.71	128.70	104.35	14.23	10.12	2.47	6.18	1023.79	164.42
8.94	38.48	34.50	3.68	0.30	2.47	1.43	953.56	305.58
7.30	67.09	26.50	38.93	1.66	0.12	0.28	356.80	101.30
24.59	40.94	32.76	2.59	5.60	3.47	1.41	945.59	428.31
9.81	111.31	95.83	8.98	6.49	0.78	1.70	442.33	122.47
0.33	0.15	0.11	0.03	0.00	0.01	0.28	28.13	0.51
0.32	0.49	0.41	0.04	0.04	0.04		5.28	0.57
1.76	7.80	7.63	0.16	0.00	0.32		21.46	9.96
1.79	3.45	2.99	0.42	0.04	0.07	0.47	31.78	2.84
1.24	12.12	11.99	0.12	0.00	0.27		181.86	30.52
0.90	5.50	4.78	0.72		0.05		57.82	10.19
2.50	25.54	21.20	2.39	1.95	0.86	0.82	233.24	24.97
1.20	0.95	0.36	0.54	0.05	0.07		146.83	46.23
1.36	14.24	4.43	9.39	0.42	0.01	0.10	92.51	33.35
1.55	1.79	0.61	0.83	0.35	0.44	0.40	92.90	6.96
1.45	10.18	8.53	0.51	1.15	0.43		51.90	40.21

13-24 各市主要农产品单位面积产量（2014年，按播种面积计算）

单位：千克/公顷

市(县) City(County)	粮食 Grain	夏收粮食 Summer Harvest	秋收粮食 Autumn Harvest	谷物 Cereal	稻谷 Rice	小麦 Wheat	玉米 Corn	豆类 Soybean
省辖市 City								
郑州市 Zhengzhou	4544	4605	4484	4580	8571	4605	4563	1668
开封市 Kaifeng	5666	6045	5067	5816	5594	6045	5359	2740
洛阳市 Luoyang	4046	4228	3876	4158	5383	4229	4173	791
平顶山市 Pingdingshan	4159	4936	3372	4215	2031	4939	3369	1788
安阳市 Anyang	6365	6395	6330	6391	9121	6395	6464	2703
鹤壁市 Hebi	6999	7106	6885	7036		7106	7007	2212
新乡市 Xinxiang	6523	6957	6021	6646	6590	6958	6228	2468
焦作市 Jiaozuo	7434	7706	7146	7496	8186	7706	7223	2816
濮阳市 Puyang	6746	7055	6353	6869	6716	7052	6957	2631
许昌市 Xuchang	6347	7164	5550	6593		7164	5891	1968
漯河市 Luohe	6522	7140	5820	6782		7140	6309	1636
三门峡市 Sanmenxia	3769	3894	3667	3938		3894	4032	1954
南阳市 Nanyang	5206	5533	4778	5409	7296	5549	4924	1966
商丘市 Shangqiu	6581	7191	5746	6872	10461	7174	6352	2643
信阳市 Xinyang	6901	4699	8192	7080	8859	4730	4443	1081
周口市 Zhoukou	6513	7521	5292	6878	9000	7521	5830	2729
驻马店市 Zhumadian	5967	6591	5156	6058	5873	6604	5260	2363
济源市 Jiyuan	5300	5745	4897	5423		5745	5106	1506
省直管县 Province Administrating County								
巩义市 Gongyi	3349	3422	3270	3412		3422	3448	1133
兰考县 Lankao	5493	5803	5025	5581	6203	5803	5158	2165
汝州市 Ruzhou	4524	5032	4059	4583	3933	5032	4130	1369
滑县 Huaxian	7678	7525	7920	7687	9451	7526	7949	3371
长垣县 Changyuan	6547	7302	5610	6742	6000	7302	6008	2220
邓州市 Dengzhou	5425	5713	4875	5646	6183	5732	5415	2401
永城市 Yongcheng	6363	7247	5385	7017		7247	6640	2475
固始县 Gushi	7727	4500	8814	7768	9040	4500	5798	3687
鹿邑县 Luyi	6923	7624	6165	7284		7624	6859	3678
新蔡县 Xincai	5923	6558	4996	6027	5654	6572	5100	2261

Output of Major Farm Crops Per Hectare by City (2014, by Sown Areas)

(kg/hectare)

大豆 Soybean	红薯 Tubers	油料 Oil-bearing Crops	花生 Peanuts	油菜籽 Rapeseeds	芝麻 Sesame	烟叶(未加工) Tobacco	蔬菜及食用菌 Vegetables and Edible Fungus	瓜果类 Melon for Fruits
1701	6231	3445	3940	1544	1211	939	42268	36242
2756	4655	4457	4575	2945	2128	1079	46984	47719
798	5770	2529	3141	1950	1442	936	42521	28037
1825	4539	2440	2745	2326	905	935	52569	28708
2803	7272	4442	4753	2001	1413	1113	52912	63808
2227	5869	3094	3280	1283	442	627	49822	49384
2979	5574	4381	4491	2621	1332	1021	48879	49444
2805	7431	4812	5026	2614	1328	934	59097	54587
2702	8718	4602	4643	3180	1877	967	39346	45483
1993	5219	3246	3710	2442	1284	805	44071	36715
1636	4469	2802	3429	2423	1193	928	36407	33643
2002	6649	2221	2719	1979	1438	740	35933	27068
1940	5632	3858	4719	2679	1705	887	42923	55222
2596	4362	4413	4632	3532	1302	953	44994	56601
1119	3797	2707	4344	2250	1197	860	31676	44655
2763	7014	3813	4910	3481	1685	1022	38974	58571
2366	5864	3683	4460	2408	1298	1041	38329	53565
1503	4623	1392	1660	1030	557	895	41250	24401
1080	3700	1678	2258	504	1465	909	38843	28069
2192	7100	4580	4662	2505	2000	992	29552	42804
1535	4313	3324	4005	1694	879	908	45832	29501
3384	9626	4296	4333	2377	2063	966	48349	65274
2297	6000	3511	3657	2771		1253	60015	60586
2400	6412	3900	4650	3046	1620	869	51835	50727
2475	12000	4117	6899	3502	2065	881	51135	71523
4311	6151	2638	3939	2340	1616	931	39877	54666
3697	10193	2671	3880	3495	1281	1052	34456	42131
2099	4424	3588	5325	2520	1111	1188	39318	52911

13-25 蔬菜生产情况
Production of Vegetables

指 标	Item	2013		2014	
		播种面积 (千公顷) Sown Areas (1 000 hectares)	产 量 (万吨) Output (10 000tons)	播种面积 (千公顷) Sown Areas (1 000 hectares)	产 量 (万吨) Output (10 000tons)
蔬菜及食用菌合计	**Vegetables and Edible fungus**	**1745.78**	**7112.51**	**1725.62**	**7272.46**
叶菜类	Leaf Type for Vegetable	203.70	826.48	204.75	835.17
#芹菜	Celery	81.85	362.33	78.40	355.99
油菜	Cole	23.16	77.35	24.68	81.24
菠菜	Spinach	69.91	245.53	71.05	250.46
白菜类	Cabbage	195.90	985.90	196.97	1038.33
大白菜	Celery Cabbage	178.40	904.91	179.78	949.30
甘蓝类	Cabbages	54.90	254.79	51.44	243.28
圆白菜	Cabbage Patch	50.30	238.92	46.78	222.32
块根、块茎类	Root and Stem Tuber for Vegetable	231.50	1113.96	233.74	1154.13
#白萝卜	Radish	131.35	653.93	133.60	678.42
胡萝卜	Carrot	56.18	266.48	56.89	269.72
瓜菜类	Melons for Vegetable	182.29	874.05	183.38	917.66
#黄瓜	Cucumber	136.60	689.72	134.61	689.85
菜用豆类	Legume for Vegetable	130.05	503.63	132.62	522.35
#长豆角	Carob	75.41	299.33	80.35	313.60
四季豆	Kidney Bean	43.70	172.70	41.46	161.96
茄果菜类	Eggplant and Fruit for Vegetable	341.11	1107.15	336.55	1142.29
#茄子	Eggplant	67.28	296.91	67.29	314.08
西红柿	Tomato	98.63	484.56	95.45	466.41
葱蒜类	Shallot and Garlic for Vegetable	230.33	877.29	220.71	850.94
#大葱	Scallion	87.95	395.94	87.29	384.62
蒜头	Garlic	119.99	404.58	113.66	393.05
水生菜类	Aquicolous Vegetable	31.50	136.97	30.87	132.01
#莲藕	Lotus	29.39	130.47	29.13	123.59
其他蔬菜	Others	144.50	268.09	134.59	263.97
食用菌	Edible Fungus		164.20		172.32

13-26 各市蔬菜播种面积(2014年)

Total Sown Areas of Vegetables by City (2014)

单位：千公顷 (1000 hectare)

市(县) City(County)	蔬菜及食用菌 Vegetables and Edible fungus	叶菜类 Leaf Type for Vegetable	白菜类 Cabbage Type for Vegetable	甘蓝类 Cabbages	块根、块茎类 Root and Stem Tuber for Vegetable	瓜菜类 Melons for Vegetable	菜用豆类 Legume for Vegetable	茄果菜类 Eggplant and Fruit for Vegetable	葱蒜类 Shallot and Garlic for Vegetable	水生菜类 Aquicolous Vegetable	其他蔬菜 Others
省辖市 City											
郑州市 Zhengzhou	67.74	6.71	10.15	2.08	9.12	4.58	4.86	6.60	19.63	1.71	2.30
开封市 Kaifeng	145.74	11.21	13.67	2.93	20.39	9.42	7.73	17.32	45.78	2.57	14.73
洛阳市 Luoyang	63.36	8.28	8.19	2.34	10.87	5.12	5.18	15.34	5.59	0.81	1.65
平顶山市 Pingdingshan	43.97	7.23	6.03	1.53	8.59	4.81	3.96	5.78	3.90	0.17	1.97
安阳市 Anyang	106.76	14.00	13.37	2.19	10.02	15.72	9.44	28.30	11.55	0.05	2.11
鹤壁市 Hebi	10.82	1.41	2.22	0.63	1.33	1.15	0.71	1.63	0.47		1.27
新乡市 Xinxiang	67.82	9.14	16.99	2.16	8.72	8.12	4.72	9.43	4.49	0.79	3.26
焦作市 Jiaozuo	38.86	4.95	7.68	0.94	6.08	5.40	3.51	5.20	4.23	0.27	0.60
濮阳市 Puyang	64.75	6.89	10.71	1.35	6.85	8.92	4.27	17.62	4.71	1.64	1.79
许昌市 Xuchang	50.37	7.55	5.94	1.22	10.82	6.34	2.59	10.70	4.22	0.30	0.69
漯河市 Luohe	57.97	7.17	5.46	1.14	6.74	6.67	2.91	6.24	7.09	0.02	14.53
三门峡市 Sanmenxia	30.68	2.66	3.23	1.15	6.57	2.48	1.50	9.54	2.46	0.27	0.81
南阳市 Nanyang	238.52	17.25	13.15	6.99	33.12	19.08	18.96	49.08	23.32	9.60	47.97
商丘市 Shangqiu	211.93	25.78	25.54	8.74	20.71	19.44	15.23	59.56	26.07	3.29	7.57
信阳市 Xinyang	112.64	17.19	12.04	3.54	17.62	11.66	9.89	12.82	11.13	4.19	12.57
周口市 Zhoukou	242.62	28.65	22.80	6.94	28.49	35.14	24.03	54.34	26.01	3.30	12.91
驻马店市 Zhumadian	115.40	22.39	12.97	4.04	19.91	13.49	8.65	16.03	13.10	1.03	3.81
济源市 Jiyuan	6.82	0.50	1.28	0.07	1.16	0.64	0.73	1.49	0.71	0.01	0.24
省直管县 Province Administrating County											
巩义市 Gongyi	1.36	0.24	0.21	0.01	0.39	0.14	0.10	0.16	0.10		0.01
兰考县 Lankao	7.26	1.21	1.11	0.12	0.54	0.88	0.81	1.45	0.80	0.30	0.04
汝州市 Ruzhou	6.93	0.85	1.25	0.24	1.55	0.85	0.48	0.72	0.88	0.01	0.12
滑县 Huaxian	37.61	8.19	5.14	0.48	3.44	6.38	2.18	6.18	4.25	0.01	1.37
长垣县 Changyuan	9.64	1.72	2.49	0.24	1.54	1.40	0.33	0.88	0.58	0.09	0.36
邓州市 Dengzhou	45.00	2.75	2.86	0.78	6.09	5.45	4.41	14.58	5.29	2.80	
永城市 Yongcheng	28.72	2.98	4.91	2.65	4.60	1.87	2.18	4.95	3.31	0.55	0.72
固始县 Gushi	23.20	4.48	1.82	0.88	2.43	2.25	2.99	2.64	4.20	0.65	0.86
鹿邑县 Luyi	26.96	7.23	2.89	1.06	2.55	3.46	1.73	3.41	3.15	0.06	1.44
新蔡县 Xincai	13.20	1.71	1.20	0.70	3.91	1.31	0.65	1.71	1.70	0.27	0.04

13-27 各市蔬菜及食用菌产量(2014年)

Output of Vegetables and Edible fungus by City (2014)

单位：万吨 (10 000tons)

市(县) City(County)	蔬菜及食用菌 Vegetables and Edible fungus	叶菜类 Leaf Type for Vegetable	白菜类 Cabbage Type for Vegetable	甘蓝类 Cabbages	块根、块茎类 Root and Stem Tuber for Vegetable	瓜菜类 Melons for Vegetable	菜用豆类 Legume for Vegetable	茄果菜类 Eggplant and Fruit for Vegetable	葱蒜类 Shallot and Garlic for Vegetable	水生菜类 Aquicolous Vegetable	其他蔬菜 Others	食用菌 Edible Fungus
省辖市 City												
郑州市 Zhengzhou	286.33	22.53	61.14	9.57	42.21	21.21	16.06	30.69	63.23	8.84	9.69	1.18
开封市 Kaifeng	684.76	67.69	82.84	17.48	113.62	52.54	33.43	85.34	177.65	13.73	32.13	8.31
洛阳市 Luoyang	269.41	35.36	40.79	12.12	48.56	29.36	18.09	51.01	23.10	1.32	5.67	4.02
平顶山市 Pingdingshan	231.14	28.38	34.90	7.98	54.74	29.64	14.19	23.74	14.38	0.79	9.07	13.34
安阳市 Anyang	564.88	62.84	77.46	14.77	52.65	111.69	43.46	134.53	49.37	0.27	9.42	8.43
鹤壁市 Hebi	53.89	6.15	11.68	3.38	7.88	6.22	1.97	9.58	1.87		4.47	0.68
新乡市 Xinxiang	331.47	33.71	79.51	11.12	48.63	40.59	16.59	45.92	14.58	2.83	14.53	23.46
焦作市 Jiaozuo	229.62	24.88	46.66	5.28	37.02	39.30	13.35	34.09	23.28	1.34	2.62	1.79
濮阳市 Puyang	254.78	26.71	58.16	6.25	30.21	40.19	12.83	40.86	18.02	5.85	7.51	8.19
许昌市 Xuchang	221.97	27.83	38.70	4.45	45.28	34.84	12.45	29.55	21.09	1.27	3.85	2.67
漯河市 Luohe	211.04	35.31	24.66	6.24	32.50	28.74	11.63	29.30	20.98	0.13	20.43	1.13
三门峡市 Sanmenxia	110.23	8.94	11.16	3.72	25.55	10.97	4.20	23.08	9.67	1.80	4.29	6.85
南阳市 Nanyang	1023.79	87.16	87.43	41.76	191.34	111.71	110.10	135.14	131.24	51.96	55.59	20.36
商丘市 Shangqiu	953.56	108.94	163.78	39.52	116.84	91.47	54.29	196.24	106.26	14.48	28.47	33.28
信阳市 Xinyang	356.80	59.49	49.32	14.34	75.35	43.81	30.66	36.67	25.80	9.80	4.96	6.62
周口市 Zhoukou	945.59	117.41	94.82	22.85	131.98	165.24	98.08	161.58	96.57	12.56	36.31	8.19
驻马店市 Zhumadian	442.33	71.34	58.21	19.74	82.60	47.06	24.06	59.15	42.78	3.71	12.17	21.52
济源市 Jiyuan	28.13	2.15	6.74	0.28	5.65	3.92	1.70	4.40	2.56	0.01	0.15	0.58
省直管县 Province Administrating County												
巩义市 Gongyi	5.28	0.54	0.86	0.02	1.41	0.75	0.43	0.87	0.30		0.02	0.08
兰考县 Lankao	21.46	2.74	3.41	0.31	1.85	2.85	2.05	3.50	1.90	0.82	0.06	1.97
汝州市 Ruzhou	31.78	4.76	6.18	1.28	7.87	3.36	1.28	2.52	3.88	0.04	0.51	0.07
滑县 Huaxian	181.86	37.09	26.27	2.11	18.78	41.58	7.87	24.85	17.74	0.13	5.12	0.33
长垣县 Changyuan	57.82	7.38	10.84	2.61	14.25	8.19	1.67	6.75	3.01	0.38	2.14	0.61
邓州市 Dengzhou	233.24	12.71	38.19	4.16	41.36	34.86	20.82	52.70	10.98	16.47		1.00
永城市 Yongcheng	146.83	9.76	39.13	10.33	27.91	6.59	7.73	27.69	10.28	4.52	1.92	0.97
固始县 Gushi	92.51	18.04	10.40	3.53	19.40	11.06	7.63	7.68	8.95	1.89	2.27	1.66
鹿邑县 Luyi	92.90	22.16	11.97	2.05	7.89	16.12	7.47	14.61	9.21	0.20	1.11	0.12
新蔡县 Xincai	51.90	4.57	9.00	3.00	16.05	7.40	1.50	4.80	3.50	0.92	0.16	1.00

13-28 茶叶、水果及食用坚果生产情况

Production of Tea, Fruit and Nuts

指 标	Item	2000	2005	2010	2012	2013	2014
面 积	**Area**						
茶园面积(千公顷)	Area of Tea Plantations (1 000 hectares)	20.68	33.09	65.15	87.63	97.69	105.47
果园面积(千公顷)	Area of Orchards (1 000 hectares)	355.90	416.63	455.26	466.70	475.70	458.40
苹果园	Apple Orchards	206.97	165.78	177.63	178.84	176.65	171.95
梨园	Pears Orchards	30.87	39.23	47.28	51.99	52.32	52.97
葡萄园	Grapes Orchards	16.75	26.17	29.90	29.60	32.39	33.94
猕猴桃园	Chinese goosebeery Orchards		6.90	9.20	10.24	10.30	10.82
桃园	Peach Orchards	29.11	60.22	73.90	76.27	76.39	70.01
柑桔园	Citrus Orchards	4.88	10.05	10.85	10.99	11.54	11.75
其他果园	Others	67.30	108.30	106.50	108.77	116.11	106.96
产 量	**Output**						
茶叶产量(吨)	Output of Tea (ton)	9163	16902	42732	51374	55891	61119
园林水果产量(万吨)	Output of garden fruit (10 000 tons)	364.73	555.69	795.99	870.43	888.30	895.95
苹果	Apples	238.90	300.62	408.96	436.70	443.15	441.74
梨	Pears	33.30	65.47	94.66	104.39	107.73	112.91
葡萄	Grapes	20.83	41.26	48.41	55.20	55.67	58.39
鲜枣	Jujube	17.78	26.81	39.19	40.60	41.55	35.64
柿	Persimmon	15.88	25.86	44.38	54.26	54.63	54.33
桃	Peach	26.63	60.10	101.74	110.61	110.12	113.32
柑桔	Citrus	2.12	3.59	4.17	4.04	4.81	4.67
其他园林水果	Other garden fruit	9.29	31.98	74.48	64.63	70.64	74.95
食用坚果产量(吨)	Nuts (ton)						
核桃	Walnuts	17143	25339	55407	109716	130428	107018
板栗	Chestnut	85650	112351	206517	220885	242671	176993

13-29 各市果园面积(2014年)
Area of Orchard by City (2014)

单位：千公顷 (1 000 hectares)

市(县) City(County)	合计 Total	#苹果园 Apple Orchards	#梨园 Pears Orchards	#葡萄园 Grapes Orchards	#柑橘园 Orange Orchards	#猕猴桃园 Chinese goosebeery Orchards	#桃园 Peach Orchards
省辖市 City							
郑州市 Zhengzhou	22.95	3.89	1.29	2.06		0.03	2.85
开封市 Kaifeng	25.05	15.09	1.73	2.18			4.13
洛阳市 Luoyang	42.60	23.68	2.25	4.12		0.07	2.62
平顶山市 Pingdingshan	12.94	1.26	1.65	1.00		0.02	5.61
安阳市 Anyang	45.93	12.44	2.42	1.62		0.10	5.32
鹤壁市 Hebi	4.24	1.80	0.51	0.36	0.01		0.39
新乡市 Xinxiang	14.44	4.51	1.76	1.03		0.01	4.16
焦作市 Jiaozuo	9.37	2.65	0.99	0.63			3.39
濮阳市 Puyang	12.51	6.74	0.99	0.90		0.03	1.58
许昌市 Xuchang	7.53	3.04	1.03	1.72		0.02	1.21
漯河市 Luohe	3.65	0.11	0.62	1.74		0.03	1.08
三门峡市 Sanmenxia	66.92	52.94	1.40	2.09		0.02	3.27
南阳市 Nanyang	80.86	8.48	12.59	2.26	11.48	10.35	17.50
商丘市 Shangqiu	45.59	27.67	8.55	3.65		0.01	3.40
信阳市 Xinyang	16.18	0.33	3.96	3.38	0.26	0.08	5.42
周口市 Zhoukou	23.65	4.78	4.71	2.66			5.66
驻马店市 Zhumadian	19.90	2.11	6.30	2.48		0.05	6.19
济源市 Jiyuan	4.10	0.44	0.24	0.07			0.24
省直管县 Province Administrating County							
巩义市 Gongyi	2.27	1.40	0.18	0.20			0.25
兰考县 Lankao	6.54	4.96	0.37	0.16			0.29
汝州市 Ruzhou	5.63	0.72	0.23	0.16			3.01
滑县 Huaxian	5.37	2.09	0.81	0.33			1.10
长垣县 Changyuan	1.73	0.12	0.19	0.53			0.08
邓州市 Dengzhou	5.04	0.42	0.54	0.48	1.20		1.52
永城市 Yongcheng	5.47	1.62	1.92	0.45			0.80
固始县 Gushi	1.88	0.10	0.40	0.47	0.13		0.52
鹿邑县 Luyi	0.53	0.06	0.17	0.03			0.10
新蔡县 Xincai	3.40	0.16	0.88	0.87			0.78

13-30 各市园林水果产量(2014年)
Output of garden fruit by City (2014)

单位：吨 (ton)

市(县) City(County)	合计 Total	#苹果 Apples	#梨 Pears	#葡萄 Grapes	#枣 Jujube	#柿 Persimmon	#桃 Peach
省辖市 City							
郑州市 Zhengzhou	288223	56858	20905	37718	65378	16498	43925
开封市 Kaifeng	560006	337953	34074	31136	18837	17680	99216
洛阳市 Luoyang	810925	447788	41987	95234	25006	76050	52065
平顶山市 Pingdingshan	110503	17834	18403	13040	1718	18173	33978
安阳市 Anyang	672709	279370	51925	30904	115120	65578	98736
鹤壁市 Hebi	46135	20373	7730	5263	2877	3749	6088
新乡市 Xinxiang	176031	59140	18480	15637	7202	9564	59109
焦作市 Jiaozuo	192793	65536	24308	16237	4554	8903	66010
濮阳市 Puyang	278953	188370	29972	14688	10586	2754	15162
许昌市 Xuchang	74912	25518	22796	13999	254	1645	9664
漯河市 Luohe	111310	2809	16636	60466	115	1815	28264
三门峡市 Sanmenxia	2164206	1755190	31662	38661	38948	131375	94927
南阳市 Nanyang	848596	47202	77251	20860	24593	44070	158064
商丘市 Shangqiu	1827990	1003755	554899	96526	11725	35671	109901
信阳市 Xinyang	138422	3457	49830	26281	4011	16207	35698
周口市 Zhoukou	477420	85483	82329	47361	21388	81801	155165
驻马店市 Zhumadian	143121	8757	41859	18391	3847	7059	60604
济源市 Jiyuan	37327	11999	4013	1524	208	4714	5580
省直管县 Province Administrating County							
巩义市 Gongyi	30470	16256	2120	4142	83	2874	3082
兰考县 Lankao	189965	157406	10532	2607	10778	398	5475
汝州市 Ruzhou	35319	10732	2132	2110	652	10822	7871
滑县 Huaxian	171686	76273	25530	9109	8123	23120	29531
长垣县 Changyuan	20486	4595	520	9338	4663	134	261
邓州市 Dengzhou	29672	2644	4004	3407	1564	1322	11657
永城市 Yongcheng	265563	58563	167040	10125	4530	3705	21600
固始县 Gushi	45045	1900	19800	5650	1758	6120	8500
鹿邑县 Luyi	10043	1507	5098	916	103	290	1886
新蔡县 Xincai	24200	1400	6900	4600	300	2800	8200

13-31 林业生产情况
Conditions of Forestry Production

指 标	Item	2000	2005	2010	2012	2013	2014
营林情况	**Afforestation Conditions**						
当年造林面积(千公顷)	New Forest Area This Year (1 000 hectares)	241.32	263.50	277.11	228.29	253.91	260.00
#人工造林	By Manpower	206.45	186.72	211.53	205.97	201.21	201.25
按造林用途分(千公顷)	Afforestation Area by Use (1 000 hectares)						
用材林	Timber Forest	56.77	73.90	72.81	45.51	55.70	67.18
经济林	Economic Forest	69.11	39.00	35.46	34.54	41.44	49.00
防护林	Shelter Forest	113.80	72.93	168.58	147.82	156.77	143.08
年末实有封山育林面积	Area of Close Hillsides to Facilitate						
(千公顷)	Afforestation at the year end(1 000 hectares)	475.46	385.92	367.46	347.38	362.78	388.34
零星(四旁)植树(万株)	Planting Trees Piecemeal (10 000 trees)	25806	30639	27328	21919	22948	20768
育苗面积(千公顷)	Area of Tending Seedlings (1 000 hectares)	18.21	28.65	34.94	36.51	42.55	53.66
当年苗木产量(万株)	Output of Nursery Stock(10 000 trees)		201169	153503	206152	239485	253022
未成林抚育作业面积	Area of Tending Growing Forest						
(千公顷次)	(1 000 hectares-time)	978.0	1239.0	973.2	768.5	400.7	264.57
中、幼龄林抚育面积(千公顷)	Area of Young and middle aged forests						
	(1 000 hectares)			634.61	382.79	323.95	349.13
主要林产品产量	**Output of Major Forest Products**						
天然生漆(吨)	Lacquer (ton)	569	955	2034	2100	2209	2103
油桐籽(吨)	Tung-oil Seeds (ton)	57054	45802	120701	96241	83830	84397
油茶籽(吨)	Tea-oil Seeds (ton)	3270	8079	20823	25799	17461	18439
乌桕籽(吨)	Tallow-seeds (ton)	1157	2557	11631	10052	10825	9765
五倍子(吨)	Chinese Gall (ton)	934	1709	3986	4131	4181	4163
村及村以下竹木采伐量	**Fall of Bamboo and Tree in Rural Areas**						
木材(万立方米)	Wood (10 000 cu.m)	306.00	55.94	149.67	278.45	243.13	228.81
竹材(万根)	Bamboo (10 000 units)	158.00	506.50	76.50	159.79	125.85	151.44

13-32 各市林业生产情况(2014年)

Conditions of Forestry Production by City (2014)

单位：千公顷 (1 000 hectares)

市(县) City(County)	当年造林面积 Current New Forest Area	#人工造林 By Manpower	#用材林 Timber Forest	#经济林 Economic Forest	#防护林 Shelter Forest
省 辖 市 City					
郑 州 市 Zhengzhou	6.55	6.35	2.33	2.32	1.91
开 封 市 Kaifeng	6.84	6.84	3.02	1.03	2.79
洛 阳 市 Luoyang	36.49	29.20	6.74	11.94	17.14
平 顶 山 市 Pingdingshan	4.89	4.47	1.89	2.31	0.69
安 阳 市 Anyang	12.92	8.07	1.74	0.69	10.49
鹤 壁 市 Hebi	20.74	15.52	2.05	3.56	15.05
新 乡 市 Xinxiang	10.03	6.78	2.68	2.10	5.25
焦 作 市 Jiaozuo	10.84	8.78	0.14	0.19	10.51
濮 阳 市 Puyang	9.80	9.80	5.48	1.57	2.75
许 昌 市 Xuchang	7.29	5.29	1.18	1.15	4.96
漯 河 市 Luohe	2.29	2.29	0.77	0.32	1.20
三 门 峡 市 Sanmenxia	20.24	14.91	1.23	4.10	14.92
南 阳 市 Nanyang	54.52	35.26	7.65	8.99	37.88
商 丘 市 Shangqiu	7.71	7.71	3.26	0.81	3.64
信 阳 市 Xinyang	27.00	22.22	16.28	6.93	3.79
周 口 市 Zhoukou	7.40	7.40	6.80	0.16	0.45
驻 马 店 市 Zhumadian	11.48	7.63	3.95	0.37	7.15
济 源 市 Jiyuan	2.98	2.75		0.46	2.52
省 直 管 县 Province Administrating County					
巩 义 市 Gongyi	0.60	0.60	0.08	0.52	
兰 考 县 Lankao	1.01	1.01	0.31	0.27	0.44
汝 州 市 Ruzhou	0.70	0.70	0.30	0.20	0.20
滑 县 Huaxian	1.12	1.12	0.99	0.13	
长 垣 县 Changyuan	0.54	0.54		0.41	0.12
邓 州 市 Dengzhou	0.71	0.71			0.71
永 城 市 Yongcheng	1.73	1.73			1.73
固 始 县 Gushi	0.68	0.68	0.68		
鹿 邑 县 Luyi	0.81	0.81	0.81		
新 蔡 县 Xincai	0.21	0.21			0.21

13-34 畜禽产品年末存栏数量及产量

Number of Livestock Year-end and Output of Livestock Products

单位：万头、万只 (10 000 heads)

指 标	Item	1980	1990	2000	2005	2010	2013	2014
年底存栏总头数	**Number of Livestock at Year-end**							
#大牲畜	Large Livestock	542.00	1116.30	1445.70	1508.80	1044.80	936.80	943.85
#从事农事劳役	Draught Animals	423.80	798.30	482.80	412.90	290.20	204.96	188.40
牛	Cow	339.60	892.50	1340.20	1447.00	1010.20	905.11	918.20
#肉牛	Cattle	177.70		282.80	514.06	634.20	610.10	626.60
#乳牛	Dairy	0.90	1.90	6.70	31.22	98.50	100.71	103.20
马	Horse	52.20	39.20	29.30	17.29	13.10	11.23	9.89
驴	Donkey	94.30	120.90	49.50	29.60	16.10	16.70	12.48
骡	Mule	55.90	63.70	26.80	14.91	5.40	3.76	3.27
猪	Pig	1474.20	1750.30	3787.70	4439.00	4547.00	4426.74	4420.00
羊	Sheep	1147.80	1279.50	2961.40	3988.00	1895.40	1830.30	1886.00
山羊	Goat	764.80	1129.50	2730.10	3509.00	1794.90	1752.60	1808.00
绵羊	Sheep	383.00	150.00	231.30	479.00	100.50	77.70	78.00
家禽	Poultry		19849.90	42529.00	61958.00	62104.00	68100.20	68460.00
猪牛羊出栏头(只)数	**Slaughtered Fattened Hogs, Cattle and Sheep**							
肉猪	Hogs	684.70	1182.40	4180.00	5568.00	5390.50	5996.87	6310.00
肉用牛	Cattle	9.00	167.90	578.00	702.64	551.90	535.50	546.00
肉用羊	Sheep and Goats	289.10	834.00	2903.80	4225.00	2114.70	2032.40	2088.00
肉用禽	Poultry					85101.71	94332.10	90087.16
肉类总产量(万吨)	**Total Output of Meat (10 000 tons)**	**55.00**	**134.90**	**517.00**	**689.00**	**638.40**	**699.05**	**719.00**
#猪肉	Pork	49.40	97.40	337.90	441.20	408.30	454.13	478.00
牛肉	Beef	0.70	18.20	83.00	102.75	83.00	80.56	82.10
羊肉	Mutton	2.90	8.10	32.00	47.38	25.20	24.76	25.40
禽肉	Meat of Poultry	1.90	9.40	55.00	87.51	105.80	122.32	118.04
兔肉	Rabbit	0.10	0.30	4.20	5.66	8.40	8.99	8.32
其他畜产品产量	**Others Output of Livestock Products**							
奶类总产量(万吨)	Output of Milk (10 000 tons)	2.20	7.40	20.20	108.50	307.90	328.77	342.37
牛奶	Cow Milk	0.80	2.70	16.10	104.00	290.90	316.42	332.00
羊奶	Sheep Milk	1.40	4.70	4.10	5.00	17.00	12.35	10.37
羊毛总产量(吨)	Output of Wool (ton)	10708	6745	10844	14335	14165	14476	13028
山羊粗毛	Goat Wool	771	1372	2858	2873	5235	6213	5663
绵羊毛	Sheep Wool	9937	5373	7986	11462	8930	8263	7365
羊绒产量(吨)	Cashmere (ton)	52	102	277	7135	933	887	847
蜂蜜产量(吨)	Honey (ton)	5287	11908	23105	27441	98265	99053	95383
禽蛋产量(万吨)	Poultry Eggs (10 000 tons)	15.90	59.60	270.00	375.30	388.60	410.23	404.00
蚕茧产量(吨)	Output of Silkworm Cocoons (ton)			15190	20366	28254	25054	24303
#桑蚕茧	Mulberry Silkworm Cocoons			12560	14803	21052	18108	17486
柞蚕茧	Tussore Silkworm Cocoons			2630	5563	7202	6946	6817

13－35　各市牲畜饲养情况(2014年底)

Number of Livestock by City (End of 2014)

市(县)	City(County)	大牲畜年底头数(万头) Number of Large Animals (year-end) (10 000 heads)	牛(万头) Cattle's (10 000 heads)	马(万头) Horses (10 000 heads)	驴(万头) Donkeys (10 000 heads)	骡(万头) Mules (10 000 heads)
省辖市	**City**					
郑州市	Zhengzhou	23.44	23.20	0.10	0.12	0.03
开封市	Kaifeng	54.18	53.18	0.19	0.69	0.11
洛阳市	Luoyang	63.50	63.30	0.06	0.09	0.04
平顶山市	Pingdingshan	58.70	53.32	2.18	2.41	0.78
安阳市	Anyang	24.67	23.81	0.13	0.59	0.13
鹤壁市	Hebi	4.95	4.48	0.12	0.21	0.14
新乡市	Xinxiang	44.88	44.22	0.17	0.27	0.21
焦作市	Jiaozuo	19.46	19.45		0.01	
濮阳市	Puyang	25.64	24.86	0.28	0.38	0.12
许昌市	Xuchang	38.05	36.57	0.32	1.05	0.12
漯河市	Luohe	12.26	12.12	0.06	0.03	0.04
三门峡市	Sanmenxia	32.65	32.65			
南阳市	Nanyang	134.67	129.71	2.20	2.42	0.34
商丘市	Shangqiu	78.52	77.33	0.57	0.60	0.02
信阳市	Xinyang	56.02	56.02			
周口市	Zhoukou	69.23	68.18	0.37	0.42	0.26
驻马店市	Zhumadian	123.39	116.15	3.12	3.19	0.92
济源市	Jiyuan	3.26	3.26			
省直管县	**Province Administrating County**					
巩义市	Gongyi	0.70	0.68	0.01	0.01	0.01
兰考县	Lankao	10.09	9.56	0.05	0.47	0.01
汝州市	Ruzhou	24.25	20.63	1.33	1.53	0.76
滑县	Huaxian	12.74	12.60	0.02	0.11	0.01
长垣县	Changyuan	4.80	4.76	0.02	0.02	
邓州市	Dengzhou	26.28	26.21	0.03	0.03	0.01
永城市	Yongcheng	12.26	12.00	0.02	0.22	0.01
固始县	Gushi	6.11	6.11			
鹿邑县	Luyi	8.80	8.80			
新蔡县	Xincai	28.25	26.06	1.17	0.54	0.49

13-36 续表 contiuned

市(县) City(County)	奶类总产量(吨) Total Output of Milk (ton)	#牛奶 Cow Milk	蜂 蜜(吨) Honey (ton)	禽 蛋(万吨) Poultry Eggs (10 000 ton)	绵羊毛(吨) Sheep Wool (ton)	#细羊毛 Fine Wool	山羊粗毛(吨) Goat Wool (ton)
省 辖 市 City							
郑 州 市 Zhengzhou	489790	479672	356	23	196	162	82
开 封 市 Kaifeng	270509	268178	91	26	369	2	
洛 阳 市 Luoyang	431696	416138	2511	15	1078	268	427
平 顶 山 市 Pingdingshan	251801	251146	416	16	1156	90	702
安 阳 市 Anyang	53051	53051	137	32	557		22
鹤 壁 市 Hebi	93000	93000	8	15	73	22	76
新 乡 市 Xinxiang	355174	355133	332	35	435	34	122
焦 作 市 Jiaozuo	222620	222403	130	24	481	2	28
濮 阳 市 Puyang	81856	81721		29	1385		107
许 昌 市 Xuchang	80447	80155	885	23	147		24
漯 河 市 Luohe	146619	146459	26	13	4		
三 门 峡 市 Sanmenxia	44271	44271	3132	5	503	36	354
南 阳 市 Nanyang	334267	260851	32977	34	457	68	1418
商 丘 市 Shangqiu	291872	291822	363	28	343		1060
信 阳 市 Xinyang	2647	2647	5589	26			
周 口 市 Zhoukou	133080	132975	43	26	13	13	19
驻 马 店 市 Zhumadian	73108	72489	45134	33	131	117	366
济 源 市 Jiyuan	34052	34026	258	3	37	2	10
省 直 管 县 Province Administrating County							
巩 义 市 Gongyi	5200	5200	57	1	3	1	10
兰 考 县 Lankao	19458	17127		3	4	2	
汝 州 市 Ruzhou	43895	43895	3	6	21	10	21
滑 县 Huaxian	6897	6897		8	185		
长 垣 县 Changyuan	19966	19966	28	4	135	34	37
邓 州 市 Dengzhou	15635	15300	293	7	21	12	115
永 城 市 Yongcheng	5700	5700		5			
固 始 县 Gushi	247	247	6	8			
鹿 邑 县 Luyi	2460	2460	2	3			
新 蔡 县 Xincai	9943	9943	3661	4			

13-37 渔业生产情况

Output of Aquatic Products

项　目	Item	1980	1990	1995	2000	2005	2010	2013	2014
水产品产量(万吨)	**Output of Aquatic Products**								
	(10 000 tons)	**2.91**	**10.48**	**18.09**	**32.17**	**51.68**	**99.41**	**116.65**	**120.39**
鱼类	Fish	2.85	10.22	17.68	31.08	49.75	95.07	112.90	116.39
甲壳类	Crustaceans	0.04	0.17	0.23	0.66	1.45	3.12	2.82	2.97
贝类	Shellfish	0.02	0.09	0.04	0.11	0.14	0.28	0.10	0.10
其他	Others			0.14	0.32	0.34	0.94	0.84	0.93
淡水捕捞	Freshwater Fishing		1.09	1.18	1.94	3.46	5.56	6.61	6.61
鱼类	Fish			0.92	1.23	2.56	4.25	5.58	5.53
甲壳类	Crustaceans			0.17	0.54	0.79	1.17	0.95	1.01
贝类	Shellfish			0.03	0.11	0.08	0.14	0.07	0.07
其他	Others			0.06	0.06	0.03	0.01		
淡水养殖	Freshwater Cultured	2.12	9.38	16.91	30.23	48.22	93.85	110.05	113.78
鱼类	Fish			16.76	29.84	47.19	90.83	107.33	110.87
甲壳类	Crustaceans			0.06	0.13	0.65	1.95	1.87	1.97
贝类	Shellfish			0.02		0.07	0.14	0.02	0.02
其他	Others			0.07	0.26	0.31	0.93	0.83	0.92
淡水养殖面积(千公顷)	**Freshwater Aquaculture**								
	Ware(1000 hectares)	**147.56**	**161.76**	**174.27**	**189.15**	**229.95**	**259.90**	**274.64**	**289.26**
池塘养殖	Pond	57.53	70.82	82.14	91.65	103.80	124.83	129.29	132.14
湖泊养殖	Lakes	3.85	3.63	3.57	2.92	4.05	3.63	3.40	3.70
河沟养殖	rivulet	4.09	3.90	3.15	3.63	6.35	9.84	10.77	10.61
水库养殖	Reservoir	82.09	81.58	84.80	90.40	114.92	121.33	131.12	142.79
其他	Others		1.83	0.60	0.55	0.83	0.27	0.06	0.01

注：淡水养殖面积合计中不包括稻田养殖面积。

a) Data on Freshwater Aquaculture Ware do not include Rice breeding.

13-38 各市渔业生产情况(2014年)
Output of Aquatic Products by City (2014)

市(县) City(County)	养殖面积 (公顷) Aquaculture area (hectares)	水产品总产量 (吨) Output of Aquatic Products (ton)	捕捞产量 Fishing	养殖产量 Cultured	鱼类 Fish	甲壳类 Crustaceans	贝类 Shellfish	其他 Others
省 辖 市 City								
郑 州 市 Zhengzhou	10098	156697	5	156692	156248	45		399
开 封 市 Kaifeng	6826	67998	259	67739	67023	23		693
洛 阳 市 Luoyang	30598	50802	4544	46258	46231	14		13
平 顶 山 市 Pingdingshan	15445	47185	916	46269	46008	162		99
安 阳 市 Anyang	2869	18610	1361	17249	17245			4
鹤 壁 市 Hebi	1922	12470	268	12202	12193			9
新 乡 市 Xinxiang	4196	62651	218	62433	62329	14		90
焦 作 市 Jiaozuo	1524	14700	35	14665	14665			
濮 阳 市 Puyang	4111	33323	593	32730	32410	320		
许 昌 市 Xuchang	3863	18400	743	17657	17057	216	27	357
漯 河 市 Luohe	1879	16520	941	15579	15504	58		17
三 门 峡 市 Sanmenxia	3217	20330	7405	12925	12694	6		225
南 阳 市 Nanyang	62690	123520	4981	118539	117517	360		662
商 丘 市 Shangqiu	11622	85058	2757	82301	80946	1209		146
信 阳 市 Xinyang	53142	204190	11153	193037	174761	13328	188	4760
周 口 市 Zhoukou	17508	63998	8025	55973	55526	434		13
驻 马 店 市 Zhumadian	35512	122832	15929	106903	103843	2799	5	256
济 源 市 Jiyuan	10103	35216	440	34776	34776			
省 直 管 县 Province Administrating County								
巩 义 市 Gongyi	349	4830		4830	4815			15
兰 考 县 Lankao	1000	9000	41	8959	8947	7		5
汝 州 市 Ruzhou	597	3020	16	3004	2993	9		2
滑 县 Huaxian	155	600		600	600			
长 垣 县 Changyuan	392	4500	200	4300	4294	6		
邓 州 市 Dengzhou	3409	11753	93	11660	11660			
永 城 市 Yongcheng	2224	16656	745	15911	15854	47		10
固 始 县 Gushi	12130	49411	5531	43880	41705	667	14	1494
鹿 邑 县 Luyi	2638	5966	1757	4209	3799	410		
新 蔡 县 Xincai	3417	12918	1608	11310	11051	249	5	5

主要统计指标解释

农林牧渔业总产值　指以货币表现的农、林、牧、渔业全部产品和对农林牧渔业生产活动进行的各种支持性服务活动的价值总量，它反映一定时期内农林牧渔业生产总规模和总成果。1957 年以前的农林牧渔业总产值中包括了厩肥和农民自给性手工业（如农民自制衣服、鞋、袜，自己从事粮食初步加工等）。1958 年及以后，林业中增加了村及村以下竹木采伐产值；牧业中取消了厩肥产值；副业中取消了农民自给性手工业产值，增加了村及村以下办的工业产值； 渔业中增加了海洋捕捞水产品产值。1980 年及以后，在副业中增加了农民家庭兼营工业商品部分的产值。从 1984 年起村及村以下工业产值划归工业。从 1993 年起取消副业，将野生动物的捕猎划入牧业，野生植物采集和农民家庭兼营商品性工业划归农业。从 2003 年起，执行新的国民经济行业分类标准，农林牧渔业总产值中包括了农林牧渔服务业产值。林业中增加了森林采运业产值。农业中取消了家庭兼营商品性工业产值，将野生林产品的采集划归林业。第一次农业普查以后，由于畜牧业产品年报数据与普查数据之间存在一定的差距，根据农业普查结果，对畜牧业年报数据和畜牧业产值进行了修正。2010 年执行《统计用产品分类目录》，对 2009 年的农业、林业产值做了相应调整。

农林牧渔业总产值的计算方法通常是按农、林、牧、渔业产品及其副产品的产量分别乘以各自单位产品价格求得；少数生产周期较长，当年没有产品或产品产量不易统计的，则采用间接方法匡算其产值；然后将四业产品产值及农林牧渔服务业产值相加即为农林牧渔业总产值。

粮食产量　指农业生产经营者日历年度内生产的全部粮食数量。按收获季节包括夏收粮食、早稻和秋收粮食，按作物品种包括谷物、薯类和豆类。其产量计算方法：谷物按脱粒后的原粮计算，豆类按去豆荚后的干豆计算；薯类（包括甘薯和马铃薯，不包括芋头和木薯）1963 年以前按每 4 公斤鲜薯折 1 公斤粮食计算，从 1964 年开始改为按 5 公斤鲜薯折 1 公斤粮食计算。城市郊区作为蔬菜的薯类（如马铃薯等）按鲜品计算，并且不作粮食统计。1989 年以前全国粮食产量数据主要靠全面报表取得，1989 年开始使用抽样调查数据。

棉花产量　指全社会的产量。包括春播棉和夏播棉。产量按皮棉计算。不包括木棉。

油料产量　指全部油料作物的生产量。包括花生、油菜籽、芝麻、向日葵籽、胡麻籽（亚麻籽）和其他油料。不包括大豆、木本油料和野生油料。花生以带壳干花生计算。

水产品产量　指渔业（捕捞和养殖）生产活动的最终有效成果，包括全部海水和淡水鱼类、甲壳类（虾、蟹）、贝类、头足类、藻类和其他类渔业产品的最终产量。水产品产量是通过各级水产和统计部门逐级上报取得数据。1995 年及以前，贝类中牡蛎按鲜肉计算；蚶、蛤、蛙按 5 斤鲜品折 1 斤计算。1996 年以后则统一按鲜品计算。

猪、牛、羊肉产量　指当年出栏并已屠宰、除去头蹄下水后带骨肉（即胴体重）的重量。

期初(末)畜禽存栏头(只)数　指报告期初（末）农村各种合作经济组织和国营农场、农民个人、机关、团体、学校、工矿企业、部队等单位以及城镇居民饲养的大牲畜、猪、羊、家禽等畜禽的存栏数。

常用耕地　是指耕地总资源中专门种植农作物并经常进行耕种、能够正常收获的土地。包括当年实际耕种的熟地；弃耕、休闲不满三年，随时可以复耕的地；开荒利用三年以上的地。不包括临时种植农作物的坡度在 25 度以上的陡坡地；在河套、湖畔、库区临时开发的成片或零星土地；也不包括已列为国家和省（区、市）退耕计划但临时耕种的土地。

农作物播种面积　指实际播种或移植有农作物的面积。凡是实际种植有农作物的面积，不论种植在耕地上还是种植在非耕地上，均包括在农作物播种面积中。在播种季节基本结束后，因遭灾而重新改种和补种的农作物面积，也包括在内。

有效灌溉面积　指具有一定的水源，地块比较平整，灌溉工程或设备已经配套，在一般年景下当年能够进行正常灌溉的耕地面积。

农用化肥施用量　指本年内实际用于农业生产的化肥数量，包括氮肥、磷肥、钾肥和复合肥。化肥施用量要求按折纯量计算数量。折纯量是指把氮肥、磷肥、钾肥分别按含氮、含五氧化二磷、含氧化钾的百分之一百成份进行折算后的数量。复合肥按其所含主要成分折算。

农业机械总动力 指主要用于农、林、牧、渔业的各种动力机械的动力总和。包括耕作机械、排灌机械、收获机械、农用运输机械、植物保护机械、牧业机械、林业机械、渔业机械和其他农业机械〔内燃机按引擎马力折成瓦（特）计算、电动机按功率折成瓦（特）计算〕。不包括专门用于乡镇、村、组办工业、基本建设、非农业运输、科学试验和教学等非农业生产方面用的动力机械与作业机械。

Explanatory Notes on Main Statistical Indicators

Gross Output Value of Agriculture, Forestry, Animal Husbandry and Fishery refers to the total value of products of agriculture, forestry, animal husbandry and fishery, and total value of services in support of agriculture, forestry, animal husbandry and fishery activities. It reflects the total scale and results of agricultural production during a given period. Prior to 1957, China's gross agricultural output value included barnyard manure and handicraft products for self-consumption (clothes, shoes, stockings, and initial grain processing undertaken by peasants). Since 1958, cutting and felling of bamboo and trees by villages and other cooperative organizations under villages have been included in forestry; value of barnyard manure has been excluded from animal husbandry; self consumed handicrafts have not been included from sideline occupations, while the output value of industries run by villages and cooperative organizations under village has been included in sideline occupations; and the output value of fish catches by motor fishing boats has been added to fishery. Since 1980, the value of handicraft products made for sale by individuals in households has been added to sideline occupations. Since 1984, industries run by villages and under villages have been included in the sector of industry. Since 1993, the subdivision of sideline occupations has been cancelled, and the hunting of wild animals has been classified into animal husbandry, and the gathering of wild plants and commodity industry run by rural household have been included in farming. A new industrial classification of economic activities was introduced in 2003. Under the new classification, value of services to agriculture, forestry, animal husbandry and fishery is included in the gross output value of agriculture, value of wood felling and transport is included in forestry, value of industrial output by rural households is not included in agriculture. The First Agriculture Census of China revealed some discrepancy between the production of animal products from the annual reports and that from the census. According to the result of the First Agriculture census, efforts were made to adjust the annual reports of animal husbandry output and the output value of animal husbandry to make the figures from the annual reports consistent with the census data. "The Classification of Products for Statistical Purposes" implemented in 2010 made relevant revision on the output value of agriculture and forestry in 2009.

Gross output value of agriculture is obtained by multiplying the output of each product or by-product by its price, resulting in the output value of each single item. For a small number of products, annual output of which is not available or difficult to get due to the long production (growing) process involved, the output value is estimated through an indirect approach. The sum of output values of all products of agriculture, forestry, animal husbandry and fishery and services in support to those industries is then equal to the gross output value of agriculture.

Grain Output refers to the total output of grains produced by agricultural producers within a calendar year. It includes summer grain, early rice and autumn grain if classified by harvest seasons; it covers cereal, tubers and beans if classified by type of crops. Output of cereal should be limited to husked grain only. Output of beans refers to dry beans without pods. The output of tubers (sweet potatoes and potatoes, not including taros and cassava) are converted into that of grain at the ratio 4:1, i.e. 4 kilograms of fresh tubers were equivalent to 1 kilogram of grain up to 1963. Since 1964 the ratio for conversion has been 5:1. Tubers supplied as vegetables (such as potatoes) in cities and suburbs are calculated as fresh vegetables and their output is not included in the output of grain. Data on grain production before 1989 were obtained through the Comprehensive Statistical Reporting System. Since 1989, data from sample surveys are used.

Cotton Output refers to cotton production in the whole country including cotton planted in spring and in autumn. Output is measured as the weight of ginned cotton. Ceiba is not included.

Output of Oil-bearing Crops refers to the total production of oil-bearing crops of various kinds, including peanuts (dry, in shell), rapeseeds, sesame, sunflower seeds, flax seeds, and other oil-bearing crops. Soybeans, oil-bearing woody plants, and wild oil-bearing crops are not included.

Output of Aquatic Products refers to final output actually yielded from fishing production (fishery and breeding), including all output of marine and freshwater fish, crustaceans (shrimps, crabs), shellfish, cephalopod, seaweed and other fishery products. Data on output of aquatic products are reported by aquatic product and statistical agencies level by level. Before 1995, among the shellfish, oyster was counted as fresh meat; 5 kilograms of ark shell, clams and frogs are equivalent to 1 kilogram of fresh aquatic products; they have all been counted as fresh aquatic products since 1996.

Output of Pork, Beef, and Mutton refers to the meat of slaughtered hogs, cattle, sheep and goats with head, feet, and offal taken away.

Number of Livestock or Poultry in Stock at Beginning (or End) refers to the total number of large animals, pigs, sheep, fowls, etc. raised by rural cooperative organizations, state farms, rural individuals, government agencies, schools, industrial and mining enterprises, army, and urban residents at the beginning (or end) of the reference period.

Regularly Cultivated Land refers to farmland among the total land resources which is exclusively used for farming and is under regular cultivation with harvest in normal years. Included are currently cultivated land, land that has been abandoned or put in idle for less than 3 years and could be re-used for cultivation at any time, and new-claimed land that has been put into cultivation for more than 3 years. Excluded under this category are steep slope land over 25 degrees under temporary cultivation, land (large or small plots) that is claimed along river bends, lake sides or banks of reservoirs, as well as land that has been designated under the "Green for Grain" programs of the state and provincial governments but is still temporarily under cultivation.

Sown Area of Crops refers to area of land sown or transplanted with crops regardless of being in cultivated area or non cultivated area. Area of land re-sown due to natural disasters is also included.

Irrigated Area refers to areas that are effectively irrigated, i.e. level land, which has water source and complete sets of irrigation facilities to lift and move adequate water for irrigation purpose under normal conditions.

Consumption of Chemical Fertilizers in Agriculture refers to the quantity of chemical fertilizers applied in agriculture in the year, including nitrogenous fertilizer, phosphate fertilizer, potash fertilizer, and compound fertilizer. The consumption of chemical fertilizers is required in calculation to convert the gross weight into weight containing 100% effective component (e.g. 100% nitrogen content in nitrogenous fertilizer, 100% phosphorous-pent oxide contents in phosphate fertilizer, 100% potassium oxide contents in potash fertilizer). Compound fertilizer is converted with its major component.

Total Power of Farm Machinery refers to total mechanical power of machinery used in farming, forestry, animal husbandry, and fishery, including equipment of ploughing, irrigation and drainage, harvesting, transport, plant protection, stock breeding, forestry and fishery. The power of internal combustion engines is required to convert horsepower into watts and the power of electric motors is required to be converted into watts. Machinery employed for non agricultural purposes, such as the machines used in township run and village-run industry, construction, non agricultural transport, scientific experiments and teaching, is excluded.

工业
Industry

14

● 资料整理: 田晓更　张 静　罗 迪　任焱丽

简要说明

一、主要内容

本篇包括河南省规模以上工业企业单位数，工业增加值指数，工业主要产品产量和主要经济效益指标；规模以下工业单位数、工业增加值指数及从业人员情况。

二、统计范围

工业统计调查范围为河南省全部工业法人企业和个体工业单位。1997年以前，我国工业的统计范围按隶属关系划分，分为乡及乡以上独立核算工业企业和非独立核算生产单位、村办工业、城镇合作工业、农村合作工业、城镇个体工业、农村个体工业六大部分，（其中，1984年以前不包括农村的村及村以下办工业）。1998年起，工业统计调查对象范围的界定由按隶属关系划分，改变为按企业规模划分，分为“规模以上工业”和“规模以下工业”。规模以上工业是指全部国有及年主营业务收入在500万元及以上非国有工业企业，规模以下工业是指年主营业务收入在500万元以下非国有工业企业及个体工业。2006年年报起，规模以上工业统计范围由全部国有及年主营业务收入在500万元及以上非国有工业企业改为年主营业务收入在500万元及以上的工业法人企业，相应改变规模以下工业的调查范围为年主营业务收入在500万元以下的工业企业及个体工业。从2011年定报起，规模以上工业统计范围调整为年主营业务收入在2000万元及以上的工业法人企业，相应改变规模以下工业的调查范围为年主营业务收入在2000万元以下的工业企业及个体工业。

三、资料来源

年主营业务收入2000万元及以上的工业法人企业实行全数调查，由河南省统计局工业处整理提供；年主营业务收入2000万元以下的工业企业实行目录抽样调查，个体工业经营户实行整群抽样调查，省级数据由国家统计局河南调查总队整理提供，省级以下数据由河南省统计局工业处提供；能源类产品产量由河南省统计局能源统计处提供。

Brief Introduction

I. Main Contents

Data on this chapter including number of industrial enterprises, value-added of industrial enterprises, output, beneficial indicators of industrial enterprises above designated size , unit, value-added and employed persons of industrial enterprises below designated size and individual.

II. Scope of Statistics

The scopes of industrial statistics are all corporate and individual industrial enterprises. Before 1997, the scopes of industrial statistics include six parts, as enterprises above township, Village-run enterprises, cooperative industry in cities and towns, rural cooperative industry, urban individual industrial, individual industries in rural areas. From 1998 to 2005, the scope of the industrial statistical investigation was divided into " industrial enterprises above designated size " and "below designated size ". Industrial enterprises above designated size refers to all State-owned industrial enterprises and non-State-owned industrial enterprises with revenue from principal business over 5 million yuan, and industrial enterprises above designated size refers to non-State-owned industrial enterprises with revenue from principal business below 5 million yuan and individual enterprises. From 2006 to 2010, the industrial enterprises above designated size refers to all industrial enterprises with revenue from principal business over 5 million yuan, and the industrial enterprises below designated size refers to all industrial enterprises with revenue from principal business below 5 million yuan and individual. Since 2011, the industrial enterprises above designated size refers to all industrial enterprises with revenue from principal business over 20 million yuan, and the industrial enterprises below designated size refers to all industrial enterprises with revenue from principal business below 20 million yuan and individual industry.

III. Sources of Data

Data on industrial enterprises with principal business revenue above 5 million yuan are collected through a combination of full survey, which are provided by the Department of Industrial of the Henan provincial bureau of Statistics. Data on industrial enterprises with principal business revenue below 5 million yuan are collected through a combination of sample survey directory, data on individual household are collected through a combination of cluster sample survey. Provincial data are provided by the Department of Henan Survey organizations. The following data at the provincial levelare provided by the Department of Industrial of the Henan provincial bureau of Statistics. Data on output of energy product are provided by the Department of Energy of the Henan provincial bureau of Statistics.

14-1 各种分组的规模以上工业增加值指数
Indices of Value-added of the Industry Enterprises above Designated Size

上年=100 (Preceding=100)

项 目	Item	2000	2005	2008	2009	2010	2012	2013	2014
指 数	**Indices**	**111.6**	**123.3**	**119.8**	**114.6**	**119.0**	**114.6**	**111.8**	**111.2**
按注册类型分	**By Registration status**								
内资企业	Domestic Funded Enterprises	111.6	124.0	119.8	114.5	119.8	113.4	111.3	111.0
国有	State-owned	114.6	109.5	110.2	110.0	115.5	105.5	106.6	103.1
集体	Collective-owned	106.7	128.8	107.6	109.6	115.9	109.6	109.9	107.5
股份合作	Cooperative	111.1	130.3	120.3	105.5	122.2	107.5	109.7	105.3
联营	Joint Ownership	93.6	120.7	128.5	130.4	101.9	95.3	103.3	83.9
有限责任公司	Limited Liability Corporations	108.3	119.9	119.6	114.1	120.5	114.2	114.0	112.9
股份有限公司	Share-holding Corporation Ltd	112.8	115.8	109.5	111.0	116.7	109.9	105.3	103.8
私营	Private	122.2	148.5	128.9	117.5	121.6	116.3	111.7	111.9
其他	Other	102.0	164.1	139.7	132.6	129.0	117.3	120.5	113.2
港澳台商投资	Enterprises with Funds from Hong Kong, Macao and Taiwan	113.9	110.8	118.3	111.6	117.4	173.6	127.3	117.4
外商投资	Foreign Funded	106.4	115.2	119.3	110.7	118.0	104.1	108.5	109.0
按控股类型分	**By Proprietarily System**								
#国有控股	State-holding			111.6	106.4	113.6	104.3	105.3	100.4
集体控股	Collective-holding			110.1	107.6	117.9	109.0	110.3	104.5
私人控股	Private-holding			125.8	119.5	121.5	117.0	113.2	114.1
港澳台控股	Hong Kong, Macao and Taiwan-holding			118.5	112.7	117.4	182.1	130.0	117.7
外商控股	Foreign-holding			120.4	110.8	110.7	103.5	106.6	105.0
按所有制分	**By Proprietorial System**								
公有制	Public-owned		114.0	111.3	106.6	115.3	105.2	106.1	101.2
非公有制	Non-Public-owned		137.0	124.9	118.3	121.8	118.4	113.9	114.2
按轻重工业分	**Grouped by Light & Heavy Industry**								
轻工业	Enterprises of Light Industry	106.2	128.8	124.8	113.7	120.0	116.2	111.5	110.4
重工业	Enterprises of Heavy Industry	114.2	121.0	117.6	115.0	118.8	113.9	111.9	111.7
按企业规模分	Grouped by Size of Enterprises								
大型企业	Large Enterprises	116.0	114.3	113.2	109.8	116.3	111.8	110.3	107.5
中型企业	Medium-sized Enterprises	103.0	112.5	119.5	116.7	118.7	112.2	111.6	110.5
小型企业	Small Enterprises	110.4	138.0	124.4	115.6	122.4	118.4	113.6	116.4

14-3 规模以上国有控股工业企业主要指标(2014年)

单位：亿元

行 业	Sector	单位数 (个) Number of Enterprises (unit)	平均从业人员 (万人) Number of Employed Persons (10 000 persons)
总 计	**Total**	**813**	**125.93**
按轻重工业分	**Grouped by Light & Heavy Industry**		
轻工业	Enterprises of Light Industry	156	13.77
重工业	Heavy Industry	657	112.16
按企业规模分	**Grouped by Size of Enterprises**		
大型企业	Large Enterprises	178	97.83
中型企业	Medium-sized Enterprises	366	24.59
小型企业	Small Enterprises	247	3.47
按行业分	**By Sector**		
煤炭开采和洗选业	Mining and Washing of Coal	58	44.59
石油和天然气开采业	Extraction of Petroleum and Natural Gas	2	5.79
黑色金属矿采选业	Mining of Ferrous Metal Ores	3	0.17
有色金属矿采选业	Mining of Non-ferrous Metal Ores	28	1.97
非金属矿采选业	Mining and Processing of Nonmetal Ores	6	0.28
开采辅助活动	Mining Auxiliary	2	2.65
其他采矿业	Mining of Other Ores n.e.c		
农副食品加工业	Processing of Food from Agricultural Products	29	1.75
食品制造业	Manufacture of Foods	10	0.48
酒、饮料和精制茶制造业	Manufacture of Wine, drinks and refined tea	12	1.13
烟草制品业	Manufacture of Tobacco	13	1.70
纺织业	Manufacture of Textile	14	1.97
纺织服装服饰业	Manufacture of Textile Wearing,Apparel	9	0.31
皮革、毛皮、羽毛及其制品和制鞋业	Manufacture of Leather, Fur, Featherand Its Products,Shoemaking	3	0.28
木材加工及木、竹、藤、棕、草制品业	Processing of Timbers, Manufacture of Wood, Bamboo, Rattan, Palm, and Straw Products	5	0.09
家具制造业	Manufacture of Furniture		
造纸及纸制品业	Manufacture of Paper and Paper Products	5	0.92
印刷和记录媒介的复制业	Printing,Reproduction of Recording Media	7	0.18
文教、工美、体育和娱乐用品制造业	Manufacture of Cultural and educational supplies, industrial, sporting and entertainment	2	0.04
石油加工、炼焦及核燃料加工业	Processing of Petroleum ,Coking, Processing of Nucleus Fuel	8	1.01
化学原料及化学制品制造业	Manufacture of Chemical Raw Material and Chemical Products	60	5.03
医药制造业	Manufacture of Medicines	11	0.91
化学纤维制造业	Manufacture of Chemical Fiber	1	0.98
橡胶和塑料制品业	Manufacture of Rubber and Plastic	7	1.06
非金属矿物制品业	Manufacture of Non-metallic Mineral Products	78	3.77
黑色金属冶炼及压延加工业	Manufacture and Processing of Ferrous Metals	10	4.31
有色金属冶炼及压延加工业	Manufacture and Processing of Non-ferrous Metals	41	7.06
金属制品业	Manufacture of Metal Products	12	0.41
通用设备制造业	Manufacture of General Purpose Machinery	28	2.51
专用设备制造业	Manufacture of Special Purpose Machinery	39	6.85
汽车制造业	Manufacture of Automobile	13	2.35
铁路、船舶、航空航天和其他运输设备制造业	Manufacture of Railway, shipbuilding, aerospace, and other transportation equipment	10	1.33
电气机械及器材制造业	Manufacture of Electrical Machinery and Equipment	31	2.69
计算机、通信和其他电子设备制造业	Manufacture of Computer Communication Equipment , and Other Electronic Equipment	8	0.37
仪器仪表制造业	Manufacture of Measuring Instrument	12	1.11
其他制造业	Manufacture of others	1	1.01
废弃资源综合利用业	Comprehensive utilization of waste materials	1	0.03
金属制品、机械和设备修理业	Repairing of Metal products, machinery and equipment	2	0.49
电力、热力的生产和供应业	Production and Supply of Electric Power and Heat Power	193	16.54
燃气生产和供应业	Production and Distribution of Gas	10	0.36
水的生产和供应业	Production and Distribution of Water	29	1.44

Main Indicators on Economic Benefit of State-holding Industrial Enterprises above Designated Size (2014)

(100 million yuan)

增加值指数(%) Indices (%)	资产总计 Total Assets	流动资产合计 Balance of Working Capitals	负债合计 Total Liabilities	主营业务收入 Revenue from Principal Business	主营业务成本 Cost of Pricipal Business	利润总额 Total Profits	利税总额 Total Pre-tax Profits	本年应缴增值税 Value Added Tax Payable
100.4	**13622.48**	**5281.68**	**9030.48**	**11011.54**	**9558.04**	**279.68**	**1016.21**	**372.22**
101.5	1395.57	793.50	773.34	1230.93	818.60	93.06	376.23	69.62
100.1	12226.91	4488.18	8257.14	9780.61	8739.44	186.62	639.98	302.60
100.3	10681.07	4257.64	6932.87	8831.59	7631.75	217.28	872.27	302.44
100.6	2365.47	808.53	1697.56	1720.42	1517.46	51.96	119.81	58.14
101.8	519.85	198.73	352.31	445.12	396.15	11.80	24.96	11.22
101.4	2908.49	1006.59	1897.72	2077.20	1849.73	39.63	143.48	84.43
97.9	418.97	98.36	160.81	212.47	141.20	-19.68	52.54	21.46
118.5	19.22	4.19	11.32	10.29	7.01	2.01	3.07	0.73
115.8	193.19	70.33	123.20	171.47	153.33	7.25	13.05	4.01
96.8	37.92	10.57	19.48	22.24	17.38	1.72	3.31	0.95
89.9	167.94	93.74	114.89	130.64	112.62	7.94	18.74	9.74
112.0	99.27	54.33	63.75	137.41	132.02	1.35	2.06	0.55
97.4	24.74	8.64	9.91	51.32	45.45	2.60	3.84	1.05
101.9	228.62	152.62	196.22	137.40	113.17	3.04	11.02	2.48
100.2	387.59	272.66	112.16	449.59	128.82	78.83	340.74	55.86
98.1	177.98	95.05	128.38	161.09	151.80	0.26	1.40	0.86
96.4	5.90	3.14	1.33	6.22	4.55	0.60	1.12	0.44
99.2	7.45	3.53	3.05	14.65	12.90	0.68	0.91	0.09
66.7	6.98	1.66	5.78	4.06	3.38	0.08	0.12	0.03
123.2	128.40	51.62	102.05	81.83	73.58	-4.28	-1.00	3.10
87.7	9.68	4.73	1.58	7.43	5.82	0.49	1.00	0.41
95.0	3.19	2.71	1.06	6.46	6.25	0.10	0.14	0.04
92.0	206.78	98.03	192.97	466.35	414.77	-19.87	38.56	9.12
112.1	855.97	251.46	697.40	624.70	573.32	-3.33	6.91	9.00
113.9	61.92	29.41	33.60	45.61	34.76	2.68	4.95	2.00
87.2	56.06	19.05	21.65	27.86	23.41	2.32	3.10	0.53
94.0	81.10	38.65	50.92	87.86	69.36	4.08	6.30	1.47
100.8	443.68	171.58	234.99	293.29	253.23	21.11	32.25	9.65
109.9	608.72	287.16	455.50	514.91	474.64	1.94	16.61	12.79
101.5	1444.93	631.75	1066.20	1292.59	1194.65	-14.34	10.38	19.64
117.8	18.52	11.60	12.13	56.27	52.92	0.82	1.28	0.39
93.3	243.79	133.36	158.11	154.01	135.85	0.99	3.90	2.50
101.0	796.12	515.29	450.37	533.45	456.39	19.84	32.36	10.10
105.8	194.78	133.24	135.00	208.81	180.94	4.72	12.01	4.13
95.7	101.70	70.83	38.16	54.06	39.66	5.89	7.17	1.10
111.3	482.40	331.86	269.47	284.14	227.01	38.83	51.33	11.09
102.4	62.15	20.50	31.32	17.10	11.46	3.35	3.80	0.39
93.7	72.37	54.09	39.50	50.92	38.97	4.44	5.97	1.29
68.6	66.65	36.46	20.12	44.29	34.47	4.48	5.62	1.01
27.2	3.95	3.14	3.04	2.48	1.85	0.43	0.45	0.01
107.7	31.52	21.90	23.16	22.66	19.56	0.16	0.69	0.46
96.1	2833.79	435.75	2060.19	2492.02	2316.16	76.72	172.67	87.20
98.8	30.69	12.01	18.79	31.88	25.87	2.76	4.15	1.20
104.5	99.36	40.09	65.22	24.51	19.79	-0.94	0.23	0.94

14-4 规模以上公有制工业企业主要指标(2014年)

单位：亿元

行 业	Sector	单位数 (个) Number of Enterprises (unit)	平均从业人员 (万人) Number of Employed Persons (10 000 persons)
总 计	**Total**	**1403**	**147.14**
按轻重工业分	**Grouped by Light & Heavy Industry**		
轻工业	Enterprises of Light Industry	310	21.99
重工业	Heavy Industry	1093	125.15
按企业规模分	**Grouped by Size of Enterprises**		
大型企业	Large Enterprises	204	105.25
中型企业	Medium-sized Enterprises	507	32.45
小型企业	Small Enterprises	654	9.38
按行业分	**By Sector**		
煤炭开采和洗选业	Mining and Washing of Coal	73	45.55
石油和天然气开采业	Extraction of Petroleum and Natural Gas	3	5.87
黑色金属矿采选业	Mining of Ferrous Metal Ores	9	0.29
有色金属矿采选业	Mining of Non-ferrous Metal Ores	126	4.51
非金属矿采选业	Mining and Processing of Nonmetal Ores	12	0.94
开采辅助活动	Mining Auxiliary	3	2.70
其他采矿业	Mining of Other Ores n.e.c		
农副食品加工业	Processing of Food from Agricultural Products	65	3.02
食品制造业	Manufacture of Foods	18	1.60
酒、饮料和精制茶制造业	Manufacture of Wine, drinks and refined tea	29	1.76
烟草制品业	Manufacture of Tobacco	17	1.88
纺织业	Manufacture of Textile	26	2.49
纺织服装服饰业	Manufacture of Textile Wearing,Apparel	16	0.92
皮革、毛皮、羽毛及其制品和制鞋业	Manufacture of Leather, Fur, Featherand Its Products,Shoemaking	9	0.63
木材加工及木、竹、藤、棕、草制品业	Processing of Timbers, Manufacture of Wood, Bamboo, Rattan, Palm, and Straw Products	9	0.15
家具制造业	Manufacture of Furniture	2	0.02
造纸及纸制品业	Manufacture of Paper and Paper Products	16	1.61
印刷和记录媒介的复制业	Printing,Reproduction of Recording Media	18	0.40
文教、工美、体育和娱乐用品制造业	Manufacture of Cultural and educational supplies, industrial, sporting and entertainment	8	0.66
石油加工、炼焦及核燃料加工业	Processing of Petroleum ,Coking, Processing of Nucleus Fuel	10	1.09
化学原料及化学制品制造业	Manufacture of Chemical Raw Material and Chemical Products	94	6.00
医药制造业	Manufacture of Medicines	24	2.41
化学纤维制造业	Manufacture of Chemical Fiber	1	0.98
橡胶和塑料制品业	Manufacture of Rubber and Plastic	30	1.91
非金属矿物制品业	Manufacture of Non-metallic Mineral Products	158	5.35
黑色金属冶炼及压延加工业	Manufacture and Processing of Ferrous Metals	17	5.24
有色金属冶炼及压延加工业	Manufacture and Processing of Non-ferrous Metals	56	7.30
金属制品业	Manufacture of Metal Products	34	0.87
通用设备制造业	Manufacture of General Purpose Machinery	61	3.50
专用设备制造业	Manufacture of Special Purpose Machinery	80	7.65
汽车制造业	Manufacture of Automobile	25	2.92
铁路、船舶、航空航天和其他运输设备制造业	Manufacture of Railway, shipbuilding, aerospace, and other transportation equipment	15	1.43
电气机械及器材制造业	Manufacture of Electrical Machinery and Equipment	60	3.35
计算机、通信和其他电子设备制造业	Manufacture of Computer Communication Equipment , and Other Electronic Equipment	15	0.66
仪器仪表制造业	Manufacture of Measuring Instrument	15	1.21
其他制造业	Manufacture of others	5	1.06
废弃资源综合利用业	Comprehensive utilization of waste materials	2	0.07
金属制品、机械和设备修理业	Repairing of Metal products, machinery and equipment	3	0.52
电力、热力的生产和供应业	Production and Supply of Electric Power and Heat Power	197	16.65
燃气生产和供应业	Production and Distribution of Gas	10	0.36
水的生产和供应业	Production and Distribution of Water	32	1.66

Main Indicators on Economic Benefit of Public-owned Industrial Enterprises above Designated Size (2014)

(100 million yuan)

增加值指数(%) Indices (%)	资产总计 Total Assets	流动资产合计 Balance of Working Capitals	负债合计 Total Liabilities	主营业务收入 Revenue from Principal Business	主营业务成本 Cost of Pricipal Business	利润总额 Total Profits	利税总额 Total Pre-tax Profits	本年应缴增值税 Value Added Tax Payable
101.2	**15008.72**	**5975.44**	**9549.08**	**13618.93**	**11799.20**	**529.59**	**1313.21**	**406.37**
100.6	1795.32	976.16	902.00	1992.11	1475.76	166.13	463.65	80.67
101.4	13213.40	4999.28	8647.08	11626.82	10323.43	363.47	849.56	325.70
100.3	11113.63	4462.01	7125.88	9601.97	8310.36	280.50	950.57	314.27
101.5	2862.25	1055.75	1881.82	2496.46	2174.32	126.17	211.89	72.11
106.6	963.97	434.81	480.71	1496.33	1293.07	124.25	151.45	19.51
101.7	2961.06	1029.28	1924.22	2118.67	1885.49	41.32	147.03	85.96
98.0	422.66	101.72	162.61	215.15	143.47	-19.36	53.15	21.71
122.0	25.08	8.23	11.99	27.39	19.77	5.95	7.67	1.28
111.6	500.97	223.13	168.29	978.15	823.99	113.32	122.62	4.02
93.4	60.31	16.49	32.16	50.50	40.75	5.05	8.68	2.38
89.9	168.56	94.29	115.40	131.29	113.21	7.95	18.82	9.79
104.9	182.56	86.13	88.85	310.38	282.15	18.34	20.28	1.54
101.6	91.14	45.99	36.87	181.80	152.05	20.88	24.40	2.89
101.1	272.23	166.37	204.36	209.11	171.78	10.17	21.27	4.35
100.2	394.02	277.33	116.63	457.43	134.91	79.02	341.55	56.41
97.8	202.98	106.87	137.36	194.11	179.78	3.45	5.26	1.38
117.8	10.79	5.13	4.77	20.58	17.46	0.81	1.71	0.72
80.2	33.09	15.77	10.84	63.36	56.83	4.61	6.63	1.66
65.6	9.31	2.96	6.38	9.33	7.84	0.79	0.90	0.09
107.5	0.38	0.30	0.25	1.17	1.01	0.03	0.05	0.01
119.3	170.12	69.98	116.69	153.57	139.00	1.17	5.03	3.54
108.9	20.97	13.11	6.15	22.16	17.50	2.36	3.52	0.96
135.5	9.68	5.09	3.03	21.42	18.83	1.44	1.81	0.30
92.7	209.38	99.83	195.35	470.15	418.44	-19.93	38.57	9.17
111.0	958.14	296.00	748.13	785.25	715.08	8.15	23.20	12.71
95.4	116.24	54.40	46.03	188.18	162.96	13.85	18.02	3.51
82.7	56.06	19.05	21.65	27.86	23.41	2.32	3.10	0.53
100.2	140.03	65.76	66.29	198.05	160.36	17.24	22.89	3.80
99.1	558.49	227.95	281.19	467.18	402.65	37.59	54.45	14.20
107.4	660.91	319.19	500.36	624.82	579.26	3.28	19.32	14.00
102.0	1461.56	640.09	1077.81	1326.51	1226.77	-13.52	11.69	20.08
118.3	38.27	25.25	22.42	81.40	74.74	2.07	3.33	1.03
99.0	324.55	177.37	196.25	274.70	242.98	8.66	14.77	5.07
102.3	830.72	535.45	464.30	612.96	529.70	22.84	36.44	11.01
95.9	225.15	152.50	154.04	253.64	219.97	6.40	14.98	5.25
79.8	105.90	72.17	40.39	58.39	43.48	6.21	7.62	1.22
111.5	530.11	362.92	294.46	347.18	280.02	43.08	57.40	12.66
186.0	83.69	37.34	44.12	41.70	32.35	4.79	5.49	0.58
95.7	77.87	58.66	43.15	56.95	43.83	5.10	6.72	1.37
70.0	69.44	37.44	21.61	48.92	38.82	4.66	5.86	1.07
29.0	5.40	3.72	3.86	2.60	1.98	0.44	0.47	0.01
107.9	31.77	22.06	23.37	26.36	23.23	0.16	0.70	0.46
96.1	2845.20	439.61	2067.25	2501.50	2325.43	77.03	173.19	87.38
98.8	30.69	12.01	18.79	31.88	25.87	2.76	4.15	1.20
104.8	113.27	48.51	71.40	27.17	22.04	-0.90	0.47	1.10

14-5 分行业规模以上私营工业企业主要指标(2014年)

单位：亿元

行 业	Sector	单位数(个) Number of Enterprises (unit)	平均从业人员(万人) Number of Employed Persons (10 000 persons)
总 计	**Total**	**10665**	**228.06**
按轻重工业分	**Grouped by Light & Heavy Industry**		
轻工业	Enterprises of Light Industry	4242	100.74
重工业	Heavy Industry	6423	127.33
按企业规模分	**Grouped by Size of Enterprises**		
大型企业	Large Enterprises	168	33.63
中型企业	Medium-sized Enterprises	2063	96.26
小型企业	Small Enterprises	8036	97.76
按行业分	**By Sector**		
煤炭开采和洗选业	Mining and Washing of Coal	121	2.97
石油和天然气开采业	Extraction of Petroleum and Natural Gas		
黑色金属矿采选业	Mining of Ferrous Metal Ores	84	0.87
有色金属矿采选业	Mining of Non-ferrous Metal Ores	147	3.05
非金属矿采选业	Mining and Processing of Nonmetal Ores	209	2.57
开采辅助活动	Mining Auxiliary	1	0.03
其他采矿业	Mining of Other Ores n.e.c		
农副食品加工业	Processing of Food from Agricultural Products	1213	21.01
食品制造业	Manufacture of Foods	400	9.26
酒、饮料和精制茶制造业	Manufacture of Wine, drinks and refined tea	238	4.45
烟草制品业	Manufacture of Tobacco		
纺织业	Manufacture of Textile	487	16.03
纺织服装服饰业	Manufacture of Textile Wearing,Apparel	248	7.85
皮革、毛皮、羽毛及其制品和制鞋业	Manufacture of Leather, Fur, Featherand Its Products,Shoemaking	246	6.84
木材加工及木、竹、藤、棕、草制品业	Processing of Timbers, Manufacture of Wood, Bamboo, Rattan, Palm, and Straw Products	351	7.06
家具制造业	Manufacture of Furniture	203	4.18
造纸及纸制品业	Manufacture of Paper and Paper Products	167	4.41
印刷和记录媒介的复制业	Printing,Reproduction of Recording Media	136	2.82
文教、工美、体育和娱乐用品制造业	Manufacture of Cultural and educational supplies, industrial, sporting and entertainment	187	4.18
石油加工、炼焦及核燃料加工业	Processing of Petroleum ,Coking, Processing of Nucleus Fuel	40	1.62
化学原料及化学制品制造业	Manufacture of Chemical Raw Material and Chemical Products	589	11.88
医药制造业	Manufacture of Medicines	174	5.49
化学纤维制造业	Manufacture of Chemical Fiber	16	0.33
橡胶和塑料制品业	Manufacture of Rubber and Plastic	350	6.28
非金属矿物制品业	Manufacture of Non-metallic Mineral Products	1915	34.98
黑色金属冶炼及压延加工业	Manufacture and Processing of Ferrous Metals	365	7.58
有色金属冶炼及压延加工业	Manufacture and Processing of Non-ferrous Metals	228	5.64
金属制品业	Manufacture of Metal Products	459	8.62
通用设备制造业	Manufacture of General Purpose Machinery	555	10.71
专用设备制造业	Manufacture of Special Purpose Machinery	538	11.41
汽车制造业	Manufacture of Automobile	274	6.90
铁路、船舶、航空航天和其他运输设备制造业	Manufacture of Railway, shipbuilding, aerospace, and other transportation equipment	133	4.43
电气机械及器材制造业	Manufacture of Electrical Machinery and Equipment	330	7.94
计算机、通信和其他电子设备制造业	Manufacture of Computer Communication Equipment , and Other Electronic Equipment	105	3.72
仪器仪表制造业	Manufacture of Measuring Instrument	84	2.06
其他制造业	Manufacture of others	20	0.25
废弃资源综合利用业	Comprehensive utilization of waste materials	23	0.23
金属制品、机械和设备修理业	Repairing of Metal products, machinery and equipment	1	0.01
电力、热力的生产和供应业	Production and Supply of Electric Power and Heat Power	13	0.21
燃气生产和供应业	Production and Distribution of Gas	5	0.05
水的生产和供应业	Production and Distribution of Water	10	0.14

Main Indicators on Economic Benefit of Private Industrial Enterprises above Designated Size (2014)

(100 million yuan)

增加值指数(%) Indices (%)	资产总计 Total Assets	流动资产合计 Balance of Working Capitals	负债合计 Total Liabilities	主营业务收入 Revenue from Principal Business	主营业务成本 Cost of Pricipal Business	利润总额 Total Profits	利税总额 Total Pre-tax Profits	本年应缴增值税 Value Added Tax Payable
111.9	**14209.99**	**5905.52**	**4053.12**	**24456.13**	**20969.25**	**2199.74**	**2920.48**	**548.32**
109.8	5310.30	2140.12	1327.05	9044.13	7710.37	843.20	1092.04	189.44
113.1	8899.70	3765.40	2726.07	15412.00	13258.88	1356.54	1828.45	358.88
112.2	2145.01	866.67	758.10	3482.41	3043.18	262.68	346.10	63.24
112.2	5251.09	2152.04	1502.53	9472.43	8154.84	852.92	1143.97	226.16
113.2	6602.39	2807.63	1746.97	11302.81	9602.84	1065.33	1405.33	254.33
113.9	198.49	97.99	76.23	351.29	293.86	34.21	54.61	15.43
109.9	93.87	41.69	31.59	108.43	92.67	8.76	12.94	2.76
110.6	262.70	125.54	82.49	500.44	428.41	51.82	60.31	5.79
101.0	205.04	88.61	48.31	316.89	261.79	36.11	48.41	9.61
131.2	2.29	0.75	0.15	4.44	3.43	0.71	0.78	0.04
107.0	1322.76	516.58	326.62	2444.59	2127.27	205.54	264.67	43.35
117.1	391.30	155.22	95.53	705.82	596.42	69.71	87.90	14.13
115.9	302.76	119.02	80.48	487.13	404.33	49.88	66.10	11.08
107.2	737.01	289.57	214.36	1177.14	1015.87	104.33	135.95	24.62
114.6	277.84	96.82	57.56	409.59	349.73	35.80	48.17	9.40
99.4	338.00	141.91	65.06	516.36	436.07	55.89	75.60	16.13
107.7	295.13	113.32	57.52	519.07	437.57	50.37	65.32	10.72
117.1	225.53	71.86	29.09	350.54	284.20	39.92	50.28	7.39
100.9	246.44	101.84	64.32	419.43	359.19	37.01	49.10	10.04
121.2	139.24	52.50	43.85	198.06	166.04	18.27	24.45	4.78
115.6	161.52	75.36	42.81	314.65	267.35	29.93	39.77	7.63
107.7	210.33	97.55	94.36	451.51	391.60	38.93	49.14	5.51
117.9	1096.17	391.85	381.06	1459.93	1252.37	129.22	169.77	30.49
118.7	415.08	194.40	138.37	516.43	415.39	49.64	66.84	13.61
128.9	19.52	7.01	4.27	29.25	24.37	2.83	3.85	0.72
115.5	404.83	147.86	81.02	731.51	618.00	75.05	96.40	16.66
111.0	2236.46	951.23	649.30	3918.49	3324.97	386.15	534.82	119.92
104.8	818.34	285.40	213.04	1549.00	1367.69	107.41	145.04	25.56
126.5	722.04	369.15	308.05	1285.75	1161.82	78.24	103.23	20.21
115.8	524.08	209.33	139.94	900.18	765.88	75.72	105.18	16.87
110.1	565.09	275.81	164.10	1098.60	940.24	98.26	132.03	25.77
117.3	593.59	271.27	156.15	1089.12	936.23	96.42	128.89	25.98
117.7	367.90	141.96	103.83	678.86	582.45	63.20	85.54	18.47
111.1	247.34	113.63	44.22	486.22	422.84	49.91	57.75	6.73
117.2	514.88	243.93	162.06	1036.06	899.16	85.34	111.39	19.94
139.9	130.78	51.60	44.30	183.72	156.21	16.39	20.63	3.29
122.9	78.94	38.51	24.76	141.16	119.92	12.46	17.30	4.14
66.4	11.25	4.96	3.86	21.08	18.02	1.82	2.30	0.36
91.2	23.92	12.90	10.39	32.63	28.11	3.11	4.30	0.97
126.7	0.86	0.74	0.44	0.65	0.48	0.03	0.05	0.02
126.3	20.67	4.96	10.66	9.45	8.69	0.34	0.44	0.03
113.0	4.70	1.88	2.22	5.40	4.30	0.38	0.52	0.09
111.3	3.32	1.01	0.74	7.28	6.28	0.59	0.74	0.10

14—6 规模以上高成长性制造业、传统支柱产业和六大高载能行业主要指标(2014年)

Main indicators of High-growth industries, Traditional pillar Industrial Exterprises and Six Carrying energy Industrial Enterprises above Designated Size (2014)

行业	Sector	单位数（个） Number of Enterprises (unit)	增加值占规模以上工业比重（%） Proportion in Value-Added of Industry (%)	增加值指数（上年=100） Indices of Value-Added of Industry (Preceding =100)
高成长性制造业	**High-growth industries**	**10024**	**45.0**	**113.8**
电子信息产业	Electronic information industry	262	3.7	129.7
装备制造业	Equipment manufacturing industry	3652	15.1	115.7
汽车及零部件产业	Automobile and parts industry	592	3.5	116.0
食品产业	Food industry	3219	15.7	108.9
现代家居产业	Modern furniture industry	1291	3.8	109.2
服装服饰	Clothing accessories	1008	3.3	115.8
传统支柱产业	**Traditional pillar industries**	**8993**	**47.6**	**109.2**
冶金工业	Metallurgical industry	1103	8.6	111.1
建材工业	Building materials industry	3229	12.6	112.0
化学工业	Chemical industry	1446	6.9	112.4
轻纺工业	Textile industry	2610	9.8	109.6
能源工业	Energy industry	605	9.7	102.6
六大高载能行业	**Six Carrying energy Industrial**	**6189**	**35.3**	**109.7**
煤炭开采和洗选业	Mining and Washing of Coal	311	5.3	107.2
化学原料及化学制品制造业	Manufacture of Chemical Raw Material and Chemical Products	1195	4.9	116.5
非金属矿物制品业	Manufacture of Non-metallic Mineral Products	3342	13.1	111.7
黑色金属冶炼及压延加工业	Manufacture and Processing of Ferrous Metals	618	5.1	108.6
有色金属冶炼及压延加工业	Manufacture and Processing of Non-ferrous Metals	485	3.5	114.8
电力、热力的生产和供应业	Production and Supply of Electric Power and Heat Power	238	3.4	95.6
高技术产业	**High Technology Industrial**	**898**	**7.6**	**122.6**
医药制造业	Manufacture of Medicines	400	2.5	115.2
航空、航天器及设备制造业	Manufacture of Aviation, spacecraft, and equipment	1	0.0	131.0
电子及通信设备制造业	Manufacture of Electronic and communication equipment	241	3.8	128.9
计算机及办公设备制造业	Manufacture of Computer and office equipment	31	0.2	133.3
医疗仪器设备及仪器仪表制造业	Manufacture of Medical equipment and instruments	206	0.9	113.2
信息化学品制造业	Manufacture of Information chemicals	19	0.1	98.4

14—7 规模以上能源原材料工业增加值结构

Struction of Energy raw material industrial

行 业	sector	2008	2009	2010	2011	2012	2013	2014
能源原材料工业占规模以上	**Proportion in Value-added of Industry Enterprises**							
工业增加值比重(%)	**Above Designated Size(%)**	**55.1**	**52.5**	**51.5**	**50.2**	**50.3**	**47.0**	**44.2**
煤炭开采和洗选业	Mining and Washing of Coal	9.2	9.5	9.9	9.6	8.0	6.4	5.3
石油和天然气开采业	Extraction of Petroleum and Natural Gas	2.3	1.4	1.1	1.4	1.0	0.8	0.7
黑色金属矿采选业	Mining of Ferrous Metal Ores	0.5	0.4	0.6	0.5	0.5	0.4	0.4
有色金属矿采选业	Mining of Non-ferrous Metal Ores	3.2	2.9	3.4	3.2	3.3	2.9	2.4
非金属矿采选业	Mining and Processing of Nonmetal Ores	1.1	0.9	0.9	0.9	0.9	0.9	0.8
石油加工、炼焦和	Processing of Petroleum ,Coking,							
核燃料加工业	Processing of Nucleus Fuel	2.4	2.3	2.8	2.2	1.9	1.6	1.3
化学原料和化学制品制造业	Manufacture of Chemical Raw Material							
	and Chemical Products	5.1	4.7	5.1	5.0	5.1	4.9	4.9
橡胶和塑料制品业	Manufacture of Rubber and Plastic	2.1	2.2	2.4	2.1	2.3	2.5	2.6
非金属矿物制品业	Manufacture of Non-metallic Mineral Products	10.6	12.2	12.7	12.4	12.9	12.9	13.1
黑色金属冶炼和压延加工业	Manufacture and Processing of Ferrous Metals	7.0	5.6	5.1	4.4	5.5	5.5	5.1
有色金属冶炼和压延加工业	Manufacture and Processing of Non-ferrous Metals	6.4	5.4	5.4	5.5	4.5	4.0	3.5
废弃资源综合利用业	Comprehensive utilization of waste materials	0.1	0.1	0.1	0.2	0.2	0.2	0.2
电力、热力生产和供应业	Production and Supply of Electric							
	Power and Heat Power	6.1	5.8	3.0	3.9	3.9	3.6	3.4
燃气生产和供应业	Production and Distribution of Gas	0.2	0.2	0.3	0.3	0.3	0.3	0.3
水的生产和供应业	Production and Distribution of Water	0.1	0.1	0.1	0.1	0.1	0.1	0.1

14-8 各市规模以上工业企业主要财务指标

单位：亿元

年份 市(县)	year City(County)	单位数(个) Number of Enterprises (unit)	平均从业人员(万人) Average Number of Employed Persons (10 000 persons)	资产总计 Total Assets	流动资产合计 Balance of Working Capitals
	1998	10450	380.58	4813.59	
	1999	9922	358.02	5090.87	
	2000	9930	343.13	5234.71	
	2001	9720	335.73	5633.03	
	2002	9671	322.47	5987.80	
	2003	9091	317.32	6575.13	
	2004	9782	326.92	8142.33	
	2005	10867	355.70	9158.03	
	2006	11895	361.94	11026.18	
	2007	13518	382.43	13788.00	
	2008	15795	401.53	16421.08	
	2009	18592	449.14	19668.61	7769.93
	2010	19574	479.27	23467.42	9798.26
	2011	18338	546.84	29049.22	12411.51
	2012	19245	584.05	35174.81	15830.84
	2013	20583	632.57	43431.82	20131.51
	2014	21756	678.88	50540.15	22668.15
省辖市	**City**				
郑州市	Zhengzhou	2763	106.69	9960.83	5506.18
开封市	Kaifeng	1311	37.96	1868.92	699.78
洛阳市	Luoyang	1779	52.69	5201.67	2432.33
平顶山市	Pingdingshan	854	37.61	2877.43	1359.16
安阳市	Anyang	998	28.69	2316.93	993.09
鹤壁市	Hebi	583	19.56	1294.65	399.46
新乡市	Xinxiang	1285	41.09	2559.10	1214.41
焦作市	Jiaozuo	1214	43.20	2935.42	1156.63
濮阳市	Puyang	988	25.84	1895.49	738.98
许昌市	Xuchang	1499	43.35	3704.59	1616.00
漯河市	Luohe	665	23.28	1431.75	621.14
三门峡市	Sanmenxia	637	23.83	2538.67	1059.71
南阳市	Nanyang	1899	46.86	3360.16	1619.16
商丘市	Shangqiu	1078	35.35	1868.71	793.56
信阳市	Xinyang	1264	33.27	1430.14	471.28
周口市	Zhoukou	1200	37.56	2342.97	938.21
驻马店市	Zhumadian	1498	32.10	1764.33	592.11
济源市	Jiyuan	241	9.93	1188.39	456.96
省直管县	**Province Administrating County**				
巩义市	Gongyi	451	10.08	1034.55	474.32
兰考县	Lankao	285	6.66	307.37	115.99
汝州市	Ruzhou	136	3.97	588.20	327.42
滑县	Huaxian	152	2.47	179.09	66.23
长垣县	Changyuan	140	4.33	286.39	196.34
邓州市	Dengzhou	153	3.54	232.78	114.91
永城市	Yongcheng	145	7.05	779.54	388.31
固始县	Gushi	181	4.21	91.64	36.27
鹿邑县	Luyi	85	3.22	223.66	123.43
新蔡县	Xincai	153	2.71	85.89	33.01

Main Indicators on Economic Benefit of Industrial Enterprises above Designated Size by City

(100 million yuan)

负债合计 Total Liabilities	主营业务收入 Revenue from Principal Business	主营业务成本 Cost of Pricipal Business	利润总额 Total Profits	利税总额 Total Pre-tax Profits	本年应缴增值税 Value Added Tax Payable	增加值指数(上年=100) Indices of Value-Added (Preceding =100)
3237.58	2774.43	2278.26	71.21	251.73	117.88	107.2
3357.14	2889.61	2391.14	79.58	269.43	128.23	107.5
3477.34	3297.78	2708.84	139.97	343.68	140.02	111.6
3699.60	3642.32	3015.28	141.62	363.93	150.68	109.8
3825.08	4159.57	3438.38	183.85	440.01	174.14	114.2
4227.07	5284.81	4399.48	255.91	558.98	208.00	119.9
5087.83	7283.63	6078.52	403.65	794.78	283.02	123.6
5639.20	10114.21	8441.39	643.39	1205.65	402.71	123.3
6644.10	13809.07	11463.04	1141.80	1907.06	565.18	123.4
7970.01	18936.82	15478.08	1941.51	3023.05	812.31	124.2
9497.17	25292.02	21251.31	2179.10	3458.82	926.72	119.8
11103.26	28246.65	23765.05	2444.18	3835.99	976.99	114.6
12960.96	36163.12	30316.67	3302.22	4928.53	1147.72	119.0
15651.99	47647.21	40301.82	4131.59	6124.18	1397.73	119.6
18087.58	52276.38	44546.45	4016.39	6107.52	1452.56	114.6
21050.58	59975.16	51549.68	4543.07	6800.54	1594.74	111.8
23717.27	68037.47	58959.69	4946.19	7365.94	1711.05	111.2
5444.36	12391.37	10651.69	1033.04	1647.19	483.43	111.2
587.54	2407.32	2075.70	214.95	289.62	57.32	113.7
2859.99	6377.41	5659.39	228.80	423.06	105.24	111.3
1689.92	2430.29	2083.74	162.77	272.52	91.66	110.1
1337.69	3556.45	3120.57	234.29	369.35	88.57	110.8
603.80	1740.41	1532.35	96.65	136.68	30.69	112.1
1324.08	4023.27	3615.82	233.94	311.60	61.74	112.3
1163.32	4785.63	4184.52	349.21	505.94	127.60	110.7
588.43	3068.44	2609.00	252.60	367.96	67.28	112.8
1295.44	5055.10	4266.83	434.99	696.27	153.34	111.9
458.12	2621.19	2218.29	279.72	346.96	41.43	112.0
1305.68	3469.46	3052.60	264.67	331.51	50.52	110.7
1656.98	3803.33	3247.85	238.85	399.37	101.69	111.2
901.61	2770.53	2469.42	154.97	232.00	53.66	111.8
564.96	2158.35	1852.06	135.44	198.26	45.19	112.3
664.63	3551.95	2955.23	387.56	487.12	73.62	112.3
599.33	2435.00	2113.15	171.81	243.47	47.73	110.4
671.40	1391.98	1251.50	71.93	107.07	30.34	112.5
568.70	1814.53	1598.88	104.44	162.63	51.04	110.2
45.32	345.13	292.91	39.02	52.78	10.40	114.2
427.69	268.36	241.59	7.65	21.35	12.72	107.3
62.13	250.91	214.06	21.48	25.21	1.28	112.2
133.57	482.65	416.77	50.46	62.91	11.27	114.2
112.90	358.72	315.57	16.89	24.74	5.63	111.4
419.29	925.51	841.44	40.34	72.09	18.60	112.2
10.28	229.14	199.58	15.90	18.74	1.82	114.4
98.00	430.08	323.80	44.38	48.73	3.27	114.3
17.47	171.15	138.69	14.65	18.05	2.33	109.2

14-9 各市规模以上国有控股工业企业主要财务指标(2014年)

单位：亿元

市(县)	City(County)	平均从业人员(万人) Number of Employed Persons (10 000 persons)	资产总计 Total Assets	流动资产合计 Balance of Working Capitals	负债合计 Total Liabilities
全省	**Total**	**125.93**	**13622.48**	**5281.68**	**9030.48**
省辖市	**City**				
郑州市	Zhengzhou	13.22	1839.96	789.48	1205.08
开封市	Kaifeng	2.19	293.49	111.85	240.92
洛阳市	Luoyang	17.64	2478.75	1051.94	1615.90
平顶山市	Pingdingshan	21.75	1417.61	605.05	993.33
安阳市	Anyang	5.47	782.44	304.29	590.07
鹤壁市	Hebi	4.27	302.44	60.18	253.22
新乡市	Xinxiang	5.27	557.88	196.17	361.96
焦作市	Jiaozuo	8.16	697.19	214.61	448.44
濮阳市	Puyang	8.91	632.18	198.91	381.59
许昌市	Xuchang	5.65	768.22	379.57	417.75
漯河市	Luohe	1.31	165.57	67.94	109.01
三门峡市	Sanmenxia	9.91	1017.26	310.05	715.38
南阳市	Nanyang	8.31	900.61	372.02	539.60
商丘市	Shangqiu	6.31	798.74	348.52	516.96
信阳市	Xinyang	2.60	162.04	54.04	114.65
周口市	Zhoukou	1.03	58.71	11.00	53.73
驻马店市	Zhumadian	2.55	267.09	69.53	195.74
济源市	Jiyuan	1.39	482.30	136.54	277.17
省直管县	**Province Administrating County**				
巩义市	Gongyi	1.02	65.05	23.26	53.30
兰考县	Lankao	0.05	1.53	0.96	0.66
汝州市	Ruzhou	1.86	135.50	54.48	120.19
滑县	Huaxian	0.08	1.94	0.38	1.33
长垣县	Changyuan	0.06	1.03	0.16	0.84
邓州市	Dengzhou	0.25	14.80	3.02	8.46
永城市	Yongcheng	4.95	636.97	322.07	374.65
固始县	Gushi	0.15	2.28	0.71	1.49
鹿邑县	Luyi	0.05	1.59	0.84	1.57
新蔡县	Xincai	0.15	2.85	0.88	1.13

Main Indicators on Economic Benefit of State-holding Industrial Enterprises above Designated Size by City (2014)

(100 million yuan)

主营业务收入 Revenue from Principal Business	主营业务成本 Cost of Pricipal Business	利润总额 Total Profits	利税总额 Total Pre-tax Profits	本年应缴增值税 Value Added Tax Payable	增加值指数(上年=100) Indices of Value-Added (Preceding=100)
11011.54	**9558.04**	**279.68**	**1016.21**	**372.22**	**100.4**
1353.51	1142.26	32.73	170.09	56.42	99.9
190.77	173.30	0.39	5.39	4.57	107.3
2057.96	1807.55	15.83	130.37	45.72	99.5
927.51	807.71	20.10	63.09	35.84	103.2
734.82	634.31	20.07	81.64	27.47	103.9
265.87	250.75	0.91	8.61	6.33	102.3
387.43	328.18	23.77	39.99	13.81	93.5
677.00	611.91	10.81	33.48	18.86	92.3
483.80	424.27	-26.37	27.78	25.27	95.2
575.53	419.63	62.59	150.49	32.72	101.8
153.35	119.12	7.47	28.69	6.51	100.3
947.23	883.74	10.20	36.39	21.89	99.7
682.00	536.64	44.35	118.84	30.48	100.9
726.25	658.81	25.09	51.16	20.67	102.4
185.38	173.94	3.51	7.99	3.55	105.2
78.99	76.67	0.01	2.08	1.88	99.2
244.47	209.69	9.27	28.26	8.85	105.3
339.66	299.57	18.95	31.88	11.39	107.9
26.21	26.96	-4.83	-3.59	1.04	72.1
2.40	1.97	0.31	0.46	0.11	94.0
60.44	56.32	-6.07	-3.82	1.74	87.9
7.43	7.09	0.21	0.23		108.0
5.74	5.74	-0.02	0.11	0.12	106.0
12.86	10.89	0.78	1.54	0.69	95.8
560.81	502.65	24.76	45.99	16.30	102.6
4.69	4.76	-0.01	0.12	0.12	105.7
3.39	3.45	-0.03	0.05	0.07	74.0
4.42	4.06	0.14	0.28	0.11	127.1

14−16 各市规模以上工业企业主要经济效益指标
Main Economic Beneficial Indicators of Industrial Enterprises above Designated Size by City

年份 Year 市(县) City(County)	总资产贡献率 (%) Ratio of Total Assets to Industrial Output Value (%)	成本费用利润率 (%) Ratio of Profits to Industrial Cost (%)	资产负债率 (%) Assets-Liability Ratio (%)	产品销售率 (%) Proportion of Products Sold (%)	全员劳动生产率 (元/人.年) Over Labour Productivity of Industrial Enterpreses (yuan/person.year)
1998	7.6	2.7	67.3	97.2	25496
1999	7.3	2.8	65.9	97.8	27753
2000	8.6	4.5	66.4	98.0	33643
2001	8.1	4.1	65.7	97.9	37827
2002	9.4	4.7	63.9	98.3	44368
2003	10.7	5.2	64.3	98.5	55278
2004	23.0	6.0	62.4	98.4	76834
2005	15.7	6.9	61.6	98.4	88950
2006	20.7	9.1	60.3	97.0	111021
2007	23.5	11.6	57.8	98.3	142201
2008	24.7	9.5	57.8	98.4	181939
2009	21.0	9.6	56.5	98.5	172874
2010	22.4	10.2	55.2	98.7	206596
2011	22.7	9.5	53.9	98.6	217295
2012	18.9	8.3	51.4	98.3	216674
2013	16.9	8.2	48.5	98.4	221106
2014	15.8	7.8	46.9	98.3	224089
省辖市 City					
郑州市 Zhengzhou	17.4	9.5	54.6	97.8	279994
开封市 Kaifeng	16.1	9.3	34.7	99.6	166038
洛阳市 Luoyang	9.4	3.7	55.0	98.6	258113
平顶山市 Pingdingshan	12.3	7.2	55.1	97.5	206510
安阳市 Anyang	18.1	6.9	59.7	98.2	305111
鹤壁市 Hebi	12.1	5.9	46.6	96.9	219427
新乡市 Xinxiang	12.5	5.5	52.4	98.2	236589
焦作市 Jiaozuo	18.4	7.9	39.6	99.1	248264
濮阳市 Puyang	20.0	9.0	31.0	98.8	282430
许昌市 Xuchang	19.8	9.5	35.0	98.1	277001
漯河市 Luohe	25.2	12.0	32.0	98.5	238531
三门峡市 Sanmenxia	14.9	8.2	51.4	98.3	280739
南阳市 Nanyang	13.3	6.9	49.4	97.8	212442
商丘市 Shangqiu	16.0	6.6	44.3	98.0	207668
信阳市 Xinyang	14.8	6.7	41.4	98.3	171930
周口市 Zhoukou	21.8	12.5	26.7	100.0	230082
驻马店市 Zhumadian	14.4	7.5	34.7	98.3	185812
济源市 Jiyuan	10.7	5.4	56.5	97.1	302115
省直管县 Province Administrating County					
巩义市 Gongyi	18.1	6.1	55.0	96.9	352976
兰考县 Lankao	17.6	12.9	14.7	98.5	110060
汝州市 Ruzhou	4.9	2.7	72.7	96.1	264484
滑县 Huaxian	15.0	9.4	34.7	105.0	239271
长垣县 Changyuan	23.2	11.7	46.6	99.7	253580
邓州市 Dengzhou	11.6	4.9	48.5	97.3	243785
永城市 Yongcheng	11.0	4.6	53.8	97.7	289787
固始县 Gushi	21.0	7.5	11.2	100.0	129454
鹿邑县 Luyi	23.7	13.2	43.8	99.1	321739
新蔡县 Xincai	23.1	9.4	20.3	98.5	136531

14-17 各市规模以上国有控股工业企业主要经济效益指标(2014年)

Main Economic Beneficial Indicators of State-holding Industrial Enterprises above Designated Size by City (2014)

市(县) City(County)	总资产贡献率(%) Ratio of Total Assets to Industrial Output Value (%)	成本费用利润率(%) Ratio of Profits to Industrial Cost (%)	资产负债率(%) Assets-Liability Ratio (%)	产品销售率(%) Proportion of Products Sold (%)	全员劳动生产率(元/人.年) Over Labour Productivity of Industrial Enterprises (yuan/person.year)
全 省 Total	**9.3**	**2.6**	**66.3**	**98.5**	**188986**
省 辖 市 City					
郑 州 市 Zhengzhou	11.4	2.8	64.9	98.7	281557
开 封 市 Kaifeng	3.3	0.0	82.3	100.4	146729
洛 阳 市 Luoyang	6.9	0.8	65.2	98.9	220692
平 顶 山 市 Pingdingshan	6.7	2.6	68.1	96.8	116935
安 阳 市 Anyang	12.9	2.9	75.4	99.0	287384
鹤 壁 市 Hebi	5.5	0.3	83.7	98.3	112646
新 乡 市 Xinxiang	9.7	6.5	64.9	99.1	130192
焦 作 市 Jiaozuo	6.5	1.6	64.3	99.0	108578
濮 阳 市 Puyang	5.5	-5.2	60.4	99.5	173288
许 昌 市 Xuchang	20.7	12.8	54.4	99.9	403363
漯 河 市 Luohe	19.4	5.6	65.8	100.5	380153
三 门 峡 市 Sanmenxia	5.9	1.1	70.3	96.8	126640
南 阳 市 Nanyang	14.7	7.2	60.0	98.9	246154
商 丘 市 Shangqiu	6.3	0.2	88.0	96.4	1099270
信 阳 市 Xinyang	7.0	1.9	70.8	97.8	162449
周 口 市 Zhoukou	6.1	0.0	91.3	99.2	128571
驻 马 店 市 Zhumadian	13.2	3.8	73.7	96.7	240000
济 源 市 Jiyuan	9.0	5.9	57.5	98.7	425180
省 直 管 县 Province Administrating County					
巩 义 市 Gongyi	-3.3	-15.2	81.9	94.7	56863
兰 考 县 Lankao	31.3	15.2	43.4	99.3	80000
汝 州 市 Ruzhou	0.0	-7.2	88.7	100.9	126344
滑 县 Huaxian	12.4	2.9	68.6	101.7	137500
长 垣 县 Changyuan	11.1	-0.4	81.4	100.0	183333
邓 州 市 Dengzhou	11.5	6.3	57.1	99.7	128000
永 城 市 Yongcheng	9.2	4.6	58.8	98.1	245859
固 始 县 Gushi	5.5	-0.1	65.4	100.0	46667
鹿 邑 县 Luyi	3.5	-0.7	99.0	100.0	80000
新 蔡 县 Xincai	11.4	3.2	39.6	100.0	60000

14-18 各市规模以上公有制工业企业主要经济效益指标(2014年)

Main Economic Beneficial Indicators of Public-owned Industrial Enterprises above Designated Size by City (2014)

市(县) City(County)	总资产贡献率 (%) Ratio of Total Assets to Industrial Output Value (%)	成本费用利润率 (%) Ratio of Profits to Industrial Cost (%)	资产负债率 (%) Assets-Liability Ratio (%)	产品销售率 (%) Proportion of Products Sold (%)	全员劳动生产率 (元/人.年) Over Labour Productivity of Industrial Enterpreses (yuan/person.year)
全　　省 Total	**10.5**	**4.0**	**63.6**	**98.5**	**203142**
省 辖 市 City					
郑　州　市 Zhengzhou	14.0	5.0	60.6	97.7	257303
开　封　市 Kaifeng	10.8	7.8	47.8	99.0	147039
洛　阳　市 Luoyang	6.9	0.9	65.0	98.7	224905
平顶山市 Pingdingshan	6.1	2.6	69.5	96.6	108777
安　阳　市 Anyang	13.6	4.8	67.6	100.8	280810
鹤　壁　市 Hebi	7.6	2.0	77.2	97.1	158484
新　乡　市 Xinxiang	14.7	8.4	56.0	99.0	170833
焦　作　市 Jiaozuo	7.5	2.3	62.7	99.0	116598
濮　阳　市 Puyang	7.7	-1.7	56.3	99.3	195337
许　昌　市 Xuchang	20.5	12.5	53.1	99.7	383360
漯　河　市 Luohe	24.8	12.8	52.5	99.0	407083
三门峡市 Sanmenxia	13.6	7.3	56.6	98.2	244857
南　阳　市 Nanyang	14.2	7.0	56.6	98.3	234891
商　丘　市 Shangqiu	10.5	4.0	59.5	97.5	231152
信　阳　市 Xinyang	11.8	4.3	55.5	98.8	141043
周　口　市 Zhoukou	19.3	10.6	50.5	99.2	154717
驻马店市 Zhumadian	15.8	6.2	58.8	97.4	199164
济　源　市 Jiyuan	8.9	5.6	57.2	97.7	337156
省直管县 Province Administrating County					
巩　义　市 Gongyi	-0.2	-7.7	77.5	96.3	74265
兰　考　县 Lankao	16.4	5.1	42.4	99.8	109091
汝　州　市 Ruzhou	0.0	-7.2	88.7	100.9	126344
滑　　县 Huaxian	10.1	3.5	66.3	101.4	110000
长　垣　县 Changyuan	15.8	2.0	53.3	100.0	175000
邓　州　市 Dengzhou	13.1	4.1	56.2	97.7	175758
永　城　市 Yongcheng	9.1	4.5	59.1	98.1	244578
固　始　县 Gushi	9.3	1.5	57.7	100.0	63158
鹿　邑　县 Luyi	4.8	-0.5	97.0	100.0	66667
新　蔡　县 Xincai	21.9	5.9	30.3	100.0	94737

14-19 各市规模以上私营工业企业主要经济效益指标(2014年)

Main Economic Beneficial Indicators of Private Industrial Enterprises above Designated Size by City (2014)

市(县) City(County)	总资产贡献率 (%) Ratio of Total Assets to Industrial Output Value (%)	成本费用利润率 (%) Ratio of Profits to Industrial Cost (%)	资产负债率 (%) Assets-Liability Ratio (%)	产品销售率 (%) Proportion of Products Sold (%)	全员劳动生产率 (元/人.年) Over Labour Productivity of Industrial Enterprises (yuan/person.year)
全　省 Total	**21.5**	**10.0**	**28.5**	**98.5**	**252906**
省辖市 City					
郑州市 Zhengzhou	27.2	14.5	32.5	98.5	335782
开封市 Kaifeng	23.2	12.0	14.5	99.5	134276
洛阳市 Luoyang	15.2	6.6	36.5	98.5	292817
平顶山市 Pingdingshan	25.0	14.5	22.8	97.3	383642
安阳市 Anyang	23.5	10.0	43.0	98.4	282776
鹤壁市 Hebi	17.4	9.6	22.3	96.9	322674
新乡市 Xinxiang	15.1	6.8	44.1	98.0	210260
焦作市 Jiaozuo	25.3	10.6	22.7	99.9	354898
濮阳市 Puyang	31.0	12.1	12.4	98.5	389205
许昌市 Xuchang	22.9	10.1	18.1	97.8	307042
漯河市 Luohe	22.5	12.0	21.7	98.4	201832
三门峡市 Sanmenxia	19.7	9.6	37.0	98.3	308690
南阳市 Nanyang	14.0	7.2	38.0	97.9	207240
商丘市 Shangqiu	18.3	8.1	35.7	98.2	183659
信阳市 Xinyang	16.9	7.5	30.4	98.6	151080
周口市 Zhoukou	24.9	14.5	21.4	101.3	221733
驻马店市 Zhumadian	21.7	10.1	13.0	98.2	175793
济源市 Jiyuan	19.8	6.2	48.6	97.7	474359
省直管县 Province Administrating County					
巩义市 Gongyi	31.0	8.9	32.7	97.9	429187
兰考县 Lankao	23.4	17.5	13.3	98.6	111662
汝州市 Ruzhou	25.8	8.3	49.6	95.4	655128
滑县 Huaxian	20.0	11.8	18.9	98.4	265441
长垣县 Changyuan	27.5	9.9	52.3	100.0	252632
邓州市 Dengzhou	11.5	5.0	51.1	97.6	305660
永城市 Yongcheng	20.0	4.6	28.7	97.3	403922
固始县 Gushi	23.8	8.0	4.9	100.0	140000
鹿邑县 Luyi	13.2	20.7	47.2	93.7	286667
新蔡县 Xincai	23.4	10.4	20.1	99.3	131200

14-21 续表 contiuned

产品名称	Item	2000	2005	2009	2010	2012	2013	2014
铁矿石原矿(万吨)	Iron ore (10 000 tons)	154.66	281.32	828.38	1269.21	1502.79	2024.89	957.31
生铁(万吨)	Pig Iron (10 000 tons)	508.88	973.00	1944.63	2073.92	2116.00	2551.91	2779.61
粗钢(万吨)	Steel (10 000 tons)	404.84	1226.62	2328.99	2327.35	2215.78	2786.08	2882.16
钢材(万吨)	Steel Products (10 000 tons)	405.62	1337.40	2882.47	3196.42	3481.38	4255.19	4704.14
铁合金(万吨)	Ferroalloy (10 000 tons)	14.27	54.98	136.80	149.23	119.49	190.60	181.62
焦炭(万吨)	Coke (10 000 tons)	355.22	1317.27	2163.06	2570.18	2420.73	2705.61	2898.34
十种有色金属(万吨)	10 Nonferrous Metal (10 000 tons)	70.92	294.86	481.62	516.69	568.69	536.30	529.79
铜材(万吨)	Copper Products (10 000 tons)	11.69	25.74	40.90	45.56	44.27	57.85	60.26
原铝(万吨)	Aluminium (10 000 tons)	41.53	193.96	317.74	365.49	368.84	332.49	337.82
氧化铝(万吨)	Alumina (10 000 tons)	144.42	353.35	852.10	957.11	1141.63	1213.41	1237.44
硫铁矿石(万吨)	Sulfur-iron ore (Output) (10 000 tons)	23.26	9.90	16.50	16.30	19.07	20.30	18.49
硫酸(万吨)	Sulfuric Acid (10 000 tons)	75.01	124.76	207.59	247.73	339.14	378.78	476.03
浓硝酸(吨)	Concentrated Nitric Acid (ton)	38451	110114	227109	209189	340715	334236	440205
纯碱(万吨)	Soda Ash (10 000 tons)	33.65	118.65	212.20	188.14	294.92	337.58	333.20
烧碱(万吨)	Caustic Soda (10 000 tons)	37.62	67.84	111.24	140.28	168.45	181.13	182.04
电石(折合量)(万吨)	Calcium Carbide (10 000 tons)	9.88	21.98	76.62	78.15	98.37	116.07	122.64
纯苯(吨)	Pure Benzene (ton)	47545	106730	106582	115454	195335	328053	447692
合成氨(万吨)	Synthetic Ammonia (10 000 tons)	316.55	515.71	485.58	427.50	428.10	490.72	578.44
农用化肥(折纯量)(万吨)	Chemical Fertilizers (10 000 tons)	258.56	396.64	554.77	439.25	435.47	535.89	536.32
化学农药原药(吨)	Chemical Pesticide (ton)	21008	47476	108339	87763	199862	216078	305476
化学药品原药(吨)	Chemical Raw Medicine (ton)	13832	68544	125228	135926	258194	289158	272205
橡胶轮胎外胎(万条)	Tires (10 000 units)	555.51	851.81	1576.55	2128.89	2419.10	2357.73	2686.39
初级形态的塑料(万吨)	Plastics (10 000 tons)	38.20	69.63	122.59	148.02	162.60	209.63	198.99
人造板(万立方米)	Artificial Board (10 000 cu.m)	64.66	316.47	1422.59	2118.34	2565.32	2744.99	3025.76
水泥(万吨)	Cement (10 000 tons)	3723	6211	11711	11480	14805	16764	16975
平板玻璃(万重量箱)	Plate Glass (10 000 weight cases)	2425	3895	2765	2414	1216	1128	1456
发电设备(万千瓦)	Power Generating Equipment (10 000kw)	17.18	115.68	50.60	76.31	109.50	98.25	130.51
交流电动机(万千瓦)	Alternating Eguipment (10 000 Kw)	152.74	429.35	1206.15	1434.67	1808.60	2286.17	2856.39
金属切削机床(台)	Metal-cutting Machine Tools (unit)	1197	8701	5847	8035	6311	9223	11426
汽车(辆)	Motor Vehicles (unit)	7903	36352	124573	235211	403976	511670	560037
大中型拖拉机(台)	Large and Medium Tractors (unit)	7059	29548	71376	81624	108717	137392	109538
小型拖拉机(万台)	Small-size Tractor (10 000 units)	42.01	53.39	22.81	25.08	29.36	30.95	34.19
手机（万台)	Mobile phone (10 000 units)				2.20	6853.36	9720.69	12065.22

14-22 各市主要工业产品产量(2014年)

Output of Major Industrial Products by City (2014)

市(县) City(County)	化学纤维 (吨) Chemical Fiber (ton)	纱 (万吨) Yarn (10 000tons)	布 (万米) Cloth (10 000m)	服 装 (万件) Garments (10 000sets)	卷 烟 (亿支) Cigarettes (100millinrolls)	饮料酒 (千升) Alcoholic Beverages (1 000 litre)
全 省 Total	**559073.74**	**619.64**	**238525.64**	**138281.28**	**1733.25**	**5410467**
省 辖 市 City						
郑 州 市 Zhengzhou		4.70	6053.20	20820.04	601.09	547430
开 封 市 Kaifeng		73.74	10791.07	9477.55		166215
洛 阳 市 Luoyang	154727.00	1.35	2960.26	738.00	95.33	220891
平 顶 山 市 Pingdingshan	130022.34	16.94	4303.37	1078.27		44023
安 阳 市 Anyang		19.69	23113.00	17555.73	265.88	965401
鹤 壁 市 Hebi		5.91	3325.30	4624.28		226024
新 乡 市 Xinxiang	104923.00	86.64	7431.00	498.11		598277
焦 作 市 Jiaozuo	29546.00	16.88	18708.54	2125.41		149148
濮 阳 市 Puyang	4603.00	17.78	2618.00	3489.12		22876
许 昌 市 Xuchang	78347.00	51.13	41861.70	629.98	439.20	61205
漯 河 市 Luohe		1.40	10506.01	5105.91	118.73	258706
三 门 峡 市 Sanmenxia		2.10	30.00			38475
南 阳 市 Nanyang		137.13	50753.56	7744.03	137.45	231423
商 丘 市 Shangqiu	15794.46	62.76	353.74	39552.65		582304
信 阳 市 Xinyang	38420.94	6.64		5626.94		175077
周 口 市 Zhoukou		75.33	48531.10	15576.84		902375
驻 马 店 市 Zhumadian	2690.00	37.66	7185.79	3592.42	75.57	220618
济 源 市 Jiyuan		1.86		46.00		
省 直 管 县 Province Administrating County						
巩 义 市 Gongyi				36.74		
兰 考 县 Lankao		2.52	1018.40	601.77		26911
汝 州 市 Ruzhou						
滑 县 Huaxian		10.20	2282.00	1167.16		182933
长 垣 县 Changyuan						
邓 州 市 Dengzhou		15.29	9717.16	2437.70		111726
永 城 市 Yongcheng		4.42	353.74	72.60		22145
固 始 县 Gushi				66.07		4488
鹿 邑 县 Luyi		0.67		560.80		25723
新 蔡 县 Xincai		4.11	4468.79	658.71		717

14-22 续表 1 contiuned

市(县) City(County)	液体乳 (吨) Liquid Milk (ton)	畜肉制品 (吨) Raise Meat Products (ton)	速冻米面食品 (吨) Quick-frozen Rice and Wheat Flour foods (ton)	机制纸及纸板 (万吨) Machinemade Paper and Paperboard (10 000 tons)	塑料制品 (万吨) Plastic Products (10 000 tons)	焦炭 (万吨) Synthetic Detergents (10 000 tons)	十种有色金属 (万吨) Ten Kinds of Nonferrous Metals (10 000 tons)
全 省 Total	**2202279**	**2121359**	**3514186**	**739.38**	**477.30**	**2898.34**	**529.79**
省 辖 市 City							
郑 州 市 Zhengzhou	107512	91693	1249589	206.80	28.71		53.17
开 封 市 Kaifeng	66370	57554	65084	0.82	14.75		15.32
洛 阳 市 Luoyang	51582	66346		9.38	32.28	82.12	139.52
平 顶 山 市 Pingdingshan	104023	68081		6.49	8.18	616.93	0.01
安 阳 市 Anyang		25664	61161	8.95	22.49	1380.36	50.31
鹤 壁 市 Hebi	214627	464899	287411	8.13	37.96		3.04
新 乡 市 Xinxiang	47294	43091	74801	143.10	36.85		1.65
焦 作 市 Jiaozuo	553607	30887	220645	43.60	48.24		50.05
濮 阳 市 Puyang	5006	49648	33343	59.75	46.62		
许 昌 市 Xuchang	81170		17254	74.89	17.50	430.27	
漯 河 市 Luohe	344797	896732	806978	79.13	27.97		
三 门 峡 市 Sanmenxia	46882	1908			11.35		36.08
南 阳 市 Nanyang	67843	32445	1700	20.68	24.70		19.59
商 丘 市 Shangqiu	428236	61635	600719	16.31	8.74		37.81
信 阳 市 Xinyang		14065			5.72	54.51	
周 口 市 Zhoukou	72782	116531	31552	22.37	85.75		
驻 马 店 市 Zhumadian		71617	20072	38.98	17.67		
济 源 市 Jiyuan	10548	28564	43877		1.82	334.15	123.24
省 直 管 县 Province Administrating County							
巩 义 市 Gongyi					1.82		37.48
兰 考 县 Lankao		15959	1564	0.82	2.16		
汝 州 市 Ruzhou						165.08	
滑 县 Huaxian		2936		0.50	14.42		
长 垣 县 Changyuan	5350				0.31		
邓 州 市 Dengzhou				12.72	2.30		
永 城 市 Yongcheng					0.02		37.10
固 始 县 Gushi		7954					
鹿 邑 县 Luyi				1.23	0.56		
新 蔡 县 Xincai		3034			0.76		

14-22 续表 2 contiuned

市(县) City(County)	发电量(亿千瓦小时) Electricity (100 million kwh)	生铁(万吨) Pig Iron (10 000 tons)	粗钢(万吨) Steel (10 000 tons)	成品钢材(万吨) Steel Products (10 000 tons)	硫酸(万吨) Sulfuric Acid (10 000 tons)	烧碱(万吨) Caustic Soda (10 000 tons)	原铝(万吨) Aluminum (10 000 tons)
全 省 Total	**2722.27**	**2779.62**	**2882.15**	**4704.15**	**476.03**	**182.04**	**337.82**
省 辖 市 City							
郑 州 市 Zhengzhou	58.48	14.20	2.95	657.16	13.51		53.17
开 封 市 Kaifeng	438.50			1.07		24.89	
洛 阳 市 Luoyang	245.11		37.65	404.11	19.52		135.47
平 顶 山 市 Pingdingshan	103.52	133.87	196.29	287.65		33.52	
安 阳 市 Anyang	103.49	1835.51	1856.13	1819.90	12.53		26.32
鹤 壁 市 Hebi	150.00	0.15			23.05		
新 乡 市 Xinxiang	116.39			49.86	126.93		
焦 作 市 Jiaozuo	22.48			42.45	50.33	72.38	44.05
濮 阳 市 Puyang	107.41			15.60			
许 昌 市 Xuchang	32.39			134.08			
漯 河 市 Luohe	131.37			21.73		10.99	
三 门 峡 市 Sanmenxia	136.89			19.42	83.39	1.93	22.92
南 阳 市 Nanyang	125.16	186.51	184.80	212.44		0.82	18.08
商 丘 市 Shangqiu	84.68			241.55			37.81
信 阳 市 Xinyang	6.24	244.14	239.44	377.60		0.72	
周 口 市 Zhoukou	80.58				4.84		
驻 马 店 市 Zhumadian	220.36		9.66	62.44			
济 源 市 Jiyuan	160.52	365.24	355.23	357.09	141.93	36.79	
省 直 管 县 Province Administrating County							
巩 义 市 Gongyi		3.52	2.95	107.24			37.48
兰 考 县 Lankao	13.10			1.07			
汝 州 市 Ruzhou				0.48			
滑 县 Huaxian							
长 垣 县 Changyuan	2.09			8.07			
邓 州 市 Dengzhou	74.97						
永 城 市 Yongcheng	0.37			138.97			37.10
固 始 县 Gushi	1.97						
鹿 邑 县 Luyi							
新 蔡 县 Xincai				0.14			

14-22 续表 3 contiuned

市(县) City(County)	合成氨 (万吨) Synthetic Ammonia (10 000 tons)	农用化肥(折纯量) (万吨) Synthetic Ammonia (10 000 tons)	化学农药(原药) (吨) Chemical Pesticide (ton)	人造板 (万立方米) Artificial Board (10 000 cu.m)	水 泥 (万吨) Cement (10 000 tons)	平板玻璃 (万重量箱) Plate Glass (10 000 weight cases)	小型拖拉机 (台) Small Tractors (unit)
全 省 Total	**578.45**	**536.32**	**305476**	**3025.77**	**16975.34**	**1455.98**	**341900**
省 辖 市 City							
郑 州 市 Zhengzhou	1.56	1.64	37476	20.05	2427.76		
开 封 市 Kaifeng	149.98	90.45	5781.00	549.55	141.21		228303
洛 阳 市 Luoyang	14.65	13.93	745	21.05	758.65	643.20	24309
平 顶 山 市 Pingdingshan		0.66		3.29	1257.08		
安 阳 市 Anyang	25.13	52.55	2587	55.15	1339.05		
鹤 壁 市 Hebi		12.70	43855	45.60	512.84		
新 乡 市 Xinxiang	180.13	164.13	14940	145.89	2406.34		
焦 作 市 Jiaozuo	31.99	28.63		81.57	788.06		1475
濮 阳 市 Puyang		13.45	26353	166.48	206.91		
许 昌 市 Xuchang		18.78	52306	401.46	1191.95		87813
漯 河 市 Luohe		1.76	2626	92.06	49.67		
三 门 峡 市 Sanmenxia	20.04	14.38		181.40	599.28		
南 阳 市 Nanyang	0.78	27.21		191.32	1817.44		
商 丘 市 Shangqiu		0.37		240.16	704.67	662.59	
信 阳 市 Xinyang				311.63	815.70		
周 口 市 Zhoukou	12.17	16.60	101320	227.72	198.36		
驻 马 店 市 Zhumadian	142.02	72.63	17488	291.39	1531.83		
济 源 市 Jiyuan		6.45			228.54	150.19	
省 直 管 县 Province Administrating County							
巩 义 市 Gongyi				12.68	390.40		
兰 考 县 Lankao		3.29		265.23			
汝 州 市 Ruzhou		0.66			377.28		
滑 县 Huaxian		36.49	1639	39.10			
长 垣 县 Changyuan				0.51	52.10		
邓 州 市 Dengzhou				136.62	209.55		
永 城 市 Yongcheng				4.96	172.44		
固 始 县 Gushi				49.49	52.89		
鹿 邑 县 Luyi							
新 蔡 县 Xincai				8.57	35.79		

14–23 规模以下工业主要经济指标

Main Indicators of Industrial Enterprises below Designated Size

年份	单位数合计（个）Number (unit)	企 业 Enterpirses	个 体 Individual	从业人员合计（万人）Number of Employed Persons (10 000person)	企 业 Enterpirses	个 体 Individual	增加值指数（%）Indices of Value-added (%)	企 业 Enterpirses	个 体 Individual
1998	681512	71160	610352	658.50	232.53	425.97			
1999	726290	70711	655579	680.40	223.46	456.94	107.5	110.0	106.2
2000	685961	71239	614722	597.85	201.92	395.93	111.5	113.7	110.2
2001	679793	71686	608107	571.95	205.42	366.53	109.6	109.9	109.4
2002	660163	72418	587745	571.09	225.38	345.71	109.9	109.7	109.9
2003	697095	69915	627180	580.39	212.19	368.20	113.5	103.7	119.6
2004	696366	66420	629946	507.70	196.19	311.51	110.5	113.7	108.8
2005	689993	64625	625368	559.68	219.76	339.92	110.8	111.0	110.7
2006	696587	67542	629045	548.28	214.32	333.96	110.4	111.3	109.8
2007	780941	75134	705807	588.68	218.22	370.46	109.5	112.6	107.4
2008	664548	70460	594088	564.49	185.92	378.57	106.1	98.7	110.4
2009	756548	75266	681282	515.07	159.25	355.82	105.0	100.0	107.4
2010	743585	84400	659185	469.33	177.27	292.06	103.0	102.5	103.3
2011	719527	83383	636144	462.22	176.81	285.41	106.0	106.1	106.0
2012	663253	74328	588925	421.42	157.06	264.36	101.9	102.1	101.8
2013	613201	71617	541584	368.84	140.38	228.46	103.5	103.8	103.3
2014	578746	68096	510650	351.54	130.07	221.47	102.7	102.9	102.5

注：规模以下工业指标均为抽样调查数据。

a)Data on Industrial Enterprises below Designated Size is Sampling survey data.

14-24 各市规模以下工业主要指标(2014年)

Main Indicators of Industrial below Designated Size by City (2014)

市（县） City(County)	单位数（个） Number (unit)	企业 Enterpirses	个体 Individual	平均从业人员（万人） Number of Employed persons (10 000 persons)	企业 Enterpirses	个体 Individual	增加值指数（上年=100） Indices of Value Added of Industry (Preceding year=100)	#企业 Enterpirses
省 辖 市 City								
郑 州 市 Zhengzhou	68947	7510	61437	64.66	18.86	45.80	102.7	102.7
开 封 市 Kaifeng	26627	3167	23460	19.91	8.38	11.53	102.9	96.6
洛 阳 市 Luoyang	50581	5310	45271	43.34	9.05	34.29	103.0	104.0
平 顶 山 市 Pingdingshan	39336	2854	36482	25.80	5.60	20.20	102.9	106.3
安 阳 市 Anyang	33038	5172	27866	22.71	11.49	11.22	103.1	103.1
鹤 壁 市 Hebi	4943	1540	3403	2.25	1.25	1.00	102.7	102.7
新 乡 市 Xinxiang	46115	6476	39639	28.18	16.27	11.91	103.0	103.0
焦 作 市 Jiaozuo	32793	4461	28332	25.37	11.44	13.93	103.1	103.4
濮 阳 市 Puyang	16200	3949	12251	13.79	9.69	4.10	103.2	103.5
许 昌 市 Xuchang	41727	6518	35209	26.47	13.05	13.42	103.1	103.3
漯 河 市 Luohe	15385	1494	13891	10.62	3.70	6.92	102.7	100.4
三 门 峡 市 Sanmenxia	10318	2019	8299	11.30	4.10	7.20	103.1	104.3
南 阳 市 Nanyang	35728	7639	28089	97.15	35.85	61.30	103.1	100.4
商 丘 市 Shangqiu	45698	6735	38963	28.62	15.66	12.96	103.3	103.2
信 阳 市 Xinyang	40412	3252	37160	18.37	8.49	9.88	103.2	103.3
周 口 市 Zhoukou	66691	6619	60072	26.73	8.91	17.82	103.1	103.7
驻 马 店 市 Zhumadian	39527	6552	32975	18.97	10.05	8.92	103.1	104.8
济 源 市 Jiyuan	3907	653	3254	3.93	0.81	3.12	103.0	103.0
省 直 管 县 Province Administrating County								
巩 义 市 Gongyi	8308	1520	6788	10.01	3.62	6.39	102.8	102.7
兰 考 县 Lankao	5612	759	4853	6.63	2.92	3.71	103.1	100.5
汝 州 市 Ruzhou	14813	648	14165	12.30	1.30	11.00	103.1	102.4
滑 县 Huaxian	6414	1046	5368	5.21	2.69	2.52	103.0	103.0
长 垣 县 Changyuan	3418	417	3001	3.15	1.32	1.83	103.3	103.3
邓 州 市 Dengzhou	5004	1155	3849	3.71	2.54	1.17	102.9	93.4
永 城 市 Yongcheng	4192	726	3466	2.24	1.06	1.18	101.3	101.3
固 始 县 Gushi	6090	501	5589	2.67	1.29	1.38	103.1	103.1
鹿 邑 县 Luyi	7968	712	7256	2.54	1.09	1.45	102.9	104.2
新 蔡 县 Xincai	3460	355	3105	1.40	0.78	0.62	102.9	102.9

主要统计指标解释

工业 指从事自然资源的开采，对采掘品和农产品进行加工和再加工的物质生产部门。具体包括：(1)对自然资源的开采，如采矿、晒盐等(但不包括禽兽捕猎和水产捕捞)；(2)对农副产品的加工、再加工，如粮油加工、食品加工、缫丝、纺织、制革等；(3)对采掘品的加工、再加工，如炼铁、炼钢、化工生产、石油加工、机器制造、木材加工等，以及电力、自来水、煤气的生产和供应等；(4)对工业品的修理、翻新，如机器设备的修理、交通运输工具(如汽车)的修理等。

工业统计调查单位为独立核算法人工业企业。

独立核算法人工业企业指从事工业生产经营活动的单位。独立核算法人工业企业应同时具备以下条件：①依法成立，有自己的名称、组织机构和场所，能够承担民事责任；②独立拥有和使用资产，承担负债，有权与其他单位签订合同；③独立核算盈亏，并能够编制资产负债表。

国有及国有控股企业 指国有企业加上国有控股企业。国有企业(即原全民所有制工业或国营工业)指企业全部资产归国家所有，并按《中华人民共和国企业法人登记管理条例》规定登记注册的非公司制的经济组织。包括国有企业、国有独资公司和国有联营企业。1957年以前的公私合营和私营工业，后均改造为国营工业，1992年改为国有工业，这部分工业的资料不单独分列时，均包括在国有企业内。国有控股企业是对混合所有制经济的企业进行的“国有控股”分类。它是指这些企业的全部资产中国有资产(股份)相对其他所有者中的任何一个所有者占资(股)最多的企业。该分组反映了国有经济控股情况。

本篇涉及的其他企业登记注册类型的解释详见综合篇。

轻工业 指主要提供生活消费品和制作手工工具的工业。按其所使用的原料不同，可分为两大类：(1)以农产品为原料的轻工业，是指直接或间接以农产品为基本原料的轻工业。主要包括食品制造、饮料制造、烟草加工、纺织、缝纫、皮革和毛皮制作、造纸以及印刷等工业；(2)以非农产品为原料的轻工业，是指以工业品为原料的轻工业。主要包括文教体育用品、化学药品制造、合成纤维制造、日用化学制品、日用玻璃制品、日用金属制品、手工工具制造、医疗器械制造、文化和办公用机械制造等工业。

重工业 指为国民经济各部门提供物质技术基础的主要生产资料的工业。按其生产性质和产品用途，可以分为下列三类：(1)采掘(伐)工业，是指对自然资源的开采，包括石油开采、煤炭开采、金属矿开采、非金属矿开采等工业；(2)原材料工业，指向国民经济各部门提供基本材料、动力和燃料的工业。包括金属冶炼及加工、炼焦及焦炭、化学、化工原料、水泥、人造板以及电力、石油和煤炭加工等工业；(3)加工工业，是指对工业原材料进行再加工制造的工业。包括装备国民经济各部门的机械设备制造工业、金属结构、水泥制品等工业，以及为农业提供的生产资料如化肥、农药等工业。

根据上述划分原则，修理业中以重工业产品为修理作业对象的划为重工业，反之划为轻工业。

资产总计 指企业过去的交易或者事项形成的、由企业拥有或者控制的、预期会给企业带来经济利益的资源。资产一般按流动性分为流动资产和非流动资产。其中流动资产可分为货币资金、交易性金融资产、应收票据、应收账款、预付款项、其他应收款、存货等；非流动资产可分为长期股权投资、固定资产、无形资产及其他非流动资产等。根据会计“资产负债表”中“资产总计”项目的期末余额数填报。

流动资产合计 资产满足以下条件之一应归为流动资产：（1）预计在一个正常营业周期中变现、出售或耗用，主要包括存货、应收账款等；（2）主要为交易目的而持有；（3）预计在资产负债表日起一年内（含一年）变现；（4）自资产负债日起一年内，交换其他资产或清偿负债的能力不受限制的现金或现金等价物。包括货币资金、应收票据、应收账款、存货等项目。根据会计“资产负债表”中“流动资产合计”项目的期末余额数填报。

固定资产原价 指固定资产的成本，包括企业在购置、自行建造、安装、改建、扩建、技术改造某项固定资产时所发生的全部支出总额。根据会计“固定资产”科目的期末借方余额填报。

累计折旧 指企业在报告期末提取的历年固定资产折旧累计数。根据会计“累计折旧”科目的期末贷方余额填报。

负债合计 指企业过去的交易或者事项形成的，预期会导致经济利益流出企业的现时义务。负债一般按偿还期长短分为流动负债和非流动负债。根据会计“资产负债表”中“负债合计”项目的期末余额数填报。

流动负债合计 负债满足下列条件之一的应归为流动负债：（1）预计在一个正常营业周期中清偿；（2）主要为交易目的而持有；（3）自资产负债表日起一年内到期应予清偿；（4）企业无权自主地将清偿推迟至资产负债表日后一年以上。包括短期借款、应付票据、应付账款、应付职工薪酬、应交税费等项目。根据会计“资产负债表”中“流动负债合计”项目的期末余额数填报。

所有者权益合计 指企业资产扣除负债后由所有者享有的剩余权益。公司的所有者权益又称股东权益。包括实收资本、资本公积、盈余公积、未分配利润等。根据会计“资产负债表”中“所有者权益合计”项目的期末余额数填报。

主营业务收入 指企业确认的销售商品、提供劳务等主营业务的收入。根据会计“主营业务收入”科目的期末贷方余额填报。

主营业务成本 指企业经营主要业务所发生的成本总额。根据会计“主营业务成本”科目的期末借方余额填报。

主营业务税金及附加 指企业经营主要业务应负担的营业税、消费税、城市维护建设税、教育费附加等。根据会计“主营业务税金及附加”科目的期末借方余额填报。

利润总额 指企业在一定会计期间的经营成果，是生产经营过程中各种收入扣除各种耗费后的盈余，反映企业在报告期内实现的盈亏总额。根据会计“利润表”中“利润总额”项目的本期金额数填报。

应交增值税 指企业按税法规定，从事货物销售或提供加工、修理修配劳务等增加货物价值的活动本期应交纳的税金。计算公式为：

应交增值税=销项税额−（进项税额−进项税额转出）−出口抵减内销产品应纳税额−减免税款+出口退税

进项税额指企业在报告期内购入货物或接受应税劳务而支付的、准予从销项税额中抵扣的增值税额。

销项税额指企业在报告期内销售货物或提供应税劳务应收取的增值税额。

总资产贡献率 反映企业全部资产的获利能力，是企业经营业绩和管理水平的集中体现，是评价和考核企业盈利能力的核心指标。计算公式为：

$$\text{总资产贡献率(\%)}=\frac{\text{利润总额}+\text{税金总额}+\text{利息支出}}{\text{平均资产总额}}\times 100\%$$

公式中：税金总额为主营业务税金及附加与应交增值税之和；平均资产总额为期初期末资产之和的算术平均值。

资产负债率 该指标既反映企业经营风险的大小，也反映企业利用债权人提供的资金从事经营活动的能力。计算公式为：

$$\text{资产负债率(\%)}=\frac{\text{负债总额}}{\text{资产总额}}\times 100\%$$

资产与负债均为报告期期末数。

流动资产周转次数 指一定时期内流动资产完成的周转次数，反映投入工业企业流动资金的周转速度。计算公式为：

$$\text{流动资产周转次数}=\frac{\text{主营业务收入}}{\text{全部流动资产平均余额}}$$

公式中：全部流动资产平均余额为期初和期末的流动资产之和的算术平均值。

成本费用利润率 反映企业投入的生产成本及费用的经济效益，同时也反映企业降低成本所取得的经济效益。计算公式为：

$$\text{成本费用利润率(\%)}=\frac{\text{利润总额}}{\text{成本费用总额}}\times 100\%$$

公式中：成本费用总额为主营业务成本、销售费用、管理费用、财务费用之和。

产品销售率 该指标反映工业产品已实现销售的程度，是分析工业产销衔接情况，研究工业产品满足社会需求的指标。计算公式为：

$$产品销售率(\%) = \frac{工业销售产值}{工业总产值} \times 100\%$$

Explanatory Notes on Main Statistical Indicators

Industry refers to the material production sector which is engaged in the extraction of natural resources and processing and reprocessing of minerals and agricultural products, including (1) extraction of natural resources, such as mining, salt production (but not including hunting and fishing); (2) processing and reprocessing of farm and sideline produces, such as rice husking, flour milling, wine making, oil pressing, silk reeling, spinning and weaving, and leather making; (3) manufacture of industrial products, such as steel making, iron smelting, chemicals manufacturing, petroleum processing, machine building, timber processing; water and gas production and electricity generation and supply; (4)repairing of industrial products such as the repairing of machinery and means of transport (including cars).

In industrial statistics surveys, the units of enquiry are corporate industrial enterprises with independent accounting systems.

Corporate industrial enterprises with independent accounting systems refer to enterprises engaging in industrial production activities, which meet the following requirements: (1) They are established legally, having their own names, organizations, location and able to take civil liability; (2) They possess and use their assets independently, assume liabilities and are entitled to sign contracts with other units; (3) They are financially independent and compile their own balance sheets.

State-owned and State-holding Enterprises refer to state-owned enterprises plus State-holding enterprises. State-owned enterprises (originally known as State-run enterprises with ownership by the whole society) are non-corporate economic entities registered in accordance with the Regulation of the People's Republic of China on the Management of Registration of Legal Enterprises, where all assets are owned by the State. Included in this category are State-owned enterprises, State-funded corporations and State-owned joint-operation enterprises. Joint State-private industries and private industries, which existed before 1957, were transformed into state-run industries since 1957, and into State-owned industries after 1992. Statistics on those enterprises are included in the State-owned industries instead of being grouped them separately. State-holding enterprises are a sub-classification of enterprises with mixed ownership, referring to enterprises where the percentage of State assets (or shares by the State) is larger than any other single share holder of the same enterprise. This sub-classification illustrates the control of the State over a particular industry.

For explanation of enterprises of other types of registration covered in this chapter, please refer to General Survey.

Light Industry refers to the industry that produces consumer goods and hand tools. It consists of two categories, depending on the materials used:

(1) Industries using farm products as raw materials. These are the branches of light industry which directly or indirectly use farm products as basic raw materials, including the manufacture of food and beverages, tobacco processing, textile, clothing, fur and leather manufacturing, paper making, printing, etc.

(2) Industries using non-farm products as raw materials. These are the branches of light industry which use manufactured goods as raw materials, including the manufacture of cultural, educational articles and sports goods, chemicals, synthetic fibre, chemical products for daily use, glass products for daily use, metal products for daily use, hand tools, medical apparatus and instruments, and the manufacture of cultural and office machinery.

Heavy Industry refers to the industry which produces capital goods, and provides various sectors of the national economy with necessary material and technical basis for production. It consists of the following three branches according to the purpose of production or the use of products:

(1) Mining, quarrying and logging industry, which refers to the industry that extracts natural resources, including extraction of petroleum, coal, metal and non-metal ores.

(2) Raw materials industry refers to the industry that provides various sectors of the national economy with raw materials, fuels and power. It includes smelting and processing of metals, coking and coke chemistry, chemical materials and building materials such as cement, plywood, and power, petroleum refining and coal dressing.

(3) Manufacturing industry which refers to the industry that processes raw materials. It includes machine-building industries which equip sectors of the national economy; industries producing metal structure and cement products; and industries producing means of agricultural production, such as chemical fertilizers and pesticides.

In accordance with the above principles of classification, the repairing trades, which are engaged primarily in repairing products of heavy industry, are classified as heavy industry while those which are engaged in repairing products of light industry are classified as light industry.

Total Assets refer to all resources that are owned or controlled by enterprises through previous trades or transactions with expectation of making economic profits. Classified by the degree of liquidity, total assets include current assets, and non-current assets. Current assets can be classified into monetary assets, trading financial assets, notes receivable, accounts receivable, advanced payments, other prepaid money and inventories. Non-current assets can be divided into long-term equity investment, fixed assets, intangible assets and other non-current assets. Data on this indicator can be obtained by the year-end figures of total assets in the Assets and Liability Table of accounting records of enterprises.

Total Current Assets refer to the assets that meet one of the following requirements: (1) expected to be cashed, sold or used in a normal operation cycle, mainly including inventory and accounts receivable; (2) be owned for trading purpose mainly; (3) expected to be cashed in one year (including one year) from the day of the Assets and Liability Table; (4) unlimited cash or cash equivalents that can be exchanged with other assets or being capable of settling debts during one year since the day of Assets and Liability Table. Included are monetary assets, notes receivable, accounts receivable and inventories. Data on this indicator can be obtained by the year-end figures of total current assets in the Assets and Liability Table of the accounting records of enterprises.

Original Value of Fixed Assets refers to the cost of fixed assets, or the total expenditure of an enterprise spent on certain fixed assets, through purchase, construction, installation, transformation, expansion or technical upgrading. It is reported according to the year-end debit balance of fixed assets of accounting records.

Accumulated Depreciation refers to the accumulated figure of fixed assets depreciation over the past years that are extracted by the enterprise at the end of the reference period. It is reported according to the year-end credit balance of accumulated depreciation of accounting records.

Total Liabilities refer to payable liabilities of enterprises that accumulated from previous trades or transactions with expectation of economic profits leaking out. In terms of payment, it can be divided into liquid liabilities and long-term liabilities. Data on this item is obtained from the year-end figures on total liabilities from the Assets and Liability Table of the accounting record of the enterprises.

Total Liquid Liabilities refer to the liabilities that meet one of the following requirements: (1) expected to be repaid in a normal operation cycle; (2) be owned for trading purpose mainly; (3) expected to be repaid in one year from the day of the Assets and Liability Table; (4) enterprise has no right to postpone the settlement of which over a year from the day of the Assets and Liability Table. Included are short-term loans, notes payable, accounts payable, employee compensations, taxes and expenses due. Data on this indicator can be obtained by the year-end figures of total liquid liabilities in the Assets and Liability Table of the accounting records of enterprises.

Total Equity refers to the residual ownership of enterprise investors by deducting total liabilities from the total assets, including the paid-in capital, accumulation of capital, operating surplus and non-distributed profits. Data are obtained from the year-end figures on "total equity" from the Assets and Liability Table of the accounting record of enterprise.

Revenue from Principal Business refers to the income confirmed of an enterprise from the principal business of selling products and providing labor services. Data on this indicator can be obtained from the year-end credit balance of "revenue from principal business" in the accounting record of enterprise.

Cost of Principal Business refers to the total cost occurred from the principal business of the enterprise. Data can be obtained from the year-end debit balance of "cost of principal business" in the accounting record of enterprise.

Tax and Extra Charges from Principal Business refer to the sales tax, consumption tax, urban maintenance and construction tax and education expenses shouldered by the enterprise from its principal business. Data are obtained from the year-end debit balance of "tax and extra charges from principal business" in the accounting record of enterprise.

Total Profits refers to the operation results in a certain accounting period, and it is the balance of various incomes minus various spendings in the course of operation, reflecting the total profits and losses of enterprises in reference period. Data are obtained from the amount of "total profits" in the "profit table" of the accounting record of enterprise.

Value-added Tax Payable refers to the payable tax of enterprises which engaged in selling of goods or providing services that bring added value to the goods, such as processing, repairing, fitting and other activities should be paid according to Tax Law. The formula is as follows:

Value-added Tax Payable = tax on sales-(tax on purchase-transferred tax on purchase)-exports deduct tax payable on domestic sales-tax relief+the export tax rebate.

Tax on Purchase refers to the value-added tax payable by enterprises that purchase goods or receiving taxable services during the reference period and this part of the tax is allowed to be deducted from the tax on sales.

Tax on Sales refers to the value-added tax chargeable by enterprises that sell goods or provide taxable services during the reference period.

Ratio of Profits, Taxes and Interests to Average Assets reflects the profit-making capability of all assets of the enterprise and is a key indicator manifesting the performance and management and evaluating the profit-making potential of the enterprise. It is calculated as follows:

$$\text{Ratio of Profits, Taxes and Interests to Average Assets (\%)} = \frac{\text{total profits} + \text{total taxes} + \text{interest payment}}{\text{average assets}} \times 100\%$$

In the above formula, total taxes is the sum of tax and extra charges on the principal business and value-added tax payable; and average assets is the arithmetic mean of the sum of beginning assets and ending assets.

Ratio of Debts to Assets reflects both the operation risk and the capability of the enterprise in making use of the capital from the creditors. It is calculated as follows:

$$\text{Ratio of Debts to Assets (\%)} = \frac{\text{total debts}}{\text{total assets}} \times 100\%$$

Both assets and debts are figures at the end of the reference period.

Turnover of Current Assets refers to the number of times of turnover of current assets in a given period of time, which reflects the speed of the turnover of current assets of industrial enterprises, and is calculated as follows:

$$\text{Turnover of Current Assets} = \frac{\text{sales revenue of products}}{\text{average balance of total current assets}}$$

In the above formula, average balance of total current assets refers to the arithmetic mean of the sum of current assets at the beginning and at the end of the reference period.

Ratio of Profits to Total Industrial Costs refers to the ratio of profits realized in a given period to the total costs in the same period, which reflects the economic efficiency of input cost and is calculated as follows:

$$\text{Ratio of Profits to Total Industrial Cost (\%)} = \frac{\text{total profits}}{\text{total costs}} \times 100\%$$

Total costs in the above formula are the sum of cost of principal business, marketing cost, management cost and financial cost.

Sales Ratio of Products is an indicator reflecting the actual sale of industrial products, analyzing the production-selling and supply-demand relations. It is calculated as:

$$\text{Sales Ratio of Products (\%)} = \frac{\text{value of industrial sales}}{\text{gross industrial output value (current prices)}} \times 100\%$$

简要说明

一、主要内容

本篇反映河南省建筑业企业的基本情况和经营情况。包括企业个数、从业人员数、建筑业总产值、房屋建筑面积、资产、利润、税金、劳动生产率等资料。

二、统计范围

从2002年起，由原具有建筑业资质等级四级及四级以上的独立核算建筑业企业，调整为具有建筑业资质的总承包和专业承包、劳务分包建筑业企业。

三、资料来源

建筑业资料采取全面调查的方法，由河南省统计局固定资产投资处编辑整理。

Brief Introduction

I. Main Contents

Data in this chapter show the general and operation situation of the construction industry in Henan provincial. They cover the situation of production and management of the construction enterprises, including the number of enterprises; number of employed persons; gross output value of the construction industry; floor space of buildings under construction; profits and taxes ; and labour productivity etc.

II. Scope of Statistics

Starting from 2002 the scope of construction statistics has been adjusted to include all the construction enterprises of various types of ownership with qualification certificates and independent accounting systems, replacing the previous criteria that required construction enterprises of various types of ownership to have qualification certificates at or above Class 4 with independent accounting systems.

III. Sources of Data

Data on construction enterprises are collected in accordance with the Reporting Form System of Construction Statistics, which are provided by Department of investment in fixed assets of the Henan provincial Bureau of Statistics.

15-1 建筑业企业主要统计指标

Main Indicators of Construction Enterprises

年份 Year	单位数 (个) Number of Enterprise (unit)	建筑业总产值 (亿元) Gross Output Value of Construction (100 million yuan)	从业人员 (万人) Number of Person Employed (10 000persons)	房屋建筑面积(万平方米) Floor Spece of Buildings (10 000 sq.m)		资产 (亿元) Asset (100 million yuan)	利润 (亿元) Profit (100 million yuan)	税金 (亿元) Tax (100 million yuan)	劳动生产率 (按总产值计算) (元/人.年) Overall Labor Productivity by Total Output (yuan/person.year)
				施工 Under Construction	竣工 Completed				
1978			24.03						
1979			25.91						
1980			27.74						
1981			28.23						
1982			28.01						
1983	249	13.30	27.97	1050.00	608.40		0.90	0.26	4749
1984	264	19.53	34.50	1177.00	647.10		1.10	0.38	5762
1985	375	26.09	38.20	1287.70	607.90		1.39	0.58	7435
1986	383	29.20	37.60	1324.70	659.70		1.09	0.45	7991
1987	412	31.56	38.74	1482.90	731.30		1.16	0.68	8429
1988	442	36.81	39.88	1829.20	674.90		1.10	0.91	9720
1989	403	39.26	36.49	1355.50	594.60		0.64	0.95	10759
1990	393	41.05	35.49	1264.50	609.70		1.02	1.14	11985
1991	493	53.91		1614.72	701.61		0.98	1.67	13098
1992	511	70.33		1934.10	878.60		1.27	2.04	16060
1993	979	101.26		2476.25	1015.03	108.10	1.10	2.74	19549
1994	1332	145.52		2966.28	1322.53	147.44	1.47	3.99	24100
1995	1384	182.07		3386.46	1533.55	186.59	2.07	5.18	27121
1996	2278	271.56		5335.91	2726.45	255.43	4.02	8.32	27910
1997	1975	294.69		4984.41	2447.91	274.48	2.60	8.63	31485
1998	2027	304.96	93.79	5061.35	2418.40	305.48	2.11	9.23	35619
1999	1936	316.99	79.77	5016.55	2584.82	324.54	3.72	9.51	40279
2000	1983	357.34	79.90	5308.29	2629.33	356.53	3.09	11.76	45237
2001	1824	452.49	84.01	6295.47	3146.07	437.70	5.86	14.40	52002
2002	1926	536.73	92.65	7118.44	3630.82	562.05	7.53	16.93	57930
2003	1905	634.52	93.44	8026.07	3433.59	656.32	9.40	20.36	65943
2004	2556	817.13	107.66	9086.52	4186.89	828.57	19.05	27.65	83239
2005	2842	1066.15	125.03	10813.15	4787.12	926.11	25.55	37.01	83308
2006	2834	1530.95	141.37	14472.92	6530.01	1130.11	37.10	50.78	108464
2007	3110	2151.72	176.43	19015.67	9177.80	1484.90	57.43	74.30	123272
2008	3894	2824.06	197.86	21966.53	10289.20	1898.06	92.92	98.71	140560
2009	4146	3596.49	224.34	24596.04	11994.23	2386.99	118.67	129.09	162702
2010	4341	4400.61	235.00	28677.13	13156.03	2856.03	161.65	162.31	183639
2011	4511	5279.36	228.91	33282.01	15146.83	3562.79	200.09	185.44	224132
2012	4738	6009.08	227.12	38328.73	16397.59	4159.13	232.86	210.94	287736
2013	5149	7003.20	237.19	43408.63	18179.14	4981.35	312.47	257.48	277186
2014	5129	7911.89	240.89	48825.35	19818.32	5812.88	321.89	275.37	307264

注：本表不包括劳务分包企业(下同)。
a)Construction Enterprises in this table exclude Work Subcontractors Enterprises(the same as following tables).

15-2 建筑业企业主要经济指标

Main Indicators of Construction Enterprises

指　标	Item	2012	2013	2014
企业单位数（个）	Number of Construction Enterprises (unit)	4738	5149	5129
从业人员（万人）	Number of Employed Persons (10 000 persons)	227.12	237.19	240.89
固定资产原价（亿元）	Original Value of Fixed Assets Owned (100 million yuan)	829.59	943.97	1037.24
固定资产合计（亿元）	Net Value of Fixed Assets Owned (100 million yuan)	633.36	716.82	784.33
自有施工机械设备年末总台数	Total Number of Machinery and Equipment			
（万台）	Owned (10 000 sets)	81.90	80.22	78.93
自有施工机械设备年末净值	Net Value of Machinery and Equipment			
（亿元）	Owned (100 million yuan)	267.22	287.23	310.59
自有施工机械设备年末总功率	Total Power of Machinery and Equipment			
（万千瓦）	Owned (10 000 kw)	1660.29	1640.19	1650.01
建筑业总产值（亿元）	Gross Output Value of Construction (100 million yuan)	6009.08	7003.2	7911.89
全员劳动生产率	Overall Labor Productivity			
按总产值计算（元/人）	In Terms of Gross Output Value (yuan/person)	287736	277186	307264
房屋建筑施工面积（万平方米）	Floor Space of Buildings under Construction (10 000 sq.m)	38328.73	43408.63	48825.35
房屋建筑竣工面积（万平方米）	Floor Space of Buildings Completed (10 000 sq.m)	16397.59	18179.14	19818.32
技术装备率（元/期末人数）	Value of Machines per Laborer (yuan/person)	11766	12110	12893
动力装备率（千瓦/期末人数）	Power of Machines per Laborer (kw/person)	7.31	6.92	6.85
工程结算收入（亿元）	Revenue of Project Settlement Accounts (100 million yuan)	5841.65	6838.92	7435.36
工程结算成本（亿元）	Costs of Project Settlement Accounts (100 million yuan)	5114.51	5873.62	6437.53
工程结算税金及附加（亿元）	Taxes and Extra Charges on Project Settle Accounts (100 million yuan)	192.61	237.82	253.62
管理费用中的税金（亿元）	Taxes in Management Expenses (100 million yuan)	12.28	15	15.78
本年固定资产折旧（亿元）	Depreciation of Fixed Assets (100 million yuan)	59.76	66.82	66.18
应付职工薪酬（亿元）	Deal with worker firewood (100 million yuan)	586.83	786.87	857.81
利润总额（亿元）	Total Profits (100 million yuan)	232.86	312.47	321.89
税金总额（亿元）	Total Tax (100 million yuan)	210.94	257.48	275.37
产值利润率（%）	Ratio of Profit to Gross Output Value (%)	3.9	4.5	4.1
产值利税率（%）	Ratio of Pre-tax Profit to Gross Output Value (%)	7.4	8.1	7.6

15-3 建筑业企业房屋建筑竣工面积及竣工价值(2014年)

Floor space and Value of Building completed of Construction Enterprises (2014)

指　　标	Item	竣工面积（万平方米）Floor space Building completed (10 000 sq.m)	竣工价值（亿元）Value of Hoor Space (10 million yuan)
竣工房屋	**Buildings Completed**	**19818.32**	**2364.89**
住宅房屋	Residential Building	14125.51	1677.33
商业及服务用房屋	Houses for Commercial and service	1074.79	145.10
商厦房屋(批发和零售用房)	Malls housing	337.39	47.38
宾馆用房屋(住宿用房)	Hotel	180.10	21.38
餐饮用房屋(餐饮用房)	Dining	66.59	6.75
商务会展用房屋	Commercial exhibition	69.53	5.80
其他商业及服务用房屋(居民服务业用房)	Others (Residents service)	421.18	63.79
办公用房屋	Official Building	1307.39	167.11
科研、教育、医疗用房屋	Houses for scientific research，education and public health and medical	1082.46	140.76
科学研究用房屋	Houses for scientific research	109.64	13.76
教育用房屋	Houses for education	786.79	100.47
医疗用房屋(卫生医疗用房)	Houses for public health and medical	186.04	26.53
文化、体育、娱乐用房屋	Houses for culture and sports and amusement	157.14	17.87
厂房及建筑物	Workshop and Buildings	1570.45	157.46
#厂房	Workshop	740.02	80.72
仓库	Houses for other uses	216.14	18.49
其他未列明的房屋建筑物	Others	284.44	40.77

15-4 建筑业企业生产情况(2014年)

指 标	Item	合 计 Total	内 资 Domestic Funded	港澳台商投资 Funded from Hong Kong, Macao and Taiwan
企业个数(个)	Number of Enterprises (unit)	5129	5116	4
签订的合同额(亿元)	Contract Value Signed (100 million yuan)	13499.70	13491.88	5.97
上年结转合同额	Contract Value on Hand Last Year	5402.72	5396.83	5.86
本年新签合同额	Contract Value Newly Signed this Year	8096.97	8095.05	0.10
承包工程完成情况(亿元)	Conditions Finished of Contracted Projects (100 million yuan)			
直接从建设单位承揽	Contracted Directly from Fabricative Units	7797.83	7794.97	0.78
工程完成的产值	Output Value Finished of Projects	7758.71	7755.85	0.78
自行完成施工产值	Output Value Self-Finished of Buildings Under Construction			
分包出去工程的产值	Output Value of Projects Subcontracted	39.12	39.12	
从建设单位以外承揽	Contracted Directly Exceptant Fabricative Units			
工程完成的产值	Output Value Finished of Projects	153.18	153.18	
建筑业总产值(亿元)	Gross Output Value of Construction (100 million yuan)	7911.89	7909.02	0.78
建筑工程	Construction	6957.54	6956.06	0.72
安装工程	Installation	702.65	701.26	0.06
其他	Others	251.71	251.71	
#装修装饰	Building Decoration	319.06	318.52	
建筑业竣工产值(亿元)	Buildings Completed Output Value of Construction (100 million yuan)	4415.19	4413.11	0.05
从业人员(万人)	Number of Persons Engaged (10 000 persons)	240.89	240.78	0.02
#工程技术人员	Engineering	42.73	42.70	0.01
#一级建造师	Constructor	1.84	1.84	0.00
直接从事生产经营活动的平均人数(万人)	Annual Average people who Directly engaged in production and business operation activities (10 000 persons)	257.49	257.37	0.01
全员劳动生产率	Overall Labor Productivity			
按总产值计算(元/人)	In Terms of Gross Output Value (yuan/person)	307264	307303	614118
房屋建筑施工面积(万平方米)	Floor Space of Buildings Under Construction (10 000 sq.m)	48825.35	48816.09	9.25
#本年新开工	Beginning Projects This Year	24137.58	24137.58	
#投标承包面积	Floor Space of Enter a bid Contract	38703.23	38703.23	
#本年新开工	Beginning Projects This Year	20119.78	20119.78	
房屋建筑竣工面积(万平方米)	Floor Space of Buildings Completed (10 000 sq.m)	19818.3	19818.3	
房屋竣工率(%)	Rate of Floor Space of Buildings Completed (%)	40.6	40.6	
自有施工机械设备年末总台数(台)	Number of Machinery and Equipment Owned (set)	789302	789292	
自有施工机械设备年末净值(亿元)	Net Value of Machinery and Equipment Owned (100 million yuan)	310.59	310.58	
自有施工机械设备年末总功率(万千瓦)	Total Power of Machinery and Equipment (10 000kw)	1650.01	1649.97	
技术装备率(元/人)	Valve of Machinery Per Laborer (yuan/person)	12893	12899	
动力装备率(千瓦/人)	Power of Machinery per Laborer (kw/person)	6.85	6.85	

Main Indicators on Construction Enterprises (2014)

外商投资 Foreign Funded	#国有控股 State-holding	#集体控股 Collective-holding	#私人控股 Private-holding	房屋建筑业 Floor Space	土木工程建筑业 Civil Engineering	建筑安装业 Building Installation	建筑装饰和其他建筑业 Building Decoration and Others	公有制 Public-owned	非公有制 Non-public owned
9	333	339	4064	1755	1104	633	1637	672	4457
1.85	3107.30	639.22	6040.13	7069.18	5097.62	756.10	576.80	3746.53	9753.17
0.03	1359.63	141.96	1999.44	2751.32	2376.68	190.45	84.27	1501.58	3901.14
1.82	1747.68	497.27	4040.69	4317.85	2720.95	565.65	492.53	2244.95	5852.03
2.09	1373.73	515.75	4215.72	4146.48	2759.41	470.71	421.24	1889.48	5908.35
2.09	1356.53	515.00	4196.09	4134.50	2745.72	465.78	412.71	1871.53	5887.18
	17.19	0.75	19.64	11.98	13.68	4.93	8.53	17.95	21.17
	58.80	6.37	79.75	43.22	64.92	13.34	31.70	65.17	88.01
2.09	1415.33	521.37	4275.84	4177.72	2810.64	479.12	444.41	1936.70	5975.19
0.76	1164.32	459.38	3755.18	3878.31	2536.80	245.49	296.94	1623.70	5333.84
1.33	231.07	43.87	360.80	204.67	191.82	217.65	88.51	274.94	427.71
0.00	19.94	18.13	159.86	94.73	82.02	15.98	58.97	38.07	213.64
0.54	13.85	8.63	283.43	150.50	6.71	23.86	137.99	22.47	296.59
2.03	588.84	354.48	2734.64	2558.10	1368.17	260.55	228.37	943.31	3471.88
0.09	26.96	20.32	173.06	160.04	48.51	14.05	18.29	47.28	193.61
0.02	5.35	3.54	28.67	24.91	11.44	3.16	3.21	8.89	33.84
0.00	0.31	0.07	1.16	0.89	0.55	0.18	0.21	0.38	1.46
0.08	29.88	20.66	172.77	161.61	61.25	14.43	20.17	50.54	206.92
252069	473636	252386	247491	258499	458855	331985	220387	383202	288762
	4726.11	3855.78	35801.68	44953.35	1578.12	1567.27	726.62	8581.90	40243.45
	1713.75	2562.10	17610.32	21730.27	961.66	955.00	490.65	4275.84	19861.74
	2184.62	3508.64	29154.25	36155.69	1233.46	1168.53	145.55	5693.26	33009.98
	1083.29	2321.76	14732.89	18544.33	817.03	639.06	119.37	3405.05	16714.74
	772.7	2051.0	15561.2	18491.8	416.5	709.0	200.9	2823.7	16994.6
	16.3	53.2	43.5	41.1	26.4	45.2	27.7	32.9	42.2
10	91744	51222	533202	479719	156286	85322	67975	142966	646336
0.01	50.85	13.06	175.25	142.05	138.68	14.90	14.96	63.91	246.68
0.04	274.68	82.71	933.08	786.38	668.97	104.00	90.66	357.39	1292.62
988	18859	6426	10127	8876	28586	10602	8178	13516	12741
0.46	10.19	4.07	5.39	4.91	13.79	7.40	4.96	7.56	6.68

15-6 劳务分包建筑企业生产经营情况(2014年)

单位：万元

指标	Item	合计 Total	#内资 Domestic Funded	国有控股 State-holding	集体控股 Collective-holding
企业数(个)	Number of Construction Enterprises (unit)	1243	1243	11	27
年末从业人员(人)	Number of Employed Persons at the Year-end (penson)	173568	173568	1045	2973
#现场施工人员	Builder in Employed Persons at the Year-end	92737	92737	756	1002
从业人员平均人数(人)	Average Number of Employed Persons (penson)	140663	140663	890	1367
年末资产负债	Year-end Assets and Liabilities				
固定资产原价	Original Value of Fixed Assets	1529081	1529081	7614	35574
本年折旧	Draw Depreciation This Year	108483	108483	1138	5701
资产总计	Total Assets	5766570	5766570	58025	440355
负债总计	Total Liabilities	2576491	2576491	8510	357067
实收资本	Capitals Hold	2484571	2484571	15539	60345
损益及分配	Total Creditors Equity (10 000 yuan)				
营业收入	Total Income	9490556	9490556	70342	515243
#主营业务收入	Income form Principal Operations	9449384	9449384	64659	513666
营业成本	Operating costs	7938788	7938788	57372	416858
#主营业务成本	Advocate business wu cost	7820113	7820113	52049	411290
营业税金及附加	Business tax and extra	357498	357498	3451	19409
#主营业务税金及附加	Main business taxes and add	346819	346819	3449	19409
销售费用	Profits of Business	106658	106658	5	4666
管理费用	Management Fee	466594	466594	5295	28901
#税金	Taxes	39934	39934	513	874
财务费用	Financial Expenses	56494	56494	9	3781
营业利润	Profits of Business	645334	645334	4374	46509
利润总额	Total Profits	559863	559863	3836	44937
建筑业总产值	Gross Output Value of Construction	10518982	10518982	65649	526522
#装饰装修产值	Output Value of Fitment	912775	912775	4000	95899
应付职工薪酬	Handle employee compensation	5204622	5204622	25492	82677

Main Indicators on Construction Enterprises of Work Subcontractors (2014)

(10 000 yuan)

私人控股 Private-holding	其他 Others	房屋建筑业 Floor Space	土木工程建筑业 Civil Engineering	建筑安装业 Building Installation	建筑装饰和其他建筑业 Building Decoration and Others	公有制 Public-owned	非公有制 Non-public owned
1083	122	568	93	145	437	38	1205
148027	21523	100684	10831	14150	47903	4018	169550
79148	11831	53960	4757	6327	27693	1758	90979
111433	26973	84104	8139	9181	39239	2257	138406
1363949	121944	911132	132431	156345	329173	43188	1485893
90689	10955	53591	14089	12629	28174	6839	101644
4799747	468443	2075732	1048373	624131	2018334	498380	5268190
2055555	155359	889470	686227	274610	726184	365577	2210914
1731843	676844	1233429	204275	227508	819359	75884	2408687
7717748	1187223	5090700	756900	991338	2651618	585585	8904971
7692453	1178606	5082386	755713	975397	2635888	578325	8871059
6481365	983193	4334946	615923	845588	2142331	474230	7464558
6403940	952834	4282645	615694	801059	2120715	463339	7356774
285907	48731	191247	33032	35578	97641	22860	334638
276487	47474	185713	32940	34368	93798	22050	323961
92361	9626	64830	3981	9625	28222	4671	101987
389385	43013	206067	29725	54239	176563	34196	432398
34822	3725	19617	2307	3786	14224	1387	38547
50282	2422	36796	4970	3047	11681	3790	52704
492566	101885	304913	76733	54414	209274	50883	594451
447465	63625	266977	43201	53802	195883	48773	511090
8666259	1260552	5344250	851305	1018327	3305100	592171	9926811
707681	105195	422429	137462	89632	263252	99899	812876
4761874	334579	3446936	200477	291258	1265951	108169	5096453

15-7 各市建筑业企业总产值

Total Output Value of Construction by City

单位：亿元 (100 million yuan)

市(县)	City(County)	2000	2005	2008	2009	2010	2011	2012	2013	2014
全省	**Total**	**357.34**	**1066.15**	**2824.06**	**3596.49**	**4400.61**	**5279.36**	**6009.08**	**7003.20**	**7911.89**
省辖市	**City**									
郑州市	Zhengzhou	105.93	299.39	797.32	1126.12	1352.33	1549.16	1816.99	2264.38	2696.54
开封市	Kaifeng	10.77	35.16	79.16	93.38	105.80	132.88	164.04	198.46	206.21
洛阳市	Luoyang	50.18	168.54	512.33	681.81	877.67	1110.90	1214.38	1202.35	1263.52
平顶山市	Pingdingshan	15.48	31.18	83.89	74.45	88.66	102.88	121.59	130.40	134.10
安阳市	Anyang	28.68	71.78	212.78	269.54	319.14	359.22	410.82	532.27	572.63
鹤壁市	Hebi	3.65	6.34	21.53	26.70	34.25	43.37	42.37	50.61	58.24
新乡市	Xinxiang	26.84	79.44	205.30	204.70	238.71	294.56	344.56	418.86	297.60
焦作市	Jiaozuo	9.31	36.26	60.75	69.18	87.51	99.18	108.09	121.99	114.34
濮阳市	Puyang	23.45	46.84	102.55	118.50	138.98	168.44	192.39	224.91	235.04
许昌市	Xuchang	9.69	21.28	48.00	62.70	85.04	95.32	106.11	120.28	159.95
漯河市	Luohe	3.73	10.10	18.47	25.80	35.29	41.72	42.86	51.45	55.09
三门峡市	Sanmenxia	7.55	26.25	60.93	73.03	82.44	104.68	112.55	126.56	133.64
南阳市	Nanyang	21.29	75.70	145.46	165.40	197.79	242.66	260.52	292.65	271.16
商丘市	Shangqiu	9.42	43.76	109.78	137.86	170.41	214.74	228.96	272.16	273.48
信阳市	Xinyang	14.78	43.34	141.53	169.54	207.15	247.60	278.23	321.66	337.64
周口市	Zhoukou	9.73	40.60	117.32	148.07	184.06	216.63	250.73	298.99	325.79
驻马店市	Zhumadian	6.09	23.14	93.90	134.29	175.48	233.82	284.85	342.04	357.83
济源市	Jiyuan	0.78	7.08	13.05	15.40	19.88	21.61	29.04	33.17	36.72
省直管县	**Province Administrating County**									
巩义市	Gongyi	0.52	3.50	7.00	7.03	9.24	11.68	11.47	16.94	18.70
兰考县	Lankao	0.08	0.31	2.94	4.99	4.80	5.93	7.62	8.51	10.12
汝州市	Ruzhou	0.16	0.52	1.46	1.11	1.01	1.43	2.03	2.78	3.82
滑县	Huaxian	0.22	6.07	11.77	16.05	18.72	22.07	24.08	26.18	29.02
长垣县	Changyuan	4.24	7.78	34.97	49.18	61.53	78.67	104.86	141.61	151.71
邓州市	Dengzhou	0.58	3.81	13.49	15.38	18.69	25.56	34.76	31.49	38.83
永城市	Yongcheng	1.44	5.86	15.21	20.43	22.04	26.92	34.78	49.05	49.11
固始县	Gushi	2.72	5.10	16.22	18.49	21.69	25.01	27.32	34.50	34.53
鹿邑县	Luyi	0.82	4.87	8.02	9.33	10.66	13.63	15.51	20.82	26.85
新蔡县	Xincai	0.18	0.26	5.14	7.51	10.58	14.74	16.13	17.54	19.69

注：省辖市数据不包含省直管县。（以下表格同）

a) Data of city uninclude Province Administrating County. (the same as following tables)

15-8 各市建筑业企业利税总额
Total Pre-Tax Profits of Construction Enterprises by City

单位：万元　　(10 000 yuan)

市(县) City(County)	2000	2005	2008	2009	2010	2011	2012	2013	2014
全省 Total	**148547**	**625512**	**1916338**	**2477553**	**3239587**	**3855334**	**4437985**	**5699485**	**5972587**
省辖市 City									
郑州市 Zhengzhou	35374	136720	524896	738885	981163	1086687	1285770	**1664808**	**1747851**
开封市 Kaifeng	3581	18134	56219	54125	69580	102444	142594	176426	174210
洛阳市 Luoyang	6407	96068	249713	348039	435593	568588	626172	612825	603274
平顶山市 Pingdingshan	5962	19443	42113	47977	60208	67976	84575	111784	108247
安阳市 Anyang	15184	29358	106828	136581	168267	237826	274682	354032	415905
鹤壁市 Hebi	1296	1649	12149	15639	20348	26354	21382	32964	37903
新乡市 Xinxiang	15297	56331	190766	215527	282720	321634	353188	463834	319120
焦作市 Jiaozuo	2673	17570	37086	39635	59892	62343	60720	66864	75926
濮阳市 Puyang	11834	24647	69700	76165	94763	113504	137242	185635	161124
许昌市 Xuchang	6812	8436	31754	45758	54114	81835	100773	116294	156975
漯河市 Luohe	2363	5093	14553	20182	30699	38042	38067	48080	52891
三门峡市 Sanmenxia	2626	12422	41449	61322	71644	111018	108904	138632	144746
南阳市 Nanyang	10156	45817	110602	158883	216463	246672	237262	283888	236195
商丘市 Shangqiu	8610	33083	88891	110450	136697	131181	176922	245662	236755
信阳市 Xinyang	7246	44549	120856	144178	197830	199190	226530	328460	320301
周口市 Zhoukou	9263	38970	126703	141525	196239	249295	310958	404723	399796
驻马店市 Zhumadian	3624	30310	78213	106093	149536	193600	231026	436653	331019
济源市 Jiyuan	241	6915	13847	16591	13832	17146	21219	27922	30530
省直管县 Province Administrating County									
巩义市 Gongyi	420	3594	7938	7992	8948	15425	17602	21635	26478
兰考县 Lankao	106	428	1509	2698	2955	7607	7240	11678	19003
汝州市 Ruzhou	26	344	898	884	999	973	1423	2453	4450
滑县 Huaxian	64	4085	9514	10552	12871	17413	18799	22539	23385
长垣县 Changyuan	5342	13344	41557	59610	98909	108407	132565	171898	171525
邓州市 Dengzhou	207	1188	10288	17020	20956	30406	33279	35484	44021
永城市 Yongcheng	444	4915	12062	22325	18550	21044	24762	52966	47592
固始县 Gushi	1835	3208	7744	10294	11541	19827	23184	30554	33663
鹿邑县 Luyi	1301	8136	15652	11291	11652	13058	13802	16975	22798
新蔡县 Xincai	134	291	8443	5247	16246	21024	22642	26645	26904

15-9 各市建筑业企业利润总额
Total Profits of Construction Enterprises by City

单位：万元　　(10 000 yuan)

市(县) City(County)	2000	2005	2008	2009	2010	2011	2012	2013	2014
全省 Total	**30936**	**255460**	**929179**	**1186690**	**1616515**	**2000905**	**2328601**	**3124690**	**3218893**
省辖市 City									
郑州市 Zhengzhou	3508	40921	272640	340671	490101	601868	708762	932512	892177
开封市 Kaifeng	418	6952	25650	24579	33919	56990	84683	104543	101758
洛阳市 Luoyang	-8040	39499	92273	132296	159910	198078	221691	194882	217403
平顶山市 Pingdingshan	528	7813	13918	20125	29104	33541	42639	67700	62069
安阳市 Anyang	1411	6107	40461	55193	73664	101678	122522	168122	213906
鹤壁市 Hebi	-57	-388	4568	6316	8743	12104	7617	13662	19667
新乡市 Xinxiang	4511	23368	101438	130576	179761	199307	224733	304239	201118
焦作市 Jiaozuo	88	6175	14804	16137	28387	24161	25604	27950	40484
濮阳市 Puyang	5261	11735	26118	34868	46593	62702	78615	109568	83855
许昌市 Xuchang	4307	2563	14608	24447	27695	51954	63095	72502	92927
漯河市 Luohe	1454	2394	6301	8155	12734	19277	18941	25832	28889
三门峡市 Sanmenxia	710	2950	17290	33054	40519	68636	63252	85149	89576
南阳市 Nanyang	3271	20315	56968	73768	95397	130764	119710	157240	120876
商丘市 Shangqiu	5148	17363	51056	65329	82915	64956	92003	138498	143851
信阳市 Xinyang	2725	24434	67243	75997	101907	110457	133704	176769	174082
周口市 Zhoukou	4782	23148	73303	76646	119227	142577	170790	243275	238401
驻马店市 Zhumadian	895	15027	43670	58365	78544	112237	138168	286425	194177
济源市 Jiyuan	17	5086	6871	10168	7395	9618	12071	15823	17015
省直管县 Province Administrating County									
巩义市 Gongyi	222	1843	4164	4485	4933	10150	12447	15541	18250
兰考县 Lankao	88	348	689	1528	1219	5518	5089	8238	13206
汝州市 Ruzhou	15	109	424	314	516	481	551	1204	2877
滑县 Huaxian	0	1792	5078	4565	5772	9417	9317	13418	12906
长垣县 Changyuan	1591	9713	22581	40005	68503	77664	92844	121710	122973
邓州市 Dengzhou	45	209	4004	10602	13386	18899	18581	20870	27175
永城市 Yongcheng	201	3389	6593	15072	10576	11569	12962	34683	31765
固始县 Gushi	801	1348	3501	4292	4836	11843	15703	20632	22380
鹿邑县 Luyi	833	6648	11346	7515	7331	8401	8667	10191	14607
新蔡县 Xincai	70	23	5909	2610	13456	17315	16363	19948	20525

15-10 各市建筑业企业主要指标(2014年)

市(县) City(County)	企业个数 (个) Number of Enterprises (unit)	从业人员 (万人) Number of Persons Engaged (10 000 person)	直接从事生产经营活动的平均人数 (万人) Annual Average people who Directly engaged in production and business operation activities(10 000 person)	签定的合同额 (亿元) Contract Value Signed (100 million yuan)
全　　省 Total	**5129**	**240.89**	**257.49**	**13499.70**
省 辖 市 City				
郑　州　市 Zhengzhou	1424	54.91	62.06	5083.52
开　封　市 Kaifeng	256	11.02	9.41	364.52
洛　阳　市 Luoyang	406	15.42	28.58	3266.81
平 顶 山 市 Pingdingshan	198	5.82	5.62	203.39
安　阳　市 Anyang	226	27.40	25.59	771.61
鹤　壁　市 Hebi	91	2.42	2.64	94.53
新　乡　市 Xinxiang	289	16.30	15.55	377.57
焦　作　市 Jiaozuo	189	4.42	4.27	202.00
濮　阳　市 Puyang	210	9.14	9.69	309.61
许　昌　市 Xuchang	128	5.98	6.66	226.31
漯　河　市 Luohe	95	3.30	3.06	76.68
三 门 峡 市 Sanmenxia	154	4.68	4.38	233.02
南　阳　市 Nanyang	340	12.93	12.68	330.57
商　丘　市 Shangqiu	153	9.87	10.32	370.21
信　阳　市 Xinyang	193	12.61	13.56	355.79
周　口　市 Zhoukou	183	11.32	11.45	373.56
驻 马 店 市 Zhumadian	221	15.22	14.07	382.62
济　源　市 Jiyuan	87	1.46	1.92	53.05
省 直 管 县 Province Administrating County				
巩　义　市 Gongyi	22	0.77	0.72	29.60
兰　考　县 Lankao	21	0.67	0.70	13.50
汝　州　市 Ruzhou	11	0.25	0.26	4.09
滑　　　县 Huaxian	30	1.63	1.60	32.71
长　垣　县 Changyuan	123	7.86	7.25	179.33
邓　州　市 Dengzhou	20	0.94	1.06	36.85
永　城　市 Yongcheng	30	1.66	1.72	55.49
固　始　县 Gushi	14	1.72	1.43	41.60
鹿　邑　县 Luyi	8	0.65	0.61	28.37
新　蔡　县 Xincai	7	0.51	0.34	2.78

Main Indicators of Construction Enterprises by City (2014)

总产值 (亿元) Gross Output Value (100 million yuan)	竣工产值 (亿元) Buildings Completed Output Value (100 million yuan)	房屋建筑施工面积 (万平方米) Floor Space of Buildings Under Construction (10 000 sq.m)	房屋建筑竣工面积 (万平方米) Floor Space of Buildings Completed (10 000 sq.m)	自有施工机械设备年末总功率 (万千瓦) Total Power of Machinery and Equipment Owned (10 000 kw)	自有施工机械设备年末净值 (亿元) Net Value of Machinery and Equipment Owned (100 million yuan)
7911.89	**4415.19**	**48825.35**	**19818.32**	**1650.01**	**310.59**
2696.54	1160.64	17610.17	5179.47	469.08	58.67
206.21	110.13	1854.54	528.09	48.84	28.23
1263.52	644.79	6906.73	1438.60	284.09	62.10
134.10	84.63	1051.50	423.23	33.03	6.18
572.63	404.17	4476.74	2795.76	159.05	27.37
58.24	41.84	529.61	226.30	9.42	1.72
297.60	185.88	2020.25	1135.77	76.28	13.62
114.34	112.70	792.78	343.50	26.35	3.53
235.04	148.82	1043.91	628.18	75.54	12.39
159.95	107.27	1315.91	556.04	20.01	4.56
55.09	39.20	589.49	298.50	14.24	2.64
133.64	59.89	398.00	149.16	79.80	14.60
271.16	171.76	1720.41	816.55	54.32	12.24
273.48	199.97	1420.27	985.16	37.85	8.69
337.64	200.39	1876.95	1181.48	39.39	8.30
325.79	269.40	1566.29	1018.51	60.36	11.20
357.83	197.77	1654.54	880.79	53.05	9.03
36.72	24.70	285.46	120.97	10.62	2.53
18.70	11.29	179.83	63.09	2.19	0.83
10.12	9.44	57.46	46.55	4.95	0.73
3.82	2.74	49.26	20.78	3.12	0.46
29.02	18.54	168.48	125.55	5.13	1.65
151.71	86.41	338.30	167.16	54.83	9.91
38.83	18.81	90.67	52.01	4.71	1.73
49.11	34.91	313.05	256.33	13.32	2.80
34.53	32.38	280.44	165.43	7.42	4.35
26.85	26.85	182.83	176.55	3.04	0.52
19.69	9.88	51.48	38.80		

15-11 各市建筑业企业个数(2014年)

单位：个

市(县) City(County)	企业个数 Number of Enterprises	内资 Domestic Funded	港澳台商投资 Funded from Hong Kong, Macao and Taiwan	外商投资 Foreign Funded	公有制 Public-owned	非公有制 Non-public owned
全省 Total	**5129**	**5116**	**4**	**9**	**672**	**4457**
省辖市 City						
郑州市 Zhengzhou	1424	1416	4	4	104	1320
开封市 Kaifeng	256	255		1	38	218
洛阳市 Luoyang	406	405		1	66	340
平顶山市 Pingdingshan	198	198			28	170
安阳市 Anyang	226	226			26	200
鹤壁市 Hebi	91	91			12	79
新乡市 Xinxiang	289	287		2	38	251
焦作市 Jiaozuo	189	188		1	21	168
濮阳市 Puyang	210	210			18	192
许昌市 Xuchang	128	128			14	114
漯河市 Luohe	95	95			18	77
三门峡市 Sanmenxia	154	154			21	133
南阳市 Nanyang	340	340			58	282
商丘市 Shangqiu	153	153			30	123
信阳市 Xinyang	193	193			59	134
周口市 Zhoukou	183	183			26	157
驻马店市 Zhumadian	221	221			50	171
济源市 Jiyuan	87	87			6	81
省直管县 Province Administrating County						
巩义市 Gongyi	22	22			1	21
兰考县 Lankao	21	21			1	20
汝州市 Ruzhou	11	11			4	7
滑县 Huaxian	30	30			3	27
长垣县 Changyuan	123	123			5	118
邓州市 Dengzhou	20	20			9	11
永城市 Yongcheng	30	30			10	20
固始县 Gushi	14	14			2	12
鹿邑县 Luyi	8	8				8
新蔡县 Xincai	7	7			4	3

Number of Construction Enterprises by City (2014)

(unit)

#国有控股 State-holding	#集体控股 Collective-holding	#私人控股 Private-holding	房屋建筑业 Floor Space	土木工程建筑业 Civil Engineering	建筑安装业 Building Installation	建筑装饰和其他建筑业 Building Decoration and Others
333	**339**	**4064**	**1755**	**1104**	**633**	**1637**
65	39	1202	286	277	281	580
17	21	206	111	44	50	51
28	38	318	144	55	42	165
9	19	163	84	30	19	65
12	14	178	134	29	31	32
6	6	68	51	15	9	16
14	24	230	134	54	40	61
12	9	135	49	25	21	94
13	5	174	55	69	13	73
2	12	102	55	23	14	36
4	14	63	51	12	7	25
18	3	133	38	86	5	25
32	26	263	78	81	26	155
16	14	109	79	42	4	28
28	31	122	90	48	15	40
5	21	148	65	67	11	40
26	24	148	105	54	14	48
4	2	70	25	26	13	23
	1	18	14	7	1	
1		20	14	6		1
1	3	7	8	2		1
1	2	24	14	8	6	2
4	1	111	32	16	7	68
8	1	11	4	11	2	3
3	7	19	19	6	1	4
1	1	11	8	5	1	
		8	4	3		1
3	1	3	4	3		

15-12 各市建筑业企业总产值(2014年)

单位：亿元

市(县)	City(County)	总产值 Gross Output Value	内资 Domestic Funded	港澳台商投资 Funded from Hong Kong, Macao and Taiwan	外商投资 Foreign Funded	公有制 Public-owned	非公有制 Non-public owned
全省	**Total**	**7911.89**	**7909.02**	**0.78**	**2.09**	**1936.70**	**5975.19**
省辖市	City						
郑州市	Zhengzhou	2696.54	2695.27	0.78	0.48	604.76	2091.78
开封市	Kaifeng	206.21	206.07		0.15	66.72	139.49
洛阳市	Luoyang	1263.52	1263.42		0.10	315.34	948.17
平顶山市	Pingdingshan	134.10	134.10			13.38	120.72
安阳市	Anyang	572.63	572.63			32.63	540.00
鹤壁市	Hebi	58.24	58.24			17.07	41.16
新乡市	Xinxiang	297.60	297.03		0.57	39.47	258.14
焦作市	Jiaozuo	114.34	113.55		0.79	59.90	54.44
濮阳市	Puyang	235.04	235.04			59.15	175.89
许昌市	Xuchang	159.95	159.95			24.75	135.20
漯河市	Luohe	55.09	55.09			12.41	42.68
三门峡市	Sanmenxia	133.64	133.64			80.09	53.55
南阳市	Nanyang	271.16	271.16			88.14	183.03
商丘市	Shangqiu	273.48	273.48			84.69	188.79
信阳市	Xinyang	337.64	337.64			137.67	199.97
周口市	Zhoukou	325.79	325.79			63.82	261.97
驻马店市	Zhumadian	357.83	357.83			159.71	198.12
济源市	Jiyuan	36.72	36.72			2.33	34.39
省直管县	**Province Administrating County**						
巩义市	Gongyi	18.70	18.70			1.03	17.67
兰考县	Lankao	10.12	10.12			1.08	9.04
汝州市	Ruzhou	3.82	3.82			1.94	1.88
滑县	Huaxian	29.02	29.02			3.40	25.61
长垣县	Changyuan	151.71	151.71			5.59	146.12
邓州市	Dengzhou	38.83	38.83			23.60	15.23
永城市	Yongcheng	49.11	49.11			26.72	22.39
固始县	Gushi	34.53	34.53			0.93	33.60
鹿邑县	Luyi	26.85	26.85				26.85
新蔡县	Xincai	19.69	19.69			10.39	9.29

Total Output Value of Construction Enterprises by City (2014)

(100 million yuan)

#国有控股 State-holding	#集体控股 Collective-holding	#私人控股 Private-holding	房屋建筑业 Floor Space	土木工程建筑业 Civil Engineering	建筑安装业 Building Installation	建筑装饰和其他建筑业 Building Decoration and Others
1415.33	**521.37**	**4275.84**	**4177.72**	**2810.64**	**479.12**	**444.41**
509.36	95.40	1368.39	1377.98	911.92	217.45	189.18
50.59	16.13	132.90	122.45	23.18	55.92	4.66
282.45	32.90	296.63	357.38	841.91	46.01	18.21
2.78	10.59	68.06	104.62	21.70	3.58	4.20
22.34	10.28	486.78	530.74	27.30	11.78	2.81
14.07	3.01	34.33	49.44	6.47	1.92	0.41
19.45	20.02	248.76	208.12	64.29	18.26	6.93
52.00	7.89	45.34	48.21	54.10	3.89	8.14
56.86	2.30	159.77	104.35	98.05	10.82	21.82
8.98	15.77	106.35	99.93	44.07	6.51	9.43
2.38	10.03	34.88	43.68	6.06	3.35	1.99
78.85	1.23	53.55	29.47	102.91	0.55	0.71
54.73	33.41	156.84	146.63	88.19	24.42	11.93
65.13	19.56	179.67	184.21	76.99	1.24	11.04
63.99	73.68	183.63	211.24	99.56	11.42	15.42
12.53	51.29	245.64	162.87	124.95	21.26	16.71
68.21	91.49	162.99	186.17	111.58	19.17	40.90
2.28	0.05	31.33	21.92	10.92	2.67	1.21
	1.03	15.59	15.46	2.91	0.33	
1.08		9.04	5.82	4.30		
0.13	1.81	1.88	3.17	0.63		0.03
2.26	1.15	23.17	19.57	7.15	2.23	0.07
3.56	2.03	125.73	49.91	16.55	8.27	76.98
19.49	4.11	15.23	9.46	21.32	7.94	0.11
12.74	13.98	21.97	33.15	14.70	0.01	1.25
0.86	0.07	31.22	26.48	7.94	0.11	
		26.85	12.55	14.03		0.27
8.23	2.17	9.29	12.71	6.97		

15-13 各市建筑业企业资产总计(2014年)

单位：亿元

市(县) City(County)	资产合计 Total Assets	内资 Domestic Funded	港澳台商投资 Funded from Hong Kong, Macao and Taiwan	外商投资 Foreign Funded	公有制 Public-owned	非公有制 Non-public owned
全省 Total	**5781.32**	**5759.34**	**14.65**	**7.33**	**1617.06**	**4164.26**
省辖市 City						
郑州市 Zhengzhou	2243.70	2227.56	14.65	1.49	628.74	1614.95
开封市 Kaifeng	191.30	191.19		0.11	58.53	132.77
洛阳市 Luoyang	1068.11	1067.90		0.22	274.56	793.56
平顶山市 Pingdingshan	165.16	165.16			17.12	148.04
安阳市 Anyang	245.95	245.95			31.07	214.89
鹤壁市 Hebi	79.31	79.31			32.30	47.01
新乡市 Xinxiang	209.21	204.43		4.78	42.82	166.39
焦作市 Jiaozuo	105.52	104.77		0.74	59.49	46.03
濮阳市 Puyang	179.62	179.62			63.88	115.74
许昌市 Xuchang	163.27	163.27			18.81	144.46
漯河市 Luohe	50.16	50.16			7.75	42.41
三门峡市 Sanmenxia	174.45	174.45			121.59	52.86
南阳市 Nanyang	175.17	175.17			81.63	93.54
商丘市 Shangqiu	106.47	106.47			23.69	82.78
信阳市 Xinyang	125.46	125.46			48.91	76.56
周口市 Zhoukou	91.37	91.37			20.35	71.02
驻马店市 Zhumadian	141.63	141.63			45.72	95.91
济源市 Jiyuan	41.17	41.17			4.06	37.12
省直管县 Province Administrating County						
巩义市 Gongyi	19.71	19.71			1.77	17.94
兰考县 Lankao	7.61	7.61			0.79	6.81
汝州市 Ruzhou	2.29	2.29			0.60	1.69
滑县 Huaxian	17.25	17.25			1.87	15.38
长垣县 Changyuan	118.98	118.98			4.43	114.55
邓州市 Dengzhou	14.99	14.99			9.86	5.13
永城市 Yongcheng	22.74	22.74			14.41	8.33
固始县 Gushi	15.51	15.51			0.55	14.97
鹿邑县 Luyi	1.96	1.96				1.96
新蔡县 Xincai	3.26	3.26			1.78	1.48

Total Assets of Construction Enterprises by City (2014)

(100 million yuan)

#国有控股 State-holding	#集体控股 Collective-holding	#私人控股 Private-holding	房屋建筑业 Floor Space	土木工程建筑业 Civil Engineering	建筑安装业 Building Installation	建筑装饰和其他建筑业 Building Decoration and Others
1372.80	**244.26**	**2572.78**	**2433.83**	**2516.50**	**447.74**	**383.25**
607.06	21.69	828.97	935.24	906.73	216.75	184.98
44.70	13.84	127.15	108.50	28.31	49.87	4.62
242.95	31.61	235.87	234.07	764.58	47.58	21.88
6.57	10.55	73.40	115.63	32.55	7.25	9.72
19.17	11.89	194.55	187.05	34.32	9.03	15.55
27.82	4.48	38.37	67.49	8.92	2.25	0.65
27.57	15.25	153.52	107.46	77.24	19.25	5.26
43.95	15.53	39.62	39.75	46.08	9.99	9.69
61.58	2.29	106.84	49.73	103.42	6.53	19.94
9.43	9.38	135.18	100.43	47.63	8.18	7.03
2.32	5.43	36.98	33.27	5.54	8.11	3.25
120.97	0.62	52.86	36.30	136.10	0.73	1.31
50.96	30.66	79.97	61.26	75.74	26.33	11.84
17.08	6.61	75.11	70.43	27.02	0.61	8.41
24.64	24.27	65.60	71.37	37.74	8.93	7.42
8.56	11.78	64.64	31.47	48.97	5.21	5.72
28.97	16.75	70.35	71.74	53.48	5.68	10.72
3.87	0.19	33.42	17.15	17.12	4.42	2.48
	1.77	16.08	14.25	4.50	0.96	
0.79		6.81	4.78	2.82		
0.26	0.34	1.69	1.91	0.31		0.07
1.19	0.68	13.52	11.25	3.99	1.96	0.05
3.07	1.36	98.61	42.43	21.09	3.59	51.87
8.75	1.11	5.13	1.32	9.21	4.36	0.09
9.10	5.31	7.82	11.32	10.70	0.03	0.69
0.41	0.14	7.27	5.67	9.71	0.13	
		1.96	0.64	1.31		0.01
1.05	0.74	1.48	1.90	1.36		

15-14 各市建筑业企业负债合计(2014年)

单位：亿元

市(县) City(County)	负债合计 Total Liabilities	内资 Domestic Funded	港澳台商投资 Funded from Hong Kong, Macao and Taiwan	外商投资 Foreign Funded	公有制 Public-owned	非公有制 Non-public owned
全省 Total	**3669.53**	**3650.21**	**14.12**	**5.19**	**1199.60**	**2469.93**
省辖市 City						
郑州市 Zhengzhou	1542.69	1528.28	14.12	0.28	514.50	1028.19
开封市 Kaifeng	123.55	123.53		0.02	37.77	85.78
洛阳市 Luoyang	843.86	843.81		0.05	216.23	627.63
平顶山市 Pingdingshan	107.26	107.26			11.98	95.28
安阳市 Anyang	92.72	92.72			19.34	73.38
鹤壁市 Hebi	46.90	46.90			22.38	24.53
新乡市 Xinxiang	88.94	84.53		4.41	28.36	60.59
焦作市 Jiaozuo	63.94	63.51		0.42	44.27	19.66
濮阳市 Puyang	100.12	100.12			57.66	42.46
许昌市 Xuchang	109.55	109.55			9.29	100.26
漯河市 Luohe	25.21	25.21			3.71	21.50
三门峡市 Sanmenxia	115.20	115.20			87.29	27.91
南阳市 Nanyang	100.67	100.67			53.81	46.86
商丘市 Shangqiu	47.12	47.12			12.48	34.63
信阳市 Xinyang	58.80	58.80			25.38	33.42
周口市 Zhoukou	32.39	32.39			10.73	21.66
驻马店市 Zhumadian	69.39	69.39			24.55	44.83
济源市 Jiyuan	19.74	19.74			1.86	17.88
省直管县 Province Administrating County						
巩义市 Gongyi	8.22	8.22			1.23	6.99
兰考县 Lankao	2.31	2.31			0.49	1.82
汝州市 Ruzhou	0.61	0.61			0.20	0.40
滑县 Huaxian	7.36	7.36			0.63	6.73
长垣县 Changyuan	35.75	35.75			1.69	34.06
邓州市 Dengzhou	4.88	4.88			3.78	1.11
永城市 Yongcheng	12.54	12.54			9.39	3.15
固始县 Gushi	9.08	9.08			0.13	8.95
鹿邑县 Luyi						
新蔡县 Xincai	0.72	0.72			0.47	0.25

Total Liabilities of Construction Enterprises by City (2014)

(100 million yuan)

#国有控股 State-holding	#集体控股 Collective-holding	#私人控股 Private-holding	房屋建筑业 Floor Space	土木工程建筑业 Civil Engineering	建筑安装业 Building Installation	建筑装饰和其他建筑业 Building Decoration and Others
1053.67	**145.93**	**1177.12**	**1444.29**	**1816.87**	**275.98**	**132.39**
502.00	12.50	376.06	626.31	695.59	139.40	81.38
31.73	6.04	82.23	74.51	13.10	34.52	1.42
196.81	19.42	138.06	158.55	645.39	31.33	8.59
4.43	7.55	32.29	79.21	20.45	3.04	4.56
9.64	9.70	65.24	68.05	19.93	3.47	1.27
19.30	3.07	19.72	41.56	4.52	0.57	0.25
20.29	8.07	53.66	42.84	37.12	7.80	1.19
31.22	13.05	15.40	23.20	31.27	6.31	3.16
56.19	1.47	39.31	20.83	68.63	3.28	7.38
3.17	6.12	96.21	74.45	27.87	5.40	1.83
1.12	2.59	20.16	14.96	2.71	6.47	1.06
87.16	0.13	27.91	25.27	89.24	0.38	0.32
33.39	20.43	40.01	33.49	46.44	16.46	4.27
10.27	2.21	31.04	33.25	11.60	0.42	1.85
13.15	12.23	25.75	32.16	19.41	4.90	2.33
3.54	7.19	18.70	11.87	16.95	2.50	1.07
15.91	8.65	29.58	32.78	29.95	3.09	3.56
1.76	0.10	15.65	8.92	7.72	2.39	0.71
	1.23	5.72	4.85	2.73	0.64	
0.49		1.82	1.46	0.85		
0.15	0.05	0.40	0.39	0.20		0.02
0.39	0.24	5.67	5.14	1.21	1.01	0.01
1.34	0.35	28.61	21.27	7.36	1.49	5.63
3.61	0.17	1.11	0.08	3.71	1.04	0.05
6.36	3.03	2.67	4.98	7.08	0.01	0.48
0.06	0.07	3.89	3.61	5.40	0.07	
0.18	0.29	0.25	0.29	0.42		

15-15 各市建筑业企业工程结算收入(2014年)

单位：亿元

市(县)	City(County)	工程结算收入 Revenue of Project Settlement Accounts	内资 Domestic Funded	港澳台商投资 Funded from Hong Kong, Macao and Taiwan	外商投资 Foreign Funded	公有制 Public-owned	非公有制 Non-public owned
全省	**Total**	**7435.36**	**7431.33**	**1.50**	**2.53**	**1921.20**	**5514.15**
省辖市	**City**						
郑州市	Zhengzhou	2581.86	2579.88	1.50	0.48	641.71	1940.15
开封市	Kaifeng	203.65	203.52		0.13	71.66	131.99
洛阳市	Luoyang	1285.91	1285.77		0.13	324.97	960.94
平顶山市	Pingdingshan	120.21	120.21			13.37	106.84
安阳市	Anyang	527.30	527.30			31.77	495.53
鹤壁市	Hebi	48.52	48.52			10.65	37.87
新乡市	Xinxiang	294.48	293.48		0.99	39.48	255.00
焦作市	Jiaozuo	115.53	114.74		0.79	64.29	51.24
濮阳市	Puyang	223.36	223.36			60.27	163.09
许昌市	Xuchang	145.26	145.26			24.25	121.01
漯河市	Luohe	53.88	53.88			12.06	41.81
三门峡市	Sanmenxia	176.48	176.48			125.36	51.13
南阳市	Nanyang	247.61	247.61			91.85	155.76
商丘市	Shangqiu	228.50	228.50			65.52	162.98
信阳市	Xinyang	248.20	248.20			103.30	144.90
周口市	Zhoukou	302.16	302.16			61.28	240.88
驻马店市	Zhumadian	264.86	264.86			111.54	153.32
济源市	Jiyuan	35.99	35.99			3.64	32.34
省直管县	**Province Administrating County**						
巩义市	Gongyi	20.53	20.53			2.75	17.77
兰考县	Lankao	8.53	8.53			0.48	8.05
汝州市	Ruzhou	3.64	3.64			0.80	2.84
滑县	Huaxian	28.40	28.40			3.35	25.04
长垣县	Changyuan	119.19	119.19			5.33	113.86
邓州市	Dengzhou	30.78	30.78			20.43	10.35
永城市	Yongcheng	44.70	44.70			24.43	20.26
固始县	Gushi	37.99	37.99			0.97	37.03
鹿邑县	Luyi	26.85	26.85				26.85
新蔡县	Xincai	11.00	11.00			5.69	5.31

Revenue of Project Settlement Accounts of Construction Enterprises by City (2014)

(100 million yuan)

#国有控股 State-holding	#集体控股 Collective-holding	#私人控股 Private-holding	房屋建筑业 Floor Space	土木工程建筑业 Civil Engineering	建筑安装业 Building Installation	建筑装饰和其他建筑业 Building Decoration and Others
1507.65	**413.56**	**3813.63**	**3727.42**	**2815.22**	**487.73**	**404.98**
617.09	24.62	1214.66	1199.08	941.34	245.69	195.75
47.80	23.86	127.16	119.45	22.74	56.69	4.77
297.28	27.69	280.90	336.74	888.52	42.75	17.90
3.78	9.59	67.57	91.55	20.19	3.79	4.67
22.06	9.70	447.00	484.07	27.81	11.94	3.48
7.58	3.07	30.19	40.06	6.60	1.31	0.55
18.25	21.23	246.63	208.04	60.00	19.52	6.92
53.46	10.83	44.04	46.71	53.71	6.94	8.17
57.93	2.34	149.88	93.82	101.22	10.46	17.85
8.59	15.65	90.91	94.62	35.15	7.45	8.04
2.62	9.45	34.74	42.92	6.08	2.45	2.43
124.10	1.26	51.13	27.19	147.96	0.72	0.62
49.69	42.16	132.88	133.65	82.02	23.22	8.72
46.60	18.92	150.87	167.47	48.95	0.51	11.57
50.13	53.17	133.53	164.51	60.81	11.76	11.12
10.94	50.34	223.88	150.14	121.04	16.83	14.14
48.06	63.48	117.26	143.90	89.08	10.28	21.60
3.57	0.07	29.54	20.34	11.35	2.55	1.75
	2.75	16.14	17.28	2.91	0.33	
0.48		8.05	5.17	3.37		
0.13	0.67	2.84	3.44	0.17		0.03
2.26	1.10	22.90	18.83	7.17	2.32	0.07
3.20	2.13	99.14	37.51	14.67	3.65	63.35
16.94	3.49	10.35	6.86	17.38	6.46	0.08
10.72	13.71	19.94	31.06	12.48		1.15
0.86	0.11	29.33	25.31	12.59	0.10	
		26.85	12.55	14.03		0.27
3.52	2.17	5.31	5.12	5.88		

15-16 各市建筑业企业利润总额(2014年)

单位：万元

市(县) City(County)	利润总额 Total Profits	内资 Domestic Funded	港澳台商投资 Funded from Hong Kong, Macao and Taiwan	外商投资 Foreign Funded	公有制 Public-owned	非公有制 Non-public owned
全 省 Total	**3218893**	**3214881**	**888**	**3123**	**643974**	**2574919**
省 辖 市 City						
郑 州 市 Zhengzhou	892177	891403	888	-114	86915	805262
开 封 市 Kaifeng	101758	101762		-4	30093	71665
洛 阳 市 Luoyang	217403	217445		-41	63477	153926
平 顶 山 市 Pingdingshan	62069	62069			5220	56849
安 阳 市 Anyang	213906	213906			20325	193582
鹤 壁 市 Hebi	19667	19667			2659	17008
新 乡 市 Xinxiang	201118	197951		3167	29025	172093
焦 作 市 Jiaozuo	40484	40368		116	11515	28969
濮 阳 市 Puyang	83855	83855			-4937	88791
许 昌 市 Xuchang	92927	92927			22710	70218
漯 河 市 Luohe	28889	28889			6559	22330
三 门 峡 市 Sanmenxia	89576	89576			59482	30094
南 阳 市 Nanyang	120876	120876			42239	78637
商 丘 市 Shangqiu	143851	143851			32168	111682
信 阳 市 Xinyang	174082	174082			75884	98198
周 口 市 Zhoukou	238401	238401			62989	175412
驻 马 店 市 Zhumadian	194177	194177			46284	147893
济 源 市 Jiyuan	17015	17015			2294	14721
省 直 管 县 Province Administrating County						
巩 义 市 Gongyi	18250	18250			435	17816
兰 考 县 Lankao	13206	13206			621	12585
汝 州 市 Ruzhou	2877	2877			565	2312
滑 县 Huaxian	12906	12906			910	11997
长 垣 县 Changyuan	122973	122973			4521	118452
邓 州 市 Dengzhou	27175	27175			15840	11335
永 城 市 Yongcheng	31765	31765			16673	15092
固 始 县 Gushi	22380	22380			937	21443
鹿 邑 县 Luyi	14607	14607				14607
新 蔡 县 Xincai	20525	20525			8575	11950

Total Profits of Construction Enterprises by City (2014)

(10 000 yuan)

#国有控股 State-holding	#集体控股 Collective-holding	#私人控股 Private-holding	房屋建筑业 Floor Space	土木工程建筑业 Civil Engineering	建筑安装业 Building Installation	建筑装饰和其他建筑业 Building Decoration and Others
393412	**250562**	**2176570**	**1665447**	**931832**	**245627**	**375987**
80950	5965	636033	453340	187528	89561	161749
20511	9582	69472	53160	16007	28471	4120
49206	14271	87370	76086	111290	17366	12662
3100	2121	46018	42840	13183	3184	2862
17101	3224	182861	184553	13033	15078	1242
371	2287	13443	15509	3461	240	458
11351	17674	164796	115022	65428	13373	7295
4019	7496	27759	17127	9785	7824	5747
-5048	111	85531	50176	15180	5097	13402
9368	13342	43396	52613	27322	4976	8017
2357	4201	17933	20428	4463	2059	1940
59035	446	30094	9912	79295	58	311
22744	19495	63040	50717	45262	14633	10263
18701	13468	105542	98688	37632	271	7260
43182	32702	93652	96102	58861	8841	10279
6731	56258	164457	110836	99700	12194	15671
16076	30209	120844	83039	62130	9780	39228
2376	-82	12885	5900	7816	1931	1368
	435	17552	17376	858	16	
621		12585	9983	3222		
2	562	2312	2765	112		
430	480	11327	9463	2063	1354	26
630	3892	101388	33298	15071	4384	70221
14377	1463	11335	7749	14484	4727	215
6383	10290	14946	21539	8677	44	1506
869	68	13444	12066	10147	167	
		14607	4082	10378		147
7971	604	11950	11080	9444		

15−17 各市建筑业企业利税总额(2014年)

单位：万元

市(县) City(County)	利税总额 Total Pre-tax Profits	内资 Domestic Funded	港澳台商投资 Funded from Hong Kong, Macao and Taiwan	外商投资 Foreign Funded	公有制 Public-owned	非公有制 Non-public owned
全省 Total	**5972587**	**5967236**	**1366**	**3986**	**1334422**	**4638165**
省辖市 City						
郑州市 Zhengzhou	1747851	1746389	1366	96	277309	1470542
开封市 Kaifeng	174210	174170	-20	40	52018	122191
洛阳市 Luoyang	603274	603294		-20	145475	457799
平顶山市 Pingdingshan	108247	108247			10646	97601
安阳市 Anyang	415905	415905			31814	384092
鹤壁市 Hebi	37903	37903			5833	32070
新乡市 Xinxiang	319120	315610		3510	46906	272214
焦作市 Jiaozuo	75926	75566		361	27498	48428
濮阳市 Puyang	161124	161124			6197	154927
许昌市 Xuchang	156975	156975			34856	122119
漯河市 Luohe	52891	52891			12029	40862
三门峡市 Sanmenxia	144746	144746			94208	50538
南阳市 Nanyang	236195	236195			83170	153025
商丘市 Shangqiu	236755	236755			61721	175034
信阳市 Xinyang	320301	320301			148367	171934
周口市 Zhoukou	399796	399796			101189	298608
驻马店市 Zhumadian	331019	331019			111242	219777
济源市 Jiyuan	30530	30530			4586	25944
省直管县 Province Administrating County						
巩义市 Gongyi	26478	26478			1397	25081
兰考县 Lankao	19003	19003			799	18204
汝州市 Ruzhou	4450	4450			1023	3427
滑县 Huaxian	23385	23385			2195	21190
长垣县 Changyuan	171525	171525			6955	164570
邓州市 Dengzhou	44021	44021			27259	16762
永城市 Yongcheng	47592	47592			25272	22320
固始县 Gushi	33663	33663			1300	32363
鹿邑县 Luyi	22798	22798				22798
新蔡县 Xincai	26904	26904			13156	13748

Total Pre-tax Profits of Construction Enterprises by City (2014)

(10 000 yuan)

#国有控股 State-holding	#集体控股 Collective-holding	#私人控股 Private-holding	房屋建筑业 Floor Space	土木工程建筑业 Civil Engineering	建筑安装业 Building Installation	建筑装饰和其他建筑业 Building Decoration and Others
868679	**465743**	**3691109**	**3134001**	**1885600**	**412618**	**540369**
258438	18871	1074422	867790	491407	157497	231157
34273	17746	118608	99014	23955	45425	5815
119322	26153	189403	186789	365106	32140	19239
4460	6187	71763	77066	21640	4529	5013
25679	6135	356662	367489	25677	20172	2567
2704	3129	25710	30005	5635	1490	773
19076	27830	261073	199643	88853	19966	10658
15746	11752	44551	35009	21590	10224	9103
5420	777	146987	89525	43000	8858	19741
12262	22594	77255	96763	40100	7061	13052
3398	8631	32839	39651	6953	3191	3097
93337	871	50538	21738	122029	321	658
49119	34050	129117	108352	82225	30040	15577
42322	19399	164033	158985	65493	457	11820
70470	77897	159289	182858	106841	14187	16415
10492	90697	280809	201238	152534	19970	26056
49068	62174	177761	165825	99410	17200	48584
4627	-41	23251	12060	13447	2761	2262
	1397	23823	24705	1697	77	
799		18204	14307	4696		
45	978	3427	4228	211		11
1183	1012	19789	16570	4695	2068	52
2420	4536	142191	48701	20703	5786	96335
23263	3996	16762	11267	23584	8914	257
10144	15128	22066	32662	12997	50	1883
1164	136	24232	21156	12270	237	
		22798	7749	14805		245
9449	3707	13748	12857	14047		

主要统计指标解释

建筑业统计单位 指从事房屋、构筑物建造和设备安装活动的法人企业。建筑业法人企业应同时具备的条件是：① 依法成立，有自己的名称、组织机构和场所，能够承担民事责任；②独立拥有和使用资产，承担负债，有权与其他单位签订合同；③独立核算盈亏，能够编制资产负债表。

建筑业总产值 是以货币形式表现的建筑业企业在一定时期内生产的建筑业产品和提供的服务的总和。建筑业总产值包括：

（1）建筑工程产值：指列入建筑工程预算内的各种工程价值。

（2）安装工程产值：指设备安装工程价值，不包括被安装设备本身的价值。

（3）其他产值：建筑业总产值中除建筑工程、安装工程以外的产值。包括房屋构筑物修理产值、非标准设备制造产值、总包企业向分包企业收取的管理费以及不能明确划分的施工活动所完成的产值。

a. 房屋构筑物修理产值：指房屋和构筑物修理所完成的产值，但不包括被修理房屋、构筑物本身价值和生产设备的修理产值。

b. 非标准设备制造产值：指加工制造没有定型的非标准生产设备的加工费和原材料价值(如化工厂、炼油厂用的各种罐、槽，矿井生产统一使用的各种漏斗、三角槽、阀门等)以及附属加工厂为本企业承建工程制作的非标准设备的价值。

房屋建筑施工面积 指在报告期内施工的全部房屋建筑面积，包括本期新开工的房屋面积、上期施工跨入本期继续施工的房屋面积、上期停缓建在本期恢复施工的房屋面积、本期竣工的房屋面积及本期施工后又停缓建的房屋面积。

房屋建筑竣工面积 指在报告期内房屋建筑按照设计要求全部完工，达到了住人和使用条件，经验收鉴定合格，正式移交使用单位的房屋建筑面积。

自有机械设备年末总台数 指归本企业所有，属于本企业固定资产的生产性机械设备年末总台数。包括施工机械、生产设备、运输设备以及其他设备。

自有机械设备年末总功率 指本企业自有施工机械、生产设备、运输设备以及其他设备等列为在册固定资产的生产性机械设备年末总功率，按设定能力或查定能力计算。包括机械本身的动力和为该机械服务的单独动力设备，如电动机等。计算单位用千瓦，动力换算可按 1 马力＝0.735 千瓦折合成千瓦数。电焊机、变压器、锅炉不计算动力。

工程结算收入 指企业承包工程实现的工程价款结算收入，以及向发包单位收取的除工程价款以外的按规定列作营业收入的各种款项，如临时设施费、劳动保险费、施工机械调迁费等以及向发包单位收取的各种索赔款。

工程结算利润 指已结算工程实现的利润，如亏损以“－”号表示。计算公式为：

工程结算利润＝工程结算收入－工程结算成本－工程结算税金及附加-经营费用

Explanatory Notes on Main Statistical Indicators

Statistical Unit in Construction refers to corporate enterprise engaged in the construction of buildings and structures and in the installation of equipment. A corporate construction enterprise should meet the following 3 requirements:①being set up in line with relevant legal basis, having its full name, organization and location, and capable of taking civil liabilities;②independently possessing and using its assets and assuming its liabilities, and entitled to sign contracts with other institutions; and ③ making independent accounts of its profits and losses, and capable of compiling its own balance sheet

Gross Output Value of Construction refers to total of construction products and services, expressed in money terms, produced or rendered by construction and installation enterprises during a given period of time. It includes:

(1) Output value of construction projects: the value of projects covered by the project budgets;

(2) Output value of installation projects: the value of the installation of equipment, (excluding the value of the equipment to be installed);

(3) Other output values: the output value of construction industry apart from that of construction projects and installation projects. It includes: output value of repair of buildings and structures; output value of non-standard equipment manufacturing; overhead expenses received by contracted enterprises from the sub-contracted enterprises and the completed output value of construction activities for which there is no clear definition.

a. Output value of repair of buildings and structures: the value created through the repairs of buildings or structures. It does not include the value of buildings or structures being repaired and the value of the repair of production equipment;

b. Output value of manufactured non-standard equipment: the value of non-standard production equipment, including raw materials and manufacturing cost, made for the construction project (i.e., chemical plant; kettles or tanks used by refineries; various fillers, triangle tanks, valves used by mines). It also includes the output value of equipment manufactured by subsidiary workshops.

Floor Space of Buildings Under Construction refers to floor space of buildings under construction during the reference period, including newly started buildings, buildings started earlier and continued during the reference period, and buildings suspended earlier but restarted during the reference period, buildings completed during the reference period, and buildings under construction and then suspended during the reference period.

Floor Space of Buildings Completed refers to the floor space of buildings that are completed in the reference period in accordance with the requirements of the design, up to the standard for putting them into use, and have been checked and accepted by concerned departments as qualified ones.

Total Number of Machinery and Equipment Owned by the End of Year refers to the number of machines and equipment owned by the enterprises, and listed as the fixed assets of the enterprises by the end of the year, including machinery and equipment for construction, production and transportation.

Total Power of Machinery and Equipment Owned by the End of Year refers to the total power of machinery and equipment owned by the enterprises, and listed as the fixed assets of the enterprises by the end of the year, including machinery and equipment for construction, production and transportation. The power of the machinery is calculated on basis of the designed or verified capacity, covering the power of the machinery/equipment and the separate power equipment serving the machinery/equipment (such as electric motors), but excluding welders, transformers and boilers. The unit used for the calculation of power is kilowatt, with horsepower converted to kilowatt by 1 horsepower=0.735 kilowatt.

Income from Settlement of Projects refers to the income received by the construction enterprise from the contracted project through settlement procedures, and other charges of Operating income in addition to the value of the project, such as temporary facility fee, labour insurance premium, moving cost of construction equipment, as well as various types of claims to the contract.

Profit from Settlement of Projects refers to profit realized through settled projects. It is calculated with the following formula: Profit from Settlement of Projects＝Income from Settlement of Projects－Settled Cost－Settled Taxes and Other Cost- Operating expenses

房地产业
Real Estate

16

资料整理：朱丽玲

简要说明

一、主要内容

本篇包括房地产开发企业单位数、从业人数、主要财务指标以及房地产开发与经营活动的规模、结构及资金来源等资料。

二、统计范围

房地产开发统计范围包括：各种登记注册类型的房地产开发公司、商品房建设公司及其他房地产开发单位统一开发（包括统代建，拆迁还建）的各种房屋建筑物和配套的服务设施、土地开发工程，如道路、给水、排水、供电、供热、通讯、平整场地等基础设施工程，还包括实际从事房地产开发或经营活动的附营房地产开发单位。凡从事房地产开发与经营活动的单位，均按单位进行统计。

房地产开发企业数据，暂不包括物业管理、房地产中介服务、其它房地产活动法人单位数据。

三、资料来源

本篇资料由河南省统计局固定资产投资统计处编辑整理。

Brief Introduction

I. Main Contents

Statistics in this chapter include the unit, employment, and main financial indicators of real estate, the Size, structure and funding sources of real estate development and operation.

II. Scope of Statistics

Data on Scope of real estate development enterprises refer to various types of registration companies, commercial building companies, various of housing services to buildings and ancillary facilities built by real estate development companies, such as roads, water supply, drainage, electricity, heating, communications, site formation works and other infrastructure, and data also including subsidiary real estate development business unit which actually engaged in real estate development or business activities.

Data in this chapter are except property management, real estate intermediary services and other real estate activities.

III. Sources of Data

Data in this chapter are provided by the Department of investment in fixed assets of the Henan provincial Bureau of Statistics.

16-1 房地产开发企业主要指标

Main Indicators of Enterprises for Real Estate Development

年份 Year	企业个数 (个) Number of Enterprises (unit)	本年完成投资额 (亿元) Investment Completed This Year (100 million yuan)	#住宅 Residential Buildings	房屋建筑面积竣工率 (%) Rate of Floor Space of Buildings Completed (%)	商品房销售面积 (万平方米) Floor Space of Selling House (10 000 sq.m)	#住宅 Residential Buildings	商品房销售额 (亿元) Sales of Selling House (100 million yuan)	#住宅 Residential Buildings
1990		3.43	2.80					
1991		4.07	3.25	42.2	83.16		2.99	
1992		8.78	6.27	35.1	103.36		4.83	
1993		25.27		31.2	100.20		6.41	
1994	896	49.61	35.22	39.3	225.04	198.19	16.43	9.58
1995	880	62.56	39.38	64.0	660.29	484.53	26.14	20.86
1996	731	54.84	30.49	37.1	255.82	215.27	22.75	18.55
1997	509	51.75	27.15	35.5	220.49	201.65	20.26	17.69
1998	655	58.10	32.09	33.3	279.61	262.94	27.32	24.70
1999	677	70.41	42.94	33.2	297.10	275.28	30.37	26.41
2000	1020	77.87	50.37	36.0	509.21	438.41	64.18	50.51
2001	938	102.84	75.87	32.6	529.21	483.77	65.59	56.55
2002	1108	138.36	101.31	35.9	639.94	584.74	88.29	75.50
2003	1430	185.56	135.10	31.3	862.71	795.78	120.75	103.60
2004	1774	258.82	174.81	28.8	1055.37	948.61	165.91	136.76
2005	1906	388.52	271.62	28.0	1724.82	1539.60	322.01	255.37
2006	2100	581.95	432.64	24.0	2409.33	2190.99	484.72	403.72
2007	2586	837.11	639.08	26.4	3928.04	3569.18	885.16	742.83
2008	4146	1206.71	970.86	21.8	3191.98	2943.36	746.46	629.40
2009	3798	1553.76	1235.21	21.2	4336.90	4019.26	1156.22	1005.21
2010	4176	2114.08	1685.21	21.7	5452.23	5092.49	1658.79	1454.57
2011	4963	2626.54	2021.19	21.8	6275.16	5725.12	2196.81	1788.04
2012	5316	3035.29	2203.06	19.9	5968.49	5455.50	2286.67	1915.57
2013	5438	3843.76	2827.09	16.6	7310.21	6561.41	3074.14	2516.26
2014	5662	4375.71	3289.20	18.8	7879.67	7009.09	3440.58	2739.71

注：商品房销售面积、销售额2005年开始采用新口径，与以前不可比，新口径包括期房销售和现房销售。(下同)

a)Figures on Floor Space and Sales of selling House are Accounted in New Caliber in 2005, So they are different from former years. New Caliber Include marketable housing and futures marketable housing (the same as following tables).

16-4 各市房地产开发企业从业人员(2014年)

Number of Employed Persons in Enterprises for Real Estate Development (2014)

单位：人 (person)

市(县) City(County)	从业人员 Number of Employed Persons	一级 First Class	二级 Second Class	三级 Third Class	四级 Fourth Class	暂定 Provisional	其他 Others
全　　省 Total	**173215**	**6198**	**31031**	**26548**	**13846**	**86207**	**9385**
省　辖　市 City							
郑　州　市 Zhengzhou	37326	2634	9231	4798	455	19215	993
开　封　市 Kaifeng	7629		342	559	353	5573	802
洛　阳　市 Luoyang	14122	873	3191	3126	1678	4901	353
平　顶　山　市 Pingdingshan	9752	405	1473	1446	763	3898	1767
安　阳　市 Anyang	9501	233	1587	1349	387	5202	743
鹤　壁　市 Hebi	3172		197	356	626	1938	55
新　乡　市 Xinxiang	10858		2659	1756	371	5670	402
焦　作　市 Jiaozuo	5672	293	936	1109	433	2709	192
濮　阳　市 Puyang	4587	60	1146	965	192	1944	280
许　昌　市 Xuchang	7553	147	1958	1495	651	3152	150
漯　河　市 Luohe	3242	251	625	571	380	1298	117
三　门　峡　市 Sanmenxia	3554		224	704	849	1630	147
南　阳　市 Nanyang	11659	781	2018	2211	2279	4204	166
商　丘　市 Shangqiu	14205	168	1414	1532	100	9113	1878
信　阳　市 Xinyang	11446	155	1901	2207	2422	4619	142
周　口　市 Zhoukou	6127		602	664	417	4187	257
驻　马　店　市 Zhumadian	11324	198	1034	1334	1415	6412	931
济　源　市 Jiyuan	1486		493	366	75	542	10
省　直　管　县 Province Administrating County							
巩　义　市 Gongyi	631		69	83	12	459	8
兰　考　县 Lankao	1639					1115	524
汝　州　市 Ruzhou	747		217	43		487	
滑　　县 Huaxian	815	36	208	42	34	369	126
长　垣　县 Changyuan	1724		948	46	35	689	6
邓　州　市 Dengzhou	1054		20	169	203	524	138
永　城　市 Yongcheng	1328		122	34		1172	
固　始　县 Gushi	2031		1197	100	299	435	
鹿　邑　县 Luyi	650			64	50	525	11
新　蔡　县 Xincai	516					475	41

16-5 房地产开发投资额

Completed Investment in Real Estate Development

单位：亿元 (100 million yuan)

项　　目	Item	2005	2010	2012	2013	2014
投资总额	**Total Investment**	**388.52**	**2114.08**	**3035.29**	**3843.76**	**4375.71**
#国有控股	State-holding		100.87	193.56	292.53	359.98
集体控股	Collective-holding		153.07	119.33	114.01	113.43
私人控股	Private-holding		1618.75	2279.02	2809.27	3138.71
港澳台控股	Hong Kong, Macao and Taiwan-holding		46.97	55.08	59.10	56.26
外资控股	Foreign-holding		59.62	58.39	47.67	32.80
按构成分	**Grouped by Use of Composition**					
建筑、安装工程	Construction and Installation	283.87	1657.06	2397.41	3132.97	3704.57
设备、工器具购置	Purchase of Equipment and Instruments	2.84	25.34	44.27	57.26	87.05
其他费用	Others	101.81	431.68	593.61	653.53	584.10
#土地购置费	Total Value of Land Purchased	74.81	293.23	307.36	391.70	352.80
按工程用途分	**By Use of Projects**					
住宅	Residential Buildings	271.62	1685.21	2203.06	2827.09	3289.20
#144平方米以上	Over 144 sq.m		253.23	302.78	352.01	375.65
90平方米以下	Under 90 sq.m		422.33	676.46	857.86	1028.50
办公楼	Office Buildings	14.05	56.74	136.35	175.40	198.84
商业营业用房	Houses for Bussiness Use	67.79	192.77	319.39	442.10	531.22
其他	Other	35.06	179.36	376.49	399.17	356.46
新增固定资产	**Newly Increased Fixed Assets**	**189.47**	**861.63**	**1602.45**	**1572.90**	**2008.37**
资金来源	**Source of Funds**	**388.52**	**2114.08**	**3455.04**	**4402.70**	**4688.97**
国内贷款	Domestic Loans	60.75	209.37	321.09	387.13	527.01
利用外资	Foreign Investment	2.10	1.51	1.13	5.40	0.67
#外商直接投资	Foreign Direct Investment	1.45	1.46	1.03	0.27	0.67
自筹资金	Self-raising Funds	180.91	1144.53	1920.72	2472.67	2601.55
其他资金	Others	144.76	758.67	1212.10	1537.51	1559.74

注：2011年以前资金来源是按完成投资分，2011年以后是企业到位资金。
a) Data of source fo funds before 2011 refers to completed investment,and data since 2011 refers to funds available.

16-6 房地产开发企业(单位)建设房屋建筑面积和造价
Floor Space and Cost of Buildings Developed by Enterprises for Real Estate Development

市(县) City(County)	施工房屋面积(万平方米) Floor Space Under Construction (10 000 sq.m)	竣工房屋面积(万平方米) Floor Space Completed (10 000 sq.m)	房屋建筑面积竣工率(%) Rate of Floor Space of Buildings Completed(%)	竣工房屋价值(亿元) Value of Buildings Completed(100 million yuan)	竣工房屋造价(元/平方米) Cost of Buildings Completed (yuan/sq.m)
1997	1042.19	370.26	35.5	32.10	867
1998	1175.96	392.03	33.3	28.41	725
1999	1339.60	444.87	33.2	34.05	765
2000	1657.53	597.21	36.0	40.49	678
2001	1976.84	644.40	32.6	45.74	710
2002	2484.01	892.32	35.9	67.83	760
2003	3210.26	1005.52	31.3	86.33	859
2004	3940.64	1135.32	28.8	100.94	889
2005	4902.98	1370.94	28.0	144.72	1056
2006	7017.17	1681.42	24.0	184.87	1099
2007	10550.90	2785.48	26.4	326.78	1173
2008	13906.18	3026.04	21.8	403.95	1335
2009	16074.35	3400.98	21.2	434.30	1277
2010	20393.98	4426.94	21.7	630.25	1424
2011	25343.32	5527.42	21.8	923.85	1671
2012	29559.36	5870.54	19.9	1059.08	1804
2013	35979.33	5965.87	16.6	1117.83	1874
2014	38857.60	7324.34	18.8	1417.52	1935
省辖市 City					
郑州市 Zhengzhou	10574.15	1889.36	17.9	428.41	2267
开封市 Kaifeng	1459.84	236.11	16.2	48.77	2066
洛阳市 Luoyang	4481.45	576.21	12.9	119.00	2065
平顶山市 Pingdingshan	1907.37	361.41	18.9	67.59	1870
安阳市 Anyang	2297.18	406.25	17.7	89.70	2208
鹤壁市 Hebi	706.94	116.37	16.5	22.70	1951
新乡市 Xinxiang	2463.36	448.46	18.2	81.31	1813
焦作市 Jiaozuo	948.68	144.88	15.3	33.72	2328
濮阳市 Puyang	830.58	107.92	13.0	25.42	2356
许昌市 Xuchang	1401.96	224.27	16.0	51.19	2282
漯河市 Luohe	494.95	75.39	15.2	20.59	2731
三门峡市 Sanmenxia	854.35	82.95	9.7	19.48	2348
南阳市 Nanyang	2373.99	446.21	18.8	78.32	1755
商丘市 Shangqiu	2253.40	442.02	19.6	65.53	1483
信阳市 Xinyang	2000.36	489.74	24.5	83.12	1697
周口市 Zhoukou	1025.28	408.36	39.8	46.34	1135
驻马店市 Zhumadian	2286.43	739.53	32.3	111.21	1504
济源市 Jiyuan	497.32	128.89	25.9	25.11	1948
省直管县 Province Administrating County					
巩义市 Gongyi	287.89	111.16	38.6	24.98	2247
兰考县 Lankao	78.19	14.50	18.5	1.87	1287
汝州市 Ruzhou	111.71	12.44	11.1	1.71	1376
滑县 Huaxian	204.04	24.07	11.8	3.70	1536
长垣县 Changyuan	317.75	28.05	8.8	5.36	1910
邓州市 Dengzhou	112.90	12.96	11.5	3.01	2325
永城市 Yongcheng	472.14	3.03	0.6	0.60	1971
固始县 Gushi	333.86	71.99	21.6	13.38	1859
鹿邑县 Luyi	78.98	3.71	4.7	0.48	1300
新蔡县 Xincai	226.89	93.21	41.1	8.61	924

16－7　房地产开发企业开发情况

Operating Statistics of Enterprises for Real Estate Development

项　目	Item	2005	2010	2012	2013	2014
本年购置土地面积	Land Space Purchased This year					
（万平方米）	(10 000sq.m)	2015.82	2864.32	1742.63	1501.56	1116.16
本年待开发的土地面积	Land Space Needed to Development					
（万平方米）	This year(10 000sq.m)	763.50	1209.47	1318.72	1309.60	1343.57
房屋建筑面积(万平方米)	Floor Space of Building Construction (10 000 sq.m)					
施工面积	Floor Space Under Construction	4902.98	20393.98	29559.36	35979.33	38857.60
#住宅	Residential Buildings	3895.44	16901.99	23466.99	28113.59	29831.26
竣工面积	Floor Space Completed	1370.94	4426.94	5870.54	5965.87	7324.34
#住宅	Residential Buildings	1151.39	3852.60	4888.17	4916.31	5767.18
房屋竣工价值(亿元)	Value of Buildings Completed (100 million yuan)	144.72	630.25	1059.08	1117.83	1417.52
房屋竣工造价	Cost of Buildings Completed					
（元/平方米）	(yuan/sq.m)	1056	1424	1804	1874	1935
商品房屋销售建筑面积	Floor Space of Selling House					
（万平方米）	(10 000 sq.m)	1724.82	5452.23	5968.49	7310.21	7879.67
现房销售面积	Sale Space of marketable housing	791.21	1910.83	2179.25	2547.91	2890.93
期房销售面积	Sale Space of futures marketable housing	933.61	3541.40	3789.24	4762.30	4988.73
商品房屋销售额(亿元)	Total Sales of Commerical Houses (100 million yuan)	322.01	1658.79	2286.67	3074.14	3440.58
现房销售额	Sale of marketable housing	128.95	438.82	646.01	837.71	1072.06
期房销售额	Sale of futures marketable housing	193.06	1219.97	1640.65	2236.43	2368.52
商品住宅销售套数(万套)	Total Flats Saled of Residential Buildeins (10 000 sets)		45.93	48.93	58.38	62.48
现房销售套数	Sale of marketable housing		14.92	16.44	19.32	21.95
期房销售套数	Sale of futures marketable housing		31.01	32.49	39.07	40.53
商品房待售面积(万平方米)	Area of Land Lying Idle (10 000 sq.m)	307.30	1161.14	2453.46	2716.66	3694.06

16−8 房地产开发企业施工、销售和待售情况(2014年)

项目	Item	合计 Total	住宅 Commercially Residential Buildings	#90平方米以下 Under 90 sq.m
房屋施工面积(万平方米)	Floor Space of Buildings under Construction (10 000 sq.m)	38857.60	29831.26	7917.42
#新开工	Started This Year	10586.54	8079.35	2006.54
房屋竣工面积(万平方米)	Floor Space of Buildings Completed (10 000 sq.m)	7324.34	5767.18	1392.98
#不可销售面积	Floor Space Cannot be Solded	599.63	281.24	200.51
住宅竣工套数(万套)	Total Flats of Residential Buildings Completed (10 000 sets)	52.09	20.40	18.09
竣工房屋价值(亿元)	Value of Buildings Completed (100 million yuan)	1417.52	1096.18	291.65
批准预售面积(万平方米)	Approval to open to Booking Area(10 000 sq.m)	5496.15	4742.49	930.03
批准预售住宅套数(套)	Approval to open to Booking Residence (set)		42.14	11.64
出租房屋面积(万平方米)	Space of Buildings Leased (10 000 sq.m)	80.66	1.62	1.28
商品房销售面积(万平方米)	Floor Space Sold (10 000 sq.m)	7879.67	7009.09	1492.55
现房销售	Sale of marketable housing	2890.93	2528.53	458.08
期房销售	Sale of futures marketable housing	4988.73	4480.56	1034.47
商品房销售额(亿元)	Total Sale of Commercial Buildings (100 million yuan)	3440.58	2739.71	664.51
现房销售	Sale of marketable housing	1072.06	815.52	155.15
期房销售	Sale of futures marketable housing	2368.52	1924.19	509.35
商品住宅销售套数(万套)	Total Flats Saled of Residential Buildings (10 000 sets)		62.48	18.54
现房销售	Sale of marketable housing		21.95	5.63
期房销售	Sale of futures marketable housing		40.53	12.91
商品房待售面积(万平方米)	Floor Space of Buildings Emptied(10 000 sq.m)	3694.06	2875.05	511.75
#待售1−3年	1-3Years Emptied	1274.30	945.02	207.08
待售3年以上	Over 3 Years Emptied	36.84	16.26	3.77

Situation of Construction, Sale and Buildings Emptied of Real Estate Enterprises (2014)

#144平方米以上 Over 144sq.m	#别墅、高档公寓 Villas, Highgrade Apartments	办公楼 Office Buildings	商业营用房 House for Business Use	其 他 Others
3868.24	257.48	1489.02	4220.45	3316.87
924.52	81.39	342.33	1291.23	873.63
942.55	17.63	228.49	652.77	675.91
11.23		23.07	46.95	248.37
36.70	5.64	11.00	0.12	14.20
182.15	4.43	40.75	139.78	140.81
604.10	43.89	107.89	541.72	104.05
3.47	0.35			
		0.14	69.16	9.74
1016.57	32.72	181.67	554.60	134.30
424.26	4.39	41.38	243.32	77.70
592.31	28.34	140.29	311.28	56.61
454.02	29.58	164.40	437.64	98.83
141.59	3.00	27.51	163.73	65.31
312.43	26.58	136.89	273.91	33.53
6.07	0.19			
2.59	0.02			
3.48	0.16			
561.86	16.26	78.49	531.12	209.40
181.20	5.48	29.48	225.01	74.80
6.77		2.80	9.03	8.74

16-17 房地产开发企业(单位)财务状况

Financial Conditions of Enterprises for Real Estate Development

单位：万元 (10 000 yuan)

年份 Year	实收资本合计 Total Capital Hold	资产总计 Total Assets	累计折旧 Total Depreciation	#本年折旧 Depriciation This Year	负债总计 Total Liabilities	所有者权益 Owners' Equity	资产负债率(%) Assets Liabilities Ration
1995		1764785	14267	5342	1279978	484807	72.5
1996	551806	1807658	26520	7591	1387989	419669	76.8
1997	406745	1740105	19949	7588	1447544	292561	83.2
1998	505463	2280437	30805	8592	1910905	369532	83.8
1999	510523	2173758	36403	10014	1753236	420520	80.7
2000	817805	3018825	56674	12183	2338003	680822	77.4
2001	945883	3442486	63638	15519	2604287	838199	75.7
2002	1150354	4595641	85859	17913	3481164	1114477	75.7
2003	1455042	5510446	102740	19951	4038378	1472068	73.3
2004	2202011	8276947	129627	29240	5938250	2338698	71.7
2005	2318891	9784926	143625	29277	6816474	2968452	69.7
2006	3014227	12757587	186086	48428	8971739	3785848	70.3
2007	4432599	19659483	230093	45495	13732874	5926609	69.9
2008	6637409	26964335	304507	73239	17873731	9090604	66.3
2009	7364502	33620940	378972	80626	22812498	10808442	67.9
2010	8508683	45243820	493246	114146	32685619	12558201	72.2
2011	11222136	65168658	585018	136696	48594182	16574476	74.6
2012	13021039	86412935	688028	144209	66347192	20065743	76.8
2013	17606463	118597788	946125	228537	92631519	25966268	78.1
2014	18176192	149779271	998051	250516	119599889	30179382	79.8
省辖市 City							
郑州市 Zhengzhou	6822120	69710655	437568	94492	56915221	12795434	81.6
开封市 Kaifeng	639018	4486671	23957	7221	3635889	850782	81.0
洛阳市 Luoyang	2041427	17439864	99723	27013	13283498	4156366	76.2
平顶山市 Pingdingshan	1085640	5649578	54194	12197	4406687	1242892	78.0
安阳市 Anyang	728824	6137750	24537	6024	5104058	1033692	83.2
鹤壁市 Hebi	275574	2201938	10364	3424	1850626	351311	84.0
新乡市 Xinxiang	1077842	7129007	57057	11449	5434106	1694901	76.2
焦作市 Jiaozuo	480221	3517862	15133	5552	2898895	618967	82.4
濮阳市 Puyang	398312	3059724	14788	4596	2662372	397351	87.0
许昌市 Xuchang	787641	5583566	33335	9129	4439524	1144042	79.5
漯河市 Luohe	206154	2110743	15517	5625	1749283	361460	82.9
三门峡市 Sanmenxia	324110	2325373	12425	3513	1902980	422393	81.8
南阳市 Nanyang	941094	5990537	54901	16233	4699543	1290993	78.4
商丘市 Shangqiu	648140	3675870	22207	8144	2705959	969911	73.6
信阳市 Xinyang	613969	4235649	34624	12477	3183364	1052285	75.2
周口市 Zhoukou	342340	2185411	52137	14295	1584556	600856	72.5
驻马店市 Zhumadian	552327	3180444	23447	7405	2273777	906667	71.5
济源市 Jiyuan	211440	1158630	12137	1731	869550	289081	75.0
省直管县 Province Administrating County							
巩义市 Gongyi	89864	391297	8879	3739	242816	148481	62.1
兰考县 Lankao	40539	139685	2605	774	60374	79311	43.2
汝州市 Ruzhou	72759	342787	4486	1130	201049	141738	58.7
滑县 Huaxian	67902	402024	1923	464	279379	122645	69.5
长垣县 Changyuan	99758	710630	15708	1994	502290	208340	70.7
邓州市 Dengzhou	42053	336920	3587	539	258258	78662	76.7
永城市 Yongcheng	68129	818893	1934	457	731505	87389	89.3
固始县 Gushi	60140	704968	2028	551	641988	62980	91.1
鹿邑县 Luyi	32162	245031	3163	365	198901	46129	81.2
新蔡县 Xincai	14836	98937	1713	662	55713	43224	56.3

16-18 房地产开发企业(单位)经营状况
Operating Statistics of Enterprises for Real Estate Development

单位：万元 (10 000 yuan)

年 份 Year	主营业务总收入 Revenue from Principal Business	土地转让收入 Land Transferred	商品房屋销售收入 Commercial Houses Sold	房屋出租收入 Houses Leased	其他收入 Others	主营业务税金及附加 Operating Tax and Extra Charges	利润总额 Operating Profit
1995	296217	12144	261429	6646	15998		
1996	255167	5452	233920	3017	12778	11632	-25046
1997	253688	5168	219637	15007	13876	10766	-25754
1998	351299	13176	281049	12390	44684	14994	-24228
1999	372131	5429	305042	8766	52894	13786	-32030
2000	589976	5061	540151	2006	42758	25236	-31592
2001	795263	9742	667394	28533	89594	38027	-37939
2002	1076871	5910	922688	23136	125137	54990	-24806
2003	1456160	21772	1368253	18096	48039	76469	-33501
2004	2020881	15111	1918110	38611	49049	115015	26208
2005	2811080	61734	2675030	11543	62773	160582	176260
2006	3979391	24054	3887229	23325	44783	258454	273585
2007	6090315	45874	5939029	14200	91212	438474	632245
2008	7046582	53621	6772130	29211	191620	481789	694067
2009	8933162	63141	8721890	13006	135125	645284	1015016
2010	12005594	37385	11676405	137383	154421	895513	1328860
2011	13865231	45658	13400414	203150	216009	1055193	1583907
2012	15709431	77198	15133586	209955	288692	1318915	1817922
2013	26254232	175336	25111237	529686	437973	2154407	3930904
2014	25292238	67897	24247358	736829	240155	2056709	3056275
省辖市 City							
郑州市 Zhengzhou	7880560	15712	7266466	493845	104537	750873	1078392
开封市 Kaifeng	858671	5955	810510	8131	34074	62273	68169
洛阳市 Luoyang	2567045	772	2512731	46796	6746	248253	211845
平顶山市 Pingdingshan	666840	20	650337	8248	8235	37012	
安阳市 Anyang	1117198	4090	1097899	12571	2638	91342	99494
鹤壁市 Hebi	386016	6	381576	2041	2393	31410	4132
新乡市 Xinxiang	1909416	8626	1781972	115669	3150	134001	295643
焦作市 Jiaozuo	441272	278	436030	3115	1848	41549	
濮阳市 Puyang	490894	1211	462878	5624	21181	29782	34836
许昌市 Xuchang	1182748	4766	1154199	9424	14360	91831	147054
漯河市 Luohe	405840	880	401286	3251	424	31522	37479
三门峡市 Sanmenxia	322845	4303	312253	2042	4248	21823	9945
南阳市 Nanyang	1327411	5749	1290303	11178	20181	86850	155635
商丘市 Shangqiu	1649106	223	1630858	12175	5850	123872	269046
信阳市 Xinyang	1603233	3824	1590718	1988	6703	120553	296270
周口市 Zhoukou	1123453	1200	1121814		439	70298	168313
驻马店市 Zhumadian	1173766	800	1169668	281	3017	64904	199932
济源市 Jiyuan	185925	9485	175859	451	130	18563	16300
省直管县 Province Administrating County							
巩义市 Gongyi	256886		256288		598	14679	28856
兰考县 Lankao	92572	3638	84931	3451	551	6046	18978
汝州市 Ruzhou	84676		84490	156	29	2942	5635
滑县 Huaxian	138603		138603			8691	16558
长垣县 Changyuan	136732	400	136196	136	0	9391	6151
邓州市 Dengzhou	130161		126694	153	3314	6401	37419
永城市 Yongcheng	327731	52	327326	28	326	14779	125485
固始县 Gushi	141600		138795	695	2110	7563	17985
鹿邑县 Luyi	37899		37657		242	2593	10379
新蔡县 Xincai	81519		81078		441	1991	18460

主要统计指标解释

房地产开发投资 指各种登记注册类型的房地产开发法人单位统一开发的包括统代建、拆迁还建的住宅、厂房、仓库、饭店、宾馆、度假村、写字楼、办公楼等房屋建筑物，配套的服务设施，土地开发工程（如道路、给水、排水、供电、供热、通讯、平整场地等基础设施工程）和土地购置的投资；不包括单纯的土地开发和交易活动。

房屋建筑面积 指从房屋外墙线算起的各层平面面积的总和，包括可供使用的有效面积和房屋结构(如柱、墙)占用的面积。多层建筑按各层（包括地下室）面积总和计算。

住宅建筑面积 指施工和竣工房屋建筑面积中供居住用的施工和竣工房屋建筑面积。

施工面积 指报告期内施工的全部房屋建筑面积。包括本期新开工的面积、上期跨人本期继续施工的房屋面积、上期停缓建在本期恢复施工的房屋面积、本期竣工的房屋面积及本期施工后又停缓建的房屋面积。

竣工面积 指在报告期内房屋建筑按照设计要求已全部完工，达到住人和使用条件，经验收鉴定合格，正式移交使用单位的建筑面积。

新增固定资产 指报告期内已经完成建造和购置过程，并已交付生产或使用单位的固定资产价值。该指标是表示固定资产投资成果的价值指标，也是反映建设进度，计算固定资产投资效果的重要指标。

别墅、高档公寓 指建筑造价和销售价格明显高于一般商品住宅的商品住宅。别墅一般指地处郊区，独立成栋的商品住宅；高档公寓一般指地处市内高尚社区，高层或多层的商品住宅。别墅、高档公寓的确定标准：一是经有房地产投资计划审批权的主管部门审批建设的别墅、高档公寓开发项目；二是销售价格高于当地同等地段商品住宅平均销售价格一倍以上的别墅、公寓开发项目。该指标可以分析房地产投资结构，反映高收入家庭商品住宅的供求平衡情况。

商品房销售面积 指报告期内出售商品房屋的合同总面积(即双方签署的正式买卖合同中所确定的建筑面积)。由现房销售建筑面积和期房销售建筑面积两部分组成。

商品房销售额 指报告期内出售商品房屋的合同总价款(即双方签署的正式买卖合同中所确定的合同总价)。该指标与商品房销售面积同口径，由现房销售额和期房销售额两部分组成。

商品房建设投资额 是指房地产开发企业（单位）开发建设的供出售、出租用的住宅、厂房、仓库、饭店、度假村、写字楼、办公楼等房屋工程及其配套的服务设施所完成的投资额。

完成开发土地面积 指报告期内对土地进行开发并已完成七通一平等前期开发工程，具备进行房屋建筑物施工或达到出让条件的土地面积。

本年购置土地面积 指在本年内通过各种方式获得土地使用权的土地面积。

Explanatory Notes on Main Statistical Indicators

Investment in Real Estate Development refers to investment by real estate development companies, commercialized buildings construction companies and other real estate development units of various types of ownership in the construction of buildings, such as residential buildings, factory buildings, warehouses, hotels, guesthouses, holiday villages, office buildings, the complementary service facilities and land development projects, such as roads, water supply, water drainage, power supply, heating supply, telecommunications, land leveling and other infrastructural projects. It does not include activities in pure land transactions.

Floor Space of Buildings Under Construction and Completed refers to total floor space in each story of buildings calculated from the outside line of building walls, including both usable space and the space occupied by constructions like pillars or walls. The floor space of multi-story buildings includes the total floor space of each story (including basement).

Floor Space of Residential Buildings refers to the floor space of the residential buildings under construction and completed among the total space of buildings under construction and completed.

Floor Space Under Construction refers to total floor space of all buildings under construction during the reference period, including floor space of newly started buildings during the reference period, floor space of construction extended from the previous period to the current period, floor space of construction suspended during the previous period and resumed in the current period, floor space of construction completed in the current period, and floor space of construction started and then suspended in the current period.

Floor Space of Buildings Completed refers to the floor space of buildings completed in the reference period, which have come up to the designed standards and have been put into use.

Newly Increased Fixed Assets refer to the newly increased value of fixed assets, constructed or purchased, that have been transferred to the investors. This is an indicator that demonstrates the results of investment in fixed assets in monetary terms, and an important indicator to reflect the speed of construction and to calculate the efficiency of investment.

Villas, High-Grade Apartments refers to commercial houses whose construction costs and marketing prices are significantly higher than ordinary housing. Villas are independent structures generally located in the suburbs; high-grade apartments are multi-story buildings located in elegant urban neighborhoods. Criteria for villas and high-grade apartments include: 1) projects for the construction of villas or high-grade apartments have to be approved by competent departments in charge of real estate development and investment plans, and 2) prices for projects on villas or high-grade apartments are higher by over 100% compared with the average prices of ordinary commercial housing projects in similar location. This indicator helps to analyze the investment structure of the real estate industry and the demand and supply of housing for high-income households.

Area of Commercialized Housing Sold refers to total contracted area of commercialized housing (i.e. area of floor space as designated in the formal contracts signed by both sides) during the reference time. It constitutes floor space of completed housing and floor space of future housing.

Value of Commercialized Housing Sold refers to the total contracted value (i.e. value of sales/purchase for selling/purchase of commercialized housing as designated in the contract signed by both sides) during the reference time. This indicator has the same coverage as the area of commercialized housing sold, which constitutes floor space of completed housing and floor space of housing yet to be completed

Investment in Commercial Buildings refers to the investment in residential buildings, workshops, warehouses, hotels, official buildings and related service establishment for sale or rent by real estate development enterprises.

Developed Land Area Completed refers to the land area of land development and prophase development projects completed, which can carry out construction or remise.

Purchased Land Area in Current Year refers to the land area accessible by various means in current year.

批发和零售业、住宿和餐饮业

Wholesale and Retail Sale trades, Hotels and Catering Services

17

● 资料整理：董 军

简要说明

一、主要内容

本篇包括河南省商品市场状况和批发零售业、住宿餐饮业经营情况以及主要财务状况。

二、统计范围

辖区内批发零售业和住宿餐饮业企业（单位）、个体经营户、连锁经营企业和亿元商品交易市场。

社会消费品零售总额不包括农业生产资料、居民购买住房；不包括各种经济类型的制造业法人企业、产业活动单位和个体工业直接售给城乡居民（包括本企业职工）和社会集团的商品；不包括农民在田间地头出售的农产品。

限额以上批发和零售业、住宿和餐饮业企业统计限额标准：批发业，年主营业务收入2000万元及以上；零售业，年主营业务收入500万元及以上；住宿业，年主营业务收入200万元及以上；餐饮业，年主营业务收入200万元及以上。

三、资料来源

达到限额以上标准的批发和零售业、住宿和餐饮业企业、个体经营户和其他行业附营的产业活动单位经营性指标和财务指标以及连锁经营企业、亿元商品交易市场采用全面调查的方法取得资料；限额以下批发零售企业采用抽样调查方法取得资料，限额以下住宿和餐饮业企业采用全面调查方法取得资料；批发零售和住宿餐饮业个体经营户资料采用抽样调查方法取得。由省统计局贸易外经处编辑整理。

Brief Introduction

I. Main Contents

Data in this chapter include the conditions of commodity market and wholesale and retail trades, hotels and catering services in Henan province.

II. Scope of Statistics

Wholesale and retail， accommodation catering enterprises (units), individual, chain business enterprises and one hundred million yuan commodity trading market.

Total retail sales of consumer goods do not include means of agricultural production; purchase of housing by residents; and do not include commodities that various types of corporate enterprise, industrial activity units and individual industrial directly sale to residents and social groups; and do not include agricultural products that sold by farmers in the fields.

Criteria for wholesale and retail sale trades, hotels and catering services above designated size are as follows: wholesale trade, having main business income over 20 million yuan; retail trade, having main business income over 5 million yuan; hotels, having main business income over 2 million yuan; catering services, having main business income over 2 million yuan.

III. Sources of Data

Data on business index and financial indicators of wholesale and retail trades, hotels and catering services enterprises, individual, Industrial activity unit above designated size, Chain group, trading market above one hundred million yuan are collected through comprehensive reporting form system. Data on enterprises and individual enterprises below the designated size are collected by sample surveys. Data in this chapter are provided by the Department of Trade and External Economic Relations of the Henan provincial bureau of Statistics.

17－1　社会消费品零售总额

Total Retail Sale of Consumer Goods

单位：亿元　　　　　　(100 million yuan)

年 份 Year	社会消费品零售总额 Total Retail Sales of Consumer Goods	#批发和零售业 Wholesale and Retail Trades	住宿和餐饮业 Hotels and Catering Serbices	城 镇 Urban	乡 村 Rural
绝对数					
1978	71.79				
1980	96.04				
1985	180.59				
1990	314.31	283.78	16.42	217.06	97.25
1991	368.92	332.88	19.81	259.31	109.61
1992	470.30	427.64	27.85	334.90	135.40
1993	577.96	524.17	34.77	417.39	160.57
1994	790.17	696.31	60.37	566.34	223.83
1995	957.76	823.67	87.06	677.01	280.75
1996	1194.76	1045.79	115.26	831.69	363.07
1997	1427.53	1211.04	172.19	1009.55	417.98
1998	1565.88	1339.39	177.10	1102.45	463.43
1999	1691.20	1445.48	191.09	1189.81	501.39
2000	1869.80	1586.69	219.35	1313.92	555.88
2001	2071.93	1743.90	258.65	1458.11	613.82
2002	2292.75	1906.72	312.70	1623.97	668.78
2003	2539.33	2103.25	359.08	1809.43	729.90
2004	2938.26	2468.73	402.21	2131.42	806.84
2005	3380.88	2840.62	470.90	2479.08	901.80
2006	3932.55	3264.86	596.57	2911.99	1020.56
2007	4690.32	3830.07	779.77	3505.48	1184.84
2008	5815.44	4725.41	992.28	4375.69	1439.75
2009	6746.38	5525.51	1115.22	5085.74	1660.64
2010	8004.15	6790.78	1102.67	6618.76	1385.39
2011	9453.65	8018.88	1304.03	7821.77	1631.88
2012	10915.62	9272.24	1515.37	9021.73	1893.89
2013	12426.61	10564.79	1711.81	10236.77	2189.84
2014	14004.95	12076.29	1928.67	11503.06	2501.89
增速(%)					
1991	17.4	17.3	20.6	19.5	12.7
1992	27.5	28.5	40.6	29.2	23.5
1993	22.9	22.6	24.8	24.6	18.6
1994	36.7	32.8	73.6	35.7	39.4
1995	21.2	18.3	44.2	19.5	25.4
1996	24.7	27.0	32.4	22.8	29.3
1997	19.5	15.8	49.4	21.4	15.1
1998	9.7	10.6	2.9	9.2	10.9
1999	8.0	7.9	7.9	7.9	8.2
2000	10.6	9.8	14.8	10.4	10.9
2001	10.8	9.9	17.9	11.0	10.4
2002	10.7	9.3	20.9	11.4	9.0
2003	10.8	10.3	14.8	11.4	9.1
2004	15.7	17.4	12.0	17.8	10.5
2005	15.1	15.1	17.1	16.3	11.8
2006	16.3	14.9	26.7	17.5	13.2
2007	19.3	17.3	30.7	20.4	16.1
2008	24.0	23.4	27.3	24.8	21.5
2009	16.0	16.9	12.4	16.2	15.3
2010	19.0	18.9	19.1	19.4	16.3
2011	18.1	18.1	18.3	18.2	17.8
2012	15.7	15.6	16.2	15.6	16.1
2013	13.8	13.9	13.0	13.5	15.6
2014	12.7	12.7	12.7	12.3	14.5

17-2 社会消费品零售总额
Total Retail Sale of Consumer Goods

单位：亿元 (100 million yuan)

指　标	Item	2007	2008	2009	2010	2011	2012	2013	2014
社会消费品零售总额	**Total Retail Sale of Consumer Goods**	**4690.32**	**5815.44**	**6746.38**	**8004.15**	**9453.65**	**10915.62**	**12426.61**	**14004.95**
批发和零售业	Wholesale and Retail Trade	3830.07	4725.41	5525.51	6790.78	8018.88	9272.24	10564.79	12076.29
限额以上	Above Designed Size	1060.98	1340.58	1637.75	2185.37	3017.92	3626.93	4317.99	5084.15
限额以下	Below Designed Size	420.87	526.64	616.04	943.75	1073.32	1445.48	1723.57	2047.67
个体户	Outside Market	2348.23	2858.19	3271.72	3661.66	3927.63	4199.84	4523.24	4944.46
住宿和餐饮业	Accommodation and Catering Trade	779.77	992.29	1115.22	1102.67	1304.03	1515.37	1711.81	1928.67
限额以上	Above Designed Size	84.52	109.13	132.07	195.04	271.23	346.07	372.60	388.46
限额以下	Below Designed Size	62.62	75.51	78.77	85.09	97.14	108.79	119.03	137.95
个体户	Outside Market	632.63	807.65	904.38	822.55	935.66	1060.51	1220.18	1402.26

17-3 各市社会消费品零售总额(2014年)

Total Retail Sale of Consumer Goods by City (2014)

单位：亿元 (100 million yuan)

市(县) City(County)	社会消费品零售总额 Total Retail Sales of Consumer Goods	城镇 Urban Area	乡村 Urual Area	批发和零售业 Wholesale and Retail Sale Trade	住宿和餐饮业 Accommodation and Catering
省辖市 City					
郑州市 Zhengzhou	2955.40	2696.82	258.58	2499.40	456.01
开封市 Kaifeng	661.92	524.38	137.54	574.49	87.43
洛阳市 Luoyang	1429.21	1247.73	181.47	1206.69	222.52
平顶山市 Pingdingshan	614.99	521.17	93.82	512.77	102.22
安阳市 Anyang	602.24	494.21	108.03	526.62	75.62
鹤壁市 Hebi	163.44	154.72	8.72	135.87	27.58
新乡市 Xinxiang	704.15	628.67	75.48	630.32	73.83
焦作市 Jiaozuo	558.01	449.86	108.15	472.10	85.91
濮阳市 Puyang	416.00	302.56	113.45	343.54	72.47
许昌市 Xuchang	627.20	503.83	123.36	519.91	107.29
漯河市 Luohe	386.40	308.41	77.99	327.57	58.83
三门峡市 Sanmenxia	355.76	297.89	57.87	311.28	44.48
南阳市 Nanyang	1390.05	1086.62	303.43	1176.41	213.64
商丘市 Shangqiu	719.18	531.34	187.84	598.45	120.73
信阳市 Xinyang	778.35	630.69	147.67	557.81	220.54
周口市 Zhoukou	864.46	700.22	164.24	694.90	169.56
驻马店市 Zhumadian	666.57	487.88	178.69	573.64	92.93
济源市 Jiyuan	121.73	118.16	3.56	98.34	23.39
省直管县 Province Administrating County					
巩义市 Gongyi	219.82	203.21	16.61	172.61	47.22
兰考县 Lankao	73.61	52.60	21.00	61.77	11.83
汝州市 Ruzhou	104.50	70.93	33.57	91.69	12.81
滑县 Huaxian	73.59	55.38	18.21	65.49	8.11
长垣县 Changyuan	60.37	46.99	13.38	52.26	8.11
邓州市 Dengzhou	124.74	94.90	29.84	97.93	26.81
永城市 Yongcheng	130.39	102.84	27.55	94.02	36.37
固始县 Gushi	135.15	107.43	27.72	103.01	32.14
鹿邑县 Luyi	97.67	83.76	13.91	74.72	22.96
新蔡县 Xincai	49.68	34.79	14.89	41.39	8.28

17-6 限额以上批发和零售业法人基本情况(2014年)

Basic Conditions of Corporation in Wholesale and Retail Trades above Designated Size (2014)

指标名称	Item	法人企业 (个) Corporate Enterprises (unit)	从业人员期末人数 (人) Persons Employed (person)	法人属产业活动单位数 (个) Establish_ments Units (unit)	#批发和零售业 Wholesale and Retail Trades
总　计	**Total**	**8797**	**577061**	**19737**	**11539**
批发业	**Wholesale Trades**	**3087**	**197177**	**6025**	**3047**
按批发行业小类分	By small kind points				
农、林、牧产品	Animal products	422	25248	534	117
食品、饮料及烟草制品	Food, Beverages, Tobacco and Liquor	384	60618	873	511
纺织、服装及家庭用品	Textile Clothing, and Articles for Daily Use	156	9834	175	21
文化、体育用品及器材	Culture, sports supplies and equipment	68	4658	109	46
医药及医疗器材	Medicine and the medical equipment	184	21186	501	337
矿产品、建材及化工产品	Mineral products, building materials and chemical products	1388	57049	3280	1935
机械设备、五金产品及电子产品	Mechanical equipment, hardware and electronic products	374	14580	397	31
贸易经纪与代理	Trade brokers and agents	4	167	4	
其他	Others	107	3837	152	49
按登记注册类型分	By Registration				
内资企业	Domestic-Funded Enterprises	3078	196332	6014	3046
港澳台商投资企业	Enterprises With Investment from Hong Kong, Macao and Taiwan	6	777	8	1
外商投资企业	Enterprises With Foreign Investment	3	68	3	
按控股情况分	By Proprietarily System				
国有控股	State-holding	350	63927	2522	2231
集体控股	Collective-holding	123	6962	432	333
私人控股	Private-holding	2286	106794	2678	417
港澳台商控股	Hong Kong, Macao and Taiwan-holding	6	777	8	1
外商控股	Foreign-holding	3	33	3	
其他	Others	319	18684	382	65
按经营形式分	By Managing Form				
独立门店	Independent store	2372	135191	3886	1588
连锁总店(总部)	Chain head office	26	8500	1095	1083
连锁门店	Chain store	8	824	10	3
其他	Others	681	52662	1034	373

17-6 续表 continued

指标名称	Item	法人企业 (个) Corporate Enterprises (unit)	从业人员期末人数 (人) Persons Employed (person)	法人属产业活动单位数 (个) Establish_ments Units (unit)	#批发和零售业 Wholesale and Retail Trades
零售业	**Retail Sale trades**	**5710**	**379884**	**13712**	**8492**
按零售行业小类分	By small kind points				
综合	Comprehensive	1200	157944	3473	2432
食品、饮料及烟草制品	Food, Beverages, Tobacco and Liquor	398	17214	854	487
纺织、服装及日用品	Textile Clothing, and Articles for Daily Use	366	19940	547	197
文化、体育用品及器材	Culture, sports supplies and equipment	283	17461	638	412
医药及医疗器材	Medicine and the medical equipment	254	24515	3795	3642
汽车、摩托车、燃料及零配件	Automobile, motorcycle, fuel and spare parts	1781	89589	2644	921
家用电器及电子产品	Household appliances and electronic	798	29279	1107	371
五金、家具及室内装饰材料	Hardware, furniture and indoor decoration materials	394	16760	415	26
货摊、无店铺及其他	Non-store and Others	236	7182	239	4
按登记注册类型分	By Registration				
内资企业	Domestic-Funded Enterprises	5668	368332	13612	8429
港澳台商投资企业	Enterprises With Investment from Hong Kong, Macao and Taiwan	20	7497	62	46
外商投资企业	Enterprises With Foreign Investment	22	4055	38	17
按控股情况分	By Proprietarily System				
国有控股	State-holding	424	41364	3341	3031
集体控股	Collective-holding	419	29904	1820	1459
私人控股	Private-holding	4344	256761	7197	3101
港澳台商控股	Hong Kong, Macao and Taiwan holding	20	7317	16	29
外商控股	Foreign-holding	21	3942	37	17
其他	Others	482	40596	1271	855
按经营形式分	By Managing Form				
独立门店	Independent store	5105	278075	9359	4564
连锁总店(总部)	Chain head office	151	60654	2955	2925
连锁门店	Chain store	99	17039	572	491
其他	Others	355	24116	826	512
按零售业态分	By Retail Formats				
有店铺零售	Store Retailing	5679	378012	13679	8489
无店铺零售	Non-store Retailing	31	1872	33	3

17-7 限额以上住宿和餐饮业法人基本情况(2014年)

Basic Conditions of Corporation in Hotels and Catering Services above Designated Size (2014)

指标名称	Item	法人企业（个）Corporate Enterprises (unit)	从业人员期末人数（人）Persons Employed (person)	法人属产业活动单位数（个）Establish_ments Units (unit)	#住宿和餐饮业 Wholesale and Retail Trades
总　计	**Total**	**2464**	**166889**	**2817**	**417**
住宿业	**Hotels**	**1153**	**93692**	**1251**	**124**
按住宿行业小类分	By small kind points				
旅游饭店	Tourist hotel	633	65147	684	71
一般旅馆	General hotel	485	26535	532	53
其他住宿业	Others	35	2010	35	
按登记注册类型分	By Registration				
内资企业	Domestic-Funded Enterprises	1134	90687	1231	122
国有企业	State-owned	108	14522	138	31
集体企业	Collective-owned	41	3095	47	8
股份合作企业	Cooperative	3	229	3	
联营企业	Joint Ownership				
有限责任公司	Limited Liability Corporations	431	38781	466	43
股份有限公司	Share-holding Corporation Ltd	53	4429	59	9
私营企业	Private	486	29175	506	31
其他企业	Other	12	456	12	
港澳台商投资企业	Enterprises With Investment from Hong Kong, Macao and Taiwan	13	2363	14	2
外商投资企业	Enterprises With Foreign Investment	6	642	6	
按控股情况分	By Proprietarily System				
国有控股	State-holding	155	22269	199	47
集体控股	Collective-holding	70	5353	77	10
私人控股	Private-holding	799	53318	836	52
港澳台商控股	Hong Kong, Macao and Taiwan-holding	10	1876	11	2
外商控股	Foreign-holding	5	337	5	
其他	Others	114	10539	123	13
按经营形式分	By Managing Form				
独立门店	Independent store	1077	88611	1149	98
连锁总店(总部)	Chain head office	5	520	19	16
连锁门店	Chain store	28	1376	30	3
其他	Others	43	3185	53	7
按星级分	By Star Points				
五星	Five-star	30	7579	33	5
四星	Four-star	114	18512	127	19
三星	Three-star	228	22304	248	26
二星	Two-star	97	5732	107	10
一星	One-star	4	155	4	
其他	Others	680	39410	732	64

17-7 续表 continued

指标名称	Item	法人企业 (个) Corporate Enterprises (unit)	从业人员期末人数 (人) Persons Employed (person)	法人属产业活动单位数 (个) Establish_ments Units (unit)	#住宿和餐饮业 Wholesale and Retail Trades
餐饮业	**Catering Services**	**1311**	**73197**	**1566**	**293**
按餐饮行业小类分	By small kind points				
正餐服务	Dinner	1228	63628	1331	137
快餐服务	Snack	63	8088	212	152
饮料及冷饮服务	Drinks and cold drinks				
其他餐饮业	Others	20	1481	23	4
按登记注册类型分	By Registration				
内资企业	Domestic-Funded Enterprises	1300	66915	1405	140
国有企业	State-owned	20	904	21	1
集体企业	Collective-owned	13	391	22	11
股份合作企业	Cooperative	2	197	2	
联营企业	Joint Ownership	1	62	1	
有限责任公司	Limited Liability Corporations	399	24734	425	39
股份有限公司	Share-holding Corporation Ltd	44	2235	44	
私营企业	Private	797	37193	866	89
其他企业	Other	24	1199	24	
港澳台商投资企业	Enterprises With Investment from Hong Kong, Macao and Taiwan	5	996	47	45
外商投资企业	Enterprises With Foreign Investment	6	5286	114	108
按控股情况分	By Proprietarily System				
国有控股	State-holding	24	1422	25	1
集体控股	Collective-holding	29	1503	38	11
私人控股	Private-holding	1158	58099	1239	106
港澳台商控股	Hong Kong, Macao and Taiwan-holding	5	996	47	45
外商控股	Foreign-holding	6	5286	114	108
其他	Others	89	5891	103	22
按经营形式分	By Managing Form				
独立门店	Independent store	1207	61864	1250	60
连锁总店(总部)	Chain head office	28	7762	217	204
连锁门店	Chain store	31	1912	54	29
其他	Others	45	1659	45	

17-8 各市批发和零售、住宿和餐饮业法人企业单位数(2014年)

Number of Corporation in Wholesale and Retail Sale, Hotels and Catering Services by City (2014)

单位：个 (unit)

市(县) City(County)	批发业 Wholesale Trade	#限额以上 Above Designated Size	零售业 Retail Sale	#限额以上 Above Designated Size	住宿业 Accommodation	#限额以上 Above Designated Size	餐饮业 Catering Trade	#限额以上 Above Designated Size
省辖市 City								
郑州市 Zhengzhou	12937	729	8053	783	608	207	631	185
开封市 Kaifeng	2293	136	3151	404	152	53	567	112
洛阳市 Luoyang	4172	295	3730	461	332	109	518	82
平顶山市 Pingdingshan	2895	180	2478	387	258	95	551	88
安阳市 Anyang	2937	146	2863	231	178	34	259	41
鹤壁市 Hebi	545	32	717	98	50	22	92	24
新乡市 Xinxiang	2255	143	4127	333	169	47	358	75
焦作市 Jiaozuo	1740	62	1515	198	121	36	146	24
濮阳市 Puyang	1454	73	2211	181	95	25	325	17
许昌市 Xuchang	4670	293	4515	350	258	61	618	80
漯河市 Luohe	1036	58	1214	149	75	29	168	50
三门峡市 Sanmenxia	1887	64	1973	217	146	36	195	30
南阳市 Nanyang	5902	413	6454	658	520	119	1410	150
商丘市 Shangqiu	2269	99	2966	218	168	35	457	62
信阳市 Xinyang	1172	105	2499	380	241	79	644	114
周口市 Zhoukou	1359	94	1858	255	240	67	315	84
驻马店市 Zhumadian	2624	139	4305	365	237	87	628	89
济源市 Jiyuan	654	26	329	42	30	12	15	4
省直管县 Province Administrating County								
巩义市 Gongyi	519	15	283	40	33	10	39	10
兰考县 Lankao	397	41	732	116	12	6	100	15
汝州市 Ruzhou	332	43	332	82	18	3	19	3
滑县 Huaxian	394	30	286	35	10	2	5	1
长垣县 Changyuan	179	8	796	65	16	3	48	21
邓州市 Dengzhou	257	13	565	59	43	9	96	4
永城市 Yongcheng	157	3	286	26	14	4	93	22
固始县 Gushi	161	16	398	77	26	15	47	21
鹿邑县 Luyi	101	17	131	23	13	7	23	5
新蔡县 Xincai	360	21	1011	66	32	7	130	13

17-9 各市批发和零售、住宿和餐饮业法人企业从业人员(2014年)

Number of Persons Employed in Wholesale and Retail Sale, Hotels and Catering Services by City (2014)

单位：人 (person)

市(县)	City(County)	批发业 Wholesale Trade	#限额以上 Above Designated Size	零售业 Retail Sale	#限额以上 Above Designated Size	住宿业 Accommodation	#限额以上 Above Designated Size	餐饮业 Catering Trade	#限额以上 Above Designated Size
省辖市	**City**								
郑州市	Zhengzhou	165987	43297	145864	64824	33404	24078	30992	18558
开封市	Kaifeng	46438	9832	55507	20770	5947	4334	13578	5335
洛阳市	Luoyang	52964	13759	72612	39481	12537	8319	16607	7574
平顶山市	Pingdingshan	37835	10825	41143	20942	9956	7356	10380	3754
安阳市	Anyang	41621	7131	39369	12975	5663	2893	5526	2299
鹤壁市	Hebi	6744	1639	11459	5899	1653	1070	2057	870
新乡市	Xinxiang	30529	6443	67642	21817	5956	3575	10188	5111
焦作市	Jiaozuo	22914	3614	29443	14206	4821	3184	3914	1791
濮阳市	Puyang	21881	4630	30252	9931	2273	1147	4880	649
许昌市	Xuchang	69904	10010	69537	17746	8564	5126	12802	2814
漯河市	Luohe	16478	3284	20556	9328	2351	1342	4552	2242
三门峡市	Sanmenxia	23580	6405	22994	10376	4857	3116	5239	1698
南阳市	Nanyang	99704	25324	96062	30886	16015	8854	22719	5767
商丘市	Shangqiu	42850	10361	51624	17100	4617	2203	11729	3085
信阳市	Xinyang	28167	12372	56011	32999	9326	5990	12241	4701
周口市	Zhoukou	36537	14365	46625	26031	7121	4355	7007	2999
驻马店市	Zhumadian	48522	12729	61039	20676	8124	5723	10952	3801
济源市	Jiyuan	7207	1157	6922	3897	1525	1027	421	149
省直管县	**Province Administrating County**								
巩义市	Gongyi	7543	414	5239	1650	1219	854	947	451
兰考县	Lankao	6997	1541	11326	4226	463	407	1977	484
汝州市	Ruzhou	6066	2022	6327	3552	539	350	475	147
滑县	Huaxian	5379	1571	3417	1292	209	124	116	67
长垣县	Changyuan	2509	188	16276	4534	411	221	2761	2000
邓州市	Dengzhou	5152	1428	10254	3974	1169	427	1596	254
永城市	Yongcheng	2744	251	5854	2429	532	325	2988	1188
固始县	Gushi	3288	883	6676	3521	1129	967	1002	481
鹿邑县	Luyi	5398	3949	2355	920	635	529	437	197
新蔡县	Xincai	3623	880	9866	2135	626	357	1554	386

17－10 各市批发和零售、住宿和餐饮业限额以上企业(单位)单位数(2014年)

Number of Corporation in Wholesale and Retail Sale, Hotels and Catering Services Above Designated Size by City (2014)

单位：个 (unit)

市(县) City(County)	批发业 Wholesale Trade	限额以上法人 Institutional Above Designated Size	大个体 Large Individual	外行业附营产业 The additive Industry of other Sector	零售业 Retail Sale	限额以上法人 Institutional Above Designated Size	大个体 Large Individual	外行业附营产业 The additive Industry of other Sector
省 辖 市 City								
郑 州 市 Zhengzhou	759	729	27	3	1213	783	428	2
开 封 市 Kaifeng	145	136	8	1	504	404	98	2
洛 阳 市 Luoyang	307	295	9	3	704	461	240	3
平 顶 山 市 Pingdingshan	188	180	8		562	387	171	4
安 阳 市 Anyang	153	146	6	1	319	231	86	2
鹤 壁 市 Hebi	37	32	2	3	132	98	33	1
新 乡 市 Xinxiang	144	143		1	478	333	145	
焦 作 市 Jiaozuo	65	62	2	1	267	198	69	
濮 阳 市 Puyang	97	73	24		376	181	194	1
许 昌 市 Xuchang	331	293	38		449	350	99	
漯 河 市 Luohe	64	58	5	1	189	149	40	
三 门 峡 市 Sanmenxia	65	64		1	239	217	21	1
南 阳 市 Nanyang	437	413	24		788	658	129	1
商 丘 市 Shangqiu	104	99	5		367	218	149	
信 阳 市 Xinyang	119	105	12	2	500	380	119	1
周 口 市 Zhoukou	98	94	4		341	255	86	
驻 马 店 市 Zhumadian	155	139	15	1	580	365	212	3
济 源 市 Jiyuan	28	26	2		48	42	6	
省 直 管 县 Province Administrating County								
巩 义 市 Gongyi	16	15	1		81	40	41	
兰 考 县 Lankao	42	41	1		145	116	29	
汝 州 市 Ruzhou	48	43	5		110	82	28	
滑 县 Huaxian	34	30	4		63	35	28	
长 垣 县 Changyuan	8	8			83	65	18	
邓 州 市 Dengzhou	14	13	1		85	59	26	
永 城 市 Yongcheng	3	3			35	26	9	
固 始 县 Gushi	16	16			81	77	4	
鹿 邑 县 Luyi	17	17			24	23	1	
新 蔡 县 Xincai	32	21	11		89	66	23	

17-10 续表 continued

单位：个 (unit)

市(县) City(County)	住宿业 Accommodation	限额以上法人 Institutional Above Designated Size	大个体 Large Individual	外行业附营产业 The additive Industry of other Sector	餐饮业 Catering Trade	限额以上法人 Institutional Above Designated Size	大个体 Large Individual	外行业附营产业 The additive Industry of other Sector
省辖市 City								
郑州市 Zhengzhou	288	207	74	7	774	185	588	1
开封市 Kaifeng	75	53	18	4	223	112	110	1
洛阳市 Luoyang	165	109	47	9	465	82	374	9
平顶山市 Pingdingshan	128	95	30	3	275	88	184	3
安阳市 Anyang	41	34	6	1	114	41	69	4
鹤壁市 Hebi	34	22	10	2	92	24	67	1
新乡市 Xinxiang	64	47	17		207	75	132	
焦作市 Jiaozuo	55	36	19		115	24	90	1
濮阳市 Puyang	43	25	16	2	131	17	109	5
许昌市 Xuchang	85	61	24		213	80	133	
漯河市 Luohe	42	29	13		134	50	84	
三门峡市 Sanmenxia	43	36	4	3	48	30	18	
南阳市 Nanyang	155	119	34	2	272	150	118	4
商丘市 Shangqiu	52	35	17		130	62	68	
信阳市 Xinyang	108	79	28	1	284	114	158	12
周口市 Zhoukou	83	67	16		158	84	74	
驻马店市 Zhumadian	122	87	33	2	178	89	87	2
济源市 Jiyuan	12	12			11	4	7	
省直管县 Province Administrating County								
巩义市 Gongyi	19	10	9		73	10	63	
兰考县 Lankao	8	6	2		27	15	12	
汝州市 Ruzhou	8	3	5		25	3	22	
滑县 Huaxian	7	2	5		12	1	11	
长垣县 Changyuan	5	3	2		31	21	10	
邓州市 Dengzhou	21	9	12		28	4	24	
永城市 Yongcheng	5	4	1		23	22	1	
固始县 Gushi	18	15	3		29	21	8	
鹿邑县 Luyi	8	7	1		10	5	5	
新蔡县 Xincai	12	7	5		20	13	7	

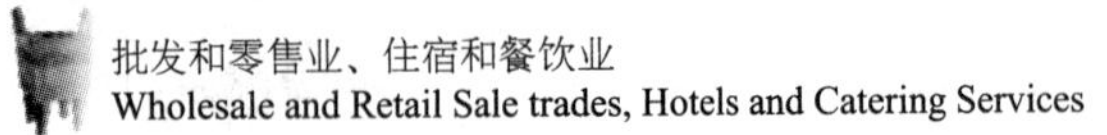

17−11 各市批发和零售、住宿和餐饮业限上企业(单位)从业人员(2014年)

Number of Persons Employed in Wholesale and Retail Sale, Hotels and Catering Services Above Designated Size by City (2014)

单位：人 (Person)

市(县) City(County)	批发业 Wholesale Trade	限额以上法人 Institutional Above Designated Size	大个体 Large Individual	外行业附营产业 The additive Industry of other Sector	零售业 Retail Sale	限额以上法人 Institutional Above Designated Size	大个体 Large Individual	外行业附营产业 The additive Industry of other Sector
省 辖 市 City								
郑 州 市 Zhengzhou	44990	43297	359	1334	73751	64824	8887	40
开 封 市 Kaifeng	9938	9832	52	54	22434	20770	1619	45
洛 阳 市 Luoyang	14090	13759	148	183	43683	39481	4178	24
平 顶 山 市 Pingdingshan	10983	10825	158		24052	20942	2223	887
安 阳 市 Anyang	7357	7131	189	37	15006	12975	1971	60
鹤 壁 市 Hebi	1949	1639	51	259	6532	5899	623	10
新 乡 市 Xinxiang	6506	6443		63	25041	21817	3224	
焦 作 市 Jiaozuo	3708	3614	44	50	16424	14206	2218	
濮 阳 市 Puyang	4984	4630	354		12264	9931	2311	22
许 昌 市 Xuchang	10531	10010	521		19327	17746	1581	
漯 河 市 Luohe	3978	3284	41	653	9896	9328	568	
三 门 峡 市 Sanmenxia	6436	6405		31	11067	10376	632	59
南 阳 市 Nanyang	25550	25324	226		33082	30886	2166	30
商 丘 市 Shangqiu	10433	10361	72		20282	17100	3182	
信 阳 市 Xinyang	12935	12372	131	432	35324	32999	2293	32
周 口 市 Zhoukou	14397	14365	32		27931	26031	1900	
驻 马 店 市 Zhumadian	13109	12729	339	41	24575	20676	3789	110
济 源 市 Jiyuan	1166	1157	9		4007	3897	110	
省 直 管 县 Province Administrating County								
巩 义 市 Gongyi	424	414	10		3782	1650	2132	
兰 考 县 Lankao	1558	1541	17		4875	4226	649	
汝 州 市 Ruzhou	2126	2022	104		3914	3552	362	
滑 县 Huaxian	1712	1571	141		2425	1292	1133	
长 垣 县 Changyuan	188	188			5120	4534	586	
邓 州 市 Dengzhou	1437	1428	9		4442	3974	468	
永 城 市 Yongcheng	251	251			2544	2429	115	
固 始 县 Gushi	883	883			3639	3521	118	
鹿 邑 县 Luyi	3949	3949			933	920	13	
新 蔡 县 Xincai	1129	880	249		2358	2135	223	

17-11 续表 continued

单位：人 (Person)

市(县) City(County)	住宿业 Accomm-odation	限额以上法人 Institutional Above Designated Size	大个体 Large Individual	外行业附营产业 The additive Industry of other Sector	餐饮业 Catering Trade	限额以上法人 Institutional Above Designated Size	大个体 Large Individual	外行业附营产业 The additive Industry of other Sector
省辖市 City								
郑州市 Zhengzhou	26194	24078	1707	409	37378	18558	18664	156
开封市 Kaifeng	4796	4334	399	63	7791	5335	2397	59
洛阳市 Luoyang	9776	8319	906	551	16409	7574	8321	514
平顶山市 Pingdingshan	8450	7356	851	243	7355	3754	3498	103
安阳市 Anyang	3154	2893	221	40	4371	2299	1557	515
鹤壁市 Hebi	1727	1070	214	443	2265	870	1380	15
新乡市 Xinxiang	3885	3575	310		8192	5111	3081	
焦作市 Jiaozuo	3779	3184	595		4100	1791	2289	20
濮阳市 Puyang	1509	1147	260	102	2749	649	2010	90
许昌市 Xuchang	5729	5126	603		5764	2814	2950	
漯河市 Luohe	1608	1342	266		4162	2242	1920	
三门峡市 Sanmenxia	3708	3116	196	396	2314	1698	616	
南阳市 Nanyang	9648	8854	695	99	8064	5767	2269	28
商丘市 Shangqiu	2526	2203	323		4287	3085	1202	
信阳市 Xinyang	6717	5990	717	10	8394	4701	3463	230
周口市 Zhoukou	4741	4355	386		4644	2999	1645	
驻马店市 Zhumadian	6479	5723	633	123	5630	3801	1653	176
济源市 Jiyuan	1027	1027			497	149	348	
省直管县 Province Administrating County								
巩义市 Gongyi	1019	854	165		2389	451	1938	
兰考县 Lankao	477	407	70		784	484	300	
汝州市 Ruzhou	485	350	135		597	147	450	
滑县 Huaxian	325	124	201		506	67	439	
长垣县 Changyuan	287	221	66		2427	2000	427	
邓州市 Dengzhou	650	427	223		648	254	394	
永城市 Yongcheng	340	325	15		1202	1188	14	
固始县 Gushi	1012	967	45		686	481	205	
鹿邑县 Luyi	539	529	10		242	197	45	
新蔡县 Xincai	437	357	80		470	386	84	

17-12 限额以上批发和零售企业商品分类销售总额(2014年)

Total Sales of Enterprises above Designated Size of Wholesale and Retail Trade by Category of Main Commodities (2014)

单位：亿元 (100 million yuan)

指 标	Item	合 计 Total	批 发 Wholesale Trade	零 售 Retail Trade
粮油、食品、饮料、烟酒类	Food, Beverages, Tobacco and Liquor	2390.75	1762.45	628.31
粮油、食品类	Food	1145.44	727.33	418.11
#粮油类	Grain and oils	430.10	286.01	144.09
肉禽蛋类	Meat, Poultry and Eggs	124.00	45.90	78.10
水产品类	Aquatic products	19.64	10.56	9.08
蔬菜类	Vegetables	235.95	195.30	40.65
干鲜果品类	Nuts	159.06	123.98	35.08
饮料类	Beverages	128.72	45.54	83.18
烟酒类	Tobacco and Liquor	1116.59	989.58	127.01
服装、鞋帽、针纺织品类	Clothing, Shoes, Hats and Textiles	499.03	65.98	433.06
服装类	Clothing	341.74	30.31	311.43
鞋帽类	Shoes and Hats	82.24	4.85	77.39
针纺织品类	Knitwear and Textiles	75.05	30.81	44.24
化妆品类	Cosmetics	59.81	2.04	57.77
金银珠宝类	Gold, Silver and Jewelry	89.65	10.69	78.97
日用品类	Articles for Daily Use	185.08	29.09	155.99
#洗涤用品类	Washing Articles	33.47	4.64	28.83
儿童玩具类	Children Toys	7.96	0.07	7.89
五金、电料类	Hardware and Electrical Materials	66.62	25.97	40.65
体育、娱乐用品类	Sports and Recreation Articles	17.79	5.55	12.24
书报杂志类	Newspapers and Magazines	91.09	43.02	48.06

17-12 续表 continued

单位：亿元 (100 million yuan)

指标	Item	合计 Total	批发 Wholesale Trade	零售 Retail Trade
电子出版物及音像制品类	E-journal and Video Products	3.18	0.07	3.12
家用电器和音像器材类	Household Appliances and Video Appliances	597.33	313.61	283.72
中西药品类	Traditional Chinese and Western Medicines	1016.38	831.21	185.17
#西药类	Western Medicines	609.71	514.71	95.00
中草药及中成药类	Traditional Chinese Medicines	127.51	97.53	29.98
文化办公用品类	Cultural and Official Goods	108.67	47.16	61.50
家具类	Furniture	90.34	7.05	83.29
通讯器材类	Communication Appliances	63.19	18.89	44.30
煤炭及制品类	Coal and Related Products	674.14	614.75	59.39
木材及制品类	Wood and Wooden Products	5.32	5.32	
石油及制品类	Petroleum and Related Products	1494.96	771.55	723.40
化工材料及制品类	Raw Chemical Materials	420.07	420.07	
#化肥类	Fertilizer	200.03	200.03	
金属材料类	Metal Materials	1100.07	1100.07	
建筑及装潢材料类	Building and Decoration Materials	123.24	86.21	37.03
机电产品及设备类	Mechanical and Electrical Products	245.20	207.08	38.13
#农机类	Agricultural Machinery	73.38	73.38	
汽车类	Automobile	1775.51	208.51	1567.00
种子饲料类	Seed and Feedstuff	81.72	81.72	
棉麻类	Cotton, Hemp	56.19	54.25	1.94
其他类	Others	426.10	355.81	70.29

17−15 限额以上批发和零售企业商品销售、库存(2014年)

Total Sales and Inventory of Enterprises above Designated Size in Wholesale and Retail Trades (2014)

指 标	Item	购进量 purchases	销售量 Total Sales	库存量 Inventory (year-end)
大米(稻米)(吨)	Rice(ton)	342861	319053	31884
白面(小麦面)(吨)	Flour(ton)	347042	351596	5431
杂粮(吨)	Food grains (ton)	955932	1251444	291574
食用植物油(吨)	Edible Vegetable Oil (ton)	81090	80753	5772
猪肉(吨)	pork(ton)	147923	147927	877
牛肉(吨)	Beef (ton)	1283	1282	4
羊肉(吨)	Sheep (ton)	224	222	2
禽肉(吨)	Poultry meat(ton)	3539	3626	15
鲜蛋(吨)	Eggs(ton)	26955	27384	2915
彩色电视机(台)	Colour Television Set (unit)	1093115	1071643	103947
家用电冰箱(台)	Refrigerator (unit)	862832	807274	118812
房间空调器(台)	Air conditioner	8265904	8069542	1051175
电脑(微型计算机)(台)	Personal Computer (unit)	625224	612972	45201
汽车(辆)	Motor Vehicles (unit)	271731	268263	52368
#轿车	Car	64419	62286	2321
煤炭(吨)	Coal (ton)	84185406	83312928	2456448
汽油(吨)	Gasoline (ton)	4267062	4583076	158992
柴油(吨)	Diesel Oil (ton)	8035732	8518266	232907
钢材(吨)	Steel Products (ton)	23990674	25957704	394175
铜(吨)	Copper (ton)	351628	352545	2953
铝(吨)	Aluminum (ton)	722382	706982	1092
水泥(吨)	Cement (ton)	3403645	3091765	106363
化学肥料(吨)	Chemical Fertilizers (ton)	8913353	8896861	211460
化学农药(吨)	Chemical Pesticide (ton)	43760	39593	14635

17-16 限额以上批发和零售企业商品购销存总额(2014年)

Total Purchases, Sales and Inventory above Designated Size of Wholesale and Retail Trades (2014)

单位：万元 (10 000yuan)

指　　标	Iterm	商品购进额 purchases	#进口 Imports	商品销售额 Total Sales
总　计	**Total**	**109792862**	**2157904**	**127614938**
批发业	**Wholesale Trades**	**68266960**	**1347095**	**80243525**
#国有控股	State-ownedand State-holding	27991269	609735	35934308
按登记注册类型分	By Registration status			
内资企业	Domestic Funded Enterprises	66683374	1333635	78463692
国有企业	State-owned	8941577	13464	12001427
集体企业	Collective-owned	1196017		1282475
股份合作企业	Cooperative	6091		6049
联营企业	Joint Ownership	14425		15846
有限责任公司	Limited Liability Corporations	39498723	1055896	42714609
股份有限公司	Share-holding Corporation Ltd	6407056	69416	10405824
私营企业	Privatc	10196668	187360	11564827
其他企业	Other	422816	7500	472635
港澳台商投资企业	Enterprises with Funds from Hong Kong, Macao and Taiwan	147364	13460	188558
外商投资企业	Foreign Funded	301532		345174
个体经营	Individual	1134690		1246101
按国民经济行业分	By sector			
农、林、牧产品	Farming, forestry, animal husbandry products	4393624	399755	4565178
食品、饮料及烟草制品	Food, drinks and tobacco products	13341902	37228	17368380
纺织、服装及家庭用品	Textile, clothing and household items	4514625	27099	4630754
文化、体育用品及器材	Cultural and sports supplies and equipment	1347098	4477	1468369
医药及医疗器材	Pharmaceutical and medical equipment	7261239	162092	8939447
矿产品、建材及化工产品	Minerals, building materials and chemical products	30723954	669970	35871964
机械设备、五金产品及电子产品	Mechanical equipment, metal products and electronic products	5272902	10618	5902909
贸易经纪与代理	Trade brokers and agents	20950		21956
其他批发业	Others	1390669	35856	1474569
零售业	**Retail Trades**	**41525902**	**810810**	**47371413**
#国有控股	State-ownedand State-holding	4698084	71875	5747781
按登记注册类型分	By Registration status			
内资企业	Domestic Funded Enterprises	36019216	787680	40703261
国有企业	State-owned	1088216	11862	1222953
集体企业	Collective-owned	2060143	8500	2186918
股份合作企业	Cooperative	28704		30072
联营企业	Joint Ownership	58115		58818
有限责任公司	Limited Liability Corporations	16938991	483873	19451215
股份有限公司	Share-holding Corporation Ltd	3796266	80673	4807278
私营企业	Private	11926712	202772	12802426
其他企业	Other	122070		143552
港澳台商投资企业	Enterprises with Funds from Hong Kong, Macao and Taiwan	805405		1545812
外商投资企业	Foreign Funded	594089	18446	670368
个体经营	Individual	4107192	4684	4451973
按国民经济行业分	By sector			
综合零售	Comprehensive retail	11035170	21626	13306526
食品、饮料及烟草制品	Food, drinks and tobacco products	1446877	57	1609086
纺织、服装及日用品	Textile, clothing and household items	1661828	5143	1820335
文化、体育用品及器材	Cultural and sports supplies and equipment	1196771	4651	1426938
医药及医疗器材	Pharmaceutical and medical equipment	1412345	1516	1617267
汽车、摩托车、燃料及零配件	Automobiles, motorcycles, fuel and spare parts	18928785	762900	21061237
家用电器及电子产品	Household appliances and electronic products	3566799	254	3841901
五金、家具及室内装饰材料	Hardware, furniture and interior decoration materials	1468844	10484	1779561
货摊、无店铺及其他	Booth and others	808483	4178	908563

17-16 续表 continued

单位：万元 (10 000yuan)

指 标	Iterm	批发额 Wholesale trade	#出口 Imports	零售额 Retail Trade	年末商品库存额 Inventory (year-end)
总 计	**Total**	**76333884**	**957622**	**51281054**	**9600740**
批发业	**Wholesale Trades**	**72627023**	**896837**	**7616502**	**5078516**
#国有控股	State-ownedand State-holding	31555679	175724	4378629	2472307
按登记注册类型分	By Registration status				
内资企业	Domestic Funded Enterprises	71056144	783133	7407548	5017190
国有企业	State-owned	11770944		230483	1685519
集体企业	Collective-owned	1131483		150992	25104
股份合作企业	Cooperative	4896		1154	71
联营企业	Joint Ownership	13120		2725	7993
有限责任公司	Limited Liability Corporations	40147090	442797	2567519	2000961
股份有限公司	Share-holding Corporation Ltd	7002349	160910	3403475	360351
私营企业	Private	10583485	179426	981342	914228
其他企业	Other	402778		69858	22963
港澳台商投资企业	Enterprises with Funds from Hong Kong, Macao and Taiwan	187839	108048	719	23488
外商投资企业	Foreign Funded	312564	5656	32610	7297
个体经营	Individual	1070475		175626	30541
按国民经济行业分	By sector				
农、林、牧产品	Farming, forestry, animal husbandry products	4381698	70557	183480	1375053
食品、饮料及烟草制品	Food, drinks and tobacco products	16444208	143116	924171	1233584
纺织、服装及家庭用品	Textile, clothing and household items	4358161	153019	272592	460918
文化、体育用品及器材	Cultural and sports supplies and equipment	1386464	59657	81905	130322
医药及医疗器材	Pharmaceutical and medical equipment	8521960	9177	417487	530653
矿产品、建材及化工产品	Minerals, building materials and chemical products	30795500	218563	5076464	961855
机械设备、五金产品及电子产品	Mechanical equipment, metal products and electronic products	5299606	181113	603303	301112
贸易经纪与代理	Trade brokers and agents	21393	18419	563	1477
其他批发业	Others	1418032	43218	56536	83543
零售业	**Retail Trades**	**3706861**	**60785**	**43664552**	**4522224**
#国有控股	State-ownedand State-holding	839739	4620	4908042	234689
按登记注册类型分	By Registration status				
内资企业	Domestic Funded Enterprises	3328062	60785	37375200	4086195
国有企业	State-owned	167537	4591	1055417	63300
集体企业	Collective-owned	392162	1	1794757	93159
股份合作企业	Cooperative	7856		22216	1369
联营企业	Joint Ownership	25029		33819	743
有限责任公司	Limited Liability Corporations	1199973	48213	18251243	2141810
股份有限公司	Share-holding Corporation Ltd	699887	1500	4107391	245774
私营企业	Private	808483	6480	11993943	1525847
其他企业	Other	27136		116415	14192
港澳台商投资企业	Enterprises with Funds from Hong Kong, Macao and Taiwan	1895		1543916	75046
外商投资企业	Foreign Funded	8124		662244	76907
个体经营	Individual	368780		4083192	284075
按国民经济行业分	By sector				
综合零售	Comprehensive retail	750447	1231	12556079	1073930
食品、饮料及烟草制品	Food, drinks and tobacco products	238054	32741	1371032	144387
纺织、服装及日用品	Textile, clothing and household items	243969	9	1576366	139657
文化、体育用品及器材	Cultural and sports supplies and equipment	157415	2235	1269522	173839
医药及医疗器材	Pharmaceutical and medical equipment	299211		1318056	146143
汽车、摩托车、燃料及零配件	Automobiles, motorcycles, fuel and spare parts	1183806	15105	19877432	2235204
家用电器及电子产品	Household appliances and electronic products	460080	3742	3381821	403881
五金、家具及室内装饰材料	Hardware, furniture and interior decoration materials	167682	5609	1611879	147568
货摊、无店铺及其他	Booth and others	206198	113	702365	57615

17-17 各市限额以上批发和零售企业商品购、销、存总额(2014年)

Total Purchases, Sales and Inventory above Designated Size of Wholesale and Retail Trades by City (2014)

单位：亿元 (100 million yuan)

市(县)	City(County)	商品购进额 purchases	商品销售额 Total Sales	批发额 Wholesale trade	零售额 Retail Trade	年末商品库存额 Inventory (year-end)
全省	**Total**	**10979.29**	**12761.49**	**7633.39**	**5128.11**	**960.07**
省辖市	**City**					
郑州市	Zhengzhou	3835.33	4271.63	2808.93	1462.70	279.01
开封市	Kaifeng	298.85	375.57	157.93	217.63	21.91
洛阳市	Luoyang	1036.20	1172.24	664.36	507.88	94.65
平顶山市	Pingdingshan	401.16	559.06	319.98	239.07	59.55
安阳市	Anyang	430.59	509.61	328.11	181.50	22.30
鹤壁市	Hebi	169.07	191.08	146.42	44.66	9.97
新乡市	Xinxiang	419.14	516.32	255.78	260.54	39.01
焦作市	Jiaozuo	232.95	301.15	106.61	194.55	19.26
濮阳市	Puyang	335.12	362.26	188.94	173.32	20.78
许昌市	Xuchang	477.45	561.66	346.85	214.81	38.97
漯河市	Luohe	239.91	312.63	167.90	144.72	12.13
三门峡市	Sanmenxia	283.15	314.69	191.93	122.76	18.28
南阳市	Nanyang	607.45	770.64	490.56	280.08	77.60
商丘市	Shangqiu	440.08	549.52	314.36	235.16	35.62
信阳市	Xinyang	405.34	460.79	233.65	227.14	38.07
周口市	Zhoukou	358.56	407.21	215.07	192.14	78.99
驻马店市	Zhumadian	381.04	429.56	211.78	217.78	53.66
济源市	Jiyuan	85.06	91.42	54.53	36.90	4.61
省直管县	**Province Administrating County**					
巩义市	Gongyi	30.22	36.45	11.86	24.59	2.56
兰考县	Lankao	32.37	35.28	15.01	20.27	2.08
汝州市	Ruzhou	67.47	72.73	56.27	16.46	3.60
滑县	Huaxian	27.65	28.44	17.51	10.93	3.19
长垣县	Changyuan	25.79	30.49	8.40	22.09	3.94
邓州市	Dengzhou	38.76	54.90	37.47	17.42	14.99
永城市	Yongcheng	242.06	260.30	240.36	19.94	1.31
固始县	Gushi	21.94	25.13	6.53	18.60	1.33
鹿邑县	Luyi	28.95	33.36	24.86	8.50	1.00
新蔡县	Xincai	27.61	27.39	11.42	15.97	1.68

17–18 限额以上住宿和餐饮业企业(单位)经营情况(2014年)
Management of Enterprises above Designated Size of Star-rated Hotels and Catering Services (2014)

单位：万元 (10 000 yuan)

指标名称	Item	营业额 Total Business Revenue	客房收入 Guest room Revenue	餐费收入 Meal Revenue	商品销售额 Total Retail Sales of Consumer Goods	其他收入 Other Revenue
总　计	**Total**	**5080500**	**1150466**	**3578272**	**207799**	**143962**
住宿业	**Hotels**	**1811833**	**951594**	**698807**	**70575**	**90857**
按住宿行业小类分	By small kind points					
旅游饭店	Tourist hotel	1078047	521312	443305	41444	71986
一般旅馆	General hotel	686534	402336	240258	27048	16893
其他住宿业	Others	47252	27946	15245	2083	1978
按登记注册类型分	By Registration					
内资企业	Domestic-Funded Enterprises	1493358	743104	610712	59017	80525
国有企业	State-owned	217661	92233	94837	13366	17224
集体企业	Collective-owned	42262	17144	20560	1505	3053
股份合作企业	Cooperative	4319	2513	1505	34	268
联营企业	Joint Ownership					
有限责任公司	Limited Liability Corporations	547081	290410	205382	17473	33816
股份有限公司	Share-holding Corporation Ltd	79329	33498	36824	3655	5352
私营企业	Private	590205	299790	247443	22161	20812
其他企业	Other	12501	7517	4161	823	
港澳台商投资企业	Enterprises With Investment from Hong Kong, Macao and Taiwan	39283	15748	17074	2006	4455
外商投资企业	Enterprises With Foreign Investment	19057	9054	7369	1495	1139
按控股情况分	By Proprietarily System					
国有控股	State-holding	304640	131884	124305	17894	30558
集体控股	Collective-holding	76308	32278	35531	2990	5509
私人控股	Private-holding	941368	488837	383422	33369	35740
港澳台商控股	Hong Kong, Macao and Taiwan-holding	34882	13766	15503	1506	4106
外商控股	Foreign-holding	11799	5420	3801	1439	1139
其他	Others	138079	71793	54103	4845	7337
按经营形式分	By Managing Form					
独立门店	Independent store	1716255	893843	670998	67908	83507
连锁总店(总部)	Chain head office	8659	6324	2085	47	204
连锁门店	Chain store	30471	21187	8054	285	945
其他	Others	56448	30241	17670	2336	6201
按星级分	By Star Points					
五星	Five-star	128862	59054	57338	3635	8835
四星	Four-star	265198	121921	106953	11437	24887
三星	Three-star	345943	151428	156155	16012	22349
二星	Two-star	145990	77563	61666	4304	2458
一星	One-star	12389	7426	4276	535	152
其他	Others	913452	534202	312420	34654	32176

17-18 续表 continued

单位：万元 (10 000 yuan)

指标名称	Item	营业额 Total Business Revenue	客房收入 Guest room Revenue	餐费收入 Meal Revenue	商品销售额 Total Retail Sales of Consumer Goods	其他收入 Other Revenue
餐饮业	**Catering Services**	**3268666**	**198872**	**2879465**	**137224**	**53106**
按餐饮行业小类分	By small kind points					
正餐服务	Dinner	2936887	194796	2579489	127263	35339
快餐服务	Snack	267030	2981	241001	7347	15700
饮料及冷饮服务	Drinks and cold drinks	8075		6828	1075	172
其他餐饮业	Others	56675	1094	52148	1538	1895
按登记注册类型分	By Registration					
内资企业	Domestic-Funded Enterprises	1465830	146416	1241147	48703	29563
国有企业	State-owned	30148	2991	25321	1091	744
集体企业	Collective-owned	13562	2804	10631	124	3
股份合作企业	Cooperative	2885		1379	1241	265
联营企业	Joint Ownership	1483	116	1281	87	
有限责任公司	Limited Liability Corporations	378275	52535	304495	13323	7922
股份有限公司	Share-holding Corporation Ltd	43637	7351	34776	1367	142
私营企业	Private	959198	79380	828403	30967	20448
其他企业	Other	36643	1239	34861	504	39
港澳台商投资企业	Enterprises With Investment from Hong Kong, Macao and Taiwan	23586		21136	1987	464
外商投资企业	Enterprises With Foreign Investment	95834		80200	64	15571
按控股情况分	By Proprietarily System					
国有控股	State-holding	29860	3085	24775	1256	744
集体控股	Collective-holding	26834	3809	20492	2328	204
私人控股	Private-holding	1268219	125769	1076658	39460	26333
港澳台商控股	Hong Kong, Macao and Taiwan-holding	23586		21136	1987	464
外商控股	Foreign-holding	95834		80200	64	15571
其他	Others	106510	10037	89405	5075	1992
按经营形式分	By Managing Form					
独立门店	Independent store	2971048	193017	2619059	128492	30479
连锁总店(总部)	Chain head office	146283	358	128297	2078	15551
连锁门店	Chain store	62508	986	59093	2251	178
其他	Others	88827	4512	73016	4402	6897

17-21 各市限额以上餐饮企业(单位)经营情况(2014年)

Business of Catering Services above Designated Size by City (2014)

单位：万元 (10 000 yuan)

市(县)	City(County)	营业额 Total Business Revenue	客房收入 guest room Revenue	餐费收入 meal Revenue	商品销售额 Total Retail Sales of Consumer Goods	其他收入 other Revenue
省辖市	**City**					
郑州市	Zhengzhou	817127	33442	713171	41550	28964
开封市	Kaifeng	243875	15634	220567	5805	1869
洛阳市	Luoyang	316447	18075	282654	13828	1891
平顶山市	Pingdingshan	181693	1812	166571	11799	1510
安阳市	Anyang	72985	4141	64884	1959	2002
鹤壁市	Hebi	42171	3596	37601	951	22
新乡市	Xinxiang	140579	9116	125124	5721	618
焦作市	Jiaozuo	116756	10275	87802	11828	6852
濮阳市	Puyang	118708	2253	113179	2246	1031
许昌市	Xuchang	182036	11301	160784	7243	2708
漯河市	Luohe	144378	6143	133810	3880	545
三门峡市	Sanmenxia	31432	2964	25120	3180	168
南阳市	Nanyang	196325	23484	167096	4581	1164
商丘市	Shangqiu	72300	7547	60887	3558	307
信阳市	Xinyang	266472	27538	226878	9192	2864
周口市	Zhoukou	148672	5188	138506	4670	308
驻马店市	Zhumadian	167965	16363	146244	5233	126
济源市	Jiyuan	8747		8589		158
省直管县	**Province Administrating County**					
巩义市	Gongyi	49385	1264	45647	1866	608
兰考县	Lankao	15179	2300	12357	497	25
汝州市	Ruzhou	10034	386	7344	2230	75
滑县	Huaxian	9177	910	8265	2	
长垣县	Changyuan	17970	1921	15721	24	304
邓州市	Dengzhou	14776	1167	13524		85
永城市	Yongcheng	12786	1190	11595		
固始县	Gushi	23106	745	20519	1791	51
鹿邑县	Luyi	6142	288	5842	11	
新蔡县	Xincai	15334	2706	12628		

17-22 个体批发和零售业、住宿和餐饮业经营情况(2014年)

Management of Individual Enterprises in Wholesale and Retail Trades, Hotels and Catering Trades (2014)

指 标	Item	户 数 (户) Number of Households (household)	从业人员 (万人) Persons Employed (10 000 persons)	营业额 (亿元) Business Revenue (100 million yuan)	商品销售额 (亿元) Total Sales (100 million yuan)	批发额 Wholesale Trade	零售额 Retail Trade
批发和零售业	**Wholesale and Retail Trades**	**1533496**	**321.14**		**10092.33**	**5316.96**	**4775.38**
#城镇	Urban Area	686299	145.26		7997.73	4080.66	3917.07
乡村	Rural Area	847197	175.78		2094.60	1236.30	858.31
#批发业	Wholesale Trade	254761	58.86		2757.24	2333.79	423.45
零售业	Retail Trades	1278735	262.27		7335.09	2983.17	4351.93
住宿和餐饮业	**Hotels and Catering Trades**	**250505**	**80.44**	**2252.79**			
城镇	Urban Area	140582	48.37	1903.75			
乡村	Rural Area	109923	32.07	349.05			

17-23 限额以上批发和零售、住宿和餐饮法人企业主要财务指标(2014年)

Main Financial Indicators of Enterprises in Wholesale and Retail Trades, Hotels and Catering Trades above Designated Size (2014)

单位：万元 (10 000 yuan)

指 标	Item	批发业 Wholesale	零售业 Retail Sale	住宿业 Accommodation Trade	餐饮业 Catering Trade
期末资产负债	**Assets and Liability(year-end)**				
流动资产合计	Circulating Funds	20717139	12466312	1397693	582958
应收帐款	Accounts receivable	4698360	1351560	206748	57682
存货	Inventory	4666685	3198481	88635	45915
固定资产合计	Total Fixed assets	3361603	2911709	1343773	535068
固定资产原价	Original Value of Fixed Assets	4376040	3846456	2053259	715116
累计折旧	Accumulated Depreciation	1104699	970444	743630	187604
本年折旧	Depreciation of Deducted This Year	172096	213639	110608	41779
在建工程	Project under construction	293259	434504	144928	84296
资产总计	Total Assets	27103426	17886132	3479398	1394790
流动负债合计	Total Flow liabilities	16916919	11925643	1823614	663580
应付账款	Accounts payable	4424364	1817874	194449	106822
非流动负债合计	Total current liabilities	860963	985685	654442	122420
负债合计	Total liabilities	17689101	12857754	2478459	786033
所有者权益合计	Total Creditors'Equity	9535674	5028378	1000940	608757
实收资本	Actual Capital	4681866	3750974	1001424	484756
损益及分配	**Profit and Loss Apportionment**				
营业收入	Business income	71256388	38794810	1478200	1499928
主营业务收入	Main Sales Revenue	71045716	38287921	1461436	1494363
营业成本	Operating costs	64259968	34023359	743471	903167
主营业务成本	Cost of Sales	64055901	33833373	737684	898275
营业税金及附加	Sales Tax and Extra Changes	775792	362214	71968	67559
主营业务税金及附加	Main Sales Tax and Extra Changes	760735	339481	71365	66074
其他业务利润	Other Profits	115555	323108	17455	17730
销售费用	Operating Expenses	1573816	1547360	292551	198101
管理费用	Management Expenses	1274015	1102592	275175	120663
税金	Taxes	60819	63905	16511	8849
财务费用	Financial Expenses	362241	329717	64807	24251
利息收入	Interest income	65207	23345	1681	260
利息支出	Profit Paying	217939	169864	25449	10999
资产减值损失	Loss of asset impairment	38104	10141	430	165
公允价值变动收益	The changes in the fair value	123	1480	207	114
投资收益	Investment income	61622	5615	-2832	724
营业利润	Operating profit	3091488	1491866	30436	195865
营业外收入	Non-operating income	112871	125343	12409	4566
补贴收入	Subsidies income	48881	9607	2517	86
利润总额	Profit total	3184863	1412998	33610	182570
应交所得税	Payable income tax	465828	127317	8315	11702
人工成本及增值税	**Artificial cost and value added tax**				
应付职工薪酬	Deal with worker firewood	1007369	1183557	274397	200415
应交增值税	VAT payable	960959	511632	7546	6050

17-24 各市限额以上批发和零售法人企业主要财务指标(2014年)

Main Economic Indicators of Enterprises in Wholesale and Retail Trades above Designated Size by City (2014)

单位：万元 (10 000 yuan)

市(县) City(County)	流动资产合计 Circulating Funds	#存货 Inventory	固定资产原价 Fixed Asset	资产总计 Original Values of Fixed Asset	所有者权益 Total Assets	主营业务收入 Main Sales Revenue	主营业务成本 Cost of Main Sales
省辖市 City							
郑州市 Zhengzhou	13297930	2458826	1663745	16627483	3587482	35979407	33117747
开封市 Kaifeng	667576	179683	464627	1198964	670965	3573434	2887317
洛阳市 Luoyang	3200580	638089	530394	4012747	832429	10143469	9313346
平顶山市 Pingdingshan	2329335	492628	534586	2991572	985419	5776411	5253884
安阳市 Anyang	1262972	229079	330191	1800102	567332	4904029	4504819
鹤壁市 Hebi	402128	127016	106092	524808	188925	1682717	1569408
新乡市 Xinxiang	1320046	359763	380260	1786098	588593	4710485	4260870
焦作市 Jiaozuo	662959	159491	202218	916881	278855	2360666	2077006
濮阳市 Puyang	472978	146401	230294	883708	492161	2675313	2435571
许昌市 Xuchang	1373458	319270	589498	2026818	818599	4786477	4007674
漯河市 Luohe	448776	150896	286645	780123	422891	2774502	2369438
三门峡市 Sanmenxia	557499	183989	204677	806768	361802	2772907	2453322
南阳市 Nanyang	2662611	845163	732658	3576085	1505921	7307052	6308837
商丘市 Shangqiu	1322432	337497	350244	1900453	808106	7009201	6502232
信阳市 Xinyang	826985	238623	645377	1556294	967229	4166570	3450488
周口市 Zhoukou	1262831	711929	538306	1939300	769762	4040341	3333534
驻马店市 Zhumadian	877158	234720	383152	1368971	619906	3819872	3268130
济源市 Jiyuan	235197	52104	49533	292384	97674	850783	775652
省直管县 Province Administrating County							
巩义市 Gongyi	50948	13169	19074	74976	25858	215950	187131
兰考县 Lankao	82405	28132	80721	178455	122865	297134	212958
汝州市 Ruzhou	174045	60479	69820	258286	109889	641972	569170
滑县 Huaxian	69301	27604	38063	112467	65735	241608	201545
长垣县 Changyuan	124306	46276	78981	211775	102418	231233	200269
邓州市 Dengzhou	322807	159598	84810	397086	152236	508578	447950
永城市 Yongcheng	244937	31632	29114	279100	80503	2207548	2164652
固始县 Gushi	63877	32137	60118	130606	80359	230421	191540
鹿邑县 Luyi	140551	78929	84128	239615	156646	336466	262199
新蔡县 Xincai	37279	12948	22007	58939	34353	193297	154260

17-24 续表 continued

单位：万元 (10 000 yuan)

市(县) City(County)	主营业务税金及附加 Main Sales Tax and Extra Changes	销售费用 Marketing Expenses	管理费用 Management Expenses	财务费用 Finance Charge	营业利润 Profits of Main Sales	利润总额 Total Profits	本年应缴增值税 Increment Value Tax Payable
省辖市 City							
郑州市 Zhengzhou	150742	1068175	630096	213508	1033164	1040339	336395
开封市 Kaifeng	59445	114733	89192	22639	417377	395445	72769
洛阳市 Luoyang	62395	321004	191662	84789	193555	188318	86156
平顶山市 Pingdingshan	44585	157539	132536	45691	155650	159545	115466
安阳市 Anyang	61444	92060	76721	21033	173225	261664	71316
鹤壁市 Hebi	17820	26309	28639	11850	29335	32733	11224
新乡市 Xinxiang	41445	117778	102921	33175	169695	165816	70073
焦作市 Jiaozuo	23781	71072	64953	20749	111150	108647	30024
濮阳市 Puyang	24218	48577	42998	10396	112931	89019	25606
许昌市 Xuchang	58699	179150	158188	47322	329175	341985	80849
漯河市 Luohe	52125	73497	54470	5714	222649	223292	50994
三门峡市 Sanmenxia	49339	80079	61960	13939	118099	117093	61051
南阳市 Nanyang	120425	238594	211852	40773	391941	371509	142320
商丘市 Shangqiu	60297	115036	116111	12588	218172	215940	104799
信阳市 Xinyang	96781	135897	139636	47184	343688	324188	69756
周口市 Zhoukou	109120	149245	141932	35898	279175	278857	53515
驻马店市 Zhumadian	61574	112889	113348	19317	254270	252416	83316
济源市 Jiyuan	5983	19542	19393	5392	30104	31056	6969
省直管县 Province Administrating County							
巩义市 Gongyi	2754	3209	6791	1695	14247	12703	3510
兰考县 Lankao	9617	13692	11137	6336	40828	39410	11663
汝州市 Ruzhou	5887	13483	8468	4803	39668	38990	11207
滑县 Huaxian	2607	6823	6498	1144	23503	22409	440
长垣县 Changyuan	1894	6466	6859	3656	12580	12919	12768
邓州市 Dengzhou	6920	13841	19920	2858	17111	17457	19031
永城市 Yongcheng	2661	11997	9329	1672	20056	16495	9871
固始县 Gushi	6476	10299	6886	1594	13655	13387	3042
鹿邑县 Luyi	7208	17511	12138	7363	29533	29107	3712
新蔡县 Xincai	1814	5872	7945	2188	21082	21115	3775

17-25 各市限额以上住宿和餐饮法人企业主要财务指标(2014年)

Main Economic Indicators of Enterprises in Hotels and Catering Services above Designated Size by City (2014)

单位：万元 (10 000 yuan)

市(县)	City(County)	流动资产合计 Circulating Funds	#存货 Inventory	固定资产原价 Original Values of Fixed Asset	资产总计 Total Assets	所有者权益 Total Creditors' Equity	#实收资本 Actual Capital	主营业务收入 Main Sales Revenue
省辖市	**City**							
郑州市	Zhengzhou	761515	35467	807528	1561494	294587	384820	667751
开封市	Kaifeng	60455	5164	177652	223718	136475	102038	256516
洛阳市	Luoyang	216945	10798	270183	449607	117114	158932	202759
平顶山市	Pingdingshan	92145	7048	195354	292959	121085	104093	181745
安阳市	Anyang	27052	2745	81548	113692	48180	20650	71435
鹤壁市	Hebi	5680	674	14698	21290	10225	8588	31759
新乡市	Xinxiang	102162	6077	91652	202579	72937	74694	107229
焦作市	Jiaozuo	87771	7109	114857	190901	39954	39437	84365
濮阳市	Puyang	54579	1176	41722	96153	51207	45066	40003
许昌市	Xuchang	127973	5552	134152	344163	147544	100067	162411
漯河市	Luohe	23328	1644	41720	63822	29231	21428	107611
三门峡市	Sanmenxia	25783	2922	52420	67657	16209	23809	54545
南阳市	Nanyang	111921	7507	244684	433669	118491	110245	235239
商丘市	Shangqiu	43856	2159	52122	104299	44862	33505	77451
信阳市	Xinyang	119686	9339	214251	318315	134284	98515	223850
周口市	Zhoukou	43851	7974	84511	127064	83940	65879	192242
驻马店市	Zhumadian	62373	19532	126374	228240	130025	87735	245976
济源市	Jiyuan	13576	1665	22947	34566	13347	6680	12911
省直管县	**Province Administrating County**							
巩义市	Gongyi	6154	1479	23768	31492	13606	8194	15700
兰考县	Lankao	4400	1220	29330	32347	25966	16875	14410
汝州市	Ruzhou	8239	93	4464	12075	7816	9255	3642
滑县	Huaxian	382	82	8192	8327	-11	270	1282
长垣县	Changyuan	12867	1401	18523	37901	20858	18032	15508
邓州市	Dengzhou	1457	214	7750	13986	9852	8378	6409
永城市	Yongcheng	2571	416	3081	5126	2700	1631	14184
固始县	Gushi	8999	853	20919	28325	10906	9693	27538
鹿邑县	Luyi	1047	195	1316	2913	2271	708	12574
新蔡县	Xincai	1753	642	3706	4916	3491	2890	16768

17-29 各种分组的住宿餐饮业连锁企业主要指标(2014年)

Basic Conditions of Chain Hotels and Catering Services Enterprise By variety of Group (2014)

指标名称	Item	客房数(间) Number of (Rooms)	床位数(个) Number of (Beds)	餐位数(位) Meal digits (unit)	营业额(万元) Bussiness revinue (10 000yuan)	餐费收入(万元) From Meals (10 000yuan)
总　计	**Total**	**3130**	**5890**	**30756**	**124844**	**113330**
按登记注册类型分	By Status of Registration					
内资企业	Domestic Funded Enterprises	3130	5890	14156	34931	23417
有限责任公司	Limited Liability Corporations	2780	5210	4078	23095	12059
私营企业	Private	350	680	10078	11836	11358
私营独资企业	proprietorship			658	2305	2305
私营有限责任公司	Limited Liability Corporations	350	680	9420	9531	9053
外商投资企业	Foreign Funded			16600	89913	89913
按国民经济行业分	By Sector					
住宿业	Hotels	2840	5290	918	12231	1188
旅游饭店	Tourist hotel	230	380	50	366	1
一般旅馆	General hotel	2610	4910	868	11865	1187
餐饮业	Catering Services	290	600	29838	112613	112142
正餐服务	Restaurant	290	600	12538	21620	21149
快餐服务	Fast food			16600	89913	89913
小吃服务	Snack			700	1080	1080

17-30 成品油批发企业能源商品购进、销售与库存(2014年)

Purchases, Sales and Inventory energy Commodity of Wholesale Finished Product oil Enterprises (2014)

单位：吨 (ton)

能源品种	energy name	期初库存量 Inventory (year-early)	累计购进量 Total Purchases	#购自省外 From Other Province	累计销售量 Total Sales	#售予省内批发和零售企业 To Wholesale and Retail	期末库存量 Inventory (year-end)
汽油	Gasoline	179965	5460459	2411543	5542169	902122	1661969
#93″	93″	157425	4117326	2072143	4493260	874885	1404808
柴油	Diesel oil	282396	9846759	4809862	9836208	1847123	3413850
#0″	0″	280122	9021122	4615759	8982787	1693348	3213081
煤油	Kerosene	21043	137382	137382	130815	125109	
润滑油	Lubricating oil	36	102	22	106	12	94

17-31 亿元以上商品交易市场情况

Statistics on Commodity Exchange Market of Turnover above 100 million yuan

类别	Type	2013		2014	
		摊位数量(个) Number of Booths (Unit)	成交额(亿元) Total Turnover (100 million yuan)	摊位数量(个) Number of Booths (Unit)	成交额(亿元) Total Turnover (100 million yuan)
总　计	**Total**	**126507**	**2726.26**	**126925**	**3114.99**
粮油、食品类	Food	32947	1064.51	33342	1293.91
#粮油类	Grain,Edible Oil,Fruits,Vegetables	3804	111.93	3679	199.63
肉禽蛋类	Meat,Poultry and Eggs	2266	44.88	2282	37.81
水产品类	Aquatic Products	4570	77.76	4360	189.70
蔬菜类	Vegetables	13942	453.55	14567	496.82
干鲜果品类	Dried and Fresh Melons and Fruits	7302	358.40	7250	364.74
饮料类	Beverages	1950	31.60	1730	30.77
烟酒类	Tobacco and Liquor	2157	15.33	2104	21.51
服装、鞋帽、针纺织品类	Garments,Footwears,Hats,Kintwear and Textiles	38462	234.53	38635	256.91
服装类	Clothing	24311	154.92	23930	164.60
鞋帽类	Shoes and Hats	6395	40.04	6681	49.24
针纺织品类	Knitwear and Textiles	7756	39.57	8024	43.08
化妆品类	Cosmetics	4228	15.10	4155	15.25
金银珠宝类	Gold,Silver and Fewelry	167	9.70	215	9.95
日用品类	Articles for Daily Use	4505	35.28	5718	39.16
儿童玩具类	Childern toys	1440	7.69	1816	8.71
五金、电料类	Hardware and Electrical Materials	3409	69.91	4025	72.49
体育、娱乐用品类	Sports & Recreation Articles	810	6.03	790	5.54
书报杂志类	Newspapers and Magazines	777	14.40	734	14.37
电子出版物及音像制品类	E-journals and Video Products	759	3.90	723	3.84
家用电器和音像器材类	Household Appliances and Video Appliances	2835	48.44	1904	54.27
中西药品类	Traditional Chinese and Western Medicines	2951	27.69	2946	37.39
#西药类	Western Medicines	169	0.52	152	0.59
中草药及中成药类	Traditional Chinese l Medicines	2770	27.12	2778	36.76
文化办公用品类	Cultural and Official Appliances	4177	35.99	4084	30.50
家具类	Furniture	2360	33.42	2444	53.17
通讯器材类	Communication Appliances	627	34.89	641	34.92
煤炭及制品类	Coal and Related Products	98	0.17	85	0.14
木材及制品类	Wood and Wooden Products	348	20.74	253	20.62
石油及制品类	Petroleum and Related Products	989	10.11	981	10.09
化工材料及制品类	Chemical Materials and Related Products	522	3.71	579	5.68
#化肥类	Fertilizers	196	2.28	443	5.27
金属材料类	Metals Materials	2637	544.55	3298	633.65
建筑及装潢材料类	Building and Decoration Materials	5737	164.13	6558	195.76
机电产品及设备类	Mechanical & Electrical Products	1160	10.75	1268	12.02
#农机类	Agricultural Machineries	339	6.41	324	7.63
汽车类	Automobiles	3932	160.39	1976	147.67
种子饲料类	Seeds and Feedstuff	830	6.41	562	4.46
棉麻类	Cotton and Hemp	134	5.96	115	5.88
其他类	Others	6999	98.64	7060	105.08

17-32 各市亿元以上商品交易市场情况
Statistics on Commodity Exchange Market of Turnover above 100 million yuan by City

市(县) City(County)	2013		2014	
	摊位数量(个) Number of Booths (Unit)	成交额(亿元) Total Turnover (100 million yuan)	摊位数量(个) Number of Booths (Unit)	成交额(亿元) Total Turnover (100 million yuan)
省辖市 City				
郑州市 Zhengzhou	41291	980.40	39203	1205.77
开封市 Kaifeng	5362	30.95	4538	30.75
洛阳市 Luoyang	15887	273.18	13422	285.20
平顶山市 Pingdingshan	2221	13.43	2752	22.78
安阳市 Anyang	3404	22.67	3269	25.39
鹤壁市 Hebi	938	21.08	471	21.02
新乡市 Xinxiang	4991	74.23	4937	90.01
焦作市 Jiaozuo	1962	3.13	1601	2.67
濮阳市 Puyang				
许昌市 Xuchang	6766	393.98	7349	511.44
漯河市 Luohe	4618	26.36	4532	28.63
三门峡市 Sanmenxia	778	12.40	779	7.99
南阳市 Nanyang	15050	216.84	13436	209.68
商丘市 Shangqiu	7846	380.99	8068	431.18
信阳市 Xinyang	2206	15.95	6582	24.90
周口市 Zhoukou	4963	138.08	6013	138.18
驻马店市 Zhumadian	6003	56.75	6088	62.92
济源市 Jiyuan	4819	14.54	3885	16.48
省直管县 Province Administrating County				
巩义市 Gongyi				
兰考县 Lankao				
汝州市 Ruzhou	42	1.39	42	1.29
滑县 Huaxian				
长垣县 Changyuan	290	3.30	290	4.84
邓州市 Dengzhou	2719	29.08	2768	33.15
永城市 Yongcheng	936	7.18	936	8.04
固始县 Gushi	4411	5.64	4458	6.19
鹿邑县 Luyi				
新蔡县 Xincai	484	4.70	484	5.27

主要统计指标解释

社会消费品零售总额 指企业（单位、个体户）通过交易直接售给个人、社会集团非生产、非经营用的实物商品金额，以及提供餐饮服务所取得的收入金额。个人包括城乡居民和入境人员，社会集团包括机关、社会团体、部队、学校、企事业单位、居委会或村委会等。

批发业 指向其他批发或零售单位（含个体经营者）及其他企事业单位、机关团体等批量销售生活用品、生产资料的活动，以及从事进出口贸易和贸易经纪与代理的活动，包括拥有货物所有权，并以本单位(公司)的名义进行交易活动，也包括不拥有货物的所有权，收取佣金的商品代理、商品代售活动；还包括各类商品批发市场中固定摊位的批发活动，以及以销售为目的的收购活动。

零售业 指百货商店、超级市场、专门零售商店、品牌专卖店、售货摊等主要面向最终消费者（如居民等）的销售活动，以互联网、邮政、电话、售货机等方式的销售活动，还包括在同一地点，后面加工生产，前面销售的店铺（如面包房）；谷物、种子、饲料、牲畜、矿产品、生产用原料、化工原料、农用化工产品、机械设备（乘用车、计算机及通信设备除外）等生产资料的销售不作为零售活动；多数零售商对其销售的货物拥有所有权，但有些则是充当委托人的代理人，进行委托销售或以收取佣金的方式进行销售。

批发和零售业商品购进、销售、库存额 指各种登记注册类型的批发和零售业企业(单位)以本企业(单位)为总体的，从国内、国外市场购进的商品总量，销售和出口的商品总量，库存的商品总量等情况。该指标可以反映商品流转过程中商品的购进、销售、库存之间的比例关系和存在的问题。

商品购进额 指从本企业以外的单位和个人购进（包括从国外直接进口）作为转卖或加工后转卖的商品金额（含增值税）。商品购进包括：(1）从工农业生产者、批发和零售业企业、住宿和餐饮业企业、出版社或报社的出版发行部门和其他服务业企业购进的商品；(2）从机关团体、事业单位购进的商品；(3）从海关、市场管理部门购进的缉私和没收的商品；(4）从居民收购的废旧商品等。不包括：(1）企业为本单位自身经营用，不是作为转卖而购进的商品，如材料物资、包装物、低值易耗品、办公用品等；(2）未通过买卖行为而收入的商品，如接受其他部门移交的商品、借入的商品、收入代其他单位保管的商品、其他单位赠送的样品、加工回收的成品等；(3）经本单位介绍，由买卖双方直接结算，本单位只收取手续费的业务；(4）销售退回和买方拒付货款的商品；(5）商品溢余。

商品销售额 指对本单位以外的单位和个人出售的商品金额（包括售给本单位消费用的商品，含增值税）。商品销售包括(1）售给城乡居民和社会集团消费用的商品；(2）售给农业、工业、建筑业、服务业等国民经济各行业用于生产、经营用的商品，包括售予批发和零售业作为转卖或加工后转卖的商品；(3）对国（境）外直接出口的商品。不包括：(1）未通过买卖行为付出的商品，如随机构变动移交给其他企业单位的商品、借出的商品、归还受其他单位委托代保管的商品、付出的加工原料和赠送给其他单位的样品等；(2）经本单位介绍，由买卖双方直接结算，本单位只收取手续费的业务；(3）购货退回的商品；(4）商品损耗和损失；(5）出售本单位自用的废旧物资。

商品库存额 对于批发和零售业法人单位和个体经营户，是指报告期末取得所有权的全部商品金额（含增值税）；对于批发和零售业产业活动单位，是指报告期末实际在库且归属法人具有所有权的全部商品金额（含增值税）。库存商品包括：(1)存放在本单位(如门市部、批发站、采购站、经营处)的仓库、货场、货柜和货架中的商品；(2)挑选、整理、包装中的商品；(3)已记入购进而尚未运到本单位的商品，即发货单或银行承兑凭证已到而货未到的商品；(4)寄放他处的商品，如因购货方拒绝付款而暂时存在购货方的商品；(5)委托其他单位代销(未作销售或调出)尚未售出的商品；(6)代其他单位购进尚未交付的商品。不包括：所有权不属于本单位的商品；委托外单位加工的商品；外贸企业代理其他单位从国外进口，尚未付给订货单位的商品；代国家储备部门保管的商品。

连锁总店（总部） 指负责连锁企业资源（商号、商誉、经营模式、服务标准、管理模式等等）的开发、配置、控制或使用等功能的企业核心管理机构。连锁经营是指经营同类商品或服务，使用统一商号的若干店铺，在同一总店（总部）的管理下，采取统一采购或特许经营等方式，实现规模效益的组织形式，包括直营连锁、特许连锁和自愿连锁三种形式。其中，直营连锁是指连锁店铺由连锁公司全资或控股开设，在总部的直接控制下，开展统一经营的连锁经营形式；特许连锁是指拥有注册商标、企业标志、专利、专有技术等经营资源的企业（特许人），以合同形式将其拥有的经营资源许可其他经营者（被特许人）使用，被特许人按合同约定在统一的经营模式下开展经营，并向特许人支付特许经营费用的连锁经营形式；自愿连锁是指若干个店铺或企业自愿组合起来，在不改变各自资产所有权关系的情况下，以同一个品牌形象面对消费者，以共同进货为纽带开展的连锁经营形式。

亿元以上商品交易市场 指年成交额在亿元及以上的商品交易市场。商品交易市场是指经有关部门和组织批准设立，有固定场所、设施，有经营管理部门和监管人员，若干市场经营者入内，常年或实际开业三个月以上，集中、公开、独立地进行生活消费品、生产资料等现货商品交易以及提供相关服务的交易场所，包括各类消费品市场、生产资料市场等。

住宿业 指为旅行者提供短期留宿场所的活动，有些单位只提供住宿，也有些单位提供住宿、饮食、商务、娱乐一体的服务，不包括主要按月或按年长期出租房屋住所的活动。

餐饮业 指通过即时制作加工、商业销售和服务性劳动等，向消费者提供食品和消费场所及设施的服务。

营业额 指住宿和餐饮业单位在经营活动中因提供服务或销售商品等取得的收入。包括：客房收入、餐费收入、商品销售额（含增值税）和其他收入。其中，客房收入指住宿和餐饮业单位在经营活动中因提供住宿服务取得的收入。餐费收入指本单位为顾客提供就餐服务取得的收入，包括：经烹饪、调制加工后出售的各种食品，如主食、炒菜、凉拌菜等的收入。

Explanatory Notes on Main Statistical Indicators

Total Retail Sales of Consumer Goods refer to the amount obtained by enterprises (units, self-employed individuals) through direct sales of non-production and non-business physical commodity to individuals, social institutions, and revenue from providing catering services. Individuals include rural and urban households, population from abroad, social institutions include government agencies, social organizations, military units, schools, institutions, neighbourhood (village) committees.

Wholesale Trade refers to the activities of selling wholesale commodities for daily use and capital goods to enterprises of wholesale and retail trades (including self-employed individuals) and other enterprises, institutions and government organs and organizations, and the activities of engaging in import and export and acting as a trade agent. The wholesaler may have the ownership of the commodities for wholesale and trade in the name of its own (a company), and the wholesaler can act as commission agent or commodity broker without the ownership of commodities. Also included are the wholesale activities at the fixed stalls in wholesale market and the acquisition for sales purpose.

Retail Trade refers to the activities of department store, supermarket, franchised store, brand store, retail stall and on-the-spot-making-selling store selling commodities to the final consumers (residents) by any means including internet, post, telephone, sales machine. It also includes shops with sales and production localted in the same places (such as bakeries). Retail trade excludes the activities of sales of capital goods such as grain, seed, feed, livestock, mineral products, raw material for production, industrial chemicals, chemical products for agricultural use, machine and equipment (excluding vehicles, computers and communication equipment). Most retailers have the ownership of commodities to sell, but some are acting as agents or brokers to make transactions for a commission.

Purchase, Sales and Stock of Commodities by Wholesale and Retail Trades refer to the total volume of commodities purchased, total volume of sales and exports, and the stock of commodities by wholesale and retail enterprises (establishments) of different status of registration from domestic and overseas markets. This indicator reflects the relationship among purchase, sales and stock of commodities in the circulation of goods and reveals the existing problems.

Total Purchases of Commodities refer to the total value of purchases of commodities by enterprises (establishments) from other establishments or individuals (including direct import from abroad) for the purpose of re-selling, either with or without further processing of the commodities purchased. The commodities include: (1) commodities purchased from agricultural and industrial producer, wholesaler, retailer, publishing house and other service business; (2) commodities purchased from institutions and government departments; (3) confiscated goods purchased from the customs authorities or market management agencies; (4) second-hand goods and wastes purchased from residents; The commodities exclude (1) commodities purchased by enterprises (establishments) for use in their own business operation, commodities obtained without buying or selling procedures such as materials, consumable goods of low value, office appliance, etc. (2) received goods without trading, such as goods handed over from others, borrowed goods, preserved goods for others, donated goods from others, processed and retrieved goods, etc. (3) goods of direct settlement between buyer and seller with handling fees introduced by others, (4) goods returned or refused to pay by the buyer, (5) excessive goods.

Total Sales of Commodities refer to value of commodities sold by the establishments to other establishments and individuals (including goods sold for self consumption, including the value-added tax). The commodities include: (1) commodities sold to urban and rural residents and social groups for their consumption; (2) commodities sold to establishments in all industries for their production and operation, including agriculture, industry, construction, and catering services including commodities sold to wholesale and retail establishments for re-selling, with or without further processing; and (3) commodities for direct export to abroad. Excluded are (1) extended commodities without trading, such as goods handed over to other enterprises and institutions because of the change of organizations, lent goods, returned goods preserved for others, extended processing materials and samples donated to others, (2) goods of direct settlement between buyer and seller with handling fees introduced by others, (3) goods returned after purchase, (4) damaged and spoiled goods, (5) waste and used goods of self use,

Total Stock of Commodities For the legal entities and self-employed individuals engaged in wholesale and retail trade, it refers to total value (including VAT) of commodities possessed at the end of the reference period; and for wholesale and retail establishments, it refers to the value (including VAT) of all commodities actually in stock and owned by their legal persons at the end of reference period. The commodities in stock includes: (1) commodities located in storage, garages, counters, and shelves of operating places of wholesale and retail trades (such as sale stores, wholesale centres, procurement stations and operating offices); (2) commodities in the process of being selected, sorted, and packed; (3) commodities not arrived but recorded as purchase in the account, i.e. commodities not arrived but payment receipts for the commodities from the sellers or the banks arrived; (4) commodities deposited in other places rather than places mentioned above, for instance: commodities in the hold of purchasers temporarily due to the refusal of payment; (5) commodities entrusted to other units to sell but not sold yet; (6) commodities purchased for other units but not delivered yet. Commodities not included as stock are those not owned by the enterprises (units), commodities on commission for processing, imported commodities of agency of foreign trade enterprise but not yet delivered to ordering units and finally those put in stock on behalf of the state reserves units.

Chain Head Stores (headquarter) refer to the core leading stores responsible for development, allocation, administration and utilization of resources (name of stores, brand of stores, operation model, service standard, management way, etc.) of chain stores. Chain stores refers to the stores engaged in providing homogeneous commodities or services, with the central leadership of head store (headquarters) and guided by common policies, conduct centralized purchase and distributed selling of commodities, in order to gain better efficiency through standardized operation. The chain stores include regular chain stores, franchise chain stores and voluntary chain stores.

Regular Chain store refers to chain stores that are invested or controlled by the headquarters. They operate under direct and unified management from the headquarters.

Franchise chain store refers to the chain stores (franchisees) which are franchised with operation resources such as trade marks, names, patent and operation know-how by the franchisors in form of contract and pay the operation fees to the franchisors.

Voluntary chain store refers to the stores operate jointly on the voluntary bases while maintaining their status of independent legal entities with full ownership of their assets. They sell goods of same brand from same channel of resource to the consumers.

Large Commodity Markets with Transaction Value over 100 Million Yuan refers to the commodity markets with an annual transaction at and above 100 million. The commodity market refers to the markets approved and managed by related departments, where there are fixed sites, facilities, managers and administration offices, where there are a certain number of traders to operate for three month and above or all the year, where the commodities including the articles for daily consumption and capital goods and services are traded in a centralized, independent and open way. Such market includes markets of daily goods and market of capital goods, etc.

Hotel Services refer to the accommodation services provided to visitors. Some units may provide only accommodation while others provide a combination of accommodation, meals, business services and/or recreational facilities. It excludes activities related to the provision of long-term primary residences in facilities such as apartments typically leased on a monthly or annual basis.

Catering Services refer to the activities of providing foods, serving locations and facilities to customers through instant processing, commercial sales and service-type labor.

Business Revenue refers to revenue of hotels and catering services received from providing services or selling commodities through business activities, including income from hotels, from catering services, from selling of commodities (including VAT) and from other services. Income from hotels refers to income of hotels and catering services by providing lodging services through business activities. Income from catering services refers to income from providing catering services, including selling of cooked or prepared foods, such as staple food, cooked dishes, or cold dishes.

金融业
Financial Intermediation

18

● 资料整理：赵国顺

简要说明

一、主要内容

本篇包括金融机构、证券业、保险业和国债发行情况资料。

二、资料来源

金融机构和国债发行情况资料来源于中国人民银行郑州中心支行。证券业资料来源于河南证监局。保险业资料来源于河南保监局。本篇资料由河南省统计局国民经济核算处编辑整理。

Brief Introduction

I. Main Contents

Data in this chapter including four aspects: the financial activities of the financial institutions; the situations of the securities industry; the situation regarding the insurance business and the situation regarding the issuance of treasury bonds.

II. Sources of Data

Data on financial institutions and issuance of treasury bonds are calculated from The People's Bank of China and Zhengzhou Central Sub-branch. Data on securities industry are calculated from Henan provincial Securities Regulatory Commission. Data on insurance business are calculated from Henan provincial Insurance Regulatory. Data on this chapter are provided of Department of National Accounts of the Henan provincial Bureau of Statistics.

18-1 金融机构和保险业主要指标

Main Indicators of Banking and Insurance

单位：亿元 (100 million yuan)

年份 Year	各项存款年底余额 Total Saving Deposit Balance	各项贷款年底余额 Total Loan Balance	#短期 Short-term	#中长期 Medium-term & Long-term	城乡居民储蓄存款年底余额 Urban and Rural Savings Deposits	保险公司保费收入 Premium Income of Insarance Companies	保险公司赔款及给付 Claim & Payment of Insarance Companies
1978	45.71	99.99			9.81		
1979	52.00	108.14			12.97		
1980	57.77	125.01			19.44		
1981	68.45	146.42			26.90		
1982	74.08	153.73			32.83		
1983	88.10	174.83			45.59		
1984	136.84	229.88			64.35		
1985	146.42	284.91			84.23		
1986	184.66	350.21			115.03		
1987	231.71	392.32			167.88		
1988	270.67	447.99			209.33		
1989	329.01	511.90			276.34		
1990	593.96	773.04			376.12	6.57	3.18
1991	754.03	945.90			484.84	8.47	4.49
1992	936.04	1127.26			595.39	13.65	5.46
1993	1143.66	1366.98			766.57	18.48	7.55
1994	1602.95	1704.82			1085.80	21.03	11.89
1995	2131.69	2170.17			1456.35	25.57	11.47
1996	2707.65	2665.41			1855.28	26.87	15.23
1997	3271.76	3320.89			2243.00	34.84	16.02
1998	3772.51	3878.53			2657.23	44.92	17.78
1999	4198.10	4179.51			2940.08	47.89	15.83
2000	4753.41	4356.94	3114.58	1057.50	3182.08	55.77	17.30
2001	5530.16	4885.73	3336.16	1447.99	3634.50	69.57	21.85
2002	6451.59	5553.58	3673.39	1702.63	4202.57	126.22	22.68
2003	7618.03	6422.66	4025.08	2138.16	4919.09	162.98	27.53
2004	8631.79	7092.31	4200.53	2487.19	5607.30	202.05	33.84
2005	10003.96	7434.53	4088.16	2736.63	6488.55	213.55	38.16
2006	11492.55	8567.33	4731.54	3259.90	7367.37	252.31	50.98
2007	12576.42	9545.48	5213.08	3800.96	7812.24	323.56	100.88
2008	15255.42	10368.05	5180.84	4302.41	9515.82	518.92	128.77
2009	19175.06	13437.43	6016.17	6066.05	11207.40	565.39	148.23
2010	23148.83	15871.32	6995.81	7806.31	12883.70	793.28	153.91
2011	26646.15	17506.24	8273.66	8690.17	14648.43	839.82	171.14
2012	31970.43	20301.72	9977.52	9608.35	17528.08	841.13	199.55
2013	37591.70	23511.41	11823.35	11029.60	20232.12	916.52	279.75
2014	41374.91	27228.27	12801.98	13625.90	22417.16	1036.08	324.03

注：1. 各项存款、贷款年底余额1989年及以前为国家银行口径，1990年以后为金融机构口径。

2. 城乡居民储蓄存款年底余额1986年以前为国家银行口径，1986-1989年含城市、农村信用社，1990年开始为金融机构口径。

a)The balance of various Deposits and loans before 1998 is measured by statistics of state-owned banks,otherwise,after 1990,it is evaluated by datum from financial institutions.

b)The balance of Urban and rural saving deposits is measured by statistics of state-owned banks before 1986, between 1986 to 1989,it includes both rural and urban credit cooperatives,but after 1989, it is evaluated by datum from financial institations.

18-4 各市金融机构贷款年底余额

Loans of Financial Institution by City

单位：亿元 (100 million yuan)

市(县)	City(County)	2013	#短期 Short-term	#中长期 Medium-term & Long-term	2014	#短期 Short-term	#中长期 Medium-term & Long-term
省辖市	**City**						
郑州市	Zhengzhou	9342.31	3385.75	5802.93	10868.35	3616.68	7035.76
开封市	Kaifeng	699.42	309.23	354.93	864.41	392.99	436.92
洛阳市	Luoyang	1965.98	1095.54	701.68	2299.96	1205.85	914.41
平顶山市	Pingdingshan	1060.61	577.56	449.76	1242.31	702.41	490.42
安阳市	Anyang	753.21	466.67	255.60	878.83	506.74	328.25
鹤壁市	Hebi	389.57	217.99	159.76	438.34	246.02	184.67
新乡市	Xinxiang	1037.76	578.18	447.46	1175.07	609.44	543.52
焦作市	Jiaozuo	773.40	456.22	283.55	853.98	452.86	361.94
濮阳市	Puyang	379.05	215.77	154.69	461.36	231.37	211.60
许昌市	Xuchang	999.23	687.62	280.51	1166.20	764.26	370.84
漯河市	Luohe	343.92	215.32	126.41	420.18	254.25	160.98
三门峡市	Sanmenxia	548.16	322.50	202.17	587.04	319.21	234.75
南阳市	Nanyang	1326.19	893.93	380.90	1552.53	1016.75	475.49
商丘市	Shangqiu	833.41	473.67	346.79	1007.19	577.73	406.65
信阳市	Xinyang	909.49	531.02	363.00	1107.74	608.88	480.51
周口市	Zhoukou	703.71	437.78	261.50	818.34	476.94	334.76
驻马店市	Zhumadian	757.68	443.83	309.54	939.35	510.92	422.03
济源市	Jiyuan	197.98	138.64	59.18	209.75	135.51	73.14
省直管县	**Province Administrating County**						
巩义市	Gongyi	156.61	100.32	55.71	169.36	111.60	56.74
兰考县	Lankao	44.77	23.40	21.37	61.99	30.84	31.15
汝州市	Ruzhou	116.75	87.05	27.87	131.14	86.51	44.43
滑县	Huaxian	79.72	48.53	31.18	91.91	49.60	42.31
长垣县	Changyuan	139.00	85.34	53.31	147.97	83.19	63.97
邓州市	Dengzhou	95.87	75.76	18.39	120.32	88.79	30.93
永城市	Yongcheng	204.83	83.04	119.15	222.37	92.96	127.76
固始县	Gushi	101.13	77.40	23.73	135.64	94.62	41.02
鹿邑县	Luyi	76.71	52.31	24.40	89.10	56.90	32.20
新蔡县	Xincai	43.25	26.11	17.13	59.03	31.76	27.26

18-5 中小型银行信贷收支情况(2014年)

Deposits and Loans of Stock-holding System Commercial Banks (2014)

单位：亿元 (100 million yuan)

项目	Item	年末余额 绝对数 Absolute Value	年末余额 比重(%) Proportion (%)	比年初增减数 绝对数 Absolute Value
资金来源总计	**All Sources**	**7233.54**	**100.0**	**849.56**
各项存款	Deposits	5906.00	81.6	727.04
单位存款	Unit deposit	4565.72	63.1	634.41
个人存款	Individual deposit	1191.28	16.5	109.92
临时性存款	Temporary deposit	16.85	0.2	0.74
其他存款	Other Deposits	132.14	1.8	-18.03
代理财政性存款	Agency financial savings	23.14	0.3	-2.20
应付及暂收款	Account Payable and Deposit Received	128.30	1.8	27.37
同业往来	Interbanks Account	1100.85	15.2	-97.45
外汇买卖	Foreign exchange trading	15.20	0.2	-0.46
委托存款及委托投资基金(净)	Entrust deposit and entrust investment fund	45.61	0.6	-132.69
各项准备	Reserves	67.47	0.9	17.47
所有者权益	Creditors' Equity	130.94	1.8	-2.26
其他	Others	-183.97	-2.5	312.73
资金运用总计	**All Uses**	**7233.54**	**100.0**	**849.56**
各项贷款	Loans	5624.79	77.8	797.72
短期贷款	Short-term Loans	3552.10	49.1	416.06
中长期贷款	Medium-term & Long-term Loans	2016.13	27.9	377.44
其他贷款	Others	56.57	0.8	4.23
有价证券及投资	Securities & Investment	154.65	2.1	-127.79
存放中央银行准备金存款	Reserve Deposits Leaving in Central Bank	41.02	0.6	-69.31
库存现金	Storage Cash	19.92	0.3	-1.22
外汇买卖	Purchase of Foreign Exchanges	14.81	0.2	-1.56
其他	Others	1378.35	19.1	251.71

注：中小型银行包括招商银行、农业发展银行、浦东发展银行、中信银行、兴业银行、民生银行、光大银行和广发银行。
a)Small and Medium Banks include CMB, ADBC, SPDB, China Citic Bank,CIB,CMBC,CEB and Guangdong Development Bank.

18-6 大型银行信贷收支情况(2014年)

Deposits and Loans of State-Owned Commercial Banks (2014)

单位：亿元 (100 million yuan)

项　目	Item	年末余额		比年初增减数
		绝对数 Absolute Value	比重(%) Proportion (%)	绝对数 Absolute Value
资金来源总计	**All Sources**	**15864.56**	**100.0**	**2824.04**
各项存款	Deposits	21871.43	137.9	1705.15
单位存款	Unit deposit	8245.67	52.0	637.99
个人存款	Individual deposit	13444.64	84.7	1090.73
临时性存款	Temporary deposit	16.57	0.1	-7.28
其他存款	Other Deposits	164.55	1.0	-16.28
代理财政性存款	Agency financial savings	2.45	0.0	-1.57
应付及暂收款	Account Payable and Deposit Received	463.42	2.9	56.34
同业往来	Interbanks Account	626.16	3.9	68.38
外汇买卖	Foreign exchange trading	672.53	4.2	538.95
各项准备	Reserves	266.86	1.7	51.71
委托存款及委托投资基金(净)	Entrust deposit and entrust investment fund	0.57	0.0	-1.26
所有者权益	Creditors' Equity	259.52	1.6	57.95
其他	Others	-8298.37	-52.3	348.39
资金运用总计	**All Uses**	**15864.56**	**100.0**	**2824.04**
各项贷款	Loans	13543.98	85.4	2060.00
短期贷款	Short-term Loans	3259.13	20.5	156.28
中长期贷款	Medium-term & Long-term Loans	9931.50	62.6	1788.08
其他贷款	Others	353.35	2.2	115.64
有价证券及投资	Securities & Investment	21.01	0.1	-2.39
存放中央银行准备金存款	Reserve Deposits Leaving in Central Bank	673.46	4.2	1.29
库存现金	Storage Cash	157.95	1.0	5.72
外汇买卖	Purchase of Foreign Exchanges	653.70	4.1	520.17
其他	Others	814.46	5.1	239.25

注：大型银行包括工商银行、建设银行、农业银行、中国银行、国家开发银行、交通银行和邮政储蓄银行。
a)Large Banks include ICBC, CCB, ABC, BOC, CDB, BOC and PSBC.

18-7 区域性中小型银行信贷收支情况(2014年)

Deposits and Loans of Urban Commercial Banks (2014)

单位：亿元 (100 million yuan)

项 目	Item	年末余额		比年初增减数
		绝对数 Absolute Value	比重(%) Proportion (%)	绝对数 Absolute Value
资金来源总计	**All Sources**	**8692.55**	**100.0**	**2165.47**
各项存款	Deposits	6491.26	74.7	1515.13
单位存款	Unit deposit	3124.65	35.9	650.66
个人存款	Individual deposit	3341.09	38.4	862.98
临时性存款	Temporary deposit	10.51	0.1	-3.49
其他存款	Other Deposits	15.00	0.2	4.98
代理财政性存款	Agency financial savings	7.72	0.1	2.32
应付及暂收款	Account Payable and Deposit Received	152.56	1.8	33.80
同业往来	Interbanks Account	655.17	7.5	189.99
外汇买卖	Foreign exchange trading	0.82	0.0	0.82
委托存款及委托投资基金(净)	Entrust deposit and entrust investment fund	-0.32	0.0	-1.19
各项准备	Reserves	194.28	2.2	66.31
所有者权益	Creditors' Equity	737.70	8.5	173.02
其他	Others	453.37	5.2	185.27
资金运用总计	**All Uses**	**8692.55**	**100.0**	**2165.47**
各项贷款	Loans	4263.34	49.0	1007.89
短期贷款	Short-term Loans	3135.56	36.1	667.14
中长期贷款	Medium-term & Long-term Loans	771.79	8.9	319.31
其他贷款	Others			
有价证券及投资	Securities & Investment	999.45	11.5	200.87
存放中央银行准备金存款	Reserve Deposits Leaving in Central Bank	1482.04	17.0	320.04
库存现金	Storage Cash	53.92	0.6	10.68
外汇买卖	Purchase of Foreign Exchanges	1.34	0.0	1.34
其他	Others	1892.46	21.8	624.65

注：区域性中小银行包括城市商业银行、农村商业银行、农村合作银行和村镇银行。

a)Regional Small and Medium Banks include Urban commercial Banks, Rural Commercial Banks, Rural Cooperative Banks and Town Bank.

18-8 农村信用社信贷收支情况(2014年)

Deposits and Loans of Rural Credit Cooperatives (2014)

单位：亿元 (100 million yuan)

项　　目	Item	年末余额		比年初增减数
		绝对数 Absolute Value	比重(%) Proportion (%)	绝对数 Absolute Value
资金来源总计	**All Sources**	**6329.78**	**100.0**	**441.53**
各项存款	Deposits	5834.10	92.2	331.68
单位存款	Unit deposit	844.56	13.3	87.26
个人存款	Individual deposit	4980.63	78.7	246.82
临时性存款	Temporary deposit	8.91	0.1	-2.39
其他存款	Other Deposits	4980.63	78.7	
代理财政性存款	Agency financial savings	20.94	0.3	9.41
应付及暂收款	Account Payable and Deposit Received	173.17	2.7	12.41
同业往来	Interbanks account	166.15	2.6	43.36
外汇买卖	Foreign exchange trading			
委托存款及委托投资基金(净)	Entrust deposit and entrust investment fund	4.39	0.1	3.00
各项准备	Reserves	220.00	3.5	25.44
所有者权益	Creditors' Equity	373.02	5.9	20.71
其他	Others	-461.99	-7.3	-4.48
资金运用总计	**All Uses**	**6329.78**	**100.0**	**441.53**
各项贷款	Loans	3507.66	55.4	176.21
短期贷款	Short-term Loans	2703.35	42.7	-15.78
中长期贷款	Medium-term & Long-term Loans	804.23	12.7	191.99
其他贷款	Others	0.08	0.0	
有价证券及投资	Securities & Investment	535.61	8.5	118.12
存放中央银行准备金存款	Reserve Deposits Leaving in Central Bank	1085.12	17.1	139.03
同业往来	Intercourse between Banks	712.25	11.3	-61.18
库存现金	Storage Cash	66.33	1.0	7.65
其他	Others	422.82	6.7	61.72

18-9 信托投资公司信贷收支情况(2014年)

Deposits and Loans of Financial Trust Investment Agencies (2014)

单位：亿元 (100 million yuan)

项　　目	Item	年末余额		比年初增减数
		绝对数 Absolute Value	比重(%) Proportion (%)	绝对数 Absolute Value
资金来源总计	**All Sources**	**66.25**	**100.0**	**12.02**
应付及暂收款	Account Payable and Deposit Received	8.10	12.2	3.42
各项准备	Reserves	0.65	1.0	-0.28
所有者权益	Creditors' Equity	68.47	103.3	14.62
其他	Others	-10.97	-16.6	-5.74
资金运用总计	**All Uses**	**66.25**	**100.0**	**12.02**
各项贷款	Loans	13.90	21.0	-2.50
股权及其他投资	Equity and other investment	44.64	67.4	13.84
其他	Others	7.71	11.6	0.67

18-10 个人贷款总额

Total Amount of Personal Loans

单位：亿元 (100 million yuan)

指 标	Indicators	2005	2009	2010	2012	2013	2014
个人贷款总额	**Total Amount of Personal Loans**	**377.79**	**1229.86**	**1898.14**	**2883.99**	**4022.70**	**4658.82**
个人消费贷款	Personal Consumption Loan	347.30	1044.37	1623.94	2471.50	3413.66	4658.82
#个人住房贷款	Housing Mortgage Loan	269.71	829.03	1257.00	2024.15	2687.08	3606.34
汽车消费贷款	Car Consumption Loan	41.02	47.24	68.09	56.17	58.56	67.10
个人住房贷款占个人消费贷款额比重(%)	**Percentage of Housing Mortgage Loan in Personal Consumption Loan (%)**	**77.7**	**79.4**	**77.4**	**81.9**	**78.7**	**77.4**

注：2014年数据不含公积金贷款。
a)Data of 2014 do not include provident fund loans.

18-11 各市城乡居民储蓄存款年底余额

Residents' Saving Deposits of Financial Institutions in Urban and Rural Areas by City (Year-end)

单位：亿元 (100 million yuan)

市(县)	City(County)	2010	2011	2012	2013	2014
全省	**Total**	**12883.70**	**14648.43**	**17528.08**	**20232.12**	**22417.16**
郑州市	Zhengzhou	2911.00	3252.14	3845.46	4475.32	4839.26
开封市	Kaifeng	472.54	545.00	658.31	763.83	855.91
洛阳市	Luoyang	1111.68	1233.05	1465.16	1659.84	1784.93
平顶山市	Pingdingshan	730.13	789.21	914.37	1014.52	1090.58
安阳市	Anyang	638.60	727.26	892.16	1056.02	1208.73
鹤壁市	Hebi	177.94	188.23	220.37	257.14	279.58
新乡市	Xinxiang	718.61	793.17	928.51	1081.82	1206.60
焦作市	Jiaozuo	503.76	562.90	638.08	722.91	794.50
濮阳市	Puyang	435.58	496.96	592.52	686.07	764.25
许昌市	Xuchang	543.51	615.72	743.29	866.66	959.80
漯河市	Luohe	260.29	298.02	367.37	438.52	494.85
三门峡市	Sanmenxia	392.82	424.07	492.12	549.92	582.52
南阳市	Nanyang	955.82	1136.37	1366.92	1586.56	1777.19
商丘市	Shangqiu	667.28	790.37	968.91	1098.38	1233.20
信阳市	Xinyang	784.10	920.69	1104.25	1306.03	1488.43
周口市	Zhoukou	760.28	906.71	1112.87	1311.63	1496.03
驻马店市	Zhumadian	713.63	851.36	1020.39	1196.83	1381.17
济源市	Jiyuan	104.22	114.64	134.58	153.99	175.39
省直管县	**Province Administrating County**					
巩义市	Gongyi	133.04	146.97	169.35	188.08	205.62
兰考县	Lankao	46.25	56.92	73.24	88.88	98.89
汝州市	Ruzhou	69.30	81.70	108.10	125.64	138.81
滑县	Huaxian	80.26	95.83	116.12	134.93	156.33
长垣县	Changyuan	112.55	122.70	147.92	170.19	196.77
邓州市	Dengzhou	89.53	110.34	137.54	163.35	184.42
永城市	Yongcheng	119.70	139.31	173.75	197.34	222.22
固始县	Gushi	121.74	142.88	169.93	205.16	232.44
鹿邑县	Luyi	69.23	82.78	102.23	123.74	144.42
新蔡县	Xincai	62.48	76.78	92.70	109.97	128.65

18-12 人民币一年期存贷款利率

Official Interest Rates of RMB Deposits and Loans of Financial Institutions

单位：年利率 %

(annual interest rate %)

执行日期 Ajust Time	金融机构 存款基准利率 Official Interest Rates of Deposits of Financial Institutions	金融机构 贷款基准利率 Official Interest Rates of Loans of Financial Institutions	中央银行对金融机构 贷款基准利率 Official Interest Rates of Loans of Central Bank
1978	3.24	5.04	
1980	3.96-5.76	5.04	
1985	5.40-7.20	3.60-7.92	
1990.01.01	11.34	11.34	
1990.04.15	10.08	10.08	
1990.08.21	8.64	9.36	
1991.04.21	7.56	8.64	
1993.05.15	9.18	9.36	
1993.07.11	10.98	10.98	
1995.07.01	10.98	12.06	
1996.05.01	9.18	10.98	10.98
1996.08.23	7.47	10.08	10.62
1997.10.23	5.67	8.64	9.36
1998.03.25	5.22	7.92	7.92
1998.07.01	4.77	6.93	5.67
1998.12.07	3.78	6.39	5.13
1999.06.10	2.25	5.85	3.78
2002.02.21	1.98	5.31	3.24
2004.03.25	1.98	5.31	3.87
2004.10.29	2.25	5.58	3.87
2006.04.28	2.25	5.85	3.87
2006.08.19	2.52	6.12	3.87
2007.03.18	2.79	6.39	3.87
2007.05.19	3.06	6.57	3.87
2007.07.21	3.33	6.84	3.87
2007.08.22	3.60	7.02	3.87
2007.09.15	3.87	7.29	3.87
2007.12.21	4.14	7.47	3.87
2008.01.01	4.14	7.47	4.68
2008.09.16	4.14	7.20	4.68
2008.10.09	3.87	6.93	4.68
2008.10.30	3.60	6.66	4.68
2008.11.27	2.52	5.58	3.60
2008.12.23	2.25	5.31	3.33
2010.10.20	2.50	5.56	3.33
2010.12.26	2.75	5.81	3.85
2011.02.09	3.00	6.06	3.85
2011.04.06	3.25	6.31	3.85
2011.07.07	3.50	6.56	3.85
2012.06.08	3.25	6.31	3.85
2012.07.06	3.00	6.00	3.85
2014.11.22	2.75	5.60	3.85
2015.03.01	2.50	5.35	3.85
2015.05.11	2.25	5.10	3.85
2015.06.28	2.00	4.85	3.85

18-13 各市证券交易额(2013年)

Securities transactions by City (2013)

单位：亿元 (100 million yuan)

市 City	2009	2010	2011	2012	2013	2014
全 省 Total	**26443.67**	**25065.78**	**19873.60**	**15987.46**	**18586.20**	**36532.64**
省 辖 市 City						
郑 州 市 Zhengzhou	14739.50	13928.78	11176.51	9241.54	10132.35	21409.34
开 封 市 Kaifeng	558.49	577.66	445.92	315.76	441.43	730.87
洛 阳 市 Luoyang	2431.37	2387.21	1886.47	1433.71	1830.23	3413.54
平 顶 山 市 Pingdingshan	907.18	939.37	741.02	538.33	718.20	1177.05
安 阳 市 Anyang	709.46	645.36	574.31	406.11	494.45	840.87
鹤 壁 市 Hebi	155.91	250.49	203.57	161.61	152.79	316.61
新 乡 市 Xinxiang	864.90	930.63	788.36	704.73	759.19	1466.30
焦 作 市 Jiaozuo	750.33	640.65	462.84	363.18	449.34	877.84
濮 阳 市 Puyang	494.01	453.68	336.87	312.22	341.07	661.58
许 昌 市 Xuchang	949.15	860.20	629.23	453.74	585.25	1021.34
漯 河 市 Luohe	366.88	312.01	239.84	180.64	281.89	367.44
三 门 峡 市 Sanmenxia	546.46	438.41	282.79	212.67	273.74	437.88
南 阳 市 Nanyang	858.51	827.87	617.53	492.04	638.12	1128.20
商 丘 市 Shangqiu	469.56	290.30	370.97	278.46	337.20	544.38
信 阳 市 Xinyang	605.73	525.41	379.96	310.93	386.30	880.53
周 口 市 Zhoukou	474.30	415.59	295.90	229.53	306.28	452.73
驻 马 店 市 Zhumadian	561.93	488.09	361.94	293.89	383.13	626.86
济 源 市 Jiyuan		154.09	79.56	58.37	73.24	159.28

18-14 各市国债发行情况

Issuance of National Debt by City

单位：万元 (10 000 yuan)

市 City	2000	2005	2010	2011	2012	2013	2014
全　省 Total	**485000**	**460969**	**618676**	**648960**	**406549**	**617544**	**226256**
郑　州　市 Zhengzhou	160330	190559	140710	185175	127292	197459	64297
开　封　市 Kaifeng	23266	18625	31839	29823	16598	18066	6091
洛　阳　市 Luoyang	79250	68155	55497	64665	58884	66022	25102
平顶山市 Pingdingshan	21000	13410	24190	25692	9140	15522	5218
安　阳　市 Anyang	30500	16682	13050	14902	9350	30300	8173
鹤　壁　市 Hebi	2880	3360	10755	18427	3711	7714	1575
新　乡　市 Xinxiang	30737	24089	45620	24177	17054	25976	10575
焦　作　市 Jiaozuo	25021	11699	31401	47384	33237	49336	20966
濮　阳　市 Puyang	35300	35975	45013	35024	24604	41366	22477
许　昌　市 Xuchang	14600	10770	10737	12095	9384	13934	5379
漯　河　市 Luohe	3296	6080	8191	13582	8902	15142	3899
三门峡市 Sanmenxia	11710	9690	18821	17897	16683	22276	8843
南　阳　市 Nanyang	8000	17220	25086	30194	14152	24980	8106
商　丘　市 Shangqiu	6515	4505	22454	26705	12951	23326	4550
信　阳　市 Xinyang	8275	9900	37562	20307	9077	14013	3752
周　口　市 Zhoukou	8800	5575	28285	44135	15044	25154	11164
驻马店市 Zhumadian	11600	9125	59963	33382	16847	18472	9817
济　源　市 Jiyuan	3920	5550	9502	5394	3640	8486	6272

18-15 证券市场情况

Basic Statistics on Securities Market

指　标	Item	2012	2013	2014
年末河南上市公司数量(家)	Number of Henan Listed Companies in Share Market at the Year-end(unit)	103	95	99
年末发行股票(只)	Issued shares at the end year (unit)	104	97	99
发行A股	A Shares	66	65	67
#新发行	Issued in this Year	3		1
发行境外股票	Overseas stock	38	32	32
#新发行	Issued in this Year	1	3	3
截止年末募集资金总额(亿元)	Capital Avaliable at the end year (100 million yuan)	1166.57	1831.32	2249.21
本年首次发行、再融资募集资金(亿元)	Capital Avaliable from First Issued and Refinancing (100 million yuan)	209.20	226.63	417.89
#A股	A Shares	188.97	210.38	256.32
年末A股上市公司流通股市价总值(亿元)	Total Negotiable Market Capotalization of Companies Listed in A Share Market at the Year-edn(100 million yuan)	2460.69	2992.47	2278.90
股票成交量(亿元)	Total Stock Turnover (100 million yuan)	12685.78	18586.20	29757.37
债券成交量金额(亿元)	Bonds Turnover Amount(100 million yuan)	411.41	582.35	407.29
投资者开户数(万户)	Total Investors (10 000 households)	408.00	421.51	447.07
#机构	Institutions	0.40	0.42	0.50
个人	Individuals	407.60	421.09	446.57
证券营业部个数(个)	Number of Business Departments of Security Companies (unit)	148	208	219
#外省证券公司设本省营业部	Number of Local Business Departments of Security Companies from Strange Provinces	105	159	156

主要统计指标解释

信贷资金 指金融机构以信用方式积聚和分配的货币资金。金融机构信贷资金的来源有各项存款、对国际金融机构负债、流通中货币、银行自有资金及当年结益等；信贷资金的运用有各项贷款、黄金占款、外汇占款、财政借款及在国际金融机构中的资产等。

存款 指企业、机关、团体或居民根据资金必须收回的原则，把货币资金存入银行或其他信用机构保管并取得一定利息的一种信用活动形式。根据存款对象的不同可划分为企业存款、财政存款、机关团体存款、基本建设存款、城镇储蓄存款、农村存款等科目。它是银行信贷资金的主要来源。

贷款 指银行或其他信用机构根据资金必须归还的原则，按一定利率，为企业、个人等提供资金的一种信用活动形式。我国银行贷款分为短期贷款、委托及信托类贷款、其他贷款等。

保险公司 在中国境内的、经过保险监督部门批准设立，并依法登记注册的各类商业保险公司。

保险金额 指保险人承担赔偿或者给付保险金责任的最高限额。

证券 由债券购买者承购的或因销售产品而拥有的，可在金融市场上交易并代表一定债权的书面证明。包括政府债券、金融债券、企业债券、商业票据、股票、支付固定收入但不提供法人企业残余价值分享权的优先股等。

股票 指股票购买者及直接投资者对其投资企业净资产所拥有的权益。股票是股份公司签发的证明股东投资并按其所持股份享有权益和承担义务的权益性证券。

保费 指投保人为取得保险人在约定范围内所承担赔偿责任而支付给保险人的费用。

赔款 指保险人根据保险合同的规定，向被保险人支付的赔偿保险责任损失的金额。

给付 包括死伤医疗给付和满期给付。死伤医疗给付是指保险人根据人寿保险及长期健康保险合同的规定，因被保险人在保险期内发生保险责任范围内的保险事故支付给被保险人（或受益人）的金额。满期给付是指被保险人生存期满，保险人按人寿保险合同规定支付给被保险人的满期保险金额。

Explanatory Notes on Main Statistical Indicators

Credit Funds refer to the funds issued as loans by banking institutions. The sources of credit funds of the banking institutions included deposits, liabilities to international financial institutions, currency in circulation, self-owned funds and current retained profits, etc. The credit funds can be used in forms of loans, gold, foreign exchange, government debt and assets in the international financial institutions.

Deposit is a form of credit by which enterprises, institutions, organizations or households can put money into banks and other credit institutions for safekeeping and interest earning under the principle of free withdrawal. According to different depositors, deposits are divided into enterprise deposits, treasury deposits, deposits of government agencies and organizations, capital construction deposits, urban savings deposits, rural deposits and other deposits. Deposits are major sources of the credit funds of banks.

Loan is a form of credit by which banks and other credit institutions provide funds at certain interest rate to enterprises and individuals in the light of the principle of unconditional repayment. Loans from Chinese banks include short-term loans, medium-term and long-term loans, entrusted loans, and other loans.

Insurance Companies refer to commercial insurance companies of various forms registered by law and established in china with the approval of insurance regulatory agencies.

Insurance amount refers to the insurer undertakes to indemnify or pay under its insurance obligation ceiling.

Securities refer to written certificates representing creditors' rights, purchased by bond holders or owned by selling products, which can be transacted at the financial markets. They include government bonds, financial bonds, corporation bonds, commercial drafts, stocks, preferential stocks that provide fixed income without the right to share the residual value of corporations, etc.

Stocks refer to the rights by stockholders and direct investors on the net assets of corporations they invested in. Stocks refer to negotiable securities on creditor's rights, issued by stock companies certifying the investment by stockholders and their rights and duties depending on their stocks.

Premium is the fee paid by the insurant to the insurer to obtain the obligation of compensation from the insurance within the agreed terms.

Settled Claim is the compensation paid by the insurer to the insurant in accordance with the insurance contract.

Payment includes payment for death, injury or medical treatment and mature payment. Payment for death, injury or medical treatment refers to the money paid to the insurant (or the beneficiary) in accordance with the life or health insurance contract when the insurant encounters accidents within the insured period covered in the contract. Mature payment refers to the mature payment to the insurant in accordance with the life insurance contract at the end of the insured period.

其他服务业
Other Service

19

● 资料整理：陈 哲

简要说明

一、主要内容

本篇主要包括河南省规模以上服务业企业单位数、从业人数、营业收入、营业利润、应付职工薪酬等主要财务指标。

二、统计范围

辖区内年营业收入1000万元及以上，或年末从业人员50人及以上服务业法人单位。包括交通运输、仓储和邮政业，信息传输、软件和信息技术服务业，租赁和商务服务业，科学研究和技术服务业，水利、环境和公共设施管理业，教育，卫生和社会工作；以及物业管理、房地产中介服务等行业。

辖区内年营业收入500万元及以上，或年末从业人员50人及以上服务业法人单位。主要包括居民服务、修理和其他服务业，文化、体育和娱乐业。

三、资料来源

规模以上服务业法人企业实行全数调查，由河南省统计局服务业统计处整理提供。

Brief Introduction

I. Main Contents

Data on this chapter including number of Services enterprises above designated size, employment, main financial indicators of operating income, operating profit, employee compensation and so on in Henan.

II. Scope of Statistics

The Services enterprises with revenue from principal business over 10 million yuan or employee at the end of year over 50 persons includes: transportation, storage and post, Information transfer, software and Information technology services, leasing and business services, management of water conservancy, environment and public facilities, education, sanitation and social work, property management, real estate intermediary and so on.

The Services enterprises with revenue from principal business over 5 million yuan or employee over 50 person at the end of year includes: resident services, repairing and other services, culture, sports and entertainment.

III. Sources of Data

Data on services enterprises above designated size are collected through a combination of full survey, which are provided by the Department of Services industry of the Henan provincial bureau of Statistics.

19-1 规模以上服务业企业主要财务指标(2014年)
Main indictor of Service companies Above Designated size (2014)

单位：亿元 (100 million yuan)

指 标	indictor	单位数(个) Number of Enterprises (unit)	资产总计 Total Assets	所有者权益 Owner's equity	营业收入 Revenue	营业成本 Cost of Pricipal Business
总 计	Total	**5630**	**15970.17**	**7832.19**	**3975.77**	**2945.42**
交通运输、仓储和邮政业	Traffic, transport, storage and post	1734	6668.90	3156.25	2074.12	1756.14
信息传输、软件和信息	Information transfer, software and					
技术服务业	Information technology services	249	1179.13	543.18	654.24	345.64
物业管理和房地产	Property management and real estate					
中介服务业	Intermediary services	396	570.21	445.90	52.09	31.54
租赁和商务服务业	Tenancy and business services	816	5860.58	2759.82	405.88	259.73
科学研究和技术服务业	Scientific research and technical service	975	538.27	284.23	474.87	348.48
水利、环境和公共	Management of water conservancy,environment					
设施管理业	and public establishment	248	567.53	345.62	62.40	31.82
居民服务、修理和其他服务业	Resident services,Repairing and other services	228	51.20	24.77	29.77	17.82
教育	Education	444	113.40	62.73	52.89	32.49
卫生和社会工作	Sanitation and social work	341	160.21	61.68	105.13	84.99
文化、体育和娱乐业	Culture, sports and entertainment	199	260.74	148.01	64.38	36.77

19-1 续表　continued

单位：亿元　(100 million yuan)

指　标	indictor	营业税金及附加 Business tax and additional	营业利润 Total Profits	应付职工薪酬 Employee compensation of Everage Employed	应交增值税 Value Added Tax Payable	从业人员平均人数(人) Number of Employed Persons (person)
总　计	**Total**	**61.94**	**337.55**	**544.76**	**59.56**	**955157**
交通运输、仓储和邮政业	Traffic, transport, storage and post	25.93	57.89	285.77	26.17	444452
信息传输、软件和信息	Information transfer, software and					
技术服务业	Information technology services	10.12	129.58	55.10	14.15	70336
物业管理和房地产	Property management and real estate					
中介服务业	Intermediary services	2.49	3.40	16.69	0.32	54532
租赁和商务服务业	Tenancy and business services	8.95	55.05	49.21	3.99	116306
科学研究和技术服务业	Scientific research and technical service	7.41	53.33	67.66	11.19	99931
水利、环境和公共	Management of water conservancy,environment					
设施管理业	and public establishment	2.73	7.67	10.46	0.55	25554
居民服务、修理和其他服务业	Resident services,Repairing and other services	0.97	5.33	4.91	0.64	16414
教育	Education	1.11	9.20	15.88	0.56	44471
卫生和社会工作	Sanitation and social work	0.40	7.56	23.84	0.19	49751
文化、体育和娱乐业	Culture, sports and entertainment	1.83	8.54	15.24	1.80	33410

19-2 各市规模以上服务业企业单位数(2014年)
Number of Service companies Above Designated size by Sector and City (2014)

单位：个 (unit)

市(县) City(County)	合 计 Total	交通运输、仓储及邮政业 Traffic, transport, storage and post	信息传输、软件和信息技术服务业 Information transfer, software and Information technology services	物业管理和房地产中介服务业 Property management and real estate intermediary services	租赁和商务服务业 Tenancy and business services
全 省 Total	**5630**	**1734**	**249**	**396**	**816**
省 辖 市 City					
郑 州 市 Zhengzhou	1341	276	116	155	295
开 封 市 Kaifeng	264	103	10	9	39
洛 阳 市 Luoyang	340	120	18	32	49
平 顶 山 市 Pingdingshan	436	80	13	59	43
安 阳 市 Anyang	176	62	9	9	22
鹤 壁 市 Hebi	69	22	6	9	13
新 乡 市 Xinxiang	196	61	9	13	25
焦 作 市 Jiaozuo	178	112	5	3	14
濮 阳 市 Puyang	67	34	5	2	8
许 昌 市 Xuchang	408	103	13	24	49
漯 河 市 Luohe	72	47	3	7	5
三 门 峡 市 Sanmenxia	134	58	4	4	25
南 阳 市 Nanyang	360	126	7	23	41
商 丘 市 Shangqiu	241	128	7	7	38
信 阳 市 Xinyang	383	98	6	20	43
周 口 市 Zhoukou	474	125	8	7	42
驻 马 店 市 Zhumadian	424	150	6	12	61
济 源 市 Jiyuan	67	29	4	1	4
省 直 管 县 Province Administrating County					
巩 义 市 Gongyi	93	27	1	14	9
兰 考 县 Lankao	131	52	3	5	23
汝 州 市 Ruzhou	119	26	1	1	8
滑 县 Huaxian	15	6	1		2
长 垣 县 Changyuan	40	6	1	5	4
邓 州 市 Dengzhou	20	6	1	1	3
永 城 市 Yongcheng	42	26		2	5
固 始 县 Gushi	57	33		2	4
鹿 邑 县 Luyi	83	13			11
新 蔡 县 Xincai	45	10		1	13

19-2 续表 continued

单位：个 (unit)

市(县)	City(County)	科学研究和技术服务业 Scientific research, and technical service	水利、环境和公共设施管理业 Management of water conservancy, environment and public establishment	居民服务、修理和其他服务业 Resident services Repairing and other services	教育 Education	卫生和社会工作 Sanitation, and social work	文化、体育和娱乐业 Culture, sports and entertainment
全　　省	**Total**	**975**	**248**	**228**	**444**	**341**	**199**
省 辖 市	**City**						
郑 州 市	Zhengzhou	244	55	51	32	44	73
开 封 市	Kaifeng	38	7	20	22	5	11
洛 阳 市	Luoyang	51	18	10	5	19	18
平顶山市	Pingdingshan	134	18	21	32	18	18
安 阳 市	Anyang	27	16	4	21	6	
鹤 壁 市	Hebi	5	1	3	6	4	
新 乡 市	Xinxiang	13	13	1	12	45	4
焦 作 市	Jiaozuo	17	5	4	10	6	2
濮 阳 市	Puyang	10		5	1	1	1
许 昌 市	Xuchang	100	22	30	23	20	24
漯 河 市	Luohe	2	3	1	2	1	1
三门峡市	Sanmenxia	10	10	4		12	7
南 阳 市	Nanyang	58	26	17	35	16	11
商 丘 市	Shangqiu	31	2	7	15	3	3
信 阳 市	Xinyang	94	21	15	21	58	7
周 口 市	Zhoukou	95	2	19	128	40	8
驻马店市	Zhumadian	40	14	15	75	41	10
济 源 市	Jiyuan	6	15	1	4	2	1
省直管县	**Province Administrating County**						
巩 义 市	Gongyi	4	8	6	14	6	4
兰 考 县	Lankao	22	1	13	7	2	3
汝 州 市	Ruzhou	58	3	1	11	9	1
滑　 县	Huaxian				4	2	
长 垣 县	Changyuan	7	5	1	8	2	1
邓 州 市	Dengzhou	2	1		5	1	
永 城 市	Yongcheng	4	1	1	1	1	1
固 始 县	Gushi	2	2	2	5	2	5
鹿 邑 县	Luyi	1	2	1	47	8	
新 蔡 县	Xincai	5	1	3	10		2

19-3 各市规模以上服务业企业营业收入（2014年）

Operating income of Everage Employed Persons of Service companies Above Designated size by Sector and City (2014)

单位：亿元 (100 million yuan)

市(县) City(County)	合 计 Total	交通运输、仓储及邮政业 Traffic, transport, storage and post	信息传输、软件和信息技术服务业 Information transfer, software and Information technology services	物业管理和房地产中介服务业 Property management and real estate intermediary services	租赁和商务服务业 Tenancy and business services
全 省 Total	**3975.77**	**2074.12**	**654.24**	**52.09**	**405.88**
省 辖 市 City					
郑 州 市 Zhengzhou	1927.66	1144.48	214.94	30.97	250.92
开 封 市 Kaifeng	101.76	48.53	22.27	1.23	8.46
洛 阳 市 Luoyang	305.11	68.58	43.69	5.00	20.45
平 顶 山 市 Pingdingshan	90.77	26.99	27.35	2.51	4.31
安 阳 市 Anyang	94.49	37.50	30.30	0.58	14.39
鹤 壁 市 Hebi	23.70	10.13	8.84	0.18	2.04
新 乡 市 Xinxiang	109.87	36.99	37.24	0.35	6.70
焦 作 市 Jiaozuo	140.05	103.22	19.42	0.17	4.13
濮 阳 市 Puyang	54.06	17.34	19.37	0.22	10.00
许 昌 市 Xuchang	154.51	68.61	30.14	2.33	11.44
漯 河 市 Luohe	108.05	86.91	12.12	0.33	3.47
三 门 峡 市 Sanmenxia	53.29	19.89	13.14	0.04	13.77
南 阳 市 Nanyang	145.45	72.26	42.15	1.09	4.76
商 丘 市 Shangqiu	121.39	75.36	32.15	0.57	3.54
信 阳 市 Xinyang	184.13	82.59	29.47	5.78	19.43
周 口 市 Zhoukou	184.68	77.30	36.05	0.29	16.51
驻 马 店 市 Zhumadian	143.28	72.02	30.36	0.45	11.05
济 源 市 Jiyuan	33.53	24.88	5.25	0.02	0.52
省 直 管 县 Province Administrating County					
巩 义 市 Gongyi	15.80	7.48	0.09	0.79	0.82
兰 考 县 Lankao	21.12	8.86	0.33	0.72	3.73
汝 州 市 Ruzhou	8.78	3.07	0.06	0.01	1.52
滑 县 Huaxian	5.54	0.50	0.52		2.01
长 垣 县 Changyuan	17.36	3.45	0.19	0.11	3.52
邓 州 市 Dengzhou	2.42	0.73	0.07	0.03	0.23
永 城 市 Yongcheng	14.66	12.56		0.09	0.33
固 始 县 Gushi	11.56	8.32		0.12	0.37
鹿 邑 县 Luyi	8.88	1.55			1.12
新 蔡 县 Xincai	10.62	8.67		0.03	0.90

19-4 续表 continued

单位：亿元 (100 million yuan)

市(县)	City(County)	科学研究和技术服务业 Scientific research, and technical service	水利、环境和公共设施管理业 Management of water conservancy, environment and public establishment	居民服务、修理和其他服务业 Resident services Repairing and other services	教　育 Education	卫生和社会工作 Sanitation, and social work	文化、体育和娱乐业 Culture, sports and enterta-inment
全　省	**Total**	**53.33**	**7.67**	**5.33**	**9.20**	**7.56**	**8.54**
省辖市	**City**						
郑州市	Zhengzhou	12.28	1.12	0.66	0.50	0.68	4.74
开封市	Kaifeng	2.41	1.23	0.37	0.63	0.35	0.25
洛阳市	Luoyang	17.85	-0.59	-0.01	0.05	0.39	1.09
平顶山市	Pingdingshan	0.57	2.61	0.10	0.07	0.06	0.29
安阳市	Anyang	2.53	0.39	0.03	0.23	0.26	0.06
鹤壁市	Hebi		0.04	0.03	0.05	-0.19	
新乡市	Xinxiang	0.25	-0.06		0.35	1.50	
焦作市	Jiaozuo	0.72	0.17		-0.01	0.06	0.06
濮阳市	Puyang	0.27		0.01		0.02	-0.10
许昌市	Xuchang	3.59	0.73	0.56	0.76	0.84	0.59
漯河市	Luohe	0.57	0.33	0.38			0.02
三门峡市	Sanmenxia	0.06	0.38	0.01		-0.02	0.04
南阳市	Nanyang	1.40	0.01	0.33	0.48	0.18	0.16
商丘市	Shangqiu	0.75	0.12	0.15	0.34	0.32	0.04
信阳市	Xinyang	3.97	0.94	1.35	0.96	1.17	
周口市	Zhoukou	4.10		1.05	2.68	1.12	1.03
驻马店市	Zhumadian	2.02	1.11	0.30	2.08	0.71	0.13
济源市	Jiyuan	-0.01	-0.86	0.01	0.03	0.11	0.14
省直管县	**Province Administrating County**						
巩义市	Gongyi	1.28	0.04	0.62	0.34	0.17	0.14
兰考县	Lankao	0.59	0.01	0.06	0.03	0.25	
汝州市	Ruzhou				0.04	-0.03	
滑县	Huaxian	0.77	0.31		0.03	0.03	0.06
长垣县	Changyuan	0.02	0.02		0.25		
邓州市	Dengzhou	0.03	0.02		0.04	0.05	0.01
永城市	Yongcheng	0.05	0.02	0.07	0.10	0.27	0.02
固始县	Gushi	0.01	0.19		0.63	0.61	
鹿邑县	Luyi	0.07		0.02	0.12		0.02
新蔡县	Xincai	0.06	0.09		0.01	0.05	

19-5 各市规模以上服务业企业应付职工薪酬(2014年)

Employee compensation of Everage Employed Persons of Service companies Above Designated size by Sector and City (2014)

单位：亿元 (100 million yuan)

市(县) City(County)	合计 Total	交通运输、仓储及邮政业 Traffic, transport, storage and post	信息传输、软件和信息技术服务业 Information transfer, software and Information technology services	物业管理和房地产中介服务业 Property management and real estate intermediary services	租赁和商务服务业 Tenancy and business services
全　　省 Total	**544.76**	**285.77**	**55.10**	**16.69**	**49.21**
省 辖 市 City					
郑　州　市 Zhengzhou	291.82	179.33	20.59	10.15	22.25
开　封　市 Kaifeng	9.78	4.45	1.44	0.25	0.75
洛　阳　市 Luoyang	36.98	11.17	2.91	1.90	3.57
平顶山市 Pingdingshan	16.58	5.07	2.20	1.18	1.48
安　阳　市 Anyang	11.07	4.87	2.08	0.29	2.20
鹤　壁　市 Hebi	3.31	1.28	0.75	0.12	0.56
新　乡　市 Xinxiang	18.86	6.41	3.72	0.31	1.29
焦　作　市 Jiaozuo	22.65	17.61	1.03	0.05	0.95
濮　阳　市 Puyang	11.28	2.39	1.07	0.02	6.55
许　昌　市 Xuchang	16.95	5.09	2.95	0.80	1.03
漯　河　市 Luohe	6.70	4.57	0.97	0.17	0.61
三门峡市 Sanmenxia	6.42	2.32	1.13	0.05	1.14
南　阳　市 Nanyang	21.39	10.73	3.23	0.38	1.81
商　丘　市 Shangqiu	12.36	5.99	3.10	0.08	0.50
信　阳　市 Xinyang	18.27	7.00	2.35	0.58	1.63
周　口　市 Zhoukou	18.87	6.21	2.47	0.15	1.55
驻马店市 Zhumadian	16.86	7.46	2.66	0.17	1.27
济　源　市 Jiyuan	4.64	3.52	0.45	0.01	0.03
省直管县 Province Administrating County					
巩　义　市 Gongyi	2.59	1.01	0.02	0.20	0.16
兰　考　县 Lankao	2.95	1.29	0.12	0.09	0.41
汝　州　市 Ruzhou	2.07	0.40	0.03	0.01	0.60
滑　　县 Huaxian	0.64	0.12	0.18		0.04
长　垣　县 Changyuan	3.38	0.50		0.10	0.12
邓　州　市 Dengzhou	0.73	0.23	0.06	0.01	0.12
永　城　市 Yongcheng	1.58	1.17		0.03	0.01
固　始　县 Gushi	1.67	0.85		0.07	0.08
鹿　邑　县 Luyi	2.35	0.31			0.45
新　蔡　县 Xincai	1.23	0.84		0.01	0.06

19−5 续表　　continued

单位：亿元　　(100 million yuan)

市(县) City(County)	科学研究和技术服务业 Scientific research, and technical service	水利、环境和公共设施管理业 Management of water conservancy, environment and public establishment	居民服务、修理和其他服务业 Resident services Repairing and other services	教　育 Education	卫 生 和 社会工作 Sanitation, and social work	文化、体育和娱乐业 Culture, sports and enterta-inment
全　省 Total	**67.66**	**10.46**	**4.91**	**15.88**	**23.84**	**15.24**
省 辖 市 City						
郑 州 市 Zhengzhou	37.05	3.42	1.59	1.34	5.19	10.67
开 封 市 Kaifeng	0.74	0.42	0.35	0.79	0.14	0.45
洛 阳 市 Luoyang	12.94	0.50	0.37	0.23	2.32	1.03
平 顶 山 市 Pingdingshan	2.65	0.61	0.25	0.98	0.67	1.48
安 阳 市 Anyang	0.62	0.29	0.10	0.38	0.24	
鹤 壁 市 Hebi	0.17		0.04	0.14	0.23	
新 乡 市 Xinxiang	1.21	0.81		0.90	4.00	0.17
焦 作 市 Jiaozuo	0.94	1.01	0.25	0.48	0.26	0.05
濮 阳 市 Puyang	0.94		0.22		0.02	0.07
许 昌 市 Xuchang	2.04	0.33	0.47	0.69	3.08	0.46
漯 河 市 Luohe	0.16	0.03	0.02	0.10	0.04	0.02
三 门 峡 市 Sanmenxia	0.52	0.26	0.04		0.87	0.10
南 阳 市 Nanyang	1.99	0.89	0.22	0.74	1.26	0.13
商 丘 市 Shangqiu	0.61	0.09	0.08	1.54	0.27	0.10
信 阳 市 Xinyang	2.54	0.73	0.39	1.27	1.64	0.15
周 口 市 Zhoukou	1.85	0.04	0.29	3.92	2.13	0.26
驻 马 店 市 Zhumadian	0.57	0.74	0.22	2.27	1.41	0.10
济 源 市 Jiyuan	0.10	0.28	0.02	0.13	0.09	0.01
省 直 管 县 Province Administrating County						
巩 义 市 Gongyi	0.02	0.10	0.07	0.51	0.45	0.05
兰 考 县 Lankao	0.46	0.02	0.23	0.16	0.10	0.07
汝 州 市 Ruzhou	0.75	0.02	0.01	0.15	0.10	
滑 县 Huaxian				0.11	0.18	
长 垣 县 Changyuan	0.99	0.34		0.60	0.70	0.02
邓 州 市 Dengzhou	0.03	0.01		0.25	0.02	
永 城 市 Yongcheng	0.03	0.03	0.01	0.06	0.21	0.03
固 始 县 Gushi	0.03	0.10	0.02	0.17	0.21	0.14
鹿 邑 县 Luyi	0.03	0.04		1.19	0.33	
新 蔡 县 Xincai	0.04	0.01	0.03	0.23		0.02

19-6 各市规模以上服务业企业平均从业人员人数(2014年)

Number of Everage Employed Persons of Service companies Above Designated size by Sector and City (2014)

单位：人 (person)

市(县) City(County)	合计 Total	交通运输、仓储及邮政业 Traffic, transport, storage and post	信息传输、软件和信息技术服务业 Information transfer, software and Information technology services	物业管理和房地产中介服务业 Property management and real estate intermediary services	租赁和商务服务业 Tenancy and business services
全　省 Total	**955157**	**444452**	**70336**	**54532**	**116306**
省辖市 City					
郑州市 Zhengzhou	374604	191519	25281	31167	38345
开封市 Kaifeng	25594	11816	3590	504	2157
洛阳市 Luoyang	64817	27224	4837	6210	8317
平顶山市 Pingdingshan	52577	17810	2694	4841	5334
安阳市 Anyang	27024	10480	2843	801	7613
鹤壁市 Hebi	7039	2640	416	518	1559
新乡市 Xinxiang	36754	12414	2133	1375	5863
焦作市 Jiaozuo	47857	35046	1698	184	2223
濮阳市 Puyang	22003	5453	1985	60	12280
许昌市 Xuchang	38267	13350	3074	2448	2521
漯河市 Luohe	14858	10925	480	858	1908
三门峡市 Sanmenxia	15118	6864	1352	218	3262
南阳市 Nanyang	47806	21223	4817	1601	7385
商丘市 Shangqiu	28636	16729	2720	294	1631
信阳市 Xinyang	52357	18952	5910	2143	5843
周口市 Zhoukou	52324	18193	4510	538	5026
驻马店市 Zhumadian	39206	18272	1206	712	4952
济源市 Jiyuan	8316	5542	790	60	87
省直管县 Province Administrating County					
巩义市 Gongyi	6437	2363	65	721	761
兰考县 Lankao	8198	3420	425	268	1141
汝州市 Ruzhou	8115	1529	87	45	2094
滑县 Huaxian	1280	13	353		
长垣县 Changyuan	4806	891	6	422	577
邓州市 Dengzhou	2096	1063	220	50	280
永城市 Yongcheng	3126	2598		125	39
固始县 Gushi	6214	2904		347	407
鹿邑县 Luyi	7821	1002			1729
新蔡县 Xincai	2975	1649		30	214

19-6 续表 continued

单位：人 (person)

市(县) City(County)	科学研究和技术服务业 Scientific research, and technical service	水利、环境和公共设施管理业 Management of water conservancy, environment and public establishment	居民服务、修理和其他服务业 Resident services Repairing and other services	教育 Education	卫生和社会工作 Sanitation, and social work	文化、体育和娱乐业 Culture, sports and entertainment
全省 Total	**99931**	**25554**	**16414**	**44471**	**49751**	**33410**
省辖市 City						
郑州市 Zhengzhou	44884	6058	4926	3050	8739	20635
开封市 Kaifeng	2170	886	991	2136	397	947
洛阳市 Luoyang	10019	1561	1064	406	3747	1432
平顶山市 Pingdingshan	9297	2131	989	2811	1376	5294
安阳市 Anyang	1500	1380	295	1364	748	
鹤壁市 Hebi	416	16	128	558	788	
新乡市 Xinxiang	644	1756		1580	10544	445
焦作市 Jiaozuo	2215	2299	1315	1735	988	154
濮阳市 Puyang	1076		897	15	48	189
许昌市 Xuchang	5343	862	1336	2262	5865	1206
漯河市 Luohe	161	65	54	298	99	10
三门峡市 Sanmenxia	538	612	137		1708	427
南阳市 Nanyang	3768	2321	741	1996	3495	459
商丘市 Shangqiu	1735	400	251	4476	104	296
信阳市 Xinyang	7855	2084	1416	3450	3946	758
周口市 Zhoukou	6415	145	941	11368	4438	750
驻马店市 Zhumadian	1542	2109	806	6741	2519	347
济源市 Jiyuan	353	869	127	225	202	61
省直管县 Province Administrating County						
巩义市 Gongyi	77	452	263	1248	259	228
兰考县 Lankao	1330	51	669	379	345	170
汝州市 Ruzhou	3204	81	25	659	391	
滑县 Huaxian				404	510	
长垣县 Changyuan	196	336		816	1507	55
邓州市 Dengzhou	105	55		260	63	
永城市 Yongcheng	97	144	34			89
固始县 Gushi	112	347	81	690	636	690
鹿邑县 Luyi	85	145	11	3856	993	
新蔡县 Xincai	156	58	100	684		84

运输和邮电

Transport, Storage and Post

20

◉ 资料整理：陈 琛

简要说明

一、主要内容

本篇反映河南省交通运输业和邮政、通信、软件业发展的基本情况。交通运输业资料主要包括：主要运输方式的线路里程、运输设备拥有量、货物运输量和旅客运输量。邮政、通信业资料主要包括：全省邮政局(所)及邮路情况，邮政设备拥有量，邮政业务完成情况，邮政通信业发展水平等资料。

二、统计范围

铁路包括国家铁路、合资铁路、地方铁路。公路里程包括全省范围内所有国道、省道、县道、乡道(含村道)、专用公路。民用车辆拥有量包括辖区内全部登记注册民用车辆。公路、水路运输量统计范围是在全省交通运输主管部门办理营运证的从事公路、水路客、货运输的营业性的车辆和船舶所完成的运输量。邮电通信包括省邮政局、省邮政公司、省通信管理局及所有从事邮电通信运营的企业。

三、资料来源

铁路资料由省地方铁路局、郑州铁路局、武汉铁路局提供；公路资料由省交通运输厅提供；民用车辆资料由省公安厅、省农机局和各省辖市统计局提供。民航资料由郑州新郑国际机场、南方航空公司河南分公司提供；邮政业资料由河南省邮政局、省邮政公司和省通信管理局提供。由河南省统计局服务业统计处编辑整理。

Brief Introduction

I. Main Contents

Data in this chapter present the development of transportation, post, telecommunication and software in Henan province. Data on traffic and transport include the length of the routes of main transportation, the possession of transport equipment, the condition of technological quality, freight traffic and passenger traffic accomplished. Data on post and telecommunication cover mainly the situation of post offices and postal routes; telephone lines, telegraph lines and the possession of post facilities; business volume of postal services achieved; and the level of development of postal services.

II. Scope of Statistics

Data on railway transportation including National railway, joint-venture and local railways. The length of highways refer to the road of the national, provincial, county, town and dedicated lanes. Data on the possession of civil motor vehicles include all registered vehicles. Data on passenger traffic and freight traffic by highways, the statistical scope encompasses all the enterprises, institutional units and individuals (including joint-households) engaged in highway freight or passenger transport business. The data on civil aviation transport cover the civil enterprises that set up base in Henan. The data on post cover the Henan provincial bureau of post, Henan provincial postal company, Henan provincial bureau of communications authority and all enterprises for post.

III. Sources of Data

Data on railway transportation are calculated from Henan provincial operation bureau of local railways, Zhengzhou Railway Administration, Wuhan Railway Administration. Data on highway transportation are calculated from Henan provincial bureau of transportation. Data on civilian vehicles are calculated from Henan provincial bureau of public safety, Henan provincial bureau of agricultural machinery and municipal Henan provincial bureau of statistics. Data on civil aviation are calculated from Xinzheng international airport and Henan Branch of China Southern airlines. Data on postal services come from the Henan provincial bureau of post, Henan provincial post company and Henan provincial communications authority. Data in this chapter are provided by the Department of Services industry of the Henan provincial bureau of Statistics.

20-1 交通运输基本情况

Basic Conditions of Transport

年份 Year	铁路营业里程 (公里) Length of Railways in Operation (km)	公路里程 (公里) Length of Highways (km)	#高速公路 Expressway	通航里程(公里) Length of Navigable Inland Waterways (km)	民用汽车拥有量 (万辆) Number of Civil Vehicles Owned (10 000 units)	#私人汽车 Private-Owned
1949	1224	3909		2312	0.04	
1952	1225	5766		2916	0.11	
1957	1318	14945		3837	0.33	
1962	1690	17876		2537	1.05	
1965	1823	19907		3389	1.10	
1970	2792	22320		2072	1.71	
1975	3113	26934		2268	3.80	
1978	3212	31549		2202	6.30	
1979	3216	36155		1352	7.35	
1980	3192	36423		1361	8.51	
1981	3460	36478		1419	10.13	
1982	3401	36912		1110	11.28	
1983	3305	37196		1110	12.21	
1984	3342	37704		1110	14.10	
1985	3248	38840		1110	17.82	
1986	3344	39286		1110	18.42	3.29
1987	3409	39713		1110	21.60	3.72
1988	3358	40622		1110	24.92	5.87
1989	3546	41170		1110	28.61	6.97
1990	3536	43150		1110	30.79	7.65
1991	3384	44199		1110	33.38	8.12
1992	3486	45049		1105	34.32	8.46
1993	3456	46487		1105	38.40	7.04
1994	3350	47704	81	1104	45.23	12.45
1995	3382	49707	230	1104	46.93	12.18
1996	3426	50907	294	1104	51.41	14.98
1997	3428	55016	416	1104	60.35	19.41
1998	3461	57172	465	1104	68.09	22.01
1999	3354	60330	465	1104	76.59	29.93
2000	3354	64453	505	1104	84.73	34.93
2001	3319	69041	1077	1587	92.46	39.24
2002	3347	71741	1231	1587	105.82	50.41
2003	3410	73831	1418	1208	119.75	57.20
2004	3752	75718	1759	1381	130.97	64.10
2005	4000	79506	2678	1439	206.01	132.16
2006	3988	236351	3439	1439	252.94	169.91
2007	3989	238676	4556	1439	292.69	209.22
2008	3989	240645	4841	1439	338.44	248.77
2009	3898	242314	4861	1439	404.53	305.49
2010	4224	245089	5016	1439	484.89	377.32
2011	4203	247587	5196	1439	582.14	463.08
2012	4822	249649	5830	1439	645.92	529.67
2013	4822	249831	5859	1439	746.90	628.22
2014	5108	249857	5859	1439	896.02	774.37

注：2006年起，公路里程包括村道(以下相关表同)。
a) Length of ways include county ways since 2006 (the same as following tables).

20-2 旅客和货物运输量
Passenger and Freight Traffic

年份 Year	客运量（万人）Passenger Traffic (10000 persons)	#铁路 Railway	#公路 Highway	#水运 Waterway	货运量（万吨）Freight Traffic (10000 tons)	#铁路 Railway	#公路 Highway	#水运 Waterway
1978	11145	4319	6781	45	18176	6722	11321	133
1979	12784	4513	8218	53	17533	6693	10728	112
1980	15092	4860	10151	81	17047	6758	10183	106
1981	17559	4752	12724	83	16403	6614	9705	84
1982	20129	4680	15373	76	19847	6934	12794	119
1983	23050	5060	17907	82	21579	7142	14308	129
1984	25985	5474	20412	97	23908	7456	16296	155
1985	36576	5723	30729	121	35642	8101	27340	201
1986	43590	5659	37822	105	36436	8420	27799	217
1987	46140	5524	40510	100	39539	8632	30670	237
1988	54667	6073	48421	168	38357	8772	29282	303
1989	52328	5476	46634	211	38245	9089	28811	345
1990	53567	4429	48977	150	38111	9038	28818	255
1991	53846	4223	49494	119	39923	9193	30486	244
1992	58096	4271	53703	106	44018	9343	34404	271
1993	61285	4602	56511	146	47347	9811	37182	354
1994	62686	4563	57996	81	50988	9974	40428	395
1995	61964	4288	57522	82	53582	10373	42692	324
1996	66490	3818	62464	129	55920	10594	44800	382
1997	69863	3843	65786	152	56113	9996	45542	433
1998	74182	4133	69917	55	58150	9416	48250	342
1999	78009	4366	73493	76	59218	9657	49208	352
2000	83912	4727	79017	91	60678	10172	50133	372
2001	85412	4980	80259	95	65191	11196	53596	398
2002	90334	5085	85078	86	68397	12148	55743	505
2003	81323	4864	76301	63	69689	12925	56100	663
2004	91013	5695	85016	84	73796	14732	58147	915
2005	98099	5842	91920	97	78827	14806	62684	1334
2006	108060	6313	101345	105	86608	15190	69898	1516
2007	122557	6585	115460	160	101410	16010	83537	1858
2008	(139290)	7476	(131291)	(167)	(116889)	16226	(98433)	(2226)
	130436	7476	122414	190	138392	16226	118198	3964
2009	144666	7724	136278	206	169643	13856	151343	4439
2010	167804	8399	158630	255	202470	14224	183291	4950
2011	193882	8952	184213	268	240965	14312	220122	6527
2012	208094	9628	197785	250	272240	12779	251772	7685
2013	(225738)	11160	(213900)	(261)	(304369)	12762	(282970)	(8632)
	137571	11160	125450	255	184669	12762	162040	9854
2014	141780	12400	128279	254	200626	11577	179680	9350

注：2008年客货运输量为公路水路运输量专项调查数据，2013年客货运输量按交通部新统计方法测算,括号内均为原口径数据。

a)Data on passenger and freight Volume in 2008 are calculated on basis of Highway and waterway traffic special investigation,Data on passenger and freight Volume in 2013 are calculated on new statistical methods of Ministry of Communications,and data in the brakfets are original data.

20−3 旅客和货物周转量
Passenger-Kilometers and Freight Ton-Kilometers

年份 Year	旅客周转量 (亿人公里) Passenger-Kilometers (100 million passenger km)	#铁路 Railways	#公路 Highways	#水运 Waterways	货物周转量 (亿吨公里) Freight Ton-Kilometers (100 million ton km)	#铁路 Railways	#公路 Highways	#水运 Waterways
1949	6.46	6.45	0.01		16.53	16.00	0.21	0.32
1952	15.62	15.26	0.36		39.12	36.56	0.88	1.68
1957	33.23	30.85	2.33	0.05	112.68	106.68	3.13	2.87
1962	90.02	82.01	7.98	0.03	131.21	125.02	4.08	2.11
1965	46.46	37.79	8.65	0.02	227.88	219.56	6.07	2.25
1970	80.54	64.74	15.66	0.14	332.55	322.03	8.74	1.78
1975	105.23	82.18	22.90	0.15	390.77	372.64	16.29	1.84
1978	123.22	92.62	30.47	0.13	508.41	484.79	21.57	2.05
1979	140.25	105.73	34.37	0.15	529.00	507.56	19.77	1.67
1980	163.98	122.40	41.35	0.23	547.65	525.31	21.01	1.33
1981	176.99	126.76	49.98	0.25	563.45	537.75	24.45	1.25
1982	195.70	135.60	59.87	0.23	617.77	578.55	37.41	1.81
1983	226.31	155.09	70.96	0.26	674.22	624.37	47.86	1.99
1984	253.11	171.10	81.71	0.30	702.70	643.53	55.88	3.29
1985	323.50	209.77	113.36	0.37	838.22	728.25	105.72	4.25
1986	358.20	228.54	129.34	0.32	881.90	777.12	99.73	5.05
1987	400.06	249.01	150.75	0.30	1020.81	880.94	133.83	6.04
1988	484.77	290.16	194.24	0.37	1079.26	932.37	139.64	7.25
1989	488.56	280.00	208.16	0.40	1157.63	1007.00	142.70	7.93
1990	423.46	229.90	193.10	0.46	1169.44	1001.79	160.66	6.99
1991	459.53	249.52	209.64	0.37	1199.31	1022.17	170.03	7.11
1992	511.40	275.46	235.56	0.38	1302.34	1085.18	209.03	8.13
1993	538.45	295.85	242.15	0.45	1337.03	1099.61	227.37	10.05
1994	566.29	305.35	260.74	0.20	1432.97	1164.43	258.41	9.60
1995	573.85	304.66	262.11	0.24	1538.82	1233.74	295.18	9.32
1996	584.25	285.72	289.65	0.35	1603.52	1263.13	326.16	10.26
1997	620.28	296.80	314.26	0.38	1547.18	1179.62	352.74	10.92
1998	640.16	310.79	320.93	0.21	1452.74	1083.35	355.48	9.93
1999	689.89	339.15	342.56	0.30	1432.08	1058.12	363.56	10.29
2000	740.98	378.80	353.78	0.30	1476.51	1101.74	363.94	10.69
2001	779.93	401.77	369.41	0.32	1573.28	1185.36	375.78	12.01
2002	820.83	421.00	390.00	0.27	1649.22	1234.77	398.87	15.43
2003	822.92	462.10	360.63	0.19	1891.73	1463.20	405.20	23.22
2004	963.09	542.00	395.40	0.45	2107.26	1650.00	422.02	34.93
2005	1000.70	535.43	437.84	0.53	2282.60	1759.77	467.00	55.49
2006	1113.77	586.88	492.72	0.55	2415.89	1810.80	538.76	65.85
2007	1264.10	620.68	601.81	0.78	2729.30	1962.93	681.85	83.95
2008	(1444.29)	667.32	(734.96)	(0.81)	(2969.81)	1985.84	(848.22)	(114.67)
	1517.33		808.32	0.49	5215.84		2995.15	213.77
2009	1645.18	675.48	914.80	0.52	6146.09	1955.36	3927.08	263.05
2010	1840.64	747.20	1031.18	0.60	7141.82	1980.23	4860.63	300.28
2011	2033.68	766.45	1211.28	0.65	8471.07	2120.10	5949.04	401.32
2012	2144.50	779.57	1309.58	0.60	9436.42	2088.97	6863.01	483.90
2013	(2328.12)	853.38	(1417.54)	(0.63)	(10357.41)	2096.81	(7702.95)	(557.19)
	1661.89	853.38	712.39	0.37	7205.05	2096.81	4488.01	618.46
2014	1858.89	895.65	844.86	0.54	7367.09	1926.50	4822.37	615.59

注：2008年客货运输周转量为公路水路运输量专项调查数据，2013年客货周转量按交通部新统计方法测算,括号内为原口径数据。
a)Data on Passenger-Kilometers and Freight Ton-Kilometers in 2008 are calculated on basis of Highway and waterway traffic special investigation,and data in 2013 are calculated on new statistical methods of Ministry of Communications,and data in the brakfets are original data.

20-4 铁路、公路、内河通车通航里程(年底数)

Length of Railways, Highways and Navigable Inland Waterways (Year-end)

单位：公里 (km)

指　标	Item	2000	2005	2010	2013	2014
铁　路	**Length of Railways**	**3354**	**4000**	**4224**	**4822**	**5108**
#电气化	Electrified Railways		1309	2109	2125	2132
中央铁路	National Railways	2043	2788	3395	4014	4300
地方铁路	Local Railways	1311	1212	829	808	808
公　路	**Length of Highways**	**64453**	**79506**	**245089**	**249831**	**249857**
#高级、次高级路面	Senior and Second-senior	46917	63474	165944	183579	184801
#高速公路	Expressways	505	2678	5016	5859	5859
内　河	**Length of Navigable Inland Waterways**	**1104**	**1439**	**1439**	**1439**	**1439**

注：铁路通车里程为正线里程；铁路电气化里程为郑州铁路局全局数据。
a)Length of railways refers to trunk lines.Length of electrified railways refers to data of Zhengzhou Railway Administration.

20-5 交通运输工具拥有量(年底数)

Possession of Means of Transportation (Year-end)

指　标	Item	2000	2005	2010	2013	2014
铁路	**Railways**					
国家铁路	National Railways					
内燃机车(台)	Diesel Locomotives(unit)	951	446	297	218	210
电力机车(台)	Electric Locomotives(unit)	981	570	837	1204	1043
客车(辆)	Passenger Coaches(unit)	4981	1860	2400	2760	2399
地方铁路	Number of Locomotives					
内燃机车(台)	Diesel Locomotives(unit)	85	106	64	62	53
客车(辆)	Passenger Coaches(unit)	80	60	14	14	13
货车(辆)	Freight Cars(unit)	1476	1219	622	618	492
公路	**Highways**					
载货汽车(辆)	Ordinary Trucks(unit)	363723	491669	907504	1207263	1087637
#重型	Heabvy	212965	136946	307187	398613	249136
中型	Middle			144914	89426	79862
轻型	Light	150758	199410	443372	714257	753972
载客汽车(辆)	Buses and Cars(unit)	456068	988796	3049045	5717116	7507955
#大型	Large	32771	46187	61940	64452	121643
中型	Middle			80896	44803	101514
小型	Small	423297	672144	2660344	5339141	6981935
内河	**Inland Rivers**					
机动船(艘)	Motor Vessels (unit)	3314	4687	4916	5088	5166
驳船(艘)	Barges (unit)	418	431	127	108	279

注：国家铁路为郑州铁路局数据。由于郑州铁路局调整，2005年以后的数据与以前年份不可比。
a)Data on national railways are calculated by ZhengZhou Railways Administration. Because of The Change of ZhengZhou Railways Administration, data since 2005 could not be Compared with former Years.

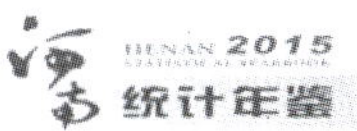

20-6 各市公路线路里程(2014年底)

Length of Highways by City (End of 2014)

单位：公里 (km)

市(县) City(County)	总计 Total	等级公路 Expressway and Class Ⅰ to Ⅳ Highway	高速 Expressway	一级 First Class	二级 Second Class	三级 Third Class	四级 Four Class
全省 Total	**249857**	**197624**	**5859**	**1778**	**25641**	**19794**	**144552**
省辖市 City							
郑州市 Zhengzhou	12702	11444	486	195	1801	1648	7315
开封市 Kaifeng	8844	6997	302	9	1149	309	5228
洛阳市 Luoyang	18342	13524	500	8	1770	2029	9217
平顶山市 Pingdingshan	13468	12723	392	99	1764	1157	9311
安阳市 Anyang	11817	10116	266	84	1444	1144	7178
鹤壁市 Hebi	4464	4262	75	52	469	324	3343
新乡市 Xinxiang	13106	10602	269	156	2015	854	7308
焦作市 Jiaozuo	7383	6362	205	105	1654	868	3531
濮阳市 Puyang	6465	6022	140	238	756	620	4269
许昌市 Xuchang	9288	7078	260	126	1190	666	4836
漯河市 Luohe	5250	4191	126	54	541	465	3005
三门峡市 Sanmenxia	9520	7592	260	68	944	898	5421
南阳市 Nanyang	38004	28975	642	81	2910	2866	22476
商丘市 Shangqiu	23050	16303	416	228	1585	1243	12830
信阳市 Xinyang	24755	18690	550	86	1784	1854	14416
周口市 Zhoukou	21845	17169	436	102	1635	1172	13824
驻马店市 Zhumadian	19272	13558	437	61	1734	1210	10116
济源市 Jiyuan	2284	2015	96	27	496	469	928
省直管县 Province Administrating County							
巩义市 Gongyi	2148	1897	56	18	169	417	1236
兰考县 Lankao	1674	1424	50	7	165	88	1113
汝州市 Ruzhou	2578	2423	65		393	238	1727
滑县 Huaxian	3521	2948	56		432	79	2381
长垣县 Changyuan	2040	1459	26		297	163	973
邓州市 Dengzhou	4128	3103	28	18	324	159	2574
永城市 Yongcheng	3237	2345	100		282	265	1698
固始县 Gushi	2959	2864	67		264	249	2284
鹿邑县 Luyi	3027	1907	48	71	131	198	1458
新蔡县 Xincai	2096	1317	71		204	24	1018

20-8 各市民用车辆拥有量(2014年底)
Possession of Civil Vehicles by City (End of 2014)

单位：辆 (unit)

市 City	民用汽车 Civil Vehicles	载客汽车 Buses and Cars	#大型 Large	#轿车 Sedan	载货汽车 Ordinary Trucks	#重型 Heavy	#普通载货 Ordinary Trucks
全　　省 Total	**8960220**	**7507955**	**121643**	**7284798**	**1087673**	**249136**	**833834**
省　辖　市 City							
郑　州　市 Zhengzhou	2222679	2039298	29971	1992068	156902	40437	116108
开　封　市 Kaifeng	346522	284161	4237	275778	43148	6344	36662
洛　阳　市 Luoyang	712686	601684	11825	581890	91485	18487	72693
平顶山市 Pingdingshan	410474	340791	6360	330483	51677	9470	42123
安　阳　市 Anyang	472911	414389	4793	403812	42115	10815	31188
鹤　壁　市 Hebi	157689	135533	2513	131322	16675	3833	12701
新　乡　市 Xinxiang	586300	508171	6878	495048	67624	14479	52895
焦　作　市 Jiaozuo	339463	295388	4618	286030	31029	10108	20835
濮　阳　市 Puyang	431983	365100	5268	355365	55093	12308	42729
许　昌　市 Xuchang	409142	343205	3822	335146	53622	13831	39561
漯　河　市 Luohe	185137	152037	1956	145946	25914	7712	18130
三门峡市 Sanmenxia	230923	197636	2466	191866	26470	4982	21447
南　阳　市 Nanyang	588105	459964	8038	443411	97209	17492	78256
商　丘　市 Shangqiu	548982	423346	9809	409033	86693	18665	67734
信　阳　市 Xinyang	354089	252971	6101	241329	58170	8015	49527
周　口　市 Zhoukou	508170	337111	7453	322334	116577	42220	73980
驻马店市 Zhumadian	342300	258615	4484	246974	57440	7584	49826
济　源　市 Jiyuan	112665	98555	1051	96963	9830	2354	7439

市 City	其他汽车 Other	#新注册 Newly-registered	摩托车 Motors	挂　车 Trailer	拖拉机 Tractors	机动车驾驶员(万人) Number of Motor Drivers (10 000 Person)	#汽车 Automobile Drivers
全　　省 Total	**364592**	**1438335**	**5024878**	**270309**	**3840715**	**2104**	**1765**
省　辖　市 City							
郑　州　市 Zhengzhou	26479	400342	558507	17702	128927	316	305
开　封　市 Kaifeng	19213	54273	200855	7073	226550	81	74
洛　阳　市 Luoyang	19517	105163	409121	11670	193846	162	139
平顶山市 Pingdingshan	18006	61364	301583	12210	123774	104	88
安　阳　市 Anyang	16407	68867	152482	23342	141416	106	92
鹤　壁　市 Hebi	5481	24836	65864	4666	84095	36	33
新　乡　市 Xinxiang	10505	99504	128006	10240	187188	133	122
焦　作　市 Jiaozuo	13046	50745	209797	38109	62081	93	80
濮　阳　市 Puyang	11790	54047	157494	13612	97811	90	84
许　昌　市 Xuchang	12315	64951	309623	7569	57963	88	71
漯　河　市 Luohe	7186	31971	118737	6780	94562	50	45
三门峡市 Sanmenxia	6817	26149	206366	6510	48927	58	46
南　阳　市 Nanyang	30932	96132	742998	14841	910424	216	148
商　丘　市 Shangqiu	38943	92531	190095	28290	249539	136	116
信　阳　市 Xinyang	42948	52937	546605	5008	215127	126	81
周　口　市 Zhoukou	54482	76745	370804	50691	383227	173	140
驻马店市 Zhumadian	26245	60490	302178	7363	613735	113	80
济　源　市 Jiyuan	4280	17288	53763	4633	21523	23	21

20-9 各市私人车辆拥有量(2014年底)
Possession of Private Vehicles by City (End of 2014)

单位：辆 (unit)

市 City	民用汽车 Civil Vehicles	载客汽车 Buses and Cars	载货汽车 Ordinary Trucks	其他汽车 Other Special Vehicles	摩托车 Motors	#普通 Bicycle Motor
全 省 Total	**7743731**	**6611333**	**784961**	**347437**	**4867499**	**3822473**
省 辖 市 City						
郑 州 市 Zhengzhou	1926642	1808149	93603	24890	554864	452137
开 封 市 Kaifeng	308767	255519	34242	19006	200377	146591
洛 阳 市 Luoyang	604085	520332	64512	19241	406405	302697
平 顶 山 市 Pingdingshan	348891	290554	40564	17773	287415	201935
安 阳 市 Anyang	421059	372793	31992	16274	151814	110277
鹤 壁 市 Hebi	136746	117419	13887	5440	65394	51936
新 乡 市 Xinxiang	519924	458844	53301	7779	125829	98742
焦 作 市 Jiaozuo	291006	257933	20187	12886	136224	105211
濮 阳 市 Puyang	400338	345587	43044	11707	157058	131051
许 昌 市 Xuchang	340051	289205	38923	11923	278709	218929
漯 河 市 Luohe	155624	132660	16606	6358	102126	70411
三 门 峡 市 Sanmenxia	189247	163235	19306	6706	203756	172018
南 阳 市 Nanyang	490036	402782	57341	29913	741368	643129
商 丘 市 Shangqiu	488679	380461	69784	38434	189173	140019
信 阳 市 Xinyang	299592	206171	51226	42195	545874	451749
周 口 市 Zhoukou	436089	300943	83834	51312	366767	228952
驻 马 店 市 Zhumadian	286289	219993	44865	21431	300891	248783
济 源 市 Jiyuan	100666	88753	7744	4169	53455	47906

20-10 客货运量及周转量

Passenger and Freight Traffic, Turnover Volume

指　标	Item	2005	2010	2011	2012	2013	2014
运输量	**Traffic Volume**						
客运量(万人)	Passenger Traffic(10 000 persons)	98099	167804	193882	208094	225738	141777
铁路	Railways	5842	8399	8952	9628	11160	12400
国家铁路	National Railways	5758	8392	8948	9628	11160	12400
地方铁路	Local Railways	84	7	4			
公路	Highways	91920	158630	184213	197785	213900	128279
水运	Waterways	97	255	268	250	261	254
货运量(万吨)	Freight Traffic(10 000 tons)	78827	202470	240965	272240	304369	200628
#铁路	Railways	14806	14224	14312	12779	12762	11577
国家铁路	National Railways	12697	13292	13292	11772	11685	10540
地方铁路	Local Railways	2109	931	1020	1007	1077	1037
公路	Highways	62684	183291	220122	251772	282970	179680
水运	Waterways	1334	4950	6527	7685	8631	9350
周转量	**Turnover Volume**						
旅客周转量(百万人公里)	Passenger-Kilometers (million person-km)	100070	184064	203368	214450	232812	185889
铁路	Railways	53543	74720	76645	77957	85337	89565
国家铁路	National Railways	53468	74715	76643	77957	85337	89565
地方铁路	Local Railways	75	5	3			
公路	Highways	43784	103118	121128	130958	141754	84486
水运	Waterways	53	60	65	60	63	54
货物周转量(百万吨公里)	Freight Ton-Kilometers (million ton-km)	228260	714182	847107	943642	1035741	736709
铁路	Railways	175977	198023	212010	208897	209681	192650
国家铁路	National Railways	173606	197118	210941	207904	208607	191593
地方铁路	Local Railways	2371	905	1069	992	1074	1057
公路	Highways	46700	486063	594904	686301	770295	482237
水运	Waterways	5549	30028	40132	48390	55719	61559

注：2009年3月起国家铁路运输量包含漯阜公司，地方铁路数据不包括漯阜公司。

a) Data of LuoFu company was adjusted from local railways to national railways since March 2009.

20-11 各市公路客货运输量(2014年)

Passenger and Freight Traffic of Highway by City (2014)

市(县)	City(County)	客运量(万人) Passenger Traffic (10 000 persons)	旅客周转量(亿人公里) Passenger-Kilometers (100 million person-km)	货运量(万吨) Freight Traffic (10 000 tons)	货物周转量(亿吨公里) Freight Ton-Kilometers (100 million ton-km)
全省	**Total**	**128279**	**844.86**	**179680**	**4822.37**
省辖市	**City**				
郑州市	Zhengzhou	13841	83.55	19709	332.36
开封市	Kaifeng	3881	31.67	2588	98.54
洛阳市	Luoyang	11688	77.46	16570	401.92
平顶山市	Pingdingshan	10794	46.68	9289	209.27
安阳市	Anyang	4432	32.06	10294	416.09
鹤壁市	Hebi	1700	6.86	5018	105.31
新乡市	Xinxiang	5796	29.77	16050	311.43
焦作市	Jiaozuo	4348	16.62	15295	431.35
濮阳市	Puyang	4417	32.99	3172	148.79
许昌市	Xuchang	3067	16.75	5997	190.71
漯河市	Luohe	2155	18.07	5322	108.71
三门峡市	Sanmenxia	2840	14.80	4424	140.78
南阳市	Nanyang	12252	94.31	15696	581.94
商丘市	Shangqiu	10746	96.16	15083	421.47
信阳市	Xinyang	9336	91.47	6610	54.40
周口市	Zhoukou	7374	67.69	15178	619.24
驻马店市	Zhumadian	18811	82.16	9479	149.27
济源市	Jiyuan	801	5.79	3906	100.78
省直管县	**Province Administrating County**				
巩义市	Gongyi	2669	5.32	3032	51.12
兰考县	Lankao	731	5.63	520	19.80
汝州市	Ruzhou	1057	3.51	1254	28.26
滑县	Huaxian	679	7.02	714	28.84
长垣县	Changyuan	1314	6.74	316	6.15
邓州市	Dengzhou	1666	11.85	2615	96.98
永城市	Yongcheng	1928	12.96	3368	94.08
固始县	Gushi	363	10.86	1109	9.13
鹿邑县	Luyi	264	3.04	1769	72.17
新蔡县	Xincai	1463	7.52	616	9.72

20-12 铁路主要站客货发送量(2014年)
Number of Passengers and Volume of Freight Dispatched from Principal Railway Stations (2014)

车站名称	Name	旅客发送量(万人) Number of Passengers Dispatched (10 000 persons)	车站名称	Name	货物发送量(万吨) Volume of Freight Dispatched (10 000 tons)
郑州	Zhengzhou	3495.52	圃田西	Western putian	103.66
郑州东	Eastern zhengzhou	747.81	郑州北	Northern zhengzhou	65.65
巩义	Gongyi	92.91	新密	Xinmi	84.92
开封	Kaifeng	386.95	上街	Shangjie	164.54
兰考	Lankao	141.45	新郑	Xinzheng	244.07
洛阳	Luoyang	655.08	开封	Kaifeng	138.14
洛阳龙门	Luoyang Longmen	295.11	洛阳东	Eastern luoyang	44.47
偃师	Yanshi	56.98	巩义	Gongyi	80.45
安阳	Anyang	344.18	平顶山西	Western pingdingshan	229.44
新乡	Xinxiang	470.18	安阳	Anyang	61.67
焦作	Jiaozuo	87.80	鹤壁北	Northern hebi	224.34
许昌	Xuchang	216.96	新乡	Xinxiang	103.57
三门峡	Sanmenxia	135.50	焦作北	Northern jiaozuo	94.26
三门峡南	Southern sanmenxia	116.97	许昌	Xuchang	43.67
灵宝	Lingbao	88.12	三门峡	Sanmenxia	153.54
南阳	Nanyang	325.03	三门峡西	Western sanmenxia	105.79
商丘	Shangqiu	676.25	南阳	Nanyang	20.30
商丘南	Southern shangqiu	112.45	商丘	Shangqiu	44.45
民权	Minquan	163.97	商丘北	Northern shangqiu	27.58
			济源	Jiyuan	119.05

注：本表为郑州铁路局辖区内主要站数据。

a)Stations in this table are main Principal in popedom of zhengzhou Railways Administration.

20-13 铁路、公路分货类运输量(2014年)

Freight Traffic of Railway and Highway by Category (2014)

货 类	Type of Freight	铁路 Railways 运输量(万吨) Traffic Volume (10 000 tons)	铁路 Railways 货物周转量(万吨公里) Freight Ton-Kilometers (10 000 ton-km)
煤	Coal	23813	7389345
石油	Petroleum	2000	510217
焦炭	Coke	3462	1059970
金属矿石	Metal Ores	6805	1882202
钢铁及有色金属	Steel and Iron,	4249	1487702
非金属矿石	Nonmetal Ores	877	242416
磷矿石	Phosphorus Ores	223	70512
矿建材料	Mineral Building Materials	525	143935
水泥	Cement	10	3313
木材	Timber	187	64848
粮食	Grain	3065	923296
棉花	Cotton	278	127180
化肥和农药	Chemical Fertilizers and Pesticides	2979	1042185
盐	Salt	62	17680
化工品	Chemical Products	1647	656198
工业机械	Industry Machinery	179	70065
电子电气	Electronic and Electric	3	766
金属制品	Metal Products	61	24068
农业机具	Agriculture Implements	0	16
鲜活易腐货物	Fresh, Live and Perishable Goods	61	20843
农副土特产品	Agriculture Products	147	36974
饮食烟草	Diet and Tobaccos	311	119355
纺织品	Textile Products	7	2557
文教用品	Cultural and Educational Products	127	51728
医药品	Medicine Products	21	6434
零担	Fragmentary Freight	93	30534
集装箱	Container	3178	1343918

货 类	Type of Freight	公路 Highways 运输量(万吨) Traffic Volume (10 000 tons)	公路 Highways 货物周转量(万吨公里) Freight Ton-Kilometers (10 000 ton-km)
煤炭	Coal and coke	32914	8158626
石油	Petroleum	5904	1296316
金属矿石	Metal Ores	7465	2204816
钢铁	Steel and Iron	13399	3886502
矿建材料	Mineral Building Materials	29260	3828292
水泥	Cement	13730	2054192
木材	Timber	4035	1338514
非金属矿石	Nonmetal Ores	6543	1648054
化肥及农药	Chemical Fertilizers and Pesticides	4246	989566
盐	Salt	1810	891465
粮食	Grain	17262	3843691
机械、设备、电器	Machinery, Equipment and Electrical Appliances	9450	5378891
化工原料及制品	Chemical Raw Materials and Chemical Finished Products	6088	2368742
有色金属	Nonferrous Metals	2473	953246
轻工、医药产品	Light Industry and Medicine Products	8768	3774584
农林牧渔业产品	Agriculture, Forestry, Animal Husbandry and Fishery Products	8629	3505453

注：铁路为郑州铁路局全局数，公路为交通系统数。
a)Freight Traffic of railway refers to data of Zhengzhou Railways Administration, highway refers to data of transportation department.

20-17 邮电通信行业基本情况

年份 Year	邮电业务总量(万元) Business Volume of Post and Telecommunications (10 000 yuan)	#邮政行业业务总量 Business Volume of Post	函件(万件) Number of Letters (10 000 pcs)	包裹(万件) Number of Parcels (10 000 pcs)	快递(万件) Pieces of Express Mail Services (10 000 pcs)	订销报刊期发数(万份) Magazine Subscriptions (10 000 pcs)
1978	(5450)7120		11629	273		267
1979	7540		12783			
1980	8062		14230	299		368
1981	8390		14823			
1982	8666		14726			
1983	9024		15144			
1984	9647		16974			
1985	11057		20304			726
1986	11977		21055	327		
1987	14675		24020			
1988	19182		25368			
1989	22805		23345			
1990	(27872)48983		22032	442		632
1991	59324		17335			
1992	80685		17795			
1993	122245		20260			
1994	188902		21963			
1995	302583		21958	648		509
1996	461609		22470	648	225	547
1997	643107		19164	489	173	1130
1998	1035556		18799	489	197	929
1999	1384139		19452	509	296	
2000	(1869359)1300586	117999	21408	499	423	
2001	1740235	210508	29260	492	539	
2002	2201977	236549	29532	482	761	
2003	3035707	264200	35938	486	945	880
2004	4359263	282726	26470	433	1105	768
2005	5565060	318093	24471	415	1163	686
2006	7214687	365236	23030	405	1136	707
2007	9331635	412016	21515	367	1248	759
2008	11241309	470421	22147	315	1497	846
2009	12968686	548800	19786	271	1788	809
2010	(15077061)5359762	703421(897962)	24704	253	(1793)5765	803
2011	5958822	627996	32396	264	8378	1062
2012	6613588	691594	17516	283	12503	1010
2013	7949251	924593	17570	295	19444	951
2014	10110624	1165358	15828	264	29484	1029

注：1.邮电业务总量2010年以来为2010年不变价，2000-2009年按2000年不变价格计算，1990-1999年按1990年不变价格计算，1978-1989年按1980年不变价格计算。括号内为上个时期不变价数据。
2.2007年起，局用交换机容量包含接入网设备容量。
3.2010年起快递为全社会快递业务量，括号内为原口径数据。
4.2010年起，国际互联网用户含手机上网用户。

Basic Conditions of Post and Telecommunications

集邮业务 (万枚) Stamps for Collection (10 000 units)	固定电话用户 (万户) Subscribers of Local Telephone (10 000 subscribers)	移动电话用户 (万户) Subscribers of Mobile Telephone (10 000 subscribers)	本地电话局用交换机容量 (万门) Capacity of Local Telephone Exchanges (10 000 line)	长途光缆线路长度 (公里) Length of Optical Cable Lines (km)	电话普及率 (含移动) (部/百人) Populariza-tion Rate of Telephone (sets/100 persons)	国际互联网用户 (万户) Number of Subscribers of Internet Services (10 000 subscribers)
	12.05		21.15		0.17	
	12.40		22.01		0.17	
	12.96		22.58		0.18	
	13.12		22.92		0.18	
	13.37		23.77		0.18	
	13.25		24.45		0.17	
	14.33		25.23		0.19	
	15.67		26.91		0.20	
	16.75		27.39		0.21	
	14.00		29.47		0.17	
	16.10		32.50		0.20	
	18.92		35.31		0.23	
	22.76		40.79		0.27	
	27.31		54.45		0.31	
	36.65		66.04		0.42	
	55.70		103.31		0.63	
	89.31		171.76		0.99	
	135.74		238.36		1.50	
	205.71	23.87	349.34		2.51	
2295	292.55	48.02	479.17		3.70	
1045	442.76	118.64	723.20		6.05	
13581	773.51	173.04	837.21		8.68	
13614	912.10	310.30	969.87		12.95	67.52
12352	1096.09	503.03	1049.71	18029	16.79	185.66
10441	1180.31	531.00	1095.47	20658	17.86	208.42
9159	1370.86	1072.57	1159.70	26650	25.72	245.81
10500	1625.03	1392.31	1296.62	32644	31.14	269.17
8769	1863.48	1814.81	1349.56	33093	37.90	274.28
7038	2027.50	2351.20	1376.00	33536	44.90	326.87
6883	1940.47	2914.54	2548.50	34927	49.50	403.26
7100	1562.44	3498.89	2382.21	35718	51.20	494.38
6064	1463.89	4016.84	2304.06	36127	55.10	625.49
8158	1432.00	4449.72	1996.00	36446	59.00	3043.42
7090	1340.39	5061.69	1855.45	30519	68.07	3857.20
7585	1288.90	5787.70	1804.26	30271	75.38	5098.00
6138	1224.38	7200.22	1843.36	30296	89.60	5657.14
5338	1143.04	7712.93	1298.35	31430	94.10	5672.06

a)The business volume of post and telecommunications services since 2000 are calculated at 2000 constant prices.1990~1999 are calculated at 1990constant prices.1978~1989 are calculated at 1980 constant prices.Data in bracket are calculated at last period constant prices .

b) Data on capacity of local telephone exchanges include network equipment since 2007.

c)Data of pieces of express mail refer the whole social sine 2010, data in the brakfets are original data.

d)Data on Subscribers of Internet Services include Mobile Internet since 2010.

20-18 通信行业基本情况及通信水平(年底数)

Basic Conditions and Level of Post Services (Year-end)

指　标	Item	2012	2013	2014
通信网络	**Network of Telecommunication**			
电信业务总量(万元)	Business Volume of Telecommunication Services (10 000 yuan)	6117559	7024658	8945199
长途电话业务电路(2M)	Long-distance Call Lines(2M line)	5127076	4554119	6924553
固定长途电话通话时长(万分钟)	Time of Long-distance Calls (10 000 minutes)	218564	177532	127457
移动电话用户期末数(万户)	Number of Mobile Telephones Subscribers at Year-end (10 000 subscribers)	5788	7200	7713
固定电话用户(万户)	Number of Local Telephone Subscribers of at Year-end (10 000 subscribers)	1289	1224	1143
#城市	Number of Urban Telephone Subscribers	794	754	737
住宅电话用户(万户)	Number of Residential Telephone Subscribers (10 000 subscribers)	808.20	750.60	693.30
#城市	Number of Urban Telephone Subscribers	389.25	367.62	355.74
公用电话(万户)	Number of Public Telephone (10 000 Subscribers)	125.10	118.08	113.52
国际互联网用户(万户)	Number of Subscribers of Internet Service (10 000 Subscribers)	5098.00	5657.14	5672.06
电信主要通信能力	**Major Capacity of Telecommunication Services**			
固定长途电话交换机容量(路端)	Capacity of Long-distance Call Exchanges(unit)	1511800	1446394	1337449
局用电话交换机容量(万门)	Capacity of Office switching Telephone Machine(10 000 units)	1804	1843	1298
移动电话交换机容量(万户)	Capacity of Mobile Telephone Exchanges(10 000 subscribers)	8550	8968	11097
长途光缆线路长度(公里)	Length of Optical Cable Lines(km)	30271	30296	31430
通信水平	**Level of Telecommunication**			
固定电话普及率(部/百人)	Popularization Rate of Telephone (sets/100 persons)	13.7	13.0	12.1
移动电话普及率(部/百人)	Popularization Rate of Mobile Telephone (sets/100 persons)	61.5	76.5	82.0
平均每千人拥有公用电话数(部)	Per 1 000 Persons Public Telephone(set)	13.3	12.6	12.1
已通固定电话的乡(镇)比重(%)	Percentage of Townships with Telephone(%)	100	100	100
移动电话(GSM)网络覆盖县(市)	Number of County(city) Covered by GSM (unit)	109	109	109
移动电话(CDMA)网络覆盖县(市)	Number of County(city) Covered by CDMA (unit)	109	109	109
移动电话漫游国家和地区(个)	Number of country (Territory) Roamed through Mobile Telephone(unit)	237	245	245
数据通信网覆盖地(市)	Number of Region(city) Covered by Data Traffic (unit)	18	18	18

注：从2012年起，长途电话业务电路包含固定电话网、移动电话网和各类数据通信网内为疏通长话业务开放使用的长途电路。
a)since 2012,Long-distance Call Lines include Local Telephone,Mobile Telephones and other Communication network.

20−19 各市邮政网和业务量(2014年)

Network and Business Volume of Post by City (2014)

市(县) City(County)	邮政局所 (处) Number of Post Offices (unit)	邮路总长度 (公里) Length of Postal Routes (km)	农村投递线路总长度 (公里) Rural Delivery Routes (km)	邮政行业业务总量 (亿元) Business Volume of Post	函件 (万件) Number of Letters (10 000 pcs)	包裹 (万件) Number of Parcels (10 000 pcs)	特快专递 (万件) EMS (10 000 pcs)	订销报刊期发数 (万份) Magazine Subscriptions (10 000 pcs)	集邮业务 (万枚) Stamps for Collection (10 000 units)
全　省 Total	**2596**	**74663**	**199992**	**116.54**	**15828.15**	**263.85**	**376.37**	**1028.55**	**5337.99**
省辖市 City									
郑州市 Zhengzhou	247	7942	16990	39.99	7468.44	54.34	90.14	104.37	1030.11
开封市 Kaifeng	116	1651	8994	3.59	647.75	9.61	14.29	41.72	261.08
洛阳市 Luoyang	192	4392	14007	7.32	314.12	29.75	22.83	71.10	425.11
平顶山市 Pingdingshan	131	1802	8894	3.20	146.34	6.50	14.45	45.64	257.81
安阳市 Anyang	120	1721	10516	5.00	1520.00	11.86	15.76	48.62	304.83
鹤壁市 Hebi	25	456	3050	1.10	209.70	2.23	4.18	22.08	117.27
新乡市 Xinxiang	169	3013	13599	6.49	489.38	22.25	19.73	151.62	432.54
焦作市 Jiaozuo	113	1189	7774	3.67	246.03	8.22	11.02	55.73	404.52
濮阳市 Puyang	99	1264	5961	2.82	365.05	10.15	10.93	36.92	230.69
许昌市 Xuchang	121	1516	8223	3.79	247.09	7.47	12.13	46.61	225.49
漯河市 Luohe	60	977	3791	2.57	362.83	4.45	8.08	20.22	101.91
三门峡市 Sanmenxia	83	1338	7588	1.96	1057.87	5.20	7.04	33.73	178.28
南阳市 Nanyang	272	5356	27558	8.63	1828.81	40.92	35.47	110.64	369.68
商丘市 Shangqiu	210	3347	15765	7.15	255.26	14.82	23.37	54.26	320.24
信阳市 Xinyang	225	5902	15623	5.26	227.13	8.74	29.69	55.61	168.01
周口市 Zhoukou	192	3300	16191	6.80	142.91	13.50	26.62	54.65	155.87
驻马店市 Zhumadian	196	3277	13035	6.53	253.50	11.34	26.97	62.73	292.39
济源市 Jiyuan	25	420	2433	0.66	45.94	2.50	3.68	12.31	62.16

注：本表全省合计包括郑州邮区中心局数据。特快专递指邮政企业代办的EMS业务量。

a)Data of Total include Data of Center situation in zhengzhou postal district.EMS only refers to postal.

20-20 各市电信网和业务量(2014年)

市 City	固定长途电话交换机容量(路端) Capacity of Long-distance Telephone Exchanges (unit)	局用电话交换机容量(万门) Capacity of Office Telephone Exchanges (10 000 lines)	移动电话交换机容量(万户) Capacity of Mobile Telephone Exchanges (10 000 subscribers)	电信业务总量(亿元) Business Volume of Telecommunications (100 million yuan)	固定长途电话通话时长(万分钟) Time of Long-distance Calls (10 000 minutes)
全　　省 Total	**1337449**	**1298**	**11097**	**894.52**	**127457**
郑　州　市 Zhengzhou	671918	248	2283	173.66	44068
开　封　市 Kaifeng	49394	53	371	38.63	6439
洛　阳　市 Luoyang	60959	164	1051	73.94	8811
平顶山市 Pingdingshan	52993	53	475	42.38	4620
安　阳　市 Anyang	38848	51	481	51.68	6247
鹤　壁　市 Hebi	19202	15	113	14.68	2569
新　乡　市 Xinxiang	44368	120	746	61.45	9979
焦　作　市 Jiaozuo	28073	68	516	36.17	5220
濮　阳　市 Puyang	32051	35	297	32.62	5042
许　昌　市 Xuchang	38911	54	561	36.59	4968
漯　河　市 Luohe	30191	35	186	23.02	2408
三门峡市 Sanmenxia	21772	29	270	21.75	1966
南　阳　市 Nanyang	63944	78	879	66.81	5351
商　丘　市 Shangqiu	46326	83	684	58.24	5027
信　阳　市 Xinyang	57423	61	495	44.78	5565
周　口　市 Zhoukou	23330	68	993	62.51	4389
驻马店市 Zhumadian	57745	66	635	48.53	3676
济　源　市 Jiyuan		16	62	7.11	1112

Network of Telecommunications and Business Volume by City (2014)

移动电话通话时长(万分钟) Time of Mobiles (10 000 minutes)	移动电话用户(万户) Number of Mobile Telephones Subscribers (10 000 subscribers)	移动短信业务量(亿条) Mobile SMS business (100 million piece)	固定电话用户(万户) Number of Local Telephone Subscribers at Year-end (10 000 subscribers)	#城市电话用户 Number of Urban Telephone Subscribers	住宅电话用户(万户) Number of Household Telephone Subscribers (10 000 subscribers)	公用电话(万户) Number of Public Telephone (10 000 subscribers)	国际互联网用户(万户) Number of Subscribers of Internet Services (10 000 subscribers)
32688148	**7712.93**	**251.39**	**1143.04**	**736.57**	**693.30**	**113.52**	**5672.06**
6266063	1281.59	57.58	235.12	188.72	108.97	24.68	1002.59
1397037	337.66	9.99	42.83	28.93	27.46	6.35	253.83
2573195	575.81	22.48	117.26	80.96	71.95	7.45	450.55
1491402	377.39	13.42	47.71	35.25	26.83	5.64	285.46
1833125	451.87	12.57	78.59	41.87	54.97	5.41	335.84
537011	131.64	3.81	25.65	16.81	16.67	4.20	97.02
2163145	529.30	16.57	99.28	55.81	66.29	10.25	397.18
1388226	300.91	10.15	50.70	30.91	32.78	5.05	237.10
1278870	293.46	7.91	34.22	21.38	20.51	1.67	206.66
1337249	335.82	11.18	51.47	27.91	31.68	4.03	256.61
771886	188.02	5.24	25.94	18.02	14.05	3.83	143.70
837186	189.79	7.12	25.47	19.82	14.21	2.08	150.13
2581819	655.87	18.02	78.17	36.90	45.13	13.60	456.41
2316897	577.64	13.63	65.69	36.59	43.55	5.06	373.23
1565768	413.23	13.06	56.05	35.23	41.02	4.04	289.72
2220281	538.82	13.89	51.88	27.34	39.00	5.32	360.60
1804712	464.77	12.90	45.70	27.42	30.64	4.16	325.45
324276	69.33	1.87	11.31	6.47	7.60	0.68	50.00

Explanatory Notes on Main Statistical Indicators

Length of Railways in Operation refers to the total length of the trunk line under passenger and freight transportation (including both full operation and temporary operation). The calculation is based on the actual length of the first line even if this line has a full or partial double track or more tracks, excluding double tracks, station sidings, tracks under the charge of stations, branch lines, special-purpose lines and the non-payable connecting lines. The length of railways in operation is an important indicator to show the development of the infrastructure for the railway transport, and also the essential data to calculate volume of passenger freight transport, traffic density and utilization efficiency of the locomotives and carriages.

Length of Electrified Railways refers to the length of the section of railways in operation in which the power supply lines and other equipment are installed for the running of electrified locomotives. The proportion of the length of electrified railways to the total length of railways in operation is an important indicator to show the modernization of railways.

Length of Highways refers to the length of highways which are built in conformity with the grades specified by the highway engineering standard formulated by the Ministry of Communications, and have been formally checked and accepted by the departments of highways and put into use. The length of highways includes that of the suburb highways at large and medium-sized cities, highways passing through streets at small cities and towns, and also the length of bridges and ferries. It does not include the length of streets in big and medium-sized cities and highways built for the production purpose at factories, mines, forest areas and agricultural areas. If two or more highways go the same section of the way, the length of the section is only calculated for once and no duplication is allowed. The length of highways is an important indicator to show the development of the highway construction and to provide essential information to calculate the transport network density.

Length of Navigable Inland Waterways an indicator reflecting the size and development of inland water network, it refers to the length of the natural rivers, lakes, reservoirs, canals, and ditches open to navigation during a given period, which enables the transport by ships and rafts. It includes the channels open to navigation for over an accumulative 3 months in a year, yet this does not include the river courses which are only used to float odd logs and bamboo rafts.

Length of Civil Aviation Routes refers to the length of all routes for civil aviation flights, which is used to account the freight, during the period of statistics.. There are usually two ways to calculate the route length: duplicated calculation and non-duplicated calculateion, the former is the sum of length of all civil aviation routes, and the latter should deduct the duplication length of same route among all routes.

Freight (Passenger) Traffic refers to the volume of freight (passenger) transported with various means. Freight transport is calculated in tons and passenger traffic is calculated in the number of persons. Despite the type of freight and travelling distance, the freight transport is calculated in the actual weight of the goods: and despite the travelling distance and ticket price, the passenger traffic is calculated by the principle that one person can be counted only once in one travel. The passenger who travel with a half price ticket or a child ticket is also calculated as one person. The freight (passenger) traffic provides a quantitative measure to show how the transport industry serves the national economy and people, and is also an important indicator for planning the transport industry and for studying the development scale and speed of the transport industry.

Freight Ton-kilometers (Passenger-kilometers) refer to the sum of the products of the volume of transported cargo (passengers) multiplying by the transport distance, usually using ton-kilometer and passenger-kilometer as units for measurement. Normally, the shortest distance between the departure station and the destination station (i.e., the payable distance) is the basis to calculate the freight ton-kilometers. This is an important indicator to show the total results of the transport industry, to prepare and examine the transport plan and to measure the efficiency, the labour productivity and the unit cost of transport.

The formula is as follows:

Freight Ton-kilometers (Passenger-kilometers) =∑{Freight (Passenger) Traffic x Distance of Transportation}

Measuring unit: ton-kilometer (person-kilometer)

Possession of civil Motor Vehicles refer to the total numbers of vehicles that are registered and received vehicles' license tags according to the Work Standard for Motor Vehicles Registration formulated by transport management office under department of public security at the end of reference period. They are divided into following categories according to the structure of motor vehicles: passenger vehicles, trucks and others; and private vehicles and vehicles for units use according to ownerships; working vehicles, non-working vehicles and special motor vehicles according to kind of usage; large passenger vehicles; medium passenger vehicles and small passenger vehicles, heavy trucks, light-heavy trucks and light trucks according to sizes of vehicles.

Telecom refers to fixed telecom service, mobile telecom service and other telecommunications services.

Mobile Telephone Subscribers refer to the persons who own mobile telephone numbers and are connected with the mobile telephone communication network through the mobile telephone switchboards. The number of subscribers is calculated by the subscribers who have completed registration at mobile communication business centers and entered into the mobile telephone network. One mobile telephone is taken as a subscriber.

Internet Users refer to the number of Chinese citizens aged 6 and over who use the Internet.

Local Telephone Subscribers refer to all subscribers who have gone through registration procedures in the operation points of enterprises engaged in telecommunications and are hence connected to the local telecommunications service provider through fixed line network. Included are general subscribers, public telephones subscribers, N-ISDN subscribers and intelligent network terminal subscribers. They are also classified in terms of administrative districts as urban telephone subscribers and rural telephone subscribers according to location.

Urban Telephone Subscribers refer to the number of telephone subscribers, located at the different administrative districts of municipalities directly under the Central Government, cities under the jurisdiction of province, cities at prefecture level, downtown and suburb of city at county level town and county towns, that are connected to the public line telephone network, including rural mineral area, forest area, military area.

Rural Telephone Subscribers refer to telephone subscribers, located at the towns below the level of county town and villages, that are connected to the public line telephone network.

Household Telephone Subscribers refer to telephone sets installed in the dwelling units of urban or rural residents, and registered as residence subscribers for payment, including three types of payment for the service: private payment, public payment and free service in accordance with relevant regulations.

Capacity of Long Distance Telephone Exchanges refers to the rated capacity of telephone exchanges to connect long distance telephone network, including capacity of international telephone exchanges.

Capacity of Office Telephone Exchanges refers to the capacity (measured in gate) of telephone exchanges installed in the offices of telecommunication service providers for communication between fixed telephones. It includes the capacity of both manual and automatic exchanges in use and for stand-by purpose. The capacity of subscriber exchanges is not included.

Capacity of Mobile Telephone Exchanges refers to the capacity of the maximum services provided to subscribers at any one time as computed based on a certain model of calls distribution and transacting capacity of the mobile telephone exchanges.

资源和环境

Resources and Environment

21

资料整理：陈向真

简要说明

一、主要内容

本篇包括水环境，大气环境，固体废物，生态环境，自然灾害和环境污染治理投资等资料。

二、资料来源

环境污染与治理、污染物排放及处理、工业污染治理投资情况为省环境保护厅提供。水资源、城市生活垃圾清运及处理、耕地变动、森林资源、自然灾害等情况分别为省水利厅、省住房和城乡建设厅、省国土资源厅、省林业厅、省民政厅提供。由省统计局能源处理编辑整理。

21-3 大气环境情况

Basic Conditions of Atmosphere Environment

指标名称	Item	2005	2010	2013	2014
二氧化硫(SO2)排放量(万吨)	Volume of Sulphur Dioxide Emission (10 000 tons)	162.45	133.87	125.40	119.82
工业SO2排放量	Volume of Sulphur Dioxide Emission by Industry	147.11	116.29	110.27	103.17
城镇生活SO2排放量	Volume of Sulphur Dioxide Emission by Consumption	15.34	17.58	15.13	16.65
集中式治理设施SO2排放量	Centralized so2 treatment facilities				0.01
氮氧化物排放量(万吨)	Nitrogen oxides Volume (10 000tons)		121.24	156.56	142.20
工业氮氧化物排放量	Nitrogen oxides Volume from Industrial		100.02	102.88	87.96
城镇生活氮氧化物排放量	Nitrogen oxides Volume from Urban life		21.22	2.43	2.62
机动车氮氧化物排放量	Nitrogen oxides Volume from Motor vehicle			51.25	51.61
集中式治理设施氮氧化物排放量	Centralized Nitrogen oxides treatment facilities			0.01	0.01
烟(粉)尘排放量(万吨)	Volume of Soot Emission ((10 000 tons)	163.28	77.35	64.13	88.21
工业烟(粉)尘排放量	Volume of Industrial Soot Emission	156.16	70.07	54.72	71.55
城镇生活烟尘排放量	Volume of Urban life Soot Emission	7.12	7.28	4.27	11.49
机动车烟尘排放量	Volume of Motor vehicle Soot Emission			5.13	5.16
集中式治理设施烟尘排放量	Centralized Soot Emission treatment facilities				0.00

21-4 固体废物的产生及利用情况

Production and Utilization of Industrial Solid Wastes

指标名称	Item	2005	2010	2013	2014
一般工业固体废物产生量(万吨)	Volume of General Industrial Solid Wastes Produced (10 000tons)	6178.00	10714.00	16270.08	15917.40
一般工业固体废物综合利用量(万吨)	Volume of General Industrial Solid Wastes Utilized (10 000tons)	4244.00	8380.00	12465.81	12319.32
#综合利用往年贮存量(万吨)	Uolume of Storage of Former Years Utilized	212.50	154.48	115.30	127.03
一般工业固体废物综合利用率(%)	Proportion of General Industrial Solid Wastes Utilized (%)	66.4	77.1	76.1	76.8
一般工业固体废物处置量(万吨)	Volume of General Industrial Solid Wastes Treated (10 000tons)	1287.00	1770.00	3470.37	3012.83
#处置往年贮存量(万吨)	Accumulated in Previous Years		0.09	0.69	4.59
一般工业固体废物处置率(%)	Proportion of General Industrial Solid Wastes Treated (%)	20.8	16.5	21.3	18.9
一般工业固体废物贮存量(万吨)	Storage capacity of General Industrial Solid Wastes(10 000tons)	831.20	721.66	449.88	716.85
一般工业固体废物倾倒丢弃量(吨)	Dump forsake quantity of General Industrial Solid Wastes(ton)			80	
危险废物产生量(吨)	Volume of Hazardous waste (ton)	151000	186430	592673	669826
危险废物综合利用量(吨)	Volume of Hazardous waste Utilized (ton)	135000	186292	421533	397490
#综合利用往年贮存量	Uolume of Storage of Former Years Utilized			96	284
危险废物综合利用率(%)	Proportion of Hazardous waste Utilized (%)			71.1	59.3
危险废物处置量(吨)	Volume of Hazardous wastes Treated (ton)	15300	35129	170971	267599
#处置往年贮存量(吨)	Accumulated in Previous Years			240	365
危险废物处置率(%)	Proportion of Hazardous wastes Treated (%)			28.8	39.9
危险废物贮存量(吨)	Storage capacity of Hazardous wastes(ton)	800	2040	504	5386

21-5 各市废水排放、废气排放和固体废物处理利用情况(2014年)

Production and Utilization of Waste water, toxic emission Industrial Solid Wastes by City (2014)

单位：万吨 (100 millin tons)

市 City	废水排放总量 Total Volume of Waste Water Discharge	废水COD排放量 Volume of COD Discharge	废水中氨氮排放量 Volume of Ammonia Nitrogen Discharge	二氧化硫排放量 Volume of Sulphur Dioxide Emission	氮氧化物排放量 Nitrogen oxides Volume	烟(粉)尘排放量 Volume of Soot Emission	一般工业固体废物产生量 Volume of General Industrial Solid Wastes Produced	一般工业固体综合利用量 Volume of General Industrial Solid Wastes Utilized	一般工业固体废物处置量 Volume of General Industrial Solid Wastes Treated	一般工业固体废物贮存量 Storage capacity of General Industrial Solid Wastes
全省 Total	**422832.29**	**131.87**	**13.90**	**119.82**	**142.20**	**88.21**	**15917.40**	**12319.32**	**3012.83**	**716.85**
省辖市 City										
郑州市 Zhengzhou	66176.90	8.81	1.16	10.46	17.83	6.76	1400.13	1027.25	333.14	39.96
开封市 Kaifeng	19570.54	7.20	0.68	5.59	4.91	3.87	141.25	141.25		
洛阳市 Luoyang	29392.29	6.64	0.70	13.10	13.86	6.31	3460.47	2262.43	1189.42	8.61
平顶山市 Pingdingshan	19812.29	5.83	0.67	8.90	8.45	10.47	2360.50	2210.93	0.38	184.19
安阳市 Anyang	17228.64	6.70	0.74	13.63	8.24	15.10	1035.28	931.99	150.55	0.00
鹤壁市 Hebi	9520.25	4.51	0.42	4.34	4.92	1.93	791.77	744.84	20.23	31.55
新乡市 Xinxiang	34034.77	7.78	0.79	6.06	9.00	3.07	321.01	320.92	0.18	0.06
焦作市 Jiaozuo	29887.67	4.98	0.42	6.82	9.81	4.54	928.23	533.85	89.95	325.48
濮阳市 Puyang	14869.76	5.12	0.44	2.32	5.71	2.56	97.30	94.46	3.20	0.02
许昌市 Xuchang	17836.29	5.51	0.59	4.68	6.85	2.92	374.33	369.38	4.95	
漯河市 Luohe	12758.75	4.04	0.47	2.07	1.87	0.74	124.24	124.22	0.02	0.01
三门峡市 Sanmenxia	14399.00	2.67	0.30	12.27	8.27	3.88	1776.56	595.46	1116.84	81.97
南阳市 Nanyang	26313.46	8.21	0.99	6.96	9.39	3.30	481.53	364.38	84.90	33.15
商丘市 Shangqiu	18022.96	9.73	0.84	2.35	4.40	2.02	94.03	92.76	1.41	
信阳市 Xinyang	15303.90	6.02	0.79	3.30	4.87	2.35	485.50	481.32	0.78	3.40
周口市 Zhoukou	25166.49	11.02	1.22	2.18	7.49	1.88	56.70	53.73	2.97	
驻马店市 Zhumadian	19350.52	11.92	1.26	3.69	4.34	3.59	384.07	379.21	0.07	8.45
济源市 Jiyuan	4756.13	1.06	0.11	3.23	3.46	4.88	511.85	511.23	0.62	0.00
省直管县 Province Administrating County										
巩义市 gongyi	4215.48	0.87	0.10	3.29	3.14	2.80	219.71	216.72	3.25	0.01
兰考县 lankao	2194.54	0.91	0.09	0.42	0.37	0.26	1.45	1.45		
汝州市 ruzhou	2790.14	1.68	0.14	1.63	1.23	1.71	550.38	550.38		
滑县 huaxian	2521.84	1.21	0.13	0.37	0.31	0.29	10.77	0.91	9.86	
长垣县 changyuan	1956.24	0.73	0.10	0.15	0.14	0.19	2.24	2.24		
邓州市 dengzhou	4587.19	2.59	0.21	0.51	0.56	0.41	1.60	1.50	0.10	
永城市 yongcheng	3640.75	1.77	0.10	1.06	1.68	2.07	299.71	299.71		
固始县 gushui	2214.84	1.60	0.18	0.21	0.39	0.12				
鹿邑县 luyi	3155.82	1.56	0.15	0.16	0.64	0.13	6.73	6.73		
新蔡县 xincai	1154.83	1.19	0.13	0.07	0.08	0.06	0.08	0.08		

注：各省辖市数据不包含直管县数据。

a) Data of city unclude Province Administrating County.

21-6 农村环境基本情况
Basic Condition of Rural Enviroment

指　标	Item	2005	2008	2009	2010	2013	2014
农村改水累计受益人口(万人)	Rural benefit population by water improvement (10 000 persons)		7806.9	7651.3	7324.2	7528.4	7828.9
#自来水	Tap water		4374.9	4408.0	4421.9	5007.8	5950.3
手压机井	Hand pressure shaft		3385.6	3128.9	2846.9	2451.6	1747.7
农村改水受益率(%)	Benefit rate of rural water Improvement(%)	97.3	97.7	95.4	93.3	93.2	93.0
农村改水投资(万元)	Investment in water improvement(10 000 yuan)		80835	125628	177387	173442	315097
农村自来水普及率(%)	Penetration rate of rural Tap water(%)	50.2	54.8	54.9	55.1	62.5	69.0
农村卫生厕所普及率(%)	Penetration rate of rural Sanitation toilets (%)	61.1	68.0	69.1	69.8	74.3	75.3
农村沼气池产气总量(万立方米)	Total gas production of rural digester(10 000 cu.m)	63869	108999	124796	133893	139215	136690
农村生活污水净化沼气池(个)	Purification pool (unit)	100	1426	1426	815	605	549
农村太阳能热水器面积(万立方米)	Area of Rural Solar water heater(10 000 cu.m)	122	213	279	341	488	532

21-7 自然灾害情况
Conditions of Natural Disasters

指 标 名 称	Item	2005	2010	2013	2014
地质灾害次数(次)	Number of Geological disasters(time)	79	583	29	30
地质灾害人员伤亡(人)	Casualties persons in Geological disasters(person)	18	10	1	
地质灾害直接经济损失(万元)	Casualties persons in Geological disasters(10 000 yuan)	4476	11173	135	130
森林火灾次数(次)	Number of Forest fires(time)	982	519	693	265
森林火灾受害森林面积(公顷)	Suffered Forest area in Forest fires(ha)	507	505	619	334
突发环境事件次数(次)	Number of Abrupt environment affairs (time)	7	18	17	6

21-8 各市农作物受灾情况(2014年)
Scale of the crop by City (2014)

单位：千公顷 (1000 hectares)

市 City	受灾面积 Affected area	绝收面积 Crop area	直接经济损失（亿元）Direct economic losses (100 million yuan)
全　　省 Total	**2432.77**	**395.29**	**121.13**
郑　州　市 Zhengzhou	63.93	36.10	4.66
开　封　市 Kaifeng	68.85	1.46	2.29
洛　阳　市 Luoyang	143.82	44.67	6.07
平顶山　市 Pingdingshan	234.26	82.29	11.38
安　阳　市 Anyang	17.61	0.22	1.21
鹤　壁　市 Hebi	15.70		0.75
新　乡　市 Xinxiang	4.77	0.08	0.61
焦　作　市 Jiaozuo	25.48	4.60	1.31
濮　阳　市 Puyang	10.12	0.48	0.62
许　昌　市 Xuchang	59.58	8.10	2.72
漯　河　市 Luohe	121.43	14.11	5.10
三门峡　市 Sanmenxia	108.96	12.28	6.10
南　阳　市 Nanyang	492.23	93.17	25.44
商　丘　市 Shangqiu	34.79	0.53	1.83
信　阳　市 Xinyang	16.90	0.00	0.74
周　口　市 Zhoukou	334.02	8.05	13.45
驻马店　市 Zhumadian	184.33	10.03	6.63
省直管县 Province Administrating County			
济　源　市 Jiyuan	9.96	2.63	1.51
巩　义　市Gongyi	18.95	6.29	1.84
兰　考　县Lankao	0.94		0.79
汝　州　市Ruzhou	45.88	15.87	2.22
滑　　县Huaxian	0.53		0.29
长　垣　县Changyuan	16.65	0.03	0.97
邓　州　市Dengzhou	132.00	48.03	15.20
永　城　市Yongcheng	106.67	6.20	4.40
固　始　县Gushi	6.41	0.06	0.20
鹿　邑　县Luyi	78.00		2.10
新　蔡　县Xincai	80.00		1.70

21-9 各市农村改水、改厕情况(2014年)

Condition of Rural Water transformation and Compost toilets by City (2014)

市 City	改厕 Compost toilets				改水 Water transformation			
	累计卫生厕所户数(万户) Sanitary toilet number (10 000 household)	卫生厕所普及率(%) Sanitary toilets penetration (%)	无害化卫生厕所普及率(%) Harmless sanitary toilets penetration (%)	农村改厕投资合计(万元) Investment in Compost toilets (10 000 yuan)	改水累计受益合计(万人) The number of benefit by Water transformation (10 000 persons)	合计累计改水受益百分比(%) Benefit from the percentage (%)	自来水累计受益百分比(%) Benefit from Tap water (%)	农村改水投资合计(万元) Investment in Water transformation (10 000yuan)
全 省 Total	**1620.72**	**75.28**	**57.62**	**24572.81**	**7828.88**	**91.13**	**69.26**	**315097.40**
郑 州 市 Zhengzhou	144.75	92.99	88.25	318.00	410.43	98.40	95.47	6753.00
开 封 市 Kaifeng	65.30	66.22	44.25	1695.90	371.73	89.98	65.13	11837.80
洛 阳 市 Luoyang	98.31	80.68	50.44	770.90	445.41	94.35	89.46	
平 顶 山 市 Pingdingshan	71.58	69.59	54.04	1726.90	352.49	95.01	85.84	6120.00
安 阳 市 Anyang	91.00	72.85	44.21	469.00	410.14	91.61	88.66	9269.00
鹤 壁 市 Hebi	19.69	74.75	56.49	125.00	104.64	99.89	84.09	
新 乡 市 Xinxiang	80.96	77.09	67.62	782.00	748.84	89.11	76.04	5808.00
焦 作 市 Jiaozuo	53.05	84.86	34.82	1148.45	252.28	99.90	98.50	6856.00
濮 阳 市 Puyang	57.24	74.19	72.98	852.60	286.15	92.69	66.14	19628.10
许 昌 市 Xuchang	65.08	77.77	38.41	244.00	317.84	93.80	60.65	12407.00
漯 河 市 Luohe	41.20	80.06	47.46	524.00	189.95	92.56	56.27	6760.00
三 门 峡 市 Sanmenxia	55.42	64.91	55.18	1203.80	296.80	92.12	88.88	7502.00
南 阳 市 Nanyang	187.46	77.28	57.71	2427.06	819.88	84.75	59.54	37490.00
商 丘 市 Shangqiu	168.37	78.79	53.31	3380.00	668.99	92.98	70.85	35356.00
信 阳 市 Xinyang	130.44	72.53	67.67	1938.10	767.10	90.37	56.41	42757.00
周 口 市 Zhoukou	157.81	67.00	61.38	4906.00	686.99	84.78	62.99	39050.50
驻 马 店 市 Zhumadian	121.98	70.32	55.97	1241.10	651.23	92.58	33.44	67458.00
济 源 市 Jiyuan	11.07	88.99	19.05	820.00	48.00	100.00	99.13	45.00
省 直 管 县 Province Administrating County								
巩 义 市 Gongyi	14.69	91.00	91.00		69.31	93.95	93.95	
兰 考 县 Lankao	14.05	86.73	67.16	735.00	65.00	100.00	46.22	
汝 州 市 Ruzhou	10.83	45.13	14.71		82.90	98.69	95.45	4091.00
滑 县 Huaxian	23.45	61.78	47.92	210.00	91.76	77.25	77.25	6357.00
长 垣 县 Changyuan	14.25	79.15	50.22	126.00	71.50	100.00	99.30	4848.00
邓 州 市 Dengzhou	20.98	60.29	60.29	420.00	62.46	43.74	43.74	5882.00
永 城 市 Yongcheng	25.77	75.57	72.05	690.50	72.83	59.05	59.05	9142.00
固 始 县 Gushi	32.28	66.42	66.42	155.00	129.70	86.47	57.87	6252.00
鹿 邑 县 Luyi	10.01	39.25	39.25	1235.00	108.44	99.98	28.12	
新 蔡 县 Xincai	10.11	52.88	28.04	730.00	90.97	95.76	18.24	95.00

21-10 各市农村可再生能源利用情况(2014年)

Condition of Rural Renewable energy utilization by City (2014)

地区	City	沼气池产气总量（万立方米）Biogas gas volume (10 000 cu m)	户用沼气池 Household biogas digester	沼气工程 Biogas project	太阳能热水器（万平方米）Solar water heater (10 000 cu m)	生活污水净化沼气池（个）Sewage purification pool (unit)
全省	**Total**	**136689.54**	**104884.36**	**31805.18**	**531.62**	**549**
省辖市	**City**					
郑州市	Zhengzhou	9565.06	5699.79	3865.28	7.59	
开封市	Kaifeng	2494.69	2365.41	129.28	29.34	28
洛阳市	Luoyang	6495.51	6281.60	213.91	21.70	34
平顶山市	Pingdingshan	5319.77	5036.11	283.66	28.07	
安阳市	Anyang	5477.22	3481.72	1995.50	41.30	
鹤壁市	Hebi	2792.17	1707.91	1084.26	10.25	10
新乡市	Xinxiang	10735.25	9486.75	1248.50	30.06	
焦作市	Jiaozuo	5252.44	4520.27	732.17	25.44	16
濮阳市	Puyang	3186.90	3103.94	82.96	14.80	
许昌市	Xuchang	3664.37	3416.22	248.15	28.06	13
漯河市	Luohe	5831.70	5513.85	317.85	18.32	
三门峡市	Sanmenxia	3094.84	2719.97	374.88	12.34	24
南阳市	Nanyang	26121.76	10401.27	15720.50	83.30	38
商丘市	Shangqiu	10290.27	10086.27	204.00	21.26	
信阳市	Xinyang	4834.13	4216.83	617.30	31.57	35
周口市	Zhoukou	10000.21	8270.13	1730.09	49.78	235
驻马店市	Zhumadian	6748.58	6017.61	730.97	20.89	15
济源市	Jiyuan	1711.49	908.02	803.47	3.08	8
省直管县	**Province Administrating County**					
巩义市	Gongyi	1327.02	618.56	708.47	0.21	
兰考县	Lankao	600.15	600.00	0.15	5.80	
汝州市	Ruzhou	1295.08	1207.33	87.75	7.46	
滑县	Huaxian	1826.66	1720.00	106.66	1.51	1
长垣县	Changyuan	1674.00	1631.00	43.00	6.47	
邓州市	Dengzhou	1143.60	1120.00	23.60	9.04	
永城市	Yongcheng	1679.12	1618.80	60.32	3.35	
固始县	Gushi	1149.57	886.68	262.89	9.51	
鹿邑县	Luyi	1545.49	1473.46	72.03	7.96	92
新蔡县	Xincai	832.50	774.90	57.60	3.15	

21-11 环境污染治理投资情况
Investment in Treatment of Environment Pollution

项 目	Item	2005	2010	2013	2014
环境污染治理投资总额(万元)	Total Investment in Treatment of Environment Pollution (10 000 yuan)	823431	1322450	2880995	3175752
城市环境基础设施投资	Investment in Urban Environment Infrastructure	442771	710056	1574313	1728529
燃气	Gas Supply	48237	85960	187859	153868
集中供热	Centralized Hezting	103205	141445	200409	270015
排水	Frainage Works	104074	200684	385381	360943
园林绿化	Gardening and Greening	164533	252500	691301	877569
市容环境卫生	Environmental Sanitation	22722	29467	109363	66134
工业企业污染防治投资	Investment in the Treatment of Industrial Pollution	206815	125120	439720	554592
治理废水	Treatment of Waste Water	101842	44301	48112	60750
治理废气	Treatment of Waste Gas	70824	75616	349729	464979
治理固体废物	Treatment of Solid Wastes	24178	856	22011	140
治理噪声	Treatment of Noise Pollution	438	445	185	20
治理其他	Others	9533	3902	19683	28703
完成环保验收项目环保投资	Investment in New Construction, Expansion and Reconstruction Projects of Environment Protection	173845	487274	866963	892631
环境污染治理投资占GDP比重 (%)	Total Investment in the Treatment of Environment Pollution as Percent of GDP (%)	0.8	0.6	0.9	0.9
工业废气治理设施运行费用(万元)	Operation cost on Industrial waste gas treatment facilities (10 000 yuan)		490262	616657	799232
工业废水治理设施运行费用(万元)	Operation cost on Industrial waste water treatment facilities (10 000 yuan)		208840	231883	234247
排污费收入总额(万元)	Income of Pollutant discharge expenses (10 000yuan)			95414	81577

21-12 工业重点调查单位分行业工业废水排放及处理利用情况(2014年)

Industrial waste water discharge, treatment and utilization in Key research Industrial unit by Sector (2014)

行业	Sector	汇总工业企业数(个) Number of Enterprises (unit)	工业废水排放量(万吨) Volume of Industrial Waste Water (10 000tons)	废水治理设施数(套) Number of Wastewater treatment facilities(set)
总计	**Total**	**6967**	**115896.29**	**3488**
煤炭开采和洗选业	Mining and Washing of Coal	243	21109.63	284
石油和天然气开采业	Extraction of Petroleum and Natural Gas	18	163.77	16
黑色金属矿采选业	Mining of Ferrous Metal Ores	100	892.10	89
有色金属矿采选业	Mining of Non-ferrous Metal Ores	302	1965.49	283
非金属矿采选业	Mining and Processing of Nonmetal Ores	35	203.31	23
开采辅助活动	Mining Auxiliary			
其他采矿业	Mining of Other Ores n.e.c	3		
农副食品加工业	Processing of Food from Agricultural Products	727	12237.19	234
食品制造业	Manufacture of Foods	247	3905.74	105
酒、饮料和精制茶制造业	Manufacture of Wine, drinks and refined tea	207	6516.78	141
烟草制品业	Manufacture of Tobacco	12	164.91	10
纺织业	Manufacture of Textile	179	3876.36	77
纺织服装、服饰业	Manufacture of Textile Wearing,Apparel	27	149.84	9
皮革、毛皮、羽毛及其制品和制鞋业	Manufacture of Leather, Fur, Feather and Its Products,Shoemaking	299	5576.21	98
木材加工和木、竹、藤、棕、草制品业	Processing of Timbers, Manufacture of Wood, Bamboo, Rattan, Palm, and Straw Products	119	281.18	11
家具制造业	Manufacture of Furniture	4	0.50	
造纸和纸制品业	Manufacture of Paper and Paper Products	251	18791.13	160
印刷和记录媒介复制业	Printing,Reproduction of Recording Media	20	31.95	5
文教、工美、体育和娱乐用品制造业	Manufacture of Cultural and educational supplies, industrial, sporting and entertainment	78	279.61	33
石油加工、炼焦和核燃料加工业	Processing of Petroleum ,Coking, Processing of Nucleus Fuel	49	1753.57	50
化学原料和化学制品制造业	Manufacture of Chemical Raw Material and Chemical Products	623	16140.71	424
医药制造业	Manufacture of Medicines	191	5661.80	128
化学纤维制造业	Manufacture of Chemical Fiber	18	3887.75	21
橡胶和塑料制品业	Manufacture of Rubber and Plastic	88	350.40	22
非金属矿物制品业	Manufacture of Non-metallic Mineral Products	2050	1563.92	368
黑色金属冶炼和压延加工业	Manufacture and Processing of Ferrous Metals	118	2569.34	165
有色金属冶炼和压延加工业	Manufacture and Processing of Non-ferrous Metals	248	1180.28	151
金属制品业	Manufacture of Metal Products	114	322.39	80
通用设备制造业	Manufacture of General Purpose Machinery	126	464.29	35
专用设备制造业	Manufacture of Special Purpose Machinery	83	437.55	41
汽车制造业	Manufacture of Automobile	56	753.44	53
铁路、船舶、航空航天和其他运输设备制造业	Manufacture of Railway, shipbuilding, aerospace, and other transportation equipment	23	275.08	23
电气机械和器材制造业	Manufacture of Electrical Machinery and Equipment	48	203.91	29
计算机、通信和其他电子设备制造业	Manufacture of Computer Communication Equipment, and Other Electronic Equipment	28	624.48	37
仪器仪表制造业	Manufacture of Measuring Instrument	6	90.03	4
其他制造业	Manufacture of others	46	101.34	17
废弃资源综合利用业	Comprehensive utilization of waste materials	34	88.88	4
金属制品、机械和设备修理业	Repairing of Metal products, machinery and equipment	2	1.85	
电力、热力生产和供应业	Production and Supply of Electric Power and Heat Power	144	3279.61	257
燃气生产和供应业	Production and Distribution of Gas	1		1

21-13 工业重点调查单位分行业工业废气排放及处理情况(2014年)

Industrial Wastes gas discharge and treatment and utilization in Key research Industrial unit by Sector (2014)

行业	Sector	废气治理设施数(套) Number of Wastegas treatment facilities (set)	工业废气排放量(亿标立方米) Volume of Industrial Waste Gas (100 million cu. m)	工业二氧化硫排放量(吨) Volume of Industrial so2 (ton)
总计	**Total**	**11736**	**39628.66**	**939405.28**
煤炭开采和洗选业	Mining and Washing of Coal	368	84.94	4044.56
石油和天然气开采业	Extraction of Petroleum and Natural Gas	44	42.71	2889.89
黑色金属矿采选业	Mining of Ferrous Metal Ores	31	66.49	60.75
有色金属矿采选业	Mining of Non-ferrous Metal Ores	36	8.79	342.62
非金属矿采选业	Mining and Processing of Nonmetal Ores	16	26.81	5984.90
开采辅助活动	Mining Auxiliary			
其他采矿业	Mining of Other Ores n.e.c	4	1.15	
农副食品加工业	Processing of Food from Agricultural Products	434	295.30	20538.08
食品制造业	Manufacture of Foods	222	412.88	22771.16
酒、饮料和精制茶制造业	Manufacture of Wine, drinks and refined tea	208	123.93	9647.91
烟草制品业	Manufacture of Tobacco	19	37.36	186.89
纺织业	Manufacture of Textile	105	63.09	4782.65
纺织服装、服饰业	Manufacture of Textile Wearing,Apparel	10	3.13	375.79
皮革、毛皮、羽毛及其制品和制鞋业	Manufacture of Leather, Fur, Feather and Its Products,Shoemaking	232	34.50	3059.69
木材加工和木、竹、藤、棕、草制品业	Processing of Timbers, Manufacture of Wood, Bamboo, Rattan, Palm, and Straw Products	103	168.36	4534.98
家具制造业	Manufacture of Furniture		0.19	10.59
造纸和纸制品业	Manufacture of Paper and Paper Products	338	333.17	27785.42
印刷和记录媒介复制业	Printing,Reproduction of Recording Media	16	25.61	231.21
文教、工美、体育和娱乐用品制造业	Manufacture of Cultural and educational supplies, industrial, sporting and entertainment	17	1.19	132.02
石油加工、炼焦和核燃料加工业	Processing of Petroleum ,Coking, Processing of Nucleus Fuel	149	873.26	33946.55
化学原料和化学制品制造业	Manufacture of Chemical Raw Material and Chemical Products	1156	2496.46	95879.91
医药制造业	Manufacture of Medicines	211	91.35	9932.04
化学纤维制造业	Manufacture of Chemical Fiber	60	157.43	5658.54
橡胶和塑料制品业	Manufacture of Rubber and Plastic	76	53.42	3704.82
非金属矿物制品业	Manufacture of Non-metallic Mineral Products	5223	8570.87	177870.05
黑色金属冶炼和压延加工业	Manufacture and Processing of Ferrous Metals	527	5357.37	136168.84
有色金属冶炼和压延加工业	Manufacture and Processing of Non-ferrous Metals	663	4489.86	85156.75
金属制品业	Manufacture of Metal Products	93	28.22	1468.57
通用设备制造业	Manufacture of General Purpose Machinery	49	13.06	755.96
专用设备制造业	Manufacture of Special Purpose Machinery	145	44.82	729.29
汽车制造业	Manufacture of Automobile	104	697.64	501.00
铁路、船舶、航空航天和其他运输设备制造业	Manufacture of Railway, shipbuilding, aerospace, and other transportation equipment	45	25.00	348.66
电气机械和器材制造业	Manufacture of Electrical Machinery and Equipment	188	23.28	204.88
计算机、通信和其他电子设备制造业	Manufacture of Computer Communication Equipment, and Other Electronic Equipment	26	111.30	32.55
仪器仪表制造业	Manufacture of Measuring Instrument	2	0.11	5.45
其他制造业	Manufacture of others	73	20.19	928.78
废弃资源综合利用业	Comprehensive utilization of waste materials	37	3.99	329.15
金属制品、机械和设备修理业	Repairing of Metal products, machinery and equipment			
电力、热力生产和供应业	Production and Supply of Electric Power and Heat Power	706	14841.43	278404.36
燃气生产和供应业	Production and Distribution of Gas			

21-14 工业重点调查单位分行业工业固体废物产生及处理利用情况(2014年)

Industrial Solid Wastes Produced discharge and treatment and utilization in Key research Industrial unit by Sector (2014)

单位：万吨 (10 000tons)

行　业	Sector	一般工业固体废物产生量 Volume of General Industrial Solid Wastes Produced	一般工业固体废物综合利用量 Volume of General Industrial Solid Wastes Utilized	一般工业固体废物贮存量 Storage capacity of General Industrial Solid Wastes	一般工业固体废物处置量 Volume of General Industrial Solid Wastes Treated
总　计	**Total**	**15144.07**	**11672.74**	**706.62**	**2896.27**
煤炭开采和洗选业	Mining and Washing of Coal	2537.38	2547.33	66.72	5.10
石油和天然气开采业	Extraction of Petroleum and Natural Gas	16.23	9.92		6.68
黑色金属矿采选业	Mining of Ferrous Metal Ores	562.31	265.06	242.56	54.69
有色金属矿采选业	Mining of Non-ferrous Metal Ores	2456.10	913.75	58.86	1483.48
非金属矿采选业	Mining and Processing of Nonmetal Ores	34.63	28.54		6.09
开采辅助活动	Mining Auxiliary				
其他采矿业	Mining of Other Ores n.e.c	0.25			0.25
农副食品加工业	Processing of Food from Agricultural Products	63.89	62.94		0.95
食品制造业	Manufacture of Foods	38.66	38.32		0.42
酒、饮料和精制茶制造业	Manufacture of Wine, drinks and refined tea	38.74	38.54	0.06	0.32
烟草制品业	Manufacture of Tobacco	2.07	1.18		0.90
纺织业	Manufacture of Textile	6.51	6.16		0.40
纺织服装、服饰业	Manufacture of Textile Wearing,Apparel	0.64	0.64		0.00
皮革、毛皮、羽毛及其制品和制鞋业	Manufacture of Leather, Fur, Feather and Its Products,Shoemaking	11.98	9.14		2.84
木材加工和木、竹、藤、棕、草制品业	Processing of Timbers, Manufacture of Wood, Bamboo, Rattan, Palm, and Straw Products	13.93	13.78		0.15
家具制造业	Manufacture of Furniture	0.01	0.01		
造纸和纸制品业	Manufacture of Paper and Paper Products	104.86	93.58		11.29
印刷和记录媒介复制业	Printing,Reproduction of Recording Media	0.40	0.36		0.04
文教、工美、体育和娱乐用品制造业	Manufacture of Cultural and educational supplies, industrial, sporting and entertainment	0.46	0.39		0.07
石油加工、炼焦和核燃料加工业	Processing of Petroleum ,Coking, Processing of Nucleus Fuel	163.78	163.72	0.01	0.05
化学原料和化学制品制造业	Manufacture of Chemical Raw Material and Chemical Products	774.57	685.70	0.81	88.57
医药制造业	Manufacture of Medicines	22.94	16.00		6.94
化学纤维制造业	Manufacture of Chemical Fiber	26.49	26.49		
橡胶和塑料制品业	Manufacture of Rubber and Plastic	13.65	12.79	0.00	0.85
非金属矿物制品业	Manufacture of Non-metallic Mineral Products	477.23	468.33	0.02	8.91
黑色金属冶炼和压延加工业	Manufacture and Processing of Ferrous Metals	1372.91	1272.35	0.62	147.99
有色金属冶炼和压延加工业	Manufacture and Processing of Non-ferrous Metals	2018.52	664.91	336.96	1016.65
金属制品业	Manufacture of Metal Products	13.41	12.85	0.00	0.57
通用设备制造业	Manufacture of General Purpose Machinery	11.42	11.32		0.10
专用设备制造业	Manufacture of Special Purpose Machinery	9.60	4.53	0.00	5.07
汽车制造业	Manufacture of Automobile	6.34	5.50		0.84
铁路、船舶、航空航天和其他运输设备制造业	Manufacture of Railway, shipbuilding, aerospace, and other transportation equipment	1.55	1.51	0.00	0.04
电气机械和器材制造业	Manufacture of Electrical Machinery and Equipment	1.26	1.23		0.03
计算机、通信和其他电子设备制造业	Manufacture of Computer Communication Equipment , and Other Electronic Equipment	1.62	0.66		0.95
仪器仪表制造业	Manufacture of Measuring Instrument	0.11	0.11		0.00
其他制造业	Manufacture of others	2.08	2.07		0.01
废弃资源综合利用业	Comprehensive utilization of waste materials	1.00	1.00		0.00
金属制品、机械和设备修理业	Repairing of Metal products, machinery and equipment	0.01	0.01		
电力、热力生产和供应业	Production and Supply of Electric Power and Heat Power	4333.85	4289.37		45.02
燃气生产和供应业	Production and Distribution of Gas	2.68	2.68		

主要统计指标解释

森林覆盖率 指一个国家或地区森林面积占土地总面积的百分比。森林覆盖率是反映森林资源的丰富程度和生态平衡状况的重要指标。在计算森林覆盖率时，森林面积包括郁闭度 0.2 以上的乔木林地面积和竹林地面积，国家特别规定的灌木林地面积、农田林网以及四旁(村旁、路旁、水旁、宅旁)林木的覆盖面积。

湿地 指天然或人工、长久或暂时性的沼泽地、泥炭地或水域地带，包括静止或流动、淡水、半咸水、咸水体，低潮时水深不超过 6 米的水域以及海岸地带地区的珊瑚滩和海草床、滩涂、红树林、河口、河流、淡水沼泽、沼泽森林、湖泊、盐沼及盐湖。

自然保护区 指对有代表性的自然生态系统、珍稀濒危野生动植物物种的天然分布区、水源涵养区、有特殊意义的自然历史遗迹等保护对象所在的陆地、陆地水体或海域，依法划出一定面积进行特殊保护和管理的区域。以县及县以上各级人民政府正式批准建立的自然保护区为准(包括“六五”以前由部门或“革委会”批准且现仍存在的自然保护区)。风景名胜区、文物保护区不计在内。

水资源总量 指评价区内降水形成的地表和地下产水总量，不包括过境水量。水资源总量等于地表水资源量与地下水资源量之和减去地表水和地下水资源重复量。

地表水资源量 指评价区内河流、湖泊、冰川等地表水体中可以逐年更新的动态水量，即当地天然河川径流量。

地下水资源量 指评价区内降水和地表水对饱水岩土层的补给量。

用水总量 指分配给各类用户的包括输水损失在内的毛用水量之和，不包括海水直接利用量。按用户特性分为农业、工业、生活和生态用水四大类。

农业用水 指农田灌溉用水、林果地灌溉用水、草地灌溉用水和鱼塘补水。

工业用水 指工矿企业在生产过程中用于制造、加工、冷却、空调、净化、洗涤等方面的用水，按新水取用量计，不包括企业内部的重复利用水量。

生活用水 包括城镇生活用水和农村生活用水。城镇生活用水由居民用水和公共用水（含第三产业及建筑业等用水）组成；农村生活用水除居民生活用水外，还包括牲畜用水在内。

生态环境补水 仅包括人为措施供给的城镇环境用水和部分河湖、湿地补水。

废水排放总量 为工业废水排放量、城镇生活污水排放量和集中式治理设施污水排放量之和。

工业废水排放量 指报告期内经过企业厂区所有排放口排到企业外部的工业废水量。包括生产废水、外排的直接冷却水、超标排放的矿井地下水和与工业废水混排的厂区生活污水，不包括外排的间接冷却水(清污不分流的间接冷却水应计算在废水排放量内)。

城镇生活污水排放量 指报告期内城镇居民排放生活污水的量。城镇生活包括“住宿业与餐饮业、居民服务和其他服务业、医院和独立燃烧设施以及城镇生活污染源”。

集中式治理设施污水排放量 指报告期内集中式治理设施的渗滤液排放量。集中式治理设施包括垃圾处理场（厂）和危险废物（医疗废物）集中处置厂。

化学需氧量（COD）排放量 为工业、农业、城镇生活和集中式治理设施排放的废水中 COD 排放量之和。

氨氮排放量 为工业、农业、城镇生活和集中式治理设施排放的废水中氨氮排放量之和。

二氧化硫排放量 指报告期内工业、城镇生活和集中式治理设施 SO_2 排放量之和。

工业 SO_2 排放量 指报告期内企业在燃料燃烧和生产工艺过程中排入大气的 SO_2 总量。

烟（粉）尘排放量 指报告期内工业、城镇生活、机动车和集中式治理设施烟（粉）尘排放量之和。

工业烟（粉）尘排放量　指报告期内企业在燃料燃烧和生产工艺过程中排入大气的烟尘及工业粉尘的总质量之和。烟尘或工业粉尘排放量可以通过除尘系统的排风量和除尘设备出口烟尘浓度相乘求得。

一般工业固体废物产生量　指未被列入《国家危险废物名录》或者根据国家规定的危险废物鉴别标准、固体废物浸出毒性浸出方法及固体废物浸出毒性测定方法鉴别方法判定不具有危险特性的工业固体废物。计算公式为：

一般工业固体废物产生量=（一般工业固体废物综合利用量-其中：综合利用往年贮存量）+一般工业固体废物贮存量+（一般工业固体废物处置量-其中：处置往年贮存量）+一般工业固体废物倾倒丢弃量

一般工业固体废物综合利用量　指报告期内企业通过回收、加工、循环、交换等方式，从固体废物中提取或者使其转化为可以利用的资源、能源和其他原材料的固体废物量（包括当年利用的往年工业固体废物累计贮存量）。如用作农业肥料、生产建筑材料、筑路等。

一般工业固体废物综合利用率　指一般工业固体废物综合利用量占一般工业固体废物产生量与综合利用往年贮存量之和的百分率。计算公式为：

一般工业固体废物综合利用率=一般工业固体废物综合利用量/一般工业固体废物产生量+综合利用往年贮存量×100%

一般工业固体废物处置量　指报告期内企业将工业固体废物焚烧和用其他改变工业固体废物的物理、化学、生物特性的方法，达到减少或者消除其危险成分的活动，或者将工业固体废物最终置于符合环境保护规定要求的填埋场的活动中，所消纳固体废物的量。

一般工业固体废物处置率　指一般工业固体废物处置量占一般工业固体废物产生量与处置往年贮存量之和的百分率。计算公式为：

一般工业固体废物处置率=一般工业固体废物处置量/一般工业固体废物产生量+处置往年贮存量×100%

环境污染治理投资　指城市环境基础设施投资、工业企业污染防治投资和完成环保验收项目环保投资之和。

Explanatory Notes on Main Statistical Indicators

Forest Coverage Rate Forest Coverage Rate refers to the ratio of area of afforested land to total land area. It is a very important indicator that reflects the status of abundance of forest resource and balance of the ecosystem. Forest area includes the area of trees and bamboo grow with canopy density above 0.2, the area of shrubby tree according to regulations of the government, the area of forest land inside farm land and the area of trees planted by the side of villages, farm houses and along roads and rivers.

Wetlands refer to marshland and peat bog, whether natural or man-made, permanent or temporary; water covered areas, whether stagnant or flowing, with fresh or semi-fresh or salty water that is less than 6 meters deep at low tide; as well as coral beach, weed beach, mud beach, mangrove, river outlet, rivers, fresh-water marshland, marshland forests, lakes, salty bog and salt lakes along the coastal areas.

Natural Reserves refer to certain areas of land, waters or sea that are representative in natural ecological systems, or are natural habitats for rare or endangered wild animals or plants, or water conservation zones, or the location of important natural or historic relics, which are demarked by law and put under special protection and management. Natural reserves are designated by the formal approval of governments at and above county level (including those approved by relevant departments or "revolutionary committees" before 1980). Scenic spots and cultural preservation zones are not included

Water Resource refers to sum of Surface Water and Ground Water. Water Resource is as follows:

Water Resource= Surface Water + Ground Water – repetitious volume of Surface Water and Ground Water

Surface Water Resources refers to total renewable resources which exist in rivers, lakes, glaciers and other collectors from rainfall and are measured as run-off of rivers.

Groundwater Resources refers to replenishment of aquifers with rainfall and surface water.

Water Use refers to gross water use distributed to users, including loss during transportation, broken down into use by agriculture, industry, living consumption and ecological protection.

Water Use by Agriculture includes uses of water by irrigation of farming fields and by forestry, animal husbandry and fishing. Water use by forestry, animal husbandry and fishery includes irrigation of forestry and orchards, irrigation of grassland and replenishment of fishing farms.

Water Use by Industry refers to new withdrawals of water, excluding reuse of water within enterprises.

Water Use by Living Consumption includes use of water for living consumption in both urban and rural areas. Urban water use by living consumption is composed of household use and public use (including services, commerce, restaurants, cargo transportation, posts, telecommunications and construction). Rural water use by living consumption includes both households and animals.

Water Use by Ecological and Environmental Protection includes replenishment of rivers and lakes and use for urban environment.

Waste water discharge Resources for industrial wastewater emissions, urban sewage emissions and centralized treatment facilities of wastewater.

Waste Water Discharged by Industry refers to the volume of waste water discharged by industrial enterprises through all their outlets, including waste water from production process, directly cooled water, groundwater from mining wells which does not meet discharge standards and sewage from households mixed with waste water produced by industrial activities, but excluding indirectly cooled water discharged (It should be included if the discharge is not separated from waste water).

Urban Waste Water Discharge refers to annual discharge of non-industrial waste water by urban households. Include accommodations industry and food industry, residents service and other services, hospitals and independent combustion facilities and urban life pollution sources.

Centralized treatment facilities wastewater refers to report period of centralized treatment facilities leachate emissions. Centralized management facilities including landfill (factory) and hazardous waste (medical waste) disposal factory.

Volume of Chemical Oxygen Demand (COD) refers to volume of COD in wastewater discharge form Industry, agriculture, urban life and centralized management facilities emissions.

Volume of Ammonia nitrogen refers to volume of ammonia nitrogen in wastewater discharge form Industry, agriculture, urban life and centralized management facilities emissions.

Volume of Sulfur dioxide refers to volume of SO_2 form Industry, urban life and centralized management facilities emissions.

Volume of Industrial Sulfur Dioxide Discharged refers to the volume of sulfur dioxide discharged to the air in the process of fuel burning or in the production process.

Volume of Industrial Soot Discharged refers to the volume of solid soot in the smoke discharged in the process of fuel burning in the area of the factory.

Industrial Dust Discharged refers to the total weight of solid dust discharged by industrial enterprises in the production process, such as dust of refractory materials from iron plants, dust from coke-screening system or from sintering machines of coking plants, dust from lime kilns, cement dust from building material enterprises, etc., but excluding smoke and dust discharged by power plants.

General Industrial Solid Wastes Produced refers to have not listed in the national hazardous waste list or according to the regulations of the state identification of hazardous waste standard, solid waste leaching-out toxicity leaching method and the solid waste leaching-out toxicity identification method for determining if a risk characteristics of industrial solid waste.

General Industrial Solid Wastes Utilized refers to volume of solid wastes from which useful materials can be extracted or which can be converted into usable resources, energy or other materials by means of reclamation, processing, recycling and exchange (including utilizing in the year the stocks of industrial solid wastes of the previous year). Examples of such utilizations include fertilizers, building materials and road materials.

Rate of General Utilization of Industrial Solid Wastes refers to the percentage of industrial solid wastes utilized over industrial solid wastes produced.

Rate of General Utilization of Industrial Solid Wastes= General Industrial Solid Wastes Utilized / (General Industrial Solid Wastes Produced+ Solid Wastcs Utilized of ever reserves)×100%

General industrial solid waste disposal refers to enterprises during the reporting period the industrial solid waste incineration and other changes of industrial solid waste methods of physical, chemical, biological characteristics, activities to reduce or eliminate its dangerous substances, or the final placing of industrial solid waste landfill activities comply with the environmental protection requirements, the Council is satisfied that the amount of solid waste.

Rate of General industrial solid waste disposal refer to general industrial solid waste disposal accounted for general industrial solid waste generation and disposal of storage volume and percentage in previous years. Calculation formula is:

Rate of General industrial solid waste disposal= General industrial solid waste disposal / (General Industrial Solid Wastes Produced+ Disposal of ever reserves) ×100%

Investment in Environment Pollution Harnessing Projects refers to the proportion of investment in fixed assets in the total investment in harnessing industrial pollution and in the construction of urban environment infrastructure facilities.

科学技术

Science and Technology

● 资料整理：张永安

简要说明

一、主要内容

本篇包括全社会以及大中型工业企业、政府部门属研究机构、高校的研究与试验发展（R&D）活动及规模以上工业企业的研究与试验发展（R&D）人员、经费支出情况；全省专利申请和授权情况；科研成果及科研项目，技术市场技术合同成交资料；测绘、质量监督、气象、地震等综合技术服务部门业务机构及业务活动情况。

二、统计范围

科技活动统计资料范围为全社会有研究与试验发展（R&D）活动的企事业单位，具体包括工业企业、政府部门属研究机构、普通高等学校以及研究与试验发展（R&D）活动相对密集行业（包括农、林、牧、渔业，建筑业，交通运输、仓储和邮政业，信息传输、计算机服务和软件业，金融业，租赁和商务服务业，科学研究、技术服务和地质勘查业，水利、环境和公共设施管理业，卫生、社会保障和社会福利业，文化、体育和娱乐业等）中从事研究与试验发展（R&D）活动的企事业单位。

三、资料来源

全省综合资料、企业及有关行业企事业单位的研究与试验发展（R&D）活动情况资料由省统计局调查提供；政府部门属研究机构资料由省科技厅和国防科技工业局调查提供；科学研究、技术服务和地址勘查业企事业的研究与试验发展（R&D）活动情况资料，以及科技论文资料、技术市场资料由省科技厅调查提供；高校资料由省教育厅调查提供；测绘、产品质量监督抽查、专利、气象、地震等资料，分别由省测绘局、省质量监督局、省知识产权局、省气象局、省地震局等部门调查提供。

四、统计调查方法

研究与试验发展(R&D)活动情况采用全面调查取得；测绘、产品质量监督抽查、专利资料采用抽样等多种调查方法取得。

科技活动统计资料口径变动说明：2005年以前科技活动统计资料只包括大中型工业企业、政府部门属研究机构、普通高等学校，2005年及以后年份扩大到了全社会范围。本篇资料由河南省统计局社会与科技统计处编辑整理。

Brief Introduction

I. Main Contents

Data on this chapter include the R&D personnel, the expenditure funds of R&D activities under whole society, large and medium-sized industrial enterprise, government departments, universities and colleges, data on patents application accepted and granted; data on technological markets; data on activities of the surveying and mapping, product quality supervision., Weather and earthquake, etc.

II. Scope of Statistics

Data on research and development (R&D) activities of enterprises and institutions all over the country, mainly including industrial enterprises, scientific and technological institutions under government departments, universities and colleges and R&D-intensive enterprises of different industries (such as agriculture, forestry, animal husbandry, fisher, construction, transport, storage and post, information transmission, computer services and software, financial intermediation, leasing and business services, scientific research, technical service and geologic prospecting, management of water conservancy, environment and public facilities , health, social security and social welfare, culture, sports and entertainment).

III. Sources of Data

Data on national aggregates and R&D activities of various enterprises and institutions are from Henan provincial bureau of statistics; data on scientific and technological institutions under government departments are from Henan provincial bureau of scientific and technological and Henan provincial bureau of defense science, technology industry; data on scientific research, technical service and geologic prospecting, scientific and technological papers; technological markets and high and new-tech industrial enterprises in development zones are from Henan provincial bureau of scientific and technological; data on scientific and technological activities in universities and colleges are from Henan provincial bureau of Education; Data on the development of surveying and mapping, product quality supervision and patents, Weather and earthquake are provided separately by Henan provincial bureau of Survey and Mapping, Henan provincial bureau of product quality supervision and quarantine, Henan provincial Intellectual Property Office, Henan provincial bureau of meteorology, and. Henan provincial bureau of seismological

IV. Statistical methodology

Data on R&D activities of industrial enterprises, scientific and technological institutions under government departments, universities and colleges are collected through complete surveys. Data on surveying and mapping, product quality supervision and patent applications are through sample surveys and other surveys.

Changes of the statistical coverage of data on scientific and technological activities: Data only included large and medium-sized industrial enterprises, scientific research institutions under government departments, and universities and colleges before 2005. Since 2005 (inclusive) data have covered all industries. Data on this chapter are provided by Department of social and technological of Henan provincial bureau of statistics.

22-1 研究与试验发展(R&D)主要指标
Basic Statistics on R&D Activities

年 份 Year	有(R&D)活动的单位数 (个) Number of Institutions for R&D (unit)	(R&D)人员 (个) Number of Persons for R&D (person)	(R&D)人员折合全时当量 (人年) Number of Persons for R&D Anounted to Full-time (person-year)	(R&D)经费内部支出 (万元) Intramural Expenditures on R&D (10 000 yuan)	(R&D)经费外部支出 (万元) External Expenditures on R&D (10 000 yuan)	(R&D)项目数 (项) Statistics on R&D Topics (item)	(R&D)机构数 (个) Statistics on R&D Institutions (unit)
2000	1017		34629	248024	15050	7904	1331
2001	985		36138	283091	24064	8100	1122
2002	982		41492	293151	31148	8470	1151
2003	989		40742	341910	24664	9293	1173
2004	1090		38250	423560	24573	12105	1423
2005	1107		50888	556090	39913	16069	1498
2006	1109		58716	798414	47729	18904	1432
2007	1169		64888	1011302	59761	24395	1531
2008	1286		72830	1240890	55061	27349	1727
2009	1636		92571	1747599	96107	22347	1821
2010	1555	144408	101668	2113773	89253	24050	1798
2011	1585	167386	118266	2644922	109950	28422	1817
2012	1720	185116	128323	3107803	124399	30319	1870
2013	2051	216269	152541	3553486	109470	33015	2064
2014	2473	232105	161441	4000099	91021	36449	2203

22-2 研究与试验发展(R&D)活动概况
Basic Statistics on R&D Activities

指　标	Item	2013	2014
科技活动人员(人)	Number of Persons for S&T (person)	330257	343697
#大学本科及以上学历	Graduated from Bachelor and Above	141503	154039
有研究与试验发展(R&D)活动的单位数(个)	Number of Institutions for R&D (unit)	2051	2473
研究与试验发展(R&D)人员(人)	Number of Persons for R&D (person)	216269	232105
#女性	Female	47975	51313
#研究人员	Researchers	95024	98962
#全时人员	Full-time Personnel	125596	132674
非全时人员	Timing Personnel	90673	99431
#博士毕业	Graduated from Doctor	6063	6533
硕士毕业	Graduated from Master	21930	22470
本科毕业	Graduated from Bachelor	57533	60475
其他学历	Other Degree	130743	142627
研究与试验发展(R&D人)员折合全时当量(人年)	Number of Persons for R&D Anounted to Full-time (person-year)	152541	161441
#研究人员	Researchers	65696	68041
#基础研究	Basic Research	3948	3681
应用研究	Applied Research	7561	8652
试验发展	Experimental Development	141032	149108
研究与试验发展(R&D)经费内部支出(万元)	Intramural Expenditures on R&D (10 000 yuan)	3553486	4000099
#基础研究	Basic Research	81826	76770
应用研究	Applied Research	166073	177064
试验发展	Experimental Development	3305587	3746265
#日常性支出	Daily spending	3036282	3396244
#人员劳务费	Labour Fee	866089	983381
#资产性支出	Assets spending	517204	603855
#仪器和设备	Instruments and Equipment	488793	572396
#政府资金	Government Appppropriation Funds	432970	454974
企业资金	Self-raised Funds by Enterpirses	2999190	3416270
境外资金	Foreign Appppropriation Funds	8299	5273
其他资金	Other Funds	113027	123582
研究与试验发展(R&D)经费外部支出(万元)	External Expenditures on R&D(10 000 yuan)	109470	91021
#对国内研究机构支出	Expenses on Domestic R&D Institutions	63225	40529
对国内高等学校支出	Expenses on Domestic Colleges and Universities	37151	36349
对国内企业支出	Expenses on Domestic Enterprises	6834	8485
对境外支出	Expenses on Overseas	2261	5652
研究与试验发展(R&D)产出情况	**Statistics on R&D Outputs**		
专利申请数(件)	Total Applications Examined(piece)	18095	21666
#发明专利申请数	Creation Inventions	6233	7571
专利授权数数(件)	Number of Patents Applications Granted (piece)	2032	3345
#发明专利	Inventions	879	1271
有效发明专利数(件)	Number of Effective Invention Patent (piece)	9775	13124
专利所有权转让及许可数(件)	Assignment and Permit of Patent Ownership(piece)	112	197
专利所有权转让及许可收入(万元)	Income from Assignment and Permit of Patent Ownership(10 000 yuan)	7379	4604
植物新品种权授予数(项)	Number of New Varieties of Plants Applications Granted (item)	25	30
形成国家或行业标准数(项)	Become National or Trade standards(item)	642	705
发表科技论文(篇)	Scientific and Technological Treatise Published(paper)	57311	58919
出版科技著作(种)	Scientific and Technological Books Publiced(type)	2195	2183
研究与试验发展(R&D)项目(课题)情况	Statistics on R&D Topics		
项目(课题)数(项)	Projects of R&D (item)	33015	36449
项目(课题)参加人员(人)	Number of R&D Personnel(person)	137039	146880
#研究人员	Researchers	56642	59762
项目(课题)经费内部支出(万元)	Intramural Expenditures on R&D (10 000 yuan)	3188165	3584681
研究与试验发展(R&D)机构情况	Statistics on R&D Institutions		
机构数(个)	Number of R&D Institutions (unit)	2064	2203
从事研究与试验发展(R&D)人员(人)	Number of R&D Personnel(person)	92338	95791
#博士毕业	Graduated from Doctor	3021	3175
#硕士毕业	Graduated from Master	11532	12240
研究与试验发展(R&D)经费支出(万元)	Expenditures on R&D (10 000 yuan)	1913957	1989010
科研用仪器设备原价(万元)	Original price of Equipment for S&T (10 000yuan)	1603490	2111115
#进口	Import	302080	358144

22-3 研究与试验发展(R&D)活动概况(2014年)

Basic Statistics on R&D Activities (2014)

指标	Item	总计 Total	#科学研究与技术开发机构 Institution for Scientific Research and Technological Empolder	#全日制普通高等学校 Full-time Regular Institutions of Higher Edcation	#大中型工业企业 Large and Medium-sized Industrial Enterprises
有研究与试验发展(R&D)活动的单位数(个)	Number of Institutions for R&D (unit)	2473	61	87	1172
研究与试验发展(R&D)人员(人)	Number of Persons for R&D (person)	232105	14621	20725	158822
#女性	Female	51313	3977	9220	29852
#研究人员	Researchers	98962	7123	16861	57898
#全时人员	Full-time Personnel	132674	9080	4747	100167
非全时人员	Timing Personnel	99431	5541	15978	58655
博士毕业	Graduated from Doctor	6533	688	3998	1214
硕士毕业	Graduated from Master	22470	4093	8826	7126
本科毕业	Graduated from Bachelor	60475	4778	6093	41378
其他学历	Other Degree	142627	5062	1808	109104
研究与试验发展(R&D人)员折合全时当量(人年)	Number of Persons for R&D Anounted to Full-time (person-year)	161441	11263	6578	118314
#研究人员	Researchers	68041	6968	5470	44197
#基础研究	Basic Research	3681	379	3032	2
应用研究	Applied Research	8652	3292	2844	1246
试验发展	Experimental Development	149108	7592	701	117066
研究与试验发展(R&D)经费内部支出(万元)	Intramural Expenditures on R&D (10 000 yuan)	4000099	314389	169998	3011691
#基础研究	Basic Research	76770	10697	64038	30
应用研究	Applied Research	177064	74727	78347	14619
试验发展	Experimental Development	3746265	228965	27613	2997042
#日常性支出	Daily spending	3396244	236045	121966	2615912
#人员劳务费	Labour Fee	983381	71958	13803	768929
#资产性支出	Assets spending	603855	78344	48032	395779
#仪器和设备	Instruments and Equipment	572396	60835	44640	386967
#政府资金	Government Apppropriation Funds	454974	230494	108542	84260
企业资金	Self-raised Funds by Enterpirses	3416270	9988	34444	2908639
境外资金	Foreign Apppropriation Funds	5273	5	17	3563
其他资金	Other Funds	123582	73903	26995	15228
研究与试验发展(R&D)经费外部支出(万元)	External Expenditures on R&D (10 000 yuan)	91021	1211	4595	74934
#对国内研究机构支出	Expenses on Domestic R&D Institutions	40529	692	1529	34382
对国内高等学校支出	Expenses on Domestic Colleges and Universities	36349	384	2708	29592
对国内企业支出	Expenses on Domestic Enterprises	8485	135	231	6373
对境外支出	Expenses on Overseas	5652		120	4588

22-5 各市科技活动人员情况

Basic Statistics on Personnel Engaged in S&T Activities by City

市(县)	City(County)	2013 科技活动人员(人) Number of Persons for S&T (person)	2013 #大学本科及以上学历 Graduated from Bachelor and Above	2014 科技活动人员(人) Number of Persons for S&T (person)	2014 #大学本科及以上学历 Graduated from Bachelor and Above
全省	**Total**	**330257**	**141503**	**343697**	**154039**
省辖市	**City**				
郑州市	Zhengzhou	91010	48286	97250	56297
开封市	Kaifeng	12703	5940	12645	5702
洛阳市	Luoyang	39275	16246	40613	18173
平顶山市	Pingdingshan	21359	5710	21105	6374
安阳市	Anyang	15596	4750	16451	4251
鹤壁市	Hebi	2650	1471	2700	1514
新乡市	Xinxiang	26809	14675	27785	15278
焦作市	Jiaozuo	22894	8812	21510	8739
濮阳市	Puyang	9599	3845	10637	3720
许昌市	Xuchang	19096	6068	20241	7078
漯河市	Luohe	5136	2745	5199	2811
三门峡市	Sanmenxia	8197	1325	8757	1832
南阳市	Nanyang	22826	8379	22847	8219
商丘市	Shangqiu	9026	3604	10688	3641
信阳市	Xinyang	6750	3143	6576	3429
周口市	Zhoukou	8532	3182	8867	3140
驻马店市	Zhumadian	5115	2371	5783	2824
济源市	Jiyuan	3684	951	4043	1017
省直管县	**Province Administrating County**				
巩义市	Gongyi	3411	806	3519	837
兰考县	Lankao	1177	19	1160	41
汝州市	Ruzhou	1592	349	1426	430
滑县	Huaxian	423	289	430	272
长垣县	Changyuan	2636	1397	2632	1467
邓州市	Dengzhou	900	347	734	311
永城市	Yongcheng	3090	372	3680	351
固始县	Gushi	286	25	266	62
鹿邑县	Luyi	1100	192	1049	245
新蔡县	Xincai	392	68	352	141

22-6 研究与试验发展(R&D)经费支出情况(2014年)
Statistics on Appropriation Expenditure for R&D (2014)

单位：万元 (10 000 yuan)

指标	Item	(R&D)经费内部支出 Intramural Expenditures on R&D	政府资金 Government Apppropriation Funds	企业资金 Self-raised Funds by Enterpirses	境外资金 Foreign Apppropriation Funds	其他资金 Other Funds	(R&D)经费外部支出 External Expenditures on R&D
总计	**Total**	**4000099**	**454974**	**3416270**	**5273**	**123582**	**91021**
按数据来源分组	**Grouped by Data Source**						
科研单位	Scientific and Technological Sector	326633	236363	14877	5	75388	1428.9
#科研机构	Scientific and Technological Institutions	314389	230494	9988	5	73902.5	1210.7
非工业企业	Enterprises Except Industrial	7786	2750	4889		147.1	211
事业单位	Public Institution	4459	3120			1338	7
高等院校	Institutions of Higer Education	169998	108542	34444	17	26995	4595
#理工农医院校	Schools of Science, Engineering, Agriculture and Medicine	149370	94421	31412		23537	4588
人文社科院校	Schools of humanities and Social Science	20629	14121	3032	17	3458	7
工业企业	Industrial Enterprises	3372310	98322	3247798	5251	20938	83313
大中型工业企业	Large and Medium-sized Industrial Enterprises	3011691	84260	2908639	3563	15228	74934
规上小型工业企业	Small-sized Industrial Enterprises above Designated Size	353758	12641	333829	1688	5600	7684
规上微型工业企业	Miniature industrial enterprises	7195	1421	5330	66	110	1029
重点服务业企业	Key services	8685	59	8626			400
非工业企业	Enterprises Except Industrial	100792	654	100087		51	1284
事业单位	Public Institution	21681	11033	10437		211	
按执行部门分组	**Grouped by Executive Departments**						
企业	Enterprises	3489572	101785	3361401	5251	21136	85208
#大中型	Large and Medium-sized Enterprises	3011691	84260	2908639	3563	15228	74934
科研机构	Scientific and Technological Institutions	314389	230494	9988	5	73902.5	1210.7
高等院校	Institutions of Higer Education	169998	108542	34444	17	26995	4595
其他	Others	26139	14153	10437		1548.8	7
按隶属关系分组	**Grouped by Administrative Relationship**						
中央	Central	870687	247987	547011	153	75536	16391
地方	Local	3129411	206987	2869259	5120	48046	74630

22-7 研究与试验发展(R&D)活动机构情况(2014年)

Basic Statistics on Institutions Having R&D Activities (2014)

指 标	Item	机构数(个) Number of Institutions (unit)	机构从事(R&D)活动人员(人) Number of R&D Personnel (person)	#博士毕业 Graduated from Doctor	#硕士毕业 Graduated from Master	机构(R&D)经费内部支出(万元) Expenditures on R&D (10 000 yuan)	机构科研用仪器设备原价(万元) Original price of Equipment for S&T (10 000yuan)	#进口 Import
总 计	**Total**	**2203**	**95791**	**3175**	**12240**	**1989010**	**2111115**	**358144**
按数据来源分组	**Grouped by Data Source**							
科研单位	Scientific and Technological Sector	132	14839	733	4140	317092	425549	80390
#科研机构	Scientific and Technological Institutions	119	14621	688	4093	314389	416227	78121
非工业企业	Enterprises Except Industrial	10	160	28	36	2057	7407	1330
事业单位	Public Institution	3	58	17	11	647	1915	938
高等院校	Institutions of Higer Education	235	1944	926	482	21353	143582	74238
#理工农医院校	Schools of Science, Engineering, Agriculture and Medicine	191	1204	477	269	19968	142762	73990
人文社科院校	Schools of humanities and Social Science	44	740	449	213	1384	819	248
工业企业	Industrial Enterprises	1687	75589	1442	7237	1622545	1503794	195249
大中型工业企业	Large and Medium-sized Industrial Enterprises	1098	67725	1123	6352	1507075	1353413	184863
规上小型工业企业	Small-sized Industrial Enterprises above Designated Size	579	7800	317	876	112956	138185	10385
规上微型工业企业	Miniature industrial enterprises	10	64	2	9	2514	12196	
重点服务业企业	Key services	12	112	2	9	1011	2638	163
非工业企业	Enterprises Except Industrial	63	2394	14	89	24265	25115	3573
事业单位	Public Institution	74	913	58	283	2744	10438	4532
按执行部门分组	**Grouped by Executive Departments**							
企业	Enterprises	1772	78255	1486	7371	1649878	1538953	200315
#大中型	Large and Medium-sized Enterprises	1098	67725	1123	6352	1507075	1353413	184863
科研机构	Scientific and Technological Institutions	119	14621	688	4093	314389	416227	78121
高等院校	Institutions of Higer Education	235	1944	926	482	21353	143582	74238
其他	Others	77	971	75	294	3391	12353	5470
按学科分组	**Grouped by Subject**							
自然科学	Natural Science	52	412	152	133	5428	39418	27435
农业科学	Agricultural Science	101	2722	276	552	47461	67894	28229
医药科学	Medical Science	99	1296	160	412	6054	34627	19634
工程与技术科学	Engineering and Technology Science	1877	90391	2106	10875	1926858	1965343	281505
人文与社会科学	Humanities and Social Science	74	969	481	268	3208	3833	1342

22-8 研究与试验发展(R&D)人员情况(2014年)

Basic Statistics on Personnel Engaged in R&D Activities (2014)

指　标	Item	单位数(个) Number of Institutions (unit)	#有(R&D)活动的单位数 Number of Institutions for R&D	(R&D)人员(人) Number of Persons for R&D (person)	#研究人员 Researchers	(R&D)人员折合全时当量(人年) Number of Persons for R&D Anounted to Full-time (person-year)	#研究人员 Researchers
总　计	**Total**	**24667**	**2473**	**232105**	**98962**	**161441**	**68041**
按数据来源分组	**Grouped by Data Source**						
科研单位	Scientific and Technological Sector	245	91	16573	8242	12888	7904
#科研机构	Scientific and Technological Institutions	119	61	14621	7123	11263	6968
非工业企业	Enterprises Except Industrial	19	9	1282	749	1018	601
事业单位	Public Institution	107	21	670	370	607	335
高等院校	Institutions of Higer Education	87	87	20725	16861	6578	5470
#理工农医院校	Schools of Science, Engineering, Agriculture and Medicine	44	44	5935	5016	3953	3339
人文社科院校	Schools of humanities and Social Science	43	43	14790	11845	2625	2131
工业企业	Industrial Enterprises	21752	2126	181937	64990	134256	49137
大中型工业企业	Large and Medium-sized Industrial Enterprises	5278	1172	158822	57898	118314	44197
规上小型工业企业	Small-sized Industrial Enterprises above Designated Size	15676	939	22806	6989	15692	4860
规上微型工业企业	Miniature industrial enterprises	798	15	309	103	250	80
重点服务业企业	Key services	2003	17	563	345	412	248
非工业企业	Enterprises Except Industrial	377	69	5795	4748	4098	3528
事业单位	Public Institution	203	83	6512	3776	3210	1734
按执行部门分组	**Grouped by Executive Departments**						
企业	Enterprises	24151	2221	189577	70832	139783	53514
#大中型	Large and Medium-sized Enterprises	5278	1172	158822	57898	118314	44197
科研机构	Scientific and Technological Institutions	119	61	14621	7123	11263	6968
高等院校	Institutions of Higer Education	87	87	20725	16861	6578	5470
其他	Others	310	104	7182	4146	3817	2089
按隶属关系分组	**Grouped by Administrative Relationship**						
中央	Central	330	119	45658	22604	36899	19453
地方	Local	24337	2354	186447	76358	124542	48588

22-9 研究与试验发展(R&D)产出情况(2014年)

指　标	Item	专利申请数(件) Total Applications Examined (piece)	#发明专利申请数 Creation Inventions	专利授权数(件) Number of Patents Applications Granted (piece)	#发明专利授权数 Inventions
总　计	**Total**	**21666**	**7571**	**3345**	**1271**
按数据来源分组	**Grouped by Data Source**				
科研单位	Scientific and Technological Sector	881	664	619	388
#科研机构	Scientific and Technological Institutions	697	581	498	354
非工业企业	Enterprises Except Industrial	167	73	110	27
事业单位	Public Institution	17	10	11	7
高等院校	Institutions of Higer Education	4000	1736	2726	883
#理工农医院校	Schools of Science, Engineering, Agriculture and Medicine	3878	1730	2636	879
人文社科院校	Schools of humanities and Social Science	122	6	90	4
工业企业	Industrial Enterprises	16505	5072		
大中型工业企业	Large and Medium-sized Industrial Enterprises	12040	3886		
规上小型工业企业	Small-sized Industrial Enterprises above Designated Size	4131	1120		
规上微型工业企业	Miniature industrial enterprises	334	66		
重点服务业企业	Key services	37	15		
非工业企业	Enterprises Except Industrial	211	72		
事业单位	Public Institution	32	12		
按执行部门分组	**Grouped by Executive Departments**				
企业	Enterprises	16920	5232	110	27
#大中型	Large and Medium-sized Enterprises	12040	3886		
科研机构	Scientific and Technological Institutions	697	581	498	354
高等院校	Institutions of Higer Education	4000	1736	2726	883
其他	Others	49	22	11	7
按隶属关系分组	**Grouped by Administrative Relationship**				
中央	Central	4218	1946	516	339
地方	Local	17448	5625	2829	932

Statistics on Achievements for R&D (2014)

有效发明专利数(件) Number of Effective Invention Patent (piece)	专利所有权转让及许可数(件) Assignment and Permit of Patent Ownership(piece)	专利所有权转让及许可收入(万元) Income from Assignment and Permit of Patent Ownership (10 000 yuan)	植物新品种权授予数(项) Number of New Varieties of Plants Applications Granted (item)	形成国家或行业标准数(项) Become National or Trade Standards (item)	发表科技论文(篇) Scientific Papers Published (paper)	出版科技著作(种) Science and Technology Workers Published (type)
13124	**197**	**4604**	**30**	**705**	**58919**	**2183**
1708	18	380	28	55	4143	137
1408	13	370	23	42	3552	107
268	3	10		13	304	2
32	2		5		287	28
2858	33	1681	2	4	46659	1941
2857	33	1681	2	4	30174	688
1					16485	1253
8497	143	2536		636	6500	
6668	79	1598		571	6093	
1705	62	938		65	341	
124	2				66	
6				1	3	
55	3	7		9	426	
					1188	105
8826	149	2553		659	7233	2
6668	79	1598		571	6093	
1408	13	370	23	42	3552	107
2858	33	1681	2	4	46659	1941
32	2		5		1475	133
3592	28	948		295	3500	31
9532	169	3656	30	410	55419	2152

22-10 规模以上工业企业研究与试验发展(R&D)人员活动情况(2014年)

单位：人

类别	Item	(R&D)人员合计(人) Number of Persons for R&D	参加项目人员 Participating in project Personnel	管理和服务人员 Management and Service Personnel
总计	**Total**	**181937**	**166552**	**15385**
按企业规模分组	**By Size**			
大型企业	Large-sized	115113	105799	9314
中型企业	Medium-sized	43709	40092	3617
小型企业	Small-sized	22806	20407	2399
微型企业	Miniature	309	254	55
按工业行业大类分组	**By Sector**			
#煤炭开采和洗选业	Mining and Washing of Coal	14938	14177	761
石油和天然气开采业	Extraction of Petroleum and Natural Gas	3803	3408	395
黑色金属矿采选业	Mining of Ferrous Metal Ores			
有色金属矿采选业	Mining of Non-ferrous Metal Ores	87	51	36
非金属矿采选业	Mining and Processing of Nonmetal Ores	255	247	8
农副食品加工业	Processing of Food from Agricultural Products	5874	5167	707
食品制造业	Manufacture of Foods	5779	5211	568
酒、饮料和精制茶制造业	Manufacture of Wine, drinks and refined tea	2185	1998	187
烟草制品业	Manufacture of Tobacco	584	562	22
纺织业	Manufacture of Textile	2893	2689	204
纺织服装服饰业	Manufacture of Textile Wearing,Apparel	797	752	45
皮革、毛皮、羽毛及其制品和制鞋业	Manufacture of Leather, Fur, Featherand Its Products, Shoemaking	779	722	57
木材加工及木、竹、藤、棕、草制品业	Processing of Timbers, Manufacture of Wood, Bamboo, Rattan, Palm, and Straw Products	435	411	24
家具制造业	Manufacture of Furniture	302	271	31
造纸及纸制品业	Manufacture of Paper and Paper Products	2437	2279	158
印刷和记录媒介的复制业	Printing,Reproduction of Recording Media	422	386	36
文教、工美、体育和娱乐用品制造业	Manufacture of Cultural and educational supplies, industrial, sporting and entertainment	1622	1510	112
石油加工、炼焦及核燃料加工业	Processing of Petroleum ,Coking, Processing of Nucleus Fuel	820	712	108
化学原料及化学制品制造业	Manufacture of Chemical Raw Material and Chemical Products	10614	9682	932
医药制造业	Manufacture of Medicines	8697	7860	837
化学纤维制造业	Manufacture of Chemical Fiber	1276	1252	24
橡胶和塑料制品业	Manufacture of Rubber and Plastic	3818	3473	345
非金属矿物制品业	Manufacture of Non-metallic Mineral Products	12950	11894	1056
黑色金属冶炼及压延加工业	Manufacture and Processing of Ferrous Metals	11361	10230	1131
有色金属冶炼及压延加工业	Manufacture and Processing of Non-ferrous Metals	7726	7081	645
金属制品业	Manufacture of Metal Products	2835	2610	225
通用设备制造业	Manufacture of General Purpose Machinery	12691	11578	1113
专用设备制造业	Manufacture of Special Purpose Machinery	16139	14344	1795
汽车制造业	Manufacture of Automobile	12873	11747	1126
铁路、船舶、航空航天和其他运输设备制造业	Manufacture of Railway, shipbuilding, aerospace, and other transportation equipment	3567	3217	350
电气机械及器材制造业	Manufacture of Electrical Machinery and Equipment	13625	12742	883
计算机、通信和其他电子设备制造业	Manufacture of Computer Communication Equipment , and Other Electronic Equipment	7845	7511	334
仪器仪表制造业	Manufacture of Measuring Instrument	4593	4054	539
其他制造业	Manufacture of others	1431	1291	140
废弃资源综合利用业	Comprehensive utilization of waste materials	150	111	39
金属制品、机械和设备修理业	Repairing of Metal products, machinery and equipment	1518	1517	1
电力、热力的生产和供应业	Production and Supply of Electric Power and Heat Power	3136	2820	316
燃气生产和供应业	Production and Distribution of Gas	189	183	6
水的生产和供应业	Production and Distribution of Water	71	65	6

Basic Statistics on R&D Activities in Enterprises above Designated Size (2014)

(person)

#女性 Female	#研究人员 Researchers	#全时人员 Full-time Personnel	非全时人员 Timing Personnel	(R&D)人员折合全时当量合计(人年) Number of Persons for R&D Anounted to Full-time (person year)	#研究人员 Researchers	#基础研究人员 Basic Research	应用研究人员 Applied Research	试验发展人员 Experimental Development
33987	**64990**	**113162**	**68775**	**134256**	**49137**	**2**	**1260**	**132995**
20657	44823	71857	43256	86850	34799	2	1102	85746
9195	13075	28310	15399	31465	9398		144	31321
4057	6989	12790	10016	15692	4860		13	15679
78	103	205	104	250	80			250
305	6152	3950	10988	9065	3923		413	8652
1352	2507	3098	705	3747	2473		451	3296
4	61	22	65	72	51			72
63	75	133	122	120	38			120
1359	2072	3119	2755	4471	1553		20	4450
1585	1664	3874	1905	4523	1245		13	4510
580	787	1339	846	1527	567		31	1496
55	113	119	465	420	82		2	418
855	1167	1517	1376	1658	715			1658
352	200	415	382	411	98			411
181	160	334	445	465	88		15	450
109	106	297	138	271	66			271
57	112	173	129	196	73			196
377	459	1502	935	1611	338			1611
64	181	252	170	279	131			279
454	259	1301	321	1360	214			1360
177	326	424	396	727	286			727
2399	3521	7050	3564	8232	2753		10	8221
2867	2428	6041	2656	6568	1725		110	6459
291	455	1257	19	921	329			921
590	849	1807	2011	3242	685			3242
2060	3650	7351	5599	10174	2835			10174
1241	6564	4904	6457	8557	5431		99	8458
1301	2881	4666	3060	5132	1967		4	5128
441	925	1475	1360	2100	671			2100
2312	4416	9142	3549	8935	3277	2	15	8918
3003	6886	10345	5794	12209	5658		11	12197
2132	3570	9309	3564	9416	2664			9416
936	774	2732	835	3248	696			3248
2682	3533	11306	2319	9837	2776		34	9803
1402	4001	6327	1518	5419	2566			5419
1006	1542	3340	1253	3473	1210			3473
420	556	1347	84	1057	411			1057
9	79	67	83	116	73			116
544	132	1045	473	1497	130			1497
208	1345	1218	1918	2313	937			2313
54	90	187	2	167	84			167
32	36	33	38	47	24			47

22-11 规模以上工业企业研究与试验发展(R&D)经费支出活动情况(2014年)

单位：万元

类别	Item	(R&D)经费内部支出 Intramural Expenditures on R&D	#基础研究支出 Basic Research	应用研究支出 Applied Research	试验发展支出 Experimental Development
总计	**Total**	**3372310**	**30**	**14774**	**3357506**
按企业规模分组	**By Size**				
大型企业	Large-sized	2280487	30	12222	2268236
中型企业	Medium-sized	731204		2397	728807
小型企业	Small-sized	353758		155	353603
微型企业	Miniature	6861			6861
按工业行业大类分组	**By Sector**				
#煤炭开采和洗选业	Mining and Washing of Coal	210004		2148	207856
石油和天然气开采业	Extraction of Petroleum and Natural Gas	34054		4152	29901
黑色金属矿采选业	Mining of Ferrous Metal Ores				
有色金属矿采选业	Mining of Non-ferrous Metal Ores	1855			1855
非金属矿采选业	Mining and Processing of Nonmetal Ores	1020			1020
农副食品加工业	Processing of Food from Agricultural Products	115829		715	115114
食品制造业	Manufacture of Foods	78367		435	77932
酒、饮料和精制茶制造业	Manufacture of Wine, drinks and refined tea	53372		821	52551
烟草制品业	Manufacture of Tobacco	14947		40	14907
纺织业	Manufacture of Textile	64688			64688
纺织服装服饰业	Manufacture of Textile Wearing,Apparel	8896			8896
皮革、毛皮、羽毛及其制品和制鞋业	Manufacture of Leather, Fur, Featherand Its Products, Shoemaking	20192		349	19843
木材加工及木、竹、藤、棕、草制品业	Processing of Timbers, Manufacture of Wood, Bamboo, Rattan, Palm, and Straw Products	10674			10674
家具制造业	Manufacture of Furniture	4944			4944
造纸及纸制品业	Manufacture of Paper and Paper Products	46810			46810
印刷和记录媒介的复制业	Printing,Reproduction of Recording Media	7906			7906
文教、工美、体育和娱乐用品制造业	Manufacture of Cultural and educational supplies, industrial, sporting and entertainment	17948			17948
石油加工、炼焦及核燃料加工业	Processing of Petroleum ,Coking, Processing of Nucleus Fuel	23718			23718
化学原料及化学制品制造业	Manufacture of Chemical Raw Material and Chemical Products	204112		145	203967
医药制造业	Manufacture of Medicines	117770		1669	116101
化学纤维制造业	Manufacture of Chemical Fiber	14437			14437
橡胶和塑料制品业	Manufacture of Rubber and Plastic	67392			67392
非金属矿物制品业	Manufacture of Non-metallic Mineral Products	250257			250257
黑色金属冶炼及压延加工业	Manufacture and Processing of Ferrous Metals	249947		2488	247459
有色金属冶炼及压延加工业	Manufacture and Processing of Non-ferrous Metals	235467		17	235450
金属制品业	Manufacture of Metal Products	45507			45507
通用设备制造业	Manufacture of General Purpose Machinery	262820	30	244	262546
专用设备制造业	Manufacture of Special Purpose Machinery	322726		274	322452
汽车制造业	Manufacture of Automobile	308112			308112
铁路、船舶、航空航天和其他运输设备制造业	Manufacture of Railway, shipbuilding, aerospace, and other transportation equipment	66039			66039
电气机械及器材制造业	Manufacture of Electrical Machinery and Equipment	271312		1027	270285
计算机、通信和其他电子设备制造业	Manufacture of Computer Communication Equipment , and Other Electronic Equipment	92381			92381
仪器仪表制造业	Manufacture of Measuring Instrument	58711			58711
其他制造业	Manufacture of others	20844			20844
废弃资源综合利用业	Comprehensive utilization of waste materials	2197			2197
金属制品、机械和设备修理业	Repairing of Metal products, machinery and equipment	8031			8031
电力、热力的生产和供应业	Production and Supply of Electric Power and Heat Power	49061			49061
燃气生产和供应业	Production and Distribution of Gas	2815			2815
水的生产和供应业	Production and Distribution of Water	1019			1019

Basic Statistics on R&D Activities in Enterprises above Designated Size (2014)

(10 000 yuan)

政府资金 Government Apppropriation Funds	企业资金 Self-raised Funds by Enterpirses	境外资金 Foreign Apppropriation Funds	其他资金 Other Funds	(R&D)经费外部支出 External Expenditures on R&D	对境内研究机构支出 Expenses on Domestic R&D Institutions	对境内高等学校支出 Expenses on Domestic Universities	对境外支出 Expenses on Overseas
98322	**3247798**	**5251**	**20938**	**83313**	**37381**	**32499**	**5500**
59163	2212652	2700	5973	60404	29118	23584	4510
25097	695988	864	9255	14530	5264	6008	78
12641	333829	1688	5600	7684	2305	2907	912
1421	5330		110	695	695		
255	209749			6310	1948	4321	
	34054			2673	1106	1567	
11	1844			57	45	12	
5	1015			20		20	
2959	112189		682	5834	2072	3508	51
2550	75478		340	1954	231	1718	
996	52376			1629	725	716	1
10	14772		165	2227	509	1717	
887	63158		643	677	327	323	
179	8717			367		157	
351	19214		627	17	16		
97	10576		1	16	16		
7	4824		113	28		23	
729	45707		374	644	131	319	
259	7089		559	103		103	
233	17714			125	119	4	
894	22824			1367	632	388	23
3510	195563	1332	3707	6954	3023	1598	2211
5552	109540	292	2386	9382	7046	1639	
10	14427			112		28	
1061	65550		782	578	137	358	28
5474	242546	231	2007	6686	2852	2409	166
1216	248731			4618	2101	2271	
4088	231379			1121	258	283	3
1514	43172		822	131	106	20	
10816	251772		231	2067	987	1064	
6653	313159	15	2899	6065	1118	958	2108
21710	285057	440	905	5980	4156	1697	94
6601	59240		198	234	143	62	
13183	256325	594	1209	8412	4661	3003	514
1886	88322	1832	342	1186	432	234	108
3654	53381	516	1159	1540	244	449	195
430	19645		769	40		40	
97	2100			261	4	28	
56	7975						
241	48800		20	3437	2033	1206	
10	2805			400	200	200	
138	881						

22-12 规模以上工业企业研究与试验发展(R&D)活动情况(2014年)
Basic Statistics on R&D Activities in Enterprises above Designated Size (2014)

类别	Item	新产品产值(万元) Gross Output Value of new Products (10 000 yuan)	新产品销售收入(万元) Sales Revenue of New Products (10 000 yuan)	专利申请数(项) Total Patent Applications (item)	有效发明专利数(项) Patent Owned (item)
总 计	**Total**	**54234834**	**51689500**	**16505**	**8497**
按企业规模分组	**By Size**				
大型企业	Large-sized	47390212	45223198	7868	3891
中型企业	Medium-sized	4953198	4608888	4172	2777
小型企业	Small-sized	1874975	1836141	4131	1705
微型企业	Miniature	16449	21273	334	124
按工业行业大类分组	**By Sector**				
#煤炭开采和洗选业	Mining and Washing of Coal	171369	138217	248	76
石油和天然气开采业	Extraction of Petroleum and Natural Gas	980		418	12
黑色金属矿采选业		18750	18750		
有色金属矿采选业	Mining of Non-ferrous Metal Ores			4	1
非金属矿采选业	Mining and Processing of Nonmetal Ores	18474	15675	4	7
农副食品加工业	Processing of Food from Agricultural Products	1539473	1519677	344	185
食品制造业	Manufacture of Foods	711969	542281	321	177
酒、饮料和精制茶制造业	Manufacture of Wine, drinks and refined tea	920009	777747	218	103
烟草制品业	Manufacture of Tobacco	42179	42039	390	68
纺织业	Manufacture of Textile	669116	645144	66	53
纺织服装服饰业	Manufacture of Textile Wearing,Apparel	124078	118142	186	11
皮革、毛皮、羽毛及其制品和制鞋业	Manufacture of Leather, Fur, Featherand Its Products, Shoemaking	73101	70495	154	46
木材加工及木、竹、藤、棕、草制品业	Processing of Timbers, Manufacture of Wood, Bamboo, Rattan, Palm, and Straw Products	74942	70557	19	9
家具制造业	Manufacture of Furniture	29643	29158	3	14
造纸及纸制品业	Manufacture of Paper and Paper Products	462936	444028	75	58
印刷和记录媒介的复制业	Printing,Reproduction of Recording Media	57736	56365	53	43
文教、工美、体育和娱乐用品制造业	Manufacture of Cultural and educational supplies, industrial, sporting and entertainment	183698	254942	243	124
石油加工、炼焦及核燃料加工业	Processing of Petroleum ,Coking, Processing of Nucleus Fuel	5449	5859	55	36
化学原料及化学制品制造业	Manufacture of Chemical Raw Material and Chemical Products	1645326	1618116	655	513
医药制造业	Manufacture of Medicines	1133953	1011574	563	330
化学纤维制造业	Manufacture of Chemical Fiber	236378	236378	5	25
橡胶和塑料制品业	Manufacture of Rubber and Plastic	617166	614286	386	120
非金属矿物制品业	Manufacture of Non-metallic Mineral Products	1939786	1834236	1137	656
黑色金属冶炼及压延加工业	Manufacture and Processing of Ferrous Metals	3584422	2943575	292	201
有色金属冶炼及压延加工业	Manufacture and Processing of Non-ferrous Metals	1694238	1746276	525	802
金属制品业	Manufacture of Metal Products	237868	174763	363	251
通用设备制造业	Manufacture of General Purpose Machinery	2860844	2803610	1399	844
专用设备制造业	Manufacture of Special Purpose Machinery	3790751	3748708	1813	890
汽车制造业	Manufacture of Automobile	4686740	4651415	1228	387
铁路、船舶、航空航天和其他运输设备制造业	Manufacture of Railway, shipbuilding, aerospace, and other transportation equipment	462733	548457	532	288
电气机械及器材制造业	Manufacture of Electrical Machinery and Equipment	2888699	2604775	2136	811
计算机、通信和其他电子设备制造业	Manufacture of Computer Communication Equipment , and Other Electronic Equipment	22587428	21660677	294	241
仪器仪表制造业	Manufacture of Measuring Instrument	449868	429543	610	413
其他制造业	Manufacture of others	21318	21238	88	173
废弃资源综合利用业	Comprehensive utilization of waste materials	2766	2658	34	1
金属制品、机械和设备修理业	Repairing of Metal products, machinery and equipment	95024	95024	89	15
电力、热力的生产和供应业	Production and Supply of Electric Power and Heat Power	188299	187931	1449	443
燃气生产和供应业	Production and Distribution of Gas	2639	2639	8	8
水的生产和供应业	Production and Distribution of Water	4368	4368	6	

22-13 规模以上工业企业研究与试验发展(R&D)活动情况(2014年)

Basic Statistics on R&D Activities in Enterprises above Designated Size (2014)

类别	Item	项目数(项) Projects for S&T Activities (item)	参加项目人员(人) Total Personnel of Projects (person)	项目经费支出合计(万元) Expenditure of Projects (10 000 yuan)	政府资金
总 计	**Total**	**9789**	**144163**	**2984905**	**82607**
按企业规模分组	**By Size**				
大型企业	Large-sized	5013	91167	2044633	50826
中型企业	Medium-sized	2639	35023	639099	19307
小型企业	Small-sized	2121	17726	295810	11234
微型企业	Miniature	16	247	5363	1240
按工业行业大类分组	**By Sector**				
#煤炭开采和洗选业	Mining and Washing of Coal	530	12601	186728	255
石油和天然气开采业	Extraction of Petroleum and Natural Gas	181	2120	21902	
有色金属矿采选业	Mining of Non-ferrous Metal Ores	6	45	1193	
非金属矿采选业	Mining and Processing of Nonmetal Ores	10	245	942	5
农副食品加工业	Processing of Food from Agricultural Products	329	4461	93643	2836
食品制造业	Manufacture of Foods	285	3432	70215	1587
酒、饮料和精制茶制造业	Manufacture of Wine, drinks and refined tea	126	1847	46203	928
烟草制品业	Manufacture of Tobacco	229	561	6820	10
纺织业	Manufacture of Textile	119	2558	58393	883
纺织服装服饰业	Manufacture of Textile Wearing,Apparel	28	597	7614	159
皮革、毛皮、羽毛及其制品和制鞋业	Manufacture of Leather, Fur, Featherand Its Products, Shoemaking	41	671	12846	276
木材加工及木、竹、藤、棕、草制品业	Processing of Timbers, Manufacture of Wood, Bamboo, Rattan, Palm, and Straw Products	39	409	9116	97
家具制造业	Manufacture of Furniture	17	255	4443	7
造纸及纸制品业	Manufacture of Paper and Paper Products	95	1837	43974	399
印刷和记录媒介的复制业	Printing,Reproduction of Recording Media	48	357	7225	258
文教、工美、体育和娱乐用品制造业	Manufacture of Cultural and educational supplies, industrial, sporting and entertainment	76	1339	14589	85
石油加工、炼焦及核燃料加工业	Processing of Petroleum ,Coking, Processing of Nucleus Fuel	41	663	18415	894
化学原料及化学制品制造业	Manufacture of Chemical Raw Material and Chemical Products	511	8514	183383	2805
医药制造业	Manufacture of Medicines	531	7058	100162	4993
化学纤维制造业	Manufacture of Chemical Fiber	11	487	13370	10
橡胶和塑料制品业	Manufacture of Rubber and Plastic	146	2983	61482	948
非金属矿物制品业	Manufacture of Non-metallic Mineral Products	754	10993	225484	5077
黑色金属冶炼及压延加工业	Manufacture and Processing of Ferrous Metals	390	9585	229920	870
有色金属冶炼及压延加工业	Manufacture and Processing of Non-ferrous Metals	351	6759	214104	3347
金属制品业	Manufacture of Metal Products	210	2370	38935	1461
通用设备制造业	Manufacture of General Purpose Machinery	915	9912	234412	7313
专用设备制造业	Manufacture of Special Purpose Machinery	1056	12916	293214	5993
汽车制造业	Manufacture of Automobile	718	10349	285154	20944
铁路、船舶、航空航天和其他运输设备制造业	Manufacture of Railway, shipbuilding, aerospace, and other transportation equipment	151	2989	49634	5795
电气机械及器材制造业	Manufacture of Electrical Machinery and Equipment	799	10215	245344.6	9817
计算机、通信和其他电子设备制造业	Manufacture of Computer Communication Equipment , and Other Electronic Equipment	283	5999	81992.6	1099
仪器仪表制造业	Manufacture of Measuring Instrument	389	3294	47953.5	2681
其他制造业	Manufacture of others	86	816	17553.7	430
废弃资源综合利用业	Comprehensive utilization of waste materials	17	111	1866.5	97
金属制品、机械和设备修理业	Repairing of Metal products, machinery and equipment	16	1505	7974.3	34
电力、热力的生产和供应业	Production and Supply of Electric Power and Heat Power	150	2450	39284.9	72
燃气生产和供应业	Production and Distribution of Gas	20	175	2800.6	10
水的生产和供应业	Production and Distribution of Water	9	63	866.1	133

22－14 研究与试验发展(R&D)项目(课题)情况(2014年)
Statistics on R&D Projects(Topics) (2014)

指标	Item	项目(课题)数(项) Projects of R&D (item)	项目(课题)参加人员折合全时当量(人年) Number of Persons for R&D Anounted to Full-time (person-year)	#研究人员 Researchers	项目(课题)经费内部支出支出(万元) Intramural Expenditures on R&D (10 000 yuan)
总计	**Total**	**36449**	**146880**	**59762**	**3584681**
按数据来源分组	**Grouped by Data Source**				
科研单位	Scientific and Technological Sector	1075	11581	7187	239553
#科研机构	Scientific and Technological Institutions	810	10334	6373	230920
非工业企业	Enterprises Except Industrial	142	763	516	5813
事业单位	Public Institution	123	484	298	2820
高等院校	Institutions of Higer Education	21650	6576	5469	149553
#理工农医院校	Schools of Science, Engineering, Agriculture and Medicine	8490	3953	3339	139288
人文社科院校	Schools of humanities and Social Science	13160	2623	2130	10265
工业企业	Industrial Enterprises	12635	122747	44514	3089545
大中型工业企业	Large and Medium-sized Industrial Enterprises	9903	108559	40220	2768772
规上小型工业企业	Small-sized Industrial Enterprises above Designated Size	2707	13981	4229	315293
规上微型工业企业	Miniature Industrial Enterprises above Designated Size	25	207	64	5480
重点服务业企业	Key Services Enterprises	29	346	40	7739
非工业企业	Enterprises Except Industrial	439	3243	2369	87129
事业单位	Public Institution	621	2387	182	11161
按执行部门分组	**Grouped by Executive Departments**				
企业	Enterprises	13245	127099	47440	3190227
#大中型	Large and Medium-sized Enterprises	9903	108559	40220	2768772
科研机构	Scientific and Technological Institutions	810	10334	6373	230920
高等院校	Institutions of Higer Education	21650	6576	5469	149553
其他	Others	123	484	298	2820
按项目来源分组	**Grouped by Projects Source**				
国家科技项目	National Project	6105	14053	9049	377080
地方科技项目	Local Project	12935	10265	7001	228690
企业委托科技项目	Commissioned by Enterprises Project	1439	2939	1094	85048
自选科技项目	Optional Project	15132	117052	40750	2843249
来自国外的科技项目	Foreign Project	50	293	96	7426
其它科技项目	Other Project	788	2279	1772	43190
按活动类型分组	**Grouped by Activity type**				
基础研究	Basic Research	10600	3484	2783	63160
应用研究	Applied Research	10106	8158	5119	141061
试验发展	Experimental Development	15742	135238	51860	3380460
按学科分组	**Grouped by Subject**				
自然科学	Natural Science	2606	1444	1126	55671
农业科学	Agricultural Science	1515	2757	1802	41626
医药科学	Medical Science	2411	3486	1093	26282
工程与技术科学	Engineering and Technology Science	16665	136365	53495	3449757
人文与社会科学	Humanities and Social Science	13252	2829	2247	11344

22-15 各市研究与试验发展(R&D)人员情况(2014年)

Basic Statistics on Personnel Engaged in R&D Activities by City (2014)

市(县)	City(County)	单位数(个) Number of Institutions (unit)	#有(R&D)活动 Number of Institutions for R&D	(R&D)活动人员(人) Number of Persons for R&D (person)	#研究人员 Researchers	(R&D)活动人员折合全时当量(人年) Number of Persons for R&D Amounted to Full-time (person-year)	#研究人员 Researchers
全省	**Total**	**24667**	**2473**	**232105**	**98962**	**161441**	**68041**
省辖市	**City**						
郑州市	Zhengzhou	3446	586	63340	31140	42657	20177
开封市	Kaifeng	1527	158	8985	4148	5992	2402
洛阳市	Luoyang	2017	183	27065	12209	20277	9690
平顶山市	Pingdingshan	992	109	11951	5153	9403	4061
安阳市	Anyang	1114	68	11497	7140	8766	5715
鹤壁市	Hebi	618	22	1410	451	850	214
新乡市	Xinxiang	1422	192	20205	9088	13439	5962
焦作市	Jiaozuo	1370	143	15632	4900	10133	2767
濮阳市	Puyang	1069	158	8152	3959	6776	3419
许昌市	Xuchang	1618	140	14464	3448	10586	2478
漯河市	Luohe	729	38	3614	1132	3025	938
三门峡市	Sanmenxia	703	68	5394	1217	2690	642
南阳市	Nanyang	2066	182	17647	6956	12726	4838
商丘市	Shangqiu	1223	102	7421	2004	4375	1128
信阳市	Xinyang	1412	101	3465	1340	1956	663
周口市	Zhoukou	1349	44	4972	2171	3076	1272
驻马店市	Zhumadian	1733	150	4105	1512	2735	895
济源市	Jiyuan	259	29	2787	994	1979	778
省直管县	**Province Administrating County**						
巩义市	Gongyi	462	35	2527	1310	1888	969
兰考县	Lankao	377	49	1098	286	835	227
汝州市	Ruzhou	162	17	954	268	734	212
滑县	Huaxian	166	5	375	153	292	95
长垣县	Changyuan	151	9	1931	585	1037	332
邓州市	Dengzhou	173	7	340	149	248	109
永城市	Yongcheng	172	13	3499	847	1904	443
固始县	Gushi	200	15	251	83	197	75
鹿邑县	Luyi	95	2	543	201	62	23
新蔡县	Xincai	161	13	201	96	71	32

22-16 各市研究与试验发展(R&D)机构情况(2014年)

Basic Statistics on Institutions Having R&D Activities by City (2014)

市(县)	City(County)	机构数 (个) Number of Institutions (unit)	机构从事(R&D)活动人员(人) Number of R&D Personnel (person)	#博士毕业 Graduated from Doctor	#硕士毕业 Graduated from Master	机构(R&D)经费内部支出(万元) Expenditures on R&D (10 000 yuan)	机构科研用仪器设备原价(万元) Original price of Equipment for S&T (10 000yuan)	#进口 Import
全　　省	**Total**	**2203**	**95791**	**3175**	**12240**	**1989010**	**2111115**	**358144**
省辖市	**City**							
郑州市	Zhengzhou	641	28900	1416	3957	577062	662551.3	152619
开封市	Kaifeng	117	3296	227	299	108785	85668.2	18091
洛阳市	Luoyang	125	11512	288	2608	282993	298364	51928
平顶山市	Pingdingshan	80	4314	81	476	122973	167294	14210
安阳市	Anyang	67	3536	112	322	48636	40532	3936
鹤壁市	Hebi	32	977	30	84	20189	33129	1558
新乡市	Xinxiang	205	8607	281	1290	174580	199034	28975
焦作市	Jiaozuo	164	6498	126	401	146002	143733	27416
濮阳市	Puyang	94	4597	92	337	58433	41337	1872
许昌市	Xuchang	106	5148	90	784	125266	115896	14008
漯河市	Luohe	68	2474	33	214	47478	25971	8364
三门峡市	Sanmenxia	53	1150	34	72	19561	34587	15166
南阳市	Nanyang	136	7497	105	671	136989	142806	13142
商丘市	Shangqiu	84	1504	52	182	23479	27545	706
信阳市	Xinyang	54	863	70	124	7988	19896	799
周口市	Zhoukou	60	1659	63	206	20308	21543	770
驻马店市	Zhumadian	92	1868	49	132	31684	35800	3337
济源市	Jiyuan	25	1393	27	80	36604	15430	1247
省直管县	**Province Administrating County**							
巩义市	Gongyi	27	1919	41	73	42427	37046	5917
兰考县	Lankao	5	61	3	6	541	327	69
汝州市	Ruzhou	17	402	15	34	8902	12379	170
滑县	Huaxian	7	218	8	18	1044	3641	
长垣县	Changyuan	13	1270	11	95	30206	32652	
邓州市	Dengzhou	1	274		3	1331	179	64
永城市	Yongcheng	16	485	5	70	5604	4051	
固始县	Gushi	2	69			784	91	50
鹿邑县	Luyi	3	250	11	15	900	3342	
新蔡县	Xincai	9	38	5	6	623	539	127

22-17 各市研究与试验发展(R&D)经费支出情况(2014年)

Statistics on Appropriation Expenditure for R&D by City (2014)

单位：万元 (10 000 yuan)

市(县)	City(County)	(R&D)经费内部支出 Intramural Expenditures on R&D	政府资金 Government Appropriation Funds	企业资金 Self-raised Funds by Enterpirses	境外资金 Foreign Appropriation Funds	其他资金 Other Funds	(R&D)经费外部支出 External Expenditures on R&D
全省	**Total**	**4000099**	**454974**	**3416270**	**5273**	**123582**	**91021**
省辖市	**City**						
郑州市	Zhengzhou	1054401	165385	848633	662	39720	21499
开封市	Kaifeng	190593	25463	158694		6436	3186
洛阳市	Luoyang	529659	117337	371222		41100	6915
平顶山市	Pingdingshan	243837	5175	237545		1118	10297
安阳市	Anyang	173132	15763	155681		1688	6060
鹤壁市	Hebi	28970	283	26785	1832	70	1134
新乡市	Xinxiang	374769	82520	272393	20	19836	6319
焦作市	Jiaozuo	242743	9514	230518	310	2401	6083
濮阳市	Puyang	105993	4451	98398	1623	1522	3492
许昌市	Xuchang	332548	6059	323900		2589	8031
漯河市	Luohe	61149	1881	59249		19	367
三门峡市	Sanmenxia	74877	814	73698		364	1313
南阳市	Nanyang	244617	5402	235847	811	2557	5320
商丘市	Shangqiu	88710	2897	84932		882	2464
信阳市	Xinyang	55538	4159	49933		1446	1551
周口市	Zhoukou	54755	2935	51287		533	3940
驻马店市	Zhumadian	59166	3832	54032		1302	2678
济源市	Jiyuan	84642	1105	83522	15		370
省直管县	**Province Administrating County**						
巩义市	Gongyi	63099	652	62151		297	362
兰考县	Lankao	22298	558	21740			138
汝州市	Ruzhou	13525	993	12532			986
滑县	Huaxian	2287		2287			
长垣县	Changyuan	51863	121	51671		71	
邓州市	Dengzhou	5301		5301			250
永城市	Yongcheng	32280	166	32074		40	1335
固始县	Gushi	2023	1	2022			
鹿邑县	Luyi	6464		6464			19
新蔡县	Xincai	2778	112	2120		546	

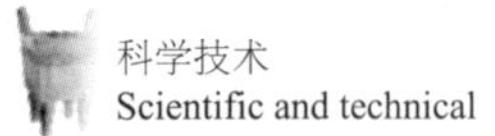

22-18 各市研究与试验发展(R&D)项目(课题)情况(2014年)

Statistics on R&D Projects (Topics) by City (2014)

市(县)	City(County)	项目(课题)数(项) Projects of R&D (item)	项目(课题)参加人员折合全时当量(人年) Number of Persons for R&D Anounted to Full-time (person-year)	#研究人员 Researchers	项目(课题)经费内部支出(万元) Intramural Expenditures on R&D (10 000 yuan)
全省	**Total**	**36449**	**146880**	**59762**	**3584681**
省辖市	**City**				
郑州市	Zhengzhou	14617	38889	17696	910624
开封市	Kaifeng	2011	5135	1884	177735
洛阳市	Luoyang	3174	18206	8483	470368
平顶山市	Pingdingshan	955	8720	3738	229720
安阳市	Anyang	794	7815	5000	153281
鹤壁市	Hebi	119	796	198	26746
新乡市	Xinxiang	5345	12360	5378	339017
焦作市	Jiaozuo	2202	9418	2467	225349
濮阳市	Puyang	572	6081	2883	95747
许昌市	Xuchang	1760	9777	2163	304480
漯河市	Luohe	286	2572	756	56469
三门峡市	Sanmenxia	396	2491	558	68091
南阳市	Nanyang	1748	11581	4269	218292
商丘市	Shangqiu	651	4155	1053	81328
信阳市	Xinyang	880	1770	603	45423
周口市	Zhoukou	216	2841	1150	50344
驻马店市	Zhumadian	516	2540	815	50844
济源市	Jiyuan	207	1735	668	80824
省直管县	**Province Administrating County**				
巩义市	Gongyi	128	1724	890	61842
兰考县	Lankao	68	748	203	21077
汝州市	Ruzhou	65	656	180	12092
滑县	Huaxian	40	252	85	2033
长垣县	Changyuan	147	954	318	46509
邓州市	Dengzhou	28	216	96	4234
永城市	Yongcheng	226	1816	420	31566
固始县	Gushi	15	182	67	1742
鹿邑县	Luyi	4	50	19	5520
新蔡县	Xincai	53	62	28	2340

22-19 各市研究与试验发展(R&D)产出情况(2014年)

Statistics on Achievements for R&D by City (2014)

市(县)	City(County)	专利申请数 (件) Total Applications Examined (piece)	#发明专利申请数 Creation Inventions	专利授权数 (件) Number of Patents Applications Granted (piece)	#发明专利授权数 Inventions	有效发明专利数 (件) Number of Effective Invention Patent (piece)
全省	**Total**	**21666**	**7571**	**3345**	**1271**	**13124**
省辖市	**City**					
郑州市	Zhengzhou	7668	2426	1055	460	5019
开封市	Kaifeng	471	126	39	34	273
洛阳市	Luoyang	3943	1718	1175	484	2859
平顶山市	Pingdingshan	802	276	74	8	406
安阳市	Anyang	436	193	53	27	328
鹤壁市	Hebi	132	54			44
新乡市	Xinxiang	2027	667	520	142	940
焦作市	Jiaozuo	1014	358	190	84	755
濮阳市	Puyang	804	269	3	2	393
许昌市	Xuchang	1559	573	24	2	588
漯河市	Luohe	323	81	64	6	111
三门峡市	Sanmenxia	341	81			102
南阳市	Nanyang	1077	362	72	12	731
商丘市	Shangqiu	292	84	29	3	121
信阳市	Xinyang	163	59	29	4	61
周口市	Zhoukou	209	99			182
驻马店市	Zhumadian	202	83	19	3	117
济源市	Jiyuan	203	62			94
省直管县	**Province Administrating County**					
巩义市	Gongyi	142	26			136
兰考县	Lankao	43	28			4
汝州市	Ruzhou	186	77			79
滑县	Huaxian	36	22			44
长垣县	Changyuan	191	32			29
邓州市	Dengzhou	26	8			16
永城市	Yongcheng	116	24			46
固始县	Gushi	3	2			1
鹿邑县	Luyi	29	1			1
新蔡县	Xincai	4	2			3

22-19 续表 continued

市(县) City(County)	专利所有权转让及许可数(件) Assignment and Permit of Patent Ownership (piece)	专利所有权转让及许可收入(万元) Income from Assignment and Permit of Patent Ownership (10 000 yuan)	植物新品种权授予数(项) Number of New Varieties of Plants Applications Granted (item)	形成国家或行业标准数(项) Become National or Trade Standards (item)	发表科技论文(篇) Scientific Papers Published (paper)	出版科技著作(种) Science and Technology Workers Published (type)
全 省 Total	**197**	**4604**	**30**	**705**	**58919**	**2183**
省 辖 市 City						
郑 州 市 Zhengzhou	55	1055	5	120	27711	1055
开 封 市 Kaifeng	6	20	2	31	3079	222
洛 阳 市 Luoyang	22	1588	3	142	5468	126
平 顶 山 市 Pingdingshan			2	7	2119	22
安 阳 市 Anyang	18	318	5	19	1738	51
鹤 壁 市 Hebi			1	9	309	
新 乡 市 Xinxiang	20	142	3	19	7143	241
焦 作 市 Jiaozuo	16	716		61	2807	89
濮 阳 市 Puyang	11	146	5	29	341	5
许 昌 市 Xuchang	14	183	2	55	1481	92
漯 河 市 Luohe	1			8	538	24
三 门 峡 市 Sanmenxia				102	302	11
南 阳 市 Nanyang	3	247		61	1840	77
商 丘 市 Shangqiu	5		1	7	1244	69
信 阳 市 Xinyang				8	1418	24
周 口 市 Zhoukou	3			17	472	45
驻 马 店 市 Zhumadian	23	189	1	2	780	20
济 源 市 Jiyuan				8	129	10
省 直 管 县 Province Administrating County						
巩 义 市 Gongyi					8	52
兰 考 县 Lankao	1	5			1	9
汝 州 市 Ruzhou						22
滑 县 Huaxian						6
长 垣 县 Changyuan					2	32
邓 州 市 Dengzhou						4
永 城 市 Yongcheng	3					515
固 始 县 Gushi						1
鹿 邑 县 Luyi						
新 蔡 县 Xincai	2	39				

22-20 各市规模以上工业企业研究与试验发展(R&D)活动情况(2014年)

Basic Statistics on R&D Activities in Enterprises above Designated Size by City (2014)

市(县)	City(County)	(R&D)人员合计(人) Number of Persons for R&D (person)	参加项目人员 Participating in project Personnel	管理和服务人员 Management and Service Personnel	#女性 Female	#研究人员 Researchers	全时人员 Full-time Personnel	非全时人员 Timing Personnel
全省	**Total**	181937	166552	15385	33987	64990	113162	**68775**
省辖市	**City**							
郑州市	Zhengzhou	39905	36690	3215	7012	14896	24603	15302
开封市	Kaifeng	6508	5658	850	1197	2141	4951	1557
洛阳市	Luoyang	17914	16144	1770	4192	6598	12011	5903
平顶山市	Pingdingshan	11020	10231	789	1362	4644	6807	4213
安阳市	Anyang	10499	9329	1170	1161	6530	5112	5387
鹤壁市	Hebi	1361	1278	83	202	435	903	458
新乡市	Xinxiang	14342	13236	1106	3340	5340	11316	3026
焦作市	Jiaozuo	14444	13464	980	2797	4002	8503	5941
濮阳市	Puyang	7244	6523	721	1738	3390	4640	2604
许昌市	Xuchang	13680	12718	962	2335	2973	10048	3632
漯河市	Luohe	3404	2904	500	794	1030	1693	1711
三门峡市	Sanmenxia	5298	4838	460	666	1178	1795	3503
南阳市	Nanyang	16021	14664	1357	3918	5627	10342	5679
商丘市	Shangqiu	6849	6526	323	706	1604	3062	3787
信阳市	Xinyang	2701	2444	257	462	727	1257	1444
周口市	Zhoukou	4682	4271	411	1017	1950	3119	1563
驻马店市	Zhumadian	3408	3218	190	562	993	1654	1754
济源市	Jiyuan	2657	2416	241	526	932	1346	1311
省直管县	**Province Administrating County**							
巩义市	Gongyi	2547	2318	229	418	1315	1448	1099
兰考县	Lankao	993	875	118	171	259	633	360
汝州市	Ruzhou	954	861	93	127	268	522	432
滑县	Huaxian	375	322	53	46	153	251	124
长垣县	Changyuan	1931	1794	137	404	585	1521	410
邓州市	Dengzhou	340	298	42	119	149	324	16
永城市	Yongcheng	3499	3331	168	95	847	614	2885
固始县	Gushi	251	231	20	59	83	154	97
鹿邑县	Luyi	543	439	104	103	201	147	396
新蔡县	Xincai	201	177	24	52	96	93	108

22-20 续表 1 continued

市(县) City(County)	(R&D)人员折合全时当量合计(人年) Number of Persons for R&D Anounted to Full-time (person-year)	#研究人员 Researchers	#基础研究人员 Basic Research	应用研究人员 Applied Research	试验发展人员 Experimental Development
全省 Total	**134256**	**49137**	**2**	**1260**	**132995**
省辖市 City					
郑州市 Zhengzhou	29715	10903		35	29680
开封市 Kaifeng	5023	1637	2	4	5017
洛阳市 Luoyang	14492	5644		11	14482
平顶山市 Pingdingshan	8885	3806		32	8853
安阳市 Anyang	7987	5267		99	7888
鹤壁市 Hebi	807	204		6	802
新乡市 Xinxiang	10418	3946			10418
焦作市 Jiaozuo	9603	2411		93	9511
濮阳市 Puyang	6162	3018		484	5678
许昌市 Xuchang	10143	2233		403	9740
漯河市 Luohe	2826	843		15	2811
三门峡市 Sanmenxia	2631	618		31	2600
南阳市 Nanyang	12345	4492		26	12318
商丘市 Shangqiu	4129	974		4	4126
信阳市 Xinyang	1707	477			1707
周口市 Zhoukou	3022	1232		17	3004
驻马店市 Zhumadian	2476	706			2476
济源市 Jiyuan	1887	727			1887
省直管县 Province Administrating County					
巩义市 Gongyi	1902	972			1902
兰考县 Lankao	732	200			732
汝州市 Ruzhou	734	212		28	706
滑县 Huaxian	292	95			292
长垣县 Changyuan	1037	332			1037
邓州市 Dengzhou	248	109			248
永城市 Yongcheng	1904	443		3.9	1900
固始县 Gushi	197	75			197
鹿邑县 Luyi	62	23			62
新蔡县 Xincai	71	32			71

22-20 续表 2 continued

单位：万元 (10 000 yuan)

市(县) City(County)	(R&D)经费内部支出合计 Intramural Expenditures on R&D	基础研究支出 Basic Research	应用研究支出 Applied Research	#试验发展支出 Experimental Development	政府资金 Government Apppropriation Funds	企业资金 Self-raised Funds by Enterpirses	境外资金 Foreign Apppropriation Funds	其他资金 Other Funds
全 省 Total	**3372310**	**30**	**14774**	**3357506**	**98322**	**3247798**	**5251**	**20938**
省 辖 市 City								
郑 州 市 Zhengzhou	808561		1347	807214	28621	773448	649	5843
开 封 市 Kaifeng	156201	30	63	156108	2094	153904		203
洛 阳 市 Luoyang	337042		181	336861	16633	319304		1105
平 顶 山 市 Pingdingshan	240627		562	240065	4253	235634		740
安 阳 市 Anyang	157680		2488	155191	1319	155528		833
鹤 壁 市 Hebi	28527		400	28127	122	26516	1832	58
新 乡 市 Xinxiang	284363			284363	19476	262252	11	2623
焦 作 市 Jiaozuo	228678		666	228012	4456	223632	310	280
濮 阳 市 Puyang	100664		4403	96261	2104	95416	1623	1522
许 昌 市 Xuchang	325359		1715	323644	5370	317682		2308
漯 河 市 Luohe	59978		349	59629	1105	58872		
三 门 峡 市 Sanmenxia	74607		587	74019	809	73433		364
南 阳 市 Nanyang	239350		650	238700	3741	232939	811	1859
商 丘 市 Shangqiu	86078		359	85719	1883	83456		739
信 阳 市 Xinyang	50116			50116	648	48596		873
周 口 市 Zhoukou	54405		1003	53402	2685	51202		518
驻 马 店 市 Zhumadian	57085			57085	2502	53511		1072
济 源 市 Jiyuan	82991			82991	502	82474	15	
省 直 管 县 Province Administrating County								
巩 义 市 Gongyi	64520			64520	252	63972		297
兰 考 县 Lankao	20288			20288	159	20129		
汝 州 市 Ruzhou	13525		391	13134	993	12532		
滑 县 Huaxian	2287			2287		2287		
长 垣 县 Changyuan	51863			51863	121	51671		71
邓 州 市 Dengzhou	5301			5301		5301		
永 城 市 Yongcheng	32280		359	31921	166	32074		40
固 始 县 Gushi	2023			2023	1	2022		
鹿 邑 县 Luyi	6464			6464		6464		
新 蔡 县 Xincai	2778			2778	112	2120		546

22-20 续表 3 continued

单位：万元 (10 000 yuan)

市(县) City(County)	(R&D)经费外部支出合计 External Expenditures on R&D	#对境内研究机构支出 Expenses on Domestic R&D Institutions	对境内高等学校支出 Expenses on Domestic Universities	对境外支出 Expenses on Overseas	项目数(项) Projects for S&T Activities (item)	项目人员合计(人) Total Personnel of Projects (person)	项目经费支出合计 Expenditure of Projects
全　　省 Total	**83313**	**37381**	**32499**	**5500**	**9789**	**144163**	**2984905**
省 辖 市 City							
郑　州　市 Zhengzhou	**17407**	**7901**	**7181**	**830**	2505	32790	703936
开　封　市 Kaifeng	618	308	305		438	5564	145848
洛　阳　市 Luoyang	6679	800	1784	1401	1175	14598	305110
平 顶 山 市 Pingdingshan	10272	5302	3936	120	582	9509	224864
安　阳　市 Anyang	6060	2675	2969	129	383	9103	143609
鹤　壁　市 Hebi	1122	426	443	106	112	1219	25391
新　乡　市 Xinxiang	6131	3769	1855	13	844	10800	257468
焦　作　市 Jiaozuo	5854	2156	1368	2294	581	11175	205565
濮　阳　市 Puyang	3460	1870	1528	28	405	4797	82318
许　昌　市 Xuchang	7744	3073	4314	55	541	10123	281977
漯　河　市 Luohe	359	104	186	1	188	2654	53152
三 门 峡 市 Sanmenxia	1309	761	539		330	4512	66317
南　阳　市 Nanyang	5334	1981	2601	473	877	12023	206221
商　丘　市 Shangqiu	2464	966	1356		239	5407	71674
信　阳　市 Xinyang	1551	620	377	51	144	2284	39629
周　口　市 Zhoukou	3940	2533	915		94	2518	47076
驻 马 店 市 Zhumadian	2666	2057	609		190	2892	47802
济　源　市 Jiyuan	343	80	233		161	2195	76947
省 直 管 县 Province Administrating County							
巩　义　市 Gongyi	293	61	203		128	2316	63050
兰　考　县 Lankao	94		89		49	875	19086
汝　州　市 Ruzhou	986		74		63	814	12086
滑　　县 Huaxian					5	249	1891
长　垣　县 Changyuan					127	1544	45643
邓　州　市 Dengzhou	250	250			19	284	4203
永　城　市 Yongcheng	1335	5	1289		103	2453	28053
固　始　县 Gushi					15	231	1734
鹿　邑　县 Luyi	19	10	10		4	382	5520
新　蔡　县 Xincai					13	125	1711

22-20 续表 4 continued

市(县) City(County)	新产品产值(万元) Gross Output Value of new Products (10 000 yuan)	新产品销售收入(万元) Sales Revenue of New Products (10 000 yuan)	企业办科技机构(个) Number of Institutions of S&T in Enterprises(unit)	专利申请数(项) Total Patent Applications (item)	有效发明专利数(项) Patent Owned (item)
全 省 Total	**54234834**	**51689500**	**1687**	**16505**	**8497**
省 辖 市 City					
郑 州 市 Zhengzhou	29032923	27900983	370	5800	2720
开 封 市 Kaifeng	1024825	1073340	77	379	117
洛 阳 市 Luoyang	2927049	3150934	86	2298	1557
平 顶 山 市 Pingdingshan	1824695	1666496	73	701	351
安 阳 市 Anyang	1768840	1761988	54	358	241
鹤 壁 市 Hebi	471677	415746	29	132	44
新 乡 市 Xinxiang	3233340	3139395	162	1262	577
焦 作 市 Jiaozuo	2679350	2557273	145	788	485
濮 阳 市 Puyang	566759	444122	81	787	380
许 昌 市 Xuchang	3592048	2913418	98	1513	583
漯 河 市 Luohe	829169	788237	57	230	105
三 门 峡 市 Sanmenxia	225025	213673	50	333	100
南 阳 市 Nanyang	2646683	2419400	122	984	691
商 丘 市 Shangqiu	272838	256295	74	248	118
信 阳 市 Xinyang	320257	313117	44	116	45
周 口 市 Zhoukou	551325	460835	54	208	180
驻 马 店 市 Zhumadian	822336	784246	87	167	109
济 源 市 Jiyuan	1445697	1430003	24	201	94
省 直 管 县 Province Administrating County					
巩 义 市 Gongyi	372048	364521	27	142	136
兰 考 县 Lankao	53535	51698	4	37	1
汝 州 市 Ruzhou	76350	73973	17	186	79
滑 县 Huaxian	78476	78476	7	36	44
长 垣 县 Changyuan	608159	585860	13	191	29
邓 州 市 Dengzhou	8403	8323	1	26	16
永 城 市 Yongcheng	6244	5688	16	116	46
固 始 县 Gushi	17302	17302	2	3	1
鹿 邑 县 Luyi			3	29	1
新 蔡 县 Xincai	27071	27006	9	4	3

22-21 大中型工业企业研究与试验发展(R&D)活动情况

Basic Statistics on R&D Activities in Large and Medium-Sized Industrial Enterprises

单位：亿元 (100 million yuan)

指 标	Item	2012	2013	2014
企业(R&D)活动人员（人）	Number of Persons for R&D (person)	124159	148109	158822
企业办科技机构（个）	Number of R&D Institutions operationed by Enterprises (unit)	953	1062	1098
企业办科技机构人员（人）	Personner of R&D Institutions operationed by Enterprises (person)	80842	85519	87719
企业项目数（项）	Number of Projects (item)	7704	9296	9903
企业参加项目人员（个）	Participating in project Personnel (person)	112301	135183	145891
当年(R&D)经费内部支出	External Expenditures on R&D	226.63	265.33	301.17
新产品销售收入	Sales Revenue of New Products	2448.23	4630.33	4983.21
#出口	Export	200.57	1956.64	2367.81
仪器和设备原价	Original price of Equipment for S&T (10 000yuan)	92.98	106.43	135.34
#进口	Import	12.40	14.96	18.49
引进技术经费支出	Expenditures on Imported Technology	5.90	7.19	5.16
消化吸收经费支出	Expenditures on Digestion and Absorption	3.61	3.64	3.91
购买国内技术支出	Expenditures on Domestic Technology	5.29	5.46	3.85
技术改造经费支出	Expenditures on Technical Reform	132.96	141.92	111.04

22-22 三种专利申请受理量及授权量

Three Types of Patent Application Examined and Granted

单位：项 (item)

项 目	Item	2005	2010	2011	2012	2013	2014
申请量合计	**Total Applications Examined**	**8981**	**25149**	**34076**	**43442**	**55920**	**62434**
发明	Inventions	1703	6408	8833	10910	15580	19646
实用新型	Utility Models	4594	13856	19120	23594	29420	30716
外观设计	Designs	2684	4885	6123	8938	10920	12072
在三种专利申请受理量中	In the Three Types of Patent Applications Examined						
个人	Individuals	5955	9528	11155	14468	18500	18689
大专院校	Universities and Colleges	311	1387	2228	2470	4254	6336
科研单位	Research Institutions	166	578	824	1122	983	1062
工矿企业	Industrial and Mineral Enterprises	2534	13449	19402	24670	30887	34695
机关团体	Government Agencies and Organizations	15	207	467	712	1296	1652
授权量合计	**Total Applications Granted**	**3748**	**16539**	**19259**	**26833**	**29482**	**33366**
发明	Inventions	356	1498	2462	3168	3173	3493
实用新型	Utility Models	2304	11048	13032	18739	21153	23539
外观设计	Designs	1088	3993	3765	4926	5156	6334
在三种专利授权量中	In the Three Types of Patent Applications Granted						
个人	Individuals	2535	6395	6185	7742	8529	8405
大专院校	Universities and Colleges	65	630	860	1708	2108	3412
科研单位	Research Institutions	60	410	469	534	398	454
工矿企业	Industrial and Mineral Enterprises	1076	9043	11531	16469	18057	20509
机关团体	Government Agencies and Organizations	12	61	214	380	390	586
发明专利拥有量	Patent ownership		4501	6129	8683	11249	13535

22-23 技术市场成交合同情况(2014年)

Statistics on Transaction of Technology (2014)

指标	Item	合同数（个）Number of Contracts (unit)	成交额（万元）Transaction Value (10 000 yuan)
总计	**Total**	**2958**	**416415**
按合同类别分	**Grouped by Contract Type**		
技术开发	Technological Development	1169	122974
技术转让	Technological Transfer	173	68775
技术咨询	Technological Consultation	648	79613
技术服务	Technological Services	968	145053
按知识产权分	**Grouped by Intellectual Property**		
技术秘密	Technology Secret	769	161800
专利	Patent	54	44300
计算机软件著作权	Computer Software	247	17000
植物新品种权	New varieties of Plants	8	2000
生物、医药新品种权	New varieties of Biology and Medicine	9	2100
未涉及知识产权	Others	1871	189200
按技术领域分	**Grouped by Technology**		
电子信息	Electronic Information Technology	650	36894
航空航天	Aeronautic and Astronautic Technology	32	21158
先进制造	Advanced manufacturing technology	622	116396
生物、医药和医疗器械	Biological ,Medical and Medical Device Technology	91	19305
新材料及其应用	New Materials and Their Application	75	14906
新能源与高效节能	New Energy, High Efficiency and Energy Saving	292	126558
环境保护与资源综合利用	Environmental Protetion and Resources comprehensive utilization Technology	39	6806
农业	Agriculture Technology	236	22860
现代交通	Modern Communication	142	1990
城市建设与社会发展	City Construction and Social Development	779	49543
按社会经济目标分	**Grouped by Social and Economic Service Objection**		
环境保护、生态建设及污染防治	Environmental protection, ecological construction and pollution control	66	6942
能源生产、分配和合理利用	Energy production, distribution and rational utilization	282	130337
卫生事业发展	Health	63	5962
教育事业发展	Education	49	2084
基础设施以及城市和农村规划	Infrastructure and urban and rural planning	214	58478
社会发展和社会服务	Social development and social services	1319	109650
地球和大气层的探索与利用	Exploration and utilization of the earth and atmosphere	1	35
民用空间探测及开发	Detection and development of Civilian space	2	720
农林牧渔业发展	Animal husbandry fishery development	192	23592
工商业发展	Industrial and commercial development	316	28643
非定向研究	The directional research	35	2182
其他民用目标	Others Civilian space	383	28477
国防	National defense	36	19313

22-24 各市技术市场成交合同情况(2014年)

Statistics on Transaction of Technology by City (2014)

市 City	合同数(个) Number of Contracts (unit)	成交额(万元) Transaction Value (10 000 yuan)
全　　省 Total	2958	416415
郑　州　市 Zhengzhou	1944	189660
开　封　市 Kaifeng	624	158649
洛　阳　市 Luoyang	21	10514
平 顶 山 市 Pingdingshan	24	25570
安　阳　市 Anyang	19	1399
鹤　壁　市 Hebi	3	59
新　乡　市 Xinxiang	86	17820
焦　作　市 Jiaozuo	132	3282
濮　阳　市 Puyang	3	69
许　昌　市 Xuchang		
漯　河　市 Luohe	1	175
三 门 峡 市 Sanmenxia	1	98
南　阳　市 Nanyang	86	3811
商　丘　市 Shangqiu	1	500
信　阳　市 Xinyang	4	2700
周　口　市 Zhoukou		
驻 马 店 市 Zhumadian	1	650
济　源　市 Jiyuan	8	1460

22-25 软科学基本情况

Statistics on Soft science

项　目	Item	2013	2014
完成软科学课题(项)	Completed soft science subject (item)	838	1030
正在进行的软科学课题(项)	Underway soft science subject (item)	1000	1200
投入软科学研究经费(万元)	Investment funds(10 000yuan)	340	340
投入软科学研究人力(人.年)	The research of human(person.year)	7000	7000
发表科学论文(篇)	Published scientific paper (paper)	1000	1000
#国外发表	Published abroad	20	20
获奖成果(项)	Award-winning achievements(item)	10	10
开展国际合作项目(项)	International cooperation project (item)	10	10
参加人数(人)	Participants	100	100
出席国际会议或出国考察(项)	Attend the international conference or inspection abroad (item)	10	10
参加人数(人)	Participants	100	100

22-26 产品质量监督抽查情况(2014年)

Results of Sampling Check under State Supervision on the Quality of Products (2014)

项　目	Item	抽查产品(种) Production Supervised (kinds)	抽查企业(家) Number of Enterprises Supervised (unit)	抽查产品(批) Production Supervised (batch-time)	不合格产品(批) Production Unqualified (batch-time)
抽查合计	**Total**	124	5411	8510	389
食品相关产品	Food	7	245	441	
日用消费品	Consumer Goods	29	1515	2323	109
建筑与装饰装修材料	Building & Decoration Material	23	1792	2775	108
农业生产资料	Agricultural Means of Production	9	274	419	16
工业生产资料	Industrial Means of Production	56	1585	2552	156

22-27　测绘行业持证单位人员情况(2014年)

Statistics on Persons Engaged in Units Hold Certificate of Soundness by Surveying and Mapping Trades (2014)

系统名称	Department	持证单位数(个) Number of Units Hold Certificate of Soundness	甲 First	乙 Second	丙 Third	丁 Fourth	职工总数(人) Number of Staff and Workers (person)	测绘专业证持证人员 Certification staff	测绘专业技术人员 Number of Professional Qualification Personnel 高级工程师 Senior	中级工程师 Medium	初级工程师 Jumior
总　计	**Total**	**849**	**32**	**183**	**269**	**365**	**19360**	**11475**	**1556**	**4845**	**6632**
测　绘	Surveying and Mapping Department	4	4				598	480	51	126	296
国土资源	Land and resources	138	2	24	44	68	2681	1519	191	750	976
城乡建设与规划	Urban construction and planning	169	2	13	44	110	2606	1661	122	610	747
铁　道	Railway Department	8	1	7			644	338	54	162	249
交通运输	Transport	11	2	7	2		593	301	106	149	95
水利水电	Water Resources and Electric Power	30	4	16	8	2	1390	1031	216	429	385
通　讯	Communication										
石　油	Petrol Department	7		4	1	2	196	82	21	62	41
石　化	Petrochemical										
煤　炭	Coaling Department	19	2	5	3	9	498	319	49	146	133
有　色	Non-ferrous	11	1	7	3		378	163	60	127	99
农　业	Farming										
林　业	Forestry										
气　象	Meteorology										
地　震	Earthquake	1		1			40	12	7	11	7
环　保	Environmental Protection										
公安武警	The public Security Police	1			1		14	11	1	6	6
科教文卫	The science-education-culture-health	3	1	2			130	77	31	30	16
冶　金	Metallurgy Department	2			1	1	13	9	2	5	6
其　他	Others	445	13	97	162	173	9579	5472	645	2232	3576

22-28 各系统主要仪器设备情况(2014年,持有测绘资格证单位)

Statistics on Major Instrument and Equipment (2014, Hold Certificate of Soundness)

单位：台\套 (unit\set)

系统名称	Department	水准仪 Water Level	测距仪 range finder	全站仪 Omnidirec-tional Instrument	GPS	全数字摄影测量系统 Digital Monitor System
总　计	**Total**	**2587**	**3209**	**4036**	**4078**	**675**
测　绘	Surveying and Mapping Department	38	172	159	168	82
国土资源	Land and resources	272	234	566	726	51
城乡建设与规划	Urban construction and planning	365	465	443	337	
铁　道	Railway Department	401	8	299	107	
交通运输	Transport	60	64	68	72	10
水利水电	Water Resources and Electric Power	184	134	270	384	72
通　讯	Communication					
石　油	Petrol Department	22	5	37	29	
石　化	Petrochemical					
煤　炭	Coaling Department	74	54	111	165	25
有　色	Non-ferrous	41	26	81	98	
农　业	Farming					
林　业	Forestry					
气　象	Meteorology					
地　震	Earthquake	3	12	5	4	8
环　保	Environmental Protection					
公安武警	The public Security Police	2		3		
科教文卫	The science-education-culture-health	14	7	21	23	21
航空航天	Aeronautics and Astronautics					
冶　金	Metallurgy Department	3	4	5	4	
其　他	Others	1108	2024	1968	1961	406

22-29 气象部门基本情况

Basic Statistics on Meteorological Department

项　目	Item	2013	2014
气象观测业务台站(个)	**Meteorological observation station (unit)**		
地面观测	Surface Observation	121	121
高空探测	Aerological Sounding	3	3
区域气象观测站	Regional Meteorological Observation Station	2464	2404
天气雷达观测	Weather Radar Observation	18	18
大气成分观测	Atmospheric Composition Observation	1	1
辐射观测	Radiation Observation	3	3
农业气象观测	Agricultural Meteorological Observation	35	35
农业气象试验站	Agrometeorological Experimental Station	4	4
中国气象局卫星数据广播系统	China Meteorological Administration of Satellite Data Broadcast System	122	122
大气本底站	Atmospheric background Station		
气象观测业务台站(个)	**Meteorological observation station (unit)**		
闪电定位监测	Lightning Positioning Monitoring	19	19
紫外线观测	Ultraviolet Observations	18	18
气象观测业务台站(个)	**Meteorological observation station (unit)**		
风廓线雷达观测	Wind Profile Radar Observations	2	2
导航卫星气象观测	Navigation Satellite Meteorological Observation	39	39
酸雨观测	Acid Rain Observation	18	18
装备	**Equipment**		
高性能计算机	High Performance Computer		
服务器(套)	Server (unit)	365	392
个人计算机(含个人工作站)	Personal Computer (Including personal workstation)	3677	3932
远程会商系统设备(多点控制单元和会议终端)(套)	Remote Consultation System Equipment (Multipoint control unit and conference terminals) (unit)	19	19
人工影响天气地面作业(次)	Weather Modification Ground Operations (time)	512	2481
设备高炮(门)	Equipment Anti-aircraft Gun (unit)	282	272
火箭发射系统(部)	Rocket-firing System (unit)	412	398
全省气象部门职工总数(人)	Total Number of Employees of Provincial Meteorological Department (person)	2109	2128

22-30 各市地震台(网)基本情况(2014年)

Basic Statistics on Earthquake Station (Net) by City (2014)

市 City	国家地震观测台（网） National Earthquake Observation Station (Set)			市、县地震台 City、County Earthquake Observation Station		
	国家级台 National Station	省级台 Provincial Station	强震观测点 Strong Earthquake Observation Station	市、县级台 City、County Station	企业台 Enterprise Station	宏观观测点 Macroscopic Observation Station
总计 Total	**3**	**14**	**17**	**27**	**3**	**1745**
郑州市 Zhengzhou		2	1	2		64
开封市 Kaifeng			1	2		127
洛阳市 Luoyang	1		1		1	92
平顶山市 Pingdingshan		1		1	1	46
安阳市 Anyang		1	2	3		145
鹤壁市 Hebi		2	1			48
新乡市 Xinxiang		2	4			197
焦作市 Jiaozuo				3		122
濮阳市 Puyang			3	2		91
许昌市 Xuchang				1		50
漯河市 Luohe						5
三门峡市 Sanmenxia		2	4		1	72
南阳市 Nanyang	1			10		539
商丘市 Shangqiu				1		61
信阳市 Xinyang	1	2				31
周口市 Zhoukou		2				23
驻马店市 Zhumadian				1		4
济源市 Jiyuan				1		28

主要统计指标解释

研究与试验发展(R&D) 指在科学技术领域，为增加知识总量，以及运用这些知识去创造新的应用进行的系统的创造性的活动，包括基础研究、应用研究、试验发展三类活动。国际上通常采用 R&D 活动的规模和强度指标反映一国的科技实力和核心竞争力。

基础研究 指为了获得关于现象和可观察事实的基本原理的新知识(揭示客观事物的本质、运动规律，获得新发现、新学说)而进行的实验性或理论性研究，它不以任何专门或特定的应用或使用为目的。其成果以科学论文和科学著作为主要形式。用来反映知识的原始创新能力。

应用研究 指为获得新知识而进行的创造性研究，主要针对某一特定的目的或目标。应用研究是为了确定基础研究成果可能的用途，或是为达到预定的目标探索应采取的新方法(原理性)或新途径。其成果形式以科学论文、专著、原理性模型或发明专利为主。用来反映对基础研究成果应用途径的探索。

试验发展 指利用从基础研究、应用研究和实际经验所获得的现有知识，为产生新的产品、材料和装置，建立新的工艺、系统和服务，以及对已产生和建立的上述各项作实质性的改进而进行的系统性工作。其成果形式主要是专利、专有技术、具有新产品基本特征的产品原型或具有新装置基本特征的原始样机等。在社会科学领域，试验发展是指把通过基础研究、应用研究获得的知识转变成可以实施的计划(包括为进行检验和评估实施示范项目)的过程。人文科学领域没有对应的试验发展活动。主要反映将科研成果转化为技术和产品的能力，是科技推动经济社会发展的物化成果。

专业技术服务业 指拥有专业技术的一方为另一方解决某一特定技术问题所提供的各种服务，按照《2011 国民经济行业分类注释》，专业技术服务主要包括九大类别：气象服务、地震服务、海洋服务、测绘服务、质检技术服务、环境与生态监测服务、地质勘查服务、工程技术服务和其他专业技术服务业。

科技交流和推广服务业 指将新技术、新产品、新工艺直接推向市场而进行的相关技术活动，以及技术推广和转让活动。按照《2011 国民经济行业分类注释》，技术推广服务主要包括农业技术推广服务、生物技术推广服务、新材料技术推广服务、节能技术推广服务，以及其他技术推广服务。

地质勘查业 指对矿产资源、工程地质、科学研究进行地质勘查、测试、监测、评估等活动。主要包括矿产地质勘查、基础地质勘查和地质勘查技术服务等类别。

R&D 人员 指参与研究与试验发展项目研究、管理和辅助工作的人员， 包括项目(课题)组人员，企业科技行政管理人员和直接为项目(课题)活动提供服务的辅助人员。反映投入从事拥有自主知识产权的研究开发活动的人力规模。

R&D 人员全时当量 指全时人员数加非全时人员按工作量折算为全时人员数的总和。例如：有两个全时人员和三个非全时人员（工作时间分别为 20%、30%和 70%），则全时当量为 2+0.2+0.3+0.7=3.2 人年。为国际上比较科技人力投入而制定的可比指标。

R&D 经费内部支出合计 指调查单位用于内部开展 R&D 活动（基础研究、应用研究和试验发展）的实际支出。包括用于 R&D 项目（课题）活动的直接支出，以及间接用于 R&D 活动的管理费、服务费、与 R&D 有关的基本建设支出以及外协加工费等。不包括生产性活动支出、归还贷款支出以及与外单位合作或委托外单位进行 R&D 活动而转拨给对方的经费支出。

R&D 经费内部支出中政府资金 指 R&D 经费内部支出中来自各级政府部门的各类资金，包括财政科学技术拨款、科学基金、教育等部门事业费以及政府部门预算外资金的实际支出。

R&D 经费内部支出中企业资金 指 R&D 经费内部支出中来自本企业的自有资金和接受其他企业委托而获得的经费，以及科研院所、高校等事业单位从企业获得的资金的实际支出。

R&D 项目（课题）数 指在当年立项并开展研究工作、以前年份立项仍继续进行研究的研发项目（课题）数，包括当年完成和年内研究工作已告失败的研发项目（课题），但不包括委托外单位进行的研发项目（课题）数。

R&D 项目（课题）经费内部支出 指调查单位内部在报告年度进行研发项目（课题）研究和试制等的实际支出。包括劳务费、其他日常支出、固定资产购建费、外协加工费等，不包括委托或与外单位合作进行项目（课题）研究而拨付给对方使用的经费。

专利 是专利权的简称，是对发明人的发明创造经审查合格后，由专利局依据专利法授予发明人和设计人对该项发明创造享有的专有权。包括发明、实用新型和外观设计。反映拥有自主知识产权的科技和设计成果情况。

教育

Education

23

◎ 资料整理：张永安

Brief Introduction

I. Main Contents

Data on education cover the situations on education funded by government and non-government agencies, and the education with and without academic credentials including higher education (education of postgraduates, general higher education and adult education), secondary education(senior and junior high schools), elementary education (primary schools),preschool education, special education (schools for the blind, deaf-mutes and mentally retarded) and their expenditure. The main indicators include the number of schools, the number of students enrolled, the number of new students enrolled, the number of graduates, the number of stuff and workers, the number of full-time teachers, sources and outlay of education funding and education expenditure.

II. Sources of Data

Data on education undertakings are calculated from Henan Provincial bureau of Education. Data on technical training schools are calculated from Henan provincial bureau of Henan Resources and Social Security. Data in this chapter are provided by Department of social and technology of Henan provincial bureau of statistics.

23-1 各级各类学校数

Number of Schools by Level and Type

单位：所 (unit)

年份 year	小学 Primary Schools	普通中学 Regular Secondary Schools	高中 Senior Secondary Schools	初中 Junior Secondary Schools	职业中学 Vocational Secondary Schools	普通高等学校 Regular Institutions of Higher Education
1978	48772	26586	3705	22881		24
1979	34983	25826	2976	22850		24
1980	46672	12672	2431	10241	1	25
1981	45939	10304	1703	8601	6	26
1982	46542	10510	1279	9231	8	26
1983	46265	10324	1177	9147	21	32
1984	46232	9969	1102	8867	41	38
1985	41935	9459	1069	8390	390	43
1986	45250	9730	1058	8672	370	47
1987	44865	9632	1027	8605	336	47
1988	44379	9406	1003	8403	378	47
1989	43951	8961	958	8003	466	47
1990	43286	8249	920	7329	480	47
1991	42455	7369	854	6515	539	49
1992	42370	6893	789	6104	636	47
1993	42071	6644	719	5925	685	48
1994	41899	6476	661	5815	785	50
1995	41698	6367	641	5726	785	50
1996	41466	6282	635	5647	761	50
1997	41526	6142	645	5497	742	50
1998	41238	6069	643	5426	722	51
1999	41404	6120	688	5432	696	56
2000	41269	6217	761	5456	609	52
2001	39825	6384	819	5565	520	64
2002	37729	6399	854	5545	484	66
2003	36379	6363	888	5475	462	71
2004	34164	6229	909	5320	442	82
2005	33026	6207	945	5262	455	83
2006	31410	6045	955	5090	515	84
2007	30677	5864	920	4944	552	82
2008	30214	5718	908	4810	584	84
2009	29420	5571	868	4703	589	89
2010	28603	5441	825	4616	563	107
2011	27793	5388	792	4596	452	117
2012	27452	5336	785	4551	409	120
2013	26086	5326	776	4550	381	127
2014	25578	5340	774	4566	367	129

23-2 各级各类学校专任教师数

Number of Full-time Teachers by Level and Type of school

单位：万人 (10 000 persons)

年份 year	小学 Primary Schools	普通中学 Regular Secondary Schools	高中 Senior Secondary Schools	初中 Junior Secondary Schools	职业中学 Vocational Secondary Schools	普通高等学校 Regular Institutions of Higher Education
1978	42.88	29.34	4.98	24.36		0.54
1979	43.66	30.01	5.09	24.92		0.62
1980	44.72	30.13	4.48	25.65	0.00	0.68
1981	47.20	26.99	3.91	23.08	0.01	0.71
1982	41.95	22.58	3.52	19.05	0.01	0.84
1983	42.52	22.17	3.46	18.71	0.04	0.91
1984	42.81	21.86	3.41	18.45	0.02	0.97
1985	43.09	22.21	3.41	18.80	0.68	1.10
1986	43.62	22.93	3.54	19.39	0.77	1.27
1987	43.52	23.69	3.73	19.96	0.81	1.33
1988	43.79	24.01	3.79	20.22	0.88	1.38
1989	43.76	23.84	3.77	20.07	1.13	1.38
1990	44.34	24.05	3.79	20.25	1.27	1.40
1991	37.93	23.54	3.83	19.71	1.34	1.42
1992	37.55	23.49	3.76	19.73	1.51	1.45
1993	38.19	23.60	3.62	19.98	1.72	1.47
1994	38.87	23.94	3.48	20.46	2.08	1.55
1995	39.23	24.68	3.45	21.23	2.28	1.55
1996	40.02	25.48	3.51	21.97	2.44	1.64
1997	41.12	26.38	3.61	22.77	2.67	1.65
1998	42.55	27.60	3.75	23.85	2.76	1.70
1999	44.66	29.09	4.09	25.00	2.67	1.88
2000	45.93	30.86	4.57	26.29	2.49	2.02
2001	47.56	32.90	5.13	27.77	2.35	2.46
2002	49.62	35.06	6.03	29.03	2.39	2.85
2003	48.85	35.88	6.72	29.16	2.21	3.33
2004	47.85	36.55	7.60	28.95	2.23	4.18
2005	47.55	37.30	8.40	28.90	2.29	4.63
2006	47.82	37.64	9.19	28.45	2.68	5.29
2007	48.30	37.88	9.79	28.09	2.76	5.88
2008	48.53	37.89	10.27	27.62	2.91	6.49
2009	48.91	38.30	10.49	27.81	3.16	7.15
2010	49.04	38.10	10.43	27.67	3.25	7.75
2011	49.58	38.65	10.43	28.22	3.20	8.20
2012	49.69	38.97	10.73	28.24	3.08	8.60
2013	49.45	38.80	10.81	27.99	2.76	9.09
2014	46.99	41.83	12.67	29.16	2.66	9.51

23-3　各级各类学校在校学生数

Student Enrollment by Level and Type of school

单位：万人 (10 000 persons)

年份 year	小　学 Primary Schools	普通中学 Regular Secondary Schools	高　中 Senior Secondary Schools	初　中 Junior Secondary Schools	职业中学 Vocational Secondary Schools	普通高等学校 Regular Institutions of Higher Education
1978	1140.26	521.62	116.38	405.24		2.73
1979	1147.88	504.04	106.42	397.62		3.38
1980	1133.75	487.27	83.75	403.52	0.02	4.59
1981	1110.65	412.31	60.66	351.65	0.27	4.93
1982	1098.47	361.41	49.25	312.16	0.51	4.63
1983	1054.04	341.32	47.82	293.50	1.11	4.80
1984	1055.08	354.20	50.87	303.33	2.28	5.33
1985	1034.97	357.46	52.27	305.19	10.89	6.85
1986	1015.67	366.96	54.66	312.30	11.92	7.50
1987	997.75	373.51	54.41	319.10	11.63	7.57
1988	980.05	362.64	52.51	310.13	11.94	7.99
1989	969.82	349.05	49.54	299.51	14.50	8.01
1990	961.15	352.56	49.26	303.30	15.61	8.04
1991	944.02	357.66	48.80	308.86	17.77	8.18
1992	936.71	359.78	46.21	313.57	20.40	8.95
1993	951.50	362.96	43.52	319.44	25.86	10.44
1994	991.06	384.80	42.51	342.29	35.74	11.71
1995	1039.56	417.86	42.91	374.95	45.86	12.24
1996	1105.58	454.48	44.02	410.46	51.18	12.79
1997	1169.96	480.21	46.68	433.53	56.84	13.60
1998	1200.06	512.51	51.13	461.38	60.10	14.64
1999	1186.97	568.86	61.06	507.80	53.75	18.55
2000	1130.63	638.14	75.15	562.99	48.27	26.24
2001	1070.73	683.38	94.73	588.65	38.71	36.91
2002	1104.59	733.35	125.55	607.80	41.52	46.80
2003	1058.61	750.51	146.42	604.09	42.32	55.72
2004	1014.06	759.42	168.75	590.67	45.93	70.28
2005	986.84	758.22	188.39	569.83	49.31	85.19
2006	997.09	742.22	201.58	540.64	59.90	97.41
2007	1018.71	719.83	212.63	507.20	66.22	109.52
2008	1036.60	691.46	207.26	484.20	72.76	125.02
2009	1052.03	675.45	201.20	474.25	80.88	136.88
2010	1070.53	661.56	192.16	469.40	79.47	145.67
2011	1092.90	657.48	189.50	467.98	75.78	150.01
2012	1079.20	646.42	192.63	453.78	73.15	155.90
2013	939.98	574.28	189.23	385.05	54.92	161.83
2014	928.60	588.91	189.55	399.36	46.74	167.97

23–4 各级各类学校招生数

New Student Enrollment by Level and Type of school

单位：万人 (10 000 persons)

年份 year	小 学 Primary Schools	普通中学 Regular Secondary Schools	高 中 Senior Secondary Schools	初 中 Junior Secondary Schools	职业中学 Vocational Secondary Schools	普通高等学校 Regular Institutions of Higher Education
1978	254.37	234.71	53.79	180.92		1.39
1979	249.91	215.50	48.55	166.95		1.07
1980	239.12	169.65	28.69	140.96	0.02	1.25
1981	226.50	146.95	24.44	122.51	0.24	1.25
1982	219.17	124.70	18.17	106.53	0.27	1.36
1983	198.48	119.04	17.04	102.00	0.88	1.65
1984	197.99	119.69	17.40	102.29	1.36	1.89
1985	174.24	118.93	17.22	101.71	5.42	2.67
1986	190.38	123.72	17.77	105.95	5.00	2.42
1987	184.06	124.03	17.84	106.19	4.56	2.64
1988	181.53	121.80	17.09	104.71	4.95	2.72
1989	179.88	118.08	16.27	101.81	6.34	2.61
1990	172.46	122.53	16.92	105.61	6.37	2.66
1991	164.72	125.47	16.49	108.98	8.28	2.76
1992	169.53	125.38	15.28	110.10	9.53	3.38
1993	190.31	130.28	14.86	115.42	12.71	4.05
1994	220.01	144.20	13.98	130.23	16.96	4.17
1995	232.52	158.34	14.58	143.76	20.75	4.32
1996	239.94	164.89	15.12	149.77	20.48	4.49
1997	239.79	171.79	16.41	155.38	23.61	4.66
1998	217.82	189.67	18.72	170.95	23.56	5.02
1999	193.65	220.12	24.42	195.70	16.95	7.88
2000	171.11	246.46	31.48	214.98	16.83	11.69
2001	163.32	246.96	37.63	209.33	14.63	14.01
2002	185.77	253.93	50.93	203.00	17.05	16.61
2003	164.35	253.19	53.77	199.42	16.85	19.02
2004	162.49	257.45	61.33	196.12	17.40	25.74
2005	169.44	259.58	69.99	189.59	20.30	27.76
2006	176.86	233.85	67.75	166.10	28.51	33.77
2007	183.22	231.49	70.57	160.92	28.83	35.52
2008	186.92	233.55	68.42	165.13	28.90	44.51
2009	184.51	225.18	64.50	160.68	33.03	45.74
2010	187.76	221.66	62.85	158.81	30.40	47.83
2011	193.44	226.25	64.63	161.62	27.18	47.14
2012	190.97	224.73	66.57	158.16	24.06	49.82
2013	181.06	203.82	66.11	137.71	18.34	50.84
2014	159.44	202.99	64.49	138.5	15.23	51.43

23-5 各级各类学校毕业生数

Graduates by Level and Type of school

单位：万人 (10 000 persons)

年份 year	小学 Primary Schools	普通中学 Regular Secondary Schools	高中 Senior Secondary Schools	初中 Junior Secondary Schools	职业中学 Vocational Secondary Schools	普通高等学校 Regular Institutions of Higher Education
1978	185.03	213.34	44.37	168.97		0.96
1979	179.69	204.86	50.44	154.42		0.41
1980	173.62	109.74	45.66	64.08	0.01	
1981	173.52	131.24	43.45	87.79	0.01	0.90
1982	165.80	104.44	27.36	77.08	0.02	1.65
1983	168.90	87.90	15.85	72.05	0.28	1.47
1984	166.90	86.78	14.74	72.04	0.28	1.35
1985	158.48	88.92	15.44	73.48	2.08	1.17
1986	172.97	91.60	16.70	74.90	2.52	1.75
1987	172.82	97.24	17.78	79.46	3.11	2.53
1988	167.45	99.44	18.03	81.40	3.62	2.29
1989	162.51	100.39	17.27	83.12	3.64	2.56
1990	162.60	99.36	16.70	82.66	4.17	2.61
1991	161.86	98.77	15.96	82.81	5.26	2.72
1992	162.39	99.90	15.01	84.89	4.86	2.59
1993	163.26	102.34	14.45	87.89	5.35	2.66
1994	166.48	103.90	13.98	89.92	6.16	2.93
1995	168.96	109.35	13.51	95.84	9.22	3.76
1996	165.13	115.90	13.82	102.08	12.41	3.91
1997	168.57	133.16	13.78	119.38	15.18	3.89
1998	180.67	145.88	14.93	130.95	17.23	3.96
1999	205.01	153.97	15.50	138.47	17.95	3.99
2000	225.57	162.16	17.47	144.69	18.65	4.17
2001	220.41	176.44	19.84	156.60	15.32	4.61
2002	202.55	203.04	25.78	177.26	12.57	7.12
2003	204.18	225.16	36.38	188.78	11.68	10.90
2004	203.54	240.69	42.48	198.21	11.97	13.43
2005	191.90	252.02	53.66	198.36	13.97	16.52
2006	166.71	245.24	57.36	187.88	15.40	20.21
2007	160.19	254.20	65.10	189.10	17.21	26.72
2008	168.90	258.05	74.98	183.07	17.93	30.25
2009	165.75	233.36	70.17	163.18	22.31	33.41
2010	165.35	225.35	70.43	154.92	24.93	38.25
2011	167.61	222.00	66.55	155.45	25.05	43.30
2012	170.44	213.82	64.01	149.81	24.84	43.53
2013	164.48	203.46	63.13	140.34	24.41	45.02
2014	140.81	174.94	60.28	114.66	18.93	44.53

23-6 各级各类学校、教职工和专任教师情况(2014年)
Basic Statistics on Schools, Teachers and Staff and Full-time Teachers (2014)

项 目	Item	学校数(所) Number of Schools (unit)	教职工数(人) Educational Personnel (person)	#女性 Female	专任教师(人) Full-time Teachers (person)	#女性 female
高等教育	**Higher Education**	**195**	**133586**	**61795**	**97464**	**46264**
研究生培养机构	Institutions Providing Postgraduate Programs	8	200	19	200	19
普通高校	Regular Higher Education Institutions	19	10069	3109	10069	3109
科研机构	Research Institutions	8	200	19	200	19
普通高等学校	Regular Higher Education Institutions	129	130031	60055	95134	45075
本科院校	HEIs Offering Degree Programs	52	83439	37000	61718	28184
#独立学院	Independent Institutions	8	8342	4142	6852	3413
高职(专科)院校	Higher Vocational Colleges	77	46592	23055	33416	16891
其他机构(教学点)	Other Institutions					
成人高等学校	Adult HEIs	12	2826	1470	1861	1039
民办的其他高等教育机构	Other Non-government HEIs	46	529	251	269	131
中等教育	**Secondary Education**	**6783**	**540147**	**287550**	**471660**	**261801**
高中阶段教育	Senior Secondary Education	1681	215314	106330	178729	92321
高中	Senior Secondary Schools	795	147615	73961	126962	65863
普通高中	Regular Senior Secondary Schools	774	147314	73873	126695	65791
完全中学	Combined Secondary Schools	150	27825	15130	23859	13413
高级中学	Regular High Schools	555	108948	51960	95205	47293
十二年一贯制学校	12-Year Schools	69	10541	6783	7631	5085
成人高中	Adult High Schools	21	301	88	267	72
中等职业教育	Secondary Vocational Education	886	67699	32369	51767	26458
普通中专	Regular Specialized Secondary Schools	154	22510	11022	16286	8615
成人中专	Adult Specialized Secondary Schools	181	11732	5577	8214	4244
职业高中	Vocational Senior Secondary Schools	367	32435	15266	26618	13205
其他机构(不计校数)	Other Institutions	(23)	1022	504	649	394
技工学校	Skilled Workers Schools	184	15056	7528	11195	5598
初中阶段教育	Junior Secondary Education	5102	324833	181220	292931	169480
初中	Junior Secondary Schools	4566	323354	180990	291611	169284
初级中学	Regular Junior Secondary Schools	3839	269286	145444	248720	139541
九年一贯制学校	9-Year Schools	727	54068	35546	42891	29743
成人初中	Adult Junior Secondary Schools	536	1479	230	1320	196
初等教育	**Primary Education**	**27558**	**499508**	**305407**	**472019**	**293530**
普通小学	Regular Primary Schools	25578	496706	304128	469945	292548
小学	Primary Schools	25578	452569	285027	426709	273608
小学教学点	Primary Schools Teaching Point	(8483)	44137	19101	43236	18940
成人小学	Adult Primary Schools	1980	2802	1279	2074	982
#扫盲班	Literacy Courses	483	1030	484	870	431
工读学校	**Correctional Work-Study Schools**	**3**	**75**	**29**	**58**	**27**
特殊教育	**Special Education Schools**	**142**	**3957**	**2773**	**3466**	**2562**
学前教育	**Pre-school Education Institutions**	**15821**	**237511**	**216141**	**142768**	**140561**
# 城区公办幼儿园	City Public Kindergarten	619	22904	21266	14444	14166
镇区公办幼儿园	Town Public Kindergarten	1143	18152	16702	12961	12528
乡村公办幼儿园	Country Public Kindergarten	1474	9463	8124	6278	5883

23-7 普通中小学和幼儿园专任教师分学历的人数与构成(2014年)

Number and Composition of Full-time Teachers in Regular Secondary Schools, Primary Schools and Kindergartens by Educational Level (2014)

单位：人 (person)

学历	Educational Level	专任教师 Full-time Teacher	构成(%) Composition (%)
普通高等学校教师	**Regular Higher Educational Institutions**	**95134**	**100.0**
博士	Doctor	12154	12.8
硕士	Master	36564	38.4
本科毕业	Undergraduate	45403	47.7
专科及以下	Junior College and Below	1013	1.1
普通中等专业学校教师	**Specialized Secondary Schools**	**16286**	**100.0**
博士	Doctor	16	0.1
硕士	Master	1896	11.6
本科毕业	Undergraduate	13430	82.5
专科及以下	Junior College and Below	944	5.8
高中教师	**Teachers of Senior Secondary School**	**110759**	**100.0**
大学本科毕业及以上	Undergraduates and over	106704	96.4
大学专科毕业	Junior College	4012	3.6
高中阶段毕业及以下	Senior Secondary and below	43	0.0
初中教师	**Teachers of Junior Secondary School**	**283461**	**100.0**
大学本科毕业及以上	Undergraduates and over	194572	68.6
大学专科毕业	Junior College	86626	30.6
高中阶段毕业	Senior Secondary	2262	0.8
高中阶段毕业以下	Below Senior	1	0.0
小学教师	**Teachers of Primary School**	**494031**	**100.0**
大学专科毕业及以上	Specialized secondary of Higher Education and over	436509	88.4
高中阶段毕业	Senior Secondary	57505	11.6
高中阶段毕业以下	Below Senior	17	0.0
幼儿园教师	**Teachers of Kindergartens**	**142768**	**100.0**
大学专科毕业及以上	Junior College and Below	96687	67.7
高中阶段毕业	Senior Secondary	41163	28.8
高中阶段毕业以下	Below Senior	4918	3.4

23-8 各级各类学历教育学生情况(2014年)

Basic Statistics on Students by Level and Type of Education (2014)

单位：人 (person)

项 目	Item	招生数 Entrants	在校生数 Enrolment	#女生 Female Students	毕业生数 Graduates
高等教育	**Higher Education**	**736875**	**2185476**	**1165274**	**615326**
研究生	Postgraduates	12805	34760	20097	11172
博 士	Doctor's Degree	468	1530	19369	256
硕 士	Master's Degree	12337	33230	728	10916
普通本专科	Undergraduate in Regular HEIs	514319	1679744	878141	445252
本 科	Normal Courses	257570	955201	502569	208915
专 科	Short-cycle Courses	256749	724543	375572	236337
成人本专科	Undergraduate in Adult HEIs	165112	358889	208069	137731
本 科	Normal Courses	70099	155860	91131	51980
专 科	Short-cycle Courses	95013	203029	116938	85751
其他高等学历教育	Students Enrolled in Other Formal Programs	44639	112083	58967	21171
在职人员攻读硕士学位	Master´s Degree Programs for On-the-job Personnel	2873	10638	5750	1852
网络本专科生	Web-based Undergraduates	41766	101445	53217	19319
本 科	Normal Courses	17901	44697	27298	8868
专 科	Short-cycle Courses	23865	56748	25919	10451
中等教育	**Secondary Education**	**2523934**	**7371085**	**3552364**	**2367157**
高中阶段教育	Senior Secondary Education	1138968	3275548	1658460	1113953
高中	Senior Secondary Schools	644935	1897300	943984	609877
普通高中	Regular Senior Secondary Schools	644935	1895457	943084	602825
完全中学	Combined Secondary Schools	77995	222224	109973	71769
高级中学	Regular High Schools	542821	1612219	804654	514344
十二年一贯制学校	12-Year Schools	18351	43610	19993	10653
附设普通高中班	Attached Ordinary High School Class	5768	17404	8464	6059
成人高中	Adult High Schools		1843	900	7052
中等职业教育	Secondary Vocational Education	494033	1378248	714476	504076
普通中专	Regular Specialized Secondary Schools	242680	656418	370535	215193
成人中专	Adult Specialized Secondary Schools	38495	83141	35374	38175
职业高中	Vocational High Schools	112205	364305	171375	166183
技工学校	Skilled Workers Schools	100653	274384	137192	84525
初中阶段教育	Junior Secondary Education	1384966	4095537	1893904	1253204
初中	Junior Secondary Schools	1384966	3993606	1840772	1146583
初级中学	Regular Junior Secondary Schools	1167448	3372982	1582270	977319
九年一贯制学校	9-Year Schools	136568	376840	151716	90905
十二年一贯制学校	12-Year Schools	15936	44252	18074	11346
完全中学	Combined Secondary Schools	60591	187437	83530	63655
附设普通初中班	Supporting Regular Junior Secondary Schools	4423	12095	5182	3358
成人初中	Adult Junior Secondary Schools		101931	53132	106621
初等教育	**Primary Education**	**1594357**	**9619687**	**4406722**	**1752589**
普通小学	Regular Primary Schools	1594357	9286003	4242233	1408127
小学	Primary Schools	1381597	8145264	3738478	1192997
小学教学点	Primary Schools Teaching Point	130848	499701	238097	38781
附设小学班	Attached Primary Schools Classes	2964	97699	44905	75520
九年一贯制学校	9-Year Schools	71877	497348	203116	93289
十二年一贯制学校	12-Year Schools	7071	45991	17637	7540
成人小学	Adult Primary Schools		333684	164489	344462
#扫盲班	Literacy Courses		17452	10442	20312
工读学校	**Correctional Work-Study Schools**	**27**	**183**		**13**
特殊教育	**Special Education Schools**	**3556**	**18348**	**6602**	**1215**
学前教育	**Pre-school Education Institutions**	**2077950**	**3692206**	**1727781**	**1469939**

23—9 各级各类非学历教育学生情况(2014年)

Number of Students of Non-formal Education by Type and Level (2014)

单位：人次 (person-time)

项　目	Item	结业生数 Completers	注册生数 Enrolment
总　计	**Total**	**3593403**	**3331259**
高等教育	**Higher Education**	**369619**	**410866**
研究生课程进修班	Postgraduate Courses	1726	2407
自考助学班	Classes run by Non-government HEIs for Students Preparing for Self-directed State-administered Examinations	1314	12475
普通预科生	College-preparatory Classes		3582
进修及培训	In-service Training	366579	392402
#资格证书培训	For Certificates of Vocational Qualifications	254521	253755
岗位证书培训	For Certificates of Job-related Qualifications	87308	101430
中等职业教育	**Secondary Vocational Education**	**429415**	**260426**
#资格证书培训	For Certificates of Vocational Qualifications	161316	98382
岗位证书培训	For Certificates of Job-related Qualifications	166891	103955
其中：普通中等专业学校	Secondary Vocational Schools	96884	69212
#资格证书培训	For Certificates of Vocational Qualifications	44119	25072
岗位证书培训	For Certificates of Job-related Qualifications	39333	34539
职业技术培训机构	**Other Vocational-technical Training Institutions**	**2794369**	**2659967**
#资格证书培训	For Certificates of Vocational Qualifications	497093	486787
岗位证书培训	For Certificates of Job-related Qualifications	661318	630750

23-10 各级教育入学率及升学率情况

Enrolment Ratio and Promotion Rate by Levels

单位：% (%)

指标名称	Item	2013	2014
学前三年毛入园率	Pre-school Eduacation Entrance Rate	71.3	78.6
小学学龄儿童净入学率	Net Enrollment Ratio of Primary Schools	99.9	100.0
#男生	Male	99.9	100.0
女生	Female	99.9	100.0
小学升学率	Promotion Rate from Primary Schools to Junior Secondary Schools	92.8	98.4
初中阶段毛入学率	The Junior Middle School Stage Gross Enrollment Rate	110.5	111.5
#男生	Male	110.8	112.0
女生	Female	110.2	110.8
初中升学率	Promotion Rate from Junior Secondary Schools to Senior Secondary Schools	79.3	93.2
九年义务教育巩固率	Percentage of Student Enrollment Consolidated of Nine-year Compulsory Education	92.0	93.0
#男生	Male	91.6	93.0
女生	Female	91.1	93.0
高中阶段毛入学率	The Gross enrollment rate of higher stage	90.2	90.3
高中升学率	Promotion Rate from Senior Secondary Schools to Higher Education	70.6	75.7
高等教育毛入学率	The Gross enrollment rate of higher education	30.1	34.0

23-11 成人学校基本情况(2014年)

Basic Statistics on Adult Schools (2014)

单位：人 (person)

各类学校	Various Schools	学校数(所) Number of Schools (unit)	教职工数 Teachers and Staff	#专任教师 Full-time Teachers	在校学生数 Student Enrollment	招生数 New Student Enrollment	毕业生数 Graduates
成人高等学校	**Adult Institutions of Higher Eduation**	**12**	**2826**	**1861**	**358889**	**165112**	**137731**
广播电视大学	Radio and TV Universities	1	418	235	682	410	576
职工、农民学院	Schools of Higher Eduation for Staff, Workers and Peasants	8	853	551	11823	4899	6276
教育学院	Pedagogical Colleges	3	1082	835	5893	2902	5358
其他机构	Others	(4)	473	240			150
高校函授部、夜大学	Correspondence Departments or Evening Universities Run by Institutions of Higher Education				340491	156901	125371
成人中等专业学校	**Trade School for Adults**	**10744**	**27468**	**16409**	**2763741**		**2908042**
成人中学	Secondary Schools for Adults	557	1780	1587	103774		113673
职工中学	Secondary Schools for Staff and Workers	6	56	28	4973		4708
农民中学	Secondary Schools for Peasants	551	1724	1559	98801		108965
技术培训学校	Techinical Training Schools	10187	25688	14822	2659967		2794369
职工技术培训学校	Techinical Training Schools for Staff and Workers	247	4603	3207	127026		157129
农民技术培训学校	Techinical Training Schools for Peasants	9593	18402	9803	2413080		2526263
其他培训机构	Other Training Organizations	347	2683	1812	119861		110977
成人初等学校	**Primary Schools for Adults**	**1980**	**2802**	**2074**	**333684**		**344462**
职工初等学校	Primary Schools for Staff and Workers	43	151	133	1510		4542
农民初等学校	Primary Schools for peasants	1937	2651	1941	332174		339920
#扫盲班	Literacy Courses	483	1030	870	17452		20312

注：其他机构、高校函授部、夜大学不计入成人高等学校总校数。

a)Number of Adult Institutions of Higher Eduation excludes those of Other Institutions , Correspondence Departments or Evening Universities Run by Institutions of Higher Education.

23-12 职业技术培训机构基本情况(2014年)

Basic Statistics on Vocational-Technical Training Institutions (2014)

项 目	Item	学校数(所) Schools (unit)	教学班(点、个) Teaching Classes (site,unit)	结业生数(人次) Students Completing Courses(person-time) 合计 Total	#女性 Female
总 计	**Total**	**10187**	**20096**	**2794369**	**1268701**
职工技术培训学校(机构)	Vocational-Technical Training Schools	247	2706	157129	69383
教育部门和集体办	Run by Education Dept.and Collective	101	1602	105487	51868
其他部门办	Run by Other Dept.	86	821	41987	12654
民 办	Run by Private Institutions	60	283	9655	4861
农民成人文化技术培训学校(机构)	Cultural & Technical Training Schools (Institutions)for Rural Adults	9593	16136	2526263	1147278
教育部门和集体办	Run by Education Dept.and Collective	9555	16071	2518548	1143615
县 办	Run by Counties	128	239	123527	61306
乡 办	Run by Townships	1200	5016	1115481	493834
村 办	Run by Villages	8227	10816	1279540	588475
其他部门办	Run by Other Departments	31	43	5746	2748
民 办	Run by Private Institutions	7	22	1969	915
其他培训机构(含社会培训机构)	Others(Incld.Social Training Institutions)	347	1254	110977	52040
教育部门和集体办	Run by Education Dept.and Collective	38	143	8599	4084
其他部门办	Run by Other Dept.	40	155	37814	15364
民 办	Run by Private Institutions	269	956	64564	32592
少数民族	National Miniority			2630	1234
按培训形式分	By Training Form				
资格证书培训	Qualification Certificate			497093	210445
岗位证书培训	Post certificate			661318	351654
按产业结构分	By Industrial Structure				
第一产业	Primary Industry			1108292	501030
第二产业	Secondary Industry			568473	253789
第三产业	Teriary Industry			1117604	513882
按培训时间分	By Training Time			2257885	1008072
一个月以内	Within a month				
一个月至三个月以内	A month to three months			295763	139905
三个月至半年以内	Three months to half a year			131814	65332
半年至一年以内	Six months to a year			84865	43133
一年及以上	One Year and Over			24042	12259

23-12 续表 continued

项 目	Item	注册学生数(人) Enrolled Students (person) 合计 Total	#女性 Female	教职工数(人) Teachers and Staff (person) 合计 Total	#专任教师 Full-time Teachers	聘请校外教 师(人) ExternalTeachers Retained (person)
总 计	**Total**	**2659967**	**1233826**	**25688**	**14822**	**13674**
职工技术培训学校(机构)	Vocational-Technical Training Schools	127026	58433	4603	3207	863
教育部门和集体办	Run by Education Dept.and Collective	83852	40438	3147	2169	484
其他部门办	Run by Other Dept.	27229	12791	545	391	172
民 办	Run by Private Institutions	15945	5204	911	647	207
农民成人文化技术	Cultural & Technical Training Schools					
培训学校(机构)	(Institutions)for Rural Adults	2413080	1120390	18402	9803	11767
教育部门和集体办	Run by Education Dept.and Collective	2400431	1116759	17600	9446	11617
县 办	Run by Counties	123650	60887	777	528	523
乡 办	Run by Townships	1039379	488671	4542	2671	4174
村 办	Run by Villages	1237402	567201	12281	6247	6920
其他部门办	Run by Other Departments	9680	2717	337	279	140
民 办	Run by Private Institutions	2969	914	465	78	10
其他培训机构(含社会培训机构)	Others(Incld.Social Training Institutions)	119861	55003	2683	1812	1044
教育部门和集体办	Run by Education Dept.and Collective	8384	4116	298	192	246
其他部门办	Run by Other Dept.	34684	13332	361	277	86
民 办	Run by Private Institutions	76793	37555	2024	1343	712
少数民族	National Miniority	3334	1414	65	36	3
按培训形式分	By Training Form					
资格证书培训	Qualification Certificate	486787	209648			
岗位证书培训	Post certificate	630750	346926			
按产业结构分	By Industrial Structure					
第一产业	Primary Industry	1086692	503034			
第二产业	Secondary Industry	521239	233225			
第三产业	Teriary Industry	1052036	497567			
按培训时间分	By Training Time	2148609	982012			
一个月以内	Within a month					
一个月至三个月以内	A month to three months	260828	130982			
三个月至半年以内	Three months to half a year	121458	59742			
半年至一年以内	Six months to a year	94856	46629			
一年及以上	One Year and Over	34216	14461			

23-13 分学科研究生情况(2014年)

Number of Postgraduate Students by Academic Field (2014)

单位：人 (person)

项 目	Item	招生数 Entrants	硕士 Master's Degree	博士 Doctor's Degree	在校学生数 Enrolment	硕士 Master's Degree	博士 Doctor's Degree	毕业生数 Graduates	硕士 Master's Degree	博士 Doctor's Degree
分学科研究生数(总计)	**Total**	**12805**	**12337**	**468**	**34760**	**33230**	**1530**	**11172**	**10916**	**256**
#女生	Female	7664	7416	248	20097	19369	728	6201	6070	131
学术型学位	Academic Degree	7355	6887	468	22312	20782	1530	7096	6840	256
专业学位	Professional Degree	5450	5450		12448	12448		4076	4076	
哲 学	Philosophy	124	124		348	348		117	117	
经济学	Economics	308	295	13	894	855	39	302	292	10
法 学	Law	831	811	20	2296	2229	67	806	791	15
教育学	Education	1355	1346	9	3389	3366	23	1138	1135	3
文 学	Literature	606	586	20	1657	1598	59	753	737	16
历史学	History	220	197	23	565	481	84	162	148	14
理 学	Science	1326	1223	103	3816	3461	355	1061	1011	50
工 学	Engineering	3436	3304	132	9415	8970	445	2809	2746	63
农 学	Agriculture	712	667	45	1965	1834	131	617	581	36
医 学	Medicine	1952	1867	85	5307	5018	289	1709	1664	45
军事学	Military Science									
管理学	Administrators	1509	1491	18	3893	3855	38	1359	1355	4
艺术学	Art	426	426		1215	1215		339	339	
分学科研究生数(普通高校)	**Regular HEIs**	**12749**	**12283**	**466**	**34571**	**33048**	**1523**	**11105**	**10850**	**255**
#女生	Female	7652	7404	248	20061	19334	727	6189	6058	131
学术型学位	Academic Degree	7299	6833	466	22123	20600	1523	7029	6774	255
专业学位	Professional Degree	5450	5450		12448	12448		4076	4076	
哲 学	Philosophy	124	124		348	348		117	117	
经济学	Economics	308	295	13	894	855	39	302	292	10
法 学	Law	831	811	20	2296	2229	67	806	791	15
教育学	Education	1355	1346	9	3389	3366	23	1138	1135	3
文 学	Literature	606	586	20	1657	1598	59	753	737	16
历史学	History	220	197	23	565	481	84	162	148	14
理 学	Science	1326	1223	103	3812	3457	355	1060	1010	50
工 学	Engineering	3381	3251	130	9234	8796	438	2744	2682	62
农 学	Agriculture	712	667	45	1965	1834	131	617	581	36
医 学	Medicine	1952	1867	85	5307	5018	289	1709	1664	45
军事学	Military Science									
管理学	Administrators	1508	1490	18	3889	3851	38	1358	1354	4
艺术学	Art	426	426		1215	1215		339	339	

23-14 分学科本科学生情况(2014年)

Number of Undergraduate Students by Academic Field (2014)

单位：人 (person)

项 目 Item	普通本科 Ordinary Undergraduates			成人本科 Adult Undergraduates			网络本科 Web-based Undergraduates		
	招生数 Entrants	在校学生数 Enrolment	毕业生数 Graduates	招生数 Entrants	在校学生数 Enrolment	毕业生数 Graduates	招生数 Entrants	在校学生数 Enrolment	毕业生数 Graduates
总 计 Total	**257570**	**955201**	**208915**	**70099**	**155860**	**51980**	**17901**	**44697**	**8868**
#女生 Female	139815	502569	109565	42501	91131	28397	7901	27298	4689
#师范 Teacher Training	36648	139923	32103	16100	34760	12981			
哲 学 Philosophy	59	196	47						
经济学 Economics	12619	47400	9758	1883	3975	1551	794	2005	486
法 学 Law	9074	32258	7254	3161	6694	2550	959	2659	667
教育学 Education	11384	39851	8019	4687	9412	3165	439	1211	312
文 学 Literature	22193	84005	19186	7538	16686	7655	792	2220	626
#外语 Foreign Language	10947	43082	10462	2225	4553	2147	200	626	189
历史学 History	1429	5654	1257	204	413	232			
理 学 Science	17913	69410	15423	2862	5991	2783	181	579	217
工 学 Engineering	81493	303944	68592	16640	36221	14894	4513	10047	1544
农 学 Agriculture	5899	19847	4326	1116	2070	485			
医 学 Medicine	15243	63911	12274	18820	45351	9298	6016	15656	3134
管理学 Administrators	50081	173474	36552	12155	26463	8394	4207	10320	1882
艺术学 Art	30183	115251	26227	1033	2584	973			

23-17 网络教育学生情况(2014年)

Statistics on Network Education Students (2014)

单位：人 (person)

类 别	Types	毕业生人数本科 Graduates (norma courses)	招生人数本科 New Students Enrollment (norma courses)	在校学生人数本科 Students Enrollment (norma courses)
总 计	**Total**	**8868**	**17901**	**44697**
#女	Female	4689	7901	27298
经济学	Economics	486	794	2005
法 学	Law	667	959	2659
教育学	Education	312	439	1211
文 学	Literature	626	792	2220
理 学	Science	217	181	579
工 学	Engineering	1544	4513	10047
医 学	Medicine	3134	6016	15656
管理学	Administrators	1882	4207	10320

23-18 网络教育学生情况(2014年)

Statistics on Network Education Students (2014)

单位：人 (person)

类 别	Types	毕业生人数专科 Graduates (short-cycle courses)	在校学生人数专科 Enrolment (short-cycle courses)
总 计	**Total**	**10451**	**56748**
#女	Female	4899	25919
材料与能源大类	Material and Energy	319	1630
土建大类	Civil Engineering	1211	9827
制造大类	Manufacturing	570	4403
电子信息大类	Electronic Information	475	2691
财经大类	Finance	3571	20384
医药卫生大类	Medicine and Health	2843	10156
旅游大类	Tourism	120	474
公共事业大类	Public Service	409	2840
文化教育大类	Culture and Education	330	1644
艺术设计传媒大类	Artistic Design and Mass Media	3	153
法律大类	Law	600	2546

23-19 进城务工子女和农村留守儿童在校情况(2014年)

Statistics on Children of Migrant Workers and Rural Left-behind Children in Schools (2014)

单位：人 (person)

项目	Item	普通小学 Regular Primary School					初中 Junior Middle School			
		招生数 Entrants	#受过学前教育 Trained in preschool education	在校生数 Enrolment	#女生 Female	毕业生数 Graduates	招生数 Entrants	在校生数 Enrolment	#女生 Female	毕业生数 Graduates
总计	**Total**	**404290**	**404218**	**2399548**	**1099536**	**210241**	**365515**	**1027453**	**474766**	**197697**
进城务工人员随迁子女	Children Living with the Rural Migrant Workers in Cities	72099	72057	397998	175202	39441	64530	184991	80332	36873
#外省迁入	Move from Other Provinces	5884	5876	32871	13880	3457	3980	11789	4737	2539
本省外县迁入	Move from Other Counties	66215	66181	365127	161322	35984	60550	173202	75595	34334
农村留守儿童	Rural Left-behind Children	332191	332161	2001550	924334	170800	300985	842462	394434	160824

23-20 普通高等学校办学条件

Condition of running Institutions of Higher Education

指标	Item	2013	2014
占地面积(万平方米)	occupying Space (10 000 sq .m)	10981.05	10840.6
校舍建筑面积(万平方米)	Schoolhouse Building Space (10 000 sq.m)	5561.56	5467.39
一般图书(万册)	Common Books (10 000 volumes)	14360.88	14063.25
固定资产总值(亿元)	Fixed Assets (100 million yuan)	708.19	700.2
#教学、科研仪器设备值	Value of Equipment for teaching and scientific research	142.66	140.56

23-21 分地区普通高等学校情况(2014年)

Basic Statistics on Regular Institutions of Higher Education by City (2014)

单位：人 (person)

市 City	学校数(所) Schools (unit)	教职工数 Educational Personnel	招生数 Entrants	专科 Junior College Student	本科 Undergraduate	在校学生数 Enrolment	专科 Junior College Student	本科 Undergraduate
全 省 Total	**129**	**130031**	**514319**	**256749**	**257570**	**1679744**	**724543**	**955201**
郑州市 Zhengzhou	55	54116	241079	129741	111338	783240	368577	414663
开封市 Kaifeng	5	7549	24346	11252	13094	87286	33710	53576
洛阳市 Luoyang	7	8005	28180	7432	20748	97761	19355	78406
平顶山市 Pingdingshan	5	4358	15775	6405	9370	56458	22461	33997
安阳市 Anyang	6	4543	21752	7643	14109	67227	17222	50005
鹤壁市 Hebi	3	1201	4091	4091		11370	11370	
新乡市 Xinxiang	9	10942	35227	8320	26907	132145	28978	103167
焦作市 Jiaozuo	7	8039	30254	15409	14845	93824	41516	52308
濮阳市 Puyang	1	806	2275	2275		8110	8110	
许昌市 Xuchang	4	2654	9900	4829	5071	34365	15513	18852
漯河市 Luohe	3	4561	9338	9338		25646	25646	
三门峡市 Sanmenxia	1	974	3517	3517		12767	12767	
南阳市 Nanyang	6	6338	22890	12102	10788	70399	29983	40416
商丘市 Shangqiu	6	6018	25316	14223	11093	77593	38580	39013
信阳市 Xinyang	5	4580	19606	9525	10081	58409	23610	34799
周口市 Zhoukou	3	2967	12293	6748	5545	34815	14680	20135
驻马店市 Zhumadian	2	1621	6356	1775	4581	21008	5144	15864
济源市 Jiyuan	1	759	2124	2124		7321	7321	

23-21 续表 continued

单位：人 (person)

市 City	预计毕业生数 Graduates for Next Year	专科 Junior College Student	本科 Undergraduate	毕业生数 Graduates	专科 Junior College Student	本科 Undergraduate	授予学位数 Number of degree
全　　省 Total	**471670**	**245788**	**225882**	**445252**	**236337**	**208915**	**205186**
郑　州　市 Zhengzhou	217353	121236	96117	194761	109609	85152	83784
开　封　市 Kaifeng	23222	11273	11949	23230	11647	11583	11580
洛　阳　市 Luoyang	25415	5906	19509	24642	6191	18451	17974
平顶山市 Pingdingshan	18654	9870	8784	17981	9501	8480	8164
安　阳　市 Anyang	17531	4225	13306	16594	3536	13058	12814
鹤　壁　市 Hebi	3812	3812		3403	3403		
新　乡　市 Xinxiang	34941	11922	23019	34086	12244	21842	21371
焦　作　市 Jiaozuo	26407	14053	12354	25506	13747	11759	11476
濮　阳　市 Puyang	3440	3440		3938	3938		
许　昌　市 Xuchang	10724	5996	4728	9599	5116	4483	4371
漯　河　市 Luohe	8497	8497		9852	9852		
三门峡市 Sanmenxia	4755	4755		4505	4505		
南　阳　市 Nanyang	22185	11550	10635	20728	10540	10188	10065
商　丘　市 Shangqiu	21942	12974	8968	22471	14584	7887	7722
信　阳　市 Xinyang	15614	8048	7566	16101	8557	7544	7453
周　口　市 Zhoukou	8491	3277	5214	9248	4373	4875	4799
驻马店市 Zhumadian	5693	1960	3733	5161	1548	3613	3613
济　源　市 Jiyuan	2994	2994		3446	3446		

23-24 各市普通初中教育情况(2014年)

Statistics on Regular Junior Secondary Schools by City (2014)

市(县) City(county)	学校数(所) Schools (unit)	专任教师(人) Full-time Teachers (person)	#女性 Female	城镇 Urben	乡村 County	#学历合格高一级教师 The Degree Higher Qualified Teachers
全 省 Total	**4566**	**283461**	**160546**	**208307**	**75154**	**194572**
省 辖 市 City						
郑 州 市 Zhengzhou	291	21864	14204	19405	2459	17897
开 封 市 Kaifeng	241	12755	7445	8585	4170	7878
洛 阳 市 Luoyang	355	19997	11525	16385	3612	14785
平 顶 山 市 Pingdingshan	216	12815	7280	9310	3505	8239
安 阳 市 Anyang	257	14398	8772	9940	4458	11475
鹤 壁 市 Hebi	73	4900	2734	4285	615	3433
新 乡 市 Xinxiang	339	16611	9975	11442	5169	11786
焦 作 市 Jiaozuo	184	10609	6567	8017	2592	7731
濮 阳 市 Puyang	175	12338	7643	8559	3779	9014
许 昌 市 Xuchang	209	12691	7307	9290	3401	7887
漯 河 市 Luohe	95	6846	3859	4953	1893	4974
三 门 峡 市 Sanmenxia	107	6757	3876	5170	1587	5163
南 阳 市 Nanyang	433	27434	15192	21944	5490	16941
商 丘 市 Shangqiu	403	25200	13109	16971	8229	15679
信 阳 市 Xinyang	311	24811	11734	16356	8455	16348
周 口 市 Zhoukou	539	28452	15563	19518	8934	18706
驻 马 店 市 Zhumadian	307	23101	12651	16520	6581	15145
济 源 市 Jiyuan	31	1882	1110	1657	225	1491
省 直 管 县 Province Administrating County						
巩 义 市 Gongyi	29	2101	1361	1877	224	1690
兰 考 县 Lankao	53	2459	1390	1319	1140	1495
汝 州 市 Ruzhou	53	2699	1433	1630	1069	1730
滑 县 Huaxian	50	2999	1948	1406	1593	2095
长 垣 县 Changyuan	45	2198	1590	1422	776	1640
邓 州 市 Dengzhou	58	3535	2022	2588	947	1798
永 城 市 Yongcheng	57	3358	1761	2684	674	2768
固 始 县 Gushi	51	3974	1797	2963	1011	2537
鹿 邑 县 Luyi	75	3176	1595	2254	922	1810
新 蔡 县 Xincai	41	2617	1256	1467	1150	1323

23-24 续表 continued

市(县) City(county)	在校学生数(人) Enrolment (person)	#女性 Female	城镇 Urben	农村 County	校舍建筑面积(平方米) Architectural Area of the Building (Square meters)	教学及辅助用房面积(平方米) Teaching and Auxiliary Area (Square meters)	城镇 Urben	乡村 County
全省 Total	**3993606**	**1840772**	**3112552**	**881054**	**42485134**	**15979245**	**11856521**	**4122724**
省辖市 City								
郑州市 Zhengzhou	316205	137259	286957	29248	4043819	1547378	1385300	162078
开封市 Kaifeng	190829	88849	141259	49570	1705477	717928	492957	224971
洛阳市 Luoyang	272087	132095	224941	47146	3340216	1319104	1045615	273489
平顶山市 Pingdingshan	162052	73510	122997	39055	1847395	674435	507117	167318
安阳市 Anyang	205562	93801	152991	52571	2187585	921277	660740	260537
鹤壁市 Hebi	76923	34643	68802	8121	905240	345125	275769	69356
新乡市 Xinxiang	239133	110149	175300	63833	2411402	970263	647295	322968
焦作市 Jiaozuo	147206	66394	115519	31687	1585499	633521	440076	193445
濮阳市 Puyang	175428	81590	140095	35333	1684662	678126	460707	217419
许昌市 Xuchang	156426	69701	118124	38302	1984213	701486	520107	181379
漯河市 Luohe	90655	39066	69315	21340	1090970	358606	259412	99194
三门峡市 Sanmenxia	77818	37533	64021	13797	951566	355884	274118	81766
南阳市 Nanyang	398398	190113	333662	64736	4069576	1419299	1150968	268331
商丘市 Shangqiu	346279	162515	254844	91435	3271562	1332997	904488	428509
信阳市 Xinyang	307695	142166	222846	84849	3251847	1101501	727671	373830
周口市 Zhoukou	461302	210100	343798	117504	4500849	1652923	1171152	481771
驻马店市 Zhumadian	344134	159669	254195	89939	3244324	1087297	787690	299607
济源市 Jiyuan	25474	11619	22886	2588	408932	162095	145339	16756
省直管县 Province Administrating County								
巩义市 Gongyi	23466	11274	21036	2430	356620	108089	97335	10754
兰考县 Lankao	35418	16653	20759	14659	274887	108446	51740	56706
汝州市 Ruzhou	33422	14936	20891	12531	327809	128682	75583	53099
滑县 Huaxian	45866	21323	25538	20328	414702	156863	80716	76147
长垣县 Changyuan	40987	18143	28856	12131	426789	144133	100343	43790
邓州市 Dengzhou	60563	29408	46301	14262	426274	143614	106859	36755
永城市 Yongcheng	46240	21947	38987	7253	518834	200755	165064	35691
固始县 Gushi	58617	26231	46266	12351	603096	203809	140418	63391
鹿邑县 Luyi	47660	22569	37951	9709	545975	218064	156065	61999
新蔡县 Xincai	43760	22030	25365	18395	504684	180080	105271	74809

23-25 各市普通小学教育情况(2014年)

Statistics on Regular Junior Secondary Schools by City (2014)

市(县)	City(county)	学校数(所) Schools (unit)	专任教师(人) Full-time Teachers (person)	#女性 Female	城镇 Urben	乡村 County	#学历合格高一级教师 The Degree Higher Qualified Teachers
全省	**Total**	**25578**	**494031**	**311784**	**254727**	**239304**	**436509**
省辖市	**City**						
郑州市	Zhengzhou	935	36613	27189	27946	8667	34611
开封市	Kaifeng	1328	23569	15450	11366	12203	20593
洛阳市	Luoyang	1446	30915	20038	18776	12139	27612
平顶山市	Pingdingshan	1409	25984	16849	14311	11673	22084
安阳市	Anyang	1308	24860	16478	12761	12099	22390
鹤壁市	Hebi	356	7605	5024	4815	2790	6841
新乡市	Xinxiang	1557	25665	18066	13459	12206	22878
焦作市	Jiaozuo	573	15837	11029	9887	5950	14900
濮阳市	Puyang	1165	20487	14084	9540	10947	18002
许昌市	Xuchang	1008	23106	15326	12310	10796	19833
漯河市	Luohe	494	11284	7366	5856	5428	10229
三门峡市	Sanmenxia	271	10221	6563	6641	3580	9315
南阳市	Nanyang	3447	53199	32418	27050	26149	47594
商丘市	Shangqiu	2179	49399	29582	22987	26412	45052
信阳市	Xinyang	1899	40303	22054	16584	23719	32540
周口市	Zhoukou	3828	50637	27018	22023	28614	43208
驻马店市	Zhumadian	2284	41632	25583	16394	25238	36282
济源市	Jiyuan	91	2715	1667	2021	694	2545
省直管县	**Province Administrating County**						
巩义市	Gongyi	71	3326	2438	2683	643	3139
兰考县	Lankao	224	3539	2230	957	2582	3042
汝州市	Ruzhou	381	4857	2852	2102	2755	3692
滑县	Huaxian	322	5253	3336	1469	3784	4165
长垣县	Changyuan	245	4007	3231	2125	1882	3529
邓州市	Dengzhou	540	7053	4087	2638	4415	6422
永城市	Yongcheng	370	7072	4137	3346	3726	6524
固始县	Gushi	367	6788	3595	2721	4067	4898
鹿邑县	Luyi	495	5556	2691	2074	3482	4433
新蔡县	Xincai	322	5794	3233	1667	4127	4594

23-25 续表 continued

市(县) City(county)	在校学生数(人) Enrolment (person)	#女性 Female	城镇 Urben	农村 County	校舍建筑面积(平方米) Architectural Area of the Building (Square meters)	教学及辅助用房面积(平方米) Teaching and Auxiliary Area (Square meters)	城镇 Urben	乡村 County
全 省 Total	**9286003**	**4242233**	**5288495**	**3997508**	**54811255**	**32260002**	**14733593**	**17526409**
省 辖 市 City								
郑 州 市 Zhengzhou	751208	337597	595343	155865	4676807	2380234	1732762	647472
开 封 市 Kaifeng	438248	197634	223011	215237	2293553	1435353	615421	819932
洛 阳 市 Luoyang	589543	278846	384109	205434	4098065	2378170	1169554	1208616
平 顶 山 市 Pingdingshan	495889	227494	277242	218647	2544251	1453343	689174	764169
安 阳 市 Anyang	547830	244915	299156	248674	2903485	1866505	828471	1038034
鹤 壁 市 Hebi	148828	65159	102064	46764	1040335	584644	349204	235440
新 乡 市 Xinxiang	587222	260576	327138	260084	2993586	1856864	862662	994202
焦 作 市 Jiaozuo	250754	112313	176304	74450	1835346	999723	595098	404625
濮 阳 市 Puyang	377383	174571	195465	181918	1921444	1260281	531256	729025
许 昌 市 Xuchang	396629	178810	223075	173554	2260831	1316844	578961	737883
漯 河 市 Luohe	192843	86073	109807	83036	1332863	730196	332645	397551
三 门 峡 市 Sanmenxia	143500	68584	108780	34720	1157779	609806	335435	274371
南 阳 市 Nanyang	1187596	552127	690897	496699	6331387	3637620	1578861	2058759
商 丘 市 Shangqiu	768364	353284	386700	381664	4673116	3029496	1295544	1733952
信 阳 市 Xinyang	672271	305791	331343	340928	3845830	2203076	786531	1416545
周 口 市 Zhoukou	923087	425549	470386	452701	5825015	3502508	1405964	2096544
驻 马 店 市 Zhumadian	765895	350118	346811	419084	4672504	2828812	915324	1913488
济 源 市 Jiyuan	48913	22792	40864	8049	405058	186527	130726	55801
省 直 管 县 Province Administrating County								
巩 义 市 Gongyi	50647	23652	43083	7564	445093	236097	178341	57756
兰 考 县 Lankao	72631	32179	21125	51506	356327	223758	51242	172516
汝 州 市 Ruzhou	108481	48681	51204	57277	529464	334574	116173	218401
滑 县 Huaxian	127373	55343	40684	86689	616030	389955	91881	298074
长 垣 县 Changyuan	91125	38157	51158	39967	452919	294271	165682	128589
邓 州 市 Dengzhou	180363	85480	76049	104314	817496	506195	161666	344529
永 城 市 Yongcheng	145417	66741	78452	66965	893015	582251	252782	329469
固 始 县 Gushi	135390	60777	63558	71832	652583	389607	141651	247956
鹿 邑 县 Luyi	96926	46121	45384	51542	619542	387671	128680	258991
新 蔡 县 Xincai	105215	51615	33562	71653	634304	380790	97144	283646

23-26　各市特殊教育情况(2014年)

Statistics on Special Education by City (2014)

单位：人 (person)

市(县) City(county)	学校数(所) Number of Schools (unit)	专任教师 Full-time Teachers	#女性 Female	招生数 Entrants	在校学生数 Enrolment	#女生 Female	毕业生数 Graduates
全　省 Total	**142**	**3466**	**2562**	**3556**	**18348**	**6602**	**1215**
省辖市 City							
郑州市 Zhengzhou	11	345	270	390	1540	578	141
开封市 Kaifeng	9	170	136	211	1060	364	28
洛阳市 Luoyang	14	307	231	388	1846	678	140
平顶山市 Pingdingshan	9	231	175	206	821	304	41
安阳市 Anyang	7	145	106	172	930	301	40
鹤壁市 Hebi	1	38	28	72	434	145	38
新乡市 Xinxiang	7	173	122	152	975	323	42
焦作市 Jiaozuo	9	170	102	112	773	310	52
濮阳市 Puyang	5	171	138	195	594	192	44
许昌市 Xuchang	5	76	53	96	429	132	29
漯河市 Luohe	6	87	66	115	645	200	44
三门峡市 Sanmenxia	5	94	72	137	656	271	64
南阳市 Nanyang	14	300	226	334	1898	708	86
商丘市 Shangqiu	10	299	230	172	1105	407	114
信阳市 Xinyang	10	222	144	372	2051	752	143
周口市 Zhoukou	9	273	200	259	1300	402	71
驻马店市 Zhumadian	10	315	224	142	995	399	72
济源市 Jiyuan	1	50	39	31	296	136	26
省直管县 Province Administrating County							
巩义市 Gongyi	1	14	12	21	74	36	36
兰考县 Lankao	1	5	5	4	44	9	
汝州市 Ruzhou	1	18	15	62	233	67	11
滑县 Huaxian	1	15	13	46	233	82	15
长垣县 Changyuan	1	38	30	50	167	48	
邓州市 Dengzhou	1	29	25	57	273	107	19
永城市 Yongcheng	1	31	23	15	109	32	
固始县 Gushi	1	24	13	15	125	52	26
鹿邑县 Luyi	1	23	17	7	55	17	7
新蔡县 Xincai	1	21	13	15	89	36	

23-27 各市成人教育基本情况(2014年)

Basic Statistics on Adult Schools by City (2014)

单位：人 (person)

市 City	学校数(所) Number of Schools (unit)	教职工数 Teachers and Staff	#专任教师 Full-time Teachers	在校学生数 Student Enrollment	招生数 New Student Enrollment	毕业生数 Graduates
全省 Total	**12917**	**44828**	**28558**	**3568843**	**214541**	**3432733**
郑州市 Zhengzhou	1417	8459	5421	707567	83490	587789
开封市 Kaifeng	468	1843	1313	128398	10691	161549
洛阳市 Luoyang	933	2016	1594	178950	12489	159434
平顶山市 Pingdingshan	354	2495	1717	59667	18134	35977
安阳市 Anyang	88	3695	524	164786	8175	227002
鹤壁市 Hebi	2	298	181	2293	900	623
新乡市 Xinxiang	510	2319	1371	243176	26924	204250
焦作市 Jiaozuo	1082	2715	1798	189139	7760	178257
濮阳市 Puyang	25	267	183	735	313	33352
许昌市 Xuchang	1297	3293	2516	33750	4725	38850
漯河市 Luohe	265	2341	1506	57974	1426	46463
三门峡市 Sanmenxia	755	914	444	310363	1163	332442
南阳市 Nanyang	2800	4736	3457	753357	12717	719773
商丘市 Shangqiu	218	2464	1729	124709	3639	106478
信阳市 Xinyang	319	2082	1226	159677	9690	149925
周口市 Zhoukou	2064	2687	2105	154521	4840	158638
驻马店市 Zhumadian	301	1856	1214	214079	7212	206566
济源市 Jiyuan	19	348	259	85702	253	85365

23-30 各市学前教育情况(2014年)
Statistics on Pre-school Education by City (2014)

市(县) City(county)	幼儿园数(所) Number of Kindergartens (unit)	专任教师数(人) Full-time Teachers	# 女性 Female	在园幼儿数(人) Student Enrollment (person)	# 女童 Girl	# 公办幼儿园 Public Kindergartens
全 省 Total	**15821**	**142768**	**140561**	**3692206**	**1727781**	**1409659**
省 辖 市 City						
郑 州 市 Zhengzhou	1428	21439	21139	342851	158332	107089
开 封 市 Kaifeng	897	7147	7069	179741	84296	72923
洛 阳 市 Luoyang	817	9653	9549	218843	104134	82053
平 顶 山 市 Pingdingshan	1252	10228	10075	213980	100767	60949
安 阳 市 Anyang	1211	8788	8684	199981	91420	61421
鹤 壁 市 Hebi	370	3265	3232	68879	31722	13475
新 乡 市 Xinxiang	1618	12050	11873	242628	110350	66561
焦 作 市 Jiaozuo	569	6068	5933	121319	56747	35449
濮 阳 市 Puyang	575	6507	6456	142893	66233	40143
许 昌 市 Xuchang	991	8767	8699	182968	84044	28272
漯 河 市 Luohe	412	3681	3616	88630	40833	39178
三 门 峡 市 Sanmenxia	324	4104	4060	72118	34606	24622
南 阳 市 Nanyang	1377	10859	10622	416999	197401	237071
商 丘 市 Shangqiu	861	11292	11192	305428	144162	119447
信 阳 市 Xinyang	829	6450	6221	221638	103498	126540
周 口 市 Zhoukou	1350	3167	3051	353499	168257	139330
驻 马 店 市 Zhumadian	749	7802	7633	289206	136296	143907
济 源 市 Jiyuan	191	1501	1457	30605	14683	11229
省 直 管 县 Province Administrating County						
巩 义 市 Gongyi	112	1772	1752	28730	13695	5410
兰 考 县 Lankao	114	863	861	26791	12410	9505
汝 州 市 Ruzhou	371	2209	2183	56523	26539	8796
滑 县 Huaxian	156	1324	1291	48951	22247	24968
长 垣 县 Changyuan	166	1673	1663	30564	13441	10527
邓 州 市 Dengzhou	302	1938	1900	80869	38990	49917
永 城 市 Yongcheng	138	2314	2302	67229	31837	28284
固 始 县 Gushi	189	1255	1229	40979	18908	14256
鹿 邑 县 Luyi	99	79	75	35888	17211	15294
新 蔡 县 Xincai	21	221	218	15088	7489	9807

23-31 各市各级普通学校生师比(2014年)

Student-Teacher Ratio by Level of Regular Schools by City (2014)

单位：人 (person)

市(县) City(county)	普通小学 Primary School	初中 Junior Secondary School	普通高中 Regular Senior Secondary School	中等职业学校 Secondary Vocational School
全省 Total	**18.80**	**14.09**	**17.11**	**19.62**
省辖市 City				
郑州市 Zhengzhou	21.05	14.81	15.48	19.63
开封市 Kaifeng	18.25	15.09	15.93	20.64
洛阳市 Luoyang	19.07	13.61	14.56	20.41
平顶山市 Pingdingshan	18.34	12.72	17.76	16.26
安阳市 Anyang	21.44	14.01	14.78	15.41
鹤壁市 Hebi	19.57	15.70	21.30	30.25
新乡市 Xinxiang	22.91	13.75	15.97	17.26
焦作市 Jiaozuo	15.83	13.88	17.49	20.46
濮阳市 Puyang	18.42	14.22	14.38	25.72
许昌市 Xuchang	17.17	12.33	14.80	20.69
漯河市 Luohe	17.09	13.24	19.25	17.40
三门峡市 Sanmenxia	14.04	11.52	12.27	18.31
南阳市 Nanyang	21.83	14.14	16.26	18.37
商丘市 Shangqiu	14.72	13.74	22.29	22.47
信阳市 Xinyang	16.02	11.95	17.45	16.55
周口市 Zhoukou	18.33	16.37	21.50	19.91
驻马店市 Zhumadian	18.44	14.66	19.51	19.68
济源市 Jiyuan	18.02	13.54	13.80	13.88
省直管县 Province Administrating County				
巩义市 Gongyi	15.23	11.17	12.47	11.05
兰考县 Lankao	20.52	14.40	17.75	8.36
汝州市 Ruzhou	22.33	12.38	15.72	26.28
滑县 Huaxian	24.25	15.29	14.47	8.05
长垣县 Changyuan	22.74	18.65	19.77	36.58
邓州市 Dengzhou	25.57	17.13	17.51	19.61
永城市 Yongcheng	20.56	13.77	19.71	32.27
固始县 Gushi	19.95	14.75	16.33	21.82
鹿邑县 Luyi	17.45	15.01	19.16	4.91
新蔡县 Xincai	18.16	16.72	25.28	21.92

23-32 各市每十万人口各级学校平均在校生数(2014年)

Number of Average Students Enrollment by Level of school per 10 000 person by City (2014)

单位：人 (person)

市(县) City(county)	学前教育 Pre-school Education	小 学 Primary School	初中阶段 Junior Secondary School	高中阶段 Senior Secondary School	高等教育 Higher Education
全 省 Total	**3912.80**	**9840.81**	**4232.21**	**2008.70**	**2197.32**
省 辖 市 City					
郑 州 市 Zhengzhou	3670.54	8186.13	3420.69	1902.46	9674.94
开 封 市 Kaifeng	3901.79	9326.96	3964.57	1859.92	2639.66
洛 阳 市 Luoyang	3277.07	8828.14	4074.38	1917.98	1885.41
平 顶 山 市 Pingdingshan	3910.03	9620.26	3194.19	1660.86	1600.21
安 阳 市 Anyang	3794.72	10564.25	4012.46	1752.59	1595.44
鹤 壁 市 Hebi	4311.40	9315.72	4814.91	1833.38	754.26
新 乡 市 Xinxiang	4284.12	10022.16	4002.95	1784.53	3255.55
焦 作 市 Jiaozuo	3444.12	7118.64	4179.02	2042.13	3374.14
濮 阳 市 Puyang	3968.15	10479.95	4871.65	1820.02	226.49
许 昌 市 Xuchang	4240.28	9191.87	3625.17	1682.55	1035.99
漯 河 市 Luohe	3407.80	7414.76	3485.66	1808.94	1109.53
三 门 峡 市 Sanmenxia	3209.38	6386.01	3463.04	1950.02	627.33
南 阳 市 Nanyang	3917.60	11739.31	3937.47	1609.56	969.48
商 丘 市 Shangqiu	3939.13	10301.75	4961.78	2469.24	1175.39
信 阳 市 Xinyang	3385.03	10059.60	4667.00	2642.23	1198.13
周 口 市 Zhoukou	4011.81	10435.41	5224.80	2583.98	527.85
驻 马 店 市 Zhumadian	4498.90	10843.26	4929.82	2315.30	491.79
济 源 市 Jiyuan	4227.21	6755.94	3518.51	2095.17	1035.08
省 直 管 县 Province Administrating County					
巩 义 市 Gongyi	3503.66	6176.46	2861.71	1713.90	1849.76
兰 考 县 Lankao	4259.30	11547.06	5630.84	2494.44	
汝 州 市 Ruzhou	6056.25	11623.38	3581.06	1320.26	
滑 县 Huaxian	4417.96	11495.76	4139.53	1392.24	
长 垣 县 Changyuan	4032.19	12021.77	5407.26	2482.98	140.11
邓 州 市 Dengzhou	5739.05	12799.87	4297.99	1414.52	
永 城 市 Yongcheng	5551.53	12008.01	3818.33	1798.18	222.05
固 始 县 Gushi	3826.24	12641.46	5473.11	3086.37	
鹿 邑 县 Luyi	4041.44	10915.09	5367.12	2276.01	
新 蔡 县 Xincai	1796.19	12525.60	5209.52	1895.71	

注：高等教育包括研究生、普通本专科和成人本专科生。
a) Higher Education include Postgraduate,Junior College Student,Undergraduate in Regular and Adult Institutions.

23−33 各市教育经费情况(2014年)

Basic Statistics on Educational Funds by City (2014)

单位：万元 (10 000 yuan)

市 City	合计 Total	国家财政性教育经费 Government Appropriation for Education	#公共财政预算教育经费 The budget of public finance education funds	民办学校中举办者投入 Input of Sponsors in Private Schools	社会捐赠经费 Donations for Running Schools	事业收入 Undertak Revenue	学杂费 Miscell-aneous	其他教育经费 Other Educational Funds
全省 Total	**16449082**	**13226598**	**12773697**	**160146**	**7736**	**2894539**	**2411789**	**160062**
省本级 Provincial Level	2975538	1824445	1694700	732	4312	1048113	881736	97932
郑州市 Zhengzhou	1583718	1272373	1253792	6335	1175	298313	254304	5522
开封市 Kaifeng	568592	410632	400339	38372	123	115838	98796	3628
洛阳市 Luoyang	931333	806709	797771	17788	39	103707	87364	3090
平顶山市 Pingdingshan	660403	572590	535169	5766	32	80857	66778	1160
安阳市 Anyang	632603	528777	518180	7224	842	93508	75467	2252
鹤壁市 Hebi	307381	262135	232862	220	55	42142	37806	2829
新乡市 Xinxiang	777179	635402	608291	849	40	134547	114262	6343
焦作市 Jiaozuo	494277	396857	376079	11316	50	84701	73507	1352
濮阳市 Puyang	567901	478354	454405	9020	48	67953	55805	12527
许昌市 Xuchang	655834	561731	538278	1797	1	90188	72428	2118
漯河市 Luohe	337639	286199	277379	782	15	47752	37278	2890
三门峡市 Sanmenxia	405861	364025	352696	627	30	39088	34166	2091
南阳市 Nanyang	1279447	1130049	1115923	19710	484	125912	103088	3290
商丘市 Shangqiu	1066129	904048	884127	854	47	161178	131628	2
信阳市 Xinyang	940683	827733	816712	17438	344	86159	70970	9009
周口市 Zhoukou	1135598	971112	951176	7741	69	156491	128643	185
驻马店市 Zhumadian	978659	857957	839513	13565	30	103939	75449	3168
济源市 Jiyuan	150307	135470	126305	10		14153	12314	674

23-34　外国留学生情况(2014年)
Basic condition of abroad student (2014)

单位：人、人次　　(person, person-time)

项　目	Item	招生数 Entrants	在校生数 Enrolment	毕(结)业生数 Graduates	授予学位数 Number of degree-granting
外国留学生数	**Number of Abroad Student**	**852**	**1533**	**456**	**79**
#女性	Female	404	695	202	41
按层次分	**by Level**	**539**	**1165**	**283**	**79**
博士研究生	Doctor's Degree	6	14		
硕士研究生	Master's Degree	63	161	56	17
本科	Normal Courses	456	943	156	62
专科	Short-cycle Courses	14	47	71	
培　训	**Training**	**313**	**368**	**173**	
按大洲分	**by Continents**	**852**	**1533**	**456**	**79**
亚洲	Asia	612	1057	334	48
非洲	Africa	131	310	40	1
欧洲	Europe	60	75	34	2
北美洲	North America	32	52	24	8
南美洲	South America	14	24	4	
大洋洲	Oceania	3	15	20	20

主要统计指标解释

教育 指国家、社会、私人依照国家有关法规开办的各类教育机构的活动，以及其他与教育相关的活动。主要包括学前教育、初等教育、中等教育、高等教育和其他教育等类别。学前教育指按照国家幼儿教育规定对学龄前幼儿进行保育和教育活动；初等教育指义务教育法规定的初等教育和成人扫盲教育活动；中等教育指小学毕业到大学专科教育以前的教育；高等教育指经教育行政部门批准、由国家、地方、社会办的获取学历的高等教育活动和经教育主管部门批准举办的成人高等教育活动；其他教育主要指职业技能培训、特殊教育以及其他未列明的教育活动。

国家财政性教育经费 包括国家财政预算内教育经费，各级政府征收用于教育的税费，企业办学校教育经费，校办产业、勤工俭学和社会服务收入用于教育的经费。

财政预算内教育经费 指中央、地方各级财政或上级主管部门在年度内安排，并计划拨到教育部门和其他部门主办的各级各类学校、教育事业单位，列入国家预算支出科目的教育经费，包括教育事业拨款、科研经费拨款、基建拨款和其他经费拨款。

在园幼儿数 指在单独设立的、小学附设的学前班、幼儿班及托儿所附设的幼儿班的幼儿数。托幼混合班仅统计三至周六岁的幼儿数。不包括季节性的农忙时临时组织的幼儿园。

学前教育毛入园率 指学前教育在学人数占国家规定的年龄组人口数的比重。计算公式为：

$$学前教育毛入园率=\frac{在园儿童数}{学前教育学龄人口总数}\times 100\%$$

小学学龄儿童净入学率 指小学学龄人口中正在接受小学教育人数所占比重。计算公式为：

$$学龄儿童净入学率=\frac{小学学龄人口中已经进入小学学习的在校学生总数}{小学学龄人口数}\times 100\%$$

小学五年巩固率 指小学五年级在校学生中，能够从一年级连续学习五年的学生数占入学时本年级学生数比重。计算公式为：

$$小学五年的巩固率=\frac{在校学生数}{该年级入小学一年级时\quad的学生数}\times 100\%$$

初中阶段毛入学率 指初中阶段在校学生总数与12-14岁学龄组人口数的比重。计算公式为：

$$初中阶段毛入学率=\frac{初中阶段在校学生数}{12至14学龄组人口数}\times 100\%$$

初中三年巩固率 指初中三年级在校学生中，能够从一年级连续学习三年的学生占入学时本年级学生数比重。计算公式为：

$$初中三年巩固率=\frac{三年级在校学生数}{该年级入初中一年级时的学生数}\times 100\%$$

高中阶段毛入学率 指高中阶段(包括普通高中、职业高中、中等专业学校、技工学校、成人中等专业学校、成人高中)在校学生总数与15–17岁学龄组人口数的比重。计算公式为：

$$高中阶段毛入学率=\frac{高中阶段在校学生数}{15-17岁学龄组人口数}\times 100\%$$

高等教育毛入学率 指高等教育(包括国家承认学历的各类高等教育：研究生、普通高校本专科、成人高等本专科、高等学历文凭考试专科、网络教育本专科、自学考试本专科、军事院校本专科等)在校学生总数与18–22岁年龄组人口数的比重。

other special children, and educational establishment, providing regular or vocational junior and senior secondary education for hobbledehoy.

Regular Institutions of Higher Education refer to educational establishments set up according to the government evaluation and approval procedures, recruiting graduates from senior secondary schools as the main target by National Matriculation TEST. They include full-time universities, colleges, institutions of higher professional education, institutions of higher vocational education, institutions of higher vocational education and others (non-university tertiary, branch schools and undergraduate classes).

Universities and colleges primarily provide undergraduate courses; institutions of higher professional education and institutions of higher vocational education primarily provide professional trainings; and others refer to educational establishments, which are responsible for enrolling higher education students under the State Plan but not enumerated in the total number of schools, including: branch schools of universities and colleges, and universities and colleges that have been approved and under plan for construction. Non-university tertiary refers to the regular undergraduate branch college which is running in new mechanism and mode, excluding the branch schools and other similar branches of educational institutions.

Institutions of Higher Education for Adults refer to educational establishments, set up in line with relevant rules approved by the government, enrolling staff and workers with senior secondary school or equivalent education, and providing higher education courses in many forms of correspondence, spare time, or full time for adults. Professionals thus trained receive a qualification equivalent to graduates studying regular courses at regular universities, colleges and professional colleges. Institutions of higher learning for adults include schools of higher education for staff and workers, schools of higher education for peasants, colleges for management cadres, pedagogical colleges, independent correspondence colleges, Radio and TV universities and other educational establishments. Other educational establishments have undertakings to enrol adult students but not enumerated in the schools under the State Plan.

Junior high school graduates entering middle schools rate refers to ordinary high school include, professional high school include, technicians schools include average technical secondary school, junior middle school graduate recruit average technical secondary school, the number of the adult technical secondary school recruit fresh held the junior middle school graduates number and adult secondary recruit fresh junior high school graduates number, the molecules is Senior middle schools recruit students, the denominator is junior high school graduates.

卫生和社会工作
Health and Social Work

24

● 资料整理：赵 霞

简要说明

一、主要内容

本篇主要反映卫生、社会服务、残疾人事业的发展情况。

卫生统计资料主要包括医疗卫生机构、卫生人员、卫生设施、卫生经费、基层医疗卫生服务、妇幼保健、疾病控制、居民病伤死亡原因、医疗保障制度等情况。

社会服务统计资料主要包括社会服务企事业机构、社会组织、人员、床位情况，优抚和社会救济情况，社会服务机构情况，婚姻服务情况，殡葬服务情况，社会捐赠和福利彩票销售情况等。

残疾人统计资料主要包括残疾人康复、教育、就业、社会保障、扶贫和残联组织建设情况。

二、资料来源

卫生部分的资料由省卫生厅提供，社会服务资料由省民政厅提供，由省统计局社会与科技处编辑整理。

Brief Introduction

I. Main Contents

Data in this chapter mainly reflect the development of public health, civil affairs, and work for person with disabilities.

Data on public health include mainly the number of medical and health institutions, health personnel, health facility, health expenses, medical and health services at grass-root level, maternal and child health, disease control, major diseases as the causes of death, and health security system.

Data on civil affairs include: institutions, social organizations, personnel and beds of social services, social welfare relief, community service facilities and marriage registration service, funeral and interment services, social donations and welfare lottery.

Data on disabled persons cover information on the rehabilitation, education, employment and poverty alleviation of disabled persons and institutions serving the needs of disabled persons.

II. Sources of Data

Data on public health are calculated from Henan provincial bureau of health. Data on social services are calculated from Henan provincial civil bureau of civil affairs. Data on this chapter are provided by department of social and technology of the Henan provincial Bureau of Statistics.

24-1 卫生事业基本情况

Basic Statistics on Public Health

年份 Year	卫生机构数(个) Number of Health Institutions (unit)	#医院、卫生院 Hospitals & Health Centers	卫生机构床位数(万张) Number of Beds in Health Institutions (10 000 units)	#医院、卫生院 Hospitals & Health Centers	卫生技术人员数(万人) Medical and Technical Personnel (10 000 persons)	#执业(助理)医师 Practice (assistant) Physicians	每万人口拥有 per 10 000 Population: 卫生机构床位数(张) Number of Beds in Health Institutions (unit)	每万人口拥有 per 10 000 Population: 执业(助理)医师数(人) Practice (assistant) Physicians (person)
1978	7356	2476	10.20	9.73	11.44	4.38	14.4	6.2
1979	7702	2501	11.23	10.63	12.89	4.79	15.6	6.7
1980	7831	2530	11.92	11.17	14.48	5.41	16.4	7.4
1981	8483	2563	12.49	11.65	16.31	6.81	16.9	9.2
1982	8513	2578	13.08	12.11	17.34	7.31	17.4	9.7
1983	8504	2611	13.77	12.74	18.38	7.82	18.0	10.2
1984	8583	2665	14.24	13.13	19.12	8.10	18.4	10.5
1985	9207	2688	14.91	13.77	19.49	8.36	19.0	10.7
1986	8933	2713	15.31	13.99	20.15	8.50	19.2	10.6
1987	8833	2730	16.90	15.42	20.44	8.49	20.7	10.4
1988	8865	2756	17.55	15.95	21.36	8.85	21.1	10.6
1989	8721	2810	17.96	16.25	21.85	9.61	21.2	11.3
1990	8676	2824	18.21	16.36	22.28	9.94	21.1	11.5
1991	8639	2834	18.49	16.56	23.03	9.93	21.1	11.3
1992	8375	2857	18.91	16.97	23.91	10.14	21.3	11.4
1993	7669	2892	18.91	17.22	24.39	10.16	21.1	11.4
1994	7656	2944	19.14	17.45	25.13	10.55	21.2	11.7
1995	7661	2965	19.23	17.54	25.50	10.57	21.1	11.6
1996	7253	2987	18.95	17.54	25.77	10.57	20.7	11.5
1997	7194	3001	18.92	17.58	26.20	10.67	20.5	11.5
1998	11774	2999	19.42	17.99	26.32	10.68	20.8	11.5
1999	11643	3014	19.71	18.26	26.66	10.89	21.0	11.6
2000	10764	3027	19.86	18.34	26.84	11.11	20.9	11.7
2001	10719	3024	19.99	18.50	27.18	11.12	20.9	11.6
2002	13291	3094	19.73	18.75	26.48	10.17	20.5	10.6
2003	13621	3149	20.37	19.28	27.87	10.64	21.1	11.0
2004	13821	3182	20.90	19.72	28.42	10.94	21.5	11.3
2005	14554	3260	21.40	20.23	28.92	11.11	21.9	11.4
2006	14629	3292	22.52	21.23	30.07	11.55	22.9	11.8
2007	11888	3281	23.95	22.61	29.79	11.59	24.3	11.7
2008	11683	3263	26.83	25.22	30.99	11.93	27.1	12.0
2009	12157	3282	30.24	28.30	34.64	13.96	30.3	14.0
2010	75741	3282	32.76	30.44	37.28	15.48	34.8	16.5
2011	76201	3304	34.92	32.49	39.52	15.58	37.2	16.6
2012	69222	3356	39.39	36.57	42.88	16.77	41.9	17.8
2013	71464	3471	42.98	40.03	46.91	18.06	45.7	19.2
2014	71157	3470	45.93	42.83	49.45	18.93	48.7	20.1

注：从2010年起村卫生室、2013年起计划生育技术服务机构，其机构、人员分别计入卫生机构总数、卫生人员总数(下表同)。

a)Data of Number of Health Institutions and Personnel is include Village Hospital & Health Center since 2012, and include family planning fertility technical service institution since 2013.(the same as the following table)

24–2 卫生事业发展情况

Basic Statistics on Public Health Development

项 目	Item	1990	1995	2000	2005	2010	2013	2014
卫生机构数(个)	**Number of Health Institutions (unit)**	**8676**	**7661**	**10764**	**14554**	**75741**	**71476**	**71157**
#村卫生室	Village Clinics					64140	56955	56721
医院	Hospitals	789	896	966	1172	1198	1402	1412
疗养院、所	Sanatoriums	12	8	7	5	6	2	2
门诊部、所	Clinics	5142	3942	196	68	86	136	138
诊所、卫生所、医务室	Clics,Individual-Run Medical Units					6694	6829	6723
乡镇卫生院	Towns and townships Health Centers			2084	2084	2084	2068	2055
社区卫生服务中心(站)	Community Sanitation Service Station			861	1017	861	1280	1312
专科防治所、站	Specialized Prevention & Treatment Centers or Stations	45	44	45	32	20	22	22
妇幼保健所、站	Maternity and Child Care Centers	138	142	135	167	167	165	164
卫生机构床位数(万张)	**Number of Beds in Health Institutions(10 000 units)**	**18.21**	**19.23**	**19.86**	**21.40**	**32.76**	**42.98**	**45.93**
#医院、卫生院	Hospital & Health Center	16.36	17.54	18.34	20.23	30.44	40.03	42.83
#医院	Hospitals	10.80	12.10	13.26	14.97	22.10	30.65	33.27
疗养院、所	Sanatoriums	0.22	0.15	0.15	0.06	0.09	0.01	0.01
门诊部	Clinics	1.10	0.84	0.51	0.11	0.11	0.06	0.12
平均每千人口卫生机构床位数(张)	Number of Health Institutions Beds per 1 000 Population (unit)	2.11	2.11	2.09	2.19	3.48	4.57	4.87
#医院、卫生院	Hospitals & Health Centers	1.89	1.93	1.93	2.07	3.24	4.25	4.54
医院病床使用率(%)	Utilization Rate of Beds (%)	75.71	68.08	59.60	67.01	85.36	90.67	91.17
卫生机构人员数(万人)	**Number of Persons in Health Institutions (10 000 persons)**	**27.06**	**31.31**	**33.50**	**36.23**	**59.11**	**71.72**	**74.52**
#卫生技术人员	Medical Technical Personnel	22.28	25.50	26.84	28.92	37.28	46.91	49.45
#执业(助理)医师	Practice (assistant) Physicians	9.94	10.57	11.11	11.11	15.48	18.06	18.93
护士	Senior Nurses	2.16	3.19	3.84	7.71	12.14	17.65	19.11
平均每千人口医生数(人)	Number of Doctors per 1 000 Population (person)	1.15	1.16	1.17	1.14	1.65	1.92	2.01

注：1.1996年及以后年度门诊部、所不含诊所、卫生保健所和医务室,与以前年度不可比(下同)。
2.1998年及以后年度卫生机构包括个体开业(下同)。
3.2002年以来医生、护士人员数为"执业医师、执业助理医师与注册护士人员数"。
4.2007年起，诊所、卫生室、医务室与社区卫生服务中心(站)分开统计。

a)The numbers of clinics since 1996 exclude cliniques, hygiene places and infirmaries. It cannot be compared with some relative years (the same as in following tables).
b)The number of health institutions include individuals since 1998 (the same as in the following tables).
c)Number of doctors and junior nurses since 2002 is the Number of registered doctors,deputy doctors and junior nurses.
d)Number of Clics,Individual-Run Medical Units and Community Sanitation Service Station are calculated by Separate statistics system since 2007.

24-3 卫生机构、床位、人员数(2014年)

Number of Health Institutions, Beds and Persons (2014)

机构类别	Type of Institutions	机构数(个) Institutions (unit)	床位数(张) Beds (unit)	人员 合计(人) Total of Persons (Person)	#卫生技术人员 Medical Technical Personnel	#其他技术人员 Other Technical Personnel	#管理人员 Managerial Personnel	#工勤人员 Logistics Workers
总　　计	**Total**	**71157**	**459338**	**745187**	**494537**	**33652**	**34051**	**63640**
#医院合计	**Total Number of Hospitals**	**1412**	**332705**	**371662**	**305515**	**15746**	**17713**	**32688**
综合医院	General Hospitals	877	242494	272914	226022	10908	12825	23159
中医医院	Hospitals Specialized in Traditional Chinese Medicine	233	51264	60192	49205	2830	2436	5721
中西医结合医院	Hospitals Combining Chinese and Western Medicine	16	1510	1518	1223	58	80	157
专科医院	Specialized Hospital	285	37387	37024	29051	1950	2372	3651
口腔医院	Hospitals for Mouth Cavity Diseases Care	13	1308	2386	1876	99	180	231
眼科医院	Hospital for Eye Care	22	1693	1961	1437	194	125	205
耳鼻喉科医院	ENT Hospital	6	272	315	242	39	15	19
肿瘤医院	Tumor Hospitals	9	5493	5193	4485	242	184	282
心血管病医院	Heart and Blood Vessel Trouble Hospital	10	1574	1983	1641	67	192	83
胸科医院	Chest Hospital	2	1132	1336	1155	82	42	57
血液病医院	Hematonosis Hospital	3	108	65	54	3	4	4
妇产(科)医院	Maternity Hospitals	19	1118	2206	1539	90	202	375
儿童医院	Hospitals for Children	2	2413	3440	2875	81	194	290
精神病医院	Mental Hospitals	39	10031	6065	4585	365	316	799
传染病医院	Hospitals of Infectious Diseases	11	2706	2248	1723	100	223	202
皮肤病医院	Dermatosis Hospital	7	185	262	212	12	14	24
结核病医院	Tuberculosis Hospitals							
麻风病医院	Leprosy hospital	1	40	42	28	1	3	10
职业病医院	Diseases hospital	1	99	188	135	4	19	30
骨科医院	Orthopaedics Hospitals	43	3681	3675	2932	178	211	354
康复医院	Rehabilitation Hospitals	22	2376	1776	1305	153	99	219
整形外科医院	Plastic Surgery Hospital	1	25	106	42	21	15	28
美容医院	Hairdressing hospital	6	130	335	134	42	82	77
其他专科医院	Other Specialized Hospitals	68	3003	3442	2651	177	252	362
社区卫生服务中心(站)	**Community Sanitation Service Stations**	**1312**	**10202**	**20830**	**17349**	**882**	**1094**	**1505**
卫生院	**Heath Center**	**2058**	**95634**	**102084**	**79976**	**6497**	**3926**	**11685**
村卫生室	**Village clinics**	**56721**		**142644**	**23337**			
门诊部	**Clinics**	**138**	**572**	**2240**	**1927**			**313**
诊所、卫生室、医务室	**Clics,Individual-Run Medical Units and**	**6723**		**15458**	**14806**			**652**
采供血机构	**Collectting and Supply Institutions for Blood**	**22**		**2018**	**1331**	**227**	**109**	**351**
妇幼保健院(所、站)	**Maternity and Child Care Centers**	**164**	**18711**	**26599**	**21184**	**1403**	**1228**	**2784**
专科疾病防治院(所、站)	**Specialized Prevention & Treatment Centers or Stations**	**22**	**1339**	**1536**	**1048**	**152**	**121**	**215**
疾病预防控制中心(防疫站)	**Center for Disease Prevention and Control**	**180**		**17532**	**10475**	**1829**	**1558**	**3670**
卫生监督所(中心)	**Sanitation Supervision Stations**	**180**		**6747**	**4498**	**435**	**771**	**1043**
计划生育技术服务机构	**Family planning fertility technical service institution**	**1881**		**26353**	**8567**	**5282**	**5977**	**6527**

注：本表人员合计中包括乡村医生108851人和卫生员10456人。
a)Data of total persons include county doctor 108851 persons and Heath Center 10456 persons.

24-4 卫生机构各类人员
Employed Persons In Health Institutions by Types of Occupation

单位：人 (person)

人员类别	Type of Personnel	1990	2000	2005	2010	2013	2014
各类人员总计	**Total**	**270573**	**335031**	**362263**	**591059**	**717232**	**745187**
卫生技术人员	Medical Technical Personnel	222771	268427	289157	372818	469126	494537
其他技术人员	Other Technical Personnel	2256	12428	23409	24100	32906	33652
管理人员	Managerial Personnel	19856	23554	20060	25348	32955	34051
工勤人员	Logistics Workers	25690	30622	29637	40013	60896	63640
乡村医生和卫生员	Village Doctors & Assistants				128780	121349	119307
卫生技术人员	**Medical Technical Personnel**	**222771**	**268427**	**289157**	**372818**	**469126**	**494537**
执业(助理)医师	Practice (assistant) Physicians	99354	111113	111134	154801	180600	189335
注册护士	Registered Nurses	46391	63032	77132	121384	176534	191117
药剂人员	Pharmacists	25812	28094	22432	20488	22882	23963
检验人员	Laboratory Technicians	10244	13982	13987	14445	16560	17461
其他	Others	40970	52206	64472	61700	72550	72661
平均每千人口	**Number of Medical Technical**						
卫生技术人员	Personnel per 1 000 Population	2.58	2.82	2.96	3.96	4.98	5.24
#执业(助理)医师	Practice (assistant) Physicians	1.15	1.17	1.14	1.65	1.92	2.01

24-5 卫生总费用
Total Health Expenditure

指标名称	Index	2011	2012	2013
卫生总费用(亿元)	Total Health Expenditure(100 million yuan)	1066.57	1517.63	1696.60
#政府卫生支出	Government Health Expenditure	321.19	489.46	561.33
社会卫生支出	Social Health Expenditure	272.98	381.86	453.47
居民个人现金卫生支出	Out-of-pocket Health Expenditure	472.40	646.31	681.80
人均卫生总费用(元)	Per Capita Health Expenditure(yuan)	1134.04	1613.47	1802.40
卫生总费用占GDP比重(%)	Health Expenditure as Percentage of GDP (%)	4.62	5.13	5.28
卫生消费弹性系数	Health consumption elasticity coefficient	0.73	2.05	1.35
门诊病人次均医药费用(元)	Outpatient all medical expenses (yuan)	77.0	86.9	95.3

24-6 卫生部门医院住院病人前十位疾病构成(ICD-10)(2014年)

Percentage of 10 Main Diseases of Inpatients in City Hospitals of Health Sector (ICD-10) (2014)

顺序 No.	市	City	疾病构成(%) As % of Total
	十种疾病构成	**Total**	
1	呼吸系统疾病	Diseases of the Respiratory System	10.40
2	消化系统疾病	Diseases of the Digestive System	8.17
3	恶性肿瘤	Mslignant Tumour	6.93
4	脑血管病	Cerebrovascular Disease	6.44
5	缺血性心脏病	Ischaemic Heart Disease	6.42
6	妊娠、分娩和产褥期病	Pregnancy,childbirth & the Puerperium	6.41
7	损伤、中毒和外因	External Causes of Injury and Poison	6.20
8	泌尿生殖系统疾病	Disease of the Genitourinary System	5.80
9	神经系统疾病	Diseases of the Nervous System	4.18
10	传染病和寄生虫病	Certain Infestious and Parasitic Diseases	4.13

顺序 No.	县	County	疾病构成(%) As % of Total
	十种疾病构成	**Total**	
1	呼吸系统疾病	Diseases of the Respiratory System	17.28
2	妊娠、分娩和产褥期病	Pregnancy,childbirth & the Puerperium	13.00
3	脑血管病	Injury, Poisoning & External Causes	9.78
4	损伤、中毒和外因	Cerebrovascular Disease	9.59
5	消化系统疾病	Diseases of the Digestive System	8.95
6	缺血性心脏病	Ischaemic Heart Disease	6.69
7	传染病和寄生虫病	Certain Infestious and Parasitic Diseases	4.35
8	泌尿生殖系统疾病	Disease of the Genitourinary System	3.62
9	起源于围生期病	Perinatal Diseases	3.55
10	恶性肿瘤	Mslignant Tumour	3.52

24-7 部分市、县前十位主要疾病死亡率(2014年)

Death Rate of Ten Major Diseases in Partial Cities and Counties (2014)

单位：1/10万 (1/100 000)

死亡原因	Cause of Death	死亡率 Death Rate
市　　县	**City and County**	
脑血管病	Cerebrovascular Disease	148.19
恶性肿瘤	Mslignant Tumour	141.57
心脏病	Heart Diseases	127.90
呼吸系统疾病	Diseases of the Respiratory System	43.22
损伤和中毒	Injury and Poison	43.09
内分泌、营养和代谢疾病及免疫疾病	Endocrine, Nutritional & Metabolic Diseases, immune disease	12.76
传染病和寄生虫病	Certain Infestious and Parasitic Diseases	5.69
消化系统疾病	Diseases of the Digestive System	5.57
泌尿和生殖系病	Disease of the Genitourinary System	4.08
新生儿疾病	Diseases of the Newborn	3.76
城　　市	**City**	
脑血管病	Cerebrovascular Disease	133.55
恶性肿瘤	Malignant Neoplasms	132.18
心脏病	Heart Diseases	114.75
呼吸系统疾病	Diseases of the Respiratory System	47.51
损伤和中毒	Injury and Poison	34.83
内分泌、营养和代谢疾病及免疫疾病	Endocrine, Nutritional & Metabolic Diseases, immune disease	15.70
消化系统疾病	Diseases of the Digestive System	7.31
传染病和寄生虫病	Certain Infestious and Parasitic Diseases	5.11
泌尿和生殖系病	Disease of the Genitourinary System	4.33
神经系统疾病	Diseases of the Nervous System	4.03
县	**County**	
脑血管病	Cerebrovascular Disease	157.80
恶性肿瘤	Malignant Neoplasms	143.88
心脏病	Heart Diseases	126.67
呼吸系统疾病	Diseases of the Respiratory System	45.64
损伤和中毒	Injury and Poison	41.82
内分泌、营养和代谢疾病及免疫疾病	Endocrine, Nutritional & Metabolic Diseases, immune disease	11.91
传染病和寄生虫病	Certain Infestious and Parasitic Diseases	5.86
消化系统疾病	Diseases of the Digestive System	5.07
泌尿和生殖系病	Disease of the Genitourinary System	4.02
新生儿疾病	Newborn Baby Disease	3.68

24-8 甲乙类法定报告传染病发病及死亡情况(2014年)

Incidence and Death from Infectious Diseases (2014)

病 名 Name	发病率 (1/10万) Incidence Disease Rate (per100 000 persons)	病 名 Name	死亡率 (1/10万) Death Rate (per 100 000 persons)	病 名 Name	病死率 (%) Mortality Rate per 100 Infectious Disease Patients (%)
肝 炎	100.349	艾滋病	1.292	狂犬病	74.359
肺结核	66.497	肺结核	0.107	艾滋病	42.399
梅 毒	19.084	狂犬病	0.062	出血热	3.008
痢 疾	15.285	肝 炎	0.031	乙 脑	2.128
布 病	5.498	出血热	0.004	疟 疾	1.351
淋 病	3.215	疟 疾	0.003	肺结核	0.161
艾滋病	3.047	痢 疾	0.001	肝 炎	0.031
麻 疹	1.509	梅 毒	0.001	痢 疾	0.007
新生儿破伤风	0.015	乙 脑	0.001	梅 毒	0.006
猩红热	1.351	霍 乱	-	霍 乱	-
疟 疾	0.236	淋 病	-	淋 病	-
伤寒+副伤寒	0.160	麻 疹	-	麻 疹	-
出血热	0.141	百日咳	-	百日咳	-
百日咳	0.122	流 脑	-	流 脑	-
狂犬病	0.083	猩红热	-	猩红热	-
乙 脑	0.050	布 病	-	布 病	-
登革热	0.029	新生儿破伤风	-	新生儿破伤风	-
流 脑	0.007	登革热	-	登革热	-
霍 乱	0.001	血吸虫病	-	血吸虫病	-
血吸虫病	0.001	伤寒+副伤寒	-	伤寒+副伤寒	-

24-9 防病工作情况

Basic Condition of Disease Prevention and Cure

指 标	Item	2012	2013	2014
传染病发病总例数(甲、乙)(万例)	**Number of Incidence from infectious disease(A、B) (10 000 persons)**	**29.5**	**22.8**	**20.4**
发病率(1/10万)	Incidence Disease Rate (1/100 000)	314.2	399.0	439.8
传染病死亡总人数(人)	Number of Death from infectious disease (person)	1869	1438	1463
死亡率(1/10万)	Death Rate (1/100 000)	2.0	1.5	1.6
结核病登记病人数(千例)	Number of register of Tuberculosis (1000 persons)	70.6	65.2	64.4
登记患病率(‰)	Register sicken Rate(‰)	0.67	0.75	0.68
结核病新发病人数(千例)	Number of New Incidence from Tuberculosis (1000 persons)	24.2	18.8	14.4
登记新发病率(1/万)	Register New Incidence Disease Rate (1/10 000)	2.30	2.00	1.50
结核病死亡人数(人)	Number of Death from Tuberculosis (person)	126	141	101
死亡率(1/10万)	Death Rate (1/100 000)	0.12	0.15	0.11
“五苗”接种率(%)	Five Type of bacterins inoculability Rate (%)	99.7	99.7	94.7
乙肝疫苗全程接种率(%)	Hepatitis B Bacterins Quite inoculability Rate (%)	99.7	99.7	96.7

24-10　各市医疗卫生机构情况(2014年)

Conditions of Health Institutions by City (2014)

单位：个 (unit)

地区	City (County)	合计 Total	城市 Urban Areas	农村 Rural Areas	#医院 Hospital	#公立医院 Public Hospitals	#基层医疗卫生机构 Health Care Institutions at Grass-root Level	#社区卫生服务中心(站) Community health sevice centers	乡镇卫生院 Township Health Centers	村卫生室 Village Clinics	#专业公共卫生机构 Specialized Public Health Institutions	#疾病预防控制中心 Center for Disease Control and Prevention	#妇幼保健院(所/站) Women and Children Care Agencies
全　　省	**Total**	**71157**	**5421**	**65736**	**1412**	**892**	**66952**	**1312**	**2055**	**56721**	**2481**	**180**	**164**
省辖市	**City**												
郑州市	Zhengzhou	3848	979	2869	213	101	3466	217	94	2320	140	16	14
开封市	Kaifeng	3115	356	2759	81	45	2895	76	93	2500	110	11	8
洛阳市	Luoyang	4124	494	3630	119	87	3789	163	154	3110	202	16	16
平顶山市	Pingdingshan	3886	406	3480	86	68	3683	115	97	2912	97	12	10
安阳市	Anyang	5470	630	4840	68	42	5262	31	92	3713	129	10	10
鹤壁市	Hebi	1487	218	1269	33	21	1403	12	25	1169	42	6	5
新乡市	Xinxiang	5257	329	4928	97	66	4962	131	147	4322	189	13	13
焦作市	Jiaozuo	2728	231	2497	54	50	2560	75	82	2111	107	11	11
濮阳市	Puyang	4224	337	3887	55	37	4050	60	77	3609	102	8	7
许昌市	Xuchang	3999	166	3833	89	42	3829	51	77	3407	78	7	6
漯河市	Luohe	1824	260	1564	48	31	1701	50	51	1360	73	6	5
三门峡市	Sanmenxia	1981	135	1846	57	41	1891	53	75	1496	28	7	5
南阳市	Nanyang	6689	127	6562	93	77	6284	34	218	5895	289	14	13
商丘市	Shangqiu	6483	165	6318	69	41	6192	89	191	5690	148	10	9
信阳市	Xinyang	3991	218	3773	64	48	3659	80	200	3164	251	11	10
周口市	Zhoukou	8003	303	7700	121	44	7623	17	183	6658	237	11	11
驻马店市	Zhumadian	3426	67	3359	56	43	3117	11	187	2799	236	10	10
济源市	Jiyuan	622		622	9	8	586	47	12	486	23	1	1
省直管县	**Province Administrating County**												
巩义市	Gongyi	657		657	10	1	624	26	18	503	20	1	1
兰考县	Lankao	633		633	12	4	601		16	566	19	1	1
汝州市	Ruzhou	531		531	10	10	499	5	15	460	21	1	1
滑县	Huaxian	1193		1193	8	6	1158		22	1116	27	1	1
长垣县	Changyuan	707		707	7	3	677	11	19	595	22	1	1
邓州市	Dengzhou	1019		1019	3	3	979	16	25	903	35	1	1
永城市	Yongcheng	804		804	6	6	788	2	28	736	6	1	1
固始县	Gushi	714		714	11	4	664	4	30	609	36	1	1
鹿邑县	Luyi	933		933	15	4	892	1	22	749	24	1	1
新蔡县	Xincai	466		466	5	5	429		23	398	30	1	1

24-11 各市医疗卫生机构床位情况(2014年)

Number of Beds in Health Institutions by City (2014)

单位：张 (unit)

地区 City(County)	合计 Total	城市 Urban Areas	农村 Rural Areas	#医院 Hospital	#公立医院 Public Hospitals	#基层医疗卫生机构 Health Care Institutions at Grass-root Level	#社区卫生服务中心(站) Community health sevice centers	#乡镇卫生院 Township Health Centers	#专业公共卫生机构 Specialized Public Health Institutions	#妇幼保健院(所、站) Women and Children Care Agencies	#专科疾病防治院(所、站) Specialized Disease Prevention & Treatment Institution
全　　省 Total	**459338**	**183258**	**276080**	**332705**	**293767**	**106408**	**10202**	**95634**	**20080**	**18711**	**1339**
省 辖 市 City											
郑 州 市 Zhengzhou	73865	55052	18813	64788	53714	5839	1218	4491	3238	3121	117
开 封 市 Kaifeng	23297	9601	13696	17742	15687	4464	312	4152	1091	983	108
洛 阳 市 Luoyang	37163	18482	18681	28265	26479	7069	729	6210	1729	1629	80
平 顶 山 市 Pingdingshan	25106	8586	16520	18261	17476	5653	466	4988	1147	993	154
安 阳 市 Anyang	24830	9923	14907	17873	16304	5677	445	5212	1280	1222	58
鹤 壁 市 Hebi	7594	3371	4223	6045	4599	1399	135	1249	150	150	
新 乡 市 Xinxiang	30106	10106	20000	21654	18788	7468	688	6740	984	864	115
焦 作 市 Jiaozuo	18516	8621	9895	12540	11872	5143	1803	3340	833	833	
濮 阳 市 Puyang	17285	7578	9707	11310	8857	5184	104	5078	791	791	
许 昌 市 Xuchang	18139	5516	12623	13850	11498	3555	384	3171	734	664	70
漯 河 市 Luohe	12633	6855	5778	8915	8283	3109	514	2589	609	609	
三 门 峡 市 Sanmenxia	12931	4432	8499	9807	9004	2744	418	2322	380	380	
南 阳 市 Nanyang	40514	13455	27059	27597	26327	10949	1076	9873	1968	1743	220
商 丘 市 Shangqiu	30189	6224	23965	18655	17359	10217	672	9535	1317	1076	241
信 阳 市 Xinyang	21509	5305	16204	13092	12001	7195	515	6664	1222	1221	1
周 口 市 Zhoukou	33703	4373	29330	21258	15800	11095	417	10678	1350	1190	160
驻 马 店 市 Zhumadian	28991	5778	23213	18825	17611	9059	306	8753	1107	1092	15
济 源 市 Jiyuan	2967		2967	2228	2108	589		589	150	150	
省 直 管 县 Province Administrating County											
巩 义 市 Gongyi	2856		2856	2144	1000	612	20	592	100	100	
兰 考 县 Lankao	4554		4554	3302	2296	1001		1001	251	251	
汝 州 市 Ruzhou	5393		5393	3458	3458	1627	155	1472	308	260	48
滑 县 Huaxian	4956		4956	3440	2736	1366		1366	150	150	
长 垣 县 Changyuan	3484		3484	2460	1329	964		964	60	60	
邓 州 市 Dengzhou	4624		4624	2486	2486	1698	339	1359	440	220	220
永 城 市 Yongcheng	5021		5021	2916	2916	1884	30	1854	221	125	96
固 始 县 Gushi	4099		4099	2269	1450	1313	172	1141	517	517	
鹿 邑 县 Luyi	4427		4427	3149	1374	1233	142	1091	45	45	
新 蔡 县 Xincai	1980		1980	810	810	990		990	180	180	

24-12 各市卫生人员情况(2014年)

Employed Persons in Health Care Institutions by City (2014)

单位：人 (person)

地区	City(County)	卫生人员 Medical Personnel	#卫生技术人员 Medical Technical Personnel	#执业(助理)医师 Licensed (Assistant) Doctors	#执业医师 Licensed Doctor	#注册护士 Registered Nurse	#药师(士) Pharmacist	乡村医生和卫生员 Village Doctors and Assistants	其他技术人员 Other Technical Personnel
全省	**Total**	**745187**	**494537**	**189335**	**134405**	**191117**	**23963**	**119307**	**33652**
省辖市	**City**								
郑州市	Zhengzhou	102822	80831	28912	25447	37790	3463	5327	4511
开封市	Kaifeng	38455	25397	9861	6784	10011	1210	6038	1935
洛阳市	Luoyang	55436	39157	15052	11548	16384	1760	6435	2413
平顶山市	Pingdingshan	38770	26413	9997	6768	10075	1307	5942	1372
安阳市	Anyang	38853	25009	11247	7099	8739	953	7808	1361
鹤壁市	Hebi	12120	7910	3288	2328	2906	362	2122	440
新乡市	Xinxiang	50109	32489	12339	9040	13210	1547	7913	2057
焦作市	Jiaozuo	28045	19300	8355	6114	7151	916	3535	1432
濮阳市	Puyang	30284	18339	6825	4807	6935	901	6834	1642
许昌市	Xuchang	33930	21795	9058	5892	7862	999	6736	1246
漯河市	Luohe	20402	13551	4789	3561	5318	582	3303	1157
三门峡市	Sanmenxia	18637	13774	5150	3785	5163	584	2250	697
南阳市	Nanyang	69952	43832	15629	10840	17059	2529	13289	3023
商丘市	Shangqiu	56465	35080	12870	7690	11312	1989	9268	3237
信阳市	Xinyang	40238	22895	8636	5896	7903	1154	9199	1990
周口市	Zhoukou	59143	34904	13902	8340	11168	1870	13447	2926
驻马店市	Zhumadian	46191	30214	12018	7306	10662	1676	9139	2000
济源市	Jiyuan	5335	3647	1407	1160	1469	161	722	213
省直管县	**Province Administrating County**								
巩义市	Gongyi	5722	4347	1728	1213	1868	206	783	107
兰考县	Lankao	6294	4110	1469	861	1519	179	912	326
汝州市	Ruzhou	6581	3780	1260	769	1352	142	958	447
滑县	Huaxian	8318	4885	2300	1200	1715	155	1216	446
长垣县	Changyuan	7058	4788	1991	1211	1919	195	1090	198
邓州市	Dengzhou	8227	4244	1379	872	1561	200	2068	291
永城市	Yongcheng	8069	5461	1705	1066	2007	232	1368	438
固始县	Gushi	7733	3904	1307	866	1259	193	2050	426
鹿邑县	Luyi	6595	3609	1633	770	1013	214	1892	265
新蔡县	Xincai	4714	3007	1654	568	584	104	1068	220

24-13 农村乡镇卫生院医疗服务情况

Situations of Medical Services in Township Health Centers

年份 市	Year City	诊疗人次(万次) Visits (10 000 times)	病床使用率(%) Utilization Rate (%)	出院者平均住院日(日) Average Stay Days in Hospital(day)
	1990	4679	41.0	5.9
	1995	5660	43.6	4.8
	1996	5390	39.3	4.7
	1997	5073	40.6	4.7
	1998	4713	39.1	4.5
	1999	4098	37.2	5.2
	2000	4130	36.9	5.0
	2001	4398	36.3	4.5
	2002	4150	36.7	4.3
	2003	4054	37.6	5.1
	2004	4165	36.5	5.1
	2005	4205	38.4	5.0
	2006	4616	42.1	4.9
	2007	5357	54.5	7.4
	2008	6077	64.9	4.6
	2009	6230	63.4	5.2
	2010	6473	64.1	5.4
	2011	6914	62.6	6.0
	2012	8130	65.1	6.3
	2013	8935	61.7	6.9
	2014	9649	62.1	7.0
郑州市	Zhengzhou	687	61.0	7.1
开封市	Kaifeng	493	51.4	7.6
洛阳市	Luoyang	673	64.3	7.7
平顶山市	Pingdingshan	476	67.3	8.4
安阳市	Anyang	315	64.4	7.6
鹤壁市	Hebi	107	67.6	7.8
新乡市	Xinxiang	427	61.2	7.5
焦作市	Jiaozuo	343	58.2	7.7
濮阳市	Puyang	259	74.6	7.1
许昌市	Xuchang	490	33.7	7.4
漯河市	Luohe	191	77.0	8.1
三门峡市	Sanmenxia	212	49.1	9.0
南阳市	Nanyang	1080	63.7	6.1
商丘市	Shangqiu	1222	71.6	6.3
信阳市	Xinyang	686	68.7	6.2
周口市	Zhoukou	1068	52.7	6.9
驻马店市	Zhumadian	864	60.5	6.6
济源市	Jiyuan	57	49.3	9.0

24-14 妇女儿童卫生保健状况
Basic Statistics on Health Care of Women and Children

指　　标	Item	2005	2010	2013	2014
婚前医学检查率(%)	Rate of Medical Examination before Marriage (%)	1.1	4.9	63.1	68.0
城市	Urban Areas	1.9	6.4	55.2	54.9
农村	Rural Areas	0.5	4.1	64.8	74.2
出生缺陷发生率(1/万)	Birth-defect Rate (1/10000)	82.0	81.6	96.9	124.2
婴儿死亡率（‰）	Infant Mortality (‰)	10.8	7.1	5.5	4.9
城市	Urban Areas	10.0	5.5	4.3	3.7
农村	Rural Areas	11.1	8.0	6.1	5.5
5岁以下儿童死亡率(‰)	Mortality of Child under 5 Years Old (‰)	13.8	8.7	7.2	6.6
城市	Urban Areas	10.7	6.4	5.2	4.5
农村	Rural Areas	15.3	10.0	8.0	7.6
孕产妇死亡率(1/10万)	Mortality Rate of Pregnant and Lying-in Women (1/100 000)	44.8	15.2	11.3	11.2
城市	Urban Areas	33.3	20.2	12.9	12.0
农村	Rural Areas	49.3	13.2	10.9	10.8
全省住院分娩率(%)	Hospitalization Rate of Parturition in Province (%)	87.8	98.9	99.8	99.9
农村孕产妇住院分娩率(%)	Hospital Parturition Rate of Rural Pregnant and Lying-in Women (%)	85.0	98.7	99.8	99.9
农村高危孕产妇住院分娩率（%）	Hospital Parturition Rate of Rural High Risk Pregnant and Lying-in Women (%)	97.7	99.4	99.8	100.0
产前检查率（%）	Medical Prenatal Examination Rate (%)	85.0	91.2	93.2	94.6
孕产妇系统管理率（%）	Systematic Management Rate of Pregnant and Lying-in Women (%)	67.2	76.4	79.6	81.5
城市	Urban Areas	67.6	80.0	80.6	83.7
农村	Rural Areas	67.0	75.0	79.1	80.5
5岁以下儿童中、重度营养不良患病率(%)	moderate and Serious malnutrition Rate of Children under 5 Years old (%)	3.4	2.0	1.5	1.6
城市	Urban Areas	2.4	1.5	1.1	1.4
农村	Rural Areas	4.0	2.2	1.7	1.8
7岁以下儿童保健管理率（%）	Health Care Rate of Children under 7 Years Old (%)	70.2	76.7	83.3	85.6
城市	Urban Areas		83.6	85.1	86.6
农村	Rural Areas		74.0	82.5	85.2
卡介苗疫苗接种率(%)	BCG (%)	99.4	99.8	99.8	98.9
脊髓灰质炎疫苗接种率(%)	Poliomyelitis (%)	99.2	99.3	99.7	98.3
百白破疫苗接种率(%)	DPT(%)	99.2	99.5	99.7	94.5
麻疹疫苗接种率(%)	Measles (%)	98.7	99.3	99.7	94.7
乙肝疫苗接种率（%）	Inoculation Rate of Hepatitis B Vaccine (%)	99.1	99.8	99.7	96.7

24-15 社会服务机构基本情况(2014)
Statistics on Social Service Institutions (2014)

指标名称	Item	单位数（个）Number of Institutions (unit)	职工人数（人）Number of Staff and Workers (persons)	床位数（张）Number of beds (piece)	收留抚养和救助人数（人）Number of taken in, raised and rescued person (person)
社会服务	**Social Services**	**10315**	**113865**	**368234**	**461713**
社会工作	**Social Work**	**9367**	**97636**	**368234**	**461713**
提供住宿的社会服务机构	Social Welfare Institutions with Accommodations	**4472**	**22512**	**368234**	**461713**
老年人与残疾人服务机构	Institutions for the Aged and Disabled	4294	18818	351996	204692
城市养老服务机构	For the Aged in Urban Areas	551	4718	74277	24248
农村养老服务机构	For the Aged in Rural Areas	3460	10680	261068	168941
社会福利院	Social Welfare Homes	67	1294	9509	6686
光荣院	Homes for Disabled Veterans	97	642	5874	4441
荣誉军人康复医院	Convalescent Hospitals for Honorable Servicemen	3	441	558	279
复员军人疗养院	Sanatoriums for Ex-serviceman	2	74	710	97
军休所	Soldier nest roost	114	969	-	-
智障与精神疾病服务机构	Social Welfare Institutions for Mental Retardation and Mental Diseases	8	1090	1912	1714
社会福利医院	Social Welfare Hospitals	7	789	1312	1114
复退军人精神病院	Mental Hospitals for Ex-serviceman	1	301	600	600
儿童收养救助服务机构	Social Welfare Institutions for Children	50	854	5504	128627
儿童福利机构	Welfare Institutions for Children	18	854	3754	3040
未成年人救助保护中心	Juvenile Rescue and Protection Centers	32		1750	125587
其他提供住宿的服务机构	Other Social Welfare Institutions with Accommodations	120	1750	8822	126680
生活无着人员救助管理站	Salvation Stations	97	1085	6822	125887
军供站	Serviceman Supply Stations	17	591	660	
其他提供住宿的机构	Other Residential Institutions	6	74	1340	793
不提供住宿的社会服务机构	Social Welfare Institutions without Accommodations	4895	75124		
老龄机构	Institutions for the Aged	102	378		
为残疾人提供服务机构	Service Institutions for the Disabled	815	54662		
低保救助对象服务机构	Service Institutions for People under Minimum Living Standard	38	246		
救灾储备单位	Relief Reserve Units	13	82		
福利彩票发行机构	Welfare Lottery Issuing Institutions	73	590		
军队离退休人员管理中心	Management Centers for Retired Military Officers	7	96		
军队离退休人员活动中心	Activity Centers for Retired Military Officers				
烈士纪念建筑物管理机构	Martyr Memorial Building Management Units	99	1359		
社区服务机构	Community Services Institutions	3748	17711		
其他社会服务机构	**Other Social Service Institutions**	**803**	**7853**		
婚姻服务机构	Marriage Registration Institutions	201	1258		
殡葬服务机构	Funeral Service Institutions	602	6595		
殡仪馆	Funeral Home	114	3790		
公墓	Cemetery	164	1124		
骨灰堂	Cineraria	148	439		
殡葬管理单位	Funeral and Interment Management Institutions	176	1242		
其他事业单位	**Other Institutions**	**145**	**2125**		

24-16 分地区孤儿和家庭收养基本情况(2014年)

Statistics on Orphans and Children Adopted by Families by City (2014)

市（县） City(County)	孤儿数（人） Number of orphans (person)	集中供养 Centralized support	社会散居 Live scattered	儿童收养登记件数（件） Number of Adoption Registration of Children (case)	家庭收养儿童数（人） Number of Children Adopted by Families (person)
全　省 Total	45358	5911	39415	439	439
省本级 Privincial Level				246	246
郑州市 Zhengzhou	2331	1040	1291	44	44
开封市 Kaifeng	2867	364	2503	11	11
洛阳市 Luoyang	2210	703	1475	5	5
平顶山市 Pingdingshan	2726	359	2367	28	28
安阳市 Anyang	1330	116	1214	8	8
鹤壁市 Hebi	812	153	659	2	2
新乡市 Xinxiang	1321	182	1139	23	23
焦作市 Jiaozuo	902	279	623	3	3
濮阳市 Puyang	2966	130	2836	5	5
许昌市 Xuchang	1209	189	1020	11	11
漯河市 Luohe	1015	278	737		
三门峡市 Sanmenxia	407	193	214	4	4
南阳市 Nanyang	6035	700	5335	17	17
商丘市 Shangqiu	4125	112	4013	2	2
信阳市 Xinyang	2738	284	2454		
周口市 Zhoukou	8896	317	8579	2	2
驻马店市 Zhumadian	3342	481	2861	17	17
济源市 Jiyuan	126	31	95	11	11
省直管县 Province Administrating County					
巩义市 Gongyi	76	18	58		
兰考县 Lankao	673	17	656		
汝州市 Ruzhou	281	64	217		
滑县 Huaxian	617		617		
长垣县 Changyuan	223		223		
邓州市 Dengzhou	1126		1126	10	10
永城市 Yongcheng	384	41	343		
固始县 Gushi	950		950		
鹿邑县 Luyi	1350		1350		
新蔡县 Xincai	207	16	191		

24－17　分地区为残疾人提供服务机构基本情况(2014年)

Statistics on Services Institutions for the Disabled by City (2014)

省辖市 City	单位数（个）Number of Units (unit)	年末职工人数（人）Number of Staffs at The End of The Year (person)	#残疾职工 Disabled Persons	实际减免税金总额（万元）Total Actual tax break (10000yuan)	盈利总额（万元）Total Profit (10000yuan)
全　　省 Total	**815**	**54662**	**24381**	**8910.20**	**7546.80**
省　本　级 Provincial level	1	85	2		
郑　州　市 Zhengzhou	209	17798	6683	131.00	131.00
开　封　市 Kaifeng	16	595	260		
洛　阳　市 Luoyang	62	2926	1240		
平顶山市 Pingdingshan	46	3665	2995	5028.20	4421.30
安　阳　市 Anyang	37	1226	501	530.00	530.00
鹤　壁　市 Hebi	25	845	380	310.50	225.20
新　乡　市 Xinxiang	53	4098	1802	1704.10	1329.60
焦　作　市 Jiaozuo	94	7031	3031	188.00	185.00
濮　阳　市 Puyang	58	1930	957		
许　昌　市 Xuchang	28	1423	563	108.90	51.00
漯　河　市 Luohe	15	957	384		
三门峡市 Sanmenxia	35	1890	823	909.50	673.70
南　阳　市 Nanyang	70	6441	2727		
商　丘　市 Shangqiu	1	32	12		
信　阳　市 Xinyang	12	597	171		
周　口　市 Zhoukou	17	1311	1117		
驻马店市 Zhumadian	9	175	74		
济　源　市 Jiyuan	27	1637	659		

24−18 各省辖市社会救助情况(2014年)

Statistics on Social Relief by City (2014)

单位：人 (person)

市(县) City(County)	城市居民最低生活保障人数 Number of Urban Residents Receiving Minimum Living Allowance	农村最低生活保障人数 Number of Rural Residents Receiving Minimum Living Allowance	农村五保集中供养人数 Rural Households with Centralized Livelihood Guaranteed in Five Aspects	农村五保分散供养人数 Rural Households with Decentralized Livelihood Guaranteed in Five Aspects
全省 Total	**1189092**	**3979447**	**186919**	**300354**
省辖市 City				
郑州市 Zhengzhou	27942	118399	3600	7944
开封市 Kaifeng	45646	193985	7017	12777
洛阳市 Luoyang	79838	242096	9983	12112
平顶山市 Pingdingshan	67734	192208	8316	9425
安阳市 Anyang	61482	217600	4781	12049
鹤壁市 Hebi	50346	56149	2146	2408
新乡市 Xinxiang	68276	183599	3483	16836
焦作市 Jiaozuo	34276	104464	2535	1369
濮阳市 Puyang	40198	195552	4313	16531
许昌市 Xuchang	40449	123303	6682	13730
漯河市 Luohe	27427	140860	5279	5922
三门峡市 Sanmenxia	33751	87607	3206	3743
南阳市 Nanyang	111975	463963	36545	48443
商丘市 Shangqiu	114383	386153	22392	25009
信阳市 Xinyang	124863	344643	26722	36119
周口市 Zhoukou	123065	517267	20398	46531
驻马店市 Zhumadian	132244	392817	19033	28949
济源市 Jiyuan	5197	18782	488	457
省直管县 Province Administrating County				
巩义市 Gongyi	2910	20638	338	856
兰考县 Lankao	6687	39720	1359	1842
汝州市 Ruzhou	7364	44227	1551	1956
滑县 Huaxian	6696	57448	1770	5811
长垣县 Changyuan	16933	29050	1648	3557
邓州市 Dengzhou	20256	60835	707	12031
永城市 Yongcheng	8638	62155	4365	4910
固始县 Gushi	18550	68568	4353	11188
鹿邑县 Luyi	10857	55595	2526	5485
新蔡县 Xincai	23422	51545	2039	3059

24-19 分地区医疗救助基本情况(2014)

Basic Statistics on Medical Aid (2014)

省辖市(县) City(County)	民政部门资助参加医疗保险(人) Civil Affairs Aid for Medical Insurance (persons)	民政部门资助参加合作医疗(人) Civil Affairs Aid for Cooperative Medical Care (persons)	直接医疗救助(人次) Direct Medical Aid (persons-time)	民政部门资助参加医疗保险支出(万元) Civil Affairs Expenses of Medical Insurance (10 000 yuan)	民政部门资助参加合作医疗支出(万元) Civil Affairs Expenses of Cooperative Medical Insurance (10 000 yuan)	直接医疗救助支出(万元) Expenses for Direct Medical Aid (10 000 yuan)
全省 Total	**638930**	**3251200**	**856734**	**6493**	**20559**	**78595**
省辖市 City						
郑州市 Zhengzhou	13464	115800	43607	210	818	4186
开封市 Kaifeng	47180	185485	20022	376	1179	3412
洛阳市 Luoyang	92621	190807	44581	2744	2054	1594
平顶山市 Pingdingshan	60932	203508	45443	347	925	4743
安阳市 Anyang	19451	51151	58445	82	440	5699
鹤壁市 Hebi	27458	20996	7984	73	173	1615
新乡市 Xinxiang	70910	151254	17562	752	1293	2978
焦作市 Jiaozuo	31044	90522	29544	204	542	2439
濮阳市 Puyang	6551	95150	25405	88	219	3182
许昌市 Xuchang	7757	68080	20493	56	542	3188
漯河市 Luohe	9191	93168	18209	90	828	2648
三门峡市 Sanmenxia	14882	93148	17492	98	779	2239
南阳市 Nanyang	39672	499082	160608	378	1931	10612
商丘市 Shangqiu	34746	387879	56654	247	2459	7806
信阳市 Xinyang	55991	294861	67220	320	2224	6773
周口市 Zhoukou	3217	249576	28355	25	1691	6422
驻马店市 Zhumadian	98439	441080	184467	305	2285	8303
济源市 Jiyuan	5424	19653	10643	100	177	759
省直管县 Province Administrating County						
巩义市 Gongyi	2297	23383	4403	33	140	391
兰考县 Lankao	6774	40197	3080	16	250	416
汝州市 Ruzhou	8340	44227	10066	47	199	966
滑县 Huaxian	4377	58763	12026	23	353	1224
长垣县 Changyuan	8590	43023	7539	16	258	1020
邓州市 Dengzhou	7215	65799	39553	27	230	1391
永城市 Yongcheng	8697	67879	11954	77	452	1442
固始县 Gushi	4756	11465	20219	14	69	1613
鹿邑县 Luyi	483	59921	11536	0	285	1176
新蔡县 Xincai	23842	56643	4924	95	221	617

24-20 分地区社区服务基本情况(2014年)

Statistics on Community Service Facilities by City (2014)

市 City	社区服务机构数(个) Number of Community Service Facilities (unit)	年末职工人数(人) Number of Staffs at The End of The Year (person)	#女性 Female	床位数(张) Number of Beds (unit)	年末收养人数(人) Number of Adopted Person at The End of The Year (person)	便民、利民服务网点数(万个) Number of Convenience Networks (10 000unit)
全 省 Total	**3748**	**17711**	**7106**	**82140**	**52380**	**1400**
省 本 级 Provincial level	2	134	93	670		
郑 州 市 Zhengzhou	495	2303	924	1008	305	19
开 封 市 Kaifeng	137	634	347	257	14	170
洛 阳 市 Luoyang	605	1493	1033	199	23	239
平 顶 山 市 Pingdingshan	205	950	486	3259	406	40
安 阳 市 Anyang	379	1920	693	8489	3592	
鹤 壁 市 Hebi	120	525	311	10		180
新 乡 市 Xinxiang	297	1783	301	997	7	359
焦 作 市 Jiaozuo	237	1113	467	1129	90	
濮 阳 市 Puyang	41	247	66	14		
许 昌 市 Xuchang	239	1230	367	12291	5283	7
漯 河 市 Luohe	83	441	144	11477	7494	
三 门 峡 市 Sanmenxia	122	675	382	4318	3364	
南 阳 市 Nanyang	225	1057	412	567	27	354
商 丘 市 Shangqiu	29	209	50	2152	1860	5
信 阳 市 Xinyang	205	640	120			
周 口 市 Zhoukou	45	170	77			26
驻 马 店 市 Zhumadian	261	2084	803	35303	29915	1
济 源 市 Jiyuan	21	103	30			

24-21 分地区婚姻服务基本情况(2014年)

Statistics on Marriages and Divorces by Region (2014)

地区	City	结婚登记(对) Total Number of Registered Marriages (couples)	结婚登记人数(人) Total Number of Registered Marriages (person)	初婚 First Marriages	再婚 Re-marriages	离婚(对) Divorces (couples)	#民政 Civil Affairs
全省	**Total**	**1223896**	**2447792**	**2285917**	**65727**	**236461**	**199083**
省本级	Provincisl Level	1182	2364	1209	277	126	126
郑州市	Zhengzhou	98018	196036	181099	14973	31852	28788
开封市	Kaifeng	56743	113486	113014	3184	11910	10416
洛阳市	Luoyang	73277	146554	130733	3779	15838	13757
平顶山市	Pingdingshan	58034	116068	111536	4650	12700	10872
安阳市	Anyang	71141	142282	137524	4332	14168	11774
鹤壁市	Hebi	18352	36704	35092	1572	3956	3270
新乡市	Xinxiang	73833	147666	141125	4333	14045	12091
焦作市	Jiaozuo	38807	77614	75736	2348	8899	7794
濮阳市	Puyang	48574	97148	81099	1403	7852	6390
许昌市	Xuchang	54485	108970	100470	3206	12292	10452
漯河市	Luohe	25268	50536	53093	2733	5497	4408
三门峡市	Sanmenxia	21753	43506	42192	1310	5309	4310
南阳市	Nanyang	110475	220950	195200	4836	23757	18113
商丘市	Shangqiu	128513	257026	253142	3954	17609	15154
信阳市	Xinyang	97447	194894	182158	1508	13643	10877
周口市	Zhoukou	148369	296738	262079	1759	15492	12389
驻马店市	Zhumadian	91596	183192	174412	4514	19346	16196
济源市	Jiyuan	8029	16058	15004	1056	2170	1906

24-22 妇联干部情况(2014年)
Condition of the Women's Federation (2014)

指标名称	Item	人数 (person)
干部总数	**Total Number of Cadres**	**6355**
省、省辖市、县(区)级人数	Number of Cadres of the Women's Federation in Province, Provincial city and County(District)	1017
按干部性别分	By Gender	
男性干部	Male	87
女性干部	Female	930
按干部政治面貌分	By Political Status	
中共党员	Chinese Communist Party	908
共青团员	Communist Youth League	16
民主党派	Democratic Parties	8
无党派	Without Party	10
群众	Mass	75
按干部文化程度分	By Education Attainments	
博士研究生	Doctorate Degree	
硕士研究生	Master Degree	29
研究生	Postgraduate	72
大学本科、大专学历	University / College	861
高中、中专及以下	Senior Middle School and Below	55
按人员编制类别分	By Category of Establishment	
行政编制	Administration	806
事业编制	Institution	165
其他编制	Other establishment	46
按任职情况分	By position	
#担任同级党委委员	Member of CPC Committee on	18
担任同级人大常委	NPC standing committee	95
担任同级政协常委	CPPCC Standing Committee	32
街道妇联干部人数	**Number of Cadres of the Women's Federation in Street**	**878**
乡镇妇联干部人数	**Number of Cadres of the Women's Federation in Township**	**4460**

24－23 妇女参政议政情况

Statistics of Female Joined and discussion politics

单位：人 (person)

指标名称	Item	2005	2010	2011	2012	2013	2014
省人大代表	Deputy to the people's congress of Henan	939	947	951	952	949	942
#女性	Female	190	177	183	192	192	193
市人大代表	Deputy to the people's congress of City	7715	7724	7719	8060	7848	7848
#女性	Female	1620	1522	1583	1644	1667	1667
县人大代表	Deputy to the people's congress of County	37007	37298	37286	37974	37974	37974
#女性	Female	7771	7505	7565	8123	8123	8123
省政协委员	Political Consultative Committee Member of Henan	842	874	872	899	899	897
#女性	Female	159	193	202	205	204	202
市政协委员	Political Consultative Committee Member of City	6694	6744	6760	7328	7294	7245
#女性	Female	1521	1571	1579	1716	1695	1743
县政协委员	Political Consultative Committee Member of County	26293	30627	33158	34093	33950	34022
#女性	Female	3102	6056	6092	7313	7279	7302

24－24 残疾人事业基本情况
Basic Information of Person with Disabilities

项 目	Item	2013	2014
康复	**Rehabilitation**		
视力残疾康复	Rehabilitation of Persons with Visual Disability		
白内障复明手术 (万例)	Sight-restoring Surgeries for Cataract Patients (10 000 cases)	1.95	0.82
#贫困白内障患者免费手术	Free Surgeries for Poor Cataract Patients	0.99	0.32
低视力者配用助视器 (人)	Persons with Low-vision Fitted with Vision-aids	9120	6564
盲人定向行走训练数 (人)	Blind Persons Receiving Orientation Skill Training	8644	8721
聋儿康复	Rehabilitation of Children with Hearing Disability		
年收训聋儿 (人)	Hearing and Speech Training (persons)	2388	2466
聋儿入普幼普小率 (%)	Enrollment Rate of Trained Children to Ordinary Kindergartens and Primary Schools (%)	7.3	7.7
培训家长 (人)	Parents Trained (person)	3137	3298
肢体残疾康复 (人)	Rehabilitation of Persons with Physical Disability (person)		
肢体残疾人社区康复训练数	Persons Rehabilitated at Community	12513	13026
肢体残疾儿童机构康复训练数	Children Rehabilitated at Institutions	2850	2634
贫困肢体残疾儿童矫治手术	Corrective surgery of Chirdren with Physical Disability	464	535
智力残疾康复 (人)	Rehabilitation of Persons with Intellectual Disability (person)		
智残儿童康复机构训练数	Children with Intellectual Disability Receiving Rehabilitation Training at Institutions	1479	1281
智残儿童社区、家庭康复数	Rehabilitation of Children with Intellectual Disability at Community and Family	6465	5579
精神病防治康复	Prevention and Treatment of Psychiatric Diseases		
开展精神病防治康复工作市县数(个)	Counties Carried on the Works of Prevention and Treatment of Psychiatric Diseases (unit)	156	156
综合防治康复精神病人数(万人)	Number of Rehabilitation Persons of Psychiatric Diseases (10 000 persons)	20.42	21.43
监护率 (%)	Guardianship Rate (%)	46.54	49.1
显好率 (%)	Significant Improvement Rate (%)	52.86	49.8
社会参与率 (%)	Social Involvement Rate (%)	39.2	36.7
肇事率 (‰)	Violent Events Rate (‰)	2.8	2.0
孤独症儿童训练数 (人)	Children with Autism Trained in Institutions(person)	1158	1193
残疾人辅助器具供应服务	Provision of Assistive Devices		
辅助器具供应件 (件)	Assistive Devices Provided (10 000 pieces)	119910	108598
教育	**Education**		
未入学适龄残疾儿童少年(万人)	School-age Disabled Children without Schooling (10 000 persons)	0.79	0.75
未入学女童(万人)	Girls without Schooling	0.30	0.28
职业教育与培训机构数 (个)	Vocational Education and Training Facilities (unit)	230	251
教育与培训人数 (万人次)	Number of Educated and Trained (10 000 person-times)	5.11	4.18

24-24 续表 continued

项 目	Item	2013	2014
就业	**Employment**		
城镇残疾人就业状况 （人）	Employment of Urban Handicapped (person)		
当年安排就业	Persons Employed in the Year	36337	38860
集中就业	Employed at Welfare Enterprises	15136	11635
#按比例就业	Employed by Quota Scheme	7195	5734
个体及其他形式就业	Self-employed and Others	14006	11261
公益性岗位就业	Employment at public welfare	7795	7517
辅助性就业	Supporting Employment	2199	2713
农村残疾人就业状况 （万人）	Employment of Rural Handicapped (10 000 persons)	191	190
残疾人就业服务机构 （个）	Employment Service Institutions for Handicapped (unit)	157	162
省	Provinces	1	1
市 （含地级市、县级市）	Cities (inc. Cities at County Level)	32	35
县 （含市辖区）	County(incloud municipal district)	124	126
盲人按摩	**Massage by Persons with Visual Disability**		
保健按摩人员培训 （人）	Massage Therapists Training (person)	2092	1798
医疗按摩人员培训 （人）	Keep-fit Massager Training (person)	674	511
扶贫	**Poverty Alleviation**		
扶贫开发解决温饱残疾人（万人）	Disabled Persons Overcoming Poverty Through Government's Poverty Reduction Program (10 000 persons)	16.77	16.90
当地低收入残疾人 （万人）	Disabled Persons at the Local Low-income Level (10 000 persons)	77.49	69.38
维权	**Rights Protection**		
法规体系及执法检查	Rules System and Law Enforcement Inspection		
人大执法检查或专题调研（次）	Law enforcement inspection of National People's Congress and Special investigation (time)	28	41
政协视察或专题调研 （次）	Inspection of CPPCC and Special investigation (time)	28	27
法律救助及援助	Legal Aid and Assistance		
残疾人法律救助工作站 （个）	Legal aid Workstations for disabled People (unit)	51	96
残疾人法律救助工作站办理案件(件)	Cases of Legal aid workstations for disabled People(case)	227	204
残疾人法律援助中心 （个）	Legal aid Center for disabled People(unit)	165	168
残疾人法律援助中心办理案件(件)	Cases of Legal aid Center for disabled People(case)	712	585
无障碍设施建设	Construction of Barrier-free Facilities		
贫困残疾人家庭无障碍改造(户)	Barrier-free Reconstruction for Poor Family with Disabled People(household)	2003	2739
无障碍检查 （次）	Barrier-free Check(time)	147	168
无障碍培训 （人次）	Barrier-free Training(person-time)	468	424
残疾人信访	Letters and Calls from Disabled Persons		
残疾人来信 （件）	Letters from Disabled Persons(case)	1109	625
残疾人来访 （人次）	Calls from Disabled Persons(person-time)	6435	5259
残联组织建设	**Organization of the Disabled Persons' Federation**		
残疾人工作者数 （人）	Workers Working for the Disabled (person)	8048	8180

主要统计指标解释

医疗卫生机构 指从卫生行政部门取得《医疗机构执业许可证》、《计划生育技术服务许可证》，或从民政、工商行政、机构编制管理部门取得法人单位登记证书，为社会提供医疗保健、疾病控制、卫生监督服务或从事医学科研和医学在职培训等工作的单位。医疗卫生机构包括医院、基层医疗卫生机构、专业公共卫生机构、其他医疗卫生机构。

基层医疗卫生机构 包括社区卫生服务中心、社区卫生服务站、街道卫生院、乡镇卫生院、村卫生室、门诊部、诊所(医务室)。

专业公共卫生机构 包括疾病预防控制中心、专科疾病防治机构、妇幼保健机构（含妇幼保健计划生育服务中心）、健康教育机构、急救中心（站）、采供血机构、卫生监督机构、取得《医疗机构执业许可证》或《计划生育技术服务许可证》的计划生育技术服务机构。

其他医疗卫生机构 包括疗养院、临床检验中心、医学科研机构、医学在职教育机构、医学考试中心、农村改水中心、人才交流中心、统计信息中心等卫生事业单位。

医院 指设有固定床位，能收容病人住院并能为病人提供医疗、护理服务的医疗机构。包括综合医院、中医医院、中西医结合医院、民族医院、各类专科医院和护理院，不包括专科疾病防治院、妇幼保健院和疗养院。

卫生技术人员 包括执业医师、执业助理医师、注册护士、药师（士）、检验技师（士）、影像技师（士）、卫生监督员和见习医（药、护、技）师（士）等卫生专业人员。不包括从事管理工作的卫生技术人员（如院长、副院长、党委书记等）。

执业医师 指《医师执业证》“级别”为“执业医师”且实际从事医疗、预防保健工作的人员，不包括实际从事管理工作的执业医师。执业医师类别分为临床、中医、口腔和公共卫生四类。

执业助理医师 指《医师执业证》“级别”为“执业助理医师”且实际从事医疗、预防保健工作的人员，不包括实际从事管理工作的执业医师。执业助理医师类别分为临床、中医、口腔和公共卫生四类。

注册护士 指具有注册护士证书且实际从事护理工作的人员，不包括从事管理工作的护士。

收养性单位（提供食宿的社会福利单位） 指提供食宿的、不以盈利为目的的革命伤残人休养院、复退军人慢性病疗养院、复退军人精神病院、光荣院、社会福利院、儿童福利院、精神病人福利院、老年收养性机构（敬老院、养老院、老年公寓）等收养性的社会福利企业单位的总称。

收养性单位年末在院人数（收养人数） 指收养单位报告期末实际收养的优抚对象、社会“三无”对象和自费人员的总人数。

社会福利企业单位 指以集中安置有一定劳动能力的残疾人就业为目的（残疾职工占生产人员10%以上）、带有社会福利性质的企业总称。社会福利企业分类为：社会福利工厂、假肢厂、其他福利企业。

Explanatory Notes on Main Statistical Indicators

Medical and Health Care Institutions refer to the units which have been qualified the Certification of Health Care Institution, certification of family planning technical service by the administration of public health, or qualified the Certification of Corporate Unit by the civil affairs, administration for industry and commerce, commission office for public sector reform, and engaging in medical care, disease prevention and control, health supervision and inspection, medicine research and on-job training, etc., including: hospitals, health care institutions at grass-root level, specialized public health institutions, and other medical and health care institutions.

Health Care Institutions at Grass-root Level include community health service centers, community health service stations, urban health centers, township health centers, village clinics, outpatient departments and clinics (health centers).

Specialized Public Health Institutions include centers for disease control and prevention, specialized disease prevention and treatment institutions, women and children care agencies(including women and children health care family planning service center), health education institutions, first aid centers, blood gathering and supplying institutions, health supervision and inspection agencies, and family planning technical service centers that obtained the Certification of Health Care Institution or certification of family planning technical service centers.

Other Medical and Health Care Institutions include sanatoriums, clinical laboratory centers, medicinal scientific research institutions, on-job training institutions, medical examination centers, rural water improvement centers, talent exchange centers, and statistical information centers, etc.

Hospitals refer to medical institutions with permanent hospital beds, which are able to take in patients and provide them with medical and nursing services. Include general hospital, hospital of traditional Chinese medicine, hospital of combining traditional Chinese and western medicine, national hospital, all kinds of specialized subject hospital and nursing homes, not including specialized subject hospital, maternity and child care centers, and convalescent hospital.

Medical Technical Personnel include Licensed Doctors, Licensed Assistant Doctors, Pharmacists, inspection technician, image technicians, hygiene supervisors and apprentice physicians and other health professionals. Not including engaged in the management of the health technical personnel.

Licensed Doctors refer to the medical workers who have obtained the licenses of qualified doctors and are employed in medical treatment, disease prevention or healthcare institutions, excluding the licensed doctors engaged in management job. The licensed doctors are divided into 4 categories: clinician, Chinese medicine physicians, dentist and public health physicians.

Licensed Assistant Doctors refer to the medical workers who have obtained the licenses of qualified assistant doctors and are employed in medical treatment, disease prevention or healthcare institutions, excluding the licensed assistant doctors engaged in management job. The classification of licensed assistant doctors is clinician, Chinese medicine, dentist and public health.

Registered nurse refers to has registered nurse certificate and actually engaged in nursing work of the staff, not including engaged in the management of the nurse.

Social Welfare Enterprises refers to those welfare-oriented enterprises employing a significant number of handicapped people with certain labour ability (handicapped employees shall exceed 10% of the production staff), including welfare factories, artificial limb plants as well as other welfare enterprises.

文化和体育

Culture and Sports

● 资料整理：徐委乔

简要说明

一、主要内容

本篇包括文化、文物机构、档案、广播、电视、新闻出版等方面的社会活动情况。

二、资料来源

文化机构人员，艺术表演团体，艺术表演场馆，公共图书馆，博物馆，群众艺术馆，文化馆等资料由河南省文化厅提供；档案资料由省档案局提供；文物机构资料由省文物局提供；广播、电视资料由省广电厅提供；新闻出版资料由省新闻出版局提供；体育资料由省体育局提供。由省统计局社会与科技处编辑整理。

Brief Introduction

I. Main Contents

Data in this chapter mainly reflect the situations on culture, relics institutions, archives, broadcasting, television; news and publication.

II. Sources of Data

Data on the number of the staff and workers in cultural situations, art performing groups and performance venues, public libraries, museums, art venues, cultural venues are calculated from Henan provincial bureau of culture; data on archives are calculated from Henan provincial bureau of archives; data on cultural relics situations are calculated from Henan provincial bureau of cultural relics; data on broadcasting and TV are calculated from Henan provincial bureau of broadcasting and TV; data on news and publication are calculated from Henan provincial bureau of news publication. Data on this chapter are provided by department of social and technological of Henan provincial bureau of statistics.

25-1 文化文物机构和人员情况（2014年）

Number of Institutions and Employed persons in Province (2014)

指标名称	Item	机构（个）Number of Institutions (unit)	文化部门 Culture Institution	其他部门 Other Institution	从业人员（人）Number of Employed Persons (person)	文化部门 Culture Institution	其他部门 Other Institution
总　计	**Total**	**15200**	**3838**	**11362**	**111480**	**44541**	**66939**
艺术业	Arts	738	313	425	23318	12348	10970
公共图书馆业	Public Libraries	157	157		2934	2934	
群众文化服务业	Mass Culture service	2523	2523		10878	10878	
艺术教育业	Article Education	9	9		349	349	
文化市场经营机构(不含非公有制艺术表演团体)	Culture Market Institutions (Without Non-public Arts Performance Groups)	10859		10859	54715		54715
文艺科研机构	Article Research institutions	18	18		180	180	
文物业	Historical Relics	544	467	77	11862	10644	1218
其他	Others	352	351	1	7244	7208	36

25-2 艺术表演场馆基本情况(2014年)
Basic Statistics of Arts Centers (2014)

指标名称	Item	机构数（个）Number of Institutions (unit)	从业人员（人）Number of Employed Persons (person)	座席数（个）Number of Seats (unit)	演(映)出场次（场次）Number of Performances (time)	#艺术演出 Art Performance
总　计	**Total**	**140**	**3265**	**94803**	**10570**	**1660**
按登记注册类型分	by Status of Registration					
国　有	State-owned	134	3182	90719	10460	1650
其　他	Others	6	83	4084	120	20
按管理部门分	By Management Department					
文化部门	Culture Department	140	3265	94803	10570	1660
按机构类型分	By Type					
剧场	Theaters	46	891	27758	750	340
影剧院	Showplaces	90	2134	61309	9440	1100
综合性	General Performing Theates	3	228	5086	380	210
其他艺术表演场馆	Others Arts Centers	1	12	650		
按隶属关系分	By Administrative Relationship					
省、区、市	Province,District,City	2	196	4054	390	160
地、市	Province Administrating County	28	857	8808	6180	410
县、市及以下	County and Below	110	2212	81941	4010	1100

指标名称	Item	观众人次（万人次）Number of Audiences (10 000 person-times)	#艺术演出 Art Performance	收入合计（万元）Total Income (10 000 yuan)	#财政拨款 fiscal appropriation	#演出收入 Income by Performance	支出合计（万元）Total Expenditure (1000 yuan)
总　计	**Total**	**220.56**	**97.83**	**9950.7**	**3807.1**	**1450.8**	**10343.9**
按登记注册类型分	by Status of Registration						
国　有	State-owned	215.46	97.21	9562.2	3780.9	1450.8	9941.2
其　他	Others	5.10	0.62	388.5	26.2		402.7
按管理部门分	By Management Department						
文化部门	Culture Department	220.56	97.83	9950.7	3807.1	1450.8	10343.9
按机构类型分	By Type						
剧场	Theaters	40.58	19.88	1847.3	720.2	95.5	1917.4
影剧院	Showplaces	143.67	52.46	3742.0	602.4	184.9	4326.0
综合性	General Performing Theates	36.31	25.50	4325.0	2484.5	1170.4	4055.9
其他艺术表演场馆	Others Arts Centers			36.4			44.6
按隶属关系分	By Administrative Relationship						
省、区、市	Province,District,City	32.95	19.96	4146.5	2200.0	1170.4	136.5
地、市	Province Administrating County	48.83	20.82	2468.7	131.7	123.9	146.9
县、市及以下	County and Below	138.77	57.06	3335.5	1475.4	156.5	10060.5

25−3 艺术表演团体基本情况(2014年)

Basic Statistics of Arts Performance Troupes (2014)

指标名称	Item	剧团数（个）Number of Performance Troupes (unit)	从业人员（人）Number of Employed Persons (person)	本团原创首演剧目（个）Number of Original Play Firsty Performanced (unit)	演出场次(万场次) Number of Performances (10000 times)	#国内演出 Domestic performance	#农村 Rural Areas
总　计	**Total**	**598**	**20053**	**53**	**20.64**	**20.61**	**12.36**
按登记注册类型分	**By Registration Status**						
国有	State-owned	168	8737	53	4.29	4.26	3.73
集体	Collective-owned	1	16		0.02	0.02	0.02
其他	Others	429	11300		16.33	16.33	8.62
按隶属关系分	**By Administrative Relationship**						
省、区、市	Province,District,City	6	1151	9	0.17	0.17	0.10
地、市	Province Administrating County	27	2107	14	0.72	0.70	0.58
县、市及以下	County and Below	565	16795	30	19.75	19.74	11.68
按管理部门分	**By Management Department**						
文化部门	Culture Department	173	9083	53	4.43	4.40	3.84
其他部门	Other Department	425	10970		16.21	16.21	8.53
按剧种分	**Grouped by Type of Drama**						
话剧、儿童剧、滑稽剧团	Drama, Children's Play and Comedy Troupes	45	1899		0.97	0.97	0.71
歌舞、音乐类	Opera, Ballet Troupes	51	1873	1	0.73	0.73	0.47
京剧、昆曲类	Beijing Opera and Kunqu Opera	2	124	1	0.01	0.01	0.01
地方戏曲类	Local Opera	243	10116	49	5.90	5.89	5.22
杂技、魔术、马戏类	Acrobatics,Magic, Circus	51	1899	2	8.07	8.05	3.17
曲艺类	Folk	48	699		0.50	0.50	0.44
综合性艺术表演团体	Comprehensive Art Performing Troupes	158	3443		4.45	4.45	2.35

25-3 续表 continued

指标名称	Item	国内演出观众人次(万人次) Number of Spectators (10 000 person-times)	#农村 Rural Areas	收入合计(万元) Total Income (10 000 yuan)	支出合计(万元) Total Expenditure (1000yuan)	政府采购的公益演出活动 Public performance by government procurement 演出场次(万场次) Number of Performances (10 000 times)	观众人次(万人次) Number of Spectators (10 000 person-times)
总　计	**Total**	**11110.21**	**8031.50**	**100472.7**	**98274.1**	**1.67**	**1994.78**
按登记注册类型分	**By Registration Status**						
国有	State-owned	5438.83	4689.33	50704.8	53034.4	1.60	1911.51
集体	Collective-owned	0.05	0.05	15.3	15.3	0.00	0.05
其他	Others	5671.33	3342.13	49752.6	45224.4	0.06	83.22
按隶属关系分	**By Administrative Relationship**						
省、区、市	Province,District,City	238.80	151.05	18407.6	20556.3	0.11	150.80
地、市	Province Administrating County	1213.93	1070.66	18568.0	19101.9	0.39	511.61
县、市及以下	County and Below	9657.48	6809.79	63497.1	58615.9	1.17	1332.37
按管理部门分	**By Management Department**						
文化部门	Culture Department	5620.14	4838.97	52891.0	55399.1	1.67	1994.78
其他部门	Other Department	5490.07	3192.53	47581.7	42875.0		
按剧种分	**Grouped by Type of Drama**						
话剧、儿童剧、滑稽剧团	Drama, Children's Play and Comedy Troupes	1052.86	987.12	5284.3	3173.3	0.01	19.50
歌舞、音乐类	Opera, Ballet Troupes	269.98	165.44	12012.2	19145.3	0.07	53.80
京剧、昆曲类	Beijing Opera and Kunqu Opera	9.90	8.40	1470.4	1929.9	0.01	9.40
地方戏曲类	Local Opera	5857.06	5015.45	43872.7	42529.7	1.40	1753.26
杂技、魔术、马戏类	Acrobatics,Magic, Circus	1793.38	619.16	16195.3	12396.9	0.07	73.70
曲艺类	Folk	188.08	157.41	1283.7	958.2	0.01	10.55
综合性艺术表演团体	Comprehensive Art Performing Troupes	1938.95	1078.53	20354.1	18140.9	0.09	74.58

25-4 娱乐场所基本情况

Basic Statistics on Entertainment

指标名称	Item	2013	2014
机构数(个)	Number of Institutions (unit)	2117	2249
游艺	Carnival	726	725
歌舞	Musical	1387	1521
其他	Others	4	3
从业人员(人)	Number of Employed Persons (person)	23513	25936
资产总计(万元)	Total assets (10 000yuan)	254672	293606
营业收入(万元)	Operation Revenue (10 000yuan)	173881	148954
营业成本(万元)	Operation Cost (10 000yuan)	107493	98836
养老、医疗、事业等保险费	Insurance expenses of Pension, Medical and Business	1826	1717
工资总额	Total Wages	100902	32913
税金总额	Total Taxes	4765	4313
营业利润(万元)	Operating Profit (10 000yuan)	66388	50118

25-5 公共图书馆基本情况(2014年)

Basic Statistics on Libraries (2014)

指标名称	Item	总计 Total	#少儿图书馆 Chilren Libraries	#省、区、直辖市(级) Province, county, Province Administrating County	地市级 prefecture-level	县市级 County-level	#县图书馆 county Libraries
机构数(个)	Number of Institutions (unit)	157	5	2	19	136	88
从业人员(人)	Number of Employed Persons(person)	2934	84	184	785	1965	1234
总藏量(万册)	Total Collections (10 000 volumes)	2312.33	51.45	347.44	866.83	1098.06	585.41
#图书	Books	1867.32	43.51	264.08	703.18	900.06	490.13
报刊	Newspapers and periodicals	286.32	7.93	29.70	108.98	147.65	71.27
本年收入(万元)	Income of this Year (10 000yuan)	28235	1557	5015	11368	11851	6430
本年支出(万元)	Expenditures of this Year (10 000yuan)	28727	2266	6072	11025	11629	6306
公共图书馆少儿文献(万册)	Children's literature in public Libraries	143.17	30.06	5.30	71.77	66.10	34.78
电子图书(万册)	Electronic books (10 000 volumes)	1015.88	2.00	201.41	211.13	603.33	146.36
本年新购图书(万册)	Number of Books Purchased During the Year (10 000 volumes)	104.23	11.75	8.64	39.97	55.62	22.31
当年购买的报刊种类(万种)	Category of Newspapers and periodicals bought Current Year	3.56	0.15	0.39	1.28	1.89	0.80
累计发放有效借书证数(万个)	Number of Effective library card Totally Provide	97.36	4.95	9.36	39.16	48.85	26.98
总流通人次(万人次)	Number of people circulation(10 000person-times)	1968.08	89.65	152.90	798.00	1017.19	518.16
#书刊文献外借人次	Number of Books Borrowed by the Readers	1060.10	38.98	63.97	372.85	623.28	321.08
书刊文献外借册次(万册次)	Number of Books Borrowed (10 000volume-times)	1569.10	66.90	122.35	575.58	871.17	438.71
为读者服务举办各种活动	Service Activities Provided for Readers(times)						
次数(次)	Times	4729	528	378	1298	3053	1862
参加人数(万人次)	Number of Readers Involved (10 000 person-times)	159.58	11.03	12.46	64.27	82.85	46.92
组织各类讲座次数(次)	Number of organizing lectures	2557	88	63	816	1678	971
举办展览(个)	Number of Holding Exhibitions (unit)	839	68	57	179	603	380
举办培训班(个)	Number of Training courses	1333	372	258	303	772	511
计算机(台)	Computers	8878	303	328	2542	6008	3499
#电子阅览室终端数(台)	Number of Electronic reading room terminals	6095	182	184	1723	4188	2559
阅览室坐席数(万个)	Seating Capacity of Reading Rooms(10 000 seats)	4.14	0.16	0.21	1.30	2.64	1.41
实际使用公共用房建筑面积(万平方米)	Floor Space of Public Buildings(10 000 sq.m)	54.56	1.68	3.89	21.78	28.90	15.87
#书库	Stack Rooms	11.56	0.21	1.04	4.50	6.03	2.81

25-6 分地区公共图书馆基本情况(2014年)

Basic Statistics on Public Libraries by City (2014)

省辖市（县） City(County)	机构数（个） Number of Institutions (unit)	从业人员（人） Number of Employed Persons (person)	总藏量（万册） Total Collections (10 000 volumes)	#图书 Books	少儿文献（万册） Children's literature (10 000 volumes)
全　　省 Total	**157**	**2934**	**2,312.33**	**1,867.32**	**143.17**
省 本 级 Provincial Level	**2**	**184**	**347.44**	**264.08**	**5.30**
省 辖 市 City					
郑 州 市 Zhengzhou	13	355	256.16	208.15	17.20
开 封 市 Kaifeng	6	104	89.11	76.68	7.65
洛 阳 市 Luoyang	17	240	185.57	151.93	15.71
平 顶 山 市 Pingdingshan	9	132	135.31	106.58	1.99
安 阳 市 Anyang	7	119	118.20	92.56	25.55
鹤 壁 市 Hebi	4	62	52.11	48.29	7.50
新 乡 市 Xinxiang	11	162	128.31	93.78	7.07
焦 作 市 Jiaozuo	7	93	113.16	99.99	5.75
濮 阳 市 Puyang	7	118	59.29	53.74	7.50
许 昌 市 Xuchang	7	147	111.57	93.05	9.49
漯 河 市 Luohe	5	70	44.35	37.16	0.05
三 门 峡 市 Sanmenxia	7	96	137.82	114.20	11.77
南 阳 市 Nanyang	13	219	159.32	119.79	7.62
商 丘 市 Shangqiu	9	206	83.74	66.79	4.70
信 阳 市 Xinyang	11	229	103.75	87.03	5.55
周 口 市 Zhoukou	11	212	69.98	59.05	1.21
驻 马 店 市 Zhumadian	10	156	70.26	54.27	0.54
济 源 市 Jiyuan	1	30	46.88	40.23	1.03
省 直 管 县 Province Administrating County					
巩 义 市 Gongyi	1	13	14.60	10.07	
兰 考 县 Lankao	1	13	6.50	6.48	1.80
汝 州 市 Ruzhou	1	9	10.93	8.01	
滑 县 Huaxian	1	9	7.85	7.49	2.30
长 垣 县 Changyuan	1	5	4.70	4.40	1.20
邓 州 市 Dengzhou	1	21	7.17	5.17	
永 城 市 Yongcheng	1	25	15.71	13.30	
固 始 县 Gushi	1	40	7.76	7.15	1.44
鹿 邑 县 Luyi	1	30	4.80	4.10	0.50
新 蔡 县 Xincai	1	11	2.17	2.10	

25-7 文物业、博物馆和文物管理机构基本情况

Statistics on Cultural Relics, Museums and protection and control of cultural relics

指标名称	Item	2013	2014
文物业	**Cultural Relics**		
机构(个)	Number of Institutions (unit)	519	544
从业人员(人)	Number of Employed persons(person)	11346	11862
本年收入合计(万元)	Total Revenue this Year (1000yuan)	160072	163629
本年支出合计(万元)	Total Expenditure this Year (1000yuan)	159221	151335
资产总计(万元)	Total Assets (1000yuan)	346716	413312
实际使用房屋建筑面积(万平方米)	Floor Space of Buildings Actually Used (10 000 sq.m)	184.22	190.73
文物藏品(件/套)	Number of Collections (piece/set)	2095459	2043967
#一级品	Grade One	2396	2433
本年新增文物藏品数(件/套)	Number of Newly Increased Collections This Year(piece/set)	121549	24488
举办陈列展览(个)	Exhibition & Displays (unit)	923	1136
参观人次(万人次)	Spectators (10 000 person-times)	5039.09	5536.13
博物馆	**Museums**		
机构数(个)	Number of Institutions (unit)	222	248
#免费开放馆数	Number of Free Museums	186	210
从业人员(人)	Number of Employed persons(person)	5885	6265
#专业技术人员	Professional Skilled Person	1556	1453
文物藏品数(件/套)	Number of Collections(pieces)	964804	917092
#一级品	Grade One	1871	1902
基本陈列、展览(个)	Basic Exhibition & Displays (unit)	907	1096
参观人次(万人次)	Number of Visitors(10 000 person-times)	4181.12	4531.5
#未成年人	Minors	1289.22	1412.63
门票销售总额(万元)	Income from Tickets(1000yuan)	6380	6969
收入合计(万元)	Total Revenue (1000yuan)	56993	54558
支出合计(万元)	Total Expenditure (1000yuan)	69534	59215
资产总计(万元)	Total Assets (1000yuan)	146807	194771
实际使用房屋建筑面积(万平方米)	Floor Space of Buildings Actually Used (10 000 sq.m)	93.02	96.21
#展览用房	Room for Exhibition	50	52.67
#库房	Storeroom	10.25	10.64
文物管理机构	**protection and control of cultural relics**		
机构数(个)	Number of Institutions (unit)	125	124
从业人员(人)	Number of Employed persons(person)	2456	2403
#专业技术人员	Professional Skilled Person	560	574
藏品数(件/套)	Number of Collections(pieces)	241499	229696
#一级品	Grade One	434	439
基本陈列、展览(个)	Basic Exhibition & Displays (unit)	15	39
参观人次(万人次)	Number of Visitors(10 000 person-times)	856.96	1003.63
门票销售总额(万元)	Income from Tickets	28405	32244
收入合计(万元)	Total Revenue (1000yuan)	35546	48547
支出合计(万元)	Total Expenditure (1000yuan)	30766	43019
资产总计(万元)	Total Assets (1000yuan)	118508	138522
实际使用房屋建筑面积(万平方米)	Floor Space of Buildings Actually Used (10 000 sq.m)	15.23	18.12
#展览用房	Room for Exhibition	2.87	6.48
#文物库房	Storeroom For Relics	1.71	1.66

25-8 国家综合档案馆基本情况(2014年底)

Basic Statistics on the National comprehensive Archives (End of 2014)

分 类	Item	机构数 (个) Number of Institutions (unit)	馆藏档案 (卷) Archives Stored (volume)	开放档案 (卷) Opening Archives (volume)
总 计	**Total**	**177**	**13664613**	**3493584**
省 级	Province Level	1	408771	164719
市 级	City Level	18	3269680	1057085
县 级	County Level	158	9986162	2271780

分 类	Item	利用档案 (卷次) Number of Archives Used (volume-time)	馆藏资料 (册) Number of Material Stored (volume)	库房面积 (平方米) Areas of Storerooms (sq.m)
总 计	**Total**	**438774**	**2715174**	**362091**
省 级	Province Level	5142	74101	13822
市 级	City Level	78081	532895	139529
县 级	County Level	355551	2108178	208740

25-9 新闻出版业主要指标

Main Indicators of News and Print Stations

指标名称	Item	2013	2014
机构和人员情况	**Agencies and Employed Persons**		
机构数(个)	Agencies(unit)	17459	13532
从业人员(人)	Employed Persons(penson)	167752	130020
出版情况	**Publishing**		
图书出版	Publishing of Books		
图书种数(种)	Sort of Books(sort)	6889	7705
图书总印数(万册)	Total Printed Copies of Books(10 000volumes)	23897	19714
图书总印张(万印张)	Total Printed Sheets of Books(10 000 sheets)	178781	1512488
图书定价总金额(万元)	Total Priced Value of Books(10 000 yuan)	244449	225316
期刊出版	Magazine		
期刊种数(种)	Sort of Magazine(sort)	241	241
期刊总印数(万册)	Total Printed Copies of Magazine(10 000 volumes)	9748	8674
期刊总印张(万印张)	Total Printed Sheets of Magazine(10 000 sheets)	45828	401568
期刊定价总金额(万元)	Total Priced Value of Magazine(10 000 yuan)	58795	53890
报纸出版	Publishing of Newspaper		
报纸种数(种)	Sort of Newspaper(sort)	121	121
报纸总印数(万份)	Total Printed Copies of Newspaper(10 000 volumes)	214226	210240
报纸总印张(万印张)	Total Printed Sheets of Newspaper(10 000 sheets)	711936	6857270
报纸定价总金额(万元)	Total Priced Value of Newspaper(10 000 yuan)	197833	208351
音像及电子出版物出版	Audio Products and Electronic Publications		
音像及电子出版物出版种数(种)	Category of Audio Products and Electronic Publications(kind)	164	221
音像及电子出版物出版数量(万盒)	Number of Audio Products and Electronic Publications(10 000 cases)	326	144
音像及电子出版物发行数量(万盒)	Total Issuance of Audio and Electronic Publications(10 000 cases)	267	279
音像及电子出版物发行金额(万元)	Total Issuance Value of Audio and Electronic Publications(10 000 yuan)	1870	2602
印刷企业单位数(个)	Number of Enterprises of Printing(unit)	7635	6911
出版物发行情况	**Issuance of Publication**		
出版物购进数量(万册/张/份/盒)	Number of Publication Bought(10 000 volumes/paper/cases)	511344	316570
出版物购进金额(万元)	Total Bought Value (10 000yuan)	1345888	1725985
出版物销售数量(万册/张/份/盒)	Volume of Saling Printing(10 000 volumes/paper/cases)	561457	310579
出版物销售金额(万元)	Total Sales of Publication(10 000 yuan)	3685109	1786012
出版物库存数量(万册/张/份/盒)	Storage of Publication(10 000 volumes/paper/cases)	380960	41584
出版物库存金额(万元)	Inventory Publication(10 000 yuan)	1308850	453673

25-10 课本出版情况(2014年)

Basic Statistics of Textbook publishing (2014)

项　　目	Item	种　数(种) Number of Items (number)	新出版(种) New Publication (number)	总印数(万册) Printed Copies (10 000)	总印张(万印张) Printed Sheets (10 000)	定价总金额(万元) Total Priced Value (10 000 yuan)
总　计	**Total**	**1295**	**554**	**11290**	**75819**	**89069**
#大专及以上课本	Textbooks for Colleges and Universities	422	190	144	2351	4314
中专、技校课本	Textbooks for Secondary Technical Schools	57	47	11	163	353
中学课本	Textbooks for Secondary Schools	368	101	5691	48008	50656
小学课本	Textbooks for Primary Schools	297	83	5366	24494	31911
教学用书	Teaching Materials	151	133	78	803	1835

25-11 音像制品及电子出版物情况

Basic Statistics of Audio Products and Electronic Publications

指标名称	Item	2013	2014
录像制品出版品种(种)	Sort of Video Recordings(kind)	77	107
# 新出版	Newly Published	77	91
录像制品出版数量(万盒、万张)	Number of Publishing of Video Recordings(10 000 cases)	34.25	110.90
# 新出版	Newly Published	34.25	66.20
录像制品发行数量(万盒、万张)	Total Issuance of Video Recordings(10 000 cases)	313.05	183.10
录音制品出版品种(种)	Sort of Sound Recordings(kind)	42	23
# 新出版	Newly Published	42	23
录音制品出版数量(万盒、万张)	Number of Publishing of Sound Recordings(10 000 cases)	12.14	3.95
# 新出版	Newly Published	12.14	3.95
录音制品发行数量(万盒、万张)	Total Issuance of Sound Recordings(10 000 cases)	266.75	27.40
电子出版物出版品种(种)	Number of kind of Electronic Publications(kind)	45	91
# 新出版	Newly Published	35	91
电子出版物出版数量(万张)	Number of Electronic Publications(10 000 cases)	279.95	29.63
# 新出版	Newly Published	8.95	29.63

25-18 健身场地设施建设情况(2014年)

Basic Statistics on Facilities Construction of Fitness Site (2014)

省辖市（县） City(County)	各类健身场地设施数 Number of various fitness facilities	#全民健身活动中心 fitness activities center	乡镇体育健身场所 Sports Fitness Center in Township in	村级农民体育健身场所 Peasant Sports Fitness Center in Village
全　省 Total	**7162**	**11**	**480**	**6625**
郑　州　市 Zhengzhou	217	2	30	180
开　封　市 Kaifeng	321	1	39	280
洛　阳　市 Luoyang	674	2	27	640
平顶山　市 Pingdingshan	324			319
安　阳　市 Anyang	566		25	540
鹤　壁　市 Hebi	150		10	140
新　乡　市 Xinxiang	547	2	40	505
焦　作　市 Jiaozuo	313		12	296
濮　阳　市 Puyang	327		27	300
许　昌　市 Xuchang	368	1	10	355
漯　河　市 Luohe	205			200
三门峡　市 Sanmenxia	248		3	240
南　阳　市 Nanyang	685	1	59	620
商　丘　市 Shangqiu	641	1	46	590
信　阳　市 Xinyang	390		39	350
周　口　市 Zhoukou	757	1	55	700
驻马店　市 Zhumadian	389		58	330
济　源　市 Jiyuan	40			40

25-19 文化及相关产业规模以上企业分类主要指标(2014年)

Main Indicators of Culture and Related Industry above Designated Size by Type (2014)

项 目	Item	法人单位数(个) Number of Institutional Unit (unit)	从业人员期末人数(人) Number of Employed Persons year-end (person)	资产总计(万元) Total Assets (10 000 yuan)	营业收入(万元) Business Revenue (10 000 yuan)	利润总额(万元) Total Profits (10 000 yuan)	税金合计(万元) Tax and Expenses (10 000 yuan)	应付职工薪酬(万元) Employee Compensation (10 000 yuan)
文化产品的生产	**Production of Cultural Products**	**1277**	**219533**	**13418424**	**11328794**	**1026079**	**424436**	**997916**
新闻出版发行服务	News publishing and distribution services	178	25278	2557373	1163697	70593	26316	147628
广播电视电影服务	Broadcasting,television and movies services	45	3305	157592	109039	28765	6773	12683
文化艺术服务	Culture and art services	53	9218	217630	102670	6966	7212	25890
文化信息传输服务	Cultural information transmission services	50	10034	905056	340906	26138	14857	50392
文化创意和设计服务	Cultural creativity and design services	261	28558	1408692	1275835	139583	60369	245347
文化休闲娱乐服务	Recreation and cultural services	214	32545	3130190	473360	71509	39630	85712
工艺美术品的生产	Production of arts and crafts	476	110595	5041891	7863286	682524	269279	430264
文化相关产品的生产	**Cultural production of related products**	**897**	**210990**	**10899586**	**16089071**	**1293016**	**482592**	**781801**
文化产品生产的辅助生产	Auxiliary production of cultural products	301	68293	3047076	4435218	411525	149853	282223
文化用品的生产	Production of cultural goods	560	136728	7500312	10959974	850827	318922	478137
文化专用设备的生产	Production of culture of special equipment	36	5969	352199	693879	30664	13817	21442

25-20 文化及相关产业规模以上企业主要经济指标(2014年)

Main Economic Indicators of Culture and Related Industry Enterprises above Designated Size (2014)

单位：万元 (10 000 yuan)

指标	Item	合计 Total	文化制造业 Cultural Manufacturing Industry	文化批零业 Cultural wholesale and Retail Industry	文化服务业 Cultural Service Industry	#内资 Domestic Funded	公有制 Public-owned	非公有制 Non-public owned
企业单位数(个)	Number of Enterprises (unit)	2174	938	555	681	2127	346	1828
期末从业人员(人)	Employed Persons (person)	430523	303932	29144	97447	392625	78886	351637
资产总计	Total Assets	24318010	14397086	2142987	7777937	23348627	7229156	17088854
流动资产合计	Total Current Assets	10336754	6625139	1223469	2488146	9810272	2989262	7347492
#应收帐款	Accounts Receivable	1704534	1050735	204490	449309	1595611	540639	1163895
存货	Inventory	1939730	1396251	307265	236214	1819071	486716	1453015
固定资产原价	Fixed Assets Price	11085896	8324512	498815	2262568	10582941	2775541	8310356
本年折旧	Depreciation in This Year	646833	466143	16130	164560	611441	179311	467522
负债合计	Total Liabilities	9695803	5281003	1079843	3334957	9391377	3530400	6165403
所有者权益合计	Total Owner's Equity	14473016	8966892	1063145	4442980	13810805	3652871	10820145
营业收入	Business Rerenue	27417865	21279343	3476852	2661669	25755396	4856878	22560987
#主营业务收入	Major Business Rerenue	27248054	21237077	3410865	2600112	25588869	4772902	22475152
营业成本	Operating Cost	22778408	18137845	2987710	1652854	21411316	3964786	18813622
#主营业务成本	Cost of Pricipal Business	22672156	18104267	2968328	1599561	21306222	3913373	18758782
营业税金及附加	Business tax and extra	228711	117930	46414	64367	218334	31916	196794
#主营业务税金及附加	Main business taxes and add	206877	116314	31848	58715	196582	29647	177229
其他业务利润	Other Profit from Business	27834	4702	23132		27588	15962	11872
销售费用	Sales expenses	822862	481341	140084	201437	771811	199642	623220
管理费用	Management Fee	1057523	513974	107790	435759	985955	411442	646081
#税金	Taxes	46893	23001	5715	18177	45880	19164	27729
财务费用	Financial Expenses	305420	226010	19604	59807	290695	78862	226558
#利息收入	Expenses of Interest	20832	7649	1722	11461	20007	12627	8205
#利息支出	Interest Expense	236971	189506	6354	41112	226167	70453	166518
投资收益	Income from Investment	2259262	1797967	173366	287929	2105750	212698	2046564
营业利润	Major Business Profits	42289	4829	335	37125	42289	36781	5508
应交所得税	Income Tax Payable	231521	170953	10310	50259	222963	16771	214750
应付职工薪酬	Employee Compensation	1779717	1146827	113430	519460	1683349	549314	1230402
应交增值税	Value Added Tax Payable	631426	508069	55438	67919	612273	99503	531924
利润总额	Total Profits	2319095	1832400	165669	321027	2168874	244920	2074175

25−21 各市文化及相关产业规模以上企业主要指标(2014年)

Main Indicators of Culture and Related Industry above Designated Size by City (2014)

市(县) City(county)	法人单位数(个) Number of Institutional Unit (unit)	从业人员期末人数(人) Number of Employed Persons year-end (person)	资产总计(万元) Total Assets (10 000 yuan)	营业收入(万元) Business Rerenue (10 000 yuan)	利润总额(万元) Total Profits (10 000 yuan)	税金合计(万元) Tax and Expenses (10 000 yuan)	应付职工薪酬(万元) Employee Compensation (10 000 yuan)
总计 Total	**2174**	**430523**	**24318010**	**27417865**	**2319095**	**907029**	**1779716**
省辖市 City							
郑州市 Zhengzhou	495	93561	7115960	6567080	688184	259279	492940
开封市 Kaifeng	192	24777	983691	1671125	186777	73350	94659
洛阳市 Luoyang	127	38522	1528270	1432066	91459	26951	128232
平顶山市 Pingdingshan	109	12987	1631670	336453	41410	14075	36819
安阳市 Anyang	38	5692	275873	424211	60185	15200	16559
鹤壁市 Hebi	22	2440	78978	95895	5951	1557	10788
新乡市 Xinxiang	82	24352	1331950	1725383	79571	26473	90063
焦作市 Jiaozuo	73	23227	1571443	2290326	138474	58366	73491
濮阳市 Puyang	60	16658	1296834	2198374	229561	55179	54390
许昌市 Xuchang	250	64423	2799623	4100530	304028	156587	246325
漯河市 Luohe	53	14380	1310060	1183033	59751	46861	74871
三门峡市 Sanmenxia	43	2839	225191	241142	24589	4847	12932
南阳市 Nanyang	197	28929	1758526	1965187	108526	66431	196576
商丘市 Shangqiu	87	17992	516042	837417	77704	20434	62490
信阳市 Xinyang	152	27665	687430	916275	81171	24934	85142
周口市 Zhoukou	64	8699	304669	492998	68795	23329	30739
驻马店市 Zhumadian	116	22204	830572	863008	66892	29381	68952
济源市 Jiyuan	14	1176	71231	77364	6067	3798	3748
省直管县 Province Administrating County							
巩义市 Gongyi	24	4184	142866	544714	39822	17088	24950
兰考县 Lankao	59	6442	226502	276392	44838	18368	25229
汝州市 Ruzhou	13	991	49653	24067	1872	1194	1894
滑县 Huaxian	5	1985	55041	93164	7574	435	5771
长垣县 Changyuan	6	261	8937	18100	2451	280	745
邓州市 Dengzhou	8	1975	80464	114537	5225	3454	5840
永城市 Yongcheng	10	997	15524	20727	2582	519	2317
固始县 Gushi	22	10679	79915	231568	18016	2140	33318
鹿邑县 Luyi	11	1805	22977	25302	3207	500	2616
新蔡县 Xincai	20	901	25534	42071	5084	1377	4055

25-22 各市文化及相关产业规模以上文化制造业企业主要指标(2014年)

Main Indicators of Cultural Manufacturing Industry above Designated Size by City (2014)

市(县)	City(county)	法人单位数(个) Number of Institutional Unit (unit)	从业人员期末人数(人) Number of Employed Persons year-end (person)	资产总计(万元) Total Assets (10 000 yuan)	营业收入(万元) Business Rerenue (10 000 yuan)	利润总额(万元) Total Profits (10 000 yuan)	税金合计(万元) Tax and Expenses (10 000 yuan)	应付职工薪酬(万元) Employee Compensation (10 000 yuan)
总计	**Total**	**938**	**303932**	**14397086**	**21279343**	**1832400**	**649000**	**1146827**
省辖市	**City**							
郑州市	Zhengzhou	160	38265	2400306	3889276	525049	161881	149138
开封市	Kaifeng	74	15941	656954	1044132	106967	33979	64630
洛阳市	Luoyang	29	28070	383985	806381	54460	15851	61739
平顶山市	Pingdingshan	15	3188	135089	135929	13522	5600	8775
安阳市	Anyang	16	3921	190344	365990	57003	14152	9774
鹤壁市	Hebi	9	1738	55078	68431	4081	1051	7829
新乡市	Xinxiang	43	21028	1169705	1581989	72782	24046	78953
焦作市	Jiaozuo	51	19755	1371879	2192225	131707	50080	59053
濮阳市	Puyang	43	15088	1170931	2077751	226528	52740	43734
许昌市	Xuchang	164	60069	2604701	3824796	275393	133003	222789
漯河市	Luohe	40	13831	1118694	1024521	45760	31643	72245
三门峡市	Sanmenxia	6	1208	109250	156125	18833	2922	6488
南阳市	Nanyang	97	22315	1353380	1678158	97928	53071	173235
商丘市	Shangqiu	47	14947	401258	665992	59515	15946	53353
信阳市	Xinyang	63	20023	388950	657001	52775	13240	60181
周口市	Zhoukou	32	6232	229326	389278	48142	15548	20887
驻马店市	Zhumadian	45	17719	628113	657077	36351	20955	52612
济源市	Jiyuan	4	594	29144	64294	5603	3295	1413
省直管县	**Province Administrating County**							
巩义市	Gongyi	8	3314	113086	520755	45569	7823	22726
兰考县	Lankao	27	4843	200314	232611	31089	12387	19933
汝州市	Ruzhou	3	670	30681	10750	860	809	1031
滑县	Huaxian	3	1535	25691	82974	7464	422	3430
长垣县	Changyuan							
邓州市	Dengzhou	4	1458	74654	106102	5544	2660	4453
永城市	Yongcheng	4	604	7885	10620	1371	378	1327
固始县	Gushi	13	9408	65150	218966	17600	1617	30393
鹿邑县	Luyi	6	1479	18238	17296	988	220	1677
新蔡县	Xincai	4	560	17253	27607	2976	1086	2956

25-23 各市文化及相关产业规模以上文化批零业企业主要指标(2014年)

Main Indicators of Cultural wholesale and Retail Industry above Designated Size by City (2014)

市(县)	City(county)	法人单位数(个) Number of Institutional Unit (unit)	从业人员期末人数(人) Number of Employed Persons year-end (person)	资产总计(万元) Total Assets (10 000 yuan)	营业收入(万元) Business Rerenue (10 000 yuan)	利润总额(万元) Total Profits (10 000 yuan)	税金合计(万元) Tax and Expenses (10 000 yuan)	应付职工薪酬(万元) Employee Compensation (10 000 yuan)
总计	**Total**	**555**	**29144**	**2142987**	**3476852**	**165669**	**107566**	**113429**
省辖市	**City**							
郑州市	Zhengzhou	85	3807	776994	1171869	20621	10197	24979
开封市	Kaifeng	77	5694	222392	544205	50530	32106	17130
洛阳市	Luoyang	47	2372	324816	277638	4359	2868	9457
平顶山市	Pingdingshan	43	1611	39255	83479	2528	3503	4817
安阳市	Anyang	13	756	19832	41813	1832	580	3254
鹤壁市	Hebi	10	422	12272	21919	1479	221	1586
新乡市	Xinxiang	23	1231	49994	107355	4498	1309	4803
焦作市	Jiaozuo	15	586	26757	45972	3701	603	2141
濮阳市	Puyang	15	805	36096	69773	1924	712	2836
许昌市	Xuchang	41	1694	84597	158793	6484	12698	5893
漯河市	Luohe	12	539	187932	157766	13732	15218	2468
三门峡市	Sanmenxia	17	457	20847	66098	1370	726	2054
南阳市	Nanyang	55	2629	137385	240424	7751	11050	8843
商丘市	Shangqiu	21	1621	59363	149618	15226	4062	4692
信阳市	Xinyang	39	2375	56307	129979	8943	4542	7320
周口市	Zhoukou	13	1079	30328	60168	5822	1077	5129
驻马店市	Zhumadian	28	1397	54683	147159	14764	6064	5542
济源市	Jiyuan	1	69	3138	2824	105	31	485
省直管县	**Province Administrating County**							
巩义市	Gongyi	3	74	4250	11563	1256	273	481
兰考县	Lankao	14	405	11194	17804	1969	1575	1279
汝州市	Ruzhou	3	159	8129	9079	580	209	514
滑县	Huaxian	1	72	2373	5000	230	6	512
长垣县	Changyuan	4	205	5964	16417	1894	224	544
邓州市	Dengzhou	2	241	3825	7083	-370	721	578
永城市	Yongcheng	1	123	3563	5586	487	8	395
固始县	Gushi	2	250	3541	4993	76	168	579
鹿邑县	Luyi	1	72	1876	3611	215	8	286
新蔡县	Xincai	4	98	4153	6798	412	189	462

25-24 各市文化及相关产业规模以上文化服务业企业主要指标(2014年)

Main Indicators of Culture Service Industry above Designated Size by City (2014)

市(县) City(county)	法人单位数(个) Number of Institutional Unit (unit)	从业人员期末人数(人) Number of Employed Persons year-end (person)	资产总计(万元) Total Assets (10 000 yuan)	营业收入(万元) Business Rerenue (10 000 yuan)	利润总额(万元) Total Profits (10 000 yuan)	税金合计(万元) Tax and Expenses (10 000 yuan)	应付职工薪酬(万元) Employee Compensation (10 000 yuan)
总计 Total	**681**	**97447**	**7777937**	**2661669**	**321027**	**150463**	**519460**
省辖市 City							
郑州市 Zhengzhou	250	51489	3938660	1505935	142514	87201	318823
开封市 Kaifeng	41	3142	104345	82788	29280	7265	12899
洛阳市 Luoyang	51	8080	819468	348046	32641	8232	57035
平顶山市 Pingdingshan	51	8188	1457326	117045	25360	4972	23227
安阳市 Anyang	9	1015	65697	16409	1350	468	3531
鹤壁市 Hebi	3	280	11628	5545	391	285	1374
新乡市 Xinxiang	16	2093	112251	36038	2291	1118	6308
焦作市 Jiaozuo	7	2886	172807	52128	3066	7684	12297
濮阳市 Puyang	2	765	89807	50850	1109	1727	7820
许昌市 Xuchang	45	2660	110324	116941	22150	10886	17644
漯河市 Luohe	1	10	3434	746	259		158
三门峡市 Sanmenxia	20	1174	95094	18919	4386	1199	4390
南阳市 Nanyang	45	3985	267761	46605	2848	2309	14498
商丘市 Shangqiu	19	1424	55421	21807	2963	426	4445
信阳市 Xinyang	50	5267	242174	129296	19453	7152	17641
周口市 Zhoukou	19	1388	45015	43553	14830	6704	4722
驻马店市 Zhumadian	43	3088	147776	58772	15777	2362	10798
济源市 Jiyuan	9	513	38949	10247	359	472	1850
省直管县 Province Administrating County							
巩义市 Gongyi	13	796	25530	12396	-7004	8991	1743
兰考县 Lankao	18	1194	14993	25977	11780	4406	4017
汝州市 Ruzhou	7	162	10843	4238	432	176	349
滑县 Huaxian	1	378	26977	5190	-120	6	1829
长垣县 Changyuan	2	56	2972	1683	558	56	201
邓州市 Dengzhou	2	276	1985	1352	51	73	809
永城市 Yongcheng	5	270	4075	4521	724	133	595
固始县 Gushi	7	1021	11224	7609	340	355	2346
鹿邑县 Luyi	4	254	2862	4395	2005	272	653
新蔡县 Xincai	12	243	4128	7665	1696	103	637

主要统计指标解释

文化 主要包括新闻出版业、广播电视电影和影像业、文化艺术业等类别。新闻业指新华通讯社、各新闻单位及派驻的记者站、境外驻我国的新闻机构、中心、办事处联络站等的活动；出版业指国家批准的出版社的活动；广播电视电影和影像业指对广播、电视、电影、录音、录像内容的制作、编导、播出、放映等活动；文化艺术业主要包括文艺创作与表演、艺术表演场馆、图书与档案馆、文物及文化保护、博物馆、烈士陵园、纪念馆、文化艺术经纪代理等活动。

体育 主要包括体育组织、体育场馆、以及其他体育活动。

娱乐业 主要包括室内娱乐活动、游乐园、休闲健身娱乐活动、以及其他娱乐活动。

艺术表演团体 指由文化部门主办或实行行业管理（经文化行政部门审批或已申报登记并领取相关许可证），专门从事表演艺术等活动的各类专业艺术表演团体，含民间职业剧团。不包括群众业余文艺表演团队。

艺术表演场馆 指由文化部门主办或实行行业管理（经文化市场行政部门审批或已申报登记并领取相关许可证），有观众席、舞台、灯光设备，公开售票、专供文艺团体演出的文化活动场所。附属于文化部门机构内非独立核算的剧场、排演场，公开营业的也应单独统计。

文化市场经营机构 指经文化市场行政部门审批或已申报登记并领取相关许可证的、从事文化经营和文化服务活动的机构。

公共图书馆 指文化部门主办的面向社会服务的图书馆。

广播节目综合人口覆盖率 是指根据国家广电总局制定的《广播电视人口覆盖率统计技术标准和方法》，在对象区内采用无线、有线、卫星等技术手段能够收听到包括中央、省、地市、县广播节目其中任意一套的人口数与总人口的比。

电视节目综合人口覆盖率 是指根据国家广电总局制定的《广播电视人口覆盖率统计技术标准和方法》，在对象区内采用无线、有线、卫星等技术手段能够收看到包括中央、省、地市、县级电视节目中任意一套的人口数与总人口的比。

有线电视入户率 指能接收到有线广播电视台、有线广播电视站(系统内和系统外)和共享天线系统播放的有线电视节目的家庭户数与总户数的比率。计算公式：

有线电视入户率=年末有线电视总用户数/年末总户数×100%

等级运动员 是指经考核正式批准授予技术等级的运动员，分为国际级运动健将、运动健将、一级、二级运动员。

Explanatory Notes on Main Statistical Indicators

Culture mainly includes Journalism, radio, television and film and video industry, culture art industry etc. Journalism refers to The Xinhua news agency, the press agencies and their reporter station. In our country overseas news agency, center, office activities; The publishing refers to the activities approved by the state; Radio, television and film and video refers to broadcasting, television, films, sound recording, video content production, broadcast playwright-director, showing activities; Culture and art owner to should include the creation of literature and art and performance, artistic performance venues, books and archives, cultural relics and culture protection, museums, martyr cemetery, memorial, arts and culture, as an agent and other activities.

Sports include sports organizations, sports venues, and other physical activities.

Entertainment include entertainment activities interior, amusement park, the leisure fitness entertainment activities, and other recreational activities.

Arts Performance Troupes refer to the various professional performing arts groups, which sponsored by the cultural sectors or guided by the cultural society (approved by the cultural market administration, or registered and permitted with the relative certificate), including non-governmental troupes, such as drama troupes, dialect troupes, comedy troupes, children troupes, Opera troupes, puppetry troupes, Shadowgraph troupes, etc., comprehensive professional arts performance troupes. The mass amateur arts performance troupes are not included.

Arts Performance Places refer to the various sites for cultural activities, which sponsored by the cultural sectors or guided by the cultural society (approved by the cultural market administration, or registered and permitted with the relative certificate), with the facility of auditorium, stage, and lighting, and selling tickets in public. The theaters and rehearse sites which are affiliated to the cultural sectors without independent financial accounts which are open to the public should be covered independently.

Cultural Market Operating Units refer to the units dealing in culture and cultural services, which registered and permitted with the relative certificate by cultural market administration.

Public library refers to the library service set up by the social cultural departments.

Radio Coverage of Population refers to the percentage of population, which can listen to one of central, provincial, city, prefecture, and county radio programs by wireless, cable, satellite and other technical means, in the surveying area, to national total population, according to Statistical Standard and Method on Television and Radio Coverage of Population established by the State Administration of Broadcasting, Film and Television.

Television Coverage of Population refers to the percentage of population, which can watch one of central, provincial, city, prefecture, and county television programs by wireless, cable, satellite and other technical means, in the surveying area, to national total population, according to Statistical Standard and Method on Television and Radio Coverage of Population established by the State Administration of Broadcasting, Film and Television.

Cable Television Coverage of Household refers to the percentage of households, which can watch television by cable of radio and television network, to national total household.

Class athletes refers to formally approved by the examination on the level of the athletes awarded technology, divided into international sports, master of sports, level 1, level 2 player.

公共管理、社会保障和社会组织

Public Management, Social Security and Social Organizations

26

● 资料整理：赵　霞

简要说明

一、主要内容

本篇包括公检法司、安全生产、居民最低生活保障人数、农村社会保障网络情况和参加基本养老保险、基本医疗保险、失业保险、工伤保险、生育保险人数及社会保险基金和妇女参政议政情况等。公检法司的资料主要包括公安机关的刑事案件立案情况和治安案件查处情况，交通、火灾事故情况，检察机关的办案情况，人民法院审理案件和收结案情况，以及公会、律师、公证、调解工作等资料。

二、资料来源

公检法司统计资料分别由河南省公安厅、河南省高级人民法院、河南省人民检察院和河南省司法厅提供。劳动争议仲裁由河南省人力资源和社会保障厅提供。安全生产由河南省安全生产监督管理局提供。妇女参政议政资料由中共河南省委组织部、河南省人大常委会选举任免代表联络工作委员会、中国人民政治协商会议河南省委员会办公厅提供。社会福利和居民最低生活保障人数由省民政厅提供；参加社会保险人数、社会保险基金收支资料由省人力资源和社会保障厅提供。婚姻服务情况由省民政厅和省高级人民法院提供。由省统计局社会与科技处编辑整理。

Brief Introduction

I. Main Contents

Data in this chapter include public security, procuratorial, legal and judicial affairs, production safety, female cadres and so on. Data on public security, procuratorial, legal and judicial affairs cover information such as criminal cases registered and offense cases handled by the public security agencies, traffic or fire accidents, cases handled by procuratorate's offices, cases accepted and settled by the people's courts, persons received lowest cost-of-living, urban welfare facilities, rural network of social security, work injury insurance, maternity insurance and social insurance funds and statistics on lawyers, notarization and mediation.

II. Sources of Data

Data on public security, procuratorial, legal and judicial affairs are calculated from Henan provincial bureau of Public Security, the Henan provincial Supreme People's Procuratorate, the Henan provincial Supreme People's Court and the Henan provincial bureau of Justice. Data on the labor disputes arbitration are calculated from Henan provincial bureau of Human Resources and Social Security. Data on production safety are calculated from Henan provincial Supervisory Bureau of Work Safety. Data on female cadres are calculated from Henan Provincial Organization Department. Data on people participated in basic insurance are provided by Department of social and scientific and technological of Henan provincial bureau of statistics basic on monitoring reports of women and children. Data on Attend social insurance persons and social insurance funds are from Henan provincial bureau of Human Resources and Social Security. Data on social welfare and persons received lowest cost-of-living are from the Henan provincial bureau of Civil Affairs. Data on Marriages are provided by the Henan provincial bureau of Civil Affairs and Higher people's court. Data on this chapter are provided by Department of social and scientific and technological of Henan provincial bureau of statistics.

26-1 公安机关立案的刑事案件情况

Criminal Case of Register by Public Security Organs

案件类别	Category of Cases	立案(起) Number of Cases Registered (case)		构成(%) Composition(%)	
		2013	2014	2013	2014
总　计	**Total**	**237364**	**421981**	**100.0**	**100.0**
杀人	Homicide	579	595	0.2	0.1
伤害	Injury	11004	11336	4.6	2.7
抢劫	Robbery	4474	5291	1.9	1.3
强奸	Rape	2274	2605	1.0	0.6
拐卖妇女、儿童	Kidnapping and Selling People	740	595	0.3	0.1
盗窃	Larceny	157862	311056	66.5	73.7
诈骗	Fraud	18803	46579	7.9	11.0
走私	Smuggling		1		0.0
伪造、变造货币,出售、购买、运输、持有、使用假币	Forging and Fabricating or Trafficing Bills	11	19	0.0	0.0
其他	Others	41617	43904	17.5	10.4

26-2 公安机关受理和查处治安案件情况(2014年)

Cases of Offence Against Public Order Handled by Public Security Organs (2014)

案件类别	Category of Cases	受理(起) Number of cases Accepted to be Treated	查处(起) Number of Investigated and Treated	每万人口受理案件数(起/10万人) Number of Cases Accepted per 10 000 Population (case/10 000 persons)
合　计	**Total**	**755591**	**725302**	**800.75**
扰乱单位秩序	Disturbing Business Orders	2877	2793	3.05
扰乱公共场所秩序	Disturbing the Orders in Public Places	2447	2417	2.59
寻衅滋事	Causing Quarrels and Making Troubles	5438	5083	5.76
阻碍执行职务	Obstructing Government Workers in Performing Their Duties	903	876	0.96
非法携带枪支、弹药、管制刀具	Violation of Firearms Control Regulations	567	550	0.60
违反危险物质管理规定	Violation of Explosives Control Regulations	1350	1330	1.43
殴打他人	Battering Other Persons	306448	297744	324.76
故意伤害	Willfully Injuring Others	38437	37225	40.73
盗窃	Stealing Property	88906	76054	94.22
敲诈勒索	Extortion and Blackmail	519	484	0.55
抢夺	Robbery and Snatch	724	626	0.77
伪造、变造、倒卖有价票证、凭证	Forge/alter/scalp Valuable Coupons or Certificates	69	68	0.07
违反旅馆业管理	Violating the Hotel Management Regulations	1965	1873	2.08
违反房屋出租管理	Violating the Rent Control Regulations	1270	1270	1.35
诈骗	Swindling, Seizing and Extorting Property	8741	7176	9.26
卖淫、嫖娼	Prostitution or Soliciting Prostitutes	1371	1368	1.45
赌博或赌博提供条件	Gambling	6814	6757	7.22
毒品违法活动	Illegal Drug Related Action	6578	6565	6.97
其他	Others	280167	275043	296.91

26-3　交通事故情况(2014年)

Basic Statistics on Traffic Accidents (2014)

项　目	Item	发生数（起）Number of Traffic Accidents (case)	死亡人数（人）Number of Deaths (person)	受伤人数（人）Number of Injuries (person)	直接财产损失（万元）Direct Property Losses (10 000 yuan)
总　计	**Total**	**6442**	**1632**	**6544**	**3402.00**
机动车	Vehicles	5598	1514	5660	3205.80
#汽车	Motor Vehicles	4777	1324	4656	2974.00
摩托车	Motorcycles	792	171	981	226.00
拖拉机	Tractors	29	19	23	5.80
非机动车	Non-motor-driven Vehicles	568	55	659	88.90
#自行车	Bicycles	30	2	36	4.80
行人乘车人	Pedestrians and Passengers	40	27	18	17.78
其他	Others	236	36	207	89.52

26-4　各省辖市火灾事故情况(2014年)

Basic Statistics on Fires (2014)

项　目　Item	发　生（起）Number of Traffic Accidents (case)	死　亡（人）Number of Deaths (person)	受　伤（人）Number of Injuries (person)	直接经济损失（万元）Direct economic loss (10 000yuan)	人口火灾发生率（1/10万人）The population incidence of fire (1/10000person)	平均每起事故损失（元）Average losses on every accident (yuan)
合　　计 Total	**22873**	**73**	**89**	**20740**	**24.24**	**9068**
郑　州　市 Zhengzhou	4404	13	16	2283	46.96	5185
开　封　市 Kaifeng	647	5		1021	14.22	15787
洛　阳　市 Luoyang	1871	5	8	2030	28.02	10850
平 顶 山 市 Pingdingshan	2282			917	46.01	4017
安　阳　市 Anyang	1474	2	1	1735	28.97	11771
鹤　壁　市 Hebi	850		1	160	53.20	1879
新　乡　市 Xinxiang	1394	13	29	520	24.42	3734
焦　作　市 Jiaozuo	1062	3	5	923	30.15	8687
濮　阳　市 Puyang	1070	3		1246	29.71	11646
许　昌　市 Xuchang	752	4	1	412	17.43	5478
漯　河　市 Luohe	659	1		1530	25.34	23211
三 门 峡 市 Sanmenxia	315	1	3	422	14.02	13392
南　阳　市 Nanyang	1179	5	12	1812	11.80	15369
商　丘　市 Shangqiu	542	12	7	1425	7.47	26294
信　阳　市 Xinyang	1706	1	4	1301	26.62	7627
周　口　市 Zhoukou	1686	5	2	1807	19.15	10720
驻 马 店 市 Zhumadian	838			1025	12.09	12235
济　源　市 Jiyuan	142			171	19.61	12016

26-5 检察机关直接立案侦查案件情况(2014年)

Basic Statistics on Law Case Direct Registered by Procuratorial Organ (2014)

案件分类	Case Item	受案 (件) Cases Accepted (case)	立案合计 Total Number of Cases Registered 件 (case)	人 (person)	#大案 (件) Large Cases (case)	#要案 (人) Key Cases (Person)	结案合计 Total number of cases settled 件 (case)	人 (person)
总 计	**Total**	**3395**	**3195**	**2803**	**4523**	**270**	**3001**	**4287**
贪污贿赂案件小计	Sub-total of Cases on Corruption and Bribery	2560	2408	2141	3202	241	2203	2961
#贪污	Corruption	820	713	586	1176	40	693	1131
贿赂	Bribery	1364	1317	1223	1505	190	1153	1325
挪用公款	Misappropriation of Public Funds	351	351	332	480	5	337	470
集体私分	Collective Illegal Possession	20	23		36	6	18	32
巨额财产来源不明	Unstated Source of Large Properties	3	2		2		2	2
其他	Others	2	2		3			1
渎职案件小计	Sub-total of Cases on Abuse and Dereliction of Duty	835	787	662	1321	29	798	1326
滥用职权	Abuse of Power	374	360	329	588	25	360	595
玩忽职守	Dereliction of Duty	376	347	288	530	4	358	547
徇私舞弊	Fraudulent Practice	75	72	41	112		72	105
侵犯公民权利	Infringement of civil rights	4	1		4		2	5
其他	Others	6	7	4	87		6	74

26-6 人民检察院审查批准、逮捕、公诉情况(2014年)

Arrests of Criminal Suspects and Defendants under Public Prosecution (2014)

案件分类	Category of Cases	批捕、决定逮捕合计 Total of Arrests (件) (case)	(人) (person)	决定起诉合计 Total of Public Prosecutions (件) (case)	(人) (person)
合 计	**Total**	**34655**	**44377**	**59194**	**81061**
公安、安全、监狱机关提请小计	Sub-total of Requests by Departments of State and Public Security and Prisons	33030	42465	56204	76783
危害国家安全案	Offences Against National Security	11	18	3	8
危害公共安全案	Offences Against Public Security	4546	4720	14974	15376
破坏社会主义市场经济秩序案	Offences Against Socialist Economic Order	2235	3068	5274	7531
侵犯公民人身、民主权利案	Offences Against Citizens' Personal and Democratic Rights	8305	9634	10891	13796
侵犯财产案	Offences Against Properties	12966	17210	16980	24256
妨害社会管理秩序案	Offences Against Social Management of Order	4963	7810	8062	15786
危害国防利益案	Offences Against National Defense	4	5	20	30
军人违反职责案	Offences on Dereliction of Duty by Servicemen				
检察机关直接立案侦查案件小计	Sub-total of Cases Handled by Procuratorates	1625	1912	2990	4278
贪污贿赂案	Offences on Corruption and Bribery	1409	1616	2205	2999
渎职侵权案	Offences on Abuse and Dereliction of Duty	216	296	785	1279

26-11 人民检察院受理举报、控告和申诉案件情况(2014年)

Cases of Reporting, Accusation and Petition Handled by People's Procuratorate (2014)

单位：件 (cases)

案件类别	Category of Cases	受理 Cases Accepted	处理 Cases Handled	#分送检察机关 Handled by General Office of People's Procuratorate	#转其他机关 Transfering to Other Organs
合计	**Total**	**18948**	**18741**	**17620**	**1121**
首次举报	First Report of an Offence	9201	9098	8886	212
首次控告	First Accusation	2813	2802	2389	413
首次申诉	First Petition	6934	6841	6345	496

26-12 人民检察院纠正违法情况

Law-breaking Cases Rectified by People's Procuratorate

项目	Item	2013	2014
书面提出纠正	Written Rectification		
件次合计（件次）	Total of Written Rectification (Case-times)	2816	2843
立案监督小计	Sub-total of Supervision of Cases Filing	2358	2179
监督立案	Supervision of Cases Filing	1481	1342
监督撤案	Supervision of Cases Withdrawed	877	837
侦查监督小计	Sub-total of Supervision of Investigation	360	610
审查批捕环节	Supervision of Investigation in the Processof Arrests Approved	234	480
审查起诉环节	Supervision of Investigation in the Process of Prosecution	126	130
刑事审判监督	Supervision of Criminal Trial	98	54
刑罚执行监督人次小计(人次)	Sub-total of Supervision of Punishment Execution (person-times)	5960	17497
监管活动	Administration of Prison and Custody	4938	14172
超期羁押	Excessive Custody		
减刑、假释、暂予监外执行	Commutation of Sentence, Parole and Released,Temporary execution outside prison	1022	3325
已纠正	Rectified		
件次合计（件次）	Total of Rectified (Case-times)	2564	2483
立案监督小计	Sub-total of Supervision of Cases Filing	2129	1855
监督立案	Supervision of Cases Filing	1327	1163
监督撤案	Supervision of Cases Withdrawed	802	692
侦查监督小计	Sub-total of Supervision of Investigation	339	575
审查批捕环节	Supervision of Investigation in the Processof Arrests Approved	225	457
审查起诉环节	Supervision of Investigation in the Processof Prosecution	114	118
刑事审判监督	Supervision of Criminal Trial	96	53
刑罚执行监督人次小计(人次)	Sub-total of Supervision of Punishment Execution (person-times)	5959	17492
监管活动	Administration of Prison and Custody	4937	14170
超期羁押	Excessive Custody		
减刑、假释、暂予监外执行	Commutation of Sentence, Parole and Released,Temporary execution outside prison	1022	3322

26-13 人民检察院检察官基本情况

Basic Statistics on inquisitors

单位：人 (person)

指 标	Item	2012	2013	2014
检察官数	Number of inquisitor	10141	10027	10175
#女性	Female	2413	2431	2577
#检察长人数	Number of law-officer	183	180	182
#女性	Female	15	14	16
#副检察长人数	Number of vice-law-officer	804	820	794
#女性	Female	111	119	117
#检察员人数	Number of fact-finder	7067	6954	6965
#女性	Female	1758	1749	1843
#助理检察员	Number of assistant fact-finder	849	820	966
#女性	Female	292	292	347

26-14 人民法院审理刑事一审案件收结案情况

Basic Statistics on Criminal Case at First Trial by People's Court

单位：件 (case)

项 目	Item	2013		2014	
		收案 Cases Accepted	结案 Cases Settled	收案 Cases Accepted	结案 Cases Settled
合 计	**Total**	**63174**	**60113**	**61278**	**61171**
危害公共安全罪	Offences Against Public Security	14870	14434	15229	15132
破坏社会主义经济秩序罪	Offences Against Socialist Economic Order	3449	2879	5637	5601
侵犯公民人身权利、民主权利罪	Offences Against Citizens' Personal and Democratic Rights	14989	14249	11663	11778
侵犯财产罪	Offences Against Properties	17647	17076	17291	17083
妨害社会管理秩序罪	Offences Against Social Management of Order	9323	8823	8289	8241
危害国防利益罪	Offences Against National Defense	26	23	23	25
贪污贿赂罪	Offences on Corruption and Bribery	2140	1966	2420	2508
渎职罪	Offences on Dereliction of Duty	721	659	722	797
其他	Others	2	2	4	6

26-15 各市人民法院审理刑事案件罪犯情况(2014年)
Criminal Offenders Heard by Courts by City (2014)

地区	City(County)	刑事罪犯总数(人) Number of Offenders (person)	#青少年犯罪 Young Offenders	不满18岁 Less Than 18 Years	18-25岁 Between 18 and 25 Years	青少年罪犯占刑事罪犯比重(%) Proportion of Young Offenders in the Total (%)
全省	**Total**	**70285**	**14572**	**2775**	**11797**	**20.7**
省辖市	**City**					
郑州市	Zhengzhou	10283	1899	269	1630	18.5
开封市	Kaifeng	3436	767	149	618	22.3
洛阳市	Luoyang	4756	1400	311	1089	29.4
平顶山市	Pingdingshan	2829	578	96	482	20.4
安阳市	Anyang	5136	1143	208	935	22.3
鹤壁市	Hebi	1249	230	35	195	18.4
新乡市	Xinxiang	4450	1124	220	904	25.3
焦作市	Jiaozuo	3606	956	165	791	26.5
濮阳市	Puyang	2213	464	94	370	21.0
许昌市	Xuchang	2990	594	85	509	19.9
漯河市	Luohe	1031	236	30	206	22.9
三门峡市	Sanmenxia	2465	534	95	439	21.7
南阳市	Nanyang	6733	1182	255	927	17.6
商丘市	Shangqiu	4110	866	135	731	21.1
信阳市	Xinyang	3740	806	225	581	21.6
周口市	Zhoukou	4132	593	141	452	14.4
驻马店市	Zhumadian	6616	1092	250	842	16.5
济源市	Jiyuan	510	108	12	96	21.2
省直管县	**Province Administrating County**					
巩义市	Gongyi	830	23	19	4	2.8
兰考县	Lankao	369	94	21	73	25.5
汝州市	Ruzhou	575	127	31	96	22.1
滑县	Huaxian	294	58	23	35	19.7
长垣县	Changyuan	379	121	24	97	31.9
邓州市	Dengzhou	571	74	11	63	13.0
永城市	Yongcheng	467	96	10	86	20.6
固始县	Gushi	601	114	35	79	19.0
鹿邑县	Luyi	419	85	27	58	20.3
新蔡县	Xincai	477	70	11	59	14.7

26-16 人民法院审理婚姻家庭、继承一审案件收结案情况(2014年)

First Trial Civil Cases of Marriage, Family Affairs and Inheritance Accepted and Settled by Courts (2014)

单位：件 (case)

项 目	Item	收案 Cases Accepted	结案 Cases Settled	调解 Mediation	判决 Judgment	驳回 Reject	撤诉 With-drawal	其他 Other
合 计	**Total**	**98795**	**97484**	**35794**	**35595**	**702**	**24855**	**538**
婚姻家庭	Marriage and Family Affairs	95915	94584	34403	34735	638	24298	510
离婚	Divorce	78128	76961	28507	28021	474	19558	401
赡养纠纷	Support Disputes	2305	2330	653	816	15	813	33
抚养、扶养关系纠纷	Upbringing Disputes	2445	2425	968	788	24	629	16
抚育费纠纷	Upbringing Fee Disputes	1498	1500	459	595	15	427	4
其他	Others	11539	11368	3816	4515	110	2871	56
继承	Inheritance	2880	2900	1391	860	64	557	28
法定继承	Legal Inheritance	630	608	285	186	10	122	5
遗嘱继承	Testament Inheritance	115	123	41	53	3	25	1
其他	Others	2135	2169	1065	621	51	410	22

26-17 人民法院审理合同纠纷一审案件收结案情况(2014年)

First Trial Cases of Contract Disputes Accepted and Settled by Courts (2014)

单位：件 (case)

项 目	Item	收案 Cases Accepted	结案 Cases Settled	调解 Mediation	判决 Judgment	驳回 Reject	撤诉 With-drawal	其他 Other
合 计	**Total**	**192072**	**182177**	**45243**	**83706**	**7270**	**43710**	**2248**
借款合同	Loan Contracts	76386	69705	16719	34389	2881	15011	705
买卖合同	Trade Contracts	34009	32400	9161	13670	921	8255	393
电信合同	Telecom Contracts	1176	1154	277	101	10	754	12
租赁合同	Lease Contracts	6990	6771	1333	3089	248	1948	153
劳动争议	Work Disputes	14410	14069	3822	6721	660	2756	110
房地产合同	Real Estate Contracts	3534	3237	698	1392	118	967	62
供用动力合同	Power Supply Contracts	118	105	32	41	3	28	1
建设工程合同	Construction Contracts	6577	5988	1163	2951	244	1512	118
农村承包合同	Rural Contracts	108	124	13	73	4	34	
承揽合同	Contracts for Work	2328	2329	551	1000	59	683	36
其他	Others	46436	46295	11474	20279	2122	11762	658

26−18　人民法院审理权属、侵权纠纷一审案件收结案情况(2014年)

First Trial Cases of Disputes of Right, Infringement of Right and Other Civil Affairs Accepted and Settled by Courts (2014)

单位：件　　　　(case)

项　目	Item	收 案 Cases Accepted	结 案 Cases Settled	调 解 Mediation	判 决 Judgment	驳 回 Reject	撤 诉 With-drawal	其 他 Other
合　计	**Total**	**106051**	**100502**	**27425**	**53204**	**1808**	**15609**	**2456**
所有权及其相关权利	Ownership and Related Rights	12991	12507	2099	5628	782	3849	149
特别程序	Special Proceedings	4817	4608	75	2069	207	590	1667
人身权纠纷	Personal Rights	25941	25031	7932	12532	310	4112	145
#人身损害赔偿	Compensate for Personal Harm	25357	24439	7814	12247	294	3944	140
特殊侵权纠纷	Disputes of Special Infringement of Right	56066	52512	16350	30468	326	5004	364
不当得利	Unjustified Enrichment	2014	1978	374	870	78	618	38
票据、证券、股票纠纷	Disputes of Bill, Securities and Stocks	23	3				3	
其他	Other	4199	3863	595	1637	105	1433	93

26−19　人民法院审理行政一审案件收结案情况（2014年）

First Trial Administrative Cases Accepted and Settled by Courts (2014)

单位：件　　　　(case)

项　目	Item	收 案 Cases Accepted	结案 Cases Settled	维 持 Affirmation of Original Judgement	撤 销 Cancel	驳 回 Reject	撤 诉 With-drawal	单独赔偿 Separate Compen-sation	其 他 Other
合　计	**Total**	**12881**	**12637**	**363**	**986**	**725**	**5423**	**21**	5119
土地等资源	Land	1507	1571	21	253	177	432	2	686
公安	Public Security	1853	1791	98	90	37	1051	3	512
城建	City Construction	2410	2280	46	190	107	679	4	1254
交通运输	Traffic and Transport	239	242	1	9	3	192		37
工商	Industry and Commerce	257	252	9		17			226
环保	Environment Protection	81	83	2					81
计划生育	Family Planning	439	470	10		3			457
税务	Tax	18	20			3			17
卫生	Health	134	145	1		10			134
乡政府	Townships Government	261	262	2		25		2	233
劳动和社会保障	Labour and Social Security	501	498	66		77		1	354
其他	Other	5181	5023	107	444	266	3069	9	1128

26-20　法官及审理有关案件情况

Statistics on Justices and Case at Trial

指　　标	Item	2013	2014
法官及陪审员情况(人)	Justicer and juror(person)		
法院法官人数	Number of justicer in court	12589	13332
#女法官	Female	3333	3102
高级法院法官人数	Number of justicer in High court	372	384
#女法官	Female	123	126
人民陪审员人数	Number of juror	6584	31548
#女陪审员	Female	1987	9604
建立少年法庭数(个)	Number of Juvenile Court (unit)	96	93

26-21　全省法院判处女性犯罪案件情况(2014年)

Number of case Trial by court (2014)

指标名称	Item	判处犯罪人数(人) Number of offender (person)	女性 Female	女性所占比例(%) Proportion of Female (%)
总　计	**Total**	**70285**	**5603**	**8.0**
组织、利用会道门、邪教组织、利用迷信破坏法律实施罪	Organiaze and Use Superstitious Sects and Cult or Use Superstition to Break Law Enforcement	159	108	67.9
重婚罪	Bigamy	78	36	46.2
非法吸收公众存款罪	Illegally Absorbe Public Deposits	432	182	42.1
拐卖妇女、儿童罪	Abduct and Sell Female and Chind	290	99	34.1
组织、领导传销活动罪	Organize and Lead pyramid schemes	97	33	34.0
引诱、容留、介绍卖淫罪	Tempt、Remain and introduce Prostitution	396	132	33.3
非法行医罪	Illegal medical practice	106	31	29.2
生产、销售假药罪	Priduce and Sell Counterfeit drugs	311	80	25.7
生产、销售有毒、有害食品罪	Produce and Sell Poisonous and harmful food	1572	383	24.4
生产、销售不符合安全标准的食品罪	Priduce and Sell food without reaching safety standards	1590	379	23.8
聚众扰乱社会秩序罪	Organizing a mob to disturb social order	236	47	19.9
虚开增值税专用发票、用于骗取出口退税、抵扣税款发票罪	Falsely making out special invoices for value-added tax to defraud a tax refund for exports or to offset tax invoice	157	31	19.7
窝藏、包庇罪	Shelter and Screen	210	41	19.5
伪造、变造、买卖国家机关公文、证件、印章罪	Forge,Alter and Deal Official Document , Certificate and Seal of State Organs	181	35	19.3
诈骗罪	Fenagle	2559	438	17.1
走私、贩卖、运输、制造毒品罪	Smuggle,Peddle,Transport,Fabricate Drugs	1130	191	16.9
生产、销售伪劣产品	Priduce and Sell Sham Products	386	64	16.6
非法经营罪	Illegal Business Operations	453	70	15.5
信用卡诈骗罪	Credit Card Fraud	280	40	14.3
挪用公款罪	Embezzlement	400	56	14.0
妨害公务罪	Disrupting Public Service	662	82	12.4
职务侵占罪	Position Encroachment	292	32	11.0
故意毁坏财物罪	Intentional Destruction of Property	532	57	10.7
滥用职权罪	Abuse of power	362	37	10.2
其他	Others	57414	2919	5.1

26−22 律师、公证和调解工作基本情况

Basic Statistics on Lawyers, Notarization and Mediation

项　目	Item	2013	2014
律师工作	Lawyers		
律师事务所（个）	Number of Law Offices (unit)	877	962
律师人数（人）	Number of Lawyers (person)	12422	13571
#女性（人）	Female	2789	3235
#专职律师（人）	Full-time Lawyers	11292	12349
#女性（人）	Female	2473	2876
兼职律师（人）	Part-time Lawyers	517	542
#中共党员（人）	Member of Communist Party of China	3234	3724
律师人员学历构成	Education Composition of Lawer		
#博士（人）	Doctor's Degree	96	96
硕士、双学士（人）	Master's Degree, Double Bachelor's Degree	1099	1518
法律专业本科（人）	Bachelor Degree in Law	9486	9955
其他专业本科（人）	Bachelor Degree In Other Specialities	875	890
聘请担任常年法律顾问的单位（处）	Number of Units with Permanent Legal Advisors (unit)	17972	18847
民事诉讼代理（件）	Agent of Civil Cases (case)	81344	100123
刑事诉讼辩护及代理（件）	Agent and Defender of Criminal Cases (case)	24220	26523
行政诉讼代理（件）	Agent of Administrative Action (case)	4803	5983
非诉讼法律事务（件）	Agent of Non-Litigious Legal Affairs (case)	39328	30746
解答法律询问（人次）	Agent of Legal Advisory Services (person)	290145	319475
代写法律事务文书（件）	Agent of Legal Documents Written on Behalf of Clients (unit)	67395	59587
公证工作	Notarization		
公证处（个）	Number of Notary Offices (unit)	178	178
#涉外公证处（个）	Foreign-related notarization	34	36
公证人员（人）	Notarial Personnel (person)	1256	1257
#公证员（人）	Notaries	691	700
公证员助理（人）	Assistant Notaries	565	557
办理公证文书（万件）	Number of Notarized Documents (10 000 cases)	57	53.3
人民调解工作	Number of People's Mediation		
人民调解委员会（万个）	Number of People's Mediation Committees (10 000 units)	5.53	5.56
人民调解员（万人）	Number of Mediators (10 000 persons)	21.83	20.57
调解民间纠纷（万件）	Number of Civil Disputes Mediated (10 000 cases)	49.72	90.76

26-23　国内公证业务分类

Domestic Notarial Services by Type

单位：件　　(case)

项　目	Item	2013	2014
合　计	**Total**	**459945**	**412132**
合同(协议)	Contracts (Agreements)	150674	121300
继承	Inheritance	37433	38107
单方法律行为	Unilateral Legal Acts	109875	104923
现场监督	Field Supervision	18408	19392
保全证据	Evidence Preservation	10545	8973
公司章程	Corporation Constitutions	567	48
组织资格	Organization Qualification	92	64
财产权	Property Rights	640	107
身份	Identity	1104	1285
收养关系	Adoptive Relationship	167	56
婚姻状况	Marital Status	1127	849
亲属关系	Kinship Confirmation	3567	2982
有无违法犯罪记录	Illegal and Criminal Record Check	1337	865
其他有法律意义事实	Other Facts of Legal Significance	2862	2891
证书(执照)	Certificate (Licence)	966	1024
签名(印章)	Signature (Seal)	8470	9379
文本相符	Conformity of Documentation	4109	3459
赋予执行效力	Executor Force	81274	77685
执行证书	Certificate of Execution	2515	2999
抵押登记	Mortgage Registration	1169	1164
提存	Drawing	347	252
保管	Storage	50	23
其他	Others	22647	14305

26-24 涉外公证文书分类

Foreign-Related Notarial Documents by Type

单位：件 (case)

项　目	Item	2013	2014
合　计	**Total**	**103895**	**112905**
合同(协议)	Contracts (Agreements)	61	85
继承	Inheritance	49	4
委托	Power of Attorney	1513	1964
声明	Declaration	1315	1570
遗嘱	Testaments	7	1
其他单方法律行为	Other Unilateral Legal Acts	658	1498
公司章程	Corporation Constitutions	132	29
组织资格	Organization Qualification	120	25
收养关系	Adoptive Relationship	224	57
婚姻关系	Marital Relationship	3899	4142
亲属关系	Kinship Confirmation	10573	12444
出生	Births	16083	17488
死亡	Deaths	122	147
生存、居住	Survival and Residence	569	902
学历(学位)	Education Background (Academic Degree)	14710	5730
经历	Resume	310	984
职务(职称)	Professional Titles	474	217
身份	Identity	323	252
有无违法犯罪记录	Illegal and Criminal Record Check	14150	14141
其他有法律意义事实	Other Facts of Legal Significance	1021	527
证书(执照)	Certificate (Licence)	11657	23742
签名(印章)	Signature (Seal)	3576	4616
文本相符	Conformity of Documentation	13762	17590
其他	Others	8587	4750

26-25 国内合同(协议)类公证业务分类

Domestic Notarization of Contracts (Agreements) by Type

单位：件 (case)

项　目	Item	2013	2014
合　计	**Total**	**150674**	**121300**
买卖合同	Trade Contracts	14487	15336
赠与合同	Gift Contracts	10690	6526
借款合同	Contracts for Loan of Money	64245	57705
租赁合同	Leasing Contracts	972	711
承揽合同	Contracts of Hired Work	104	46
建设工程合同	Contracts for Construction Projects	1232	177
委托合同	Agency Appointment Contracts	1714	2216
担保合同	Guarantee Contracts	5488	618
土地使用合同	Land Use Contracts	604	779
知识产权合同	Intellectual Property Contracts	35	29
承包合同	Contract Agreements	2947	3734
企业经营合同	Enterprise Operating Contracts	50	75
劳动(劳务)合同	Labor (Labor Service) Contracts	4515	3360
其他合同	Other Contracts	11589	10078
合伙协议	Partnership Agreements	506	343
财产分割协议	Property Division Agreements	4589	3142
财产约定协议	Property Agreement	2541	2147
抚养协议	Child Support Agreements	598	714
出国留学协议	Studying Abroad Agreement	358	646
拆迁安置协议	Removal and Resettlement Agreements	2096	2772
赔偿协议	Compensation Agreements	756	791
还款协议	Payment Contracts	1086	826
其他	Others	19472	8529

26-28　劳动人事仲裁委员会受理及处理案件情况(2014年)

单位：件

项　目	Item	合计 Total
上期未结争议案件数	**Number of Cases Left Over from Last Period**	**1324**
当期立案受理情况	**Cases Accepted**	
立案受理案件总数	Number of Cases	21437
#集体劳动(人事)争议	Number of Collective Labour Disputes	162
#劳动者申诉	Number of Persons Involved	20654
立案受理案件涉及劳动者人数(人)	Number of Persons Involoved in Collective Disputes (person)	26276
#集体劳动(人事)争议	Number of Collective Labour Disputes	2552
按争议类型分	Grouped by Dispute type	
劳动报酬	Labor compensation	5771
社会保险待遇及福利	Social Insurance and Benefits	6815
工伤保险	Work Injury Insurance	2720
确认劳动(人事)关系	Confirm labor (personnel) relations	3359
履行劳动(聘用)合同	Fulfill labor (recruit) the contract	12
解除劳动(聘用)合同	Remove labor (recruit) the contract	4018
其他	Others	1462
案件处理情况	**Cases settled**	
当期审结案件数	Number of Cases Settled	21209
涉案金额(万元)	Involving Amount (10 000yuan)	48260
按处理方式分	By Manners of Settlement	
仲裁调解	By Mediation	10174
仲裁裁决	By Arbitration Lawsuit	9957
#一裁终局	Arbitration Award shall be final and binding	497
其他	Others	1078
按处理结果分	By Result of Settlement	
用人单位胜诉	Won by Units	2050
劳动者胜诉	Lawsuit Won by Labourers	10706
双方部分胜诉	Lawsuit Partly by Both Parties	6867
期末累计未结案数	**Number of Cases Dissettled**	**1552**

Cases Accepted and Heard by Board of Labor Arbitration (2014)

(case)

劳动争议 Labor Dispute				人事争议 Personnel Disputes	
国有企业 State-owned Enterprises	集体企业 Collective-owned Enterprises	港澳台及外资企业 Foreign Funded and Hong Kong, Macao and Taiwan Funded Enterprises	民营企业 Private Enterprises	机关 Administrative Authority	事业单位 Public Institution
203	**151**	**18**	**873**	**1**	**78**
3899	2533	330	13805	71	799
32	20		104		6
3833	2499	328	13175	69	750
4775	3394	334	16731	75	967
488	353		1584		127
910	578	76	4081	12	114
1128	1007	91	4315	32	242
452	291	32	1838	4	103
562	254	35	2431	6	71
					12
1124	563	124	2106	18	83
175	131	4	872	3	277
3752	2536	310	13743	61	807
6963	5872	442	33250	111	1622
1717	1138	134	6861	35	289
1831	1203	148	6471	22	282
115	75	20	243	2	42
204	195	28	411	4	236
553	354	57	1015	12	59
1549	877	102	7860	18	300
1310	1032	127	4172	29	197
350	**148**	**38**	**935**	**11**	**70**

26-29 工会组织情况

Basic Statistics on Trade Unions

单位：万人 (10 000 persons)

年 份 year	工会基层组织数(万个) Number of Grassroot Trade Unions (10 000 units)	工会组织基层单位的职工与会员人数 Membership and Staff and Workers in Grassroot Trade Unions				工会专职工作人员人数 Number of Full-time Personnel of Trade Unions
		职工人数 Staff and Workers	#女职工 Female	会员人数 Membership	#女会员 Female	
2000	3.61	672.8	255	611.6	225.2	2.38
2001	4.86	757.84		700.1		
2002	5.68	811.02	298.59	749.51	270.99	3.28
2003	5.23	777.38	291.23	717.47	263.68	3.55
2004	5.38	785.64	297.21	734.64	266.71	3.2
2005	6.14	841.38	303.38	803.68	281.73	3.06
2006	6.94	905.5	325.51	866.43	306.15	3.36
2007	8.15	1070.2	380.3	1016.7	360.1	4.1
2008	9.13	1164.4	404.1	1125	392.1	4.5
2009	10.3	1291.31	443.76	1208.81	419.37	5.09
2010	11.43	1396.41	499.99	1324.06	480.69	6.45
2011	14.89	1517.46	548.67	1441.09	526.66	10.35
2012	19.42	1698.29	625.82	1616.72	602.21	13.02
2013	20.43	1734.41	642.58	1653.14	620.27	13.52
2014	21.12	1789.89	662.51	1707.29	642.37	13.67

26-30 全省工会组织基本情况

Basic Statistics on Trade Unions

指标名称	Item	2013	2014
工会基层组织数（万人）	Number of Grassroot Trade Unions (10 000 persons)	20.43	21.12
工会专职工作人员人数（万人）	Number of Full-time Personnel of Trade Unions (10 000 persons)	13.52	13.67
已建工会组织的基层单位职工人数（万人）	Staff and Workers in Grassroot Trade Unions (10 000 persons)	1734.41	1789.89
#女职工	Female Staff and Workers	642.58	662.51
#农民工	Migrant workers	644.38	671.04
#女性	Female	227.74	239.98
已建工会组织的基层单位工会会员人数（万人）	Membership in Grassroot Trade Unions (10 000 persons)	1653.14	1707.29
#女会员	Female Membership	620.27	642.37
职工代表数	Number of worker representative	128.78	163.67
#女性	Female	34.52	58.01
执行《女职工劳动保护特别规定》的企业比重(%)	Proportion of Pnterprise which Carry Out Special Provisions of Female Worker Labor Protection	95	96
企业职工代表大会中女性代表比重（%）	Proportion of Female Representatives in Enterprise Staff and Workers'Congress	33	35
企业董事会、监事会中女性比重（%）	Proportion of Female Representatives In The Board of Directors and Board of Supervisors	44	49
#董事会中女性比重（%）	Board of Directors	30	35
监事会中女性比重（%）	Board of Supervisors	25	30

26-31 各市基层工会劳动法律监督工作情况(2014年)

Statistics on Labor Law Supervision Work of Primary Trade Union by City (2014)

市 City	基层工会劳动法律监督组织 Labor Law Supervision Organizations of Primary Trade Union		基层以上工会劳动法律监督组织 Labor Law Supervision Organizations of Primary Trade Union and Above	
	组织个数 Number of Organizations	提请劳动监察部门处理的违反劳动法律行为、事件件数 Number of Violation of the Labor Law and Events Submitted to the Labor Inspection department	受理职工举报件数 Number of pices of Staff Report Accepted	提请劳动监察部门处理的违反劳动法律行为、事件件数 Number of Violation of the Labor Law and Events Submitted to the Labor Inspection
全 省 Total	**20630**	**763**	**1766**	**730**
郑 州 市 Zhengzhou	3771		957	631
开 封 市 Kaifeng	136	3	11	
洛 阳 市 Luoyang	3053	1	60	6
平 顶 山 市 Pingdingshan	704	277	27	1
安 阳 市 Anyang	782	1	75	4
鹤 壁 市 Hebi	138	3		
新 乡 市 Xinxiang	2176	326	29	3
焦 作 市 Jiaozuo	513		122	40
濮 阳 市 Puyang	767	2	9	1
许 昌 市 Xuchang	411	1	2	
漯 河 市 Luohe	971		137	5
三 门 峡 市 Sanmenxia	74		14	1
南 阳 市 Nanyang	3540	141	185	16
商 丘 市 Shangqiu	5	5	22	3
信 阳 市 Xinyang	2242	3	43	14
周 口 市 Zhoukou	205		34	3
驻 马 店 市 Zhumadian	1026		38	2
济 源 市 Jiyuan	116		1	

26-32 参加各类保险人数
Active Contributors

单位：万人 (10 000 persons)

年份 Year	养老保险 Basic Pension Insurance	#女性 Female	失业保险 Unemploy-ment Insurance	医疗保险 Basic Medical Insurance	#女性 Female	工伤保险 Work Injury Insurance	#女性 Female	生育保险 Maternity Insurance	#女性 Female
2000	662.68		671.00	287.00		198.00		172.00	
2001	639.05		676.00	456.40		245.00		207.00	
2002	645.53		670.00	537.28		218.79		204.54	
2003	659.25		679.97	567.93		210.61		199.29	
2004	688.70		681.60	590.19		324.72		200.66	
2005	716.17		681.90	640.70		404.00		228.30	
2006	762.60		682.80	704.00		432.90		238.40	
2007	804.68		684.65	726.03		452.32		254.02	
2008	948.57		689.00	840.87		501.20		313.35	
2009	1019.09		694.82	1970.13		521.02		379.76	
2010	1079.33	476.50	696.46	2043.75	910.21	551.74	192.84	412.87	176.54
2011	1168.38	525.34	701.19	2122.26	942.44	655.54	202.45	460.69	203.64
2012	1270.63	578.58	735.50	2222.20	1008.88	720.56	208.47	520.29	228.50
2013	1349.99	629.39	741.29	2297.20	991.48	773.09	291.43	569.60	251.30
2014	1431.55	617.39	773.30	2340.03	1021.21	805.71	298.60	590.17	259.52

注：2009年起由原来城镇职工基本医疗保险人数加入城镇居民医疗保险人数。
a) Data on basic Medical insurance include urban residents since 2009,before 2009 only refer to urban staff and workers.

26-33 社会保险基金
Social Insurance Funds

单位：亿元 (100 million yuan)

年份 Year	基金收入 Revenue	基金支出 Expenses	累计结余 Balance at the Year-end
2003	187.50	151.10	145.20
2004	216.10	166.90	195.80
2005	257.10	203.20	244.20
2006	298.50	239.20	303.30
2007	365.20	289.60	363.80
2008	540.61	445.51	496.21
2009	558.14	462.74	595.57
2010	609.40	484.90	664.70
2011	723.60	581.25	806.68
2012	872.46	702.51	977.21
2013	1304.45	1043.23	1505.51
2014	1440.14	1210.84	1734.19

26－34 各市城镇职工参加基本养老保险人数

Number of People Participated in Basic Pension Insurance by City

单位：万人 (10 000 persons)

市(县) City(County)	2005	2006	2007	2008	2009	2010	2011	2012	2013	2014
省辖市 City										
郑州市 Zhengzhou	98.62	108.37	119.00	127.74	141.12	158.14	198.28	251.76	290.69	331.98
开封市 Kaifeng	27.10	30.50	52.67	55.43	60.22	62.48	59.25	62.14	64.54	67.91
洛阳市 Luoyang	45.08	45.07	76.86	80.26	85.98	90.60	95.65	100.34	105.98	110.91
平顶山市 Pingdingshan	22.45	23.30	35.60	36.80	40.01	42.28	44.72	47.63	49.77	50.91
安阳市 Anyang	42.99	50.00	52.48	55.10	58.78	61.58	65.22	67.63	69.79	71.78
鹤壁市 Hebi	9.37	9.91	13.24	13.88	14.57	15.37	16.40	17.33	18.09	19.20
新乡市 Xinxiang	48.90	52.00	53.69	57.75	61.26	65.74	71.49	76.11	80.43	84.31
焦作市 Jiaozuo	24.50	26.00	41.82	42.08	45.99	48.20	50.70	52.70	53.97	55.70
濮阳市 Puyang	5.50	18.50	21.01	21.38	24.35	25.86	27.41	28.73	29.95	31.26
许昌市 Xuchang	21.01	22.99	33.08	34.21	37.07	38.76	40.70	42.50	45.09	48.53
漯河市 Luohe	17.93	17.90	20.58	20.94	23.10	24.33	25.72	27.69	29.82	31.36
三门峡市 Sanmenxia	14.79	16.30	21.99	23.58	25.08	26.39	27.51	28.80	29.94	30.92
南阳市 Nanyang	47.00	31.20	68.27	65.21	72.62	75.38	80.02	83.88	86.72	89.36
商丘市 Shangqiu	18.37	20.55	34.66	37.45	41.13	43.57	47.52	50.58	53.10	55.25
信阳市 Xinyang	40.31	31.40	41.97	42.96	48.12	50.60	54.10	58.48	60.49	62.88
周口市 Zhoukou	20.71	21.35	37.29	40.61	44.15	47.03	51.95	55.48	57.41	60.13
驻马店市 Zhumadian	14.68	15.11	25.59	26.40	28.68	30.74	34.94	37.22	39.12	40.69
济源市 Jiyuan	7.28	7.73	9.71	10.25	10.98	11.64	12.49	14.15	15.27	16.63
省直管县 Province Administrating County										
巩义市 Gongyi							8.95	9.95	10.47	10.61
兰考县 Lankao							3.65	4.79	4.85	5.28
汝州市 Ruzhou							4.46	4.67	4.93	5.24
滑县 Huaxian							5.31	5.49	5.69	5.90
长垣县 Changyuan							3.30	3.56	3.91	4.24
邓州市 Dengzhou							7.53	7.80	8.05	8.29
永城市 Yongcheng							7.07	7.53	7.72	7.84
固始县 Gushi							8.93	11.87	12.44	12.88
鹿邑县 Luyi							4.29	4.49	4.55	4.67
新蔡县 Xincai							1.70	2.63	2.75	2.82

26−35 各市参加基本医疗保险人数

Number of People Participated in Basic Medical Insurance by City

单位：万人 (10 000 persons)

市(县) City(County)	2005	2006	2007	2008	2009	2010	2011	2012	2013	2014
省辖市 City										
郑州市 Zhengzhou	47.00	56.30	64.96	74.76	208.80	230.83	261.64	296.53	315.40	329.47
开封市 Kaifeng	21.30	28.35	31.68	36.13	86.21	89.95	92.83	99.23	101.66	104.52
洛阳市 Luoyang	64.50	67.73	74.64	82.99	183.30	189.44	195.91	202.24	197.75	210.39
平顶山市 Pingdingshan	52.17	52.52	55.55	60.23	120.08	122.88	126.62	128.22	127.54	127.85
安阳市 Anyang	42.21	45.00	52.51	55.87	116.13	119.94	121.48	122.19	121.91	124.13
鹤壁市 Hebi	16.03	17.17	18.66	20.39	46.92	38.70	38.80	39.24	39.21	39.60
新乡市 Xinxiang	44.45	50.40	53.23	55.59	129.51	135.09	141.57	142.18	142.12	143.17
焦作市 Jiaozuo	29.40	38.60	41.65	43.52	95.45	91.83	93.20	93.97	94.64	95.02
濮阳市 Puyang	23.30	24.40	39.48	46.68	79.74	79.78	80.30	80.50	69.50	64.50
许昌市 Xuchang	27.89	28.24	31.01	34.22	85.93	88.61	89.91	90.79	92.40	93.10
漯河市 Luohe	17.60	17.60	21.42	24.62	64.33	67.84	73.20	78.12	76.48	76.89
三门峡市 Sanmenxia	22.20	23.61	27.37	28.56	59.11	62.21	64.04	64.93	66.73	59.78
南阳市 Nanyang	63.93	66.50	63.00	65.60	143.09	154.10	158.33	160.50	161.92	163.14
商丘市 Shangqiu	35.50	36.62	37.61	39.51	124.87	128.11	135.34	142.24	153.82	154.96
信阳市 Xinyang	40.30	44.58	47.80	51.30	124.28	128.61	132.62	134.02	134.62	134.73
周口市 Zhoukou	32.50	35.20	36.65	39.83	112.92	121.12	129.34	137.76	140.41	140.88
驻马店市 Zhumadian	33.34	35.80	36.01	38.00	106.49	109.13	116.02	121.44	122.06	125.47
济源市 Jiyuan	5.82	6.39	6.80	8.04	18.58	19.11	19.80	20.88	23.73	24.43
省直管县 Province Administrating County										
巩义市 Gongyi							13.90	12.93	12.93	11.17
兰考县 Lankao							6.90	7.19	7.46	7.27
汝州市 Ruzhou							11.00	11.53	11.63	11.09
滑县 Huaxian							12.80	13.01	13.74	13.96
长垣县 Changyuan							8.70	8.76	8.85	9.47
邓州市 Dengzhou							16.40	16.19	16.62	16.84
永城市 Yongcheng							18.20	17.22	18.49	17.76
固始县 Gushi							14.30	14.31	14.50	14.51
鹿邑县 Luyi							10.30	10.62	10.67	10.50
新蔡县 Xincai							7.40	9.57	10.10	10.98

26-36 各市参加失业保险人数

Number of People Participated in Unemployment Insurance by City

单位：万人 (10 000 persons)

市(县)	City(County)	2005	2006	2007	2008	2009	2010	2011	2012	2013	2014
省辖市	**City**										
郑州市	Zhengzhou	78.60	85.52	86.22	87.08	87.74	89.75	92.71	131.24	133.13	154.94
开封市	Kaifeng	36.20	36.20	36.20	36.20	35.78	34.10	33.96	34.23	34.27	34.61
洛阳市	Luoyang	60.20	59.04	59.71	59.10	59.78	59.99	60.23	60.83	61.07	63.46
平顶山市	Pingdingshan	44.20	45.53	45.55	46.60	46.60	46.98	46.98	47.44	45.93	46.41
安阳市	Anyang	38.12	39.00	39.66	39.90	40.00	40.06	40.28	40.51	40.54	41.89
鹤壁市	Hebi	17.42	15.56	15.22	15.22	15.20	15.45	15.47	15.75	14.69	14.66
新乡市	Xinxiang	45.38	36.30	45.38	45.10	44.95	44.90	44.84	45.15	44.92	45.34
焦作市	Jiaozuo	37.20	34.80	34.44	34.19	34.18	35.40	35.20	35.45	35.06	35.86
濮阳市	Puyang	19.80	19.40	29.51	29.87	31.26	30.84	31.21	31.04	29.40	30.09
许昌市	Xuchang	27.61	27.31	27.64	27.01	27.00	27.00	27.00	27.50	27.50	27.50
漯河市	Luohe	16.00	16.00	14.95	16.86	16.98	17.02	17.10	17.64	17.10	17.54
三门峡市	Sanmenxia	20.03	22.34	22.35	22.65	22.71	22.70	22.79	23.24	22.23	22.32
南阳市	Nanyang	61.90	61.70	61.49	61.26	62.61	62.66	63.19	65.01	62.15	63.15
商丘市	Shangqiu	34.20	34.20	34.86	35.00	35.48	34.91	35.03	35.25	34.20	34.76
信阳市	Xinyang	39.71	39.20	39.11	39.17	39.29	39.23	39.41	39.70	38.88	38.92
周口市	Zhoukou	38.00	38.50	38.60	38.63	38.10	38.00	38.12	39.54	38.41	38.92
驻马店市	Zhumadian	31.80	31.80	31.80	34.03	35.37	36.61	37.04	38.92	38.83	38.21
济源市	Jiyuan	6.96	7.10	7.05	6.86	6.85	6.86	6.83	7.06	9.57	11.47
省直管县	**Province Administrating County**										
巩义市	Gongyi							5.90	6.00	6.00	5.86
兰考县	Lankao							2.90	2.90	2.90	2.90
汝州市	Ruzhou							3.30	3.40	3.30	3.41
滑县	Huaxian							4.33	4.33	4.33	4.33
长垣县	Changyuan							2.82	2.88	2.80	3.03
邓州市	Dengzhou							5.60	5.61	5.61	5.61
永城市	Yongcheng							4.80	4.80	4.80	4.80
固始县	Gushi							5.27	5.30	5.22	5.30
鹿邑县	Luyi							3.39	3.60	3.60	3.60
新蔡县	Xincai							3.11	3.20	3.13	3.13

26-37 各市参加工伤保险人数

Number of People Participated in Work Injury Insurance by City

单位：万人 (10 000 persons)

市(县) City(County)	2005	2006	2007	2008	2009	2010	2011	2012	2013	2014
省辖市 City										
郑州市 Zhengzhou	41.76	44.18	47.30	52.53	55.71	57.84	84.57	134.95	147.29	154.47
开封市 Kaifeng	20.20	21.60	22.66	25.10	25.93	27.09	32.24	33.00	33.61	34.33
洛阳市 Luoyang	37.08	38.12	41.52	45.72	47.90	49.50	55.13	60.02	61.56	64.10
平顶山市 Pingdingshan	16.80	18.66	19.74	21.71	23.09	23.72	29.00	32.13	33.20	35.05
安阳市 Anyang	24.60	26.00	28.11	31.39	32.59	34.11	40.30	42.77	43.88	45.79
鹤壁市 Hebi	9.52	9.51	6.42	6.67	7.03	7.44	9.16	11.01	11.56	12.03
新乡市 Xinxiang	31.70	36.60	36.57	43.21	44.80	48.55	50.93	51.30	52.92	55.20
焦作市 Jiaozuo	18.00	19.60	20.96	23.11	24.12	25.10	27.48	30.11	31.33	32.82
濮阳市 Puyang	4.10	4.50	11.91	16.89	17.87	19.04	21.87	22.20	22.70	23.50
许昌市 Xuchang	12.95	13.64	14.98	16.12	16.73	17.50	21.76	22.23	23.03	24.13
漯河市 Luohe	9.72	9.70	10.91	13.40	14.15	14.56	17.81	19.56	20.28	21.17
三门峡市 Sanmenxia	11.25	12.05	12.55	14.01	14.46	15.13	18.13	20.05	20.58	21.01
南阳市 Nanyang	22.50	29.50	28.77	33.19	34.27	35.65	47.07	49.22	50.46	52.41
商丘市 Shangqiu	9.72	12.06	11.36	15.23	16.06	16.60	25.71	30.40	31.01	31.64
信阳市 Xinyang	14.60	16.20	16.20	19.34	20.01	20.95	29.82	32.93	33.68	31.85
周口市 Zhoukou	13.10	14.40	14.44	16.00	17.00	18.00	28.93	36.78	40.00	41.82
驻马店市 Zhumadian	11.00	10.40	11.88	14.14	14.60	15.16	24.06	27.19	28.20	29.53
济源市 Jiyuan	4.31	4.86	5.21	5.44	5.69	5.91	7.28	7.77	8.34	9.36
省直管县 Province Administrating County										
巩义市 Gongyi							4.68	7.43	7.86	7.86
兰考县 Lankao							1.67	1.67	1.76	2.23
汝州市 Ruzhou							2.40	2.64	3.03	3.04
滑县 Huaxian							3.03	3.50	3.68	3.71
长垣县 Changyuan							3.03	3.03	3.03	3.12
邓州市 Dengzhou							4.12	4.12	4.35	4.40
永城市 Yongcheng							12.12	12.35	9.63	9.63
固始县 Gushi							3.72	4.38	4.40	1.84
鹿邑县 Luyi							1.90	2.70	3.01	3.01
新蔡县 Xincai							1.44	1.83	1.92	1.92

26-38 各市参加生育保险人数

Number of People Participated in Maternity Insurance by City

单位：万人 (10 000 persons)

市(县) City(County)	2005	2006	2007	2008	2009	2010	2011	2012	2013	2014
省辖市 City										
郑州市 Zhengzhou	13.50	17.25	20.79	28.70	37.98	39.95	58.57	75.84	85.04	94.73
开封市 Kaifeng	21.00	19.34	20.02	21.00	22.01	22.50	23.00	23.61	24.60	24.90
洛阳市 Luoyang	34.05	35.02	35.52	40.00	43.68	44.70	48.94	52.52	54.11	54.96
平顶山市 Pingdingshan	16.74	16.75	15.46	20.50	22.31	26.92	28.42	31.47	32.83	33.66
安阳市 Anyang	20.49	20.00	22.07	23.60	24.73	25.04	25.53	26.37	27.60	29.03
鹤壁市 Hebi	7.21	7.20	7.51	8.10	9.02	9.51	10.01	10.62	10.81	10.91
新乡市 Xinxiang	18.20	19.00	22.74	23.70	24.89	26.04	26.84	28.73	29.90	30.37
焦作市 Jiaozuo	18.00	18.60	20.22	22.00	23.30	24.24	25.59	26.97	28.18	28.49
濮阳市 Puyang	4.63	4.80	10.51	14.40	17.66	21.72	22.17	22.80	14.30	14.40
许昌市 Xuchang	14.01	14.14	15.69	16.10	18.01	18.51	19.02	19.63	20.47	20.80
漯河市 Luohe	1.87	1.90	3.45	5.50	8.35	9.51	11.06	12.43	13.06	13.30
三门峡市 Sanmenxia	7.55	7.58	8.36	9.60	10.04	11.53	12.62	13.97	14.82	14.93
南阳市 Nanyang	18.20	17.20	19.22	23.00	25.30	28.80	31.42	34.20	36.33	37.31
商丘市 Shangqiu	2.51	3.80	4.43	4.80	6.59	6.60	13.52	17.08	19.25	19.60
信阳市 Xinyang	13.40	14.58	12.01	17.30	20.13	21.87	23.73	26.05	28.46	29.59
周口市 Zhoukou	0.83	0.87	1.90	11.00	16.93	20.98	24.91	30.27	33.07	34.86
驻马店市 Zhumadian	14.00	15.00	11.43	17.00	19.11	20.02	21.52	23.56	25.15	26.49
济源市 Jiyuan	2.80	3.01	2.70	3.00	4.07	4.53	4.84	5.36	7.21	8.84
省直管县 Province Administrating County										
巩义市 Gongyi							4.50	5.19	5.19	5.25
兰考县 Lankao							0.60	0.60	0.90	0.90
汝州市 Ruzhou							2.80	3.06	3.25	3.35
滑县 Huaxian							2.60	2.69	2.91	2.96
长垣县 Changyuan							1.00	1.08	1.31	1.55
邓州市 Dengzhou							2.40	4.41	4.57	4.65
永城市 Yongcheng							2.70	2.27	2.56	2.57
固始县 Gushi							3.70	3.85	4.02	4.00
鹿邑县 Luyi							1.50	1.60	1.20	2.16
新蔡县 Xincai							1.10	1.19	1.19	1.39

26-39 安全生产基本情况

Basic Statistics on security production

指　标	Indicate	2013	2014
发生伤亡事故总数(起)	Number of casualty accident (case)	2002	1716
#道路交通事故	Traffic accident	1696	1453
工矿商贸企业	Factory、mine and trade Enterprise	125	109
矿山企业	Mine Enterprise	19	26
煤矿企业	Colliery Enterprise	8	20
非煤矿企业	Other mine Enterprise	11	6
非矿山	Factory and trade Enterprise	106	83
造成死亡总人数(人)	Number of deaths in accident (person)	941	903
#道路交通事故	Traffic accident	625	598
工矿商贸企业	Factory、mine and trade Enterprise	170	182
矿山企业	Mine Enterprise	25	58
煤矿企业	Colliery Enterprise	10	47
非煤矿企业	Other mine Enterprise	15	11
非矿山	Factory and trade Enterprise	145	124
一次死亡3-9人较大事故(起)	Number of grave accident in which once dead 3~9 persons (case)	42	38
#道路交通事故	Traffic accident	33	22
工矿商贸企业	Factory、mine and trade Enterprise	9	16
矿山企业	Mine Enterprise	1	6
煤矿企业	Colliery Enterprise	1	5
非煤矿企业	Other mine Enterprise		1
非矿山	Factory and trade Enterprise	8	10
一次死亡3-9人较大事故中死亡人数(人)	Number of deaths in grave accident (person)	176	151
#道路交通事故	Traffic accident	137	90
工矿商贸企业	Factory、mine and trade Enterprise	39	61
矿山企业	Mine Enterprise	7	25
煤矿企业	Colliery Enterprise	7	20
非煤矿企业	Other mine Enterprise		5
非矿山	Factory and trade Enterprise	32	36
一次死亡10人以上重特大事故(起)	Number of the gravest accident in which once dead over 10 persons (case)	2	1
#道路交通事故	Traffic accident	1	
工矿商贸企业	Factory、mine and trade Enterprise		1
矿山企业	Mine Enterprise		1
煤矿企业	Colliery Enterprise		1
非煤矿企业	Other mine Enterprise		
非矿山	Factory and trade Enterprise		
一次死亡10人以上重特大事故中死亡人数(人)	Number of deaths in the gravest accident (person)	24	13
#道路交通事故	Traffic accident	11	
工矿商贸企业	Factory、mine and trade Enterprise		13
矿山企业	Mine Enterprise		13
煤矿企业	Colliery Enterprise		13
非煤矿企业	Other mine Enterprise		
非矿山	Factory and trade Enterprise		
煤矿百万吨死亡人数(人)	Deaths per million tons of colliery (person)	0.348	0.065
骨干煤矿企业	Backbone mine	0.297	0.007
地方煤矿	The local mine	1.243	0.716

主要统计指标解释

受理劳动争议案件数 指劳动争议仲裁委员会根据国家有关规定，对劳动争议当事人的申请予以审查，符合受理条件而正式立案、准备处理的劳动争议案件数。

要案 指县、处级以上干部的犯罪案件。该指标主要反映职务犯罪案件中县、处级以上干部被人民检察院依法立案侦查的情况。

批准逮捕 指人民检察院对公安机关、国家安全机关、监狱管理机关提出逮捕的犯罪嫌疑人进行审查，根据事实，依法做出逮捕决定。该指标主要反映人民检察院对提请逮捕犯罪嫌疑人进行审查后依法做出批准逮捕决定的情况。

决定逮捕 指人民检察院对直接立案侦查的案件，认为需要逮捕犯罪嫌疑人时，依据法律做出的逮捕决定。该指标主要反映人民检察院对直接受理的案件行使决定逮捕权的情况。

提起公诉 指人民检察院对公安机关、国家安全机关、监狱管理机关和检察机关侦查部门等移送起诉的案件进行审查，根据事实，做出提起公诉的案件。该指标主要反映人民检察院对各种刑事案件向人民法院提起公诉的情况。

适用简易程序 指人民法院对依法可能判处三年以下有期徒刑、拘役、管制、单处罚金的公诉案件，事实清楚，证据充分，人民检察院建议或者同意适用简易程序的案件 ；告诉才处理的案件；被害人起诉的有证据证明的轻微刑事案件。

提出抗诉 指人民检察院对人民法院的判决、裁定认为确有错误，向人民法院提出对案件重新进行审理的诉讼活动。包括按照第二审程序提出的抗诉和按照审判监督程序（再审程序）提出的抗诉。

撤回抗诉 指上级人民检察院对下级人民检察院按照第二审程序提出的抗诉，经审查，认为抗诉不当时向同级人民法院撤回抗诉，同时通知提出抗诉的下级人民检察院。

立案监督 指人民检察院对侦查机关刑事立案活动的监督。包括对应当立案而不立案的监督和不应立案而立案的监督。

监督立案 包括侦查机关接到要求说明不立案理由后主动立案和执行通知立案两个内容。

监管活动 指人民检察院对监狱等监管改造场所的管理活动进行的监督。

青少年罪犯 指人民法院在报告期内判决发生法律效力的有罪判决中 14 周岁以上不满 25 周岁的罪犯。其中 14 周岁以上不满 18 周岁的罪犯为未成年罪犯。

行政案件 指公民、法人和其他组织不服行政机关作出的具体行政行为，向人民法院提起行政诉讼，人民法院依法审理的案件。

单独赔偿 指单独提起行政赔偿的案件。当事人对行政行为的合法性没有争议，就行政侵权造成的损害赔偿单独提起赔偿诉讼。

公证人员 指在公证处工作的人员总称，包括公证处主任、副主任、公证员、公证员助理(助理公证员)和其他从事辅助性工作的人员。

公证文书 指公证处根据当事人申请，依照事实和法律，按照法定程序制作的，具有法律效力的司法证明文书。

受理劳动争议案件数 指劳动争议仲裁委员会根据国家有关规定，对劳动争议当事人的申请予以审查，符合受理条件而正式立案、准备处理的劳动争议案件数。

城镇职工基本养老保险

1.（参保）职工人数 指报告期末按照国家法律、法规和有关政策规定参加基本养老保险并在社保经办机构已建立缴费记录档案的职工人数，包括中断缴费但未终止养老保险关系的职工人数，不包括只登记未建立缴费记录档案的人数。

2.（参保）离退休人员人数 指报告期末参加基本养老保险的离休、退休和退职人员的人数。

3.基金收入 指根据国家有关规定，由纳入基本养老保险范围的缴费单位和个人按国家规定的缴费基数和缴费比例缴纳的养老保险基金，以及通过其他方式取得的形成基金来源的收入。包括单位和职工个人缴纳的基本养老保险费、基本养老保险基金利息收入、上级补助收入、下级上解收入、转移收入、财政补贴和其他收入。

4.基金支出 指按照国家政策规定的开支范围和开支标准从养老保险基金中支付给参加基本养老保险的个人的养老金、丧葬抚恤补助，以及由于保险关系转移、上下级之间调剂资金等原因而发生的支出。包括离休金、退休金、退职金、各种补贴、医疗费、死亡丧葬补助费、抚恤救济费、社会保险经办机构管理费、补助下级支出、上解上级支出、转移支出、其他支出等。

5.基金累计结余 指截止报告期末基本养老保险基金收支相抵后的累计余额。

基本医疗保险

1.参保人数 指报告期末按国家有关规定参加相应基本医疗保险的人数。

2.基金收入 指由用人单位和个人按照国家规定的缴费基数、缴费比例或缴费标准缴纳的基本医疗保险基金，财政补助资金以及通过其他方式取得的形成基金来源的款项，包括：单位缴纳收入、个人缴纳收入、财政补助收入（含医疗救助补助个人收入）、财政补贴收入、利息收入和其他收入。

3.基金支出 指按照国家政策规定的开支范围和开支标准，从基本医疗保险基金中支付给参保人员的医疗保险待遇支出，以及其他支出。包括住院医疗费用支出、门急诊医疗费用支出、个人账户基金支出、其他支出。

4.基金累计结余 指截止报告期末基本医疗保险基金累计结余金额。

失业保险

1.参保人数 指报告期末按照国家法律、法规和有关政策规定参加了失业保险的城镇企业、事业单位的职工及地方政府规定参加失业保险的其他人员的人数。

2.基金收入 指报告期内筹集的失业保险基金的总额，包括失业保险费收入、利息收入、财政补贴收入、其他收入、转移收入、上级补助收入、下级上解收入。

3.基金支出 指报告期内为保障失业人员基本生活、促进其再就业等支出的基金总额，包括失业保险金支出、医疗补助金支出、丧葬补助金和抚恤金支出、职业培训和职业介绍补贴支出、农民合同制工人一次性生活补助支出、其他支出、转移支出、上级补助支出、下级上解支出。

4.基金累计结余 指截止报告期末失业保险基金收支相抵后的累计余额。

工伤保险

1.参加保险人数 指报告期末依据国家有关规定参加工伤保险的职工人数和有雇工的个体工商户的雇工数。

2.享受保险待遇人数 指年初至报告期末因工伤或职业病而享受工伤保险待遇的人数。为享受工伤医疗待遇中未评定等级的人数、享受伤残待遇人数以及享受因工死亡待遇人数之和。

3.基金收入 指根据国家有关规定，由参加工伤保险的单位按国家规定的缴费基数和缴费比例缴纳的工伤保险基金，以及通过其他形式取得的形成基金来源的款项。包括：单位缴纳的社会统筹基金收入、财政补贴收入、利息收入、其他收入。

4.基金支出 指按照国家政策规定的开支范围和开支标准从工伤保险基金中支付给参加工伤保险的人员及供养直系亲属工伤保险待遇支出及其他支出。包括工伤医疗费、伤残补助金、工亡补助金、护理费、丧葬补助费、工伤预防费用、职业康复费用和其他支出。

5.基金累计结余 指截止报告期末工伤保险基金累计结余金额。

生育保险

1.参保人数 指报告期末依据有关规定参加生育保险的人数。

2.基金收入 指根据国家有关规定，由参加生育保险的单位按照国家规定的缴费基数和缴费比例缴纳的生育保险基金，以及通过其他方式取得的形成基金来源的款项，包括：单位缴纳的基金收入、利息收入和其他收入。

3.基金支出 指按照国家政策规定的开支范围和开支标准，从生育保险基金中支付给参加生育保险的职工，因妊娠、分娩和计划生育手术而享受的待遇及其他支出。包括：生育津贴、医疗费用支出及其他支出。

4.基金累计结余 指截止报告期末生育保险基金累计结余金额。

the reference period.

Unemployment Insurance

1. Number of people covered refers to staff and workers in urban enterprises or institutions who have participated in the unemployment insurance programme according to relevant policies and regulations, and other people who have participated according to local government regulations at the end of the reference period.

2. Revenue of the unemployment insurance programme refers to the total unemployment insurance funds raised in the reference period, including unemployment insurance premium, interest income, financial subsidies, other income, transferred income, subsidies from higher level agencies and income as transfer from subordinate agencies.

3. Expenditure of the unemployment insurance programme refers to total expenses during the reference period to guarantee the basic livelihood of unemployed people, and to encourage their re-employment. Included are unemployment relief, medical fees, funeral subsidies, compensation payments, training expenses, management fees for unemployment insurance agencies, subsidies to lower level agencies, expenses as transfer to higher level agencies, transferred expenditure and other expenditure.

4. Balance of the unemployment insurance programme refers to the balance of revenue of the programme after deducting expenses at the end of the reference period.

Work Injury Insurance

1. Number of people covered refers to staff and workers who have participated in the work injury insurance programme and number of employees in private business according to relevant national regulations at the end of the reference period.

2. Number of beneficiaries refers to number of people benefited from work injury insurance, as a result of work injury or occupational disease. It is the sum of beneficiaries from the work injury medical treatment without rating, disabilities and deaths at work places.

3. Revenue of the work injury insurance programme refers to payments made by employers participating in the work injury insurance programme in accordance with the basis and proportion stipulated in State regulations, and income from other sources that become source of work injury insurance fund, including income of social comprehensive funds paid by employers, government financial subsidies, interest income and other income.

4. Expenditure of the work injury insurance programme refers to payments made from work injury insurance funds to those who participated in the work injury insurance programme and their direct dependents within the scope and standards of expenditure according to related national policies, and other expenditure, including medical fees for work injury, injury and disability subsidies, death subsidies, nursing fees, funeral subsidies, injury prevention fees, occupational rehabilitation fees and other expenditure.

5. Balance of the work injury insurance programme refers to the balance of the work injury funds at the end of the reference period.

Maternity Insurance

1. Number of people covered refers to people who have participated in the maternity insurance programme according to relevant regulation at the end of the reference period.

2. Revenue of maternity insurance refers to payments made by employers participating in the maternity insurance programme in accordance with the basis and proportion stipulated in State regulations, and income from other sources that become source of maternity insurance fund, including income of funds paid by employers, interest income and other income.

3. Expenditure of the maternity insurance programme refers to payments made from maternity insurance funds to staff and workers who participate in the maternity insurance programme within the scope and standards of expenditure in accordance with related national policies, expenses paid for pregnancy, child delivery or surgeries related to family planning, and other expenditure, including allowance for child bearing, medical fees and other expenditure.

4. Balance of the maternity programme refers to the balance of the maternity insurance funds at the end of the reference period.

各县（市、区）主要统计指标

Main Indicators of County (City, municipal districts)

27-1 各县(市)人口及从业人员(2014年)

Population and Employed Person by County and City (2014)

县 市	County and city	年末总户数(万户) Total Households (year-end) (10 000 household)	年末总人口(万人) Population (year-end) (10 000 persons)	年平均总人口(万人) Average person Per Year (10 000 persons)	常住人口(万人) Resident population (10 000 persons)	#城镇 Urban	城镇化率(%) Urban Proportion (%)	从业人员(万人) Employment (10 000 persons)	第一产业 Primary Industry	第二、三产业 Secondary Industry and Tertiary Industry	#乡村从业人员 Employed Persons in Rural Area
郑州市	**Zhengzhou**										
中牟县	Zhongmu	17.53	94.92	93.23	94.92	38.13	40.17	35.16	18.41	16.75	24.81
巩义市	Gongyi	21.36	83.19	83.00	82.00	41.39	50.47	48.20	10.51	37.69	33.52
荥阳市	Xingyang	17.53	61.54	61.52	61.54	30.63	49.77	47.12	9.94	37.18	32.17
新密市	Xinmi	20.94	80.33	80.17	80.33	41.09	51.15	52.68	8.63	44.06	33.32
新郑市	Xinzheng	18.92	86.45	85.23	86.45	43.62	50.46	46.06	11.26	34.80	26.83
登封市	Dengfeng	17.33	68.89	68.62	68.89	34.28	49.76	52.85	19.86	32.99	34.89
开封市	**Kaifeng**										
杞县	Qixian	36.84	111.71	111.43	91.95	29.56	32.15	73.96	40.15	33.81	59.48
通许县	Tongxu	18.04	63.88	63.72	53.22	17.12	32.16	40.64	20.08	20.56	33.18
尉氏县	Weishi	26.10	95.69	95.44	87.35	28.10	32.17	60.37	30.34	30.03	51.90
开封县	Kaifeng	22.05	75.76	75.55	67.86	21.23	31.28	54.11	23.99	30.12	42.77
兰考县	Lankao	27.11	84.14	83.91	62.90	20.79	33.06	56.41	19.00	37.41	46.35
洛阳市	**Luoyang**										
孟津县	Mengjin	15.93	45.96	45.85	42.06	17.90	42.55	32.93	10.46	22.47	21.58
新安县	Xinan	15.73	52.84	52.74	47.65	19.35	40.61	40.09	10.76	29.33	29.94
栾川县	Luanchuan	10.71	33.79	33.71	34.94	14.92	42.71	23.63	8.03	15.60	18.08
嵩县	Songxian	17.25	59.63	59.48	51.50	15.09	29.30	37.82	17.36	20.46	30.48
汝阳县	Ruyang	12.69	47.74	47.62	41.65	12.46	29.91	29.11	12.74	16.37	24.84
宜阳县	Yiyang	19.75	69.25	69.13	60.96	18.76	30.77	41.22	19.10	22.12	34.94
洛宁县	Luoning	13.82	48.74	48.66	42.72	12.03	28.17	34.73	28.15	6.58	28.13
伊川县	Yichuan	25.20	82.50	82.49	77.86	29.20	37.50	53.27	22.34	30.93	43.03
偃师市	Yanshi	18.11	60.19	60.11	56.52	30.22	53.47	40.09	11.39	28.70	29.76
平顶山市	**Pingdingshan**										
宝丰县	Baofeng	16.16	52.79	52.66	49.60	18.37	37.03	34.39	0.13	5.67	28.59
叶县	Yexian	23.47	90.42	90.22	77.83	25.46	32.72	53.52	0.11	3.12	48.30
鲁山县	Lushan	24.31	94.24	93.99	78.45	25.08	31.97	51.27	0.28	5.58	45.40
郏县	Jiaxian	19.37	63.17	62.98	57.40	20.88	36.37	38.62	0.07	4.63	33.92
舞钢市	Wugang	10.31	34.23	34.11	31.97	16.98	53.12	21.55	0.11	5.57	15.88
汝州市	Ruzhou	30.34	107.10	106.82	93.33	36.77	39.40	62.52	30.33	32.19	52.07
安阳市	**Anyang**										
安阳县	Anyang	32.33	100.24	99.98	85.43	35.24	41.25	64.33	20.04	44.29	52.04
汤阴县	Tangyin	14.98	50.07	49.93	43.33	18.07	41.70	31.50	13.38	18.12	25.74
滑县	Huaxian	41.96	135.91	135.56	110.80	27.79	25.08	76.45	56.77	19.68	65.85
内黄县	Neihuang	19.98	77.52	77.29	67.00	16.48	24.60	51.71	28.13	23.58	46.10
林州市	Linzhou	31.90	106.54	106.28	78.97	37.49	47.47	73.89	21.17	52.72	54.47
鹤壁市	**Hebi**										
浚县	Xunxian	19.46	70.33	70.12	67.00	20.64	30.81	43.94	14.94	29.00	35.63
淇县	Qixian	8.64	29.02	28.93	27.39	13.76	50.25	21.40	7.06	14.34	14.29

27-1 续表 1 continued

县 市	County and city	年末总户数(万户) Total Households (year-end) (10 000 household)	年末总人口(万人) Population (year-end) (10 000 persons)	年平均总人口(万人) Average person Per Year (10 000 persons)	常住人口(万人) Resident population (10 000 persons)	#城镇 Urban	城镇化率(%) Urban Proportion (%)	从业人员(万人) Employment (10 000 persons)	第一产业 Primary Industry	第二、三产业 Secondary Industry and Tertiary Industry	#乡村从业人员 Employed Persons in Rural Area
新乡市	**Xinxiang**										
新乡县	Xinxiang	8.87	34.29	34.20	34.03	16.97	49.86	28.79	2.81	25.98	7.47
获嘉县	Huojia	12.12	43.58	43.45	40.49	16.48	40.71	30.59	12.49	18.11	4.58
原阳县	Yuanyang	18.65	73.77	73.57	66.01	19.31	29.26	39.01	16.63	22.38	2.96
延津县	Yanjin	13.88	49.79	49.65	47.03	15.05	32.01	29.52	12.87	16.65	3.99
封丘县	Fengqiu	21.33	81.53	81.30	73.12	22.52	30.80	41.50	17.97	23.53	4.05
长垣县	Changyuan	27.10	85.86	85.64	75.80	30.18	39.81	53.50	7.44	46.06	32.07
卫辉市	Weihui	15.64	51.70	51.57	49.81	19.82	39.80	26.60	11.70	14.90	3.46
辉县市	Huixian	25.49	84.52	84.30	74.03	31.00	41.87	45.24	20.46	24.78	6.84
焦作市	**Jiaozuo**										
修武县	Xiuwu	6.95	28.42	28.34	26.46	11.86	44.82	15.42	5.55	9.88	12.61
博爱县	Boai	10.43	39.80	39.69	37.15	18.40	49.54	20.19	8.38	11.81	16.50
武陟县	Wuzhi	18.97	73.06	72.85	66.94	22.27	33.27	44.51	22.39	22.12	34.53
温县	Wenxian	14.18	45.01	44.89	41.50	17.50	42.18	31.57	13.55	18.02	23.73
沁阳市	Qinyang	11.83	49.13	49.02	44.13	24.69	55.95	32.70	10.91	21.78	25.50
孟州市	Mengzhou	11.25	38.41	38.33	36.72	16.32	44.46	29.51	6.18	23.34	19.78
濮阳市	**Puyang**										
清丰县	Qingfeng	19.48	70.88	70.70	62.99	15.54	24.66	46.31	25.58	20.72	38.31
南乐县	Manle	14.56	53.40	53.26	47.57	13.11	27.55	36.44	15.82	20.62	26.37
范县	Fanxian	17.04	55.05	54.91	46.15	13.06	28.31	39.11	18.78	20.33	27.57
台前县	Taiqian	12.90	37.64	37.54	32.09	8.81	27.44	23.78	9.37	14.41	19.67
濮阳县	Puyang	32.59	114.53	114.23	101.18	35.95	35.53	69.10	29.88	39.22	60.13
许昌市	**Xuchang**										
许昌县	Xuchang	26.46	89.33	89.13	77.14	27.38	35.49	47.80	18.90	28.90	35.64
鄢陵县	Yanling	18.87	66.02	65.87	55.29	19.57	35.39	39.49	13.95	25.54	25.98
襄城县	Xiangcheng	27.58	86.21	86.01	67.24	23.35	34.73	52.87	40.67	12.21	43.84
禹州市	Yuzhou	40.57	127.66	127.38	113.40	46.53	41.03	83.86	34.28	49.58	61.04
长葛市	Changge	20.97	77.21	77.04	67.71	32.68	48.27	55.62	13.24	42.37	34.75
漯河市	**Luohe**										
舞阳县	Wuyang	17.36	61.21	61.08	55.17	21.34	38.68	37.24	17.53	19.70	32.17
临颍县	Linying	22.76	76.93	76.80	72.41	29.75	41.09	50.20	22.76	27.44	41.94
三门峡市	**Sanmenxia**										
渑池县	Mianchi	12.40	35.45	35.39	34.95	14.96	42.81	21.20	8.88	12.35	16.48
陕县	Shanxian	11.81	34.57	34.49	34.69	14.43	41.60	18.66	10.03	8.53	14.72
卢氏县	Lushi	13.04	36.54	36.45	35.54	11.60	32.65	21.13	12.64	8.31	17.84
义马市	Yima	5.31	16.63	16.61	14.63	14.06	96.06	11.98	1.06	11.16	2.35
灵宝市	Lingbao	21.50	74.49	74.31	72.75	28.93	39.76	46.57	26.58	19.67	35.73
南阳市	**Nanyang**										
南召县	Nanzhao	21.39	64.93	64.77	54.21	18.56	34.24	37.12	24.46	12.66	31.40
方城县	Fangcheng	33.36	108.54	108.23	88.92	28.64	32.21	75.18	40.29	34.90	66.43
西峡县	Xixia	15.60	46.75	46.64	43.64	19.00	43.54	42.06	4.77	37.29	29.14

27-1 续表 2 continued

县 市 County and city	年末总户数(万户) Total Households (year-end) (10 000 household)	年末总人口(万人) Population (year-end) (10 000 persons)	年平均总人口(万人) Average person Per Year (10 000 persons)	常住人口(万人) Resident population (10 000 persons)	#城镇 Urban	城镇化率(%) Urban Proportion (%)	从业人员(万人) Employment (10 000 persons)	第一产业 Primary Industry	第二、三产业 Secondary Industry and Tertiary Industry	#乡村从业人员 Employed Persons in Rural Area
镇平县 Zhenping	28.47	102.86	102.60	84.37	29.65	35.15	58.48	24.56	33.92	47.77
内乡县 Neixiang	21.76	71.52	71.37	55.51	19.39	34.94	37.30	15.49	21.81	30.36
淅川县 Xichuan	20.57	71.17	70.98	66.14	24.36	36.84	32.65	15.85	16.80	24.60
社旗县 Sheqi	21.50	73.34	73.13	61.70	21.30	34.52	46.51	28.50	18.01	40.64
唐河县 Tanghe	41.24	144.07	143.73	120.74	43.28	35.85	75.84	42.34	33.50	64.37
新野县 Xinye	29.15	83.07	82.84	61.01	21.37	35.03	52.28	25.94	26.34	42.98
桐柏县 Tongbai	15.31	47.48	47.36	37.97	15.08	39.71	28.52	10.59	17.93	21.32
邓州市 Dengzhou	48.83	176.17	175.80	140.91	48.80	34.63	96.12	53.18	42.94	85.24
商丘市 Shangqiu										
民权县 Minquan	28.22	91.13	90.85	72.07	22.32	30.97	53.72	28.62	25.10	44.62
睢县 Suixian	24.25	87.15	86.88	66.81	21.14	31.64	59.58	32.04	27.54	49.29
宁陵县 Ningling	20.97	65.12	64.88	51.08	14.96	29.29	38.95	20.91	18.05	32.97
柘城县 Zhecheng	34.08	102.36	102.03	69.51	21.49	30.91	53.45	26.69	26.76	43.74
虞城县 Yucheng	35.50	118.38	118.06	88.85	28.65	32.24	69.32	29.88	39.45	56.66
夏邑县 Xiayi	40.35	120.59	120.26	87.75	29.66	33.80	68.64	27.46	41.18	58.06
永城市 Yongcheng	41.79	154.06	153.59	121.10	49.42	40.81	103.13	26.84	76.29	81.11
信阳市 Xinyang										
罗山县 Luoshan	22.37	75.68	75.52	52.53	19.34	36.81	44.88	18.84	26.04	38.20
光山县 Guangshan	29.74	84.11	83.96	60.48	20.77	34.35	50.40	21.96	28.44	42.20
新县 Xinxian	14.69	36.35	36.27	28.56	12.17	42.62	23.66	7.35	16.31	17.35
商城县 Shangcheng	24.04	78.14	77.94	52.32	17.86	34.14	42.64	15.95	26.69	36.99
固始县 Gushi	55.36	174.28	173.85	107.10	38.01	35.49	102.25	38.38	63.86	85.82
潢川县 Huangchuan	26.72	85.78	85.57	66.29	30.12	45.44	47.03	28.85	18.18	38.14
淮滨县 Huaibin	22.78	76.23	76.05	58.10	20.12	34.63	47.95	20.95	27.00	38.82
息县 Xixian	32.88	103.16	102.89	81.13	27.77	34.23	58.92	32.06	26.86	50.75
周口市 Zhoukou										
扶沟县 Fugou	18.76	75.72	75.54	59.86	20.07	33.52	46.73	22.61	24.12	35.24
西华县 Xihua	28.46	96.19	95.96	75.27	25.12	33.37	58.42	26.35	32.07	51.73
商水县 Shangshui	33.38	123.19	122.89	89.49	27.48	30.71	77.79	38.98	38.81	66.17
沈丘县 Shenqiu	34.89	129.93	129.62	95.81	32.33	33.74	77.62	40.55	37.07	55.17
郸城县 Dancheng	40.02	133.53	133.21	94.54	31.58	33.40	85.20	42.46	42.74	73.00
淮阳县 Huaiyang	38.71	130.35	130.03	99.39	33.19	33.39	86.69	47.96	38.73	67.67
太康县 Taikang	42.49	149.35	149.00	105.76	33.70	31.86	88.92	51.87	37.05	73.57
鹿邑县 Luyi	38.16	120.77	120.46	88.80	31.83	35.85	76.23	18.78	57.45	30.79
项城市 Xiangcheng	38.48	123.78	123.49	100.12	42.17	42.12	74.43	29.26	45.17	47.44
驻马店市 Zhumadian										
西平县 Xiping	21.85	88.85	88.63	68.26	22.17	32.48	62.91	12.41	50.50	55.97
上蔡县 Shangcai	41.69	150.88	150.50	98.96	32.04	32.38	85.38	50.43	34.95	76.74
平舆县 Pingyu	26.14	100.10	99.85	71.67	25.05	34.94	63.53	31.60	31.93	55.40
正阳县 Zhengyang	24.29	82.37	82.16	62.51	17.57	28.11	49.46	24.80	24.66	43.18
确山县 Queshan	15.78	52.52	52.39	40.25	14.70	36.52	32.10	11.57	20.53	24.04
泌阳县 Biyang	25.70	91.47	91.23	68.17	23.83	34.96	61.19	27.45	33.74	49.35
汝南县 Runan	22.42	84.98	84.77	65.25	21.19	32.48	52.33	26.98	25.35	46.52
遂平县 Suiping	16.45	55.98	55.85	41.66	15.34	36.82	36.68	17.54	19.14	29.27
新蔡县 Xincai	28.98	112.26	112.01	84.00	23.81	28.35	72.73	21.78	50.95	66.28

27-2 各县(市)生产总值和指数(2014年)

县 市 County and city	生产总值（万元） Gross Domestic Products (10 000 yuan)	第一产业 Primary Industry	第二产业 Secondary Industry	第三产业 Tertiary Industry
郑州市 Zhengzhou				
中牟县 Zhongmu	7262709	362556	5465288	1434865
巩义市 Gongyi	6075672	109772	3974781	1991119
荥阳市 Xingyang	5702519	274304	3824965	1603250
新密市 Xinmi	6018650	181910	3514807	2321933
新郑市 Xinzheng	6973245	284051	4012586	2676608
登封市 Dengfeng	4833880	136131	3009176	1688573
开封市 Kaifeng				
杞县 Qixian	2467581	761372	873419	832790
通许县 Tongxu	2001481	462675	836493	702313
尉氏县 Weishi	2909314	499246	1594469	815599
开封县 Kaifeng	2001970	505946	754555	741469
兰考县 Lankao	2139488	362207	986643	790638
洛阳市 Luoyang				
孟津县 Mengjin	2212200	252253	1223053	736894
新安县 Xinan	3488774	212475	2167981	1108318
栾川县 Luanchuan	1408071	145324	797907	464840
嵩县 Songxian	1338446	290894	477356	570196
汝阳县 Ruyang	1247814	145561	682593	419660
宜阳县 Yiyang	2077595	322591	953895	801109
洛宁县 Luoning	1438018	279974	589632	568412
伊川县 Yichuan	2810272	282033	1548141	980098
偃师市 Yanshi	3806238	201746	2082569	1521923
平顶山市 Pingdingshan				
宝丰县 Baofeng	2484167	198005	1533596	752566
叶县 Yexian	1985959	437860	1073158	474941
鲁山县 Lushan	1304504	273179	467892	563433
郏县 Jiaxian	1423435	214381	837308	371746
舞钢市 Wugang	1074796	109633	521887	443276
汝州市 Ruzhou	3477958	372732	1731358	1373868
安阳市 Anyang				
安阳县 Anyang	3439429	334045	1972687	1132697
汤阴县 Tangyin	1503814	238768	843631	421415
滑县 Huaxian	1987028	641529	753946	591553
内黄县 Neihuang	1634585	504290	672116	458179
林州市 Linzhou	4464927	227946	2638976	1598005
鹤壁市 Hebi				
浚县 Xunxian	1615334	311449	892810	411075
淇县 Qixian	1969060	199039	1514330	255691

Gross Domestic Product and Its indices by County and City (2014)

人均生产总值 (元) (按常住人口计算) Per Capita GDP(yuan) (calculated at residents)	生产总值指数 (%) (上年=100) Indices of Gross Domestic Products(%) (preceding year=100)	第一产业 Primary Industry	第二产业 Secondary Industry	第三产业 Tertiary Industry	人均生产总值指数 (%) Indices of Per Capita GDP (%)
77899	112.0	101.0	114.2	109.8	110.5
74261	109.2	103.4	109.2	109.6	108.8
92693	109.2	104.0	109.9	108.0	109.1
75076	109.9	103.9	110.5	108.8	109.6
81812	111.3	103.2	111.8	110.9	105.0
70447	109.7	103.9	109.8	110.3	108.8
26428	109.2	104.4	111.9	111.2	111.0
36557	109.2	104.3	111.4	110.5	112.4
33337	110.3	104.1	112.4	109.7	110.4
29196	109.2	104.4	112.0	109.8	110.5
33129	111.1	104.4	111.3	114.4	114.5
52732	109.9	104.2	112.3	108.5	109.4
73372	110.9	104.2	111.4	110.9	110.5
40584	114.1	103.9	115.3	109.3	113.2
26093	106.9	104.0	108.3	106.1	106.3
30064	108.5	103.7	110.1	107.9	107.8
34180	109.1	106.2	110.7	108.3	108.6
33848	109.2	101.4	111.5	110.5	108.8
36457	103.2	99.5	100.7	108.8	102.0
67431	109.8	104.6	110.9	108.8	109.5
50114	113.5	103.6	116.1	108.5	113.3
25436	105.4	103.6	105.8	105.7	105.6
16603	105.0	103.6	103.7	107.5	105.1
24757	108.7	101.3	112.1	104.6	108.7
33650	111.0	101.6	115.0	104.4	110.5
37278	107.0	103.6	106.1	109.6	106.9
40274	107.3	103.6	109.1	103.3	107.2
34690	111.5	104.2	113.8	108.8	111.3
17885	108.8	104.3	110.6	111.7	110.5
24255	111.1	104.4	117.2	108.0	112.0
56566	108.9	104.4	109.1	109.1	108.8
24102	111.2	103.8	114.4	109.6	111.1
71152	111.1	104.1	112.8	105.6	110.8

27-2 续表 1

县 市 County and city	生产总值（万元）Gross Domestic Products (10 000 yuan)	第一产业 Primary Industry	第二产业 Secondary Industry	第三产业 Tertiary Industry
新 乡 市 Xinxiang				
新 乡 县 Xinxiang	2008451	135598	1455570	417283
获 嘉 县 Huojia	913950	156936	585654	171360
原 阳 县 Yuanyang	1090833	275101	518616	297116
延 津 县 Yanjin	1140937	254153	587321	299463
封 丘 县 Fengqiu	1100947	365857	445058	290032
长 垣 县 Changyuan	2503340	317526	1295276	890538
卫 辉 市 Weihui	1140391	226913	426020	487458
辉 县 市 Huixian	3039179	405499	1745351	888329
焦 作 市 Jiaozuo				
修 武 县 Xiuwu	1113285	102753	643486	367046
博 爱 县 Boai	2168997	185999	1414834	568164
武 陟 县 Wuzhi	2772508	359357	1736811	676340
温 县 Wenxian	2294981	241716	1509889	543376
沁 阳 市 Qinyang	3387044	192220	2264551	930273
孟 州 市 Mengzhou	2586437	200125	1838448	547864
濮 阳 市 Puyang				
清 丰 县 Qingfeng	1889296	399442	1073158	416696
南 乐 县 Nanle	1439925	304750	812123	323052
范 县 Fanxian	1532277	168548	1001284	362445
台 前 县 Taiqian	837196	94925	492311	249960
濮 阳 县 Puyang	3161076	403443	2042791	714842
许 昌 市 Xuchang				
许 昌 县 Xuchang	3489922	382023	2226820	881079
鄢 陵 县 Yanling	2461422	502887	1203615	754920
襄 城 县 Xiangcheng	2921766	369973	1569903	981890
禹 州 市 Yuzhou	4877155	323142	2955070	1598943
长 葛 市 Changge	4656502	248699	3471093	936710
漯 河 市 Luohe				
舞 阳 县 Wuyang	1480987	255504	818283	407200
临 颍 县 Linying	2316332	331184	1561504	423644
三 门 峡 市 Sanmenxia				
渑 池 县 Mianchi	2236015	197621	1528880	509514
陕 县 Shanxian	1506912	193492	731385	582035
卢 氏 县 Lushi	736118	194963	263854	277301
义 马 市 Yima	1548437	9581	1261317	277539
灵 宝 市 Lingbao	4713606	474515	3188822	1050269
南 阳 市 Nanyang				
南 召 县 Nanzhao	1129779	168679	574175	386925
方 城 县 Fangcheng	1594305	349268	689239	555798
西 峡 县 Xixia	2066174	260503	1238541	567130

continued

人均生产总值（元）（按常住人口计算）Per Capita GDP(yuan) (calculated at residents)	生产总值指数（%）（上年=100）Indices of Gross Domestic Products(%) (preceding year=100)				人均生产总值指数（%）Indices of Per Capita GDP (%)
		第一产业 Primary Industry	第二产业 Secondary Industry	第三产业 Tertiary Industry	
59072	108.0	104.5	109.0	103.4	107.8
22592	109.8	104.3	122.7	85.0	109.6
16539	109.6	105.2	113.9	104.4	109.4
24280	110.1	104.6	114.5	105.1	109.9
15069	108.6	104.8	112.4	107.3	108.5
33346	110.7	104.4	113.9	107.5	110.3
22913	107.1	104.4	110.5	104.3	107.0
41087	108.5	104.7	109.2	108.1	108.4
42320	107.7	88.5	111.0	109.7	107.1
58487	108.9	102.2	110.5	106.1	108.6
41232	109.5	114.7	109.3	107.3	111.0
55441	109.2	104.7	110.3	107.4	109.6
76691	109.0	102.9	109.5	108.5	109.6
70640	108.4	104.1	108.8	108.0	108.0
29903	113.4	104.4	117.0	109.9	114.0
30809	113.3	104.6	117.0	109.8	112.7
32850	114.8	104.8	117.7	109.7	116.4
26146	114.1	104.4	116.5	109.0	115.4
31193	113.2	104.5	115.6	110.7	113.5
45353	107.0	103.8	106.5	110.2	106.6
44611	109.3	104.0	111.4	109.2	109.0
43521	110.4	104.0	111.8	109.7	110.1
43090	110.5	104.0	111.2	110.6	110.2
68888	110.3	104.2	111.2	108.5	110.5
26986	109.3	104.0	111.4	106.9	108.3
32118	107.8	104.0	109.0	105.0	107.0
64043	111.1	104.3	112.4	108.4	110.8
43484	109.8	103.2	112.0	107.7	109.5
20729	107.6	104.9	109.8	106.6	107.3
106013	104.2	105.1	103.2	110.8	103.8
64881	109.7	104.3	111.1	106.2	109.3
20710	109.3	104.1	110.8	107.9	110.2
17782	109.6	104.2	111.9	110.0	110.8
47174	109.8	104.2	110.6	110.3	110.4

27-2 续表 2

县 市 County and city	生产总值（万元）Gross Domestic Products (10 000 yuan)	第一产业 Primary Industry	第二产业 Secondary Industry	第三产业 Tertiary Industry
镇平县 Zhenping	1972675	282354	974933	715388
内乡县 Neixiang	1353921	329247	575330	449344
淅川县 Xichuan	1805988	329526	950558	525904
社旗县 Sheqi	1272717	324527	546918	401272
唐河县 Tanghe	2439637	659398	1032218	748021
新野县 Xinye	2183306	407011	1116936	659359
桐柏县 Tongbai	1297792	193791	727494	376507
邓州市 Dengzhou	3284763	923574	1255115	1106074
商丘市 Shangqiu				
民权县 Minquan	1711288	436864	654685	619739
睢县 Suixian	1361334	418846	516909	425579
宁陵县 Ningling	895647	251725	362983	280939
柘城县 Zhecheng	1579394	427930	572880	578584
虞城县 Yucheng	2002682	450250	840521	711911
夏邑县 Xiayi	1764561	475382	687924	601255
永城市 Yongcheng	4122920	633225	2265912	1281576
信阳市 Xinyang				
罗山县 Luoshan	1489906	428792	537887	523227
光山县 Guangshan	1535512	444349	615365	475798
新县 Xinxian	1005376	248594	435948	320834
商城县 Shangcheng	1459998	396155	604370	459473
固始县 Gushi	2558549	761184	878000	919365
潢川县 Huangchuan	1962062	564283	702982	694797
淮滨县 Huaibin	1308505	336399	559181	412925
息县 Xixian	1655907	463397	676559	515951
周口市 Zhoukou				
扶沟县 Fugou	1458823	378294	718406	362123
西华县 Xihua	1804930	516005	910141	378784
商水县 Shangshui	1975435	590879	831901	552655
沈丘县 Shenqiu	2046540	425542	955723	665275
郸城县 Dancheng	1959981	492430	950307	517244
淮阳县 Huaiyang	1848425	588242	800305	459878
太康县 Taikang	2003814	537882	842294	623638
鹿邑县 Luyi	2441390	478277	1216584	746529
项城市 Xiangcheng	2478347	418861	1224641	834845
驻马店市 Zhumadian				
西平县 Xiping	1708351	471759	601327	635265
上蔡县 Shangcai	1722710	391277	699090	632343
平舆县 Pingyu	1654862	368247	728471	558144
正阳县 Zhengyang	1360047	483632	386556	489859
确山县 Queshan	1289791	312234	545304	432253
泌阳县 Biyang	1751001	500005	720324	530672
汝南县 Runan	1536661	449410	585008	502243
遂平县 Suiping	1538081	287577	722654	527850
新蔡县 Xincai	1503848	463872	574662	465263

continued

人均生产总值(元)(按常住人口计算) Per Capita GDP(yuan) (calculated at residents)	生产总值指数(%)(上年=100) Indices of Gross Domestic Products(%) (preceding year=100)	第一产业 Primary Industry	第二产业 Secondary Industry	第三产业 Tertiary Industry	人均生产总值指数(%) Indices of Per Capita GDP (%)
23336	108.2	104.0	109.0	108.8	108.7
24189	111.4	104.5	114.6	111.5	112.6
27070	108.4	104.0	109.6	109.2	109.6
20500	110.2	104.2	112.2	112.9	111.1
19943	108.2	104.1	109.6	110.2	109.9
35652	109.1	104.4	110.2	109.8	109.8
33808	108.9	104.6	109.2	110.7	110.3
23134	108.4	104.3	109.2	110.5	110.0
23746	109.2	103.5	111.8	110.4	109.8
20382	109.2	104.4	111.8	110.6	109.2
17536	108.4	104.2	110.2	109.1	110.1
22725	108.7	104.7	110.6	110.1	108.9
22515	108.9	104.2	110.6	110.5	109.6
20037	109.5	104.4	110.2	113.2	111.0
33773	110.0	104.4	111.2	109.5	110.6
28385	108.9	103.1	111.0	110.3	109.7
25414	108.8	104.5	111.2	108.8	109.0
34927	109.1	104.3	111.4	108.8	110.2
27988	108.7	104.3	110.3	109.7	108.9
23954	108.8	104.4	110.8	110.9	108.2
29654	108.6	104.4	109.9	110.3	108.8
22617	109.5	104.3	112.0	109.4	108.9
20384	108.6	104.2	109.9	110.3	109.6
24330	108.6	104.6	110.6	109.3	108.9
23876	108.8	104.5	111.3	110.1	109.5
22031	108.2	104.5	111.4	109.7	108.5
21405	109.0	104.5	110.7	109.8	108.9
20653	108.3	104.4	109.7	109.2	109.1
18632	108.0	104.3	110.3	109.4	108.0
18920	109.1	104.6	111.2	111.0	109.4
27513	109.9	104.4	111.9	110.6	110.0
25125	109.2	104.3	109.9	110.3	107.7
24921	108.0	104.6	107.2	111.8	108.6
17300	108.8	94.6	111.1	115.9	110.7
23080	107.3	104.6	103.4	115.9	107.5
21745	107.0	103.8	109.3	107.9	107.3
32548	108.8	104.3	109.2	111.2	109.2
25759	108.8	104.2	110.9	110.0	109.2
23636	108.3	104.6	109.8	109.9	108.6
37082	111.6	104.1	108.2	121.0	111.5
17983	108.0	104.3	108.0	111.4	107.7

27-3 各县(市)固定资产投资、建筑业及规模以上工业主要指标(2014年)

Main Indicators on Investment in Fixed Assets、Construction and Enterprises above Designated Size Industry by County and City (2014)

县 市	County and city	全社会固定资产投资(亿元) Total Investment in Fixed Assets (100 million yuan)	#固定资产投资 Investment in Fixed Assets	#房地产开发 Real Estate	建筑业总产值(亿元) Gross Output Value of Construction (100 million yuan)	工业增加值增速(%) Growth Rate of Value Added of Industry (%)	主营业务收入(亿元) Sales Revenue (100 million yuan)	利税总额(亿元) Pre-tax Profits (100 million yuan)
郑州市	**Zhengzhou**							
中牟县	Zhongmu	288.07	273.37	36.39	48.19	18.2	383.20	45.02
巩义市	Gongyi	414.31	404.17	55.07	18.70	10.2	1814.53	162.63
荥阳市	Xingyang	414.54	404.45	50.68	58.60	11.4	1551.54	185.22
新密市	Xinmi	398.39	383.79	17.37	45.85	11.8	1275.89	216.94
新郑市	Xinzheng	407.24	392.42	65.12	32.73	8.5	1261.81	282.26
登封市	Dengfeng	356.89	341.65	16.36	16.87	11.5	1187.54	198.93
开封市	**Kaifeng**							
杞县	Qixian	166.52	159.30	0.69	7.12	14.6	351.34	42.95
通许县	Tongxu	133.83	126.57	6.58	16.66	14.5	275.28	20.34
尉氏县	Weishi	208.48	202.42	13.47	11.18	14.7	680.14	113.70
开封县	Kaifeng	164.98	159.64	3.59	6.28	14.6	276.69	33.82
兰考县	Lankao	130.93	123.83	9.67	11.54	14.2	345.13	52.78
洛阳市	**Luoyang**							
孟津县	Mengjin	226.95	223.56	0.95	9.45	18.0	562.60	47.47
新安县	Xinan	375.00	370.85	9.17	11.07	13.3	996.49	22.24
栾川县	Luanchuan	180.03	176.84	5.13	21.48	16.0	184.73	36.82
嵩县	Songxian	177.70	172.36	0.49	4.00	9.5	118.21	11.99
汝阳县	Ruyang	135.00	133.09	7.73	4.76	15.3	91.47	2.23
宜阳县	Yiyang	235.80	230.30	8.99	8.61	13.5	290.31	30.39
洛宁县	Luoning	174.95	169.87	15.56	6.44	13.9	204.76	14.80
伊川县	Yichuan	348.59	343.30	6.55	3.76	14.0	475.39	5.53
偃师市	Yanshi	246.71	239.50	4.89	5.69	12.8	975.32	91.67
平顶山市	**Pingdingshan**							
宝丰县	Baofeng	242.73	239.59	7.36	2.24	18.7	348.19	60.36
叶县	Yexian	226.32	221.74	2.56	6.34	6.6	392.25	71.80
鲁山县	Lushan	143.92	139.03	3.16	6.93	3.4	170.28	16.87
郏县	Jiaxian	173.02	168.53	2.22	4.53	19.0	282.24	40.52
舞钢市	Wugang	165.16	162.14	5.89	4.07	17.7	187.64	5.21
汝州市	Ruzhou	243.92	239.90	5.98	3.82	7.3	268.36	21.35
安阳市	**Anyang**							
安阳县	Anyang	436.15	427.88	10.08	80.26	9.3	732.41	66.74
汤阴县	Tangyin	93.07	90.71	7.73	11.79	18.0	343.10	34.89
滑县	Huaxian	131.27	125.87	14.34	29.28	12.1	250.91	25.21
内黄县	Neihuang	97.98	93.48	4.01	7.79	21.7	271.17	37.47
林州市	Linzhou	465.21	453.23	25.17	313.71	10.7	984.92	122.29
鹤壁市	**Hebi**							
浚县	Xunxian	110.34	104.21	6.50	3.27	13.3	347.81	25.31
淇县	Qixian	124.69	122.19	12.42	0.38	13.3	546.66	76.27

27-3 续表 1 continued

县 市 County and city	全社会固定资产投资(亿元) Total Investment in Fixed Assets (100 million yuan)	#固定资产投资 Investment in Fixed Assets	#房地产开发 Real Estate	建筑业总产值(亿元) Gross Output Value of Construction (100 million yuan)	工业增加值增速(%) Growth Rate of Value Added of Industry (%)	主营业务收入(亿元) Sales Revenue (100 million yuan)	利税总额(亿元) Pre-tax Profits (100 million yuan)
新乡市 Xinxiang							
新乡县 Xinxiang	117.85	114.89	4.86	26.82	10.6	626.32	38.57
获嘉县 Huojia	85.58	81.21	2.08	9.55	16.0	193.43	10.18
原阳县 Yuanyang	133.43	127.93	8.65	14.41	13.3	143.57	10.31
延津县 Yanjin	93.74	88.41	4.02	9.60	16.1	226.77	20.36
封丘县 Fengqiu	142.27	136.48	9.64	50.55	16.7	128.25	25.18
长垣县 Changyuan	246.66	240.83	9.02	152.02	14.2	482.65	62.91
卫辉市 Weihui	106.93	102.74	4.77	12.86	12.7	168.90	9.88
辉县市 Huixian	275.88	269.35	19.78	8.26	11.7	775.82	50.32
焦作市 Jiaozuo							
修武县 Xiuwu	133.01	129.56	4.63	2.17	8.7	303.93	9.99
博爱县 Boai	167.32	163.11	0.68	1.26	11.7	572.01	75.84
武陟县 Wuzhi	262.80	257.80	3.13	4.36	12.0	729.47	65.61
温县 Wenxian	174.03	169.20	0.60	1.45	12.4	551.33	70.30
沁阳市 Qinyang	262.95	258.05	8.03	7.74	10.7	823.10	128.71
孟州市 Mengzhou	261.72	256.88	0.82	3.84	9.7	756.01	91.90
濮阳市 Puyang							
清丰县 Qingfeng	201.97	197.67	6.04	1.34	18.9	435.41	64.59
南乐县 Manle	143.92	139.20	2.56	1.43	19.8	331.65	49.51
范县 Fanxian	139.62	135.81	7.90	2.23	21.4	455.21	47.29
台前县 Taiqian	63.21	61.86	2.32	5.88	19.0	195.23	8.49
濮阳县 Puyang	268.39	262.95	9.51	17.97	16.9	945.48	145.04
许昌市 Xuchang							
许昌县 Xuchang	230.73	220.57	8.24	10.41	7.1	423.05	57.57
鄢陵县 Yanling	210.30	200.00	17.39	33.81	14.2	490.83	67.81
襄城县 Xiangcheng	205.34	204.66	5.36	2.67	14.3	593.97	78.34
禹州市 Yuzhou	451.56	438.53	12.12	4.13	14.1	1286.70	170.20
长葛市 Changge	304.76	299.82	22.61	6.78	14.4	1599.65	169.97
漯河市 Luohe							
舞阳县 Wuyang	155.20	149.27	7.01	1.34	14.0	303.86	41.67
临颍县 Linying	163.74	158.25	5.08	5.68	9.8	701.82	116.26
三门峡市 Sanmenxia							
渑池县 Mianchi	258.73	256.73	8.24	7.98	14.3	627.46	91.68
陕县 Shanxian	245.34	244.03	14.48	6.22	13.8	250.80	9.70
卢氏县 Lushi	94.75	93.28	1.78	5.76	14.0	62.03	5.04
义马市 Yima	182.46	182.26	9.14	12.99	3.4	611.79	29.37
灵宝市 Lingbao	300.70	295.20	11.72	12.30	12.3	1465.19	175.36
南阳市 Nanyang							
南召县 Nanzhao	128.63	126.33	1.96	10.09	11.0	177.67	20.40
方城县 Fangcheng	165.28	155.34	14.51	10.00	14.5	202.20	25.77
西峡县 Xixia	244.23	241.38	4.84	13.31	13.0	455.57	34.47

27-5 各县(市)农业增加值、城乡居民收入和社会消费品零售总额(2014年)
Value Added of Agriculture, Per Capita Net Income of Rural and Urban Residents, Total Retail Sales of Consumer Goods (2014)

县 市	County and city	农林牧渔业增加值(万元) Value Added of Farming Forestry,Animal Husbandry and Fishery (10 000 yuan)	#农 业 Farming	#牧 业 Animal Husbandry	农民人均纯收入(元) Per Capita Net Income of Rural Residents (yuan)	城镇居民人均可支配收入(元) Per Capita Net Income of Urban Residents (yuan)	社会消费品零售总额(亿元) Total Retail Sales of Consumer Goods (100 million yuan)
郑州市	**Zhengzhou**						
中牟县	Zhongmu	208906	110004	72322	13858	22741	80.63
巩义市	Gongyi	116095	46503	53578	15427	24722	219.82
荥阳市	Xingyang	276915	145803	118787	14748	24863	187.39
新密市	Xinmi	189190	99262	62108	14734	24856	204.23
新郑市	Xinzheng	195895	104029	86218	15409	24893	167.09
登封市	Dengfeng	140284	79335	41906	13277	23953	161.31
开封市	**Kaifeng**						
杞县	Qixian	795484	491301	253364	9566	17020	76.67
通许县	Tongxu	475580	341575	114188	9987	18064	60.33
尉氏县	Weishi	520404	304623	181638	9748	19246	87.93
开封县	Kaifeng	516935	316863	175625	9188	18226	60.71
兰考县	Lankao	372873	215900	124999	7545	18357	73.61
洛阳市	**Luoyang**						
孟津县	Mengjin	258962	129043	101170	9349	21457	55.00
新安县	Xinan	221425	144985	44987	10766	24513	80.73
栾川县	Luanchuan	152248	90694	14361	8166	23112	51.66
嵩县	Songxian	313451	163029	68632	8041	21409	62.05
汝阳县	Ruyang	158015	68257	16706	7432	20001	51.10
宜阳县	Yiyang	332043	207514	101777	7645	21433	69.09
洛宁县	Luoning	305792	177634	79697	7341	20705	49.71
伊川县	Yichuan	295349	148474	126790	9868	22360	139.41
偃师市	Yanshi	214884	95424	104168	13881	24199	130.81
平顶山市	**Pingdingshan**						
宝丰县	Baofeng	199670	100573	91249	11399	19665	41.87
叶县	Yexian	424093	208007	194090	8529	18320	50.66
鲁山县	Lushan	275696	207673	51784	6365	16943	44.56
郏县	Jiaxian	215768	124808	83475	8599	17375	42.34
舞钢市	Wugang	111843	48224	55069	10455	21167	36.12
汝州市	Ruzhou	393027	151852	178198	11126	20956	104.50
安阳市	**Anyang**						
安阳县	Anyang	317727	182151	80499	12133	22164	62.13
汤阴县	Tangyin	244648	177853	54933	10325	20365	30.03
滑县	Huaxian	669577	503795	124718	7598	19452	73.59
内黄县	Neihuang	519539	440106	50850	8211	17929	52.22
林州市	Linzhou	232435	89852	132513	13942	23269	94.26
鹤壁市	**Hebi**						
浚县	Xunxian	324331	173079	134313	11956	18445	40.36
淇县	Qixian	204788	51559	141908	12129	20644	35.62

27−5 续表 1 continued

县 市 County and city	农林牧渔业增加值(万元) Value Added of Farming Forestry,Animal Husbandry and Fishery (10 000 yuan)	#农业 Farming	#牧业 Animal Husbandry	农民人均纯收入(元) Per Capita Net Income of Rural Residents (yuan)	城镇居民人均可支配收入(元) Per Capita Net Income of Urban Residents (yuan)	社会消费品零售总额(亿元) Total Retail Sales of Consumer Goods (100 million yuan)
新乡市 Xinxiang						
新乡县 Xinxiang	138086	77474	54570	13559	22870	32.41
获嘉县 Huojia	159712	93680	56710	10883	17190	32.22
原阳县 Yuanyang	282359	163356	99074	8981	17401	38.22
延津县 Yanjin	258211	177329	61881	11333	18561	34.03
封丘县 Fengqiu	367901	214636	132574	7393	17439	29.77
长垣县 Changyuan	323893	206997	94059	12730	20338	60.37
卫辉市 Weihui	230993	108283	108047	10927	18790	52.90
辉县市 Huixian	411234	224497	175437	11772	22999	96.86
焦作市 Jiaozuo						
修武县 Xiuwu	105116	49037	49662	11954	22946	37.27
博爱县 Boai	190740	123062	57459	11966	23013	50.50
武陟县 Wuzhi	366438	198372	145920	12567	23169	78.43
温县 Wenxian	244252	179527	60407	12517	22762	61.12
沁阳市 Qinyang	202639	123542	66862	13374	23893	76.94
孟州市 Mengzhou	203701	147756	49339	13067	23690	65.02
濮阳市 Puyang						
清丰县 Qingfeng	406467	277294	111623	10169	18906	59.93
南乐县 Manle	313772	168401	120895	9380	18800	45.73
范县 Fanxian	168931	68326	85244	6805	16395	51.20
台前县 Taiqian	95777	88590	2679	6408	16013	28.52
濮阳县 Puyang	410729	254434	135350	9205	20977	123.52
许昌市 Xuchang						
许昌县 Xuchang	388428	212808	157334	12175	22260	69.51
鄢陵县 Yanling	537580	307283	159578	12235	22080	59.23
襄城县 Xiangcheng	376016	202128	156697	11402	20920	59.87
禹州市 Yuzhou	324118	170100	139265	12600	23950	164.44
长葛市 Changge	250895	115756	107930	12372	22360	120.75
漯河市 Luohe						
舞阳县 Wuyang	260035	144055	106872	6648	17762	69.30
临颍县 Linying	338884	200788	127270	11455	19985	78.90
三门峡市 Sanmenxia						
渑池县 Mianchi	198413	111840	78253	11079	24325	43.69
陕县 Shanxian	194073	148109	38380	8938	21487	37.24
卢氏县 Lushi	195577	163157	20151	6587	20313	32.69
义马市 Yima	9706	5334	3694	12632	22351	31.44
灵宝市 Lingbao	478276	420635	43888	11526	22929	125.14
南阳市 Nanyang						
南召县 Nanzhao	169862	99029	35544	7528	20626	74.70
方城县 Fangcheng	363524	267575	66051	8864	21220	94.31
西峡县 Xixia	261750	185518	46352	11695	23465	66.46

27-5 续表 2 continued

县 市 County and city	农林牧渔业增加值（万元）Value Added of Farming Forestry,Animal Husbandry and Fishery (10 000 yuan)	#农 业 Farming	#牧 业 Animal Husbandry	农民人均纯收入（元）Per Capita Net Income of Rural Residents (yuan)	城镇居民人均可支配收入（元）Per Capita Net Income of Urban Residents (yuan)	社会消费品零售总额（亿元）Total Retail Sales of Consumer Goods (100 million yuan)
镇平县 Zhenping	287585	210857	57727	9991	21133	125.12
内乡县 Neixiang	330677	184097	133628	9385	21730	75.65
淅川县 Xichuan	330512	201236	101460	8191	22681	82.75
社旗县 Sheqi	329369	224589	92236	7659	19632	55.70
唐河县 Tanghe	665604	428053	218917	10060	21593	124.85
新野县 Xinye	412952	258702	138538	11692	22436	99.14
桐柏县 Tongbai	196171	119941	42270	7252	20942	69.82
邓州市 Dengzhou	956027	641980	269395	10181	21836	124.74
商丘市 Shangqiu						
民权县 Minquan	450995	293064	116728	7448	19342	50.84
睢县 Suixian	422019	324142	86111	7387	19906	51.19
宁陵县 Ningling	253421	187159	55738	6947	17528	34.46
柘城县 Zhecheng	440950	306111	108420	7681	18664	55.80
虞城县 Yucheng	479473	344631	109515	7884	20454	57.53
夏邑县 Xiayi	480430	344447	111788	7778	20865	62.00
永城市 Yongcheng	645337	451549	158174	9471	23686	130.39
信阳市 Xinyang						
罗山县 Luoshan	433346	298900	76054	8767	20468	56.14
光山县 Guangshan	453439	319454	86968	8832	20316	67.01
新县 Xinxian	249818	134646	28963	8855	20289	35.64
商城县 Shangcheng	404770	233360	89119	8578	20299	52.86
固始县 Gushi	767398	496172	194971	9023	20433	135.15
潢川县 Huangchuan	566711	355649	150233	9688	20557	76.22
淮滨县 Huaibin	351628	222114	87785	7495	19640	52.01
息县 Xixian	482720	350093	72109	7772	20167	73.07
周口市 Zhoukou						
扶沟县 Fugou	384964	283883	83924	7875	18457	52.62
西华县 Xihua	533608	367940	122932	7244	18975	82.36
商水县 Shangshui	599017	441358	122166	7251	18983	62.42
沈丘县 Shenqiu	428397	284362	129561	7222	19093	77.63
郸城县 Dancheng	500870	379817	101012	7788	19480	71.81
淮阳县 Huaiyang	599208	389945	147163	6981	18996	90.85
太康县 Taikang	552876	359675	157240	7694	18658	96.86
鹿邑县 Luyi	507018	307032	157049	8670	20024	97.67
项城市 Xiangcheng	420160	314866	91698	8746	19797	107.33
驻马店市 Zhumadian						
西平县 Xiping	481485	304936	159132	8934	19391	79.41
上蔡县 Shangcai	409818	235565	145893	7930	19597	67.73
平舆县 Pingyu	384731	232651	126542	8287	20048	63.95
正阳县 Zhengyang	506453	274059	199605	8070	18042	51.94
确山县 Queshan	318115	169903	124889	8049	19743	44.54
泌阳县 Biyang	505888	291965	191027	8137	20018	59.63
汝南县 Runan	464012	250254	164170	8382	18328	58.41
遂平县 Suiping	298606	151360	128647	8779	20135	53.95
新蔡县 Xincai	478851	262439	188698	8008	18846	49.68

27-6 各县(市)农业生产条件(2014年)
Agricultural Conditions by County and City (2014)

县 市	County and city	农用机械总动力(万千瓦) Total Agricultural Machinery Power (10 000kw)	农村用电量(万千瓦时) Electricity Consumed in Rural Areas (10 000 kwh)	化肥施用折纯量(吨) Consumption of Chemical Fertilizers (ton)	农药使用量(吨) Consump tion of Agricultural Chemical (ton)	农用塑料薄膜使用量(吨) Consumption of Plastic Film (ton)
郑州市	**Zhengzhou**					
中牟县	Zhongmu	74.04	15243.92	36992	1024	2978
巩义市	Gongyi	59.13	139176.62	36860	423	162
荥阳市	Xingyang	81.93	32956.20	30097	577	858
新密市	Xinmi	102.41	45352.69	27206	271	728
新郑市	Xinzheng	90.11	43020.19	35784	667	603
登封市	Dengfeng	66.27	45750.86	25222	334	234
开封市	**Kaifeng**					
杞县	Qixian	211.49	15328.06	68155	1678	2340
通许县	Tongxu	96.18	4704.59	36316	1796	1956
尉氏县	Weishi	144.22	20668.31	43980	923	2794
开封县	Kaifeng	162.71	16007.05	79250	477	1591
兰考县	Lankao	97.98	24068.07	72964	830	956
洛阳市	**Luoyang**					
孟津县	Mengjin	39.55	22795.72	21169	483	388
新安县	Xinan	46.61	6059.51	21955	505	502
栾川县	Luanchuan	28.34	29829.38	9239	68	99
嵩县	Songxian	58.73	9716.21	24889	457	308
汝阳县	Ruyang	41.50	18673.78	17252	387	507
宜阳县	Yiyang	58.77	19539.19	42919	1015	950
洛宁县	Luoning	44.60	8098.00	21617	420	572
伊川县	Yichuan	73.19	34427.83	25092	332	526
偃师市	Yanshi	82.93	30581.32	25065	520	245
平顶山市	**Pingdingshan**					
宝丰县	Baofeng	46.79	15687.77	52221	456	350
叶县	Yexian	68.22	18445.09	104371	760	912
鲁山县	Lushan	40.80	26636.19	44768	560	333
郏县	Jiaxian	54.13	11095.87	45151	740	881
舞钢市	Wugang	28.89	5296.53	19309	1005	351
汝州市	Ruzhou	146.73	30720.22	97805	738	799
安阳市	**Anyang**					
安阳县	Anyang	90.76	86241.32	51929	1276	175
汤阴县	Tangyin	61.04	57916.06	44970	541	530
滑县	Huaxian	260.38	46236.87	232647	1954	3683
内黄县	Neihuang	115.04	34350.04	82565	1655	16581
林州市	Linzhou	59.30	52541.62	40118	371	41
鹤壁市	**Hebi**					
浚县	Xunxian	162.62	5237.91	49380	889	863
淇县	Qixian	34.64	4958.65	7890	335	10

27-6 续表 1 continued

县 市 County and city	农用机械总动力（万千瓦）Total Agricultural Machinery Power (10 000kw)	农村用电量（万千瓦时）Electricity Consumed in Rural Areas (10 000 kwh)	化肥施用折纯量（吨）Consump-tion of Chemical Fertilizers (ton)	农药使用量（吨）Consump tion of Agricultural Chemical (ton)	农用塑料薄膜使用量（吨）Consump-tion of Plastic Film (ton)
新乡市 Xinxiang					
新乡县 Xinxiang	48.77	171003.56	29089	549	89
获嘉县 Huojia	74.25	15005.68	32841	566	171
原阳县 Yuanyang	130.10	56089.30	50607	819	711
延津县 Yanjin	91.93	14593.83	107675	1337	89
封丘县 Fengqiu	113.05	12418.56	74710	2292	309
长垣县 Changyuan	113.99	56050.40	66718	1193	549
卫辉市 Weihui	61.87	20101.94	53195	953	613
辉县市 Huixian	82.63	264302.55	84657	978	679
焦作市 Jiaozuo					
修武县 Xiuwu	38.80	6564.62	14018	355	103
博爱县 Boai	31.33	13760.87	29482	480	601
武陟县 Wuzhi	119.17	17323.28	54064	1369	359
温县 Wenxian	57.02	27910.11	23349	458	239
沁阳市 Qinyang	58.20	45139.58	31777	736	286
孟州市 Mengzhou	48.33	22583.86	30243	1005	779
濮阳市 Puyang					
清丰县 Qingfeng	84.38	12783.05	64343	659	620
南乐县 Manle	82.43	28868.00	56077	655	3222
范县 Fanxian	70.02	17801.31	34407	493	217
台前县 Taiqian	40.68	12248.00	10176	217	318
濮阳县 Puyang	140.83	5867.27	95956	1984	306
许昌市 Xuchang					
许昌县 Xuchang	81.50	19013.56	48742	1067	426
鄢陵县 Yanling	76.81	7735.14	37541	908	884
襄城县 Xiangcheng	78.82	12997.69	51545	763	669
禹州市 Yuzhou	85.18	22428.34	107532	511	784
长葛市 Changge	58.33	28381.46	44419	720	498
漯河市 Luohe					
舞阳县 Wuyang	66.64	9140.50	34493	677	403
临颍县 Linying	102.51	20225.12	57112	900	2430
三门峡市 Sanmenxia					
渑池县 Mianchi	37.37	5532.22	20426	321	808
陕县 Shanxian	35.70	6631.98	18951	785	611
卢氏县 Lushi	23.22	2841.16	13762	225	978
义马市 Yima	3.14	1988.38	1017	49	88
灵宝市 Lingbao	71.28	14837.99	38090	1458	1014
南阳市 Nanyang					
南召县 Nanzhao	35.31	4192.72	16982	441	889
方城县 Fangcheng	124.32	10462.20	93807	2000	4691
西峡县 Xixia	16.42	23821.68	29614	446	2606

27-6 续表 2　continued

县　市 County and city	农用机械总动力 (万千瓦) Total Agricultural Machinery Power (10 000kw)	农村用电量 (万千瓦时) Electricity Consumed in Rural Areas (10 000 kwh)	化肥施用折纯量 (吨) Consumption of Chemical Fertilizers (ton)	农药使用量 (吨) Consumption of Agricultural Chemical (ton)	农用塑料薄膜使用量 (吨) Consumption of Plastic Film (ton)
镇平县 Zhenping	102.76	15323.65	48565	931	966
内乡县 Neixiang	76.14	17756.64	33224	585	984
淅川县 Xichuan	58.76	27492.54	48352	748	1170
社旗县 Sheqi	101.11	6546.13	63152	1372	1268
唐河县 Tanghe	229.31	19574.92	109319	3644	2373
新野县 Xinye	151.93	23974.82	108901	3225	7455
桐柏县 Tongbai	85.82	7218.16	42101	441	792
邓州市 Dengzhou	198.38	21096.52	174138	3924	4028
商丘市 Shangqiu					
民权县 Minquan	124.24	17286.50	57105	2653	2032
睢县 Suixian	118.31	7742.87	59446	942	694
宁陵县 Ningling	98.68	13057.53	51883	1275	1098
柘城县 Zhecheng	120.13	12225.31	55312	859	1218
虞城县 Yucheng	176.60	43114.08	129938	4780	2338
夏邑县 Xiayi	174.31	51997.93	127629	1724	1004
永城市 Yongcheng	180.36	38884.27	125085	2380	2430
信阳市 Xinyang					
罗山县 Luoshan	79.50	10103.24	34513	731	702
光山县 Guangshan	43.69	24720.57	39316	881	337
新县 Xinxian	23.27	5957.00	9309	374	157
商城县 Shangcheng	38.79	13956.00	22800	580	660
固始县 Gushi	111.83	29256.00	98903	2513	2883
潢川县 Huangchuan	45.96	15655.28	86677	749	3638
淮滨县 Huaibin	74.00	14144.89	82205	943	1703
息县 Xixian	126.42	17286.00	63864	1750	1172
周口市 Zhoukou					
扶沟县 Fugou	110.18	15271.19	61398	2251	3961
西华县 Xihua	127.98	12706.75	114732	3058	2128
商水县 Shangshui	126.37	16681.10	68408	1065	1267
沈丘县 Shenqiu	91.67	21018.06	102364	1348	1698
郸城县 Dancheng	162.33	14085.83	75088	2143	1968
淮阳县 Huaiyang	122.59	21145.78	118995	3326	3692
太康县 Taikang	183.20	14710.81	116167	2646	2886
鹿邑县 Luyi	127.40	14118.00	91376	1197	760
项城市 Xiangcheng	91.78	24730.00	49214	1573	1189
驻马店市 Zhumadian					
西平县 Xiping	132.05	31681.78	69210	323	1250
上蔡县 Shangcai	159.92	22100.00	89239	839	892
平舆县 Pingyu	167.70	8728.40	58373	528	975
正阳县 Zhengyang	215.16	6725.85	119967	303	1090
确山县 Queshan	111.74	13200.87	69936	952	1924
泌阳县 Biyang	164.00	8307.85	61835	348	2120
汝南县 Runan	139.84	9353.73	86249	870	1029
遂平县 Suiping	101.36	7715.47	61293	522	485
新蔡县 Xincai	162.65	8580.00	72500	1230	1740

27–7 各县(市)主要农作物播种面积(2014年)
Sown Area of Major Farm Products by County and City (2014)

县 市 County and city	总播种面积(千公顷) Total Sown Area (1 000 hectares)	#粮食 Food	#谷物 Grain	#小麦 Wheat	#玉米 Corn	#豆类 Beans	#棉花 Cotton	#油料 Oil-bearing Crops
郑州市 Zhengzhou								
中牟县 Zhongmu	74.49	33.08	30.27	13.42	16.85	1.32	1.05	10.22
巩义市 Gongyi	48.68	43.63	41.44	22.78	18.19	1.32	0.41	2.91
荥阳市 Xingyang	77.18	62.10	59.23	32.30	26.43	1.20	0.18	4.46
新密市 Xinmi	66.88	57.04	52.81	27.83	24.91	2.36	0.05	3.33
新郑市 Xinzheng	68.68	53.58	51.25	27.07	24.13	0.98	0.02	8.07
登封市 Dengfeng	58.32	50.62	45.34	24.52	20.74	2.65	0.32	3.69
开封市 Kaifeng								
杞县 Qixian	206.68	112.51	103.05	65.49	37.57	4.46	5.61	20.96
通许县 Tongxu	127.30	62.59	59.63	39.67	19.96	1.44	2.20	8.18
尉氏县 Weishi	152.12	96.80	89.44	63.67	25.77	3.99	6.22	24.40
开封县 Kaifeng	162.74	104.05	96.63	63.98	28.33	2.84	2.44	33.00
兰考县 Lankao	125.34	95.47	89.43	57.38	31.22	3.57	3.22	17.02
洛阳市 Luoyang								
孟津县 Mengjin	66.57	54.27	52.71	27.54	24.31	0.57	0.29	1.49
新安县 Xinan	67.10	51.23	44.08	22.76	20.39	3.44	0.19	2.50
栾川县 Luanchuan	24.55	13.61	12.24	5.31	6.94	1.05	0.02	0.80
嵩县 Songxian	74.79	51.55	42.95	23.27	19.53	3.78	0.25	5.04
汝阳县 Ruyang	56.19	43.54	36.98	19.88	16.51	2.10	0.16	3.68
宜阳县 Yiyang	131.42	85.84	73.27	41.59	27.52	8.04	0.65	18.73
洛宁县 Luoning	78.76	60.90	48.74	30.27	15.81	9.02	0.07	5.39
伊川县 Yichuan	95.26	79.15	69.37	38.47	24.21	2.83	0.93	4.74
偃师市 Yanshi	55.28	44.83	43.15	22.57	20.13	0.88	0.19	1.73
平顶山市 Pingdingshan								
宝丰县 Baofeng	64.46	46.80	46.55	24.58	21.97	0.10	0.21	7.53
叶县 Yexian	141.11	107.91	101.57	54.52	47.05	3.96	0.16	15.16
鲁山县 Lushan	71.80	57.77	54.92	29.12	24.94	0.67		8.53
郏县 Jiaxian	82.80	57.61	45.45	30.00	15.45	3.85	1.11	6.45
舞钢市 Wugang	37.17	30.61	28.80	15.10	13.70	1.31	0.17	2.93
汝州市 Ruzhou	116.24	94.86	89.32	45.33	43.59	1.39	0.79	10.39
安阳市 Anyang								
安阳县 Anyang	123.62	106.87	105.84	49.03	55.74	0.48	1.02	2.56
汤阴县 Tangyin	85.40	68.86	67.14	35.22	31.79	0.99	0.70	2.88
滑县 Huaxian	260.92	186.94	184.69	114.44	69.78	0.96	2.76	28.20
内黄县 Neihuang	149.26	85.90	84.76	56.98	27.78	0.23	0.67	20.69
林州市 Linzhou	89.70	81.58	73.31	34.21	34.95	3.29	0.37	3.24
鹤壁市 Hebi								
浚县 Xunxian	115.50	99.54	98.97	53.51	45.36	0.26	0.18	9.31
淇县 Qixian	44.23	42.39	41.81	20.62	21.14	0.06	0.07	0.51

27-7 续表 1 continued

县 市 County and city	总播种面积(千公顷) Total Sown Area (1 000 hectares)	#粮食 Food	#谷物 Grain	#小麦 Wheat	#玉米 Corn	#豆类 Beans	#棉花 Cotton	#油料 Oil-bearing Crops
新 乡 市 Xinxiang								
新 乡 县 Xinxiang	44.05	36.23	35.98	18.55	17.03	0.25	0.68	2.76
获 嘉 县 Huojia	56.50	49.10	48.73	20.90	22.53	0.27	0.46	0.06
原 阳 县 Yuanyang	135.28	116.45	108.56	62.93	25.15	7.43	0.58	10.03
延 津 县 Yanjin	108.53	70.75	68.86	45.83	22.93	0.47	0.99	28.56
封 丘 县 Fengqiu	134.93	96.15	88.64	53.43	30.62	3.17	0.39	13.96
长 垣 县 Changyuan	123.04	95.65	89.80	52.96	34.42	4.36	0.40	15.66
卫 辉 市 Weihui	68.09	56.61	56.07	29.11	26.84	0.18	0.79	3.47
辉 县 市 Huixian	107.99	89.27	87.35	43.89	42.77	0.37	0.04	7.28
焦 作 市 Jiaozuo								
修 武 县 Xiuwu	34.64	32.53	31.76	16.37	15.37	0.70	0.03	0.56
博 爱 县 Boai	33.95	24.32	23.61	11.97	11.59	0.45	0.08	0.66
武 陟 县 Wuzhi	89.55	68.13	66.04	36.14	24.19	1.59	0.15	8.92
温 县 Wenxian	54.32	38.60	37.87	21.55	16.33	0.12	0.61	3.21
沁 阳 市 Qinyang	56.75	45.40	44.32	21.96	21.92	0.49	0.15	1.09
孟 州 市 Mengzhou	54.98	41.93	41.54	21.66	19.88	0.15	0.44	4.05
濮 阳 市 Puyang								
清 丰 县 Qingfeng	114.58	76.73	74.43	48.71	25.68	1.30	0.28	15.16
南 乐 县 Manle	82.70	61.78	59.41	34.24	25.12	0.58	0.79	6.49
范 县 Fanxian	60.45	55.75	53.32	27.40	7.96	2.13	0.09	1.71
台 前 县 Taiqian	36.37	32.78	29.04	16.83	11.74	3.56	0.06	0.66
濮 阳 县 Puyang	172.32	141.01	133.13	79.20	29.52	5.98	2.20	8.82
许 昌 市 Xuchang								
许 昌 县 Xuchang	143.37	102.27	92.16	51.67	39.97	6.83	1.61	15.71
鄢 陵 县 Yanling	118.84	75.91	75.42	41.15	34.27	0.30	0.11	0.43
襄 城 县 Xiangcheng	119.72	86.59	67.87	41.85	26.02	3.08	0.42	4.43
禹 州 市 Yuzhou	133.73	96.75	83.36	44.57	38.78	3.12	1.51	5.31
长 葛 市 Changge	88.23	77.68	75.95	37.68	38.27	1.19	0.16	2.98
漯 河 市 Luohe								
舞 阳 县 Wuyang	98.89	83.08	79.31	41.14	38.15	0.97	0.94	4.34
临 颍 县 Linying	119.37	75.58	68.72	41.06	27.65	3.50	4.10	1.13
三 门 峡 市 Sanmenxia								
渑 池 县 Mianchi	68.46	44.59	33.92	22.07	10.15	8.01	0.14	7.45
陕 县 Shanxian	31.50	21.72	18.00	6.48	11.26	2.51	0.13	0.60
卢 氏 县 Lushi	44.76	31.44	25.49	13.98	11.41	5.09	0.02	0.32
义 马 市 Yima	3.08	2.21	1.99	0.98	1.00	0.10	0.03	0.19
灵 宝 市 Lingbao	77.60	53.60	45.38	25.48	19.90	6.46	1.19	3.85
南 阳 市 Nanyang								
南 召 县 Nanzhao	62.90	37.54	32.87	16.57	8.92	1.60		12.53
方 城 县 Fangcheng	211.64	126.74	108.34	65.72	42.30	12.46	1.07	51.24
西 峡 县 Xixia	40.30	24.51	20.91	10.92	7.54	1.27		2.70

27-7 续表 2　continued

县 市 County and city	总播种面积（千公顷）Total Sown Area (1 000 hectares)	#粮食 Food					#棉花 Cotton	#油料 Oil-bearing Crops
			#谷物 Grain			#豆类 Beans		
				#小麦 Wheat	#玉米 Corn			
镇平县 Zhenping	136.40	98.20	93.83	50.99	42.25	2.39	1.65	22.85
内乡县 Neixiang	106.91	64.90	58.57	29.24	28.52	0.35	0.93	19.52
淅川县 Xichuan	133.13	64.14	55.39	34.22	17.47	4.63	0.40	43.30
社旗县 Sheqi	138.43	92.22	76.29	52.79	23.48	10.20	3.19	20.16
唐河县 Tanghe	299.18	229.76	207.96	135.86	62.92	10.26	3.26	28.02
新野县 Xinye	132.98	78.70	74.14	50.72	23.42	2.54	2.94	26.17
桐柏县 Tongbai	73.70	44.99	39.36	20.31	2.41	4.31	0.09	20.28
邓州市 Dengzhou	338.09	210.20	191.02	136.69	53.22	15.28	9.88	65.49
商丘市 Shangqiu								
民权县 Minquan	156.64	98.27	93.78	67.99	25.44	2.28	6.15	22.72
睢县 Suixian	149.28	96.28	88.98	58.21	30.74	4.83	4.54	12.39
宁陵县 Ningling	105.03	68.39	64.71	43.05	21.66	1.98	0.39	20.77
柘城县 Zhecheng	134.58	101.00	99.50	62.18	37.17	0.68	1.51	3.16
虞城县 Yucheng	216.03	138.11	126.06	77.17	48.81	6.12	5.93	12.49
夏邑县 Xiayi	183.29	154.14	143.61	79.92	63.64	6.58	0.69	5.86
永城市 Yongcheng	240.64	201.02	170.00	105.62	64.35	30.02	0.78	2.31
信阳市 Xinyang								
罗山县 Luoshan	149.87	99.36	95.60	27.30	0.10	2.08	0.12	32.62
光山县 Guangshan	132.01	76.44	73.11	19.01		2.03	0.17	36.84
新县 Xinxian	28.22	15.27	14.02	1.19	0.05	0.23	0.03	9.82
商城县 Shangcheng	77.31	46.97	44.34	11.75	0.09	1.80	0.08	21.69
固始县 Gushi	245.52	157.15	154.24	39.60	5.09	0.69	0.13	53.98
潢川县 Huangchuan	137.56	100.75	99.61	36.31	0.13	0.62	0.03	25.37
淮滨县 Huaibin	133.90	101.02	93.41	52.95	5.36	2.73	0.26	19.36
息县 Xixian	193.65	163.00	157.48	90.32	17.90	2.51	0.53	14.81
周口市 Zhoukou								
扶沟县 Fugou	144.10	89.87	78.99	59.82	18.55	10.66	11.87	7.05
西华县 Xihua	171.87	118.50	107.45	68.00	39.42	9.21	2.06	9.29
商水县 Shangshui	208.46	153.68	131.87	73.87	57.86	18.76	1.63	14.37
沈丘县 Shenqiu	169.14	132.55	120.19	67.63	52.55	7.84	0.83	10.35
郸城县 Dancheng	207.49	151.54	128.78	81.71	47.07	11.50	1.77	8.49
淮阳县 Huaiyang	237.54	152.04	136.75	83.54	53.08	7.93	7.21	27.82
太康县 Taikang	235.34	173.95	161.26	100.70	60.56	9.58	3.15	6.86
鹿邑县 Luyi	174.40	132.95	117.15	69.06	48.03	14.28	4.21	6.71
项城市 Xiangcheng	169.82	124.57	104.51	69.67	34.83	18.51	1.15	16.06
驻马店市 Zhumadian								
西平县 Xiping	167.17	137.86	137.53	68.02	69.51	0.23		12.25
上蔡县 Shangcai	203.58	164.31	155.98	87.05	68.72	7.41	0.80	19.45
平舆县 Pingyu	166.53	121.33	111.64	69.81	41.76	6.89	0.25	26.41
正阳县 Zhengyang	240.98	143.87	141.39	103.33	23.18	1.99	0.15	85.48
确山县 Queshan	124.31	92.66	91.24	48.05	38.06	0.16	0.02	20.75
泌阳县 Biyang	168.12	110.46	103.16	58.87	40.68	2.92	2.13	42.16
汝南县 Runan	175.25	118.96	114.42	72.05	39.85	3.48	0.37	37.01
遂平县 Suiping	127.32	99.89	96.10	48.73	47.06	2.07	0.05	15.38
新蔡县 Xincai	190.43	137.05	131.39	80.90	44.08	2.38	3.61	28.38

27-8 各县(市)主要农作物产量(2014年)

Output of Major Farm Products by County and City (2014)

县 市 County and city	粮食产量 (吨) Output of Grain (ton)	#谷物 Grain	#小麦 Wheat	#玉米 Corn	#豆类 Beans	棉花产量 (吨) Output of Cotton (ton)	油料产量 (吨) Output of Oil-bearing Crops (ton)	园林水果产量 (吨) Output of Fruits (ton)
郑州市 Zhengzhou								
中牟县 Zhongmu	195556	180872	80313	100559	3151	1021	47654	17684
巩义市 Gongyi	146115	141390	77942	62732	1495	371	4890	30470
荥阳市 Xingyang	332712	320378	176820	142342	1551	230	11482	42387
新密市 Xinmi	197295	188824	102349	86679	2538	69	6820	19776
新郑市 Xinzheng	273148	263541	139101	124254	2405	30	29410	84545
登封市 Dengfeng	170437	142394	76961	62885	6127	274	4780	24916
开封市 Kaifeng								
杞县 Qixian	650057	613225	404939	208286	12158	6570	112399	31274
通许县 Tongxu	379190	365156	250679	114477	4674	2408	38557	81674
尉氏县 Weishi	554759	522918	378910	144008	13657	6330	119146	117086
开封县 Kaifeng	573474	556350	389567	142053	7143	2780	126615	114810
兰考县 Lankao	524413	499119	333016	161068	7735	3196	77960	189965
洛阳市 Luoyang								
孟津县 Mengjin	218350	203381	121897	78192	537	193	2959	52786
新安县 Xinan	192414	187005	90435	77507	3025	198	4524	69453
栾川县 Luanchuan	46214	43613	19353	24260	1090	17	885	9371
嵩县 Songxian	180214	158624	88290	70125	2612	172	7570	85470
汝阳县 Ruyang	160226	133056	73961	55631	1845	167	7665	11534
宜阳县 Yiyang	334297	292487	168456	109034	6789	634	70951	132505
洛宁县 Luoning	214352	199442	113955	79101	6191	93	4848	312591
伊川县 Yichuan	332058	287643	165827	103891	1981	960	9946	12872
偃师市 Yanshi	249618	243916	120164	122997	987	135	3393	100054
平顶山市 Pingdingshan								
宝丰县 Baofeng	193763	192428	126885	65543	90	94	10478	8276
叶县 Yexian	474184	449717	291519	158022	8570	127	37786	14670
鲁山县 Lushan	180214	173119	101914	67610	1016		18553	29919
郏县 Jiaxian	273448	227559	160679	66880	7815	941	18389	10742
舞钢市 Wugang	113134	109350	78400	30893	1619	131	6278	9705
汝州市 Ruzhou	429183	409378	228133	180016	1906	717	34522	35319
安阳市 Anyang								
安阳县 Anyang	655230	647602	299492	344554	1686	1228	6297	41141
汤阴县 Tangyin	434983	427772	229061	198209	2535	908	11306	39703
滑县 Huaxian	1435394	1419775	861332	554644	3250	2665	121160	171686
内黄县 Neihuang	509811	502968	347411	155557	646	743	115512	327669
林州市 Linzhou	369654	329544	129149	186238	7821	530	4691	84903
鹤壁市 Hebi								
浚县 Xunxian	732862	729979	397946	331634	736	182	30307	34588
淇县 Qixian	299049	294763	146807	147810	68	46	1624	4285

27−9　各县(市)牧渔业生产情况(2014年)

Statistics on Animal Husbandry and Fishery by County and City (2014)

县　市	County and city	肉类产量 (吨) Output of Meat (ton)	#猪肉 Pork	#牛肉 Beef	#羊肉 Mutton	大牲畜年底头数 (头) Large Animals (year-end) (unit)	猪年底头数 (万头) Hogs (year-end) (10 000 units)	禽蛋产量 (吨) Poultry Eggs (ton)	水产品产量 (吨) Output of Aquatic Products (ton)
郑州市	**Zhengzhou**								
中牟县	Zhongmu	42106	30176	4256	2408	56995	27.46	21708	74998
巩义市	Gongyi	27007	23110	870	310	7042	21.01	10080	4830
荥阳市	Xingyang	49781	35185	3834	662	25429	27.70	76179	19800
新密市	Xinmi	22895	14668	1151	284	19622	20.66	29001	880
新郑市	Xinzheng	53438	35783	923	610	22576	38.25	43478	750
登封市	Dengfeng	27229	18753	3845	746	34238	21.57	22484	2300
开封市	**Kaifeng**								
杞县	Qixian	107705	71849	18489	6866	134779	73.37	77340	3180
通许县	Tongxu	64971	55134	3123	1827	48836	56.50	30510	1719
尉氏县	Weishi	92173	67524	11198	5983	98560	68.49	92046	19584
开封县	Kaifeng	83126	60798	11966	4800	131429	59.45	8764	14222
兰考县	Lankao	51510	31791	9905	3135	100863	34.03	34465	9000
洛阳市	**Luoyang**								
孟津县	Mengjin	23416	17900	3129	440	71382	20.03	13144	17403
新安县	Xinan	22196	15100	2430	1140	30081	16.03	13497	7431
栾川县	Luanchuan	8138	5400	1490	272	11875	6.31	5250	120
嵩县	Songxian	33023	18700	9780	1288	108705	20.42	13856	3363
汝阳县	Ruyang	12780	9900	1290	306	17456	9.92	3720	240
宜阳县	Yiyang	50355	34290	9800	1492	114549	29.72	18579	3180
洛宁县	Luoning	28044	9700	12456	1247	106521	10.22	17723	3285
伊川县	Yichuan	47513	35400	8236	470	106333	34.96	24130	565
偃师市	Yanshi	31987	26600	1260	146	50030	27.09	18880	300
平顶山市	**Pingdingshan**								
宝丰县	Baofeng	49266	36776	4932	863	87961	40.98	18057	746
叶县	Yexian	114839	73672	20408	6019	107405	68.92	32938	15258
鲁山县	Lushan	30384	21373	3337	1395	31921	24.33	17185	11369
郏县	Jiaxian	49976	28990	6742	1755	84855	21.74	12847	855
舞钢市	Wugang	49883	37019	1363	783	27958	36.05	3776	4550
汝州市	Ruzhou	97798	65286	15123	1527	242512	64.16	63267	3020
安阳市	**Anyang**								
安阳县	Anyang	32490	21315	2275	549	50713	24.70	54355	5100
汤阴县	Tangyin	32614	9000	800	415	24627	11.22	31370	2100
滑县	Huaxian	50729	27624	7150	3765	127427	27.84	82523	600
内黄县	Neihuang	46090	34000	400	3096	9914	33.07	48021	604
林州市	Linzhou	78551	73164	430	150	28123	76.06	86333	3300
鹤壁市	**Hebi**								
浚县	Xunxian	96023	48085	1504	3165	16511	46.66	42211	3200
淇县	Qixian	113086	35321	502	356	17328	30.30	48000	5400

27-9 续表 1 continued

县 市	County and city	肉类产量 (吨) Output of Meat (ton)	#猪肉 Pork	#牛肉 Beef	#羊肉 Mutton	大牲畜年底头数 (头) Large Animals (year-end) (unit)	猪年底头数 (万头) Hogs (year-end) (10 000 units)	禽蛋产量 (吨) Poultry Eggs (ton)	水产品产量 (吨) Output of Aquatic Products (ton)
新乡市	**Xinxiang**								
新乡县	Xinxiang	17752	9800	2535	287	21336	10.81	29966	4100
获嘉县	Huojia	30514	19800	2320	601	8999	18.55	25243	5200
原阳县	Yuanyang	37868	22920	4581	2401	90069	22.61	37302	5400
延津县	Yanjin	31963	19100	3915	1554	26111	18.44	30421	19302
封丘县	Fengqiu	82750	61629	8661	3746	60435	42.79	32081	13364
长垣县	Changyuan	43292	24800	6205	2448	47951	24.81	38400	4500
卫辉市	Weihui	55715	43300	5080	555	124228	53.87	71905	5130
辉县市	Huixian	92840	78200	4823	850	56296	76.62	78012	610
焦作市	**Jiaozuo**								
修武县	Xiuwu	29621	19669	963	355	8723	17.23	12505	430
博爱县	Boai	17504	11587	3144	332	23979	10.39	22697	250
武陟县	Wuzhi	64611	39551	6108	1752	73674	40.08	85275	9430
温县	Wenxian	21511	14895	3112	333	19223	17.51	40950	460
沁阳市	Qinyang	26330	16445	4101	626	18174	17.23	35101	260
孟州市	Mengzhou	27893	21787	1326	544	20224	28.03	25148	3100
濮阳市	**Puyang**								
清丰县	Qingfeng	60723	33352	2607	1331	25748	31.08	66140	2150
南乐县	Nanle	73173	35882	11451	643	162076	41.01	64504	2078
范县	Fanxian	28828	14379	1805	3172	33524	14.82	32356	22311
台前县	Taiqian	14773	5980	510	1179	8070	5.08	41055	1010
濮阳县	Puyang	73675	42529	1959	5301	22965	41.63	64433	5418
许昌市	**Xuchang**								
许昌县	Xuchang	74910	57960	7882	1836	32595	41.46	46764	1437
鄢陵县	Yanling	90182	65292	14021	1811	143641	58.20	46154	5460
襄城县	Xiangcheng	84576	62976	8928	2376	125609	56.30	45170	8099
禹州市	Yuzhou	84971	63027	4244	5567	51449	53.75	37099	1700
长葛市	Changge	74817	62921	2861	431	24965	46.31	49233	1504
漯河市	**Luohe**								
舞阳县	Wuyang	69331	60593	2382	1515	37723	49.60	13405	4406
临颍县	Linying	79229	65852	3387	815	28595	57.29	37999	1572
三门峡市	**Sanmenxia**								
渑池县	Mianchi	42413	28907	10002	1032	109569	25.51	24003	4900
陕县	Shanxian	19294	12932	4252	576	66238	13.66	8939	3400
卢氏县	Lushi	9216	4399	3728	344	66270	4.38	3303	2000
义马市	Yima	3842	3512	54	26	456	4.11	664	150
灵宝市	Lingbao	29157	21460	4209	970	78319	22.68	10505	7680
南阳市	**Nanyang**								
南召县	Nanzhao	24863	16803	3846	1793	57027	16.15	12796	8000
方城县	Fangcheng	42997	30742	3825	2637	41077	28.79	16466	6200
西峡县	Xixia	30323	20940	4587	2542	42741	19.89	13498	5167

27-10 续表 1 continued

单位：万元 (10 000 yuan)

县 市 County and city	公共财政预算收入 Public Financial Revenueof theLocal Government	公共财政预算支出 Public Financial Expenditures oftheLocal Government	#教育 Education	#农林水事务 Farming Forestry Water Conservancy Operating	金融机构存款余额 Depositsof National Banking System	金融机构贷款余额 Loansof National Banking System	居民储蓄存款 Balanceof Savings Depositof Ruraland Urban Residents
新 乡 市 Xinxiang							
新 乡 县 Xinxiang	77864	138771	29240	18492	1186884	982102	883985
获 嘉 县 Huojia	37000	136022	36918	21206	778402	302156	600117
原 阳 县 Yuanyang	61200	212209	47301	38941	937301	424100	668270
延 津 县 Yanjin	65006	174915	43441	34252	695595	297435	526722
封 丘 县 Fengqiu	37300	241376	52181	43197	1219930	373398	878978
长 垣 县 Changyuan	131620	385503	82699	54407	2575393	1479693	1967715
卫 辉 市 Weihui	76709	181793	50247	37689	991170	465367	719391
辉 县 市 Huixian	231493	342357	79823	56934	2000488	1306542	1558077
焦 作 市 Jiaozuo							
修 武 县 Xiuwu	89950	146666	32018	22198	759197	484233	544192
博 爱 县 Boai	63322	139816	22296	26549	843699	585710	717417
武 陟 县 Wuzhi	96800	231626	44150	38189	1185117	734490	1003863
温 县 Wenxian	57500	154277	33452	22696	964108	588039	694360
沁 阳 市 Qinyang	121953	209292	35231	27974	1295219	713434	997156
孟 州 市 Mengzhou	101566	180114	32824	25134	989988	623990	731794
濮 阳 市 Puyang							
清 丰 县 Qingfeng	50112	221936	49192	39186	935182	342133	771334
南 乐 县 Manle	33725	177003	40645	34229	760105	244774	601379
范 县 Fanxian	48701	209786	45249	37224	899327	342569	707513
台 前 县 Taiqian	28916	166891	41422	30840	695859	326134	534724
濮 阳 县 Puyang	90006	352398	93861	62687	1511190	714309	1259740
许 昌 市 Xuchang							
许 昌 县 Xuchang	100156	251232	64186	43860	1724320	1149872	1267471
鄢 陵 县 Yanling	86186	256360	61806	36673	1228855	1014679	887881
襄 城 县 Xiangcheng	111057	264901	81012	47410	1659272	1093638	1285561
禹 州 市 Yuzhou	300167	462358	96182	44720	2503935	1572431	1978966
长 葛 市 Changge	174078	338430	96990	44383	1928859	1498474	1454977
漯 河 市 Luohe							
舞 阳 县 Wuyang	66500	211908	42674	42941	973730	314544	788717
临 颍 县 Linying	82593	268075	56265	38935	1261465	501666	968737
三 门 峡 市 Sanmenxia							
渑 池 县 Mianchi	196218	256368	65619	45947	1061398	543495	718931
陕 县 Shanxian	128669	196353	51165	32669	1092583	816447	703313
卢 氏 县 Lushi	59506	205183	38236	37842	906737	319313	609625
义 马 市 Yima	125518	155810	31881	7857	1065069	778057	547201
灵 宝 市 Lingbao	179369	341185	81819	62891	2229686	1447074	1683225
南 阳 市 Nanyang							
南 召 县 Nanzhao	49549	228131	68335	41502	921854	423840	698693
方 城 县 Fangcheng	78018	343002	75961	64253	1303054	746453	939280
西 峡 县 Xixia	100369	259491	61569	40547	1284586	992496	844986

27-10 续表 2　continued

单位：万元 (10 000 yuan)

县　市 County and city	公共财政预算收入 Public Financial Revenueof theLocal Government	公共财政预算支出 Public Financial Expenditures oftheLocal Government	#教育 Education	#农林水事务 Farming Forestry Water Conservancy Operating	金融机构存款余额 Depositsof National Banking System	金融机构贷款余额 Loansof National Banking System	居民储蓄存款 Balanceof Savings Depositof Ruraland Urban Residents
镇平县 Zhenping	70886	276566	61175	47491	1854947	804527	1500186
内乡县 Neixiang	61516	256205	61469	61463	1228089	833855	874443
淅川县 Xichuan	70066	340083	70965	76995	1585808	797328	1012128
社旗县 Sheqi	49003	229626	52960	40550	961260	525583	651640
唐河县 Tanghe	73000	347059	74762	59830	1930004	623578	1487551
新野县 Xinye	57017	226599	56530	43264	1379965	856412	1102227
桐柏县 Tongbai	68068	202013	43008	28067	918525	474917	699758
邓州市 Dengzhou	110667	511528	107416	89638	2421420	1203204	1844219
商丘市 Shangqiu							
民权县 Minquan	64327	294369	69543	49575	1307311	841530	965487
睢县 Suixian	48396	271299	72626	42073	1315574	508439	874649
宁陵县 Ningling	31089	210639	61040	34146	889261	438209	657126
柘城县 Zhecheng	55189	318303	70283	63286	1313358	523465	1064729
虞城县 Yucheng	70443	356471	88470	51617	1562188	817854	1216928
夏邑县 Xiayi	55598	352699	92918	61178	1863326	675755	1464841
永城市 Yongcheng	317696	587714	149136	81232	3123856	2223702	2222198
信阳市 Xinyang							
罗山县 Luoshan	44598	257088	56345	50114	1802203	695758	1360461
光山县 Guangshan	45318	283470	93720	50501	1736513	737381	1381715
新县 Xinxian	26934	174386	37956	30327	943328	437856	693078
商城县 Shangcheng	40290	274500	82577	49100	1494609	605496	1185671
固始县 Gushi	100100	507155	121255	85253	2995814	1356410	2324371
潢川县 Huangchuan	48666	266007	58693	55403	1657829	1608761	1241242
淮滨县 Huaibin	33070	267535	80062	48021	1250097	529068	924123
息县 Xixian	37000	291900	85113	36345	1899000	562263	1382647
周口市 Zhoukou							
扶沟县 Fugou	55058	262499	69778	43029	1290135	561647	1064630
西华县 Xihua	53310	281424	68214	40958	1447032	470638	1183861
商水县 Shangshui	56799	352093	96055	54119	1702237	453074	1379335
沈丘县 Shenqiu	101925	383889	115221	54967	1912240	886566	1611531
郸城县 Dancheng	80219	391098	110031	63108	1742434	667140	1485150
淮阳县 Huaiyang	60018	374733	71993	55894	1831879	445926	1502298
太康县 Taikang	82353	460059	92508	56499	1910704	620423	1633486
鹿邑县 Luyi	100658	416316	97786	58131	1738376	891024	1444159
项城市 Xiangcheng	83663	350293	89190	38742	2060767	492564	1732696
驻马店市 Zhumadian							
西平县 Xiping	60928	287816	55919	49827	1652446	644040	1284025
上蔡县 Shangcai	50266	384555	94353	57764	2319342	869259	1883430
平舆县 Pingyu	58619	294818	67971	36000	1785663	481737	1375648
正阳县 Zhengyang	40008	306979	60282	61304	1509514	623339	1147096
确山县 Queshan	55292	213812	44010	40463	1302319	458739	977431
泌阳县 Biyang	62999	340601	76376	59924	1445969	468543	933750
汝南县 Runan	50015	259124	61518	46811	1499106	514366	1195429
遂平县 Suiping	59266	223200	47405	37615	1219653	653731	949145
新蔡县 Xincai	55425	440559	89772	53844	1861423	590272	1286549

27-11 各县(市)教育主要指标(2014年)

Main Indicators of Education by County and City (2014)

县 市	County and city	在校学生数(人) Student Enrollment (person)		小学适龄人口入学率(%) Rate of School-age Children Enrollment (%)	初中适龄人口入学率(%) Rate of Junior Enrollment (%)	高中阶段毛入学率(%) The high school stage gross enrollment rate(%)
		小学 Primary Schools	普通中学 Regular Secondary Schools			
郑州市	**Zhengzhou**					
中牟县	Zhongmu	89475	37461	100.0	100.0	59.3
巩义市	Gongyi	50647	37520	100.0	100.0	73.2
荥阳市	Xingyang	42598	31342	100.0	100.0	107.8
新密市	Xinmi	66507	44910	100.0	100.0	92.9
新郑市	Xinzheng	66927	43101	100.0	100.0	199.9
登封市	Dengfeng	75592	54049	100.0	100.0	145.9
开封市	**Kaifeng**					
杞县	Qixian	93244	52938	100.0	100.0	41.8
通许县	Tongxu	54826	35465	100.0	100.0	65.9
尉氏县	Weishi	82719	41433	100.0	100.0	61.5
开封县	Kaifeng	65438	35044	100.0	99.5	83.1
兰考县	Lankao	72631	51108	100.0	99.0	55.6
洛阳市	**Luoyang**					
孟津县	Mengjin	30542	27069	100.0	100.0	125.4
新安县	Xinan	41136	33579	100.0	100.0	113.7
栾川县	Luanchuan	26643	19268	100.0	100.0	75.1
嵩县	Songxian	58265	32570	100.0	100.0	60.9
汝阳县	Ruyang	51603	29171	100.0	100.0	42.7
宜阳县	Yiyang	54341	39507	100.0	100.0	50.2
洛宁县	Luoning	42107	24304	100.0	100.0	37.5
伊川县	Yichuan	83529	44555	100.0	100.0	64.2
偃师市	Yanshi	38803	31301	100.0	100.0	54.8
平顶山市	**Pingdingshan**					
宝丰县	Baofeng	49380	23141	100.0	100.0	69.5
叶县	Yexian	65613	34903	100.0	100.0	64.2
鲁山县	Lushan	99058	39194	100.0	100.0	92.3
郏县	Jiaxian	60678	26955	100.0	100.0	41.4
舞钢市	Wugang	24081	14438	100.0	100.0	97.7
汝州市	Ruzhou	108481	45744	100.0	100.0	67.1
安阳市	**Anyang**					
安阳县	Anyang	93456	48864	100.0	100.0	72.3
汤阴县	Tangyin	48541	24797	100.0	100.0	57.2
滑县	Huaxian	127373	61292	100.0	100.0	42.0
内黄县	Neihuang	72692	35139	98.3	100.0	48.9
林州市	Linzhou	96257	53052	100.0	100.0	69.4
鹤壁市	**Hebi**					
浚县	Xunxian	65391	42249	100.0	100.0	58.5
淇县	Qixian	27745	15693	100.0	100.0	45.3

27−11 续表 1 continued

县 市 County and city	在校学生数(人) Student Enrollment (person) 小学 Primary Schools	普通中学 Regular Secondary Schools	小学适龄人口入学率(%) Rate of School-age Children Enrollment (%)	初中适龄人口入学率(%) Rate of Junior Enrollment (%)	高中阶段毛入学率(%) The high school stage gross enrollment rate(%)
新 乡 市 Xinxiang					
新 乡 县 Xinxiang	31592	19766	100.0	100.0	71.8
获 嘉 县 Huojia	39430	23274	100.0	100.0	65.1
原 阳 县 Yuanyang	69392	41398	100.0	100.0	59.5
延 津 县 Yanjin	51228	32176	100.0	100.0	76.4
封 丘 县 Fengqiu	75691	39175	100.0	100.0	71.4
长 垣 县 Changyuan	91125	59808	100.0	100.0	108.8
卫 辉 市 Weihui	54819	22015	100.0	100.0	73.2
辉 县 市 Huixian	81614	39150	100.0	100.0	86.4
焦 作 市 Jiaozuo					
修 武 县 Xiuwu	20645	16965	100.0	100.0	57.2
博 爱 县 Boai	29902	22370	100.0	100.0	64.5
武 陟 县 Wuzhi	49711	45845	100.0	100.0	70.5
温 县 Wenxian	29035	29008	100.0	100.0	89.7
沁 阳 市 Qinyang	34349	29262	100.0	100.0	87.2
孟 州 市 Mengzhou	19908	17606	100.0	100.0	59.9
濮 阳 市 Puyang					
清 丰 县 Qingfeng	58880	24441	100.0	100.0	76.1
南 乐 县 Manle	49604	30693	100.0	100.0	51.2
范 县 Fanxian	54179	32620	100.0	100.0	51.0
台 前 县 Taiqian	35135	20965	100.0	100.0	63.9
濮 阳 县 Puyang	98028	42429	100.0	100.0	74.6
许 昌 市 Xuchang					
许 昌 县 Xuchang	59657	35422	100.0	100.0	43.9
鄢 陵 县 Yanling	55435	27131	100.0	100.0	66.5
襄 城 县 Xiangcheng	68361	42263	100.0	100.0	95.8
禹 州 市 Yuzhou	106190	57192	100.0	100.0	62.7
长 葛 市 Changge	65007	34564	100.0	100.0	91.4
漯 河 市 Luohe					
舞 阳 县 Wuyang	38062	21881	100.0	100.0	62.1
临 颍 县 Linying	51901	35405	100.0	100.0	66.4
三 门 峡 市 Sanmenxia					
渑 池 县 Mianchi	29982	21614	100.0	100.0	66.5
陕 县 Shanxian	13651	14179	100.0	100.0	84.5
卢 氏 县 Lushi	18494	22145	100.0	100.0	61.6
义 马 市 Yima	9819	5782	100.0	100.0	69.7
灵 宝 市 Lingbao	47020	36144	100.0	100.0	93.8
南 阳 市 Nanyang					
南 召 县 Nanzhao	65495	33565	99.6	100.0	55.7
方 城 县 Fangcheng	118060	40732	99.9	100.0	51.2
西 峡 县 Xixia	46994	32984	100.0	100.0	85.2

27-11 续表 2 continued

县 市 County and city	在校学生数(人) Student Enrollment (person) 小学 Primary Schools	普通中学 Regular Secondary Schools	小学适龄人口入学率(%) Rate of School-age Children Enrollment (%)	初中适龄人口入学率(%) Rate of Junior Enrollment (%)	高中阶段毛入学率(%) The high school stage gross enrollment rate(%)
镇 平 县 Zhenping	99786	44512	99.8	99.7	58.8
内 乡 县 Neixiang	70309	36109	99.9	99.9	74.0
淅 川 县 Xichuan	70426	42125	99.9	100.0	51.3
社 旗 县 Sheqi	67507	30446	99.8	100.0	49.6
唐 河 县 Tanghe	119817	46117	99.8	99.9	44.4
新 野 县 Xinye	80486	30863	100.0	100.0	52.0
桐 柏 县 Tongbai	48692	21078	100.0	100.0	72.6
邓 州 市 Dengzhou	180363	80495	100.0	100.0	63.5
商 丘 市 Shangqiu					
民 权 县 Minquan	81023	56248	100.0	100.0	60.0
睢 县 Suixian	66755	49896	100.0	100.0	67.2
宁 陵 县 Ningling	53934	29982	100.0	100.0	37.8
柘 城 县 Zhecheng	71666	58007	100.0	100.0	59.9
虞 城 县 Yucheng	117538	77450	100.0	100.0	64.5
夏 邑 县 Xiayi	81237	62760	100.0	100.0	59.6
永 城 市 Yongcheng	145417	68016	100.0	100.0	68.5
信 阳 市 Xinyang					
罗 山 县 Luoshan	57786	38841	100.0	100.0	103.2
光 山 县 Guangshan	72325	57907	100.0	99.0	81.5
新 县 Xinxian	30043	22346	100.0	100.0	89.4
商 城 县 Shangcheng	55949	51942	100.0	100.0	81.1
固 始 县 Gushi	135390	91672	100.0	100.0	101.0
潢 川 县 Huangchuan	55802	42763	100.0	100.0	64.8
淮 滨 县 Huaibin	61657	46352	100.0	100.0	64.2
息 县 Xixian	90663	49571	100.0	100.0	49.6
周 口 市 Zhoukou					
扶 沟 县 Fugou	52593	46689	100.0	100.0	67.0
西 华 县 Xihua	65608	46432	100.0	100.0	45.9
商 水 县 Shangshui	109046	76373	100.0	100.0	50.7
沈 丘 县 Shenqiu	96576	72570	100.0	100.0	54.3
郸 城 县 Dancheng	116735	91195	100.0	100.0	65.2
淮 阳 县 Huaiyang	106868	87690	100.0	100.0	55.6
太 康 县 Taikang	129728	79984	100.0	100.0	48.9
鹿 邑 县 Luyi	96926	67871	100.0	100.0	37.2
项 城 市 Xiangcheng	90652	75996	100.0	100.0	77.1
驻 马 店 市 Zhumadian					
西 平 县 Xiping	48101	44427	100.0	100.0	49.6
上 蔡 县 Shangcai	130328	81887	100.0	100.0	44.1
平 舆 县 Pingyu	82421	55863	100.0	100.0	59.7
正 阳 县 Zhengyang	73512	42162	100.0	100.0	68.6
确 山 县 Queshan	53425	34529	100.0	100.0	56.6
泌 阳 县 Biyang	79432	49310	100.0	100.0	82.3
汝 南 县 Runan	63509	44541	100.0	100.0	77.1
遂 平 县 Suiping	40086	26727	100.0	100.0	95.1
新 蔡 县 Xincai	105215	59684	100.0	100.0	43.2

27-12 各县(市)卫生主要指标(2014年)

Main Indicators of Sanitation by County and City (2014)

县 市	County and city	卫生机构床位数(张) Number of Beds in Health Institutions (unit)	卫生技术人员(人) Medical Technical Personnel (person)	执业医师(人) Medical practitioner (person)	助理医师(人) Assistant doctor of the operation (person)	注册护士(人) Registered Nurse (person)
郑州市	**Zhengzhou**					
中牟县	Zhongmu	3016	2150	644	253	814
巩义市	Gongyi	2856	4347	1213	515	1868
荥阳市	Xingyang	2209	2938	634	346	1127
新密市	Xinmi	3926	3837	1068	338	1611
新郑市	Xinzheng	3189	3339	968	303	1267
登封市	Dengfeng	2821	3163	838	341	1342
开封市	**Kaifeng**					
杞县	Qixian	2882	3482	756	900	972
通许县	Tongxu	2188	2257	450	315	935
尉氏县	Weishi	2716	2601	609	454	1021
开封县	Kaifeng	1086	1486	353	321	368
兰考县	Lankao	4554	4110	861	608	1519
洛阳市	**Luoyang**					
孟津县	Mengjin	1823	1914	470	344	552
新安县	Xinan	1931	1529	463	200	549
栾川县	Luanchuan	1769	1611	397	198	639
嵩县	Songxian	1971	1670	417	285	582
汝阳县	Ruyang	1694	1591	375	195	615
宜阳县	Yiyang	2401	2441	594	436	839
洛宁县	Luoning	1939	1500	317	255	565
伊川县	Yichuan	2381	2577	629	467	856
偃师市	Yanshi	2422	2707	966	336	969
平顶山市	**Pingdingshan**					
宝丰县	Baofeng	2205	2408	655	571	778
叶县	Yexian	2113	2829	585	620	726
鲁山县	Lushan	2840	2580	626	453	828
郏县	Jiaxian	2447	2625	623	472	861
舞钢市	Wugang	1317	1426	452	144	546
汝州市	Ruzhou	5393	3780	769	491	1352
安阳市	**Anyang**					
安阳县	Anyang	2279	2071	538	739	397
汤阴县	Tangyin	1351	1689	308	451	321
滑县	Huaxian	4956	4885	1200	1100	1715
内黄县	Neihuang	2300	2506	507	489	777
林州市	Linzhou	3751	3565	1118	786	897
鹤壁市	**Hebi**					
浚县	Xunxian	2091	1658	461	416	429
淇县	Qixian	1874	1585	426	141	689

27-12 续表 1 continued

县 市 County and city	卫生机构床位数（张）Number of Beds in Health Institutions (unit)	卫生技术人员（人）Medical Technical Personnel (person)	执业医师（人）Medical practitioner (person)	助理医师（人）Assistant doctor of the operation (person)	注册护士（人）Registered Nurse (person)
新乡市 Xinxiang					
新乡县 Xinxiang	926	1200	334	290	330
获嘉县 Huojia	1918	1657	398	200	559
原阳县 Yuanyang	2412	2562	607	289	1050
延津县 Yanjin	1855	1772	455	286	619
封丘县 Fengqiu	2690	2332	524	362	768
长垣县 Changyuan	3484	4788	1211	780	1919
卫辉市 Weihui	3782	3303	1002	187	1617
辉县市 Huixian	2623	3049	814	436	961
焦作市 Jiaozuo					
修武县 Xiuwu	1120	1209	383	320	358
博爱县 Boai	1867	1344	452	316	277
武陟县 Wuzhi	2223	2126	572	433	603
温县 Wenxian	1920	1830	483	199	698
沁阳市 Qinyang	1412	2096	831	369	527
孟州市 Mengzhou	1205	1545	467	197	532
濮阳市 Puyang					
清丰县 Qingfeng	1638	1663	377	293	471
南乐县 Nanle	1874	1537	307	232	525
范县 Fanxian	1705	1691	367	211	545
台前县 Taiqian	1237	1383	257	226	482
濮阳县 Puyang	3073	2914	648	715	752
许昌市 Xuchang					
许昌县 Xuchang	1794	2170	498	398	741
鄢陵县 Yanling	2583	2738	705	626	843
襄城县 Xiangcheng	2464	2444	504	318	896
禹州市 Yuzhou	3818	4829	1339	968	1397
长葛市 Changge	1964	3389	996	560	1084
漯河市 Luohe					
舞阳县 Wuyang	2214	2265	527	348	870
临颍县 Linying	2432	2457	540	273	1000
三门峡市 Sanmenxia					
渑池县 Mianchi	1824	1555	327	173	534
陕县 Shanxian	1208	1334	375	147	428
卢氏县 Lushi	1298	1614	411	330	430
义马市 Yima	1425	1669	470	95	762
灵宝市 Lingbao	2644	2653	815	456	789
南阳市 Nanyang					
南召县 Nanzhao	1753	2415	467	404	829
方城县 Fangcheng	3000	2724	627	446	886
西峡县 Xixia	2351	2210	527	170	935

27-12 续表 2 continued

县 市	County and city	卫生机构床位数(张) Number of Beds in Health Institutions (unit)	卫生技术人员(人) Medical Technical Personnel (person)	执业医师(人) Medical practitioner (person)	助理医师(人) Assistant doctor of the operation (person)	注册护士(人) Registered Nurse (person)
镇平县	Zhenping	2497	2273	547	501	530
内乡县	Neixiang	2011	1589	386	260	466
淅川县	Xichuan	1943	2192	505	253	702
社旗县	Sheqi	1517	1672	277	332	532
唐河县	Tanghe	2675	3203	782	359	1285
新野县	Xinye	1722	2402	533	397	785
桐柏县	Tongbai	1303	1602	314	226	425
邓州市	Dengzhou	4624	4244	872	507	1561
商丘市	**Shangqiu**					
民权县	Minquan	3239	2429	626	417	829
睢县	Suixian	2468	3075	650	382	998
宁陵县	Ningling	1866	3032	555	455	657
柘城县	Zhecheng	4390	4014	914	772	1224
虞城县	Yucheng	2527	3874	783	1141	820
夏邑县	Xiayi	2810	3526	679	544	1073
永城市	Yongcheng	5021	5461	1066	639	2007
信阳市	**Xinyang**					
罗山县	Luoshan	1998	1874	562	203	645
光山县	Guangshan	1815	2004	609	182	635
新县	Xinxian	656	947	215	121	303
商城县	Shangcheng	1692	1573	459	230	506
固始县	Gushi	4099	3904	866	441	1259
潢川县	Huangchuan	1584	1832	458	355	534
淮滨县	Huaibin	1864	1701	342	344	536
息县	Xixian	1482	1904	411	313	579
周口市	**Zhoukou**					
扶沟县	Fugou	1998	2155	565	432	626
西华县	Xihua	2649	3038	714	378	849
商水县	Shangshui	2823	2758	724	520	793
沈丘县	Shenqiu	3367	3421	701	689	828
郸城县	Dancheng	3749	3949	761	510	1367
淮阳县	Huaiyang	3398	4092	742	690	1202
太康县	Taikang	3654	3543	952	681	1082
鹿邑县	Luyi	4427	3609	770	863	1013
项城市	Xiangcheng	3085	2933	709	438	1109
驻马店市	**Zhumadian**					
西平县	Xiping	3016	2468	658	385	863
上蔡县	Shangcai	2857	2790	660	375	873
平舆县	Pingyu	2567	3693	765	775	1428
正阳县	Zhengyang	2278	2384	606	369	694
确山县	Queshan	2207	2174	511	325	819
泌阳县	Biyang	2561	2380	672	402	690
汝南县	Runan	2186	2366	543	336	858
遂平县	Suiping	2859	2449	610	303	924
新蔡县	Xincai	1980	3007	568	1086	584

27-13 各县(市)社会保险和低保参保人数(2014年)

Number of People Participated in Basic Insurance and Lowest Cost-of-Living by County and City (2014)

单位：人 (person)

县市	County and city	城镇基本养老保险参保人数 Number of Persons in Basic Pension Insurance	城镇基本医疗保险参保人数 Number of Persons in Basic Medical Insurance	城镇居民最低生活保障人数 Number of Persons Receiving Lowest Cost-of-Living in Urban Area	农村居民最低生活保障人数 Number of Persons Receiving Lowest Cost-of-Living in Rural Area	新型农村合作医疗参保人数 Number of Persons Participated in the new rural cooperative medical	新型农村社会养老保险参保人数 Number of Persons Participated in the Rural Basic Pension Insurance
郑州市	**Zhengzhou**						
中牟县	Zhongmu	875220	75580	2150	11800	676993	421865
巩义市	Gongyi	106000	113858	2903	21103	669494	370000
荥阳市	Xingyang	89762	104320	1242	18661	546852	314683
新密市	Xinmi	105400	131000	1549	17255	658096	410420
新郑市	Xinzheng	86622	221111	3080	14115	473503	366434
登封市	Dengfeng	62786	59289	3838	27505	570166	368411
开封市	**Kaifeng**						
杞县	Qixian	38705	87116	7685	50047	1017839	544481
通许县	Tongxu	30917	48254	6335	29245	574266	318783
尉氏县	Weishi	46959	55530	3899	43797	839184	451000
开封县	Kaifeng	33840	57514	2798	31138	700711	366510
兰考县	Lankao	49664	74500	6687	39720	754380	522717
洛阳市	**Luoyang**						
孟津县	Mengjin	29458	49302	3400	16253	404734	267890
新安县	Xinan	43274	85120	7194	19581	448479	244890
栾川县	Luanchuan	24566	47081	1725	15018	281724	185893
嵩县	Songxian	20241	23030	9515	24385	532014	319850
汝阳县	Ruyang	31261	49051	8601	19343	435529	233900
宜阳县	Yiyang	35102	72964	6353	27005	590984	368700
洛宁县	Luoning	23970	68228	7017	28118	430751	189300
伊川县	Yichuan	34086	101980	7986	30699	703461	331936
偃师市	Yanshi	43543	81429	2202	23501	518937	489500
平顶山市	**Pingdingshan**						
宝丰县	Baofeng	30236	64924	6438	18956	451708	273004
叶县	Yexian	37760	66845	7326	38100	710599	462302
鲁山县	Lushan	32411	80781	6915	40089	816155	436692
郏县	Jiaxian	21883	66663	6102	25369	540938	352116
舞钢市	Wugang	51961	94292	5960	11724	219643	143479
汝州市	Ruzhou	53492	110928	7548	44227	885420	540128
安阳市	**Anyang**						
安阳县	Anyang	102227	120955	2207	30369	792524	519467
汤阴县	Tangyin	40937	73371	2886	15958	395635	
滑县	Huaxian	37750	86147	6696	57448	1212627	730021
内黄县	Neihuang	20793	47017	4316	31814	744026	456960
林州市	Linzhou	98481	165049	6770	56718	843871	560667
鹤壁市	**Hebi**						
浚县	Xunxian	34818	65567	13151	34141	622620	284983
淇县	Qixian	31173	52895	3163	10867	238138	107552

27-13 续表1 continued

单位：人 (person)

县 市 County and city	城镇基本养老保险参保人数 Number of Persons in Basic Pension Insurance	城镇基本医疗保险参保人数 Number of Persons in Basic Medical Insurance	城镇居民最低生活保障人数 Number of Persons Receiving Lowest Cost-of-Living in Urban Area	农村居民最低生活保障人数 Number of Persons Receiving Lowest Cost-of-Living in Rural Area	新型农村合作医疗参保人数 Number of Persons Participated in the new rural cooperative medical	新型农村社会养老保险参保人数 Number of Persons Participated in the Rural Basic Pension Insurance
新乡市 Xinxiang						
新乡县 Xinxiang	46214	68913	1054	11895	340600	161372
获嘉县 Huojia	30309	77010	4023	14081	362649	212010
原阳县 Yuanyang	34060	63812	5943	34450	665209	262937
延津县 Yanjin	30833	79532	10744	19955	397745	236724
封丘县 Fengqiu	26514	53860	6324	41894	704839	455547
长垣县 Changyuan	42400	94968	12684	30687	761533	464195
卫辉市 Weihui	47232	109087	6891	9630	370859	198407
辉县市 Huixian	72445	134771	843	14893	695753	450329
焦作市 Jiaozuo						
修武县 Xiuwu	23211	46092	2794	10825	207300	118744
博爱县 Boai	40203	71105	3528	13912	330100	181996
武陟县 Wuzhi	47093	73206	3199	24622	633100	346583
温县 Wenxian	50274	63106	3178	12471	390500	245696
沁阳市 Qinyang	50133	85381	5498	17648	384400	225183
孟州市 Mengzhou	47351	56051	2654	13685	320700	220555
濮阳市 Puyang						
清丰县 Qingfeng	35065	85961	3692	32061	644348	335217
南乐县 Manle	32934	51896	2077	26520	495997	282188
范县 Fanxian	31057	54000	2495	40555	489076	288332
台前县 Taiqian	15271	37110	4469	20282	348258	161682
濮阳县 Puyang	57650	103004	8317	61500	1049871	609300
许昌市 Xuchang						
许昌县 Xuchang	33590	45874	51652	25180	800847	556562
鄢陵县 Yanling	26472	36086	9565	21412	626795	375272
襄城县 Xiangcheng	23332	35432	2878	21302	732952	495480
禹州市 Yuzhou	90204	63505	8249	47598	1026752	641460
长葛市 Changge	57782	93233	1651	7990	621440	404340
漯河市 Luohe						
舞阳县 Wuyang	31477	94888	2502	37885	529675	304058
临颍县 Linying	23600	142862	1339	44039	634608	412682
三门峡市 Sanmenxia						
渑池县 Mianchi	44520	95011	4425	14244	266529	149487
陕县 Shanxian	41104	56642	1106	17651	277168	139763
卢氏县 Lushi	17683	21984	3448	19528	331281	209473
义马市 Yima	58296	44946	7496		47665	
灵宝市 Lingbao	49909	108070	2797	30371	619787	434092
南阳市 Nanyang						
南召县 Nanzhao	31657	68782	6583	24889	565300	320081
方城县 Fangcheng	61321	97703	7534	55308	975372	562741
西峡县 Xixia	54586	84569	4616	18845	406244	215196

27-13 续表2 continued

单位：人 (person)

县 市 County and city	城镇基本养老保险参保人数 Number of Persons in Basic Pension Insurance	城镇基本医疗保险参保人数 Number of Persons in Basic Medical Insurance	城镇居民最低生活保障人数 Number of Persons Receiving Lowest Cost-of-Living in Urban Area	农村居民最低生活保障人数 Number of Persons Receiving Lowest Cost-of-Living in Rural Area	新型农村合作医疗参保人数 Number of Persons Participated in the new rural cooperative medical	新型农村社会养老保险参保人数 Number of Persons Participated in the Rural Basic Pension Insurance
镇 平 县 Zhenping	52015	106160	10488	41100	882000	568984
内 乡 县 Neixiang	47216	84716	5243	25675	632634	355614
淅 川 县 Xichuan	59246	113764	6859	39980	633300	302210
社 旗 县 Sheqi	52615	91852	8857	31056	658230	338524
唐 河 县 Tanghe	59669	110608	10836	58791	1215250	657750
新 野 县 Xinye	59405	112400	13008	29560	666576	420000
桐 柏 县 Tongbai	43367	81152	6583	23502	368633	195733
邓 州 市 Dengzhou	39639	168364	20664	60835	1510088	858336
商 丘 市 Shangqiu						
民 权 县 Minquan	35689	82150	8218	39346	835600	521560
睢 县 Suixian	29922	100135	4648	40979	759320	455000
宁 陵 县 Ningling	25857	50000	9742	32456	572091	294580
柘 城 县 Zhecheng	29583	223700	10006	54366	870326	559730
虞 城 县 Yucheng	38698	112141	8510	49776	1056931	469082
夏 邑 县 Xiayi	28449	127320	10845	52484	1044937	732758
永 城 市 Yongcheng	76694	185200	8396	61255	1175691	827100
信 阳 市 Xinyang						
罗 山 县 Luoshan	32432	109199	13116	29323	633798	409500
光 山 县 Guangshan	39138	118000	10388	34380	712932	391000
新 县 Xinxian	17067	65800	11889	17051	273695	273695
商 城 县 Shangcheng	28209	85067	8540	29249	653546	421910
固 始 县 Gushi	128905	145023	18512	68084	1486644	983110
潢 川 县 Huangchuan	44099	130415	8883	33341	689815	377705
淮 滨 县 Huaibin	32562	114000	10210	29571	611793	358037
息 县 Xixian	29825	106418	13284	50092	894012	448022
周 口 市 Zhoukou						
扶 沟 县 Fugou	22484	99742	10828	33803	641400	423188
西 华 县 Xihua	20528	98172	8105	42237	812600	422372
商 水 县 Shangshui	19014	98397	12642	61287	1068120	598675
沈 丘 县 Shenqiu	23418	154473	9550	55408	1123946	661780
郸 城 县 Dancheng	27283	116524	12247	65078	1253207	642616
淮 阳 县 Huaiyang	32193	148389	16105	68613	1231785	740758
太 康 县 Taikang	33960	147996	14731	70540	1366727	740848
鹿 邑 县 Luyi	33233	105008	11900	55758	1116749	560200
项 城 市 Xiangcheng	42006	208430	7372	53400	1107653	687600
驻 马 店 市 Zhumadian						
西 平 县 Xiping	5757	36524	14354	37827	710573	511611
上 蔡 县 Shangcai	26100	114745	10026	68389	1201000	709824
平 舆 县 Pingyu	20955	129191	16007	39273	799138	546568
正 阳 县 Zhengyang	28353	109911	18413	41332	711995	427000
确 山 县 Queshan	21795	70812	5001	21035	438193	279000
泌 阳 县 Biyang	20488	118102	6539	37819	746388	487021
汝 南 县 Runan	30542	105617	16718	53513	691104	462156
遂 平 县 Suiping	30939	39655	9745	21046	446307	319426
新 蔡 县 Xincai	466221	77793	28100	54100	922572	494238

27-14 各市区主要统计指标(2014年)
Main Statistics indicators by District (2014)

单位：亿元 (100 million yuan)

区	District	常住人口(万人) Residents popolation (10 000 persons)	#城镇 Urban	城镇化率(%) Urban Proportion (%)	生产总值 Gross Domestic Product	第一产业 Primary Industry	第二产业 Secondary Industry	第三产业 Tertiary Industry	人均生产总值(元) Per Capita GDP (yuan)
郑州市	**Zhengzhou**								
中原区	Zhongyuan	98.98	88.96	89.88	502.74	1.47	208.83	292.44	51380
二七区	Erqi	76.64	68.02	88.75	429.69	0.58	83.62	345.48	56583
管城区	Guancheng	74.81	63.20	84.48	568.54	1.21	286.32	281.01	77415
金水区	Jinshui	171.32	155.49	90.76	1072.15	1.84	105.26	965.04	63441
上街区	Shangjie	13.61	12.35	90.73	112.91	0.48	73.30	39.12	83193
惠济区	Huiji	28.30	19.81	70.01	100.85	6.34	47.21	47.31	35931
开封市	**Kaifeng**								
龙亭区	Longting	13.06	9.51	72.85	44.14	1.75	9.89	32.50	33941
顺河区	Shunhe	23.67	20.54	86.77	79.04	3.45	34.02	41.57	33520
鼓楼区	Gulou	14.73	14.02	95.15	59.86	1.69	13.31	44.85	40815
禹王台区	Yuwangtai	13.36	10.47	78.40	61.14	3.52	24.29	33.32	45969
金明区	Jinming	26.80	22.38	83.50	96.00	6.13	50.36	39.51	36009
洛阳市	**Luoyang**								
老城区	Laocheng	19.09	17.62	92.30	63.19	1.58	16.23	45.38	33296
西工区	Xigong	35.71	33.10	92.68	265.36	0.31	98.99	166.06	74601
瀍河区	Chanhe	18.97	17.68	93.21	80.84	0.67	30.92	49.25	42761
涧西区	Jianxi	63.11	58.99	93.47	399.31	1.05	218.05	180.21	63589
吉利区	Jili	6.90	4.66	67.57	108.67	1.50	80.28	26.89	158090
洛龙区	Luolong	68.16	41.28	60.56	215.90	5.78	73.40	136.73	31872
平顶山市	**Pongdingshan**								
新华区	Xinhua	40.34	36.35	90.11	203.38	1.95	118.55	82.88	50600
卫东区	Weidong	31.54	29.83	94.60	112.87	1.37	53.26	58.25	35982
石龙区	Shilong	5.65	4.64	82.15	46.08	0.29	38.20	7.58	81596
湛河区	Zhanhe	29.92	22.86	76.42	104.20	3.20	56.48	44.52	35074
安阳市	**Anyang**								
文峰区	Wenfeng	47.21	35.75	75.73	131.75	3.81	44.93	83.02	28152
北关区	Beiguan	27.02	23.58	87.25	92.94	1.23	21.80	69.91	34461
殷都区	Yindu	26.48	22.94	86.62	130.98	1.27	76.14	53.58	49556
龙安区	Longan	22.56	13.04	57.80	130.95	2.26	106.30	22.38	58135
鹤壁市	**Hebi**								
鹤山区	Heshan	12.82	10.84	84.57	83.69	3.54	65.73	14.42	63738
山城区	Shancheng	23.69	20.43	86.21	104.40	2.49	81.94	19.97	44074
淇滨区	Qibin	28.86	20.82	72.14	136.78	6.39	72.60	57.79	47463

27-14 续表 1 continued

单位：亿元 (100 million yuan)

区	District	常住人口(万人) Residents popolation (10 000 persons)	#城镇 Urban	城镇化率(%) Urban Proportion (%)	生产总值 Gross Domestic Product	第一产业 Primary Industry	第二产业 Secondary Industry	第三产业 Tertiary Industry	人均生产总值(元) Per Capita GDP (yuan)
新乡市	**Xinxiang**								
红旗区	Hongqi	41.69	39.26	94.18	297.04	2.36	156.13	138.55	71852
卫滨区	Weibin	20.32	20.32	100.00	102.72	1.12	27.37	74.23	50803
凤泉区	Fengquan	15.32	8.47	55.27	85.79	2.90	32.56	50.33	56180
牧野区	Muye	33.15	31.52	95.07	139.11	3.08	71.15	64.88	42090
焦作市	**Jiaozuo**								
解放区	Jiefang	30.01	30.01	100.00	98.16	0.28	16.32	81.56	32867
中站区	Zhongzhan	10.45	6.54	62.57	54.25	0.60	37.54	16.11	52021
马村区	Macun	14.44	8.91	61.67	44.06	1.49	27.19	15.38	30678
山阳区	Shanyang	44.45	31.25	70.30	215.52	6.35	117.92	91.25	48575
濮阳市	**Puyang**								
华龙区	Hualong	70.12	52.30	74.58	367.47	18.56	183.51	165.41	53007
许昌市	**Xuchang**								
魏都区	Weidu	50.72	47.69	94.03	246.52	1.59	126.72	118.21	48729
漯河市	**Luohe**								
源汇区	Yuanhui	33.38	20.51	61.44	123.36	8.09	56.40	58.87	37196
郾城区	Yancheng	50.51	25.13	49.75	175.76	21.04	102.91	51.80	34987
召陵区	Zhaoling	48.61	22.14	45.55	262.29	20.94	201.87	39.48	54203
三门峡市	**Sanmenxia**								
湖滨区	Hubin	32.15	28.84	89.70	166.00	4.33	77.86	83.82	51757
南阳市	**Nanyang**								
宛城区	Wancheng	90.27	51.74	57.32	300.91	26.16	151.23	123.52	33556
卧龙区	Wolong	93.52	53.99	57.73	334.40	19.93	124.77	189.70	35949
商丘市	**Shangqiu**								
梁园区	Liangyuan	83.18	41.55	49.95	170.62	25.85	78.16	66.60	20541
睢阳区	Suiyang	85.45	35.69	41.77	180.97	37.37	71.91	71.69	21249
信阳市	**Xinyang**								
浉河区	Shihe	65.77	41.63	63.30	226.21	31.26	85.96	109.00	34773
平桥区	Pingqiao	68.52	35.43	51.71	240.28	37.27	136.33	66.69	35193
周口市	**Zhoukou**								
川汇区	Chuanhui	71.45	41.23	57.70	187.76	8.53	93.63	85.61	26362
驻马店市	**Zhumadian**								
驿城区	Yicheng	92.58	59.06	63.80	284.30	25.27	142.18	116.84	31129

27-14 续表 2 continued

单位：亿元 (100 million yuan)

区	District	全社会固定资产投资 Total Investment in Fixed Assets	规模以上工业利税 Total Pre-tax Profits of Industry above Designated Size	社会消费品零售总额 Total Retail Sales of Consumer Goods	城镇居民人均可支配收入（元） Disposable Income of Urban Household (yuan)	农民人均纯收入（元） Per Capital Annual Netincome (yuan)	公共财政预算收入 Public Financial Revenue of the Local Government	公共财政预算支出 Public Financial Expenditures of the Local Government
郑州市	**Zhengzhou**							
中原区	Zhongyuan	227.37	10.74	157.03	26991	16531	27.83	25.47
二七区	Erqi	339.16	7.98	348.82	27873	17475	28.39	25.82
管城区	Guancheng	253.49	90.41	241.89	26480	18611	21.80	20.77
金水区	Jinshui	404.51	2.60	635.36	34522	18640	51.77	40.67
上街区	Shangjie	118.83	7.75	42.54	33832	16081	11.09	12.68
惠济区	Huiji	143.34	3.20	101.09	22822	18159	11.63	13.89
开封市	**Kaifeng**							
龙亭区	Longting	34.39	0.65	35.45	22854	10727	2.34	4.13
顺河区	Shunhe	33.97	13.25	48.51	21526	10293	1.61	5.29
鼓楼区	Gulou	40.00	-0.23	102.05	23114	10900	1.86	3.56
禹王台区	Yuwangtai	43.32	2.90	41.61	21655	10588	2.01	3.95
金明区	Jinming	108.45	9.40	75.05	24453	10987	3.62	5.64
洛阳市	**Luoyang**							
老城区	Laocheng	58.37	1.33	64.81	26773	10909	5.26	7.90
西工区	Xigong	140.27	8.46	247.10	30087	11835	13.79	12.23
瀍河区	Chanhe	69.33	0.99	66.74	27273	12242	4.64	6.65
涧西区	Jianxi	168.49	47.43	183.62	27881	14339	18.74	16.20
吉利区	Jili	31.54	38.39	19.86	31808	11671	4.35	6.00
洛龙区	Luolong	202.16	63.29	157.52	27560	10953	15.31	20.19
平顶山市	**Pongdingshan**							
新华区	Xinhua	71.72	23.73	95.97	25480	12849	9.74	9.69
卫东区	Weidong	52.88	9.08	100.07	26025	13761	8.38	9.10
石龙区	Shilong	14.89	1.64	5.41	15404	12056	4.23	6.17
湛河区	Zhanhe	80.50	19.97	45.08	26040	13412	8.01	8.80
安阳市	**Anyang**							
文峰区	Wenfeng	111.39	0.34	64.04	27632	14570	6.12	8.02
北关区	Beiguan	66.68	0.73	77.80	24848	14708	4.91	5.68
殷都区	Yindu	40.13	0.14	46.34	27894	14735	4.12	5.07
龙安区	Longan	66.07	1.11	35.06	23903	12294	5.00	7.26
鹤壁市	**Hebi**							
鹤山区	Heshan	54.07	11.18	15.46	22256	11011	1.81	4.51
山城区	Shancheng	98.93	13.38	29.22	23426	11798	4.92	9.13
淇滨区	Qibin	87.77	10.53	42.78	24927	10831	9.17	12.51

27-14 续表 3 continued

单位：亿元 (100 million yuan)

区	District	全社会固定资产投资 Total Investment in Fixed Assets	规模以上工业利税 Total Pre-tax Profits of Industry above Designated Size	社会消费品零售总额 Total Retail Sales of Consumer Goods	城镇居民人均可支配收入(元) Disposable Income of Urban Household (yuan)	农民人均纯收入(元) Per Capital Annual netincome (yuan)	公共财政预算收入 Public Financial Revenue of the Local Government	公共财政预算支出 Public Financial Expenditures of the Local Government
新乡市	**Xinxiang**							
红旗区	Hongqi	121.47	63.78	130.09	25879	12598	6.85	9.07
卫滨区	Weibin	97.75	2.28	138.58	25781	12134	3.13	4.35
凤泉区	Fengquan	37.26	5.66	13.22	22918	11281	2.85	4.05
牧野区	Muye	139.62	14.17	67.59	26346	13526	5.06	6.84
焦作市	**Jiaozuo**							
解放区	Jiefang	87.90	1.24	75.94	24935		6.07	6.89
中站区	Zhongzhan	49.86	3.84	6.99	20122	10450	3.43	4.57
马村区	Macun	45.21	5.24	14.18	20298	10462	2.56	4.62
山阳区	Shanyang	91.04	53.20	77.29	24919	11053	4.88	5.81
濮阳市	**Puyang**							
华龙区	Hualong	144.26	53.03	107.11	26024	11165	10.88	12.04
许昌市	**Xuchang**							
魏都区	Weidu	125.02	42.97	135.49	24890		8.20	10.39
漯河市	**Luohe**							
源汇区	Yuanhui	111.10	25.51	93.20	25665	13389	4.87	10.56
郾城区	Yancheng	151.16	47.46	78.90	24807	12998	5.31	16.05
召陵区	Zhaoling	213.51	91.75	51.80	23520	12580	2.97	12.54
三门峡市	**Sanmenxia**							
湖滨区	Hubin	92.48	20.35	85.56	23084	10604	7.10	8.22
南阳市	**Nanyang**							
宛城区	Wancheng	281.67	59.65	119.62	25618	11451	7.50	23.16
卧龙区	Wolong	201.04	24.16	276.72	25671	11220	7.32	22.97
商丘市	**Shangqiu**							
梁园区	Liangyuan	148.53	9.10	169.32	23415	8395	7.79	35.14
睢阳区	Suiyang	165.09	15.00	95.05	22734	8425	7.86	30.08
信阳市	**Xinyang**							
浉河区	Shihe	200.75	16.38	127.38	22068	11079	9.22	21.62
平桥区	Pingqiao	286.39	28.29	105.15	21985	9746	6.07	23.63
周口市	**Zhoukou**							
川汇区	Chuanhui	198.05	38.84	124.92	20954	10615	3.47	10.46
驻马店市	**Zhumadian**							
驿城区	Yicheng	149.39	21.94	137.32	23214	8544	10.13	24.02

全国及各省、市、区主要统计指标

Main Indicators of the whole Nation and 31 Provinces (Municipality, Autonomous, Regions)

28-2 全国及各省市区生产总值(2014年)

Gross Domestic Product by Provinces and Regions (2014)

地区	Region	生产总值(亿元) Gross Domestic Products (100 million yuan)	第一产业 Primary Industry	第二产业 Secondary Industry	第三产业 Tertiary Industry	生产总值增速(上年=100) Growth Rate of GDP (preceding year=100)	第一产业 Primary Industry	第二产业 Secondary Industry	第三产业 Tertiary Industry
全国	**National**	**636463**	**58332**	**271392**	**306739**	**7.4**	**4.1**	**7.3**	**8.1**
北京	Beijing	21331	159	4545	16627	7.3		6.9	7.5
天津	Tianjin	15727	200	7732	7795	10.0	2.9	9.9	10.4
河北	Hebei	29421	3447	15013	10961	6.5	3.7	5.0	9.7
山西	Shanxi	12761	789	6294	5679	4.9	4.7	3.6	7.1
内蒙古	Inner Mongolia	17770	1628	9120	7023	7.8	3.1	9.0	6.8
辽宁	Liaoning	28627	2286	14385	11956	5.8	2.2	5.2	7.2
吉林	Jilin	13803	1524	7287	4993	6.5	4.6	6.6	6.9
黑龙江	Heilongjiang	15039	2611	5544	6884	5.6	5.6	2.8	8.9
上海	Shanghai	23568	124	8168	15276	7.0	0.1	4.2	8.8
江苏	Jiangsu	65088	3634	30855	30599	8.7	3.0	8.2	10.0
浙江	Zhejiang	40173	1777	19175	19221	7.6	1.4	7.2	8.6
安徽	Anhui	20849	2392	11078	7379	9.2	4.6	9.9	9.5
福建	Fujian	24056	2015	12515	9526	9.9	4.4	11.9	8.1
江西	Jiangxi	15715	1684	8248	5783	9.7	4.7	10.9	9.1
山东	Shandong	59427	4798	28788	25840	8.7	3.8	9.2	8.9
河南	**Henan**	**34938**	**4160**	**17817**	**12962**	**8.9**	**4.0**	**9.4**	**9.6**
湖北	Hubei	27379	3177	12852	11350	9.7	4.8	10.1	10.5
湖南	Hunan	27037	3149	12482	11407	9.5	4.5	9.3	11.0
广东	Guangdong	67810	3167	31420	33223	7.8	3.2	7.9	8.0
广西	Guangxi	15673	2413	7325	5934	8.5	3.9	10.1	8.1
海南	Hainan	3501	810	876	1815	8.5	4.8	11.0	8.8
重庆	Chongqing	14263	1061	6529	6673	10.9	4.4	12.7	10.0
四川	Sichuan	28537	3531	13962	11043	8.5	3.8	8.9	9.4
贵州	Guizhou	9266	1280	3857	4129	10.8	6.6	12.3	10.4
云南	Yunnan	12815	1990	5282	5543	8.1	6.2	9.1	7.4
西藏	Tibet	921	92	337	492	10.8	4.2	14.6	9.5
陕西	Shaanxi	17690	1565	9577	6548	9.7	5.1	10.9	8.9
甘肃	Gansu	6837	901	2926	3010	8.9	5.5	9.2	9.5
青海	Qinghai	2303	216	1234	853	9.2	5.2	10.0	8.8
宁夏	Ningxia	2752	217	1341	1194	8.0	5.5	9.2	6.9
新疆	Xinjiang	9273	1539	3949	3786	10.0	5.9	11.2	10.4
河南为全国%	**Henan as % of the Country**	**5.5**	**7.1**	**6.6**	**4.2**				
河南居全国位次	**Order of Precedence of Henan in the Country**	**5**	**2**	**5**	**7**	**14**	**19**	**14**	**9**

注：生产总值按当年价格计算。生产总值指数按可比价格计算。
a)GDP in this table are calculated at current prices. The indices in this table are calculated at comparable prices.

28-3 全国及各省市区物价指数(2014年)

Price Indices by Provinces and Regions (2014)

(上年=100) (Preceding Year=100)

地 区	Region	居民消费价格总指数 General Consumer Price Index	固定资产投资价格指数 Price Indices of Investment In Fixed Assets	农业生产资料价格指数 General Price Index of Agricultural Means of Production	工业生产者出厂价格指数 Ex-Factory Price Indices of Industrial Products	工业生产者购进价格指数 Purchasing Price Indices of Raw, Fuels and Power
全国	**National**	**102.0**	**100.5**	**99.1**	**98.1**	**97.8**
北京	Beijing	101.6	100.0		99.1	98.8
天津	Tianjin	101.9	100.5		96.3	97.1
河北	Hebei	101.7	100.2	99.1	95.2	95.6
山西	Shanxi	101.7	99.6	99.2	91.4	96.2
内蒙古	Inner Mongolia	101.6	99.8	99.9	97.3	98.4
辽宁	Liaoning	101.7	99.7	98.9	98.2	98.0
吉林	Jilin	102.0	100.2	95.1	99.1	99.2
黑龙江	Heilongjiang	101.5	100.0	100.3	97.1	97.6
上海	Shanghai	102.7	100.5		98.9	95.9
江苏	Jiangsu	102.2	101.1	100.2	98.3	97.0
浙江	Zhejiang	102.1	100.6	99.8	98.8	98.2
安徽	Anhui	101.6	100.3	99.6	97.4	97.2
福建	Fujian	102.0	100.4	99.5	98.6	98.3
江西	Jiangxi	102.3	100.1	99.6	97.8	98.4
山东	Shandong	101.9	100.3	99.5	98.4	98.2
河南	**Henan**	**101.9**	**100.0**	**97.9**	**98.1**	**98.4**
湖北	Hubei	102.0	101.0	97.9	98.4	97.8
湖南	Hunan	101.9	101.5	100.2	98.4	97.9
广东	Guangdong	102.3	101.5	99.9	98.9	98.8
广西	Guangxi	102.1	101.6	98.9	98.4	98.2
海南	Hainan	102.4	100.6	105.3	97.6	99.0
重庆	Chongqing	101.8	100.3		98.3	98.1
四川	Sichuan	101.6	100.5	98.8	98.7	98.7
贵州	Guizhou	102.4	101.1	99.0	98.3	98.6
云南	Yunnan	102.4	101.0	98.4	97.8	99.0
西藏	Tibet	102.9		100.9	99.0	
陕西	Shaanxi	101.6	101.1	100.9	97.1	98.5
甘肃	Gansu	102.1	100.1	99.0	96.7	97.6
青海	Qinghai	102.8	100.9	99.8	96.1	97.6
宁夏	Ningxia	101.9	100.8	96.9	96.3	97.0
新疆	Xinjiang	102.1	100.3	97.7	96.2	97.5
河南居全国位次	**Order of Precedence of Henan in the Country**	**17**	**27**	**23**	**17**	**11**

28-4 全国及各省市区城乡居民收支(2014年)
Income and Expenditure of Urban and Rural Residents by Provinces and Regions (2014)

单位：元 (yuan)

地 区	Region	居民人均可支配收入 Per Capita Annual Disposable Income	城镇居民 Urban Households	农村居民 Rural Households	居民人均消费支出 Per Capita consumption expenditures	城镇居民 Urban Households	农村居民 Rural Households
全 国	**National**	**20167**	**28844**	**10489**	**14491**	**19968**	**8383**
北 京	Beijing	44489	48532	18867	31103	33717	14535
天 津	Tianjin	28832	31506	17014	22343	24290	13739
河 北	Hebei	16647	24141	10186	11932	16204	8248
山 西	Shanxi	16538	24069	8809	10864	14637	6992
内 蒙 古	Inner Mongolia	20559	28350	9976	16258	20885	9972
辽 宁	Liaoning	22820	29082	11191	16068	20520	7801
吉 林	Jilin	17520	23218	10780	13026	17156	8140
黑 龙 江	Heilongjiang	17404	22609	10453	12769	16467	7830
上 海	Shanghai	45966	48841	21192	33065	35182	14820
江 苏	Jiangsu	27173	34346	14958	19164	23476	11820
浙 江	Zhejiang	32658	40393	19373	22552	27242	14498
安 徽	Anhui	16796	24839	9916	11727	16107	7981
福 建	Fujian	23331	30722	12650	17644	22204	11056
江 西	Jiangxi	16734	24309	10117	11089	15142	7548
山 东	Shandong	20864	29222	11882	13329	18323	7962
河 南	**Henan**	**15695**	**23672**	**9966**	**11000**	**16184**	**7277**
湖 北	Hubei	18283	24852	10849	12928	16681	8681
湖 南	Hunan	17622	26570	10060	13289	18335	9025
广 东	Guangdong	25685	32148	12246	19205	23612	10043
广 西	Guangxi	15557	24669	8683	10274	15045	6675
海 南	Hainan	17476	24487	9913	12471	17514	7029
重 庆	Chongqing	18352	25147	9490	13811	18279	7983
四 川	Sichuan	15749	24234	9348	12368	17760	8301
贵 州	Guizhou	12371	22548	6671	9303	15255	5970
云 南	Yunnan	13772	24299	7456	9870	16268	6030
西 藏	Tibet	10730	22016	7359	7317	15669	4822
陕 西	Shaanxi	15837	24366	7932	12204	17546	7252
甘 肃	Gansu	12185	21804	6277	9875	15942	6148
青 海	Qinghai	14374	22307	7283	12605	17493	8235
宁 夏	Ningxia	15907	23285	8410	12485	17216	7676
新 疆	Xinjiang	15097	23214	8724	11904	17685	7365
河南为全国%	**Henan as % of the Country**	**77.8**	**82.1**	**95.0**	**75.9**	**81.1**	**86.8**
河南居全国位次	**Order of Precedence of Henan in the Country**	**24**	**23**	**17**	**25**	**24**	**23**

注：从2013年起，国家统计局开展了城乡一体化住户收支与生活状况调查，本表数据来源于此调查，与以前年份城乡住户调查的调查范围、调查方法、指标口径有所不同。

a)Since 2013, the national bureau of statistics was carried out survey of The integration of urban and rural residents income and life condition, data in this table from the survey, and the investigation, investigation method, index diameter is different.

28-5 全国及各省市区主要农产品产量(2014年)

Output of Major Farm Products by Provinces and Regions (2014)

单位：万吨 (10 000 tons)

	粮食 Grain	棉花 Cotton	油料 Oil-bearing Crops	水果 Fruits	肉类 Meat	奶类 Milk
全国 National	**60702.61**	**617.83**	**3507.43**	**26142.24**	**8706.74**	**3841.21**
北京 Beijing	63.94	0.01	0.67	96.45	39.30	59.48
天津 Tianjin	175.95	3.82	0.52	62.70	46.44	68.91
河北 Hebei	3360.17	43.10	150.20	2018.98	468.13	496.12
山西 Shanxi	1330.78	2.36	17.32	770.77	87.48	97.19
内蒙古 Inner Mongolia	2753.01	0.15	170.31	322.32	252.33	797.08
辽宁 Liaoning	1753.90	0.01	63.69	870.56	429.21	134.47
吉林 Jilin	3532.84	0.08	85.70	229.75	261.97	49.83
黑龙江 Heilongjiang	6242.19		17.15	258.74	230.20	560.14
上海 Shanghai	112.54	0.12	1.28	86.16	23.36	27.05
江苏 Jiangsu	3490.62	15.95	146.60	861.62	379.46	60.72
浙江 Zhejiang	757.41	2.48	30.66	714.84	157.14	15.90
安徽 Anhui	3415.83	26.33	228.80	965.28	414.02	27.87
福建 Fujian	667.03	0.01	29.82	790.85	213.71	15.36
江西 Jiangxi	2143.50	13.37	121.71	627.07	339.82	12.85
山东 Shandong	4596.60	66.50	335.89	3134.05	770.24	289.59
河南 Henan	**5772.30**	**14.69**	**584.33**	**2560.19**	**719.00**	**342.37**
湖北 Hubei	2584.17	35.95	341.73	972.34	440.44	16.41
湖南 Hunan	3001.26	12.90	233.77	920.05	546.52	9.30
广东 Guangdong	1357.34		105.48	1560.72	429.43	13.81
广西 Guangxi	1534.41	0.25	61.30	1560.60	420.02	9.65
海南 Hainan	186.60		11.57	413.00	79.49	0.23
重庆 Chongqing	1144.54		56.94	347.61	214.21	5.69
四川 Sichuan	3374.90	1.24	300.79	884.55	714.74	71.30
贵州 Guizhou	1138.50	0.11	98.05	196.38	201.81	5.71
云南 Yunnan	1860.70	0.03	64.68	669.02	378.52	64.60
西藏 Tibet	97.97		6.38	1.44	26.39	34.32
陕西 Shaanxi	1197.78	4.22	62.30	1849.92	116.75	192.31
甘肃 Gansu	1158.65	6.44	72.42	636.58	95.47	40.28
青海 Qinghai	104.81		31.51	2.57	33.39	31.26
宁夏 Ningxia	377.90		16.52	290.24	28.51	135.74
新疆 Xinjiang	1414.47	367.72	59.33	1466.89	149.25	155.65
河南为全国% Henan as % of the Country	**9.5**	**2.4**	**16.7**	**9.8**	**8.3**	**8.9**
河南居全国位次 Order of Precedence of Henan in the Country	**2**	**8**	**1**	**2**	**2**	**4**

28-6 全国及各省市区规模以上工业主要统计指标(2014年)

Main Indicators of Enterprises Above Designed Size by Provinces and Regions (2014)

地区	Region	原油（万吨） Crude Oil (10 000 tons)	发电量（亿千瓦小时） Electricity (100 million kwh)	成品钢材（万吨） Steel (10 000 tons)	水泥（万吨） cement (10 000 tons)	农用化肥（万吨） Chemical Fertilizers (10 000 tons)	增加值指数（上年=100） Indices of Value-Added of Industry (Preceding=100)
全国	**National**	**21143**	**56496**	**112557**	**247619**	**6934**	**8.3**
北京	Beijing		364	195	703		6.2
天津	Tianjin	3075	626	7304	958	16	10.1
河北	Hebei	592	2500	23995	10626	215	5.1
山西	Shanxi		2647	4701	4538	461	3.0
内蒙古	Inner Mongolia	21	3858	1763	6268	126	10.0
辽宁	Liaoning	1022	1648	6946	5791	72	4.8
吉林	Jilin	664	772	1412	4664	18	6.6
黑龙江	Heilongjiang	4000	881	484	3672	49	2.9
上海	Shanghai	6	792	2309	686	2	4.5
江苏	Jiangsu	206	4348	13255	19403	235	9.9
浙江	Zhejiang		2885	4171	12368	32	6.9
安徽	Anhui		2034	3266	12913	299	11.2
福建	Fujian		1873	3020	7732	49	11.9
江西	Jiangxi		873	2611	9804	135	11.8
山东	Shandong	2713	3691	8939	16406	569	9.6
河南	**Henan**	**470**	**2730**	**4704**	**16975**	**536**	**11.2**
湖北	Hubei	79	2382	3429	11670	1209	10.8
湖南	Hunan		1314	1989	12005	106	9.6
广东	Guangdong	1245	3948	3447	14737	58	8.4
广西	Guangxi	59	1310	3263	10646	109	10.7
海南	Hainan	29	245	30	2152	66	12.0
重庆	Chongqing		676	1322	6667	214	12.6
四川	Sichuan	19	3079	2935	14581	433	9.6
贵州	Guizhou		1748	552	9387	534	11.3
云南	Yunnan		2550	1935	9493	315	7.3
西藏	Tibet		32	1	342		6.0
陕西	Shaanxi	3768	1621	1684	9084	179	11.3
甘肃	Gansu	71	1241	1108	4926	49	8.4
青海	Qinghai	220	580	131	1844	503	9.1
宁夏	Ningxia	8	1157	166	1778	47	8.3
新疆	Xinjiang	2875	2091	1490	4804	300	10.0
河南为全国% Henan as % of the Country		**2.2**	**4.8**	**4.2**	**6.9**	**7.7**	
河南居全国位次 Order of Precedence of Henan in the Country		**10**	**7**	**6**	**2**	**3**	**7**

28-7 全国及各省市区贸易外经和财政主要指标(2014年)

Main Indicators of Internal and Foreign Trade、Government Finance by Provinces and Regions (2014)

地区	Region	社会消费品零售总额(亿元) Total Retail Sales of Consumer Goods (100 million yuan)	进出口贸易总额(亿美元) Total Value of Imports (USD 100 million)	#出口 Total Value of Exports	公共财政预算收入(亿元) Public Financial Revenueof theLocal Government (100 million yuan)	公共财政预算支出(亿元) Public Financial Expenditures oftheLocal Government (100 million yuan)
全国	**National**	**271896.1**	**43030.38**	**23427.48**	**75859.73**	**129091.63**
北京	Beijing	9638.0	4156.54	623.48	4027.16	4510.46
天津	Tianjin	4738.7	1339.12	525.97	2390.02	2859.68
河北	Hebei	11820.5	598.83	357.13	2445.70	4638.13
山西	Shanxi	5717.9	162.49	89.42	1820.13	3096.27
内蒙古	Inner Mongolia	5657.6	145.54	63.94	1843.18	3881.38
辽宁	Liaoning	11857.0	1139.60	587.59	3190.74	5075.24
吉林	Jilin	6080.9	263.78	57.78	1203.38	2906.94
黑龙江	Heilongjiang	7015.3	389.00	173.40	1300.97	3434.22
上海	Shanghai	9303.5	4664.09	2101.63	4585.55	4923.44
江苏	Jiangsu	23458.1	5637.61	3418.68	7233.14	8466.48
浙江	Zhejiang	17835.3	3551.47	2733.54	4121.17	5159.19
安徽	Anhui	7957.0	492.73	314.93	2217.99	4658.73
福建	Fujian	9346.7	1774.99	1134.57	2362.29	3300.70
江西	Jiangxi	5292.6	427.83	320.38	1881.47	3882.18
山东	Shandong	25111.5	2771.15	1447.45	5026.71	7175.90
河南	**Henan**	**14005.0**	**650.33**	**393.84**	**2738.47**	**6042.60**
湖北	Hubei	12449.3	430.64	266.46	2566.55	5008.85
湖南	Hunan	10723.5	310.27	200.23	2262.19	4963.11
广东	Guangdong	28471.1	10767.34	6462.22	8060.06	9134.33
广西	Guangxi	5772.8	405.53	243.30	1422.05	3455.44
海南	Hainan	1224.5	158.73	44.17	555.28	1094.15
重庆	Chongqing	5710.7	954.50	634.09	1921.88	3303.72
四川	Sichuan	12393.0	702.52	448.50	3058.52	6784.35
贵州	Guizhou	2936.9	108.14	93.07	1366.42	3542.21
云南	Yunnan	4632.9	296.22	188.02	1697.79	4438.32
西藏	Tibet	364.5	22.55	21.01	124.27	1185.25
陕西	Shanxi	5918.7	274.08	139.29	1889.98	3961.77
甘肃	Gansu	2668.3	86.49	53.31	672.15	2538.41
青海	Qinghai	620.8	17.19	11.28	252.03	1346.97
宁夏	Ningxia	737.2	54.35	43.03	339.81	1000.49
新疆	Xinjiang	2436.5	276.69	234.83	1282.65	3322.74
河南为全国%	**Henan as % of the Country**	**5.2**	**1.5**	**1.7**	**3.6**	**4.7**
河南居全国位次	**Order of Precedence of Henan in the Country**	5	12	12	9	5

注：财政收支为月度执行情况汇总数，全国数据为公共财政预算收支合计。
a)Government revenue and expenditures is collected by monthly executive instance.Data of National is the Sum of 31 Provinces.

28-8 全国及各省市区教育、卫生情况(2014年)

Main Indicator on Education and Public Health by Provinces and Regions (2014)

地区 Region	在校学生数(万人) Student Enrollment (10 000 persons) 普通高等学校 Institutions of Higher Education	普通中学 Regular Secondary Schools	小学 Primary Schools	卫生机构数(个) Health Care Institutions (unit)	卫生机构床位数(张) Number of Beds in Health Institutions (unit)	执业(助理)医师数(人) Doctors (person)
全国 National	**2548**	**6785**	**9451**	**981432**	**6655241**	**2892518**
北京 Beijing	60	48	82	9638	109811	79949
天津 Tianjin	51	44	57	4990	60869	33340
河北 Hebei	116	339	564	78895	322909	157725
山西 Shanxi	71	205	225	40777	177442	89835
内蒙古 Inner Mongolia	41	115	130	23426	129011	62182
辽宁 Liaoning	100	171	198	35441	255513	101636
吉林 Jilin	62	104	127	19891	140995	63234
黑龙江 Heilongjiang	73	148	149	21229	201337	81371
上海 Shanghai	51	58	80	4984	117510	61202
江苏 Jiangsu	170	289	471	31995	392293	178551
浙江 Zhejiang	98	229	355	30358	245756	145725
安徽 Anhui	108	313	415	24824	252044	103742
福建 Fujian	75	175	275	28030	164781	75324
江西 Jiangxi	92	265	413	38873	186727	74647
山东 Shandong	180	486	648	77012	500631	230883
河南 Henan	**168**	**589**	**929**	**71157**	**459338**	**189335**
湖北 Hubei	142	229	321	36077	371500	126123
湖南 Hunan	114	326	474	61571	355485	133372
广东 Guangdong	179	591	832	48085	405751	216799
广西 Guangxi	70	279	432	34667	201600	86525
海南 Hainan	18	51	75	5075	34466	17609
重庆 Sichuan	69	163	203	18767	160579	58084
四川 Chongqing	133	407	531	81070	459596	179523
贵州 Guizhou	46	301	346	28995	182189	57845
云南 Yunnan	58	267	383	24281	224899	75246
西藏 Tibet	3	18	30	6795	11929	5609
陕西 Shaanxi	110	197	226	37247	199372	76460
甘肃 Gansu	45	163	180	27916	122412	47681
青海 Qinghai	5	33	46	6241	33007	12953
宁夏 Ningxia	11	44	59	4255	32506	15023
新疆 Xinjiang	29	137	194	18873	142956	54805
河南为全国% Henan as % of the Country	**6.6**	**8.7**	**9.8**	**7.3**	**6.9**	**6.5**
河南居全国位次 Order of Precedence of Henan in the Country	**4**	**2**	**1**	**4**	**3**	**3**

中国统计出版社最新图书简目

（仅供参考，以实际出版为准）

统计资料

中国统计年鉴　中国统计摘要　中国发展报告
中国经济普查年鉴2013　国际统计年鉴　金砖国家联合统计手册
中国-东盟国家统计手册　中国区域经济统计年鉴　中国县域统计年鉴
中国城市统计年鉴　中国农村统计年鉴　中国地区经济监测报告
中国贸易外经统计年鉴　中国对外直接投资统计公报　中国商品交易市场统计年鉴
大中型批发零售和住宿餐饮企业统计年鉴　中国零售和餐饮连锁企业统计年鉴　中国住户调查年鉴
中国价格统计年鉴　中国农产品价格调查年鉴　全国农产品成本收益资料汇编
中国环境统计年鉴　中国能源统计年鉴　国外资源、能源和环境统计资料汇编
中国工业统计年鉴　中国建筑业统计年鉴　中国房地产统计年鉴
中国城市建设统计年鉴　中国城乡建设统计年鉴　中国第三产业统计年鉴
中国证券期货统计年鉴　中国科技统计年鉴　中国高技术产业统计年鉴
工业企业科技活动资料　中国劳动统计年鉴　中国人口和就业统计年鉴
中国人才资源统计报告　中国社会统计年鉴　中国文化及相关产业统计年鉴
文化及相关产业统计概览　中国教育经费统计年鉴　中国民政统计年鉴
中国民族统计年鉴　中国工会统计年鉴　中国残疾人事业统计年鉴
中国妇女儿童状况统计资料（英）　中国乡镇街道行政区域简册

省级综合统计年鉴系列

北京 天津 河北 山西 内蒙古 辽宁 吉林 黑龙江 上海 江苏 浙江 安徽 福建 江西 山东 河南 湖北 湖南
广东 广西 海南 重庆 四川 贵州 云南 西藏 陕西 甘肃 青海 宁夏 新疆 新疆生产建设兵团

市(县)级综合统计年鉴系列

天津滨海新区 石家庄 唐山 邯郸 保定 沧州 邢台 廊坊 承德 衡水 秦皇岛 张家口 太原 大同 阳泉 长治 晋城
朔州 晋中 运城 忻州 临汾 呼和浩特 呼和浩特新城区 鄂尔多斯 包头 沈阳 大连 长春 四平 哈尔滨 齐齐哈尔
黑龙江垦区 上海浦东新区 南京 无锡 徐州 常州 苏州 南通 连云港 淮安 盐城 扬州 镇江 泰州 宿迁 江阴
丹阳 杭州 宁波 温州 嘉兴 绍兴 金华 衢州 舟山 台州 丽水 合肥 安庆 马鞍山 福州 厦门 宁德 南昌 九江
上饶 新余 抚州 济南 青岛 枣庄 滕州 郑州 洛阳 平顶山 三门峡 南阳 商丘 济源 武汉 十堰 荆州 宜昌 荆门
咸宁 长沙 广州 深圳 惠州 东莞 南宁 柳州 桂林 来宾 海口 三亚 成都 贵阳 昆明 西安 兰州 庆阳 银川
乌鲁木齐 兵团一师 兵团十师

调查年鉴系列

天津 山西 内蒙古 辽宁 吉林 上海　福建 河南 湖北 湖南 广西 重庆　四川 云南 甘肃 宁夏 新疆

“十二五”规划教材

统计学（经济管理类专业本科适用，单薇 等）　抽样调查理论与方法（冯士雍 等）
贝叶斯统计（茆诗松 等）　统计学（黄良文 等）　试验设计（茆诗松 等）
统计学：从数据到结论（吴喜之）　医学统计学（于浩）　统计学（经济、管理类专业基础教材，张小斐）
概率论与数理统计三十三讲（魏振军）　概率论与数理统计三十三：学习指导与习题解答（魏振军）
非参数统计（吴喜之 等）　统计学：经济与管理中的数据分析（李慧云 等）
卫生管理统计学（新编医学院校基础课教材，尚磊）　医院统计学（新编医学院校基础课教材，徐天和 等）
社会统计学（蒋萍 等）　现代金融投资统计分析（李腊生 等）
国民经济核算初级教程（经济类、统计类、管理类专业适用，蒋萍 等）

重点图书

图解中国经济2015　新编英汉汉英统计大词典　中华医学统计百科全书
挑大学选专业2016—考研择校指南　挑大学选专业2015—高考志愿填报指南

中国统计出版社发行部电话：（010）63376907　63376908　同椙行书店电话：68783171　68783172
地址：北京市丰台区西三环南路甲6号　邮政编码：100073　网址：http://www.zgtjcbs.com

《河南统计年鉴2015》只读光盘（CD-ROM）介绍

《河南统计年鉴—2015》只读光盘（CD-ROM）是一张信息高度密集的资料工具软件。该光盘全面反映河南省经济和社会发展情况，收录了全省和各省辖市2014年经济和社会等各方面大量的统计数据，以及历史重要年份的全省主要统计数据。

《河南统计年鉴—2015》光盘（CD-ROM）设有中、英文双语版本，操作简便、功能实用。在浏览时可随时实现不同章节之间的切换。并设计了将表格转换为Excel文件的功能。

本光盘所有资料的浏览查阅和计算加工，未经许可不得用于营业性用途，否则必追究其法律责任。

Introduction to the CD-ROM

Henan Statistical Yearbook 2015 (CD-ROM)is an annual statistical publication, which covers very comprehensive data series in 2014 and some selected data series in historically important years and the most recent ten years at provincial level, and local levels of prefecture and county, and therefore, reflects various aspects of Henan's social and economic development.

Henan Statistical Yearbook 2015 (CD-ROM)is compiled in Chinese and English and is easy to use. When you browse the CD-ROM, For convenient use, all tables in the CD-ROM can be converted to Excel documents as well.

The consultation and calculation of data in this disk are not permitted for commercial purposes without written permission from the publisher.Legal responsibilities are reserved to prosecute.